司馬光全集

資治通鑑臣光曰輯存
資治通鑑目録
（上）

（宋）司馬光——撰
陳尚君　殷嬰寧——點校
王水照——主編

上海人民出版社

國家古籍整理出版專項經費資助項目

上海市文教結合「高校服務國家重大戰略出版工程」項目

本册目録

資治通鑑臣光曰輯存

陳尚君——點校

整理説明

司馬光著《資治通鑑》二百九十四卷，編次從周威烈王二十三年（公元前四〇三年）到五代後周恭帝顯德六年（公元九五九年），凡一千三百六十二年史事爲一編，首要工作是以歷代可信文獻爲依憑，逐年逐月逐日地敘述歷史發展過程，清理歷史脈絡，還原歷史真相。其編纂方法是先做長編，在此基礎上分清主次，删繁就簡。其中部分歷史階段有編年體史書可以爲基礎，如漢有《漢紀》、《後漢紀》，六朝有《建康實録》，唐有歷朝實録與《唐曆》等書，五代也有十多部實録。這些編年體史書都有各自的局限，如敘事過簡，忌諱掩飾，彼此衝突矛盾，及事件發生過程交代不完整等問題。没有編年體史書可以參考的部分，工作量更大。司馬光依靠三位傑出助手劉攽、劉恕、范祖禹的幫助，對當時可見文獻作了竭澤而漁式的網羅，又以妥當的裁剪和精密的考證，完成了全書的寫作，歷時十九年，司馬光在進表中也稱平生精力盡於此書。這部偉大史書在中國史學史上建立了不朽豐碑。司馬光能完成此書，我曾總結六條原因，曰皇家支持，曰知所進退，曰助手得力，曰史觀通達，曰方法得體，曰親力親爲，缺一則難以蒇事。

從《通鑑》全書看，雖然如書名所示，全書對歷史過程的敘述，是要給當代和後世的君臣提

供治理國家的參考，但全書卻將此一千三百六十二年史事作了細大不捐的敘述，且於時間、人物、地點、真僞、制度等所涉細節，也都不辭瑣碎地加以考證，可以看到司馬光在追求歷史真相、還原歷史過程方面，與現代學術之務明原委精神完全相通，而能超越在他前後的幾乎所有史家。當然作爲皇家支持的纂著，司馬光也要考慮現實的啓發參考意義，以史論的方式，發表他對史事的看法。

在編纂《資治通鑑》前，司馬光曾著歷代編年簡史《稽古録》，其中《歷年圖》部分，附有三十六篇斷代史論，對周至五代歷朝施政得失，對歷代君主之能力性格，成敗得失，都有具體而微的評價。雖然這種面面俱到的史贊，爲歷代史書所因襲，司馬光顯然覺得不能滿意，他認爲應就歷代成敗的關鍵問題，參考歷代史家的意見，表達他獨到的所見。

司馬光所採前人之史論，計有荀子、揚子《法言》（三則）、賈誼、荀悦（七則）、太史公、班固（十三則）、李德裕、班彪（三則）、袁宏（二則）、范曄（三則）、華嶠、習鑿齒（四則）、孫盛（二則）、陳壽、虞喜、干寶、崔鴻（二則）、裴子野（八則）、沈約（三則）、蕭子顯、陳嶽（二則）、歐陽修（以在《通鑑》中出現先後爲序），凡六十二則。所引崔鴻、裴子野、陳嶽等所作議論之原書不存，其他大多原書具在，可以看到司馬光在採擇時非常慎重，且大多僅摘其要點，未必皆詳加引録。

司馬光本人所作議論，皆以「臣光曰」標出，明確表明是向皇帝表達他對史事的具體見解。

通檢全書，凡一百一十九則。後人評判讀《資治通鑑》而後知司馬光有宰相胸襟，主要是就這些史論而言。其中約半數左右是對具體人事的評價，讀者比對敘事可以理解分析，這裏不作羅列。半數左右皆就歷史和爲政之重大問題發表見解，具體可作以下的介紹。

正統之爭，是宋代史學爭議的重大問題，更是編年體史書在分裂時期不能迴避的關鍵所在。司馬光的看法與他同時的歐陽修所見有異，與南宋程朱學術盛行後以蜀漢承漢、南唐承唐的見解也完全不同。他認爲上古「有民人社稷者，通謂之君」，而「立法度，班號令，而天下莫敢違者，乃謂之王」，即君之正統所在應得到舉天下普遍之擁護，天下不違，人民擁戴。如果「不能使九州合爲一統」，皆不能爲正統。如劉備稱中山靖王之後，劉裕稱楚元王後，南唐李昇稱唐吳王恪後，或族屬踈遠，或是非難辨，他皆不認可爲正統，因而在《通鑑》中，三國以曹魏爲主，南北朝兼敘南北，五代承認中原五朝之實際，不對任何一方作主觀的拔高。

正統確立，受天之命統治天下的君主，如何治理天下，統攝羣臣，即爲君道，是司馬光最重要的論述。

重視禮樂教化。司馬光認爲人主統治天下，應重視禮樂教化，目標是使天下「動靜有法而百行備」、「内外有别而九族睦」、「長幼有倫而俗化美」、「君臣有敘而政治成」、「諸侯順服而紀綱正」，這是他認可的天下秩序。對叔孫通定朝儀，他認爲僅得「禮之糠粃」；對漢光武帝征討

天下之際，尚能「敦尚經術，賓延儒雅，開廣學校，脩明禮樂」，表示極大讚賞；對唐太宗云「治之隆替不由於樂」，深不以爲然。

司馬光認爲君主要成爲守禮的典範。他對晉武帝頗有非議，但對其能守三年之喪，則極表贊同。從大的方面説，禮的大端是君臣各存分際，使上下不亂，則秩序可以維繫。《通鑑》開卷即述三家分晉，痛斥周天子不能堅守先王之禮，使三晉犯禮侵義之行爲，得到合法的承認，造成長期大亂，根本在於「天子自壞」禮義，最終「社稷無不泯絶，生民之類糜滅幾盡」，禍患無窮。類似情況則如唐方鎮之禍，司馬光認爲肇始於肅宗之姑息苟且。他認爲君臣「尊卑有分，大小有倫」，但肅宗幸而復國，没有及時爲天下確定長久之綱紀，而是「偷取一時之安」，命將帥，授方鎮，「無問賢不肖，惟其所欲與者則授之」，終至積習爲常，至「偏裨士卒，殺逐主帥」而不治其罪，以至「士卒得以陵偏裨，偏裨得以陵將帥」，進而「將帥之陵天子」，終至天下大亂。這段話對宋前二百多年之動亂，可謂誅心之論。

從小的方面則爲是否善用刑賞，控馭羣臣，司馬光認爲應「度德而敘位，量能而授官，有功者賞，有罪者刑，姦不能惑，佞不能移」。對歷代不知此者，批評最多。如批北魏許勳貴不死爲弊法，責梁武帝優厚其弟爲枉「王者之法」，周武帝對高遵漏洩大罪不行誅戮，而借伊婁謙之手而赦之，違背了君主「賞有功，誅有罪」的原則。

人主必須有信。劉裕既有關中，委王鎮惡以關中，復命沈田子以圖鎮惡，司馬光對此給以嚴厲譴責，認爲使臣下爭鬬而致亂，使中原故土「得之艱難，失之造次」。再如唐武宗誅郭誼，在下詔鼓勵昭義將士背叛帥而歸朝後，對郭誼殺叛帥歸朝，反追究舊惡而亟誅之，有失人主之信。進而則將信及夷狄。對傅介子誘殺樓蘭王，歷代多有讚譽，司馬光則斥爲「盜賊之謀」，蓋以權謀雖得勝於一時，失信終貽患於無窮。對東漢段熲襲殺散羌的行爲，他認爲不能僅肯定他「克捷有功」，更應譴責他對邊民「視之如草木禽獸」，任意誅殺，恐「華夏之民亦將蜂起而爲盜」。瞭解於此，也就明白他對牛、李維州納叛事件的態度，贊同牛僧孺將歸唐之吐蕃叛將悉怛謀歸還吐蕃，是在唐與吐蕃修好以後，應堅守信義，不應貪圖維州小利。此事今人多有歧見，在司馬光是堅持始終，且於牛、李並無明顯偏頗。

建儲是王朝存續之關鍵所在，司馬光本人也目覩仁宗晚年因東宫未立而造成的危機，在仁宗病重時勸皇子早入内，保證英宗的順利接班。「臣光曰」有多處涉及建儲問題。如漢武帝已立太子，在鉤弋夫人生子弗陵後，命其所居爲堯母門，乃讓姦人逆知武帝奇愛少子，欲以爲嗣，遂危及皇后、太子，人爲造成巫蠱之禍。隋文帝既知嫡庶多爭，孤弱易摇，但又造成兄弟間「勢鈞位逼」的局面，司馬光特舉辛伯之言，認爲内外寵及嬖子配嫡爲亂國之本。對玄武門之變之「蹀血禁門，推刃同氣」，更有「貽譏千古」之痛惜。

宦官問題是漢、唐政治之突出問題，對宦官之禍的議論，歷來以范曄《後漢書·宦者列傳論》最爲精當，説「少主憑謹舊之庸，女君資出内之命」，自是東漢的景況。而唐代宦官專政綿歷近二百年，卻絶非幼主、女君可概括。司馬光分析，宦官出入宮禁，「人主自幼及長，與之親狎，非如三公六卿，進見有時，可嚴憚也」，君主對内臣、外臣親疏有别，加上唐代宦者握兵，乃至「太阿之柄，落其掌握」。司馬光讚賞太宗「深抑宦官，無得過四品」之舉措，認爲從玄宗「始隳舊章」，讓宦者「進退將相」，乃至數代權宦「竊弄刑賞，壅蔽聰明，視天子如委裘，陵宰相如奴虜」，迺至國事日非。他雖然認爲宮禁寺人不可無，但君主不能過分借以權柄，是鑑於北宋一些特殊現象有感而發的。

君臣之際，大約是古今一大難題，司馬光議論亦多。他對戰國養士之風深惡痛絶，認爲如孟嘗君所爲，「上以侮其君，下以蠹其民，是姦人之雄也」，絶不值得提倡。對東漢清流當四海横流之際，「臧否人物，激濁揚清」，他也深不以爲然，感嘆「身被淫刑，禍及朋友，士類殲滅，而國隨以亡，不亦悲乎」，反而讚賞郭林宗之「既明且哲，以保其身」。他對歐陽修的史觀多有異見，唯獨對馮道之批評，引爲知己。司馬光認爲忠臣當「憂公如家，見危致命」，君有過則强諫力爭，國敗亡則竭節致死。若遇天下無道，可以滅蹟山林，優遊下僚，不可「依違拱嘿，竊位素餐」，更不應如馮道那樣，「君則興亡接踵，道則富貴自如」，斥此爲「姦臣之尤」。在談到西漢霍光家族之

禍時，他認爲關鍵在於人君之器爲「人臣執之久而不歸」，終招大禍。對臣下結爲朋黨，他認爲根子在於君主「明不能燭，彊不能斷，邪正並進，毁譽交至，取捨不在於己，威福潛移於人，於是讒慝得志，而朋黨之議興」。

對歷代君臣，司馬光多有評騭，所見大體公允。他對歷代君主最讚賞之人物，應爲後周世宗。他讚譽周世宗有「宏規大度」，其所爲「以信令御羣臣，以正義責諸國」，在衆多事件處理中都見到他的處事得要，如「王環以不降受賞，劉仁贍以堅守蒙褒，嚴續以盡忠獲存，蜀兵以反覆就誅，馮道以失節被棄，張美以私恩見踈」。在統一戰爭中，「江南未服，則親犯矢石，期於必克；既服，則愛之如子，推誠盡言，爲之遠慮」，指世宗征南唐，前後態度之變化，恰見有道君主的胸襟。

司馬光的史論，内容極其豐富，難以備述，以上僅舉其大端而已。「臣光曰」的議論，與他在其他論著中的議論可以互相參考，謹參下引陶懋炳書，列表揭示如下：

本書所列次序	他書相關史論
五、孟嘗君養士	《温國文正司馬公文集》（簡稱《文集》）卷七〇《四豪論》
八、范睢譖穰侯	《文集》卷七三《史贊評議》之《范睢評》、《應侯罷武安君兵》
一三、漢高祖斬丁公	《文集》卷七三《史贊評議》之《漢高祖斬丁公》

續表

本書所列次序	他書相關史論
一七、蕭何治未央宫	《文集》卷七四《史剡》之《蕭何營未央宫》
一九、貫高之死	《文集》卷七三《史贊評議》之《貫高》
二六、堯母門	《文集》卷七三《史贊評議》之《戾太子敗》、《立鉤弋子爲太子》
三二、四臣之死	《文集》卷七三《史贊評議》之《趙廣漢誅》
三七、賈捐之之敗	《文集》卷七三《史贊評議》之《賈捐之》
三八、京房之諫	《文集》卷七三《史贊評議》之《京房對漢元帝》
一〇八、文宗患朋黨難去	《文集》卷七一《朋黨論》
一一七、馮道大節已虧	《文集》卷七三《史贊評議》之《馮道爲四代相》

本次整理，以《四部叢刊》影印宋刊本《資治通鑑》爲底本，參校了中華書局一九五五年校點本（底本爲明洪武刊胡注本），并參考了清伍耀光《通鑑論》（江蘇人民出版社一九六二年十月版）和近人陶懋炳《司馬光史論探微》（湖南師範大學出版社一九八九年十一月版）對司馬光史論的摘録與分析。條目的次第爲本次所編，題目參考伍、陶二家擬題，原則以司馬光引起議論的事由爲題。這樣是否妥當，敬請讀者賜教。

陳尚君　二〇一九年二月二十四日

資治通鑑臣光曰輯存目録

資治通鑑臣光曰輯存

一　周始命韓、趙、魏爲諸侯

臣光曰：臣聞天子之職莫大於禮，禮莫大於分，分莫大於名。何謂禮？紀綱是也。何謂分？君臣是也。何謂名？公侯卿大夫是也。夫以四海之廣，兆民之衆，受制於一人，雖有絶倫之力，高世之智，莫敢不奔走而服役者，豈非以禮爲之綱紀哉！是故天子統三公，三公率諸侯，諸侯制卿大夫，卿大夫治士庶人。貴以臨賤，賤以承貴，上之使下，猶心腹之運手足，根本之制支葉。下之事上，猶手足之衞心腹，支葉之庇本根，然後能上下相保，而國家治安。故曰天子之職莫大於禮也。文王序《易》，以《乾》、《坤》爲首。孔子繫之曰：「天尊地卑，乾坤定矣。卑高以陳，貴賤位矣。」言君臣之位，猶天地之不可易也。《春秋》抑諸侯，尊周室，王人雖微，序於諸侯之上，以是見聖人於君臣之際未嘗不惓惓也。非有桀、紂之暴，湯、武之仁，人歸之，天命之，君臣之分當守節伏死而已矣。是故以微子而代紂，則成湯配天矣；以季札而君吴，則太伯血食矣。然二子寧亡國而不爲者，誠以禮之大節不可亂也。故曰禮莫大於分也。夫禮，辨貴賤，序

親疏，裁羣物，制庶事，非名不著，非器不形，名以命之，器以别之，然後上下粲然有倫，此禮之大經也。名器既亡，則禮安得獨在哉！昔仲叔于奚有功於衛，辭邑而請繁纓，孔子以爲不如多與之邑。惟器與名，不可以假人，君之所司也；政亡，則國家從之。衛君待孔子而爲政，孔子欲先正名，以爲名不正則民無所措手足。夫繁纓，小物也，而孔子惜之，正名，細務也，而孔子先之，誠以名器既亂，則上下無以相保故也〔二〕。夫事未有不生於微而成於著，聖人之慮遠，故能謹其微而治之；衆人之識近，故必待其著而後救之。治其微則用力寡而功多，救其著則竭力而不能及也。《易》曰：「履霜堅冰至。」《書》曰：「一日二日萬幾。」謂此類也。故曰分莫大於名也。

烏呼！幽厲失德，周道日衰，綱紀散壞，下陵上替，諸侯專征，大夫擅政，禮之大體什喪七八矣，然文、武之祀猶緜緜相屬者，蓋以周之子孫尚能守其名分故也。何以言之？昔晉文公有大功於王室，請隧於襄王，襄王不許，曰：「王章也。未有代德而有二王，亦叔父之所惡也。不然，叔父有地而隧，又何請焉！」文公於是乎懼而不敢違。是故以周之地則不大於曹、滕，以周之民則不衆於邾、莒，然歷數百年宗主天下，雖以晉、楚、齊、秦之彊，不敢加者，何哉？徒以名分尚存故

〔二〕「保」，原作「有」，今據中華本改。

也。至於季氏之於魯，田常之於齊，白公之於楚，智伯之於晉，其勢皆足以逐君而自爲，然而卒不敢者，豈其力不足而心不忍哉！乃畏奸名犯分，而天下共誅之也。今晉大夫暴蔑其君，剖分晉國，天子既不能討，又寵秩之，使列於諸侯，是區區之名分復不能守而并棄之也。先王之禮，於斯盡矣！或者以爲當是之時，周室微弱，三晉彊盛，雖欲勿許，其可得乎？是大不然。夫三晉雖彊，苟不顧天下之誅而犯義侵禮，則不請於天子而自立矣。不請於天子而自立，則爲悖逆之臣，天下苟有桓、文之君，必奉禮義而征之。今請於天子而天子許之，是受天子之命而爲諸侯也，誰得而討之！故三晉之列於諸侯，非三晉之壞禮，乃天子自壞之也。烏呼！君臣之禮既壞矣，則天下以智力相雄長，遂使聖賢之後爲諸侯者，社稷無不泯絶，生民之類糜滅幾盡，豈不哀哉！《資治通鑑》卷第一《周紀》一。

二　智伯之亡

臣光曰：智伯之亡也，才勝德也。夫才與德異，而世俗莫之能辨，通謂之賢，此其所以失人也。夫聰察彊毅之謂才，正直中和之謂德。才者，德之資也；德者，才之帥也。雲夢之竹，天下之勁也，然而不矯揉，不羽括，則不能以入堅；棠谿之金，天下之利也，然而不鎔範，不砥礪，則

不能以擊彊。是故才德全盡，謂之聖人；才德兼亡，謂之愚人；德勝才，謂之君子；才勝德，謂之小人。凡取人之術，苟不得聖人、君子而與之，與其得小人，不若得愚人。何則？君子挾才以爲善，小人挾才以爲惡。挾才以爲善者，善無不至矣；挾才以爲惡者，惡亦無不至矣。愚者雖欲爲不善，智不能周，力不能勝，譬之乳狗搏人，人得而制之。小人智足以遂其姦，勇足以決其暴，是虎而翼者也，其爲害豈不多哉！夫德者人之所嚴，而才者人之所愛，愛者易親，嚴者易疎，是以察者多蔽於才而遺於德。自古昔以來，國之亂臣，家之敗子，才有餘而德不足，以至於顛覆者，多矣，豈特智伯哉！故爲國爲家者，苟能審於才德之分，而知所先後，又何失人之足患哉！

《資治通鑑》卷第一《周紀》一。

三　衛鞅徙木

臣光曰：夫信者，人君之大寶也。國保於民，民保於信；非信無以使民，非民無以守國。是故古之王者不欺四海，霸者不欺四鄰，善爲國者不欺其民，善爲家者不欺其親。不善者反之，欺其鄰國，欺其百姓，甚者欺其兄弟，欺其父子，上不信下，下不信上，上下離心，以至於敗。所利不能藥其所傷，所獲不能補其所亡，豈不哀哉！昔齊桓公不背曹沫之盟，晉文公不貪伐原之

利，魏文侯不棄虞人之期，秦孝公不廢徙木之賞，此四君者，道非粹白，而商君尤稱刻薄，又處戰攻之世，天下趨於詐力，猶且不敢忘信以畜其民，況爲四海治平之政者哉！《資治通鑑》卷第二《周紀》二。

四　子思、孟子言義利

臣光曰：子思、孟子之言，一也。夫唯仁者爲知仁義之利，不仁者不知也。故孟子之對梁王，直以仁義而不及利者，所與言之人異故也。《資治通鑑》卷第二《周紀》二。

五　孟嘗君養士

臣光曰：君子之養士，以爲民也。《易》曰：「聖人養賢，以及萬民。」夫賢者，其德足以敦化正俗，其才足以頓綱振紀，其明足以燭微慮遠，其彊足以結仁固義，大則利天下，小則利一國。是以君子豐禄以富之，隆爵以尊之，養一人而及萬人者，養賢之道也。今孟嘗君之養士也，不恤智愚，不擇臧否，盜其君之禄，以立私黨，張虛譽，上以侮其君，下以蠹其民，是姦人之雄也，烏足

尚哉！《書》曰：『受爲天下逋逃主、萃淵藪。』此之謂也。《資治通鑑》卷第二《周紀》二。

六　孟嘗君能用諫

臣光曰：孟嘗君可謂能用諫矣。苟其言之善也，雖懷詐諼之心，猶將用之，况盡忠無私以事其上乎！《詩》云：「采葑采菲，無以下體。」孟嘗君有焉。《資治通鑑》卷第二《周紀》二。

七　楚襄王迎婦於秦

臣光曰：甚哉秦之無道也，殺其父而劫其子；楚之不競也，忍其父而婚其讎。烏呼！楚之君誠得其道，臣誠得其人，秦雖彊，烏得陵之哉！善乎荀卿論之曰：「夫道，善用之則百里之地可以獨立，不善用之則楚六千里而爲讎人役。」故人主不務得道而廣有其勢，是其所以危也。《資治通鑑》卷第四《周紀》四。

八　范雎譖穰侯

臣光曰：穰侯援立昭王，除其災害，薦白起爲將，南取鄢、郢，東屬地於齊，使天下諸侯稽首而事秦，秦益彊大者，穰侯之功也。雖其專恣驕貪足以賈禍，亦未至盡如范雎之言。若雎者，亦非能爲秦忠謀，直欲得穰侯之處，故搤其吭而奪之耳，遂使秦王絶母子之義，失舅甥之恩。要之，雎真傾危之士哉！《資治通鑑》卷第五《周紀》五。

九　韓非之死

臣光曰：臣聞君子親其親以及人之親，愛其國以及人之國，是以功大名美而享有百福也。今非爲秦畫謀，而首欲覆其宗國，以售其言，罪固不容於死矣，烏足愍哉！《資治通鑑》卷第六《秦紀》一。

一〇　燕丹使荆軻刺秦

臣光曰：燕丹不勝一朝之忿，以犯虎狼之秦，輕慮淺謀，挑怨速禍，使召公之廟不祀忽諸，

罪孰大焉！而論者或謂之賢，豈不過哉！夫爲國家者，任官以才，立政以禮，懷民以仁，交鄰以信，是以官得其人，政得其節，百姓懷其德，四鄰親其義。夫如是，則國家安如磐石，熾如焱火，觸之者碎，犯之者焦，雖有彊暴之國，尚何足畏哉！丹釋此不爲，顧以萬乘之國，決匹夫之怒，逞盜賊之謀，功隳身僇，社稷爲墟，不亦悲哉！夫其膝行蒲伏，非恭也；復言重諾，非信也；糜金散玉，非惠也；刎首決腹，非勇也。要之，謀不遠而動不義，其楚白公勝之流乎！荆軻懷其豢養之私，不顧七族，欲以尺八匕首，彊燕而弱秦，不亦愚乎！故揚子論之，以要離爲蛛蝥之靡，聶政爲壯士之靡，荆軻爲刺客之靡，皆不可謂之義。又曰：「荆軻，君子盜諸。」善哉！《資治通鑑》卷第七《秦紀》二。

一一　齊王建降秦

臣光曰：從衡之説，雖反覆百端，然大要合從者，六國之利也。昔先王建萬國，親諸侯，使之朝聘以相交，饗宴以相樂，會盟以相結者，無他，欲其同心戮力以保國家也。曏使六國能以信義相親，則秦雖強暴，安得而亡之哉！夫三晉者，齊、楚之藩蔽；齊、楚者，三晉之根柢，形勢相資，表裏相依，故以三晉而攻齊、楚，自絶其根柢也；以齊、楚而攻三晉，自撤其藩蔽也。安有撤

其藩蔽以媚盜，曰：「盜將愛我而不攻。」豈不悖哉！《資治通鑑》卷第七《秦紀》二。

一二 蒙恬之死

臣光曰：秦始皇方毒天下，而蒙恬爲之使，恬不仁不知矣。然恬明於爲人臣之義，雖無辠見誅，能守死不貳，斯亦足稱也。《資治通鑑》卷第七《秦紀》二。

一三 漢高祖斬丁公

臣光曰：高祖起豐、沛以來，罔羅豪桀，招亡納叛，亦已多矣。及即帝位，而丁公獨以不忠受戮，何哉？夫進取之與守成，其勢不同。當羣雄角逐之際，民無定主，來者受之，固其宜也。及貴爲天子，四海之内，無不爲臣，苟不明禮義以示之，使爲臣者人懷貳心，以徼大利，則國家其能久安乎？是故斷以大義，使天下曉然皆知，爲臣不忠者無所自容，而懷私結恩者雖至於活己，猶以義不與也。戮一人而千萬人懼，其慮事豈不深且遠哉！子孫享有天禄四百餘年，宜矣。《資治通鑑》卷第十一《漢紀》三。

一四　張良從赤松子遊

臣光曰：夫生之有死，譬猶夜旦之必然，自古及今，固未嘗有超然而獨存者也。以子房之明辨達理，足以知神仙之爲虚詭矣。然其欲從赤松子游者，其智可知也。夫功名之際，人臣之所難處，如高帝所稱者，三傑而已，淮陰誅夷，蕭何繫獄，非以履盛滿而不止耶？故子房託於神仙，遺棄人間，等功名於外物，置榮利而不顧，所謂「明哲保身」者，子房有焉。《資治通鑑》卷第十一《漢紀》三。

一五　張良言諸將謀反

臣光曰：張良爲高帝謀臣，委以心腹，宜其知無不言，安有聞諸將謀反，必待高帝目見偶語，然後乃言之邪？蓋以高帝初得天下，數用愛憎行誅賞，或時害至公，羣臣往往有觖望自危之心，故良因事納忠，以變移帝意，使上無阿私之失，下無猜懼之謀，國家無虞，利及後世。若良者，可謂善諫矣！《資治通鑑》卷第十一《漢紀》三。

一六　叔孫通定朝儀

臣光曰：禮之爲物大矣！用之於身，則動靜有法而百行備焉；用之於家，則内外有别而九族睦焉；用之於鄉，則長幼有倫而俗化美焉；用之於國，則君臣有敘而政治成焉；用之於天下，則諸侯順服而紀綱正焉：豈直几席之上、户庭之間得之而不亂哉！夫以高祖之明達，聞陸賈之言而稱善，覩叔孫通之儀而歎息，然所以不能肩於三代之王者，病於不學而已。當是之時，得大儒而佐之，與之以禮爲天下，其功烈豈若是而止哉！惜夫叔孫生之爲器小也，徒竊禮之糠粃，以依世諧俗取寵而已。遂使先王之禮淪没而不振，以迄于今，豈不痛甚矣哉！是以揚子譏之曰：「昔者魯有大臣，史失其名。曰：『何如其大也？』曰：『叔孫通欲制君臣之儀，召先生於魯所不能致者二人。』曰：『若是，則仲尼之開迹諸侯也非邪？』曰：『仲尼開迹，將以自用也，如委己而從人，雖有規矩準繩，焉得而用之？』」善乎揚子之言也。夫大儒者，惡肯毁其規矩準繩，以趨一時之功哉！《資治通鑑》卷第十一《漢紀》三。

一七　蕭何治未央宫

臣光曰：王者以仁義爲麗，道德爲威，未聞其以宫室填服天下也。天下未定，當克己節用，以趨民之急，而顧以宫室爲先，豈可謂之知所務哉！昔禹卑宫室，而桀爲傾宫。創業垂統之君，躬行節儉，以訓示子孫，其末流猶入於淫靡，況示之以侈乎？乃云無令後世有以加，豈不謬哉！至于孝武卒以宫室罷敝天下，未必不由鄼侯啓之也。《資治通鑑》卷第十一《漢紀》三。

一八　與冒頓和親

臣光曰：建信侯謂冒頓殘賊，不可以仁義説，而欲與爲婚姻，何前後之相違也！夫骨肉之恩，尊卑之敘，唯仁義之人爲能知之，奈何欲以此服冒頓哉！蓋上世帝王之御夷狄也，服則懷之以德，叛則震之以威，未聞與爲婚姻也。且冒頓視其父如禽獸而獵之，奚有於婦翁？建信婚之術[一]，固

〔一〕「婚」，中華本作「侯」。

已踈矣。況魯元已爲趙后，又可奪乎？《資治通鑑》卷第十二《漢紀》四。

一九　貫高之死

臣光曰：高祖驕以失臣，貫高狠以亡君。使貫高謀逆者，高祖之過也；使張敖亡國者，貫高之罪也。《資治通鑑》卷第十二《漢紀》四。

二〇　韓信之死

臣光曰：世或以韓信爲首建大策，與高祖起漢中，定三秦，遂分兵以北，禽魏，取代，仆趙，脅燕，東擊齊而有之，南滅楚垓下，漢之所以得天下者，大抵皆信之功也。觀其距蒯徹之説，迎高祖於陳，豈有反心哉！良由失職怏怏，遂陷悖逆。夫以盧綰里閈舊恩，猶南面王燕，信乃以列侯奉朝請，豈非高祖亦有負於信哉！臣以爲高祖用詐謀禽信於陳，言負則有之，雖然，信亦有以取之也。始漢與楚相距滎陽，信滅齊，不還報而自王，其後漢追楚至固陵，與信期共攻楚，而信不至。當是之時，高祖固有取信之心矣，顧力不能耳。及天下已定，則信復何恃哉！夫乘時以

徼利者，市井之志也；疇功而報德者，士君子之心也。信以市井之志利其身，而以士君子之心望於人，不亦難哉！是故太史公論之曰：假令韓信學道謙讓，不伐己功，不矜其能，則庶幾哉！於漢家勳，可以比周、召、太公之徒，後世血食矣。不務出此，而天下已集，乃謀畔逆，夷滅宗族，不亦宜乎！《資治通鑑》卷第十二《漢紀》四。

二二　惠帝不聽政

臣光曰：爲人子者，父母有過則諫，諫而不聽則號泣而隨之，安有守高祖之業，爲天下之主，不忍母之殘酷，遂棄國家而不恤，縱酒色以傷生。若孝惠者，可謂篤於小仁而未知大誼也。《資治通鑑》卷第十二。《漢紀》四。

二三　叔孫通說人主無過

臣光曰：過者，人之所必不免也，惟聖賢爲能知而改之。古之聖王，患其有過而不自知也，故設誹謗之木，置敢諫之鼓，豈畏百姓之聞其過哉！是以仲虺美成湯曰：「改過不吝。」傅説戒

高宗曰：「無恥過作非。」由是觀之，則爲人君者，固不以無過爲賢，而以改過爲美也。今叔孫通諫孝惠，乃云：「人主無過。」舉是教人君以文過遂非也，豈不繆哉！《資治通鑑》卷第十二《漢紀》四。

二三　漢文帝令薄昭自殺

臣光曰：李德裕以爲：「漢文帝誅薄昭，斷則明矣，於義則未安也。秦康送晉文，興如存之感，況太后尚存，唯一弟薄昭，斷之不疑，非所以慰母氏之心也。」臣愚以爲法者天下之公器，惟善持法者，親疏如一，無所不行，則人莫敢有所恃而犯之也。夫薄昭雖素稱長者，文帝不爲置賢師傅而用之典兵，驕而犯上〔一〕，至於殺漢使者，非有恃而然乎？若又從而赦之，則與成、哀之世何異哉！魏文帝嘗稱漢文帝之美，而不取其殺薄昭，曰：「舅后之家，但當養育以恩，而不當假借以權，既觸罪法，又不得不害。」譏文帝之始不防閑昭也，斯言得之矣。然則欲慰母心者，將慎之於始乎！《資治通鑑》卷第十四《漢紀》六。

〔一〕「而」，原無，今據中華本補。

二四　李廣、程不識爲將

臣光曰：《易》曰：「師出以律，否臧凶。」言治衆而不用法，無不凶也。李廣之將，使人人自便，以廣之材，如此焉可也，然不可以爲法。何則？其繼者難也；况與之並時而爲將乎？夫小人之情，樂於安肆而昧於近禍，彼既以程不識爲煩擾而樂於從廣，且將仇其上而不服。然則簡易之害，非徒廣軍無以禁虜之倉卒而已也。故曰：「兵事以嚴終。」爲將者，亦嚴而已矣。然則傚程不識，雖無功，猶不敗，傚李廣，鮮不覆亡哉！《資治通鑑》卷第十七《漢紀》九。

二五　李廣利伐宛

臣光曰：武帝欲侯寵姬李氏，而使廣利將兵伐宛，其意以爲非有功不侯，不欲負高帝之約也。夫軍旅大事，國之安危、民之死生繫焉。苟爲不擇賢愚而授之，欲徼幸咫尺之功，藉以爲名，而私其所愛，不若無功而侯之爲愈也。然則武帝有見於封國，無見於置將，謂之能守先帝之約，臣曰過矣。《資治通鑑》卷第二十一《漢紀》十三。

二六　堯母門

臣光曰：爲人君者，動靜舉措不可不慎，發於中必形於外，天下無不知之。當是時也，皇后、太子皆無恙，而命鉤弋之門曰堯母，非名也。是以姦人逆探上意，知其奇愛少子，欲以爲嗣，遂有危皇后、太子之心，卒成巫蠱之禍。悲夫！《資治通鑑》卷第二十二《漢紀》十四。

二七　武帝使太子通賓客

臣光曰：古之明王教養太子，爲之擇方正敦良之士，以爲保傅、師友，使朝夕與之遊處，左右前後無非正人，出入起居無非正道，然猶有淫放邪僻而陷於禍敗者焉。今乃使太子自通賓客，從其所好。夫正直難親，諂諛易合，此固中人之常情，宜太子之不終也。《資治通鑑》卷第二十二《漢紀》十四。

二八　武帝以趙過爲搜粟都尉

臣光曰：天下信未嘗無士也！武帝好四夷之功，而勇鋭輕死之士充滿朝廷，闢土廣地，無不如意。及後息民重農，而趙過之儔教民耕耘，民亦被其利，此一君之身趣好殊别，而士輒應之。誠使武帝兼三王之量，以興商、周之治，其無三代之臣乎！《資治通鑑》卷第二十二《漢紀》十四。

二九　漢武帝晚而改過

臣光曰：孝武窮奢極欲，繁刑重斂，内侈宫室，外事四夷，信惑神怪，巡遊無度，使百姓疲敝，起爲盜賊。其所以異於秦始皇者，無幾矣。然秦以之亡，漢以之興者，孝武能尊先王之道，知所統守，受忠直之言，惡人欺蔽，好賢不倦，誅賞嚴明。晚而改過，顧託得人，此其所以有亡秦之失，而免亡秦之禍乎！《資治通鑑》卷第二十二《漢紀》十四。

三〇　傅介子誘殺樓蘭王

臣光曰：王者之於戎狄，叛則討之，服則舍之。今樓蘭王既服其罪，又從而誅之，後有叛者，不可得而懷矣。必以爲有罪而討之，則宜陳師鞠旅，明致其罰。今乃遣使者誘以金幣而殺之，後有奉使諸國者，復可信乎！且以大漢之彊，而爲盜賊之謀，於蠻夷不亦可羞哉！論者或美介子以爲奇功，過矣。《資治通鑑》卷第二十三《漢紀》十五。

三一　霍氏之禍

臣光曰：霍光之輔漢室，可謂忠矣，然卒不能庇其宗，何也？夫威福者，人君之器也，人臣執之久而不歸，鮮不及矣。以孝昭之明，十四而知上官桀之詐，固可以親政矣。況孝宣十九即位，聰明剛毅，知民疾苦，而光久專大柄，不知避去，多置親黨，充塞朝廷，使人主蓄憤於上，吏民積怨於下，切齒側目，待時而發，其得免於身，幸矣。況子孫以驕侈趣之哉！雖然，曏使孝宣專以禄秩賞賜富其子孫，使之食大縣，奉朝請，亦足以報盛德矣。乃復任之以政，授之以兵，及事叢釁積，更加裁奪，遂至怨懼，以生邪謀，豈徒霍氏之自禍哉，亦孝宣醞釀以成之也。昔鬬椒作

亂於楚，莊王滅其族，而赦箴尹克黄，以爲子文無後，何以勸善。夫以顯、禹、雲、山之罪，雖應夷滅，而光之忠勳不可不祀，遂使家無噍類，孝宣亦少恩哉！《資治通鑑》卷第二十五《漢紀》十七。

三二　四臣之死

臣光曰：以孝宣之明，魏相、丙吉爲丞相，于定國爲廷尉，而趙蓋、韓楊之死，皆不厭衆心，惜哉！其爲善政之累，大矣。《周官》司寇之法，有議賢、議能，若廣漢、延壽之治民，可不謂能乎？寬饒、惲之剛直，可不謂賢乎？然則雖有死罪，猶將宥之，況罪不足以死乎！揚子以韓馮翊之愬蕭爲臣之自失。夫所以使延壽犯上者，望之激之也。上不之察，而延壽獨蒙其辜，不亦甚哉！《資治通鑑》卷第二十七《漢紀》十九。

三三　宣帝斥太子好儒

臣光曰：王霸無異道。昔三代之隆，禮樂、征伐自天子出，則謂之王。天子微弱，不能治諸侯，諸侯有能率其與國同討不庭以尊王室者，則謂之霸，其所以行之也，皆本仁祖義，任賢使能，

賞善罰惡，禁暴誅亂，顧名位有尊卑，德澤有深淺，功業有鉅細，政令有廣狹耳，非若白黑甘苦之相反也。漢之所以不能復三代之治者，由人主之不爲，非先王之道不可復行於後世也。夫儒有君子，有小人。彼俗儒者，誠不足與爲治也，獨不可求真儒而用之乎！稷、契、皋陶、伯益、伊尹、周公、孔子，皆大儒也，使漢得而用之，功烈豈若是而止邪！孝宣謂太子懦而不立，闇於治體，必亂我家，則可矣，乃曰：「王道不可行，儒者不可用。」豈不過甚矣哉！殆非所以訓示子孫、垂法將來者也。《資治通鑑》卷第二十七《漢紀》十九。

三四　貢禹奏言節儉

臣光曰：忠臣之事君也，責其所難，則其易者不勞而正；補其所短，則其長者不勸而遂。孝元踐位之初，虛心以問禹，禹宜先其所急，後其所緩。然則優游不斷，讒佞用權，當時之大患也，而禹不以爲言；恭謹節儉，孝元之素志也，而禹孜孜言之。何哉？使禹之智不足以知，烏得爲賢？知而不言，爲罪愈大矣。《資治通鑑》卷第二十八《漢紀》二十。

三五　漢元帝信讒

臣光曰：甚矣孝元之爲君，易欺而難寤也。夫恭、顯之譖愬望之〔一〕，其邪説詭計，誠有所不能辨也。至於始疑望之不肯就獄，恭、顯以爲必無憂，已而果自殺，則恭、顯之欺亦明矣。在中智之君，孰不感動奮發以底邪臣之罰？孝元則不然，雖涕泣不食以傷望之，而終不能誅恭、顯，纔得其免冠謝而已。如此，則姦臣安所懲乎？是使恭、顯得肆其邪心，而無復忌憚者也。《資治通鑑》卷第二十八《漢紀》二十。

三六　諸葛豐比周求進

臣光曰：諸葛豐之於堪、猛，前譽而後毁，其志非爲朝廷進善而去姦也，欲比周求進而已矣。斯亦鄭朋、楊興之流，烏在其爲剛直哉！人君者，察美惡，辨是非，賞以勸善，罰以懲姦，所以爲治也。使豐言得實，則豐不當絀；若其誣罔，則堪、猛何辜焉！今兩責而俱棄之，則美惡是

〔一〕「愬」，中華本作「訴」。

非，果何在哉？《資治通鑑》卷第二十八《漢紀》二十。

三七　賈捐之之敗

臣光曰：君子以正攻邪，猶懼不克，況捐之以邪攻邪，其能免乎？《資治通鑑》卷第二十八《漢紀》二十。

三八　京房之諫

臣光曰：人君之德不明，則臣下雖欲竭忠，何自而入乎？观京房之所以曉孝元，可謂明白切至矣，而終不能寤。悲夫！《詩》曰：「匪面命之，言提其耳。匪手攜之，言示之事。」又曰：「誨爾諄諄，聽我藐藐。」孝元之謂矣。《資治通鑑》卷第二十九《漢紀》二十一。

三九　漢成帝殺翟方進

臣光曰：晏嬰有言：「天命不慆，不貳其命。」禍福之至，安可移乎！昔楚昭王、宋景公不忍

移災於卿佐，曰：「移腹心之疾，寘諸股肱，何益也！」藉其災可移，仁君猶不肯爲，況不可乎！使方進罪不至死而誅之，以當大變，是誣天也。方進有罪當刑，隱其誅而厚其葬，是誣人也。孝成欲誣天人，而卒無所益，可謂不知命矣。《資治通鑑》卷第三十三《漢紀》二十五。

四〇　卓茂爲太傅

臣光曰：孔子稱「舉善而教不能則勸」。是以堯舉皋陶，湯舉伊尹，而不仁者遠，有德故也。光武即位之初，羣雄競逐，四海鼎沸，彼摧堅陷敵之人，權略詭辯之士，方見重於世，而獨能取忠厚之臣，旌循良之吏，拔於草萊之中，寘諸羣公之首，宜其光復舊物，享祚久長。蓋由知所先務而得其本原故也。《資治通鑑》卷第四十《漢紀》三十二。

四一　馮異安輯關中

臣光曰：昔周人頌武王之德曰：「鋪時繹思，我徂惟求定。」言王者之兵，志在布陳威德安民而已。觀光武之所以取關中，用是道也，豈不美哉！《資治通鑑》卷第四十《漢紀》三十二。

四二　韓歆用直諫死

臣光曰：昔高宗命説曰：「若藥弗瞑眩，厥疾弗瘳。」夫切直之言，非人臣之利，乃國家之福也。是以人君夙夜求之，唯懼弗得聞。惜乎以光武之世，而韓歆用直諫死，豈不爲仁明之累哉！《資治通鑑》卷第四十三《漢紀》三十五。

四三　竇憲欺罔

臣光曰：人臣之罪，莫大於欺罔，是以明君疾之。孝章謂竇憲何異指鹿爲馬，善矣；然卒不能罪憲，則姦臣安所懲哉！夫人主之於臣下，患在不知其姦，苟或知之，而復赦之，則不若不知之爲愈也。何以言之？彼或爲姦而上不之知，猶有所畏，既知而不能討，彼知其不足畏也，則放縱而無所顧矣。是故知善而不能用，知惡而不能去，人主之深戒也。《資治通鑑》卷第四十六《漢紀》三十八。

四四　樊英虛名徵召

臣光曰：古之君子，邦有道則仕，邦無道則隱，隱非君子之所欲也。人莫己知而道不得行，羣邪共處而害將及身，故深藏以避之。王者舉逸民，揚仄陋，固爲其有益於國家，非以徇世俗之耳目也。是故有道德足以尊主，智能足以庇民，被褐懷玉，深藏不市，則王者當盡禮以致之，屈體以下之，虛心以訪之，克己以從之，然後能利澤施于四表，功烈格于上下，蓋取其道不取其人，務其實不務其名也。其或禮備而不至，意勤而不起，則姑内自循省，而不敢彊致其人，曰：「豈吾德之薄而不足慕乎？政之亂而不可輔乎？羣小在朝而不敢進乎？誠心不至而憂其言之不用乎？何賢者之不我從也！」苟其德已厚矣，政已治矣，羣小遠矣，誠心至矣，彼將叩閽而自售，又安有勤求而不至者哉！荀子曰：「耀蟬者，務在明其火，振其木而已。火不明，雖振其木，無益也。」今人主有能明其德，則天下歸之，若蟬之歸明火也。或者人主恥不能致，乃至誘之以高位，脅之以嚴刑。使彼誠君子邪，則位非所貪，刑非所畏，終不可得而致也，可致者皆貪位畏刑之人也，烏足貴哉！若乃孝弟著於家庭，行誼隆於鄉曲，利不苟取，仕不苟進，潔己安分，優遊卒歲，雖不足以尊主庇民，是亦清脩之吉士也。王者當褒優安養，俾遂其志。若孝昭之待韓福，光武之遇周黨，以勵廉恥，美風俗，斯亦可矣，固不當如范升之詆毀，又不可如張楷之責望也。至于

飾僞以邀譽，釣奇以驚俗，不食君禄而爭屠沽之利，不受小官而規卿相之位，名與實反，心與迹違，斯乃華士、少正卯之流，其得免於聖王之誅，幸矣，尚何聘召之有哉！《資治通鑑》卷第五十一《漢紀》四十三。

四五　順帝用梁冀

臣光曰：成帝不能選任賢俊，委政舅家，可謂闇矣，猶知王立之不材，棄而不用。順帝援大柄授之后族，梁冀頑嚚凶暴，著於平昔，而使之繼父之位，終於悖逆，蕩覆漢室，校於成帝，闇又甚焉。《資治通鑑》卷第五十二《漢紀》四十四。

四六　崔寔《政論》

臣光曰：漢家之法已嚴矣，而崔寔猶病其寬，何哉？蓋衰世之君率多柔懦，凡愚之佐唯知姑息，是以權幸之臣有罪不坐，豪猾之民犯法不誅，仁恩所施，止於目前，姦宄得志，紀綱不立。故崔寔之論，以矯一時之枉，非百世之通義也。孔子曰：「政寬則民慢，慢則糾之以猛；猛則民

殘，殘則施之以寬。寬以濟猛，猛以濟寬，政是以和。」斯不易之常道矣。《資治通鑑》卷第五十三《漢紀》四十五。

四七　段熲襲漢陽散羌

臣光曰：《書》稱：「天地，萬物父母。惟人萬物之靈，亶聰明，作元后，元后作民父母。」夫蠻夷戎狄，氣類雖殊，其就利避害，樂生惡死，亦與人同耳。御之得其道則附順服從，失其道則離叛侵擾，固其宜也。是以先王之政，叛則討之，服則懷之，處之四裔，不使亂禮義之邦而已。若乃視之如草木禽獸，不分臧否，不辨去來，悉艾殺之，豈作民父母之意哉！且夫羌之所以叛者，爲郡縣所侵冤故也，叛而不即誅者，將帥非其人故也。苟使良將驅而出之塞外，擇良吏而牧之，則疆場之臣也，豈得專以多殺爲快邪！夫御之不得其道，雖華夏之民亦將蠭起而爲寇，又可盡誅邪？然則段紀明之爲將，雖克捷有功，君子所不與也。《資治通鑑》卷第五十六《漢紀》四十八。

四八 黨錮之禍

臣光曰：天下有道，君子揚于王庭，以正小人之罪，而莫敢不服。天下無道，君子囊括不言，以避小人之禍，而猶或不免。黨人生昏亂之世，不在其位，四海横流，而欲以口舌救之，臧否人物，激濁揚清，撩虺蛇之頭，踐虎狼之尾，以至身被淫刑，禍及朋友，士類殲滅，而國隨以亡，不亦悲乎！夫唯郭泰既明且哲，以保其身，申屠蟠見幾而作，不俟終日，卓乎其不可及已。《資治通鑑》卷第五十六《漢紀》四十八。

四九 三互法

臣光曰：叔向有言：「國將亡，必多制。」明王之政，謹擇忠賢而任之，凡中外之臣，有功則賞，有罪則誅，無所阿私，法制不煩而天下大治。所以然者，何哉？執其本故也。及其衰也，百官之任不能擇人，而禁令益多，防閑益密，有功者以閡文不賞，爲姦者以巧法免誅，上下勞擾而天下大亂。所以然者，何哉？逐其末故也。孝靈之時，刺史二千石貪如豺虎，暴殄烝民，而朝廷方守三互之禁。以今視之，豈不適足爲笑，而深可爲戒哉！《資治通鑑》卷第五十七《漢紀》四十九。

五〇　士孫瑞歸功不侯

臣光曰：《易》稱：「勞謙君子，有終吉士。」士孫瑞有功不伐，以保其身，可不謂之智乎！

《資治通鑑》卷第六十《漢紀》五十二。

五一　荀彧佐曹操

臣光曰：孔子之言仁也重矣，自子路、冉求、公西赤門人之高第，令尹子文、陳文子諸侯之賢大夫，皆不足以當之，而獨稱管仲之仁，豈非以其輔佐齊桓，大濟生民乎！齊桓之行若狗彘，管仲不羞而相之，其志蓋以非桓公則生民不可得而濟也。漢末大亂，羣生塗炭，自非高世之才，不能濟也。然則荀彧捨魏武將誰事哉！齊桓之時，周室雖衰，未若建安之初也。建安之初，四海蕩覆，尺土一民，皆非漢有。荀彧佐魏武而興之，舉賢用能，訓卒厲兵，決機發策，征伐四克，遂能以弱爲彊，化亂爲治，十分天下而有其八，其功豈在管仲之後乎？管仲不死子糾，而荀彧死漢室，其仁復居管仲之先矣。而杜牧乃以爲彧之勸魏武取兖州，則比之高、光，官渡不令還許，則比之楚、漢，及事就功畢，乃欲邀名於漢代，譬之教盜穴牆發匱，而不與同挈，得不爲盜乎！

臣以爲，孔子稱「文勝質則史」，凡爲史者記人之言，必有以文之。然則比魏武於高、光、楚、漢者，史氏之文也，豈皆彧口所言邪！用是貶彧，非其罪矣。且使魏武爲帝，則彧爲佐命元功，與蕭何同賞矣。彧不利此，而利於殺身以邀名，豈人情乎！《資治通鑑》卷第六十六《漢紀》五十八。

五二　曹操爲周文王

臣光曰：教化，國家之急務也，而俗吏慢之；風俗，天下之大事也，而庸君忽之。夫惟明智君子，深識長慮，然後知其爲益之大而收功之遠也。光武遭漢中衰，羣雄麋沸，奮起布衣，紹恢前緒，征伐四方，日不暇給，乃能敦尚經術，賓延儒雅，開廣學校，脩明禮樂，武功既成，文德亦洽。繼以孝明、孝章，遹追先志，臨雍拜老，横經問道，自公卿大夫至于郡縣之吏，咸選用經明行修之人，虎賁衛士，皆習《孝經》，匈奴子弟亦遊太學。是以教立於上，俗成於下，其忠厚清修之士，豈唯取重於搢紳，亦見慕於衆庶，愚鄙汙穢之人，豈唯不容於朝廷，亦見棄於鄉里。自三代既亡，風化之美，未有若東漢之盛者也！及孝和以降，貴戚擅權，嬖倖用事，賞罰無章，賄賂公行，賢愚渾殽，是非顛倒，可謂亂矣。然猶緜緜不至於亡者，上則有公卿大夫袁安、楊震、李固、杜喬、陳蕃、李膺之徒，面引廷爭，用公義以扶其危，下則有布衣之士符融、郭泰、范滂、許劭之

流，立私論以救其敗。是以政治雖濁而風俗不衰，至有觸冒斧鉞，僵仆於前，而忠義奮發，繼起於後，隨踵就戮，視死如歸。夫豈特數子之賢哉，亦光武、明、章之遺化也。當是之時，苟有明君作而振之，則漢氏之祚猶未可量也。不幸承陵夷頽敝之餘，重以桓、靈之昏虐，保養姦回，過於骨肉，殄滅忠良，甚於寇讎，積多士之憤，蓄四海之怒。於是何進召戎，董卓乘釁，袁紹之徒從而構難，遂使乘輿播越，宗廟丘墟，王室蕩覆，烝民塗炭，大命隕絶，不可復救。然州郡擁兵專地者，雖互相吞噬，猶未嘗不以尊漢爲辭。以魏武之暴戾彊伉，加有大功於天下，其蓄無君之心久矣，乃至没身不敢廢漢而自立，豈其志之不欲哉，猶畏名義而自抑也。由是觀之，教化安可慢，風俗安可忽哉！《資治通鑑》卷第六十八《漢紀》六十。

五三　漢中王即皇帝位

臣光曰：天生烝民，其勢不能自治，必相與戴君以治之。苟能禁暴除害，以保全其生，賞善罰惡，使不至於亂，斯可謂之君矣。是以三代之前，海内諸侯何啻萬國，有民人社稷者，通謂之君。合萬國而君之，立法度，班號令，而天下莫敢違者，乃謂之王。王德既衰，彊大之國能帥諸侯以尊天子者，則謂之霸。故自古天下無道，諸侯力爭，或曠世無王者，固亦多矣。秦焚書坑

儒，漢興，學者始推五德生、勝，以秦爲閏位，在木火之間，霸而不王，於是正閏之論興矣。及漢室顛覆，三國鼎跱，晉氏失馭，五胡雲擾，宋魏以降，南北分治，各有國史，互相排黜，南謂北爲索虜，北謂南爲島夷。朱氏代唐，四方幅裂，朱邪入汴，比之窮新，運歷年紀，皆棄而不數，此皆私己之偏辭，非大公之通論也。臣愚，誠不足以識前代之正閏，竊以爲苟不能使九州合爲一統，皆有天子之名而無其實者也。雖華夷仁暴，大小彊弱，或時不同，要皆與古之列國無異，豈得獨尊奬一國謂之正統，而其餘皆爲僭僞哉！若以自上相授受者爲正邪，則陳氏何所授，拓跋氏何所受？若以居中夏者爲正邪，則劉、石、慕容、苻、姚、赫連所得之土，皆五帝三王之舊都也。若以有道德者爲正邪，則蕞爾之國必有令主，三代之季豈無僻王。是以正閏之論，自古及今，未有能通其義，確然使人不可移奪者也。臣今所述，止欲敘國家之興衰，著生民之休戚，使觀者自擇其善惡得失，以爲勸戒，非若《春秋》立褒貶之法，撥亂世反諸正也。正閏之際，非所敢知，但據其功業之實而言之。周、秦、漢、晉、隋、唐皆嘗混壹九州，傳祚於後，子孫雖微弱播遷，猶承祖宗之業，有紹復之望，四方與之爭衡者，皆其故臣也，故全用天子之制以臨之。其餘地醜德齊，莫能相壹，名號不異，本非君臣者，皆以列國之制處之，彼此鈞敵，無所抑揚，庶幾不誣事實，近於至公。然天下離析之際，不可無歲時月日以識事之先後。據漢傳於魏而晉受之，晉傳於宋以至於陳而隋取之，唐傳於梁以至於周而大宋承之，故不得不取魏、宋、齊、梁、陳、後梁、後

唐、後晉、後漢、後周年號，以紀諸國之事，非尊此而卑彼，有正閏之辨也。昭烈之於漢，雖云中山靖王之後，而族屬疎遠，不能紀其世數名位，亦猶宋高祖稱楚元王後，南唐烈祖稱吴王恪後，是非難辨，故不敢以光武及晉元帝爲比，使得紹漢氏之遺統也。《資治通鑑》卷第六十九《魏紀》一。

五四　魏文帝辱于禁

臣光曰：于禁將數萬衆敗，不能死，生降於敵，既而復歸。文帝廢之可也，殺之可也，乃畫陵屋以辱之，斯爲不君矣。《資治通鑑》卷第六十九《魏紀》一。

五五　劉邵作考課法

臣光曰：爲治之要，莫先於用人，而知人之道，聖賢所難也。是故求之於毁譽，則愛憎競進，而善惡渾殽，考之於功狀，則巧詐横生，而真僞相冒。要之，其本在於至公至明而已矣。爲人上者至公至明，則羣下之能否焯然形於目中，無所復逃矣。苟爲不公不明，則考課之法適足

以爲曲私欺罔之資也。何以言之？公明者心也，功狀者迹也，已之心不能治，而以考人之迹，不亦難乎！爲人上者，誠能不以親疎貴賤異其心，喜怒好惡亂其志。欲知治經之士，則視其記覽博洽，講論精通，斯爲善治經矣；欲知治獄之士，則視其曲盡情僞，無所寃抑，斯爲善治獄矣；欲知治財之士，則視其倉庫盈實，百姓富給，斯爲善治財矣；欲知治兵之士，則視其戰勝攻取，敵人畏服，斯爲善治兵矣。至於百官，莫不皆然。雖詢謀於人，而決之在己，雖考求於迹，而察之在心，研覈其實，而斟酌其宜，至精至微，不可以口述，不可以書傳也，安得豫爲之法而悉委有司哉！或者，親貴雖不能而任職，疎賤雖賢才而見遺，所喜所好者敗官而不去，所怒所惡者有功而不録，詢謀於人，則毁譽相半而不能決，考求其迹，則文具實亡而不能察，雖復爲之善法，繁其條目，謹其簿書，安能得其真哉！或曰：人君之治，大者天下，小者一國，内外之官以千萬數，考察黜陟，安得不委有司而獨任其事哉？曰：非謂其然也。凡爲人上者，不特人君而已。太守居一郡之上，刺史居一州之上，九卿居屬官之上，三公居百執事之上，皆用此道以考察黜陟在下之人，爲人君者亦用此道以考察黜陟公卿、刺史、太守，奚煩勞之有哉！或曰：考績之法，唐虞所爲，京房、劉邵述而脩之耳，烏可廢哉？曰：唐虞之官，其居位也久，其受任也專，其立法也寬，其責成也遠。是故鯀之治水，九載績用弗成，然後治其罪；禹之治水，九州攸同，四隩既宅，然後賞其功。非若京房、劉邵之法校其米鹽之課，責其旦夕之效也。事固有名同而實異者，不可

不察也。考績非可行於唐、虞而不可行於漢、魏，由京房、劉邵不得其本而奔趨其末故也。《資治通鑑》卷第七十三《魏紀》五。

五六　晉武帝守喪

臣光曰：三年之喪，自天子達于庶人，此先王禮經，百世不易者也。漢文師心不學，變古壞禮，絶父子之恩，虧君臣之義，後世帝王不能篤於哀戚之情，而羣臣諂諛，莫肯釐正。至於晉武獨以天性矯而行之，可謂不世之賢君，而裴、傅之徒，固陋庸臣，習常玩故，不能將順其美，惜哉！《資治通鑑》卷第七十九《晉紀》一。

五七　晉武帝刑賞

臣光曰：政之大本，在於刑賞，刑賞不明，政何以成？晉武帝赦山濤而褒李憙，其於刑賞兩失之。使憙所言爲是，則濤不可赦；所言爲非，則憙不足褒。褒之使言，言而不用，怨結於下，威玩於上，将安用之！且四臣同罪，劉友伏誅，而濤等不問，避貴施賤，可謂政乎？創業之初，而

政本不立，將以垂統後世，不亦難乎！《資治通鑑》卷第七十九《晉紀》一。

五八　王裒徵辟不就

臣光曰：昔舜誅鯀而禹事舜，不敢廢至公也。嵇康、王儀死皆不以其罪，二子不仕晉室，可也。嵇紹苟無蕩陰之忠，殆不免於君子之譏乎！《資治通鑑》卷第八十《晉紀》二。

五九　杜預、陳逵論喪禮

臣光曰：規矩主於方圓，然庸工無規矩則方圓不可得而制也。衰麻主於哀戚，然庸人無衰麻則哀戚不可得而勉也。《素冠》之詩，正爲是矣。杜預巧飾經傳，以附人情，辯則辯矣，臣謂不若陳逵之言質略而敦實也。《資治通鑑》卷第八十《晉紀》二。

六〇　何曾亡族

臣光曰：何曾議武帝偷惰，取過目前，不爲遠慮，知天下將亂，子孫必與其憂，何其明也。然身爲僭侈，使子孫承流，卒以驕奢亡族，其明安在哉！且身爲宰相，知其君之過不以告，而私語於家，非忠臣也。《資治通鑑》卷第八十七《晉紀》九。

六一　王導不劾庾亮、卞敦

臣光曰：庾亮以外戚輔政，首發禍機，國破君危，竄身苟免。卞敦位列方鎮，兵糧俱足，朝廷顛覆，坐觀勝負，人臣之罪，孰大於此？既不能明正典刑，又以寵禄報之，晉室無政，亦可知矣。任是責者，豈非王導乎！《資治通鑑》卷第九十四《晉紀》十六。

六二　苻健臨終亂命

臣光曰：顧命大臣，所以輔導嗣子，爲之羽翼也。爲之羽翼而教使翦之，能無斃乎！知其

不忠則勿任而已矣，任以大柄，又從而猜之，鮮有不召亂者也。《資治通鑑》卷第一百《晉紀》二十二。

六三　沈勁爲子

臣光曰：沈勁可謂能爲子矣。恥父之惡，致死以滌之，變凶逆之族爲忠義之門。《易》曰：「幹父之蠱，用譽。」《蔡仲之命》曰：「爾尚蓋前人之愆，惟忠惟孝。」其是之謂乎！《資治通鑑》卷第一百一《晉紀》二十三。

六四　王猛欲除慕容垂

臣光曰：昔周得微子而革商命，秦得由余而霸西戎，吴得伍員而克彊楚，漢得陳平而誅項籍，魏得許攸而破袁紹，彼敵國之材臣，來爲己用，進取之良資也。王猛知慕容垂之心久而難信，獨不念燕尚未滅，垂以材高功盛，無罪見疑，窮困歸秦，未有異心，遽以猜忌殺之，是助燕爲無道，而塞來者之門也，如何其可哉！故秦王堅禮之以收燕望，親之以盡燕情，寵之以傾燕衆，信之以結燕心，未爲過矣。猛何汲汲於殺垂，至乃爲市井鬻賣之行，有如嫉其寵而讒之者，豈雅

德君子所宜爲哉！《資治通鑑》卷第一百二《晉紀》二十四。

六五　苻堅寵秩慕容評

臣光曰：古之人，滅人之國而人悦，何哉？爲人除害故也。彼慕容評者，蔽君專政，忌賢疾功，愚闇貪虐，以喪其國，國亡不死，逃遁見擒，秦王堅不以爲誅首，又從而寵秩之，是愛一人而不愛一國之人也，其失人心多矣。是以施恩於人而人莫之恩，盡誠於人而人莫之誠，卒於功名不遂，容身無所，由不得其道故也。《資治通鑑》卷第一百三《晉紀》二十五。

六六　苻堅屢赦反者

臣光曰：夫有功不賞，有罪不誅，雖堯、舜不能爲治，況他人乎！秦王堅每得反者輒宥之，使其臣狃於爲逆，行險徼幸，雖力屈被擒，猶不憂死，亂何自而息哉！《書》曰：「威克厥愛，允濟；愛克厥威，允罔功。」《詩》云：「毋縱詭隨，以謹罔極。式遏寇虐，無俾作慝。」今堅違之，能無亡乎！《資治通鑑》卷第一百四《晉紀》二十六。

六七　苻堅之敗

臣光曰：論者皆以爲秦王堅之亡，由不殺慕容垂、姚萇故也，臣獨以爲不然。許劭謂魏武帝治世之能臣，亂世之姦雄，使堅治國無失其道，則垂、萇皆秦之能臣也，烏能爲亂哉！堅之所以亡，由驟勝而驕故也。魏文侯問李克吴之所以亡，對曰：「數戰數勝。」文侯曰：「數戰數勝，國之福也，何故亡？」對曰：「數戰則民疲，數勝則主驕，以驕主御疲民，未有不亡者也。」《資治通鑑》卷第一百六《晉紀》二十八。

六八　劉裕滅南燕

臣光曰：晉自濟江以來，威靈不競，戎狄横騖，虎噬中原。劉裕始以王師翦平東夏，不於此際旌禮賢俊，慰撫疲民，宣愷悌之風，滌殘穢之政，使羣士向風，遺黎企踵，而更恣行屠戮，以快忿心，蹟其施設，曾苻、姚之不如，宜其不能蕩一四海，成美大之業。豈非雖有智勇而無仁義使之然哉！

六九 劉裕使沈田子圖王鎮惡

臣光曰：古人有言：「疑則勿任，任則勿疑。」裕既委鎮惡以關中，而復與田子有後言，是鬭之使爲亂也。惜乎百年之寇，千里之土，得之艱難，失之造次，使豐、鄗之都，復輸寇手。荀子曰：「兼并易能也，堅凝之難。」信哉！《資治通鑑》卷第一百一十八《晉紀》四十。

七〇 北魏崇道

臣光曰：老莊之書，大指欲同死生，輕去就，而爲神仙者服餌修鍊，以求輕舉，鍊草石爲金銀，其爲術正相戾矣。是以劉歆《七略》敘道家爲諸子，神仙爲方技。其後復有符水禁呪之術，至謙之遂合而爲一，至今循之，其訛甚矣。崔浩不喜佛老之書，而信謙之之言，其故何哉！昔臧文仲祀爰居，孔子以爲不智，如謙之者，其爲爰居亦大矣！「詩三百，一言以蔽之，曰思無邪。」君子之於擇術，可不慎哉！《資治通鑑》卷第一百一十九《宋紀》一。

七一　宋文帝立四學

臣光曰：《易》曰：「君子多識前言往行，以畜其德。」孔子曰：「辭達而已矣。」然則史者，儒之一端；文者，儒之餘事。至於老莊虛無，固非所以爲教也。夫學者所以求道，天下無二道，安有四學哉！《資治通鑑》卷第一百二十三《宋紀》五。

七二　文帝兄弟失和

臣光曰：文帝之於義康，友愛之情，其始非不隆也，終於失兄弟之歡，虧君臣之義，迹其亂階，正由劉湛權利之心無有厭已。《詩》云：「貪人敗類。」其是之謂乎！《資治通鑑》卷第一百二十三《宋紀》五。

七三　齊武帝違禮

臣光曰：昔屈到嗜芰，屈建去之，以爲不可以私欲干國之典。況子爲天子，而以庶人之禮

祭其父，違禮甚矣。衛成公欲祀相，甯武子猶非之，而況降祀祖考於私室，使庶婦尸之乎！《資治通鑑》卷第一百三十七《齊紀》三。

七四　魏孝文帝行小仁

臣光曰：人主之於其國，譬猶一身，視遠如視邇，在境如在庭，舉賢才以任百官，修政事以利百姓，則封域之内，無不得其所矣。是以先王黈纊塞耳，前旒蔽明，欲其廢耳目之近，用推聰明於四遠也。彼廢疾者宜養，當命有司均之於境内，今獨施於道路之所遇，則所遺者多矣。其爲仁也，不亦微乎！況赦罪人以橈有司之法，尤非人君之體也。惜也孝文，魏之賢君，而猶有是乎！《資治通鑑》卷第一百三十八《齊紀》四。

七五　蕭子良憂死

臣光曰：孔子稱：「鄙夫不可與事君。未得之，患得之，既得之，患失之。苟患失之，無所不至。」王融乘危徼幸，謀易嗣君。子良當時賢王，雖素以忠慎自居，不免憂死。迹其所以然，正

由融速求富貴而已。輕躁之士，烏可近哉！《資治通鑑》卷第一百三十九《齊紀》五。

七六　謝朏兄弟苟求富貴

臣光曰：臣聞「衣人之衣者懷人之憂，食人之食者死人之事」。二謝兄弟，比肩貴近，安享榮禄，危不預知，爲臣如此，可謂忠乎！《資治通鑑》卷第一百三十九《齊紀》五。

七七　北魏選官

臣光曰：選舉之法，先門地而後賢才，此魏、晉之深弊，而歷代相因，莫之能改也。夫君子小人，不在於世禄與側微，以今日視之，愚智所同知也。當是之時，雖魏孝文之賢，猶不免斯弊。故夫明辨是非而不惑於世俗者，誠鮮矣！《資治通鑑》卷第一百四十《齊紀》六。

七八　北魏許勳貴不死

臣光曰：夫爵禄廢置，殺生予奪，人君所以馭臣之大柄也。是故先王之制，雖有親、故、賢、能、功、貴、勤、賓，苟有其罪，不直赦也，必議於槐棘之下，可赦則赦，可宥則宥，可刑則刑，可殺則殺，輕重視情，寬猛隨時。故君得以施恩而不失其威，臣得以免罪而不敢自恃。及魏則不然，勳貴之臣往往豫許之以不死，使彼驕而觸罪，又從而殺之，是以不信之令，誘之使陷於死地也。刑政之失，無此爲大焉！《資治通鑑》卷第一百四十一《齊紀》七。

七九　梁武帝優厚其弟

臣光曰：宏爲将則覆三軍，爲臣則涉大逆，高祖貸其死罪，可矣。數旬之間還爲三公，於兄弟之恩誠厚矣，王者之法果安在哉！《資治通鑑》卷第一百四十八《梁紀》四。

八〇　李崇議改鎮置州

臣光曰：李崇之表，乃所以銷禍於未萌，制勝於無形。魏肅宗既不能用，及亂生之日，曾無愧謝之言，乃更以爲崇罪，彼不明之君，烏可與謀哉！《詩》云：「聽言則對，誦言如醉。匪用其良，覆俾我悖。」其是之謂矣！《資治通鑑》卷第一百五十《梁紀》六。

八一　湛僧智忠于國事

臣光曰：湛僧智可謂君子矣，忘其積時攻戰之勞，以授一朝新至之將，知己之短，不掩人之長，功成不取，以濟國事，忠且無私，可謂君子矣！《資治通鑑》卷第一百五十一《梁紀》七。

八二　昭明太子憂死

臣光曰：君子之於正道，不可少頃離也，不可跬步失也。以昭明太子之仁孝，武帝之慈愛，一染嫌疑之迹，身以憂死，罪及後昆，求吉得凶，不可湔滌，可不戒哉！是以詭誕之士，奇邪之

術，君子遠之。《資治通鑑》卷第一百五十五《梁紀》十一。

八三　賀琛啓陳四事

臣光曰：梁高祖之不終也，宜哉！人主聽納之失，在於叢脞，人臣獻替之病，在於煩碎。是以明主守要道以御萬幾之本，忠臣陳大體以格君心之非，故身不勞而收功遠，言至約而爲益大也。觀夫賀琛之諫，亦未至於切直〔一〕，而高祖已赫然震怒，護其所短，矜其所長，詰貪暴之主名，問勞費之條目，困以難對之狀，責以必窮之辭，自以蔬食之儉爲盛德，日昊之勤爲至治，君道已備，無復可加，羣臣箴規，舉不足聽，如此則自餘切直之言過於琛者，誰敢進哉？由是姦佞居前而不見，大謀顛錯而不知，名辱身危，覆邦絶祀，爲千古所閔笑，豈不哀哉！《資治通鑑》卷第一百五十九《梁紀》十五。

〔一〕「亦」，中華本無。

八四　孔奂爲太子詹事

臣光曰：夫臣之事君[一]，宜將順其美，正救其惡。孔奂在陳，處腹心之重任，決禮義之大計，苟以世祖之言爲不誠，則當如竇嬰面辨，爰盎廷爭[二]，防微杜漸，以絶覬覦之心；以爲誠邪，則當請明下詔書，宣告中外，使世祖有宋宣之美，高宗無楚靈之惡。不然，謂太子嫡嗣不可動摇，欲保附而安全之，則當盡忠竭節，以死繼之，如晉之荀息，趙之肥義。奈何於君之存，則逆探其情而求合焉，及其既没，則權臣移國而不能救，嗣主失位而不能死，斯乃姦諛之尤者。而世祖謂之遺直，以託六尺之孤，豈不悖哉！《資治通鑑》卷第一百六十九《陳紀》三。

八五　周武帝失刑

臣光曰：賞有功，誅有罪，此人君之任也。高遵奉使異國，漏泄大謀，此叛臣也。周高祖不

[一]「夫」，中華本下有「人」字。
[二]「爰」，中華本作「袁」。

自行戮，乃以賜謙，使之復怨，失政刑矣。孔子謂以德報怨者，何以報德。爲謙者，宜辭而不受，歸諸有司，以正典刑。乃請而赦之，以成其私名。美則美矣，亦非公義也。《資治通鑑》卷一百七十二《陳紀》六。

八六　周武帝勝而愈儉

臣光曰：周高祖可謂善處勝矣，佗人勝則益奢，高祖勝而愈儉。《資治通鑑》卷第一百七十三《陳紀》七。

八七　隋文帝建儲

臣光曰：昔辛伯諗周桓公曰：「内寵並后，外寵貳政，嬖子配嫡，大都偶國，亂之本也。」人主誠能慎此四者，亂何自生哉！隋高祖徒知嫡庶之多爭，孤弱之易搖，曾不知勢鈞位逼，雖同産至親，不能無相傾奪。考諸辛伯之言，得其一而失其三乎！《資治通鑑》卷第一百八十《隋紀》四。

八八　玄武門之變

臣光曰：立嫡以長，禮之正也。然高祖所以有天下，皆太宗之功。隱太子以庸劣居其右，地嫌勢逼，必不相容。曏使高祖有文王之明，隱太子有泰伯之賢，太宗有子臧之節，則亂何自而生矣。既不能然，太宗始欲俟其先發，然後應之，如此則事非獲已，猶爲愈也。既而爲羣下所迫，遂至蹀血禁門，推刃同氣，貽譏千古，惜哉！夫創業垂統之君，子孫之所儀刑也，彼中、明、肅、代之傳繼，得非有所指擬以爲口實乎！《資治通鑑》卷第一百九十一《唐紀》七。

八九　裴矩佞於隋而忠於唐

臣光曰：古人有言：君明臣直。裴矩佞於隋而忠於唐，非其性之有變也，君惡聞其過，則忠化爲佞，君樂聞直言，則佞化爲忠。是知君者表也，臣者景也，表動則景隨矣。《資治通鑑》卷第一百九十二《唐紀》八。

九〇　太宗君臣論樂

臣光曰：臣聞垂能目制方圓，心度曲直，然不能以教人，其所以教人者，必規矩而已矣。聖人不勉而中，不思而得，然不能以授人，其所以授人者，必禮樂而已矣。禮者，聖人之所履也；樂者，聖人之所樂也。聖人履中正而樂和平，又思與四海共之，百世傳之，於是乎作禮樂焉。故工人執垂之規矩而施之器，是亦垂之功已。王者執五帝、三王之禮樂而施之世，是亦五帝、三王之治已。五帝、三王，其違世已久，後之人見其禮知其所履，聞其樂知其所樂，炳然若猶存於世焉，此非禮樂之功邪？夫禮樂有本有文，中和者本也，容聲者末也，二者不可偏廢。先王守禮樂之本，未嘗須臾去於心，行禮樂之文，未嘗須臾遠於身。興於閨門，著於朝廷，被於鄉遂比鄰，達於諸侯，流於四海，自祭祀軍旅至於飲食起居，未嘗不在禮樂之中，如此數十百年，然後治化周浹，鳳凰來儀也。苟無其本而徒有其末，一日行之而百日捨之，求以移風易俗，誠亦難矣！是以漢武帝置協律，歌天瑞，非不美也，不能免哀痛之詔。王莽建羲和，考律吕，非不精也，不能救漸臺之禍。晉武帝制笛尺〔二〕，調金石，非不詳也，不能弭平陽之災。梁武帝立四器，調八音，非不

〔二〕「帝」，中華本無。

察也，不能免臺城之辱。然則雖《韶》、《夏》、《濩》、《武》之音，具存於世，苟其餘不足以稱之，曾不能化一夫，況四海乎！是猶執垂之規矩而無工與材，坐而待器之成，終不可得也。況齊、陳淫昏之主，亡國之音，蹔奏於庭，烏能變一世之哀樂乎！而太宗遽云治之隆替不由於樂，何發言之易，而果於非聖人也如此！夫禮非威儀之謂也，然無威儀則禮不可得而行矣。樂非聲音之謂也，然無聲音則樂不可得而見矣。譬諸山，取其一土一石而謂之山則不可，然土石皆去，山於何在哉？故曰：「無本不立，無文不行。」奈何以齊、陳之音不驗於今世，而謂樂無益於治亂，何異覩拳石而輕泰山乎？必若所言，則是五帝三王之作樂皆妄也。「君子於其所不知，蓋闕如也。」惜哉！《資治通鑑》卷第一百九十二《唐紀》八。

九一　太宗不私其所愛

臣光曰：唐太宗不以天下大器私其所愛，以杜禍亂之原，可謂能遠謀矣。《資治通鑑》卷第一百九十七《唐紀》十三。

九二　太宗絶薛延陀婚約

臣光曰：孔子稱去食、去兵，不可去信。唐太宗審知薛延陀不可妻，則出勿許其昏可也〔一〕，既許之矣，乃復恃彊棄信而絶之，雖滅薛延陀，猶可羞也。王者發言出令，可不慎哉！《資治通鑑》卷第一百九十七《唐紀》十三。

九三　玄宗禁風俗奢靡

臣光曰：明皇之始欲爲治，能自刻厲節儉如此，晚節猶以奢敗，甚哉奢靡之易以溺人也。《詩》云：「靡不有初，鮮克有終。」可不慎哉！《資治通鑑》卷第二百十一《唐紀》二十七。

〔一〕「昏」，中華本作「婚」。

九四　薛謙光獻《豫州鼎銘》

臣光曰：日食不驗，太史之過也，而君臣相賀，是誣天也。采偶然之文以爲符命，小臣之諂也，而宰相因而實之，是侮其君也。上誣於天，下侮其君，以明皇之明，姚崇之賢，猶不免於是，豈不惜哉！《資治通鑑》卷第二百十一《唐紀》二十七。

九五　盧懷慎爲介臣

臣光曰：昔鮑叔之於管仲，子皮之於子産，皆位居其上，能知其賢而下之，授以國政，孔子美之。曹參自謂不及蕭何，一遵其法，無所變更，漢業以成。夫不肖用事，爲其僚者，愛身保禄而從之，不顧國家之安危，是誠罪人也。賢智用事，爲其僚者，愚惑以亂其治，專固以分其權，媢嫉以毁其功，愎戾以竊其名，是亦罪人也。崇，唐之賢相，懷慎與之同心勠力，以濟明皇太平之政，夫何罪哉！《秦誓》曰：「如有一介臣，斷斷猗，無它技，其心休休焉，其如有容，人之有技，若己有之，人之彦聖，其心好之，不啻如自其口出，是能容之，以保我子孫黎民，亦職有利哉！」懷慎之謂矣。《資治通鑑》卷第二百十一《唐紀》二十七。

九六　玄宗理渤海事失體

臣光曰：王者所以服四夷，威信而已。門藝以忠獲罪，自歸天子，天子當察其枉直，賞門藝而罰武藝，爲政之體也。縱不能討，猶當正以門藝之無罪告之。今明皇威不能服武藝，恩不能庇門藝，顧效小人爲欺誑之語，以取困於小國，乃罪鴻臚之漏泄，不亦可羞哉！《資治通鑑》卷第二百一十三《唐紀》二十九。

九七　祠武成王

臣光曰：經緯天地之謂文，戡定禍亂之謂武，自古不兼斯二者而稱聖人，未之有也。故黄帝、堯、舜、禹、湯、文、武、伊尹、周公，莫不有征伐之功。孔子雖不試，猶能兵萊夷，卻費人，曰：『吾戰則克〔二〕。』豈孔子專文而太公專武乎？孔子所以祀於學者，禮有先聖先師故也。自生民以來，未有如孔子者，豈太公得與之抗衡哉！古者有發，則命大司徒教士以車甲，羸股肱，決射御，

〔二〕「吾」，中華本作「我」。

受成獻馘，莫不在學。所以然者，欲其先禮義而後勇力也。君子有勇而無義爲亂，小人有勇而無義爲盜，若專訓之以勇力，而不使之知禮義，奚所不爲矣！自孫、吴以降，皆以勇力相勝，狙詐相高，豈足以數於聖賢之門而謂之武哉！乃復誣引以偶十哲之目，爲後世學者之師，使太公有神，必羞與之同食矣。《資治通鑑》卷第二百一十三《唐紀》二十九。

九八　玄宗奢靡

臣光曰：聖人以道德爲麗，仁義爲樂，故雖茅茨土階，惡衣菲食，不恥其陋，惟恐奉養之過以勞民費財。明皇恃其承平，不思後患，殫耳目之玩，窮聲技之巧，自謂帝王富貴皆不我如，欲使前莫能及，後無以踰，非徒娱己，亦以誇人。豈知大盜在旁，已有窺窬之心，卒致鑾輿播越，生民塗炭。乃知人君崇華靡以示人，適足爲大盜之招也。《資治通鑑》卷第二百一十八《唐紀》三十四。

九九　肅宗以六等議刑

臣光曰：爲人臣者，策名委質，有死無貳。希烈等或貴爲卿相，或親連肺腑，於承平之日，無一言以規人主之失，救社稷之危，迎合取容，以竊富貴。及四海横潰，乘輿播越，偷生苟免，顧

戀妻子，媚賊稱臣，爲之陳力，此乃屠酤之所羞，犬馬之不如。儻更全其首領，復其官爵，是諂諛之臣無往而不得計也。彼顔杲卿、張巡之徒，世治則擯斥外方，沈抑下僚，世亂則委棄孤城，齏粉寇手，何爲善者之不幸，而爲惡者之幸，朝廷待忠義之薄而保姦邪之厚邪？至於微賤之臣，巡徼之隷，謀議不預，號令不及，朝聞親征之詔，夕失警蹕之所，乃復責其不能扈從，不亦難哉！六等議刑，斯亦可矣，又何悔焉？《資治通鑑》卷第二百二十《唐紀》三十六。

一〇〇　肅宗姑息方鎮

臣光曰：夫民生有欲，無主則亂。是故聖人制禮以治之。自天子、諸侯至於卿、大夫、士、庶人，尊卑有分，大小有倫，若綱條之相維，臂指之相使，是以民服事其上，而下無覬覦。其在《周易》：「上天、下澤，履。」《象》曰：「君子以辨上下，定民志。」此之謂也。凡人君所以能有其臣民者，以八柄存乎己也。苟或捨之，則彼此之勢均，何以使其下哉！肅宗遭唐中衰，幸而復國，是宜正上下之禮，以綱紀四方，而偷取一時之安，不思永久之患。彼命將帥，統藩維，國之大事也，乃委一介之使，徇行伍之情，無問賢不肖，惟其所欲與者則授之。自是之後，積習爲常，君臣循守，以爲得策，謂之姑息。乃至偏裨士卒，殺逐主帥，亦不治其罪，因以其位任授之。然則

爵禄廢置，殺生予奪，皆不出於上而出於下，亂之生也，庸有極乎？且夫有國家者，賞善而誅惡，故爲善者勸，爲惡者懲，彼爲人下而殺逐其上，惡孰大焉，乃使之擁旄秉鉞，師長一方，是賞之也，賞以勸惡，惡其何所不至乎？《書》云：「遠乃猷。」《詩》云：「猷之未遠，是用大諫。」孔子曰：「人無遠慮，必有近憂。」爲天下之政而專事姑息，其憂患可勝校乎？由是爲下者常眄眄焉伺其上，苟得間則攻而族之；爲上者常惴惴焉畏其下，苟得間則掩而屠之，爭務先發，以逞其志，非有相保養爲俱利久存之計也。如是而求天下之安，其可得乎？迹其厲階，肇於此矣。蓋古者治軍必本於禮，故晉文公城濮之戰，見其師少長有禮，知其可用。今唐治軍而不顧禮，使士卒得以陵偏裨，偏裨得以陵將帥，則將帥之陵天子，自然之勢也。由是禍亂繼起，兵革不息，民墜塗炭，無所控訴，凡二百餘年。然後宋受命，太祖始制軍法，使以階級相承，小有違犯，咸伏斧質。是以上下有敘，令行禁止，四征不庭，無思不服，宇内乂安，兆民允殖，以迄于今，皆由治軍以禮故也，豈非詒謀之遠哉！《資治通鑑》卷第二百二十《唐紀》三十六。

一〇一　常衮辭禄

臣光曰：君子恥食浮於人。衮之辭禄，廉恥存焉，與夫固位且貪禄者，不猶愈乎！《詩》

云：「彼君子兮，不素餐兮！」如衮者，亦未可以深譏也。《資治通鑑》卷第二百二十五《唐紀》四十一。

一〇二　崔祐甫對德宗問

臣光曰：臣聞用人者，無親踈、新故之殊，惟賢、不肖之爲察。其人未必賢也，以親故而取之，固非公也；苟賢矣，以親故而捨之，亦非公也。夫天下之賢，固非一人所能盡也，若必待素識熟其才行而用之，所遺亦多矣。古之爲相者則不然，舉之以衆，取之以公。衆曰賢矣，己雖不知其詳，姑用之，待其無功，然後退之，有功則進之；所舉得其人則賞之，非其人則罰之。進退賞罰，皆衆人所共然也，己不置豪髮之私於其間。苟推是心以行之，又何遺賢曠官之足病哉！

《資治通鑑》卷第二百二十五《唐紀》四十一。

一〇三　德宗聞民間疾苦

臣光曰：甚矣唐德宗之難寤也！自古所患者，人君之澤壅而不下達，小民之情鬱而不上通，故君勤恤於上而民不懷，民愁怨於下而君不知，以至於離叛危亡，凡以此也。德宗幸以遊獵

得至民家，值光奇敢言而知民疾苦，此乃千載之遇也，固當按有司之廢格詔書，殘虐下民，横增賦斂，盜匿公財，及左右諂諛日稱民間豐樂者而誅之，然後洗心易慮，一新其政，屏浮飾，廢虚文，謹號令，敦誠信，察真僞，辨忠邪，矜困窮，伸冤滯，則太平之業可致矣。釋此不爲，乃復光奇之家。夫以四海之廣，兆民之衆，又安得人人自言於天子，而户户復其徭賦乎！《資治通鑑》卷第二百三十三《唐紀》四十九。

一〇四　李泌輸錢帛大盈庫

臣光曰：王者以天下爲家，天下之財皆其有也。阜天下之財以養天下之民，己必豫焉，或乃更爲私藏，此匹夫之鄙志也。古人有言曰〔二〕：「貧不學儉。」夫多財者，奢欲之所自來也。李泌欲弭德宗之欲而豐其私財，財豐則欲滋矣，財不稱，欲能無求乎？是猶啓其門而禁其出也。雖德宗之多僻，亦泌所以相之者非其道故也。《資治通鑑》卷第二百三十三《唐紀》四十九。

〔二〕「曰」，中華本無。

一〇五　殺兗海變兵

臣光曰：《春秋》書楚子虔誘蔡侯般殺之于申。彼列國也，孔子猶深貶之，惡其誘討也，況爲天子而誘匹夫乎！王遂以聚斂之才，殿新造之邦，用苛虐致亂，王弁庸夫，乘釁竊發，苟沂帥得人，戮之易於犬豕耳，何必以天子詔書爲誘人之餌乎？且作亂者五人耳，乃使曹華設詐，屠千餘人，不亦濫乎！然則自今士卒孰不猜其將帥，將帥何以令其士卒？上下眄眄[一]，如寇讎聚處，得間則更相魚肉，惟先發者爲雄耳，禍亂何時而弭哉！惜夫！憲宗削平僭亂，幾致治平，其美業所以不終，由苟徇近功、不敦大信故也！《資治通鑑》卷第二百四十一《唐紀》五十七。

一〇六　楊志誠逐李載義

臣光曰：昔者聖人順天理，察人情，知齊民之莫能相治也，故置師長以正之；知羣臣之莫

〔一〕「眄眄」，中華本作「盻盻」。

能相使也，故建諸侯以制之；知列國之莫能相服也，故立天子以統之。天子之於萬國，能襃善而黜惡，抑彊而輔弱，撫服而懲違，禁暴而誅亂，然後發號施令，而四海之内莫不率從也。《詩》云：「勉勉我王，綱紀四方。」載義藩屏大臣，有功於國，無罪而志誠逐之，此天子所宜治也。若一無所問，因以其土田爵位授之，則是將帥之廢置、殺生皆出於士卒之手，天子雖在上，奚爲哉〔一〕？國家之有方鎮，豈專利其財賦而已乎？如僧孺之言，姑息偷安之術耳，豈宰相佐天子、御天下之道哉！《資治通鑑》卷第二百四十四《唐紀》六十。

一〇七　牛僧孺對太平無象

臣光曰：君明臣忠，上令下從，俊良在位，佞邪黜遠，禮修樂舉，刑清政平，姦宄消伏，兵革偃戢，諸侯順附，四夷懷服，時和年豐，家給人足，此太平之象也。于斯之時，閽寺專權，脅君於内，弗能遠也；藩鎮阻兵，陵慢於外，弗能制也；士卒殺逐主帥，拒命自立，弗能詰也。軍旅歲

〔一〕「奚」，中華本作「何」。

興，賦斂日急，骨血縱横於原野，杼軸空竭於里閭，而僧孺謂之太平，不亦誣乎！當文宗求治之時，僧孺任居承弼，進則偷安取容以竊位，退則欺君誣世以盜名，罪孰大焉！《資治通鑑》卷第二百四十四《唐紀》六十。

一〇八　文宗患朋黨難去

臣光曰：夫君子小人之不相容，猶水炭之不可同器而處也。故君子得位則斥小人，小人得勢則排君子，此自然之理也。然君子進賢退不肖，其處心也公，其指事也實；小人與其所好，毁其所惡，其處心也私，其指事也誣。公且實者謂之正直，私且誣者謂之朋黨，在人主所以辨之耳。是以明主在上，度德而叙位，量能而授官，有功者賞，有罪者刑，姦不能惑，佞不能移，夫如是，則朋黨何自而生哉！彼昏主則不然，明不能燭，彊不能斷，邪正並進，毁譽交至，取捨不在於己，威福潛移於人，於是讒慝得志，而朋黨之議興矣！夫木腐而蠹生，醯酸而蚋集，故朝廷有朋黨，則人主當自咎，而不當以咎羣臣也。文宗苟患羣臣之朋黨，何不察其所毁譽者爲實爲誣，所進退者爲賢爲不肖，其心爲公爲私，其人爲君子爲小人。苟實也，賢也，公也，君子也，匪徒用其言，又當進之；誣也，不肖也，私也，小人也，匪徒棄其言，又當刑之。如

是，雖使之爲朋黨[二]，孰敢哉？釋是不爲，乃怨羣臣之難治，是猶不種不芸，而怨田之蕪也。朝中之黨且不能去，況河北賊乎？《資治通鑑》卷第二百四十五《唐紀》六十一。

一〇九　王涯、賈餗遇禍

臣光曰：論者皆謂涯、餗有文學名聲，初不知訓、注之謀，横罹覆族之禍，憤歎其冤[三]，臣獨以爲不然。夫顛危不扶，焉用彼相？涯、餗安高位，飽重禄，訓、注小人，窮姦宄險，力取將相，涯、餗與之比肩，不以爲恥，國家危殆，不以爲憂，偷合苟容，日復一日，自謂得保身之良策，莫我如也，若使人人如此而無禍，則姦臣孰不願之哉！一旦禍生不虞，足折刑剭，蓋天誅之也，士良安能族之哉！《資治通鑑》卷第二百四十五《唐紀》六十一。

〔二〕「雖使之」，中華本作「雖驅之使」。

〔三〕「憤歎其冤」，中華本無四字。

一一〇　牛、李維州爭議

臣光曰：論者多疑維州之取捨，不能決牛、李之是非。臣以爲昔荀吴圍鼓，鼓人或請以城叛，吴弗許，曰：「或以吾城叛，吾所甚惡也，人以城來，吾獨何好焉？吾不可以欲城而邇姦。」使鼓人殺叛者而繕守備。是時唐新與吐蕃修好，而納其維州，以利言之，則維州小而信大，以害言之，則維州緩而關中急。然則爲唐計者，宜何先乎？悉怛謀在唐則爲向化，在吐蕃不免爲叛臣，其受誅也，又何矜焉！且德裕所言者，利也，僧孺所言者，義也，匹夫徇利而忘義猶恥之，況天子乎！譬如鄰人有牛逸而入於家，或勸其兄歸之，或勸其弟攘之。勸歸者曰：「攘之不義也，且致訟。」勸攘者曰：「彼嘗攘吾羊矣，何義之拘！」牛大畜也，鬻之可以富家。以是觀之，牛、李之是非，端可見矣。《資治通鑑》卷第二百四十七《唐紀》六十三。

一一一　武宗誅郭誼

臣光曰：董重質之在淮西，郭誼之在昭義，吴元濟、劉稹，如木偶人在伎兒之手耳。彼二人始則勸人爲亂，終則賣主規利，其死固有餘罪。然憲宗用之於前，武宗誅之於後，臣愚以爲皆失

之。何則？賞姦，非義也；殺降，非信也。失義與信，何以爲國，昔漢光武待王郎、劉盆子止於不死，知其非力竭則不降故也。樊崇、徐宣、王元、牛邯之徒，豈非助亂之人乎？而光武不殺，蓋以既受其降，則不可復誅故也。若既赦而復逃亡叛亂，則其死固無辭矣。如誼等，免死流之遠方，没齒不還，可矣。殺之，非也。《資治通鑑》卷第二百四十八《唐紀》六十四。

一一二 唐宦官之禍

臣光曰：宦者用權，爲國家患，其來久矣。蓋以出入宮禁，人主自幼及長，與之親狎，非如三公六卿，進見有時，可嚴憚也。其間復有性識儇利，語言辯給，善伺候顔色，承迎志趣，受命則無違迕之患，使令則有稱愜之效，自非上智之主，燭知物情，慮患深遠，侍奉之外，不任以事，則近者日親，遠者日疎，甘言悲辭之請有時而從，浸潤膚受之愬有時而聽，於是黜陟刑賞之政，潛移於近習而不自知，如飲醇酒，嗜其味而忘其醉也。黜陟刑賞之柄移，而國家不危亂者，未之有也。東漢之衰，宦官最名驕横，然皆假人主之權，依憑城社，以濁亂天下，未有能劫脅天子如制嬰兒，廢置在手，東西出其意，使天子畏之若乘虎狼而挾蛇虺，如唐世者也。所以然者非它，漢不握兵，唐握兵故也。太宗鑒前世之弊，深抑宦官無得過四品。明皇始隳舊章，是崇是長，晚節

令高力士省決章奏，乃至進退將相，時與之議，自太子王公皆畏事之，宦官自此熾矣。及中原板蕩，肅宗收兵靈武，李輔國以東宫舊隸參豫軍謀，寵過而驕，不能復制，遂至愛子慈父皆不能庇，以憂悸終。代宗踐阼，仍遵覆轍，程元振、魚朝恩相繼用事，竊弄刑賞，壅蔽聰明，視天子如委裘，陵宰相如奴虜。是以來瑱入朝，遇讒賜死；吐蕃深侵郊甸，匿不以聞，致狼狽幸陝；李光弼危疑憤鬱，以隕其生；郭子儀擯廢家居，不保丘壟；僕固懷恩寃抑無訴，遂棄勳庸，更爲叛亂。德宗初立，頗振綱紀，宦官稍絀。而返自興元，猜忌諸將，以李晟、渾瑊爲不可信，悉奪其兵，而以竇文場、霍仙鳴爲中尉，使典宿衛，自是太阿之柄，落其掌握矣。憲宗末年，吐突承璀欲廢嫡立庶，以成陳洪志之變。寶曆狎暱羣小，劉克明與蘇佐明爲逆，其後絳王及文、武、宣、懿、僖、昭六帝，皆爲宦官所立，勢益驕横。王守澄、仇士良、田令孜、楊復恭、劉季述、韓全誨爲之魁傑，至自稱定策國老，目天子爲門生，根深蔕固，疾成膏肓，不可救藥矣。文宗深憤其然，志欲除之，以宋申錫之賢，猶不能有所爲，反受其殃，况李訓、鄭注反覆小人，欲以一朝譎詐之謀，翦累世膠固之黨，遂至涉血禁塗，積尸省户，公卿大臣連頸就誅，闔門屠滅，天子陽瘖縱酒，飲泣吞氣，自比赧、獻，不亦悲乎！以宣宗之嚴毅明察，猶閉目摇首，自謂畏之，况懿、僖之驕侈，苟聲色毬獵足充其欲，則政事一以付之，呼之以父，固無怪矣。賊汙宫闕，兩幸梁、益，皆令孜所爲也。昭宗不勝其恥，力欲清滌，而所任不得其人，所行不由其道。始則張濬覆軍於平陽，增李克用跋扈之

勢；復恭亡命於山南，啟宋文通不臣之心；終則兵交闕廷，矢及御衣，漂泊莎城，流寓華陰，幽辱東內，劫遷岐陽。崔昌遐無如之何，更召朱全忠以討之，連兵圍城，再罹寒暑，御膳不足於糗糒，王侯斃踣於飢寒，然後全誨就誅，乘輿東出，翦滅其黨，靡有孑遺，而唐之廟社，因以丘墟矣。然則宦者之禍始於明皇，盛於肅、代，成於德宗，極於昭宗。《易》曰：「履霜，堅冰至。」爲國家者，防微杜漸，可不慎其始哉！此其爲患，章章尤著者也。自餘傷賢害能，召亂致禍，賣官鬻獄，沮敗師徒，蠹害烝民，不可徧舉。夫寺人之官，自三王之世載於《詩》、《禮》，所以謹閨闥之禁，通內外之言，安可無也。如巷伯之疾惡，寺人披之事君，鄭衆之辭賞，呂彊之直諫，曹日昇之救患，馬存亮之弭亂，楊復光之討賊，嚴遵美之避權，張承業之竭忠，其中豈無賢才乎？顧人主不當與之謀議政事，進退士大夫，使有威福足以動人耳。果或有罪，小則刑之，大則誅之，無所寬赦。如此，雖使之專橫，孰敢哉！豈可不察臧否，不擇是非，欲草薙而禽獮之，能無亂乎？是以袁紹行之於前而董卓弱漢，崔昌遐襲之於後而朱氏篡唐，雖快一時之忿，而國隨以亡。是猶惡衣之垢而焚之，患木之蠹而伐之，其爲害豈不益多哉！孔子曰：「人而不仁，疾之已甚，亂也。」斯之謂矣。《資治通鑑》卷第二百六十三《唐紀》七十九。

一一三 荆南君臣之美

臣光曰：孫光憲見微而能諫，高從誨聞善而能徙，梁震成功而能退，自古有國家者，能如是，夫何亡國敗家喪身之有？《資治通鑑》卷第二百七十九《後唐紀》八。

一一四 晉高祖赦李彦珣

臣光曰：治國者，固不可無信。然彦珣之惡，三靈所不容，晉高祖赦其叛君之愆，治其殺母之罪，何損於信哉！《資治通鑑》卷第二百八十一《後晉紀》二。

一一五 南唐烈祖棄民資敵

臣光曰：違命者將也，士卒從將之令者也，又何罪乎？受而戮其將以謝敵，弔士卒而撫之，斯可矣，何必棄民以資敵國乎？《資治通鑑》卷第二百八十二《後晉紀》三。

二一六　漢高祖祚運不延

臣光曰：漢高祖殺幽州無辜千五百人，非仁也；誘張璉而誅之，非信也；杜重威罪大而赦之，非刑也。仁以合衆，信以行令，刑以懲姦，失此三者，何以守國？其祚運之不延也，宜哉！《資治通鑑》卷第二百八十七《後漢紀》二。

二一七　馮道大節已虧

臣光曰：天地設位，聖人則之，以制禮立法，内有夫婦，外有君臣，婦之從夫，終身不改，臣之事君，有死無貳，此人道之大倫也。苟或廢之，亂莫大焉。范質稱馮道厚德稽古，宏才偉量，雖朝代遷貿，人無間言，屹若巨山，不可轉也。臣愚以爲正女不從二夫，忠臣不事二君。爲女不正，雖復華色之美，織紝之巧，不足賢矣；爲臣不忠，雖復材智之多，治行之優，不足貴矣。何則？大節已虧故也。道之爲相，歷五朝八姓，若逆旅之視過客，朝爲仇敵，暮爲君臣，易面變辭，曾無愧怍，大節如此，雖有小善，庸足稱乎！或以爲自唐室之亡，羣雄力爭，帝王興廢，遠者十餘年，近者四三年，雖有忠智，將若之何？當是之時，失臣節者非道一人，豈得獨罪道哉？臣愚以

爲忠臣憂公如家，見危致命，君有過則強諫力爭，國敗亡則竭節致死，智士邦有道則見，邦無道則隱，或滅迹山林，或優遊下僚。今道尊寵則冠三師，權任則首諸相，國存則依違拱嘿，竊位素餐，國亡則圖全苟免，迎謁勸進，君則興亡接踵，道則富貴自如，兹乃姦臣之尤，安得與它人爲比哉！或謂道能全身遠害於亂世，斯亦賢已。臣謂君子有殺身成仁，無求生害仁，豈專以全身遠害爲賢哉！然則盜跖病終而子路醢，果誰賢乎！抑此非特道之愆也，時君亦有責焉。何則？不正之女，中士羞以爲家；不忠之人，中君羞以爲臣。彼相前朝，語其忠則反君事讎，語其智則社稷爲墟，後來之君，不誅不棄，乃復用以爲相，彼又安肯忠於我而能獲其用乎？故曰：非特道之愆，亦時君之責也。《資治通鑑》卷第二百九十一《後周紀》二。

一一八　周世宗毀佛像鑄錢

臣光曰：若周世宗可謂仁矣，不愛其身而愛民；若周世宗可謂明矣，不以無益廢有益。《資治通鑑》卷第二百九十二《後周紀》三。

一一九　唐莊宗、周世宗孰賢

臣光曰：或問臣：五代帝王，唐莊宗、周世宗皆稱英武，二主孰賢？臣應之曰：夫天子所以統治萬國，討其不服，撫其微弱，行其號令，壹其法度，敦明信義，以兼愛兆民者也。莊宗既滅梁，海内震動，湖南馬氏遣子希範入貢。莊宗曰：「比聞馬氏之業，終爲高郁所奪，今有兒如此，郁豈能得之哉！」郁，馬氏之良佐也。希範兄希聲聞莊宗言，卒矯其父命而殺之，此乃市道商賈之所爲，豈帝王之體哉！蓋莊宗善戰者也，故能以弱晉勝彊梁，既得之，曾不數年，外内離叛，置身無所，誠由知用兵之術，不知爲天下之道故也。世宗以信令御羣臣，以正義責諸國。王環以不降受賞，劉仁贍以堅守蒙褒，嚴續以盡忠獲存，蜀兵以反覆就誅，馮道以失節被棄，張美以私恩見疎。江南未服，則親犯矢石，期於必克，既服，則愛之如子，推誠盡言，爲之遠慮。其宏規大度，豈得與莊宗同日語哉！《書》曰：「無偏無黨，王道蕩蕩。」又曰：「大邦畏其力，小邦懷其德。」世宗近之矣。《資治通鑑》卷第二百九十四《後周紀》五。

資治通鑑目録

殷婴寧——點校

整理説明

司馬光在奏進《資治通鑑》時，還同時奏進了同期完成的兩部相關著作，即《資治通鑑考異》三十卷和《資治通鑑目録》三十卷。宋代刊印《資治通鑑》時，或分印，或合印。胡三省注《通鑑》時，將《考異》全部分注於相關文字之下，方便閲讀，但也常讓人覺得這是胡三省的工作。如香港曾有人做過一部《通鑑胡注引佚書考》，其實十之八九皆出《考異》。明清兩代，胡注通行，《目録》雖也曾單印，但流播和影響都有限。

《資治通鑑考異》主要作文獻梳理與考訂，最見司馬光踏實求是的治學精神。《資治通鑑目録》卷首，有司馬光自述的一段文字：

臣聞古之爲史者，必先正其歷，以統萬事，故謂之《春秋》。故崇文院檢討劉羲叟，徧通前代歷法，起漢元以來爲《長歷》，臣昔嘗得其書。今用羲叟氣朔并閏，及采七政之變著於史者，置於上方。又編年之書，雜記衆國之事，參差不齊，今倣司馬遷年表，年經而國緯之，列於下方。又叙事之體，太簡則首尾不可得而詳，太煩則義理汩没而難知。今撮新書精要之語，散於其間，以爲《目録》云。

簡明得要地將著述之緣由説明白了，即主要出於三端考慮。

一、節録並保存劉羲叟《長曆》。劉羲叟（一〇一七—一〇六〇），字仲更，澤州晉城（今屬山西）人。《宋史》卷四三二有傳，「精算術，兼通《大衍》諸曆」。慶曆間，歐陽修使河東，薦其學有專長，後主持《新唐書》編纂，邀劉參加，負責《律曆》、《天文》、《五行》三志。歐陽修纂《五代史記》，《司天考》欲表彰王朴《欽天曆經》，羲叟爲其提供本經四篇，並對歷代曆有所評價，認爲僧一行《大衍曆》「最爲精密」，王朴「亦能自爲一家」，且説明他治星曆之法。劉著有《十三代史志》、《劉氏輯曆》、《春秋災異》等書，可惜都没有保存下來。《資治通鑑目録》是唯一完整摘録劉氏《長曆》的著作，近代陳垣編《二十史朔閏表》，最重要的參考書就是《通鑑目録》引劉曆（參劉次沅《諸史天象記録考證》前言，中華書局二〇一五年版）。司馬光如此推重劉曆，其中最重要的原因，則在編年體史書編修中，明正朔，置月閏，必以《長曆》爲依憑，而編纂中史料紛亂，各書所記年序月日多斷續殘損，在史料排比中也需要精確到每月朔閏的《長曆》來統繫文獻。《目録》所存劉氏《長曆》雖爲節文，其價值如此，是當重視。

二、依倣《史記》年表而經緯歷年史事。《資治通鑑》是司馬光親手寫定全書的著作，編纂中他不可避免地碰到許多麻煩，其中最困難者在於編年體史書以時間爲序敘述史事，而任何時代都是千頭萬緒的事件同時展開，如何做到既存時間前後順序，又使同時各事主次分明，前後

不紊，確實很考驗作者敘事的能力。而如果同一時代有衆多政權同時存在，彼此又有所關連，這就更加考驗史家，稍一疏忽就有治絲愈紊之虞。司馬光從《史記》中《十二諸侯年表》、《六國年表》、《楚漢之際月表》諸表中得到啓發，在《通鑑》編寫過程中同時編次《目録》，既爲自己的工作理清脈絡，避免誤失，也讓讀者可以與全書并讀，瞭解同時發生的史事，也可循目録知曉各割據政權發展的綫索。《目録》編修不知始於何時，從《目録》卷首所載司馬光的官銜來看，應還在熙寧初年，其後各卷歷官頗多變化，知《目録》亦同全書各卷一樣逐次完成進奏。

三、《目録》是《通鑑》的簡本。司馬光説：「敘事之體，太簡則首尾不可得而詳，太煩則義理汩没而難知。」自是編纂者的心得之言。《通鑑》全書約三百萬言，敘一千三百六十二年史事，自不能不如此繁重。但若爲讀者考慮，何況此書設定的唯一讀者只是當今皇帝，自然有一箇繁簡適度的問題。《目録》之纂，有鑑在此。所摘其實包含兩種類型，一是歷史事件發展過程的簡明敘述，二是歷代君臣討論治國要事所發「精要之語」的要點摘録。《通鑑》與《目録》互相配合閲讀，適可滿足日理萬機的君主分別主次輕重閲讀的需要，也有利於後世讀者理清全書頭緒，抓住重點。就此點言，《目録》與後世朱熹作《通鑑綱目》用意相同。而朱熹用意在糾正司馬光對歷代正統的不同看法，那就是另一箇問題了。

本次整理，以《四部叢刊》影印宋刊本《資治通鑑目録》爲底本，參校了中華再造善本影印中

國國家圖書館藏宋紹興初兩浙東路茶鹽司公使庫本（簡稱再造影印浙本）《資治通鑑》卷首之《目録》，與《通鑑》正文作了逐句的比讀，也參校了歷代史志。在點校中，發現有少數《目録》有而《通鑑》失書的事件，也有個別記載兩者稍有不同。謹略作記録，不妄作判斷。

本書點校工作由殷罌寧君一力承擔，歷時一年，辛苦備嘗，方得竣事。承他委託我通翻全稿，統一體例，并撰寫整理説明。點校與評述本書均可能仍有偏失，敬請讀者賜教。

陳尚君　二〇一九年二月二十四日

資治通鑑目録　目録

資治通鑑目録卷第一

翰林學士朝散大夫右諫議大夫知制誥兼侍講同提舉萬壽觀公事兼判集賢院上護軍河内郡開國侯食邑一千三百户賜紫金魚袋臣司馬光奉敕編集〔一〕

臣聞古之爲史者，必先正其歷，以統萬事，故謂之《春秋》。故崇文院檢討劉羲叟，偏通前代歷法，起漢元以來爲《長歷》，臣昔嘗得其書。今用羲叟氣朔并閏，及采七政之變著於史者，置於上方。又編年之書，雜記衆國之事，參差不齊，今倣司馬遷年表，年經而國緯之，列於下方。又敘事之體，太簡則首尾不可得而詳，太煩則義理汩没而難知。今撮新書精要之語，散於其閒，以爲《目録》云。

著雍攝提格	周曆以建子月爲正。
周威烈王午	二十三年，命晉大夫韓虔、魏斯、趙籍爲諸侯。
秦簡公	十二
晉烈公止	十七 智宣子將以瑶爲後。智果曰：「瑶有五賢而一不仁。若立之，智宗必滅。」○趙簡子以無卹不忘訓辭，立爲後。○尹鐸以晉陽爲保鄣。○智國諫智伯恥人之君相。○段規、任章勸韓、魏與智伯地。○智伯率韓、魏圍趙襄子於晉陽，城不没者三板，民無叛志。○韓、魏肘足接於車上。○
韓景侯虔	六 初爲侯。
魏文侯斯	二十二 初爲侯。○文侯以卜子夏、田子方爲師，賢士多歸之。○冒雨會獵。○韓、趙借師，皆不與以講之。○魏始大於三晉。○翟璜曰：「君仁臣直。」○田子方曰：「君明樂官。」○又曰：「貧賤者驕人。」○文侯卜相於李克。○李克薦吳起，貪而好色，然善用兵。○吳起爲卒吮疽，卒母哭之。
趙烈侯籍	六 初爲侯。
齊康公貸	二
楚聲王當	五
燕閔公	三十一 閔公薨，子僖公立。
宋悼公購由	元
魯穆公衍	七
衛慎公頹	十二
鄭繻公駘	二十
卷第一	

	己卯（前四〇二）	庚辰（前四〇一）	辛巳（前四〇〇）	壬午（前三九九）
	屠維單閼	上章執徐	重光大荒落	玄黓敦牂
	二十四 王崩，子驕立。	周安王驕元	二	三
	十三	十四	十五 簡公薨，子惠公立。	秦惠公元
絺疵知韓、魏必叛。○趙陰與韓、魏合，謀滅智伯，分其地。○豫讓曰：「吾欲愧後世人臣懷貳心者。」	十八	十九	二十	二十一
	七	八	九 鄭圍我陽翟。○景侯薨，子取立。	韓烈侯取元
	二十三	二十四	二十五	二十六
	七	八	九 烈侯薨，弟武侯立。	趙武侯元
	三	四	五	六
	六 盜弒聲王，國人立其子類。	楚悼王類元	二	三
	燕僖公元	二	三	四
	二	三	四	五
	八	九	十	十一
	十三	十四	十五	十六
	二十一	二十二	二十三 圍韓陽翟。	二十四

癸未（前三九八）	昭陽協洽	四	二	二十二	二	二十七	二	七	四 圍鄭。	五	六	十二	十七	二十五 楚圍我，殺國相駟子陽。
甲申（前三九七）	閼逢涒灘 日食。	五	三	二十三	三 聶政殺相俠累。	二十八	三	八	五	六	七	十三	十八	二十六
乙酉（前三九六）	旃蒙作噩	六	四	二十四	四	二十九	四	九	六	七	八 悼公薨，子田立。	十四	十九	二十七 子陽之黨弑繻公，立其弟乙。
丙戌（前三九五）	柔兆閹茂	七	五	二十五	五	三十	五	十	七	八	宋休公田元	十五	二十	鄭康公乙元
丁亥（前三九四）	强圉大淵獻	八	六	二十六	六 救魯，取鄭負黍。	三十一	六	十一 伐魯，取最。	八	九	二	十六 齊伐我，取最。	二十一	二 負黍叛歸韓。
戊子（前三九三）	著雍困敦	九	七	二十七 烈公薨，子頃立。	七	三十二 伐鄭。	七	十二	九	十	三	十七	二十二	三 魏伐我。

己丑（前三九二）	庚寅（前三九一）	辛卯（前三九〇）	壬辰（前三八九）	癸巳（前三八八）
屠維赤奮若	上章攝提格	重光單閼	玄黓執徐	昭陽大荒落
十	十一	十二	十三	十四
八	九 伐韓宜陽，取六邑。	十	十一	十二
晉孝公頃元	二	三	四	五
八	九 秦伐我宜陽，取六邑。	十	十一	十二
三十三	三十四	三十五	三十六 文侯與齊田和會濁澤。	三十七
八	九	十	十一	十二
十三	十四 田和遷康公於海上，食一城。和，田常之曾孫也。	十五	十六 田和會魏文侯、楚人、衛人于濁澤，求爲諸侯。文侯爲之請於王，王許之。	十七
十	十一	十二	十三	十四
十一	十二	十三	十四	十五
四	五	六	七	八
十八	十九	二十	二十一	二十二
二十三	二十四	二十五	二十六	二十七
四	五	六	七	八

甲午（前三八七）	乙未（前三八六）	丙申（前三八五）
閼逢敦牂	旃蒙協洽	柔兆涒灘
十五	十六 命齊大夫田和爲諸侯。	十七
十三 伐蜀，取南鄭。○惠公薨，子出公立。	秦出公元	二 庶長改迎靈公之子獻公于河西而立之。弑出公及其母，沈之淵旁。
六	七	八
十三 烈侯薨，子文侯立。	韓文侯元	二 伐鄭，取陽城。○伐宋，執宋公。
三十八 文侯薨，子擊立。○吴起曰：「在德不在險。」○吴起與田文論功。○公叔譖吴起。起奔楚。	魏武侯擊元 趙公子朝來奔。與之襲邯鄲，不克。	二
十三 武侯薨，國人復立烈侯之太子章。	趙敬侯章元 公子朝作亂，出奔魏。與魏襲邯鄲，不克。	二
十八	齊太公田和元 初爲諸侯。	二 太公薨，子午立。
十五 魏吴起來奔，王以爲相。起明法審令，黜浮冗以養戰士。南平百越，北卻三晉，西破秦軍。而貴戚大臣多怨起者。	十六	十七
十六	十七	十八
九	十	十一 韓伐我，執休公。既而釋之。
二十三	二十四	二十五
二十八	二十九	三十
九	十	十一 韓伐我，取陽城。

丁酉（前三八四）	戊戌（前三八三）	己亥（前三八二）	庚子（前三八一）	辛丑（前三八〇）
强圉作噩	著雍閹茂	屠維大淵獻 日食，晝晦。	上章困敦	重光赤奮若
十八	十九	二十	二十一	二十二
秦獻公元	二	三	四	五
九	十	十一	十二	十三
三	四	五	六	七 伐齊。
三	四	五	六	七 伐齊。
三	四	五	六	七 伐齊。
齊桓公午元	二	三	四	五 伐燕，取桑丘。魏、韓、趙伐我，至桑丘。
十八	十九	二十	二十一 悼王薨。貴戚大臣作亂，攻吴起，殺之，并射中王尸。太子臧即位，討爲亂者，夷七十餘家。	楚肅王臧元
十九	二十	二十一	二十二	二十三 齊伐我，取桑丘。
十二	十三	十四	十五	十六
二十六	二十七	二十八	二十九	三十
三十一	三十二	三十三	三十四	三十五
十二	十三	十四	十五	十六

壬寅（前三七九）	癸卯（前三七八）	甲辰（前三七七）	乙巳（前三七六）	丙午（前三七五）
玄黓攝提格	昭陽單閼	閼逢執徐	旃蒙大荒落	柔兆敦牂 日食。
二十三	二十四	二十五	二十六 王崩，子喜立。	周烈王喜元
六	七	八	九	十
十四	十五 孝公薨，子俱酒立。	晉靖公俱酒元	二 魏、韓、趙共廢靖公爲家人，分其地。	
八	九	十 文侯薨，子哀侯立。	韓哀侯九 分晉地。	二 滅鄭，自陽翟徙都之。
八	九	十	十一 分晉地。	十二
八	九	十	十一 分晉地。	十二 敬侯薨，子種立。
六 康公薨。姜氏祀絕。○桓公薨，子因齊立。	齊威王因齊元	二	三	四
二	三	四	五	六
二十四	二十五	二十六	二十七	二十八
十七	十八	十九	二十	二十一
三十一	三十二	三十三 穆公薨，子奮立。	魯共公奮元	二
三十六	三十七	三十八 子思言不可以二卵棄干城之將。○又言人主自臧，則衆謀不進。○又言國事將日非。	三十九	四十
十七	十八	十九	二十	二十一 韓滅鄭。

	丁未（前三七四）	戊申（前三七三）	己酉（前三七二）	庚戌（前三七一）
	强圉協洽	著雍涒灘	屠維作噩	上章閹茂
周烈王二年		三	四	五
秦獻公十	一	十二	十三	十四
韓哀侯三		四	五	六　嚴遂弑哀侯，國人立其子懿侯。哀侯愛嚴遂，而以韓廆爲相。二人相害，遂使人刺廆於朝，并中哀侯。
魏武侯十	三	十四	十五	十六　武侯薨，不立太子。公子罃與公中緩爭立，國内亂。
趙成侯種	元	二	三　伐衛，取都鄙七十二〔二〕。	四
齊威王五		六	七	八
楚肅王七		八	九	十
燕僖公二	十九	三十　公薨，子桓公立。	燕桓公元	二
宋休公二	十二	二十三　公薨，子辟公立。	宋辟公元	二
魯共公三		四	五	六
衛慎公四	十一	四十二　公薨，子訓立。	衛聲公訓元　趙伐我，取都鄙七十二〔三〕。	二

辛亥（前三七〇）	壬子（前三六九）	癸丑（前三六八）
重光大淵獻	玄黓困敦 日食。	昭陽赤奮若
六 齊威王來朝。	七 王崩，弟扁立。	周顯王扁元
十五	十六	十七
韓懿侯元	二 與趙共伐魏，圍安邑。	三
魏惠王罃元	二 韓、趙乘魏亂共伐魏，敗魏師于濁澤，遂圍安邑，幾克之。故曰：「君終，無適子，其國可破也。」	三
五	六 與韓共伐魏，圍安邑。	七
九 威王朝于周。時周室微，諸侯莫朝，而齊獨朝之，天下以此賢威王。○王又封即墨大夫以萬家。烹阿大夫及左右嘗譽者。齊國大治。	十	十一
十一 肅王薨，弟良夫立。	楚宣王良夫元	二
三	四	五
三 辟公薨，子剔成立。	宋公剔成元	二
七	八	九
三	四	五
		卷第二

甲寅（前三六七）	閼逢攝提格	二	十八	四	四	八	十二	三	六	三	十	六
乙卯（前三六六）	旃蒙單閼	三	十九	五	五	九	十三	四	七	四	十一	七
丙辰（前三六五）	柔兆執徐	四	二十	六	六	十	十四	五	八	五	十二	八
丁巳（前三六四）	强圉大荒落	五	二十一 敗三晉之師于石門，斬首六萬。王賜以黼黻。	七 秦敗我石門。	七 秦敗我石門。	十一 秦敗我石門。	十五	六	九	六	十三	九
戊午（前三六三）	著雍敦牂	六	二十二	八	八	十二	十六	七	十	七	十四	十
己未（前三六二）	屠維協洽	七	二十三 獻公薨，子孝公立。恥秦之衰，憤脩政，欲以復穆公之業。	九	九	十三	十七	八	十一 桓公薨，子文公立。	八	十五	十一 聲公薨，子速立。

庚申（前三六一）	辛酉（前三六〇）	壬戌（前三五九）
上章涒灘	重光作噩	玄黓閹茂
八	九	十
秦孝公元 下令求賢士。有能出奇計彊秦者，吾且尊官，與之分土。於是衛鞅聞之，西入秦，見孝公，説以富國彊兵之術。公大悦，與圖國事。	二	三 衛鞅欲變秦法，國人皆不悦。鞅曰：「民不可與慮始，可與樂成。」卒變法。令民什伍相收司，賞軍功，務農業，明尊卑。○徙木以示信。
十	十一	十二 懿侯薨，子昭侯立。
十 衛鞅入秦。先是，魏相公叔痤薦鞅於惠王，曰：「願君舉國而聽之，不則殺之，毋令入諸侯爲魏患。」王皆不聽。	十一	十二
十四	十五	十六
十八	十九	二十
九	十	十一
燕文公元	二	三
九	十	十一
十六	十七	十八
衛成侯速元	二	三

	癸亥（前三五八）	甲子（前三五七）	乙丑（前三五六）	丙寅（前三五五）	丁卯（前三五四）
	昭陽大淵獻	閼逢困敦	旃蒙赤奮若	柔兆攝提格	强圉單閼
	十一	十二	十三	十四	十五
○黜太子之師以行法。○秦民復言令便者，徙之邊。	四	五	六	七	八與魏戰元里，斬首七千。取少梁，實夏陽。
	韓昭侯元	二	三	四	五
	十三	十四	十五	十六	十七秦敗我元里，取少梁。伐趙，圍邯鄲。
	十七	十八	十九	二十	二十一魏圍我邯鄲。
	二十一	二十二	二十三	二十四王與魏王論寶，曰：「吾以四賢臣爲寶，將照千里。」	二十五
	十二	十三	十四	十五	十六
	四	五	六	七	八
	十二	十三	十四	十五	十六
	十九	二十	二十一	二十二共公薨，子毛立。	魯康公毛元
	四	五	六	七	八

戊辰（前三五三）	己巳（前三五二）	庚午（前三五一）
著雍執徐	屠維大荒落	上章敦牂
十六	十七	十八
九	十	十一 衛鞅伐魏，取固陽。
六	七	八 申不害爲相，國治兵强。〇不害請仕其從兄，昭侯曰：「今將聽子之謁，而廢子之術乎？」昭侯命藏弊袴，曰：「明主愛一嚬一笑，吾必待有功者。」
十八 邯鄲降。齊救趙，敗我師于桂陵。初，魏將龐涓疾孫臏之才，而斷其足。臏因齊客自載之齊，爲齊謀主以害魏。	十九	二十 秦衛鞅伐我，取固陽。歸趙邯鄲。
二十二 邯鄲降魏。	二十三	二十四 魏歸我邯鄲。
二十六 趙來求救，威王使田忌將兵救之。孫臏爲忌謀，引兵直趨大梁。魏還自救，戰於桂陵，魏師大敗。於是齊最彊，號令諸侯。	二十七	二十八
十七 昭奚恤爲相。江乙曰：「昭奚恤惡臣之見，猶狗溺井而惡鄰人之入言也。」	十八	十九
九	十	十一
十七	十八	十九
二	三	四
九	十	十一

辛未（前三五〇）	重光協洽	十九	十二 徙都咸陽。初并小都鄉邑聚爲縣，置令、丞，凡三十一縣。爲田開阡陌，廢井田。	九	二十一	二十五 成侯卒。公子緤與太子肅侯爭立，不勝，奔韓。	二十九	二十	十二	二十	五	十二	
壬申（前三四九）	玄黓涒灘	二十	十三 更爲賦稅法。	十	二十二	趙肅侯元	三十	二十一	十三	二十一	六	十三	
癸酉（前三四八）	昭陽作噩	二十一	十四	十一	二十三	二	三十一	二十二	十四	二十二	七	十四	
甲戌（前三四七）	閼逢閹茂	二十二	十五	十二	二十四	三 公子范襲邯鄲，不勝而死〔四〕。	二十二	二十三	十五	二十三	八	十五	
乙亥（前三四六）	旃蒙大淵獻	二十三	十六	十三	二十五	四	二十三	二十四	十六	二十四	九 康公薨，子偃立。	十六 貶號曰侯，服屬三晉。	
丙子（前三四五）	柔兆困敦	二十四	十七	十四	二十六	五	二十四	二十五	十七	二十五	魯景公偃元	十七	

丁丑（前三四四）	戊寅（前三四三）	己卯（前三四二）	庚辰（前三四一）
强圉赤奮若	著雍攝提格	屠維單閼	上章執徐
二十五	二十六 秦始霸，率諸侯來朝。	二十七	二十八
十八	十九 秦益彊，天子致伯，諸侯畢賀。使公子少官會諸侯于逢澤，朝天子。	二十	二十一
十五	十六	十七	十八
二十七	二十八	二十九	三十 龐涓伐韓，齊田忌救之。殺龐涓，虜魏太子申。
六	七	八	九
三十五	三十六	三十七	三十八 魏伐韓，韓來求救。王用孫臏謀，待韓困魏弊，而後使田忌救之。減竈以示怯，大破魏師於馬陵，殺其將龐涓，虜其太子申。○鄒忌譖田忌，忌出奔楚。
二十六	二十七	二十八	二十九
十八	十九	二十	二十一
二十六	二十七	二十八	二十九
二	三	四	五
十八	十九	二十	二十一

辛巳（前三四〇）	壬午（前三三九）	癸未（前三三八）
重光大荒落	玄默敦牂	昭陽協洽
二十九	三十	三十一
二十二 衛鞅謂孝公曰：「秦之有魏，譬如腹心之疾，非魏并秦，秦則并魏。今秦方彊，而魏大破於齊，可因而逐之，則使東徙，秦據河、山之固，東鄉以制諸侯，此王業也。」孝公使鞅伐魏，誘魏公子卬而虜之，大破魏兵。魏懼，徙都大梁。秦封衛鞅爲商君。	二十三	二十四 商君相秦，法令深酷，人多怨者。趙良諫之，
十九	二十	二十一
三十一 秦衛鞅大破我師，虜公子卬。王懼於秦，去安邑，徙都大梁。魏由是遂弱，王乃恨不用公叔之言。	三十二	三十三
十	十一	十二
三十九	四十	四十一
三十 宣王薨，子熊商立（五）。	楚威王商元	二
二十二	二十三	二十四
三十	三十一	三十二
六	七	八
二十二	二十三	二十四

			不聽。孝公薨，太子立，怨家告商君謀反，秦車裂商君，滅其族。									
甲申（前三三七）	閼逢涒灘	三十二	秦惠文王元	二十二 申不害卒。	三十四	十三	四十二	三	二十五	三十三	九	二十五
乙酉（前三三六）	旃蒙作噩	三十三	二	二十三	三十五 孟軻見王，曰：「仁義而已，何必曰利。」○子思曰：「仁義固所以利之。」	十四	四十三	四	二十六	三十四	十	二十六
丙戌（前三三五）	柔兆閹茂	三十四	三 拔韓宜陽。	二十四 秦拔我宜陽。	三十六	十五	四十四	五	二十七	三十五	十一	二十七
丁亥（前三三四）	强圉大淵獻	三十五	四	二十五 昭侯作高門，屈宜臼曰：「君必不出此門。」	後元 與齊王會徐州以相王。	十六	四十五 與魏王會徐州以相王。○越伐我。	六 越王無彊伐齊。齊王使人說越以不如伐楚之利，越王聽之。楚大敗越師，殺無彊，盡取吳故地。越以	二十八	三十六	十二	二十八

	戊子（前三三三）	己丑（前三三二）
	著雍困敦	屠維赤奮若
	三十六	三十七
	五 張儀來見。說王，王說之，以爲客卿，與謀諸侯。	六 魏納華陰。
	二十六 昭侯薨，子宣惠王立。	韓宣惠王元
	二	三 與秦、齊伐趙。〇獻華陰于秦。
	十七 蘇秦說肅侯六國合從以背秦。秦伐一國，則五國或撓秦，或救之。有不如約，五國共伐之。肅侯從之，使蘇子約韓、魏、齊、楚，皆聽命。蘇子并相六國，爲從約長。	十八 秦使犀首欺齊、魏，與共伐趙。肅侯以讓蘇子，蘇子懼恐，請使燕，必報齊。蘇子去趙，而從約皆解。
	四十六 威王薨，子辟彊立。召田忌而復之。	齊宣王辟彊元 與秦、魏伐趙。伐燕，取十城，復歸之。
此散，諸公子分王海上，朝服於楚。	七	八
	二十九 文侯薨，子易王立。	燕易王元 齊伐我，取十城，復得之。
	三十七	三十八
	十三	十四
	二十九 成侯薨，子平侯立。	衛平侯元

						趙決河水浸齊、魏之師，乃去。							
庚寅（前三三一）	上章攝提格	三十八	七	二	四	十九	二	九	二	三十九	十五	二	
辛卯（前三三〇）	重光單閼	三十九	八 魏獻河西地。	三	五 獻河西地于秦。	二十	三	十	三	四十	十六	三	
壬辰（前三二九）	玄黓執徐	四十	九	四	六	二十一	四	十一 威王薨，子熊槐立。	四	四十一 宋公剔成之弟偃攻剔成。剔成奔齊，偃自立。	十七	四	
癸巳（前三二八）	昭陽大荒落	四十一	十 公子華、張儀將兵取魏蒲陽。儀說王復以與魏，又以公子繇爲質。因説魏王盡納上郡十五縣以謝焉。儀還，王以爲相。	五	七 入上郡于秦。	二十二	五	楚懷王槐元	五	宋王偃元	十八	五	

甲午（前三二七）	閼逢敦牂	四十二	十一	六	八	二十三	六	二	六	二	十九	六	
乙未（前三二六）	旃蒙協洽	四十三	十二	七	九	二十四 肅侯薨，子武靈王即位，克己修政。	七	三	七	三	二十	七	
丙申（前三二五）	柔兆涒灘	四十四	十三 初稱王。	八	十	趙武靈王元	八	四	八	四	二十一	八 平侯薨，子嗣君立。以一都易胥靡於魏，曰：「治無小，亂無大。」	
丁酉（前三二四）	强圉作噩	四十五	後元 張儀伐魏，取陝。	九	十一 秦取我陝。	二	九 蘇秦自燕來奔。	五	九 蘇秦奔齊，爲燕爲閒。	五	二十二	衛嗣君元	
戊戌（前三二三）	著雍閹茂	四十六	二	十 初稱王。	十二	三 諸侯皆稱王。武靈王獨不肯，曰：「無其實，敢有其名乎！」令國人謂己曰君。	十	六	十 初稱王。	六	二十三	二	

己亥（前三二二）	庚子（前三二一）	辛丑（前三二〇）
屠維大淵獻	上章困敦	重光赤奮若
四十七	四十八 王崩，子定立。	周慎靚王定元
三 張儀出相魏，欲令魏先事秦，而諸侯效之。	四	五
十一	十二 王欲兩用公仲、公叔，繆留諫。	十三
十三 張儀來爲相。	十四	十五
四	五	六
十一	十二 田嬰請王日聽五官之計，因以盜齊權。〇嬰欲城薛，客諫以海大魚。〇嬰子文散財養士，以立聲譽，得嗣爲薛公。〇田文食客數千人。〇文書門曰：「有能揚文名，止文過，私得寶者，疾入諫。」	十三
七	八	九
十一	十二 易王薨，子噲立。	燕王噲元
七	八	九
二十四	二十五	二十六
三	四	五 貶稱君。

壬寅（前三一九）	癸卯（前三一八）	甲辰（前三一七）	乙巳（前三一六）
玄黓攝提格	昭陽單閼	閼逢執徐	旃蒙大荒落
二	三	四	五
六	七五國共伐秦，皆敗去。	八敗韓兵，獲申差。魏因張儀請成於秦。張儀歸，復爲相。	九巴、蜀相攻，王欲伐蜀，而韓又來侵。司馬錯與張儀爭論於王前，儀欲伐韓，攻三川，以圖王業。
十四	十五伐秦。	十六秦敗韓兵於脩魚，斬首八萬，獲申差。	十七
十六惠王薨，子襄王立。孟子曰：「望之不似人君，就之不見所畏焉。」	魏襄王元伐秦。	二秦敗韓兵，諸侯振恐。張儀因説魏王倍從約，合於秦，王從之。	三
七	八伐秦。	九	十
十四	十五	十六齊大夫與蘇秦爭寵，刺殺之。	十七
十	十一楚、趙、韓、魏、燕共伐秦〔六〕，至函谷關。秦出兵，皆敗走。	十二	十三
二	三伐秦。	四	五蘇代、鹿毛壽等説王以國讓其相子之〔七〕，曰：「是王與堯同名也。」王委國於子之，子之南
十	十一稱王	十二	十三
二十七	二十八	二十九景公薨，子旅立。	魯平公旅元
六	七	八	九

	丙午（前三一五）	丁未（前三一四）
	柔兆敦牂	强圉協洽
	六 王崩，子延立。	周赧王延元
錯曰：「蜀亂易取，而可以廣地富國，又無伐天子之名，是我一舉而名實附也。」錯伐蜀，滅之。秦以是益富彊。	十	十一 敗韓師于岸門。韓太子倉入質。
	十八	十九
	四	五
	十一	十二
	十八	十九 燕國內亂。王使章子伐燕，五旬而取之。○孟子曰：「取之而燕民悅則取之。」○又曰：「未聞以千里畏人者也。」○又曰：「今之君子，過則順之，又從爲之辭。」○宣王薨，子地立。
	十四	十五
面行王事。噲老，不聽政，國事皆決於子之。	六	七 子之專國三年，國內大亂。齊王使人誘太子平攻子之，許爲助。太子與將軍市被圍公宮，攻子之，不克。國中連戰數月，死者數萬人。齊王使章子伐燕，燕士卒不戰，城門不閉。王噲死。齊人取子之，醢之。
	十四	十五
	二	三
	十	十一

戊申（前三一三）	己酉（前三一二）
著雍涒灘	屠維作噩
二	三
十二 右更疾伐趙，拔藺。○使張儀詐楚，令絶齊交。	十三 庶長章擊楚，斬甲士八萬，虜大將屈匄、列侯、執珪七十餘人，取漢中郡。又敗楚於藍田。
二十	二十一 宣惠王薨，子倉立。
六	七
十三 秦拔我藺。	十四
齊閔王地 元	二
十六 秦患齊、楚之從親，使張儀説王絶齊，許賂以地六百里。王許之。陳軫諫曰：「不如陰合而陽絶於齊以觀之。」王不聽。秦果負約。王怒，將使屈匄伐秦，陳軫諫曰：「不如因賂秦以一名都，與之并兵伐齊，是我亡於秦而償於齊也。」不聽，發兵而西。	十七 秦發兵逆之，大敗楚於丹陽，虜屈匄，取漢中郡。王復盡發國内兵以襲秦，又敗於藍田。
	國人共立昭王。王怨齊，乃苦心勞志，撫民求士。郭隗曰：「王必欲致士，請從隗始。」王乃築宮師事之。
十六	十七
四	五
十二	十三

	庚戌（前三一一）	辛亥（前三一〇）
	上章閹茂	重光大淵獻
	四	五
	十四 張儀如楚還，因說韓王，令事秦。王復使儀說齊、趙、燕王，皆聽命。儀還報未至，王薨。武王素惡儀。諸侯聞，皆畔衡，復合從。	秦武王元 張儀與王有隙，乃詭說王而去。相魏一歲，卒於魏。○孟子論張儀非大丈夫。○揚子曰：「孔子讀而儀、秦行，
	韓襄王倉元	二
	八	九
	十五	十六 王納孟姬，有寵，生子何。
	三	四
韓、魏乘楚困，皆來襲楚。楚師乃還，割二城以和於秦。	十八 秦王欲以武關之外易黔中地於楚。王曰：「願得張儀而獻黔中地。」張儀至，王因之。儀因王嬖臣靳尚、幸姬鄭袖以說王，卒釋張儀。儀因說王背從約，專事秦王，從之。	十九
於是樂毅自魏往，王寵任之。	燕昭王平元	二
	十八	十九
	六	七
	十四	十五

	壬子（前三〇九）	癸丑（前三〇八）	甲寅（前三〇七）
	玄黓困敦	昭陽赤奮若	閼逢攝提格
	六	七	八
鳳鳴而鷙翰也。」	二 初置丞相。	三 王使甘茂伐韓，茂曰：「臣羈旅之臣也，樗里子、公孫奭挾韓而議之，王必聽之。」王曰：「弗聽也。」與之盟而遣伐韓。	四 甘茂攻韓宜陽，五月不拔。樗里子等果爭之，王欲罷兵。茂以盟告，乃益兵以伐宜陽，克之，斬首六萬。○王好以力戲，與力士舉大鼎，絶脈而死。無
	三	四	五
	十	十一	十二
	十七	十八	十九 王與肥義、樓緩謀胡服騎射，以教百姓，曰：「雖驅世以笑我，胡地、中山，吾必有之。」遂胡服治兵。攻林胡、中山，皆勝之。
	五	六	七
	二十	二十一	二十二
	三	四	五
	二十	二十一	二十二
	八	九	十
	十六	十七	十八

	乙卯（前三〇六）	丙辰（前三〇五）
	旃蒙單閼	柔兆執徐
	九	十
子，異母弟稷質於燕，國人逆而立之。	秦昭王稷元	二 王母宣太后有異父弟曰魏冉〔八〕，同父弟曰華陽君芈戎〔九〕，王同母弟曰高陵君、涇陽君。魏冉久任職用事，王之立，冉有功。是歲，庶長壯與大臣、諸公子謀作亂，冉誅之。及惠后，皆死。武后出歸魏。王兄弟不善者，皆殺之。威振秦國。王年少，太后臨朝，任冉爲政，封穰侯。
	六	七
	十三	十四
	二十	二十一
	八	九
	二十三	二十四
	六	七
	二十三	二十四
	十一	十二
	十九	二十

丁巳（前三〇四）	强圉大荒落	十一	三	八	十五	二十二	十	二十五	八	二十五	十三	二十一	
戊午（前三〇三）	著雍敦牂	十二	四 救楚。楚使太子橫來爲質。	九 伐楚。	十六 伐楚。	二十三	十一 伐楚。	二十六 齊、韓、魏伐我。使太子橫質於秦。秦救楚，三國去。	九	二十六	十四	二十二	
己未（前三〇二）	屠維協洽	十三	五 楚太子亡歸。	十	十七	二十四	十二	二十七 太子亡歸。	十	二十七	十五	二十三	
庚申（前三〇一）	上章涒灘 日食，晝晦。	十四	六 庶長奂會韓、魏、齊伐楚，殺其將唐昧。	十一 伐楚。	十八 伐楚。	二十五 伐中山。中山君奔齊。	十三 伐楚。	二十八 秦、韓、齊、魏伐我，戰重丘，唐昧死。	十一	二十八	十六	二十四	
辛酉（前三〇〇）	重光作噩	十五	七 使華陽君伐楚，斬首三萬，殺將景缺。	十二	十九	二十六	十四 楚太子來爲質。	二十九 爲秦所敗，景缺死。使太子爲質於齊以請和。	十二	二十九	十七	二十五	

壬戌（前二九九）	癸亥（前二九八）
玄黓閹茂	昭陽大淵獻
十六	十七
八 秦復伐楚，取八城。王遺楚王書，請面會武關，復修好。楚王來，即閉之，劫與至咸陽，朝章臺。求割地不得，因留之。	九 伐楚，取十六城，斬首五萬。
十三	十四
二十	二十一
二十七 武靈王愛少子何，欲及其生而立之。五月，大朝東宮，傳國。立子何爲王，以肥義爲相國，且傅王。武靈王自號主父，將兵徇胡地。又詐爲使者入觀秦。	趙惠文王何元 封弟勝爲平原君。○公孫龍爲堅白之辯，孔穿、鄒衍難而屈之。
十五 楚太子歸，立爲王。○孟嘗君入秦。	十六 孟嘗君自秦來歸。
三十 秦伐我，取八城。秦召王，王欲勿往，恐秦怒；往，恐見欺。王子子蘭勸王行，果爲秦所詐，因之，求割巫、黔中郡。王請盟，秦人欲先得地，王怒，不復許，遂不得還。國人患之，召太子於齊而立之。	楚頃襄王橫元 楚使人告秦曰：「賴社稷神靈，國有王矣。」秦怒，伐我，取十六城。
十三	十四
三十	三十一
十八	十九
二十六	二十七

校勘記

〔一〕四部備要本銜名作「朝散大夫右諫議大夫權御史中丞充理檢使上護軍賜紫金魚袋臣司馬光奉敕編集」。下卷二、卷三同。
〔二〕「二」，《通鑑》卷一作「三」。
〔三〕「二」，《通鑑》卷一作「三」。
〔四〕「不」，原作「大」，今據再造影印浙本改。
〔五〕「立」，原闕，今據四部備要本補。
〔六〕「趙」、「燕」，原作「起」、「無」，今據再造影印浙本改。
〔七〕「代」，原作「伐」，今據《通鑑》卷三改。
〔八〕「父」，原作「母」，今據《通鑑》卷三改。
〔九〕「父」，原作「母」，今據《通鑑》卷三改。「芈」，原作「芊」，今據《通鑑》卷三改。

資治通鑑目録卷第二

翰林學士朝散大夫知制誥兼侍講同提舉萬壽觀事兼判集賢院上護軍河内郡開國侯食邑一千三百户賜紫金魚袋臣司馬光

奉敕編集

甲子（前二九七）	乙丑（前二九六）
閼逢困敦	旃蒙赤奮若
周赧王十八	十九
秦昭王十	十一 楚懷王死於秦。○齊、韓、魏、趙、宋同伐我，至鹽氏。
韓襄王十五	十六 襄王薨，子咎立。伐秦。
魏襄王二十二	二十三 襄王薨，子昭王立。○伐秦。
趙惠文王二	三 伐秦。○主父出代，西至西河。
齊閔王十七	十八 與韓、魏、趙、宋同伐秦，至鹽氏而還。
楚頃襄王二 懷王自秦亡歸，秦人遮楚道。懷王走趙，主父在代，趙人不敢内。將奔魏，秦人追及之以歸。	三 懷王發病，薨。秦人歸其喪，楚人皆憐之，如悲親戚。諸侯由是不直秦。
燕昭王十五	十六
宋王偃三十二	三十三 伐秦。
魯平公二十 平公薨，子賈立。	魯緡公賈元
衛嗣君二十八	二十九
卷第四	

柔兆攝提格
二十
十二
韓僖王咎元
魏昭王元
四 主父與齊、燕共滅中山。○王兄公子章素侈，心不服王。李兑勸肥義傳政於公子成，義不可。主父及王遊沙丘，異宮。公子章作亂，以主父命召王。肥義先入，章殺之。公子成、李兑發兵攻之，殺章。成、兑共執國政，兑因圍主父宮。主父探雀鷇而食之，三月餘而餓死。主父初以章爲太子，後愛吳娃子何，因廢
十九
四
十七
三十四
二
三十

	丁卯(前二九四)	戊辰(前二九三)	己巳(前二九二)	庚午(前二九一)
	强圉單閼	著雍執徐	屠維大荒落	上章敦牂
	二十一	二十二	二十三	二十四
	十三	十四 韓、魏共伐秦。穰侯薦左更白起爲將。敗韓、魏之師於伊闕，獲公孫喜，斬首二十四萬。	十五	十六
	二	三 公孫喜與魏共伐秦。大敗於伊闕，喜爲秦所虜。	四	五
	二	三 與韓伐秦。敗於伊闕。	四	五
章而立何。娃死，愛弛，憐章，欲兩王之，猶豫未決，故亂起。	五	六	七	八
	二十	二十一	二十二	二十三
	五	六 秦破韓、魏之師，諸侯振恐。秦王乃遺王書曰：「願王飭士卒，得一樂戰。」王患之，復與秦和親。	七 迎婦于秦。	八
	十八	十九	二十	二十一
	三十五	三十六	三十七	三十八
	三	四	五	六
	三十一	三十二	三十三	三十四

辛未（前二九〇）	壬申（前二八九）	癸酉（前二八八）	甲戌（前二八七）	乙亥（前二八六）
重光協洽	玄黓涒灘	昭陽作噩	閼逢閹茂	旃蒙大淵獻
二十五	二十六	二十七	二十八	二十九
十七 韓、魏皆來獻地。	十八 錯伐魏，取城大小六十一。	十九 王自稱西帝，尊齊王爲東帝。齊王不肯稱帝。頃之，王亦去帝號。	二十	二十一 錯伐魏河内。魏獻安邑以和。
六 入武遂二百里于秦。	七	八	九	十
六 入河東四百里于秦。	七 秦大良造白起、客卿錯伐我，至軹，取城大小六十一。	八	九	十 秦伐我河内。獻安邑於秦。
九	十	十一	十二	十三
二十四	二十五	二十六 秦尊王爲東帝。蘇代説王受而勿稱，以收天下望。王稱帝二日，復去之。	二十七	二十八 王與楚、魏伐宋，滅之。
九	十	十一	十二	十三
二十二	二十三	二十四	二十五	二十六
三十九	四十	四十一	四十二	四十三 宋王偃荒淫驕暴，而好大功。伐齊、楚、魏，皆勝之，諸侯謂之桀宋。齊王與楚、魏共伐滅之。偃走死於温。
七	八	九	十	十一
三十五	三十六	三十七	三十八	三十九

	丙子（前二八五）柔兆困敦	丁丑（前二八四）强圉赤奮若
周赧王	三十	三十一
秦昭王	二十二	二十三　伐齊。
韓僖王	十一	十二　伐齊。
魏昭王	十一	十二　伐齊。
趙惠文王	十四	十五　伐齊。
齊閔王	二十九　閔王既勝宋，南割楚之淮北，西侵三晉，欲并天下。	三十　燕人以四國共伐之，遂入臨淄。王走之衛，又之鄒、魯，皆有驕色，三國不受，乃保莒。楚淖齒救齊，遂爲齊相。既而弑王，欲與燕分齊之地。王蠋自經。
楚頃襄王	十四	十五
燕昭王	二十七　昭王拊循其民二十餘年，國已富實，欲報齊。樂毅曰：「齊地廣民衆，未易獨攻也。」乃約秦、趙、韓、魏共伐齊。諸侯害齊閔王之驕，皆許之。	二十八　樂毅并將秦、趙、韓、魏之兵，敗齊師於濟西。諸侯皆罷，樂毅獨追齊王，遂入臨淄。齊王走保莒。樂毅徇齊六月，下齊七十餘城。
魯緡公	十二	十三
衛嗣君	四十	四十一

戊寅（前二八三）	己卯（前二八二）	庚辰（前二八一）	辛巳（前二八〇）
著雍攝提格	屠維單閼	上章執徐	重光大荒落
三十二	三十三	三十四 楚欲圖周。東周武公説昭子曰：「器南則兵至矣。」乃止。	三十五
二十四 拔魏安城，兵至大梁而還。	二十五	二十六	二十七 白起敗趙軍，斬首二萬。○司馬錯伐楚。楚獻漢北及上庸地。
十三	十四	十五	十六
十三 秦拔我安城，兵至大梁而還。	十四	十五	十六
十六 使藺相如獻璧于秦。	十七	十八	十九 秦敗我軍，斬首二萬。
齊襄王法章元 王孫賈攻淖齒，殺之。閔王子法章變姓名，爲太史敫家庸。求得，立之，布告齊國曰：「王立在莒矣。」	二	三	四
十六	十七	十八	十九 獻漢中、上庸地于秦。
二十九	三十	三十一	三十二
十四	十五	十六	十七
四十二 嗣君薨，子懷君立。○荀子曰：「嗣君，計數之君也。」	衛懷君元	二	三

玄黓敦牂	
三十六	
二十八	白起伐楚，取鄢、鄧、西陵。
十七	
十七	
二十	王與秦王會澠池。廉頗曰：「三十日不還，請立太子。」○藺相如避廉頗，曰：「吾先國家之急，而後私讎也。」
五	齊地盡已入燕，唯莒、即墨在。燕將樂毅圍即墨，即墨將田單縱反間於燕，燕王使騎劫代樂毅。田單乃詐約降，夜縱火牛衝燕軍。燕軍大敗，騎劫死。田單乘勝追奔至河上，齊故城邑皆降，乃迎立襄王。○太史敫不見君王后。○田單解裘衣涉者，王疑之。貫珠者曰：「王不如因以爲己善。」乃賞單牛酒。○幸臣九人讒田單。貂勃爲之辨單功，王乃殺九人。田單攻狄，
二十	秦伐我，取鄢、鄧、西陵。
三十三	樂毅盡定齊地，唯莒、即墨久而未下。或讒之於昭王曰：「樂毅欲王齊。」王曰：「樂君爲寡人報塞先仇，齊固樂君所有也。」立斬讒者，遣使立樂毅爲齊王。毅惶恐不受。頃之，昭王薨，惠王即位，素不快於樂毅，且疑之。又得齊反間，因使騎劫代樂毅將。樂毅奔趙，士卒皆忿怒，無鬬志。齊田單因以詐計大破燕軍，殺騎劫。齊城悉倍燕，復爲齊。樂毅報燕王書。
十八	
四	

	癸未（前二七八）	甲申（前二七七）	乙酉（前二七六）	丙戌（前二七五）
	昭陽協洽	閼逢涒灘	旃蒙作噩	柔兆閹茂
	三十七	三十八	三十九	四十
	二十九 白起伐楚，拔郢，燒夷陵，東至竟陵。初以郢置南郡。	三十 白起遂以兵定巫、黔中。初置黔中郡。	三十一	三十二 穰侯伐魏。韓暴鳶救魏，穰侯與戰，大破之，斬首四萬。魏獻八城以和。既而復伐魏，走芒卯，入北宅，遂圍大梁。魏納温以和。
	十八	十九	二十	二十一
	十八	十九 昭王薨，子安僖王立。	魏安僖王元 封弟無忌爲信陵君。	二 秦再伐魏，圍大梁。割温以和。
	二十一	二十二	二十三	二十四
魯仲連知其不能下。○孟嘗君死，齊、魏共滅薛。	六	七	八	九
	二十一 秦伐我，拔郢，燒夷陵。楚兵散，王遂不戰。東北徙都於陳。	二十二 秦取巫、黔中。	二十三 王收東地兵，得十餘萬，復西取江南十五邑。	二十四
	燕惠王元	二	三	四
	十九	二十	二十一	二十二
	五	六	七	八

丁亥（前二七四）	強圉大淵獻	四十一	三十三 魏復倍秦。穰侯伐魏，斬首四萬，得三縣。	二十二	三 秦伐魏，魏亡三縣。	二十五	十	二十五	五	二十三 緡公薨，子讎立。	九
戊子（前二七三）	著雍困敦	四十二	三十四 白起大破魏師於華陽之下，斬首十五萬。走芒卯，取卷、蔡陽、長社。魏割脩武爲和。又敗趙將賈偃，沉其卒二萬人于河，取趙觀津。	二十三 趙、魏共伐韓，攻華陽。韓使陳筮告急於秦。秦遣武安君將而救韓，八日而至，大破趙、魏之師。僖王薨，子桓惠王立。	四 芒卯伐韓。秦救韓，大敗魏師於華陽。段干子請割脩武以和於秦，蘇代曰：「以地事秦，猶抱薪救火。薪不盡，火不滅。」王不聽，卒以脩武爲和。	二十六 秦敗趙將賈偃，殺二萬人，取觀津。	十一	二十六 韓、魏既傷於兵，服而事秦。秦王將令武安君與韓、魏共伐楚，楚使黃歇適至秦，乃上書說秦王。秦王乃止，與楚和親。	六	魯頃公讎元	十
己丑（前二七二）	屠維赤奮若	四十三	三十五 楚太子完來爲質。	韓桓惠王元	五	二十七	十二	二十七 左徒黃歇侍太子完爲質於秦。	七 惠王薨，子武成王立。	二	十一
庚寅（前二七一）	上章攝提格	四十四	三十六	二	六	二十八 趙奢爲田部吏，殺平原君用事者九人，曰：「以君之貴，而奉公如法，則國彊。」平原君薦於王，使治國賦，國賦大平。	十三	二十八	燕武成王元	三	十二

卷第五

辛卯（前二七〇）	重光單閼	四十五	三十七 魏人范睢得罪於魏相魏齊，亡入秦。説王以太后、穰侯專權，恐不利於國。王以爲客卿。	三	七	二十九 秦伐趙，圍閼與。王使趙奢將兵救之，大敗秦兵。	十四	二十九	二	四	十三	
壬辰（前二六九）	玄黓執徐	四十六	三十八	四	八	三十	十五	三十	三	五	十四	
癸巳（前二六八）	昭陽大荒落	四十七	三十九	五	九	三十一	十六	三十一	四	六	十五	
甲午（前二六七）	閼逢敦牂	四十八	四十	六	十	三十二	十七	三十二	五	七	十六	
乙未（前二六六）	旃蒙協洽	四十九	四十一 范睢言於王曰：「夫擅國之謂王，能利害之謂王，專殺生之謂王。今太后、穰侯、華陽、涇陽君專制而不顧，王力勢反出四貴者	七	十一	三十三 惠文王薨，子丹立。	十八	三十三	六	八	十七	

	丙申（前二六五）	丁酉（前二六四）	戊戌（前二六三）	
	柔兆涒灘	强圉作噩	著雍閹茂	
	五十	五十一	五十二	
下，乃所謂無王也。」王於是廢太后，逐穰侯、華陽、涇陽君於關外，以范睢爲丞相。	四十二	四十三	四十四 楚太子完亡去。	
	八	九	十	
	十二	十三	十四	
	趙孝成王丹元 左師觸龍勸太后使長安君質齊。	二	三	
	十九 襄王薨，子建立。年少，國事決於母君王后。	齊王建元〔二〕	二	
	三十四	三十五	三十六 頃襄王有疾。太子在秦，不得歸。黄歇令太子變服亡歸，而自請死於秦。秦王以爲忠，赦之，遣歸。秋，王薨，太子即位，以黄歇爲相，封以淮北之地，號曰春申君。	
	七	八	九	
	九	十	十一	
	十八	十九	二十	

己亥（前二六二）	庚子（前二六一）	辛丑（前二六〇）
屠維大淵獻	上章困敦	重光赤奮若
五十三	五十四	五十五
四十五 武安君伐韓野王，克之。上黨道絶，上黨民不願屬秦，其守馮亭以地降趙。	四十六 王如南鄭。	四十七 左庶長王齕攻上黨，拔之。上黨民走趙。趙王使廉頗軍於長平。應侯使人閒廉頗於趙，趙以趙括代之。秦使白起擊趙軍，大破之，阬其卒四十萬人。
十一 秦白起伐我，拔野王。上黨道絶，其守馮亭與民謀以其地降趙。	十二	十三
十五	十六	十七
四 韓上黨守馮亭以城市邑十七來降。平陽君豹曰：「聖人甚禍無故之利。韓氏欲嫁其禍於趙，願王勿受。」平原君與趙禹皆勸王受之，遂發兵取上黨。	五	六 秦拔上黨。使廉頗軍長平以拒之，戰數不利，堅壁自守。○王使鄭朱媾於秦。虞卿曰：「王必不得媾，不如附楚、魏。」○王使趙括代廉頗將，藺相如曰：「王以名使括，如膠柱
三	四	五 趙請粟，王弗與。周子曰：「趙之於齊、楚，扞蔽也。救趙宜若奉漏甕沃焦釜然。」王不聽。
楚考烈王完元	二	三
十	十一	十二
十二	十三	十四
二十一	二十二	二十三

	壬寅（前二五九）	癸卯（前二五八）
	玄黓攝提格	昭陽單閼
	五十六	五十七
	四十八 武安君乘勝攻趙，所向輒克。韓、魏恐，使蘇代説應侯，罷武安君兵。由是武安君與應侯有隙。○王陵將兵復伐趙。	四十九 王使王齕代王陵將，圍邯鄲。
	十四	十五
	十八 秦伐趙，諸大夫皆以爲於魏便。孔斌曰：「兹謂棟宇將焚，而燕雀不自知其禍之至也。」○孔斌相魏九月，言不用，歸老於家，曰：「天下將并於秦，行將何之？」	十九 王使晉鄙救趙，畏秦之彊，止壁於鄴。○信陵君禮侯嬴。侯嬴勸信陵君椎殺晉鄙，奪其兵以救趙。
鼓瑟。」○趙奢曰：「兵，死地也，而括易言之，必破趙軍。」○括母上言括不可使將。括果敗死。	七 秦兵罷去。王欲以六縣賂秦。虞卿曰：「是助秦自攻也。不若以六縣與齊。」○秦王陵復伐我。	八 平原君求救於楚。毛遂劫楚王與之盟，楚師乃出。○秦圍邯鄲。魏新垣衍來説趙，欲帝秦以卻
	六	七
	四	五 春申君救趙。
	十三	十四 武成王薨，子孝王立。
	十五	十六
	二十四	二十五

	甲辰（前二五七）	乙巳（前二五六）
	閼逢執徐	旃蒙大荒落
	五十八	五十九 秦取韓陽城、負黍。西周恐，倍秦，與諸侯合從。秦使將軍摎攻西周。西周君入秦受罪，盡獻其邑，還而卒。後七歲，秦滅東、西周。
	五十 應侯譖武安君，賜死杜郵。○魏無忌大破秦軍於邯鄲下，王齕走還。○王太子之子楚爲質於趙，呂不韋爲之行千金說華陽夫人，與太子約以爲嗣。○不韋又以其美姬有娠者獻子楚，生子政。	五十一 將軍摎攻韓，取陽城、負黍。攻趙，取二十餘縣。西周君背秦，秦攻之。西周君自歸受罪，盡獻其邑三十六于秦。
	十六	十七 秦攻我，取陽城、負黍。
	二十 信陵君大破秦軍於邯鄲下，因留趙不敢歸。趙欲封信陵君，信陵君辭以負魏，無功於趙。○信陵君與毛公、薛公遊。	二十一
其兵。魯連難之，乃止。○魏信陵君來救趙。	九 信陵君大破秦軍於邯鄲下，趙由是復存。○平原君欲封魯連，魯連辭去不見。	十 秦攻我，取二十餘縣。
	八	九
	六 春申君破秦軍。	七
	燕孝王元	二
	十七	十八
	二十六	二十七

	丙午（前二五五）	丁未（前二五四）	戊申（前二五三）	己酉（前二五二）	庚戌（前二五一）
	柔兆敦牂	強圉協洽	著雍涒灘	屠維作噩	上章閹茂
秦昭王五十	二 王復思武安君之爲將，應侯慙懼。蔡澤因説應侯，代其位。○周民東亡。秦遷西周公於𢉖狐聚。	五十三 韓王入朝。魏舉國聽令。	五十四	五十五	五十六 秋，王薨，太子立。韓王入弔。
韓桓惠王十	八	十九 入朝秦。	二十	二十一	二十二 王如秦弔。
魏安僖王二	十二	二十三	二十四	二十五 衛懷君來朝，執而殺之。更立其弟元君，魏壻也。	二十六
趙孝成王十	一	十二	十三	十四	十五 燕王伐我。王使廉頗逆擊，大破之，遂圍燕。○平原君卒。
齊王建十		十一	十二	十三	十四
楚考烈王八	遷魯於莒，取其地。○春申君以荀卿爲蘭陵令。○荀卿與臨武君論兵。○又與陳囂論兵。	九	十 遷都鉅陽。	十一	十二
燕孝王三	王薨，子喜立。	燕王喜元	二	三	四 王使栗腹約歡於趙。還，請伐趙。樂間、將渠諫，不聽，遂起師。趙廉頗大破燕師，遂圍燕。王以將渠爲相，請和於趙。
魯頃公十九	楚遷魯於莒。	二十	二十一	二十二	二十三
衛懷君二十	八	二十九	三十	衛元君元 懷君朝魏，魏殺之，立其弟元君。	二
卷第六					

年	歲名	秦	韓	魏	趙	齊	楚	燕	魯	衛
辛亥（前二五〇）	重光大淵獻	秦孝文王元 王即位三日，薨，太子楚立。尊華陽夫人爲華陽太后，夏姬爲夏太后。	二十三	二十七	十六	十五	十三 滅魯。	五	二十四 楚滅魯。	三
壬子（前二四九）	玄黓困敦	秦莊襄王楚元 滅東周。○遷其君於陽人聚。呂不韋爲相國，以河南洛陽十萬户封爲文信侯。○蒙驁將伐韓，取成皋、滎陽，置三川郡。	韓桓惠王二十四 秦伐我，取成皋、滎陽。	魏安僖王二十八	趙孝成王十七	齊王建十六	楚考烈王十四	燕王喜六		衛元君四
癸丑（前二四八）	昭陽赤奮若 日食。	二 蒙驁將伐趙，定太原，取三十七城。	二十五	二十九	十八 蒙驁伐我，取三十七城。	十七	十五 春申君徙封於吴。	七		五
甲寅（前二四七）	閼逢攝提格	三 王齕悉定上黨諸城，置太原郡。○蒙驁伐魏，與信陵君戰河外，大敗而還。○王薨，太子政立，年十三，國事皆決於呂不韋。	二十六	三十 秦蒙驁伐魏。魏師數敗，王乃復召信陵君。毛公、薛公勸信陵君歸。王以爲上將軍，率五國之師，敗蒙驁於河外，追至函谷，抑	十九	十八	十六	八		六

	乙卯（前二四六）	丙辰（前二四五）
	旃蒙單閼	柔兆執徐
	秦始皇政元 作鄭國渠。	二 麃公攻卷，斬首三萬。
	二十七	二十八
之而還。○信陵君欲召縮高，使攻管。縮高曰：「父攻子守，人之笑也；見臣而下，是倍主也。」遂自刎。○秦行萬金以間信陵君。王疑之，使人代將，信陵君遂縱酒而卒。○子順使信陵君子辭韓王之弔。	三十一	三十二 趙伐我，取繁陽。
	二十	二十一 廉頗伐魏，勝之。會孝成王薨，子悼襄王立，使樂乘代廉頗將。頗怒，奔魏，魏不能用。趙數困於秦，王復思得廉頗，遣使者往視之。廉頗之仇郭開與使者金，令毀之。言其衰老，王遂不召頗。卒於楚。
	十九	二十
	十七	十八
	九	十
	七	八

丁巳（前二四四）	戊午（前二四三）	己未（前二四二）	庚申（前二四一）
强圉大荒落	著雍敦牂	屠維協洽	上章涒灘
三 大飢。○驁伐韓，取十二城。	四 驁伐魏。○七月，蝗，疫。	五 驁伐魏，取酸棗等二十城。置東郡。	六 諸侯患秦攻伐無已時，故楚、趙、魏、韓、衛五國共伐秦。至函谷，秦出兵擊之，五國皆敗走。
二十九 秦取我十二城。	三十	三十一	三十二 伐秦。
三十三	三十四 秦伐我。○安僖王薨，太子增立。	魏景閔王增元〔一〕 秦蒙驁伐我，取酸棗等二十城。	二 伐秦。○秦伐我，拔朝歌。
趙悼襄王偃元 李牧將，伐燕，取武遂、方城。○牧爲趙邊將，養士堅壁，謹烽火，匈奴以爲怯。士皆奮願戰，乃出擊匈奴，大破之。匈奴十餘歲不敢近趙邊。○是時，諸胡百有餘種，秦、趙、燕皆築長城以拒胡。	二	三 龐煖敗燕師，殺其將劇辛。	四 伐秦。
二十一	二十二	二十三	二十四
十九	二十	二十一	二十二 楚爲從約長，春申君用事，與諸侯共伐秦而敗歸。春申君由是益疎。○楚去陳，徙壽春，以避秦患。
十一 趙伐我，取武遂、方城。	十二	十三 劇辛伐趙，敗死，亡卒二萬〔二〕。	十四
九	十	十一	十二 與諸侯伐秦。○秦伐我，拔濮陽。元君徙於野王。

辛酉（前二四〇）	重光作噩	七　伐魏，取汲。	三十三	三　秦取我汲。	五	二十五	二十三	十五	十三
壬戌（前二三九）	玄黓閹茂	八	三十四　桓惠王薨，子安立。	四　以鄴與趙。	六　魏與我鄴。	二十六	二十四	十六	十四
癸亥（前二三八）	昭陽大淵獻	九　嫪毐詐爲宦者，得幸太后，專權於國。事發，因發兵反，王討而族之。遷太后於雍。茅焦諫王，王乃復迎太后。	韓王安元	五　秦伐我，取垣、蒲陽。	七	二十七	二十五　王無子，春申君納李園之妹，知其有娠，而獻諸王。生子悍，爲太子。朱英請殺李園，春申君不聽。王薨，李園先入宮，伏甲殺春申君。	十七	十五
甲子（前二三七）	閼逢困敦	十　吕不韋免相。○悉逐諸侯客，李斯諫，乃止[四]。○王用李斯謀，先以金玉去諸侯之名臣，然後使良將隨之，卒兼天下。	二	六	八　入秦置酒。	二十八　入秦置酒。	楚幽王悍元	十八	十六

乙丑（前二三六）	丙寅（前二三五）	丁卯（前二三四）	戊辰（前二三三）	己巳（前二三二）
旃蒙赤奮若	柔兆攝提格	强圉單閼	著雍執徐	屠維大荒落
十一 王翦、桓齮伐趙，取鄴、閼與。	十二 王遷呂不韋於蜀，不韋自殺。	十三 桓齮伐趙，殺趙將扈輒於平陽，斬首十萬。復進，與李牧遇，秦師大敗。	十四 桓齮定平陽、武城，宜安。○韓王請爲臣，使韓非來見王。李斯譖而殺之。	十五 伐趙，取狼孟、鄱吾。遇李牧而還。
三	四	五	六 納地效璽於秦，請爲藩臣。	七
七	八 伐楚。	九	十	十一
九 秦伐我，取鄴、閼與。○悼襄王薨，太子遷立。遷母嬖於悼襄王，遷素以無行聞於國，悼襄王廢太子嘉而立之。	趙幽穆王遷元	二 秦桓齮敗我軍，殺扈輒。王以李牧爲大將拒之，敗秦兵於宜安，桓齮走。封牧爲武安君。	三 秦拔我宜安。	四 秦伐我，取狼孟、鄱吾。李牧拒卻之。
二十九	三十	三十一	三十二	三十三
二	三	四	五	六
十九	二十	二十一	二十二	二十三 太子丹嘗質於趙，與秦王善。及秦王即位，丹質於秦，秦王不禮焉。丹怒，亡歸。
十七	十八	十九	二十	二十一

庚午（前二三一）	辛未（前二三〇）	壬申（前二二九）	癸酉（前二二八）
上章敦牂	重光協洽	玄黓涒灘	昭陽作噩
十六 韓獻南陽地。	十七 內史勝擊滅韓，虜韓王安，以其地置潁川郡。	十八 大興兵，使王翦將之伐趙，下井陘。	十九 滅趙。王如邯鄲，還自太原、上郡歸。○王翦進屯中山以臨燕。
八 獻南陽于秦。	九 秦滅韓，虜王安。		
十二	十三	十四	十五 景閔王薨，子假立。
五	六	七 秦伐我，使李牧、司馬尚禦之。秦多與郭開金，爲反間，言牧、尚欲反。王以趙葱、顏聚代之。牧不受命，捕得斬之。廢尚。	八 秦因急擊趙，大破之，殺趙葱，虜顏聚及王遷，遂滅趙，流遷於房陵。故太子嘉率宗族數百人奔代，自立爲王。趙之亡大夫稍稍歸之，與燕合兵，軍上谷。
三十四	三十五	三十六	三十七
七	八	九	十 幽王薨，國人立其弟郝。三月，郝庶兄負芻殺之，自立。
二十四	二十五	二十六	二十七 太子丹使荊軻刺秦王。鞠武諫，不聽。
二十二	二十三 元君薨，子角立。	衛君角元	二

甲戌（前二二七）	乙亥（前二二六）	丙子（前二二五）
閼逢閹茂	旃蒙大淵獻	柔兆困敦
二十 燕使荊軻來刺王，不中，殺軻。益發兵就王翦於趙伐燕，破燕師、代師於易水之西，遂進圍薊。	二十一 王翦拔薊。燕王走保遼東，斬太子丹首以獻。○王復進攻之。欲取楚，王翦以爲非六十萬人不可，王以爲怯，使李信、蒙恬將二十萬人伐楚。	二十二 王賁伐魏，滅之。王欲易安陵君地，安陵君不可。李信果爲楚所敗，王使王翦將六十萬人以復伐楚。
魏王假元	二	三 秦伐我，引河溝灌大梁。王假降秦，殺之，遂滅魏。
代王嘉元	二	三
三十八	三十九	四十
楚王負芻元	二 秦伐我，取十餘城。	三 秦李信、蒙恬伐我，不克。李信走。王翦益軍以復伐我。
二十八 荊軻刺秦王不中。秦王大怒，益發兵伐燕，圍薊。	二十九 薊潰，王走保遼東，斬太子丹之首以獻於秦而請和。秦復進兵攻之。	三十
三	四	五

卷第七

丁丑（前二二四）	戊寅（前二二三）	己卯（前二二二）
强圉赤奮若	著雍攝提格	屠維單閼
二十三 楚悉國中兵逆戰。王翦堅壁養士，久之，楚怠而東歸。翦追擊，大破之蘄南，斬其將項燕，遂乘勝略定城邑。	二十四 王翦滅楚。	二十五 王賁攻遼東，虜燕王喜。還擊代，虜代王嘉。○王翦南征百越，降之。
四	五	六 秦虜王嘉，滅代。
四十一	四十二	四十三 初，齊君王后賢，事秦謹，與諸侯信。齊亦東邊海上。秦日夜攻三晉、燕、楚，五國各自救，故建立四十餘年不受兵。君王后卒，后勝相齊，多受秦間金，多使賓客入秦，秦又多予金，使爲反間。勸王去從朝秦，不爲攻戰之具，秦以故得滅五國。即墨大夫請收晉、楚之大夫，與之兵，使收故地。王不聽。
四 悉國中兵與王翦戰，不勝。項燕死。	五 秦虜王負芻，滅楚。	
三十一	三十二	三十三 秦攻遼東，虜王喜，滅燕。
六	七	八

庚辰（前二二一）	上章執徐	二十六 王賁自燕南攻齊，滅之。初并天下，王自號「皇帝」，除謚法，欲傳萬世。○羣臣請立諸子爲王，李斯以爲不便。乃分天下爲三十六郡，置守、尉、監。○銷天下兵爲鍾鐻。○徙豪桀於咸陽十二萬户。				四十四 秦滅齊，遷王建於共。			九 秦并天下，而衛獨存。至二十一年，秦二世廢君角爲庶人，衛祀絶。
辛巳（前二二〇）	重光大荒落	秦始皇二十七 始皇巡隴西、北地，出雞頭山，過回中。作信宫渭南。又作甘泉前殿。○治馳道。							
壬午（前二一九）	玄黓敦牂	二十八 始皇東行郡縣，上鄒嶧山，遂登封泰山，降禪梁甫。東循海上，南遊琅邪。遣徐市將童男女數千人入海求神山，采不死藥。過彭城，使人没水求周鼎。西南巡衡山、南郡。浮江至湘山，阻風，怒赭其山。由武關歸。所至立石頌功德，明得意。							
癸未（前二一八）	昭陽協洽	二十九 始皇東游，至博浪沙中。韓人張良令人運鐵椎狙擊始皇，誤中副車。天下大索十日，良亡匿下邳，求捕不獲。始皇遂登之罘、琅邪。還，自上黨入。							
甲申（前二一七）	閼逢涒灘	三十							

乙酉(前二一六)	旃蒙作噩	三十一 使黔首自實田。○始皇微行遇盜，關中大索二十日。
丙戌(前二一五)	柔兆閹茂	三十二 始皇之碣石，使盧生入海求神山。○壞天下堅城郭，決通隄防。○始皇巡北邊，從上郡入。○盧生還，因奏録圖書，言「亡秦者胡」。乃使將軍蒙恬發兵三十萬人，北伐匈奴。
丁亥(前二一四)	强圉大淵獻	三十三 發諸嘗逋亡人及贅壻、賈人，略取陸梁地，置桂林、南海、象郡。以謫徙民五十萬人戍五嶺，與越雜處。○蒙恬斥逐匈奴，收河南地爲四十四縣。築長城，起臨洮，至遼東，延袤萬餘里。又渡河，據陽山，逶迤而北。暴師於外十餘年，恬居上郡而治，威振匈奴。
戊子(前二一三)	著雍困敦	三十四 李斯請盡焚詩、書、百家語，有敢偶語詩、書者棄市，以古非今者族。○孔鮒藏書以待求。
己丑(前二一二)	屠維赤奮若	三十五 使蒙恬除直道，自九原抵雲陽。○作阿房宫前殿，東西五百步，上可坐萬人，表南山之巔以爲闕。立石東海上朐，以爲秦東門。關中離宫三百，關外四百餘。又作驪山墓，凡役者七十餘萬人。離宫複道相屬，羣臣莫知行之所在。○案誅諸生謗議者四百餘人，皆阬之。長子扶蘇諫，始皇怒，使監蒙恬於上郡。
庚寅(前二一一)	上章攝提格	三十六 民有刻隕石者，石旁居民盡誅之。
辛卯(前二一〇)	重光單閼	三十七 始皇出遊，丞相斯、少子胡亥從。始皇南至雲夢。浮江，過丹陽，至錢唐，渡浙江，上會稽，還至吳。並海，北至琅邪、之罘。西至平原津而病。始皇惡言死，羣臣莫敢問後嗣。病甚，乃令趙高作書賜扶蘇，令與喪會咸陽。書未發，而始皇崩於沙丘。祕不發喪。趙高素善胡亥，乃與李斯謀，詐爲始皇詔，立胡亥爲太子。更爲書賜扶蘇及蒙恬死。遂從井陘抵九原，由直道歸咸陽，發喪。胡亥襲位。○葬始皇。○子嬰諫誅蒙氏。

玄黓執徐

秦二世胡亥元

二世東巡郡縣。自碣石旁海，南至會稽而還。○二世謂趙高曰：「吾欲窮心志之所樂，以安宗廟，何如？」高曰：「此賢主之所能行，而昏主之所禁也。雖然，沙丘之謀，大臣、諸公子皆疑之，不服。陛下安得爲此樂乎？」二世曰：「奈何？」高曰：「直以峻法誅滅大臣、宗室，然後收舉貧賤者富貴之，則皆歸德陛下，可以肆志寵樂矣。」二世然之。於是益峻刑法，使高治獄，誅十二公子、十公主，羣臣振恐。○復作阿房宮，役益煩，賦益重，天下愁懼。○陳勝、吳廣起兵於陳，自稱楚王。郡縣聞之，爭殺秦吏以應勝。使者從東方來，言勝等反，二世怒，下之吏。有言羣盜不足憂則

魏王咎元

咎，魏之諸公子也。陳勝使魏人周市徇定魏地，市欲立咎爲王。咎在陳，諸侯欲立市爲魏王，市不肯。使者五反，卒迎咎而立之。

趙王武臣元

武臣，陳人。○陳勝起，魏人張耳、陳餘說勝，請分兵徇河北。勝遣其將武臣與耳、餘俱徇趙地，得十餘城，兵數萬人。○蒯徹說武臣封范陽令，於是燕、趙不戰而下者三十餘城。○耳、餘聞諸將爲陳王徇地還者多以讒毁誅，乃勸武臣自立爲趙王。○陳王遣使賀趙，趣其兵西擊秦。耳、餘說王毋西兵，遣將韓廣徇燕，李良徇常山以自廣。廣至燕，自立爲燕王。○王間出，爲燕所得。趙養卒說燕將，與王俱歸。

齊王儋元

儋，狄人，故齊王族也，與弟榮、横皆爲豪俠。魏人周市徇地至狄，儋殺狄令，自立爲齊王。發兵擊周市，卻之，因東略定齊地。

楚隱王陳勝元

勝，陽城人。秦發閭左民戍漁陽，勝與吳廣爲屯長。至大澤鄉，遇雨，度已失期，法當斬。勝與廣因殺將尉，號令徒屬。行收兵，得數萬人。攻陳，拔而據之。欲自立爲王，張耳、陳餘諫曰：「將軍出萬死之計，爲天下除殘也。今始至陳而王之，示天下私。願將軍毋王，急引兵而西，遣人立六國後，自爲樹黨，爲秦益敵，誅暴秦而號令諸侯，此帝業也。」勝不聽，自立爲楚王。分遣諸將徇地，郡縣苦秦苛虐，爭殺長吏以應之。勝遣吳廣圍三川守李由。周文收兵西擊秦。王有輕秦之意，孔鮒諫，不聽。○周文至戲，有衆數十萬，秦將章邯擊破之。文走還。○劉季起沛。項梁與兄子籍起吳。

燕王韓廣元

廣，故上谷卒史。趙王武臣遣廣將兵北徇燕地，故貴人因共立廣爲王。

悦，由是反者半天下，而二世不知。楚將周文引兵數十萬西至戲，二世乃驚，遣章邯赦驪山徒擊之。文敗走。○趙、魏、齊、燕皆自立王。○二世廢衛君角，絶其祀。

昭陽大荒落

二

章邯進擊周文，殺之，連破楚兵。陳勝御莊賈殺勝以降。○李斯説二世行督責之術。○章邯攻魏咎於臨濟，田儋救之。邯破儋，殺之。咎降而死。○邯進圍田榮於東阿，楚將項梁救之，邯敗退。○趙高欲專秦權，謂二世曰：「陛下富於春秋，今坐朝廷，舉事或不當，見短於大臣。不如深拱禁中，與臣等習事者共議而決之，則天下稱聖主矣。」二世從之。趙高由此得專權。李斯以爲

韓王成元

張良説項梁立韓公子成爲韓王。良爲韓司徒，徇韓地。梁敗，成奔懷王。

魏王豹元

章邯已破陳涉，乃進兵圍魏咎於臨濟。周市出，請救於齊、楚。齊王及楚將項它將兵救之。章邯擊破齊、楚軍，殺齊王儋及周市。咎乃降，已而自殺。咎弟豹奔楚，楚懷王與兵數千人，令復徇魏地。下二十餘城，自立爲魏王。

趙王歇元

秦將遺李良書，説誘令降。良疑未決，還之邯鄲，請益兵。遇趙王姊，醉辱之。良怒，襲邯鄲，殺趙王。張耳、陳餘脱走，收兵得數萬人。或説曰：「兩君羈旅，而欲附趙，難獨立。立趙後，扶以義，可就功。」乃求得趙歇，立以爲王，居信都。李良進擊耳、餘，不勝，走歸章邯。章邯引兵至邯鄲，皆徙其民河內，夷其城郭。張耳與趙王走保鉅鹿城。秦將王離圍之。陳餘北收常山兵，得數萬

齊王市元

秦圍魏，齊王儋自將救魏，軍敗，死於秦。弟榮收其餘兵，走東阿。齊人立齊王建之弟假爲王，田角爲相，田間爲將。章邯進圍東阿。項梁、沛公救之，大破秦軍。榮歸，逐田假，而立儋子市爲王。假奔楚，角、間奔趙。榮欲使楚殺假，趙殺角、間。楚、趙不許。榮怒，遂不出兵助楚。由是與項氏有隙。

楚義帝心元

周文死，楚兵連敗。陳勝御莊賈殺勝降秦。勝傲妻父，殺故人，人無親之者。又好信讒，以苛察爲明，諸將徇地有功者，多坐誅。由是遂敗。○雍齒爲沛公守豐，叛降魏。○秦嘉立景駒爲楚王。○英布起江中，番陽令吳芮以女妻之，使擊秦。○沛公往見景駒於留，遇張良，信用其策。○東陽人欲立陳嬰爲王，其母曰：「暴得大名，不祥。」乃止。○項梁引兵渡淮，英布、陳嬰皆以兵屬焉，有

二

卷第八

言，高因譖李斯云：「與楚盜通謀，故盜不時禽。」遂夷其族。二世以高爲丞相，事無大小皆決焉。○章邯大破楚兵於定陶，殺項梁。以爲楚地兵不足憂，因北渡河，擊破趙兵。使王離圍趙歇於鉅鹿。

人，軍鉅鹿北，以秦兵强，不敢擊。

衆六七萬人。進擊景駒、秦嘉，皆殺之。○沛公往見梁。梁與兵，攻豐，拔之。○范增説梁曰：「陳勝首事，不立楚後而自立，其勢不長。」乃求得楚懷王孫心，立以爲楚懷王，都盱眙。○梁救田榮於東阿，屢破章邯軍，梁有驕色。宋義曰：「戰勝而將驕卒惰者敗。」不聽。秦益兵擊梁，大破，殺之於定陶。○懷王徙都彭城。○章邯圍趙，懷王使宋義、項羽救之。○懷王與諸將約，能先入關破秦者王之。項羽請擊秦。諸老將皆曰：「羽慓悍，不可遣。不如沛公長者，使扶義而西，告諭秦父兄，宜可下。」懷王從之。

閼逢敦牂 七月，五星聚東井。
三 項羽大破秦兵，走章邯，虜王離。○沛公克潁川、南陽。○趙高以盜益熾，欲歸罪於章邯而誅之。邯懼，舉軍降項羽。羽封邯爲雍王。○沛公入武關。○趙高指鹿爲馬，羣臣莫敢言其過。高常言關東盜無能爲，及秦兵數敗日蹙，高恐二世誅之，乃遣其婿閻樂攻二世於望夷宮。二世願與妻子爲黔首，不得而死。高乃立二世兄子子嬰爲秦王。子嬰三族高家。○沛公大破秦兵於藍田。
二 張良從沛公入關，留韓王成守陽翟。○瑕丘申陽下河南，引兵從項羽。
二 救趙。從項羽伐秦。
二 張耳使張黶、陳澤趣陳餘進兵。餘不敢前，黶、澤死於秦軍，耳由是怨餘。會項羽救趙，大破秦軍，虜王離。耳得出，責讓陳餘。餘怒，棄將印去。耳與趙王還信都。
二 將軍田都畔齊，從項羽救趙。○齊王建孫田安下濟北，亦從羽。
二 宋義至安陽，留四十六日不進。項羽矯懷王命殺義，懷王因以羽爲上將軍。羽引兵渡河，大破秦軍，虜王離。諸侯將軍來救趙者皆懾服，羽由是始爲諸侯上將軍。○沛公過昌邑，彭越以兵從。○彭越初起，斬期而後者。○酈食其見沛公，沛公拔足揮洗，納其言。遂下陳留。○沛公屠潁川。張良以兵從沛公，用良策，取南陽。○沛公所過不虜掠，秦民皆喜。○章邯以秦軍降項羽。○沛公入武關，用張良策，大破秦兵。
三 遣將臧荼救趙。遂從項羽伐秦。

校勘記

〔一〕「建」，原爲大字，今據文例改爲小字。

〔二〕「增」，原爲大字，今據文例改爲小字。

〔三〕「二」，原作「不」，今據《通鑑》卷六改。

〔四〕「止」，原作「上」，今據《通鑑》卷六改。

資治通鑑目録卷第三

翰林學士朝散大夫知制誥兼侍講同提舉萬壽觀事兼判集賢院上護軍河内郡開國侯食邑一千三百户賜紫金魚袋臣司馬光

奉敕編集

乙未（前二〇六）

旃蒙協洽

漢初用殷歷，或云用顓頊歷，今兩存之。漢襲秦，以建亥月爲正，今所記月數皆以夏正言之。後朔與前朔同日則不記，改日乃記之，後倣此。○殷：十月丁亥、十一丙辰、正乙卯、三甲寅、六癸未、八壬午朔。○顓頊：壬申蔀九年，十丙戌、正乙卯、三甲寅、五癸丑、七壬子、九辛亥朔。

漢高祖邦元

沛公至霸上，秦王子嬰降。○賈誼論攻守之勢異。○沛公入咸陽，蕭何先收圖籍。○樊噲、張良諫止宮休舍。○沛公還軍霸上，撫諭秦父老，約法三章。沛公遣兵距函谷關。項羽怒，欲擊沛公。沛公使張良因項伯以謝羽，因自見羽於鴻門。范增使項莊舞劍，欲殺沛公，項伯常翼蔽之。沛公與樊噲脱歸。○羽背約，立沛公爲漢王，都南鄭。分關中地，立秦三降將，章邯爲雍王，都廢丘。司馬欣爲塞王，都櫟陽。董翳爲翟王，都高奴。漢王欲攻羽，蕭何諫而止。○蕭何自追韓信，薦於王，以爲大將。信論項王，匹夫之勇，婦人之仁，其彊易弱。王大喜，以得信晚，即引兵還定三秦。塞王欣、翟王

韓王鄭昌元

項羽立申陽爲河南王，都洛陽。○羽不遣韓王成之國，與俱至彭城，殺之。立故吴令鄭昌爲韓王以距漢。

魏王豹三

項羽徙豹爲西魏王，王河東，都平陽。趙將司馬卬定河内，立以爲殷王，都朝歌。

趙王歇三

項羽徙歇爲代王，都代。立趙相張耳爲常山王，王故趙地，都襄國。陳餘在南皮，羽環封之三縣。餘怒，借兵於齊，以擊常山。

齊王榮元

項羽徙齊王市爲膠東王，都即墨。立齊將田都爲齊王，都臨淄。田安爲濟北王，都博陽。榮怨羽獨不王己，不肯令田市之膠東，而以兵逆擊田都。都敗，奔楚。市畏項王，竊逃之國。榮追擊殺之，自立爲齊王。又擊濟北王安，殺之。與彭越將軍印，令徇梁地。又以兵借陳餘，使擊常山。

西楚霸王項籍元

項羽率諸侯兵，西擊秦。至新安，阬秦降卒二十餘萬人。○羽入關，至鴻門，將擊沛公。項伯爲講解，沛公自來謝。范增欲殺沛公不果，曰：「吾屬今爲之虜矣。」○羽西屠咸陽，殺秦降王子嬰，焚其宮室，掘始皇冢〔一〕。秦民大失望。○韓生説羽留王關中，不從。○羽陽尊懷王爲義帝，徙之郴，而奪其地。自立爲西楚霸王，王梁、楚九郡，都彭城。分天下以王諸侯，盡徙逐故王於醜地，而以其地王所善將相，由

燕王臧荼元

荼本燕將，從項羽入關。項羽立荼爲燕王，都薊。徙故燕王廣爲遼東王，都無終。廣不肯之遼東，荼擊殺之，并王其地。

卷第九

丙申（前二〇五）

	柔兆涒灘　殷：十辛巳、十二庚辰、二己卯、四戊寅、六丁丑、八丙子朔。○顓頊：十一庚戌、正己酉、三戊申、六丁丑、八丙子、後九乙亥朔。○自太初未改曆以前，閏皆在歲末，謂之後九月。
翳降。圍雍王於廢丘。○王陵母知漢王必得天下。○張良遺項羽書，羽以故無西意。	二　張良自韓歸漢。○王如陝。○河南王申陽降。○以韓襄王孫信爲韓王。○王還都櫟陽。○王自臨晉渡河，魏王豹以兵從。○虜殷王卬。○楚都尉陳平降，即以爲都尉。○董公説王爲義帝縞素以討項羽。○王率五諸侯兵五十六萬人入彭城。○拜彭越爲梁相國。○項羽大破漢兵於彭城，王走還，諸侯皆復叛漢爲楚。○滕公收孝惠、魯元。○張良請捐關以東，與英布、彭越、韓信共攻楚。○王使隨何説英布。○王至滎陽，蕭何悉發關中兵以助王，漢兵復振。敗楚於京、索間，故楚不能西。○絳、灌毀陳平。魏無知曰：「臣所言者，能也。陛下所問者，行也。」
	二　漢王至河南，申陽降漢。○漢以韓襄王孫信爲韓太尉，徇韓地。信擊鄭昌，滅之。
	四　豹從漢王伐楚，入彭城。○殷王降漢。○漢兵敗，豹復叛漢。漢將韓信襲豹，虜之。
	四　陳餘襲破常山，常山王耳奔漢。餘復迎王歇，立以爲趙王。歇以餘爲代王。餘使相國夏説守代，身留傅趙王。○漢王詐餘與共伐楚，餘後知之，乃復叛漢。○漢將韓信與張耳共滅代，禽夏説。
	齊王廣元　項羽擊榮，榮敗死。羽復立故齊王假爲王。榮弟橫收榮散卒，立榮子廣爲王，拒楚於城陽。羽聞漢入彭城，引兵去。橫遂進擊田假。假走楚，楚殺之。橫復收取三齊之地。
是諸侯不服。羽又立番君吳芮爲衡山王，都邾。楚柱國共敖爲臨江王，都江陵。將軍英布爲九江王，都六。漢王自漢中還，攻三秦。○田榮擊滅三齊。○陳餘借兵於齊，以擊常山。	二　項王陰使衡山、臨江王擊殺義帝於江中。○陳餘逐張耳，復立趙王歇。○項王擊齊王榮，殺之。復立齊王假，遂北至北海，所過殘滅，齊民相聚叛之。榮弟橫立榮子廣爲齊王。○漢王率五諸侯兵入彭城，項王以精兵三萬人擊漢，大破之。諸侯復背漢爲楚。項王追漢至滎陽，漢距之不得進。○九江王布稱病不佐楚，項王怒。
	二

丁酉（前二〇四）

	彊圉作噩 殷：十乙巳、十二甲辰、二癸卯、四壬寅、六辛丑、八庚子朔。○顓頊：十一甲戌、正癸酉、三壬申、五辛未、八庚子朔。○本志：十甲戌晦，十一癸卯晦，日食皆有宿度。案：日所在宿度不可見，歷家以術推之，未必能中，今但取其有時刻食分者記之。○辰星出四孟。
王使平盡護諸將，乃不敢復言。○立子盈爲太子。○廢丘降，雍王邯死。○任氏窖倉粟。○王令蕭何守關中，事不及奏者，以便宜施行。○王使韓信擊魏，聞魏以柏直爲大將，曰：「吾無患矣。」○韓信問：「魏得無用周叔爲大將乎？」○信襲虜魏豹，定魏地。因請兵以北舉燕、趙，東擊齊，南絶楚糧道。王使張耳與俱，信遂滅代，禽夏說。	三 韓信、張耳擊趙，背水爲陳，斬陳餘，遂滅趙。○信用李左車策，傳檄下燕。○隨何說下英布，故漏其謀於楚使，布遂叛楚歸漢。○王踞牀洗足見英布。○酈食其說王立六國後，張良發八難，乃止。○王使陳平以金四萬斤間楚君臣，項羽果逐范增。○楚圍王於滎陽，急，紀信詐降，王得脱走入關。○轅生說王南出宛、葉。○彭越破楚兵，殺項聲、薛公。項羽東擊越，王復軍成皋。羽還拔滎陽，殺周苛、樅公，遂圍成皋。漢王逃渡河，奪韓信、張耳軍，使耳守趙地，信收趙兵擊齊。○楚拔成皋，欲西，漢兵拒
	五 漢使韓信、張耳自井陘伐趙。李左車說陳餘，請以輕兵絶漢糧道，餘不聽。漢大破趙兵，斬餘，虜趙王歇。
	二 橫遣將屯歷下，以備漢。漢王遣酈食其說橫，橫乃罷歷下兵，與漢連和。
	三 九江王英布叛楚，楚將龍且擊破之，布走降漢。○楚圍漢王於滎陽，項王用漢反間，疑范增。增怒去，疽發背死。漢王逃入關，出兵宛、葉，項王引兵從之。○彭越殺楚將項聲、薛公於下邳。項王東擊越，走之。○項王還拔滎陽、成皋。○彭越復攻下梁地十七城，項王使曹咎守成皋，自東擊越。
	三 始從漢。
	卷第十

之甕。鄭忠說王高壘，勿與楚戰，使劉賈、盧綰將兵渡河，佐彭越燒楚積聚。○彭越復徇下梁地，項羽東擊越。○酈食其說王復取滎陽、成皋，據敖倉之粟〔二〕，曰：「王者以民爲天，民以食爲天。」又請東說齊，使附漢。○蒯徹說韓信擊齊。

著雍閹茂

殷：十己亥、十二戊戌、三丁卯、五丙寅、七乙丑、九甲子朔。○顓頊：十己亥、十二戊戌、二丁酉、四丙申、六乙未、八甲午朔。

四

韓信襲破齊王，濟河，擊殺楚將曹咎，復取成皋，軍廣武，就敖倉食。○項羽還，亦軍廣武。○羽置太公高俎。○羽欲與王挑戰。王曰：「吾寧鬭智，不鬭力。」○王數羽十罪，羽伏弩射王，傷胸。張良請漢王彊起勞軍。○楚將龍且救齊，韓信以沙囊壅濰水，大破楚軍，殺龍且，虜齊王廣，遂定齊地。○立張耳爲趙王。○王西至櫟陽，留四日，復如軍。○韓信自立爲齊王，張良、陳平躡王足，勸王因而立之。○項羽使武涉說韓信，不聽。○蒯徹說信兩存楚、漢，鼎足而居，亦不聽。○立英布爲淮南王。○王令軍士死者轉送其家，四方歸心。○項羽請割鴻溝以和，歸太公、吕后。張良、陳平勸王遂攻之，曰：「無養虎，自遺患。」

三

漢將韓信襲破臨淄，齊王廣走高密，相横走博陽。楚將龍且救齊，信擊殺龍且，虜齊王廣。田横自立爲齊王，兵敗，奔彭越。信遂盡定齊地。

四

漢王擊殺曹咎，取成皋。項王復西軍廣武。○項王自出挑戰，叱樓煩。○伏弩射傷漢王。○使龍且救齊。客說龍且，令齊王招降亡城，韓信可坐禽。龍且不聽。信擊破楚兵，殺龍且。○項王食盡，與漢約，割鴻溝以和。項王東歸，漢王追擊之。

四

己亥（前二〇二）

屠維大淵獻

殷：十一癸亥、正壬戌、三辛酉、六庚寅、八己丑、後九戊子朔。○顓頊：十癸巳、正壬戌、三辛酉、五庚申、七乙未、九戊午朔。

五　王追項羽至固陵。與韓信、彭越期，皆不至，復爲楚所敗。張良請先分楚地以許二人，使自爲戰。王從之，遂圍羽陔下。羽走死烏江。○立韓信爲楚王，彭越爲梁王。○諸侯共尊漢王爲皇帝，即位于汜水之陽。○立吴芮爲長沙王，無諸爲閩越王。○帝西都雒陽。○兵皆罷歸家。○民保山澤者，各令歸其縣。○上自謂不如三傑，而能用之，所以取天下。○韓信曰：「殺之無名，故忍而就此。」○田横來降，既而自殺。○上赦季布，斬丁公。○婁敬、張良説上都關中，上即日西遷。○張良學導引，辟穀。○臧荼反，上自將，擊滅之，立盧綰爲燕王。

五　周殷叛楚歸漢。○漢王合諸侯兵圍項王於陔下。項王走至烏江，自殺。○魯最後降漢，漢以魯公禮葬項王。○漢將盧綰、劉賈擊臨江王尉，虜之。

五　荼反漢，漢擊滅之。

庚子（前二〇一）

上章困敦

殷：十一丁亥、正丙戌、三乙酉、五甲申、七癸未朔。○顓頊：十丁巳、十二丙辰、二乙卯、五甲申、七癸未、九壬午朔。

漢高祖六

或告楚王信反，上用陳平謀，僞遊雲夢，禽信，廢爲侯。○田肯説上以子弟王齊。○韓信謂上不善將兵而善將將。○上言諸將功狗也，蕭何功人也。○陳平受封，稱魏無知之功。○上大封同姓，以鎮撫天下。○徙韓王信王太原。○留侯勸上先封雍齒。○鄂秋稱蕭何功第一。○尊太公爲太上皇。○冒頓以善馬、閼氏與東胡，而不與棄地，遂滅東胡。南侵燕、代，復收故地。○韓王信叛降匈奴。○叔孫通作朝儀。魯兩生不肯行。

卷第十一

辛丑(前二〇〇)	重光赤奮若 殷：十二辛亥、二庚戌、四己酉、六戊申、八丁未朔。○顓頊：十一辛巳、正庚辰、三己卯、五戊寅、八丁未朔。	七 朝儀成，上曰：「吾乃今知皇帝之貴。」○上自將擊韓王信，破之。信亡入匈奴，與之連兵寇邊。○婁敬言匈奴羸兵以誘漢，不可擊。帝不從。匈奴圍帝於白登，用陳平祕計得免。○滕公出圍，故徐行。○封陳平爲曲逆侯。○帝辱趙王敖，趙相貫高怒。○匈奴攻代。代王喜棄國自歸，黜之。○蕭何治未央宫成。帝自櫟陽徙都長安。
壬寅(前一九九)	玄黓攝提格 殷：丙午蔀一年，十丙午、正乙亥、三甲戌、五癸酉、七壬申、九辛未朔。○顓頊：十丙午、十二乙巳、二甲辰、四癸卯、六壬寅、八辛丑、後九庚子朔。	八 上擊韓王信。過柏人，貫高謀反，不果。○令賈人毋得衣錦繡。○婁敬説上以長公主妻冒頓。
癸卯(前一九八)	昭陽單閼 殷：十二己巳、二戊辰、五丁酉、七丙申、九乙未朔。○顓頊：十庚子、十二己巳、二戊辰、四丁卯、六丙寅、八乙丑朔。○本志：六月乙未晦，食既。	九 上使敬與匈奴結和親。○敬勸徙六國後及豪桀十餘萬口實關中。○貫高事覺不死，以明張王不反。
甲辰(前一九七)	閼逢執徐 殷：十一甲午、正癸巳、三壬辰、五辛卯、七庚寅朔。○顓頊：十甲子、十二癸亥、三壬辰、五辛卯、七庚寅、九己丑朔。後九月。	十 太上皇崩。○上欲廢太子，立趙王如意。周昌力爭之，上以昌爲趙相。○陳豨反，上自將擊之。見豨不據邯鄲，知其無能爲。○不誅常山守尉。○以四千户封趙子弟。○以金購豨將。
乙巳(前一九六)	旃蒙大荒落 殷：十己丑、十一戊午、正丁巳、三丙辰、五乙卯、七甲寅、九癸丑朔。顓頊：十戊子、十二丁亥、二丙戌、四乙酉、七甲寅、九癸丑朔。	十一 陳豨敗。○韓信謀反，誅。○柴武斬韓王信。○上欲烹蒯徹。徹言：「臣獨知韓信，不知陛下。」乃釋之。○上誅彭越。欒布哭越，言：「恐功臣人人自危。」○陸賈説南越王趙佗，下之。○賈謂上：「以馬上得之，寧可以馬上治之乎？」○樊噲排闥諫上獨與宦者居，曰：「不見趙高事乎！」○英布反，薛公料布三策。○四皓説建成侯，不使太子將兵。
		卷第十二

年	歲名・朔	事目
丙午（前一九五）	柔兆敦牂 殷：十二壬午、二辛巳、四庚辰、六己卯、八戊寅朔。○顓頊：十一壬子、正辛亥、三庚戌、五己酉、七戊申、九丁未朔。本志：春，熒惑守心。	十二 英布敗死。○上過沛，燕故老。○周勃斬陳豨。○叔孫通諫易太子，曰：「太子，天下之本。」○王衛尉辨蕭相國無罪。○盧綰謀反，使樊噲擊之。○上疾，罵醫曰：「命乃在天，雖扁鵲何益！」○呂后問相，上言曹參、陳平、王陵、周勃。○上崩。○盧綰亡入匈奴。○上雖日不暇給，規摹弘遠。○陳平不斬樊噲。○呂后召趙王，周昌不遣。
丁未（前一九四）	彊圉協洽 殷：十丁丑、十二丙子、二乙亥、五甲辰、七癸卯、九壬寅朔。○顓頊：十二丙子、二乙亥、四甲戌、六癸酉、八壬申、後九辛未朔。	漢惠帝盈元 太后殺趙王如意，以戚夫人爲「人彘」，帝遂沈飲不聽政。
戊申（前一九三）	著雍涒灘 殷：十辛丑、十二庚子、二己亥、四戊戌、六丁酉、九丙寅朔。○顓頊：十一庚午、二己亥、四戊戌、六丁酉、八丙申朔。	二 齊悼惠王來朝，太后欲酖之，不果。○蕭何薨。何置田宅，必居窮僻處。○何與曹參有隙，且死，所推賢唯參。參一遵何之灋。
己酉（前一九二）	屠維作噩 殷：十一乙丑、正甲子、三癸亥、五壬戌、七辛酉、九庚申朔。○顓頊：十乙未、十二甲午、二癸巳、四壬辰、七辛酉、九庚申朔。	三 匈奴遺呂后書，不遜，噲請擊之。季布言噲可斬，呂后乃卑辭謝之。
庚戌（前一九一）	上章閹茂 殷：十二己丑、二戊子、四丁亥、六丙戌、八乙酉、後九甲申朔。○顓頊：十一己未、正戊午、三丁巳、五丙辰、七乙卯、後九甲申朔。	四 立張后。○叔孫通諫築複道。
辛亥（前一九〇）	重光大淵獻 殷：十一癸未、正壬午、四辛亥、六庚戌、八己酉朔。○顓頊：十一癸未、正壬午、三辛巳、五庚辰、七己卯、九戊寅朔。	五

壬子（前一八九）	玄黓困敦 殷：十戊申、十二丁未、二丙午、四乙巳、七甲戌、九癸酉朔。○顓頊：十一丁丑、二丙午、四乙巳、六甲辰、八癸卯、後九壬寅朔。	六
癸丑（前一八八）	昭陽赤奮若 殷：十壬申、十二辛未、二庚午、四己巳、六戊辰、八丁卯朔。○顓頊：十一辛丑、正庚子、三己亥、六戊辰、八丁卯朔。本志：正辛丑朔，食。五丁卯，先晦一日，食幾盡。	七 帝崩。呂后詐名它人子爲太子，立之。
甲寅（前一八七）	閼逢攝提格 殷：十一丙申、正乙未、三甲午、五癸巳、七壬辰、九辛卯朔。○顓頊：十一丙寅、十二乙丑、二甲子、四癸亥、六壬戌、九辛卯朔。	漢高后雍元 太后王諸呂。陳平、周勃謂王陵：「安劉氏，君不如臣。」
乙卯（前一八六）	旃蒙單閼 殷：十一庚寅、正己丑、四戊午、六丁巳、八丙辰、後九乙卯朔。○顓頊：十一庚寅、正己丑、三戊子、五丁亥、七丙戌、九乙酉朔。○本志：六丙戌晦，食。	二
丙辰（前一八五）	柔兆執徐 殷：十一甲寅、正癸丑、三壬子、六辛巳、八庚辰朔。○顓頊：十甲申、正癸丑、三壬子、五辛亥、七庚戌、九己酉朔。	三
丁巳（前一八四）	彊圉大荒落 殷：十己卯、十二戊寅、二丁丑、四丙子、六乙亥、八甲戌朔。○顓頊：十一戊申、正丁未、四丙子、六乙亥、八甲戌朔。	四 少帝有怨言，太后幽殺之，更立其弟弘。
		卷第十三

戊午（前一八三）	著雍敦牂 殷：十一癸卯、正壬寅、三辛丑、五庚子、七己亥、九戊戌朔。○顓頊：十癸酉、十二壬申、二辛未、四庚午、六己巳、九戊戌朔。○後九月。	五 趙佗自稱南越武帝，入寇長沙。
己未（前一八二）	屠維協洽 殷：十丁酉、正丙寅、三乙丑、五甲子、七癸亥、九壬戌朔。○顓頊：十丁酉、十二丙申、二乙未、四甲午、六癸巳、八壬辰朔。	六
庚申（前一八一）	上章涒灘 殷：十一辛酉、正庚申、三己未、六戊子、八丁亥朔。○顓頊：十辛卯、正庚申、三己未、五戊午、七丁巳、九丙辰朔。○本志：正己丑晦，食既。	七 太后殺趙幽王友。○封琅邪王澤。○趙王恢自殺。○朱虚侯章歌田。○陸賈説陳平與周勃結歡。
辛酉（前一八〇）	重光作噩 殷：十丙戌、十二乙酉、二甲申、四癸未、六壬午、八辛巳朔。○顓頊：十一乙卯、正甲寅、四癸未、六壬午、八辛巳、後九庚辰朔。	八 太后崩。齊哀王起兵以誅諸吕。灌嬰軍滎陽，陰與齊連和，以待吕氏變而共誅之。○周勃使酈寄詐吕禄，奪其軍。○吕嬃散寶，曰：「無爲他人守。」○周勃令平陽侯告衛尉，無入相國産殿門，使朱虚侯誅之，遂滅吕氏。○大臣迎立代王。羣臣皆疑，獨宋昌勸行。
壬戌（前一七九）	玄默閹茂 殷：十庚戌、十二己酉、二戊申、四丁未、六丙午、八乙巳朔。○顓頊：十一己卯、正戊寅、三丁丑、五丙子、八乙巳朔。	漢太宗恒元 陳平以位讓周勃。○袁盎諫上驕絳侯。○除收孥令。○立太子啓。○絳、灌爲二竇置賢師傅。上不受千里馬，令四方無求來獻。○施惠天下，遠近驩洽，乃修代來功。○陳平對：「宰相使卿大夫各得任其職。」○帝以恩威懷服南越。○吴公薦賈誼。
癸亥（前一七八）	昭陽大淵獻 殷：十甲辰、正癸酉、三壬申、五辛未、七庚午、九己巳朔。○顓頊：十甲辰、十二癸卯、二壬寅、四辛壬、六庚子、八己亥朔。○後九月。○本志：十一癸卯晦，食。	二 賈山勸納諫，又諫與方正之士射獵。○帝止輦受書疏。○袁盎諫帝下峻阪，又諫慎夫人與皇后同席。

甲子（前一七七）

閼逢困敦

殷：十戊辰、十二丁卯、二丙寅、五乙未、七甲午、九癸巳朔。○顓頊：十戊辰、十二丁卯、二丙寅、四乙丑、六甲子、八癸亥朔。○本志：十丁酉晦、十一丁卯晦，皆食。

三

詔丞相率列侯之國。○淮南王殺辟陽侯。○匈奴犯塞，遣灌嬰擊逐之。○上幸太原。○濟北王興居反，遣柴武擊誅之。○張釋之諫賞嗇夫利口。○又劾太子、梁王不下車。○又言：「中有可欲，錮南山猶有隙。」○又處犯蹕、盜環用灋平。

乙丑（前一七六）

旃蒙赤奮若

殷：十一壬辰、正辛卯、三庚寅、五己丑、八戊午朔。○顓頊：十壬戌、十二辛酉、三庚寅、五己丑、七戊子、九丁亥朔。

四

季布言：「恐天下窺陛下淺深。」○絳侯下獄，薄太后明其不反。

丙寅（前一七五）

柔兆攝提格

殷：十丁巳、十二丙辰、二乙卯、四甲寅、六癸丑、八壬子、後九辛亥朔。○顓頊：十一丙戌、正乙酉、三甲申、五癸未、八壬子、後九辛亥朔。

五

除盜鑄錢令，賈誼、賈山俱諫。

丁卯（前一七四）

彊圉單閼

殷：十二庚辰、二己卯、四戊寅、六丁丑、八丙子朔。○顓頊：十一庚戌、正己酉、三戊申、五丁未、七丙午朔。

六

淮南王長有罪遷蜀，袁盎諫不聽。長自殺。○匈奴求和親。○中行説勸匈奴毋貴漢物。○又言：「匈奴約束徑，易行。君臣簡，可久。一國之政，猶一身。雖亂，必立宗種。」○賈誼上疏言：「抱火厝積薪。」○又曰：「樹國固必相疑之埶也。」○又曰：「令信、越爲列侯，雖至今存可也。」○又曰：「衆建諸侯而少其力，如身之使臂，臂之使指。」○又曰：「天子居下，蠻夷居上，是倒縣也。」○又曰：「甂細娛而不圖大患。」○又曰：「上無制度，下爲奢僭，故飢寒而爲姦邪。」○又曰：「俗無行義，宜定經制。」○又曰：「三代所以長久，以其早諭教太子，而謹擇左右也。」○又曰：「禮禁將然之前，灋禁已然之後。」○又曰：「大臣可刑殺，而不可榜笞駡辱，所以養其廉恥。」

戊辰（前一七三）

著雍執徐

殷：十乙亥、十二甲戌、三癸卯、五壬寅、七辛丑、九庚子朔。○顓頊：十乙亥、十二甲戌、二癸酉、四壬申、六辛未、八庚午朔。

七

年	曆	事	卷
己巳（前一七二）	屠維大荒落 殷：十一己亥、正戊戌、三丁酉、五丙申、八乙丑、後九甲子朔。○顓頊：十己巳、十二戊辰、三丁酉、五丙申、七乙未、九甲午朔。	八 賈誼諫接王淮南諸子，知其後必反。	
庚午（前一七一）	上章敦牂 殷：十一癸亥、正壬戌、三辛卯、五庚申、七己未、九戊午朔。○顓頊：十癸巳、十二壬辰、二辛酉、五庚申、七己未、九戊午朔。	九	
辛未（前一七〇）	重光協洽 殷：十二丁亥、二丙戌、四乙酉、六甲申、八癸未、後九壬午朔。○顓頊：十一丁巳、正丙辰、三乙卯、五甲寅、七癸丑、後九壬午朔。	十 殺薄昭。	
壬申（前一六九）	玄黓涒灘 殷：十一辛巳、正庚辰、四己酉、六戊申、八丁未朔。○顓頊：十一辛巳、正庚辰、三己卯〔三〕、五戊寅、七丁丑、九丙子朔。	十一 賈誼勸上大封梁、淮陽，以制諸侯，曰：「陛下奈何高拱以成六國之勢。」○鼂錯言兵事曰：「有必勝之將，無必勝之民。」○又曰：「器械不利，以其卒與敵也。卒不可用，以其將與敵也。將不知兵，以其主與敵也。君不擇將，以其國與敵也。」○又曰：「以蠻夷攻蠻夷，中國之形也。」○又勸上募民徙塞下。○又勸上置良吏，撫徙者。	卷第十五
癸酉（前一六八）	昭陽作噩 殷：十丙午、十二乙巳、二甲辰、四癸卯、七壬申、九辛未朔。○顓頊：十一乙亥、二甲辰、四癸卯、六壬寅、八辛丑朔。	十二 河決酸棗。○除關，毋用傳。○鼂錯勸上令民入粟拜爵，以勸農桑，廣畜積，貴粟帛，賤金玉。○詔賜民田租之半。	
甲戌（前一六七）	閼逢閹茂 殷：十一庚午、正己巳、三戊辰、五丁卯、七丙寅、九乙丑朔。○顓頊：十庚子、十二己亥、二戊戌、五丁卯、七丙寅、九乙丑朔。○後九月。	十三 詔：「朕親耕，后親桑，以勸天下。」○除祕祝。除肉刑。上下寬厚，斷獄四百。○除民租稅。	

乙亥（前一六六）	旃蒙大淵獻 殷：十一甲午、正癸巳、三壬辰、五辛卯、七庚寅、九己丑朔。○顓頊：十甲子、十二癸亥、二壬戌、四辛酉、六庚申、九己丑朔。	十四 匈奴入朝那，候騎至雍甘泉。上欲親征匈奴，太后固止之。○馮唐謂上不能用廉頗、李牧。○詔祠官致敬，毋有所祈。
丙子（前一六五）	柔兆困敦 殷：十一戊子、二丁巳、四丙辰、六乙卯、八甲寅朔。○顓頊：十一戊子、正丁亥、三丙戌、五乙酉、七甲申、九癸未朔。	十五 令公孫臣申明土德，草改歷服色事。○上始幸雍，郊五帝。
丁丑（前一六四）	彊圉赤奮若 殷：十癸丑、十二壬子、二辛亥、四庚戌、七己卯、九戊寅朔。○顓頊：十二壬子、二辛亥、四庚戌、六己酉、八戊申、後九丁未朔。	十六 令諸生作《王制》。○分齊爲六國，淮南爲三國，悉王悼惠王、厲王諸子。○新垣平獻玉杯。
戊寅（前一六三）	著雍攝提格 殷：十丁丑、十二丙子、二乙亥、四甲戌、六癸酉、九壬寅朔。○顓頊：十一丙午、正乙巳、四甲戌、六癸酉、八壬申朔。	後元 誅新垣平。○詔羣臣議可以佐百姓者。
己卯（前一六二）	屠維單閼 殷：十一辛丑、正庚子、三己亥、五戊戌、七丁酉、九丙申朔。○顓頊：十辛未、十二庚午、二己巳、四戊辰、六丁卯、九丙申朔。	二 復與匈奴和親。○不相竇廣國。○申屠嘉欲斬鄧通，上令通往，而後請之。
庚辰（前一六一）	上章執徐 殷：十一乙未、二甲子、四癸亥、六壬戌、八辛酉、後九庚申朔。○顓頊：十一乙未、正甲午、三癸巳、五壬辰、七辛卯、九庚寅朔。	三
辛巳（前一六〇）	重光大荒落 殷：十一己未、正戊午、三丁巳、六丙戌、八乙酉朔。○顓頊：十一己未、正戊午、三丁巳、五丙辰、七乙卯、九甲寅朔。○本志：四丙辰晦，食。	四

壬午（前一五九）

玄黓敦牂

殷：十甲申、十二癸未、二壬午、四辛巳、六庚辰、九己酉朔。○顓頊：十一癸丑、正壬子、四辛巳、六庚辰、八己卯、後九戊寅朔。

五

癸未（前一五八）

昭陽協洽

殷：十戊申、十二丁未、二丙午、四乙巳、六甲辰、八癸卯朔。○顓頊：十一丁丑、正丙子、三乙亥、六甲辰、八癸卯朔。○本志：四乙巳，水、火、木合於東井。

六

匈奴大入上郡、雲中，遣三將軍屯細柳、霸上、棘門以備胡。上勞軍至細柳，知周亞夫賢。

甲申（前一五七）

閼逢涒灘

殷：十壬寅、正辛未、三庚午、五己巳、七戊辰、九丁卯朔。○顓頊：十壬寅、十二辛丑、二庚子、四己亥、六戊戌、八丁酉朔。○本志：十一戊戌，水、土合於危。正辛未朔，食。七，火東行，行畢陽，環畢東北，出而西，逆行至昴，即南迺東行。

七

帝崩。遺詔薄葬，減喪。○罷露臺。○賞張武，以愧其心。○長沙王以忠定著令。

乙酉（前一五六）

旃蒙作噩

殷：十一丙寅、正乙丑、四甲午、六癸巳、八壬辰、後九辛卯朔。○顓頊：十一丙寅、正乙丑、三甲子、五癸亥、七壬戌、九辛酉朔。○本志：正癸酉，金、水合於女。七乙丑，金、木、水合於張。

漢景帝啓元

尊文帝廟曰太宗。○復收民田半租。○減笞刑。○張歐雖治刑名，爲人長者。

丙戌（前一五五）

柔兆閹茂

殷：十一庚寅、正己丑、三戊子、五丁亥、八丙辰朔。○顓頊：十庚申、十二己未、三戊子、五丁亥、七丙戌、九乙酉朔。○本志：七丙子，火與水晨出東方，因守斗。十二，水、火合於斗。

二

申屠嘉死，朝錯益貴。○梁孝王親幸無比。

丁亥（前一五四）

彊圉大淵獻

殷：十乙卯、十二甲寅、二癸丑、四壬子、六辛亥、八庚戌朔。○顓頊：十一甲申、正癸未、三壬午、六辛亥、八庚戌朔。○本志：二壬午晦，食。填星在婁，幾入，還居奎。

三

上因宴飲，言欲傳天下於梁王，竇嬰以爲不可。梁王以此益驕。吴使者言：「察淵魚不祥。」○鼂錯言：「高帝封三庶孽，分天下半。今削之，反亟而禍小。」○穆生以不置醴引去。○鼂錯父知錯必危。○吴、楚等七國反。○上以袁盎言，殺鼂錯，欲以解七國。鄧公爲錯訟冤。○周亞夫將三十六將軍，擊七國。以梁委吴，而絶其糧道。○夜驚不起。驚東南，備西北。○吴、楚食盡，引去。亞夫追擊，大破滅之。○田禄伯請循江、淮，入武關，吴王不聽。○桓將軍請過城勿攻，直趍洛陽。勿令漢車騎入梁、楚之郊。亦不聽。周丘以一節，發兵十餘萬。○路中大夫告齊，言漢兵且至。○弓高誅膠西王。○公孫玃説梁王全濟北。○衛綰不從太子飲，以此得寵任。○竇太后不許續吴後。

戊子（前一五三）

著雍困敦

殷：十己酉、正戊寅、三丁丑、五丙子、七乙亥、九甲戌朔。○顓頊：十己酉、十二戊申、二丁未、四丙午、六乙巳、八甲辰朔。○本志：七癸未，火入東井，行陰。九己未，火入鬼，戊寅出。本紀：十戊戌晦，食。本志無。

四

復置關，用傳。○立太子榮。○衡山王勃以貞信，徙王濟北。

己丑（前一五二）

屠維赤奮若

殷：十癸酉、十二壬申、三辛丑、五庚子、七己亥、九戊戌朔。○顓頊：十癸酉、十二壬申、二辛未、四庚午、六己巳、八戊辰朔。

五

庚寅（前一五一）

上章攝提格

殷：十一丁酉、正丙申、三乙未、五甲午、八癸亥、後九壬戌朔。○顓頊：十丁卯、正丙申、三乙未、五甲午、七癸巳、九壬辰朔。

六

廢薄后。○長公主嫖譖栗姬，譽膠東王。

辛卯（前一五〇）

重光單閼

殷：十一辛酉、正庚申、三己未、五戊午、七丁巳朔。○顓頊：十辛卯、十二庚寅、二己丑、五戊午、七丁巳、九丙辰朔。○本志：十一庚寅晦，食。

七

廢太子榮，立膠東王徹爲太子。○郅都諫上爲賈姬擊彘。

卷第十六

壬辰（前一四九）	玄默執徐 殷：十丙戌、十二乙酉、二甲申、四癸未、六壬午、八辛巳朔。○顓頊：十一乙卯、正甲寅、三癸丑、五壬子、七辛亥朔。○本志：十二甲寅晦，食。填星居東井。	中元
癸巳（前一四八）	昭陽大荒落 殷：十庚辰、十二己卯、三戊申、五丁未、七丙午、九乙巳朔。○顓頊：十庚辰、十二己卯、二戊寅、四丁丑、六丙子、八乙亥、後九甲戌朔。○本志：九甲戌晦，食。	二 臨江王榮坐事自殺。○太后欲立梁王爲嗣，袁盎諫止上。梁王使人刺殺盎。○韓安國諫梁王匿羊勝、公孫詭。○鄒陽曰：「兄弟無藏怒，無宿怨。」○田叔焚梁獄辭。
甲午（前一四七）	閼逢敦牂 殷：十甲辰、十二癸卯、二壬寅、四辛丑、七庚午、九己巳朔。○顓頊：十二癸卯、二壬寅、四辛丑、六庚子、八己亥朔。○本志：九戊戌晦，食幾盡。十一庚午夕，金、火合於虛，相去一寸。正丁亥，金、木合於觜。五甲午，金、木俱在東井。戊戌〔四〕，金去木留，守之二十日。	三 周亞夫不肯侯王信、徐盧。
乙未（前一四六）	旃蒙協洽 殷：十一戊辰、正丁卯、三丙寅、五乙丑、七甲子朔。○顓頊：十戊戌、十二丁酉、二丙申、五乙丑、七甲子、九癸亥朔。○本志：四丙申，金、木合於井。	四
丙申（前一四五）	柔兆涒灘 殷：十癸巳、十二壬辰、二辛卯、四庚寅、六己丑、八戊子、後九丁亥朔。○顓頊：十一壬戌、正辛酉、三庚申、五己未、八戊子、後九丁亥朔。○本志：四乙巳，水、火合於參。	五 詔讞疑獄。
丁酉（前一四四）	彊圉作噩 殷：十一丙戌、二乙卯、四甲寅、六癸丑、八壬子朔。○顓頊：十一丙戌、正乙酉、三甲申、五癸未、七壬午、九辛巳朔。○本志：七辛亥晦，食。	六 梁孝王薨，封其五男爲王。○減笞法，定箠令。○李廣見匈奴，下馬解鞍。

戊戌（前一四三）	著雍閹茂 殷：十辛亥、十二庚戌、二己酉、五戊寅、七丁丑、九丙子朔。○顓頊：十二庚戌、二己酉、四戊申、六丁未、八丙午朔。○本志：七乙巳，先晦食。五壬午，火、金合於鬼東北，不至柳，出鬼北可五寸。	後元 詔讞而後不當讞者，不坐。○直不疑償亡金〔五〕。○周亞夫下獄死。
己亥（前一四二）	屠維大淵獻 殷：十一乙亥、正甲戌、三癸酉、五壬申、七辛未、後九庚子朔。○顓頊：十乙巳、十二甲辰、二癸卯、四壬寅、七辛未、九庚午朔。	二 詔勸農桑，修吏職。
庚子（前一四一）	上章困敦 殷：十一己巳、正戊戌、三丁酉、五丙申、七乙未、九甲午朔。○顓頊：十己亥、十二戊辰、二丁卯、四丙寅、七乙未、九甲午朔。	三 詔勸民種樹，可得衣食物。○帝崩。○文、景之世，富庶之極，物盛而衰，固其變也。
辛丑（前一四〇）	重光赤奮若 殷：十一癸巳、二壬戌、四辛酉、六庚申、八己未、後九戊午朔。○顓頊：十一癸巳、正壬辰、三辛卯、五庚寅、七己丑、九戊子朔。	漢世宗徹建元元 詔舉賢良。董仲舒對策曰：「道者，所由適治之路也。」○又曰：「漢常欲治，而不治者，失於當更化而不更化也。」○又曰：「秦誅名而不察實，爲善者未必免，犯惡者未必刑。」○又曰：「高明光大，在加之意而已。」○又曰：「太學者，賢士之所關，教化之本原。」○又曰：「古所謂功者，以任官稱職爲差，非謂積日累久也。」○又請令二千石貢賢，以觀大臣之能。○又曰：「積善在身，猶長日加益，而人不知也。積不善在身，猶火銷膏，而人不見也。」○又曰：「道者，萬世無弊。」○又曰：「所受大者，不得取小。所與禄者，不食於力，不動於末。」○又曰：「諸不在六藝之科，孔子之術者，宜皆絶其道，勿使並進。」○衛綰奏賢良治申、韓、蘇、張之言者，皆罷。○上雅嚮儒術，趙綰、王臧請立明堂。○申公曰：「爲治不至多言，顧力行何如。」
壬寅（前一三九）	玄黓攝提格 殷：十一丁巳、正丙辰、四乙酉、六甲申、八癸未朔。○顓頊：十一丁巳、正丙辰、三乙卯、五甲寅、七癸丑、九壬子朔。○本志：二丙戌朔，食。	二 淮南王安來朝，上以其屬尊材高，尊禮之。○竇太后好黄、老言，抵趙綰、王臧罪。○萬石君家無文學而孝謹。○太后勸上加恩禮於長公主。○衛子夫初得幸。

卷第十七

癸卯（前一三八）

昭陽單閼

殷：十壬午、十二辛巳、二庚辰、四己卯、六戊寅、九丁未朔。○顓頊：辛亥蔀一年，十一辛亥、二庚辰、四己卯、五戊寅、八丁丑朔。本志：九丙子晦，食。

三

中山王聞樂流涕，天子爲之加親親之恩。○閩越圍東甌，上使嚴助發兵救之。閩越去，東甌因内徙。○上招選才智之士，待以不次之位。○司馬相如、東方朔、枚皋，雖以文詞得幸，終不任以事。○上爲微行，爲柏谷主人所辱。○上令吾丘壽王廣上林苑，東方朔諫。○司馬相如諫獵，曰：「禍固多藏於隱微，而發於人之所忽。」

甲辰（前一三七）

閼逢執徐

殷：十一丙午、正乙巳、三甲辰、五癸卯、七壬寅、九辛丑朔。○顓頊：十丙子、十二乙亥、二甲戌、四癸酉、七壬寅、九辛丑朔。○後九月。

四

乙巳（前一三六）

旃蒙大荒落

殷：十一庚午、正己巳、三戊辰、五丁卯、七丙寅、九乙丑朔。○顓頊：十庚子、十二己亥、二戊戌、四丁酉、六丙申、八乙未朔。○本志：正己巳朔，食。

五

置五經博士。

丙午（前一三五）

柔兆敦牂

殷：十一甲子、正癸亥、四壬辰、六辛卯、八庚寅朔。○顓頊：十一甲子、正癸亥、三壬戌、五辛酉、七庚申、九己未朔。

六

上謂田蚡：「君除吏盡未？吾亦欲除吏。」○閩越王郢攻南粤，上遣王恢、韓安國等救之。淮南王安上書諫。會郢弟餘善殺郢以降。○尉佗戒子孫無入朝。○汲黯不視越，擅開倉。○黯治民，擇丞、史任之，責大指而已。爲九卿，務引大體，不拘文瀃。○黯謂上：「内多欲，而外施仁義，難比迹唐、虞。」○黯曰：「天子置輔弼之臣，寧令從諛承意，陷主於不義乎！」○莊助論汲黯：「輔幼主，雖自謂賁、育不能奪也。」○匈奴來求和親，上用韓安國議，許之。

丁未（前一三四）

彊圉協洽

殷：十己丑、十二戊子、二丁亥、四丙戌、六乙酉、九甲寅朔。○顓頊：十一戊午、二丁亥、四丙戌、六乙酉、八甲申、後九癸未朔。○本志：二丙辰晦，食。七癸未，先晦，食。日中虧從東北，過半，晡時復。

元光元

初舉孝廉。○李廣、程不識將兵異道。

卷第十八

戊申（前一三三）

著雍涒灘

殷：十癸丑、十二壬子、二辛亥、四庚戌、六己酉、八戊申朔。○顓頊：十一壬午、正辛巳、三庚辰、六己酉、八戊申朔。

二

李少君善爲巧發奇中，上始好神仙。○王恢請以馬邑誘匈奴。韓安國曰：「聖人以天下爲度，故高祖、文帝皆與匈奴和親。」上不聽，發兵三十餘萬，伏馬邑旁。匈奴覺之去，卒無所得，乃誅王恢。

己酉（前一三二）

屠維作噩

殷：十一丁丑、正丙子、三乙亥、五甲戌、七癸酉、九壬申朔。○顓頊：十丁未、十二丙午、二乙巳、四甲辰、六癸卯、八壬寅朔。○後九月。

三

河決瓠子，遂不塞。○田蚡與竇嬰私鬭。

庚戌（前一三一）

上章閹茂

殷：十辛未、十二庚午、三己亥、五戊戌、七丁酉、九丙申朔。○顓頊：十辛未、十二庚午、二己巳、四戊辰、六丁卯、八丙寅朔。

四

嬰坐棄市。○河間獻王好古，實事求是。

辛亥（前一三〇）

重光大淵獻

殷：十一乙未、正甲午、三癸巳、六壬戌、八辛酉朔。○顓頊：十乙丑、正甲午、三癸巳、五壬辰、七辛卯、九庚寅朔。

五

河間王獻雅樂。○班固贊曰：「亡德而富貴，謂之不幸。」○唐蒙、司馬相如通西南夷道。○陳皇后廢，供奉如灋。○東方朔諫引内董君於宣室。○上令張湯、趙禹定律令。用灋益刻自此始。○公孫弘對策曰：「厚賞重刑，未足以勸善而禁非，必信而已矣。」○轅固謂弘：「務正學以言，毋曲學以阿世。」弘不庭辨，常與汲黯請間，所言皆聽。○汲黯面詰弘不忠，弘曰：「知臣者，以臣爲忠。」

壬子（前一二九）

玄黓困敦

殷：十庚申、十二己未、二戊午、四丁巳、六丙辰、八乙卯朔。○顓頊：十一己丑、正戊子、三丁亥、六丙辰、八乙卯、後九甲寅朔。

六

鄭當時穿渭渠。○匈奴入上谷，初令衛青等擊匈奴。○李廣爲匈奴所得，亡歸。

癸丑（前一二八）

昭陽赤奮若

殷：十甲申、十二癸未、二壬午、四辛巳、六庚辰、八己卯朔。○顓頊：十一癸丑、正壬子、三辛亥、五庚戌、八己卯朔。

元朔元

詔議不舉孝廉者罪。○衛夫人爲皇后。○匈奴入遼西、漁陽。○衛青擊匈奴。○東夷薉君降，置滄海郡。○主父偃諫伐匈奴。○嚴安言：「周失之弱，秦失之彊。」○徐樂言：「天下之患，在土崩，不在瓦解。」

甲寅（前一二七）

閼逢攝提格

殷：十戊寅、十二丁丑、三丙午、五乙巳、七甲辰、九癸卯朔。○顓頊：十戊寅、十二丁丑、二丙子、四乙亥、六甲戌、八癸酉朔。○本志：二乙巳晦，食。紀：三月乙亥晦，食。

二

主父偃請令諸侯王分封子弟爲侯。○匈奴入上谷、漁陽。○衛青擊匈奴，至高闕，取河南地。○上用主父偃謀，築朔方郡。○又徙豪桀茂陵。○上謂郭解權使將軍自言，其家不貧。○公孫弘曰：「解殺人不知，甚於解殺之。」○荀悦稱：「三遊」，德之賊。○誅主父偃。○孔臧辭御史大夫，願爲太常。

乙卯（前一二六）

旃蒙單閼

殷：十一壬寅、正辛丑、三庚子、六己巳、八戊辰、後九丁卯朔。○顓頊：十壬申、正辛丑、三庚子、五己亥、七戊戌、九丁酉朔。

三

匈奴太子於單降。○公孫弘願罷西南夷、滄海，專奉朔方。上從之。○汲黯言弘詐。弘曰：「誠中弘病。」○張騫使月支還。○匈奴入代郡、鴈門。○汲黯責罵張湯。

丙辰（前一二五）

柔兆執徐

殷：十一丙寅、正乙丑、三甲子、五癸亥、七壬戌朔。○顓頊：十丙申、十二己未、二甲午、五癸亥、七壬戌、九辛酉朔。

四

匈奴入代郡、定襄、上郡。

丁巳（前一二四）

彊圉大荒落

殷：十辛卯、十二庚寅〔六〕、二己丑、四戊子、六丁亥、八丙戌朔。○顓頊：十一庚申、正乙未、三戊午、五丁巳、八丙戌朔。

五

公孫弘爲丞相，開東閤。○弘請禁民挾弓弩。吾丘壽王難曰：「聖王務教化，而省禁防，知其不足恃也。」○弘外寬內深，有怨必報。○衛青擊匈奴，破右賢王。初爲大將軍，又封其三子。○汲黯揖青，青待黯加平日。○上不冠，不見汲黯。○上以禮壞樂崩，詔興學，置弟子員。○匈奴入代。○淮南、衡山王多聚賓客，爲反計。

戊午（前一二三）

著雍敦牂

殷：十乙酉、正甲寅、三癸丑、五壬子、七辛亥、九庚戌朔。○顓頊：十乙酉、十二甲申、二癸未、四壬午、六辛巳、八庚辰、後九己卯朔。○本志：十二癸丑晦，食。

六

衛青再出塞擊匈奴。○趙信降匈奴。○青不斬蘇建。○霍去病始侯。○初置武功賞官。

卷第十九

己未（前一二二）

屠維協洽

殷：十己酉、十二戊申、二丁未、五丙子、七乙亥、九甲戌朔。○顓頊：十二戊申、二丁未、四丙午、六乙巳、八甲辰朔。○本志：五乙巳晦，食。

元狩元

獲一角獸。○初以天瑞紀元。○濟北王獻泰山。○淮南、衡山王事覺，伏誅。○張湯必誅伍被、莊助。○匈奴入上谷。○張騫請通西域，乃復事西南夷。

庚申（前一二一）

上章涒灘

殷：十一癸酉、正壬申、三辛未、五庚午、七己巳、後九戊戌朔。○顓頊：十癸卯、十二壬寅、三辛未、五庚午、七己巳、九戊辰朔。

二

霍去病爲驃騎將軍，擊匈奴，至祁連山，得金人。○李廣爲匈奴所圍，意氣自如。○匈奴渾邪王降。○汲黯論民出馬及交市事。○金日磾牽馬不竊視。

辛酉（前一二〇）

重光作噩

殷：十一丁酉、正丙申、三乙未、五甲午、七癸巳、九壬辰朔。○顓頊：十丁卯、十二丙寅、二乙丑、四甲子、七癸巳、九壬辰朔。

三

封膠東王寄兩子爲王。○匈奴入北平、定襄。○徙貧民關西七十餘萬口。○作昆明池。○上作《天馬歌》，汲黯謂：「先帝、百姓豈能知其音邪？」汲黯諫殺士。

壬戌（前一一九）

玄黓閹茂

殷：十二辛酉、二庚申、四己未、六戊午、八丁巳朔。○顓頊：十一辛卯、正庚寅、三己丑、五戊子、七丁亥、九丙戌朔。

四

張湯、桑弘羊等造白金皮幣，興鹽鐵之利。初筭舡車。○卜式請出財佐邊，上尊顯式，以風百姓。○上令衛青、霍去病度幕擊匈奴。青至闐顏山，大破單于。○李廣自殺。○霍去病封狼居胥山，臨翰海而還。○馬出塞者十四萬匹，還者三萬匹。○去病不學孫、吳。○是後匈奴遠遁，幕南無王庭。○狄山乘鄣。○義縱鷹擊。○王溫舒論囚，流血十餘里。○少翁以詐妄誅。

癸亥（前一一八）

昭陽大淵獻

殷：十丙辰、十二乙卯、二甲寅、五癸未、七壬午、九辛巳朔。○顓頊：十二乙卯、二甲寅、四癸丑、六壬子、八辛亥、後九庚戌朔。

五

初行五銖錢。○汲黯謂李息：「公不早言張湯，并受戮矣。」○上病鼎湖。愈，幸甘泉，祠神君。

甲子（前一一七）	閼逢困敦 殷：十庚辰、十二己卯、二戊寅、四丁丑、六丙子、九乙巳朔。○顓頊：十一己酉、二戊寅、四丁丑、六丙子、八乙亥朔。	六 初令民告緡。○坐盜鑄金錢死者數十萬人。霍去病薨。○顏異坐腹非誅。
乙丑（前一一六）	旃蒙赤奮若 殷：十一甲辰、正癸卯、三壬寅、五辛丑、七庚子、九己亥朔。○顓頊：十甲戌、十二癸酉、二壬申、四辛未、七庚子、九己亥朔。	元鼎元
丙寅（前一一五）	柔兆攝提格 殷：十二戊辰、二丁卯、四丙寅、六乙丑、八甲子、後九癸亥朔。○顓頊：十一戊戌、正丁酉、三丙申、五乙未、七甲午、後九癸亥朔。	二 上以張湯面謾，殺之。○起柏梁臺、承露掌。○專令上林三官鑄錢。張騫使烏孫，西域始遣使入貢。
丁卯（前一一四）	彊圉單閼 殷：十一壬戌、正辛酉、四庚寅、六己丑、八戊子朔。○顓頊：十一壬戌、正辛酉、三庚申、五己未、七戊午、九丁巳朔。	三
戊辰（前一一三）	著雍執徐 殷：十丁亥、十二丙戌、二乙酉、四甲申、七癸丑、九壬子朔。○顓頊：十一丙辰、二乙酉、四甲申、六癸未、八壬午、後九辛巳朔。	四 立后土祠於汾陰。○上始巡郡縣。河東守自殺。○欒大始進，數月佩六印，妻以公主，貴震天下。○得寶鼎於汾陰。○周亞夫始嫌趙禹文深，不用。至是更名寬平。尹齊以不勝任，免。○民恐失兒寬，輸租更最。○使安國少季諭南越王及太后，令入朝。○公孫卿言：漢興亦當黃帝之時。上得寶鼎，當登天。

己巳（前一一二）

屠維大荒落

殷：十辛亥、十二庚戌、二己酉、四戊申、六丁未、八丙午朔。○顓頊：十一庚辰、正己卯、三戊寅、六丁未、八丙午朔。○本志：四丁丑晦，食。太白入天苑。十一辛巳朔，冬至。

五

上幸雍，遂西踰隴，登崆峒。隴西守自殺。上北出蕭關，獵新秦中，勒邊兵而還。○上幸甘泉，初立泰一祠。○南越相呂嘉不欲内屬，太后欲因漢使者誅之，使者不敢發。上使韓千秋以二千人往使，嘉遂反，殺漢使者及王、王太后，更立王兄建德。擊千秋兵，盡滅之。○上遣路博德、楊僕等將十餘萬人，五道征南越。○列侯坐酎金奪爵者百六人。○石慶爲丞相，醇謹而已。○欒大詐覺，棄市。○西羌反。

庚午（前一一一）

上章敦牂

殷：十一乙亥、正甲戌、三癸酉、五壬申、七辛未、九庚午朔。○顓頊：十一乙巳、十一甲辰、二癸卯、四壬寅、六辛丑、九庚午朔。

六

李息等平西羌。○楊僕等滅南越，爲九郡。○越侯遺等平西南夷，爲五郡。○夜郎侯入朝。○上幸緱氏，觀大人迹。郡縣皆除道，繕官館，而望幸矣。○東越王餘善反，上欲使楊僕擊之。爲其矜功，先以書責讓。○使西域者浸多，匈奴數邀之。上使公孫賀、趙破奴擊匈奴，皆出塞數千里，不見虜而還。○徙民實張掖、敦煌。○卜式言鹽鐵、筭舡不便，上由是不悦。○司馬相如勸上封泰山。○兒寬請上自制封禪儀。

辛未（前一一〇）

重光協洽

殷：十一己巳、正戊辰、四丁酉、六丙申、八乙未、後九甲午朔。○顓頊：十一己巳、正戊辰、三丁卯、五丙寅、七乙丑、九甲子朔。

元封元

上巡北邊，登單于臺。勒兵十八萬，遣使責讓單于。匈奴讋不敢出，乃還，釋兵振旅。○過橋山，問黄帝冢。○韓説等滅東越，遷其民於江、淮間。○上幸緱氏，禮中岳。○東巡海上，益遣方士數千人入海求神仙。○上登封泰山，降禪肅然。還，坐明堂，羣臣上壽。○東方朔言：「仙者，得之自然。」北並海，至碣石，歷北邊，還甘泉，凡周行萬八千里。○桑弘羊用平準灋，民不益賦而國用饒。○卜式曰：「烹弘羊，天乃雨。」○孛再見，王朔獨見德星。

壬申（前一〇九）

玄黓涒灘

殷：十一癸巳、正壬辰、三辛卯、六庚申、八己未朔。○顓頊：十癸亥、正壬辰、三辛卯、五庚寅、七己丑、九戊子朔。

二

公孫卿言神人欲見天子，上爲之幸東萊，無所見，因禱萬里沙。○上自臨塞瓠子決河，將軍以下皆負薪，河遂復故道。○作蜚廉、桂觀、通天臺。○涉何殺朝鮮送者，朝鮮王右渠由是叛。○公孫卿言天旱乾封。○遣楊僕、荀彘擊朝鮮。○滇王請置吏入朝。○吏不敢言擅賦灋。○杜周爲廷尉，詔獄繫者至十萬餘人。

癸酉（前一〇八）	昭陽作噩 殷：十戊午、十二丁巳、二丙辰、四乙卯、六甲寅、八癸丑朔。○顓頊：十一丁亥、正丙戌、四乙卯、六甲寅、八癸丑朔。	三 趙破奴以輕騎七百虜樓蘭王，遂破車師，服烏孫、大宛之屬。列亭鄣，至玉門。○作角抵戲。○荀彘執楊僕，并其軍，擊滅朝鮮，爲四郡。彘坐爭功，棄市。○玄菟、樂浪，有箕子之風。
甲戌（前一〇七）	閼逢閹茂 殷：十一壬午、正辛巳、三庚辰、五己卯、七戊寅、九丁丑朔。○顓頊：十壬子、十二辛亥、二庚戌、四己酉、六戊申、九丁丑朔。○後九月。○本志：六己酉朔，食。	四 上幸回中，出蕭關。○匈奴遠遁幕北。單于紿王烏，云欲入見天子。漢爲之築邸。
乙亥（前一〇六）	旃蒙大淵獻 殷：十丙子、正乙巳、三甲辰、五癸卯、七壬寅、九辛丑朔。○顓頊：十丙子、十二乙亥、二甲戌、四癸酉、六壬申、八辛未朔。	五 上南巡，望祀虞帝於九疑，射蛟江中。遂北至琅邪，增封泰山。還幸甘泉，郊泰畤。○衛青薨。○初置十三部刺史。○詔求跅弛之士。
丙子（前一〇五）	柔兆困敦 殷：十一庚子、正己亥、三戊戌、六丁卯、八丙寅朔。○顓頊：十庚午、正己亥、三戊戌、五丁酉、七丙申、九乙未朔。	六 遣郭昌擊昆明。○以公主妻烏孫。○上每巡守，多從胡客，覽示漢富厚，以傾駭之。○兒單于立，匈奴益西北徙。
丁丑（前一〇四）	彊圉赤奮若 殷：十乙丑、十一甲子朔。○顓頊：閏十甲午、十二癸巳朔。○初用太初曆。甲子蔀一年，正癸亥、二壬辰、四辛卯、六庚寅、八己丑、十戊子、十二丁亥朔。前十一月一日，冬至。	太初元 上至海上，考方士。○柏梁臺災。○作建章宮。○初改用夏正，定律歷。○遣公孫敖築受降城。○上聞宛有善馬，遣使求之。宛王不與，殺使者。上使李廣利將兵伐宛。○王温舒夷五族。
戊寅（前一〇三）	著雍攝提格 二丙戌、五乙卯、七甲寅、九癸丑、十一壬子朔。	二 公孫賀爲丞相，不肯受印綬。○李廣利爲郁成所敗而還。上令遮玉門，不聽入。○遣趙破奴擊匈奴，一軍盡没。

己卯（前一〇二）	屠維單閼 正辛亥、三庚戌、五己酉、閏六戊申、九丁丑、十一丙子朔。七一，處暑。	三 上東巡海上，修封泰山，禪石閭。○遣徐自爲出五原塞數百里，築亭鄣，至廬朐。○匈奴入定襄、雲中、酒泉、張掖。○高祖功臣見侯纔四人。○大發兵六萬餘人，遣李廣利再伐宛。宛人殺其王毋寡以降，大得善馬而還，威振外國。
庚辰（前一〇一）	上章執徐 正乙亥、三甲戌、五癸酉、七壬申、九辛未、十二庚子朔。	四 李廣利還京師。○捕樓蘭王，詰闕簿責之，以其辭直，復遣還。○匈奴且鞮侯單于立，盡歸漢使之不降者。
辛巳（前一〇〇）	重光大荒落 二己亥、四戊戌、六丁酉、八丙申、十乙未、十二甲午朔。	天漢元 遣蘇武使匈奴。匈奴欲降武，武不肯，徙之北海上。
壬午（前九九）	玄黓敦牂 二癸巳、四壬戌、六辛酉、八庚申、十己未、十二戊午朔。閏三。四一，小滿。	二 遣李廣利擊匈奴，大爲匈奴所圍，賴趙充國得免。李陵兵敗，降匈奴。○山東盜賊羣起，作沈命灋，而盜不止。遣繡衣使者暴勝之等討捕，僅能克之。○雋不疑戒勝之。王賀曰：「吾活萬人，子孫其興。」○遣開陵侯擊車師，匈奴救之，漢兵不利。
癸未（前九八）	昭陽協洽 二丁巳、四丙辰、六乙卯、九甲申、十一癸未朔。	三 初榷酒酤。○上幸太山，還，祠常山。○方士入海者終無驗，上猶羈縻不絕。○匈奴入鴈門。
甲申（前九七）	閼逢涒灘 正壬午、三辛巳、五庚辰、七己卯、九戊寅、十二丁未朔。閏十二。	四 遣李廣利等三將軍擊匈奴，無所得，還。族李陵。

卷第二十二

乙酉（前九六）	旃蒙作噩 正丙午、三乙巳、五甲辰、七癸卯、九壬寅、十一辛卯朔。○本志：正乙巳晦，食。	太始元 匈奴左大將讓位於其兄狐鹿孤單于。
丙戌（前九五）	柔兆閹茂 正庚子、四己巳、六戊辰、八丁卯、十丙寅、十二乙丑朔。	二 穿白渠。
丁亥（前九四）	彊圉大淵獻 二甲子、四癸亥、七壬辰、九辛卯、十庚寅、十二己丑朔。閏九。十月二日，小雪。	三 上幸甘泉，遂幸東海、琅邪。○趙倢伃生子弗陵，命其門曰堯母。○江充以讒得幸，爲水衡都尉。
戊子（前九三）	著雍困敦 二戊子、四丁亥、六丙戌、八乙酉、十一甲寅朔。○本志：十甲寅晦，食。	四 上修封太山，遂幸不其。還，幸雍、安定、北地。
己丑（前九二）	屠維赤奮若 正癸丑、三壬子、五辛亥、七庚戌、九己酉、十一戊申朔。	征和元 上謂淳子多欲，不宜君國子民。○巫蠱起。
庚寅（前九一）	上章攝提格 正丁未、四丙子、閏五乙亥、七甲戌、九癸酉、十一壬申朔。六一，大暑。	二 公孫賀父子下獄死。諸邑、陽石公主及皇后弟子伉等，皆坐巫蠱誅。○上幸甘泉。○太子仁恕温謹，由是寵衰。○上使衛青尉安皇后、太子。○皇后戒太子勿擅縱捨，上是太子而非皇后。○上令江充治巫蠱獄，死者數萬人。充掘蠱太子宫，得桐人。太子無以自明，因發兵，與丞相劉屈氂戰，敗，出亡。皇后自殺。○壺關三老茂上書訟太子。○太子死於湖。○博望客多進邪謀。
辛卯（前九〇）	重光單閼 正辛未、三庚午、六己亥、八戊戌、十丁酉、十二丙申朔。	三 匈奴入五原、酒泉。遣李廣利等三將軍擊匈奴。廣利勸丞相屈氂請昌邑王爲太子，會屈氂坐巫蠱族，廣利遂降匈奴。○公孫勇等詐乘傳，郡縣討斬之。○田千秋上書訟太子，上感寤，族江充，以千秋爲大鴻臚。

壬辰（前八九）	玄黓執徐 二乙未、四甲午、六癸巳、八壬辰、十一辛酉朔。○本志：八辛酉晦，食，不盡如鉤。晡時虧從西北，下晡時復。	四 上幸東萊，欲浮海求神仙，遇風而止。○上始寤諸方士之妄，悉罷之。○有司請田輪臺，上不許，下哀痛詔。封丞相田千秋爲富民侯，使趙過教民代田。○匈奴屠李廣利以祠社。
癸巳（前八八）	昭陽大荒落 正庚申、二己未、四戊午、六丁巳、八丙辰、十乙卯朔。閏正。二一日，春分。	後元元 馬何羅謀反，金日磾誅之。○上以燕王旦、廣陵王胥多過失，欲立幼子弗陵爲後，恐女主亂國，先誅其母趙倢伃。
甲午（前八七）	閼逢敦牂 正甲申、三癸未、五壬午、七辛巳、九庚辰、十一己卯朔。	二 上在甘泉，病篤，立弗陵爲太子。命素所信愛者霍光、金日磾、上官桀等同輔政。上尋崩。○上流涕可昭平君奏。○班固曰：「以武帝雄材大略，不改文、景之恭儉，雖《詩》、《書》所稱何以加。」○霍光增符璽郎秩。○匈奴入朔方。

校勘記

〔一〕「家」，原作「家」，今據再造影印浙本改。

〔二〕「倉」，原作「食」，今據《通鑑》卷十改。

〔三〕「三己卯」下，原衍「五己卯」，今據文例删。

〔四〕「戌」，原脱，今據《漢書·天文志》補。

〔五〕「亡」，原作「士」，今據《通鑑》卷十六改。

〔六〕「庚」，原脱，今據四部備要本補。

資治通鑑目録卷第四

翰林學士朝散大夫右諫議大夫知制誥兼侍講同提舉萬壽觀公事兼判集賢院上護軍河内郡開國侯食邑一千三百户賜紫金魚袋臣司馬光奉敕編集

乙未(前八六)	旃蒙協洽 正戊寅、三丁丑、六丙午、八乙巳、十甲辰、十一癸卯朔。閏十。一一日，冬至。	漢昭帝弗陵始元元 西南夷反，吕破胡討平之。○燕王旦與劉澤等謀反，詔誅澤等，旦勿治。○雋不疑爲京兆，嚴而不殘。○金日磾薨，霍光不封金建。
丙申(前八五)	柔兆涒灘 正壬寅、三辛丑、五庚子、七己亥、十戊辰、十二丁卯朔。	二 霍光引用宗室劉辟彊等。○匈奴壺衍鞮單于立，匈奴始衰。
丁酉(前八四)	强圉作噩 二丙寅、四乙丑、六甲子、八癸亥、十壬戌朔。○本志：十一壬辰朔，食。	三 上官安因丁外人内女宫中。
戊戌(前八三)	著雍閹茂 正辛卯、三庚寅、五己丑、七戊子、八丁亥、十丙戌、十二乙酉朔。閏七。八二日，秋分。	四 立上官后。○西南夷反，田廣明擊之。
己亥(前八二)	屠維大淵獻 二甲申、五癸丑、七壬子、九辛亥、十一庚戌朔。	五 或詐稱衛太子，雋不疑收送獄。○上官安頑悖。○田廣明擊破西南夷。杜延年勸霍光脩孝文之政，儉約寬和。

卷第二十三

庚子（前八一）	上章困敦 正己酉、三戊申、五丁未、八丙子、十乙亥、十二甲戌朔。	六 詔舉賢良，議鹽鐵。○蘇武留匈奴十九年，至是乃得歸。○罷榷酤，與民休息，百姓稍充實。
辛丑（前八〇）	重光赤奮若 二癸酉、閏三壬申、五辛未、七庚午、九己巳、十二戊戌朔。四一日，小滿。本志：七己亥晦，食幾盡。	元鳳元 武都氐反，遣馬適等擊之。○上官桀、蓋主、燕王旦謀反，皆伏誅。○上年十四，知霍光之忠，辨上書者之詐。○魏相請顯賞韓義之子。○霍光以張安世自副。○光用法嚴，杜延年輔之以寬。○匈奴入寇，自敗去。
壬寅（前七九）	玄黓攝提格 二丁酉、四丙申、六乙未、八甲午、十癸巳、十二壬辰朔。	二 匈奴畏漢，益欲求和親。
癸卯（前七八）	昭陽單閼 二辛卯、五庚申、七己未、九戊午、十一丁巳、閏十二丙辰朔。	三 眭孟坐言石、柳，伏誅。○匈奴犂汙王寇張掖，敗死。○杜延年救田千秋。○烏桓反，范明友擊破之。
甲辰（前七七）	閼逢執徐 二乙卯、四甲寅、七癸未、九壬午、十一辛巳朔。正一日，雨水。	四 田千秋薨。○孝文廟火。○傅介子斬樓蘭王。
乙巳（前七六）	旃蒙大荒落 正庚辰、三己卯、五戊寅、七丁丑、九丙子、十二乙巳朔。	五
丙午（前七五）	柔兆敦牂 二甲辰、四癸卯、六壬寅、八辛丑、九庚子、十一己亥朔。閏八。	六
丁未（前七四）	强圉協洽 二戊戌、四丁卯、六丙寅、八乙丑、十甲子、十二癸亥朔。	元平元 帝崩，霍光迎立昌邑王賀。○王吉、龔遂、張敞、夏侯勝諫昌邑王。○霍光廢昌邑王。田延年與楊敞夫人參定大計。○王式以《三百篇》諫。夏侯勝以《尚書》授太后。○丙吉保護皇曾孫。○張安世止兄賀稱譽皇曾孫。○丙吉奏記霍光曰：「社稷宗廟，羣生之命，在將軍之一舉。」○霍光立宣帝。○宣帝將立后，令求微時故劍。
	卷第二十四	

戊申（前七三）	著雍涒灘 二壬戌、四辛酉、七庚寅、九己丑、十一戊子朔。○本志：四月壬戌申夜，辰星與參出西方。	漢中宗詢本始元 論定策功，行封賞。霍光稽首歸政，上不受。光黨親根據於朝廷，上禮下之已甚。○改葬戾太子、史皇孫，加謚，置園邑。上在民間，知百姓苦吏急，乃以黄霸爲廷尉正〔一〕。
己酉（前七二）	屠維作噩 正丁亥、三丙戌、五乙酉、六甲申、八癸未、十一壬子朔。閏五。六二日，大暑。○本志：七月辛亥夕，辰星與翼出熒惑，守房之鉤鈐。	二 田廣明勸霍光赦田延年，曰：「縣官出三千萬，自乞之，何哉？」○尊孝武廟爲世宗。夏侯勝議以爲不當立廟樂。黄霸獄中受經〔二〕。○遣五將軍與烏孫擊匈奴。
庚戌（前七一）	上章閹茂 正辛亥、三庚戌、五己酉、七戊申、九丁未、十一丙午朔。	三 霍顯毒殺許后。○五將擊匈奴者，皆無功，獨常惠隨烏孫兵大克獲。○常惠擊龜兹，斬姑翼。○匈奴擊烏孫，值大雪，人畜多死，由是遂衰耗。○趙廣漢爲京兆。
辛亥（前七〇）	重光大淵獻 二乙亥、四甲戌、六癸酉、八壬申、十辛未、十二庚午朔。○本志：七月甲辰，辰星在翼。是日，熒惑入鬼。	四 立霍后。○赦夏侯勝、黄霸，用之。勝曰：「陛下所言善，臣故揚之。」上謂曰：「先生建正言，毋懲前事。」○太后爲勝素服。
壬子（前六九）	玄黓困敦 閏正己巳、三戊辰、六丁酉、八丙申、十乙未、十二甲午朔。○二一日，春分。○本志：十二癸亥晦，食。正月戊午乙夜，月食熒惑，在角、亢。辛酉，熒惑入氐。	地節元 楚王延壽謀反，自殺。○于定國爲廷尉〔三〕，民自以不冤。
癸丑（前六八）	昭陽赤奮若 二癸巳、四壬辰、六辛卯、九庚申、十一己未朔。	二 霍光薨。子禹爲將軍，兄孫山領尚書事。○魏相請損奪霍氏權，又請去副封。○上知民艱難，厲精爲治，官不數易，上下相安，莫有苟且之意。常稱：「與我共治者，其惟良二千石乎！」○匈奴謀入寇，漢覺之，引去。○西嗕來降。

甲寅（前六七）

閼逢攝提格

正戊午、三丁巳、五丙辰、七乙卯、九甲寅、閏十癸丑朔。○十一月一日，冬至。

三

詔以膠東相王成有異等之效，賜爵關内侯。○立太子奭。○丞相韋賢致仕，魏相代之。疏廣不令許舜監護太子家。○蕭望之上疏言霍氏。○罷車騎將軍、右將軍屯兵。○霍氏驕横，上頗知其毒許后事，疏斥其親黨。○路温舒上書，請滌煩文，緩刑罰。○上齋居決事。初置廷尉平，鄭昌以爲不若删定律令。○鄭吉擊車師，車師王奔烏孫。吉遣吏卒田車師。

乙卯（前六六）

旃蒙單閼

正壬午、三辛巳、五庚辰、七己卯、九戊寅、十一丁丑朔。

四

封外祖母爲博平君。○霍顯及禹、山、雲謀反，親黨皆族誅。○張敞言明詔自親其文，非策之得。○廢霍后。○人爲徐福上書曰：「曲突徙薪無恩澤，燋頭爛額爲上客。」○霍氏之禍，萌於驂乘。○令郡國上繫囚瘐死者爲殿最。○龔遂曰：「治亂民猶治亂繩，不可急也。」

丙辰（前六五）

柔兆執徐

正丙子、三乙亥、六甲辰、八癸卯、十壬寅、十二辛丑朔。

元康元

龜兹王絳賓來朝。○尊悼園曰皇考。○趙廣漢有罪，要斬。○宋疇坐議鳳皇，貶官。○蕭望之諫出諫官爲郡守。尹翁歸爲右扶風。○莎車王呼屠徵率西域畔漢，馮奉世矯制斬之。上欲封奉世，蕭望之以爲開後奉使者利爲國生事，乃止。

丁巳（前六四）

强圉大荒落

二庚子、四己亥、六戊戌、八丁卯、十丙寅、十二乙丑朔。閏七。

二

上懲霍氏欲害太子，乃選無子而謹慎者王倢伃爲皇后。○詔戒吏弄法及飾厨傳。○更名詢。○魏相諫伐匈奴，曰：「兵，義者王，應者勝，忿者敗，貪者破，驕者滅。」○魏相好觀漢故事及便宜章奏。○丙吉自曾孫遭遇，絶口不道前恩。○帝所用皆吏治民。○上謂張安世曰：「掖廷令平生稱我，將軍止之，是也。」張敞言昌邑王廢亡之效。

戊午（前六三）

著雍敦牂

二甲子、四癸亥、六壬戌、八辛酉、十庚申朔。

三

封昌邑王賀爲海昏侯。○封丙吉、許史、張彭祖等爲侯。○夏侯勝謂丙吉有陰德，必饗其樂。○張安世辭禄。○每定大政，安世輒移病。○安世薦人，恨其來謝。○二疏歸老。疏廣不爲子孫買田宅。○黄霸守京兆尹。

己未（前六二）

屠維協洽

正己丑、三戊子、五丁亥、七丙戌、九乙酉、十一甲申朔。

四

賜尹翁歸子黄金。○詔求高祖功臣子孫，復其家。○張安世薨。○韋玄成陽狂讓爵。○烏孫送車師王烏貴。○趙充國請遣使備救〔四〕，視諸羌毋令解仇。○比年豐稔，穀石五錢。

庚申（前六一）

上章涒灘

正癸未、四壬子、五辛亥、七庚戌、九己酉、十一戊申朔。閏四。五二日，夏至。

神爵元

上始郊泰畤，祠后土。○王褒《聖主得賢臣頌》。○張敞諫用方士之語。○張敞爲京兆，繼趙廣漢之迹。○王吉言治道。○先零羌反，遣趙充國等討之。○充國曰：「兵難遥度。」○又曰：「擊虜以殄滅爲期，小利不足貪。」○充國以遠斥候爲務，行必爲戰備，止必堅營壁，先計而後戰。○充國招降罕、幵，以支解羌虜。○充國緩追先零，曰：「窮寇不可迫。」○充國擅遣靡忘。○充國曰：「明主可爲忠言。」○充國奏罷騎兵，留萬人屯田，陳十二利。○充國每上奏，羣臣初言不便，後皆從之。

辛酉（前六〇）

重光作噩

正丁未、三丙午、五乙巳、八甲戌、十癸酉、十二壬申朔〔五〕。

二

趙充國曰：「兵，大事，當爲後法，豈嫌伐一時事以欺明主？」○充國言辛湯不可典蠻夷。○蓋寬饒坐直言自殺，鄭昌訟其冤。○匈奴謀入寇，漢覺之，還去。○匈奴虚閭單于死，顓渠閼氏廢其子稽侯狦，而立其疏族握衍單于。握衍單于殘忍好殺，國人離叛，日逐王率衆來降。○初以鄭吉爲西域都護。○蕭望之議不以少主妻烏孫。

卷第二十六

壬戌（前五九）

玄黓閹茂

二辛未、四庚午、六己巳、八戊辰、十丁卯、閏十二丙申朔。

三

魏相薨。○丙吉知大體，不親小事。○詔益吏俸。韓延壽爲馮翊，以禮讓爲治，吏民不忍欺。○匈奴奥鞬王叛。

癸亥（前五八）

昭陽大淵獻

二乙未、四甲午、六癸巳、八壬辰、十辛卯、十二庚寅朔。正一日，雨水。

四

賜黄霸爵關内侯。○嚴延年母曰：「人不可獨殺，當爲汝掃除墓地。」○匈奴左地貴人共立稽侯狦爲呼韓邪單于，西擊握衍，殺之。○呼韓邪欲殺右賢王，右賢王立屠耆單于，東襲呼韓邪，呼韓邪敗走。

卷第二十七

年	曆	事
甲子（前五七）	閼逢困敦 三己未、五戊午、七丁巳、九丙辰、十一乙卯朔。○本志：十二乙酉朔，食。	五鳳元 匈奴五單于爭立，屠耆破其三人。漢廷臣欲乘匈奴亂擊之，蕭望之以爲乘亂不義，乃止。○韓延壽坐僭侈，伏誅。
乙丑（前五六）	旃蒙赤奮若 正甲寅、三癸丑、五壬子、八辛巳、九庚辰、十一己卯朔。閏八。	二 蕭望之左遷太子太傅。○匈奴呼韓邪擊殺屠耆。屠耆從弟自立爲閏振單于，在西邊。呼韓邪兄自立爲郅支單于，在東邊。○楊惲坐訞言，免。
丙寅（前五五）	柔兆攝提格 正戊寅、三丁丑、五丙子、七乙亥、十甲辰、十二癸卯朔。	三 丙吉薨。○張敞言黄霸好奇，恐郡國舍法令爲私教，澆淳散樸。○霸薦史高，上使尚書詰問。
丁卯（前五四）	强圉單閼 二壬寅、四辛丑、六庚子、八己亥、十戊戌、十二丁酉朔。○本志：四辛丑朔，食。	四 廣陵王胥坐祝詛自殺。○匈奴單于稱臣，減戍卒什二。○耿壽昌奏置常平倉。○楊惲坐怨望，要斬。郅支攻殺閏振，因進擊呼韓邪，逐之，都單于庭。
戊辰（前五三）	著雍執徐 三丙寅、五乙丑、六甲子、八癸亥、十壬戌、十二辛酉朔。閏五。六一日，大暑。	甘露元 張敞坐殺不辜，上惜其材，而重於廢法，故縱之使亡。○太子諫上以刑名繩下，上歎曰：「亂我家者，太子也。」○上以許后故，不忍廢太子，乃輔淮陽王以推讓之臣韋玄成。○匈奴左伊秩訾勸呼韓邪稱臣入朝於漢。○烏孫公主謀殺狂王。○烏就屠襲殺狂王。○上使馮夫人分烏孫〔六〕，立兩昆彌。
己巳（前五二）	屠維大荒落 二庚申、四己未、七戊子、九丁亥、十一丙戌朔。	二 趙充國薨。○蕭望之議單于位在諸侯王上。
庚午（前五一）	上章敦牂 正乙酉、三甲申、五癸未、七壬午、十辛亥、十二庚戌朔。	三 匈奴呼韓邪來朝，發兵轉穀以助之。○圖畫名臣於麒麟閣。○詔諸儒講五經同異。○烏孫公主來歸。元后生成帝。

辛未（前五〇）	重光協洽 二己酉、三戊申、五丁未、七丙午、九乙巳、十一甲辰朔。閏二。三二日，穀雨。	四
壬申（前四九）	玄黓涒灘 二癸酉、四壬申、六辛未、八庚午、十己巳、十二戊辰朔。	黃龍元 匈奴呼韓邪來朝。○匈奴屠耆弟自立爲伊利目單于，郅支擊殺之。○郅支聞漢擁護呼韓邪，乃西破堅昆而都之。○帝崩。○班固稱：孝宣之治，信賞必罰，綜覈名實，吏稱其職，民安其業。
癸酉（前四八）	昭陽作噩 二丁卯、五丙申、七乙未、九甲午、閏十癸巳、十二壬辰朔。	漢元帝奭初元元 以公田及苑振業貧民。○減樂府員，省苑馬。○貢禹勸上節用愛民。○轉穀以給呼韓邪。○置戊己校尉。
甲戌（前四七）	閼逢閹茂 二辛卯、四庚寅、六己丑、九戊午、十一丁巳朔。	二 蕭望之、周堪等勸導上以古制，多所欲匡正。史高與弘恭、石顯相表裏，執故事不聽。望之等欲退許、史，罷中書宦官，恭、顯譖望之等，黜免之。○罷黃門狗馬。○立太子驁。○望之謂張敞材輕，非師傅之器。○上欲以望之爲相，恭、顯譖望之，令自殺。○賈捐之議罷珠厓。
乙亥（前四六）	旃蒙大淵獻 正丙辰、三乙卯、五甲寅、七癸丑、九壬子、十一辛亥朔。	三 罷建章、甘泉宮衛。○周堪、張猛復進用。
丙子（前四五）	柔兆困敦 二庚戌、四己卯、六戊寅、七丁丑、九丙子、十一乙亥朔。閏六。七一日，處暑。	四

卷第二十八

丁丑（前四四）	强圉赤奮若 正甲戌、四癸卯、六壬寅、八辛丑、十庚子、十二己亥朔。	五 罷角抵，齊三服官。○博士弟子毋置員，通一經者復。○谷吉請送郅支侍子至庭。○康居迎郅支至其國，尊事之，欲倚其威，以脅諸國。
戊寅（前四三）	著雍攝提格 二戊戌、四丁酉、六丙申、九乙丑、十一甲子朔。	永光元 薛廣德諫射獵。○詔光禄歲以四科第郎、從官。○薛廣德諫御樓舡。○廣德縣安車〔七〕。○孔霸不願爲御史大夫。○劉向上書言：「邪正雜糅，忠讒並進，由上多疑心故也。」○又曰：「正臣進者，治之表也。正臣陷者，亂之機也。」○又曰：「今出令如反汗，用賢如轉石，去佞如拔山。」○又曰：「孔、顏更相稱譽，不爲朋黨。禹、稷傳相汲引，不爲比周。」○諸葛豐告周堪、張猛罪，上兩黜之。○賈捐之、楊興僞薦石顯，抵罪。○呼韓邪北歸庭。
乙卯（前四二）	屠維單閼 正癸亥、三壬戌、四辛酉、六庚申、八己未、十一戊子朔。閏三。四一日，小滿。○本志：三壬戌朔，食。	二 匡衡言：「不改其原，歲赦無益。」○又曰：「爲天下者審所上。」○荀悦言：「赦者，權時之宜，非常典也。」○隴西羌反。馮奉世請用四萬人，一月可決。
庚辰（前四一）	上章執徐 正丁亥、三丙戌、五乙酉、七甲申、九癸未、十一壬午朔。	三 復鹽鐵官、弟子員。
辛巳（前四〇）	重光大荒落 正辛巳、四庚戌、六己酉、八戊申、十丁未、十二丙午朔。閏十二。○本志：六戊寅朔，食。	四 上復召周堪、張猛，堪尋卒。石顯譖猛，令自殺。○用貢禹議，罷昭靈后等園及郡國廟。
卷第二十九		

壬午（前三九）	玄黓敦牂 正乙巳、三甲辰、五癸卯、八壬申、十辛未、十二庚午朔。正二日，雨水。	五 用韋玄成等議，毀太上皇、孝惠廟寢園。○匡衡諫變更先帝法令。○又言：「理性之道，必審己之所有餘，而强其所不足。」○又諫傅昭儀及濟陽王愛幸逾於皇后、太子。○河決清河，屯氏河絶。
癸未（前三八）	昭陽協洽 二己巳、四戊辰、六丁卯、八丙寅、十一乙未朔。	建昭元 馮倢伃當熊。
甲申（前三七）	閼逢涒灘 正甲午、三癸巳、五壬辰、七辛卯、閏八庚寅、十己丑、十二戊子朔。九一日，霜降。	二 焦延壽謂：「京房得我道以亡身。」京房言幽、厲事，石顯告房罪，殺之。○陳咸數毀顯。顯奏咸與宋雲漏泄省中語，皆髡爲城旦。公卿畏顯，重足一迹。○石顯投夜開門及薦貢禹。○荀悦論佞幸。
乙酉（前三六）	旃蒙作噩 三丁巳、五丙辰、七乙卯、九甲寅、十一癸丑朔。	三 陳湯斬郅支單于。
丙戌（前三五）	柔兆閹茂 正壬子、三辛亥、六庚辰、八己卯、十戊寅、十二丁丑朔。	四 郅支首至京師，告祠郊廟。○史丹營護太子。
丁亥（前三四）	强圉大淵獻 二丙子、四乙亥、五甲戌、七癸酉、十壬寅、十二辛丑朔。閏四。五一日，夏至。○本志：六壬申晦，食，不盡如鈎，因入。	五 復太上皇等廟寢園。

年	曆	事
戊子（前三三）	著雍困敦 二庚子、四己亥、六戊戌、八丁酉、十丙申、十二乙未朔。	竟寧元 呼韓邪來朝，妻以王昭君。○單于請罷備塞吏卒，侯應陳十不可，乃止。○左伊秩訾不肯歸匈奴。○馮野王以昭儀兄，不得爲御史大夫。○召信臣治行第一。○劉向訟陳湯功。○上欲廢太子，史丹伏青蒲泣諫。○帝崩。○班彪言：「元帝牽制文義，優遊不斷，孝宣之業衰焉。」○復罷太上皇等廟園。○成帝即位。元舅王鳳始專政。○匡衡上疏戒妃匹及慎威儀。
己丑（前三二）	屠維赤奮若 三甲子、五癸亥、七壬戌、九辛酉、十一庚申朔。	漢成帝驁建始元 匡衡條奏石顯罪，徙逐之。王尊劾奏衡阿諛不忠。○初賜五舅爵。黄霧四塞，言者以爲外戚大盛之咎。王鳳歸政乞骸，上不許。○薛宣言宜戒刺史煩苛。○用匡衡議，罷甘泉、汾陰祠。 卷第三十
庚寅（前三一）	上章攝提格 正己未、二戊子、五丁亥、七丙戌、九乙酉、十一甲申朔。閏正。二一日，春分。	二 罷五畤及陳寶祠。○立許后。○杜欽請建九女之制。○匈奴顓渠閼氏請立大閼氏子。
辛卯（前三〇）	重光單閼 正癸未、三壬午、五辛巳、七庚辰、十己酉、十二戊申朔。○本志：十二戊申朔，食，時加未。	三 王商辨水訛。○日食、地震，杜欽、谷永以爲女寵太盛。匡衡坐盜土免。
壬辰（前二九）	玄黓執徐 二丁未、四丙午、六乙巳、八甲辰、十癸卯、十二壬申朔。閏十。十一一日，冬至。○本志：七月，熒惑踰歲星，居其東北半寸所如連李[八]。時歲星在關星西四尺所，熒惑初從畢口大星東北往，數日至，往疾去遲。	四 罷中書宦官，置尚書。○谷永對策，比王鳳於申伯。○馮逡請浚屯氏河，不從。河果決金堤。○南山羣盜起，王尊爲京兆，旬月而清。○陳湯坐事下獄，谷永訟其功，得免。陳湯策烏孫兵不出五日當解。
癸巳（前二八）	昭陽大荒落 癸卯蔀一年：二辛未、四庚午、六己巳、八戊辰、十丁卯[九]、十二丙寅朔。○本志：四己亥晦，食，不盡如鉤。蚤食時，從西南起。	河平元 王延世塞決河，三十六日而成。○詔減省椒房用度。許后上疏自陳。○復太上皇廟園。○詔蠲除苛法。

甲午（前二七）	閼逢敦牂 二乙丑、五甲午、七癸巳、九壬辰、十一辛卯朔。○本志：十月下旬，填星在東井、軒轅南耑大星尺餘，歲星在其西北尺所，熒惑在其西北二尺所，皆從西方來。填貫鬼，先到歲次，熒惑亦貫鬼。十一月上旬，歲、熒惑西去填星，皆西北逆行。	二 匈奴伊邪莫演求降，谷永、杜欽諫以爲不可受。盡封太后同産爲列侯。○公乘興訟王尊。○陳立爲牂柯太守，平西南夷。
乙未（前二六）	旃蒙協洽 正庚寅、三己丑、五戊子、閏六丁亥、九丙辰、十一乙卯朔。七一日，處暑。○本志：八乙卯晦，食。	三 詔以楚王囂素行純茂，封其子。○命劉向校中祕書。向奏《鴻範五行傳》，以戒王氏專權。○河復決平原，王延世等塞之。
丙申（前二五）	柔兆涒灘 正甲寅、三癸丑、五壬子、七辛亥、九庚戌、十二己卯朔。○本志：三癸丑朔，食。十一月乙卯，填星在鬼西北八九尺所，月食之。	四 單于來朝。王鳳惡王商，使人告商以暗昧之過而免之，商歐血死。○杜欽説王鳳絶罽賓。
丁酉（前二四）	强圉作噩 二戊寅、四丁丑、六丙子、八乙亥、十甲戌、十二癸酉朔。○本志：二丁未晦，食。	陽朔元 杜欽説王鳳抑損權勢。○王章言鳳專權，章下獄死。○杜欽勸鳳舉直言。○薛宣不教子以吏職。
戊戌（前二三）	著雍閹茂 二壬申、四辛丑、六庚子、八己亥、十戊戌、十二丁酉朔。閏三。四一日，小滿。	二 劉向上封事，言王氏權太盛，必危劉氏。帝歎息悲傷其意，而不能用其言。
己亥（前二二）	屠維大淵獻 二丙申、四乙未、六甲午、九癸亥、十一壬戌朔。	三 鐵官徒申屠聖等爲盜，討平之。○王鳳薨，從弟音代秉政。
庚子（前二一）	上章困敦 正辛酉、三庚申、五己未、七戊午、九丁巳、十二丙戌朔。閏十二。	四 王駿爲京兆尹。○段會宗復爲西域都護。○谷永薦薛宣〔十〕。

卷第三十一

辛丑(前二〇)	重光赤奮若 正乙酉、三甲申、五癸未、七壬午、九辛巳、十一庚辰朔。	鴻嘉元 上始爲微行。
壬寅(前一九)	玄黓攝提格 正己卯、四戊申、六丁未、八丙午、十乙巳、十二甲辰朔。	二 王音言雉異。○徙豪桀于昌陵。
癸卯(前一八)	昭陽單閼 二癸卯、四壬寅、七辛未、九庚午、十己巳、十二戊辰朔。閏九。十月一日，小雪。	三 上以五侯奢僭，欲誅之，既而不果。○班倢伃辭輦。○淖方成謂趙昭儀爲禍水。○趙飛燕譖許皇后、班倢伃祝詛上。許后坐廢。班倢伃曰：「使鬼神有知，不受不臣之愬。」乃赦之。○廣漢鄭躬等爲盜。
甲辰(前一七)	閼逢執徐 二丁卯、四丙寅、六乙丑、八甲子、十一癸巳朔。	四 勃海等三郡河溢，李尋欲勿塞，以觀水勢。趙護討鄭躬，平之。○杜鄴説王音親善成都侯商。
乙巳(前一六)	旃蒙大荒落 正壬辰、三辛卯、五庚寅、七己丑、九戊子、十一丁亥朔。○本志：九丁巳晦，食。	永始元 劉輔諫立趙飛燕爲后。○辛慶忌等諫繫劉輔祕獄。○王莽初封侯，折節爲恭儉以求名，敢爲激發之行，處之不慙恧。○立趙后。○劉向上《列女傳》。○又諫作昌陵。○詔罷昌陵。
丙午(前一五)	柔兆敦牂 正丙戌、四乙卯、閏五甲寅、七癸丑、九壬子、十一辛亥朔。六一日，大暑。○本志：二乙酉晦，食。	二 王音薨，王商代秉政。○谷永切諫微行等事。上大怒，欲收之。王商擿永發去得免。○班伯戒沈湎。○張放免就國。○翟方進爲丞相，峻文深詆。○孔光典樞機。上有所問，據經法，以心所安而對。又時有所言，輒削藁草。○王商惡陳湯，徙之敦煌。○賜淳于長爵。○朱博爲馮翊。

丁未（前一四）	彊圉協洽 正庚戌、三己酉、六戊寅、八丁丑、十丙子、十二乙亥朔。○本志：正己卯晦，食。	三 復甘泉、泰畤。○谷永言神僊不可信。○樊並、蘇令起爲寇，皆伏誅。○梅福上書譏斥王氏，勸上納諫求賢。
戊申（前一三）	著雍涒灘 二甲戌、四癸酉、六壬申、八辛未、十一庚子朔。○本志：七辛未晦，食。	四 谷永諫抉擿梁王闈門事。○何武所居無赫赫名，去後常見思。
己酉（前一二）	屠維作噩 正己亥、二戊戌、四丁酉、六丙申、八乙未、十甲午朔。閏正。二一日，春分。○本志：正己亥朔，食。	元延元 谷永豫言三七之戒。○劉向請指圖陳狀。○王商薨，上廢王立，而用其弟根輔政。○上問張禹以災異，禹保護王氏以自託。○朱雲請斷禹頭。○上稍厭游宴，復修經書之業。辛慶忌遭世承平，戎狄敬其威信。
庚戌（前一一）	上章閹茂 正癸亥、三壬戌、五辛酉、七庚申、九己未、十一戊午朔。	二 段會宗誅番丘。○自烏孫分兩昆彌，漢憂勞無寧歲。○郭舜請絶康居。
辛亥（前一〇）	重光大淵獻 正丁巳、三丙辰、六乙酉、八甲申、十癸未、十一壬午朔。○閏十。十一一日，冬至。	三 岷山崩，劉向知漢必亡。○上校獵長楊。
壬子（前九）	玄黓困敦 正辛巳、三庚辰、五己卯、七戊寅、十丁亥、十二丙午朔。	四 定陶王來朝，帝美其材，傅太后因賂趙后、王根，求立爲嗣。○谷永專攻上身及後宮，帝知之，不親信也。
癸丑（前八）	昭陽赤奮若 二乙巳、四甲辰、六癸卯、八壬寅、十辛丑朔。	綏和元 立定陶王爲太子。○封殷、周後爲公。○用何武議，置三公。○王根令夏侯藩求地於匈奴。○上爲定陶王立後，閻崇以爲太子不當謝。○王太后令傅太后十日一至太子家。○王莽告淳于長罪，長坐誅，許后賜死。莽遂代王根輔政。○翟方進條奏淳于長、王立黨友，皆斥免之。○用何武議，置州牧。○犍爲得古磬，劉向請興禮樂。○向卒十三年，而王氏代漢。

卷第三十二

甲寅（前七）

閼逢攝提格

正庚午、三己巳、五戊辰、七丁卯、八丙寅、十乙丑、十二甲子朔。○閏三。○本志：春，熒惑守心。

二

上風翟方進令自殺，以應星變。○帝崩。趙昭儀自殺。班彪謂成帝有天子之容。○荀悦論張放。○哀帝初立，儉約，政由己出，朝廷望至治。○孔光欲爲傅太后改築後宫，不令與帝相近。○董宏請尊帝太后，師丹劾奏，免之。○尊恭皇及恭皇太后、恭皇后。○立傅后。○王太后詔王莽避丁、傅。○罷樂府官。○劉歆序諸子爲九家，曰：「使遭聖主，得所折中，皆股肱之材已。」○河間王良以行義益封。○師丹請限王公以下田，不果行。○王莽罷就第。○何武薦傅喜。○李尋因災異，戒女謁近習。○賈讓奏治河三策。劉歆議世宗廟不可毁。師丹諫變改成帝政事。○上欲免傅遷，迫於傅太后，不得遣。○耿育冤訟陳湯。

乙卯（前六）

旃蒙單閼

二癸亥、五壬辰、七辛卯、九庚寅、十一己丑朔。

漢哀帝欣建平元

元帝不赦發傅夫人冢者。○耿育諫暴揚成帝燕私之過。○師丹諫爲恭皇立廟京師。申咸、炔欽訟師丹。○唐林請復丹爵邑。○傅太后誣中山馮太后祝詛，逼殺之。○孫寶請覆治馮氏獄。

卷第三十三

丙辰（前五）

柔兆執徐

正戊子、三丁亥、五丙戌、八乙卯、十甲寅、十二癸丑朔。

二

策免傅喜。○朱博奏復御史大夫。○傅太后自詔傅喜就國。○策免孔光。以朱博爲丞相。○李尋、揚雄對鼓妖。上用朱博議，尊恭皇及丁、傅。同時四太后。○傅太后謂王太后爲嫗。○朱博奏免師丹爲庶人。遣王莽就國。○楊宣曰：「陛下登高望遠，獨不慙於延陵乎？」○朱博奏罷州牧。○丁太后崩。○夏賀良等請改元易號，增益刻漏，尋以姦妄皆伏誅。○以寢疾，盡復前世神祠。○朱博坐受傅太后指，奏免傅喜，下獄自殺。○策免彭宣。○烏孫卑爰疐遣子質匈奴，漢責讓單于令遣歸。

丁巳（前四）

强圉大荒落

二壬子、閏三辛亥、五庚戌、七己酉、九戊申、十二丁丑朔。四一日，小滿。

三

平當病，不肯强起受封。○王嘉諫數變易二千石，及勸上畜養大夫。○復甘泉泰畤。息夫躬告東平王雲祝詛，雲坐誅。

卷第三十四

戊午（前三）

著雍敦牂

二丙子、四乙亥、六甲戌、八癸酉、十壬申、十二辛未朔。

四

民訛言行詔籌。○鄭崇諫封傅商。○董賢得幸於上，選物上第，盡在董氏，乘輿乃服其副。○鄭崇諫賢貴寵過度，下獄死。○孫寶訟鄭崇，請治趙昌。○王嘉諫封董賢。○上卒以東平事，侯董賢及息夫躬。○毋將隆諫以武庫兵賜董賢，王阿。○鮑宣言七亡七死。○楊雄諫止單于入朝。○王嘉難息夫躬爲詐謀事，曰：「動民以行不以言，應天以實不以文。」

乙未（前二）

屠維協洽

二庚午、五己亥、七戊戌、九丁酉、十一丙申、閏十二乙未朔。○本志：正辛丑朔，食，不盡如鉤〔十〕。十一月，歲入太微，逆行干右執法。

元壽元

以傅晏、丁明爲大司馬、將軍。會日食，復收晏印綬。○王嘉言寵賜董賢太過。杜鄴對策言丁、傅太盛。○徵孔光、王莽詣京師。○傅太后崩。○免遣息夫躬等。○鮑宣請免董賢，徵何武等。上爲之徵何武、彭宣。○上欲益封董賢。王嘉封還詔書，坐下獄死。○孔光復爲丞相。○董賢爲大司馬。上使過孔光，光不敢以賓客鈞敵之禮。○上謂董賢：「吾欲法堯禪舜。」王閎進諫。

卷第三十五

庚申（前一）

上章涒灘

二甲午、四癸巳、七壬戌、九辛酉、十一庚申朔。正一日，雨水。○本志：三壬辰晦，食。

二

單于、大昆彌皆來朝。○正三公官。○帝崩。○太皇太后復召王莽爲大司馬。○董賢自殺。○何武、公孫祿不欲外戚輔幼主。○迎中山王箕子爲嗣。○貶趙后、傅后爲孝成、孝元皇后。丁、傅皆免官斥逐，獨褒賞傅喜。○貶傅太后曰共王母，丁太后曰丁姬。○董氏徙合浦。○莽尊事孔光。所欲中傷者，使光奏之，已從中白太后可其奏。免何武、公孫祿、毋將隆、紅陽侯立等。凡附順者拔擢，忤恨者誅滅。與其黨王舜、王邑、甄豐、甄邯、劉秀等更相唱和，以自尊大，而外爲飾讓，上以惑太后，下以示信於衆庶焉。○莽逼趙后、傅后令自殺。○彭宣見莽專權，辭大司空而去。○中山王即帝位。○孔光爲帝太傅。

辛酉（公元元年）

重光作噩

正己未、三戊午、五丁巳、七丙辰、九乙卯、十二甲申朔。○本志：五丁巳朔，食。

漢平帝衎元始元

莽令西南夷獻白雉。羣臣奏莽功德比周公，賜號安漢公，與孔光等爲四輔。○莽乃褒賞宗室、羣臣，紹封賜爵，下至庶民，恩澤之政，無所不施。○羣臣奏太后不宜親小事。太后詔：「自今唯封爵乃以聞，餘皆四輔平決。」二千石、茂材吏初除奏事者，皆令見莽，考其能否。莽密致恩意，其不合者，顯奏免之，權與人主侔矣。○莽奏帝母衛氏及諸舅皆不得至京師。申屠剛對策以爲不可。

壬戌(二)	玄黓閹茂 二癸未、四壬午、六辛巳、八庚辰、九己卯、十一戊寅朔。○閏八。九一日，霜降。○本志：九戊申晦，食，既。	二 黄支獻犀牛。○孫竇曰：「每有一事，羣臣同聲，得無非其美者？」○莽以民饑，率羣臣獻田宅。○王崇、龔勝、邴漢免歸。○梅福棄妻子去。○西域姑句、唐兜亡降匈奴。莽責讓單于，取而斬之，因密以四條授匈奴。○又説單于更名知。○莽納女爲后。
癸亥(三)	昭陽大淵獻 二丁未、四丙午、六乙巳、八甲辰、十癸卯、十二壬寅朔。	三 詔公卿納采。○張竦奏莽功德，請加褒賞。○莽子宇與婦兄呂寬謀血灑莽門，以警懼莽，莽皆殺之。并滅帝舅衛氏，因連引漢忠臣及豪桀素所惡者，何武、鮑宣、敬武公主、王立、王仁等皆死。○云敞收葬吴章。○逢萌曰：「三綱絶矣！」乃浮海之遼東。○金湯受封，不敢還家。○嚴詡哭潁川士。
甲子(四)	閼逢困敦 二辛丑、四庚子、七己巳、九戊辰、十一丁卯朔。	四 立王后。○加莽號曰宰衡。○莽媚事太后，下至旁側長御，方故萬端，以故左右日夜共譽莽。○莽立明堂、辟雍、靈臺，築學舍萬區。○徵天下異能之士，至者數千。○關並等言治河之策。桓譚請試詳考施行。○莽風西羌獻地，置西海郡。○又增法五十條，犯者徙西海，民始怨。○更易官名，罷置州郡，天下多事，吏不能紀。
乙丑(五)	旃蒙赤奮若 正丙寅、三乙丑、五甲子、六癸亥、八壬戌、十一辛卯朔。閏五。六二日，大暑。	五 祫祭明堂，復南北郊。○郡國置宗師。○孔光薨。○吏民上書請加賞於莽者，前後四十八萬餘人。○加莽九錫。○莽遣王惲等行風俗，班穉無所上。公孫閎言災害。○莽爲市無二價等制，犯者象刑。○莽奏發共王母、丁姬等冢。○封師丹爲侯。○策免馬宫。○通子午道。○劉慶請令安漢公行天子事。○帝崩。○謝囂奏丹石之符曰：「安漢公莽爲皇帝。」太后不可。王舜請令莽稱攝皇帝，太后從之。
丙寅(六)	柔兆攝提格 正庚寅、三己丑、五戊子、七丁亥、九丙戌、十一乙酉朔。○本志：十丙辰朔，食。	王莽居攝元 立宣帝玄孫嬰爲孺子。○劉崇起兵南陽以討莽，不克而死。張竦請豬崇宫室。○詔莽見太后稱「假皇帝」。○西羌反，逐西海太守。

卷第三十六

年	歲名・朔	年號・事
丁卯（七）	强圉單閼 二甲寅、四癸丑、六壬子、八辛亥、十庚戌、十二己酉朔。	二 莽遣竇況擊平之。○造錯刀、契刀、大錢，禁列侯以下挾黃金。○翟義起兵東郡以誅莽。趙朋等亦起兵三輔。莽遣孫建等擊義，滅之。
戊辰（八）	著雍執徐 閏正戊申、三丁未、六丙子、八乙亥、十甲戌、十二癸酉朔。十一壬子，直建冬至。莽以十二月爲始建國元年正月，令所記皆用夏正。	初始元 王汲等擊滅趙朋。莽於是自以獲天人之助，謀即真矣。○莽制五等爵，以封功臣。○莽始以事母、養嫂、撫兄子爲名，後更殺嫂及兄子，不爲母服，以示公義。○宗室劉義等獻符命，莽遂稱「假皇帝」，改元初始。哀章復獻金匱圖。莽乃即高廟授神禪。○元后不肯授璽。
己巳（九）	屠維大荒落 二壬申、四辛未、六庚午、九己亥、十一戊戌朔。	始建國元 尊太后爲新室文母。○以孺子爲定安公。○封拜十一公、九卿。○諸侯王皆降爲公，四夷皆降爲侯。○莽因漢家富厚之業，陋小其制度，更爲疏闊。○廢錯刀、契刀、五銖，專行大小二錢，禁民挾銅炭。○劉快起兵徐鄉，敗死。○禁民不得私賣田及奴婢，犯者投四裔。○遣五威將班符命於天下。 卷第三十七
庚午（一〇）	上章敦牂 正丁酉、三丙申、五乙未、七甲午、九癸巳、閏十壬辰朔。	二 班固論諸侯。○莽作五均六筦之法，以榷山澤、鹽鐵、酒之利，收賤賣貴，賒貸取息。○莽改匈奴單于印文，又令還所略烏桓民，匈奴怨恨。車師亡降匈奴，匈奴受之，與共入寇。陳良、終帶殺戊己校尉，亡降匈奴。○孫建奏諸劉爲吏者皆罷。○平后稱疾不朝會。○莽發兵三十萬，命十二將伐匈奴，欲分其地，立十五單于。○莽作寶貨二十八品，百姓憒亂，農商失業，涕泣於市道。○甄豐、劉秀等本褒尊莽，以求富貴，非欲莽居攝，及莽即真，內懼而已。○甄尋、劉棻坐詐爲符命，誅。○莽始興神仙事。
辛未（一一）	重光協洽 正辛酉、三庚申、五己未、七戊午、九丁巳、十一丙辰朔。	三 莽誘單于弟咸、咸子登，立爲孝單于、順單于。於是匈奴大怒，諸部並入寇，北邊虛耗。○嚴尤諫伐匈奴，曰：「周得中策，漢得下策，秦無策焉。」○龔勝不受莽官祿，不食而死。○郇相子不受太子稅。○薛方詭辭避世。○郭欽、蔣詡等不仕莽。○河決魏郡。

壬申（一二）

玄黓涒灘

正乙卯、三甲寅、六癸未、八壬午、十辛巳、十二庚辰朔。

四

斬順單于登。○莽以洛陽爲東都。○公侯以下千五百餘人，皆未授國邑，至有傭作者。○復聽民賣田及奴婢。莽誘殺夜郎侯邯、高句麗侯騶，西南夷、濊貉皆怨叛。莽欲東巡狩，以文母疾而止。○文母謂莽嫚神多矣，必不久得祐。

癸酉（一三）

昭陽作噩

二己卯、四戊寅、六丁丑、八丙午、十乙巳、十二甲辰朔。閏七。八一日，秋分。

五

文母崩。○滿昌劾小昆彌使不當居大昆彌使上。○西域焉耆先叛。○除挾銅炭法。○烏珠留單于死，須卜當立其弟咸爲單于。

甲戌（一四）

閼逢閹茂

二癸卯、四壬寅、六辛丑、八庚子、十己亥朔。○本志：二壬申晦，食。

天鳳元

下詔欲行四巡之禮，然後即土之中，既而復止。遣平晏等往卜宅。○莽疑忌大臣，抑奪下權。莽置六卿、六隧、六服，數變易制度，吏民迷惑。○匈奴求和親，送陳良、終帶等，莽乃罷邊屯兵。已而單于聞子登死，復寇掠不絶，乃復發軍屯。○益州蠻夷反，遣馮茂擊之。○復行金銀龜貝之貨，罷大小錢，作貨布、貨泉。

乙亥（一五）

旃蒙大淵獻

正戊辰、三丁卯、五丙寅、七乙丑、九甲子、十一癸亥朔。

二

遣使還單于子登之喪。○莽與公卿議制度，連年不決，不暇聽治獄訟急務，繫獄者逢赦乃出。莽自攬衆事，畏備臣下，政令煩苛，使者勞擾郡縣，以故民愁困無所告愬，皆有離叛之心。

丙子（一六）

柔兆困敦

正壬戌、四辛卯、五庚寅、七己丑、九戊子、十一丁亥朔〔十二〕。閏四。五二日，夏至。○本志：六戊子晦，食。

三

莽言地動不害。○莽性吝嗇，自公卿以下，皆不得禄。至是始下吏禄制度，而課計煩碎，吏終不能得禄，各因職爲姦以自給。○長平岸崩，壅涇水，羣臣賀以受匈奴滅亡之祥。○馮茂以無功誅。遣廉丹等討西南夷。馬英諫，不聽。○越嶲任貴自稱邛穀王。○刳剥王孫慶，云：「可以治病。」○焉耆擊殺王駿，西域遂絶。

丁丑(一七)	强圉赤奮若 正丙戌、三乙酉、五甲申、八癸丑、十壬子、十二辛亥朔。	四 莽授諸侯茅土，以慰喜封者。○莽置羲和命士，以富賈爲之，與郡縣通姦，府藏不實，百姓愈病。又申明六筦之令，犯者罪至死。吏緣莽禁，苛暴侵刻，民富者不自保，貧者無以自存，皆相聚爲盜賊。臨淮瓜田儀、琅邪吕母、荆州緑林賊等並起。○使者或言民愁爲盜，莽怒免其官。或順指言民驕黠當誅，及言時運適然，莽説，輒遷官。
戊寅(一八)	著雍攝提格 二庚戌、四己酉、六戊申、八丁未、十丙午、閏十二乙亥朔。	五 費興對止盜方略。○莽考吏爲姦致富者，取其家財以助邊。又開吏告其將，奴婢告其主，冀以禁姦，而姦愈甚。○揚雄三世不徙官，用心於内，不求於外。○桓譚言揚雄書必傳。○樊崇、刀子都等起青、徐。○單于咸死，弟輿立，復求和親。莽誘其大臣須卜當脅立爲須卜單于，匈奴愈怒，入寇。
己卯(一九)	屠維單閼 二甲戌、四癸酉、六壬申、八辛未、十庚午、十二己巳朔。	六 莽作三萬六千歲歷。○廉丹無功召還，使郭興等討西南夷。○募豬突、豨勇以擊匈奴。稅吏民貲，三十取一。公卿以下，皆令養馬。博募奇技以萬數。○嚴尤諫誘須卜當。又言：「匈奴可且以爲後，當先憂山東。」坐策免。○范升奏記王邑曰：「朝以遠者不服爲至念，升以近者不悦爲重憂。」○韓博進巨毋霸，坐誅。
庚辰(二〇)	上章執徐 三戊戌、五丁酉、七丙申、九乙未、十一甲午朔。	地皇元 莽始令春夏斬人，百姓震懼。○置五大司馬。州牧守令，皆號將軍。乘傳使者，日且十輩。○大風毁王路堂。莽廢太子臨爲統義陽王。○作九廟。黄帝廟高十七丈，卒徒死者以萬數。○馬適求等謀殺莽，莽因誅豪桀數千人。○輕私鑄錢法。○唐尊以象刑污人衣。○郅惲上書説莽，令就臣位。

辛巳（二一）

重光大荒落

正癸巳、三壬辰、五辛卯、八庚申、九己未、十一戊午朔。閏八。九一日，霜降。十二乙未，立春。

二

莽妻死，少子臨有罪自殺，長子安亦死。○轉穀帛詣邊。○犯鑄錢者愈衆，没爲奴婢者以十萬數。○遣使行天下，采淑女。○鞭灑高廟。○秦豐起南郡。○公孫禄請誅國師秀等，以慰天下。○民本以飢寒爲盗，皆不敢略城邑，殺牧守，常冀歲豐得歸鄉里。而莽不諭，不能安集，羣下畏罪，莫敢言賊情，又不得擅發兵，賊由是不制。○田況擅發兵，擊破青、徐賊。上言：「請毋出將帥使者，以休息郡縣。但選任牧尹，盗賊必平。」莽忌況，遣人代之，齊地遂敗。

壬午（二二）

玄黓敦牂

正丁巳、三丙辰、五乙卯、七甲寅、十癸未、十二壬子朔。

三

九廟成。○遣王匡、廉丹東討青、徐賊。○緑林分爲新市、下江兵。○遣嚴尤、陳茂討荆州賊。○王業以粱飯肉羹示莽。○平林賊起。○廉丹與赤眉戰死。○遣哀章就王匡。王尋屯洛陽。○漢宗室劉伯升等起南陽，與新市、平林、下江兵合。○王常知漢復興。

校勘記

〔一〕「廷」，原作「延」，今據《通鑑》卷二十四改。

〔二〕「受」，原作「授」，今據《通鑑》卷二十四改。

〔三〕「廷」，原作「延」，今據《通鑑》卷二十四改。

〔四〕「備」，原無，今據《通鑑》卷二十五補。

〔五〕「朔」，原脱，今據文例補。

〔六〕「夫」，原作「大」，今據《通鑑》卷二十七改。
〔七〕「車」，原作「軍」，今據《通鑑》卷二十八改。
〔八〕「月」，原作「日」，「北」，原闕，今據《漢書·天文志》改、補。
〔九〕「丁」，原作「可」，今據四部備要本改。
〔十〕「薛宣」，原作「宣薛」，今據《通鑑》卷三十一乙正。
〔十一〕「朔」，原脱，今據文例補。

資治通鑑目録卷第五

翰林學士兼侍讀學士朝散大夫右諫議大夫知制誥判尚書都省兼提舉萬壽觀公事上柱國河内郡開國侯食邑一千三百户食實封貳佰户賜紫金魚袋臣司馬光奉敕編集

昭陽協洽

正壬子、二辛巳、四庚辰、六己卯、八戊寅、十丁丑、十二丙子朔。

漢淮陽王玄更始元

玄，劉縯之族兄弟也，亡命平林兵中。○縯大破甄阜、梁丘賜，殺之。又破嚴尤、陳茂，遂圍宛。○漢兵浸盛，欲立劉氏爲帝，豪桀皆歸心於縯，而新市、平林貪玄懦弱，先共立之。○縯欲且稱王。○更始流汗不能言。○王莽立后史氏。○莽遣王邑、王尋將四十二萬兵擊漢。○縯弟秀説諸將并力拒莽。○王邑圍昆陽，嚴尤請先擊宛，不從。又請闕其圍，亦不從。○更始拔宛。○劉秀發諸營兵三千人，大破尋邑於昆陽。○豪桀爭殺牧守以應漢，旬月偏天下。○莽開金縢。○馮異以五城降劉秀。○更始殺劉縯，秀不敢伐功，亦不敢爲縯服。○莽大臣王涉、劉秀、董忠謀劫莽降漢，坐誅。○鍾武侯望稱帝於汝南，嚴尤、陳茂皆歸之。○更始遣王匡攻雒陽，申屠建、李松攻武關。○鄧曄、于匡起兵以應漢。○莽率羣臣哭以訴天。○莽遣九虎將兵禦漢，御府金六十餘萬斤，

燕王彭寵

寵，宛人。更始謁者韓鴻徇北州，以寵爲漁陽太守。

漢梁王永

元

永，故梁王立之子。更始封爲梁王。

朔寧王隗囂

囂，成紀人。季父崔起兵應漢，立囂爲上將軍。立漢祖宗廟，歃血共盟。有衆十萬，擊殺王莽牧守。分兵徇隴西、武都、金城、武威、張掖、酒泉、敦煌，皆下之。○迎方望爲謀主。

成公孫述

述，茂陵人，爲王莽導江卒正。南陽宗成、王岑自稱漢將，引兵數萬入蜀，述迎之。成等入成都，虜掠暴横。述自稱漢益州牧，擊成等，滅之。

淮南王李憲

元

憲，潁川人，爲王莽廬江連率。莽敗，自稱淮南王。

卷第三十九

閼逢涒灘

三乙巳、五甲辰、六癸卯、八壬寅、十十辛丑、十二庚子朔。○閏五。○六一日，大暑。

莽賜九虎士人四千錢，衆怨怒無鬭意。○鄧曄、于匡擊破九虎軍，開武關迎漢兵。○李松入屯華陰。○京兆諸縣及城中共起兵殺莽。○黄皇室主赴火。○班固謂莽誦六經以文姦言。○王匡拔雒陽。○劉信擊殺劉望。○天下皆歸漢。○劉秀修雒陽宫府，老吏喜見漢官威儀。○更始北都雒陽。○寇恂爲耿況取印綬。○赤眉樊崇等詣雒陽降，更始不恤，崇等亡歸。○更始遣劉秀行大司馬，鎮尉河北，除莽苛政，復漢官名。○鄧禹杖策從秀，説秀以取天下之術。○馮異説秀分布惠澤。○卜者王郎詐稱成帝子子輿，稱帝於邯鄲，燕、趙皆響應。

二

更始遷都長安，赦諸屯聚。○更始刮席。○朱鮪諫王諸將，獨讓不受。○更始荒于酒色，任趙萌爲政，官爵冗濫。李淑諫，囚之。○諸將各置牧守，州郡不知所從，海内離心。○耿弇知王郎必敗，不肯從。○劉秀北至薊，耿弇請發漁陽、上谷兵以擊郎。會薊中亂，秀因南走。○王霸詭言河冰。○任光以信都，邳彤以和戎爲長安城守。秀往赴之。秀欲以信都兵自送還長安，邳彤以爲不可。秀又欲入城頭子路、力子都軍中，任光以爲不可。○劉植、耿純皆起兵從秀。○秀有衆數萬人，移檄邊郡，郡兵從秀。

吴漢説寵助劉秀擊王郎，寵從之。

二

永據國起兵，招諸郡豪桀周建、佼彊、董憲、張步，授以官爵，與之連兵，遂專據東方。

齊王張步，琅邪人。起兵據郡，劉永以步爲輔漢大將軍。

更始徵囂及叔父崔、義詣長安，方望止之，囂不聽，望辭去。更始以囂爲右將軍。○崔、義謀逃歸天水，囂懼而告之，更始殺崔、義，以囂爲御史大夫。

元

更始遣將李寶、張忠徇蜀、漢，述擊破之，自稱蜀王，民夷皆附之。

二

縣還復響應。○真定王楊降秀。○漢中王嘉使賈復往見秀。○祭遵殺舍中兒，秀以爲刺姦將軍。○更始使鮑永安集并州。○鄧禹曰：「古之興者，在德薄厚，不以大小。」○寇恂説耿況，吴漢説彭寵助秀擊王郎，定二十餘縣，會秀於廣阿。○更始遣謝躬討王郎，秀與之合攻鉅鹿。○耿純説秀捨鉅鹿攻邯鄲。○秀曰：「成帝復生，天下不可得。」謂王郎得全身可矣！○秀斬王郎。○秀燒王郎文書。○馮異敕吏士，非交戰受敵，常行諸營之後。○更始立劉秀爲蕭王，使罷兵。耿弇勸王不就徵，益發突騎，以圖天下，王從之。○蕭王使吴漢、耿弇發幽州十郡兵，以討河北諸賊，殺更始所置牧守苗曾、韋順、蔡充。○蕭王擊銅馬賊，吴漢、耿弇以突騎來會，大破銅馬，高湖、重連悉降之，衆遂數十萬。○蕭王輕騎案行賊營，賊曰：「王推赤心置人腹中，安得不投死！」○蕭王破青犢等於射犬，使吴漢襲殺謝躬於鄴。○更始遣李寶、張忠恂蜀、漢，公孫述擊破之。○更始使陳遵使匈奴。○赤眉自潁川分爲二部，西攻長安，更始遣王匡等禦之。○蕭王中分麾下，遣鄧禹西入關。王又使寇恂守河内以給軍食，馮異守孟津以備朱鮪。蕭王北擊諸賊，寇恂調兵食供軍，未嘗乏絶。○秦豐起兵黎丘，自號楚黎王。○田式起夷陵。

旃蒙作噩

二己亥、四戊戌、七丁卯、九丙寅、十一乙未朔。

漢世祖秀建武元

方望立劉嬰爲帝，更始討斬之。○鄧禹入箕關，圍安邑。○赤眉二部會弘農，敗李松，北至湖。○蕭王與尤來等戰，大敗，不知王處。吳漢曰：「王兄子在南陽，何憂無主！」○陳俊請將輕騎出賊前，令民堅壁以絶其食，賊遂敗。○馮異説下李軼。王以軼多詐，露其書，朱鮪殺軼。○朱鮪、蘇茂攻河内，寇恂、馮異擊破之，鮪等不敢復出雒陽。○馬武曰：「今此誰賊而擊之？」○王還薊，使吳漢、耿弇等窮追尤來等，至浚靡而還。○王聞賈復妻孕，曰：「生女邪，我子娶之。」○耿純曰：「大王不正位號，士大夫有去歸之思。」○王即皇帝位於鄗。○王匡等擊鄧禹，大破之，遂克河東。○張卬等謀劫更始，東歸南陽爲盜，不果，遂相攻擊。更始奔新豐。○赤眉立劉盆子爲帝。○伏湛保全平原，上召湛行大司徒事。○上幸懷，遣吳漢等圍雒陽。李松攻破張卬等。更始復還長安。○赤眉入長安，更始奔高陵。○卓茂曰：「律設大法，禮順人情。」○上以茂爲太傅，曰：「名冠天下，當受天下重賞。」○上謂朱鮪曰：「舉大事不忌小怨。」杜詩斬蕭廣。○上入都雒陽。○更始降赤眉。○鄧禹入三輔，民翕然歸之。諸將勸禹徑攻長安，禹不從，北壁栒邑。○赤眉殺更始。○趙憙將護更始妻子歸南陽。○帝責鄧禹久不進兵，禹猶執前意。○禹將馮愔殺宗歆，據栒邑叛。○帝度黄防必縛馮愔。○赤眉臘日爭鬭相殺傷。○鮑永、馮衍守晉陽不降。○帝迎陰貴人，徵李通。

三

永稱帝於睢陽。

王閎謂步曰：「閎攻賊耳。」

囂與張卬等謀劫更始不果，走歸天水。○囂復據隴右，招延士大夫。○馬況謂弟援：「大才，當晚成，良工不示人以朴。」○援曰：「丈夫窮當益堅，老當益壯。」○又曰：「殖財不能施，則守錢虜耳。」○竇融據河西五郡，自稱大將軍。鄧禹拜囂爲西州大將軍。

漢盧芳元

芳，安定人，詐稱武帝曾孫劉文伯。匈奴立芳爲漢帝，以兵助之，遂據安定。

龍興元

述稱帝於成都。

三

柔兆閹茂

正甲子、三癸亥、五壬戌、七辛酉、十庚寅、十二己丑朔。○本志：正朔，食。

二

劉盆子解璽綬涕泣。○銚期送李熊使就賊。○吴漢等平檀鄉。○帝曰：「亡國不以功臣地多〔一〕。」陰識自以託屬掖庭，不願益封，帝從之。○丁綝求封本鄉。○馮勤典封事，莫不厭服。○赤眉焚掠長安，西入安定、北地。○鄧禹入長安，修復陵廟。○真定王楊謀反，耿純誘而誅之。○鮑永、馮衍知更始已亡，乃降。○永盡散其兵。○衍曰：「守道之臣，何患死亡！」○宋弘責桓譚爲繁聲。○弘曰：「糟糠之妻不下堂。」○彭寵反圍朱浮於薊。延岑反攻漢中，王嘉逐之，遂據漢中，進擊武都，爲李寶所敗。岑走天水。○賈復擊郾，吴漢擊宛，皆降之。○蓋延圍劉永於睢陽。○蘇茂叛，據淮陽，降永。○宗室良、歙、賜及王常皆詣雒陽。○陰后讓位。○立郭后及太子彊。寇恂不與賈復鬬，帝爲解之。○鄧隆、朱浮營相遠，帝知必敗。○蓋延大破劉永、蘇茂。○伏隆徇青、徐，張步請降。○董訢、鄧奉反南陽。○赤眉欲西上隴，隗囂擊破之。○赤眉還，發諸陵。鄧禹與戰不勝，出之雲陽。赤眉復入長安。○延岑屯杜陵，敗赤眉將逄安。漢中王嘉詣鄧禹降。○鄧禹不能定三輔，○帝遣馮異代之，敕曰：「非必略地屠城，要在平定安集之耳。」○赤眉引兵東。

寵自負其功，意望甚高。光武接之不能滿，又與朱浮有隙，浮數毁短之。寵忿懼，遂反。圍浮於薊。又邀耿況，況斬其使。

四

光武將蓋延圍永於睢陽。蘇茂叛光武降永。○延大破永、茂，永走保湖陽。

光武使伏隆徇青、徐，步請降。

赤眉欲西上隴，囂擊破之。

二

二

述遣將侯丹取漢中，盡有益州地。

四

丁亥(二七)	戊子(二八)
强圉大淵獻 二戊子、三丁亥、五丙戌、七乙酉、九甲申、十一癸未朔。○閏二。○三二日，穀雨。○本志：五乙卯晦，食〔一〕。	著雍困敦 二壬子、四辛亥、六庚戌、八己酉、十戊申、十二丁未朔。
三 鄧禹要馮異與赤眉戰於回谿，大敗。○異復破赤眉於殽底。○帝要赤眉於宜陽，劉盆子請降，帝待以不死。○張步殺伏隆。○張豐叛歸彭寵。○朱浮棄薊遁歸。○帝親征鄧奉，奉及董訢皆降。○關西衆寇猶盛。馮異破延岑，岑奔南陽。諸營皆來降，悉遣其帥詣京師，散其衆歸本業。○吴漢破蘇茂、周建於廣樂。○睢陽反城迎劉永，蓋延、吴漢圍之。○耿弇破延岑於南陽，岑走歸秦豐。○蘇竟不矜功。○岑彭圍秦豐於黎丘，別遣傅俊徇江東，揚州悉平。○蓋延破睢陽，斬劉永。○耿弇請歸收上谷兵，定彭寵、張豐，東取張步，上許之。○隗囂始奉表通使。	四 田戎欲降，辛臣詿之，使叛。○吴漢收守長，鬲縣自降。○帝欲親征彭寵，伏湛諫而止。○祭遵破張豐，斬之。○帝令蓋延擣郯以解蘭陵之圍。○馬成等圍李憲於舒。○侯霸明習舊典。○帝但幘見馬援。○帝親征秦豐不下。○公孫述遣程烏等徇三輔，馮異擊卻之。○帝以手書結納隗囂。
元 張豐以涿郡降寵。○朱浮棄薊走。○寵自稱燕王。	二
五 永立董憲爲海西王，張步爲齊王。○吴漢破蘇茂、周建於廣樂。○睢陽反城迎永，蓋延、吴漢圍之。○延等克睢陽，斬永。蘇茂、周建奔垂惠，立永子紆爲梁王。	梁王紆元
元 劉永立步爲齊王。步遂殺伏隆，而受永命。	二
光武使來歙說囂，囂始奉表通使。	馬援謂公孫述井底蛙，勸囂專意東方。囂遣援至雒陽。○公孫述以囂爲扶安王，囂斬其使。
三	四
三	四 延岑來降。○述遣將程烏等徇三輔，不能克。
五 憲稱帝，據九城，有衆十餘萬。	六 光武將馬成等圍憲於舒。
卷第四十一	

屠維赤奮若	二丙午、五乙亥、七甲戌、九癸酉、閏十壬申、十二辛未朔。
五	王霸不救馬武，遂破周建，拔垂惠。○彭寵奴殺寵以降。○龐萌反〔三〕。○岑彭拔夷陵。田戎奔蜀。○帝賜竇融書曰：「王者有分土，無分民，自適已事而已。」○朱祐拔黎丘，斬秦豐。○帝自將擊龐萌於桃城，大破之。進擊董憲，又破之。萌、憲走保朐，獲劉紆。○耿弇擊張步，拔祝阿，斬費邑，破臨淄，而西安自潰。○弇不以賊遺君父。○張步敗，降赦之。○耿弇屠城三百，未嘗挫折。○初起太學，脩明禮樂，文物焕然。○侯霸辟閔仲叔，不問政事，仲叔辭去。○馮異屯關中三歲，上林成都。○隗囂遣子恂入侍。鄭興、馬援與俱東。○岑彭説交趾牧鄧讓及江南諸郡，皆下之。○范升奏處士周黨等釣采華名。○王良友人謂良不憚煩。○竇融授莎車王西域大都尉。
三	寵獨卧在便室，奴子密斬寵首，亡降漢。國人立其子午。韓利斬午首降漢。
三	王霸、馬武破周建，拔垂惠。紆奔佼彊。○光武將龐萌來降。○光武自將擊破萌及董憲。○虜紆，萌、憲走保朐。
三	耿弇擊步，破歷下，拔祝阿，克臨淄。步兵連敗，遂降。
	馬援謂光武才明勇略非人敵。○班彪著《王命論》以風切囂，囂不聽。彪去依竇融，勸融專心事漢。○融遣劉鈞入貢于漢。○鄭興諫囂稱王及廣置職位。○光武與囂謀伐蜀，囂多爲疑難。○囂遣子入侍。○王元説囂以一丸泥東封函谷。○申屠剛曰：「未至豫言，固常爲虚，及其已至，又無所及。」
五	匈奴遣使入塞，與五原賊李興等和親，欲令芳入漢地爲帝。興等迎芳入都九原，據有五原、朔方、雲中、定襄、鴈門五郡，與胡通兵，侵掠北邊。
五	田戎來降。
七	

庚寅（三〇）

上章攝提格　二庚午、四己巳、六戊辰、九丁酉、十一丙甲朔。○本志：九丙寅晦，食。

六　馬成拔舒，斬李憲。○吳漢拔朐，斬董憲、龐萌。江淮、山東悉平。帝厭苦兵事，數騰書隴、蜀，欲招降之。○馮異曰：「願國家無忘河北之難，臣不敢忘巾車之恩。」○公孫述使田戎寇荊州。帝詔隗囂，欲自隴道伐蜀，囂深陳不可。○上幸長安，使耿弇等上隴。○來歙欲刺隗囂。○囂遂反，諸將敗還。○詔減吏員，十置一。○朱浮諫數易牧守。○復三十稅一。○馮異大破囂軍於栒邑。○竇融使弟友詣闕上書。○馬援求見，陳滅囂之術。○又與楊廣書招之。○隗囂上疏謝帝答賜之書。劉颯使匈奴。

吳漢拔朐，斬董憲、龐萌，山東平。

光武欲自隴道伐蜀，囂深陳不可。光武知囂終不爲用，乃謀討之。○耿弇等上隴，囂遂反，弇等敗去。○囂進攻栒邑，不克。○竇融使弟友上書。○又以書責讓囂。

六　馮異擊破芳將賈覽。

六　荊邯說述乘時爭中原。○延岑、田戎亦各請兵。○述使戎寇荊州。

八　馬成拔舒，斬憲，江淮平。

辛卯（三一）

重光單閼　正乙未、三甲午、五癸巳、七壬辰、九辛卯、十一庚寅朔。○本志：三癸亥晦，食。九月庚子，鎮入鬼。

漢世祖建武七　罷車騎材官。○詔上書者不得言聖。○鄭興諫以功臣爲三公及政事促急。○陳元諫令司隸督察三公。○隗囂侵安定及汧，馮異、祭遵擊卻之。○盧芳、朔方、雲中郡守來降。○鄭興不爲讖。○南陽謂杜詩爲杜母。

朔寧王隗囂元　公孫述封囂爲朔寧王。○囂侵安定及汧，不克。

漢盧芳七　芳以事誅李興兄弟，其朔方、雲中郡皆降於光武。

成公孫述龍興七　隗囂來附，封爲朔寧王。

壬辰（三二）

玄黓執徐　二己未、四戊午、六丁巳、七丙辰、九乙卯、十一甲寅朔。○閏六。七一日，處暑。

八　來歙襲隗囂，取略陽，帝喜。○諸將欲進兵，帝止之。○囂圍略陽。○帝親征囂，郭憲諫。○馬援聚米陳形勢。○竇融與帝會第一，先問會見儀適。○囂大將及屬縣皆降。囂奔西城。潁川盜起，帝親征之。潁川人願借寇恂。○東郡盜聞耿純入界，不戰而降。○張步叛誅。○蜀兵救隗囂，諸軍皆退，囂得出還冀。○溫序以節撾人，銜須而死。

二　來歙襲取略陽，囂圍之不克。○光武自擊囂。○竇融率五太守與帝會第一。○囂兵敗，奔西城。○王捷臨城自刎。○王元以蜀兵救囂，漢兵退，囂乃還冀。

八

八　囂兵敗，蜀中振恐。述遣兵救囂，漢兵退。

癸巳（三三）	昭陽大荒落 正癸丑、四壬午、六辛巳、八庚辰、十己卯、十二戊寅朔。○《古今注》：正月乙卯，太白犯婁南星。○本志：七月乙丑，太白犯軒轅大星。十一月乙丑，又犯軒轅。	九 祭遵薨，帝哀悼特甚。○公孫述遣田戎等據荊門。○吴漢等擊盧芳及匈奴無功。○來歙監諸將討隗純。○班彪請置護羌校尉。○陰興辭封。○郭伋爲潁川守，羣盜自遠來降。	三 囂卒，子純立。○來歙進擊純。	九 吴漢等擊芳。芳以匈奴兵擊破之。	九 述遣田戎等據荊門。
甲午（三四）	閼逢敦牂 二丁丑、四丙子、六乙亥、九甲辰、十一癸卯朔。	十 寇恂誅皇甫文，而高峻降。○隗純降，隴右平。	王純元 光武自將擊純。純降，王元奔蜀。	十 漢復擊芳將賈覽於高柳，破之。	十 隗囂將王元來奔。
乙未（三五）	旃蒙協洽 正壬寅、三辛丑、四庚子、六己亥、八戊戌、十二丁卯朔。○閏三。○四一日，小滿。	十一 吴漢、岑彭等伐公孫述。帝以水戰委岑彭。○岑彭攻破田戎等，直入江關，至平曲。○述刺傷來歙。歙召蓋延，授以軍事，上表而死。○帝曰：「貴戚宜斂手避二鮑。」○張湛謂鮑永「仁不遺舊，忠不忘君」。○岑彭進至廣都。○臧宫擊破延岑。○公孫述刺殺岑彭。○馬援請不棄破羌以西。○郭伋言不宜專用南陽人。		十一	十一 岑彭擊破荊門，田戎退走。○來歙擊破王元，克下辨。述刺殺歙。○述使延岑拒廣漢，侯丹拒黄石。岑彭擊破侯丹，徑前至廣都。臧宫擊破延岑。○述刺殺岑。
丙申（三六）	柔兆涒灘 正丙寅、三乙丑、五甲子、七癸亥、九壬戌、十一辛酉朔。	十二 帝詔吴漢直取廣都諸城，皆降。○帝戒吴漢守廣都以致述。○漢擊破謝豐、袁吉，遂至成都。有司奏封皇子。帝封李通少子爲侯。○延岑擊破吴漢，漢欲遁去，張堪止之。○述兵敗死，岑以城降。○漢屠成都，帝責怒之。○公孫述時，李業飲藥，譙玄以錢贖死，王皓、王嘉爭先死，費貽漆身，任永、馮信詐盲，帝皆旌表之。又擢用程烏、李育，西土咸悦。○徵文齊。○馬援任丞、掾，不閉城。○不拘邊吏以逗留法。○耿況六子垂青紫，侍醫藥。○竇融與五太守入朝，恩寵傾動京師。○孔奮單車就路。○任延言：「忠臣不知，和臣不忠。」	竇融與五太守俱入朝，上印綬。	十二	十二 吴漢進逼成都，謝豐、袁吉戰死。述出戰被傷，以兵屬延岑而死。岑以城降。

卷第四十三

丁酉（三七）	强圉作噩 正庚申、四己丑、六戊子、八丁亥、十丙戌、十二乙酉朔。○閏十二。	十三 詔太官勿受異味。以寶劍賜騎士，駿馬駕鼓車。○帝出獵，夜還，郅惲拒關不開。○隨昱以九原降，盧芳亡入匈奴。○諸王降爵爲公侯。○張純歷王莽，以敦謹保全前封。○班勞策勳，大封功臣。○帝自隴、蜀平後，不言軍旅。太子問攻戰，不荅。○帝欲完功臣爵土，不令領吏職，罷將軍官。○鄧禹令諸子各守一藝。○帝不用賈復爲宰相。○高密等三侯參議國事。○帝雖制御功臣，而能有其小失。遠方珍甘，先賜諸侯。○得公孫述樂器、車輦，法物始備。○文書調役十存一。○竇融固辭爵位，不願其子有才能。		十三 芳攻雲中，不下。其將隨昱以五原降光武，芳亡入匈奴。	
戊戌（三八）	著雍閹茂 正甲申、三癸未、五壬午、八辛亥、十庚戌、十二己酉朔。○正二日，雨水。	十四 西域始復通。○梁統上言法令太輕。		十四	
己亥（三九）	屠維大淵獻 二戊申、四丁未、六丙午、八乙巳、十一甲戌朔。	十五 韓歆以直諫死。○徙燕、代民以避匈奴。○封諸子爲公。○帝令伯升二子親吏事。○詔天下檢覈墾田。○東海公辨陳留吏牘書。○歐陽歙坐贓死。○盧芳復入居高柳。○張堪守漁陽，匈奴不敢犯塞，百姓歌之。		十五 芳自匈奴復入居高柳。	
庚子（四〇）	上章困敦 正癸酉、三壬申、五辛未、七庚午、閏八己巳、十戊辰、十二丁卯朔。○九一日，霜降。○本志：三辛丑晦，食。	十六 交阯徵側反。○守相坐度田不實，死者十餘人，帝悔之。馬援曰：「死者不可復生。」郡國羣盜起，詔聽其自相糾擿，吏不以逗留回避爲負，聽以禽討自效，唯蔽匿者乃罪之。盜賊皆消。○盧芳降，封爲代王。○復行五銖錢。		十六 芳請降，光武封爲代王。	

辛丑（四一）	重光赤奮若 三丙申、五乙未、七甲午、九癸巳、十一壬辰朔。○本志：二乙未晦，食。	漢世祖建武十七 趙公良臨薨，請李子春，上不許。○廢郭后，立陰后，詔不得稱慶。○郅惲言無令天下議社稷。○帝自言以柔治天下。○裴遵諫以莎車王賢爲都護。○詔馬援等討交趾。
壬寅（四二）	玄黓攝提格 正辛卯、三庚寅、六己未、八戊午、十丁巳、十二丙辰朔。	十八 史歆反，吴漢討平之。○馬援至浪泊，破徵側等。○盧芳復反，入匈奴而死。
癸卯（四三）	昭陽單閼 二乙卯、四甲寅、五癸丑、七壬子、十辛巳、十二庚辰朔。○閏四。○五一日，夏至。	十九 遷四親廟於章陵。○馬援斬徵側。○東海王請綏原武妖賊之圍。○太子彊懇求避位，以彊爲東海王，立東海王莊爲太子。○陰識與賓客語，不及國事。○陰識禮賢好施，而門無遊俠。所惡者知其有用則薦之，所好者華而不實但私以財。○桓榮論經，每以禮讓相厭，不以辭長勝人。○鍾興讓封於師。○董宣殺湖陽公主奴，帝曰：「天子不與白衣同。」○上謂南頓父老：「安敢遠期十歲！」○劉尚誅卬穀王任貴。
甲辰（四四）	閼逢執徐 二己卯、四戊寅、六丁丑、八丙子、十乙亥、十二甲戌朔。	二十 吴漢願無赦。○漢戰敗，不變常度，出征不買田宅。○陰興固辭大司馬。○馬援欲馬革裹尸還葬。○援謂梁松、竇固：「凡人富貴，當使可復貧賤。」
乙巳（四五）	旃蒙大荒落 三癸卯、五壬寅、七辛丑、九庚子、十一己亥朔。	二十一 興立邊陲郡縣，置守令。○祭肜擊破遼東鮮卑。○莎車王賢驕，領諸國來求都護，帝不許。
丙午（四六）	柔兆敦牂 正戊戌、二丁酉、五丙寅、七乙丑、九甲子、十一癸亥朔。○閏正。○二一日，春分。○本志：五乙未晦，食。	二十二 劉昆謂火滅、虎去爲偶然。○匈奴饑，求和親。○烏桓擊破匈奴，幕南地空。罷諸亭候。○西域求都護，帝報以：「若力不從心，東西南北自在。」

丁未（四七）	强圉協洽 正壬戌、三辛酉、五庚申、七己未、十戊子、十二丁亥朔。	二十三 武陵蠻反，劉尚戰没。○匈奴日逐王比求内附。○朱祜不存首級之功。
戊申（四八）	著雍涒灘 二丙戌、四乙酉、六甲申、八癸未、十壬午、十二辛亥朔。○閏十。○十一一日，冬至。	二十四 耿國請受南單于降。○馬援討武陵蠻，惡與長者家兒共事。○帝謂臧宫曰：「常勝之家，難與慮敵。」
己酉（四九）	屠維作噩 壬午蔀一年，二庚戌、四己酉、六戊申、八丁未、十丙午、十二乙巳朔。○本志：三戊申晦，食。	二十五 祭肜撫納鮮卑，使擊匈奴以效信。○南單于擊破北單于，北單于卻地千餘里。○馬援從壺頭擊武陵蠻[四]，蠻守險不得進，遇疫而卒。耿舒、梁松譖之，帝收其侯印。朱勃爲訟冤，帝乃解。○宗均矯制降武陵蠻。○烏桓内屬。復置護烏桓校尉。
庚戌（五〇）	上章閹茂 三甲辰、五癸酉、七壬申、九辛未、十一庚午朔。	二十六 增百官俸。○作壽陵，裁令陂陁流水而已。○詔南單于入居雲中，置中郎將衛護之。○南單于遣子入侍，給以米糒，歲賜繒彩。令邊陲八郡民歸本土。○南單于爲北虜所敗，詔徙居西河美稷。單于亦遣諸王助漢扞戍。
辛亥（五一）	重光大淵獻 正己巳、三戊辰、五丁卯、閏六丙寅、九乙未、十一甲午朔。○七一日，處暑。	二十七 三公去「大」名。○北匈奴求和親，太子勸帝不受。○臧宫、馬武請擊匈奴，上不許。○趙憙請遣諸王就國。○樊宏謙恭薄葬。
壬子（五二）	玄黓困敦 正癸巳、三壬辰、五辛卯、七庚寅、九己丑、十一戊午朔。	二十八 帝優東海王彊以大封殊禮。○郭后薨。○馬援知王磐必敗。○又以諸王賓客無禁，知必有大獄。○詔捕治諸王賓客。○諸王始就國。○張佚言：「爲陰氏立太子，則陰侯可。」○班彪議北匈奴酬答之宜。
癸丑（五三）	昭陽赤奮若 二丁巳、四丙辰、六乙卯、八甲寅、十癸丑、十二壬子朔。○本志：二丁巳朔，食。	二十九

年	歲陽歲陰・朔閏・天象	紀事
甲寅（五四）	閼逢攝提格 二辛亥、四庚辰、六己卯、八戊寅、十丁丑、十二丙子朔。○閏三。○四一日，小滿。○本志：閏月甲午，辰在東井二十度。	三十 羣臣請封禪，上曰：「欺天乎？」不許。○帝以賈復敢深入，希令遠征。
乙卯（五五）	旃蒙單閼 二乙亥、四甲戌、六癸酉、九壬寅、十一辛丑朔。○本志：五癸酉晦，食。七戊午，熒惑在鬼一，入鬼中，出尸星南半度，十一己亥，犯軒轅大星。	三十一
丙辰（五六）	柔兆執徐 正庚子、三己亥、五戊戌、七丁酉、九丙申、十二乙丑朔。○閏十二。○本志：十一甲子晦，食。	中元元 第五倫見上論政。○上東封泰山。○上抑符瑞而不當。○尊薄太后爲高皇后，以代呂后。○起明堂、靈臺、辟雍。○桓譚諫用讖書決事。
丁巳（五七）	强圉大荒落 正甲子、三癸亥、五壬戌、七辛酉、九庚申、十一己未朔。○正一日，雨水。○本志：八丁巳，熒惑犯太微西南角星，相去二寸。	二 帝崩。○帝樂講論，不以爲勞。○趙憙扶下諸王。○山陽王荆飛書搆扇東海王彊。○東平王蒼輔政薦士。
戊午（五八）	著雍敦牂 正戊午、四丁亥、六丙戌、八己酉、十甲申、十二癸未朔。	漢顯宗莊永平元 帝朝原陵。○東海王彊薨，恩禮優厚。帝緣彊雅意，薄葬以彰其德。○祭彤破赤山烏桓，塞外胡夷震讋，皆來内附，罷緣邊要屯兵。○東平王蒼議修禮樂。
己未（五九）	屠維協洽 二壬午、四辛巳、七庚戌、九己酉、十戊申、十二丁未朔。○閏九。○十二日，小雪。	二 祀明堂。初服冠冕，登靈臺，臨辟雍，養三老、五更。○帝以師禮事桓榮。帝禮待陰、郭，每事必均。
庚申（六〇）	上章涒灘 二丙午、四乙巳、六甲辰、八癸卯、十一壬申朔。○本志：八壬申晦，食。	三 立馬后及太子炟。○帝謂馬后：「人未必自生子，但患愛養不至。」故后母子始終無間。○后衣大練裙，未嘗以家私干政事。○圖畫二十八將於雲臺。○鍾離意諫起北宮。○劉平爲全椒長，民增貲就賦，減年從役。○帝自撞藥崧。○鍾離意諫帝褊察。○改太樂曰太予。○賜郭賀以黻冕。○莎車王賢吞并諸國，爲于窴王廣德所敗。

辛酉（六一）	重光作噩 正辛未、三庚午、五己巳、七戊辰、九丁卯、十一丙寅朔。	四 東平王諫獵。○鄭衆曰：「犯禁觸罪，不如守正而死。」○于寘王廣德誘莎車王賢，殺之。○東平王蒼上疏歸職。
壬戌（六二）	玄默閹茂 正乙丑、四甲午、閏五癸巳、七壬辰、九辛卯、十一庚寅朔。○六一日，大暑。	五 蒼罷歸藩。○竇融薨。
癸亥（六三）	昭陽大淵獻 正己丑、三戊子、六丁巳、八丙辰、十乙卯、十二甲寅朔。	六 王雒山出寶鼎，帝歸功公卿。
甲子（六四）	閼逢困敦 二癸丑、四壬子、六辛亥、八庚戌、十一己卯朔。	七 陰太后崩。○宗均爲九江太守，閉督郵而民安業，止捕虎而去殘吏。○均言：「文吏習爲欺謾，廉吏清在一己，皆無益百姓。」
乙丑（六五）	旃蒙赤奮若 正戊寅、二丁丑、四丙子、六乙亥、八甲戌、十癸酉朔。○閏正。○二一日，春分。○本志：十壬寅晦，食，既。	八 鄭衆不爲單于屈。○初置度遼將軍。○佛法初入中國，楚王英好之。○日食，詔羣臣言得失。上以章示百官，引咎自責。○鄭衆諫通使北匈奴。
丙寅（六六）	柔兆攝提格 正壬寅、三辛丑、五庚子、七己亥、九戊戌、十一丁酉朔。	九 賜皇子恭、黨名號王。○帝好經術，自皇太子至功臣子孫、四姓小侯，皆授經。期門、羽林，悉令通《孝經》。匈奴亦遣子入學。○樊儵請誅廣陵王荆。
丁卯（六七）	强圉單閼 正丙申、三乙未、六甲子、八癸亥、十壬戌、十一辛酉朔。○閏十。○十一月一，冬至。	十 上自御塤篪，以娛嘉賓。○鮑駿責丁鴻辭爵。
戊辰（六八）	著雍執徐 正庚申、三己未、五戊午、七丁巳、十丙戌、十二己酉朔。	十一 東平王蒼言：「爲善最樂。」

己巳（六九）	屠維大荒落 二甲申、四癸未、六壬午、八辛巳、十庚辰朔。	十二 通哀牢夷，行者苦之。○命王景修汴渠。○天下粟斛三十。
庚午（七〇）	上章敦牂 正己酉、三戊申、五丁未、七丙午、八乙巳、十甲辰、十二癸卯朔。○閏七。○八二日，秋分。○本志：十月甲辰晦，食。《古今注》曰：閏八。閏月丁亥，熒惑犯鬼。	十三 楚王英謀反，廢徙涇。
辛未（七一）	重光協洽 二壬寅、五辛未、七庚午、九己巳、十一戊辰朔。	十四 楚獄連年，死者數千人。○樊鯈止弟鮪與楚王爲昏。○陸續受五毒，以明尹興。○寒朗辨楚獄之冤，帝自幸雒陽獄，理出千餘人。○馬后言楚獄多濫。○袁安條出楚獄無明驗者。○作壽陵，命祭以杅水脯糒，置吏卒數人灑掃。
壬申（七二）	玄黓涒灘 正丁卯、三丙寅、五乙丑、八甲午、十癸巳、十二壬辰朔。	十五 上幸魯，令太子、諸王説經。○上曰：「我子豈宜與先帝子等！」○耿秉議擊匈奴，帝使與竇固屯涼州。
癸酉（七三）	昭陽作噩 二辛卯、閏三庚寅、五己丑、七戊子、九丁亥、十二丙辰朔。○四一日，小滿。○本志：五戊午晦，食。正丁丑，歲犯房右驂，北第一星不見，辛巳乃見。○《古今注》：丁未，犯房。四癸未，太白犯畢。	十六 遣祭肜等四道伐北匈奴，竇固獨有功。祭肜坐逗留免，歐血死。○竇固使班超使鄯善，斬匈奴使者。又使于窴，降其王。西域復通。○廉范以炬火破北匈奴。
甲戌（七四）	閼逢閹茂 二乙卯、四甲寅、六癸丑、八壬子、十辛亥、十二庚戌朔。	十七 上謁原陵，夢先帝、太后。○北海王睦不令使者稱其德。○白狼王獻詩。○班超執疏勒王兜題，不殺而遣之。○百官以帝威德遠著，集朝堂上壽。○竇固、耿秉擊破白山，降車師前後王。復置西域都護、戊己校尉。

乙亥（七五）

旃蒙大淵獻

二己酉、五戊寅、七丁丑、九丙子、十一乙亥、閏十二甲戌朔。○十一甲辰晦，食。

十八

北匈奴攻耿恭於金蒲，恭以神箭紿而卻之。○又攻恭於疏勒，穿井十五丈，乃得水。○帝崩。○館陶公主爲子求郎，帝不許，而賜錢千萬。○反支日聽受章奏。○閻章以妹爲貴人，不徙官。○章帝賞楊仁。○帝自遠郡用第五倫。○耿恭責鎧弩，不降匈奴。○鮑昱請救關寵。○第五倫言馬氏私施過厚非宜。

丙子（七六）

柔兆困敦

二癸酉、四壬申、七辛丑、九庚子、十一己亥朔。○正一日，雨水。○本志：正丁巳，太白在昴西一尺。《古今注》：二甲申，太白入斗魁。

漢肅宗炟建初元

兗、豫、徐旱，詔吏稟給貧民。○鮑昱請還楚獄徙者。○楊終請罷匈奴、西域之役。○陳寵勸崇寬厚，去煩苛。○范羌引漢兵救耿恭，得還。○詔徵班超還，超爲于窴所留。○東平王蒼諫爲原陵、顯節陵起縣邑。○鄭純卒，哀牢夷叛。○阜陵王延貶爲侯。

丁丑（七七）

强圉赤奮若

正戊戌、三丁酉、五丙申、七丁未、九甲午、十二癸亥朔。

二

馬太后不許封兄弟，曰：「馬氏豈得與陰、郭中興之后等邪！」○馬廖勸終美業。安夷縣吏侵羌民，致迷吾等反。○第五倫諫令馬防討羌。○帝納竇勳女爲貴人。○第五倫曰：「以身教者從，以言教者訟。」倫雖峭直，然常疾俗吏苛刻。

戊寅（七八）

著雍攝提格

二壬戌、四辛酉、六庚申、八己未、九戊午、十一丁巳朔。○閏八。○九一日，霜降。

三

馬防破西羌。○耿恭忤防意，免官。○鄧訓罷石臼河役〔五〕。○帝不忍遣諸王之國。

己卯（七九）

屠維單閼

二丙戌、四乙酉、六甲申、八癸未、十壬午、十二辛巳朔。

四

帝封諸舅馬廖等爲侯。太后曰：「萬年之日長恨矣！」於是諸舅受封而辭位，帝許之。○馬太后崩。○帝專以馬氏爲外家，賈貴人但受賞賜，宗族無寵榮者。帝與諸儒會白虎觀，作《白虎議奏》。

庚辰（八〇）

上章執徐

二庚辰、四己卯、七戊申、九丁未、十一丙午朔。○本志：二庚辰朔，食。

五

詔以方正補外官，曰：「堯試臣以職。」○班超請兵以平西域，帝使徐幹將兵往佐之。

卷第四十六

年	歲陽歲名·朔閏	事目	卷
辛巳（八一）	重光大荒落 正乙巳、三甲辰、五癸卯、六壬寅、八辛丑、十一庚子朔。○閏五。六二日，大暑。○本志：六辛未晦，食。	六 廉范不禁民夜作。○帝親循行諸王邸第。	
壬午（八二）	玄黓敦牂 正己巳、三戊辰、五丁卯、七丙寅、九乙丑、十一甲子朔。	七 帝令皇后親拜諸王。○竇后譖殺宋貴人，因廢太子慶，立子肇爲太子。慶能避嫌畏禍，太子亦親愛之。○帝流涕送東平王。○帝幸河内，詔毋得擾民，曰：「患不能脱粟瓢飲耳。」	
癸未（八三）	昭陽協洽 二癸巳、四壬辰、六辛卯、八庚寅、十己丑、十二戊子朔。	八 東平獻王蒼。○竇后譖殺梁貴人及其父竦。○馬廖不能教勒子弟，楊終以書戒之。○第五倫請禁約諸竇交通賓客。○竇憲奪沁水公主田。帝切責之，曰：「何異指鹿爲馬！」○周紆曰：「本問馬、竇等輩，豈知賣菜傭乎！」○李邑毁班超安樂異域，帝切責邑，使受超節度。超使將侍子還，曰：「快意留之，非忠臣也。」○鄭弘爲大司農，開零、桂道，省費以億萬計，帑藏充實。	
甲申（八四）	閼逢涒灘 閏正丁亥、四丙辰、六乙卯、八甲寅、十癸丑、十二壬子朔。○二二日，春分。○本志：八月乙未晦，食。《古今注》：九乙未，食。	元和元 章彪上言：「忠孝之人，持心近厚。選士宜以才行爲先，不可純以閥閲。」又言：「宜鑒嗇夫捷給之對，深思絳侯木訥之功。」○詔去鉆鑽之科。○車駕南巡，令司空自將徒支柱橋梁。○帝詔朱暉等曰：「國家樂聞讜議，黄髮無愆，詔書過耳。」○孔僖上言：「論説實事，不爲誹謗。」帝赦之。○毛義仕爲親屈。○鄭均傭賃以諫兄。○班超破疏勒王忠。	
乙酉（八五）	旃蒙作噩 初用四分歷。辛酉蔀十八年。二辛亥、三庚辰、五己卯、七戊寅、九丁丑、十一丙子朔。○本志：十一壬辰，至。	二 賜胎養穀。○詔曰：「安靜之吏，悃愊無華。」○北匈奴衰耗，遠引而去。○帝幸東郡，見張酺，先備弟子之儀。○幸鄭均舍，賜尚書禄。○柴告岱宗。○孔僖不敢承光榮。○帝親祠東平獻王，拜丁牧、周栩爲議郎。○詔無以十一、十二月報囚。袁安等爭議匈奴，詔曰：「誾誾衎衎，得禮之容。寢嘿抑心，更非朝廷之福。」○詔倍雇南部所得生口以還北虜。	卷第四十七
丙戌（八六）	柔兆閹茂 正乙亥、三甲戌〔六〕、六癸卯、八壬寅、十辛丑、十一庚子。○閏十。○十一一日，冬至。	三 帝北巡。詔：「引車解騑，勿傷草木。」○鄭弘疾篤，猶言竇憲姦惡。○第五倫不舉獻馬者。○張紆得號吾，生歸之，羌即解散。○班超斬疏勒王忠，南路遂通。○郭躬爲廷尉，決獄多依矜恕。	

年	歲名・朔閏	紀事
丁亥（八七）	强圉大淵獻 正己亥、三戊戌、五丁酉、七丙申、十乙丑、十二甲子朔。○本志：八乙未晦，食。	章和元 帝令曹褒條正漢儀。○迷吾襲殺傅育。○鮮卑斬北匈奴單于。○張紆誘迷吾殺之，衆羌皆叛。○何敞謂嘉瑞爲異鳥怪草。○曹褒禮成，帝不令有司平奏。○班超破龜兹，降莎車，威震西域。
戊子（八八）	著雍困敦 二癸亥、四壬戌、六辛酉、八庚申、十己未朔。	二 帝留諸王京師。○何敞説宋由辭賞。○宋意請遣諸王歸國〔七〕。○帝崩。崔駰戒竇憲。○竇憲以鄧彪仁厚委隨，故尊崇之。○南單于請并北匈奴，宋意以爲不可許。○竇憲刺殺都鄉侯暢。韓稜以爲賊在京師。何敞請獨往推按。○憲請擊北匈奴以贖罪，太后許之。○鄧訓以恩信撫養小月氏，遂破迷唐。
己丑（八九）	屠維赤奮若 正戊子、三丁亥、五丙戌、七乙酉、八甲申、十癸未、十二壬午朔。○閏七。○八二日，秋分。	漢和帝肇永元元 鄧訓擊破迷唐，叛羌皆平。○公卿諫征匈奴，不聽，諸人稍自引止，獨袁安、任隗守正不移。○魯恭諫征匈奴。○何敞諫征匈奴及爲竇篤等起第宅。○竇憲陷郅壽，下獄當死，何敞論救得出，壽卒自殺。○竇憲等大破北匈奴，勒銘燕然山而還。○憲爲大將軍。○袁安劾竇景擅發邊兵。○何敞言諸竇專恣。
庚寅（九〇）	上章攝提格 二辛巳、五庚戌、七己酉、九戊申、十一丁未朔。○本志：二壬午食，史官不見，涿郡以聞。正乙卯，歲、太白俱在奎。丙寅，辰又在奎。	二 月氏攻班超，超擊卻之。○竇憲出屯涼州。○北單于求入朝。南匈奴復擊北單于，大破之。
辛卯（九一）	重光單閼 正丙午、三乙巳、四甲辰、七癸酉、九壬申。○十一辛未朔。○閏三。○四一日，小滿。	三 帝加元服。○竇憲遣耿夔等破北匈奴於金微山。北單于逃亡，不知所在。出塞五千餘里而還。樂恢刺譏竇憲，憲迫殺之。○袁安每言及國事，喑嗚流涕。○韓稜止諸尚書稱萬歲。○復置西域都護。○竇憲欲立北單于弟於除鞬爲單于，置吏士領護，袁安極言其不可。

壬辰（九二）

玄默執徐

正庚午、三己巳、五戊辰、七丁卯、九丙寅、十二乙未朔。○本志：六戊戌朔，食。

四

周榮不畏竇氏刺客。○丁鴻言竇氏專恣。○帝與清河王慶、鄭衆共誅竇憲。○張酺保全竇瓌。○華嶠論班固《漢書》。○李郃諫漢中太守致禮竇憲。○鄭衆爲大長秋，宦官用權自此始。○鄧訓卒，羌、胡刺殺犬馬。○聶尚召迷唐還大、小榆谷，迷唐復叛。

癸巳（九三）

昭陽大荒落

二甲午、四癸巳、六壬辰、八辛卯、十庚寅、十二己丑朔。○本志：四癸巳，太白、熒惑、辰俱在井。七壬午，歲犯軒轅太星。九，太白在南斗魁中。熒惑犯房北第一星。

五

北單于欲叛歸北庭，王輔討滅之。○鮮卑徙據北匈奴地，匈奴餘衆皆歸之，由是漸盛。○張酺等請誅曹褒，漢禮由是不行。○梁王暢坐事深自刻責，求減國邑，還侍衛。帝不許。○貫友擊破迷唐，造河橋。迷唐遠徙賜支河。○南單于安國欲殺左賢王師子。

甲午（九四）

閼逢敦牂

二戊子、五丁巳、七丙辰、九乙卯、十一甲寅、閏十二癸丑朔。○《古今注》：六丁亥，太白在井。

六

朱徽、杜崇殺安國，立師子爲單于。班超討焉耆尉犂王，斬之，西域盡服。北匈奴降者立逢侯爲單于，圍南單于於牧師城。鄧鴻等擊破之，逢侯走出塞。○陳寵爲廷尉，務從寬恕，刻敝少衰。○黄香爲尚書令，憂公如家。

乙未（九五）

旃蒙協洽

二壬子、四辛亥、七庚辰、九己卯、十一戊寅朔。○正一日，雨水。○本志：四朔，食。二癸酉，熒惑、太白俱在參。戊寅，俱在井。八甲寅，填、太白、辰俱在軫。十一甲戌，熒惑、太白俱在心。十二丙辰，熒惑、太白、辰俱在斗。

七

丙申（九六）

柔兆涒灘

正丁丑、三丙子、五乙亥、七甲戌、九癸酉、十二壬寅朔。

八

立陰后。

丁酉（九七）

强圉作噩

二辛丑、四庚子、六己亥、八戊戌、九丁酉、十一丙申朔。○閏八。○九一日，霜降。

九

竇太后崩，帝始知爲梁氏之出。○羣臣請貶竇太后尊號，不合葬。帝曰：「臣子無貶尊上之文。」不許。○迷唐寇隴西，劉尚、趙世擊走之。○改葬梁貴人，追上尊號。○清河王慶不敢爲宋貴人作祠堂。○班超遣甘英窮西海。

卷第四十八

戊戌（九八）	著雍閹茂 二乙丑、四甲子、六癸亥、八壬戌、十辛酉、十二庚申朔。	十 耿譚以購賞，離散西羌，迷唐遂降，譚受降罷兵。○劉愷辭爵十餘年，有司請絶其國。賈逵上言，宜徇其志。從之。
己亥（九九）	屠維大淵獻 二己未、四戊午、七丁亥、九丙戌、十一乙酉。	十一 魯丕上言：「説經者，如規矩權衡之不可枉也。」
庚子（一〇〇）	上章困敦 正甲申、三癸未、五壬午、六辛巳、八庚辰、十一己酉朔。○閏五。六二日，大暑。○本志：七朔，食。	十二 迷唐復叛。
辛丑（一〇一）	重光赤奮若 正戊申、三丁未、五丙午、七乙巳、九甲辰、十一癸卯朔。○《古今注》：正辛未，辰乘鬼。十二癸巳，犯軒轅大星。	十三 侯霸擊破迷唐，迷唐由是散亡。○詔邊郡：「口十萬，歲舉孝廉一人。」
壬寅（一〇二）	玄黓攝提格 二壬申、四辛未、六庚午、八己巳、十戊辰、十二丁卯朔。	十四 曹鳳請規固二榆，廣設屯田，以制羌寇。○廢陰后。○班超求歸，許之。超戒任尚以嚴急，尚果失邊和。○鄧禹稱未嘗妄殺，後世必興。○鄧陔稱兄訓修石臼河：「歲活數千人，家必蒙福。」○鄧貴人辭母兄入親醫藥。衣與陰后同色，即時解易。○帝有危疾，貴人欲從死，不令陰氏有人豕之譏。○立鄧后。徐防請試諸儒皆以家法，毋得意説。
癸卯（一〇三）	昭陽單閼 閏正丙寅、三乙丑、六甲午、八癸巳、十壬辰、十二辛卯朔。○二二日，春分。○本志：四甲子晦，食。	十五 有司以日食，請遣諸王就國，帝不許。○帝將幸江陵，得張禹奏，臨漢而還。

甲辰（一〇四）	閼逢執徐 二庚寅、四己丑、六戊子、九丁巳、十一丙辰朔。○本志：七庚午，辰在鬼中。	十六 北單于稱臣奉貢，帝以其舊禮不備，厚賜而不答其使。	
乙巳（一〇五）	旃蒙大荒落 正乙卯、三甲寅、五癸丑、七壬子、九辛亥、閏十庚戌朔。○十二日冬至。○本至：閏辛亥，太白辰俱在氐。	元興元 帝崩。○鄧太后辨宮人盜珠及巫蠱。○王渙爲雒陽令，弘農民懷其惠。	

校勘記

〔一〕「不」，原無，今據《通鑑》卷四十文意改。

〔二〕「食」，原作「宸」，今據《續漢書·五行志》改。

〔三〕「龐」，原作「寵」，今據《通鑑》卷四十一及下文改。

〔四〕「壺」，原作「壼」，今據《通鑑》卷四十四改。

〔五〕「臼」，原作「曰」，今據再造影印浙本改。

〔六〕「甲」，原作「申」，今據再造影印浙本改。

〔七〕「宋」，原作「宗」，今據《通鑑》卷四十七改。

資治通鑑目録卷第六

翰林學士兼侍讀學士朝散大夫右諫議大夫知制誥判尚書都省兼提舉萬壽觀公事上柱國河内郡開國侯食邑一千三百户食
實封貳佰户賜紫金魚袋臣司馬光奉敕編集

丙午（一〇六）	柔兆敦牂 正己卯、三戊寅、五丁丑、七丙子、九乙亥、十一甲戌朔。○本志：正丁酉，熒惑、太白在婁。	漢殤帝隆延平元 嚴授諫張顯，與顯俱死。○太后省珍膳靡麗之費。○戒州郡覆蔽災害，競增户口，掩匿盜賊。○帝崩。太后立清河王子祜爲帝。○太后戒州郡檢敕親屬。○梁慬平龜茲。○清河王慶薨。○樊準上言儒風浸衰。太后詔公卿舉大儒，以勸後進。
丁未（一〇七）	强圉協洽 正癸酉、三壬申、六辛丑、八庚子、十己亥、十二戊戌朔。○本志：三癸酉，食。五月戊寅，熒惑逆守心前星。	漢安帝祜永初元 鄧騭兄弟求還第辭封。○魯恭請立秋斷薄刑，○又請斷太辟盡冬月。○罷西域都護。○燒當羌麻奴等叛。○徐防始以災異策免。○仲長統論事歸臺閣，不當策免三公。○周章謀立平原王，不克，死。○鄧騭屯漢陽。○令燕荔陽通胡市。
戊申（一〇八）	著雍涒灘 二丁酉、四丙申、六乙未、八甲子、十癸亥、十二壬戌朔。○閏七。○八一日，秋分。○《古今注》：八月己亥，熒惑入太微端門。	二 鄧騭敗於冀西。○梁慬破河西諸羌。○樊準請減節用度，遣使稟給貧民，徙就熟郡。○太后幸雒陽獄，辨察冤囚，雨大降。○滇零敗任尚於平襄，羌遂大盛，朝廷不能禁。○龐參請召鄧騭還，太后自徒中擢參爲謁者。滇零自稱天子，轉寇三輔、漢中。
己酉（一〇九）	屠維作噩 二辛酉、四庚申、六己未、八戊午、十丁巳朔。○本志：正己亥，太白入斗。《古今注》：三壬寅，熒惑入鬼。五丙寅，太白入畢。	三 魯恭議論、謝遣，不可虚得。○聽吏民入錢穀爲關内侯。○南單于反。太后以軍旅飢饉，饗衛士，不作樂。

卷第四十九

庚戌（一一〇）	上章閹茂 正丙戌、三乙酉、五甲申、七癸未、九壬午、十一辛巳朔。○本志：六癸酉，太白入鬼。	四 鄧騭薦李郃、楊震等。○楊震畏四知，以清白遺子孫。○任尚擊羌，久無功。詔還屯長安。○鄧騭欲棄涼州，虞詡以爲不可。○詡平朝歌賊。○龐雄、梁慬等擊破南單于，南單于復降。○羌寇漢中，殺太守鄭勤。○法雄欲以因赦降張伯路。○新野君薨，鄧騭等求行服，曹大家勸太后許之。
辛亥（一一一）	重光大淵獻 正庚辰、四己酉、五戊申、七丁未、九丙午、十一乙巳朔。○閏四。○五二日，夏至。○本志：正朔，食。	五 羌寇河東，至河内，遣將屯孟津以備之。○徙邊郡就三輔。
壬子（一一二）	玄黓困敦 正甲辰、三癸卯、五壬寅、八辛未、十庚午、十二己巳朔。	六 詔罷薦御非時之物。○紹封二十八將。○滇零死。
癸丑（一一三）	昭陽赤奮若 二戊辰、四丁卯、六丙寅、八乙丑、十甲子、閏十二癸巳朔。○本志：四丙申晦，食。	七
甲寅（一一四）	閼逢攝提格 二壬辰、四辛卯、六庚寅、八己丑、十戊子、十二丁亥朔。○本紀：三癸酉，食。○本志：十朔，食。三癸酉，熒惑入鬼。	元初元 屯兵河内以備羌〔二〕。
乙卯（一一五）	旃蒙單閼 三丙辰、五乙卯、七甲寅、九癸丑、十一壬子朔。○本志：九壬午晦，食。九辛酉，熒惑入鬼。	二 龐參招降羌豪號多等，始通河西道。○立閻后。○仲光等與羌戰没，司馬鈞自殺。○虞詡説任尚令郡兵市馬以擊羌。○詡爲武都太守，添竈以疑羌人，討平羌寇，安集百姓。初到米石八千，視事三年，米石八十。○太后追鄧弘雅意，不加贈位，白蓋雙騎，門生輓送。

		卷第五十
丙辰（一一六）	柔兆執徐 正辛亥、三庚戌、五己酉、八戊寅、九丁丑、十一丙子朔。○閏八。○九一日，霜降。○本志：三辛亥，食，史官不見，遼東以聞。三，熒惑入鬼。五丙寅，太白入畢口。七甲寅，歲入鬼。閏月己未，太白犯太微左執法。	三 初聽大臣行三年喪。○任尚擊破零昌。
丁巳（一一七）	强圉大荒落 正乙亥、三甲戌、五癸酉、七壬申、十辛丑、十二庚子朔。○本志：二乙巳朔，食。正丙戌，歲留鬼。四壬戌，太白入鬼。己巳，辰入鬼。五己卯，辰犯歲。六丙申，熒惑入鬼。戊戌，犯鬼大星。九辛巳，太白入南斗口。	四 袁敞失鄧氏旨，自殺。○越巂夷封離反。○任尚募人刺殺零昌，擊走狼莫，隴右平。
戊午（一一八）	著雍敦牂 二己亥、四戊戌、六丁酉、八丙申、十乙未、十二甲子朔。○本志：八朔，食，史官不見，張掖以聞。三丙申，鎮犯東井鉞。五庚午，辰犯鬼質。丙戌，太白犯鉞。	五 永昌等夷反，應封離。○鮮卑寇代郡、上谷，發兵以備之。○鄧遵募人刺殺狼莫。由是諸羌賊散，西邊復安。○任尚坐爭功死。
己未（一一九）	屠維協洽 三癸亥、五壬戌、六辛酉、八庚申、十己未、十二戊午朔。○閏五。○六一日，大暑。○本志：十二朔，食，既，地如昏。四癸丑，太白入鬼。六丙戌，熒惑在鬼中。丁卯，填在鬼中。辛巳，太白犯左執法。	六 太后徵濟北、河間王子及鄧氏子，立學以教之。○劉芝欲獻芝草，唐檀止之。○楊竦擊破封離，諸夷悉平。○曹宗欲復通西域，遣索班屯伊吾。

庚申（一二〇）	上章涒灘 二丁巳、四丙辰、七乙酉、九甲申、十一癸未朔。○本志：七朔，食，史官不見，酒泉以聞。	永寧元 北匈奴及車師後王擊殺索班。班勇請復置西域副校尉，居敦煌。○立太子保。○撣國獻幻人。○鄧康請太后自損私權。
辛酉（一二一）	重光作噩 正壬午、三辛巳、五庚辰、七己卯、十戊申、十二丁未朔。	建光元 高句麗王宫襲破玄菟、遼東。○鄧太后崩。○太后臨朝，連遭凶饑兵寇，太后深自抑損，故天下復平。上始親政事，陳忠勸上召用杜根等。○杜根不欲累親知。○追尊清河孝王曰孝德皇。○陳忠勸帝容納激切之言。○薛包以至孝，使父母慙悔。○王聖、李閏、江京等譖鄧氏於帝，鄧騭等皆坐廢死。朱寵訟其冤。○耿寶、閻顯等用事，内寵始盛。李閏、江京、王聖等扇動内外。○楊震請出王聖居外舍，又諫劉瓌襲爵。○翟酺諫外戚驕恣，賞賜無節。○燒當羌麻奴等反。○劉愷、陳忠請解臧吏三世禁錮。○帝幸馮石府，留飲十餘日。○復斷大臣行三年喪。陳忠諫。○高句麗王宫死，陳忠請弔問其子，責其後善。
壬戌（一二二）	玄黓閹茂 二丙午、三乙巳、五甲辰、七癸卯、九壬寅、十一辛丑朔。○閏二。○三二日，穀雨。	延光元 馬賢擊破麻奴。○姦人欲殺馮焕，其子緄識詔文之詐。○高句麗王遂成降。○鮮卑累殺郡守，膽意轉盛。○麻奴降。○陳忠諫使伯榮往來甘陵，王侯、二千石拜車下；又上言機事悉委尚書，而災變切責三公；及尚書決事，多違故典。○王龔引進陳蕃等。○袁閬不脩異操，而致名當時。○黄憲年十四，袁閬、荀淑識其賢。○戴良見憲，罔然若有失。○周、陳言時月不見憲，則鄙吝心生。○郭泰謂憲若千頃陂。○友人勸憲仕，亦不拒之。
癸亥（一二三）	昭陽大淵獻 二庚午、四己巳、六戊辰、八丁卯、十丙寅、十二乙丑朔。○本志：八己亥，熒惑出端門。	二 張璫獻西域三策。陳忠請復通西域，乃使班勇出屯柳中城。○耿寶、閻顯薦所親於楊震，震不肯辟。○震諫爲王聖脩第，及言周廣、謝惲交結姦佞。鮮卑攻南匈奴。○周燮曰：「脩道者度時而動。」
甲子（一二四）	閼逢困敦 二甲子、五癸巳、七壬辰、九辛卯、閏十庚寅、十二己丑朔。○十一一日，冬至。○本志：九庚申晦，食。二辛未，太白犯昴。五癸丑，太白入畢。九壬寅，鎮犯左執法。	三 班勇降龜兹，擊走北匈奴。○王聖、樊豐、耿寶共譖楊震，殺之。○來歷謂耿寶禍將至。○呼尤徽不與阿族俱叛。○王聖、樊豐、江京譖太子保，廢爲濟陰王。來歷等詣鴻都門，證太子無過。

乙丑（一二五）	旃蒙赤奮若 二戊子、四丁亥、六丙戌、九乙卯、十一甲寅朔。○本志：三朔，食，隴西、酒泉、朔方以狀上，史官不覺。《古今注》：四甲辰，太白入鬼。六壬辰，出太微。九甲子，入斗口。	四 帝南巡，崩於葉。閻后立北鄉侯懿爲帝。○誅耿寶、樊豐、王聖。○班勇擊車師後王軍就，斬之。○北鄉侯薨。孫程等誅閻顯、江京等，立濟陰王爲帝。封程等十九侯。○崔瑗不聽門生言廢立事。○改葬楊震。○陳禪欲徙閻后於別館，周舉請奉事如舊。
丙寅（一二六）	柔兆攝提格 正癸丑、三壬子、五辛亥、七庚戌、九己酉、十一戊申朔。	漢順帝保永建元 閻太后崩。○馬賢破羌於臨洮，涼州復安。○虞詡劾張防，自繫廷尉。○孫程、張賢論救詡。○詡薦左雄。○孫程等十九侯就國，周舉説朱倀表諫。○鮮卑數侵南匈奴，詔爲增置邊兵。○班勇擊走呼衍王，是後車師無復虜迹。
丁卯（一二七）	强圉單閼 二丁丑、四丙子、六乙亥、七甲戌、九癸酉、十一壬申朔。○閏五。○七一日，處暑。○本志：七朔，食。八乙巳，熒惑入鬼。	二 改葬帝母李氏，追上尊號。○班勇、張朗討焉耆，焉耆降。朗、勇坐失期，免。○竇、鄧、閻氏之敗，許敬無謗言。○帝備禮設壇，以待樊英。英無奇謀深策，衆人失望。○李固遺黄瓊書，戒以盛名之下，其實難副。○固杖策驅驢，負笈從師，人不知其爲三公子。
戊辰（一二八）	著雍執徐 正辛未、四庚子、六己亥、八戊戌、十丁酉、十二丙申朔。	三
己巳（一二九）	屠維大荒落 二乙未、四甲午、六癸巳、九壬戌、十一辛酉朔。	四 詔還文礱大珠。○虞詡奏令安定、北地、上郡歸舊土。
庚午（一三〇）	上章敦牂 正庚申、三己未、四戊午、六丁巳、八丙辰、十一乙酉朔。閏三。四一日，小滿。○《古今注》：夏，熒惑守氐。	五 班始殺公主。

卷第五十一

辛未（一三一）

重光協洽

正甲申、三癸未、五壬午、七辛巳、九庚辰、十一己卯朔。○本志：四月，熒惑入太微，犯左右執法西北方六寸所。

六

沈景相河間王政，政改節自脩。○復置伊吾司馬。翟酺奏繕脩太學千八百餘室。○胡廣等諫探籌立后。○梁貴人勸帝博施。

壬申（一三二）

玄黓涒灘

正戊寅、四丁未、六丙午、八乙巳、十甲辰、十二癸卯朔。○閏十二。《郎顗傳》：閏十。○本志：春分後十六日，熒惑在婁五度。八戊辰，熒惑歷輿鬼東入軒轅，入后星北，東去四度，北旋復還。十癸亥，太白、歲星合於房、心。太白在北，歲在南，相離數寸。

陽嘉元

立梁后。○左雄上言：「吏數變易，莫慮長久，宜申無故去官之禁。」○又言：「孝廉未年四十，不得察舉。諸生試家法，文吏課牋奏。」帝從之，由是察選清平。

癸酉（一三三）

昭陽作噩

正壬寅、三辛丑、五庚子、八己巳、十戊辰、十二丁卯朔。○正二日，雨水。○郎顗傳：是月，熒惑在柳三度。

二

郎顗言：「三公競託高虛，忘天下之憂，州郡有失，豈得不歸責舉者！」○又言：「王者之法猶江河，當使易避而難犯。」○又言禱祈無益。○左雄諫封宋娥、梁冀。○又諫捶撲九卿。○李固對阿保、外戚封爵太濫。○又言中常侍子弟不宜進舉。○又言長水司馬武宣等初拜便真。此雖小失，漸壞舊章。○馬融對百姓屢聞恩澤之聲，未見惠和之實。○又言嫁娶喪葬，宜立制度。○張衡對舉士宜先孝行。○又言守相新故交際，公私放濫。○衡才高於世，而無驕尚之情。○衡不慕當世，所居之官，輒積年不徙。○段恭論龐參竭忠。

甲戌（一三四）

閼逢閹茂

二丙寅、四乙丑、六甲子、八癸亥、十一壬辰朔。

三

上自露坐請雨，周舉以爲但務其華，不尋其實，終無所益。○又言公卿數有直言者，忠正也。阿諛苟容者，佞邪也。○張衡言：「威不可分，德不可共。」○又言圖讖欺罔。

乙亥（一三五）

旃蒙大淵獻

正辛卯、三庚寅、五己丑、七戊子、閏八丁亥、十丙戌、十二乙酉朔。○九一日，霜降。○本志：閏八朔，食，史官不見，零陵以聞。《古今注》：四月乙卯，熒惑、太白入鬼。

四

帝寵任宦官，參預政事。張綱諫，不聽。○梁商爲大將軍，辭避經年。○李固勸商整緝王綱，曰：「智者見變思形，愚者覩怪諱名。」

丙子（一三六）	柔兆困敦 三甲寅、五癸丑、七壬子、九辛亥、十一庚戌朔。○《古今注》：正丁卯，太白犯牛大星。	永和元 李固勸梁商救王龔，曰：「舊典，三公不有大罪，不至重問。」○梁冀殺父客吕放。○虞詡諫增武陵蠻租賦，蠻果反。
丁丑（一三七）	强圉赤奮若 正己酉、三戊申、六丁丑、八丙子、十乙亥、十二甲戌朔。○本志：八庚子，熒惑犯南斗。	二 李進討平之。○宋娥等坐姦罔貶黜。○象林蠻反。○郭正稱法真「逃名而名我隨」。○王龔欲奏張昉，或以楊震事諫之，乃止。
戊寅（一三八）	著雍攝提格 二癸酉、四壬申、五辛未、七庚午、十己亥、十二戊戌朔。○閏四。○五一日，夏至。○本志：十二朔，食，史官不見，會稽以聞。二戊子，太白在熒惑西南，光芒相犯。閏月甲寅，辰入鬼。己酉，熒惑入太微。案：志此年閏八月。	三 公卿議發荆、楊、兖、豫四萬人討蠻。李固以爲遣將帥不如任州郡，乃薦祝良、張喬討平之。左雄薦周舉。舉劾奏雄所薦武猛非其人。○良賀不舉士。○張逵等誣梁商、曹騰謀廢立，帝知其詐，悉收誅之。
己卯（一三九）	屠維單閼 二丁酉、四丙申、六乙未、八甲午、十癸巳、十二壬辰朔。○本志：七壬午，熒惑入南斗，犯第三星。	四 梁商請早訖張逵之獄，以止逮捕之煩。○帝以商子不疑爲校尉，商固辭。
庚辰（一四〇）	上章執徐 三辛酉、五庚申、七己未、九戊午、十一丁巳朔。○本志：五己丑晦，食。八己酉，熒惑入太微。	五 南匈奴吾斯、車紐等反。○陳龜擅殺南單于。○梁商請使馬續等招降匈奴。○且凍等羌反，寇三輔。○詔馬賢將兵十萬屯漢陽。○匈奴寇掠并、涼、幽、冀四州，張耽擊破之。車紐降，吾斯猶叛。○梁商、馬融、皇甫規知馬賢必敗。
辛巳（一四一）	重光大荒落 正丙辰、二乙卯、五甲申、七癸未、九壬午、十一辛巳朔。○閏正。○二一日，春分。○本志：九辛亥晦，食。	六 馬賢戰没，東、西羌遂大合。○梁商歌薤露，周舉知其將死。○皇甫規請將兵擊羌，不許。○梁商辭贈死之物。○梁冀爲大將軍。○李固安集荆州及泰山盜賊。

壬午（一四二）	玄黓敦牂 正庚辰、三己卯、五戊寅、七丁丑、十丙午、十二乙巳朔。○《古今注》：二壬午，歲在太微中。	漢安元 遣杜喬等八使分行州郡。○張綱埋輪都亭，劾奏梁冀，曰：「豺狼當路，安問狐狸！」○杜喬奏李固政爲天下第一。○种暠等請行八使所奏。○張綱單車説下張嬰。○任峻爲雒陽令，民不畏吏。○蘇章爲冀州刺史，案清河太守。○吴祐爲膠東相，嗇夫市衣以進父，父令歸首。
癸未（一四三）	昭陽協洽 二甲辰、四癸卯、六壬寅、八辛丑、十庚子、十二己巳。○閏十。○十一一日，冬至。○本志：五丁亥，辰犯鬼。六乙丑，熒惑光芒犯鎮。	二 立兜樓儲爲南單于，遣諸國侍子祖道。○馬寔刺殺勾龍吾斯。
甲申（一四四）	閼逢涒灘 庚子蔀一年，二戊辰、四丁卯、六丙寅、八乙丑、十甲子、十二癸亥朔。	建康元 趙沖與羌戰没。○立太子炳。○高梵迎太子，种暠以無詔，不聽。揚、徐盜賊羣起，遣馮緄討平之。○帝崩。○皇甫規對策言：「宜斥逐諸常侍，戒梁冀等驕逸。」○九江賊徐鳳、馬勉等起。○盜發憲陵。
乙酉（一四五）	旃蒙作噩 二壬戌、五辛卯、七庚寅、九己丑、十一戊子朔。	漢沖帝炳永嘉元 帝崩，太后欲祕不發喪，李固以爲不可。○清河王蒜嚴重有威，固勸梁冀立之，冀不從。立勃海王子纘爲帝。○固以軍興費廣，葬沖帝於憲陵塋内。○太后多用固言，梁冀疾之，飛章誣奏固罪，太后不聽。○張嬰復反。○羌叛十餘年，費八十餘億。○梁並招降叛羌，隴右復平。○滕撫等擊徐、楊賊，破斬之。○詔恭陵在康陵上。○劉君世獻金蚍於梁冀，种暠糾發之。冀陷暠以罪，李固救解得免。
丙戌（一四六）	柔兆閹茂 正丁亥、三丙戌、五乙酉、閏六甲申、九癸丑、十一壬子朔。○七一日，處暑。○《古今注》：三月丁丑，月入南斗。○本志：三癸丑，熒惑入鬼。四辛巳，太白入鬼。五庚戌，太白犯熒惑。	漢質帝纘本初元 詔大興學校，賞進通經者，由是太學至三萬餘生。○梁冀以帝聰慧，進酖而崩。○李固欲立清河王蒜。冀白太后，先策免固，立蠡吾侯志爲帝。○朱穆勸戒梁冀。○尊祖考爲皇，妣爲后。○滕撫當封侯，胡廣黜之。

丁亥（一四七）	强圉大淵獻 正辛亥、三庚戌、五己酉、七戊申、九丁未、十二丙子朔。○本志：正朔，食，如月初。○八月壬寅，熒惑犯質。	漢桓帝志建和元 杜喬正色，朝野倚望。○喬諫封梁氏及宦官爲列侯。○立梁后。○唐衡、左悺等共譖李固、杜喬言上不堪奉漢祀。會妖賊劉文等謀立清河王蒜，蒜坐廢徙，自殺。梁冀因誣固、喬與文通謀，皆殺之。○吴祐責馬融：「李公若誅，君何面目視天下之人！」○郭亮曰：「義之所動，豈知性命，何爲以死相懼！」○楊匡詐爲亭吏守尸，因請葬李、杜二公。
戊子（一四八）	著雍困敦 二乙亥、四甲戌、六癸酉、八壬申、十辛未、十二庚午朔。○本志：二辛卯，熒惑在鬼中。	二
己丑（一四九）	屠維赤奮若 二己巳、四戊戌、六丁酉、八丙申、十乙未、十二甲午朔。○閏三。○四一日，小滿。○本志：四丁卯晦，食。五己丑，太白入太微右掖，留十五日，出端門。丙申，熒惑入井。八己亥，填犯鬼。	三 荀淑子八人俱有名，謂之八龍。○荀爽喜爲李膺御。○鍾皓舉陳寔爲功曹。○侯覽屬高倫用吏，寔代倫受汙。○寔遣鄰縣民歸本。○寔不禁訟者。○李膺曰：「荀君清識難尚，鍾君至德可師。」○李脩以鍾瑾似其家性，復以孫女妻之。○李膺謂瑾：「太無皁白。」皓曰：「保身全家，爾道爲貴。」
庚寅（一五〇）	上章攝提格 二癸巳、四壬辰、六辛卯、九庚申、十一己未朔。	和平元 梁太后崩。○封孫壽爲襄城君。○梁冀與壽競爲驕侈。○冀作兔苑，賈胡誤殺一兔，死者十餘人。○冀斥奪諸梁，崇進孫氏，宗族布在郡縣，貪叨凶淫。○認士孫奮母爲守藏婢，破滅其家。○朱穆諫冀。○陳蕃笞殺冀客。○冀遣客賣牛黄，延篤殺之。○尊匽貴人曰孝崇后。
辛卯（一五一）	重光單閼 正戊午、三丁巳、五丙辰、七乙卯、九甲寅、十二癸未朔。○閏十二。	元嘉元 張陵劾梁冀帶劍入省。○陵謂梁不疑「伸公憲以報私恩」。○冀疾不疑有聲名，以其子胤代爲河南尹。○馬融、田明私過不疑，皆坐髡笞。○楊秉諫上私幸梁胤府舍。○崔寔《政論》曰：「見信之佐，括囊守禄。疏遠之臣，言以賤廢。」○又曰：「刑罰者，治亂之藥石。德教者，興平之粱肉。」○黄瓊議梁冀封邑賞賜。

壬辰（一五二）	玄黓執徐 正壬午、三辛巳、五庚辰、七己卯、九戊寅、十一丁丑朔。○正一日，雨水。○本志：七庚辰，食，史官不見，廣陵以聞。	二 于寘殺西域長史王敬。	
癸巳（一五三）	昭陽大荒落 正丙子、四乙巳、六甲辰、八癸卯、十壬寅、十二辛丑朔。	永興元 朱穆爲冀州刺史，令長解印綬去者四十餘人。○穆爲宦官所訴，論輸左校，劉陶等訟出之。○車師後王阿羅多反，閻詳招降之。	
甲午（一五四）	閼逢敦牂 二庚子、四己亥、七戊辰、九丁卯、十丙寅、十二乙丑朔。○閏九。○十二日，小雪。○本志：九朔，食。	二	
乙未（一五五）	旃蒙協洽 二甲子、四癸亥、六壬戌、八辛酉、十一庚寅朔。○本志：三丙申，鎮逆入太微，七十四日去左掖。七己未，辰入太微，八十日去左掖。八己巳，熒惑入太微，二十一日出端門。	永壽元 劉陶上言，權要親戚，所在貪暴害民，曰：「貨殖者爲窮冤之魂，貧餒者作飢寒之鬼。」○南匈奴薁鞬臺耆等反，張奐等破之。○奐不受金馬，羌人悅服。	
丙申（一五六）	柔兆涒灘 正己丑、三戊子、五丁亥、七丙戌、九乙酉、十一甲申朔。○本志：六甲寅，宸入太微，遂伏。八戊午，太白犯軒轅大星。	二 鮮卑檀石槐始盛，寇雲中。○公孫舉等寇青、徐、兖三州。○韓韶開倉賑民，曰：「以此伏罪，含笑入地矣。」○潁川四長。○段熲破鮮卑於遼東，坐詐爲璽書，論司寇。○熲討公孫舉等，斬之。	

丁酉（一五七）	强圉作噩 正癸未、四壬子、閏五辛亥、七庚戌、九己酉、十一戊申朔。○六一日，大暑。○本志：閏五庚辰晦，食。四戊寅，熒惑入井口。七丁丑，太白犯心前星。	三 九真蠻反。○劉陶議鑄大錢，曰：「憂不在貨，在乎民飢。民可百年無貨，不可一朝有飢。」
戊戌（一五八）	著雍閹茂 正丁未、三丙午、六乙亥、八甲戌、十癸酉、十二壬申朔。○本志：五甲戌晦，食。	延熹元 梁冀考殺陳授，帝由是怒。○南匈奴、烏桓、鮮卑並叛。○陳龜上疏，請改任牧守，簡練將帥。○張奂誘烏桓，擊破南匈奴。○奂欲黜單于車兒，詔不許。○陳龜言梁冀罪狀，因不食死。○种暠懷撫羌、胡，皆來服。
己亥（一五九）	屠維大淵獻 二辛未、四庚午、六己巳、八戊辰、十一丁酉朔。	二 梁后崩。○梁冀一門，三皇后，六貴人，機事大小，莫不諮決，禁省起居，纖微必知。四方貢獻，先輸上第於冀。吏民賫貨求官請罪者，道路相望。○冀鴆殺吴樹，腰斬侯猛。袁著詐死，不得免。郝絜詣門仰藥。族誅耿承，捕殺崔琦。○琦曰：「蕭何設書過之吏。」○冀秉政幾二十年，天子不得有所豫。○冀認鄧貴人爲女，欲殺貴人母，不果。帝由是欲誅之。○帝與中常侍單超等五人密謀誅冀及梁、孫二族，黜免黨與三百餘人，朝廷爲空。斥賣冀家財三十餘萬萬。○立鄧后。○封單超等五侯。○黄瓊爲太尉，澄汰貪汙，天下望致升平。○范滂有澄清天下之志。○滂曰：「農夫去草嘉穀茂，忠臣除姦王道清。」○陳蕃薦五處士。○徐穉炙雞酒絮以醊知己。○姜肱兄弟同被而寢，遇盜爭死。○帝使畫工圖其狀，肱卧於幽闇，以被韜面。○魏桓曰：「使桓生行死歸，於諸子何有！」○帝多封故舊恩私，宦官始專權勢。○李雲上書言：「帝欲不諦。」杜衆願與雲同死，皆坐誅。陳蕃、楊秉救雲，坐免。○嬖寵益横，黄瓊不能制，乃稱疾不起。○第五種案單匡贓罪，種坐徙朔方，孫斌等劫之以歸。○陳蕃諫封賞踰制，内寵猥盛。○爰延謂帝爲漢中主。○又諫與鄧萬世對博。
庚子（一六〇）	上章困敦 正丙申、二乙未、四甲午、六癸巳、八壬辰、十辛卯朔。○閏正。○二一日，春分。	三 李固女使王成匿其弟燮。○單超卒，四侯轉横。兄弟姻戚，宰州臨郡，虐徧天下，民不堪命，多爲盜賊。○滕延誅侯覽僕客。○趙岐避唐玹之難，賣餅，逃避壁中。○段熲破西羌於積石。○夏方爲交趾刺史，日南賊皆降。○泰山賊殺孫無忌，侵擾東方，宗資、皇甫規討平之。

辛丑（一六一）

重光赤奮若

正庚申、三己未、五戊午、七丁巳、九丙辰、十一乙卯朔。○本志：三甲寅，熒惑犯質。

四

劉矩使訟者更思。○西羌反，寇三輔。○劉寵受山陰老父一大錢。○羌寇并、涼，段熲抵罪。○皇甫規曰：「力求猛敵，不如清平；勤明孫、吳，未若奉法。」○規監關西兵，羌寇迎降。

壬寅（一六二）

玄黓攝提格

正甲寅、三癸丑、六壬午、八辛巳、十庚辰、十一己卯朔[二]。○閏十。○十一一日，冬至。

五

規奏刺史、太守貪汙者，或免或誅，羌人翕然反善。○荆州蠻夷、盜賊大起，李肅棄郡走。胡爽抱馬首諫，肅殺之。○馮緄將兵十餘萬討荆州。緄請中常侍監軍財費，朱穆劾緄失大臣節。○緄至荆州，蠻賊悉降。○或譖皇甫規貨賂羣羌，令其文降。規上書自訟。○規論功當封，徐璜、左悺求貨不與，遂陷以罪，論輸左校。

癸卯（一六三）

昭陽單閼

正戊寅、三丁丑、五丙子、七乙亥、十甲辰、十二癸卯朔。

六

宦官譖馮緄以軍還，餘賊復發，免。○上校獵廣成，陳蕃以「三空」諫。○楊秉、周景令中二千石實覈所部，條奏牧守五十餘人。○皇甫規薦張奐自代，而爲之副。○吏民訟段熲者以千數，乃復以爲護羌校尉。○朱穆請罷常侍、黃門，更選耆儒宿德，與參政事。

甲辰（一六四）

閼逢執徐

二壬寅、四辛丑、六庚子、八己卯、十戊戌朔。○本志：七戊辰，辰犯歲。八庚戌，熒惑犯質。庚申，歲犯軒轅大星。十丙辰，太白犯房比星。丁卯，辰犯太白。十二乙丑，熒惑犯軒轅第二星。

七

徐穉與茅容言不及國事。○符融一見郭泰，知其奇偉，介於李膺。○茅容危坐避雨，殺雞食母，與客蔬飯。○孟敏荷甑，墮地不顧。○魏昭作粥，泰三呵之，姿容無變。○泰設酒殽，以慰左原，使勿恚恨。○范滂謂泰：「隱不違親，貞不絶俗。」○泰不肯仕，曰：「天之所廢，不可支也。」○泰周旋京師，誨誘不息。徐穉戒之，泰感寤。○黄允以雋才知名，泰知其必敗。○允與晉文經曜名京師，符融識其詐。○仇香謂陳元：「盧落整頓，耕耘以時，此非惡人。」○香謂鷹鸇不如鸞鳳。○郭泰下牀拜香，曰：「君，泰之師，非泰之友。」○香妻子有過，免冠自責，妻子庭謝思過。○度尚討桂楊賊，焚士卒珍積，激厲使之更戰。○上幸南陽，胡騰請自比司隸從事，從駕者莫不肅然。○楊秉諫詔除郎官太雜。○寇榮亡命中上書訟冤。

卷第五十五

乙巳（一六五）

旃蒙大荒落

正丁卯、三丙寅、五乙丑、七甲子、八癸亥、十壬戌、十二辛酉朔。○閏七。○八二日，秋分。○本志：正丙申晦，食。五癸酉，太白犯鬼。壬午，熒惑入太微，犯右執法。閏己未，太白犯心前星。十癸酉，歲犯左執法。十一戊午，歲入太微，犯左執法。

八

史弼上言：「勃海王悝僭慢，宜豫加制約。」○楊秉奏侯覽兄參贓罪，并免覽官。尚書以爲越職，秉曰：「三公無所不統。」○韓縯奏左悺、具瑗罪，於是誅梁冀功臣皆降爵奪國。○鄧后廢。李膺、馮緄、劉祐皆輸作左校。○楊秉三不惑。○劉瑜對災異八千餘言。○桂陽賊攻零陵，陳球固守。○張磐爲度尚所枉，遇赦不肯出。○段熲討西羌，自春及秋，無日不戰，遂大破之。○陳蕃爲太尉，讓胡廣、王暢、李膺。○張敞諫王暢發屋伐樹。○應奉諫立田聖爲后。○立竇后。○陳蕃、應奉訟李膺等枉。○李膺破柱取張朔殺之，宦官休沐，皆不敢出宮。○劉寬雖在倉卒，未嘗疾言遽色。

丙午（一六六）

柔兆敦牂

二庚申、五己丑、七戊子、九丁亥、十一丙戌朔。○本志：正朔，食，史官不見，郡國以聞。壬辰，歲入太微，五十八日出端門。六壬戌，太白入鬼。七乙未，熒惑犯質。九辛亥，熒惑入太微西門，積五十八日。

九

荀爽對策曰：「截趾適屨，孰云其愚！」○皇甫規欲避位，故越界迎友人喪。上親祠老子，用郊天樂。○鮮卑聞張奐去，與匈奴、烏桓寇邊。○朱零曰：「寧受笞死，范滂不可逼。」○李膺等更相褒重，天下承風，競以臧否相尚。○成瑨、劉瓆、翟超、黃浮皆坐擊搏宦官抵罪。○陳蕃上疏訟瑨等。○襄楷上書直諫抵罪。○楷言河清非瑞。○又言浮屠不三宿桑下。○帝篤好浮屠。○賈彪不納岑晊。○彪先案殺子者，而劫盜自首。○李膺等坐鉤黨下獄。○陳蕃不肯下黨人案。○陳寔自往就獄。○皇甫規求與黨人。○杜密識鄭玄於嗇夫。○密謂劉勝：「自同寒蟬。」○匈奴、烏桓聞張奐至，皆降。○鮮卑檀石槐分其地爲三部。

丁未（一六七）

强圉協洽

正乙酉、三甲申、五癸未、八壬子、十辛亥、十二庚戌朔。○本志：五壬子晦，食。正庚寅，熒惑逆入太微東門，留百一日出端門。七，太白犯心前星。

永康元

賈彪説竇武等訟黨人。○武上疏稱：「嘉禾芝草，在德爲瑞，無德爲災。」○范滂對獄曰：「欲使善善同其清，惡惡同其汙。」○赦黨人，書名三府，禁錮之。○范滂不謝霍諝。○滂謂殷陶等曰：「今子相隨，是重吾禍也。」○史弼不上黨人名。○帝欲妻楊喬以公主，喬不食而死。○傅堅諫巴郡太守上黃龍。○董卓以破羌爲郎中。○帝崩，竇太后臨朝。○竇武用劉儵言，立解瀆侯宏爲帝。

戊申（一六八）

著雍涒灘

二己酉、閏三戊申、五丁未、七丙午、九乙巳、十二甲戌朔。○四一日，小滿。○本志：五朔，食。十甲辰晦，食。是月，太白在西方，入太微，犯西藩南頭星。

漢靈帝宏建寧元

陳蕃責諸尚書不視事。○帝即位。東羌既降復叛，連年不定。段熲請以步騎萬五千，用錢五十四億，三冬二夏，誅討必盡。遂戰於逢義山，大破之。○尊祖考爲皇，妣爲后。○盧植説竇武不受封爵。○植師馬融，侍講積年，未嘗轉眄。○陳蕃固辭封爵。○段熲追羌至涇陽，羌散入漢陽山谷。張奐請招降之，熲以爲必應殄滅。○太后委政於陳蕃、竇武。蕃、武徵用名賢，天下望致太平。趙嬈、曹節等諂事太后，妄有封拜，蕃、武謀誅之。○武收鄭颯下獄，蕃勸武速殺勿考。○曹節等奉帝誅蕃、武，遷太后於南宮。○節等十八人皆封侯。於是羣小得志，士大夫皆喪氣。○烏桓分爲四王。

卷第五十六

己酉（一六九）	屠維作噩 二癸酉、四壬申、六辛未、八庚午、十己巳、十二戊辰朔。○紀：十庚子晦，食。志作戊戌晦。	二 尊董貴人爲孝仁皇后。○青蛇見御座，張奐、謝弼以爲太后幽隔空宮，宜加恩禮；改葬陳、竇，還其家屬；又薦李膺、王暢宜爲三公[三]。奐坐奪俸，弼爲宦官所殺。○楊賜曰：「王者心有所想，未形顔色，而陰陽爲之變度。」○段熲擊東羌於射虎谷，滅之。凡百八十戰，斬三萬八千餘級。○李膺等雖廢錮，而天下益慕之，有「三君」、「八俊」之目。曹節等奏膺等爲鉤黨，下州郡考治，坐死徙者數百人。○李膺等不逃刑。○景毅子爲膺門徒，不以漏籍苟免。○范滂自詣獄，不以累郭揖及母。滂母謂滂曰：「令名、壽考，不可兼得。」○郭泰哭黨人，曰：「漢室滅矣！」○泰不爲危言覈論，故免於濁世之禍。○李篤謂毛欽曰：「張儉名士，明庭豈宜執之！」○孔融一門爭死。○夏馥入林慮山爲治家傭。○陳寔弔張讓。○何顒與袁紹營救黨人。○袁閎以其兄弟逢、隗驕奢，比之三郤。○閎居土室十八年。○申屠蟠覩太學之盛，以爲將有阬焚之禍，逃於梁、碭之間。○曹節病困，拜車騎將軍，病愈，復爲中常侍。
庚戌（一七〇）	上章閹茂 二丁卯、五丙申、七乙未、九甲午、十一癸巳、閏十二壬辰朔。○本志：三丙寅晦，食。	三 孟佗討疏勒，不克。○佗賂張讓奴，使迎拜。
辛亥（一七一）	重光大淵獻 二辛卯、四庚寅、七己未、九戊午、十一丁巳朔。○正一日，雨水。○本志：三朔，食。	四 立宋后。○上朝竇太后。董萌爲太后訟冤。曹節、王甫譖萌，殺之。
壬子（一七二）	玄黓困敦 正丙辰、三乙卯、五甲寅、七癸丑、九壬子、十二辛巳朔。○本志：十月，熒惑入南斗。	熹平元 蔡邕謂上陵之禮煩而不可省。○胡廣周流四公三十餘年，明解朝章，而無謇直之風。○竇太后崩。○曹節等欲別葬太后，李咸擣椒自隨，陳球秉筆下議。○劉猛以誹書言直，不肯急捕。○蘇不韋鑿地入李暠之室以報父仇。○王甫誣殺勃海王悝，以功封侯者十二人。
癸丑（一七三）	昭陽赤奮若 二庚辰、四己卯、六戊寅、八丁丑、九丙子、十一乙亥朔。○閏八。○九一日，霜降。○本志：十二癸酉晦，食。	二

甲寅（一七四）	閼逢攝提格	二甲辰、四癸卯、六壬寅、八辛丑、十庚子、十二己亥朔。	三
乙卯（一七五）	旃蒙單閼	二戊戌、四丁酉、七丙寅、九乙丑、十一甲子朔。	四 立石經於學門。○蔡邕請除「三互」之禁。
丙辰（一七六）	柔兆執徐	正癸亥、三壬戌、五辛酉、六庚申、八己未、十一戊子朔。○閏五。○六二日，大暑。	五 曹鸞上書曰：「謀反大逆，尚蒙赦宥，黨人何罪，獨不開恕！」坐檻車收，掠殺之。更申黨人之禁，爰及五屬。
丁巳（一七七）	强圉大荒落	正丁亥、三丙戌、五乙酉、七甲申、九癸未、十一壬午朔。○本志：十朔食。	六 蔡邕諫以小故廢郊、廟、辟、雍。○又諫引召能文賦、尺牘、書篆者於鴻都門，待以不次之位。○又諫除宣陵孝子爲太子舍人。○遣夏育、田晏、臧旻三道擊鮮卑。蔡邕諫，不聽。育等大敗而還。○趙苞擊鮮卑，鮮卑殺其母，苞嘔血死。
戊午（一七八）	著雍敦牂	二辛亥、四庚戌、六己酉、八戊申、十丁未、十二丙午朔。○本志：二朔，食。十丙子晦，日食自巳過午。	光和元 置鴻都門學。○有黑氣墮殿庭中。蔡邕言嬖倖用事之咎，由是嬖倖共陷以罪，髡鉗徙朔方。○王甫譖殺宋后。○盧植言宋后家屬無罪，又言天子無私積。○陽球諫爲樂松、江覽等圖像立贊。○初開西邸賣官。○楊奇謂帝與桓帝猶舜比堯。
己未（一七九）	屠維協洽	閏正乙巳、三甲辰、六癸酉、八壬申、十辛未、十二庚午朔。○二一日，春分。○本志：四朔，食。	二 橋玄不顧其子，以除劫盜。○司隸陽球奏收王甫、段熲，殺之，磔甫尸。曹節徙球爲衛尉。○審忠言宦官恣横。○吕强辭爵，且請裁抑宦官，減省宮女，爲蔡邕、段熲訟冤。○和海上言：「黨人錮及五族，有乖典憲。」由是黨人從祖以下得釋。○張脩擅斬單于，坐死。○劉郃、陳球、劉納、陽球謀誅宦官，皆坐死。

庚申（一八〇）

上章涒灘

二己巳、四戊辰、六丁卯、九丙申、十一乙未朔。

三

立何后。○楊賜諫作畢圭苑，任芝、樂松勸上爲之。○楊琁以灰囊車破零、桂賊。趙凱誣奏琁，琁噬臂書衣爲章，自訟得免。

辛酉（一八一）

重光作噩

正甲午、三癸巳、五壬辰、七辛卯、九庚寅、閏十己丑朔。○十一一日，冬至。○本志：九朔，食。

四

置騄驥厩調民馬，一匹至二百萬。○朱儁破交趾賊梁龍。○檀石槐死，鮮卑稍衰[四]。○帝於後宮置列肆販賣，又冠狗駕驢車爲樂。○吕强諫稽私藏及選舉不任三公。○王美人生皇子協，何后酖殺美人。

壬戌（一八二）

玄黓閹茂

正戊午、三丁巳、五丙辰、七乙卯、九甲寅、十一癸丑朔。○本志：四，熒惑在太微中，守屏。十，歲、熒惑、太白合於虚，相去各六寸，如連珠。

五

詔公卿以謡言舉牧守爲民害者，多不實。陳耽以爲放鴟梟而囚鸞鳳。○程苞言板楯蠻本無惡心，但選明能牧守，自然安集，不煩征伐。○桓典爲御史，京師語曰：「避驄馬御史！」

癸亥（一八三）

昭陽大淵獻

正壬子、三辛亥、六庚辰、八己卯、十戊寅、十二丁丑朔。

六

楊賜、劉陶上言張角等以妖術惑衆，宜敕州郡，解散其黨。

甲子（一八四）

閼逢困敦

二丙子、四乙亥、六甲戌、八癸卯、十壬寅、十二辛丑朔。○閏七。○八一日，秋分。

中平元

角等反，天下響應，號「黃巾賊」。○以何進爲大將軍，鎮京師。○帝用吕强言赦黨人。○遣皇甫嵩、朱儁、盧植討黃巾。○帝謂張讓、趙忠爲公母。○宦官諫帝登高。○趙忠、夏惲譖吕强，殺之。○張鈞請斬十常侍，鈞坐死。○皇甫嵩、朱儁破黃巾於長社。○橋玄、何顒知曹操能安天下。○許劭謂操：「治世之能臣，亂世之姦雄。」○傅爕上言：「治水自原，黃巾變服，所憂益深。」○又言：「邪正不宜共國，猶冰炭不可同器。」○賈琮爲交趾刺史，蠲復繇賦，而盜賊自消。○盧植圍張角於廣宗，左豐譖之，植坐減死。○「米賊」張脩反。○李爕不肯立安平王續。○皇甫嵩破張角兄弟，皆斬之。○北宮伯玉及邊章、韓遂反。○蓋勳不以舊怨害蘇正和。○勳率辛曾等救左昌。○勳罵滇吾羌，羌不敢殺。○朱儁攻南陽黃巾，久不拔。張温請假以日月，遂克之。○儁不受黃巾降，以爲無以懲惡。○儁撤圍破賊。○王允得張讓客與黃巾書，上之，允一月再下獄。

乙丑（一八五）

旃蒙赤奮若

二庚子、四己亥、六戊戌、八丁酉、十丙申朔。

二

帝斂天下田，畝十錢。發州郡材石，以修宫室。又令牧守出助軍修宫錢，或乞不之官，皆迫遣之，有自殺者。○黑山等羣盜並起。○令黑山賊舉孝廉、計吏。○崔烈入錢得司徒。○北宫伯玉寇三輔。○崔烈欲棄凉州，傅燮曰：「斬司徒，天下乃安。」○詔張温討北宫伯玉。○陳耽、劉陶爲宦官所譖死。○董卓破走邊章、韓遂。○董卓不遜，孫堅勸張温斬之。○帝造萬金堂爲私藏。

丙寅（一八六）

柔兆攝提格

正乙丑、三甲子、五癸亥、七壬戌、九辛酉、十一庚申朔。○本志：五壬辰晦，食。四月，熒惑逆守心後星。

三

三公在外，始於張温。○傅燮不媚趙忠以求封。○作銅人、渴烏。

丁卯（一八七）

强圉單閼

正己未、四戊子、五丁亥、七丙戌、九乙酉、十一甲申朔。○閏四。○五二日，夏至。

四

韓遂殺邊章及北宫伯玉，并兵攻没隴西漢陽。○傅燮諫耿鄙與遂戰。○北地羌、胡迎燮，燮不去，戰没。○馬騰反，與韓遂合。○張純、張舉與烏桓丘力居反於薊。○陳寔在鄉閭，民寧爲刑罰所加，不爲陳君所短。

卷第五十九

戊辰（一八八）

著雍執徐

正癸未、三壬午、五辛巳、八庚戌、十己酉、十二戊申朔。

五

劉焉建議置州牧。州任之重自此始。○以焉爲益州牧，劉虞爲幽州牧。○南匈奴右部叛殺單于羌渠，子於扶羅立爲單于。○賈龍破馬相，迎劉焉。○王芬謀廢立，曹操、華歆知其必敗。○初置西園八校尉，諸軍皆統於蹇碩。○帝講武於平樂觀，蓋勳以爲：「寇在遠而設近陳，秖黷武耳。」○公孫瓚破鮮卑於石門。○王國等圍陳倉，皇甫嵩不救，以待其弊。

己巳（一八九）

屠維大荒落

二丁未、四丙午、六乙巳、八甲辰、十癸卯、閏十二壬申朔。○本志：四朔，食。八丙寅，太白犯心前星。戊辰，犯中大星。

六

國解圍去，嵩追擊破之。○劉虞説丘力居，使斬張純送首。○蹇碩欲使何進擊韓遂，進託募兵，以稽行期。○帝崩。○蹇碩欲誘誅何進，立少子協。進覺之，不入。○皇子辯即位。○袁紹、袁術勸何進誅諸宦官。○蹇碩欲誅進，進殺之。○何、董爭權，何進殺董重，遷董太后於河間，以憂死。○進欲誅宦官，

以三署郎代之，何太后不可。進欲但誅其放縱者，袁紹勸盡誅之。○進召四方猛將，以脅太后。陳琳諫曰：「秖爲亂階。」曹操曰：「吾見其敗也。」○靈帝召董卓爲少府，不至；拜并州牧，令以兵屬皇甫嵩，又不從。嵩從子酈勸嵩斬之，嵩不聽。卓留屯河東。○鄭泰、盧植諫何進召董卓。○种邵責卓，使還軍。○袁紹促卓進兵。太后懼，出張讓等還里舍。○何進謀久不發，讓等知之，向子婦叩頭，求復入直。進入省，讓等殺之。○袁紹、袁術等燒南、北宫，誅宦官二千餘人。讓等將帝幸小平津。讓等投河死。帝夜還，董卓迎帝於北芒。鮑信説袁紹襲董卓。○卓使吕布殺丁原。○蔡邕三日周歷三臺。○卓議廢立，袁紹横刀徑出。○盧植不從卓議。○卓廢少帝爲弘農王，立其弟陳留王協。又酖殺何太后。○除公卿子弟爲郎，以代宦官。○復陳蕃等爵位。○南單于於扶羅與白波爲寇，遂不能返國，止於平陽。○董卓爲相國。○周毖、伍瓊勸卓矯桓、靈之政，擢用名士，卓從之。○荀爽九十三日爲司空。○申屠蟠不爲董卓屈。○董卓自謂：「我相貴無上。」○卓縱兵剽略。卓以袁紹爲渤海太守。○中牟功曹縱釋曹操。○劉子惠曰：「興兵爲國，何謂袁、董！」

庚午（一九〇）

上章敦牂

二辛未、四庚午、六己巳、八戊辰、十丁卯、十二丙寅朔。○正一，雨水。十一庚戌，鎮、熒惑、太白合於尾。

漢獻帝協初平元

關東州郡各起兵討董卓，推袁紹爲盟主。○鮑信知曹操必能成功。○董卓酖殺弘農王。○鄭泰論關東兵勢。○朱儁諫遷都，不肯爲相國副。○楊彪、黄琬以諫遷都，策免。○卓殺周毖、伍瓊。○梁衍説皇甫嵩討董卓。○蓋勳責卓杜人之口。○帝遷都長安。卓燒宫廟，發諸陵，迫徙民家數百萬入關。○王允屈意承卓，内謀王室。○卓殺袁隗。○孫堅殺王叡、張咨。○劉表用蒯越謀，荆州悉平。○諸軍畏卓，莫敢先進，曹操責之。○曹洪以馬授操。○劉岱殺橋瑁。○焦和敗青州。○劉虞撫和幽州，百姓富足。○卓使胡母班等安集關東，袁紹殺之。○鑄小錢。○孫堅見董卓兵至徐入魯陽。○卓破王匡。○省孝和以下廟號。○公孫度爲遼東守，郊祀，籍田。

辛未（一九一）

重光協洽

三乙未、五甲午、七癸巳、九壬辰、十一辛卯朔。

二

袁紹等欲立劉虞爲帝，曹操、袁術以爲不可。虞欲奔匈奴以避之，乃止。董卓爲太師。○孫堅敗卓將胡軫於陽人。○袁術疑堅不給軍粮。○堅擊走卓，因入雒埽除宗廟，修塞諸陵。○卓謂堅「頗能用人，諸將當知忌之。」○卓還長安。○皇甫嵩謂卓：「淫刑以逞，將天下皆懼。」○蔡邕止卓稱尚父。○卓使劉囂誣吏民以罪，取其財。○袁紹使人説韓馥以冀州讓紹，耿彧、趙浮等諫，馥不聽。○紹以沮授、田豐、審配等爲將佐。○韓馥自殺。○鮑信説曹操規河南以待變。○袁紹表操爲東郡太守。○董卓笞殺張温。○公孫瓚破黄巾於渤海。○帝使劉和召其父虞，爲袁術、袁紹所留。○關東務相兼并，袁紹奪孫堅豫州，堅擊破之。○公孫瓚起兵攻紹。○劉備爲平原相。○關羽、張飛侍立終日。○趙雲謂公孫瓚：「鄙州從仁政所在。」○袁術與袁紹構隙，遣孫堅攻劉表。○黄祖殺堅。○朱儁屯中牟，移檄州郡，以討董卓。○劉焉使張魯斷斜谷。○管寧見金不視。○邴原遊學八九年，人不知其飲酒。○寧依公孫度，獨居郡北。○寧見度，語惟經典，謂邴原言非其時，密使逃去。○王烈遺盜牛者布，使之改行。○爭訟者將質於烈，望廬而還。○度欲辟烈，烈爲商賈以自穢。

壬申（一九二）

玄黓涒灘

正庚寅、三己丑、五戊子、八丁巳、九丙辰、十一乙卯朔。○閏八。○九一日，霜降。

三

何顒知荀彧有王佐才。○或謂潁川，四戰之地，宜亟避之。○彧知袁紹不能定大業，去歸曹操。操曰：「吾子房也。」○袁紹破公孫瓚於界橋。○程昱勸劉岱不絶袁紹。○于毒攻東武陽，曹操攻其本屯而自解。○董卓懷抱中子，皆弄以金紫。召呼三臺。又築郿塢，爲三十年儲。○王允等與呂布同謀誅卓，所殺三人，餘皆正立不動，呼萬歲。王允殺蔡邕。馬日磾以爲，允滅紀廢典，必不能久。○荀攸謂董卓：「雖資彊兵，實一匹夫」。○鮑信諫劉岱與黄巾戰。岱果敗死。○陳宫爲曹操説兖州，迎操爲刺史。○操擊黄巾走之。○操刻木爲鮑信像而哭之。○王允悉罷董卓部曲，李傕、郭汜等疑懼求赦，允不許。傕等欲各解散，賈詡説傕等引兵西攻長安，陷之。○呂布招王允同去，允不可。○种拂戰死。○王宏與宋翼謀討傕、汜，翼不從，遂與王允偕死。○士孫瑞歸功不侯，故免於難。○賈詡不受侯爵及僕射。○李傕、郭汜、樊稠筦朝政，張濟屯弘農。○韓遂、馬騰降。○曹操擊黄巾，悉降之，得戎卒三十餘萬，號青州兵。毛玠説操：「奉天子以令不臣，修耕植以畜軍資。」○董昭説張楊通操上事，因表薦之。○鍾繇説傕、汜撫納曹操。○陶謙等共推朱儁爲太師。賈詡説傕、汜徵儁，儁辭謙而就徵。○袁紹復破公孫瓚於龍湊，瓚還幽州，不敢復出。

癸酉（一九三）

昭陽作噩

正甲寅、三癸丑、五壬子、七辛亥、十庚辰、十二己卯朔。○本志：正朔，食。

四

曹操敗袁術於封丘，術奔壽春。○于毒覆鄴城。○王朗、趙昱勸陶謙入貢長安。○許劭謂謙：「待吾雖厚，其勢必薄。」○袁紹破滅于毒及諸賊，與張燕連戰，不能克。○紹謀殺呂布，不果。○陶謙殺曹嵩。○曹操圍謙於郯，所過殺掠，雞犬皆盡。○劉虞攻公孫瓚，不勝，瓚執虞，殺之。○田疇爲虞奉章詣長安，還復命於墓。○疇入徐無山中，民從之者五千餘家。疇爲設二十條，道不拾遺。烏桓、鮮卑皆附之。

甲戌（一九四）

閼逢閹茂

二戊寅、四丁丑、六丙子、八乙亥、十甲戌、十二癸酉朔。○本志：六乙巳晦，食。

興平元

改葬皇妣。○田楷與劉備救陶謙，曹操乃還。備因去楷事謙。○馬騰攻李傕等不克，走還涼州。○曹操復擊陶謙。○高柔知張邈必爲變。○曹操殺邊讓，兖州士大夫皆懼。○張邈、陳宫叛操，迎呂布。○荀彧知邈爲亂，勒兵爲備。○荀彧見郭貢，説之。○程昱説靳允，使殺汎嶷，卒完三縣，以待曹操。○操以呂布不能斷險而屯濮陽，知其無能爲。○李傕、郭汜、樊稠與三公爭選舉，主者以次用之。○分河西四郡爲雍州。○帝於御前作糜，知侯汶不實。○典韋與呂布戰，令虜來五步乃白。○曹操給布騎，令追黄馬。○程昱諫操遣家居鄴。○劉焉卒，州人立其子璋。○陶謙疾篤，以徐州授劉備。備憚袁術，不敢當，陳登、孔融以爲術不足畏。○馬日磾失節，嘔血死。○孫策與周瑜皆未冠，推結分好，分宅拜母。○策見袁術，請兵復讎。○策騎士逃入術營，策就斬之。○術許策以九江、廬江而不與。○劉繇逐吴景、孫賁，使退屯歷陽。

卷第六十一

乙亥（一九五）

旃蒙大淵獻

三壬寅、五辛丑、六庚子、八己亥、十戊戌、十二丁酉朔。○閏五。○六一日，大暑。

二

李傕、郭汜、樊稠數欲鬭，賈詡每以大體責之。○稠與韓遂交臂語。傕殺稠，諸將相疑。○汜妻以豉爲藥，傕、汜遂治兵相攻。○傕劫帝幸其營，悉燒宫殿。汜留質公卿。○朱儁憤懣死。○立伏后。○楊彪責郭汜。○汜夜攻李傕，矢及帝幃。○傕遷帝幸北塢，以臭牛骨與帝。○趙温責傕，傕欲殺之，李應諫，數日乃止。○帝使皇甫酈和傕、汜，傕不從。酈白傕不奉詔。○曹操欲取徐州，荀彧請先平兖州，以固根本。○操擊破吕布，布東奔劉備。○備見布語言無常，外然之而内不悦。○傕、汜相攻連月，死者數萬。○張濟來和傕、汜。○賈詡説諭羌、胡，使引去。傕由是衰，乃與汜和親。○汜兵遮橋，劉艾舉車帷，曰：「是天子也！」○帝思東歸，終日不食，汜乃聽幸新豐。○汜謀脅帝都郿，事泄，逃入南山。○張邈死。汜黨夏育等謀脅帝西行，楊定等奉帝幸華陰。○定與段煨有隙，攻之十餘日，煨供給無二意。○李傕、郭汜追乘輿，定奔荆州。○帝幸弘農。○張濟復與傕、汜合，敗董承、楊奉於東澗。○沮儁罵傕而死。○承奉召白波帥李樂、韓暹等擊破傕、汜於曹陽，已而復爲傕、汜所敗。○承等與帝潛夜渡河，幸安邑。○壁壘競求拜職，以錐畫印。○帝遣韓融與傕、汜和，傕乃放所掠公卿、宫人。○長安城空四十餘日，關中無復人迹。○沮授勸袁紹迎車駕，郭圖、淳于瓊以爲不便，紹乃止。○袁術使孫策取江東。○策渡江，百姓皆失魂魄。既至，軍士不敢虜略，民乃大悦。○策破笮融、薛禮。○策與太史慈鬭於神亭。○吕範自請爲都督。○策以張紘、張昭等爲謀主。○策曰：「子布賢，我能用之，其功名不在我乎！」○許劭勸劉繇保豫章。○笮融大起浮圖祠。○融殺趙昱、薛禮。○許劭謂融不顧名義，朱皓推誠信人，宜密防之。○曹操圍張超，臧洪欲救之，袁紹不從。超死，洪遂與紹絶。○紹圍洪歷年，七八千人相枕而死，無離叛者。○陳容願與洪同日死。○公孫瓚謂：「衣冠自以職分當貴[五]，不謝人惠。」故屈辱之。○鮮于輔間柔等奉劉和以攻瓚。瓚數敗，乃築易京以自守，曰：「天下非我所决。」

丙子（一九六）

柔兆困敦

二丙申、四乙未、七甲子、九癸亥、十一壬戌朔。

建安元

趙岐爲董承説劉表，使助修雒陽宫室。○吕布襲劉備，取下邳。備請降於布，布復以備爲豫州刺史，屯小沛。○楊奉、韓暹、張揚等送帝還雒陽。○尚書郎自出採稆，餓死牆壁間。○袁術欲僭號，閻象、張承、孫策皆諫止之。術不從，策遂與術絶。○荀彧勸曹操迎天子。○董昭爲操作書結楊奉。○操至雒陽，討罪賞功。○董昭説操遷都許。○孫策取會稽，降王朗。○虞翻諫策遊獵。○楊奉奔袁術。○詔書責袁紹。○曹操讓位於紹，自爲司空。○荀彧薦荀攸、郭嘉。○嘉謂紹多端寡要，好謀無决，難以成功。○滿寵殺曹洪客，操喜曰：「當事不當爾邪！」○孔融高談清教，盈溢官曹，論事考實，難可悉行。○融造次能得人心，久久亦不願附。○融信任輕剽小才，而尊禮名儒鄭玄等，曰：「民望不可失也。」○融爲袁譚所攻，曹操徵爲將作大匠。○棗祗、任峻興建屯田，所在倉廩皆滿。○袁術遣將攻劉備，吕布

往解之。○布攻備，備奔曹操。或勸操殺之，郭嘉曰：「如此智士自疑，回心擇主，公誰與定天下乎！」○袁渙不肯爲布作書罵備。○張濟攻穰而死，劉表不受賀。○段煨厚待賈詡，而詡去歸張繡，曰：「如此，身與家俱全矣。」○詡謂劉表平世三公才也。○表欲庭觀雅樂，杜夔以爲不可。○曹操不殺禰衡，曰：「遠近將謂孤不能容之。」○表左右因形以譖衡。

丁丑（一九七）

强圉赤奮若

正辛酉、三庚申、五己未、七戊午、十丁亥、十二丙戌朔。

二

曹操討張繡，繡降而復叛，擊破操軍。○于禁在亂能整，討暴堅壘。○荀彧、郭嘉謂袁紹有十敗，操有十勝。○又勸先取呂布。○彧薦鍾繇，使安集關中。○袁術稱帝。○袁紹爲大將軍，兼督冀、青、幽、并。○陳珪勸呂布與袁術絶昏，執其使送許。○陳登勸曹操早圖呂布。○登謂布曰：「曹公言將軍如鷹，飢即爲用，飽則颺去。」○袁術使張勳與韓暹、楊奉攻布。陳珪勸布誘暹、奉共擊勳，大破之，因南侵至鍾離而還。○高順諫布自詣臧霸求賂。○順謂布：「誤事豈可數乎！」○詔封孫策爲烏程侯。○策擊走陳瑀。○陳王寵屯陽夏，袁術刺殺之。○曹操討術，斬橋蕤等於蘄陽，術走渡淮。○何夔懷毒藥以免杖。○許褚降曹操。○操欲殺楊彪，孔融救之。○滿寵考訊彪，而辨其無罪。○孔融議馬日磾喪不宜加禮。○劉備誘楊奉殺之。韓暹、胡才、李樂、郭汜相繼皆死。○杜襲戒繁欽，數見奇於劉表。○李通不赦妻伯父，嘉趙儼執憲，與爲親交。

戊寅（一九八）

著雍攝提格

二乙酉、三甲申、五癸未、七壬午、九辛巳、十一庚辰朔。○閏二。○三一日，穀雨。

三

荀攸勸曹操緩擊張繡。○段煨等誅李傕。○袁紹欲徙都鄄城，操拒之。田豐勸紹圖許。○操策張繡至安衆必敗。○賈詡勸繡以敗兵追操而勝之。○呂布遣高順攻劉備於沛，破之。○荀攸勸操擊呂布。○陳宮勸布出屯於外，與宮相首尾以擊操，布用妻言而止。○許汜、王楷謂袁術不救布爲自敗。○張楊無威刑，謀反者涕泣輒不問，爲其將楊醜所殺。○曹操欲釋布還，荀攸、郭嘉勸，遂攻之。○陳宮曰：「逆賊曹操，何等明公！」○操克下邳，禽布。陳宮請出就刑，操誅宮而撫其家。○操悉拜臧霸等爲守相。○霸不肯殺徐翕、毛暉。○鄧羲諫劉表與袁紹相結。○張羨以三郡叛表歸曹操。○孫策使張紘入貢，操與策爲昏以撫之。○周瑜、魯肅知袁術無成，皆棄官歸策。○策禽祖郎、太史慈，釋而用之。○策命慈撫劉繇部曲，因視華歆方略，衆疑慈必逃去。策曰：「子義捨我，當復從誰！且其人重信義，一以意許知己，死亡不相負。」○公孫瓚曰：「天下方虎爭，誰能經年坐吾城下！」○瓚不救別將被圍者，及袁紹攻之，別營或降或潰，紹直抵其城下。○瓚欲自出絶紹軍後，關靖諫止之。

己卯（一九九）

屠維單閼

二己酉、四戊申、六丁未、八丙午、十乙巳、十二甲辰朔。

四

紹攻拔易京，斬瓚。○關靖曰：「陷人於危，必同其難。」遂死之。○田豫勸鮮于輔歸曹操。○袁紹立烏桓四單于。○曹操擊斬眭固。○操赦魏种，使守河内。○袁術奢淫，自致困敗，死於江亭，妻子奔劉勳。袁紹欲攻許，沮授請先獻捷，若不得通，乃徐爲經略。郭圖、審配以爲時不可失，因譖授，奪其權。○崔琰諫紹攻許。○曹操謂紹「兵多而分畫不明，適足爲吾奉」。○荀彧論審配、許攸等必敗。○賈詡勸張繡絶紹歸操。○楊阜論袁、曹勝敗。○關中流民還者，諸將多引部曲。衛覬請置鹽官，買牛使之耕種。○韓嵩、劉先諫劉表不助袁、曹，而坐觀成敗。○表使嵩詣許，嵩言受天子官，則不得復爲將軍死。○劉曄誘誅鄭寶，以部曲與劉勳。○曄諫勳襲上繚。○孫策襲勳，取廬江。○策使虞翻説華歆，取豫章。○策以子弟禮事歆。○策收視袁術、劉繇妻子。○吳夫人倚井救魏騰。○策以許昭有丈夫之志，赦之。○曹操謂劉備：「天下英雄，惟吾二人。」○備據徐州叛。

庚辰（二〇〇）

上章執徐

二癸卯、五壬申、七辛未、九庚午、閏十己巳、十二戊辰朔。○十一一日，冬至。○本志：九朔，食。

五

董承死。○曹操捨袁紹而擊劉備，曰：「備，人傑也，不取必爲後患。」○郭嘉謂紹多疑，來必不速。○田豐勸紹乘虛襲許，紹以子疾不從。○操擊破備，備奔紹。○田豐彊諫，紹械繫之。○沮授散財與宗族，曰：「六國蚩蚩，爲嬴弱姬。」○程昱以七百兵守鄄城。○沮授謂顔良不可獨任。○操救白馬，斬良。○沮授曰：「上盈其志，下務其功，此必敗。」○紹渡河追操，操擊斬文醜。○關羽立效然後去，操令勿追。○孫策爲盜所殺，以後事授弟權。○張昭謂權：「此寧哭時！」○昭與周瑜委心事權。○袁紹遣劉備徇汝、潁。○李通拒絶袁、劉。○趙儼請以緜絹還民。○何夔諫嚴刑急調。○曹仁擊劉備，破之。○備從袁紹請兵，南連劉表。○沮授謂南兵勁而北糧多，宜曠以日月。○操糧少，欲還許。荀彧曰：「公以至弱當至彊，若退必爲所乘，此大機也。」○又曰：「紹能聚人而不能用。」○操撫運者曰：「卻十五日，爲汝破紹。」○荀攸薦徐晃，使擊紹運車。○沮授請遣支軍衛運車。○許攸請襲許，紹曰：「要當先取操。」○攸降操，勸操襲淳于瓊，斬之。○紹遣張郃攻操營，郃請先救瓊，郭圖譖之，郃遂降操，紹軍大潰。○沮授不降，求速死。○操得將士書，皆焚之，曰：「孤猶不自保。」○蔣義渠避帳處紹。○紹殺田豐，曰：「果爲所笑。」○逢紀素與審配有隙，明其不反。○紹矜愎自高，故敗。○劉馥爲楊州刺史，單馬造合肥空城，建立州治。○曹操欲乘喪伐孫權，張紘諫而止。○董襲謂江東地利人和，萬無所憂。○周瑜薦魯肅，權一見悦之，肅因説權以保據江東。○權拔呂蒙於行陳。○駱統勸權尊賢接士，人人加以密意。○李術叛權，權擊斬之。○劉表破張羨。○表郊祀天地。○張魯叛劉璋。○璋使龐羲擊之，不克。○趙韙起兵攻璋。

年	歲名・朔	卷第六十四
辛巳（二〇一）	重光大荒落 二丁卯、四丙寅、六乙丑、九甲午、十一癸巳朔。○本志：二朔，食。	六 曹操欲擊劉表，荀彧謂宜乘袁紹困，先取之。○操擊劉備於汝南，備奔劉表。○備見髀肉流涕。○張遼説降昌豨。○趙韙敗死。○龐羲索賨兵，程畿不與。○張魯以鬼道教民，○閻圃諫魯稱王。
壬午（二〇二）	玄黓敦牂 正壬辰、三辛卯、五庚寅、七己丑、九戊子、十一丁亥朔。	七 袁紹薨。○沮授諫紹出長子譚於青州，曰：「禍其始此。」○審配等廢譚，立少子尚。○曹操攻譚、尚於黎陽。○郭援欲降賈逵，逵叱之。○祝公道出逵於窖中。○張既、傅幹説馬騰，使擊郭援。○鍾繇破援，斬之。○李典諫夏侯惇追劉備。○周瑜勸孫權勿送任子於曹操。
癸未（二〇三）	昭陽協洽 二丙辰、四乙卯、六甲寅、七癸丑、九壬子、十一辛亥朔。閏六。○七一日，處暑。	八 袁譚、袁尚敗走，曹操追至鄴，郭嘉請緩之，使二子自相圖。○辛評、郭圖勸譚攻尚於鄴，譚不勝，奔南皮。○王脩諫譚曰：「譬人將鬬，而斷右手，曰我必勝，其可乎！」○脩知管統必來赴難。○曹操擊劉表至西平。○袁尚攻譚，譚奔平原，使辛毗求救於操。○劉表以書勸譚、尚和親。○荀攸説操乘亂取譚、尚。○辛毗謂操無問譚信與詐也。○操北至黎陽，尚釋平原還鄴。孫權擊黄祖，會山越亂而還。
甲申（二〇四）	閼逢涒灘 正庚戌、四己卯、六戊寅、八丁丑、十丙子、十二乙亥朔。	九 袁尚留審配守鄴，復攻袁譚於平原。○曹操圍鄴。○徐晃請封降者，以示諸城。○尚還救鄴。○李孚以譎計入城。○操謂尚循大道來，當避之。尚敗，奔中山。○操克鄴，審配罵辛毗。○操謂配：「弩何多？」配曰：「猶恨其少！」○配謂張子謙：「汝爲降虜，我爲忠臣。」○操哭紹墓，稟給袁氏。○操與紹論方面可據，曰：「吾任天下之智力，以道御之，無所不可。」○操爲冀州牧。○牽招説高幹迎袁尚。○崔琰謂操：「未宜先校計甲兵。」○許攸矜功而死。○高幹降。○袁譚叛操，操擊之，譚奔南皮。○公孫度卒，子康嗣。○牽招使烏桓，令峭王辭遼東之使，不助袁譚。○嬀覽、戴員殺孫翊，翊妻徐氏殺覽、員。○孫權試攻鶩孫韶。
乙酉（二〇五）	旃蒙作噩 二甲戌、四癸酉、六壬申、九辛丑、十一庚子朔。	十 曹操克南皮，斬袁譚。○李孚請安慰城中。○王脩請收葬譚尸。脩不殺管統。○郭嘉説操多辟青、冀、幽、并名士。操赦陳琳之罪。○袁熙爲其將焦觸所攻，與尚奔烏桓。○韓珩不肯受盟。○張燕降。○高幹復叛。○杜畿就衛固、范先於河東，卒討禽之。○畿在河東十六年，常爲天下最。○荀悦作《申鑒》上之。○悦曰：「榮辱者，賞罰之精華。」

丙戌（二〇六）

柔兆閹茂

正己亥、三戊戌、四丁酉、六丙申、八乙未、十一甲子朔。○閏三。○四一日，小滿。

十一

曹操擊高幹，斬之。○梁習爲并州刺史，徐以謀策，消散營保，懷服胡夷。○仲長統謂高幹有雄志，而無雄才。○統著《昌言》。○鑿平虜、泉州渠。

丁亥（二〇七）

强圉大淵獻

正癸亥、三壬戌、五辛酉、七庚申、九己未、十一戊午朔。

十二

曹操表荀彧謀畫之功，增封邑。○郭嘉勸操擊蹋頓，又勸兼道掩襲。○邢顒聞操法令嚴，知其能平亂，往歸之。○袁紹五辟田疇不至，曹操一命即起。○操以疇爲鄉導，出盧龍塞，擊蹋頓，斬之。○操引軍還，而公孫康斬送袁尚、袁熙首。○田疇辭封賞，曹操不奪其志。○劉備説劉表襲許，表不能用，既而悔之。○諸葛亮自比管、樂。○司馬徽、徐庶薦亮於劉備，備親詣亮，三往乃見之。○備曰：「孤有孔明，猶魚之有水。」○亮拜龐德公於牀下。○德公謂亮爲臥龍，從子統爲鳳雛，徽爲水鑑。

戊子（二〇八）

著雍困敦

正丁巳、四丙戌、六乙酉、八甲申、十癸未、十二壬午朔。○閏十二。○本志：十朔，食。

十三

趙温辟曹操子丕，操奏免之。○甘寧知劉表終無成，去依孫權，説權取黄祖。權擊祖，斬之。○寧請代蘇飛首入函。○寧殺淩統父，權命統不得讎。○罷三公官，以曹操爲丞相。○崔琰、毛玠典選舉，士皆以清節自勵。○崔琰知司馬懿爲非常人。○張遼令不反者安坐，營中自定。○趙儼參遼等三軍，遂相親睦。○操使張既徵馬騰爲衛尉，使其子超領槐里營。○誅孔融。○諸葛亮勸劉琦居外。○劉表卒，少子琮立。○曹操擊荆州，琮迎降。○琮以節來迎，婁圭知其非詐。○或勸劉備攻琮，備曰：「死何面目見劉荆州！」○或勸備速行，備曰：「舉大事以人爲本，何忍棄之！」○王威説琮邀擊操。○操追破備於當陽。○徐庶去備歸操，曰：「方寸亂矣。」○張飛爲備斷後。○備知趙雲不走。備與劉琦合兵屯夏口。○曹操入江陵，釋韓嵩囚，令條品州人優劣，擢而用之。○文聘後降操，命之守江夏。○和洽捨冀州適荆州，劉表客之，洽避去。○劉廙諫兄望之自絶於表，而不去。○裴潛謂表以西伯自處，敗無日矣。○魯肅爲權觀荆州形勢。○肅勸劉備與權合從。○諸葛亮爲備請救於權。○周瑜邀備至軍中相見。○黄蓋詐降，燒操軍，大敗操於赤壁。○操留曹仁守江陵而還。○周瑜進攻之。○魯肅、周瑜勸權拒操。○吕蒙不受襲肅兵。○蒙救甘寧於夷陵。○劉備表劉琦爲荆州刺史，南取零、桂等四郡，使諸葛亮調食以給軍。○劉璋使張松詣操，操不存録松。松勸璋絶操，與劉備相結。○田疇誓死不受封。○邴原不以亡女與倉舒合葬。○賀齊以鐵戈取林歷山賊。

己丑（二〇九）

屠維赤奮若

正辛巳、三庚辰、六己酉、八戊申、十丁未、十二丙午朔。○正二日，雨水。

十四

孫權圍合肥，張紘諫權身自突敵。○蔣濟解合肥圍。○曹仁走，周瑜據江陵。○劉琦卒，劉備領荆州牧。○孫權以妹妻備。○周瑜謂蔣幹：「丈夫遇知己，禍福共之。」○和洽言取士不可專以儉素一節。

庚寅（二一〇）

上章攝提格

二乙巳、四甲辰、六癸卯、八壬寅、十一辛未朔。○本志：二朔，食。

十五

曹操下令，言其本志，止於題墓作征西將軍。○又曰：「國家無有孤，不知幾人稱帝，幾人稱王。」○劉備詣京見孫權，求都督荆州地。○周瑜勸留備於吴，多其美女玩好，以娱其耳目。○瑜又請西取巴、蜀，還據襄陽，以圖北方。○瑜病卒，薦魯肅自代。○權以男娶瑜女，女嫁瑜男。○瑜以臣節事權。○程普曰：「與公瑾交，若飲醇醪。」○魯肅勸權以荆州借劉備。○權謂呂蒙：「今當塗掌事，不可不學。」○魯肅謂龐士元非百里才，備乃用爲治中，親待亞於諸葛亮。士燮在交趾，威尊無上，震服百蠻。○步騭爲交州刺史，嶺南始服屬於權。

辛卯（二一一）

重光單閼

正庚午、三己巳、五戊辰、七丁卯、閏八丙寅、十乙丑、十二甲子朔。○九一日，霜降。

十六

曹丕爲五官將。○曹操遣鍾繇討張魯。高柔以爲關中諸將必疑懼而反。○韓遂、馬超等反，據潼關。○操曰：「戰在我，不在賊。」○操渡河，爲馬超所迫，賴許褚、丁斐以免。○操與韓遂交馬語，馬超疑之。○操謂：「曹公非有四目兩口，但多智耳。」○操擊破遂、超等，遂、超奔涼州。○操論破遂、超形勢。○關中諸將每一部到，操輒喜。○杜畿以河東供軍食有餘畜。○張松、法正以劉璋闇懦，密謀納劉備。○黄權諫璋召備。○王累倒懸於州門。○龐統勸備取益州。○孫夫人以劉禪歸吴，張飛、趙雲截江留之。○嚴顔拊心，以爲放虎自衛。○璋與備會於涪。法正、龐統勸備於會襲璋，備不可。○備至葭萌，布恩德以收衆心。

壬辰（二一二）

玄黓執徐

二癸巳、五壬辰、七辛卯、九庚寅、十己丑朔。○本志：六庚寅晦，食。

十七

曹操贊拜不名。○常林諫五官將丕自討田銀、蘇伯。○程昱不欲丕擅斬降者，操以爲善處人父子之間。○國淵上首級，不以一爲十。○誅馬騰。○鄭渾安集馮翊，破斬梁興。○立四皇子爲王。○孫權徙治秣陵。○呂蒙勸孫權築濡須塢。○曹操擊孫權，至濡須。○董昭議進操爵爲公，荀彧拒之。操不悦，彧飲藥卒。○龐統爲劉備畫取益州三策。○張松謀泄而死，劉璋與備絶。○備還兵襲璋，據涪城。

卷第六十六

癸巳（二一三）

昭陽大荒落

正戊子、三丁亥、六丙辰、八乙卯、十甲寅、十二癸丑朔。○本志：秋，歲、鎮、熒惑俱入太微[六]，逆行留守帝坐百餘日。

十八

曹操歎孫權軍容整肅。○權謂操：「春水方生，公宜速去。」○并十四州爲九州。○蔣濟諫操徙濱江民。○封操爲魏公，加九錫。○鄭度説璋堅壁清野，以待備之飢困，走而擊之。法正知璋不能用度謀。○備進圍雒城。○楊阜知馬超必叛。○閻温求救見獲，死不易辭。○阜諫韋康等降超。○超據涼州。○阜與姜敘謀攻超，敘母勸敘從阜計[七]。○趙昂妻不以一子易忠義。○姜敘母罵超而死。○超敗，奔張魯。○魏置尚書、侍中、六卿。○袁渙家無所儲，乏則取之於人。○渙聞劉備死，不賀。○陳羣、鍾繇請復肉刑。

甲午（二一四）

閼逢敦牂

二壬子、四辛亥、五庚戌、七己酉、十戊寅、十二丁丑朔。○閏四。○五一日，夏至。

十九

張魯資馬超兵，使取涼州。○夏侯淵擊超及韓遂，破之。○呂蒙勸孫權急攻皖城，拔之。○諸葛亮留關羽守荆州，與張飛、趙雲泝江定巴郡。○嚴顔曰：「斫頭便斫頭，何爲怒邪！」○劉備圍成都。○馬超降備。○備使簡雍説璋，璋與雍同輿出降。○備素恨劉巴，又黄權獨後降，備皆禮而用之。○法正謂許靖「有虚譽而無其實，然不可棄也」。○劉巴請鑄直百錢，以實府庫。○趙雲諫以田宅賜諸將。○霍峻守葭萌，拒楊昂，破向存。○諸葛亮不禁止法正。○亮曰：「威之以法，法行則知恩。限之以爵，爵加則知榮。」○劉楨謂曹植：「忘家丞之秋實。」○魏公美二荀進善去惡，又謂其論人久而益信。○夏侯淵討宋建，斬之。○魏公殺伏后。○魏公欲殺亡士父母兄弟，高柔曰：「此非所以止亡，乃所以益走耳。」

乙未（二一五）

旃蒙協洽

二丙子、四乙亥、六甲戌、八癸酉、十壬申、十二辛未朔。

二十

立曹后。○魏公擊張魯。○涼州諸將送韓遂首。○孫權欲取蜀，劉備固止之。備得益州，權求荆州三郡，備不與。權怒，命呂蒙取三郡。備自至公安，與關羽拒權。○魯肅與關羽會語。○備與權更尋盟好，分荆州，以湘水爲界。○諸葛瑾至蜀，與亮但公會相見，退無私面。○魏公破張衛，克漢中。○張魯封倉庫，奔巴中。○司馬懿、劉曄勸魏公乘勝取蜀，不從。○孫權攻合肥，張遼先出戰，然後入守。○遼掩擊權，幾獲之。甘寧、凌統拒禦得免。○賀齊謂權：「宜以此爲終身之戒。」○張魯出降，封閻圃爲列侯。○黄權説劉備迎張魯，擊朴胡、杜濩，破之。○張郃略地宕渠，張飛擊破之。○趙儼徙韓遂、馬超兵於鄴。

丙申（二一六）

柔兆涒灘

三庚子、五己亥、七戊戌、九丁酉、十一丙申朔。○本志：五朔，食。

二十一

魏公進爵爲王。○崔琰、毛玠以讒得罪。○桓階求案實玠事。○何夔不事丁儀。○崔林謂陳羣：「即如卿諸人，良足貴乎！」○南單于入朝于魏，魏人留之。○魏王擊孫權。

丁酉（二一七）

強圉作噩

正乙未、二甲午、五癸亥、七壬戌、九辛酉、十一庚申朔。○閏正。○二一日，春分。

二十二

蔣欽稱徐盛之善。○孫權請降於魏王。○權指周泰創痕，以服諸將。○魏立太子丕。○崔琰、毛玠、邢顒諫立曹植爲嗣。○賈詡勸丕，朝夕孜孜，不違子道。○詡曰：「方思本初、景升父子。」○吴質令丕涕泣送王。○魏王謂卞夫人「怒不變容，喜不失節，故最爲難」。○辛憲英謂太子，宜戚而喜，何以能久！○曹植妻衣繡，魏王見而賜死。○法正説劉備取漢中。○魯肅卒。嚴畯辭以書生不閑軍事，權命吕蒙代之。○陸遜請部伍山越，得精卒數萬人。○遜稱淳于式佳吏。

戊戌（二一八）

著雍閹茂

正己未、三戊午、五丁巳、七丙辰、十乙酉、十二甲申朔。

二十三

吉本等攻王必於許，不克而死。○曹休謂張飛，若欲斷道，不先張聲勢。○裴潛料代郡烏桓必叛。○魏王使鄢陵侯彰擊烏桓，曰：「居家爲父子，受事爲君臣。」○楊洪謂諸葛亮曰：「無漢中則無益州矣。」○亮能盡時人器用。○曹彰擊破烏桓。○宛將侯音反。○應余以身蔽太守。○宗子卿説音遣太守出。

己亥（二一九）

屠維大淵獻

二癸未、四壬午、六辛巳、八庚辰、十己卯、十二戊申朔。○閏十。○十一一日，冬至。○本志：二壬子晦，食。

二十四

曹仁討斬侯音。○魏王戒夏侯淵曰：「將以勇爲本，行之以智計。」○劉備擊斬淵。○杜襲、郭淮收散卒，推張郃爲軍主。○淮遠水爲陳，以待劉備。○魏王出斜谷，劉備自知必有漢川。○趙雲開門延魏兵。○魏王引軍還，備遂有漢中。○張既徙武都氐。○既勸魏王不助顔俊。○劉封、孟達取房陵、上庸。○劉備自稱漢中王。○費詩説關羽受前將軍印綬。○魏立卞后。○孫權攻合肥，温恢謂宜憂征南。○關羽攻曹仁於樊。○漢水溢，于禁等七軍皆没，龐悳不降而死。○滿寵勸曹仁堅守。○魏諷謀襲鄴，不克而死。○楊脩坐交關曹植，誅。○杜襲諫魏王攻許攸。○關羽威震華夏，魏王欲徙許都以避之。司馬懿、蔣濟請以江南賂孫權，使之襲羽。○吕蒙勸孫權取關羽，謂徐州易取而難守。○吕蒙詐疾還建業拒陸遜之謀，而陰薦遜使代己，羽由是悉徹江陵守兵以赴樊。○權欲以蒙與孫皎爲左右督，蒙以爲不可。○趙儼勸徐晃逼圍不戰，以待北軍。○董昭請露孫權牋。○魏王欲自救樊，桓階以爲不若遥爲聲援，乃屯摩陂。○徐晃擊破關羽，羽撤圍，退據沔水。○吕蒙襲公安、江陵，羽守將士仁、糜芳皆降。○蒙入江陵，撫慰羽將士家屬，將士皆無鬬志。○卒取民笠以覆鎧，蒙斬之。○趙儼勸曹仁不追關羽。○孫權誘諭潘濬，以爲治中。○濬見樊伷設饌，知其無能爲。○陸遜取宜都。○權獲關羽，斬之。○權不答全琮之表，而賞其功。○權穿壁以覘吕蒙之病，病中瘳，爲下赦令。○權論周瑜、魯肅、吕蒙才能。○虞翻抗鞭欲擊于禁。○司馬懿諫魏王徙荆州殘民。○魏王表權爲驃騎，領荆州牧。○魏王曰：「若天命在吾，吾爲周文王矣。」

卷第六十八

校勘記

〔一〕「河」，原作「何」，今據《通鑑》卷四十九改。

〔二〕「朔」，原脱，今據文例補。

〔三〕「暢」，原作「陽」，今據《通鑑》卷五十六改。

〔四〕「卑」，原作「陀」，今據《通鑑》卷五十八改。

〔五〕「當」，原作「富」，今據《通鑑》卷六十一改。

〔六〕「鎮」，原作「填」，今據《續漢書·天文志》改。

〔七〕「阜」，原作「超」，今據《通鑑》卷六十七改。

資治通鑑目録卷第七

翰林學士兼侍讀學士朝散大夫右諫議大夫知制誥判尚書都省兼提舉萬壽觀公事兼上柱國河内郡開國侯食邑一千三百户
食實封貳佰户賜紫金魚袋臣司馬光奉敕編集

庚子（二二〇）

上章困敦

己卯蔀一年，正戊寅、二丁未、四丙午、六乙巳、八甲辰、十癸卯、十二壬寅朔。○魏、蜀同用四分歷。

魏高祖丕黄初元

武王知人善察，難眩以僞。與敵對陳，意思安閑，乘機決勝，氣勢盈溢。勳勞宜賞，不吝千金，無功望施，分毫不與。○王薨，賈逵以爲喪不可秘。○徐宣謂專任譙、沛人，沮宿衛者心。○賈逵縱青州兵去。○鄢陵侯彰問逵璽綬，逵責之。○司馬孚止太子哭。○又令羣臣早拜嗣君。○陳矯以王后令立太子。○誅丁儀、丁廙。○魚豢曰：「貧不學儉，卑不學恭。」○令宦者不得過諸署令，爲金策藏之石室。○司馬孚不令選左右舊人爲侍中、常侍。○陳羣建九品官人之灋。○麴演等反，蘇則因其新集擊之，以爲善惡必離，則我增而彼損。○張就爲黄華所執，密書召其父，使擊華。○孟達降。○劉曄知達不能感恩懷義。○大饗于譙。○賈逵言，刺史皆尚嚴能之才，不言愷悌之德。○王受漢禪，即帝位。○辛毗勸帝不改正朔。○衛臻以禪授之義稱揚漢美。○帝徙都洛陽。○蘇則謂西域大珠，求而得之，不足貴。○蔣濟謂「作威作福」爲亡國之語。○辛毗諫徙冀州士家，引帝裾。○辛毗謂射雉於羣下甚苦。

漢昭烈帝劉備

孟達降魏（一）。○殺劉封。

吳太祖孫權

卷第六十九

辛丑（二二一）

重光赤奮若

二辛丑、五庚午、七己巳、九戊辰、十一丁卯朔。○《晉志》：六戊辰晦，食。

二

賜甄夫人死。○初詔天地之眚，勿劾三公。○帝諸弟皆進爵爲公。○劉曄料漢主必報吳。○孫權稱臣奉章，送于禁等還。○劉曄請不受吳使而擊之。○帝畫陵屋，以辱于禁。○劉曄諫封權爲吳王，加九錫。○吳既稱藩，夏侯尚益脩守備。○楊彪不受太尉，帝以彪爲光禄大夫。○罷五銖錢。○張既破盧水胡。○又募羌、胡斬麴光。○烏桓既衰，鮮卑軻比能始盛，帝以牽招、田豫鎮撫之。

章武元

費詩諫漢中王即帝位，不從。○立吳后、太子禪。○漢主擊孫權，趙雲、秦宓諫。○張飛爲帳下所殺。

元

權徙都武昌。○諸葛瑾遺漢主書，曰：「關羽之親，何如先帝！」○或言瑾貳於漢，權曰：「子瑜不肯留孔明，豈當有此！」○權稱臣於魏，送于禁等還。○魏封權爲吳王，加九錫。○張昭謂邢貞：「豈以江南無寸刃乎！」○趙咨謂吳王「聰明仁智雄略之主」。○魏求珍異之物，王悉與之。○立太子登，以諸葛恪等爲四友。○沈珩聘魏。○張昭曰：「長夜之飲，亦以爲樂，不以爲惡也。」○王醉，欲殺虞翻，劉基抱諫。

壬寅（二二二）

玄黓攝提格

正丙寅、三乙丑、五甲子、閏六癸亥、九壬辰、十一辛卯朔。○七一日，處暑。○《晉志》：正朔，食。十一庚申晦，食。

三

初令選士不限年。○立子弟爲王。帝禁約諸侯，不聽朝聘，諸侯求爲布衣不可得。○北海王衮不欲防輔稱其美。○帝聞漢兵連營七百里，策其必敗。○黄權來降，知漢必不誅其妻子。○詔羣臣不得奏事太后，后族不得輔政及横受茅土。卞太后言：「外親犯禁，吾且能加罪一等耳。」○棧潛諫立郭后。○帝責吳王任子不至，乃使曹休等伐之，劉曄諫。○作終制，藏之宗廟。○曹休請渡江擊吳，董昭知其必不行。○吳兵敗退。

二

漢主進軍擊吳，黄權諫。○漢主至猇亭，大爲吳將陸遜所敗，走還永安。黄權降魏，漢主不誅其妻子，曰：「權不負孤。」○復與吳連和。○黄元叛。

黄武元

漢主進軍猇亭，陸遜養鋭不擊。○遜不擊吳班，知其有譎。○遜言夷陵要害，失之則荆州可憂。○遜大破漢兵，漢主走還永安。○遜不救孫桓，而桓圍自解。諸將違遜節度，遜責之而不啓，以濟國事。○諸將欲就攻漢主，遜決計輒還。○魏責吳王任子不得，使曹休等伐吳。○吳王改元，臨江拒守。○吕範等遇風敗退。○復與漢連和。○陸遜知漢主不能復東。

卷第七十〔三〕

癸卯（二二三）

昭陽單閼

魏：正庚寅、三己丑、五戊子、七丁亥、九丙戌、十二乙卯朔。○吳初用《乾象曆》，正庚寅、二己未、四戊子、六丁巳、八丙辰、十乙卯朔。

四

蔣濟諫曹仁襲濡須、中洲，仁不從而敗。○曹真攻江陵，不克。○董昭諫作浮橋入渚中。○賈詡言當今宜先文後武。○高柔上言，三公宜使知政。

漢安樂思公禪建興元

楊洪料黄元必東走，果禽之。○漢主託孤於諸葛亮，曰：「嗣子可輔，輔之，不才可自取。」又令太子事亮如父。○漢主殂於永安〔二〕，太子禪立。亮言：「違覆得中，如棄弊蹻而得珠玉。」○又言：「董幼宰參署，事有不至，至于十反。」○楊顒諫亮自校簿書。○雍闓叛，亮撫而不討。先養民，然後用之。○鄧芝脩好於吳。○立張后。

二

朱桓曰：「勝負在將，不在衆寡。」遂破曹仁於濡須。○呂蒙薦朱然自代。○曹真攻江崚，然拒卻之。○蜀鄧芝來脩好。

甲辰（二二四）

閼逢執徐

魏：二甲寅、四癸丑、六壬子、八辛亥、十庚戌、十二巳酉朔。○吳：正甲申、三癸未、五壬午、七辛巳、九庚辰、十一己卯朔。○《晉志》：十一月戊申晦，食。十月，歲入太微逆行，積百四十九日乃出。

五

立太學。○辛毗諫伐吳，帝不從，臨江而還。○劉曄料吳王不自來。○衛臻料吳王不在濡須。○鮮卑步度根來降。○軻比能始貳。

二

鄧芝言：「并魏之後，戰爭方始耳。」

三

吳主置印於陸遜所，每與漢書，令遜改定。○魏伐吳，徐盛爲疑城，魏主臨江而還。○暨艷好爲清論，貶損百僚。陸瑁、朱據諫之不聽，竟坐事自殺，并張温亦坐廢黜。○虞俊知温必取禍。

乙巳（二二五）

旃蒙大荒落

魏：二戊申、四丁丑、六丙子、八乙亥、十甲戌、十二癸酉朔。○閏三。四一日，小滿。○吳：正戊寅、三丁丑、五丙午、七乙巳、九甲辰、十一癸卯朔。○閏四。五二日，夏至。○《晉志》：五月壬戌，熒惑入太微，至壬申，與歲相及，俱犯右執灋，至癸酉乃出。

六

鮑勛諫伐吳，帝不從，臨江歎曰：「此天所以限南北。」遂還。○蔣濟作土豚〔四〕，以出戰舡。

三

諸葛亮討南夷，馬謖謂亮曰：「用兵之道，攻心爲上，攻城爲下。」○亮生得孟獲，七縱七禽。○亮平四郡，皆即其渠帥而用之。

四

吳王不用張昭爲相。○顧雍爲相，文武隨能，心無適莫。○雍言而見用，歸之於上；不用，終不宣泄。○王令中書郎咨訪政事，合雍意則反覆究論，不合則改容默然。○雍不許江邊諸將掩襲，曰：「彼皆爲身，非爲國也。」○彭綺反。

丙午（二二六）	柔兆敦牂 魏：二壬申、四辛未、六庚午、九己亥、十一戊戌朔。○吳：正壬寅、三辛丑、五庚子、八己巳、十戊辰、十二丁卯朔。	七 帝以宿嫌，殺鮑勛，廢曹洪。○立太子叡。○帝崩。○劉曄謂明帝，秦皇、漢武之儔。○陳羣言：「臣下雷同，是非相蔽，國之大患也。」○吳攻江夏，帝知其不足憂。	四	五 陸遜請務農，吳王曰：「令孤父子皆受田。」○吳王攻魏江夏，不克。○王盡寫科條，以示陸遜、諸葛瑾，使損益之。○士燮卒，子徽據郡不受代，呂岱討平之。
丁未（二二七）	彊圉協洽 魏：正丁酉、三丙申、五乙未、七甲午、九癸巳、十二壬戌朔。○閏十二。○吳：二丙寅、四乙丑、六甲子、八癸亥、十壬戌，閏十二辛卯朔。	魏烈祖叡太和元 孫資料彭綺必敗。○王朗諫修宮室。○孫資諫帝攻諸葛亮。○復行五銖錢，罷穀帛。○司馬懿鎮宛。○立毛后。虞妃謂曹氏好立賤，必由此亡國。○鍾繇議復肉刑。○吳韓綜來奔。○孟達據新城叛，司馬懿以書慰釋，而潛軍進討。	五 諸葛亮出師漢中，上表曰：「宮中府中，俱爲一體，陟罰臧否，不宜異同。」	六 胡綜等獲彭綺。○韓綜奔魏。
戊申（二二八）	著雍涒灘 魏：正辛酉、三庚申、五己未、七戊午、九丁巳、十一丙辰朔。○正一日，雨水。○吳：二庚寅、四己丑、六戊子、八丁亥、十丙戌、十二乙酉朔。○正一日，雨水。	二 司馬懿拔新城，斬孟達。○漢諸葛亮出祁山，天水、南安、安定皆叛應亮。帝幸長安。○張郃與亮戰于街亭，大破之。○曹真進討三郡，悉平。○真使郝昭守陳倉，治其城。○徐邈治涼州，撫教民夷，州界肅清。○帝命曹休、司馬懿、賈逵三道擊吳。○蔣濟、滿寵諫令休深入。○休與吳戰于夾石，大敗奔還。○賈逵素與休不善。及休敗，賴逵以免。○軻比能圍田豫於馬城。○漢諸葛亮出散關，圍陳倉，郝昭拒卻之。○帝遣張郃救陳倉，郃料亮已走。○公孫淵囚其叔父恭而自立。劉曄以爲宜乘其新立，有黨有仇，而攻之。	六 魏延請以萬人自子午谷襲長安，諸葛亮不許。○亮出祁山擊魏，天水、南安、安定皆降。○漢昭烈謂馬謖言過其實，不可大用。○亮以謖爲前鋒，敗于街亭，退還漢中。○亮流涕誅馬謖，曰：「若復廢灋，何用討賊！」○王平數諫謖，又獨全軍而還，亮賞之。○亮自貶三等，以右將軍行丞相事。○趙雲身自斷後，軍資什物，略無所棄。○雲不以餘絹賜將士。○亮不調兵，但勤求其闕。亮上言：「若不伐賊，王業必亡。」陳六未解，以破羣議。○亮出散關，圍陳倉，不拔，糧盡而還。	七 周魴詐降，以誘曹休。○陸遜大破休於夾石。○吳王以呂範忠誠，信任之，以周谷能欺，更簿書而不用。

己酉（二二九）	屠維作噩 魏：正乙卯、四甲申、六癸未、八壬午、十辛巳、十二庚辰朔。○吳：二甲申、五癸丑、七壬子、九辛亥、十一庚戌朔。	三 漢諸葛亮攻武都、陰平，取之。○詔後世有由諸侯奉大統者，無得謂考爲皇，稱妣爲后。○帝幸平望觀聽訟。○衛覬請置律博士。○改定漢律令。	七 諸葛亮攻武都、陰平，取之，復拜亮爲丞相。○亮謂吳稱帝之罪未宜明，乃與吳約，中分天下。	黃龍元 吳王稱帝。羊衜駁胡綜《賓友目》。○與漢約，中分天下。○張昭謂吳主：「昔太后、桓王不以老臣屬陛下。」○遷都建業，留太子於武昌，使陸遜輔之。○遜呵謝景，不令以先刑後禮論示東宮。○步騭勸太子以任賢。○張紘留牋勸治，曰：「從善如登，從惡如崩。」
庚戌（二三〇）	上章閹茂 魏：二己卯、四戊寅、七丁未、九丙午、十乙巳、十二甲辰朔。○閏九。○十二日，小雪。○吳：正己酉、三戊申、五丁未、八丙子、閏九乙亥、十一甲戌朔。○十一日，小雪。○《宋志》：十一月壬戌，太白犯歲。	四 諸葛誕、鄧颺等以浮華相尚，爲「四聰」、「八達」之目。董昭奏宜加禁絶，帝下詔免誕、颺等官。○卞太后崩。○曹真與諸將自子午谷伐漢。陳羣諫，不從。會久雨，華歆、楊阜、王肅皆請罷兵，帝從之。○帝謂徐宣：「吾省與僕射省何異。」○吳人寇合肥，滿寵拒卻之。	八 魏曹真等自子午谷寇漢中，諸葛亮次赤坂以待之，魏師還。	二 使衛温等求夷洲、亶洲。○襲魏合肥，不克。○魏降人隱蕃有俊才，胡綜請且試以小職。○潘濬子以糧餉蕃，濬杖之一百。蕃果謀亂，伏誅。
辛亥（二三一）	重光大淵獻 魏：二癸卯、四壬寅、六辛丑、八庚子、十一己巳朔。○吳：正癸酉、三壬申、五辛未、七庚午、九己巳、十二戊戌朔。○《晉志》：十一月戊戌晦，食。五月，熒惑犯房。	五 漢諸葛亮寇祁山，帝命司馬懿拒之。○張郃諫懿追亮，果敗。○亮退，郃至木門，敗死。○東阿王植求通姻親慶弔問遺，許之。○又曰：「三監之釁，臣自當之；二南之輔，求必不遠。」又曰：「使天下傾耳注目者，當權者是也。」○又曰：「權之所在，雖疏必重；勢之所去，雖親必輕。」又曰：「吉專其位，凶離其患者，異姓之臣也；存	九 諸葛亮使李平守漢中，將兵圍魏祁山，擊敗司馬懿。○亮粮盡退，與張郃戰於木門，殺之。○李平詐言軍粮饒足以賣亮，亮奪平官爵，徙梓潼。○陳震言平胸中有鱗甲。	三 衛旍言潘濬貳於漢，吳主免旍官。○孫布詐降魏，以誘王淩，擊破之。

卷第七十二

	壬子（二三二）	癸丑（二三三）
	玄黓困敦 魏：正戊辰、三丁卯、五丙寅、七乙丑、九甲子、十一癸亥朔。○吳：二丁酉、四丙申、六乙未、八甲午、十癸巳、十二壬辰朔。○《晉志》：正戊辰朔，食。十一丙寅，太白晝見南斗。	昭陽赤奮若 魏：正壬戌、四辛卯、閏五庚寅、七己丑、九戊子、十一丁亥朔。○六一日，大暑。○吳：二辛卯、五庚申、六己未、八戊午、十丁己、十二丙辰朔。○閏五。○六一日，大暑。○《晉志》：閏月庚寅朔，食。
共其榮，没司其禍者，公族之臣也。」○又乞藏表書府，不便滅棄，臣死之後，事或可思。○詔許諸王及公侯入朝。○吳孫布詐降，以誘王淩。滿寵不與淩兵，淩譖寵年衰耽酒。郭謀勸帝召而察之。	六 改封諸王，以郡爲國。○帝愛女淑卒，親臨送葬，與朝素衣，朝夕臨。陳羣、楊阜諫。○蔣濟諫伐遼東。○田豫擊斬吳使於成山。○劉曄善伺上意，内外異言。帝反意而問之，乃得其情。○陳騫謂父矯，不過不作三公。○杜恕諫任廉昭苛察羣臣。○帝欲案行尚書，陳矯跪止帝。○矯謂司馬公非社稷臣。○滿寵不救廬江。○寵請徙合肥城近内，以誘致吳人，使登陸而擊之。	青龍元 軻比能誘步度根以叛。○帝謂畢軌出軍，適使二虜驚合爲一。○公孫淵斬吳使張彌等，送首。○吳主欲攻新城，滿寵擊卻之。
	十	十一 南夷劉胄叛，馬忠討平之。○丞相亮息民休士三年，而後用之。
嘉禾元 建昌侯慮卒，太子登自武昌來，因留建業。○遣周賀等之遼東，虞翻諫不聽，魏將田豫擊斬之。○陸遜攻魏廬江，不克。		二 公孫淵遣使奉表稱臣，吳主爲之大赦。○遣太常張彌等，將兵萬人，浮海授淵九錫，封燕王。○張昭諫，不聽，以土塞門。淵斬彌等首送魏。吳主怒，欲自擊之，陸遜、薛綜、陸瑁諫，乃止。○吳主燒張昭門，彊起之。○秦旦等欲焚玄菟，不果，乃自高句麗逃歸。○吳主擊魏新城，不克。

甲寅（二三四）

閼逢攝提格

魏：正丙戌、三乙酉、六甲寅、八癸丑、十壬子、十二辛亥朔。○吳：二乙卯、四甲寅、七癸未、九壬午、十一辛巳朔。

二

吳、漢相約入寇。漢諸葛亮屯渭南，司馬懿拒之。○山陽公薨。田豫請以吳主圍新城，滿寵拒之。○山陽公薨。田豫請以新城委吳，須其罷怠，然後擊之。○劉邵請先發疑兵以怖吳。○滿寵欲拔新城，致吳壽春，帝不許。○帝敕司馬懿，不與諸葛亮戰。○帝自將東征，未至，吳遁。○帝策吳走蜀必退。○諸葛亮卒，漢兵亦遁。

十二

亮悉師以伐魏，與吳約同時大舉。○亮屯田渭濱，與耕民相錯，而民安堵。○亮謂司馬懿千里請戰，欲示武於其衆耳。○亮謂蔣琬、費禕，可繼己後。○亮卒，懿追之。楊儀反旗鳴鼓，懿走。○儀與魏延有隙，舉兵相攻，儀擊殺延。○亮死之日，内無餘帛，外無贏財。○張裔稱亮，爵不可以無功取，刑不可以貴勢免。○廖立垂泣，李平發病死。○百姓祭亮於道陌。○蔣琬代亮執政，既無戚容，又無喜色。○宗預謂東西增兵，皆不足問。

三

吳主與漢約共伐魏，圍新城，不克而退。○陸遜催種葑、豆以安衆，引兵向襄陽，然後退。○諸葛恪請爲官出丹楊山越。

乙卯（二三五）

旃蒙單閼

魏：二庚戌、四己酉、六戊申、八丁未、十一丙子朔。○吳：正庚辰、三己卯、五戊寅、七丁丑、九丙子、十二乙巳朔。○《晉志》：六月丁未，填犯井鉞。戊戌，太白又犯之。十月己丑，填犯井距星。

三

郭太后崩。○帝盛修宫室，廣增後宫。陳羣、高柔、辛毗、楊阜、蔣濟、王基、孫禮諫。○阜諫帝著帽，被縹綾半袖。○阜曰：「國家不與九卿爲密，反與小吏密乎！」○衛臻曰：「古制侵官之瀆，非惡其勤事也。」○帝雖不能用諫，然優容之。○帝問高堂隆柏梁事，隆對以夷、越之巫所爲，非聖賢明訓。○帝養齊王芳、秦王詢爲子。○鵲巢凌霄闕上，高堂隆以爲，宫室未成，將有他姓制御之。○王肅諫役事不敦期信，及刑殺倉卒。○肅謂張釋之，重於爲己，輕於爲君。○中山王衮遺令戒世子。○王雄刺殺軻比能。○張竦論張掖石瑞。

十三

楊儀怨望，徙漢嘉，自殺。

四

魏主以馬易珠璣。吳主曰：「此皆孤所不用，而可以得馬，何愛焉！」

卷第七十三

丙辰（二三六）

柔兆執徐

魏：正乙亥、二甲戌、四癸酉、六壬申、八辛未、十庚午朔〔五〕。閏正。二一日，春分。○吴：二甲辰、三癸卯、五壬寅、七辛丑、九庚子、十一己卯朔。○閏二三日穀雨。○《晉志》：閏正月己巳，填犯井鉞。三月癸卯，填犯東井。五月壬寅，太白犯畢左股第一星。七月甲寅，太白犯軒轅大星。

四

高堂隆對孛彗。○陳羣上封事，輒削其草。談論終日，未嘗言人主之非。○王昶曰：「物速成則疾亡，晚就則善終。」○又曰：「毀譽者，愛惡之原，而禍福之機。」○又曰：「當則無怨於彼，妄則無害於身。」○又曰：「救寒莫如重裘，止謗莫如自修。」

十四

五

張昭卒。

丁巳（二三七）

彊圉大荒落

魏：正己亥、二丁酉、六丙寅、八乙丑、十甲子、十二癸亥朔。初用《景初曆》，以十二月爲正。詔改三月爲四月。○漢仍用四分曆。正己亥、三戊戌、五丁酉、七丙申、九乙未、十一甲午朔。○吴：正戊戌、四丁卯、六丙寅、八乙丑、十甲子、十二癸亥朔。

景初元

高堂隆建議以建丑月爲正，色尚黄。○豫號帝廟曰烈祖，萬世不毁。○帝使毋丘儉討公孫淵，衛臻諫。○淵自稱燕王。○賜毛后死。○高堂隆以魏爲舜後，以舜配天。○徙長安鍾虡、承露盤於洛陽。○起土山於芳林園，使公卿皆負土。○董尋、高堂隆、衛覬皆諫。○張茂諫奪吏民妻以妻士。○高堂隆疾篤，上疏極諫，云：「宜防鷹揚之臣於蕭牆之内。」○帝謂選舉莫取有名，名如畫地作餅。○帝命劉邵作考課法。崔林、杜恕、傅嘏皆以不可行，遂寢。○衛臻謂蔣濟同牧野於成康，喻斷蛇於文、景。○盧毓選舉，先性行而後言才〔六〕。

十五

六

諸葛恪使諸將羅兵幽阻，盡出山越，徙置平地。

戊午（二三八）	著雍敦牂 魏：二壬戌、四辛酉、六庚申、九己丑、閏十戊子、十二丁亥朔。十一一日，冬至。○漢：正癸巳、三壬辰、六辛酉、八庚申、十己未、十一戊午朔。閏十。十一一日，冬至。○吳：二壬戌、四辛酉、七庚寅、九己丑、閏十戊子、十二丁亥朔。十一一日，冬至。	二 帝命司馬懿討公孫淵。○懿料淵必先拒遼水，後守襄平。又期一年可克。○蔣濟料吳不救遼東。○盧毓薦管寧爲司徒。○司馬懿不攻遼隧，直趣襄平。○懿值雨緩攻，不掠樵牧。○懿斬淵使，不受任子，遂誅淵，平遼東。○高柔諫以金屑飲公孫晃。○立郭后。○蔣濟諫帝寵任劉放、孫資，曰：「大臣太重者國危，左右太親者身蔽。」○又曰：「左右忠正遠慮，未必賢於大臣。至於便辟取合，或能工之。」○帝寢疾，命燕王宇、夏侯獻、曹肇等輔政。放、資執帝手，使作詔，改用曹爽、司馬懿。	延熙元 立張后及太子璿。○孟光謂太子，當以智意爲先，學問爲後。	赤烏元 羊衜諫戮公孫淵使。○吳主任校事呂壹，太子登諫。○是儀辨刁嘉之誣，謝厷解顧雍之譖。○潘濬欲手刃殺壹。○步騭保任雍等。○壹詐覺下獄，雍和顔問訊。○議者欲焚裂壹，闞澤以爲不可。○吳主責諸葛瑾等不陳損益。
己未（二三九）	屠維協洽 魏：二丙戌、四乙酉、六甲申、八癸未、十一壬子朔。○復用夏正，置後十二月。○漢：正丁巳、三丙辰、五乙卯、七甲寅、十癸未、十二壬午朔。○吳：二丙戌、四乙酉、六甲申、八癸未、十一壬子朔。	三 帝崩。○何晏、鄧颺等以浮華爲明帝所棄，曹爽收用之，以爲腹心。晏等勸爽尊司馬懿爲太傅，而奪之權。晏等用事，内外望風畏附之。	二 蔣琬以楊戲不應爲快，以楊敏言憒憒爲得實。	二 廖式反，呂岱討平之。○吳主不赦周瑜子胤，欲苦之使知過。不使周護領兵，恐爲作禍。
庚申（二四〇）	上章涒灘 魏：正辛亥、三庚戌、五己酉、七戊申、九丁未、十一丙午朔。○吳同。○漢：二辛巳、四庚辰、六己卯、八戊寅、十丁丑朔。《晉志》：七戊申朔，食。	魏邵陵厲公芳正始元	三 張嶷討越嶲蠻夷，平之。	三

卷第七十四

辛酉（二四一）	重光作噩 魏：正乙巳、三甲辰、六癸酉、七壬申、九辛未、十一庚午朔。○閏六。○七一日，處暑。○漢：正丙午、三乙巳、五甲辰、七癸卯、八壬寅、十辛丑、十二庚子朔。○閏七。○八二日，秋分。○吳：正乙巳、四甲戌、六癸酉、七壬申、九辛未、十一庚午朔。○閏六。○七一日，處暑。	二 吳全琮寇芍陂，王淩等擊卻之。○朱然圍樊，司馬懿擊卻之。○鄧艾始開屯田於陳、蔡間，軍食以豐。○管寧能因事導人於善。	四 蔣琬欲自漢、沔襲魏興、上庸，漢主使費禕止之。	四 殷札請悉荆、楊之衆以伐魏。○吳主使全琮攻魏芍陂，朱然圍樊，皆不克。太子登卒。
壬戌（二四二）	玄黓閹茂 魏：正己巳、三戊辰、五丁卯、八丙申、十乙未、十二甲午朔。○漢：二己亥、五戊辰、七丁卯、九丙寅、十一乙丑朔。○吳：正己巳、三戊辰、六丁酉、八丙申、十乙未、十二甲午朔。○《晉志》：四戊戌朔，食。	三	五	五 立太子和。○是儀諫寵愛魯王霸與太子無殊。
癸亥（二四三）	昭陽大淵獻 魏：二癸巳、四壬辰、六辛卯、八庚寅、十己丑朔。○漢：正甲子、三癸亥、五壬戌、八辛卯、十庚寅、十二己丑朔。○吳：二癸巳、四壬辰、六辛卯、八庚寅、十一己未朔。○《晉志》：五月丁丑朔，食。《宋志》無。	四 立甄后。○司馬懿將兵入舒。○曹冏論宗室。	六 蔣琬徙屯涪，以王平督漢中。	六 步騭等言蜀欲背盟，吳主明其不然。

甲子（二四四）	閼逢困敦 魏：正戊午、三丁巳、四丙辰、六乙卯、八甲寅、十癸丑朔。○閏三。○四一日，小滿。吴同。○漢：二戊子、閏三丁亥、五丙戌、七乙酉、九甲申、十二癸丑朔。○四一日，小滿。○《晉志》：四丙辰朔，食。○《宋志》無。○《宋志》：十一月癸巳，鎮犯亢距星〔七〕。	五 李勝、鄧颺等勸曹爽伐蜀，攻漢中，不克而還，關中爲之虚耗。	七 魏曹爽寇漢中，王平據興勢以拒之，爽不得進而還。○費禕將救漢中，來敏與圍棊以試之。	七
乙丑（二四五）	旃蒙赤奮若 魏：二壬子、四辛亥、六庚戌、八己酉、十戊申、十二丁未朔。○漢：二壬子、四辛亥、六庚戌、八己酉、十戊申、十二丁未朔。○吴：正壬午、三辛巳、五庚辰、七己卯、九戊寅、十一丁丑朔。○《晉志》：四壬子朔，食。十戊申朔，食。	六	八 甘太后殂。	八 太子和與魯王霸有隙，賓客于爲仇黨，延及大臣，舉國中分。○全琮使子寄侍魯王，陸遜戒之。○吴主斷二宫賓客，羊衜諫。○全公主譖殺王夫人。○陸遜、顧譚、吾粲數以嫡庶之分爲諫，吴主殺粲，流譚，遜以憂卒。○馬茂謀反，誅。
丙寅（二四六）	柔兆攝提格 魏：正丙子、三乙亥、五甲戌、八癸卯、十壬寅、十二辛丑朔。○閏十二。○吴同。○漢：二丙午、五乙亥、七甲戌、九癸酉、十一壬申、閏十二辛未朔。○《晉志》：七	七 吴朱然寇柤中。○毋丘儉擊高句麗王位宫，破之。	九 孟光責費禕曰：「赦者，偏枯之物，非明世所宜有。」○諸葛亮惜赦。蔣琬卒。○董允爲侍中，黄皓不敢爲非。陳祗代之，皓始用事。○漢主追怨允，謂爲自輕。○譙周諫漢主遊樂。	九 朱然攻魏柤中，破之。
			卷第七十五	

	月乙亥，熒惑犯畢距。《宋志》在九年。			
丁卯（二四七）	彊圉單閼 魏：正庚子、三己亥、五戊戌、七丁酉、九丙申、十二乙丑朔。○正一日，雨水。○漢：二庚午、四己巳、七戊戌、九丁酉、十一丙申朔。正一日，雨水。○吴：正庚子、三己亥、五戊戌、七丁酉、十丙寅、十二乙丑朔。○正二日，雨水。《晉志》：二庚午朔，食。	八 蔣濟諫變改法度。○何晏、孔乂諫與羣小遊戲。○王基策吴不能入寇。○雍、涼羌胡叛。	十 雍、涼羌胡降。○姜維出隴右應接之。	十 吴主徙武昌材瓦治建業宫。
戊辰（二四八）	著雍執徐 魏：二甲子、四癸亥、六壬戌、八辛酉、十庚申、十二己未朔。○吴同。○漢：正乙未、三甲午、五癸巳、七壬辰、九辛卯、十二庚申朔。○《晉志》：正乙未朔，食。七癸丑，填犯揵閉。	九 孫資、劉放告老。○徐邈固辭司空。曹爽驕奢，弟羲數諫不聽。○桓範諫爽兄弟俱出遊。○孫禮勸司馬懿討曹爽。○懿詐疾以示李勝。○管輅言，善易者不論易。○輅戒何晏以慎德，謂鄧颺常譚見不譚。	十一 費禕出屯漢中。	十一 交趾夷反，使陸胤討平之。
己巳（二四九）	屠維大荒落 魏：二戊午、五丁亥、七丙戌、閏八乙酉、十甲申、十二癸未朔。○九一日，霜降。○漢：二己未、四戊午、六丁巳、八丙辰、九乙卯、十一甲	嘉平元 曹爽兄弟從帝謁高平陵。司馬懿閉城門，勒兵奏爽罪惡。○蔣濟知爽不能用桓範。範勸爽以天子幸許昌，發四方兵。爽不從，白帝下詔免己官，奉帝還宫。○懿收爽及何晏、鄧颺等八族，悉誅之。○魯芝犯門斬關以赴爽，楊綜止爽解印綬，	十二 魏夏侯霸來奔。姜維出雍州擊魏，不克。	十二 朱然終日欽欽，常若戰場。臨急膽定，過絶於人。○又兵常行裝就隊，故出輒有功。

	庚午（二五〇）	辛未（二五一）
寅朔。○閏八。○九一日，霜降。○吳：三戊子、五丁亥、七丙戌、閏八乙酉、十甲申、十二癸未朔。○九一日，霜降。○《晉志》：二己未朔，食。○又六壬戌，太白犯井距星。	上章敦牂 魏：二壬午、四辛巳、六庚辰、九己酉、十一戊申朔。○漢：二癸未、四壬午、六辛巳、八庚辰、十己卯、十二戊寅朔。○吳：二壬午、四辛巳、七庚戌、九己酉、十一戊申朔。○《晉志》：三己未，太白犯井距星。四辛巳，犯鬼。五日，北至熒惑，逆行入南斗。	重光協洽 魏：正丁未、三丙午、五乙巳、七甲辰、九癸卯、十二壬申朔。○漢：二丁丑、四丙子、七乙巳、九甲辰、十一癸卯朔。○吳：正丁未、三丙午、五乙巳、七甲辰、十癸酉、十二壬申朔。《宋志》：十癸未，熒惑犯亢南皇。
懿皆宥之。○辛憲英令弟敞赴難。○羊祜勸王沈不就曹爽辟，先知而不伐。○夏侯令女截鼻自誓，言曰：「曹氏衰亡，何忍棄之！」○何晏自謂不疾而速，不行而至。○劉陶謂仲尼不聖。○何晏好老、莊言，天下效之。○管輅謂鄧颺爲鬼躁，何晏爲鬼幽。○夏侯霸奔漢。○蔣濟病失言而薨。○姜維寇雍州，陳泰説郭淮拔其麴城。○鄧艾救洮城。○王凌謀立楚王彪，其子廣諫。○盧欽謂徐邈，世人無常，而徐公有常。	二 王昶自江陵，王基自夷陵擊吴，皆勝之。	三 王凌謀廢帝立楚王彪，司馬懿襲凌於壽春，凌降而死。○令狐邵謂從子愚，不脩德而願大，終滅吾宗。○單固謂楊康，何面目行地下！○賜楚王彪死，盡録諸王公置鄴。○甄后崩。○司馬懿薨，以其子師爲撫軍，録尚書事。○鄧艾請分割匈奴，又出羌、胡，使居民表。
	十三	十四
	十三 吴主兩廢太子和及魯王霸，立少子亮爲太子。○朱據、屈晃諫廢太子。○朱異知文欽詐降。○魏王昶寇江陵，王基寇夷陵。	太元元 立潘后。吴主疾病，召諸葛恪、呂岱，戒以十思。

壬申（二五二）	玄黓涒灘 魏：二辛未、四庚午、閏五己巳、七戊辰、九丁卯、十一丙寅朔。○六一日，大暑。○吳同。○漢：正壬寅、三辛丑、五庚子、六己亥、八戊戌、十一丁卯朔。○閏五。○六一，大暑。	四 立張后。○王昶等請擊吳。傅嘏以爲不若進軍大佃，觀釁而動。司馬師不從，使王昶等三道擊吳。胡遵與諸葛恪戰，大敗於東興。	十五	吳侯官侯亮建興元 吳大帝封其三子和、奮、休爲王，各使就國。○潘后爲左右所殺。○大帝殂，太子亮立。諸葛恪輔政，息校官，崇恩澤，衆莫不悦。○恪以牋諫齊王奮。○恪築東興兩城。○魏兵三道入寇，恪與戰於東興，大破之，獲韓綜。
癸酉（二五三）	昭陽作噩 魏：正乙丑、四甲午、六癸巳、八壬辰、十辛卯、十二庚寅朔。○漢：正丙寅、三乙丑、五甲子、七癸亥、九壬戌、十一辛酉朔。○吳：二乙未、四甲午、六癸巳、八壬辰、十辛卯、十二庚寅朔。○《晉志》：六戊午，太白犯角。	五 司馬師引二敗以歸己。○張緝料諸葛恪必死。○吳諸葛恪圍新城，漢姜維圍狄道。虞松請緩救新城，而急趣狄道。吳、漢皆退。○張持堅守新城。○鄧艾謂諸葛恪將獲罪。	十六 魏降人郭脩刺費禕，殺之。○張嶷諫禕待信新附太過。姜維數欲攻魏，費禕不聽。禕死，維得行其志，圍狄道，不克。張嶷謂諸葛恪不宜離少主履敵庭。	二 諸葛恪恃勝輕敵，復欲出師。聶友、滕胤等固諫，不聽。○恪圍魏新城，久不克。士卒疲病，乃還。由是衆心怨怒。○孫峻誘恪，誅之。以峻爲丞相。臧均請收葬恪。○諸葛瑾、陸遜皆知恪非保家之主。○齊王奮有罪廢，徙章安。○孫峻殺南陽王和，何姬不死以字孤。
甲戌（二五四）	閼逢閹茂 魏：二己丑、四戊子、六丁亥、九丙辰、十一乙卯朔。○漢：二庚寅、四己丑、六戊子、八丁亥、十丙戌、十二乙酉朔。○吳：二己丑、四戊子、七丁巳、九丙辰、十一乙卯朔。	魏高貴鄉公髦正元元 李恢不顧子豐有名。司馬師殺李豐、夏侯玄、張緝。○玄謂：「子元、子上，不我容也。」○李翼妻荀謂翼：「不知可與同死生者，雖去必不免。」○杜畿稱郭沖，而憂李豐。○傅嘏知玄、豐等必敗。○廢張后，○立王后。○漢姜維寇隴西，拔三縣。○帝與左右謀誅司馬師。師廢帝爲齊王，迎文帝之孫高貴鄉公於元城而立之。	十七 姜維攻魏隴西，拔三縣。張嶷戰死。	五鳳元

乙亥（二五五）	丙子（二五六）
旃蒙大淵獻 魏：正甲寅、二癸丑、四壬子、六辛亥、八庚戌、十一己卯朔。○閏正。○二一日，春分。○漢：閏正甲申、三癸未、六壬子、八辛亥、十庚戌、十二己酉朔。○二一日，春分。○吳：正甲寅、二癸丑、四壬子、六辛亥、九庚辰、十一己卯。○閏正。○二一日，春分。○《晉志》：二戊午，熒惑犯井北轅西頭第一星。	柔兆困敦 魏：正戊寅、三丁丑、五丙子、七乙亥、九甲戌、十一癸酉朔。○吳同。○漢：二戊申、四丁未、六丙午、九乙亥、十一甲戌朔。○《晉志》：七乙卯，熒惑犯井鉞。九壬辰，太白犯南斗。
二 毋丘儉、文欽起兵於淮南，以討司馬師。○王肅謂淮南將士妻子在內州，必有關羽土崩之變。○肅與傅嘏、鍾會勸師自討儉、欽。○鄭袤勸師，'深溝高壘，以挫其氣。'王基謂迫脅之衆，若大軍一臨，必土崩瓦解。○基又謂：「持重，非不行之謂也，進而不可犯耳。」遂輒進據南頓。○吳孫峻等襲壽春。○師深壁，以待儉、欽自敗。○鄧艾先據樂嘉，師往從之。○文鴦夜襲師營，師驚，目出。○欽退，儉亦走，衆遂大潰。○尹大目追止欽，儉死，欽降於吳。○杜友治儉獄，誅首事十人。○程咸議，女適人者，不坐本族之罪。○師卒於許昌，命弟昭統軍事。○詔昭屯許昌。傅嘏、鍾會輒與昭還洛。○以昭爲大將軍，録尚書。○嘏以矜功戒會。○立卞后。○漢姜維寇狄道，敗王經於洮西。陳泰率諸軍急救之，維退。○泰不求益兵，希簡上事。	甘露元 帝謂夏少康優於漢祖。○又與諸儒論《書》、《易》、《禮》，諸儒莫能及。○鄧艾料姜維必更入寇。○維寇祁山，艾破維於段谷。○王祥、王覽孝悌。
十八 姜維欲攻魏，張翼庭爭之。維敗王經于洮西，翼止維不宜復進。○維圍狄道，不克，退駐鍾提。	十九 姜維出祁山攻魏，與鄧艾戰，敗於段谷，蜀人由是嗟怨。
二 孫峻等襲魏壽春，不克。○魏文欽來降。	太平元 孫峻用文欽計，使吕據等伐魏青、徐。○峻卒，以其從弟綝代秉政。○吕岱以徐厚爲友。○吕據引兵還，與滕胤共攻孫綝，不勝，皆死。○據恥爲叛臣。
	卷第七十七

丁丑(二五七)	彊圉赤奮若 魏：正壬申、四辛丑、六庚子、八己亥、十戊戌、十一丁酉朔。○閏十。○十二日，冬至。○漢：正癸酉、三壬申、五辛未、七庚午、九己巳、閏十戊辰朔。○吳：二壬寅、四辛丑、六庚子、八己亥、十戊戌、十一丁酉朔。○閏十。○十二日，冬至。○《宋志》：八壬子，歲犯井鉞。九庚寅，逆行乘井鉞。十丙寅，太白犯亢距星。	二 賈充以禪代議問諸葛誕，誕曰：「吾將死之。」○充勸司馬昭召誕爲司空。○誕據壽春叛，求救於吳。○吳孫壹來。○司馬昭奉帝及太后討誕。○吳文欽、全懌等救誕，入壽春。○車駕次項，司馬昭督諸軍二十餘萬，圍壽春。○詔王基移兵守險，基守便宜不從。○吳朱異救壽春，石苞、州泰擊破之。○蔣班、焦彝勸誕突圍走，誕不從，班、彝出降。○吳全輝來奔，全懌、全端亦降。	二十 姜維出駱谷伐魏。○譙周作《讎國論》，謂魏、蜀皆傳國易世，異於楚、漢之勢。	二 吳主始親政事。孫綝表奏，多見難問。○立子弟軍，辨蜜中鼠矢。○魏諸葛誕來降。○孫壹奔魏。○使文欽、全懌等救誕。○孫綝出屯鑊里，使朱異救誕，不克，殺異而還。○全輝、全懌降於魏。
戊寅(二五八)	著雍攝提格 魏：正丙申、三乙未、五甲午、八癸亥、十壬戌、十二辛酉朔。○漢：正丁酉、三丙申、五乙未、七甲午、九癸巳、十一壬辰朔。○吳：正丙申、三乙未、六甲子、八癸亥、十壬戌、十二辛酉朔。○《宋志》：三月庚子，太白犯井。是夜，歲又犯井。○《晉志》：八月壬辰，歲犯質。	三 諸葛誕殺文欽，欽子鴦來降。司馬昭不殺，使巡城。○昭拔壽春，斬誕。○誕麾下數百人，不降而死。○于詮冒陳而死。○司馬昭按甲不攻，以取壽春。○昭不阬吳降卒，以唐咨爲將軍。○昭美王基有守。○昭欲乘勝擊吳，基諫而止。○以昭爲相國，晉公，加九錫。昭不受。○帝行養老乞言禮。	景耀元 姜維聞諸葛誕敗，引兵還。○姜維廢漢中諸圍。	吳景帝休永安元 諸葛誕敗，唐咨等皆没於魏。○吳主亮與全尚謀誅孫綝，尚泄其謀，綝遂廢亮，立琅邪王休。○曲阿老公勸休速行。○虞汜止孫綝入宮。○李衡妻勸衡自歸。○吳主不許立皇后、太子。○吳主與張布、丁奉共誅孫綝。○吳主不爲諸葛恪立碑。
己卯(二五九)	屠維單閼 魏：二庚申、四己未、六戊午、八丁巳、十一丙戌朔。○	四 龍見井中，帝作《潛龍詩》。	二 董厥、諸葛瞻輔政。	二

漢：正辛卯、三庚寅、六己未、八戊午、十丁巳、十二丙辰朔。○吳：二庚申、四己未、六戊午、九丁亥、十一丙戌朔。○《晉志》：七戊子朔，食。四甲申，歲犯鬼東南星。

庚辰（二六〇）

上章執徐

魏：正乙酉、三甲申、五癸未、七壬午、八辛巳、十庚辰、十二己卯朔。○閏七。○八二日，秋分。○漢：二乙卯、四甲寅、六癸丑、八壬午、十辛巳、十二庚辰朔。○閏七。○八一日，秋分。○吳：正乙酉、三甲申、五癸未、七壬午、八辛巳、十庚辰朔。○閏七。○八二日，秋分。○《晉志》：正乙酉朔，食。

魏元帝奐景元元

高貴鄉公率宿衛兵討司馬昭，不克，爲成濟所弑。○王經諫討昭，而不往告。○司馬孚哭高貴鄉公。○陳泰勸昭誅賈充，以謝天下。○王經母謂經死得其所。○昭迎常道鄉公，立之。○陳廞、褚䂮諫王沈不宜賞諫。

三

三

作浦里塘。○黜會稽王亮爲候官侯，亮自殺。

辛巳（二六一）

重光大荒落

魏：三戊申、五丁未、七丙午、九乙巳、十一甲辰朔。○吳同。○漢：二己卯、四戊寅、六丁丑、八丙子、十乙亥朔。○《晉志》：五丁未朔，食。又四月，熒惑入太微，犯右執灋。

二

王基料吳將詐降。

四

郤正與黄皓比屋三十年，不爲皓所愛憎。

四

薛珝使漢，知其將亡。

壬午（二六二）

玄黓敦牂

魏：正癸卯、二壬寅、五辛丑、八庚午、十己巳、十二戊辰朔。○漢：正甲辰、三癸卯、五壬寅、七辛丑、九庚子、十一己亥朔。○吴：正癸卯、三壬寅、六辛未、八庚午、十己巳、十二戊辰朔。○《晉志》：十己亥朔，食。

三

漢姜維寇隴右，鄧艾敗之於侯和。嵇康、阮籍等，以放誕相尚，號「竹林七賢」。○何曾請投籍於四裔。○孫登謂康才多識寡，難免今世。○荀勗諫昭使刺客入蜀。鍾會爲昭畫伐蜀之策，昭以會都督關中。

五

姜維出隴右伐魏。廖化謂維智不出敵，力少於寇，而用之不已，必將亡國。○維敗於侯和。維與黄皓有隙，留沓中，不敢歸。○維聞鍾會謀伐蜀，請爲之備。黄皓寢其事，羣臣莫知。

五

立朱后、太子𩅦。○濮陽興、張布以佞巧用事，吴人失望。○吴主欲與韋昭、盛沖講論，布忌其切直，吴主爲之廢講。

癸未（二六三）

昭陽協洽

魏：二丁卯、閏三丙寅、五乙丑、七甲子、十癸巳、十二壬辰朔。○四一日，小滿。○漢：正戊戌、四丁卯、五丙寅、七乙丑、九甲子、十癸亥朔。○閏四。○五二日，夏至。○吴：二丁卯、閏三丙寅、五乙丑、八甲午、十癸巳、十二壬辰朔。○四二日，小滿。○《晉志》：十，歲守房。

四

吴吕興以交趾來降。○鍾會、鄧艾等五道伐漢。○王戎謂會非成功難，保之難。○劉寔謂鍾、鄧必能滅蜀，而皆不還。○會克陽安關，取漢中。○艾攻姜維，維走還陰平。○司馬昭始受相國、晉公、九錫之命。○王乂識魏舒當爲台輔。○舒不肯辭孝廉以竊高名。○府朝碎務，舒未嘗是非，廢興大事，常出人意表。○立卞后。○鍾會與姜維相拒於劍閣，不得進，欲還，鄧艾請遂攻之。○艾自江油鑿山通道以趣涪。○艾欲斬其子忠及師纂。○艾破諸葛瞻於綿竹，斬之。○漢主及姜維降，蜀地悉平。○郭太后崩。○鄧艾好矜伐，又輒承制拜假，上言取吴之策，鍾會譖云欲反。

炎興元

魏鍾會、鄧艾等五道來攻。○蔣舒以私憾迎降會，遂克陽安關，取漢中。○艾攻姜維，維走還陰平。○維拒會於劍閣，會不能進。○艾自江油趣涪。○黄崇勸諸葛瞻拒險。○瞻與艾戰，敗於綿竹，死之。○諸葛尚恨不早斬黄皓。○譙周勸漢主迎降，漢主從之。北地王諶自殺於廟。○漢主敕士及郡縣悉降於魏。

六

交趾吕興等殺太守，叛降魏。○丁奉等攻魏邊以救漢，聞漢亡，乃還。○華覈上表弔蜀亡。○張悌論魏必能滅蜀。○鍾離牧破郭純，安集五溪蠻。

甲申（二六四）

閼逢涒灘

魏：二辛卯、四庚寅、六己丑、八戊子、十丁亥、十二丙戌朔。○吴：二辛卯、四庚寅、六己丑、八戊子、十丁亥朔。

咸熙元

以檻車徵鄧艾。○晉公昭奉帝幸長安，使賈充將兵入斜谷。○邵悌諫昭使鍾會伐蜀，昭曰：「蜀易取，而人皆言不可。人心豫怯，則智勇並竭，惟會與我意同耳。」○又曰：「我豈可先人生心！」○衛瓘先入成都，執艾。○鍾會至成都，與姜維謀

吴歸命侯皓元興元

吴聞蜀亡，鄧艾、鍾會死，使陸抗等西取蜀。蜀故將羅憲守永安，不得過。○魏胡烈寇西陵，抗等引還。○吴主疾不能言，託子𩅦於濮陽興、張布。○吴主殂，興、布以多難

反，諸軍討斬之。○衛瓘襲殺鄧艾。○瓘謂田續可以報江油之辱。杜預曰：「伯玉其不免乎！」○晉公昭思鍾繇之功，宥毓二子。○向雄收葬鍾會，曰：「灋立於上，教弘於下，不亦可乎！」○吴陸抗等攻永安，羅憲堅守拒之。○進晉公昭爵爲王。○王祥不拜晉王。○郤正從劉禪東遷，禪乃恨知正之晚。○霍弋未知禪安危，保境不降。○晉王昭謂禪無情，雖諸葛亮不能輔。○初復五等爵。○胡烈攻吴西陵，以救永安。吴師退。○荀顗等定禮儀灋律。辛憲英知鍾會有它志。○又謂子羊琇：「軍旅之間，惟仁恕可以濟。」○霍弋救吕興。○遣吴人徐紹、孫彧使吴，聽家人自隨，以廣大信。晉立世子炎。○晉王昭欲立少子攸，何曾、賈充、山濤、裴秀諫，乃止。

欲立長君，白朱太后，立太子和之子皓。○吴主皓貶朱太后爲景皇后，尊母何氏爲太后。○封景帝四子爲王。○立滕后。○吴主驕暴，濮陽興、張布悔之，吴主殺興、布。

校勘記

〔一〕「達」，原作「逵」，今據《通鑑》卷六十九改。

〔二〕「主」，原作「王」，今據再造影印浙本改。

〔三〕「卷第七十」，原脱，今據文例補。

〔四〕「豚」，胡三省注引《目録》作「塍」。

〔五〕「午」，原作「子」，今據曆日改。

〔六〕「才」，原脱，今據《通鑑》卷七十三補。

〔七〕「鎮」，原作「填」，今據《宋書·天文志》改。

資治通鑑目録卷第八

端明殿學士兼翰林侍讀學士朝散大夫右諫議大夫集賢殿修撰權判西京留司御史臺上柱國河内郡開國侯食邑一千三百户食實封肆佰户賜紫金魚袋臣司馬光奉敕編集

乙酉（二六五）	旃蒙作噩 晉：三乙卯、五甲寅、七癸丑、九壬子、十一辛亥、閏十二庚戌朔。○吴同。○晉更名《景初曆》曰《泰始》。	晉世祖炎泰始元 吴紀陟、洪璆來聘。○加文王殊禮。○文王薨，太子嗣位。○受魏禪。○司馬孚流涕辭魏帝。○封諸王，置八公。○齊王攸不肯除長吏。○除魏宗室禁錮。○帝承魏刻薄奢侈，矯以仁儉。○擢許奇爲郎。○御牛用青麻紖。○初置諫官。○傅玄謂：「古者教化隆於上，清議行於下。」○又曰：「魏文慕通達，天下賤守節。」	吴歸命侯甘露元 遣紀陟、洪璆聘魏。○殺徐紹。○殺景后及景帝二子。○徙都武昌。
丙戌（二六六）	柔兆閹茂 晉：二己酉、四戊申、七丁丑、九丙子、十一乙亥朔。○正一日，雨水。○吴：二己酉、五戊寅、七丁丑、九丙子、十一乙亥朔。○本志：七丙午晦，十丙午朔，並食。○《宋志》無十月食。	二 即用魏廟。○尊景后羊氏。○立楊后。○郊祀除五帝神座。○除漢宗室禁錮。○吴人來弔。○帝曰：「患情不能跂及，衣服何在！」○羊祜欲令帝遂服三年，傅玄以爲有父子而無君臣。帝雖從權制除服，而素冠疏食，以終三年。○詔雖詔有所欲，及已奏得可而事不便者，皆不可隱情。○有司言，晉受魏禪，宜一用前代正朔服色。	寶鼎元 遣張儼、丁忠弔晉。○王蕃以沈醉見殺。○丁忠説吴主襲弋陽，陸凱諫止之，吴主遂與晉絶。○凱諫吴主不令人視己。○凱數直諫，吴主以其宿望，優容之。○永安賊施但劫吴主弟永安侯謙以趨建業，丁固、諸葛靚擊誅之。○吴主還建業。○朝士以滕牧尊戚，推令諫爭。由是滕后漸見疎薄，牧坐徙蒼梧。○大臣女簡閱不中，乃得出嫁。

卷第七十九

丁亥（二六七）	强圉大淵獻 晉：正甲戌、三癸酉、五壬申、七辛未、十庚子、十二己亥朔。○吳：正甲戌、三癸酉、五壬申、八辛丑、十庚子、十二己亥朔。	三 立太子衷，無赦。○李憙言山濤等占官田，帝赦濤而褒憙。○李密言：「吾獨立不懼者，心無彼此。」○詔增吏俸。○禁星氣讖緯之學。	二 萬彧鎮巴丘。○作昭明宮，二千石入山督伐木，華覈切諫。○吳主遣丞相迎其父神於明陵。
戊子（二六八）	著雍困敦 晉：二戊戌、四丁酉、六丙申、八乙未、九甲午、十一癸己朔。閏八。○九一日，霜降。○吳：二戊戌、四丁酉、六丙申、八乙未、九甲午、十二癸亥朔。○閏八。○九一日，霜降。	四 帝親講律令。○盧班、張華請懸新律死罪於亭傳。○杜預論考課，以爲去人而任法，則以文傷理。請令達官各考所統，每歲一考，積優以成陟，累劣以取黜。○王太后殂。○王祥卒，門無雜弔之賓。○有司奏除喪，帝曰：「奈何受終身之愛，而無數年之報！」○王琛譖石苞云與吳通，帝發大軍徵之。○孫鑠勸苞放兵自歸。○吳施績寇江夏，萬彧寇襄陽，胡烈拒卻之。○吳劉俊寇交阯，毛炅擊斬之。○吳丁奉、諸葛靚攻合肥，不克。	三 吳主出東關，遣施績出江夏，萬彧出襄陽，以擊晉，皆不克。○劉俊擊交阯，戰死。○丁奉、諸葛靚攻合肥，不克。
己丑（二六九）	屠維赤奮若 晉：二壬戌、四辛酉、六庚申、八己未、十戊午、十二丁巳朔。○吳同。	五 置秦州，以胡烈爲刺史。○帝將滅吳，命羊祜出鎮南夏。○吳降者欲去，祜皆聽之。○祜始至，無百日之粮，季年有十年之積。○祜在軍常輕裘緩帶，侍衛不過十數人。○文立請甄敘蜀名臣子孫。○免傅僉子爲庶人。○文立不薦程瓊，瓊善之。○令太子拜二傅。	建衡元 立太子瑾。○陸凱且死，言何定等姦回，賀邵等忠勤。○遣虞汜、陶璜出荆州，李勗、徐存出建安，討交阯。
庚寅（二七〇）	上章攝提格 晉：二丙辰、四乙卯、七甲申、九癸未、十一壬午朔。○吳：二丙辰、五乙酉、七甲申、九癸未、十一壬午朔。	六 胡烈討樹機能，戰死。汝南王亮坐不赴救，免官。○杜預陳樹機能未可擊。○吳孫秀來奔。○匈奴居并州諸郡，冒姓劉氏。	二 陸抗謂，德均則衆勝寡，力侔則安制危。李勗、徐存以建安道不便，引還。何定譖之，坐族誅〔一〕。○定使諸將上御犬捕兔。○陸抗諫任用小人。○吳主使何定獵夏口。孫秀懼，奔晉。

辛卯（二七一）

重光單閼

晉：正辛巳、三庚辰、五己卯、六戊寅、九丁未、十一丙午朔。○閏五。○六二日大暑。○吴同。○本志：十丁丑朔，食。○《宋志》：五庚辰，食。

七

匈奴劉猛叛。○帝責石鑒虚僞。○吴主出華里，遣義陽王望拒之。○吴陶璜攻九真，取之。○北地胡寇涼州，殺牽弘。○陳騫謂胡烈、牽弘勇而無謀，彊於自用，非綏邊之才。○賈充、荀顗、荀勗、馮紞相爲朋黨，以巧諂見寵任。○裴楷謂帝，當引天下賢人共政，不宜示人以私。○任愷、庾純請以賈充鎮關右。○吴陶璜攻取交趾、日南。○毛炅罵脩允：「恨不殺汝孫皓，汝父何死狗！」○分益州置寧州。○荀勗勸賈充結婚太子。○帝謂衛瓘女有五可，賈充女有五不可。○楊后固請娶充女，荀顗、荀勗、馮紞復勸之，遂成婚。充復留居故任。○劉禪卒。

三

吴主應讖文出華里，遇大雪而還。○陶璜殺董元，克九真，進攻交趾、日南等郡，皆復取之。

壬辰（二七二）

玄黓執徐

晉：正乙巳、三甲辰、五癸卯、七壬寅、九辛丑、十一庚子朔。○吴：正乙巳、三甲辰、五癸卯、七壬寅、九辛丑、十二庚午朔。○本志：十辛未朔，食。

八

何楨誘匈奴帥李恪殺劉猛。○太子納賈妃。○安平王孚常自退損，未嘗與廢立之謀。○帝每拜孚，孚跪而止之。○孚遺令稱「有魏貞士」。○皇甫陶與帝爭言，鄭徽表請罪之，帝免鄭徽官。○何旅諫皇甫晏盛夏出軍。○張弘殺晏，誣云謀反。○何攀詣洛證晏不反。○李毅勸王濬討誅弘。○羊祜謂王濬有大才，思濟其所欲，必可用也。○何攀爲濬造舡。○濬募兵，張斅收濬從事。○賈充、任愷不協，以帝知而不罪，爲怨愈深。○吴步闡以西陵降。○敦煌宋質廢梁澄，表令狐豐爲太守。○帝遣羊祜、楊肇等迎步闡。○吴陸抗擊破楊肇，拔西陵，羊祜亦還。○賈充、庾純爭言。○羊祜以德信懷吴人。○諸將進譎計，輒飲以醇酒。○祜入吴境刈穀爲粮，皆送絹償之。○禽獸爲吴人所傷者，送還之。○祜遺陸抗藥，抗飲之不疑。○抗告邊戍曰：「彼專爲德，我專爲暴，是不戰而自服也。」○祜謂王衍敗俗傷化，衍與從兄戎常毁之。

鳳凰元

吾彦得王濬舡柹，請增建平兵，吴主不從。○步闡以西陵叛附晉，陸抗帥衆討之。○抗以西陵難拔，築圍守之。○抗舍江陵赴西陵。○羊祜揚聲破堰，抗故決之。○抗擊破楊肇，拔西陵，斬步闡。○吴主自謂得天助，欲并天下，筮之云：「庚子歲，青蓋入洛。」○吴主殺萬彧、留平。○樓玄、賀邵以忠直得罪，玄坐徙廣州而死。○何定姦發，伏誅。○抗謂：「今爭帝王之資，而昧百十之利。此人臣之姦便，非國家之良策。」

年	曆	晉	吴
癸巳（二七三）	昭陽大荒落 晉：二己巳、四戊辰、六丁卯、八丙寅、十乙丑、十二甲子朔。○吴同。○本志：四戊辰朔、七丁酉朔，並食。○《宋志》無丁酉食。	九 段灼訟鄧艾之冤。樊建謂帝，雖得諸葛亮不能用。帝乃以艾孫爲郎中。○詔選公卿下至州郡良家女，以備後宫；權禁嫁娶，蔽匿者以不敬論。○楊后惟選長白。	二 韋昭謂瑞應爲筐篋中物。○吴主使臣下嘲訐公卿，昭但難問經義。吴主積怒，遂收殺昭。○立十一王，王給三千兵。○吴主燒鋸斷司市頭。
甲午（二七四）	閼逢敦牂 晉：閏正癸亥、三壬戌、六辛卯、八庚寅、十己丑、十二戊子朔。○二一日，春分。○吴：閏正癸亥、四壬辰、六辛卯、八庚寅、十己丑、十二戊子朔。○二一日，春分。○本志：正乙未、三癸亥，並食。○《宋志》無乙未食。	十 詔自今不得登用妾媵爲正嫡。○又取將吏女五千餘人入宫，母子號哭宫中。○楊后殂。○后謂立子以長不以賢。○又薦叔父駿女。○山濤典選，每一官缺，輒啓擬數人。○濤勸嵇紹出仕。○王裒不西向而坐。○門人爲裒廢《蓼莪》。○陳逵議皇太子宜終母后服。○杜預以爲，當既葬除之，而行心喪。○杜預初建河橋於富平津。○邵陵厲公卒。○范粲足不下車，口不言三十六年。	三 王夫人卒，吴主哀之，數月不出。民訛言吴主已死，立者何都。○張俊掃章安侯母墓，吴主車裂之。○邵疇自殺以明郭誕。○奚熙據臨海叛，何植討斬之。○殺章安侯奮。○陸抗臨卒，以西陵、建平爲憂，請屯兵八萬以備敵。○周處去三害。
乙未（二七五）	旃蒙協洽 晉：二丁亥、四丙戌、六乙酉、九甲寅、十一癸丑朔。○吴同。○本志：七甲申晦，食。	咸寧元 拓跋沙漠汗入朝，衛瓘留之。○大疫。	天册元 賀邵中風不能言，吴主以爲詐，燒鋸殺之。并誅樓玄子孫。
丙申（二七六）	柔兆涒灘 晉：正壬子、三辛亥、五庚戌、七己酉、九甲戌、閏十丁未朔。○十二日，冬至。○吴：正壬子、三辛亥、五庚戌、七己酉、九戊申、十一丁丑朔。○閏十。○十一一日，冬至。	二 楊欣討斬令狐宏[二]。○羣臣以帝疾瘳上壽，帝曰：「豈以一身之休息，忘百姓之艱難！」○夏侯和謂賈充，立二壻當立德。○荀勗、馮紞勸帝遣齊王攸還藩。○吴孫楷來降。○羊祜請伐吴，賈充等皆以爲不可，惟杜預、張華贊成之。○立楊后。楊珧自表，一族二后，鮮不覆宗，乞藏表宗廟。○褚䂮、郭奕表楊駿不可任社稷之重。○胡奮謂駿：「與天家昏，未有不滅門者。」	天璽元 孫楷奔晉。○臨平湖開，陳訓以爲非吉祥。○吴主殺車浚、張詠、熊睦。○使者詐書石印爲瑞。

丁酉(二七七)

強圉作噩

晉:正丙子、三乙亥、五甲戌、七癸酉、九壬申、十一辛未。○吳同。○本志:正丙子朔,食。

三

文鴦擊樹機能,破之。○楊珧等建議,定諸王公侯國邑軍師之制。諸王無官者,皆遣就國。○羊祜固辭郡侯。祜至心素著,故特見申於分列之外。○祜謀議皆焚草。○祜曰:「拜官公朝,謝恩私門,吾所不取。」○祜曰:「勞師免責,非臣之志。」○衛瓘離間拓跋力微諸大人,使殺其長子沙漠汗。國内亂,力微以憂死。

天紀元

張俶多所譖白,吳主寵任之。後姦發,父子車裂。

戊戌(二七八)

著雍閹茂

晉:正庚午、三己巳、六戊戌、八丁酉、十丙申、十二乙未朔。○吳:正庚午、四己亥、六戊戌、八丁酉、十丙申、十二乙未朔。○本志:正庚午朔,食。○《宋志》無。

四

馬隆知楊欣必敗。○欣與樹機能戰於武威,敗死。○羊后殂。○羊祜入朝,上使張華問伐吳之計。○祜曰:「吳平之後,當勞聖慮耳。」○杜預請壞兗、豫諸陂,以濟饑民。○衛瓘撫御牀曰:「此座可惜!」○張泓爲賈妃作答詔,太子由是得不廢。○吳佃皖城,王渾擊破之。○焚雉頭裘。○羊祜舉杜預自代。○帝哭祜,冰淚霑須。○祜不令以南城侯印入柩。帝聽復本封,以彰其美。○南州聞祜卒,罷市,巷哭[三],見其碑輒墮淚。○杜預襲破西陵督張政,表還其俘以問之。○秦秀議,何曾奢侈,請謚「繆醜」。○傅玄每有奏劾,捧白簡,簪帶不寐。○崔洪面折人過,而無後言。○李憙請討樹機能。

二

吳主謂張尚:「知孔丘不王,而以孤方之。」遂誅尚。○大佃皖城,欲以侵晉,爲晉所破。

己亥(二七九)

屠維大淵獻

晉:二甲午、四癸巳、六壬辰、八辛酉、十庚申、十二己未朔。○閏七。○吳同。

五

樹機能陷涼州。○馬隆請自募兵選仗,以討樹機能。許之。○劉淵恥隨、陸無武,絳、灌無文。○王濟薦淵可使平吳,孔恂、楊珧曰:「非我族類,其心必異。」○李憙薦淵,使討秦、涼。孔恂曰:「淵斬樹機能,恐涼州方有難耳。」○董養謂王彌不作士大夫。○王渾諫殺劉淵。○王濬、何攀、杜預、張華皆請伐吳,賈充、荀勖固諫,帝大怒。○山濤曰:「今釋吳爲外懼,豈非筭乎!」○發兵二十餘萬,六道伐吳。○馬隆擊樹機能,斬之,涼州遂平。○傅咸請併官省役以務農。○荀勖謂,省官不如省事,省事不如清心。

三

郭馬反於桂林,吳主遣滕脩、陶濬、陶璜討之。○有鬼目菜,生黄耇家,以耇爲侍芝郎。○吳主飲羣臣酒,必令沈醉。有過失輒刑殺之,或剥面鑿眼。由是上下離心。○晉兵六道來伐。

庚子（二八〇）

上章困敦

晉：二戊午、四丁巳、六丙辰、八乙卯、十甲寅朔。

太康元

王濬以筏去錐，以炬融鏁，遂克西陵。○杜預遣周旨等襲樂鄉，虜孫歆。○預克江陵，斬伍延。自沅、湘至交、廣皆來降。○諸將欲俟來冬更舉。預曰：「譬如破竹，數節之後，皆迎刃而解矣。」○周浚大破吳兵於版橋，斬張悌。○杜預不令王濬受節度。○何惲說周浚、王渾濟江，直趣建業，渾不從。○王濬克武昌，乘勝長驅，直趣建業。吳主詣濬降。○帝聞吳平，流涕稱羊太傅之功。○孫秀不賀平吳。○大臣皆言吳未可平，張華獨以爲必克，賈充、荀勗請斬華。○王渾與王濬爭功，何惲諫渾，不聽。渾宗黨滿朝，請檻車徵濬。上書自訟。帝兩無所問。○范通謂濬所以居美者未盡善。○杜預身不跨馬，射不穿札，而爲名將。○預餉洛中貴要，曰：「吾恐爲害，不求益也。」○諸葛靚不見帝。○賈充等請封禪，帝不許。○胡威諫時政之寬。○陶璜諫罷交州兵。○山濤以爲不宜去州郡武備。○郭欽論塞內羌、胡必爲中國之患，請因平吳之威出之。

四

吳主遣張悌與晉兵戰於版橋，大敗。○諸葛靚牽悌令去，悌不肯從而死。○王濬克武昌。○殿中親近殺岑昏。○王濬長驅東下，吳主使陶濬禦之，一夕兵潰。王濬入石頭，吳主遂降。○滕脩、陶璜、吾彥聞吳滅，乃降。○帝問彥吳所以亡，對以「君明臣賢，歷數有屬」。

辛丑（二八一）

重光赤奮若

正癸未、三壬午、五辛巳、七庚辰、九己卯、十一戊寅朔。

二

選孫皓妓妾五千人入宮。○帝乘羊車，荒宴後庭。○后黨楊駿兄弟始用事。○慕容涉歸寇昌黎。○揚州刺史周浚移鎮秣陵，討叛柔服，吳人遂安。

壬寅（二八二）

玄黓攝提格

正丁丑、三丙子、五乙巳、七甲辰、九癸卯、十一壬寅朔。○閏四。○五二日，夏至。

三

劉毅以帝方桓、靈，帝不罪。○程衛劾羊琇奢淫，毅欲從帝請，而衛不可。○石崇、王愷以奢侈相尚。○傅咸言：「奢侈之費，甚於天災。」○荀勗、馮紞共譖張華，斥逐之。○賈模曰：「是非久自見，不可掩也。」○賈充薨，其妻郭槐以外孫韓謐爲充後，韓咸、曹軫諫。○秦秀以充溺情悖禮，請謚曰「荒」。○荀勗、馮紞、楊珧共說帝，以齊王攸都督青州。王渾、扶風王駿、李憙、羊琇、王濟、甄德皆諫，不聽。○羊琇欲手刃楊珧。○李憙與親故分衣共食，而不私以王官。○陸喜論薛瑩爲吳士第四、五。

癸卯（二八三）

昭陽單閼

正辛丑、三庚子、五己亥、八戊辰、十丁卯、十二丙寅朔。○本志：三辛丑朔，食。

四

山濤薨。○詔議齊王攸崇錫之物。庾旉等上言，齊王不當出藩。曹志以爲宜如旉等議，志坐免官。旉等皆當棄市，夏侯駿等駁之，乃得除名。○攸憤惋成疾，醫言無疾。帝促攸上道，向雄諫不聽。攸歐血薨，帝哭之慟。馮紞曰：「此社稷之福。」帝乃止。○孫皓卒。○慕容涉歸卒，弟刪篡立。

年	曆	事
甲辰（二八四）	閼逢執徐 二乙丑、四甲子、六癸亥、八壬戌、十辛酉、閏十二庚寅朔。	五 龍見武庫井，劉毅以爲不祥。○劉毅、衛瓘、李重請罷中正，除九品。○杜預卒。○罷寧州。
乙巳（二八五）	旃蒙大荒落 二己丑、四戊子、六丁亥、八丙戌、十乙酉、十二甲申朔。○正一日，雨水。○《宋志》：八丙戌，食。	六 劉毅卒。○王濟繩父渾主者。○王濟言：「臣不能使親親，以此愧陛下。」○慕容氏殺刪，立涉歸子廆。○廆入寇遼西；又擊夫餘，殺其王。
丙午（二八六）	柔兆敦牂 二癸未、五壬子、七辛亥、九庚戌、十一己酉朔。○本志：正甲寅朔，食。	七 魏舒遜位。○舒爲事必先行而後言。○詔立夫餘王子依羅爲王。○拓跋悉鹿卒，弟綽立。
丁未（二八七）	强圉協洽 正戊申、三丁未、五丙午、八乙亥、九甲戌、十一癸酉朔。○閏八。○九一日，霜降。○本志：正戊申，朔食。○三月，熒惑守心。	八 改作太廟。
戊申（二八八）	著雍涒灘 正壬申、三辛未、五庚午、七己巳、九戊辰、十二丁酉朔。○本志：正壬申朔、六庚子朔，並食。○《宋志》無壬申食。	九

己酉（二八九）	屠維作噩 二丙申、四乙未、六甲午、八癸巳、十壬辰、十二辛卯朔。	十 太廟成。○慕容廆降。○廆改服見何龕。○荀勗不樂還尚書。○帝寢疾，楊駿出汝南王亮鎮許昌。○皇孫遹牽帝裾。○帝知太子不才，而恃遹聰睿，故無廢立之心。○帝以太子母弟柬、瑋、允鎮守要害，以彊帝室。○劉寔著《崇讓論》。○劉頌言封建等事。○劉淵爲北部都尉，夷夏豪桀多歸之。
庚戌（二九〇）	上章閹茂 三庚寅、五己未、六戊午、八丁巳、十丙辰、十二乙卯朔。○閏五。○六一日，大暑。	晉惠帝衷永熙元 楊駿惡衛瓘，使以太保就第。○駿輒改易要近。武帝怒，欲以汝南王亮與駿同輔政。駿匿其詔。楊后請以駿輔政，帝頷之。○帝崩，惠帝即位，改元。○梓宮將殯，駿不下殿。○駿使石鑒、張劭討汝南王亮，鑒不從。○何勗謂亮：「公不討人而懼人討乎！」○亮急赴許昌，得免。○楊濟、李斌勸駿留亮輔政。○駿普進羣臣爵位，傅祗曰：「未有帝王始崩，臣下論功者。」○石崇、何攀議封賞太過。○傅咸諫駿當總己之任。○咸謂：「酒色殺人，甚於作直。自古以直致禍者，由矯枉過正，或欲以亢厲爲聲。安有悾悾忠益而見疾乎！」○孫楚諫駿猜忌宗室，多樹親昵。○蒯欽屢以正言犯駿，曰：「駿必踈我，可免俱族。」○王彰知駿必敗，不應其辟。○立太子遹。○和嶠曰：「臣言不效，國之福也。」○劉淵爲五部大都督。
辛亥（二九一）	重光大淵獻 二甲寅、四癸丑、七壬午、九辛巳、十一庚辰朔。	元康元 改元永平。○武帝將廢賈后，楊太后救之得免，賈后不知而怨之。○賈后與董猛、孟觀、李肇、楚王瑋共誅楊駿。○朱振說駿燒雲龍門，奉太子以取姦人。駿曰：「魏明帝造此大功，奈何燒之！」○裴頠紿劉豫，奪其軍。○王戎說東安公繇，大事之後，宜深遠權勢。○賈后廢楊太后爲庶人，遷金墉城；又殺太后母龐氏。太后截髮稱妾以請命，不聽。○董養曰：「天人之理既滅，大亂作矣。」○傅祗論駿僚佐不可加罰。○汝南王亮賞誅駿之功，侯者千八十一人。傅咸諫曰：「此屬無功而獲厚賞，唯樂國家更有禍耳。」○咸諫亮不遠權勢，以官爵私其所親。○徙東安王繇於帶方。○賈謐、郭彰用事，權侔人主。士大夫爭附之，號二十四友。○石崇、潘岳望塵而拜。○賈后使楚王瑋收汝南王亮、衛瓘，殺之。亮曰：「我赤心可破示天下！」○岐盛說瑋因兵勢誅賈、郭。○張華請帝遣使以騶虞幡敕外軍解嚴，瑋軍遂潰。收瑋，誅之。○丁綏諫隴西王泰欲助瑋。○劉繇爲衛瓘訟冤，族誅榮晦。○賈模引張華、裴頠與之同心輔政。數年之中，朝野晏然。○置江州。
壬子（二九二）	玄黓困敦 正己卯、三戊寅、五丁丑、七丙子、九乙亥、十甲辰朔。	二 賈后餓殺楊太后。

年	歲名·朔閏	事目
癸丑（二九三）	昭陽赤奮若 二癸酉、三壬寅、五辛丑、七庚子、九己亥、十一戊戌朔。閏二。○三一日，穀雨。○本志：是年填、歲、太白聚于畢、昴。○四月，熒惑守太微六十日。○春，太白守畢百餘日。	三 拓跋綽卒，弟子弗立。
甲寅（二九四）	閼逢攝提格 正丁酉、四丙寅、六乙丑、八甲子、十癸亥、十二壬戌朔。	四 匈奴郝散反，尋降而死。○傅咸風格峻整，京師肅然。○慕容廆徙居大棘。○拓跋弗卒，叔父禄官立。
乙卯（二九五）	旃蒙單閼 二辛酉、四庚申、七己丑、九戊子、閏十丁亥、十二丙戌朔。○十一一日，冬至。	五 武庫火。○拓拔禄官分國爲三部，與兄子猗㐌、猗盧分統之。○衛操説猗㐌招納晉人，猗㐌任以國事。
丙辰（二九六）	柔兆執徐 二乙酉、四甲申、六癸未、八壬午、十一辛亥朔。	六 郝散弟度元反，攻破北地、馮翊。及征西趙王倫信用佞人孫秀〔四〕，關右擾亂〔五〕。朝廷徵倫還，以梁王肜代之。○倫、秀諂事賈、郭，倫求録尚書事，張華、裴頠不許。○秦、雍氐、羌悉反，立齊萬年爲帝。○周處糾劾不避權戚，朝臣惡之，使爲將以討萬年。○萬年謂處受制於人，此成擒耳。○楊茂搜徙居百頃。○趙廞爲益州刺史。
丁巳（二九七）	强圉大荒落 正庚戌、三己酉、五戊申、七丁未、九丙午、十一乙巳朔。	七 周處與氐戰，死于六陌。○秦、雍饑疫。○王戎苟媚取容，殖貨無厭，賣李鑽核。○戎以三語辟阮瞻。○山濤謂王衍誤蒼生。○樂廣以約言析理，論人先稱所長。○王澄等以裸醉爲達，廣曰：「名教中自有樂地。」○裴頠著《崇有論》。○拓跋猗㐌略地西北，附者三十餘國。

戊午（二九八）

著雍敦牂

正甲辰、四癸酉、六壬申、七辛未、九庚午、十一己巳朔。○閏六。○七一日，處暑。

八

天水等六郡流民，就食梁、益者數萬家。○李特視劍閣而歎。○張華、陳準薦孟觀擊齊萬年，破之。

己未（二九九）

屠維協洽

正戊辰、三丁卯、六丙申、八乙未、十甲午、十二癸巳朔。○本志：十一甲子朔，食。○六月，熒惑守心。八月，入羽林。○《宋志》：三月，熒惑守心。

九

孟觀敗氏於中亭，獲齊萬年。○江統作《徙戎論》，謂宜乘兵威，悉驅戎狄出塞。○以成都王穎鎮鄴，河間王顒鎮關中。○賈后淫虐，裴頠欲廢之，賈模、張華不可。○人謂裴頠：「可言當言，不從當去。二者不立，十表無益。」○帝聞蝦蟇，問爲公私；百姓餓死，曰：「何不食肉糜？」○讒邪更相薦舉，謂之互市。○魯褒作《錢神論》。○裴頠言：「案行奏劾，應有定準。」○劉頌言：「法多門，令不一。吏不知所守，下不知所避。」○又謂：「宜令主者守文，大臣釋滯，人主權斷。」○頌又建九班之制。○韋忠不應張華辟。○索靖歎銅駝。○宜城君勸賈后慈愛太子，勿令趙粲、賈午入宮。后更與粲、午謀害太子。○黃門誘太子爲奢逸威虐。○太子數闕朝侍，好自揣肉及賣菜求利，繕脩拘忌。江統陳五事。○太子惡杜錫忠諫，置針氈中。○裴權諫太子不禮賈謐。○劉卞説張華奉太子，録尚書，廢賈后。○賈后使太子醉書禱神文以呈帝，遂廢太子，徙金墉。張華、裴頠諫，不聽。

庚申（三〇〇）

上章涒灘

二壬辰、四辛卯、六庚寅、八己丑、十一戊午朔。○本志：四辛卯朔，食。○五月，熒惑入南斗。八月，入箕。

永康元

閻纘上書，以爲太子罪輕於戾太子，宜爲選置嚴師傅，庶其改過遷善。○賈后復徙太子於許昌，宮臣坐辭送繫獄，樂廣解遣之。○中台星拆。張華子韙勸華遜位，不從。○司馬雅等説孫秀廢賈后，復太子。秀説趙王倫先勸賈謐害太子，然後廢后，爲太子報仇。倫從之。賈后矯詔，殺太子於許昌。○趙王倫矯詔，引兵入宮，誅賈謐，廢賈后，徙之金墉。以舊怨殺張華、裴頠、解結、解系。○倫性庸愚，受制於秀。天下皆事秀，而無求於倫。○賜賈后死。○立臨淮王臧爲太孫。○淮南王允起兵誅趙王倫，不克而死。○孫秀殺石崇、潘岳、歐陽建。○潘岳母責岳乾没不已。○倫加九錫，劉頌爭以爲不可。○立羊后。○趙廞據成都，不受代。○陳恂諫耿滕入少城。○趙模著陳總服，與廞戰死。

辛酉（三〇一）

重光作噩

正丁巳、三丙辰、四乙卯、六甲寅、八癸丑、十壬子、十二辛亥朔。○閏三。○四一日，小滿。○本志：閏丙戌朔，食。○二月，太白出西方，逆行入東井。自正月至于閏月，五星

永寧元

張軌謀據河西，求爲涼州刺史。○趙王倫篡位，遷帝於金墉，號太上皇。○倫欲以封賞悦人，至於奴卒，皆有爵位。○孫旂知子弼等必爲家禍，而不能制。○殺太孫臧。○孫秀專權，改倫詔令，百官轉易如流。○張林勸倫誅秀，秀族誅之。○齊王冏鎮許昌，成都王穎鎮鄴，河間王顒鎮關中，倫惡之，加位號以安之。○趙廞惡李庠善用兵，殺之。庠兄特、弟流攻廞，殺之。○羅尚爲益州刺史，撫納特兄弟。辛冉勸尚殺之，不從。○齊王冏起兵討趙王倫。○盧志勸成都王穎應冏，穎從之。至朝歌，衆二十餘萬。○孫洵勸新野公歆應冏。○河間王顒初執冏使送倫。聞二王兵盛，乃復與之合。○趙誘、張褒等勸郗隆應冏，不從，將士共攻殺之。○孟觀爲倫固守。○倫遣孫輔、張泓、司馬雅等拒冏，孫會、士猗、許超等拒穎。○張泓破冏於陽翟，冏

卷第八十三

卷第八十四

壬戌（三〇二）

互經天，縱横無常。六月，歲入虛、危，辰入太微。八月戊午，填犯左執法，又犯上相。熒惑守昴，辰守與鬼。

不得前。○孫會等破潁於黄橋。潁欲退，盧志、王彦勸之進。○會、猗、超皆杖節，由是軍政不一。○潁敗會等於溴水，長驅濟河。○王輿等勒兵誅孫秀，廢倫於里第。迎帝復位，賜倫死。○潁遣兵助冏擊張泓等，泓等皆降。○孫旂、孟觀爲其下所殺。○立襄陽王尚爲太孫。○冏入洛。詔以冏爲大司馬，如宣、景輔魏故事；潁爲都督中外，録尚書，並加九錫。○齊、成都、河間三府各置掾屬，武號森列，文官備員。○冏專威權，新野王歆勸冏留潁輔政。○長沙王乂謂潁宜維先帝之業。○盧志勸潁讓政於冏，以太妃疾還鄴。○劉殷受穀帛不謝。○殷儉而不陋，清而不介。○冏委政於其黨葛旟等，號曰五公。○成都王潁辭九錫，薦功臣，賑陽翟飢民，收黄橋戰骨，故衆望歸之。○東萊王蕤與王輿謀廢冏，坐誅。○詔秦、雍流民入蜀者，所在召還。流民以鄉里饑亂，不欲還。李特使閻式爲之請申期於羅尚。辛冉、李苾勸尚趣遣之，且設關以奪其貨。杜弢、閻式諫，不聽。流民皆歸特，衆踰二萬，營於緜竹。冉苾擅攻特營，不勝。特自稱大將軍，承制封拜，進克廣漢，攻尚於成都。○特與蜀人約法三章，振貧禮賢，軍政肅然。

玄黓閹茂

三庚辰、五己卯、七戊寅、九丁丑、十一丙子朔。○本志：十一月，熒惑、太白鬬于虛、危。十二月，熒惑襲太白于營室。

太安元

太孫尚薨。○河間王顒遣衙博與羅尚合討李特。特擊破之，遂克梓潼、巴西，自稱都督梁、益二州大將軍。○立清河王覃爲太子。○張微圍李特，特子蕩救之，殺微。又敗羅尚及許雄軍。○建寧朱提叛應特，李毅討平之。○齊王驕侈沈湎，經年不朝，坐拜百官，選舉不均，惟寵親昵，内外非之。嵇紹、鄭方、孫惠、曹攄諫，不聽。○張翰思鱸魚，徑去。○顧榮沈酣以免禍。○庾衮知禍亂方興，逃入林慮。○王豹勸齊王讓權位於成都王，分二伯。齊王殺之。○齊王官屬趙讓、皇甫商與河間王將李含有隙，含逃奔長安，矯詔令河間王舉兵討齊王，以成都王代之。○長沙王乂攻齊王，殺之。○陳留王曹奐薨。○宇文莫圭遣將素怒延圍慕容廆於棘城，廆擊破之。○廆以孟暉等爲官屬，皆當其才。

癸亥（三〇三）

昭陽大淵獻

正乙巳、三甲戌、六癸卯、八壬寅、十辛丑、十二庚子朔。○閏十二。○本志：二月，太白入昴。七月，熒惑入東井。秋，太白守大微上將。

晉惠帝太安二

羅尚擊李特，斬之。特弟流統其衆。詔荆州宗岱等討之，不克。○荆州民憚征蜀之役，相聚爲盜。義陽蠻張昌因之，逐江夏太守李辰。立劉尼爲天子，改元神鳳，旬月有衆三萬，絳頭毛面，

漢高祖劉淵

後趙高祖石勒

成始祖李特建初元

特進攻羅尚，破之，遂克少城而居之。尚保太城，堡壁皆降於特。特分流民使就食，特弟流、子雄諫，皆不聽。○晉朝遣宗岱、孫阜率荆州兵救尚，次于江州。任叡爲尚謀，

涼西平武穆公張軌

燕高祖慕容廆

代昭帝拓跋禄官九

卷第八十五〔六〕

暴掠荆土。新野王歆請發兵討昌，長沙王乂疑而不許。孫洵勸歆拜表輒行，王綏沮止之。○詔荆州劉弘、豫州劉喬、雍州劉沈三道討昌。河間王顒留沈不遣。昌擊破歆於樊城，殺之。進圍宛，劉弘退屯梁，昌攻襄陽。○李流據郫城。○成都王穎、河間王顒惡長沙王乂，欲去之。乂寵任皇甫商，商弟重爲秦州刺史，李含勸顒殺之，重遂舉兵與顒相攻。○顒陰使含與馮蓀等殺乂。乂覺，皆誅之。○張昌將石冰等攻陷荆、楊、江、徐州諸郡。昌更置牧守，皆桀盗小人，專以侵掠爲務。○劉弘遣陶侃等擊昌，破之。昌逃奔下雋山。○萬嗣、

潛説堡壁共襲特，斬之。流、雄及雄兄蕩收遺兵，退保赤祖。流自稱大將軍、益州牧。○孫阜破德陽。○尚遣何冲等攻流，流擊破之。追奔至成都，尚復閉城自守。蕩戰死。流以岱、阜兵盛，欲降之。驤、雄迭諫，不聽。雄與李離襲破阜兵。會岱卒，荆州軍退，流由是奇雄，委以軍事。雄克郫城，流徙據之。○蜀民流散，野無煙火。徐轝説尚結范長生，掎角討流，尚不許。轝降於流，因説長生給流軍食。○流卒，遺命諸將奉雄爲大將軍、益州牧。○尚遣隗伯攻郫，驤擊禽之，逐克犍爲。○尚棄城走，雄克成都，帥衆就穀於郪。

楊晫知侃非常人。○弘謂侃，必繼老夫。○張奕拒弘，弘討斬之。○弘奏選補荆部守宰，皆得其人。○弘曰：「十郡安得十壻！」○成都王穎、河間王顒合兵討乂，盧志、邵續諫穎，不從。○顒遣張方將兵七萬出函谷，穎遣陸機等將兵二十餘萬屯河橋，乂奉帝出禦之。張方入洛陽。○乂將王湖大破陸機於七里澗。○孟玖譖機於穎，族誅之。江統、蔡克等諫，不聽。孫拯被栲，踝骨見，終言機冤。○費慈、宰意曰：「僕安可負君！」○穎進攻京師，詔遣王衍等和穎、乂，穎不從。○張方進逼洛陽，公私困竭，米石萬錢。詔命所行，一城而已。○祖逖説

又詔劉沈攻顒，沈舉七郡兵趣長安。○顒殺皇甫商。周玘、賀循等舉兵江東，擊破石冰，冰走趣廬江，劉準使陳敏禦之。○李雄陷成都，羅尚走。○王浚以女妻鮮卑。○寧州夷于陵丞反攻刺史李毅。

閼逢困敦

正己亥、三戊戌、五丁酉、七丙申、十乙丑、十二甲子朔。○正二日，雨水。○本志：正月，熒惑犯歲，又入南斗。七月庚申，太白犯角、亢，經房、心，歷尾、箕。九月，入南斗。

永興元

樂廣卒。○東海王越執乂送金墉城，張方取而殺之。○成都王穎入京師，還鎮于鄴。○河間王顒聞劉沈起兵，引兵自鄭還長安。召張方還。沈遣衙博襲長安，至顒帳下。沈軍不繼，博死，沈敗被擒。○沈謂顒曰：「知己之惠輕，君臣之義重。」○張光曰：「劉雍州不用鄙計。」○羅尚至江

元熙元

晉成都王穎表淵行寧朔將軍，將兵在鄴。以淵子聰爲積弩將軍。○右賢王宣等謀共立淵爲大單于，復呼韓邪之業。密召淵於鄴，淵請歸，穎不許。會王浚、東嬴公騰攻穎，淵請歸發五部兵以擊浚、騰，穎許之。○淵至左國城，宣等上大單于號。二旬之間，衆至五萬，都于離石。○使劉宏助穎

成太宗雄建興元

雄以范長生隱居求道，欲立以爲君，長生不可。雄乃稱成都王，與民約法七章。○羅尚掠蜀中，獲驤妻及子壽。

十

晉東嬴公騰請師於祿官兄子猗㐌、猗盧，以擊劉淵於西河、上黨，破之。與騰盟於汾東而還。

陽，詔權統巴東、巴郡、涪陵。○劉弘以米三萬斛給尚。○李興願留，弘奪其手版而遣之。○流民爲盜，弘賑業以安之。○穎廢羊后及太子覃。○陳敏、周玘共討石冰，斬之。玘不言功賞，散衆還家。○以穎爲太弟、丞相、都督中外，顒爲太宰、雍州牧。○太弟穎僭侈日甚，大失衆望。東海王越勒兵復皇后、太子，奉帝討穎。遣石超迎戰乘輿，大敗於蕩陰。帝中三矢，墮藁中，亡六璽。○嵇紹血濺御服。○穎迎帝幸鄴。○越奔東海。○穎使和演殺王浚，浚殺演，遂與東嬴公騰及鮮卑起兵討穎。穎遣王斌、石超禦之。○穎殺東安

拒騰，不及。○騰使索頭猗㐌、猗盧擊破淵於西河。○淵聞穎去鄴，命劉景等將兵擊鮮卑，劉宣等諫而止。○淵曰：「吾當爲漢高、魏武，呼韓邪何足道哉！」○淵遷都左國城，即漢王位，立漢宗廟而祀之。立呼延后，置百官。召名士崔游、崔懿之、陳元達等擢用之。○劉曜自比蕭、曹，聰曰：「永明，世祖、魏武之流。」○淵收葬賈渾，黜喬晞。

王繇，繇兄子琅邪王睿逃歸國。○睿與王導善。○王澄勸穎誅孟玖。○太宰顒遣張方將兵助穎，遂據洛陽。○王浚、東嬴公騰合擊王斌、石超，大破之。鄴中震駭，士衆奔潰。穎與數十騎奉帝奔洛。○張方遣兵迎帝還宫。○鮮卑入鄴大掠。○范陽王虓等表請黜太弟穎，以東海王越輔政，遣方還馮翊。○荆州禽斬張昌。○張方暴掠，洛中殆竭，乃劫帝及穎詣長安。荀藩等留洛爲東臺。○廢太弟穎爲成都王，立太弟熾。○詔司空越、太宰顒夾輔帝室，諸藩各守本鎮，百官皆復職。越不受。

旃蒙赤奮若

二癸亥、四壬戌、六辛酉、八庚申、十己未、十二戊午朔。○本志：四月丙子，太白犯狼。九月，歲守東井。

二

廢羊后。游楷等克秦州，殺皇甫重。○王戎薨。○韓稚殺張輔，張軌討平之。拓跋猗㐌救并州，斬漢將綦毋豚。○東海王越傳檄山東，以討張方。迎車駕還舊都。○東平王楙以徐州讓越，自領兖州。○成都王穎將公師藩以穎廢黜，起兵趙、魏，攻陷郡縣，進攻平昌公模於鄴。范陽王虓遣苟晞救鄴，擊卻之。○越以琅邪王睿監徐州，守下邳，自將屯蕭。○越徙豫州劉喬於冀州，以范陽王虓領豫州。喬不從，遣子祐拒越於蕭，自攻虓於許。○虓徙東平王楙於貴州，使苟晞還兖州。楙不從，與喬合兵。○顒遣穎還鎮鄴。○詔劉喬

二

托跋猗㐌救騰，斬漢將綦毋豚。○離石大饑，淵就食黎亭，使劉宏等守離石。

勒，上黨羯人。并州大饑，閻粹說東嬴公騰略諸胡賣於山東，以充軍實，勒亦被賣爲奴。公師藩起兵趙、魏，勒與牧帥汲桑應之。始以石爲姓，勒爲名。

二

韓稚殺張輔。楊胤說軌討平之。○宋配擊鮮卑若羅拔能，斬之。

十一

漢兵攻騰，猗㐌救之，斬漢將綦毋豚。○晉朝拜猗㐌大單于。○猗㐌卒，子普根立。

卷第八十六

等討山東。○劉弘欲和解喬、越，喬、越不從。○虓兵敗，奔河北。○弘謀事有成，則推功羣下，負敗則引咎歸己。○守相得弘書，賢於十部從事。○辛冉以縱横説弘，弘斬之。○顒矯詔殺羊后，劉暾拒止之。○穎次洛陽。○劉琨説温羡以冀州讓范陽王虓，又乞師於王浚。浚以突騎助之，虓、琨濟河，攻斬石超，東擊東平王楙、劉喬，皆破走之。○迎越進屯陽武。○陳敏據歷陽反，自稱揚州刺史，欲據有江東，逼顧榮等授以官。○敏略取江、揚二州。○敏欲誅諸名士，榮諫止之。○劉弘遣蔣超等討敏。○陶侃與敏鄉曲，弘任之不疑。侃遣子爲質，

	柔兆攝提格 三丁亥、五丙戌、七乙酉、閏八甲申、十癸未、十二壬午朔。○九一日，霜降。○本志：正戊子朔、七乙酉朔、十二壬午朔，並食。○《宋志》：乙酉既。○本志：九月，填犯歲。十二月癸未，太白犯填。四月，太白失行，自翼入尾、箕。九月丁未，熒惑守心。己亥，填守房、心。
弘資而遣之。○侃以運船爲戰艦，曰：「用官船討官賊。」○衛展説弘斬張光，弘不從，表薦之。	光熙元 東海王越使繆播等説太宰顒奉帝還洛陽，分陝而治。顒欲從之，張方以爲不可。顒聞劉喬敗而懼播等，説顒斬方首送越，不許。○山東兵進逼洛陽，穎西奔華陰。○越遣祁弘等西迎車駕。○惤令劉柏根反，王浚遣將討斬之，其長史王彌亡爲羣盜。○寧州被圍累年，朝廷不能救，李毅請陳尸爲戮。毅卒，城中奉毅女固守。○祁弘等入關，顒單馬逃入太白山。○鮮卑大掠長安，弘等奉帝還洛陽。○
	三
	苟晞擊斬公師藩。
	晏平元 范長生詣雄，雄門迎執板，拜爲丞相。○雄稱帝。○閻式勸立官位制度。
	十二

復羊后。○顒復入長安，太傅越遣兵討之。顒嬰城自守。越以庾敳、胡毋輔之等爲僚屬。○劉弘卒，郭勱欲迎潁爲主。郭舒奉弘子璠討勱，斬之。○潁北奔朝歌，欲就公師藩，馮嵩執之。○苟晞斬公師藩。○劉輿殺潁。○越以劉輿爲左長史。輿以弟琨爲并州刺史，徙東燕王騰鎮鄴。○帝中毒崩。○羊后欲立清河王覃。華混急召太弟入宫即位。○懷帝素有時譽。○詔徵顒爲司徒，南陽王模遣人於路殺之。○并州吏民隨東燕王騰就食冀州者萬餘人，號乞活。○琨募兵轉鬭至晉陽，撫恤傷殘，民稍安集。

强圉單閼　二辛巳、五庚戌、七己酉、九戊申、十一丁未朔。○本志：十一戊申朔，食。

晉懷帝熾永嘉元　周穆、諸葛玫勸太傅越廢帝，立清河王覃，越斬之。○王彌寇略青、徐。○陳敏刑政無章，子弟凶暴。顧榮、周玘密報劉準，遣兵臨江。敏使其弟昶禦之。玘使人殺昶，榮說敏將甘卓與之連和。以白羽扇麾，敏兵衆潰，遂殺敏。○越辟榮等，以軍禮發遣。○朱伺曰：「諸人以舌擊賊，伺以力耳。」○又曰：「兩敵共對，惟當忍之。」○追復楊太后尊號。○立豫章王詮爲太子。○帝親覽萬機，越不悦，出鎮許昌。○以南陽王模鎮長安。○汲桑破鄴，殺新蔡王騰。○鄧定等引成兵擊

四　石勒來降，以爲平晉王。○王彌來降，拜青、徐二州牧。

汲桑以勒爲前鋒，所向輒克，遂進攻鄴，破之。殺新蔡王騰，載成都王棺以行。苟晞擊桑，大破之。桑奔馬牧而死，勒奔樂平。○胡張㔨督、馮莫突等屯上黨，勒往說之，與俱降漢。漢以勒爲平晉王。勒又誘烏丸張伏利度而執之，帥其衆歸漢。漢以勒督山東，征討諸軍。

二　遣太尉離等救鄧定，擊破梁州。軍入南鄭，虜其民而還。

廆自稱鮮卑大單于。

十三　禄官卒，弟猗盧兼統三部。

破梁州軍，入南鄭。○越出屯官渡。○以琅邪王睿都督揚州，鎮建業。○苟晞破汲桑于東武陽。○王導騎從琅邪王睿。○導説睿辟顧榮等。○睿覆觴絶酒。○苟晞斬從母之子而哭之。○王衍以弟澄、敦牧荆、青，自謂三窟〔六〕。○乞活田甄等斬汲桑于樂陵。○越囚清河王覃于金墉。○潘滔説越徙苟晞於青州，自牧兖州。晞由是與越有隙。○魏植反，晞討破之。○劉靈歎曰：「天乎，何當亂也！」○王彌遣使降漢。○毛孟爲寧州求刺史，欲自刎，乃以王遜爲之。

著雍執徐 正丙午、三乙巳、五甲辰、七癸卯、十壬申、十二辛未朔。○《宋志》：正丙午，食。○本志：正月庚午，太白伏不見。二月庚子，始晨見東方。
二 太傅越殺清河王覃。越徙屯甄城。○王彌寇略青、徐、兗、豫四州，州郡不能禦。進逼洛陽，王衍等敗之於七里澗。彌乃渡河，自歸於漢。○越徙屯濮陽。○又徙滎陽。○漢王彌、石勒寇鄴，和郁走趙、魏，民壘多降之。○張光爲梁州刺史。
永鳳元 命劉聰、石勒等將大兵擊晉。○王彌來見，淵厚禮之。○徙都蒲子。○王彌、石勒攻鄴，走和郁。○淵稱帝。○劉宣卒。○石勒、劉靈下趙、魏五十餘壘。
與劉聰共擊晉。○攻鄴，走和郁，○下趙、魏五十餘壘，皆假壘主印綬，簡其丁壯，得兵五萬，老弱案堵如故。
三 楊褒謂雄：「爲天子何有以官買金！」○又曰：「安有天子而爲酗！」
軌得風疾，口不能言，使子茂攝州事。○張鎮、曹袪迎賈龕爲刺史，龕兄止之。鎮、袪檄州，表請張越。軌將避位，王融、孟暢蹹檄入諫，乃使子寔討鎮，降之。楊澹割耳，張璵上表訴軌之冤。詔軌討袪，斬之。○軌遣北宮純等入衛京師，敗王彌、劉聰。○晉室微弱，獨軌歲時貢獻不絶。
代穆帝倚盧元

校勘記

〔一〕「族」，原作「旅」，今據再造影印浙本改。

〔二〕「狐」，原作「孤」，今據《通鑑》卷八十改。

〔三〕「哭」下，原衍「改户曹爲辭曹」六字，文意不屬，今删。

〔四〕「倫」上，原衍一「倫」字，今據文意删。

〔五〕「右」，原作「中」，今據《通鑑》卷八十二改。

〔六〕「五」，原脱，今據上下文補。

〔七〕「窟」下，原衍「一」字，今删。

資治通鑑目録卷第九

端明殿學士兼翰林侍讀學士朝散大夫右諫議大夫集賢殿修撰權判西京留司御史臺上柱國河内郡開國侯食邑一千三百户食實封肆佰户賜紫金魚袋臣司馬光奉敕編集

己巳(三〇九)

屠維大荒落	二庚午、四己巳、閏五戊辰、七丁卯、九丙寅、十一乙丑朔。○六日，大暑。○本志：正月庚子，熒惑犯紫微。是年，填久守南斗。
晉懷帝永嘉三	山簡鎮襄陽，棄事酣飲；又奏徵劉播，南夏遂亂。○太傅越自滎陽入京師，王敦知必有誅罰。○繆播、繆胤、王延、何綏等有寵於帝，參與機密，越皆執誅之。○何曾謂武帝未嘗言經國遠圖，惟說平生常事，必爲子孫憂。○曾累世奢傲，卒用亡家。○王尼見何綏書，知其必死。○劉垣請聽劉寔
漢高祖河瑞元	徙都平陽。○晉朱誕來奔，勸攻洛陽，淵從之。○劉景拔黎陽，沈三萬人于河，淵黜其官。○石勒攻鉅鹿、常山。○劉聰、王彌攻壺關，敗韓述；又破王曠等於長平，遂克壺關。上黨太守龐淳降。○劉虎及白部鮮卑來附。○淵使劉聰等乘勝進攻洛陽，聰等敗曹武，長驅至宜陽，爲晉將垣延所
後趙高祖	勒攻鉅鹿、常山，衆至十餘萬，集衣冠爲君子營。○勒以張賓爲謀主，刁膺等爲股肱爪牙。○賓自比子房，提劍詣軍門求見勒。○王浚將祁弘帥鮮卑擊破勒於飛龍山，勒退屯黎陽。○勒攻信都，敗王堪等，魏郡太守劉矩降。
成太宗晏平四	訇琦等殺太尉離，以梓潼降羅尚。成主遣太傅驤等攻之，不克。晉譙登進據涪城。
涼西平武穆公	
燕高祖	龐本殺李臻。王誕來奔。
代穆帝二	
卷第八十七	

歸老。越悉罷宿衛吏士，以國兵代之。○漢劉景陷黎陽。○石勒寇鉅鹿、常山。劉聰、王彌攻壺關，敗韓述。越遣王曠等禦之，敗於長平。聰、彌遂克壺關，取上黨。○詔曹武等拒聰，武敗，聰長驅至宜陽。垣延襲聰等，敗走之。○王浚遣祁弘破石勒於飛龍山。○劉聰等復至宜陽，遂逼洛陽，越嬰城固守。聰祈嵩山，使劉厲等督攝留軍。孫詢説越襲厲，破之，聰等乃還。○成梓潼來降。○譙登進據涪城。○王彌寇略汝、潁。○石勒寇信都，王堪等擊之，不勝而走。勒遂取魏郡。○龐本殺李臻，封悛殺本。

襲，聰等敗還。○石勒與晉祁弘戰，敗於飛龍山，退屯黎陽。○淵復遣聰、彌、曜及劉景進攻洛陽，以呼延翼爲後繼。聰等至宜陽，翼爲其下所殺，其衆潰歸。淵召聰還，聰固請留攻洛陽。聰祈嵩山，使劉厲等督攝留軍，晉孫詢襲破之，厲赴水死。淵乃召聰等還，王彌留徇汝、潁。○石勒取魏郡。○王彌遣曹嶷徇青州。

上章敦牂　二甲午、四癸巳、六壬辰、八辛卯、十庚寅、十二己丑朔。

四　成文石殺李國，以巴西來降。錢璯反攻陽羨，周玘討斬之。○玘三定江南。○祁弘敗漢劉靈於廣宗，殺之。○成張寶復取梓潼。○漢劉聰等圍河内，詔宋抽救之。抽死，河内陷。○羅尚卒。○雍州流民王如、嚴嶷、侯脱等反於南陽以應漢。○漢劉粲、劉曜、王彌、石勒等寇洛川。○劉琨與拓拔猗盧共討劉虎、白部，破之。以樓煩等五縣地與猗盧。○太傅越羽檄徵天下兵，莫有至者。○山簡、王澄欲入援京師，爲王如等所敗。○朝議欲遷都，王衍賣車牛。○越出討石勒，東屯于項。宮省無復守

漢烈宗聰光興元　淵立單后及太子和。○劉靈與晉祁弘戰於廣宗，敗死。○楚王聰、始安王曜、石勒、趙固共攻河内，殺宋抽，執裴整。○安昌王盛唯讀《論語》、《孝經》，曰：「誦此能行足矣！」○淵以盛忠篤，委以禁兵。○淵以楚王聰、陳留王歡樂、長樂王洋、江都王延年並受遺輔政。○淵卒，太子和立。○呼延攸、西昌王鋭、劉乘恥不參顧命，勸和殺聰等。安昌王盛諫攸，鋭殺之，遂攻聰等，不克。聰殺和自立，以北海王乂爲太弟，立呼延后。○以蒲洪爲將軍，洪不受。○王如等來降。○河内

勒濟河會王彌，略徐、豫、兖；復北濟河，略冀州；又南寇滎陽；又北會劉聰等，圍河内，殺晉將宋抽；又會劉粲等略洛川，爲王讚所敗，退屯文石津。○勒南濟河，趣南陽，斬侯脱，禽嚴嶷，破王如，寇襄陽，屯江西。

五　文石殺太尉國，以巴西降羅尚。○張寶逐訇琦，復取梓潼。○太傅驤攻譙登於涪城。

詔加軌鎮西將軍，都督隴右。○京師來告饑，遣使獻馬及毯布。

三　與劉琨共討劉虎、白部，破之。琨表猗盧爲大單于，以代郡封之，爲代公。王浚遣兵來爭代地，猗盧擊破之。猗盧又求樓煩、馬邑、陰館、繁畤、崞五縣地於琨，琨徙其民以處之。

	重光協洽 二戊子、五丁巳、七丙辰、九乙卯、十一甲寅朔。○本志：十月，熒惑守心。
衛，荒饉日甚。○竟陵王楙謀討越，不克而逃。○周馥請遷都壽春，越怒。○羅宇殺皮素。○李驤攻譙登於涪城，士民燻鼠食之，無離叛者。○曹嶷寇青州，苟晞破之。○王遜安集寧州。	五 苟晞爲曹嶷所敗，奔高平。○梁、益流人杜弢等反，寇略荆、湘。○琅邪王睿使甘卓攻壽春，逐周馥。○帝與苟晞陰謀討太傅越，越使裴盾等討晞。會越薨，帝以晞督六州。○張光斬鄧定，進取漢中。○石勒追及越喪於甯平，獲王衍等，殺公卿將士十餘萬人；又敗何倫等於洧倉，殺四十八王。○漢
王粲、始安王曜、王彌、石勒等共略洛川。○聰殺其嫡兄恭。○單太后卒，太弟乂由是寵衰。○呼延后請早除乂。○單沖勸乂避位，乂不從。	嘉平元 曹嶷破青州，逐苟晞。○石勒大破晉兵，殺王衍等。○趙固等破徐州，殺裴盾。○龍驤曜、王彌、石勒共攻拔洛陽，執晉帝，以爲光祿大夫。彌欲徙都洛陽，曜不從，彌怒。東屯項關。○劉暾說彌保據東州。○晉將趙染來降，使撫軍粲、龍驤曜隨染攻長安，拔之。殺晉南陽王模，使曜鎮長安。
	勒寇江夏，攻新蔡，拔許昌，敗晉兵於甯平，殺王衍等十餘萬人，燒東海王越之柩；又敗何倫於洧倉，殺四十八王。勒會劉曜、王彌同拔洛陽。○勒襲蒙城，擒苟晞。○王彌使劉暾召曹嶷，欲以圖勒。勒獲暾，殺之。○張賓勸勒救彌，斬劉瑞。○勒誘王彌，殺之，并其衆。○勒南略豫州，屯葛陂。○劉琨送勒母
	玉衡元 太傅驤拔涪城，獲譙登。太保始克巴西。
	鮮卑素喜連、木丸津寇亂遼東。廆子翰勸廆討斬之，并其衆。○封釋以其孫弈屬廆。○王浚以崔毖爲東夷校尉。
	四 猗盧遣子六脩助劉琨戍新興，琨將邢延逐之。

趙固等破徐州，殺裴盾。○杜弢禽荀眺。○琅邪王睿都督五州。○王淳于定説南陽王模不就徵。○荀晞請徙都倉垣。○帝將出而無車輿，步出銅駝街，爲盜所掠而還。○魏浚掠得穀麥，以饋京師。○漢劉曜、王彌、石勒合兵，陷洛陽，太子、王公、士庶死者三萬餘人。執帝送平陽，拜光禄大夫。○傅祇建行臺於孟津。○荀藩建行臺於密。○李矩夜會魏浚，曰：「忠臣何疑！」○荀晞立太子，建行臺於蒙城。○荀藩奉武帝孫秦王鄴趣許昌。○藩以閻鼎爲豫州。○中朝名士多避亂度江，王導勸琅邪王睿辟爲掾屬，號百六掾。○華

○石勒禽苟晞，因殺王彌。聰切責勒，而進其位號以慰之。○晉索綝等共攻車騎曜于長安，敗撫軍粲于新豐。粲還平陽。○劉琨將邢延新興來降，請兵伐晉陽。

王氏及從子虎，以書招勒。勒報曰：「事功殊塗，非腐儒所知。」○勒母謂虎：「快牛爲犢，多能破車。」

軼不受睿節制，睿使王敦等討斬之。○王浚立太子，設壇告類，承制置百官，署征、鎮。○南陽王模牙門趙染降漢，導漢兵以攻長安。模降于漢，漢殺之。○苟晞殺閻亨，明預輿病諫。○石勒襲晞，禽之。○索綝、麴允、麴特、賈疋等共攻劉曜于長安，敗劉粲于新豐。○閻鼎奉秦王鄴入關，疋迎置于雍。荀藩等逃去。○桓彝謂王導爲管夷吾。○導謂周顗等：「何至作楚囚對泣！」○陳頵勸導，抑浮華，尚功實。○劉琨善於懷撫，而短於控御。○琨使劉希合衆於中山。○王浚使段疾、陸眷擊走之。○琨將邢延逐拓跋六脩，以新興降漢，召漢兵以伐琨。

玄黓涒灘

正癸丑、二壬子、四辛亥、六庚戌、九己卯、十一戊寅朔。○閏正。二日，春分。○《宋志》：二壬子，食。○本志：七月，熒惑、歲、太白聚牛、女之間，徘徊進退。六月丁卯，太白犯太微。

六

胡亢起兵竟陵，以杜曾爲太守。○石勒寇壽春。○漢主聰以帝爲儀同、會稽公，與帝論舊故，問骨肉相殘。○漢靳沖攻晉陽，不克。○劉曜棄長安走，秦王鄴入于長安。○傅祗薨。○漢人拔三渚。○漢臨深、牟穆降于劉演。石勒攻演于鄴，深、穆復往歸之。○劉琨用徐潤譖，殺令狐盛。盛之子泥奔漢，導漢兵以擊琨。琨出收兵，漢人入晉陽，殺琨父母。○賈疋等奉秦王鄴爲太子，置行臺。○代公猗盧救劉琨，大破漢劉粲等兵，斬邢延。琨復得并州，猗盧留箕澹等戍晉陽。○彭天護攻殺賈疋，衆推麴允代之。○閻鼎殺

二

呼延后卒。○靳沖、卜珝擊劉琨。○納劉殷女爲貴嬪。○靳沖敗於晉陽，斬卜珝。聽斬沖。○聽以魚蟹不供，斬襄陵王攄。○王彰切諫，聰囚之。太弟乂等輿櫬固請，乃免而賞之。○趙固、王桑詐降於劉琨。○車騎曜棄長安，走歸平陽。○大將軍粲拔三渚。○聰欲立劉英爲后，張太后不可。○劉殷曰：「幾諫之功，無異犯顔。」○梁伏疵迎趙固、王桑。桑奔青州，固追殺之。○大將軍粲、車騎曜擊劉琨，入晉陽。拓拔猗盧救琨，粲等兵敗，棄晉陽而歸。○傅虎以馬救曜而死。○立張后。○石勒據襄國擊段疾陸眷，

晉紀瞻屯壽春以禦勒。會饑疫、霖雨，刁膺説勒僞送款於晉。張賓請遣兵向壽春，然後北還鄴。勒黜膺而用賓策。○勒自棘津濟河，破向冰于枋頭，攻劉演于鄴。臨深、牟穆等來降。○勒用張賓策，始據襄國，分命諸將徇冀州郡縣。○王浚使王昌及段疾陸眷等攻勒。勒用張賓、孔萇計，擊破疾陸眷，禽其從弟末柸勒，不殺而歸之。與疾陸眷結盟，浚兵遂退。

二

馬魴勸軌遣兵翼衛帝室，軌遣宋配等赴長安。○裴苞阻絶使命，配擊破之。

五

漢靳沖等攻劉琨於晉陽，猗盧遣兵救琨，擊走之。○劉粲等復攻晉陽，拔之。猗盧自將擊破粲等，琨復入晉陽。留箕澹等戍之。

卷第八十八

	昭陽作噩 正丁丑、三丙子、五乙亥、十甲戌、九癸酉、十一壬申朔。
梁綜。索綝攻鼎，殺之。○劉琨謂王澄形雖散朗，內實動俠。○澄與王機飲博，不恤軍事，王沖逐之。○王敦殺澄。○王機據廣州。○王如降王敦。○衛玠終身不見喜慍。	晉愍帝鄴建興元 漢主聰使懷帝著青衣行酒，庾珉等號哭，聰殺珉等及懷帝。○蘭維北出，爲人所虜。○太子即帝位。○長安戶不盈百，公私有車四乘。○漢劉曜等寇長安，麴允屯黃白城以拒之。○石虎拔鄴，劉演奔廩丘。○演及郗鑒、李述皆稱兗州刺史，吏民莫知所從。○華譚明周馥不反。○陳頵請禁僚屬設故避事。○又
破之。○姚弋仲東徙榆眉。	二 殺晉懷帝及庾珉等。○張太后、張后並卒。○立劉后。○陳元達鏁腰諫作䳨儀殿。○車騎曜等擊長安。○劉琨與拓跋猗盧寇藍谷、北屈，大將軍粲等禦之，琨等走。○趙染襲長安，入外城。車騎曜自黃白城赴之。麴允襲曜，殺喬智明。曜軍敗還。○曜攻魏浚，殺之。
	石虎攻鄴，拔之。○勒擊李惲、田徽，殺之。薄盛以青州歸勒。山東郡縣，相繼降附。○張賓勸勒稱藩，推奉王浚。勒使王子春推浚爲天子。
	三 李恭虜晉蘭維。
	廆使子翰攻段疾陸眷，取徒河、新城。○中國士民避亂者多歸廆。廆招慰振恤，拔其賢俊，隨才授任。○裴嶷、黃泓、游邃、宋該、劉翔皆知王浚及段氏不足依，廆必有成功，率其族黨歸廆。○廆取陽躭於俘虜而用之。
	六 六脩會王浚擊段疾陸眷，不克。○普根會劉琨擊漢，至北屈。○猗盧築盛樂及平城，以爲南、北都；又築小平城，使其子六脩鎮之。

請重惜封爵。○周玘謀誅執政不果而卒。○段氏叛王浚。浚與拓跋猗盧擊之，不克。浚政法不立，士民多歸慕容廆。○楊虎等攻張光於漢中。○以琅邪王睿、南陽王保爲左、右丞相，使之分陜而治。○劉琨與拓跋猗盧同擊漢，至藍谷、北屈而還。○丞相睿以劉隗爲司直，隗始用事。○熊遠請立議者皆引律令、經傳，不得直以情言。○祖逖聞雞起舞。○睿使逖募兵，北屯淮陰，以圖中原。○杜曾殺胡亢。○周顗爲杜弢所敗，王敦留之。○杜弢寇武昌，陶侃擊破之。○王敦表侃爲荆州。○楊難敵襲漢中，敗張光。○荀藩薨。○王貢與杜曾討斬王沖，

	閼逢閹茂 二辛丑、四庚子、六乙亥、十己巳、八戊戌、十丁酉、十一丙申朔。○閏十。十一日，冬至。
遂與曾反擊陶侃，破之。○漢趙染襲長安，入外城。○楊難敵入梁州，自稱刺史。○麴允襲劉曜，殺喬智明。曜軍退。○王浚謀稱尊號，殺霍原。○棗嵩、朱碩用事。○烏桓、鮮卑皆叛，浚遂衰。○石勒僞推奉浚，浚喜納之。○漢劉曜攻魏浚，殺之。	二 日隕。三日出西方。○張咸逐楊難敵，以漢中入于成。○石勒襲王浚。浚將孫緯請拒之，浚不從。勒入薊，禽浚，斬之。○劉琨與拓跋猗盧謀擊漢，不果。○劉翰以薊歸段匹磾。○劉胤勸邵續以樂陵歸丞相睿。○王真敗陶侃於林障。○漢劉曜、趙染寇長
	四 肉墮平陽，陳元達等以爲女寵太盛。○劉后卒。○置七公、左右司隸、單于、左右選曹尚書等官。○以晉王粲爲丞相、録尚書。○石勒取幽州，以王浚首來獻。○大司馬曜、趙染擊長安，染爲索綝所敗。○染不用魯徽之諫，既敗而斬之。○曜敗麴允於馮翊。
	王浚遺勒麈尾，勒懸壁而拜之。○王子春論浚必敗。○張賓勸勒納質於劉琨，請討浚以自效。○勒入薊，禽浚，斬之。○裴憲不謁勒，勒義而赦之。○以朱碩、棗嵩敗亂幽州，游統不忠於浚，皆斬之。○漢加勒大都督、陝東、驃騎大將軍、東單于。○浚樂陵太守邵續歸于勒，已而更
	四 楊虎、張咸以漢中來降。○雄刑政寬簡，賦輕役少，閭門不閉，路不拾遺。聞有晉兵，欣然而喜。然爵位濫溢，吏無禄秩。
	愍帝以軌爲太尉、涼州牧、西平公，又以寔爲副刺史。○軌薨，寔嗣位。
	立四郡，以統冀、豫、青、并之人。
	七 劉琨來請兵同擊漢。會石勒取幽州，國中雜胡謀應勒。猗盧討誅之，不果赴琨約。
	卷第八十九

	旃蒙大淵獻 正乙未、四甲子、六癸亥、八壬戌、十辛酉、十二庚申朔。
安。詔索綝拒之，敗趙染於新豐。○曜敗麴允於馮翊。允擊漢將殷凱，斬之。○劉曜攻郭默于懷，默奔李矩。○矩因并州鮮卑以救默。○趙染攻北地，敗死。	三 周勰以吴人失職，謀殺王導等，不果。○導使周筵殺周續。○南陽王保使陳安討羌，張春刺傷之，安貢奉不絶。○杜弢因應詹請降，丞相睿許之。諸將攻之不已，弢復反。○杜弘、張彦陷豫章。周訪擊彦，斬之。弘奔臨賀。○盜發漢霸、杜二陵，收其餘以實内府。○漢劉曜寇上黨，敗劉琨于襄垣。○陶侃説下王貢。○侃擊杜弢，滅之。○睿以
○殷凱與允戰，敗死。○曜攻郭默于懷，默走。○趙染攻北地，敗死。○晉王粲爲相國、大單于，總百揆。粲驕奢忌克，國人始惡之。	建元元 崔瑋等勸太弟乂發兵誅粲，乂不從。聰聞之，殺瑋等而囚乂。乂請爲庶人，讓位於粲，不得。○曹嶷攻略郡縣，謀據齊、魯之地。石勒請斬之，聰恐勒滅嶷益彊，不許。○聰立靳準二女及劉貴妃爲三皇后[二]。陳元達諫，不聽。○上皇后靳氏有穢行，陳元達奏黜之，后自殺。○大司馬曜擊晉上黨，敗劉琨于襄垣。聰召之，使還擊長安。
附于晉。○勒始立租賦法。	漢拜勒陝東伯，得專征伐封拜。
	五 立任后。
	涼西平元公寔 趙奭獻璽，寔歸之長安。
	八 晉進猗盧爵爲王，食代、常山二郡，置官屬。○猗盧請莫含於劉琨而用之。○猗盧用法嚴，或舉部相攜就誅。

王敦都督六州，敦始自置牧守。○敦使王如殺王稜。○杜曾與弟五猗分據漢、沔。○曾敗陶侃於石城，圍荀崧於宛。崧遣其女求救於石覽。○錢鳳譖陶侃於王敦。敦左遷侃爲廣州，以王廙爲荆州。侃將鄭攀等迎杜曾以拒廙。敦欲殺侃，梅陶等諫而止。○敦以王機爲交州，州將梁碩等拒之。機乃與杜弘、温邵、劉沈等謀還襲廣州。侃逆擊沈，禽之。機敗死，邵降於侃，弘降於敦。○侃運甓以自勞。○漢劉曜寇北地，陷馮翊。遣麴允將兵拒之。○裴詵謂南陽王保：「蛇已螫頭，頭可截乎？」○麴允欲奉帝就保。索綝恐保奪其權，不可。

柔兆困敦

二己未、四戊午、六丁巳、九丙戌、十一乙酉朔。○本志：六丁巳朔，食。○《宋志》：十二乙卯，食。

四

梁芬欲追尊吴王晏，不果。○拓跋猗盧將箕澹等帥衆歸劉琨，琨兵復振。○石虎攻陷廪丘，劉演奔段匹磾。○平夷太守雷炤等叛降于成。○劉曜攻陷上郡、北地，麴允兵敗。○允欲以爵位取悦人情，故諸將驕恣，而衆心離怨。○劉曜進逼長安，焦嵩曰：「須允困，當救之。」○胡崧恐麴索成功，擁兵不進。○長安窮困，帝屑麴爲粥，食之亦盡，乃輿櫬詣劉曜降。吉郎自殺，曜遷帝於平陽。漢主以帝爲光禄大夫，封懷安侯。麴允自殺。○石勒攻樂平，劉琨遣箕澹擊之。琨出屯廣牧，澹及衛雄諫，不聽。勒擊澹，殺

麟嘉元

聰荒宴後宫，或三日不醒，或百日不出，政事皆委於相國粲。唯生殺、除拜，則使宦官王沈、郭猗等入白之。沈等或不白而自以私意決之。士民憤怨。○郭猗、靳準共譖太弟乂於粲，勸粲早除之。○王沈等譖卿士陳休、卜崇等七人，殺之。大宰易、陳元達諫，不聽。易憤恚卒，元達自殺。○大司馬曜攻拔晉上郡、北地，敗麴允兵。○曜聽魯充及梁緯之妻自殺，而以禮葬之。○立樊后。四后之外，佩后璽者七人。○劉敷諫不從，以憂卒。○蝗饑。○聰引見太弟乂，待之如初。○晉索綝遣子詣大司馬曜求車騎、儀同，

勒使石虎攻廪丘，拔之。河東饑，勒使石越招誘其流民二十萬户。漢主聰責之，勒不受命。○勒攻樂平，劉琨使箕澹來戰，勒擊殺之。琨將李弘以并州降。○張賓勸勒罷兵，選任牧守，以撫幽、冀。

六

晉將雷炤、董霸以平夷、平樂來降。

隗瑾諫寔自決衆務。○寔遣王該將兵五千衛長安，且輸職貢。愍帝命寔都督陝西諸軍。

九

少子比延有寵，猗盧欲廢長子六脩而立之。六脩不從，猗盧討之，兵敗，爲六脩所弑。普根攻六脩，殺之自立，國内亂。衛雄、箕澹與劉琨質子遵帥胡、晉三萬家歸于琨。○普根尋卒，立其子，又卒。國人立其叔父弗之子鬱律。

強圉赤奮若

正甲申、三癸未、五丙午、七辛巳、八庚辰、十己卯朔。○閏七。○八二日，秋分。○本志：五月癸未，太白、熒惑合于東井。○《宋志》：六月丁卯，太白犯太微。

之。琨奔幽州，依段匹磾。○丞相睿出師露次，揚聲北伐，斬督運令史淳于伯。○劉隗多所彈劾，睿率皆容貸，故衆怨歸之。

晉中宗睿建武元

漢劉暢寇滎陽。李矩詐爲子產神教，襲敗之。○宋哲至建康，王素服出次舉哀。僚屬請上尊號，王命駕將返國，乃稱晉王。置百官，立宗廟社稷。○王欲以宣城公裒爲嗣王。導諫，乃立世子紹爲王太子。劉琨、段匹磾結盟，使温嶠奉表勸進。王不許。殷乂輕侮張平，平殺

請以城降。曜斬而送之，曰：「帝王之師，以義行也。」○晉主出降，遷于平陽。○聰以麴允忠烈，贈車騎；以索綝不忠，斬之。○太宰曜鎮長安。

二

劉暢攻晉滎陽，爲李矩所敗。○相國粲與靳準、王沈等誣太弟乂謀反，誅之。阬士衆萬五千人。○立粲爲太子。○趙固以洛陽叛降于晉。○聰使晉愍帝執戟前導，又洗爵執蓋。晉臣辛賓抱愍帝大哭，聰斬之。○晉趙固、郭默寇河東。○殺晉愍帝。○太子粲攻洛陽，趙固奔陽城山。

石虎攻晉譙城，不克。○晉劉琨、段匹磾與段疾陸眷約共攻襄國。段末柸説疾陸眷先引去，琨等亦還。

七

建興五

史淑等以愍帝詔拜寔司空，不受。○張肅聞長安陷，憤恚而卒。○寔遣韓璞等救關中。○璞問軍士，欲生還則從我令。遂與羌戰，破之。○秦、雍民死者什八九，涼州獨安。

魯昌、高詡説廆，遣使詣琅邪王勸進。○廆兄吐谷渾因馬鬭西徙度隴，王洮水之西而卒。

代平文帝鬱律元

卷第十九

义而叛。○桓宣説樊雅，下之。○石虎寇譙城，祖逖擊卻之。○劉琨、段匹磾與段疾陸眷擊石勒，不克而還。○漢趙固以洛陽來降。○鄭攀、杜曾請降。王廙將之荆州，朱伺諫，不聽。曾襲揚口，克之。伺被傷，曾質其妻子以誘之，伺不從。○趙誘、朱軌與曾戰於女觀湖，敗死。曾威震江、沔。○周訪擊曾於沌陽，大破之。曾退保武當。○戴邈請建太學，從。○趙固、郭默攻漢河東。○漢人害愍帝。○漢劉粲攻洛陽，趙固奔陽城山。○勸課農功，令諸軍自佃爲稾。○楊茂搜卒，子難敵立。

著雍攝提格

正戊申、三丁未、五丙午、七乙巳、九甲辰、十一癸卯朔。○本志：四丁丑朔，食。○七月，太白犯南斗。

太興元

段疾陸眷卒，叔父涉復辰立。弟匹磾自薊來奔喪，涉復辰拒之。末柸乘虚襲殺涉復辰自立，擊匹磾，敗之。○愍帝凶問至建康。○紀瞻叱韓績，不使撤御座。○周嵩諫稱尊號，忤旨。○王即帝位。○帝令王導共升御床，導辭。○熊遠諫賞投刺吏民。○立太子紹。太子有文武才德。○庾亮諫太子讀韓非書。○李矩將耿稚等襲劉粲，大破之。○顧和謂王導，不當采聽風聲，以察察爲政。○荀組爲石勒所逼，自許昌奔建康。○段匹磾殺劉琨，由是夷、晉不附匹磾。○温嶠奉使，其母留之，

前趙王曜光初元

晉將耿稚等襲太子粲營，破之。○會稽王康等二十一人。○立沈、宣懷養女爲皇后。王鑒、崔懿之、曹恂諫，皆斬之。○鑒謂沈與靳準必滅漢國。○懿之謂準終爲國患。○聰寢疾，召相國曜、石勒受遺詔輔政，皆辭不至，乃以太宰景等輔政。聰卒，太子粲立。○靳準將作亂，先譖太宰景、大司馬驥等，殺之。○朱紀、范隆奔長安。○粲常遊宴後宮，悉委國事於準。準遂勒兵執粲，數而弒之。○劉氏男女，無少長皆斬於市。○準自稱大將軍、漢天王，遣使降晉。○王延罵

曹嶷來通好，勒以嶷爲青州牧。○漢召勒輔政，勒辭不往。○靳準弒漢主粲，勒自將兵討之。○漢主曜即位，以勒爲大將軍，加九錫，封趙公。○巴及羌、羯降者十餘萬落。○準使卜泰求降于勒，勒囚送于漢。漢主曜使泰誘靳明降之，勒怒，攻平陽。○晉周撫以沛來降。○靳明出奔漢，勒焚其宮室，置戍而還。

八

范長生卒，以其子賁爲丞相。○蜀人奉長生如神。○李鳳以巴西叛，太傅驤討誅之，以驤子壽代鳳。

六

焦嵩、陳安逼上邽，南陽王保來告急。寔遣竇濤等救之。○保聞愍帝崩，謀稱尊號。張詵勸寔推奉江東[二]。

晉元帝拜廆龍驤將軍、大單于、昌黎公，廆辭公爵。○廆令游邃創府朝儀法。○裴嶷說廆兼并諸部。

二

劉虎侵其西部，鬱律擊虎，大破之。○遂西取烏孫故地，東兼勿吉以西，士馬雄於北方。

	屠維單閼 正壬寅、四辛未、六庚午、八己巳、十戊辰、十二丁卯朔。○本志：七月甲午，歲、熒惑會于東井。八月乙未，太白、歲
絶裾而去。○刁協、劉隗皆有寵於帝，每崇上抑下，排沮豪彊，故爲王氏所疾。○漢靳準弑其主粲，遣使來降。○熊遠陳三失，謂宜進實德，退白望，來直言，公刑賞。○陳頵請策試秀、孝。○孔坦諫除孝廉已到者官。○孫宵諫厚葬琅邪王煥。○周撫以沛叛降石勒，使劉遐、蔡豹、徐龕討之。○褒賞能吏諸葛恢、張闓。	二 劉遐、蘇峻等斬周撫。○初立郊丘。○賀循議琅邪恭王不可稱皇考。○陳川、徐龕叛降石勒。○南陽王保自稱晉王。○應詹諫賤經術，尚玄虛。○祖逖攻
準，不受其官，準殺之。○相國曜、石勒皆引兵來赴難。○曜即位于赤壁。○準使卜泰降于石勒，勒囚送泰。曜使泰誘準使降，準疑未決。靳明攻準，殺之，送璽于漢。勒怒，急攻平陽。曜遣兵迎之，明帥衆來奔。○曜西屯粟邑，○族誅靳明。	二 誅石勒使者，始與勒絶。○立羊后。○改國號爲趙。擊氐楊難敵，走之。○氐蒲洪來降。○路松多起兵附晉王保，遣其將王連等據陳倉、陰密。
	元 勒使王脩入貢于漢。漢以勒爲太宰，封趙王，加殊禮。曹平樂言勒欲襲大駕。漢主曜誅脩，停其恩禮。勒怒曰：「趙王、趙帝吾自爲之，何待於人！」
	九 太傅驤擊晉越嶲、朱提。
	七 保又爲陳安所逼，寔遣韓璞、宋毅救之。
	崔毖誘高句麗、宇文、段氏共攻廆。○廆堅守棘城，以挫其鋭。以牛酒犒宇文氏，二國引去。宇文悉獨官獨攻之。○韓壽謂悉獨官將驕卒惰，必敗。○慕容翰請留徒河，爲奇
	三
	卷第九十一

合在翼。二月甲申，熒惑犯東井。八月己卯，太白犯軒轅大星。	上章執徐 二丙寅、閏三乙丑、五甲子、八癸巳、十壬辰、十二辛卯朔。○四一日，小滿。○本志：六月丙辰，太白、歲合于房。五
陳川，石勒使石虎救之。逖退屯淮南，虎徙川於襄國。○石勒寇幽州，段匹磾奔樂陵。○周訪討杜曾〔三〕，斬之，并禽第五猗。○王敦許訪以荆州，既而不與。○王廙失荆州之和，帝以訪代之。郭舒勸敦自領荆州。訪由是與敦有隙。○王導薦羊鑒討徐龕。○崔毖爲慕容廆所逐，奔高麗。○成李驤寇越巂、朱提。	三 晉王保爲趙所逼，遷于桑城。○後趙石虎攻厭次，執邵續。續語兄子笁，使努力守城，奉段匹磾爲主。○劉胤請救邵續。○李矩、郭默取洛陽，趙將尹安等降
	三 曜自擊王連、路松多等，悉破平之。晉王保懼，遷于桑城。尹安等四將屯洛陽，互相猜阻，或降後趙，或降晉。曜命廣平王岳鎮洛陽，不至而返，河南遂空。
○晉陳川、徐龕來降。祖逖攻川，石虎救之，徙川於襄國，使桃豹守其城。○鮮卑日六延叛，虎討破之。○孔萇取幽州諸郡，段匹磾奔樂陵。曹嶷請以河爲境。○勒初稱大單于、冀州牧、趙王，改元。○行《辛亥制》五千文。○禁胡人毋得侮易衣冠華族。○勸課農桑，興禮樂。○張賓總朝政，謙懼無私。	二 中山公虎攻厭次，執邵續，勒禮而用之，令：「自今獲士人，毋得擅殺。」○趙將尹安等來降，勒使石生等赴之，虜宋始一軍以歸。○晉羊鑒攻徐龕，勒遣王伏都
	十
	八 保將奔涼州，寔遣陰監迎衛，其實禦之。○劉弘使閻涉殺寔。州人殺弘，立寔弟茂。○茂立寔子駿爲世子。
兵。○悉獨官遣騎襲翰，翰掩擊，破之。乘勝與廆合攻悉獨官，大破之。○廆進攻崔毖，毖奔高句麗，廆遂取遼東，使子仁守之。○高瞻不受廆官。○鞠彭不忍戰其民，棄東萊奔遼東。○鄭林居曹嶷、鞠彭之間，情無彼此。○廆使裴嶷獻捷江東。○建威、翰等攻高句麗，其王請盟。	裴嶷至建康，盛稱廆威德，朝廷始重廆。○晉元帝欲留嶷，嶷不可。○晉以廆爲平州刺史。
	四

月戊子，太白入太微，犯上將。九月，犯南斗。十月己亥，熒惑在東井，居五諸侯南，踟躕留積三十日。

矩，使郭誦鎮陽翟。河南之民多歸矩。○張春、楊次殺晉王保。陳安討誅之，以天子禮葬保。○羊鑒討徐龕，坐畏懦除名。○徐龕請降，帝不受。○後趙孔萇攻段匹磾，段文鴦敗之。○祖逖將韓潛與後趙將桃豹分據陳川城，負土爲米以誑之。○潛敗劉夜堂於汴水。○逖徙鎮雍丘，後趙鎮戍多降。○趙固等互相攻擊，逖和解之，皆受逖節度。○逖僞抄諸塢，以明未附。○王敦終周訪之世不敢爲逆。○蔡豹爲徐龕所敗，坐誅。○王敦、王導專内外之任，時謂之「王、馬共天下」。○敦浸驕恣，有無上之心。帝引刁協、劉隗爲

○陳安討楊次，斬之。○解虎、尹車結巴氏句徐等謀反，曜悉誅之。○氏、羌、巴、羯三十餘萬俱叛。○游子遠於獄中力諫，曜釋之。○子遠請赦奚官老弱，使招引反者令復業。○曜使子遠將兵討句渠知，滅之。○子遠閉壁不戰，以待虛除、伊餘氣竭而擒之。○氏、羌悉降。○立太學。○喬豫、和苞諫作酆明觀、陵霄臺及壽陵，曰：「以一觀之功，足平涼州。」

等救之。伏都縱暴，龕殺之以叛。○孔萇攻段匹磾，爲段文鴦所敗。○晉韓潛敗劉夜堂于汴水，桃豹退屯東燕。○脩祖逖墓，斬其叛將。○中山公虎擊徐龕，龕降。敗晉蔡豹于下邳。馮翥誤云：「醉胡不可與語。」勒赦之。○初置選舉。

	重光大荒落 一庚寅、四己丑、六戊子、八丁亥、十丙戌朔。
腹心以制之。○導任真推分，善處興廢。敦懷不平，與沈充、錢鳳有異圖。○隗勸帝出心腹以鎮方隅。○帝以譙王承鎮湘州。○鄧騫曰：「湘州之禍，其在斯乎！」	四 郭璞諫帝繁刑。○後趙石虎攻段匹磾於厭次，禽其弟文鴦。○匹磾責邵洎執臺使。○洎以城降。匹磾朝服，執晉節，不屈。○刁協發僮客爲兵。○以戴淵鎮合肥，劉隗鎮淮陰，各將兵以備王敦。○周嵩諫踈忌王導。○祖逖謀進取河北，而聞有内難，憤惋而卒。○以逖弟約代爲豫州刺史。○李産知約必爲亂，挈族還幽州。
	四
	三 中山公虎拔厭次，執段匹磾，盡得冀、幽、并三州之域。○勒不以宿怨罪李陽。○禁民釀酒。
	十一
	涼西平成烈公茂九 茂築靈鈞臺。閻曾叩門夜呼，茂爲罷役。
	晉以廆都督幽、平二州，平州牧，封遼東公，得承制置官司守宰。○立子皝爲世子。○徙翰鎮遼東，仁鎮平郭。
	代惠帝賀傉元 猗㐌妻惟氏惡鬱律之彊，殺之。立其子賀傉，惟氏專國政。

玄黓敦牂	正乙卯、三甲寅、五癸丑、七壬子、九辛亥、十一庚戌、閏十一己酉朔。
永昌元	郭璞勸下赦令。○璞以陳述死爲福。○謝鯤謂劉隗城狐社鼠。○王敦舉兵於武昌，以誅劉隗、刁協爲名。○沈充舉兵於吳興以應之。○周顗謂人主非堯、舜，皆有過，人臣安得以兵脅之！」○甘卓初約與敦俱下，既而不從。○魏該不從王敦。○譙王承與虞悝、虞望起兵於長沙以討敦，斬鄭澹。○鄧騫説甘卓討敦。又謂竇融於天下未寧之時，得以文服天子，非今比也。○又勸使乘虛襲武昌，招撫士卒，敦衆必潰歸。○敦使樂道融邀卓俱東。道融説卓僞許之，而襲武昌。卓遂起兵討敦，武昌驚懼。○敦遣魏乂等圍長沙，譙王承
五	曜自擊氏王楊難敵，及楊韜、梁勛，皆降之。會有疾，陳安求見不得，以爲已死，遂叛。呼延寔、魯憑罵安而死。○安自稱涼王，氐、羌皆附之，有衆千萬。曜謂安當采賢之秋，而多殺賢人，知其無能爲。○羊后卒，游子遠諫厚葬，不聽。
四	中山公虎圍徐龕。○晉劉隗來奔。○中山公虎拔泰山，執徐龕，撲殺之。徐、兗諸塢多降。○拔晉襄城、城父。祖約退屯壽春，遂取陳留。○張賓卒。勒哭曰：「何奪吾右侯之早！」每與程遐議事輒流涕。
十二	
十	韓璞取隴西、南安，置秦州。
	世子駿襲段末柸，入令支。
二	
卷第九十二	

不肯逃避。○承與卓書，使之速進。○封琅邪王昱。○徵戴淵、劉隗入衛建康。○隗勸盡誅王氏，帝不誅，隗始懼。○王導帥羣從待罪，求救於周顗。顗外不與言，而内實救之。○帝跣執導手曰：「方寄卿百里之命。」○以導爲前鋒大都督以禦敦。○周札守石頭。杜弘勸敦先攻札，札開門納之。○謝鯤曰：「但使自今以往，日忘日去。」○王導、刁協等出戰，大敗。○太子欲自出戰，温嶠斷鞅乃止。○帝謂敦：「朕當歸琅邪，以避賢路」。○帝令劉隗、刁協出避禍。隗奔後趙，協道死。○戴淵曰：「豈敢有餘，但力不足耳〔四〕！」又曰：

「見形者謂之逆，體誠者謂之忠。」○周顗曰：「王旅奔敗，以此負公。」○敦以立帝責王導。○敦欲以不孝廢太子，温嶠首稱其孝。○周顗謂：「二宫自如明詔，臣等尚未可知。」○顗曰：「吾大臣寧可草間求活，外投胡、越。」呂猗勸敦誅周、戴，敦三問王導，導三不應。○敦殺周顗、戴淵。○敦王嶠諫敦，敦欲報之，謝鯤救解得免。○王彬哭顗，稱脚痛不肯跪謝。○甘卓多疑少決，軍至豬口，累旬不前。敦以騶虞幡駐卓軍。卓還襄陽，樂道融泣諫而死。○敦改易百官及州鎮。○謝鯤勸敦入朝，敦不從，復還武昌。○周崎詐許魏乂，告

城中使堅守。○周該受考，至死不言其叔父級。○王乂拔長沙，執譙王承送武昌，王廙中道邀殺之。○虞悝曰：「人生會死，闔門死忠義何恨！」○桓雄、韓階、武延毁服爲僮從承。○易雄曰：「惜雄位微力弱，不能救國難。」○魏乂求鄧騫急，騫知將用己。○周慮殺甘卓。○沈充、錢鳳所譖必死。○郗鑒屯鄒山，民食野鼠蟄鷰而不叛。趙石虎拔泰山，鑒退屯合肥。○王敦使王諒誘脩湛，殺之。○梁碩帥交州兵圍諒。○後趙寇邊，取襄城、城父。祖約退屯壽春，梁、鄭騷然。○帝崩。太子紹立。王導受遺輔政。

昭陽協洽

三戊寅、五丁丑、七丙子、九乙亥、十一甲戌朔。○正一日，雨水。

晉肅宗紹太寧

元

成李驤、任回寇臺登，越巂、漢嘉，皆取之。○後趙寇彭城、下邳，卞敦、王邃退保盱眙。○王敦謀篡，諷朝廷徵己。帝手詔徵之，敦移鎮姑孰，自領揚州牧。○王彬諫敦反，敦欲殺之。○成李驤寇寧州，刺史王遜遣姚嶽與戰於螗蜋，大破之。○遜冠裂而卒。○梁碩破交州，奪王諒節，斷臂而不與。○立庾后。○陶侃使高寶攻梁碩，斬之。○阮放殺寶。○郗鑒與王敦論滿武秋失節，敦怒而不敢殺。○王允之醉卧，得敦與錢鳳逆謀，白其父舒，以聞於帝。○敦以兄含、從弟舒、彬爲方州，欲以弱帝室。

六

曜圍陳安於隴城，安走陝中，追斬之。○石容受榜至死，不言安所在。○秦州氐、羌皆降。封赤亭羌酋姚弋仲爲平襄公。○曜進逼涼州，戎卒二十八萬，臨河列營。諸將爭欲濟河，曜不許。張茂果重賂稱藩。○故世子胤自黑匿郁鞠部來歸，曜欲廢太子熙而立之。其舅卜泰以爲不可，胤亦固辭，乃封爲永安王、都督二宮禁衛、録尚書事。

五

取晉彭城、下邳。中山公虎攻廣固，拔之；殺曹嶷，阬其衆三萬。○劉徵曰：「無民焉牧。」乃留七百口。○樊坦言羯賊暴掠，勒不罪，賜之衣服。

十三

李驤、任回擊晉，取臺登。與越巂太守李釗、漢嘉太守王載戰于溫水，敗之，釗、載以郡來降。驤進攻寧州，敗於螗蜋而還。○楊難敵來降，李稚遣還武都，難敵尋叛。雄遣稚與兄琀擊之，深入無繼，琀、稚皆死。○越巂斯叟攻任回，遣費黑討之。

十一

趙主曜自將大兵臨河，欲攻姑臧。馬岌勸茂自出拒戰，曰：「且立信勇之驗，以副秦、隴之望。」茂乃出屯石頭。○陳珍料趙兵不久必退。○茂畏趙之彊，遣使重賂稱藩于趙。趙拜茂太師，封涼王。○茂修靈鈞臺。吴紹諫，以爲苟恩不洽於人心，雖層臺無益，徒示怯弱，疑羣下之情，虧霸主之望，啓鄰敵之謀。

三

閼逢涒灘	正癸酉、三壬申、五辛未、八庚子、十己亥、十二戊戌朔。
二	王敦殺周嵩、周筳、周札。○後趙石瞻寇彭城，取東莞、東海。劉遐退保泗口。○石生寇許、潁，攻郭誦於陽翟。誦擊破之。石聰救生，敗李矩、郭默。○王敦病，以兄子應爲嗣。○敦與錢鳳謀舉兵。○温嶠僞事敦、鳳，敦以爲丹楊尹。嶠擊鳳幘墜，使鳳言不入。○嶠與庾亮勸帝討敦，敦欲拔其舌。○帝命王導爲前鋒以討敦。○郗鑒請召劉遐、蘇峻入衛京師。○王導帥子弟爲敦發哀。○郭璞爲敦筮無成，敦殺之。敦使王含、錢鳳帥衆向建康。○敦謂鳳：「盡卿兵勢。」○含等奄至淮南岸，温嶠燒朱雀桁以挫其鋒。
七	河南太守尹平屯新安，後趙將石生擊斬之。二趙自是日相寇掠。
六	石瞻攻晉彭城，取東莞、東海。○石生斬趙將尹平于新安，二趙自是日相寇掠。○生攻晉許、潁，爲郭誦所敗。石聰救生，敗晉李矩、郭默。
十四	雄有妾子十餘人不立，立其兄蕩之子班爲太子。驤泣曰：「亂自此始矣！」
十二	茂病，戒駿以謹守臣節，以官非王命，遺令不以朝服斂。○茂卒，駿立。○辛晏以枹罕叛，駿將討之，劉慶以歲饑時寒爲諫。○王騭謂：「趙政教陵夷，不能察邇者之變，況鄙州乎！」
四	賀傉始親國政，徙居東木根山。
卷第九十三	

○王導謂含，此舉直求禪代，導當自奮爲六軍之首。○郗鑒謂帝當按兵相拒，以展義士之謀，不可自出決成敗於一戰。○段秀等破含軍於越城。敦怒，欲自行，而不能起。○敦卒，應秘其喪。○帝使沈禎説沈充，許以爲司空，充不從，帥兵與王含會建康。○顧颺説充以三策，充皆不能用。○劉遐、蘇峻至，沈充、錢鳳進攻宣陽門。遐、峻縱擊，大破之。○周光謂兄撫曰：「王公已死，何爲與錢鳳作賊！」○含等燒營夜遁。○王應勸含歸王彬，含不從，歸王舒。舒沈含父子於江。○周光斬錢鳳，吴儒斬沈充。○郗鑒請聽王敦家收葬。

旃蒙作噩二丁酉、四丙申、六乙未、八甲午、九癸巳、十二壬戌朔。○閏八。○九一日，霜降。○本志：十一癸巳朔，食。○正月，熒惑逆行入太微。

○周撫不聽光殺鄧岳。○帝宥王彬等。○温嶠請不禁錮王敦參佐。

三

王導欲贈周札，卞壼、郗鑒以爲不可。○立太子衍。○荆州聞陶侃爲刺史，士女相慶。○侃謂衆人當惜分陰，投酒器博具於江。○奉饋者必問所由，○鞭賊稻者，○藏竹頭、木屑以待用。○後趙寇河南，李矩、郭默不能禦，棄衆南奔。於是淮北之地，率皆入於後趙。○南頓王宗及虞胤爲帝所親信，王導、庾亮惡之。○帝崩，王導、卞壼、郗鑒、庾亮、陸曄、温嶠並受遺輔政。太子衍立，生五年矣。○卞壼責王導辭疾。○尊庾后爲太后，臨朝稱

八

後趙石佗襲北羌王盆句除〔五〕，破之。使中山王岳追擊佗於河濱，斬之。○楊難敵襲破仇池。○田崧奪劍刺楊難敵，不克而死。○後趙王騰以并州來降。○晉李矩、郭默來降。○使中山王岳、呼延謨圍後趙石生於金墉，與後趙中山公虎戰于洛西。岳敗，退保石梁。謨戰死。曜自將救岳，敗後趙石聰于八特阪〔六〕。○曜屯金谷，夜軍中無故驚潰，遂歸長安。虎拔石梁，虜岳，遂擊破并州，殺王騰。以南陽王胤爲大單于，置單于臺於渭城。

七

石佗襲北羌王盆句除，破之。趙中山王岳追斬佗於河濱。○王騰殺崔琨、王昚，據并州降趙。○趙中山王岳圍石生於金墉，中山公虎救之，敗趙兵於洛西，遂圍岳於石梁。趙主曜自將來救，岳敗石聰於八特。趙兵自潰於金谷，虎遂拔石梁，虜岳。進擊并州，破之，殺王騰。

十五

涼西平忠成公駿十三

初承晉元帝凶問，三日臨。○汜禕請改年，駿不許。○辛晏降，復收河南地。

後趙使宇文乞得歸擊廆。廆使世子皝擊之，入其國城，大獲而旋。○段末柸卒，弟牙立。疾陸眷之孫遼殺牙自立。

代煬帝紇那元

賀傉卒，弟紇那立。

制。政事皆決於庾亮。○卞壺奏欒謨、庾怡不得以父命辭職。○尹奉殺爨量，降李遢，寧州遂安。

柔兆閹茂

二辛酉、四庚申、六己未、八戊午、十丁巳、十二丙辰朔。

晉顯宗衍咸和元

劉遐卒，田防立其子肇以叛，劉矯討斬之。遐妻邵氏燒甲仗。○卞壺劾王導私送郗鑒。○壺謂阮孚曰：「執鄙吝者，非壺而誰！」○壺欲推貴游爲放達者。○王導以寬和得衆，庾亮以任法失衆心。○祖約、陶侃恨不預顧命，蘇峻驕縱不奉法。亮以溫嶠爲江州，又修石頭以備之。○阮孚知亮將召亂，求出廣州。庾亮殺南頓王宗，黜西陽王羕。○趙人寇酇，魏該奔襄

九

劉后卒，復立其叔父皚之女芳爲后，其叔父祉爲太保。

八

勒賂門候王假，求夜出。假欲收之，勒賞假。○因徐光。○勒用程遐謀，營鄴宮，使世子鎮鄴。○石聰擊晉，至阜陵。○命王波定九流，始立秀、孝試經之制。

十六

討斯叟，破之。○張駿來修好，雄答書曰：「欲爲晉功臣，而晉德聲不振。」

十四

遣使修好於成，勸成主稱藩事晉。

二

	强圉大淵獻 三乙酉、五甲申、七癸未、九壬午、十一辛巳朔。○本志：五甲申朔，食。
陽。○石聰寇壽春。○祖約求救不獲，聰進寇逡遒、阜陵。建康大震，王導出軍江寧。蘇峻遣韓晃擊聰，走之。	二 寧州將楊術與成將羅恒戰于臺登，術敗死。○庾亮欲徵蘇峻，王導、卞壼、温嶠止之，皆不從。峻乞補青州荒郡，亦不許。峻遂與祖約俱起兵以討亮。○温嶠欲入援，亮曰：「吾憂西陲，過於歷陽。」○峻曰：「我寧山頭望廷尉。」○桓宣諫祖約曰：「使君欲爲雄霸，何不助國討峻，而與之反乎！」○孔坦、陶回請斷阜陵，守江西當利諸口。若峻不來，往逼其城。
	十 劉朗襲楊難敵，不克。○張駿寇掠秦州，遣南陽王胤擊之，大破其將韓璞、辛巖等兵。辛晏、張閬以河南地來降。
	九 中山公虎擊代王紇那，戰于陘北，大破之。
	十七 羅恒與晉楊術戰于臺登，術敗死。
	十五 駿聞趙兵敗，乃去趙官爵，遣其將韓璞、辛巖等寇掠秦州。趙南陽王胤擊駿，大破璞、巖等兵。辛晏、張閬降於趙，遂失河南地。
	三 與後趙中山公虎戰于陘北。紇那兵敗，徙都大甯。○鬱律之子翳槐居賀蘭部，紇那求之，賀蘭藹頭不與。紇那與宇文部共擊之，不克。

亮不從。峻襲陷姑孰，亮乃悔之。○以亮都督征討。○琅邪王昱徙封會稽王。○桓彝起兵討峻。

校勘記

〔一〕「蘄」，原作「勤」，今據《通鑑》卷八十九改。

〔二〕「奉」，原作「秦」，今據再造影印浙本改。

〔三〕「杜」，原脱，今據《通鑑》卷九十一補。

〔四〕「力」，原作「刀」，今據《通鑑》卷九十二改。

〔五〕「佗」，原作「他」，今據《通鑑》卷九十三改。下同。

〔六〕「阪」，原脱，今據《通鑑》卷九十三補。

資治通鑑目録卷第十

端明殿學士兼翰林侍讀學士朝散大夫右諫議大夫集賢殿修撰權判西京留司御史臺上柱國河内郡開國侯食邑一千三百户
食實封肆佰户賜紫金魚袋臣司馬光奉敕編集

著雍困敦	正庚辰、三己卯、四乙酉、五戊寅、七丁未、九丙午、十一乙巳朔。○閏五。○六一日，大暑。
晉顯宗咸和三	温嶠起兵討峻，屯尋陽。○司馬流與峻戰，敗死于慈湖。○流食炙不知口處。○峻濟自牛渚，屯蔣陵。○陶回請伏兵小丹楊。○劉超遷妻孥入宮。○卞壼敗于西陵。○壼及二子以忠孝死。○庾亮將戰，未成列而潰，與三弟奔尋陽。○鍾雅謂亮：「誰之咎也！」○亮曰：「此手何可著賊！」○王導使褚翜奉帝御正殿。翜呵峻兵曰：「蘇
前趙主光初十一	後趙中山公虎寇河東，五十餘縣降之。虎進寇蒲坂。○曜自將兵十萬以救之，虎退，追擊之於高侯大破之，遂圍石生於洛陽。滎陽、野王皆來降。○曜不撫將士，而專飲博，有諫者斬之。聞後趙王勒濟河，始議增戍。與勒戰于洛西，兵敗，曜馬陷渠，爲石堪所禽，送于襄國。書戒太子熙，以匡維社稷。久之，爲勒所殺。
後趙高祖太和元	改元。○石堪攻晉南陽，拔之。○晉陳光來奔。石聰、石堪攻晉壽春，拔之。○中山公虎擊趙，降五十餘縣。趙主曜自將救之，虎還，大敗于高侯。曜遂圍石生于洛陽，滎陽、野王皆降之。○勒欲自救洛陽，程遐等諫，叱出之。赦徐光，與之謀。○勒謂劉曜盛兵塞成皋關爲上策〔一〕。兵集成皋者六萬，勒見無守兵而喜，與曜戰
成太宗玉衡十八	太傅驤卒。使李坪代李壽屯晉壽。
涼西平忠成公建興十六	駿欲襲長安，索詢諫止。
燕高祖	
代煬帝四	
卷第九十四	

冠軍來覲至尊！」○峻兵捶撻王彬等，負擔登蔣山。士女以土自覆。○孔坦教人不須戎服。太官以燒餘米供御膳。○鍾雅不肯逃難。○峻推王導使居己右。○吴鈴下以蘧蒢藏庾冰。○庾太后崩。○峻屯于湖。○後趙石堪拔南陽。○陳光攻祖約不克，奔後趙。○庾亮、温嶠得范汪，知峻虛實。○温充勸亮、嶠推陶侃主盟。○毛寶勸嶠必邀侃俱下。○侃召龔登還，嶠以書激之。○王愆期謂侃：「使峻得志，公無容足之地。」侃乃舉兵赴嶠。○郗鑒起兵討峻，先斷東道。○庾亮見侃拜謝。○侃謂亮：「修石頭以擬老子，今反

于洛西，大破之，獲曜以歸。○勒使劉岳、劉震等見曜。

見求。」○峻自姑孰還據石頭。○峻逼遷帝於石頭。○劉超、鍾雅等待從不離左右。○超授帝《論語》、《孝經》。○王舒、虞潭等起兵東方以討峻。潭母勸潭起兵。○顧衆以吴國讓庾冰〔二〕。○毛寶違令上岸，奪祖約軍糧。○陶侃等兵至石頭。侃謂亮：「孟明三敗，君侯始二。」○侃謂王彰爲君子，殷融爲小人。○桓彝不與峻通問。○俞縱曰：「吾不負桓侯，猶桓侯不負國。」○韓晃克宣城，殺彝。李根建議築白石壘。○孔坦料峻不攻白石。○坦請遣郗鑒還鎮京口，以分峻兵勢。○毛寶救桓宣，踼窜拔箭。○後趙石聰、

屠維赤奮若 正甲辰、三癸卯、五壬寅、七辛丑、九庚子、十二己巳朔。	
四 陸曄、陸玩説匡術以苑城歸西軍。○任讓殺劉超、鍾雅。○讓見華恒，輒恭敬不敢肆虐。○趙胤攻歷陽，祖約奔後趙。○蘇逸	石堪拔壽春，祖約奔歷陽。○路永等勸峻盡誅大臣，峻不從。王導因説永俱奔白石。○温嶠謂朝士懦怯譽賊。○諸軍攻峻，久不克，食將盡，陶侃欲西歸，嶠曰：「公沮衆敗事，義旗當還指於公矣！」毛寶謂侃，請試斷賊糧，若不立效則公去。○曹納勸郗鑒還廣陸，鑒欲斬之。○殷羨勸陶侃攻石頭以救大業。○峻醉突陳，馬躓，彭世斬之。任讓等立峻弟逸爲王。
十二 太子熙欲走保秦州，胡勳諫曰：「今雖亡主，國力尚完，且當併力拒之。」熙斬之，遂奔上邽。關中大亂，蔣英等據長安降	
二 晉祖約來奔。○趙將蔣英等據長安來降，石生自洛陽引兵赴之。○劉胤引兵趣長安，夷、夏響應。○勒使中山公虎將兵	
十九	
十七	
羌酋姜聰刺殺河南王吐延，其子葉延保于白蘭，始以吐谷渾爲國號。	
代烈帝翳槐元 賀蘭及諸部共立翳槐爲主。紇那奔宇文部。○翳槐遣其弟什翼犍質于後趙。	

等攻苑城。○毛寶謂韓晃：「何不入關？」○羅洞請攻榻杭，以解苑城之圍。諸軍攻石頭，斬蘇碩、蘇逸。韓晃等奔曲阿。曹據抱帝奔温嶠船。○殺西陽王羕。陶侃笑王導取故節。○郗鑒攻韓晃、張健等，斬之。温嶠等欲遷都，王導不可。○以湘州并荆州。○褒封功臣，贈謚死節。○王導欲褒賞路永等，温嶠不可。○朝議欲留嶠輔政，嶠辭還武昌。○庾亮欲投竄山海，優詔不許，乃出鎮蕪湖。○卞敦不赴援，陶侃請收治罪，王導以敦爲廣州。○温嶠卒。○王導以劉胤爲江州，郗鑒、陶侃皆言其非材。○郭默以私憾矯詔殺胤。

後趙，後趙石生引兵赴之。○南陽王胤引兵趣長安，夷、夏響應。石生嬰城自守，石虎擊破胤於義渠，進拔上邽。執太子熙以下王公卿士三千餘人，皆殺之。又阬屠各五千餘人於洛陽。

擊之，敗胤於義渠。進攻上邽，拔之。虜趙太子熙以下，皆殺之。○略陽氐王蒲洪、赤亭羌酋姚弋仲降，秦、隴悉平。○拓跋翳槐遣其弟什翼犍來爲質。

庚寅(三三〇)	上章攝提格 二戊辰、四丁卯、六丙寅、八乙丑、十甲子、十二癸亥朔。	晉顯宗咸和五 王導以郭默爲江州。陶侃起兵討默，與導書曰：「默害宰相，便爲宰相乎！」○王隨保桓宣不附默。○陶侃獲默，斬之。○侃領江州，徙治武昌。○趙郭敬寇襄陽，周撫奔武昌。敬遷襄陽之民於沔北。○成李壽入寇，拔巴東、建平。	燕高祖建平元 稱趙天王，行皇帝事，立劉后及太子弘，以子宏爲大單于。中山王虎怒曰：「主上晏駕後，不足復留種也！」○程遐、姚弋仲勸勒誅祖約。○王安匿祖逖之子。○丁零翟斌入朝。○勒即皇帝位。勒謂：「太雅愔愔，不似將家子。」○徐光説勒稍奪中山王權，令太子早參朝政。○郭敬拔晉襄陽，遷其民於沔北，退屯樊城。○休屠王羌叛。河東王生擊羌，走之。○張駿稱臣入貢。	成太宗玉衡二十 李壽擊晉巴東、建平，拔之。	涼西平忠成公建興十八 駿因前趙之亡，復收河南地。後趙以駿爲涼州牧，駿恥之不受。及休屠王羌敗，駿懼，乃稱臣入貢於趙。	燕高祖	代烈帝二
辛卯(三三一)	重光單閼 二壬辰、四辛卯、六庚寅、八己丑、十戊子、十二丁亥朔。閏正。○二一日，春分。○本志：三壬戌朔，食。○《宋志》無。○本志：十一月，熒惑守胃、昴。	六 帝每見王導必拜，手詔稱「惶恐言」。荀弈議二朝不宜盡敬。	二 續咸諫作新宮，勒特爲停作，以成直臣之氣。	二十一	十九	廆與陶侃書，勸以共清中原。○僚屬與侃疏，請封廆燕王，行大將軍事。韓恒駁之。	三

壬辰（三三二）	癸巳（三三三）
玄黓執徐　二丙戌、四乙酉、七甲寅、九癸丑、十一壬子朔。	昭陽大荒落　正辛亥、三庚戌、五己酉、七戊申、九丁未、十一丙子朔。閏十。十一日，冬至。○本志：七月，熒惑入昴。
七　陶侃使桓宣、李陽攻趙樊城，拔新野、襄陽。○郭敬遁去，侃使宣守襄陽。宣置鉏耒於軺軒，親帥民芸耨。在襄陽十餘年，趙人不能攻。○成李壽寇寧州。	八　趙遣使修好，焚其幣。○成人取寧州。○趙石聰來降，遣喬球救之，聰敗而還。○趙郭權據上邽來降。
三　勒自言若遇漢高祖，當北面事之；遇光武，當並驅中原。終不學曹、馬欺人孤兒寡婦，狐媚以取天下。○又論酈食其瀽當失。○程遐勸勒令太子省可尚書事，勒從之。中山王虎失勢，愈怨。○晉桓宣攻樊城，拔新野、襄陽，郭敬遁還。	四　遣使修好於晉，不受。勒寢疾，中山王虎矯命絶内外，召秦王宏、彭城王堪還襄國。○勒卒，虎劫太子弘，誅程遐、徐光。○弘讓位於虎，虎曰：「若不堪重任，天下自有大義。」○石聰叛降晉，虎殺之。○虎爲丞相、魏王、大單于，總百揆。○劉太后使彭城王堪逃詣兗州，起兵以討虎，不克，皆死。立程太后。○河東王生鎮關中，石朗鎮洛陽，皆起兵討虎。虎攻朗於金墉，殺之。生將郭權敗虎於潼關。鮮卑叛生，生棄長安，逃
二十二　李壽擊晉寧州，費黑勸壽縱霍彪兵入朱提，共消城中之穀。	二十三　晉寧州刺史尹奉來降，使李壽守之。
二十　羣僚勸駿稱涼王、二州牧，駿不許。○立子重華爲世子。	二十一　駿遣張淳假道於成，通表建康。淳謂成主：「欲殺臣者，當顯之都市。」又曰：「火山湯海，猶當赴之。」又曰：「寡君枕戈待旦，何自娱之有！」○耿訪請遣使慰撫涼州。
	廆卒，世子皝行平州刺史。○宇文乞得歸爲其東部逸豆歸所逐，皝討之，逸豆歸請和。○皇甫真諫皝用瀽嚴猛。○皝庶兄翰、母弟仁、昭皆以才武，有寵於廆。皝忌之，翰逃奔段遼，仁與昭謀殺皝不果，昭死，仁遂起兵據遼東。
四	五

卷第九十五

閼逢敦牂

正乙亥、三甲戌、五癸酉、七壬申、九辛未、十一庚午朔。○本志：三月己亥，熒惑入輿鬼，犯積尸。

九

氏王楊難敵卒，子毅及弟子盤分立爲左右賢王，遣使稱藩。○上邽豪族殺郭權降趙。○陶侃以滿盈自懼，不豫朝權。疾病，送節傳，歸國，道薨。○侃督八州，千里不拾遺。○梅陶謂侃機神明鑒似魏武，忠順勤勞似孔明。○謝安謂侃得灋外意。○以庾亮督江、荆等六州，鎮武昌。○桓彝謂褚裒有皮裏春秋。○謝安謂裒不言而四時備。○成將李玝自巴西來奔。○趙朱縱以徐州來降。趙將王朗攻之，縱奔淮南。

入雞頭山，虎攻殺之。○蒲洪説虎徙關中豪桀及氐、羌十餘萬户，以實東方。虎使洪居枋頭，姚弋仲居灄頭。○郭權據上邽降晉。

趙海陽王弘延熙元

丞相虎遣郭敖及章武王斌討郭權，上邽豪族殺權以降。○羌王薄句大等叛，敖乘勝深入而敗，虎誅之。○弘自詣魏宫獻璽綬，虎不受。弘還，爲程太后泣曰：「先帝種真無復遺矣！」○虎曰：「弘愚暗，便當廢之。何禪讓也！」乃廢弘自立，爲居攝趙天王。幽弘及其二弟宏、恢并程太后，尋皆殺之。○姚弋仲稱疾不賀，曰：「奈何把臂受託，而返奪之！」○朱縱以徐州降，晉王朗攻之，縱奔淮南。

二十四

分寧州，置交州。○太子班爲雄吮瘡。○雄卒，班委事於建寧王壽等，居中執喪。○太宗子車騎越與其弟安東期謀作亂。班弟玝勸班遣越、期出外，班以未葬，不忍，使玝出屯涪。越弑班於殯宫，奉期而立之。期以越爲相國，使漢王壽攻玝於涪。壽縱玝遁去，因代玝鎮涪。

二十二

晉遣耿訪授駿大將軍，自是每歲信使不絶。

燕太祖皝

段遼遣其弟蘭及慕容翰攻柳城。石琮、慕輿埿并力拒守。皝遣慕容汗等救之，爲蘭所敗。蘭欲乘勝窮追，翰恐遂滅其國，詭説止之。○慕容仁自稱平州刺史、遼東公。○晉遣使策拜皝平州刺史、大單于、遼東公，爲仁所留。○皝攻遼東，克之，欲盡阬其民。高詡諫曰：「元惡未除，而夷滅一城，是絶其歸善之路。」乃止。○仁遣兵襲新昌，王寓擊卻之。

六

乙未（三三五）	丙申（三三六）
旃蒙協洽 二己亥、四戊戌、六丁酉、八丙申、十乙未、十二甲午朔。○本志：十乙未朔，食。○二月己亥，太白犯昴。八月戊戌，熒惑入東井。	柔兆涒灘 二癸巳、四壬辰、十辛酉、八庚申、十己未、十二戊午朔。○閏七。○八二日，秋分。○本志：九月庚寅，太白犯南斗。
咸康元 帝加元服。○帝幸王導府，拜其妻。孔坦諫。○坦又勸帝咨訪朝臣，導怨之。○陶回謂導：「與桓景造膝，使熒惑何以退舍！」○劉惔謂王濛性至通而自然有節。○王述不答米價。○述謂王導：「人非堯、舜，何得每事盡善！」○趙主虎南遊，臨江而還。遊騎十餘至歷陽，太守袁耽言狀。詔王導都督征討，帝觀兵廣莫門，分命諸將戍守。已而知無寇，乃解嚴。○趙石遇攻桓宣于襄陽，不克。○建安君荀氏卒。	二 臨軒策拜杜后，羣臣畢賀。○孔坦臨終責庾冰不問濟國寧民之術。○鄧岳擊夜郎，興古，皆克之。○建威勳安集漢中，爲成將李壽所敗。○范文有寵於林邑王逸，譖逐諸子，而篡其國。
趙太祖虎建武元 虎命太子邃省可尚書事。○鸛雀臺崩，殺少府任汪。○虎南遊，臨江而還，晉人震恐。○石遇攻晉桓宣于襄陽，不克。○遷都于鄴。○虎尊禮佛圖澄，人化之，皆事佛。○王度議：佛，外國之神，非天子諸華所宜祠奉。請禁趙出家。○章武王斌將兵討薄句太，平之。○代王拓跋翳槐來奔。	二 索頭郁鞠帥衆三萬來降。○作太武殿於襄國，作東、西宮於鄴。○選士民女，以實後宮，凡萬餘人。置女太史、鼓吹、羽儀。○大旱，金一斤直米二斗。○徙洛陽鍾虡、翁仲、銅駞於鄴。○投石於河作飛橋，不成。○使令長帥民采橡、魚。○成公段作庭燎。
成邛都幽公期 玉恒元 立閻后。○班舅羅演謀弒期，事覺，并班母皆死。○期踈棄舊臣，信任景騫等，賞刑乖紊，雄業始衰。	二 晉鄧岳拔夜郎、興古。○期以從子載有儁才，忌而殺之。○晉司馬勳安集漢中，漢王壽敗之。
二十三 駿勤修庶政，號稱賢君。○遣楊宣伐龜茲、鄯善，西域皆入貢。○駿上疏請與郗鑒、庾亮同討石虎。	二十四
立世子儁。○晉使策命至棘城。○張英擊取宇文、段氏之使。	皝用高詡謀，乘海冰討慕容仁，禽而殺之。○段遼使李詠襲武興，張萌擊禽之。○段蘭、宇文逸豆歸寇柳城，封弈敗遼於馬兜山。
代煬帝後元 翳槐以賀蘭部帥藹頭不恭，將召而戮之，諸部皆叛。紇那自宇文部入，諸部復奉之。翳槐奔鄴。	

丁酉（三三七）	戊戌（三三八）
彊圉作噩 二丁巳、四丙辰、六乙卯、八甲寅、十一癸未朔。○本志：十一月乙丑，太白犯歲于營室。八月，熒惑入輿鬼，犯積尸。	著雍閹茂 正壬午、三辛巳、五庚辰、七己卯、九戊寅、十一丁丑朔。○本志：十二月癸丑，太白犯鎮，在箕。五月戊戌，熒惑犯右執灋。九月太白犯右執灋。十一月戊子，犯房上星。
三 袁瓌請立太學，而俗尚老、莊，儒術終不振。○氐王楊毅爲其從兄初所殺。初自立，稱臣於趙。	四 王導爲丞相。導性寬厚，趙胤、賈寧等用事，大臣患之。庾亮欲起兵廢導，郗鑒不從而止。○導曰：「元規若來，吾便角巾還第。」又謂陶稱：「善事庾公。」孫盛諫庾亮與導有隙。○導曰：「元規塵污人。」○李充謂：「老子寄責於聖人，而遺累乎陳迹。仁義固不可遠，去其害仁義者而已。」○顏含曰：「馮祖思問佞於我，我豈有邪德乎！」○含謂郭璞曰：「自有性命，無勞蓍龜。」
三 庭燎壞，段坐腰斬。○初稱大趙天王，諸王皆降稱公。○虎謂羣臣：「如朕有殺阿鐵理否！」○太子邃好食美姬。○邃省尚書事，虎數笞責。邃謀弑虎及河間公宣，虎殺之，并其二十六子同一棺。廢鄭后。立宣爲太子，母杜氏爲后。○侯子光自稱佛太子，稱帝於杜南。石廣討斬之。○燕王皝稱藩，求共討段遼。○李穆納代王翳槐于大甯。○氐楊初請降。	四 段遼遣從弟屈雲襲幽州。虎自將擊遼。○支雄長驅入薊，段遼四十餘城皆降。○陽裕保燕山，虎不攻而過之。○段遼棄令支，奔密雲山。劉羣等封府庫請降。虎入令支，徙其民四萬餘户於司、雍、兖、豫四州。○虎移兵擊燕，降三十餘城。圍棘城，旬餘不克。慕容恪出戰，趙兵敗走，惟石閔一軍獨全。○石閔勸虎除蒲洪，虎曰：「吾方倚其父子以取吴、蜀。」○太子宣擊斛摩頭，
三	漢中宗壽漢興元 期驕虐喜殺，漢王壽不自安。龔壯勸壽西取成都，稱藩於晉。壽自涪襲成都，克之。殺相國越及景騫等，廢期爲邛都公。羅恒等勸壽稱成都王，附於晉。任調等勸自稱帝，壽遂即帝位。立昝太后、閻后及太子勢，改國號曰漢。
二十五	二十六
築好城逼乙連〔二〕。○段遼將屈雲襲興國，慕容遵擊斬之。○陽裕諫遼與皝相攻。○皝初稱燕王，置百官，立段后。○皝稱藩於趙，求討段遼。	皝間趙出兵，自將攻令支以北。段蘭欲擊之，慕容翰止之。蘭以爲誑己，不聽。皝擊蘭，大破之，俘掠而歸。○段遼爲趙所敗，奔密雲山。翰奔宇文氏。○趙王虎以皝不會兵攻令支，而自專其利，移兵擊之。燕人恟懼，高詡謂趙無能爲。○崔燾等以三十
代烈帝後元 趙將李穆以兵納翳槐，諸部復應之。紇那奔燕。翳槐城盛樂而居之。	代高祖什翼犍建國元 翳槐卒，遺命立什翼犍。國人以什翼犍在遠，欲立翳槐弟孤。孤不可，自迎什翼犍於趙，請身留爲質。趙王俱遣之。翼犍即代王位，分國以與孤。什翼犍勇健，代復興。
	卷第九十六

屠維大淵獻

二丙午、四乙巳、五甲辰、七癸卯、九壬寅、十一辛丑朔。○閏四。

五

鄧岳擊漢寧州。孟彦執霍彪，以建寧降。○庾亮欲經略中原，表桓宣等分戍漢、沔。○亮殺陶稱。○李松擊漢巴郡，執李閎。○庾亮欲移鎮石城，爲諸軍聲援。蔡謨謂亮：不能以大江禦

五

燕慕容評等襲遼西，呼延晃、張支敗死。○燕人送段遼首。○夔安等攻晉荆、楊，克邾城，殺毛寶。○虎患貴戚豪恣，擢李巨爲中丞，親任之，中外肅然。○

破之。○冀州蝗，司隸請坐守宰。虎曰：「是朕之失政。」乃黜司隸。○襄城公涉歸等譖石廣，殺之。○段遼請降，虎遣麻秋迎之。遼復叛，與燕人共敗秋於密雲山。

二

晉鄧岳寇寧州。孟彦執霍彪，以建寧降晉。○晉李松寇巴郡，執李閎。○李演勸壽奉晉，壽殺之。○

與期等別族，期自殺。○李乾告大臣謀廢立壽，使其子廣與大臣盟。○龔壯因災異勸壽如前誓，稱藩於晉。○誅任顔及雄諸子。

二十七

立辟雍、明堂以行禮。○命世子重華行涼州事。

餘城降趙。○孫興誅鮮于屈。○孫孫泳誅王清，赦其徒與拒趙。○皝欲出亡，納慕輿根諫而止。○劉佩勸皝自彊，因出兵擊趙以安衆。○封弈謂：「石虎凶虐已甚，敗亡無日，當堅守以俟其釁。」○趙兵攻旬餘不克。○慕容恪出擊，敗之。○皝分兵討叛城，皆平之。○李洪弟普謂棘城必敗，勸洪去。洪不從。○段遼請降，皝自將迎之，敗趙兵於密雲山。○皝獲鮮于亮而用之。

慕容評等襲趙遼西，斬呼延晃、張支。○段遼謀反，誅之，送首於趙。○以妹妻代王什翼犍。○趙李農寇凡城，悦綰拒之，

二

什翼犍議定都灅源川，母王氏以爲寇至難以遷徙，乃止。○娶燕王皝妹爲妃。

○五二日，夏至。	上章困敦 正庚子，三己亥、六戊辰、八丁卯、十丙寅、十二乙丑朔。○本志：三月甲辰，熒惑犯太微上將。四月丁丑，犯右執灋。丙午，太白犯畢距星。六月乙卯，犯軒轅大星。《宋志》：三月甲寅，熒惑犯上將。
蘇峻，安能以沔水禦石虎？乃止。○王導薨。導歲計有餘。○以何充、庾冰參録尚書。冰曰：「以前相之賢，猶不堪其弘，況吾者哉！」○又曰：「玄象豈吾所測，正當勤盡人事。」○郗鑒薨，薦蔡謨爲徐州。○蔡謨諫令陳光攻壽陽。○陶侃不肯戍邾城，曰：「羯有可乘之會，非所資也。」○趙夔安等寇荆、楊，陷邾城，殺毛寶。漢李奕寇巴東，勞楊敗死。	六 庾亮薨，以其弟翼督六州，代鎮武昌。○漢拔丹川，孟彦等死。
李農戍令支，攻燕凡城，不克。○徙遼西民於冀南。	六 虎將擊燕，調諸州兵并舊兵，合五十萬，具船萬艘，徙遼西民於河南，屯田幽州以東，大括民馬。○燕王皝寇燕、范陽，大掠而還。申鍾諫秦公韜與太子宣迭日可尚書事。申扁用事，朝士拜之。○孫珍譖殺崔約。○燕公斌驕縱，王召鞭之。○張駿遣馬詵入貢，表辭蹇傲。虎欲斬詵，石璞諫而止。○漢主壽致書請其將李閎，署曰「趙王石君」，王波請遺以楛矢。
壽恥聞父兄時政事，自謂勝之。○謂杜襲詩爲死鬼常辭。○李弈擊晉巴東〔三〕，殺勞楊。	三 拔晉丹川，殺孟彦等。○趙王虎來約共滅晉分其地，壽悦，遣使詣趙。興舟師七萬將擊晉，解思明、龔壯等諫，乃止。○龔壯詐聾，終身不至成都。○李閎自趙來歸。
趙不能克。○皝使劉翔等獻捷，請命於晉。○皝擊高句麗，其王請盟而還。○皝子霸年十三，勇冠三軍。	二十八 遣馬詵入貢於趙，表辭蹇傲，趙王虎怒。
	慕容翰自宇文部逃歸。○皝襲趙燕、范陽，大掠而還。
	三 始都盛樂。

辛丑（三四一）	壬寅（三四二）
重光赤奮若 二甲子、四癸巳、六壬戌、八辛酉、十一庚寅，閏十二己丑朔。○本志：二甲子朔，食。○三月，太白、熒惑合于太微中，犯左執灋。四月己丑，太白入輿鬼。	玄黓攝提格 二戊子、四癸亥、五丁巳、六丙戌、八乙酉、十甲申朔。○正一日，雨水。○《宋志》：正己未，食。○本志：十二月己酉，太白犯熒惑于胃。○六月，熒惑犯房上第二星。
七 杜后崩。○正土斷，白籍。	八 庾懌坐鴆人自殺。○庾翼欲移鎮樂鄉，王述諫止之。○庾冰知門符爲詐。○冰恐易世愈疎，勸帝立母弟琅邪王岳爲嗣。何充以爲不可。帝崩，岳立。充曰：「若如臣議，不覩升平之世。」○立褚后，徵后父裒爲侍中、尚書。裒固求出外，除江州刺史。
七 王華襲燕安平，破之。	八 虎既治鄴宮，又營長安、洛陽二宮，作者四十餘萬人。東、南、西各爲攻討之備，造甲者五十萬人，船夫十七萬。李弘謀反，誅。韋謏諫營繕微行，王賞之而不能改。○張離損公侯吏兵，以益東宮。平陵石虎自徙，虎下詔發諸州兵伐江南。
四 命太子勢録尚書事。○壽慕趙王虎奢侈及尚威刑，乃效之。國人怨嗟思亂。蔡興、李嶷坐直諫死。	五
二十九	三十
築龍城。○劉翔爲皝求大將軍、燕王章璽於晉，晉人未許。皝上表言庾冰兄弟位兼將相，恐爲國患。乃詔以皝爲大將軍、都督河北、幽州牧、燕王。○翔責晉公卿以酣飲忘讎恥。○又勸晉人先取巴、蜀。○趙王華襲破安平。○渡遼悋鎮平郭，高句麗畏之。	遷都龍城。建威翰請先取句麗，後滅宇文，然後中原可圖。又勸王自帥精兵，由南道擊之。遂入九都，句麗王釗出走，獲其母、妻。○鮮于亮陷陳以報德。○王寓等敗於北道，皝用韓壽計，掘釗父墓，載尸而還。
四 築盛樂新城。○匈奴劉虎寇西部，什翼犍擊破之。虎卒，子務桓立，來請和，什翼犍以女妻之。	五 王還雲中。
	卷第九十七

癸卯（三四三）	甲辰（三四四）
昭陽單閼 正癸丑、三壬子、五辛亥、七庚戌、九己酉、十一戊申朔。○本志：八月丁未，太白犯歲，在軫。	閼逢執徐 正丁未、三丙午、六乙亥、八甲戌、九癸酉、十一壬申朔。○閏八。○九一日，霜降。○本志：正月壬午，太白入昴。是年，歲犯天
晉康帝岳建元元 庾翼謂桓温有英雄之才。○又謂殷浩輩宜束之高閣。○謝尚、王濛伺浩出處，以卜江左興亡。○翼與浩書，謂王夷甫立名非真，雖云談道，實長華競。○又與兄冰書，謂江東之政，以嫗煦豪彊，爲民蠹害，當共明目而治之。○翼以滅胡平蜀爲己任，桓温、譙王無忌等贊成之。○趙戴開詣翼降。○翼表移鎮安陸，以經略北方，發六州奴爲兵。○帝及朝士共譬止庾翼。翼違詔北行，遂移鎮襄陽。○庾冰出鎮武昌。○何充、褚裒入輔。桓温督徐州。	二 桓宣及趙李羆戰於丹水，宣敗，貶官而卒。○帝疾篤，庾冰、庾翼欲立會稽王昱。何充請立子聃爲太子，帝從之。帝崩。太子立，始二歲，褚太后臨朝稱制。○以何充、褚裒録尚書事，裒固辭，出鎮京口。○裒見太后，公庭則爲臣，私覿則爲父。○庾冰卒。庾翼留子方之戍襄陽，還鎮夏口。
九 戴開降晉。○太子宣擊鮮卑斛穀提，破之。宇文逸豆歸執送段蘭，虎使蘭戍令支。	十 有白鴈集庭，諸州兵至者百餘萬，用趙攬言悉罷之。○王擢爲涼州將張瓘所敗。○太子宣使趙攬因星變殺王朗，虎不許，更殺王波。○晉尹農攻燕凡城，不克。○桓宣及李羆戰丹水，宣敗。○作河橋於靈昌津，不成，斬匠而罷。
六 壽卒，太子勢立。	漢歸義侯勢太和元 尊閻太后，立李后。○董皎、王嘏因星變，勸漢主復祀成始祖及太宗。
三十一	三十二 張瓘敗趙王擢于三交。
釗請降，乃還其父尸，留母爲質。○宇文部將莫淺渾入寇，建威翰擊敗之。世子儁擊代，無所見而還。	皝與高詡謀伐宇文逸豆歸，詡自知當死而不辭。○慕容翰不避涉夜干。○慕容霸擊涉夜干，殺之。宇文部衆皆潰，遂滅其國。逸豆歸走死漠北。○皝就高詡求天文書，詡曰：「君道逸，臣道勞。」○慕容翰創愈
六 燕世子儁入寇，什翼犍帥衆避之。	七 娶燕王皝女爲妃。

關。閏月乙酉，太白犯斗。	旃蒙大荒落 正辛未、三庚午、五己巳、七戊辰、十丁酉、十一丙申朔。
	晉孝宗聃永和元〔四〕 太后設白紗帷，抱帝臨軒。○徵褚裒使輔政。裒用劉遐等言，以讓會稽王昱。○昱以劉惔、王濛、韓伯爲談客，郗超、謝萬爲掾屬。○庾翼卒，請以子爰之掌後任。于瓚作亂，江虨等討平之。○路永叛奔趙，屯壽春。○朝議欲以庾爰之鎮荊州，何充曰：「荊楚，國之西門，地帶趙、蜀。得人則中原可定，失人則社稷可憂。豈可以白面少年當之！」乃薦桓温代庾翼。○劉惔説會稽王昱曰：「桓温不可使居形勢之地，其位號常宜抑之。」温謂惔：「我不爲此，卿安得坐談！」
	十一 義陽公鑒拔人髮爲冠纓，召還鄴，以石苞代鎮關中。○發雍、洛、秦、并十六萬人治長安宮。○規靈昌至滎陽爲獵場，犯獸者死。○發諸州二十六萬人修洛陽宮。○發民女三萬人，以實後宮及賜大子、諸公。封使者十二人爲侯。○荊、楚、楊、徐之民流叛略盡，誅守令五十餘人。逯明切諫，拉殺之。○晉路永來奔，使屯壽春。○姚弋仲清儉簡直，公卿皆憚而下之。○使鄧恒戍樂安以圖燕。
	二 漢王弟廣求爲太弟〔五〕，不許。馬當、解思明請許之，勢族當、思明。襲廣於涪，廣自殺。思明曰：「國之不亡，以我數人在也。今其殆矣！」
	三十三 伐焉耆，降之。○分所統二十二郡爲涼、河、沙三州，自稱假涼王。車服官屬，擬於王者。
習馬，皝以爲謀亂，殺之。翰曰：「恨不爲國家蕩壹區夏。」○皝以女妻代王什翼犍。○趙尹農攻凡城，不克。	十二 封裕諫以牛假民，税其什八，王受諫而賞之。○二龍見于龍山，祀以太牢，命新宮曰和龍。○慕容恪攻高句麗，拔南蘇。○始不用晉年號，自稱十二年。○趙鄧恒戍樂安。○皝使平狄霸戍徒何，恒不敢犯。
	八

丙午（三四六）	丁未（三四七）
柔兆敦牂 二乙未、四甲午、六癸巳、八壬辰、十辛卯朔。○本志：八月壬申，太白犯左執灋。	彊圉協洽 正庚申，三己未、五戊午、六丁巳、八丙辰、十乙卯、十二甲寅朔。○閏五。○六一日，大暑。○本志：九月庚寅，太白犯南斗第五星。
二 何充卒。充不私親舊。蔡謨與會稽王昱同輔政。○徵殷浩爲楊州刺史。○袁喬勸桓温伐漢。○温拜表即行。○劉惔謂温必克蜀，然終恐專制朝廷。	三 袁喬請合軍爲一，以趣成都。○桓温擊破李權等，遂克成都。漢主勢來降。○林邑王文陷日南。○漢故臣鄧定、隗文等反，據成都，楊謙退保德陽。○定、文立范賁爲帝。○俞歸謂張重華貴爲上公，豈鮮卑可比。蕭敬文反，殺楊謙，取巴西。
十二 嚴生譖朱軌，殺之。立私論之灋。○蒲洪切諫，虎爲之罷長安、洛陽宮。○王擢襲張重華，取武街。麻秋克金城、大夏，爲謝艾所敗。	十三 麻秋攻涼枹罕，不克。虎使石寧助秋進攻，爲謝艾所敗。○秋、寧復進踰河，艾又擊敗之。○秋又與孫伏都進攻艾，又敗之。○虎悉發前代陵墓，取金寶。用吴進言，苦役晉人，使築苑牆。申鍾等諫，王愈趣之，使然燭夜作，死者數萬。○調蒼麟、白鹿，以駕芝蓋。○命太子宣出祈福，因遊獵。戎卒十八萬，所過三州十五郡，資儲無遺。又命秦公韜繼出，亦如之。○虎曰：「自非天崩地陷，吾父子復何愁！」○麻秋襲破涼張瑁，河南氏、羌皆降。
嘉寧元 李弈自晉壽舉兵攻成都，不克而死。勢驕淫，讒諂並進，刑罰苛濫，中外離心。獠自山出十餘萬落，因以饑饉，蜀遂蕭條。○晉桓温來伐。	二 勢遣李福、李權、昝堅將兵禦桓温。福等皆敗退，李位都迎降，温遂克成都。勢走至葭萌，還詣温降。温送建康，封歸義侯。
三十四 駿薨。子重華立，尊嫡母嚴氏、母馬氏皆爲王太后。○趙王擢襲取武街，麻秋攻拔金城、大夏。張耽薦謝艾擊秋，大破之。○車濟、宋矩不降而死。	涼西平敬烈公 重華三十五 趙麻秋攻枹罕，張璩拒卻之。○謝艾乘軺車，戴白幍，擊秋，大破之。○秋復進踰河，姑臧大震。艾又擊破之。○秋復與孫伏都入寇，艾又破之。○趙王虎曰：「彼有人焉。」○秋又襲破張瑁，河南氏、羌皆降於趙。○晉遣使授重華官爵。
十三 世子儁襲夫餘，虜其王玄。	
九	

戊申（三四八）	己酉（三四九）
著雍涒灘 二癸丑、五壬午、七辛巳、九庚辰、十一己卯朔。○本志：五月，熒惑入婁，犯填。○七月丙申，太白犯左執灋。八月乙丑，又犯左執灋。四月，太白入昴。七月，太白犯軒轅。	屠維作噩 正戊寅、三丁丑、五丙子、七乙亥、十甲辰、十二癸卯朔。○本志：四月丁未，太白犯東井。九月戊戌，太白犯左角。
四 林邑寇九真。○荀蕤謂桓温平河洛，何以賞之？加温臨賀郡公。○温既滅蜀，威名大振，朝廷憚之，會稽王昱引殷浩以抗温。○王羲之諫浩與温搆隙。○蔡謨固讓司徒，曰：「將爲後代所哂。」	五 周撫、朱燾攻范賁，斬之。○滕畯等擊林邑，不克。○趙蒲洪據枋頭，遣使來降。○王浹以壽春來降，陳逵進據之。褚裒督諸軍伐趙。○至彭城，北方士民歸附者，日以千計。○蔡謨謂胡滅誠爲大慶，然恐更貽朝廷之憂。○王龕、李邁與趙李農戰於代陂，敗没。裒退屯廣陵，逵亦棄壽春。詔裒還鎮京口。○司馬勳出駱谷，據懸鉤，三輔豪傑皆應之。○趙王朗拒勳，勳衆少，不
十四 太子宣使賊殺秦公韜。虎因宣，欲殺之。佛圖澄諫，不聽。以繩貫宣頷，鹿盧挽於標末而焚之。并殺其九子，廢杜后，誅官屬三百餘人，謫衛士十餘萬人戍涼州，又誅趙攬。張舉勸立燕公斌、彭城公遵爲太子。○張豺請立幼子世，虎從之。○曹莫不肯署名。○立劉后。	太寧元 初稱帝。○東宮謫卒梁犢等，至涼州反。東至長安，有衆十萬。樂平王苞、李農討之，皆爲所敗。東至滎陽，趙主使燕公斌及姚弋仲、蒲洪等擊斬之。○虎疾甚，以燕王斌爲丞相，與張豺同輔政。遣彭城王遵鎮關中。豺與劉后謀，矯詔廢斌，殺之。遵至，不得見而去。○徐統憂亂自殺。○虎卒，太子世立，太后臨朝。○
三十六	三十七 官屬上重華爲丞相，涼王，雍、秦、涼三州牧。○索振諫重華妄賞賜及不勤政事。燕王儁來，約共擊趙。
十五 皝有疾，屬慕容恪及陽騖於世子儁。皝薨，儁立。	燕烈祖儁元 慕容霸、孫興、封弈、黃弘、慕輿根皆勸儁乘趙亂取中原，儁從之，選精兵二十餘萬，講武戒嚴。○遣使約涼州共擊趙。○高句麗送來晃，更名曰活。
十一	十二

卷第九十八

能自固，自南陽退歸。○褚裒慚憤而卒。以荀羨代爲徐州。

○張豺謀殺李農。農帥乞活走保上白，使張舉圍之。○遵至李城，用姚弋仲、蒲洪、石閔策，還兵向鄴。○胡、羯爭出迎遵。太后及豺不知所爲，加遵都督中外、録尚書。遵入鄴，誅豺，廢世及太后，殺之，自立。○李農歸罪，赦之。○立鄭太后、張后，以斌之子衍爲太子。命石閔都督中外。○鄴宮災。○沛王沖起兵於薊以擊遵，至平棘，遵使石閔、李農討擒之，賜死，阬其卒三萬人。○閔説遵罷蒲洪都督雍、秦。洪怒歸枋頭，遣使降晉。○王浹以壽春降晉。○晉褚裒入寇，至彭城，李農擊敗之，裒遁去。○樂平王苞謀以關右之衆攻鄴，豪桀不從召。晉將司馬勳自駱谷出，據懸鉤遵遣王朗拒之，勳走，因劫苞以歸。○遵許以石閔爲太子，既而不果，又稍奪閔兵權。閔怨望，遵與義陽王鑒謀誅之。鑒以告閔，閔殺遵及鄭太后、張后、太子衍，而立鑒。鑒以閔與李農皆録尚書。○秦、雍流民西歸者，

庚戌（三五〇）

上章閹茂

二壬寅、三辛丑、五庚子、七己亥、九戊戌、十二丁卯朔。○閏二。三一日，穀雨。○本志：三月戊戌，熒惑犯歲。七月丙寅，熒惑犯鉞。

晉孝宗永和六

朝廷聞中國大亂，復謀進取，以殷浩都督揚、豫、徐、兗、青五州。○袁真攻魏合肥，拔之。○蔡謨除司徒〔六〕，三年不就職。帝臨軒徵之，使者十返，不至。殷浩欲處以大辟，荀羨爭之，乃免爲庶人。

趙新興王祗永寧元

公卿張舉等萬餘人來奔。汝陰王琨奔冀州。○王朗來奔。祗遣琨等伐鄴，與冉閔戰于鄴北，大敗而還。○祗即帝位，以琨爲相國，六夷據州郡擁兵者皆應之，姚弋仲、苻健等皆受官爵。○姚襄得士民心，請爲嗣者日以千數。○琨伐魏。琨

魏悼武天王冉閔永興元

閔改趙國爲衛，石姓爲李，元曰青龍。○公卿張舉等萬餘人奔襄國。汝陰王琨奔冀州。張沈、張賀度、段勤、楊羣、劉國、段龕、姚弋仲、蒲洪等各擁兵據郡縣，不附於閔。○王朗、麻秋自長安還，朗奔襄國，秋爲蒲洪所虜。○汝陰王琨等攻鄴，

共推蒲洪爲主，衆至十萬。○鑒以洪都督關中，洪不受。○鑒使樂平王苞等誅閔、農，不克，殺苞等以滅口。○新興王祗在襄國，與姚弋仲、蒲洪連兵欲誅閔、農。閔、農遣汝陰王琨等分討之。○鑒又與孫伏都、劉銖等謀誅閔、農，不克。復使閔、農討伏都等，誅之。閔因幽鑒於御龍觀。○胡、羯皆棄閔去，閔募趙人誅胡、羯，死者二十餘萬。

秦太祖苻洪

洪據枋頭，有衆數萬。○晉以洪爲氏王，都督河北。○姚弋仲遣子襄擊洪，洪擊破之。○洪自稱大將軍、大單于、三秦王。○改姓苻氏。○麻秋説洪先取關右，洪然之。○秋因宴酖洪，世子健收秋斬之。○洪遺令健等入關。○洪卒，健代統其衆，請命於晉。○趙

涼西平敬烈公

建興三十八

燕烈祖二

儁帥諸軍徇幽州，取安樂及薊。鄧恒、王午走保魯口。○慕容霸諫阬薊卒。○王午曰：「若害李績，人謂我直相聚爲賊。」○績謂儁曰：「臣未謂得見之晚。」○鹿勃早夜襲儁營。慕輿根曰：「求賊得賊，但擊何疑！」○趙楂叛奔并州，徙幽州民於東方。

代高祖建國十三

至邯鄲，爲王春等所敗。○段龕據廣固，自稱齊王。○冉閔圍襄國。

閔大破之。○閔討張賀度于石瀆。石鑒密召張沈等。閔還，廢鑒，殺之，并殺虎三十八孫，盡滅石氏。○閔讓位於李農。○閔欲奉晉。胡睦勸稱帝，閔從之。○復姓冉氏。○立王太后、董后、太子智。○以李農爲太宰。○遣使赦諸軍屯，皆不從。○殺李農。○告晉共誅胡，晉不應。○晉袁真拔合肥。○張賀度等共攻鄴。閔自擊，大破之。○閔戎卒三十萬，石氏之盛，不能過。○辛謐勸閔歸晉，因不食死。○閔攻襄國，以子胤爲大單于，配以降胡。韋謏諫，閔殺之。

以健爲都督河南、略陽公。○杜洪據長安。健築室種麥，示無西意。○健盡衆而西，謂兄子菁曰：「事不捷，汝死河北，我死河南。」○敗張先於潼關北。○杜郁來降。○關中堡壁皆附於健。洪固守長安。○擒張先，洪奔司竹。○健入長安，遣杜山伯獻捷於晉。○苻洪攻石寧，斬之。

○儁徇冀州，取章武、河間，獲賈堅。○儁還龍城。

重光大淵獻

二丙寅、四乙丑、六甲子、八癸亥、十壬戌、十二辛酉朔。○本志：正丁酉，食。○三月戊子，歲星、熒惑合于奎。○二月，太白犯昴。三月乙卯，熒惑入輿鬼，犯積尸。○五月乙未，熒惑犯軒轅太星。太白入畢口，犯左股。六月丁丑，熒惑入太微，犯右執灋。八月庚午，太白犯軒轅。戊子，犯右執灋。

七

段龕以青州來降。○司馬勳伐秦，不克。○魏周成、魏統等來降。○姚弋仲來降。○桓溫屢求出師北伐，詔不許。○溫君臣之迹，羈縻而已。八州賦調，不爲國用。○溫拜表輒行，下屯武昌，朝廷恟懼。○殷浩欲避位，王彪之止之。○高崧爲會稽王昱致書於溫，溫即旋師。○王彪之謂郊祀不當有赦。

二

祇去帝號，自稱趙王，遣使求救於燕及姚弋仲。燕悦綰及姚襄、汝陰王琨皆來救之。冉閔大敗，走還鄴。弋仲怒襄不擒閔，杖之一百。○趙所徙青、雍、幽、荆之民及氐羌胡蠻數百萬口，各還本土，道路交錯，互相殺掠，因以饑疫死者什七八。諸夏大亂，無復耕者。○祇使劉顯攻鄴，大敗而還。○顯陰與魏通謀，弑祇及樂安王炳等。魏以顯爲大單于、冀州牧。○顯復引兵攻鄴，又敗還。○顯稱帝於襄國。

二

常煒使燕，脅以積薪，辭色不撓。○趙汝陰王琨、燕悦綰及姚襄救趙。王泰請無出戰，灋饒勸之，閔遂出戰，大敗還鄴。○降胡執大單于胤降趙。○石璞、盧諶等死者十餘萬人。○張艾勸閔親郊以安衆。○趙劉顯攻鄴。閔召王泰，稱疾不起。閔擊顯，大破之。○還誅泰。○周成、魏統等降晉。

秦高祖健皇始元

健即天王、大單于位。立彊后、太子萇。○趙張平以并州來降。○除趙苛政不便於民者。○晉司馬勳入寇，健禦之於五丈原，勳走。○殺賈玄碩。

三十九

三

悦綰救趙。○儁還薊。○悦綰大破魏兵，解襄國圍。封弈誘逢約與語，因劫之以歸。○慕容恪攻中山、趙郡，拔之。○燕王謂常煒：「天且念卿，而況孤乎！」○逢鈞亡歸渤海，遂奔晉。○儁如龍城。○丁零、翟鼠來降。

十四

卷第九十九

玄黓困敦	二庚申、五己丑、七戊子、九丁亥、閏十丙戌、十二乙酉朔。○十一日，冬至。○本志：正辛卯，食。○《宋志》無。○本志：七月壬子，歲犯東井距星。八月戊戌，熒惑入輿鬼。丙辰，太白入南斗，犯第四星。
八	趙汝陰王琨來奔，斬之。石氏遂絶。○孔嚴諫殷浩北伐及與桓温不平。浩與謝尚屯壽春。○張遇叛，據許洛降秦，浩不能進。○姚弋仲卒，戒諸子以事晉盡臣節。○姚襄與秦戰而敗。○姚萇以馬授襄，曰：「兄在，萇必不死。」○謝尚幅巾見姚襄。○魏蔣幹來求救。戴施入鄴，紿取傳國璽。○謝尚、姚襄攻許昌，秦苻雄救之，戰於誠橋。尚大敗，奔還淮南，殷浩還壽春。○王擢來降。○桓温使周撫、司馬勳討蕭敬文〔七〕，斬之。○王羲之遺殷浩、會稽王書，諫北伐。○浩屯泗口，再謀北伐。○浩以軍興，罷太學生。○王俠攻許昌，拔之。○
	劉顯攻常山，魏主閔救之。顯敗還，閔遂攻襄國，克之，殺顯及其公卿，焚宮室，遷其民於鄴。
三	劉顯攻常山，蘇亥來求救，閔以精騎八千擊顯，敗之，遂克襄國，殺顯。○董閏、張温請且避燕，益兵然後與戰。劉茂、郎闓知魏必敗，先自殺。○閔與燕戰于廉臺，爲燕所禽。○閔自謂中國英雄，何爲不可稱帝！燕王鞭之。○蔣幹輔太子智守鄴，燕慕容評攻之。○鄴中饑，趙宮人被食略盡。○燕人殺閔。○蔣幹求救於晉。晉戴施入鄴，紿取傳國璽。○幹出戰而敗。○燕兵入鄴，虜董后、太子智及王侯公卿以歸。封智爲海濱侯。
二	初稱帝。杜洪、張琚屯宜秋〔八〕。琚殺洪，自稱秦王。○晉張遇據許洛來降。○姚襄將尹赤來降。○健攻宜秋，斬張琚。○晉謝尚攻許昌，丞相雄救之，大敗晉兵於誠橋。○徙張遇及許洛五萬餘户而歸。○晉王俠拔許昌。○丞相雄攻王擢，擢奔涼。
四十	秦王擢來奔，以爲秦州刺史。
元璽元	儁還薊。○段勤稱帝於繹幕。○慕容恪諭將士曰：「冉閔勇而無謀，一夫敵也。」○高開曰：「彼徒我騎，宜誘致平地與戰。」○恪與冉閔戰于廉臺，分三軍以擊之，遂禽閔。○慕容霸攻繹幕，段勤降。慕容評攻鄴，敗蔣幹。○王午自稱安國王，慕容恪等討之。評拔鄴，虜魏董后、太子智以歸。許云董后得傳國璽，號曰奉璽君。○趙故將擁兵據州郡者，皆遣使降燕。○蘇林稱帝於無極，慕容恪討斬之〔九〕。○秦興殺王午，呂護殺興，自稱安國王。○始置百官，即帝位。○燕主謂晉使，承人乏已爲帝矣！
十五	

癸丑（三五三）	甲寅（三五四）
昭陽赤奮若 二甲申、四癸未、六壬午、九辛亥、十一庚戌朔。○本志：八月，歲犯輿鬼東南星。	閼逢攝提格 正己酉、三戊申、五丁未、七丙午、九乙巳、十二甲戌朔。○本志：正月癸酉，填掩鉞。九月辛酉，太白犯左執灋。
晉孝宗永和九 秦張遇謀滅苻氏，以其地來降，不克而死。關中豪傑各據城邑，來請兵。○殷浩惡姚襄之彊，使魏憬襲之。襄殺憬，并其衆。○浩遷襄于梁國。○權翼謂猜嫌之端，在此不在彼。○浩自壽陽北伐。○王彪之謂雷弱兒等詐僞，未宜輕舉。○姚襄邀擊浩於山桑。浩敗，棄輜重，走保譙城。○襄復如淮南。○浩遣劉啓、王彬之攻山桑，襄擊斬之。襄據芍陂。○襄度淮，屯盱眙。	十 周成自宛襲洛陽，戴施奔鮪渚。○桓温奏廢殷浩，徙信安。○温謂浩爲令僕才。○浩報書，達空函。○桓温、司馬勳伐秦。○温拔上洛，禽郭敬。○温與秦太子萇等戰藍田，秦兵敗。○桓沖敗秦苻雄於白鹿原。○温進屯灞上，三輔郡縣皆降，耆老感泣。○秦苻雄敗司馬勳於子午。○流民郭敞等降姚襄，建康震駭。○王猛捫虱談當世之務。○猛謂温不度灞水，百姓未知公心，所以不至。○温與秦苻
秦高祖皇始三 涼張弘、宋脩與王擢入寇。丞相雄等與戰於龍梨，敗之。殺弘、脩，遂取秦州，使苻願鎮上邽。○劉康反平陽，苻飛討禽之。○王擢復取秦州，苻願奔還。○苻飛攻楊初而敗。○健侮張遇爲假子。遇謀弑健，不克而死。關中豪傑劉珍等各據城邑，召晉兵。○平昌王菁掠上洛，置荆州於豐陽川，使郭敬守之。丞相雄、清河王灋、苻飛分討劉珍等。○灋斬劉珍、夏侯顯。	四 丞相雄克司竹。○晉桓温、司馬勳入寇。○温拔上洛，禽郭敬，勳掠西鄙。○涼王擢攻陳倉。○太子萇等與温戰藍田，萇兵敗。○丞相雄與桓沖戰，敗于白鹿原。○温進屯灞上。健嬰城自守，使萇等出戰。○丞相雄敗司馬勳於子午。○王擢拔陳倉。○丞相雄敗桓温於白鹿原。○
涼西平敬烈公建興四十一 重華遣張弘、宋脩與王擢伐秦，敗於龍黎。弘、脩死，遂失秦州。○重華復遣王擢攻取秦州。○立世子曜靈，方十歲。重華兄祚與嬖臣趙長等相結，常據請出之。謝艾謂祚等必爲亂。重華疾，手令徵艾輔政，祚等匿之。重華卒，曜靈立。趙長等矯遺令以祚輔政。○長等請立長君，重華母馬氏乃廢曜靈而立祚。○祚淫虐，殺重華妃裴氏及謝艾。	涼王祚和平元 祚自稱涼王，立辛后、太子太和。丁琪諫，殺之。○王擢拔秦陳倉。○祚疑王擢而擊之，擢奔秦。
燕烈祖元璽二 立可足渾后、太子曄，皆還于薊。○李犢反常山。○慕容恪討犢，降之，遂攻呂護於魯口。○朱禿、杜能、丁嬈、孫元皆降。○慕容恪等薦慕容霸有命世之才，儁使鎮常山。	三 慕容恪拔魯口，呂護降。○姚襄來降。○使慕容評、慕容彊進據河南。○封宗子爲王。○燕王忌吴王霸之才，更名鈌，又名垂。○朱禿殺慕容鉤，奔段龕。○大調兵，號「丙戌舉」。○
代高祖建國十六	十七

旃蒙單閼

二癸酉、四壬申、六辛未、七庚午、九己巳、十一戊辰朔。○閏六。○七一日，處暑。○本志：八月己未，太白犯天江。

雄戰于白鹿原，温兵敗。○温軍乏食而還。○王猛辭温命。○薛珍勸攻長安，温殺之。

十一

氐王楊初爲其下所殺，子國代之。○姚襄北據許昌。○王彪之謂武陵王之志，盡於畋獵而已。

秦人收麥清野，温無食而遁。太子萇等追擊，敗之。○雄擊司馬勳、王擢，勳奔漢中，擢奔略陽。○雄卒，健哭之嘔血。○雄功高權重，而謙恭奉灋。○苻堅幼有志度，交結英豪。○太子萇克雍，關中悉平。○健承趙苛虐奢侈之後，易以寬簡節儉。○獻哀太子萇卒。○王擢來奔。○武都王安自姚襄所逃歸。○大饑，米一升直布一匹。

秦越厲王生壽光元

大蝗，牛馬相啗毛。○苻洪謂苻生必破家，令健殺之。○立太子生。○平昌王菁反，健登端門，執菁殺之。健引魚遵等受遺詔輔政，又謂太子生曰：「大臣不從命者除之。」健卒，生立。○段純諫改元，生殺之。○尊彊太后，立梁后。嬖臣趙韶、趙誨、董榮皆爲顯官。○胡文、王魚言星變宜脩德，生殺梁后、毛貴、梁楞、梁安以應之。○趙俱固辭尚書令，謂從弟韶、誨：「汝自爲之。」○趙韶、董榮譖雷弱兒，殺之。○諸羌悉叛。○生常彎弓露刃，以見朝臣，錘鉗鋸鑿，不離左右。

涼西平敬悼公玄靚建興四十三

祚欲襲張瓘，王鸞以爲軍必敗，國必危，殺之。○瓘起兵擊祚，宋混應之。○祚拉曜靈腰殺之。○混至姑臧，張琚等納之，遂立曜靈弟玄靚爲涼王，而殺祚。○李儼、衛綝、馬基等叛，瓘討平之。

殺宋斌等及冉智。○儁如龍城。

四

儁還薊，民以東遷相驚。儁不討，蘭陵、濟北、建興、河內、黎陽皆來降。○姚襄據許昌。○太原王恪擊段龕。○高句麗王釗納質修貢，以請其母。儁歸之。○段龕弟羆請以鋭兵拒河，不捷則早降。龕殺之。

十八

丙辰（三五六）

丁巳（三五七）

柔兆執徐 正丁卯、四丙申、六乙未、八甲午、十癸巳、十二壬辰朔。○本志：十癸巳朔，食。七月丁卯，太白犯填，在柳。○九月戊寅，熒惑入太微，犯西蕃上將。十一月丁丑，又犯東蕃上將。	十二 桓温請還都洛陽。○温討姚襄。○王亮諫襄攻洛陽。○桓温比袁宏以劉景升牛。○温敗姚襄於伊水。○襄所在，民輒扶老攜幼歸之。○楊亮謂襄孫策之儔。○周成降。○温入洛陽，修復諸陵，使毛穆之等戍洛陽。○姚襄奔平陽。○荀羨救段龕，斬王騰。龕爲燕所禽，羨退屯下邳。○楊國從父儁殺國自立。	二 王墮罵董榮雞狗，榮譖殺之。○生怒辛牢不强羣臣酒，射殺之。○閻負、梁殊説張瓘使稱藩。○殺程肱。○强平諫生虐刑，生鑿其頂而殺之。强太后以憂恨卒。○生下詔稱：「殺不過千，何得爲虐。行者比肩，未足爲希。」○關中虎狼爲暴，生曰：「野獸飢則食人，飽當自止。」○尹赤降姚襄，襄遂據襄陵。○生殺程延，曰：「汝非聖人，安知吾食棗！」	四十四 稱藩於秦。	五 太原王恪敗段龕於淄水，遂圍廣固。○王騰降，復使屯陽都。○獻懷太子曄卒。○晉荀羨拔陽都，斬王騰。太原王恪不急攻廣固，曰：「我彊敵弱，當以日月斃之，無爲多殺士卒。」○段龕降。并禽朱禿，殺之。○鞠彭戒其子殷，使善撫王彌、曹嶷子孫。	十九 劉務桓卒，弟閼頭立，貳於代。○什翼犍西巡，閼頭請降。
彊圉大荒落 二辛卯、四庚寅、六己丑、九戊午、十一丁巳朔。○本志：四月壬子，太白入輿鬼。七月辛巳，熒惑犯天江。十一月，歲犯房。	升平元 帝加元服，太后返政。○秦張平來降。○納何后，禮如咸康而不賀。	秦世祖堅永興元 生謂太白入井，自爲渴耳。○姚襄進據黄落，欲圖關中。廣平王黄眉、鄧羌與戰於三原，禽斬之。弟萇帥衆降。○生不賞黄眉而侮之，黄眉謀反死。○生以謠夢殺魚遵。牛夷因嘲戲自殺。生諱殘、缺、偏、隻。○好剥人面皮，使歌舞。人言太平以爲媚言，虐刑以爲謗，皆斬之。○羣臣保一日如度十年。○薛讚、權翼説東海王堅以大計。○吕婆樓薦王猛，堅一見親善。○康權	四十五	光壽元 乙逸謂子璋奢縱而通顯，實時世之陵夷。○立太子暐。吴王垂等破敕勒。○匈奴賀賴頭降。○誅段龕。○徙都鄴。	二十

著雍敦牂

正丙辰、三乙卯、四甲寅、六癸丑、八壬子、十一辛巳朔。○閏三。○四一日，小滿。○本志：八月戊午，熒惑犯填，在張。○十二月辛卯，填犯軒轅大星。○十月己未，太白犯哭星。

二

司徒昱歸政，不受。○王彪之不欲以桓雲爲豫州，恐非彊本弱枝之宜。○王羲之謂謝萬爲方鎮，違才易務；又與萬書戒之。○諸葛攸攻燕東郡，不克。○荀羨拔燕山荏，禽賈堅。燕悅明擊破羨，復取山荏。

言下人將謀上，生撲殺之。○梁平老等説堅起事。○生對侍婢言：「且當除阿灋兄弟。」堅與灋夜勤兵入宮執生，弑之。○堅讓位於灋，灋不受。堅乃去帝號，稱秦王。○尊苟太后，立苟后、太子宏。○陽平公融耳聞則誦，過目不忘。○李威勸王專任王猛。○張平降晉。○苟太后殺東海公灋。○堅改紀秦政。

二

堅自將討張平，敗平于銅壁，獲張蚝。平請降。○鄧羌、張蚝皆萬人敵。○秦旱，堅命后妃去羅紈，散之戰士。旱不爲災。○樊世謂王猛：「我耕之，君食之。」又欲擊猛於堅前，堅斬之。

四十六

二

司徒評討馮鴦，不克。慕輿根急攻鴦，克之。故趙將張平、李歷、高昌貳於秦、晉。儁使司徒評等討之，皆敗走，遂取并州。○晉諸葛攸寇東郡，大司馬恪等擊走之。○劉貴諫發兵非灋。○封弈諫多遣使者。○晉荀羨拔山荏，賈堅守節而死。悅明破羨，復取山荏。○吳王垂妃段氏，掠死不承巫蠱以脱垂。

二十一

劉閼頭部落叛散，歸其弟悉勿祈。閼頭來奔。

屠維協洽

正庚辰、三己卯、五戊寅、七丁丑、九丙子、十一乙亥朔。○本志：八月庚午，太白犯填，在太微中。○正月壬辰，熒惑犯楗閉。三月乙酉，逆行犯鉤鈐。六月，太白犯東井。七月乙酉，熒惑犯天江。丙戌，太白犯輿鬼。八月丁未，犯軒轅大星。

三

諸葛攸與燕戰東阿，攸敗。○謝萬曰：「諸將皆勁卒。」萬及郗曇擊燕。萬聞曇退，單騎遁還，於是許、潁、譙、沛皆没於燕。

甘露元

王猛案强德，奏未報，已陳尸於市。○猛與鄧羌同心糾案，堅曰：「吾今始知天下之有灋。」○猛薦陽平公融、任羣、朱肜。○猛歲中五遷，羣臣不敢言。

四十七

張瓘拒諫，曰：「虎生三日，自能食肉。」瓘欲殺宋混，廢玄靚而代之。混先起兵殺瓘，滅其族，代瓘輔政。請玄靚去涼王，復稱涼州牧。

三

李績言太子暐有八德，暐有二闕。儁夢趙主虎齧其臂，掘其尸而鞭之，投諸漳水。○司徒評與晉諸葛攸戰東阿，敗之。○晉謝萬、郗曇寇河南，尋敗退。遂取許、潁、譙、沛之地。○儁疾，欲以國授大司馬恪。恪辭，請輔少主，許之。○所發郡國兵，皆集於鄴。

二十二

劉悉勿祈卒，弟衛辰殺其子而代立。

校勘記

〔一〕「策」，原作「東」，今據《通鑑》卷九十四改。

〔二〕「好」，原作「姓」，今據《通鑑》卷九十五改。

〔三〕「巴」，原脱，今據《通鑑》卷九十六補。

〔四〕「聃」，原爲大字，今據文例改爲小字。
〔五〕上「弟」，原脱，今據《通鑑》卷九十七補。
〔六〕「徙」，原作「徙」，今據《通鑑》卷九十八改。
〔七〕「周」，原作「蕭」，今據《通鑑》卷九十九改。
〔八〕「屯」，原作「忠」，今據《通鑑》卷九十九改。
〔九〕「恪」，原脱，今據《通鑑》卷九十九補。

資治通鑑目録卷第十一

端明殿學士兼翰林侍讀學士朝散大夫右諫議大夫集賢殿修撰權判西京留司御史臺上柱國河内郡開國侯食邑一千三百户食實封肆佰户賜紫金魚袋臣司馬光奉敕編集

卷第一百一	代高祖建國二十三	燕幽帝暐建熙元	涼西平敬悼公建興四十八	秦世祖甘露二	晉孝宗升平四	上章涒灘
	慕容妃卒。○以女妻劉衛辰。	大司馬恪、司徒評、陽騖、慕輿根受遺詔輔政。○儁卒，太子暐即位。○尊可足渾太后。○吴王垂、皇甫真勸太宰恪早誅慕輿根。○根謀作亂，伏誅。○恪遭變，舉止如常，出入一人步從。○恪雖綜大政，每事必與司徒評議之。○朝臣有過，隨宜他敘，時人深以爲恥，曰：「汝復欲望宰公遷官邪！」○桓温謂恪在，憂方大耳。○郡國兵擅歸，恪命吴王垂等鎮撫之。○恪欲以李績爲僕射，暐不許。		分司隸置雍州。○劉衛辰内附，賈雍襲掠之，堅怒。○陽平公融諫處獨孤、没弈干於塞内。	謝安有重名，不應徵辟，雖爲布衣，時人以公輔期之。○司徒昱曰：「安石與人同樂，不得不與人同憂。」年四十餘，乃赴桓温辟。	正甲戌、四癸卯、六壬寅、八辛丑、十庚子、十二己亥朔。○閏十二。○本志：八辛丑朔，食幾既。○《宋志》：不盡如鉤。○本志：六月辛亥，辰犯軒轅。己未，太白入太微右掖門，從端門出。八月戊申，犯氐。丙辰，熒惑犯太微西蕃上將。九月壬午，太白入南斗口，犯第四星。十二月甲寅，熒惑犯房。

辛酉（三六一）

重光作噩

二戊戌、三丁酉、五丙申、八乙丑、十甲子、十二癸亥朔。○正二日，雨水。○本志：十月丁卯，熒惑犯歲，在營室。○正月乙巳，填逆行犯太微。

五

桓温使弟豁攻燕許昌，取之。○帝崩，無嗣。太后復立成帝子琅邪王丕。○立王后。○桓温惡范汪，免其官。○范甯謂王弼、何晏之罪，深於桀、紂。○李勢卒。

三

衛辰掠邊民爲獻，堅責之。衛辰叛去。○堅命牧伯守宰舉賢才，以所舉得失爲賞罰。

宋混戒子弟及朝臣以忠義。○混卒，弟澄代之輔政。○張邕殺澄，與玄靚叔父天錫同輔政。○邕驕淫，天錫與劉肅殺之。○初奉升平年號。

二

平陽來降，使段剛、韓苞守之。○丁進説太宰恪殺太傅評，恪斬之。○恪圍呂護於野王，曰：「不過十旬，必取之。」○晉桓豁取許昌。○皇甫真以卒羸，嚴備。呂護突圍，不得出。太宰恪擊之野王，潰。護奔滎陽。○張平襲平陽，殺段剛、韓苞，又攻鴈門，殺太守。○秦人攻之，平遂敗。○呂護復來降，赦之。

二十四

壬戌（三六二）

玄黓閹茂

二壬戌、四辛酉、六庚申、八己未、十一戊子朔。○本志：十二戊午朔，食。

晉哀帝丕隆和元

燕呂護攻洛陽，戴施奔宛。○桓温請遷都洛陽。○孫綽諫遷都。○王述謂：「温以虚聲威朝廷，但從之，自無所至。」○述又難移鍾虡。○呂護死，燕兵退。

四

堅每月一臨視太學。

三

孫興請攻洛陽。○劉拔殺范陽王友。○呂護攻洛陽，不克而死。段崇退屯野王。○代王什翼犍納女，亦以女妻之。

二十五

納女於燕，燕亦以女妻之。

癸亥（三六三）

昭陽大淵獻

正丁亥、三丙戌、五乙酉、七甲申、閏八癸未、十壬午、十二辛巳朔。○九一日，霜降。

興寧元

周太妃卒，江虨啓服緦。○加桓温大司馬、都督中外、録尚書。○郗超、王恂能令温喜怒。○温謂珣及謝玄皆未易才。○桓温帥衆北伐。○朱斌襲燕，取許昌。○張駿自尋陽叛，桓沖討斬之。

五

郭太妃與張欽等謀討天錫，不克。欽死，天錫使劉肅弑玄靚自立。○尊劉太妃。送俞歸還建康。

四

晉朱斌襲取許昌。

二十六

什翼犍擊高車，破之。

甲子（三六四）	乙丑（三六五）
閼逢困敦 三庚戌、五己酉、七戊申、九丁未、十一丙午朔。	旃蒙赤奮若 正乙巳、三甲辰、五癸卯、八壬申、十辛未、十二庚午朔。○本志：七月，歲犯輿鬼。
二 燕慕容評寇河南。○作庚戌制，實户口。○高崧諫帝餌長生藥。○帝得疾，褚太后復臨朝。○燕李洪拔許昌、汝南、陳郡。朱斌奔淮南，朱輔保彭城，桓温屯合肥。○加桓温揚州牧、録尚書，召參朝政，温辭。○王述不爲虚讓。○復召桓温，至赭圻，止之。○沈勁欲立名節，以雪父充之恥，求助陳祐守洛陽。○祐棄洛陽，奔新城。	三 王后崩。○桓温移鎮姑孰，使桓豁守荆州。○司徒昱會温於洌洲，議北伐。○帝崩，無嗣，立弟琅邪王奕。○燕慕容恪拔洛陽，殺沈勁。○周撫卒。○以會稽王昱爲琅邪王。○立庾后。○司馬勳反，圍成都。桓温遣朱序救之。
六 汝南公騰謀反，誅，王猛勸盡誅其昆弟。○平陽公等引富商爲國卿，坐降爲侯。因禁商人車服僭侈。	建元元 燕慕容恪略地崤函，堅屯陝以備之。匈奴曹轂、劉衛辰叛，堅討之，降轂，禽衛辰。淮南公幼襲長安，李威擊斬之。
涼西平悼公天錫 秦以天錫爲大將軍、涼州牧。	鮮卑禿髮椎斤卒。
五 太傅評略地河南。○李洪拔許昌、汝南、陳郡，徙其民於幽、冀，使慕容塵屯許昌。○徙龍城宗廟留官盡詣鄴。○太宰恪謀取洛陽，先招諸塢。	六 太宰恪攻洛陽，執沈勁，殺之。因略地崤函，關中大震。○恪以不能全辟閭蔚、沈勁爲愧。○陽騖宿貴而謙恭愈至。
二十七	二十八 劉衛辰叛，什翼犍擊走之。○許謙盜絹，什翼犍爲匿之。○流矢中目，不殺射者。

丙寅（三六六）	柔兆攝提格 二己巳、四戊辰、閏五丁卯、七丙寅、十乙未、十二甲午朔。○六一日，大暑。○本志：八月戊午，太白犯歲，在太微中。	晉海西公奕太和元（一） 庚后崩。○朱序、周楚破司馬勳，禽斬之。○秦王猛等寇荆州，桓豁救之，秦兵去。○加司徒昱丞相、録尚書事。○燕下邳王厲寇兖州，拔魯、高平數郡。○趙億據宛以降燕，燕趙盤戍之。	二 王猛等擊晉荆州，虜萬餘户而還。○李儼以隴西叛，羌斂岐應之。	告絶于秦。○李儼來降，既而復叛。	七 太宰恪、太傅評稽首歸政，暐不許。○下邳王厲擊晉兖州，拔魯、高平數郡。○晉趙億以宛來降，遣趙盤戍之。	二十九 使燕鳳入貢于秦。
丁卯（三六七）	强圉單閼 二癸巳、四壬辰、六辛卯、八庚寅、十己丑、十二戊子朔。○本志：正月，太白入昴。	二 桓豁攻宛，拔之，禽趙盤。	三 王猛等討斂岐於略陽。羌聞姚萇至，皆降。岐奔白馬。○李儼爲張天錫所攻，謝罪求救。堅使王猛救之，天錫敗，引還。○鄧羌擒斂岐，王猛執李儼。○郭辨覘燕，皇甫真識之。○晉公柳、趙公雙、魏公廋、燕公武皆反，堅齧梨諭解之，不從。	天錫討李儼於枹罕。○儼兵敗，求救於秦，秦王猛救之。天錫兵敗，引還。	八 太原王恪薦吴王垂將相之才，十倍於臣。○恪將死，勸暐任垂以大政，則國家可安，不然，秦、晉必有窺窬之計。○晉桓豁拔宛，擒趙盤。○下邳王厲等破敕勒。○厲過代，犯其穄田。代王什翼犍寇雲中，武强公埿遁歸。	三十 擊燕雲中，破之。○擊劉衛辰，以葦絙約澌而渡，大破之。衛辰奔秦，秦送還朔方而戍之。
戊辰（三六八）	著雍執徐 三丁巳、五丙辰、七乙卯、九甲寅、十一癸丑朔。○本志：三丁巳朔，食。○六月甲寅，太白	三 氐楊世爲秦州刺史。	四 堅命王猛等分討四公。○魏公廋降燕請救，燕人弗應。○吕光請避苟興之鋭，俟其糧盡必退，		九 太宰恪語樂安王臧、太傅評，使以大司馬授吴王垂。評不從，以授中山王沖。○秦苻廋以陝	三十一

掩熒惑，在太微端門中。

屠維大荒落

正壬子、二辛亥、四庚戌、七己卯、九戊寅、十一丁丑朔。○閏正。○十二一日，春分。

四

郗超裂其父愔牋，以徐、兗讓桓温。○温伐燕，引舟師自清水入河。超以爲糧運難通，不如直趨鄴城。或聚糧河、濟，俟來夏乃進。○温敗燕慕容厲於黄墟。○温至枋頭。○秦軍潁川以救燕。○温將段思、李述爲燕所獲。温使袁真攻譙、梁，開石門以通水運。真克譙、梁，而不能通石門。○慕容德、李邽絶温糧道。○慕容宙敗晉兵。○温軍乏食，焚舟棄輜重而還。○燕慕容垂追敗温於襄邑，秦兵又邀敗温於譙，死者各以萬計。○温歸罪袁真，廢爲庶人。真不服，據壽春叛降燕。○丞相昱與温會涂中，謀後舉。○温城廣陵，徙

退而擊之必破，遂與王鑒破興兵，攻雙、武於上邽。○晉公柳欲趣長安，王猛擊敗之。○王鑒等斬雙、武。○王猛等斬柳，禽虔。○堅爲健諸子置後，而不置母弟雙後。

五

燕來求救，許割虎牢以西之地爲賂。○王猛曰：「桓温舉山東以臨殽、函，則陛下大事去矣！不如并力以退温。温退而燕病，因可圖矣。」○鄧羌等出洛陽，軍潁川以救燕。○温退，邀擊於譙，大破之，斬獲萬計。○燕慕容垂來奔。堅郊迎，執手許俟天下平定，令垂世襲幽州。○王猛謂垂如龍虎，非可馴之物，宜早除之。堅不許。○燕人悔割地，曰：「行人失辭。」堅命王猛攻洛陽。

城來降，且請救。范陽王德、吳王垂、皇甫真皆請乘釁圖關中，曰：「天與不取，吳越之事足以觀矣！」太傅評不從。○悦綰出王公貴戚蔭户二十餘萬。

十

立可足渾后。○晉桓温來伐。○下邳王厲與温戰，敗於黄墟。○又使樂安王臧拒温，不能抗。○温至枋頭。暐與太傅評謀奔龍城，吳王垂自請擊之。○使樂嵩求救於秦。○秦兵來救，自洛陽出軍潁川。○申胤料桓温必敗。○悉羅騰獲晉段思及李述。○范陽王德、李邽絶温糧道。○慕容宙以餌兵敗晉。○温乏食而遁。○吳王垂緩追，須温兵疲乃擊之，大破温於襄邑。○斬首三萬級。○孫元據武陽叛，孟高討禽之。○晉袁真以壽春來降。○郝晷漏燕事於王猛。○梁琛不肯館於從兄，及不答其所問燕事。○可足渾太后與太傅評謀

三十二

卷第一百二（三）

庚午（三七〇）

	上章敦牂 正丙子、三乙亥、五甲戌、七癸酉、九壬申、十二辛丑朔。○本志：七癸酉朔，食。
鎮之。○孫盛不肯改《晉春秋》。	五 袁真殺朱憲、朱斌。○真卒，朱輔立其子瑾。○大司馬温圍瑾於壽春。○李弘、李高反於蜀，周楚討平之。○楊世卒，子纂立，叔父統與之相攻。
	六 王猛遺燕武威王筑書，筑以洛陽降。○燕樂安王臧破秦兵于石門。○猛以慕容垂佩刀詐其子令，使奔燕。垂懼而逃，堅待之如舊。○以猛爲司徒、録尚書。猛以二寇未平，固辭。猛將兵六萬伐燕。○猛請速敕所司部置鮮卑之所。○猛克壺關，執燕南安王越。○猛會楊安拔晉陽，執燕東海王莊。○猛欲斬徐成，鄧羌勒兵欲攻，猛乃捨之。○猛謂慕容評雖億兆之衆不
誅吴王垂。○世子令勸垂奔龍城以自保。垂子麟叛告之，評遣兵追及於范陽。垂潛還鄴，令欲襲評。垂不許，遂奔秦。申紹請顯拔高泰以消謗。○梁琛謂秦必不久和。評曰：「秦王豈肯受叛臣而敗和好！」○皇甫真獨信琛言，請備洛陽、太原、壺關，評不從。○高泰、劉靖謂石越語誕而視遠，非求好，乃觀釁也，宜耀兵以示之。	十一 武威王筑以洛陽降秦。○樂安王臧破秦兵于石門。吴世子令復自秦來，遷之沙城。○袁真卒，子瑾立。○吴世子令襲龍城，不克而死。○秦王猛寇壺關，楊安寇晉陽，太傅評將兵三十萬拒之。○梁琛、樂嵩謂「當用謀以求勝，豈可冀其不戰！」○王猛克壺關，執南安王越。○申胤謂鄴必亡，然燕之復建，不過一紀。○太傅評鄣固山泉，鬻樵及水，積錢帛如丘陵。
	三十三

足畏。○鄧羌先求司隸。○猛敗評三十萬衆於潞川，遂圍鄴。○鄴旁剽劫皆止〔三〕。○燕民曰：「不圖復見太原王。」○堅自將助猛攻鄴。○猛潛至安陽謁堅。○堅入鄴宮。○郭慶追燕王暐、太傅評、宜都王桓，皆獲之。燕地悉平。○釋梁琛囚。○拜悅綰子爲郎。命王猛鎮鄴，郭慶鎮薊。論功行賞。燕牧守令長，皆因其舊。○命申紹等循行關東，除燕政之不便者。○遷慕容暐入長安。封暐爲新興侯，慕容評等皆拜官。

○暐讓評，趣使戰。評戰敗於潞川，單騎走還。○餘蔚等開門納秦兵。暐北趣龍城。○高弼説吳王垂慰結舊臣。○孟高抱賊擊地而死。秦巨武縛暐詣秦王堅，堅釋之，令帥文武出降。○太傅評奔高句麗，高句麗執送於秦。○宜都王桓殺勃海王亮，棄龍城奔遼東。遼東不納，秦朱嶷追獲之。○燕州郡六夷皆降於秦。○梁琛不忍爲知幾。○馮誕謂王猛賞丁公誅季布。○黄泓謂吳王垂必中興。○趙秋謂秦必復爲燕有。○慕容鳳責權翼「豈奬勸將來之義」。

重光協洽

二庚子、四己亥、六戊戌、八丁酉、十丙申、十一乙未朔。○閏十。○十一一日，冬至。○本志：閏月，熒惑守太微端門。十二月辛卯，熒惑逆行入太微。

晉太宗昱咸安元

袁瑾求救於秦，秦王鑒、張蚝救之。桓伊敗之於石橋，遂拔壽春，誅瑾。桓温曰：「男子不能流芳百世，亦當遺臭萬年。」○杜炅謂温勳格宇宙，位極人臣。温不悦。○郗超勸温廢立。○温詣建康，白褚太后，廢帝爲東海王，立會稽王昱。○王彪之取《霍光傳》，朝服當階，儀準取定。○温見帝，欲述廢立，卒不能言。○王彪之諫温廢武陵王晞。温誣晞與殷

秦世祖建元七

王鑒、張蚝救袁瑾，敗於石橋。○遷丁零翟斌於新安。民因亂流移者，聽還舊業。○以韋鍾等爲諸州刺史。命王猛以便宜除關東守宰。○苻雅等擊氐楊纂，破之。纂降，遣陰據帥甲士五千還涼州。令王猛以書諭張重華，重華謝罪稱藩。○吐谷渾王辟奚入貢。○鍾惡地誅辟奚三弟，辟奚以憂卒。子視連立，不飲戲遊畋者七年。○堅如洛陽。○以李

涼西平悼公

稱藩於秦。○天錫聞秦有兼并之志，立壇於姑臧南，遥與晉三公盟。遣韓博送盟文，約來夏大舉。

代高祖建國三十四

長孫斤拔刃向什翼揵，世子寔格之，傷脅而卒。○寔子珪生。

卷第一百三

涓、庾倩等謀反，徙晞，誅倩等。○帝謂温：「若大運去矣，請避賢路。」○謝安見温遥拜。○温還姑孰。○降封東海王爲海西公。○帝泣語郗超：「家國遂至於此。」○謝安謂帝爲惠帝之流，清談差勝。○安謂王坦之：「不能爲性命忍須臾！」

儼鎮武始。○堅不以鄧羌爲司隸。○堅如鄴。○伶人王洛諫獵。○堅謂桓温怒其室而作色於父。○王猛辭六州便宜，堅不許。○以李辨鎮枹罕，徙涼州治金城。○王統破乞伏司繁於度堅山，司繁降，留之長安。

壬申（三七二）

玄默涒灘

二甲子、四癸亥、六壬戌、八辛酉、十庚申、十二己未朔。○本志：正月己酉，歲犯填，在須女。○三月，熒惑猶不退。五月丁未，太白犯天關。六月乙酉，犯輿鬼。

二

徙海西公於吴。庾希起兵據京口，周少孫討誅之。○帝不豫，急召桓温入輔，不至。○立太子昌明，封會稽王道子。○王坦之毁遺詔，曰：「宣、元天下，陛下安得專之！」乃詔温依武侯、王丞相故事。○帝崩，羣臣未敢立嗣。王彪之責之，太子乃即位。○太后令温居攝，彪之封還令書。○温望簡文臨終禪位，得遺詔不悦。○盧悚詐迎海西公。公納保母諫而止，悚遂舉兵入殿中。毛安之討誅之。海西公安於屈辱。

八

王猛薦關東士望，悉置朝廷。○慕容垂請誅慕容評。○詔關東之民通經者，以禮送之；在官不通經者，罷遣還民。○以王猛爲丞相；陽平公融都督六州，鎮鄴。○猛辭文武兼任，堅曰：「卿不得辭宰相，猶朕不得辭天下也。」○猛爲相，内外巨細事無不由之，善惡著白，秦國大治。○堅命太子宏等曰：「事王公如事我。」○陽平公融好新奇苛察，申紹諫。○融擅起學舍被譴，高泰爲融解之於王猛。○秦謂治本在得人。○梁平老卒。

三十五

癸酉（三七三）

昭陽作噩

二戊午、四丁巳、七丙戌、九乙酉、十一甲申朔。○本志：九月癸巳，熒惑入太微。

晉烈宗昌明寧康元

桓温來朝。謝安謂温：「何須壁後置人！」○安謂郗超入幕之賓。○安與王坦之盡忠輔衛，卒安晉室。○温還姑孰。○袁宏草九錫詔。王彪之謂宏：「安可以此示人！」○謝安屢改其草，歷旬不就。○温謂弟

九

晉楊亮襲仇池。楊安擊敗之，遂攻漢川。○王統、朱肜自漢川，毛當、徐成自劍閣，攻晉梁、益。肜拔漢中，周虓以梓潼降，毛當拔成都。梁、益皆平。邛莋、夜郎皆歸附。以楊安鎮成都，毛當鎮漢中，姚萇屯墊

三十六

		甲戌（三七四）	乙亥（三七五）
		閼逢閹茂 正癸未、三壬午、五辛巳、七庚辰、八己卯、十一戊申朔。○閏七。○八一日，秋分。○本志：十一月癸酉，太白掩熒惑，在營室。	旃蒙大淵獻 正丁未、三丙午、五乙巳、七甲辰、九癸卯、十一壬寅朔。○本志：十癸酉朔食。○六月辛卯，太白犯東井。九月戊申，熒惑掩左執法。
	沖、安等：「不爲汝所處分。」○温薨，沖代領楊州，盡忠王室，死罪皆上請。○謝安請崇德太后臨朝，王彪之以爲非。○楊亮襲秦而敗，退守磬險。秦楊安寇漢川。○謝安謂，朝廷大事，咨王彪之，無不立決。○秦王統、朱肜、毛當、徐成寇梁、益。楊亮敗奔西城。肜拔漢中，成克劍門。周虓以梓潼降秦，周仲孫奔南中。當拔成都。梁、益皆没于秦。	二 王坦之諫謝安曰：「天下之寶，當爲天下惜之。」○蜀張育等起兵擊秦，且來請兵，尋爲秦所滅。○桓石虔敗姚萇于墊江。	三 王坦之卒，言不及私。○桓沖以楊州讓謝安，族黨皆以爲非計，沖處之澹然。○納王蘊女爲后。○徐邈覽手詔詩章，刊削然後出之。
	江。○周虓不仕秦，呼堅爲氐賊，謂元會犬羊相聚。堅待之彌厚〔四〕。○鮮卑勃寒寇掠隴右，命乞伏司繁討平之，因使司繁鎮勇士川。○彗出尾箕，掃東井。張孟、苻融勸堅誅慕容氏，不從。	十 蜀人張育、楊光與巴獠張重等共圍成都，育自稱蜀王。遣鄧羌討平之。○朱肜、趙整勸誅鮮卑，不從。○整宦者，有文學，好直諫。	十一 王猛疾，堅親爲之祈南北郊，小瘳，爲之赦。○猛戒堅以慎終。○又言勿以晉爲圖，鮮卑及羌宜漸除之。○堅立聽訟觀。○禁老莊、圖讖學，犯者棄市。○四禁、二衛、四軍將士及掖庭皆令受學。
		三十七 什翼犍擊衛辰，衛辰南走。	三十八

丙子（三七六）

柔兆困敦

二辛未、四庚午、六己巳、八戊辰、十丁卯、十二丙寅朔。○本志：四月丙戌，熒惑犯南斗第三星。丙申，又掩第四星。九月，犯哭泣星，遂入羽林。

太元元

帝加元服，太后歸政。○桓沖解徐州，自京口徙鎮姑孰。○秦拔南鄉。○桓沖聞秦攻涼州，遣朱序等遊軍沔漢，爲張天錫聲援。聞天錫降，乃罷。○除田租，以口税米，蠲役身。○移淮北民於淮南。

十二

堅云：「自丞相違世，須髮中白。」○鄧羌拔晉南鄉。○苟萇等將兵擊張天錫。○周虓謂戎狄以來未之有。萇等濟河，拔河會、纏縮城。○涼州將馬建迎降。○萇等進擊掌據，趙充哲，皆敗之。○天錫出降，涼州悉平。○先爲天錫築第長安。○行唐公洛等將兵自幽州、和龍、上郡三道擊代〔五〕。○赦馬暉、杜周失道之罪，使會東軍。○洛等屢敗代兵。代王什翼犍奔陰山之北，已而復還雲中。其子寔君弑什翼犍，國內亂，秦兵大破之。○堅執寔君，車裂之。分代國爲二，使劉庫仁、劉衛辰統之，以河爲境。○令拓跋窟咄入學。○下詔賞平涼、代之功。○慕容紹謂秦務勝不休，危亡近矣。○堅鞭魏曷飛以謝氐、羌，降者二萬餘落。○乞伏司繁卒，子國仁立。

天錫荒于酒色，不恤政事，嬖倖用事，衆情憤怨。秦使閻負、梁殊召天錫入朝，苟萇等將兵隨其後。○席仂請納質重賂，以緩秦師。○天錫殺負、殊，母嚴氏泣曰：「亡無日矣！」○馬建將兵二萬拒秦，掌據將三萬繼之，天錫將五萬屯金昌。○宋皓勸降，坐貶。○辛章知馬建必不爲用。○建迎降姚萇。○掌據免胄，西向伏劍。○天錫兵潰降秦。○封歸義侯。

三十九

衛辰求救於秦，秦行唐公洛等三道入寇。○代兵屢敗，什翼犍奔陰山之北。高車雜種四面寇鈔，乃復度北，南還雲中。○什翼犍子寔君殺諸弟，并弑什翼犍，國內大亂。秦兵遂入雲中，寔君子珪奔賀訥。○秦王車裂寔君。○燕鳳固請留珪，分代國爲二部，使劉庫仁、劉衛辰統之。○珪歸獨孤部，依於庫仁。○庫仁奉事珪，不以廢興易意，以爲必能恢隆祖業。

丁丑（三七七）

强圉赤奮若

二乙丑、閏三甲子、六癸巳、八壬辰、十辛卯、十二庚寅朔。○四一日，小滿。○本志：正月，熒惑守羽林。

二

桓沖爲荆州刺史，移鎮上明。○王蘊辭徐州，謝安不許。○謝安舉兄子玄鎮廣陵。郗超雖有隙，稱其得人。○玄以劉牢之爲前鋒，戰無不捷。○王彪之謂謝安：「當保國寧家，豈以修室屋爲能？」○郗超以書箱呈父愔，愔恨其死晚。

十三

熊邈始説堅爲侈靡。○慕容農知秦將亡，勸父垂結納英傑。

卷第一百四

戊寅（三七八）

著雍攝提格

二己丑、四戊子、六丁亥、八丙戌、十一乙卯朔。

三

作新宮。○秦苻丕等寇襄陽。○韓氏帥女丁築夫人城。○桓沖擁衆七萬不能救。○新宮成。○秦俱難寇淮南，彭超寇彭城，韋鍾寇魏興。

十四

長樂公丕等攻晉襄陽。○石越以五千騎浮渡漢水，克外郭，取晉舟以濟餘軍。○苟萇請緩攻。○彭超請攻晉彭城，爲東西綦劫之勢。○俱難等侵晉淮南。○趙整作《酒德歌》。○大宛獻汗血馬，堅作《止馬》詩以卻之。○北海公重謀反，以公就第。○李柔劾長樂公丕久攻不效，堅賜劍以趣之。○周虓逃去，獲而赦之。

己卯（三七九）

屠維單閼

正甲寅、三癸丑、五壬子、七辛亥、九庚戌、十一己酉朔。○閏十二。○本志：閏己酉朔，食。○十一月丁巳，太白犯哭星。

四

秦苻丕拔襄陽，執朱序。○慕容越拔順陽，執丁穆。○桓沖請解職，不許。○謝玄救彭城，田泓詭辭以通命。○戴遂棄彭城奔玄。○秦俱難拔淮陰。○以兵饑，節用度，減百官俸。○毛虎生攻巴中以救魏興，至巴西，不克而還。○秦韋鍾拔魏興，吉挹閉口而死。○俱難拔盱眙，圍田洛於三阿，朝廷震恐。○秦毛當、毛盛敗毛安之於堂邑。○謝玄救三阿，大破秦兵。邵保死，俱難等遁歸。○邊兵屢失利，謝安鎮以和靜。○人以安比王導，而文雅勝之。○王藴爲僕射，辭求外出。

十五

堅欲自將攻襄陽，陽平公融、梁熙諫，乃止。○長樂公丕等拔襄陽，執朱序。以李伯護不忠，斬之。○慕容越拔晉順陽，執丁穆。○彭超拔晉彭城，俱難拔淮陰。○晉毛虎生寇巴中，姜宇拒卻之。○李烏反，圍成都，呂光擊滅之。○韋鍾拔晉魏興，擒吉挹。○俱難拔盱眙，圍晉田洛於三阿。○毛當、毛盛敗毛安之於堂邑。○晉謝玄救三阿，俱難等大敗遁還，邵保死。

庚辰（三八〇）	上章執徐 正戊寅、三丁丑、五丙子、七乙亥、九甲戌、十一癸酉朔。○正一日，雨水。○本志：七月丙子，辰犯軒轅。	五 以秦兵退，賞謝安、桓沖。○王后崩。○李遜據交州反。	十六 命北海公重鎮薊城。○朱肜諫作教武堂。○徙行唐公洛爲益州牧。洛怒，與兄重俱反。竇衝擊之，禽洛斬重。王放洛于涼州。○召陽平公融録尚書，以長樂公丕代鎮鄴。○分諸氐使宗親領之，散居方鎮。趙整歌「阿得脂」以諫。○縱毛璪之等還江南。
辛巳（三八一）	重光大荒落 正壬申、三辛未、六庚午、八己亥、十戊戌、十二丁酉朔。○本志：六庚子朔，食。	六 帝初奉佛法，引沙門居殿内。王雅諫。○杜瑗斬李遜。○秦閻振等寇竟陵。桓石虔等敗之於激水，遂拔管城，獲振等。	十七 六十二國入貢。○閻振等伐晉竟陵，與晉桓石虔等戰激水，振等敗没。
壬午（三八二）	玄黓敦牂 二丙申、四乙未、六甲午、八癸巳、十壬戌、十二辛酉朔。○閏九。○十二日，小雪。	七 桓沖使朱綽伐秦襄陽，掠六百餘户而還。	十八 東海公陽、王皮、周虓謀反，皆赦不誅，徙之遠方。○命吕光將兵七萬伐西域，陽平公融諫，不從。○晉朱綽寇襄陽。○堅議伐晉，朱肜贊成之。○權翼曰：「晉雖微弱，未有大惡。謝安、桓沖，皆江表偉人。君臣和睦，未可伐也。」○石越曰：「歲鎮守斗，福德在吴。」○陽平公融曰：「我數戰兵疲，民有畏敵之心。又鮮卑、羌、羯，布滿畿甸。不唯無功，兼恐有腹心之變。」○道安請駐蹕洛陽。○張夫人曰：「天地之生萬物，聖人之治天下，皆因其自然而順之，故功無不成。」中山公詵曰：「陽平公，國之謀主。」○劉蘭討蝗不能盡，堅曰：「朕失政所致，非蘭之罪。」

昭陽協洽
二庚申、四己未、六戊午、八丁巳、十丙辰朔。

晉烈宗太元八
桓沖伐秦攻襄陽,楊亮攻涪城,秦鉅鹿公叡、張蚝等救之,沖、亮皆還。○秦大舉入寇。詔謝石、謝玄等拒之。○玄問計於謝安,安不答,而出遊山墅,圍棊勝玄。○桓沖曰:「吾其左衽矣!」○秦苻融拔壽陽。○朱序勸謝石等乘秦兵未集擊之。○劉牢之破秦兵於洛澗,斬梁成。○秦兵阻肥水而陳。謝玄請秦小卻,以渡晉兵。○玄等大破秦兵,追至青岡。秦聞風聲鶴唳皆走。○朱序呼「秦兵敗矣」,與張天錫來奔。○謝安圍棊看捷書。○得秦樂工,廟樂始備。○王國寶譖謝安,帝漸疎之。○開酒禁,增税米。

前秦世祖建元十九
晉桓沖寇襄陽,楊亮寇涪城,遣鉅鹿公叡、張蚝等分救之。○慕容垂爇火於枝以退桓沖。○下詔伐晉。先爲晉主,謝安、桓沖除官起第。○朝臣皆諫,獨慕容垂、姚萇勸之。○秦戎卒六十萬,騎二十七萬。○陽平公融拔壽陽。○堅至壽陽。○晉劉牢之敗梁成於洛澗,成死。○堅望八公山草木,皆以爲晉兵。○陽平公融麾兵使卻,遂不可止。融略陳,以師退,馬倒被禽。秦兵遂大敗,死者什七八〔六〕。○堅中流矢,單騎走淮北。○獻㹠髀者不受綿帛。○慕容垂軍獨全,堅往依之。○堅收散兵至洛陽,衆十餘萬。○遣慕容垂鎮慰北邊。權翼諫曰:「垂

後秦太祖姚萇
秦伐晉,以萇爲龍驤將軍、督梁、益軍。○秦王堅謂曰:「朕以龍驤建業,卿其勉之!」竇衝以爲不祥。

西秦烈祖乞伏國仁
秦王堅伐晉,以國仁爲前將軍領先鋒騎。會國仁叔父步頽反於隴西,秦王使國仁還討之。步頽喜,迎國仁爲主。及秦兵敗歸,國仁遂擊并諸部,有衆十餘萬。

涼太祖呂光
光爲秦將兵平西域,攻龜茲。

燕世祖垂
垂從秦王堅伐晉。慕容楷、慕容紹謂堅危敗在此行,叔父中興今其時。○秦諸軍皆敗散,垂所將三萬人獨全。堅往赴之,世子寶、慕容德、趙秋皆勸垂因此取之。垂曰:「不可以負心乘危。」盡以其兵授之。○慕容農謂燕興當在河陽,取果必待熟。○垂請鎮慰北邊,因謁陵廟,堅許之。○權翼伏壯士欲殺垂,不果。○長樂公丕欲襲垂,姜讓諫而止。○翟斌反,丕給垂兵,使討之;又使苻飛龍密圖垂。○垂求入鄴拜廟,丕不許。垂殺吏燒亭。○垂留河内募兵。○垂殺飛龍,盡誅氐兵。○慕容麟獻策,垂始奇之。○慕容鳳爲翟斌斬毛當。○垂濟河。○慕容及勸農、楷自鄴奔列人。

卷第一百五

閼逢涒灘

正乙酉、三甲申、五癸未、七壬午、九辛巳、十一庚辰朔。○本志：十辛亥朔，食。

九

劉牢之伐秦，克譙。○郭寶克魏興、上庸、新城。○楊佺期克成固。○桓沖卒。○謝安置三桓於荆、江、豫三州。○趙統拔秦襄陽。○楊亮伐蜀。○崇德褚太后崩。○劉春拔秦魯陽。○秦壘襲以涪城降。○高茂戍洛陽。○謝玄伐秦，克彭城。○劉牢之克鄄城，得

常有陵霄之志，豈可解縱，任其所欲！」○堅哭陽平公融，乃入長安。○翟斌反河南，長樂公丕給慕容垂兵使討之，石越諫。○丕使苻飛龍密圖垂。○垂殺吏燒亭，越勸丕因此除之。○越曰：「公父子好爲小仁〔七〕，終爲人禽。」○垂殺苻飛龍而反。○平原公暉使毛當討翟斌，當敗死。

二十

慕容垂至洛陽，平原公暉閉門拒之。垂乃北趣鄴。○慕容農起兵列人，長樂公丕使石越討之，越敗死。○丕使姜讓誚責燕王垂。○垂表請送丕歸長安，堅責之。○燕攻鄴，拔外郭。六州之衆，多附於燕。○高秦避禍，逃歸勃海，不肯歸燕。○慕容泓起華

白雀元

秦王堅使其子叡討慕容泓，以萇爲司馬。叡邀泓走路，萇諫曰：「鮮卑皆思東歸，不如驅之使東，隨而擊之。」叡不從，戰死。○萇遣使謝堅。堅怒，殺使者。萇懼，奔渭北馬牧。西州民望尹緯等帥諸羌豪歸萇者五萬餘家。萇自稱大單于、萬年秦王，改元。

獪胡及諸國兵七十餘萬救龜茲，光擊敗之。龜茲王帛純出走。○西域諸國皆降，秦王堅以光都督西域諸軍，道阻不通。

燕元

苻丕請農不得，知在列人。○翟斌推垂爲盟主。○苻暉閉門拒垂。○垂以新興侯在長安，不稱尊號。○垂引兵趣鄴。○垂稱燕王，承制封拜，制度皆如王者。○魯利妻知農將舉大事。○農起兵於列人，張驤、畢聰等皆應之。○農自稱都督河北、驃騎大將軍。

秦幽州刺史王永求救於庫仁，庫仁遣妻兄公孫希救之，大破燕將平規。○庫仁發鴈門、代郡、上谷兵，欲救長樂公丕。燕人慕輿文等因三郡人不樂行，夜襲庫仁，殺之。

徐、兖州。○謝安都督十五州。○高柔克青州，苻朗降。○謝玄遣糧援救苻丕。

陰，慕容沖起平陽。○堅使鉅鹿公叡擊泓。○叡邀泓東走之路，與泓戰，大敗。叡死，叡司馬姚萇懼而叛。○竇衝擊沖，破之。沖奔泓。○泓來求慕容暐。堅召暐，責而赦之。○晉趙統拔襄陽，都貴退屯魯陽。○晉楊亮寇蜀。○堅自攻後秦主萇於北地。○晉劉春拔魯陽，都貴奔還長安。○楊壁等與後秦戰于趙昏東，壁等敗。○暉帥陝洛之衆七萬還長安。○堅聞慕容沖迫長安，引還。使暉擊沖，敗于鄭西。又使河間公琳擊沖，敗于灞上。琳死，沖遂據阿城。○壘襲以涪城降晉。○謝玄拔彭城，劉牢之拔鄄城。○堅以錦袍遺慕容沖。○晉高素寇青州，苻朗降晉。○丕

○萇進屯北地。○秦王堅來攻，絶運水之路。會天大雨，士免渴死。○萇與秦楊壁等戰趙昏東，敗之，獲壁等，皆遣之。○萇議移屯嶺北，俟秦亡燕去，然後取關中。○萇攻秦新平，苟輔拒之，不克。

○趙秋勸農封賞將士。○丕使石越擊農。○農曰：「善用兵者，結士以心，不用異物。」○農曰：「越甲在外，我甲在心。」乘暮擊越，大破殺之。○農以先鋒惠劉木。○垂至鄴，改元，封宗室功臣。○垂與丕書，請送丕歸長安。○垂攻拔鄴外郭。六州之衆，多附於燕。○太原王楷屯辟陽，使陳留王紹説鮮卑、烏丸郡縣堡壁，皆下之。○故濟北王泓起華陰，中山王沖起平陽。○垂使子麟攻冀州苻氏諸公侯。○秦王堅使苻叡討泓，叡敗死。○使竇衝擊沖，沖敗奔泓。○泓有衆十餘萬，責秦使送皇帝歸國，永敦鄰好。○慕容暐密語泓：「勉建大業，吾必無還理。」○泓向長安，

希衆潰，奔翟真。庫仁弟頭眷代攝國事。

召張蚝、王騰以自救，皆不至。○楊膺勸不求救於晉，因謀劫之。○新平殺郡將，堅缺其城角以恥之。郡人勸太守苟輔堅守，以拒後秦。○王嘉入長安，堡壁歸者四萬餘人。○慕容暐謀殺堅，事覺，盡誅城中鮮卑。○晉謝玄遣糧援救鄴。○潘猛棄梁州，奔長安。

改元燕興。○垂飲華林園，秦兵迫之，賴子隆以免。○高蓋等以泓苛峻，殺之。立沖爲太弟，承制置百官。○慕容麟克常山、中山，秦公侯苻亮等降。○秦王永、苻沖帥幽、平之衆攻燕。垂使平規擊永，破之。○沖進逼長安，敗秦苻叡於鄭西，又敗苻琳於灞上，遂據阿城。○翟斌求尚書令不得，陰與苻丕通，垂殺之。翟真叛奔邯鄲。○楷、農擊真，爲真所敗。真趣中山，屯承營。○垂解鄴圍，屯新城。○農督租賦，軍資取足。○隆不待後軍，與邵興戰，破之。○暐謀殺秦王堅，不克而死。○垂復圍鄴。

旃蒙作噩
正己卯、三戊寅、閏五丁未、七丙午、九乙巳、十一甲辰朔。○六一日，大暑。○本志：十二月己丑，太白犯歲。

十
劉牢之至枋頭。○牢之與燕王垂戰，敗，退屯黎陽。○牢之進至鄴，垂解圍去。牢之追至董唐淵，爲燕所敗。○牢之入鄴。○會稽王道子與太保安有隙，安出屯新城以避之。○任權拔成都，斬李丕，益州平。○秦太子宏來奔。○苻丕自枋頭復入鄴城。○太保安有疾，還建康而薨。○氐豪楊定來稱藩。

秦哀平帝丕太安元
長安諸將吐肉飼妻子。堅與慕容沖戰，先勝後敗。○沖使高蓋襲長安，入南城，竇衝擊卻之。○王永奔壺關。○燕慕容佐入薊。○堅敗沖於城西，追至阿城。衆欲入之，堅不許。○王廣使李丕守成都，引兵還秦州。○楊膺、姜讓謀泄而死。○堅責平原公暉屢敗，暉自殺。○沖攻殺高陽公方。○俱石子敗，奔鄴。○晉劉牢之救鄴，燕王垂解圍去。長樂公丕就食枋頭。牢之入鄴。○晉任權殺李丕，取益州。○沖攻長安，堅飛矢滿身。壁壘遣兵糧助堅，皆爲沖兵所殺。縱

二
萇攻拔安定，徇嶺北諸城，皆下之。○萇誘苟輔，殺之，遂屠新平。○秦權翼等來奔。○萇自故縣如新平。○吴忠執秦王堅以來，縊殺之。○慕容沖遣高蓋來伐，戰于新平南。蓋敗，遂降。

建義元
國仁自稱大都督、大將軍、單于、秦河二州牧，置百官十二郡，都勇士城。

光欲留龜茲，將佐不可，乃還。○楊翰勸梁熙守高梧，奪光水；或守伊吾。○張統勸熙奉行唐公洛，因光及四州兵，以平東方。○杜進知熙不能用翰謀。○熙使子胤距光於酒泉，光擊虜之。○彭濟執熙以降，光殺之。○光入姑臧，自領涼州刺史。○索泮謂光不受詔，亂涼州。○尉祐據興城叛。

二
沖稱帝于阿房，慕容盛知其無成。○沖與秦王堅戰，先敗後勝。○沖使高蓋襲長安，入南城，不克。○秦苻永焚龍城而去。帶方王佐入薊。○慕容農以翼真懦弱，使精騎衝之，遂拔承營外郭。○沖與秦王堅戰，敗，堅追至阿城。○沖攻秦高陽公方，殺之。慕容永敗秦兵。○農不討睦邃。○樂浪王温安集中山，修宫室。○垂與晉劉牢之戰于孫就柵，破之。○牢之進至鄴，垂解圍北去。牢之追戰于董唐淵，垂擊敗之。○幽、冀大饑，垂禁民養蠶，以桑椹爲軍食。○翟真徙屯行唐，鮮于乞殺真。

劉羅辰謂軍仁子顯爲腹心之疾。○顯殺頭眷自立，又欲殺珪。○梁六眷使穆崇以其妻、馬告珪。○賀氏使珪逃而驚馬詐泣。○珪奔賀蘭部。○長孫嵩欲歸拓跋渥，烏渥勸歸珪。○賀染干謀殺珪，尉古真告之。染干以車軸夾真頭，傷目。○拓跋紇羅與賀訥等共推珪爲主。

卷第一百六

火者，反風殺之。○堅以讖書出奔五將山，留太子宏守長安。○宏奔下辯。權翼等奔後秦。○後秦吴忠執堅，詣新平。○宏爲楊壁所拒，遂奔晉。○丕自枋頭復入鄴城。○後秦王萇求傳國璽及禪代，堅不許，萇縊殺之。○丕自鄴奔晉陽，即帝位。○立楊后、太子寧。○苻定等自河北復來歸附。竇衝等自隴右請共攻後秦。○王兖責張猗曰：「人取卿一切之功，寧能忘卿不忠不孝乎！」

晉人殺乞，立真從弟成。○沖攻長安，關中千里無煙。○秦王堅出奔五將山。○垂圍翟成。○高句麗陷遼東、玄菟。○秦太子宏出走，沖入長安。○餘巖自武邑叛，掠薊城，據令支。○鮮于得殺翟成。○垂屠行唐。○苻丕奔晉陽。○垂使魯王和鎮鄴。○沖使高蓋伐後秦，戰于新平南，蓋敗，降後秦。○苻定等復歸秦。○慕容隆謂任泰敗蔡匡自降。○慕容農克令支，斬餘巖，遂擊高句麗，復遼東、玄菟。因留鎮龍城。○慕容麟拔博陵，殺秦將王兖。○垂定都中山。○遣北地王精攻苻定。

柔兆閹茂

正癸卯、三壬寅、五辛丑、七庚子、十己巳、十二戊辰朔。

十一

翟遼執滕恬之，據黎陽反。○張願叛降遼。謝玄退屯淮陰。○置湖、陝二戍。○秦主丕謀襲洛陽，馮該擊斬之，虜其太子寧。○海西公卒。

秦太宗登太初元

王廣攻毛興於枹罕。興擊廣，走之。○興欲攻王統。諸氐殺興，立衛平。○王永檄四方，期孟冬與車駕會臨晉。姜延等皆起兵應之。○啖青廢衛平，立秦主堅族子登爲主。○秦主丕進屯平陽，王統以上邽降後秦。○慕容永求假道東歸，秦主丕不許。戰于襄陵，丕兵敗，恐爲東海王纂所殺，南走東垣，謀襲洛陽。晉馮該擊殺之，執太子寧等送建康，公卿皆没於永。永殺楊后。○寇遺奉勃海王懿等奔南安。南安王登即帝位，○載秦王堅神主以擊後秦。

建初元

萇如安定。○鮮卑去長安，盧水胡郝奴據之稱帝。萇進擊之，奴請降。萇即帝位于長安，立虵后、太子興。○趙遷謂天不恥陛下爲子。○萇擊金熙、没弈干於安定，破之。萇如秦州。○姚碩德據冀城。○王統以上邽來降。○萇還安定。○秦苻登攻碩德，萇救之，敗於胡奴阜，走保上邽。

二

國仁擊祕宜，敗之。○宜與莫侯悌眷皆降。

大安元

王穆奉張天錫世子大豫，因禿髮思復鞬以入魏安，據昌松，敗杜進，遂逼姑臧。○王穆請先取嶺西。○光破大豫，殺禿髮奚于。○聞秦王堅喪，發哀改元。○張大豫據俱城。○光自稱涼州牧、酒泉公。

建興元

垂即帝位。○慕容沖欲留長安，鮮卑怨之。韓延殺沖，立段隨爲燕王，改元昌平。○垂黜段后，可足渾后，以母蘭氏及段昭儀配享。劉詳、董謐曰：「臣案經奉禮，不敢有貳。」○慕容恒、慕容永殺段隨，立慕容顗，帥鮮卑去長安而東。恒弟韜殺顗，立沖子瑤。永殺瑤，立泓子忠爲帝，改元建武，留居聞喜。○刁雲殺忠，立永爲河東王，稱藩于燕。○太原王楷以書諭苻定等，皆降。○垂南略地。○趙王麟討鮮于乞，禽之。○永假道於秦，求東歸。秦主丕不許，戰于襄陵。丕敗死，公卿皆降。永遂據長子，即帝位，改元中興。○吴深據清河反。○麟救魏，擊拓跋窟

魏太祖道武帝珪登國元

珪即代王位。○徙居盛樂。○劉顯自善無南走。○奴真以部讓兄，既而以其貳心殺之。○初稱魏。○侯辰代題叛走，珪不追。○劉顯迎珪叔父窟咄以逼珪。○于桓謀叛，珪誅桓，宥莫題等七姓。○珪北踰陰山，依賀蘭部，遣安同求救於燕。○慕容麟救魏，窟咄敗，奔劉衛辰，衛辰殺之。

强圉大淵獻

二丁卯、四丙寅、六乙丑、八甲子、十癸亥朔。

十二 以朱序代謝玄鎮淮陰。○温詳等敗，青、徐、兖壁壘多降於燕。○尊帝母李氏爲太妃，儀如太后。○謝玄謂戴逵將罹風霜之患，請絶召命。○立太子德宗。

二 立毛后、太弟懿。○王旅勸東海王纂受登官爵。○楊定攻姚碩德，碩德退守涇陽。○登軍瓦亭。○蘭櫝與魯王纂謀攻長安，纂弟師奴殺纂自立。○後秦主萇擊師奴并櫝，取之。○後秦姚方成獲徐嵩，嵩罵之而死。

二 姚碩德爲楊定所逼，退屯涇陽。○萇破彭沛穀，還屯陰密，以太子興鎮長安。○慕容永攻蘭櫝。萇救櫝，擊破苻師奴及永兵，因取櫝，遂如杏城。○姚方成獲徐嵩，殺之。○萇倮鞭秦王堅之尸，以棘埋之。

三 秦封國仁爲苑川王。○國仁破没弈干、金熙于渴渾川。○鮮卑密貴裕、苟提倫皆降。

二 彭晃、徐炅破張大豫於臨洮，斬之。○王穆據酒泉，自稱涼州牧。○涼州饑，人相食。○康寧、彭晃叛，與王穆連兵。○光自攻晃，殺之。○郭瑀諫穆攻索嘏，不聽，不食而死。○光攻酒泉，斬穆。

咄，破之。○垂子柔、孫盛會自長子來歸。○垂拔清河，吴深走。

二 高陽王隆擊温詳於東阿，走之，光祚等皆降。○祚嘗疑燕主垂於秦王堅，垂見之流涕。○隆擊破張願於瓮口，遂禽齊涉，青、徐、兖壁壘多降。使陳留王紹鎮歷城。○上谷王敏、代郡許謙叛。○長樂公盛言長子可取。○垂討翟遼於黎陽。遼降，赦之。○遼衆聞太原王楷至，爭降。○翟遥襲中山，章武王宙擊破之。○王祖、張申叛。○趙王麟斬王敏。○麟擊劉顯，大破之。顯奔西燕。○立顯弟可泥爲烏桓王。○翟遼復叛。○慕容永攻蘭櫝，爲後秦所敗。

二 劉顯雄於北方，張衮勸珪與燕共取之。○燕慕容麟與珪會擊顯，大破之，顯奔西燕。

卷第一百七

戊子（三八八）	己丑（三八九）
著雍困敦 正壬辰、二辛卯、四庚寅、六己丑、八戊子、十丁亥、十二丙戌朔。○閏正。○二一日，春分。○本志：十一月，熒惑在角、亢。	屠維赤奮若 二乙酉、五甲寅、七癸丑、九壬子、十一辛亥朔。○本志：十二月，熒惑入羽林。
十三 謝玄卒，朱序戍洛陽。	十四 帝委政於琅邪王道子，荒淫酒色，羣小弄權，朝政紊亂。○陸納望宫闕而歎。○許榮陳僧尼之弊。○王國寶欲加道子殊禮，帝怒，嘉車胤有守。○誅袁悦之。○帝親信范甯、徐邈〔八〕。道子、國寶譖甯，出之。○甯疏言：「民
三 登軍朝那。○獻哀太弟懿卒。○與後秦各解歸。○立太子崇。○圍後秦主萇營而哭。	四 登留輜重於大界，東攻安定。○攻後秦平涼，克之。○後秦主萇襲大界，殺毛后及二王。○毛后與後秦戰，殺七百餘人，罵萇而死。登退屯胡空堡。○楊定攻後秦隴、冀、略陽，取之，自稱隴西王。○登與竇衝等約共攻長
三 萇軍武都。○與秦各解歸。○秦主登圍營大哭，萇命哭以應之。	四 立秦王堅神像以禱戰，既而斬之。○秦主登克平涼。○索盧曜請刺登而屬其友辛暹。萇襲大界，殺秦毛后及其二子。○楊定取隴、冀、略陽。○秦雷惡地來降。
西秦高祖 乾歸 太初元 國仁破越質叱黎，獲其子詰歸。○國仁卒，子公府幼，羣下立其弟乾歸爲河南王。○立邊后，置百官。○遷都金城。	二 秦以乾歸爲大單于、金城王。○乾歸擊休官阿敦，破之。秦、涼鮮卑、羌、胡多降。
三 充聽石聰譏，殺杜進。○段業諫光用法太峻。	麟嘉元 光自稱三河王。○立石妃、世子紹。
三 翟遼請降，垂斬其使。遼乃稱魏王，改元建光。○陳留王紹爲辟閭渾所逼，退屯黄巾固。○以太子寶録尚書。○趙王麟破許謙，廢代郡。○立段后，以太子領大單于。○翟遼徙屯滑臺。○平幼破吴深，深走繹幕。○高陽王隆討王祖、張申，破之。申、祖皆降。	四 遼西王農自以安逸求歸，使高陽王隆代鎮龍城。○孔金斬吴深，送首。○范陽王德等擊賀訥，降之。○翟遼遣丁零故提刺殺樂浪王温。
三 珪破庫莫奚於弱落水。○九原公儀謂燕兄弟之國。又謂燕王死，寶可取。	四 珪擊吐突鄰，破之。賀訥、染千救吐突鄰，擊走之。○訥爲燕所破，降於燕。

（續前）	庚寅（三九〇）	辛卯（三九一）
	上章攝提格 正庚戌、三己酉、五戊申、七丁未、十丙子、十一乙亥朔。○閏十。○十一日，冬至。○本志：九月癸未，熒惑入太微。十月，太白入羽林。	重光單閼 正甲戌、三癸酉、五壬申、七辛未、九庚午、十二己亥朔。
生兒不敢舉，鰥寡不敢嫁娶。」○又言：「土斷并十六爲全丁，十三爲半丁。」○徐邈諫甯遣十五議曹采求風政。	十五 慕容永向洛陽，朱序逆擊，敗之，追至上黨。○翟遼向洛陽，序退還襄陽。○王稚謂王恭、殷仲堪才非方面，將爲亂階。劉牢之敗翟釗於鄄城，又敗翟遼於滑臺。張願降。	十六 范弘之請追贈殷浩。
安。○後秦主萇使門將詐誘登，雷惡地止之。○登憚雷惡地勇略，惡地奔後秦。	五 後秦郭質起兵馮翊以應秦。	六 後秦苟曜請爲内應。登與後秦戰馬頭原，先勝後敗，退屯郿。○强金槌據新平降後秦。○登攻安定，與後秦主萇戰敗。
	五 魏揭飛攻杏城，雷惡地應之。萇以千六百兵破其數萬衆，斬揭飛，惡地降，命種木於柵孔。○馮翊、郭質起兵移檄以應秦。	六 苟曜密召秦兵，萇與戰於馬頭原，先敗後勝。○秦强金槌來降，萇輕騎入其壁。○殺苟曜。○敗秦主登於安定。○萇自謂不如魏武王有四，而筭略差長。
	三 吐谷渾視連卒，子視羆立，不受乾歸爵命。○越質詰歸叛。	四 詰歸降。○乾歸與没弈干共擊大兜，破之。没弈干尋叛，射中其目。○乾歸聞吕光將伐之，乃還。
	二	三 聞乞伏乾歸攻没弈干，遣兵伐之。
	五 趙王麟會魏王珪，擊賀蘭等部，破之。○吴柱及沙門法長反，高陽王隆討平之。	六 置行臺於薊。○遣趙王麟等擊賀訥兄弟，虜之。○麟言拓跋珪必叛，請攝還朝，不從。珪果叛。○翟遼卒，子釗立，改元定鼎。
	五 珪會燕慕容麟擊賀蘭、紇突鄰、紇奚三部，破之。○劉衛辰遣其子直力鞮攻賀蘭部，賀蘭訥請降，處于東境。	六 賀訥與染干相攻，珪召燕兵擊之。○珪弟觚獻見於燕，燕人留之以求馬，遂絶燕，與慕容永結好。○珪擊柔然，匹候

	壬辰（三九二）	癸巳（三九三）
	玄黓執徐 二戊戌、四丁酉、六丙申、八乙未、十甲午、十二癸巳朔。○本志：五月丁卯朔，食。○九月丁丑，歲、熒惑、填同在亢、氐。十二月癸酉，填去，熒惑、歲猶合。	昭陽大荒落 二壬辰、五辛酉、七庚申、八己未、十戊午、十二丁巳朔。○閏七。八一日，秋分。
	十七 朱序以疾去任，以郗恢代之。○琅邪王道子面斥桓玄父作賊。○玄自訟父功。○玄以稍擬殷仲堪，劉邁折之。○李遼請修孔子廟，曰：「事如賒而寔急。」	十八
	七 立李后。○没弈干降後秦。○登聞後秦主萇病，喜，進逼安定，不克而返。○竇衝徙屯華陰。	八 竇衝求封天水王不得，自稱秦王，改元元光。登自攻之。後秦太子興攻胡空堡，襲平涼，破之。
	七 秦没弈干來降。○萇病，姚方成勸太子興殺王統、王廣、徐成等，萇怒。○秦主登來逼安定，萇擊走之。登曰：「朕與此羌同世，何其厄哉！」	八 竇衝來求救，尹緯請使太子興伐秦，以振威略。興攻胡空堡，襲平涼，破之。○萇疾病，還長安。○萇謂興足辦後事〔九〕。○萇卒。興祕喪，稱大將軍，以伐秦。○姚碩德知興不疑己。
	五	六 立太子熾磐。
	四 聞乾歸還，召兵歸。○光遣弟寶攻乾歸於金城，寶敗死。又遣吕纂攻彭奚念，亦敗。光自攻奚念於枹罕，拔之。	五
	七 翟釗遣其將翟都入寇，垂自擊之。都走，垂遂進攻滑臺。○張騰勸慕容永救釗。○垂詐渡西津，遂襲釗，滅之。釗奔長子，尋反，死。○崔蔭以强幹方正佐四王。	八 王議伐慕容永曰：「吾比老，叩囊底智，必克之。」
跋、緼紇提皆降之。○殺副馬，充三日糧。○劉衛辰遣子直力鞮寇南部，珪擊破之，遂滅其國。少子勃勃奔没弈干。	七	八 珪襲薛干太悉伏〔十〕，屠其城。
	卷第一百八	

甲午（三九四）	乙未（三九五）
閼逢敦牂 二丙辰、四乙卯、六甲寅、九癸未、十一壬午朔。○本志：十月，太白、填、熒惑、辰合于氐。十一月癸丑，太白犯歲，在斗。	旃蒙協洽 正辛巳、三庚辰、五己卯、六壬辰、七戊寅、九丁丑、十二丙午朔。○本志：三庚辰朔，食。○六月，熒惑入天囷。
十九 尊鄭太妃曰宣太后，别立廟。○尊李太妃爲太后。○慕容永來求救。○氐帥楊盛稱藩。○燕慕容農拔青、兖數郡，敗辟閭渾，入臨淄。	二十 趙牙爲會稽王道子築山，曰：「公在，牙何敢死！」○帝惡道子，以太后故，不忍廢黜，乃引時望及腹心爲方鎮要職，於是朋黨互起。○徐邈勸帝容貸道子。○帝以酒勸長星。
秦王崇延初元 登聞後秦主萇卒，大喜，盡衆而東。使太子崇守胡空堡，安成王廣守雍。○登趣廢橋，與後秦尹緯戰，敗，奔還，崇、廣皆棄城走。登無所歸，乃入馬毛山。○求救於乞伏乾歸。○後秦主興邀擊登，殺之。○崇奔湟中，即帝位。○乞伏乾歸逐之，崇奔陽定，與定共攻乾歸，兵敗俱死。	
後秦高祖興皇初元 秦主登盡衆來伐，尹緯與戰於廢橋。登兵敗，走入馬毛山。○太子興發喪，即帝位，遂如安定。○攻秦主登，殺之。○竇衝叛，討執之。○與燕結好。	二
七 秦主登封乾歸爲梁王，納妹以求救。發兵救之，不及。○秦主崇與楊定來攻，軻彈等擊破之。○翟瑥欲斬軻彈。○乾歸自稱秦王。	八 置百官，如魏武、晉文故事。○邊芮、王松壽諫乾歸遣弟益州討姜乳，益州果以輕敵敗。○遷都西城。○吕光來伐，用密貴周、莫者羖羝謀，稱藩納質。既而悔之，殺周、羖羝。
六 拜禿髮烏孤爲河西鮮卑大都督，烏孤用石真若留策，受之。○命子覆鎮高昌。	七 光伐西秦，乞伏乾歸稱藩，以子敕勃爲質，乃還。○禿髮烏孤都廉川堡，趙振往從之。封烏孤廣武公。
九 垂留頓鄴西南月餘，慕容永聚兵塞太行口及臺壁。○垂擊破大、小逸豆歸，遂圍臺壁。○刁雲等來降。○與永戰于臺壁，敗之。○丹陽王瓚取晉陽。○垂圍長子，永欲奔後秦，藺英諫而止。○永求救於晉、魏。○垂克長子，殺永。○遼西王農等略地青、兖，敗辟閭渾。○後秦來結好。	十 垂遣太子寶等擊魏，高湖諫，坐免官。○魏王珪避去，寶等至河上。珪復引兵還，拒守積旬。○慕輿嵩等謀立趙王麟。○寶等燒舡夜遁，河冰未合，謂魏不能追，不設備。○支曇猛泣請爲備，不聽。○
九 慕容永來求救。○柔然曷多汗叛走，追斬之。○社崘襲殺匹候跋，走度漠北。	十 太悉伏亡歸嶺北。○燕來伐，張衮勸珪羸形以驕燕。○珪西度河千里以避之。○珪還，臨河與燕相守。○執燕使者，使言燕

柔兆涒灘 二乙巳、四甲辰、閏五癸卯、七壬寅、九辛酉、十一庚子朔。○本志：四月壬午，太白入天囷。六月，歲犯哭泣星。

二十一 納太子妃王氏。○帝以老戲張貴人，貴人因帝寢，弒之。○會稽王道子不推問。○王國寶叩禁門，王爽拒之。○太子即位。○國寶復諂事道子，參管朝權，王恭屢以爲言。王緒勸國寶殺恭，不果。○恭欲誅國寶，王珣止之。○氐楊盛來請命。

三 西秦越質詰歸來降。○隴西王碩德破姜乳，克上邽；又破强熙、權千成，克略陽。○晉王緒因薛彊以破柳恭，克蒲阪。

九 越質詰歸降于秦。

龍飛元 光初稱涼天王，備置百官。○加禿髮烏孤官爵，烏孤不受。

魏大破寶等於參合陂，死者什八九，陳留王紹死。○寶等復請伐魏。

燕烈宗寶永康元 平規反於魯口，垂擊走之。○垂襲魏平城，破之，殺陳留公虔。○垂過參合，祭積骸，軍皆哭，遂發疾。○垂卒於上谷。○寶即位。○段后謂寶不能守業，不如農、隆。○寶逼殺段后。○睦邃謂子無廢母之義。○寶定士族清濁，罷軍營封蔭户，士民離怨。○高陽王隆擊平規於高唐，斬之。○遼西王農失民夷之和。○魏王珪寇并州，取晉陽。農走，遂失并州。○垂命寶以清河公會爲嗣，寶不從。○立

主垂已死。○燕兵夜遁，珪追至參合陂，大破之。

皇始元 燕主垂襲破平城，殺陳留公虔。珪欲逃，聞垂疾篤，乃止。○賀太后卒。○珪初稱警蹕。○張恂勸珪取中原。○珪將兵四十餘萬伐燕，取并州。○珪慰納士大夫。○珪自井陘東拔常山，燕郡縣多降，唯中山、信都、鄴不下，攻之不克。○珪屯魯口。

丁酉（三九七）

强圉作噩 二己巳、四戊辰、六丁卯、八丙寅、十乙丑、十二甲子朔。○本志：二月，歲、熒惑皆入羽林。○正月癸亥，熒惑犯哭泣星。八月，守井鉞。

晉安帝德宗 隆安元 道子以王國寶爲僕射，配以東宮兵。○尊太皇太后李氏。○立王后。○王國寶、王緒勸會稽王道子翦削藩鎮權，王恭、殷仲堪起兵討之。○殷覬、江績諫仲堪起兵。○王珣、車胤説國寶解職。○道子殺國寶及緒以謝仲堪，皆罷兵。○道子以兵屬世子元顯。○王廞起兵討王恭，恭擊殺之。○秦取湖城、陝、上洛，寇洛陽。

秦高祖皇初四 虵太后卒，興用李嵩議，素服臨朝。○取晉湖城、陝、上洛，攻洛陽。○興勤政事，納善言，崇儒學。○韋高慕阮籍，古成詵欲殺之。

西秦高祖太初十 涼王光來伐，羣臣勸奔成紀。乾歸曰：「勝負在巧拙，不在衆寡。」乃聲言東走，以誘呂延，擊殺之。

涼太祖龍飛二 先擊西秦，乞伏乾歸僞遁，天水公延追之。耿稚諫，不聽，延敗死。○秃髮烏孤叛，攻拔金城。竇苟擊之，敗於街亭。沮渠蒙遜叛，拔臨松，太原公纂擊敗之。沮渠男成攻建康，奉段業爲主，取西郡、晉昌、敦煌。纂討之，不克。○郭黁反，纂告

南涼烈祖秃髮烏孤 烏孤自稱大單于、西平王，攻涼金城，拔之。與涼竇苟戰街亭，苟敗。○遣弟利鹿孤救楊軌。

北涼王段業神璽元 沮渠羅仇爲涼尚書，從涼王光擊西秦而敗。弟麴粥勸之叛，不從，俱死。弟子蒙遜因葬與諸部起兵，按臨松。○呂纂擊蒙遜，破之。蒙遜從兄男成起兵。樂涫殺酒泉太守壘澄，進攻建康，奉太守段業爲涼州牧，改元。纂討業，不克。

西涼太祖李暠

燕烈宗永康二 范陽王德擊魏拓跋儀，賀賴盧破之。○魏王珪拔信都，宜都王鳳奔中山。○寶出屯深澤。○珪請以弟爲質解去，寶聞魏有內難，不許。○寶募人襲珪於柏肆，得其衣韠。燕兵自驚，復爲魏所敗。○寶還中山，棄袍仗數十萬。○慕輿皓謀立趙王麟，不克，奔魏。○清河王會求赴難，久乃至薊。○餘崇自請開道。○高陽王隆及中山將士皆請出戰，麟抑止之。○寶欲還珪弟觚，割常山之西以和。既而悔之，

段后、太子策。○苻謨、封懿請拒險，睦邃請聚堡寶，用趙王麟計，固守中山。○韓諱諫范陽王德擊魏。

南燕世宗 德守鄴城以拒魏，趙王麟爲魏所敗，來奔，勸德南濟河保滑臺。

魏太祖皇始二 賀賴盧與東平公儀不協，燕慕容德擊破之。○珪自攻燕信都，拔之，走慕容鳳。○還屯楊城。○醜提作亂，珪請以弟爲質於燕解去，燕不許。○燕人夜襲珪於柏肆，珪跣走。燕兵自驚，珪復收衆，敗之。○封真作亂，曲陽侯素延討斬之。○莫題諫南安公順攝國事。○賀蘭等部叛，庚岳討平之。○燕請還弟觚，割常山之西以和。既而悔之，珪復圍中山。○燕主寶出奔龍

卷第一百九

業而歸，擊麿，破之。○楊統欲殺纂，兄桓怒之。○麿立楊軌爲王。程肇以爲棄龍頭從虵尾。

魏復圍中山。○麟欲弑寶，不果，殺北地王精，出奔西山，依丁零。○寶棄中山，奔龍城。○高撫勸隆留中山，隆曰：「吾死猶北首。」○谷會歸勸遼西王農留中山，農曰：「如此，生不如死。」○中山人立開封公詳以拒魏。○清河王會迎寶於薊南。○與魏將石河頭戰於夏謙澤，破之。○會與仇尼歸謀作亂，寶屢欲殺之，農、隆固諫而止。會殺隆，擊傷農。寶欲誅之，不克。走入龍城，會勒兵攻之，兵敗，奔中山而死。○寶養高雲爲子。○詳殺庫傉官驥。○中山男女結盟拒魏。○詳稱帝，改元建始，殺拓跋觚。○德欲稱帝，聞寶存

城，珪欲夜入，王建止之。城中立慕容詳。珪唾建面。○石河頭追寶至夏謙澤，爲燕所敗。○珪以乏食，解鄴、中山圍。○軍中大疫，珪曰：「何患無民！」○破慕容麟於義臺，遂克中山。

	著雍閹茂 二癸亥、四壬戌、六辛酉、九庚寅、十一己丑、閏十二戊子朔。○魏亦用《景初曆》。
	二 道子引譙王尚之爲腹心，謀削弱藩鎮。○以桓玄爲廣州，不行。○道子割庾楷四郡，使王愉督之。楷怒，說王恭使討尚之。○殷仲堪以絹書内箭簳遺恭，恭先期舉兵。○劉牢之諫恭曰：「晉陽之甲，豈可屢興！」○庾楷謂道子：「殺國寶及緒，誰敢復爲王盡力！」○元顯謂道子：「不討恭，則太宰之
	五
	十一 涼郭麐來奔。○益州等伐吐谷渾，破視羆於度周川。視羆走保白蘭山，遣子入質請和。
	三 楊軌至姑臧。纂擊軌，敗還。○段業攻拔西郡，王德、孟敏降業。○纂擊楊軌及禿髮利鹿孤，敗之。軌奔王乞基，麐奔西秦。○常山公弘棄張掖，引兵還。
	二 利鹿孤爲呂纂所敗之。楊軌、王乞基來降。○趙振勸取嶺南。○烏孤擊梁飢，破之。西平、樂都、湟河、澆河及嶺南羌胡皆降。○烏孤更稱武威王。
	二 業使蒙遜攻拔西郡，王德、孟敏降。○呂弘棄張掖去。業徙治張掖。○蒙遜諫追弘，又謂城西安爲臧莫孩築冢。
而止。○許荒淫好殺，中山人迎趙王麟，殺詳而立之。○麟出據新市，魏王珪擊敗之。麟奔鄴。魏克中山。○寶嚴兵欲復中原。	燕中宗盛建平元 寶聞中山陷，欲罷兵。遼西王農勸襲庫莫奚，未至，得范陽王德表聞魏王珪西上，即還謀南伐。○農及長樂王盛切諫，以兵疲未可動。○慕輿騰勸之。○寶至乙連，段速骨因人憚征役作亂，立高陽王崇。衆潰，奔還。○蘭汗陰與速骨通謀，進攻龍城。○農亡出就速骨，城遂潰。寶南走，毆讓殺農。○汗襲殺速骨，奉太子策承制
	元 德自鄴遷滑臺，初稱燕王，以統府行帝制，改元，置百官。○趙王麟謀反死。○魏賀賴盧來奔。○燕王寶來，至黎陽。德用張華、慕輿護策拒之。寶北走。
	天興元 珪南巡至鄴，置行臺。○得王憲，又置行臺於中山。○徙六州吏民雜夷十餘萬口以實代(十二)。○賀賴盧奔南燕。○珪如繁畤。○于栗磾不搏熊。○封爾朱羽健於秀容川。○崔宏議定國號。○遷都平城。始營宮廟，建社稷。○正封畿，平權衡度量，考察守令。○鄧淵立官制、協音律，董謐制禮儀，王德定律令，晁
	卷第一百一十

禍至矣！」道子乃悉以事委元顯，日飲醇酒。○人謂元顯有明帝之風。○楊佺期自矜門地，爲時流所抑，故謀作亂。○佺期與桓玄襲江州，獲王愉。○尚之擊破庾楷，楷奔桓玄。○玄至橫江，尚之退走。道子屯中堂。○恭素輕劉牢之，及舉兵，拜牢之爲兄，使爲前鋒。元顯説牢之使襲恭。恭敗走，獲而斬之。○玄、佺期至石頭，仲堪至蕪湖。○桓脩説道子，以玄爲江州，佺期爲雍州，脩爲荆州，仲堪爲廣州。○仲堪與玄、佺期結盟於潯陽，俱不受朝命，推

迎寶，寶不還。○寶至黎陽，聞德已稱制，復北走。○冀州豪桀欲留之，不許，復還就汗。○趙思責德而死。○汗遣弟加難迎寶，遂弑之。○餘崇罵加難而死。○汗殺策等，自稱大單于、昌黎王，改元青龍。○盛來奔喪，曰：「汗必不忍殺我，旬月間足圖之。」○盛離間汗兄堤、弟加難。○盛使太原王奇起兵建安。○堤、加難作亂〔十二〕，太子穆討斬之。○汗、穆皆醉，盛踰垣出，殺穆，遂攻汗，滅之。○盛以長樂王攝行統制。○奇不受命，盛討誅之。○殺高陽公崇及弟澄。○盛即帝位，尊段太后及丁后。○慕容豪等反，誅。

崇考天象，崔宏總而裁之。○珪即帝位，命朝野束髮加帽，追尊祖考二十七人爲帝，用土德，畿外置八部師。○氐王楊盛來附。

玄爲盟主。道子懼，還仲堪荆州。乃各罷兵。○佺期欲於壇所襲玄，仲堪苦禁之。○郗恢欲拒佺期，不果。○孫泰以妖術聚衆謀作亂，元顯誘斬之，兄子恩亡入海。

校勘記

〔一〕「奕」，原作「弈」，今據上文及《通鑑》卷一百一改。

〔二〕「二」，原脱，今據文例補。

〔三〕「止」，原作「上」，今據再造影印浙本改。

〔四〕「厚」，原作「原」，今據《通鑑》卷一百三改。

〔五〕「和」，原作「租」，今據《通鑑》卷一百四改。

〔六〕「七」，原作「亡」，今據《通鑑》卷一百五改。

〔七〕「父」，原作「士」，今據《通鑑》卷一百五改。

〔八〕「范」，原作「苑」，今據再造影印浙本改。
〔九〕「辦」，原作「辨」，今據《通鑑》卷一百八改。
〔十〕「太悉」，原作「悉太」，今據《通鑑》卷一百八乙正。下同。
〔十一〕「州」，原作「川」，今據《通鑑》卷一百十改。
〔十二〕「堤」，原作「提」，今據上文及《通鑑》卷一百十改。

資治通鑑目録卷第十二

端明殿學士兼翰林侍讀學士朝散大夫右諫議大夫集賢殿修撰權判西京留司御史臺上柱國河内郡開國侯食邑一千三百户食實封肆佰户賜紫金魚袋臣司馬光奉敇編集

屠維大淵獻	二丁亥、四丙戌、六乙酉、八甲申、十一癸丑朔。○正一日，雨水。○本志：五月辛未，辰犯軒轅大星。
晉安帝隆安三	林邑寇交趾，杜瑗擊破之。○元顯因道子醉，解其揚州，自領之。○秦姚崇寇洛陽，楊佺期求救於魏，謂張濟曰：「此間兵弱糧寡，洛陽恃魏而已。」魏遣穆宗救之。○秦陷洛陽，
秦高祖弘始元	齊公崇、楊佛嵩攻晉洛陽。○以災異，降號稱王，增修國政。○克洛陽，淮、漢以北多降。
西秦高祖太初十二	
涼靈帝纂咸寧元〔一〕	光疾甚，立紹爲天王，自稱太上皇。命纂統六軍，弘管朝政，戒紹以恭己，纂、弘以輯睦。光卒，纂排閤入哭，紹讓位，不受。○呂超請殺纂，紹不許，曰：「我寧死不忍。」○弘與纂共殺
南涼烈祖三	徙治樂都，命利鹿孤等分鎮諸城。○楊統請先取呂光。○呂纂伐北涼，烏孤遣利鹿孤救之。○烏孤卒，遺令立利鹿孤。○徙治西平。
北涼王天璽元	業初稱涼王。○涼太子紹入寇，業用沮渠蒙遜謀，不戰，紹引去。
西涼太祖	
燕中宗長樂元	留忠反，誅。○張真反，誅。○盛十日一自決獄。○餘超、高和反，誅。○初令公侯有罪，以功自贖，不輸金帛。○李朗謀叛，虛張寇勢。○盛遣李旱討斬之。○衛雙死，旱亡去復還，盛
南燕世宗二	符廣據乞活堡，自稱秦王，德擊斬之。李辯殺魯陽王和，以滑臺降魏。魏和跋入據之。○韓範諫攻滑臺。○潘聰勸取青州，笁朗贊成之。德南徇兗州，自琅邪北趣廣固。辟閭渾走莒
魏太祖天興二	珪襲高車，大破之，獲九萬餘口。○庚岳斬張起。○使高車築鹿苑。○置三百六十曹，令八部大夫主之。○李先謂：「書籍益人神智，人主好之，何憂不集！」○南燕李辯以滑臺來降，
卷第一百一十一	

辛恭靖曰：「吾不爲羌臣！」淮漢以北，多降於秦。○元顯發東土免奴爲兵，孫恩因民心騷動，陷會稽，殺王凝之。八郡響應，衆數十萬，恣行殺掠，死者什七八。○謝琰、劉牢之討恩，破之。○劉裕獨驅數千賊。○恩復逃入海島。○道子、元顯爲東、西録。○元顯自謂一時英傑，風流名士，令公卿拜己，富踰帝室。○

紹。纂讓位於弘，不受。○齊從斫纂，傷額，纂不殺，亦救呂超。

念其忠而赦之。○高湖降魏。○段太后卒。○命河間公熙都督中外。

城，子道秀請同死。○張瑛自比蒯通。○德定都廣固。

和跋入據之。○秦攻晋洛陽，遣穆崇救之。○珪以李衮、崔逞答晋書稱「貴主」，殺逞而黜衮。○穆崇留鎮野王。○燕高湖來降。劉衛辰子文陳來降，以宗女妻之。

執政交構桓、殷。○楊佺期屢欲討桓玄，殷仲堪疑而不許。○羅企生曰：「殷侯仁而無斷，我必死之。」○仲堪竭倉廩以賑飢民，玄乘其虚而伐之。○玄謂仲堪無決，兄必無憂。○仲堪求救於佺期，給以有儲。○佺期急擊玄而敗，與仲堪皆走死。○仲堪用計煩密，而短於鑒略，故敗。○羅企生不詣玄，玄殺之。

庚子（四〇〇）	辛丑（四〇一）
上章困敦 正壬子、二辛亥、五庚戌、七己酉、九戊申、十一丁未朔。○本志：六庚辰朔，食。	重光赤奮若 正丙午、四乙亥、六甲戌、八癸酉、九壬申、十一辛未朔。○閏八。○九一日，霜
四 以桓玄爲都督八州，荆、江州刺史。○孫恩陷會稽，殺謝琰。○李太后崩。○高雅之爲孫恩所敗。命劉牢之討恩，上虞，恩逃入海。○以元顯都督十六州，兼徐州刺史。○車胤以元顯驕恣，白會稽王道子。元顯逼胤令自殺。	五 孫恩出浹口，劉牢之擊走之。○恩北趣海鹽，劉裕隨而拒之。○恩陷滬瀆，殺袁崧。○
二 隴西公碩德伐西秦，興潛師會之，大破西秦兵，進軍枹罕。西秦王乾歸奔晉興，諸部皆降，已而乾歸亦來。	三 遣乾歸還苑川。○隴西公碩德伐涼。○大破涼軍，擒吕邈。吕佗來降，遂圍姑臧。○禿髮
十三 遷都苑川。○吐谷渾視羆卒，弟烏紇提立〔二〕，念氏專政。○秦姚碩德入寇，乾歸拒之。秦王興潛師會之，乾歸兵敗，令諸部降秦，身奔禿髮利鹿孤。利鹿孤寘之晉興，乾歸以妻子質於利鹿孤而奔秦。○秦以乾歸爲河州刺史。	秦遣乾歸還苑川，復以舊部衆配之。○公卿將帥皆降爲僚佐偏裨。○從秦軍伐涼。
二 纂以弘功高地逼，忌之。○弘作亂，不克而死。○房晷諫以弘妻子賞軍。○立楊后。○纂與禿髮傉檀戰，敗於三堆；又襲北涼，圍張掖，姜紀諫，不聽。傉檀襲姑臧，掠八千餘户而去。○吕方降秦。	涼建康公隆神鼎元 纂嗜酒好獵，楊穎諫，不聽。○吕超刺殺纂，立其兄隆；誘纂弟緯，殺之。○超
南涼康王利鹿孤建和元 涼王纂入寇，傉檀敗之於三堆。○楊軌、田玄明反，誅。○傉檀襲涼姑臧，置酒朱明門上，掠八千餘户而還。○乞伏乾歸來降，寘之晉興，既而奔秦。○傉檀諫殺乞伏熾盤。	二 利鹿孤欲稱帝，鍮勿崙諫，乃稱河西王。○涼楊桓來奔。○利鹿孤伐涼，破之，徙二千餘户而
二 李暠自爲敦煌太守。業以索嗣代暠，暠擊走之。業爲之殺嗣。○涼王纂入寇，圍張掖。○唐瑶以六郡叛，推李暠爲沙州刺史。王德自稱河州刺史，業使沮渠蒙遜討德。德奔瑶。	北涼太祖沮渠蒙遜永安元 業憚蒙遜勇略，出爲西安太守。蒙遜譖男成，殺之，乃泣告衆爲男成
庚子元 孟敏用暠爲效穀令。敏卒，郭謙等推暠爲敦煌太守，北涼王業因而命之。○索嗣短暠於業，業以嗣代暠。暠用張邈、宋繇計擊嗣，走之。業爲暠殺嗣。○唐瑶以六郡叛業，推暠爲沙州刺史、涼公。暠遣宋繇徇玉門以西，皆下之。	入貢於秦。○酒泉、涼寧來降。
二 盛自貶稱庶人天王。襲句麗，徙五千餘户而還。○段璣出走復還。○立燕臺統雜夷。○尊丁太后，立太子定。	燕昭文帝熙光始元 盛猜殺嚴刻，多所誅戮，宗親勳舊，皆不自保。段璣作亂，盛被傷而卒。丁太
建平元 德即帝位，立段后。	二 德虛賞麴仲，韓範以爲君臣俱失。○德遣杜弘求其母，弘爲父求禄，德以爲忠孝備。
三 和跋襲盧溥，擒之。○劉夫人鑄金人不成，立慕容后。○珪以天文乖亂，下詔風厲羣下，又置仙坊鍊藥。李栗以簡慢坐誅，益厲威嚴。	四 長孫肥徇許昌、彭城，晉劉該來降。○常山公遵等襲秦没弈干。○宿沓干伐燕，拔令支。
	卷第一百一十二

降。○本志：九月庚子，熒惑犯少微，又守之。

恩奄至丹徒，内外戒嚴。劉裕破之於蒜山。○恩徑向京師。至新洲，退，走入郁洲。又陷廣陵，執高雅之。桓玄請將兵入援，元顯以詔止之。○魏長孫肥寇許昌，彭城劉該降魏。○劉裕破孫恩於郁洲，恩由是遂衰。○裕又破恩於滬瀆、海鹽，恩逃入海。○桓玄陵侮朝廷，張法順勸元顯討之。劉牢之有難色，法順勸元顯殺之。元顯徵兵裝艦，謀討玄。

利鹿孤、李暠、沮渠蒙遜皆遣使入貢。○呂隆請降，以爲涼州刺史。○蒙遜請東還，既而不至。○魏拓跋遵擊没弈干，破之。

欲納楊后，后自殺。后父桓奔禿髮利鹿孤。○尊衛太后，立楊后。○利鹿孤入寇，徙民而去。○秦姚碩德入寇。○呂邈爲秦所擒，巴西公佗以東苑兵降秦。○超勸隆降秦。秦以隆爲涼州刺史、建康公。○超攻姜紀、焦朗，不克。○禿髮傉檀入寇。

歸。○史暠諫徙民。○入貢於秦。○姜紀奔秦，爲秦將兵屯晏然。沮渠蒙遜遣子入質，不受。伐蒙遜，至萬歲、臨松。○俱延諫傉檀攻焦朗。○傉檀攻呂隆。隆僞請盟，而掩擊俱延。

報仇，攻拔張掖，殺業。○蒙遜自稱涼州牧、張掖公。○入貢於秦。○酒泉、涼寧降李暠。○蒙遜請還于秦，納弟挐説而止。禿髮利鹿孤入寇，至萬歲、臨松，許以弟挐爲質。

后廢，太子定立。盛叔父河間公熙殺平原公元及太子定。○魏宿沓干寇遼西，拔令支。

玄黓攝提格

正庚午、三己巳、五戊辰、八丁酉、十丙申、十二乙未朔。○本志：八月庚子，太白犯歲，在上將東南。三月戊子，太白犯五諸侯。八月丙寅，掩右執法。

元興元

下詔討玄。以元顯爲征討大都督，劉牢之爲前鋒。○張法順請使牢之誅諸桓。○東方饑亂之後，以稃、橡給士卒。○玄欲保江陵，卞範之勸之東下。○元顯下舡而不發。○玄過尋陽，不見官軍，將士氣振。○玄至姑孰，譙王尚之軍潰被擒。司馬休之棄歷陽走。○劉牢之欲假玄以除執政，因伺隙取玄。○元顯見牢之，公坐而已。○劉裕、

四

魏拓跋遵等襲高平，没弈干奔上邽。長安大震，諸城晝閉。○立太子泓。○晉司馬休之、劉敬宣來奔。○義陽公平、狄伯支伐魏，拔乾壁。魏主柴壁，爲魏所圍。興自將救之，不得進。平等窮窘，赴水死，全軍皆没。魏入寇，至蒲阪而還。○立張后，封諸子爲公。○遣使拜秃髮傉檀、沮渠蒙遜、李暠等官爵。

熾盤自西平逃歸。

傉檀克顯美，執孟禕。○姑臧米斗五千錢，餓死者十餘萬。○沮渠蒙遜入寇，擊破之。秃髮傉檀攻呂隆於姑臧。

南涼景王 傉檀 弘昌

元

傉檀克顯美，執孟禕，以爲左司馬，禕辭。○傉檀請速救姑臧。○張融勸取焦朗。○利鹿孤卒，傉檀立，稱涼王。思復鞬奇傉檀器識，故諸兄傳之。○乞伏熾盤逃歸。○傉檀攻呂隆於姑臧。

二

梁中庸奔李暠，蒙遜歸其孥。

三

北涼梁中庸來奔。○中庸謂暠與索嗣得失未可量。

二

慕容拔克令支，宿沓干走。○高麗寇宿軍，慕容歸走。○馮貴嬪有寵，丁太后怨恚，謀廢立，不克，自殺。誅章武公淵及丁信。○高和據城作亂，討破之。

三

晉劉軌、司馬休之、劉敬宣來奔。

五

燕慕容拔復取令支，宿沓干走。○和突攻黜弗、素古延部，破之；又破柔然社崘。社崘奔漠北，奪高車地居之，始彊大，稱可汗。常山公遵等至高平，没弈干走上邽。○秦姚平、狄伯支等入寇，拔乾壁。珪自將擊之，圍平於柴壁。○李先曰：「高者爲敵所棲，深者爲敵所囚。」○安同請爲浮梁，築圍於汾西。○秦主興自救平，不能拔。

何無忌、劉敬宣諫牢之與玄通。牢之曰：「玄平之後，奈驃騎何！」○牢之降玄。○元顯將發，玄已至新亭。元顯軍潰被執。○玄總百揆。○徙道子于安成，殺元顯等。○玄奪劉牢之兵。○劉裕言人情已去。○劉襲曰：「一人三反，何以自立！」○牢之縊死。○敬宣等奔秦。○孫恩寇臨海，辛景破之，恩赴海死，餘衆立盧循。○惠遠知循不軌。○玄

平赴水死，虜其將卒二萬餘人，進軍至滿阪而還。○晉司馬休之等欲來奔，聞崔逞死，分詣燕、秦。○柔然人寇，至善無北澤。

	昭陽單閼 二甲午、四癸巳、六壬辰、八辛卯、十一庚申朔。○本志：四癸巳朔，食。十月丁丑，太白犯填，在婁。二月，歲犯西上將。八月癸丑，太
出屯姑孰。○玄始至，人悦，後失望。○帝殆至飢寒。○富室衣羅紈餓死。○劉裕破盧循於東陽。○玄殺北府舊將高素等，袁虔之等奔秦。○杜林酖殺道子。○袁虔之謂玄爲人驅除。	二 桓玄上表請掃平關洛，既而諷朝廷下詔止之。○玄以輕舸載書畫。○劉裕破盧循於永嘉，循浮海南走。○何無忌勸裕於山陰起兵，孔靖以
	五 興召吕超入侍，吕隆因超請迎。興遣齊難等將兵四萬迎之。難攻沮渠蒙遜，不克。留王尚鎮姑臧，遷隆及臣民萬餘户于長安。蒙遜遣弟挐
	乾歸從秦師迎吕隆。
	秃髮傉檀、沮渠蒙遜互來攻伐。隆乃遣超請迎於秦，秦齊難等將兵來迎，隆率臣民萬餘户遷于長安。○郭麐知代吕者王，滅秦者晉，而不能邀利避害。
	二
	三 秦齊難來攻，拒破之。○蒙遜殺伯父親信、孔篤。
	四
	三 作龍騰苑，方十餘里；景雲山，高十七丈。○尊慈母段太后，立苻后。
	四 德聞母兄凶問，吐血成疾。○慕容達作亂，入宫討誅之。○韓諲隱覈蔭户，得五萬八千。○高雅之、韓範勸德討桓玄，公卿以爲難而止。
	六 北巡豺山，作離宫。○殺和跋及鄧淵。○珪如南平城，度灅南，建新都。
	卷第一百一十三

白犯房北第二星。九月己丑，歲犯進賢，熒惑犯西上將。十月甲戌，太白犯泣星。十一月丁酉，熒惑犯東上相。

爲不可。○殷仲文、卞範之説玄早受禪，乃進位相國，封楚王，加九錫。○桓謙以禪代問劉裕，裕以爲可。○庾仄起兵討玄，襲取襄陽。○桓石康擊破之，仄奔秦。○玄請歸藩，詐爲符瑞，使皇甫希之爲高士，數更制度，假蒲博取人書畫、田宅。○禪位于玄，玄封帝爲平固王，遷于尋陽。○玄好行小惠，有干輿乞者，時或恤之。

入貢。○梁構説蒙遜使受命。

閼逢執徐 正己未、三戊午、五丁巳、六丙辰、八乙卯、十甲寅、十二癸丑朔。○閏五。○六一日，大暑。○本志：二月壬辰，太白、熒惑合于羽林。正月戊戌，熒惑逆行犯太微西上相。二月丙辰，在左執法西北。五月壬辰，填入羽林。

三 玄立劉后。○卞承之謂玄：「祭不及祖，知楚德之不長。」○「春蒐」字誤，左丞以下皆被降黜。○玄謂劉裕人傑，劉后勸除之，不從。○劉毅謂失道雖彊易弱。○裕、毅、何無忌、孟昶等同起兵討玄。○昶妻周氏不肯離絕，竭家財以奉昶。○無忌母劉氏見無忌草檄而喜。○裕、無忌殺桓修，據京口；毅、昶殺桓弘，據廣陵。○裕召劉穆之爲主簿。

六 禿髮傉檀去年號，來求涼州。興不許。

三 傉檀去年號，罷尚書等官，遣使詣秦求涼州。不許。

四

五 世子譚卒。○立子歆爲世子。

四 起逍遥宮，鑿曲光海，士卒暍死太半。○苻昭儀卒，支解醫者而焚之。○熙與苻后遊畋，士卒死者五千餘人。

五 劉敬宣、高雅之謀滅南燕，立司馬休之。事泄，殺雅之及劉軌。休之、敬宣走還晉。○德謀取江南，有疾而止。

天賜元 柔然悦代大那來奔。○置六謁官。○珪親改補百官，列爵四等，置散官及比品官各五品。官名有鳧鴨、白鷺。○築西宮。○宗室、八國、州郡各置師。

○桓謙等請亟擊裕，玄欲屯覆舟山。○玄稱裕、毅、無忌通才〔三〕，曰：「何謂無成！」○裕斬吳甫之於江乘，皇甫敷於羅落橋。檀憑之戰死。○曹靖之曰：「民怨神怒，臣實懼焉。」○裕大敗桓謙等於覆舟山。○玄南走，胡藩執馬鞚諫。○裕入建康，以王謐領揚州、録尚書；謐以裕都督八州、領徐州。○裕悉以事委劉穆之，旬日間大改晉朝寬弛之政。○

諸葛長民失期不得發。○裕執刁逵，族誅之。○又誅王愉、王綏。○玄至尋陽，郭昶之給其兵力。玄逼帝西上，劉毅等追之。○玄自作《起居注》，謂己無失策。○裕奉武陵王遵，承制行事。○司馬休之、劉敬宣來歸。○玄至江陵，增峻刑罰，衆益離怨。○玄令所在賀遷都。○王謐奔曲阿，劉裕迎復位。○何無忌敗何澹之於桑落洲，遂克尋陽。

○無忌攻取空舫。○桓玄收荆州兵，得二萬，復東下。○劉毅等大破玄於崢嶸洲。○劉道規謂玄恇怯，已經奔敗，雖衆易克。○玄常漾輕舸，以備敗走。殷仲文奉何、王二后來奔。玄棄江陵西走。王康産等奉帝返正。○毛脩之、毛祐之等殺玄於枚回洲。○劉毅等軍未進，桓振、桓謙襲陷江陵，殺康産等，奉璽綬於帝。○劉道規謂桓氏未可輕。○何無忌等敗於靈溪。○

	旃蒙大荒落 三壬午、五辛巳、七庚辰、九己卯、十一戊寅朔。○本志：三月，太白犯東井。八月丁巳，犯斗第一星。九月甲子，熒惑犯少微。庚寅，犯右執法。癸卯，犯左執法。十
毛據斬桓希。○何后崩。○盧循逐吳隱之，據廣州。○劉毅等復西上，拔魯山、偃月二城，遂克巴陵。○流民渡淮北者，道路相屬。	義熙元 魯宗之襲襄陽，逐桓蔚，進屯紀南。桓振擊宗之，破之。劉毅等擊破馮該，克江陵。○桓謙等奔秦。○留臺備法駕奉迎。○毛璩發兵欲赴難。侯暉因蜀人不樂遠征作亂，殺璩，立譙
	七 晉桓謙等來奔。○興以鳩摩羅什爲國師，親帥羣臣聽講譯經，由是州郡事佛者十室而九。○姚紹請以官爵縻慕容超，興不從。超逃歸南燕。○隴西公碩德擊破楊盛，盛請降。○
	乾歸擊吐谷渾大孩，大孩破之。大孩卒，視羆世子樹洛干立，諸戎多附之。
	五
	建初元 自稱涼州牧，遣使間行詣建康。○徙都酒泉。○手令戒子。
	五 熙伐高句麗，攻遼東，幾拔之，欲與苻后乘輦而入，遂不克。熙襲契丹。
	南燕北海王超太上元〔四〕 德兄納有遺腹子超在秦，德使人召之，超逃歸。○慕容法疑其詐，遂有隙。○德寢疾，不禱汝水。○立超爲太子。德卒，超即位。○超引公孫五樓參政。○出
	二 罷尚書三十六曹。
	卷第一百一十四

一月丙戌，太白犯鉤鈐。十二月己卯，歲犯天關。

縱爲成都王。○氐楊撫據漢中。○桓振復陷江陵，司馬休之走。劉懷肅討振，斬之。○帝還建康。○劉裕謂音樂惟恐解則好之。○裕固辭歸藩。○劉敬宣謂劉毅終以陵上取禍。○劉裕旋鎮京口，督十六州。○盧循貢獻，以爲廣州刺史。○劉毅等討桓玄餘黨，皆平之。○劉裕求和於秦，秦歸南鄉等十二郡。○魏詠之卒，劉道規代領荆州。

以南鄉等十二郡與劉裕。

慕容鍾、段宏於外。封孚諫，不聽。

丙午（四〇六）	丁未（四〇七）
柔兆敦牂 正丁丑、三丙子、五乙亥、八甲辰、十癸卯、十二壬寅朔。○本志：十二月丁未，熒惑、太白皆入羽林，又合于壁。二月，太白犯南河。四月乙丑，歲犯天江。五月壬寅，熒惑犯氐。六月庚午，犯房北第二星。八月癸亥，犯南斗第五星。丁巳，犯建星。九月壬午，犯哭泣星。	强圉協洽 閏正辛丑、三庚子、五己亥、七戊
二 毛脩之等討譙縱，不克。楊承祖殺司馬榮期。○封劉裕等爲公。	三 劉裕殺桓胤、殷仲文等。○楊盛使苻
八 興事二叔盡禮。○秃髮傉檀獻羊馬，以傉檀爲涼州刺史。召王尚還，胡威泣留尚。興悔之，傉檀逼遣尚還。	九 楊盛復據漢中。○姚邕謂劉勃勃不
	秦王興以乾歸浸彊難制，留爲尚書，使世子熾盤
	夏世祖赫連勃勃 龍升元 魏王珪滅劉
傉檀伐沮渠蒙遜，至赤泉，獻羊馬於秦。秦王興以傉檀爲涼州刺史，鎮姑臧。○宗敞勸傉檀收賢俊以建功名。○孟禕謂宣德堂百年十二主。○傉檀禮儀猶如王者。	傉檀貳於秦。○傉檀伐沮渠蒙遜，敗于均石。○
六 秃髮傉檀入寇，至赤泉。○蒙遜襲西涼，至安珍。	七 秃髮傉檀入寇，蒙遜擊破之，遂攻
二 與南涼爲好。○沮渠蒙遜入寇，至安珍。	三 遣法泉奉表詣建康。
六 熙襲高句麗，不克。高雲以疾去官。○博陵公虔、上黨公昭以嫌賜死。	燕惠懿帝高雲 正始元 熙改元建始。
二 超猜虐，嬖倖用事。○公孫五樓譖北地王鍾。鍾與慕容法、段宏俱叛。○車裂封嵩。○慕容鎮等討鍾、法、宏，鍾與濟陽王凝奔秦，法、宏奔魏。○超欲復肉刑，置烹轘法。	三 超請其母妻於秦，秦人求苻氏故伎，
三 莫題以倦怠賜死。○發八部丁築灅南宮室城市。	四 立諸子爲王。○復與秦爲好，歸狄伯

戊、十丁卯、十二丙寅朔。○二一日，春分。○本志：七戊戊朔，食。○二月癸亥，塡、熒惑、太白、辰聚于奎、婁。六月辛卯，熒惑犯辰，在翼。八月己卯，太白掩熒惑，又犯左執法。辛卯，熒惑犯左執法。九月壬子，犯進賢。

宣守漢中。○毛脩之斬楊承祖，因請伐譙縱。○劉裕遣劉敬宣助之。○王謐薨。

仁難近，寵過必爲患。○復與魏通，歸賀狄干，贖狄伯支。○劉勃勃叛，稱夏王。○太子泓録尚書事。○禿髮傉檀叛。○南燕王超稱藩，送伎以請其母妻，許之。○譙縱稱藩。○彭奚念叛降禿髮傉檀。

監其國。○禿髮傉檀來求好，熾盤斬其使。

衛辰，其子勃勃奔秦，没弈干以女妻之。○秦王興以爲五原公，使鎮朔方。秦復與魏通，勃勃怒叛秦，襲没弈干，并之。○自稱大夏天王、大單于。○破薛干等三部。○諸將請都高平，勃勃曰：「秦并力攻我，我必亡。不如以驍騎遊食嶺北，俟姚興死取長安。」○大破禿髮傉檀於武陽峽。

楊統以西郡降蒙遜。○秦彭奚念來降。○夏王勃勃入寇，傉檀追之，大敗於陽武峽。○成七兒作亂，張猛説諭其衆散之。

楊統於西郡，降之。

○熙作承華殿，土與穀同價。○夏斬有司。○求凍魚不得，苻后卒，熙喪之如父母，檢羣臣無淚者罪之。○廢段太后。○熙出葬苻后，馮跋及弟素弗先亡命，潛入龍城作亂，推高雲爲主。熙還攻，不克。○雲稱天王。○尚方兵請效順，熙驚走。○慕容拔引兵登城，城上人皆降。拔兵無後繼，衆潰而死。○雲執熙，殺之。○上庸公懿以令支降魏。○馮跋都督中外。

超乃降號稱王，稱藩，送伎于秦。秦乃歸其母妻。

支等。○賀狄干來歸，珪惡其語言衣服類秦人，殺之。○燕慕容懿以令支來降。○庚岳坐容飾華盛，殺之。

戊申（四〇八）	己酉（四〇九）
著雍涒灘　二乙丑、四甲子、六癸亥、八壬戌、十辛酉、十二庚申朔。○本志：正月庚子，熒惑犯天關。五月壬子，填犯天廩。六月己丑，太白犯太微西上將。己卯，又犯左執法。十月戊子，熒惑入羽林。	屠維作噩　三己丑、五戊子、七丁亥、九丙戌、閏十乙酉、十二甲申朔。○十一一日，冬至。○本志：四月甲戌，熒惑犯辰，在東井。十二
四　劉穆之勸劉裕自入輔政。○裕爲楊州刺史、録尚書。○劉敬宣伐譙縱，至黄虎，食盡，大疫而還。	五　張邵知劉裕人傑，不附劉毅。南燕慕容興宗等拔宿豫，大掠而去。○又寇濟南。○劉裕請伐南燕，朝臣皆言不可，獨孟昶勸之。
十　譙縱請桓謙以攻劉裕，興謂小水不容大舟。○韋宗謂陵人者易敗，戒懼者難攻。○尹昭請詔沮渠蒙遜、李暠攻傉檀。○興使廣平公弼襲傉檀，敗歸。齊難攻赫連勃勃，敗死。	十一　興遣弟沖與狄伯支伐夏。沖謀還襲長安，酖殺伯支。○興封譙縱爲蜀王，加九錫。○興如平涼，乞伏乾歸叛逃歸。○太子泓破劉厥，
熾盤見秦政寖衰，築城嵻崀山而據之。○熾盤攻彭奚念，敗還。	更始元　熾盤見秦姚懿於上邽。彭奚念侵之，熾盤不告而歸，圍奚念於枹罕，克之。○乾歸逃還苑川，熾盤鎮枹罕。○乾歸徙都度堅山。○乾
二　秦齊難入寇，勃勃掩擊禽之，嶺北夷夏皆歸附。	三　勃勃攻秦平涼，掠雜胡七千餘户。○與秦王興戰於貳城，大破之。
嘉平元　韋宗謂九州之外，五經之表，復自有人。○秦姚弼入寇，傉檀擊敗之。○傉檀復稱涼王，立折掘后、太子武臺。	二
八	九
四	五
二　立李后、太子彭城。○高句麗來敘宗族。	北燕太祖　馮跋　太平元　雲畜養壯士以爲腹心〔五〕。○寵臣離班、桃仁弑雲。馮跋討誅之，自稱天王，尊張太后，
四　尊段太后，立呼延后。○超以災異黜公孫五樓，俄而復之。○李宣謂澠水無冰，由近日月。	五　韓諒諫掠晉人以補太樂伎。○慕容興宗等拔晉宿豫。○桂林王鎮諫賞宿豫之功。○人謡：「欲得侯，事五樓。」○公孫歸攻晉濟南。
五　珪以宿憾殺莫題。	魏太宗　嗣　永興元　以衛車攻東西序。○珪服寒食散躁擾，加以災異屢見，疑大臣及左右，多所誅殺。○衛王儀出亡，賜死。○珪將立齊王
	卷第一百一十五

月辛丑，太白犯歲，在奎。五月戊戌，歲入羽林。十月，熒惑犯氐。閏月辛亥，熒惑犯鉤鈐。

○裕謂王鎮惡「將門有將」。○裕料南燕不能守險清野。○裕過大峴，喜曰：「兵出險，有必死之志；糧栖畝，無匱乏之憂。」○裕與南燕主超戰臨朐，大破之。○胡藩以奇兵從間道襲取臨朐。○裕克廣固大城，圍其小城，停江、淮漕運。○獲張綱、張華、封愷。○超請割大峴稱藩，裕不許。○裕謂秦果救燕，不先設大言。○秦不能救燕，韓範來降。

自咎不能式遏，不敢言功。○誅姚沖。○南燕來請救。○夏王勃勃寇平涼。○興自將擊勃勃，大敗於貳城。○遣姚强救南燕，會兵敗，召還。

歸復稱秦王，公卿皆復本位。○立邊后、太子熾盤。

立孫后、太子永。○馮素弗輔政，不念舊怨，謙恭儉約。

○晉劉裕入寇，公孫五樓、賀賴盧請守大峴，桂林王鎮請出峴逆戰，超皆不從。○鎮謂超酷似劉璋，超囚之。超與裕戰臨朐，大敗遁還。○裕克廣固大城，超退保小城。○桂林王鎮請更決戰。○超使韓範求救於秦。○裕獲張綱、張華、封愷。○超請割大峴稱藩，裕不許。○秦姚强來救，會秦兵爲夏所敗，召還。○韓範曰：「天滅燕矣！吾不可再辱！」遂降

嗣爲太子，先殺其母劉貴人，嗣哀泣不已。○珪怒，嗣逃匿於外。○賀太后不令珪納其妹，曰：「甚美必有不善。」○珪將殺賀夫人，其子清河王紹與左右共弑珪。○嗣聞變，還匿山中。○王洛兒爲嗣通問大臣〔六〕。○公卿爭出迎，嗣誅紹，即皇帝位。○召用舊臣。○命長孫嵩等八公聽政。○親禮燕鳳、封懿、李先。○朱提王悦反，誅。

	上章閹茂 二癸未、四壬午、七辛亥、九庚戌、十一己酉朔。○本志：三月，太白犯五諸侯。八月壬午，犯軒轅大星。乙未，犯少微。九月甲寅，犯左執法。丁丑，填犯畢。
	六 劉裕以往亡日攻廣固，曰：「我往彼亡。」遂克之，獲南燕主超。○裕欲阬廣固之民，韓範諫而止，猶斬王公以下三千人。○徐道覆説盧循乘虚襲建康。○裕欲屯下邳，經營司、雍，詔徵裕還。○何無忌欲拒循，鄧潛之、殷闡諫。○無忌與道覆戰
	十二 西秦入寇，拔金城。○夏王勃勃入寇，拔定陽、清水，邊將皆内徙以避之。興追勃勃至壽渠川，不及。○晉司馬國璠、叔璠來奔。○西秦王乾歸入寇，拔略陽、南安、隴西。
	二 拔秦金城。○復都苑川。○拔秦略陽、南安、隴西。
	四 勃勃攻秦定陽、清水，拔之，阬四千餘人，徙萬六千户而還。
	三 傉檀與沮渠蒙遜迭相攻擊。○蒙遜大破傉檀於窮泉，遂圍姑臧。傉檀遣子它爲質以請和，蒙遜俘八千餘户而去。折掘奇鎮據石驢山叛。傉檀還于樂都。焦朗、侯諶以姑臧降蒙遜。
	十 蒙遜與南涼王傉檀迭相攻擊，大破傉檀於窮泉，遂圍姑臧。傉檀以子它爲質而請和，蒙遜俘八千餘户而歸。焦朗、侯諶以姑臧來降。○蒙遜敗李暠世子歆於馬廟。
	六 沮渠蒙遜入寇，敗世子歆於馬廟。
	一 廣川公萬泥、上谷公乳陳據白狼叛，中山公弘討斬之。
劉裕。○超赦其家。○張綱造攻具，超支解其母。○張光勸超降，超手殺之。	六 城中病脚弱，悦壽勸超降，超曰：「吾寧奮劍而死，不能銜璧而生。」○壽開門納晉師，超走，劉裕追獲之，責以不降。超無言，以母屬劉敬宣，送建康斬之。
	二 長孫嵩伐柔然。○詔徙豪右，盜賊羣起。元城侯屈請先誅後赦，崔宏請先赦後誅。○柔然社崙圍長孫嵩於牛川，嗣自擊之。社崙走，道死，弟斛律立。

于豫章，敗死。○劉裕奔赴建康，行人曰：「劉公至，無憂矣！」○劉毅將拒盧循，裕使劉藩止之，不從，大敗於桑落洲。循聞裕至，欲還潯陽。徐道覆勸令乘勝趣建康。○裕不分兵守津要。○孟昶欲奉乘輿過江。○王仲德曰：「如此勢同匹夫，號令何以威物！」○裕曰：「人情危駭，動則土崩。江北豈可得至，至亦止延日月耳！」○昶以爲必敗，乃上表自殺。

〇循至淮口。〇張邵謂民臨水望賊，無復恐耳。〇裕謂賊自新亭直進，宜且避之；回泊蔡州，此成禽耳。〇徐道覆曰：「使我得爲英雄用，天下不足定也。」〇徐赤特與循戰，敗，裕斬之。〇循自蔡洲還潯陽。〇裕使孫處自海道襲番禺，曰：「十二月我必破賊，卿先往覆其巢穴。」〇譙道福、桓謙寇江陵，秦苟林助之。〇劉道規開門聽將士投謙，單馬迎魯宗

	重光大淵獻 正戊申、三丁未、五丙午、七乙巳、十甲戌、十二癸酉朔。○本志：七月丁卯，歲犯填，在參。四月辛丑，熒惑入輿鬼。
之，擊斬謙、林，焚士民書。○王誕勸裕不令劉毅追盧循。○徐道覆寇荆州，劉道規擊破之。○孫處克番禺，平嶺南。○劉裕大破盧循於大雷，又破之於左里，循奔番禺。○劉毅言劉穆之權重，裕益親之。	七 裕還建康。○孟懷玉克始興，斬徐道覆。○裕爲太尉。○盧循圍番禺，沈田子擊破之。循走交州，攻龍編，杜慧度擊斬之。○劉毅
	十二 姜紀諂附廣平公弼，謀傾東宮。郭播請使弼出鎮。○興使索稜鎮隴西。西秦王乾歸請降。○興謂帝王非取相於昔人，待將於將來。
	三 乾歸請降於秦，秦以乾歸爲河州牧、河南王。○以子敕勃鎮度堅城。○又以兄子阿柴鎮疊蘭城，子木弈干鎮嵻峎城。○熾盤、審
	五 勃勃攻秦杏城，斬姚詳；進攻安定，敗楊佛嵩，取東鄉。
	四 沮渠蒙遜入寇，圍樂都。以子安周爲質，乃去。○吐谷渾樹洛干入寇，敗太子虎臺。孟愷諫伐蒙遜[七]，屈右請速行度險，傉檀皆
	十一 蒙遜拔姑臧，執焦朗，以弟拏鎮之；遂伐南涼，圍樂都，取質而還。○南涼王傉檀入寇番禾，蒙遜擊破之；復圍樂都，取質
	七 沮渠蒙遜入寇，世子歆擊敗之。
	三 以太子永領大單于。○以女妻柔然斛律，曰：「朕方崇信殊俗，奈何欺之！」
	三 慕容伯兒謀反，誅。
	卷第一百一十六

六月己亥，填犯天關。八月，太白犯房南第二星。十一月丙子，犯哭星。	玄黓困敦 二壬申、四辛未、六庚午、七己巳、九戊辰、十一丁卯朔。○閏二。○本志：十月甲申，太白犯填，在東井。十一月丁丑，填犯東井。十二月癸卯，犯井鉞。
以私憾罷庾悅軍府。	八 劉道規以疾求歸，以劉毅代鎮江陵。○毅剛愎，心不服太尉裕，居方岳常怏怏。裕柔而順之。○毅頗涉文雅，素望多歸之，與謝混、郗僧施相結。○胡藩勸裕取毅於倪塘。○王后崩。○劉毅病，求弟藩以自副。太尉裕僞許
○夏王勃勃寇杏城，殺姚詳；又寇安定，敗楊佛嵩，取東鄉。	十四 楊盛叛，遣趙琨討之，爲盛所敗。○興遣楊佛嵩伐夏，曰：「佛嵩見敵，勇不自制。吾常節其兵不過五千人，今所將多必敗。」果爲真所執。○立齊后。
虔伐南涼，敗禿髮虎臺於嶺南。○乾歸攻秦伯楊堡、水洛城，皆克之。○彭利髮襲據枹罕，乾歸攻之，不克。	西秦太祖熾盤永康元 乾歸斬彭利髮。○徙都譚郊，命熾盤鎮苑川。熾盤攻南涼，取白土。○乞伏公府弒乾歸，走保大夏，熾盤使弟智遠等討斬之。熾盤命弟曇達鎮譚郊，婁機鎮苑川，遷都枹罕，自稱河南王。
	六 秦楊佛嵩入寇〔八〕，勃勃與戰，禽之。
不聽，大敗而還。蒙遜復圍樂都，以子染干爲質，乃去。○乞伏熾盤入寇，敗太子虎臺于嶺南。	五 熾盤入寇，取白土。
而還。○蒙遜襲李暠，爲李歆所敗。	玄始元 遷都姑臧。○稱河西王，置官僚。
	八
	四
	四

之，因殺藩及謝混。下詔討毅，以司馬休之代毅鎮江陵，命王鎮惡爲前鋒襲江陵，克之，殺毅。○太尉裕殺郗僧施。○申永對裕以宜除宿釁，撫民拔才。○諸葛長民驕縱貪侈，恐裕討之。劉穆之謂裕以老母稚子委節下〔九〕，何疑。○諸葛黎民勸長民因裕未還圖之。王誕求先下以安長民心。○朱齡石資名尚淺，裕擢爲元帥，使伐譙縱。○裕使齡石由外水出不意。

	昭陽赤奮若 二丙申、四乙未、六甲午、八癸巳、十壬辰、十二辛卯朔。○本志：二月丙午，熒惑、填皆犯東井。三月壬辰，歲、熒惑、填、太白聚于東井。二月，熒惑入輿鬼，太白犯南河。五月壬辰，犯右執法。九月庚午，歲犯軒轅大星。
○裕以毛脩之與蜀人世讎，不遣。○置湘州。	九 太尉裕使丁旿拉殺長民。○裕奏申土斷之制，省流寓郡縣。○譙縱使譙道福屯涪城。朱齡石斬侯暉於平模。○劉鍾勸急攻平模。○齡石先攻北城。○縱走死。齡石入成都，殺馬耽。
	十五 索稜以隴西降乞伏熾盤。○魏主嗣來請昏。
	二 乞伏曇達等擊休官於白石、白阬，皆降之。索稜以隴西來降。
	鳳翔元 以叱干阿利領大匠，蒸土築統萬城。錐入一寸，即殺作者。造兵器，殺工匠數千人。○改姓赫連氏。
	六 傉檀伐河西王蒙遜，敗還。蒙遜圍樂都，不克。湟河太守文支以郡降于蒙遜。蒙遜復入寇，以太尉具延爲質，乃去。
	二 立子政德爲世子。○南涼王傉檀入寇，蒙遜擊敗之，遂圍樂都，不克。南涼禿髮文支以湟河來降。蒙遜伐南涼，南涼以禿髮俱延爲質。○母車氏卒。
	九
	五
	五 奚斤等破越勤於跋那山。○離石胡出以眷叛，命元城侯屈督劉絜、魏勤以討之。絜被擒，勤戰死，屈伏誅。○嗣請昏於秦。

閼逢攝提格

二庚寅、四己丑、七戊午、九丁巳、十一丙辰朔。○本志：九丁巳朔，食。五月乙丑，歲犯軒轅大星。七月，熒惑犯井鉞，填犯輿鬼，遂守之。九月，又犯輿鬼。丁巳，太白入羽林。

十

譙王文思有罪，太尉裕使其父休之殺之。休之不從，裕由是怒。○司馬國璠等夜潛入廣陵，升聽事。檀祇使擊，五鼓乃走。

十六

歛成討叛羌，兵敗奔夏。○廣平公弼有寵，引樹朋黨，謀傾奪東宮。興寢疾，弼聚衆謀作亂，兄弟在藩鎮者，皆治兵欲討之。會興疾瘳，梁喜、尹昭、姜虬等請誅弼，乃解弼尚書令。

三

熾盤聞涼王傉檀西擊乙弗，將襲樂都。羣臣皆諫，焦襲獨勸之，遂克樂都，虜乞伏虎臺等。涼郡縣皆降。○傉檀衆散，亦來降。○熾盤即秦王位。○立禿髮后。

二

秦歛成來奔。○立梁后、太子瑱。

七

唾契汗、乙弗皆叛，傉檀使虎臺守樂都而討之。孟愷諫，不聽。傉檀擊破乙弗。河南王熾盤乘虛襲樂都，虜虎臺等。○孟愷泣諫虎臺閉晉人。○傉檀衆散，唯陰利鹿隨不去。○尉賢政守浩亹不下，曰：「妻子小事，豈足動心！」○傉檀降于熾盤，初封左南公。歲餘，并虎臺殺之。

三

禿髮樊尼等來奔。

十

六

跋聘柔然斛律女。斛律兄子步鹿真執斛律并女，送之和龍。步鹿真自立爲可汗，從父大檀殺而代之。斛律求還柔然，跋使萬陵送之。陵殺斛律而還。○魏于什門來聘，不肯拜，跋曰：「彼各爲其主。」不殺而囚之。○遼西公素弗卒，跋比葬七臨之。

神瑞元

涼禿髮保周等來奔。賜禿髮賀姓源氏。○于什門聘于燕，責燕王跋不拜受詔，不肯見。燕人囚之，衣弊不易。○柔然大檀入寇，嗣擊走之。○崔浩占天文術數多驗，由是有寵，常預軍國密謀。

旃蒙單閼正乙卯、三甲寅、四癸丑、六壬子、九辛巳、十一庚辰朔。○閏三。四一日，小滿。○本志：十辛亥朔，食。○《魏志》：八庚辰晦，食。○三月己卯，熒惑入輿鬼。閏月丙午，填入輿鬼。五月癸卯，熒惑入太微。六月己未，太白犯東井。戊寅，犯輿鬼。八月庚申，順行從右掖門入太微。

十一

太尉裕發兵兵擊司馬休之。休之與魯宗之合兵拒裕。○韓延之謂裕，伐人之君，啗人以利，真可謂「處懷期物」。○魯軌敗徐逵之於破冢。○謝晦抱裕諫曰：「天下可無晦，不可無公！」○胡藩先登擊軌，破之，遂克江陵。○司馬道賜等殺劉敬宣於廣固。○趙倫之等破魯軌於石城，司馬休之、魯宗之、魯軌等皆奔秦。使休之將兵擾襄陽。○

十七

廣平公弼譖姚宣，囚之。○尹昭諫興使弼將兵居外。○夏王勃勃拔杏城，執姚逵。興如北地，使弼向新平。○姚成平等救司馬休之，不及。休之及魯宗之等來奔。○興使休之將兵擾襄陽。○興曰：「天命所在，誰能違之！」○夏赫連建寇平涼，姚周都敗没。廣平公弼敗建於龍尾堡，禽之。○太子泓請死，興爲之囚弼，泓請而免之。○以西平公主女于魏。

四

河西王蒙遜入寇，拔廣武郡，殺乞伏魋尼寅於浩亹，執折斐于勒姐嶺。○熾磐襲湟河，沮渠漢平降。○段暉請免隗仁，以勵事君。○曇達擊南羌于赤水，降之。

三

勃勃拔秦杏城，執姚逵，坑士卒二萬人。○與西河王蒙遜結盟。○赫連建攻秦平涼，執姚周都。與姚弼戰龍尾堡，敗没。

四

蒙遜伐西秦，拔廣武郡，斬乞伏魋尼寅於浩亹，禽折斐于勒姐嶺。○上表於晉。○與夏結盟。西秦王熾磐襲湟河，蒙遜弟漢平降之。○隗仁據樓，三日不下。

十一

七

殺孫護兄弟及務銀提。

二

河西饑，胡及司馬順宰寇河內，遣公孫表討之。○長孫嵩救晉司馬休之，不及。○雲、代饑，王亮等請遷都鄴。崔浩、周澹以爲廣漠牛毛之衆，出山東則情露事見，聲實俱損。○崔浩謂熒惑入秦。納秦王興女爲夫人[十]。

卷第一百一十七

	丙辰（四一六）
	柔兆執徐　正己卯、三戊寅、五丁丑、七丙子、九乙亥、十一甲戌朔。○本志：五月甲申，歲留房、心之間。六月壬子，太白順行入太微右掖門。
以劉道憐鎮江陵。○河西王蒙遜表求內附。	十二　魯軌寇襄陽，趙倫之擊走之。○太尉裕奉琅邪王德文伐秦。○裕碎琥珀枕以賜將士治金瘡。○劉穆之目覽詞訟，手答牋書，耳行聽受，口並酬應。○張邵問穆之：「不幸誰代之？」○王鎮惡謂：「不克關中，誓不濟江。」○檀祇輒至涂中。劉穆之欲遣軍，張邵止之。○王鎮惡、
	秦主泓永和元　魯宗之卒。魯軌侵晉襄陽，不克。興如華陰，疾篤而還。○宮僚諫泓出迎。○姚沙彌勸尹沖奉興幸弼第，不從。○南陽公愔與沖攻宮，興力疾臨前殿，賜弼死。愔等敗走。○愔興卒，泓誅愔及呂隆、呂超，即帝位。○姚宣自李閏擅移據邢望，東平公紹討誅之。○楊盛
	五　熾磐遣使詣晉，劉裕請伐秦以自效。裕以熾磐爲河南公。
	四　勃勃襲秦上邽，屠之，殺姚軍都；進屠陰密，殺姚良子。使子昌鎮陰密。胡儼等以安定來降，使羊苟兒鎮之。勃勃進據雍。儼殺苟兒降秦。勃勃與姚紹戰馬嵬阪，敗還杏城。
	五
	十一　索承明請伐河西王蒙遜，蒙遜曰：「此與石虎小豎何異！」
	八　魏庫傉官斌來降。魏延普寇幽州，斬斌及庫傉官昌、提。
	泰常元　公孫表爲劉虎所敗。崔宏請使叔孫建督其軍，遂斬虎及司馬順宰等。○晉王仲德逼滑臺，尉建棄城走。○叔孫建等引兵濟河，問師，故仲德稱假道。○庫傉官斌叛，延普擊斬之，遂敗燕幽州兵，斬庫傉官昌、提。○丁零翟猛雀反，張蒲先諭吏民被驅脅者降之，遂斬猛雀。

檀道濟入秦境，所向皆捷，克漆丘、項城、許昌。○魏尉建棄滑臺走，王仲德入滑臺。魏叔孫建等引兵濟河，仲德遜辭謝之。○檀道濟拔成皋，遂克洛陽。姚洸降。○道濟不阬秦囚，夷夏悦附。○以太尉裕爲相國，總百揆，封宋公。加九錫，不受。

入寇，拔祁山。○姚嵩與戰於竹嶺，敗死。夏王勃勃襲上邽〔十二〕，屠之，殺姚軍都；又屠陰密，殺姚良子。姚恢棄安定，姚諶棄雍，奔還長安。東平公紹敗勃勃於馬奎阪。○晉兵入寇，克許昌。紹請徙安定鎮户實京畿，不從。○晉檀道濟克成皋。趙玄勸陳留公洸固守金墉，勿戰。不從。○玄戰死，洸降晉。○姚懿據蒲阪稱帝，東平公紹及姚成都討禽之。

强圉大荒落

二癸卯、四壬寅、六辛丑、八庚子、十己亥、十二戊戌朔。○閏十二。○本志：正甲戌朔，食。○五月癸巳，熒惑犯右執法。九月壬辰，犯軒轅。十月乙卯，填犯太微，留積七十餘日。

十三

裕發彭城。○王鎮惡自宜陽抵潼關。檀道濟自陝攻蒲阪，不克；用沈林子計，亦趣潼關。破秦姚紹兵，斬姚鸞。○裕自淮、泗入河，泝流西上，假道於魏。魏長孫嵩等屯河上。○鎮惡等久與秦相拒，食盡欲還。林子曰：「事之濟否，繫於前鋒，奈何棄垂成之功！」○鎮惡自至弘農督義租，軍食復振。○朱超石以鎚

二

泓君臣相泣。○齊公恢反安定，姜紀説恢乘虚襲長安。○東平公紹、姚瓚討恢，誅之。○晉王鎮惡、檀道濟攻潼關、蒲阪，命魯公紹禦之。○尹雅曰：「夷夏雖殊，君臣一也。」○姚洽等敗死於九原，紹憤恚嘔血卒。姚讚代之，又敗。○晉沈田子入武關，泓與戰於青泥，大敗而還。○王鎮惡自河入渭，敗姚丕於渭橋，

六

木弈干破吐谷渾樹洛干於堯扞川。樹洛干奔白蘭山而卒。弟阿柴立，侵併小種，地方數千里。○左丞相曇達等擊秦姚艾，艾以秦州降。

五

勃勃謂：劉裕必克秦，然不能守。俟其去，我取之如拾芥耳。因南據安定，盡取秦嶺北之地。○裕約爲兄弟。○裕東還，勃勃引兵南趣長安。王買德請先斷青泥。

六

蒙遜使沮渠廣宗詐降以誘西涼公歆，不克，敗於解支澗。○蒙遜聞劉裕滅秦，怒斬校郎。

西涼公歆嘉興元

嘉興元屬卒，以後事屬宋繇。世子歆立。與河西王蒙遜戰於解支澗，敗之。

九

二

晉劉裕來假道，崔浩請許之。羣臣恐其聲西而實北，嗣乃遣長孫嵩等將兵十萬屯河上。○嵩與晉朱超石戰，敗於畔城，阿薄干死。○崔浩謂姚興好虚名，少實用。○又謂劉裕才勝慕容垂。○又謂長孫嵩長於治國，爲將非裕敵，不如待之。裕得關中，必不能守，終爲國有。○又論王猛、慕容恪及裕之才。○又謂屈丐負恩，

卷第一百一十八

稍敗魏兵於畔河，斬阿薄干。○林子敗秦姚洽等於九原，斬之；又破姚讚。○太尉裕至陝。沈田子等入武關，大破秦主泓於青泥。○田子謂衆寡相傾，勢不兩立，宜及其未成列薄之。○裕至潼關。○王鎮惡泝河入渭。○鎮惡謂士卒，去家萬里，進生退死。大破姚丕於渭橋，遂入長安。○秦主泓降，裕殺之。○薛辯

遂入長安。○姚佛念謂降不免死，不如引決。○泓詣鎮惡降。劉裕送泓建康，斬於市。

終爲人呑食。○長孫嵩等侵晉彭、沛。○置六部大人。○司馬休之等自秦來奔。○秦姚成都以匈奴鎮來降。○召長孫嵩等還。○秦、雍千餘家奉寇讚來降。

降。○裕欲遷都洛陽，王仲德以爲未可。○徐道期反陷廣州，劉謙之討平之。○進宋公爲王，不受。○裕欲經略西北，聞劉穆之卒，乃還。徐羨之代掌留任。裕留子義真守長安，使王脩、王鎮惡、沈田子等輔之而還。○田子等譖鎮惡不可信，裕曰：「正足自滅耳。」○夏王勃勃入寇。

著雍敦牂 正丁酉、三丙申、六乙丑、八甲子、十癸亥、十二壬戌朔。○正二日，雨水。○本志：十月癸巳，熒惑入太微，犯西蕃上將，仍順行至左掖門內，留二十日乃逆行。三月癸巳，太白犯五諸侯。七月甲辰，熒惑犯輿鬼。八月甲子，太白犯軒轅。癸酉，填入太微，犯右執法，因留太微中，積二百餘日乃去。九月乙未，太白入太微，犯左執法。
十四 沈田子殺王鎮惡，王脩殺田子。○傅弘之敗赫連璝於渭陽。○太尉裕屯彭城。○以劉義隆鎮荆州。○裕謂王曇首有宰相才。○裕始受宋公、九錫。○殷景仁學不爲文，敏有思致；口不談義，深達理體。○劉義真殺王脩。關中亂，郡縣皆降於夏。○宋公裕以朱齡石代鎮長安。○夏追兵敗義真於青泥，執傅弘之、蒯恩、毛脩之。○段宏負義
七 以木弈干鎮樂都。○姚艾叛降。西河王蒙遜、姚儁逐艾，復以秦州來降。
昌武元 赫連璝至渭陽，爲晉傅弘之所敗。○關中亂，郡縣皆來降，勃勃據咸陽。○追敗劉義真於青泥，執傅弘之、蒯恩、毛脩之。勃勃入長安。○赫連昌拔曹公壘，執朱齡石。○勃勃即帝位。
七 蒙遜伐涼，芟秋稼而還。○秦姚艾來降，姚儁逐之，復以秦州降秦。○蒙遜稱藩於晉，拜涼州刺史。
二 河西王蒙遜入寇。用張體順言，不出。○晉以歆爲酒泉公。
十 張穆勸與魏通好。○魏長孫道生等拔乙連，圍和龍，不克。
三 長孫道生等襲燕，拔乙連，圍和龍，不克，掠萬餘家而還。○崔宏卒。○崔浩以彗星爲劉裕將篡之應。

十月癸巳，熒惑入太微，犯西上將，仍順行至左掖門内，留二十日乃逆行。	屠維協洽 二辛酉、四庚申、六己未、八戊子、十一丁亥朔。○本志：十一丁亥朔，食。自義熙元年至是日，皆從上食。○三月五日，熒惑出西蕃上將西三尺許，又順還入太微。時填在太微，熒惑繞填成鉤己。
真得免。○朱齡石奔潼關，赫連昌執殺之。○宋公裕欲北伐，謝晦、鄭鮮之諫。○裕使王韶之弑帝，立琅邪王德文。	晉恭帝德文元熙元 立褚后。○徵宋公裕入朝。○毛德祖棄蒲坂歸，裕使鎮虎牢。○司馬楚之待士有恩，沐謙不忍刺。○王康聚衆保金墉，拒司馬順明等，卻之。○薛辯降魏。○宋公裕受王爵，移鎮壽陽。○蕭太
	八 孔子破吐谷渾覓地于弱水，降之。○匹逵破羌酋彭利和於漒川，降三萬餘户。
	真興元 叱奴侯提攻蒲阪，晉毛德祖棄城去。○韋祖思恭懼過禮，勃勃怒曰：「汝以非類遇我！」殺之。○勃勃曰：「晉遠魏近，我都長安，統萬必危。」乃還統萬。以慕容瓚録南臺，鎮長安。○勃勃常置弓
	八
	三 歆刑嚴役繁，張顯諫曰：「殿下不惟不能平蒙遜，恐蒙遜方爲社稷之憂。」汜稱又引近世災異以諫，皆不從。
	十一
	四 嗣有事于東廟，助祭者數百國。

四月丙戌，從端門出。正月己卯，辰犯軒轅。六月庚辰，太白犯太微。七月己卯，犯哭星。十二月丁巳，入羽林。
妃爲劉道憐求楊州。○裕以其貪愚不用。○裕加殊禮。
劍於側，諫者截舌而斬之。

校勘記

〔一〕「纂」，原爲大字，今據文例改爲小字。

〔二〕「烏紇」，原作「紇烏」，今據《通鑑》卷一百一十一互乙。

〔三〕「忌」，原作「己」，今據《通鑑》卷一百一十三改。

〔四〕「超」，原爲大字，今據文例改爲小字。

〔五〕「雲」，原作「雷」，今據《通鑑》卷一百一十五改。

〔六〕「兒」，原作「生」，今據《通鑑》卷一百一十五改。

〔七〕「愷」下，原衍一「愷」字，今據《通鑑》一百一十六删。

〔八〕「楊」，原作「陽」，今據《通鑑》卷一百一十六及上文改。
〔九〕「老」，原作「孝」，今據再造影印浙本改。
〔十〕「納」，原在「秦王興」下，今據《通鑑》卷一百一十七乙之。
〔十一〕「邽」，原作「封」，今據《通鑑》卷一百一十七及下文改。

司馬光全集

資治通鑑臣光曰輯存（下）
資治通鑑目録

王水照——主編

（宋）司馬光——撰

陳尚君　殷嬰寧——點校

上海人民出版社

國家古籍整理出版專項經費資助項目
上海市文教結合「高校服務國家重大戰略出版工程」項目

資治通鑑目録卷第十三

端明殿學士翰林侍讀學士朝散大夫右諫議大夫集賢殿修撰提舉西京嵩山崇福宮上柱國河内郡開國侯食邑一千八百户食實封陸佰户賜紫金魚袋臣司馬光奉敕編集

上章涒灘

正丙戌、三乙酉、五甲申、七癸未、閏八壬午、十辛巳朔。九一日，霜降。○《晉志》：二月庚午，填犯太微。○《魏志》：十一月乙卯，熒惑、填合於角。

宋高祖裕永初元

王云欲歸老京師。傅亮悟旨，求還都。○詔徵王入輔。○劉湛不爲文章，不喜談議。○晉帝欣然書禪詔。○帝即位。○徐廣泣謂謝晦，與君悲歡不同。封晉帝爲零陵王，居秣陵。○帝朝蕭太后，未嘗失時刻。○存王導、謝安等子孫封爵。○帝謂劉穆之死，人輕易我。○杜慧度擊林邑，降之。○慧度爲政如治家。○立太子義符。

秦太祖熾盤建弘元

立太子慕末。

夏世祖佛佛真興二

北涼太祖蒙遜玄始八

王攻秦浩亹，涼公乘虛襲張掖。王旋師擊涼公於蓼泉，殺之，遂入酒泉。以宋繇爲吏部郎，使其子牧犍鎮酒泉，索元緒鎮敦煌。○敦煌人逐元緒，迎歆弟恂。王使世子政德攻之〔一〕。

西涼冠軍恂永建元

涼公歆聞河西王攻浩亹，發兵襲張掖。母尹氏、宋繇、張體順皆止之，不從。○尹氏謂蒙遜非汝敵，不如脩德養民以待之。○涼公敗死於蓼泉，西河王克酒泉。○涼公弟敦煌太守恂奔北山。○尹氏謂存亡有命，無足悲，惟速死爲幸。○索元緒麤暴，恂有惠政，敦煌人逐元緒，迎恂爲涼州刺史。河西王遣世子政德攻之。

燕太祖跋太平十一

魏太宗泰常五

改謚道武帝。○司馬國璠謀叛，誅。○封玄之以其子易弟子。

卷第一百一十九

辛酉（四二一）	壬戌（四二二）
重光作噩 正庚戌、三己酉、五戊申、七丁未、九丙午、十一乙巳朔。○《宋志》：六月乙酉，熒惑犯氐。乙巳，犯房。十月，太白、填合於亢。	玄黓閹茂 正甲辰、三癸卯、六壬申、八辛未、十庚午、十二己巳朔。○《宋志》：二月壬辰，填犯亢。六月癸巳，月犯歲於昴。九月癸卯，熒惑犯左執法。己未，犯右執法。十月癸酉，太白犯南斗。辛巳，熒惑犯進賢。十二月戊戌，犯房。
二 廢蔣子文以下諸淫祀。○帝使張偉酖零陵王，偉自飲之。○零陵王妃兄褚秀之兄弟爲帝殺王男，并殺王。○謝瞻憂弟晦權任太重，以籬隔門庭，故漏泄其密語。	三 徐羡之無術學，直以志力局度，朝野服其有宰臣之望。○羡之觀弈棊，常若未解。○傅亮、蔡廓常言：「徐公曉萬事，安異同。」○鄭鮮之曰：「觀徐、傅言論，不復以學問爲長。」○帝不豫，不許禱神祇，告太廟而已。○謝晦謂廣陵王義真德輕於才，非人主也。○刁彌潛入京口，討斬之。○帝誡太子，以謝晦
二 木弈干等攻上邽，不克。○吐谷渾阿柴來降，封白蘭王。○河西沮渠鄯善等入寇。木弈干等與戰於五澗，破之，獲沮渠苟生。○征西孔子等擊契汗禿真。	三 孔子大破禿真於河西。○沮渠成都入寇，出連虔擊禽之。
三	四
九 王自攻敦煌，屠之。西域皆來朝貢。○沮渠鄯善等擊秦，與秦木弈干等戰於五澗，兵敗。沮渠苟生爲秦所獲。○唐契叛，遣世子政德討之。	十 遣沮渠成都屯五澗，爲秦出連虔所禽。
二 河西王自將攻敦煌，拔之。恂自殺。	
十二	十三
六	七 帝有疾，崔浩勸立太子，選賢臣爲師友，使佐理萬機，它日國有成主，禍無自生。若待長而擇，倒錯天倫，則召亂之道也。乃立太子燾，使監國臨朝，以浩與長孫嵩等爲左輔右弼。○浩諫伐宋；又謂攻洛陽、滑臺，不如略地。至淮置守宰收租穀，命奚斤等伐宋。○司馬楚之來降。○滑稽襲取倉垣。○斤等

昭陽大淵獻 二戊辰、四丁卯、五丙寅、八乙未、十甲午、十一癸巳朔。閏四。六一日，大暑。	
宋營陽王義符景平元 魏于栗磾拔金墉。○蔡廓不肯典選。○竺夔保東陽以拒魏。○蕭太后	必有同異。○又詔後世主幼，母后不煩臨朝。○帝殂。徐羨之、傅亮、謝晦、檀道濟同受顧命。○帝簡易節儉，財帛皆在外府，内無私藏。○嶺南獻筒布，彈其太守。○太子即位，尊太后，立司馬后。○謝方明不改前政，必宜改者，使無迹可尋。○魏奚斤等入寇。○魏滑稽據倉垣，斤等拔滑臺，兗、豫諸郡皆棄城走。○斤等圍毛德祖於虎牢。○魏叔孫建寇青州，遣檀道濟等救之。
四 遣使入貢于魏，請伐夏。○禿髮后與其兄虎臺謀弒王，王皆殺之。	
五	
十一 世子政德拔晉昌。唐契與李寶走據伊吾，附於柔然。○柔然入寇，政德戰死，更立世子興國。	
十四	
八 于栗磾拔金墉，遂鎮之。○帝如鄴。○使刁雍招尉青州。○築長城，以備柔然。○奚斤拔許昌。○公孫	攻滑臺，不拔。○帝自將如冀州。○太子出屯塞上。○斤等拔滑臺，進圍虎牢。○叔孫建徇青州。

殂。○魏奚斤等攻虎牢，毛德祖拒之。斤等拔許昌。○朝議欲棄項城，劉粹以爲不可。○毛德祖以書間公孫表於魏，魏人殺表。○竺夔、垣苗堅守東陽，魏攻之，不拔。○李元德襲許昌，復取之。○魏主自臨攻虎牢，絶其汲路，不能拔。○檀道濟救東陽，魏兵解去。○毛德祖堅守虎牢二百餘日，將士眼皆生瘡，終無叛志。魏人偷其井，人馬被傷，不復出血。城潰，德祖不肯去，爲魏所禽，遂失司、兗、豫之地。○徐佩之欲誅謝晦，傅亮曰：「若爾，吾當角巾步出掖門。」○尊張太后。○魏周幾復取許昌。

表攻虎牢，久不拔。王亮以爲置營失所，表坐誅。○宋李元德復襲取許昌。○于栗磾作浮梁於孟津。○帝親臨攻虎牢，三日不能拔。○刁雍請以所募兵入東陽，叔孫建不許；雍又請以輕兵塞大峴，亦不許。檀道濟救至，建遁還。○蠻滿伊闕之南。○秦王遣使入貢，請伐夏。○奚斤等拔虎牢，執毛德祖，盡得司、兗、豫之地。○士卒疫死者什二三，周幾復取許昌。○帝殂，太子即位。○羅結總三十六曹，年一百七，精爽不衰。○崔浩不好老、莊及佛書。○左右毁之，以公歸第。○浩自謂才可比張良，而稽古過之。○寇謙之

閼逢困敦 三壬戌、四辛卯、六庚寅、八己丑、十戊子朔。○《宋志》：二月癸巳朔，食。又十月，熒惑犯心。	
宋太祖義隆元嘉元 營陽王遊戲無度，范泰諫。○徐羡之等以廬陵王輕脱多過，先奏廢之。○張約之以諫死。○羡之等召王弘、檀道濟入朝。○謝晦悚動不得眠，道濟就寢便熟。○羡之等以兵入殿，廢帝爲營陽王。迎立宜都王義隆。○又廢張太后、司馬后。○羡之等殺營陽王。○蔡廓謂傅亮宜厚加供奉。羡之等又殺廬陵王。○羡之以録命除謝晦行荆州。○亮等上表，進璽紱，請題	
五 吉毗等伐白苟、車孚、崔提、旁爲四國，皆降之。○太子暮末攻河西白草嶺、臨松郡，破之。	
六 夏主欲廢太子璝，立酒泉公倫。璝擊倫，殺之。太原公昌襲殺璝。夏主立昌爲太子。○名四門曰招魏、朝宋、服涼、平朔。	
十二 秦太子暮末寇白草嶺、臨松郡。	
十五	
魏世祖燾始光元 柔然紇升蓋寇雲中、盛樂，帝自擊之。柔然圍帝五十餘重，帝顏色自若，射殺其將於陟斤。柔然走。○帝擊柔然於柞山，大獲而還。○宕昌羌始入見。	自言神授科戒圖籙，命爲天師，使清整道教，輔佐北方太平真君。崔浩師事之。
卷第一百二十	

榜諸門，皆不許。王疑不敢下，王曇首、王華、到彦之勸行。○彦之謂領兵前驅不足恃，更開嫌隙之端。○王問傅亮二王薨廢本末，號哭嗚咽。○王嚴衛而下，朱容子抱刀累旬不解帶。○傅亮謂王晉文、景以上人。○王即帝位，赦。○蔡廓謂謝晦殺人二兄，據上流之重，自免爲難。○晦顧石頭，自謂得脱。○帝辭華林聽訟，曰：「政刑多所未悉。」○王曇首、王華爲侍中。○帝召到彦之爲中領軍。彦之詣謝晦，深布誠款。晦由是自安。○立袁后。○吐谷渾阿柴捨其子緯代，而立同母弟慕璝。○阿柴命子弟折箭，曰：「孤則易折，衆則難摧。」

乙丑（四二五）	丙寅（四二六）
旃蒙赤奮若 正丁巳、三丙辰、五乙卯、七甲寅、九癸丑、十一壬子朔。○《魏志》：六月己丑，熒惑入羽林六十餘日。	柔兆攝提格 正辛亥、二庚戌、五己卯、七戊寅、九丁丑、十一丙子朔。閏正。二一日，春分。○《魏志》：正月，歲食月於張。
二 徐、傅上表歸政，始親萬機。○徐羨之欲遜位，徐佩之等固止之。○魏始遣步堆來聘。○楊盛卒，子玄立。○盛不改義熙年號。○王弘固辭司空。○孔甯子、王華等構執政於帝，帝密謀討之。	三 何承天勸謝晦境外求全。○顏邵飲藥死。○周超謂三千非徒守城，可以立功。庾登之即解司馬以授之。○帝以王弘、檀道濟本不預廢弑之謀，召而使之。○誅徐羨之、傅亮，命到彥之、檀道濟討謝晦。○道濟曰：「臣悉晦智，晦悉臣勇。」○晦起兵，上表移檄，以誅王
六 叱盧犍等襲河西沮渠白蹄於臨松，擒之。○吉毗等擊黑水羌丘檐，破之。○檐將衆來降。	七 遣莫者胡入貢于魏，以請伐夏〔二〕。○王伐河西，攻西安、番禾，不克。○夏呼盧克、韋伐入寇，王引還。韋伐拔南安。○左丞相曇達與呼盧古戰，敗於嵻崀山。○夏兵進攻枹罕、湟河，皆不克；又攻西平，掠三萬餘户而去。○吉毗鎮南湿，辛澹據城逐之。○澹帥衆奔楊玄〔三〕。
夏主昌承光元 武烈帝殂，太子昌即位。	二 遣呼盧古、韋伐擊秦，拔南安。○敗秦曇達於嵻崀山。○進攻枹罕、湟河，不克；又攻西平，掠二萬餘户而還。○魏主襲統萬，入西宮。○奚斤克蒲反，及長安。
十三 秦叱盧犍襲臨松，擒沮渠白蹄。	十四 秦人寇西安、番禾，不克。王遣使說夏主使襲枹罕。
十六 有女子化爲男，傅權以爲臣將爲君之兆。	十七 太子永卒，立太子翼。
二 尊保母竇氏爲保太后。○遣步堆聘宋。○帝自將五道伐柔然，柔然北走。	三 秦莫者胡來，請伐夏。○王慧龍圍宋項城以應謝晦，不克。○帝問公卿用兵何先，長孫嵩等請擊柔然，崔浩請擊屈丐，劉絜等請擊馮跋。○帝欲伐夏，嵩固爭。○帝責其貪，使武士頓辱之。○周幾等攻陝。○帝使奚斤攻蒲阪，崔浩謂李順果於去就，由是有隙。○帝自君子津乘

弘、王曇首、王華爲名，且曰：「臣若欲專權，當輔翼幼主。」○袁后欲殺太子劭。○謝晦至江口遇到彥之，庾登之畏懦，停十五日不戰。○劉和之曰：「彼此共有雨耳，宜速戰。」○孔延秀敗蕭欣於彭城洲。○晦聞檀道濟來上，惶懼無計。○道濟列艦過江，晦軍大潰。晦走還江陵。○劉粹襲江陵，周超擊破之。○帝自蕪湖東還。○晦愧謝周超，攜弟遯北走，至安陸，獲之。○晦女謂晦：「當橫尸戰場，奈何狼藉都市！」○延陵蓋隨晦不捨，帝賞之。○魏王慧龍圍項城。○道琳爲帝所賞遇，遂參權要，謂之「黑衣宰

河冰襲統萬，入其西宮，分軍四掠，虜萬餘家而還。○周幾等破陝，長驅入三輔。奚斤克蒲阪，赫連乙斗奔長安。赫連助興棄長安，西奔安定。斤入長安，秦、雍氐、羌及河西王皆來降。○罷紬繭羅縠户。

	强圉單閼 正乙亥、三甲戌、五癸卯、八壬寅、十辛丑、十二庚子朔。○《宋志》：六癸卯朔，食。○《魏志》：五月辛酉，太白、辰合於西方。
相」。帝每歲三訊獄。○王敬弘自謂不解訊牘。○王華謂宰相頓有數人，何由得治！○王華、王曇首、殷景仁、劉湛俱爲侍中，帝謂後世難繼。○謝弘微精神端審，時然後言，家人敬之若神。○謝混謂弘微異不傷物，同不害正。○王曇首辭封。○范泰請赦謝晦婦女。○徐佩之謀反，誅。○張太妃卒。	四 謁京陵，見高祖耕具。○杜弘文輿疾就路。
	八 山羌叛，執左丞相曇達，敗征南吉毗。王還枹罕。○遣渥頭等入貢於魏。○氐楊玄圍赤水，執出連輔政。○吴漢爲羌所攻，還枹罕。
	三 平原公定擊魏奚斤於長安。○魏主來攻統萬，夏主使召定軍，定曰：「統萬堅峻，非可猝拔。待吾禽斤徐往，內外擊之，蔑不克矣。」○夏主聽降人言，出戰，爲魏所敗，不及入城，遂奔上
	十五
	十八
	四 夏赫連定引兵向長安。○帝乘虚復襲統萬。○帝留步兵攻具，以輕騎三萬，倍道兼行抵其城，曰：「攻城，下策也。不若羸形，誘使出戰。吾士卒去家二千里，與戰則禽之矣。」○夏主出

邽。魏克統萬。○平原公定聞之，亦自長安奔上邽。○安定降魏。

戰，帝奮擊，大破之。○崔浩叱趙倪曰：「風道在人，豈有常也！」○帝墜馬，幾爲夏兵所獲，拓跋齊救之得免。○帝逐奔入城，夏人閉門，繫裙槊上，乃得出。○夏主奔上邽，遂克統萬。○統萬城可以厲刀斧，宫室壯麗，帝曰：「用民如此，不亡得乎！」○崔浩謂趙逸文章，譽夏過實，不足罪。○帝遣娥清、丘堆略地關右。赫連定聞統萬已破，亦奔上邽。○帝命奚斤班師。斤固請益兵，以攻上邽。○○柔然寇雲中。○帝親犯矢石，將士畏服。○帝服御飲膳，取給而已。○帝謂屈丏蒸土築城，而朕滅之；

著雍執徐

二己亥、四戊戌、六己酉、七丁卯、八丙申、十乙未、十二甲子朔。閏十。十一日，冬至。○《魏志》：十一月乙未朔，食。又五月癸未，太白犯天街。

五

范泰勸王弘遜位，徵彭城王義康入輔政。○弘降號衛將軍。○謝靈運恨不參朝政，憤怨免官。

秦王暮末永弘元

姚濬叛降河西。焦嵩爲吐谷渾元緒所執。○文昭王卒，太子暮末即位。○河西王入寇，攻樂都，克其外城。相國元基拒卻之。歸沮渠成都於河西以和。○涼州牧千年奔河西。○河西入寇至磐夷，還攻西平。

夏主定勝光元

魏尉眷攻上邽，夏主昌退保平涼。魏奚斤進軍安定。昌恃勇，好自挑戰，魏人皆識之。與魏安頡戰，爲頡所禽。平原王定收餘衆還平涼，即帝位。與奚斤戰于馬髦嶺，禽斤及娥清、劉拔。魏人棄安定、長安，東奔蒲阪。

承玄元

秦姚濬來降。○王伐秦，攻樂都，克其外城。秦人歸沮渠成都以和。秦乞伏千年來奔。王伐秦，至磐夷，還攻西平。

十九

神䴥元

尉眷攻上邽，夏主退保平涼。奚斤進軍安定。斤以馬少，深壘自固。丘堆爲夏所敗，夏主乘勝鈔掠城下。安頡選二百騎出戰，禽夏主昌。○帝以公主妻昌，器用給乘輿之副；與昌共逐鹿，深入山澗，曰：「天命有在，亦何所懼！」○奚斤恥無功，齎三日糧，追夏主定。戰於馬髦嶺，斤與娥

蕭何之對，非雅言也。○帝以財者軍國之本，不妄賞賜。賞不遺賤，罰不避貴。然殘忍好殺，後多悔之。○夏安定來降。○公孫軌責楊玄不出迎。

卷第一百二十一

	屠維大荒落 二癸亥、四壬戌、六辛酉、八庚申、十己未、十二戊午朔。○《宋志》：五月壬辰朔，食。十一月己丑朔，又食，不盡如鉤，星見，晡方没，河北地闇。
	六 王弘乞解州、録，以授彭城王義康。帝以義康録尚書事，領南徐州刺史，與弘共輔朝政。弘每事讓之。○帝以書戒江夏王義恭。○立太子劭。○帝奉外祖母蘇氏甚謹，而不追封。○王敬弘東歸。○楊玄卒，弟難當廢玄子保宗而自立。
	二 河西王拔西平。○立梁后及太子萬載。○辛進以誤彈誅五族。○河西王入寇，王遷保定連。河西王至枹罕，使世子興國攻定連。王與戰，禽之。又破吐谷渾没利延。○王以妹妻沮渠興國。○王弟軻殊羅與叔父什寅謀反。王刳什寅腹，投諸河。
	二 酒泉公儁奔魏。○夏主欲復取統萬，至侯尼城而還。○夏主登苛藍山而泣，曰：「先帝以朕承大業，豈有今日！」
	二 拔秦西平。○王伐秦，至枹罕。使世子興國攻定連，爲秦所禽。○王以穀三十萬斛贖興國于秦，秦不許，乃立世子菩提。
	二十
清、劉拔皆爲夏主所禽。丘堆棄輜重於安定，與高涼王禮東奔蒲阪。帝命安頡斬堆而代之。○柔然寇邊。○鮮于臺陽反。○燕鳳卒。	二 夏酒泉公儁來奔。○崔浩等撰國書。○浩勸帝伐柔然。○浩詰張淵等不言夏亡。○浩料宋不敢入寇，蠕蠕自寬日久，夏則散牧，掩之可以盡滅。○浩語寇謙之，恐諸將顧慮，不能全舉。○帝聞宋欲取河南，曰：「不先滅蠕蠕，則是坐待寇至，腹背受敵〔四〕。」○帝至漠南，捨輜重，輕騎襲柔然。柔然民畜駭散，大檀燒廬舍西走。

○夏主寇統萬，至侯尼城。○帝分軍搜討柔然境内，東西五千里，南北三千里，降者三十餘萬，戎馬百餘萬〔五〕，雜畜數百萬。○帝循弱水西行，至涿邪山，諸將恐有伏兵，勸帝還。降者言去紇升蓋百八十里，前行二日則盡之矣。○紇升蓋憤邑而卒。○帝使安原等襲高車於巳尼陂，復降數十萬落。○徙新民於漠南，馬牛羊爲之價賤。○崔浩以銅鋌記天文。○帝爲之立嘗疏食。○帝命浩規諫無隱，終久深思卿言。○帝指浩示高車帥曰：「胸中所懷，過於兵甲。」

上章敦牂

二丁巳、五丙戌、七乙酉、九甲申、十一癸未朔。○《宋志》：三月，太白、歲合於奎。六月，熒惑犯東井，興鬼入軒轅。○《魏志》：三月至十月，太白、歲再合。

七

帝欲復河南之地，命到彦之等伐魏。○彦之等自淮入泗。泗水滲，日行纔十里，自泗入河西上。魏碻磝、滑臺、虎牢、金墉皆棄城去。彦之等分兵守之，列兵河上，西至潼關。諸軍皆喜，王仲德獨憂，曰：「虜斂兵完聚，必將復來。」○姚聳夫攻治阪，爲魏所敗。○夏主來約，中分河北。○鑄四銖錢。○魏安頡濟河攻金墉。杜驥棄城走，歸罪於姚聳夫而殺之。○魏拔虎牢，尹沖降。○到彦之欲南走，垣護之諫。○彦之與王仲德還至歷城，焚舟，奔彭城。○魏寇濟南，蕭承之偃兵開門。○魏叔孫建敗竺靈

三

殺什寅之弟白養、去列。○吐谷渾慕璝入寇，段暉等擊走之。○自正月不雨至九月，民多流叛。○魏人許以平涼、安定封王。王畏河西之逼，乃焚城邑，帥户萬五千東趣上邽故地，入於吐谷渾。郭恒等謀叛，誅。○夏發兵拒王，王留保南安。○魏擊破夏兵，遣庫結來迎王。用吉毗謀，不肯内徙。○南安羌奉焦亮以叛，攻南安。楊難當遣苻獻救之。亮敗，奔廣寧王説。焦遺使誅之。○楊顯以略陽降夏。

三

夏主遣其弟謂以代伐魏鄜城，敗還。夏主使其弟社干度洛孤守平涼，自將伐魏。○與宋約同滅魏，中分河北。○魏主自統萬襲平涼。夏主自鄜城還救之，敗於鶉觚原。魏人圍之。○夏主衆潰，奔上邽。魏進取安定。東平公乙斗掠長安，奔上邽。○隴西降魏。○秦楊顯以略陽來降。○平涼降魏。○長安守將走，關中皆入于魏。

三

二十一

太祖疾病，命太子翼勒兵聽政。宋夫人欲立其子受居，謂翼曰：「上疾將瘳，奈何遽欲代父臨天下！」翼素仁弱，乃還東宮。宋夫人因矯詔絶内外。胡福以告録尚書中山公弘。弘勒兵入宮，太祖驚懼而殂。弘遂即天王位。太子翼戰敗而死。太祖有子百餘人，弘皆殺之。

三

宋將入寇，先遣田奇來求河南地。帝曰：「我當權斂戍相避，俟河冰合，更取之。」○劉絜請從敕勒於河西。帝曰：「此如囿中之鹿，急之則奔突，緩之自定。」○南鎮請先發兵擊宋，崔浩以爲入夏南地暑濕，不可行師；不如俟其疲弊，秋涼擊之。○公卿欲發兵造船，遣司馬楚之等招誘南人。浩以爲如此是張虚聲而受實害。且楚之等止能招合輕薄無賴，不能成大功。○又謂宋人事、天時、地利無一可，必敗。○帝以河南四鎮兵少，悉命收衆北渡，使杜超鎮鄴。○宋姚聳夫攻治阪〔六〕，安頡擊破

秀於湖陸。○魏安頡攻滑臺。○長沙王義欣鎮壽陽，隨宜經理，遂爲盛藩。○到彦之北伐，資實甚盛，委棄蕩盡，顧琛詭對有十萬人仗。○王曇首勸兄弘減府兵之半，以授彭城王義康。

之。○夏赫連謂以代寇鄜城，始平公隗歸等擊破之。夏主自將邀擊隗歸。○夏與宋約中分河北。○崔浩料宋不過據河自固，勸帝伐夏。○帝自統萬襲平涼。○安頡濟河，拔金墉、虎牢。○夏主還救平涼，敗於鶉觚原，魏兵圍之。○夏主兵潰，奔上邽。魏進取安定。赫連乙斗掠長安，奔上邽。○叔孫建敗宋竺靈秀於湖陸。○夏隴西來降。○安頡攻宋滑臺。○帝執崔浩手示河西使者。○使庫結迎秦王，不至。○平涼降。○使奚斤膝行執酒，奉豆代田。○夏長安守將走，關中悉平。○以奚斤爲宰士，使負酒食以從。○王斤貪縱，斬以徇。

重光協洽

正壬午、三辛巳、五庚辰、閏七己酉、九戊申、十一丁未朔。八一日，秋分。○《宋志》：四月辛未，太白在胃。五月，犯天關東井。六月庚子，熒惑入東井。丁丑，太白犯上將。八月癸未，太白入右掖門，犯左執法。乙未，熒惑犯積尸。十月丙辰，太白、填合於須女。

八

檀道濟救滑臺，敗魏乙旃眷於壽張，斬悉煩庫結於高梁。○道濟進至濟上，爲魏叔孫建所拒，連戰二十餘日。○魏入拔滑臺，執朱脩之。○道濟食盡引還，夜唱籌量沙，魏以降者爲妄而斬之。○道濟常服乘輿，引兵徐出。魏不敢逼，全軍而返。○蕭思話棄青州。○魏來求昏，帝依違答之。○殷景仁薦劉湛共參政事。○謝述救張邵死，焚手詔。○林邑寇九德。

四

夏主大破秦姚獻軍，遂圍南安。王暮末食盡出降，送於上邽。○焦楷奔廣寧，勸其父遺舉兵拒夏。會遺卒，楷奔河西。○夏主殺暮末及宗族五百人。

四

夏主伐秦，大破姚獻，使北平公韋伐圍南安，秦王暮末出降。○殺暮末及其族。○夏主畏魏之逼，擁秦、隴十餘萬口自治城濟河，將擊河西而奪其地。吐谷渾慕璝使没利延等邀擊之，執夏主定以歸。

義和元

王遣子安周入侍于魏。○魏封王爲涼王。

燕昭成帝弘太興元

立慕容后。

四

宋檀道濟救滑臺，敗乙旃眷於壽張，斬悉煩庫結於高梁。○叔孫建等拒道濟於濟上。安頡等拔滑臺，執朱脩之。○道濟食盡引去。○宋蕭思話棄青州走。○宋人卒如崔浩所料，帝謂公卿皆不及。○司馬楚之請伐宋，帝以兵勢不許。宋以反間誣王慧龍〔七〕，帝明其不然。○慧龍得宋刺客而赦之。○帝獲柔然邏者，賜衣服遣還。柔然感悦入貢。○吐谷渾慕璝請送赫連定，封西秦王。○帝作歌曰：「智如崔浩，廉若道生。」○使李順册拜河西王爲涼王。○詔徵世胄遺逸盧

玄黓涒灘

正丙午、三乙巳、五甲辰、七癸卯、九壬寅、十二辛未朔。○《宋志》：正月庚午，熒惑入輿鬼。四月，歲入羽林。己丑，太白入積尸。五月辛酉，熒惑入右掖門，犯右執法。八月癸未，太白犯心前星。乙酉，犯明堂星。

九

王弘卒。○吐谷渾慕璝來告捷，歸南國將士没於夏者。○臨川王義慶以宗室令美，得爲荆州。○司馬飛龍寇陰平，劉道濟擊斬之。○趙廣等反攻成都。○燕王使朱脩之來求救。○趙廣劫道人程道養爲蜀王。○裴方明擊賊，散而復合。○劉道濟病，梁儁之勸遺給使出外。○謝弘微爲晉陵公主守財，九年如

二

禿髮保周奔魏。○魏李順來聘。魏主徵曇無讖，王不遣而殺之，魏由是怒。

二

立慕容后、太子王仁。○魏主入寇。○石城等十郡降魏。○魏主圍和龍，徙營丘等六郡民而去。○郭淵勸王納女，請爲附庸於魏。王曰：「結怨已深，降附亦死。」○魏朱脩之來奔，使浮海求救於宋。○長樂公崇、廣平公朗、樂陵公邈以遼西叛降魏，使封羽圍之。

延和元

尊竇太后，立赫連后、太子晃。○吐谷渾慕璝送赫連定于平城〔八〕，殺之。○慕璝求廓土賞財及流民，公卿議不與。○祁纖請改代爲萬年，崔浩議不可。○帝伐燕，使太子録尚書事。○燕石城等十郡降。帝圍和龍。○徙營丘等六郡民於幽州。○朱脩之謀作亂，不果，出奔燕。○燕馮崇以遼西來降。○詔：

玄、李靈、高允等。○崔浩欲整流品，辨族姓，盧玄止之。○命崔浩更定律令，得以官爵除刑，孕婦過百日乃決。○敕勒驅鹿迎帝於漠南。

	昭陽作噩 二庚午、四己巳、六戊辰、八丁卯、十丙寅、十二乙酉朔。
故。○弘微曰：「内人尚能無言，豈可導之使爭！」	十 魏來求昏。○劉道濟卒，梁儁之、裴方明秘其喪。程道養郊天，儁之等擊敗之。臨川王義慶遣周籍之救成都。○趙廣等屯廣漢及郫，籍之、方明等擊破之。○帝自徒中起蕭思話爲梁州刺史。○林邑求領交州，不許。○裴方明禽程道助，斬嚴遐，趙廣等皆奔散。○甄法崇至成都，程道養等逃入郪山。○楊難當襲據漢中。○謝靈運棄市。
	涼哀王牧犍永和元 武宣王寢疾，國人廢世子菩提而立菩提兄牧犍。武宣王卒，牧犍即河西王位。魏人使李順立之，且迎王妹爲夫人。○王以劉昞爲國師，親拜之。
	三 魏拓跋健等入寇，封羽以凡城降魏。
所徵名士，任其進退，無得逼遣。○李順聘涼，責涼王不拜。○順謂涼王猶足終其一世，不復年矣。牧犍繼立，必亡。	二 帝使崔徽、張黎佐樂安王範鎮長安，關中遂和。○封馮崇爲遼西王。○休屠金崖、羌狄子玉反於安定，陸俟討獲之。○俟謂郎孤專以寬恕待高車，高車驕慢；復以法裁之，必致怨叛。○求昏於宋。○司馬天助來降。○帝稱李順策涼事有驗[九]。○永昌王健等伐燕，燕封羽以凡城降[十]。使刁雍鎮外黃。

甲戌（四三四）	乙亥（四三五）
閼逢閹茂 二甲子、四癸巳、六壬辰、八辛卯、十庚寅、十二己丑朔。閏三。四一日，小滿。十一七日，冬至。○《宋志〔十一〕》：七月十六日四更二唱丑初，月始食，四唱食既，在營室十五度末。日在翼十五度半。又三月丙辰，太白在參。閏月戊寅，太白犯五諸侯。	旃蒙大淵獻 二戊子、四丁亥、七丙辰、九乙卯、十一甲寅朔。十八日，冬至。○《宋志》：十一月十五日，景極長。又正月己未朔，食。又七月壬戌，熒惑犯積尸，掩上
十一 楊難當引去，留趙温等守漢中。蕭思話遣蕭承之等擊破之。○承之以斧推槊破楊和。○思話復漢中故地，遷治南鄭。○楊難當謝罪，詔赦之。○河西王來告喪，詔加爵位。	十二 燕王入貢，封爲燕王。○劉湛以殷景仁位遇本不踰己，而一旦居前，漸構猜隙，乃深結司徒義康，欲以傾景仁，獨專朝政。○義康毀景仁，帝待之益隆。○殷、
二 告喪於宋，宋加王爵位。	三 有神投書曰：「三十年若七年。」張慎勸脩德政。
四 王遣使稱藩請罪薦女於魏以請和。○魏主徵太子入朝。○王不遣太子，劉滋諫，殺之。○魏拓拔健等入寇，徙民而去。	五 遣使入貢于宋。○湯燭入貢于魏，辭以王仁有疾。○遣使乞師于宋〔十三〕。○魏拓跋丕等入寇，大掠而去。○王使人請迎於高麗，楊崏以爲高麗必爲變。
三 楊難當送流民在漢中者。○以西海公主妻柔然可汗，納其妹爲昭儀。○赫連昌亡走，追獲并諸弟殺之。○燕王稱藩請罪薦女以請和，帝徵其太子入朝。○于什門在燕二十一年不屈節。○常山王素擊休屠金當川〔十二〕，斬之。○燕王不遣太子，命永昌王健等伐之，徙民而還。○帝擊山胡白龍於西河，爲胡所窘，賴陳建以免。遂破之，斬白龍。	太延元 燕湯燭入貢。○穆壽加征東，辭以梁眷之勳未録。○西域九國入貢，帝以爲通之無益，欲不遣報使。○高麗來請諱。○樂平王丕等伐燕，大掠而還。○安

丙子（四三六）

將。十二月甲申，太白犯羽林。○《魏志》：九月，熒惑犯上將，又犯左執法。	柔兆困敦 正癸丑、三壬子、五辛亥、七庚戌、九己酉、十二戊寅朔。閏十二。十一二十九日，冬至。○《宋志》：十一月二十六日，景極長。又十二月十六日亥初，月始食，一更三唱食既，在鬼四度。日在牛六度半。又十一月辛亥，歲犯積尸。十二戊子，熒惑入羽林。○《魏志》：三月，月及太白犯右執法。八月，熒惑犯左執法及上將。丁亥，歲守積尸。十一月辛亥，又犯鬼。
劉門下人不相往來。○燕王來乞師。○以大水禁酒。○蕭摹之請鑄銅像及造塔寺，皆列言須報。	十三 劉湛忌檀道濟威名，説司徒義康因帝疾亟召道濟入朝，誅之。道濟且死，曰：「乃壞汝萬里長城！」○蕭汪之破程道養，降帛氏奴。○晉褚后卒。○錢樂之鑄銅渾儀。
	四
	六 王求送侍子於魏，魏不許。○魏娥清、古弼入寇。○拔白狼城。高麗遣葛盧孟光將數萬衆來迎。郭生因民憚遷，勒兵與王戰，生死。王遂驅龍城見户東奔高麗。
原坐誅。	二 燕王求送侍子，帝不許。○娥清、古弼等伐燕。○楊難當自稱大秦王，立后，置百官。○娥清等拔燕白狼城，燕王東奔高麗，清等不追擊。帝怒，黜爲門卒。○楊難當據上邽，詔樂平王丕等擊之。難當懼，斂戍獻地。○丕欲誅豪帥及虜掠，高允諫而止。○高麗不送燕王，帝欲發秦隴兵擊之。劉潔、樂平王丕諫而止。○置野馬苑。○柔然絶和親，犯邊。○吐谷渾慕璝卒，弟慕利延立。
	卷第一百二十三

丁丑（四三七）	戊寅（四三八）
強圉赤奮若 正丁丑、三丙子、五乙亥、七甲戌、九癸酉、十一壬申朔。正一日，雨水。十一月十一日，冬至。○《宋志》：十一月十六日二更四唱，月始食，三更一唱，食既，在井三十八度。日在斗二十二度半。又四月丁未，太白犯輿鬼。五月丙午，太白在太微。七月辛卯，歲入軒轅。八月庚申，熒惑犯上將。九月丙戌，犯左執法。	著雍攝提格 正辛未、四庚子、六己亥、八戊戌、十丁酉、十二丙申朔。十一二十一日，冬至。○《宋志》：十一月十八日，景極長。○又五月十五日，月始
十四 帝將嫁女於魏，女卒而止。○趙廣等降，斬程道養。	十五 遣王白駒等迎馮弘。高麗殺弘。高麗將白駒等殺高麗將高仇。○立儒、玄、史、文四學。○帝寬恭勤儉，江左之政稱元嘉。
五 娶魏主妹爲后，徙故妻李氏於酒泉。李氏卒，其母尹氏奔伊吾。○遣世子封壇入侍于魏。○求雜書于宋。	六
	弘卑侮高麗，政刑猶如在國。高麗遷弘於北豐，質其太子王仁。弘怨怒，請迎於宋。高麗殺之并其子孫。
三 詔吏民得舉告守令。守令皆畏猾民，而貪縱自若。○董琬、高明使西域入貢者十六國。○帝以妹妻河西王。○帝欲伐河西，李順請俟它年。	四 罷沙門五十以下者。○帝伐柔然至白阜，不見柔然而還。漠北旱，人馬多死。

生巳，食光巳生四分之一，在斗十六度。日在井二十度。○又十一月癸未，熒惑入羽林。○《魏志》：十一月丁卯朔，食。	屠維單閼 二乙未、四甲午、七癸亥、九壬戌、十辛酉、十二庚申朔。閏九。十月一日，小雪。十一二日，冬至。○《宋志》：十月二十九日，景極長。又二月，歲逆行犯左執法。五月，太白犯畢。八月，犯軒轅。熒惑犯太微西上將。太白在翼。九月，同入太微。太白犯左執法。熒惑犯右執法。十月，歲、熒惑合於亢。十一月，熒惑犯房北第一星。○《魏志》：六月甲午，月見西方。
	十六 被苦老父謂衡陽王義季，若不奪農時，則境内皆飽王食。○魏葛那取上洛。○太子劭意之所欲，上必從之。東宮置兵與羽林等。○南豐太妃司馬氏卒。
	七 王嫂李氏鴆魏公主。魏徵李氏，王不遣。○魏主自將入寇，王用姚定國計不出迎，嬰城自固，求援柔然。王弟董來出戰而敗，魏遂圍姑臧。○王兄子萬年出降，姑臧潰。王面縛降魏，魏主釋而禮之。
	五 葛那取宋上洛。○楊保宗來奔，置之上邽。○帝欲擊涼州，奚斤等皆以爲不可，獨崔浩以爲必克。李順謂姑臧無水草，浩言順受金。○帝伐涼州，留穆壽輔太子晃監國，決留臺事。○帝使壽伏兵漠南，以擊柔然。○源賀請先招降四部，鮮卑外援既服，則孤城易取。○帝擊破沮渠董來，遂圍姑臧。○帝見水草豐饒，始銜李順。○姑臧降，虜河西王牧犍。牧犍弟

無諱、宜得奔敦煌，安周奔吐谷渾。○帝謂伊馛所見同崔公乃可奇。○帝敕穆壽備柔然。○柔然入寇至七介山。壽欲令太子避保南山，竇太后不可。○嵇敬等破柔然於陰山北，禽乞列歸。柔然走。○禿陰保周叛於張掖。○涼州官屬皆賜爵拜官。○胡叟知牧犍將亡。○索敞、常爽教授平城，魏之儒風始振。○高允謂爽剛克，文翁柔勝，成人一也。○命崔浩與高允、張偉同修史。○允知十月五星聚，漢史之謬。○允謂游雅，天下妙理至多，何必問災異！○吐谷渾慕利延西遁踰漠，帝召還之。○楊難當寇上邽，帝責之而退。

庚辰（四四〇）

上章執徐

二己未、四戊午、六丁巳、八丙辰、十一乙酉朔。十三日，冬至。○《宋志》：十日，景極長。又四月戊午朔，食。又九月十五日二更一唱，月始食，三唱，食十五分之十二，在昴一度半。日在氐十三度半。

宋太祖元嘉十七

司徒義康專總朝權〔十四〕，自謂至親，率心而行，無君臣之禮。○東府甘大供御者三寸。○劉湛黨附義康，推崇之，上浸不平。○湛每入，上視日早晚。○殷景仁密言相王權重，宜加裁抑。○劉斌等諂附義康。上疾篤，湛謂天下艱難，詎幼主所御！孔胤秀等索晉康帝舊事。遂邀結朋黨，窺伺禁省，主、相之勢分矣。○上自去秋不往東府。○湛遭母憂，曰：「今年必敗。常日正賴口舌爭之。」○太子劭拜京陵。○袁后殂。○誅劉湛及親黨，黜義康鎮豫章。○殷景仁稱疾家居五年，而密信往來日十數。○上輿景仁入殿，委以誅討。○沈慶之不受劉湛論薦。○慶之急裝見帝。○高祖以納布衫襖示子孫。○王球責王履進利，曰：「阿父在，何憂！」○江湛早自踈於義康。○慧琳謂義康，恨不讀數百卷書。○義康曰：「謝述唯勸吾退，劉班唯勸吾進。班存述死，其敗宜哉！」○江夏王義恭録尚書，奉行文書而已。○殷景仁卒。○何尚之謂范曄志趣異常，請出之。

魏世祖太平真君元

沮渠無諱執元絜，拔酒泉，寇張掖。○禿髮保周屯删丹，永昌王健等討之。○敗保周於番禾。竇太后殂。○禿髮保周自殺。○沮渠無諱降。○吕玄伯守王慧龍墓。○伊馛辭尚書，求中、秘。

辛巳（四四一）

重光大荒落

正甲申、三癸未、五壬午、十辛巳、九庚辰、十一己卯朔。二十五日，冬至。○《宋志》：十一月二十一日，景極長。○《魏志》：六月壬子朔，月見西方。

十八

扶令育請召還義康，坐賜死。○楊難當入寇，謀據蜀土，劉真道、道錫拒卻之〔十五〕。詔裴方明等討難當。

二

以沮渠無諱爲涼州牧、酒泉王。○新興王俊坐怨望死。○沮渠無諱擊沮渠唐兒於敦煌，殺之。○奚眷攻酒泉，獲沮渠天周，殺之。○無諱遣沮渠安周攻鄯善，不克。○寇謙之請帝受符書。

壬午（四四二）

玄黓敦牂

正戊寅、四丁未、閏五丙午、七乙巳、九甲辰、十一癸卯朔。六一日，大暑。十一六日，冬至。○《宋志》：十一月三日，景極長。又七月甲戌晦，食。

十九

劉真道、裴方明擊難當，破之，遂克仇池。難當奔魏。○魏古弼、皮豹子等入寇。○沮渠無諱逐闞爽，據高昌來降。○劉道産治雍州，山蠻自出爲居民。

三

帝始親詣道壇受籙。○太子晃諫築靜輪宮。○沮渠無諱棄敦煌，西滅鄯善而據之。○李寶入據敦煌。○唐契攻闞爽於高昌。柔然追擊契，殺之。○楊難當來奔。遣古弼、皮豹子等伐宋。○李寶來降。賜李順死。

癸未（四四三）

昭陽協洽

正壬寅、三辛丑、六庚午、八己巳、十戊辰、十二丁卯朔。十一十六日，冬至。

二十

魏古弼等克仇池，胡崇之戰没。○楊文德來降。○姜道盛助文德攻魏濁水，敗死。

四

古弼等克仇池，禽宋將胡崇之。○楊保宗謀叛，河間公齊執而殺之。○楊文德據白崖反。○古弼擊文德，走之。○弼説皮豹子留待宋兵至而擊之。○帝襲柔然。至石水，太子晃請急擊柔然，曰：「營上塵盛，是其驚擾。」○司馬楚之軍中失驢耳，知賊將至，作冰柳城以卻之。○宋姜道盛寇濁水，敗死。○詔太子總百揆，功臣皆以爵歸第。

甲申（四四四）

閼逢涒灘

二丙寅、四乙丑、六甲子、八癸亥、十一壬辰朔。

二十一

南譙王義宣爲荆州，帝以中詔戒敕之。○何承天撰《元嘉曆》。

五

太子始聽政，以穆壽、崔浩、張黎、古弼共輔之。○弼以帝不聽奏事，毆劉樹，既而請罪。帝曰：「築社之役，蹇甗而築之，端冕而事之，神降之福。」○太子課民稼穡，借人牛而爲之芸，標姓名於田首，以知勤惰。○禁私養沙門巫覡，又禁私置學校。○中山王辰等八將坐擊柔然後期，斬於都南。○劉絜坐矯詔更期驚軍，勸帝輕還，謀立樂平王丕，族誅。○高允謂董道秀對樂平王宜云「高而無民」。○吐谷慕利延殺其兄子緯世，緯世弟叱力延來奔。○沮渠無諱卒，弟安周立。○崔浩奏罷非禮複重之祭及胡俗小神。○古弼以弱馬供獵，肥馬供軍。○帝發民車載麋鹿，弼以妨秋收不與。○遣晉王伏羅伐吐谷渾。○帝將襲柔然，吴提遠遁，乃止。○吴提卒，子吐賀真立。○伏羅襲吐谷渾，慕利延奔白蘭，降者萬三千落。○李寶來朝，留之。

乙酉（四四五）

旃蒙作噩

宋初用《元嘉曆》：正辛卯、三庚寅、五己丑、六戊子、八丁亥、十丙戌、十二乙酉朔。閏五。六一日，大暑。○魏仍用《景初曆》：正辛卯、二庚寅、四己丑、六戊子、八丁亥、十丙戌、十二乙酉朔。閏正。二一日，春分。○

二十二

錢樂之演京房律法，何承天改之。○帝欲經略關河，以武陵王駿鎮襄陽。○沈慶之討破緣沔諸蠻。○柳元景募兵討叛蠻，大破之。○帝使諸子知有飢苦。○范曄、孔熙先等以仕不得志，且據星讖，謀弑帝，立彭城王義康。徐湛之告之，伏誅。○帝愛熙先才，責何尚之。○謝綜謂曄殊不及夏侯色。○謝約諫兄綜與熙先遊。○綜母以子弟自蹈

六

初令中書以經義決疑獄。○遣高涼王那等攻吐谷渾慕利延於白蘭（十六）。鄯善閉絶西域使者，遣万度歸擊之。○吐谷渾什歸走封敕文，克枹罕。○万度歸克鄯善，虜其王真達。○詔發諸州兵三分之一，戒嚴以俟命。徙雜民五千家於北邊，以餌柔然。○高涼王那擊吐谷渾慕利延，禽其兄子被囊、什歸等。慕利延西入于闐，殺其王據其地。○

《宋志》：二月，太白、熒惑、歲合於東井。四月，太白入軒轅。○《魏志》：六月戊子朔，食。

逆亂，不出視。○廢徙義康於成安。○義康讀淮南厲王事，自謂宜得罪。○南郊始設登歌。兗州荅魏移僑置州名及畋具區。

蓋吴反於杏城，有衆十餘萬。拓跋紇敗死，河東蜀薛永宗應之。○裴駿帥鄉豪破薛永宗。

丙戌（四四六）

柔兆閹茂

宋：三甲寅、五癸丑、七壬子、九辛亥、十一庚戌朔。○魏同。○《宋志》：六月癸未朔，食。又正月，太白、熒惑合。

二十三

魏薛安都來奔。○蓋吴來求援，帝命雍、梁屯兵境上，遥爲聲勢。○檀和之擊林邑。○宗慤願乘長風破萬里浪。○顔白鹿私入魏境，詐稱杜驥請降。魏拓跋仁、拓跋那寇青、兖、冀三州。○何承天陳安邊四策。○宗慤爲師子像，破林邑象陳。○杜坦謂金日磾養馬不暇，何辦見知！

七

帝自擊薛永宗，滅之。○崔浩勸帝自渭北擊蓋吴，曰：「擊蛇先斷首。」○帝用浩言，悉誅州郡沙門，焚毁經像。太子晃緩宣詔書，故沙門得亡匿。○永昌王仁高、涼王那擊宋青、兖、冀三州。○邊固、梁會據上邽反，封敕文討平之。○永昌王仁高、涼王那討蓋吴。○發民築畿上塞圍。○陸俟獲蓋吴二叔，縱之使斬吴。○劉超反，俟誘納其女，親入其營，襲殺之。○吐谷渾還舊土。

丁亥（四四七）

强圉大淵獻

宋：正己酉、三戊申、六丁丑、八丙子、十乙亥、十二甲戌朔。○魏：正己酉、三戊申、六丁丑、八丙子、十乙亥、十一甲戌朔。閏十。十一月一日，冬至。

二十四

帝欲以大錢一當兩，何尚之曰：「泉布以估貨爲本，豈假多鑄，況崇虚價。」○衡陽王義季縱酒取死。○豫章胡誕世反，謀奉前彭城王義康，檀和之擊斬之。

八

誅沮渠牧犍。

戊子（四四八）

著雍困敦

宋：二癸酉、三壬申、五辛未、七庚午、十己亥、十二戊戌朔。閏二。三一日，穀雨。○魏：正癸酉、三壬申、五辛未、七庚午、十己亥、十一戊戌朔。○《宋志》：正月，辰、熒惑入羽林。

二十五

氐王楊文德爲魏所破，來奔。○庾炳之免官。○罷大錢當兩。

九

皮豹子擊氐王楊文德，破之。文德奔宋。賜楊公主死。○以韓拔爲鄯善王。○般悦國請共擊柔然，帝許之。○万度歸破焉耆。○帝以奚斤先朝佐命，復其爵而黜其子。○万度歸擊龜兹。○帝擊柔然，至受降城，不見柔然而還。

己丑（四四九）

屠維赤奮若

宋：二丁酉、四丙申、六乙未、八甲午、十癸巳、十二壬辰朔。○魏同。《魏志》：四月丙申朔，食。

二十六

帝如丹徒。○帝曰：「觀王玄謨所陳，有封狼居胥意〔十七〕。」○帝欲伐魏，先廣襄陽資力。○沈慶之討雍州山蠻。

十

帝伐柔然，吐賀真遁去。○帝伐柔然。○高凉王那大破吐賀真，追奔九日九夜。柔然由是衰弱，不犯塞。

庚寅（四五〇）

上章攝提格

宋：三辛酉、五庚申、七己未、九戊午、閏十丁巳、十二丙辰朔。十一日，冬至。○魏：二辛酉、五庚申、七己未、八戊午、十丁巳、十二丙辰朔。閏七。八二日，秋分。○《宋志》：九月，太白、歲合。十月，熒惑入太微。○《魏志》：六月庚寅朔，食。十月甲辰，熒惑入太微。十二月辛未，癸卯再犯太微。

二十七

慶之大破山蠻，悉遷建康爲營户。○魏主寇淮泗，圍懸瓠，登積尸以陵城。陳憲拒卻之。○劉泰之敗死於汝東。○魏主遺帝書侮慢，劉康祖、沈慶之、蕭思話諫伐魏。○慶之謂伐國而與白面書生謀之，事何由濟！○魏主復與帝書，遺以馬及藥。○詔蕭斌、王玄謨等伐魏，拔碻磝、樂安，圍滑臺。○龐季明入盧氏。○胡盛之拔長社，劉康祖逼虎牢。○王玄謨以貪愎失人心。○魏主救滑臺，玄謨敗走。○垣護之屯石濟，斧斷鐵鎖，完備而返。○沈慶之諫蕭斌斬玄謨。○又諫守碻磝。○龐法起等拔盧氏及弘農。○魏主寇鄒山，禽崔邪利。○薛安都去鎧冑，單騎與魏戰。○安都與曾方平約，不進者更相斬。○安都等大破魏張是連提，斬之。○柳元景釋遺降者。○拔陝城，據潼關，關中夷夏響應。帝召元景等還。○劉康祖與魏永昌王仁戰於尉武，力鬬而死。王羅漢爲魏所禽，仁遂圍壽陽。○太尉義恭欲棄彭城，奔歷城及鬱洲。張暢以爲必不能至，乃止。○魏主至彭城，暢與李孝伯交語。○楊文德拔陰平、平武。○魏燕王譚破胡崇之等三營。臧質走入盱眙。○沈璞預爲守備，開門納臧質。○魏主至瓜步，臨江欲濟。○帝謂江湛：「北伐之計，予之過也！」又思檀道濟。○魏主欲求昏結好。○太子劭請斬江、徐以謝天下，由是不平。

十一

帝伐宋，圍懸瓠，不克；敗宋兵於汝東，斬劉泰之。○崔浩恃才專政，薦士數十人，起家爲郡。太子不能違，高允知其不免。○閔湛、郗標請刻浩所撰國記於石。允曰：「湛、標所營，分寸之間，爲崔門万世之禍。」○北人忿浩實録，譖浩於帝，誅其五族及僚屬僮吏。○高允勸翟黑子以實對。○太子導允使歸過於浩，允自言著述多於浩，帝特赦之。○帝使允爲詔，族祕書官吏百二十餘人。允言浩罪不及死，帝曰：「無斯人，當更有數千口死矣。」○允謂浩以私欲没其廉絜，愛憎蔽其公直。○允曰：「我不奉東宫指導，恐負翟黑子。」○帝謂崔司徒可惜，李宣城可哀。○沮渠安周破車伊洛，奔焉耆。○宋蕭斌、王斌、王玄謨等入寇，拔碻磝、樂安，圍滑臺。○胡盛之拔長社，逼虎牢。○帝不救緣河穀帛，曰：「展至十月，吾無憂矣。」○帝自將救滑臺，王玄謨敗走。○宋龐法起等拔盧氏及弘農。○帝伐宋，至鄒山，禽崔邪利。○宋柳元景等拔陝城，據潼關，尋自退。○永昌王仁敗宋兵於尉武，斬劉康祖，禽胡盛之，遂圍壽陽。○帝至彭城，求甘蔗、甘橘，借博具。○宋楊文德拔陰平、平武。○燕王譚破宋胡崇之等於盱眙。○帝至瓜步臨江。○帝得宋黄甘即噉之，舉手指天。

辛卯（四五一）

重光單閼

宋：二乙卯、五甲申、七癸未、九壬午、十一辛巳朔。魏同。《宋志》：五月，太白犯哭星。

二十八

魏師退。○殺故彭城王義康。○王玄謨棄碻磝歸。○魏主圍盱眙。臧質封溲便與之。魏主力攻不克而去。○沈璞不追魏師。○魏破南兖、徐、兖、豫、青、冀六州，鷰巢林木。○上每出師，授以成律，故多敗。邑里遂蕭條。○王孝孫諫江夏王義恭芟麥。魏魯爽來奔。○司馬順則據梁鄒反。○何尚之以尚書事讓徐湛之。○蕭斌討司馬順則，斬之。○沈慶之曰：「自歸而死，將至逃散。」○王僧綽、沈深有局度，帝與參機密。○帝前後所委任，凡十二人。

正平元

帝引還。○取宋碻磝。○圍宋盱眙，不克。○師還，士馬死過半，國人尤之。○魯爽奔宋。○游雅等更律令。○高允諫太子晃營田宅收利及寵信左右。○宗愛譖晃，晃以憂卒。帝尋知其無罪，悔之。○帝愛皇孫濬，常置左右。

壬辰（四五二）

玄黓執徐

正庚辰、三己卯、五戊寅、七丁丑、十丙午、十二乙巳朔。○魏初用《玄始曆》，朔同。

二十九

帝聞魏世祖殂，更遣蕭思話等北伐。○劉興祖以河南荒殘，請直抵中山，因敵取資。帝志在河南，不從。○帝使徐爰隨軍，銜中旨授方略。○太子劭、始興王濬多過失，恐上聞之，使巫嚴道育爲巫蠱祝詛上。事覺，道育亡命。帝雖怒劭、濬，不忍廢之。○蕭思話等攻碻磝，不拔，退屯歷城。魯爽進據長社，逼虎牢。柳元景進據洪關，蕭道成拔武興、皋蘭二戍。聞蕭思話退，皆引還。○帝責諸將曰：「虜脱送死，父子兄弟自當之耳。」○西陽蠻反，沈慶之討之。○江夏王義恭還朝。

魏高宗濬興安元

世祖追悼太子不已，宗愛懼誅，遂弑世祖，殺蘭延等及秦王翰，立南安王余。○尊赫連太后。○愛爲太師、都督中外。○宋蕭思話等寇碻磝，不克。魯爽逼虎牢，柳元景據洪關，蕭道成拔武興、皋蘭。○吐谷渾慕延卒，兄子拾寅立。○南安王余謀奪宗愛權，愛復弑余，更謀改立。○劉尼、源賀、陸麗、長孫渴侯共立太子晃之子濬，執愛，誅之。○拓跋壽樂、長孫渴侯坐事誅。○帝母閭氏卒。○古弼、張黎坐事誅。○追尊景穆帝，立保太后常氏。○屠各王景文反，南陽王惠壽等討平之。○復佛法，帝視爲沙門下髮。○陸麗固辭爵賞。○源賀以南北未賓辭重賞，取戎馬。○高允終身不言功。

癸巳（四五三）

昭陽大荒落

二甲辰、四癸卯、六壬寅、七辛丑、九庚子、十一己亥朔。閏六一日，處暑。○魏朔同，二日處暑。○《宋志》：十月辛丑朔，食既，星畢見。

三十

蕭道成等攻魏武都，不克。○武陵王駿討西陽蠻，屯五洲。○太子劭、始興王濬藏嚴道育，事覺，上欲廢劭，賜濬死，立建平王宏爲太子。江湛欲立南平王鑠，徐湛之欲立隨王誕，議久不決。王僧綽曰：「建立仰由聖懷，唯宜速斷。以

二

宋蕭道成等寇武都，苟莫于拒卻之。○殺杜元寶、建寧王崇、濟南王麗。○尊保太后爲皇太后。○赫連太后殂。○永昌王仁、閭若文坐事誅。

義割恩，勿令事泄。 難生慮表，取笑千載。」又曰：「人言陛下唯能裁弟，不能裁兒。」又謂江湛曰：「弟亦恨君不直。」上以謀告潘淑妃，妃告濬，濬告劭。 劭遂謀逆。○帝防宗室，加東宫兵至萬人。○袁淑謂劭患風，又曰：「既克之後，不爲天地之所容。」劭殺之。○劭以朱衣加朝服入宫。張超之弒帝於合殿〔十八〕。 殺徐湛之、江湛。 卜天與相戰而死。○劭召濬，朱法瑜、王慶諫止之。○濬聞潘淑妃死，曰：「願之久矣。」○劭即位，稱江、徐弒逆。○武陵王駿與沈慶之起兵於五洲。○劭殺王僧綽。○南譙王義宣、臧質、魯爽、蕭思話、張永皆起兵應駿。○劭聚諸王大臣於城内。○劭立殷后。○顔延之謂竣尚不顧老臣。○江夏王義恭、何尚之諫劭誅三鎮士民家口。○蕭斌勸劭自上決戰。 義恭以南軍舟艦不精，説劭以逸待勞。○劭謂我守石頭，誰當見救。○劭立太子偉之。○龐秀之南奔，人情大震。○王僧達見駿於鵲頭。○柳元景倍道先至江寧。○駿得危疾，顔竣代決軍政，舟人不知。○劭水陸攻元景於新亭。○元景曰：「鼓繁氣易衰，叫數力易竭。」○劭兵垂克，魯秀擊退鼓。○元景大破劭兵於新亭。○義恭南奔。○駿即帝位。○隨王誕敗燕欽於奔牛，蕭斌等皆降。○諸軍克臺城，禽劭、濬，誅之。○尊路太后。○立王后。○臧質召柳元景還州，元景不從。○周朗謂重車弱卒，不能與肥馬悍胡相逐。○又謂漢氏權制，敗於禮而安於身，必遽而奉之。○又謂櫝帶寳，笥著衣。○又謂侈麗之源，實先宫闈。○又言官稱事立，人稱官置。○又言王侯識未堪務，不應强仕。○又言俗好以毁沈人，而不知所以致毁。○又言無世不下令不言事而非實。○郡縣以三周爲滿，宋政於是乎衰。○毒殺南平王鑠。○蕭簡據廣州反。 鄧琬一道攻，不克；沈法系四面攻，克之。○省東宫官。

甲午（四五四）

閼逢敦牂

宋：二戊辰、四丁卯、六丙寅、八乙丑、十甲子、十二癸亥朔。○魏同。○《宋志》：七月丙戌朔，食既，列宿粲然。又九月壬寅，熒惑犯左執法。十月乙丑，犯進賢。

宋世祖駿孝建元

鑄四銖錢。○立太子子業。○丞相義宣與臧質、魯爽謀以今秋舉兵。爽狂醉即日反，義宣、質狼狽應之。○爽板補義宣爲天子。○魯秀拊膺曰：「兄與癡人作賊，今年敗矣！」○帝欲迎義宣，竟陵王誕不可。○王玄謨聞秀不來，喜曰：「臧質易與耳！」○垣護之、明胤破徐遺寶，克兗州。○薛安都破魯爽於小峴，斬之，遂拔壽陽。太傅義恭與義宣書，諭以殷仲堪假兵於桓玄。義宣由是疑質。○質欲直趣石頭，劉諶之勸義宣止之。○質攻拔西壘。○朱脩之不急追魯秀。○王玄謨欲退就姑孰，柳元景不許。○垣護之諫元景前就玄謨，勸分兵援之。○質欲自攻東城，顔樂之說義宣遣劉諶之與俱。○薛安都、宗越陷質陳，垣護之燒義宣舡營，質、義宣皆敗走。○質噉蓮實，死武昌。○義宣爲笁超民所囚。○魯秀死江陵。置東揚、郢州〔十九〕。○省録尚書。○朱脩之殺義宣。

興光元

乙未（四五五）

旃蒙協洽

宋：二壬戌、五辛卯、七庚寅、九己丑、十一戊子朔。○魏：二壬戌、四辛酉、七庚寅、九己丑、十一戊子朔。○《宋志》：五月乙未、七月甲辰，熒惑再入南斗。

二

沈慶之曰：「不效何公，往而復返。」武昌王渾改元置百官爲戲笑，坐徙死。○郊廟初設備樂。○節損王公車服器樂。○王玄謨請以楊頭爲西秦州，藩扞漢川。

太安元

丙申（四五六）

柔兆涒灘

宋：正丁亥、三丙戌、四乙酉、六甲申、九癸丑、十一壬子朔。閏三。四一日，小滿。○魏：正丁亥、閏二丙戌、四乙酉、六甲申、九癸丑、十一壬子朔。三一日，穀雨。○《宋志》：四月戊戌，太白犯輿鬼。八月甲午，入心。

三

宗慤不能與典籤共臨州。○太傅義恭以楊州讓西陽王子尚。○沈懷文諫廢西州。○移青、冀并鎮歷城。○朝議鑄小錢以豐公私，顔竣謂不如簡費去華。○顔延之不受子竣資供，布衣茅室，蕭然如故。

二

立馮后。○立太子弘。賜李貴人死。○丁零匿井陘爲盜，陸真等討滅之。○源賀請宥死罪以戍邊。○人告賀謀反，帝知不然。○許宗之誣馬超謗訕上。帝曰：「朕何惡於超，而有此言！」

丁酉（四五七）

强圉作噩

宋：正辛亥、三庚戌、五己酉、七戊申、九丁未、十一丙午朔。○魏同。○《宋志》：三月癸亥，太白、歲合於奎南。六月丙申，月掩熒惑於東壁。○《魏志》：四月，熒惑犯太白。十一月，犯鉤鈐。

大明元

魏寇兖州，申坦等追之不及。因請擊任榛，復無功。○沈慶之抱坦哭於市。○顔竣恃舊好直，上浸踈之。因求出，上許之。竣始懼。○民間訛言王玄謨反，玄謨令内外晏然，以解衆惑。○帝多洿行，忌竟陵王誕得民譽，使鎮廣陵。命腹心劉延孫鎮京口以防之。

三

侵宋兖。

戊戌（四五八）

著雍閹茂

宋：二乙亥、四甲戌、六癸酉、八壬申、十辛未、十二庚午朔。閏十二。○魏：二乙亥、四甲戌、六癸酉、八壬申、十辛未、閏十一庚午朔。十二日，大寒。○《宋志》：三月辛未，熒惑入東井。四月己亥，犯北軒轅第二星。十一月庚戌，犯房及鉤鈐。壬子，又犯鉤鈐。○《魏志》：六月癸酉朔，月生西方。又三月，太白犯房。八月，熒惑守畢。

二

置吏部尚書二人。蔡興宗謂主意雖欲輕重，人心難變。○高闍謀反，誅。○殺王僧達。○魏封敕文寇清口，殷孝祖等拒破之。○魏皮豹子復寇青州。○帝不任大臣，而與戴法興等議政事，皆權重當時，家累千金。○顧覬之獨不降意於法興等，著《定命論》以釋之。

四

設酒禁，釀酤飲者皆斬之。又多置候官，伺察内外。增律七十餘條。○高允切諫，帝或不忍聞，命扶出。○帝謂允面陳甚切，朕聞其過，而天下莫知允諫，可不謂忠乎！○允爲郎二十七年不遷，帝擢爲中書令。游雅謂允辨崔公，揖宗愛，始見其矯矯風節。○帝北巡，遇雪欲還，尉眷諫。○封敕文攻宋清口，不克。遣皮豹子助之。○帝擊柔然，度大漠，處羅遠遁。

己亥（四五九）

屠維大淵獻

宋：正己巳、三戊辰、六丁酉、八丙申、十乙未、十二甲午朔。正一日，雨水。○魏朔同，二日雨水。○《宋志》：九月，月食既，在胃。三月，填守牽牛。四月，犯五諸侯。太白、辰合西方。五月，歲犯東井、鉞。八月，太白犯房，熒惑，守畢。九月，太白犯南斗。十月，太白犯哭星。○《魏志》：二月，熒惑入東井。六月，太白犯鉞。

三

兖州兵與魏皮豹子戰，敗於高平。○以揚州爲王畿，東揚州爲揚州。○江智淵應有盡有，應無盡無。○或告竟陵王誕反，帝使垣閬襲之。誕擊殺閬，據廣陵自守。帝使沈慶之擊之。鄭瑗殺劉季之。○誕表斥宫帷。帝誅誕左右眷親千餘人。誕出走十餘里復還。○沈慶之焚誕所餉食，不受表函。顔竣坐怨謗誅。慶之以久雨不得攻。上怒，欲自濟江。○賀弼諫誕不聽，又不忍叛，飲藥死。○范義謂：「必若何康之活，吾弗爲。」○慶之拔廣陵，斬誕。城中男子三千餘人，皆鞭面斬首。○吕曇濟匿誕世子景粹。○徙郊壇於午位。五輅始加蓋。

五

皮豹子敗宋兖州兵於高平。

卷第一百二十九

庚子（四六〇）

上章困敦

宋：二癸巳、四壬辰、六辛卯、九庚申、十一己未朔。○魏同。○《宋志》：六月，太白犯井鉞。七月，歲犯積尸。○《魏志》：九月庚申朔，食。又正月丁未，歲犯鬼。四月，太白犯東井。

四

皇后躬桑。○沈慶之討蠻。○周朗坐言事切直，徙死。○顔師伯以諂得幸。

和平元

樂安王良討河西叛胡。○常太后殂。○陽平王新成等擊吐谷渾。○復置史官。○柔然滅沮渠氏，立闞伯周爲高昌王。

辛丑（四六一）

重光赤奮若

正戊午、三丁巳、五丙辰、七乙卯、九甲寅、十癸丑朔。閏九。十二日，小雪。○魏：正戊午、三丁巳、五丙辰、七乙卯、閏八甲寅、十癸丑朔。九一日，霜降。○《宋志》：九月甲寅朔，食入。正月，歲犯積尸。四月，太白犯東井北轅，又犯輿鬼。八月，熒惑入東井。十月，歲犯太微上將。太白入亢，犯南第二星。十月，入氐中。熒惑入井中。十二月，太白犯西建中央星。○《魏志》：二月，熒惑入鬼。九月，太白犯南斗。十一月，犯填。

五

太宰義恭以卑諂脱禍。海陵王休茂左右張伯超有罪，勸休茂據雍州反。尹玄慶討斬之。○沈懷文曰：「陛下既明管、蔡之誅，願崇唐、衛之寄。」○謝莊須墨敕開門。○沈慶之非朝賀不出門。○張岱行四王府事，與籤帥共事，事舉而情得，曰：「我爲政端平，待物以禮，悔吝無由而及。」○詔士族雜昏者補將吏，多逃亡爲盜。

二

大旱，復諸廢寺。

壬寅（四六二）

玄黓攝提格

宋：正壬午、三辛巳、五庚辰、七己卯、九戊寅、十一丁丑朔。○魏同。○《宋志》：三月，熒惑入輿鬼。五月，熒惑、歲合於翼。歲犯上將。○《魏志》：二月壬子朔，食。又九月，熒惑犯積尸。十月，太白犯歲，熒惑守軒轅。十一月，歲入氐。

六

帝投顧法秀策於地。○殺沈懷文。○殷貴妃卒。○制沙門致敬人主。○祖沖之表上曆法。

三

癸卯（四六三）	甲辰（四六四）
昭陽單閼 宋：正丙子、三乙亥、六甲辰、八癸卯、十壬寅、十二辛丑朔。○魏同。○《宋志》：熒惑、太白合於婁。六月，太白入東井。七月，熒惑入東井，太白犯輿鬼。八月，又犯軒轅少微〔二十〕，又入太微，犯右執法。熒惑犯輿鬼。十月，太白、辰合。熒惑守軒轅第二星。十一月，歲入氐。	閼逢執徐 宋：二庚子、四己亥、閏五戊戌、八丁卯、十丙寅、十二乙丑朔。六一日，大暑。○魏：二庚子、四己亥、五戊戌、八丁卯、十丙寅、十二乙丑朔。閏四。五一日，夏至。○《宋志》：四月，太白入東井，又入太微，犯執法。六月，歲犯氐。七月，又入氐。十月，太白守房。○《魏志》：七月丁未，歲守心。九月丁酉，熒惑入軒轅。冬，熒惑入太微，犯上將。十二月，遂守之。
七 江智淵以不嘲戲及議殷貴妃謚被責，以憂卒。○詔非臨軍不得專殺。○又興軍皆須手詔。○蔡興宗獨免慢辱。○劉德願哭殷貴妃，得豫州。○帝見高祖陰室，謂：「田舍公得此已爲過。」	八 帝殂，太宰義恭、柳元景、沈慶之、顔師伯受遺輔政。○太子受璽，無哀容。蔡興宗曰：「國家之禍，將在此矣！」義恭等盡改孝建以來制度。興宗曰：「有識將以此窺人。」○義恭引身避事，戴法興、巢尚之等專制朝權，多回改選事。興宗謂：「不知是何天子意！」○王玄謨以嚴直出爲南徐州。○王太后殂。○廢帝謂：「病人間多鬼，那可往！」復以王畿爲楊州，楊州爲東楊州。宋境凡有州二十二。○東方連歲旱饑，餓死者什六七。
四	五 柔然吐賀真卒，子子成立。帝如高車，觀祭天。

校勘記

〔一〕「政德」，原作「德政」，今據《通鑑》卷一百一十九乙正。下同。

〔二〕「伐夏」，原作「夏伐」，今據《通鑑》卷一百二十乙正。
〔三〕「帥」，原作「師」，今據《通鑑》卷一百二十改。
〔四〕「腹」，原作「覆」，今據《通鑑》卷一百二十一改。
〔五〕「戎」，原作「落」，今據《通鑑》卷一百二十一改。
〔六〕「治」，原作「治」，今據上文及《通鑑》卷一百二十一改。
〔七〕「反」，原作「辰」，今據再造影印浙本改。
〔八〕「于」，原作「王」，今據《通鑑》卷一百二十二改。
〔九〕「順」，原作「頃」，今據上文及《通鑑》卷一百二十二改。
〔十〕「城」，原作「成」，今據上文及《通鑑》卷一百二十二改。
〔十一〕「志」，原脱，今據文例補。
〔十二〕「王」，原脱，今據《通鑑》卷一百二十二補。
〔十三〕「遣」，原作「遺」，今據《通鑑》卷一百二十二改。
〔十四〕「徒」，原作「馬」，今據《通鑑》卷一百二十三改。
〔十五〕「道」，原脱，今據《通鑑》卷一百二十三補。
〔十六〕「蘭」下，原衍「渾」字，今據《通鑑》卷一百二十四删。
〔十七〕「胥」，原作「須」，今據《通鑑》卷一百二十五改。

〔十八〕「張」，原作「傳士」，今據《通鑑》卷一百二十七改。
〔十九〕「置」，原無，今據《通鑑》卷一百二十八補。
〔二十〕「微」，原作「民」，今據《宋書·天文志》改。

資治通鑑目録卷第十四

端明殿學士翰林侍讀學士朝散大夫右諫議大夫集賢殿修撰提舉西京嵩山崇福宫上柱國河内郡開國侯食邑一千八百户食實封陸佰户賜紫金魚袋臣司馬光奉敕編集

乙巳（四六五）

旃蒙大荒落

宋：二甲子、四癸亥、六壬戌、八辛酉、十庚申朔。○魏同。○《宋志》：正月丁酉，太白掩牽牛。六月庚午，熒惑入東井。九月丁酉，熒惑犯軒轅。十月，入太微，犯西上將。十一月丁未，太白犯哭星。十二月己巳，太白入羽林。○《魏志》：四月，太白犯五諸侯。

宋太宗彧泰始元

改元永光。○鑄二銖錢。○戴灋興專權，謂廢帝欲作營陽邪！帝殺之。○左右因帝戲殺奚顯度。○柳元景、顔師伯謀廢帝，立太宰義恭。沈慶之告之。帝殺義恭，挑其眼睛爲「鬼目粽」，并殺元景、師伯。改元景和。帝爲山陰公主置面首三十人。帝歷指廟畫。○帝殺新安王子鸞及其弟妹，發殷貴妃墓。又欲發景寧陵，太史言不利於帝，乃止。○謝莊坐作貴妃誄，繫尚方。○帝恨即位以來未嘗戒嚴，激義陽王昶，使反而討之。昶奔魏。○蔡興宗謂袁顗曰：「汝欲在外求全，我欲居中免禍。」聽民私鑄錢。錢益薄小，鵝眼、綖環，十萬不盈一掬。○納新蔡長公主，謂之謝貴嬪。主婿何邁謀廢立，被誅。蔡興宗、沈文秀勸沈慶之廢立，不從。○帝殺慶之而隱之。○興宗又勸王玄謨、劉道隆廢立。○立路后。○帝幽諸父湘東王彧等於禁中，毆棰陵曳，謂彧爲「猪王」，欲殺者以十數。○以劉曚子爲皇子。○帝遣使殺晉安王子勛於尋陽。鄧琬奉子勛起兵。○帝鞭南平太妃江氏一百，殺其三子。帝將巡荆湘，欲先殺諸父。阮佃夫、壽寂之等弑帝，立湘東王彧。○殺豫章王子尚、會稽公主。○蔡興宗謂廢帝喪禮不足，四海必將乘人。○宗越等謀反，誅。○王即帝位。○尊路太后爲崇憲太后。○立王后。○罷細錢。○鄧琬、袁顗不肯罷兵，荆、郢、會稽皆應之。

魏高宗和平六

帝殂。世祖經營四方，國頗虛耗。帝静以鎮之，中外復安。太子弘即位，年十二。乙渾矯詔殺楊保年等。陸麗曰：「安有聞君父之喪而不赴！」既至，渾又殺之。○渾爲丞相，專國事。○宋劉昶來奔。

卷第一百三十

柔兆敦牂

宋：正己丑、三戊子、五丁亥、七丙戌、九乙酉、十一甲申朔。○魏同。○《宋志》：正月甲午，熒惑逆行在屏西南。四月壬午，入太微，犯右執灋。七月乙卯，熒惑犯氐。十月辛巳，太白入氐。十一月癸巳，太白犯房。○《魏志》：正月戊子，太白、歲合。六月，熒惑犯鬼。八月丁亥，太白犯房。九月甲寅，熒惑犯上將，太白犯南斗。十一月己酉，太白、歲合。

二

王玄謨南討琬等。○沈攸之請共用一號。○子勛即帝位。○徐州薛安都、冀州崔道固、青州沈文秀、會稽孔覬、益州蕭惠開、湘州何慧文、廣州袁曇遠、梁州柳元怙皆應子勛。四方貢計，皆歸尋陽。○蔡興宗謂叛者親戚布在宮省，宜明罪不相及，待以至信。物情既定，人有戰心。○豫州殷琰應子勛。○蔡興宗謂：「臣之所憂，更在事後。」○薛安都謂京都地無百里，可拍手笑殺。○葛僧韶説兖州殷孝祖，使將兵入援，人情大安。○畢衆敬襲取瑕丘。○遣劉勔等西討殷琰，沈懷明等東討孔顗。○帝宣示諸軍助順同逆，一以所從爲斷，勿憂親戚。叛者親黨，皆居職如故。○路太后殂。○巴陵王休若宣令言退者斬，衆心小定。○巢尚之謂吴喜雖刀筆吏，勇決習戰。○喜性寬厚，東人望風降散。○任農夫破庾業。○吴喜克義興。○沈懷明等克晉陵。○吴喜克吴興。○任農夫克吴郡。○吴喜平會稽，斬庾業、孔顗，宥顧琛等軍主七十六人。喜於陳斬十七人，餘皆宥之。○孔覬謂王晏，委罪求活，是君輩行意。○薛索兒使申令孫説下申闌，并斬之。○鄧琬鄙闇貪吝，内外離心。○琬遣孫沖之等爲前鋒，據赭圻。沖之欲直趣建康，琬遣陶亮繼之。亮無幹略，止屯鵲洲。○殷孝祖失衆心，沈攸之撫諧將士。○孝祖攻赭圻，戰死。○沈攸之讓都督於江方興，再攻赭圻，破之。○軍食少，募民上錢穀補荒郡縣。建安王休仁巡撫將士，均其豐儉，人無離心。○薛索兒渡淮南侵。命張永、蕭道成討之。○黜尋陽王子房。○劉順節制不專，不能破劉勔。○斷新錢。○沈攸之圍赭圻，擊破劉胡，奪其囊米。○薛常寶等突圍走，遂克赭圻。○褚淵詣虎檻就選，除官無板，始用黄紙。○明僧暠等攻沈文秀，不能克。○吕安國奪劉順米，順走，遂圍壽陽。○蕭道成破薛索兒，斬之。○傅靈越不苟活。○鄧琬以濃湖兵久不決，遣袁顗將卒二萬，來督諸軍。顗語不及戰，唯賦詩談義，不撫接諸將，劉胡恚恨。又謂建康米貴，

魏顯祖弘天安元

乙渾爲其妻求稱公主。賈秀曰：「寧取死今日，不取笑後世。」馮太后誅乙渾，臨朝稱制。○用高允、李訢之言，初立郡學。○宋薛安都、常珍奇來降。遣尉元等救彭城，西河公石等救懸瓠。○元至無鹽，畢衆敬以兖州降。○鄭羲勸石速據懸瓠。

丁未（四六七）

必不攻自潰，擁甲待之。○田蓋之圍龐定光於義陽，龐孟虯擊破之。○劉襲、蕭頤等起兵應朝廷[一]。○何慧文殺王應之。○劉嗣祖詐李萬周使攻袁曇遠，殺之。○任叔兒據白帝。○楊僧嗣斷梁州。張興世以奇兵壁錢溪，據賊上流，斷其糧道。○興世謂劉胡氣盛而矢驟，禁勿擊。○建安王休仁使沈攸之攻濃湖，以分錢溪之勢，使得成營柴。○龐孟虯敗死。○崔道固降。○劉胡謂步戰在數萬人中，水戰在一舸三十人中。○張興世擊破沈仲玉，奪其米三十萬斛。○劉胡屢敗，棄袁顗而走。顗亦走，死於道。○胡自尋陽夜趣沔口。○張悦誘鄧琬，斬其首以降。蔡道淵脱鎖，囚晉安王子勛[二]。○沈攸之殺子勛。○費曄斬張淹。衣冠多流離，人服蔡興宗先見。○司徒休仁遣諸將分討荆、郢、雍、湘四州。○劉胡、劉道憲、張沈、孔道存、何慧文皆死，四州平。○司徒休仁勸帝殺永嘉王子仁等。世祖二十八子皆盡。○劉勔以馬與王廣之，使攻合肥。○沈靈寶拔晉熙。○薛安都、蕭惠開、柳元怙、畢棒皆降。○帝命沈攸之、張永將兵迎薛安都。蔡興宗、蕭道成皆諫，不聽。○立太子昱。○薛安都以徐州，常珍奇以豫州，畢衆敬以兖州降魏。○蔡興宗請以手詔諭殷琰。○琰欲降魏，夏侯詳勸琰降劉勔。○勔克壽陽，不戮一人，士民資財無所失。○蕭惠開以東兵二千破蜀民十餘萬。○惠開曰：「臣唯知逆順，不識天命。」○張永等進逼彭城，魏人救之。

彊圉協洽

宋：正癸未、二壬午、五辛亥、七庚戌、九己酉、十戊申朔。閏正。二二日，春分。○魏朔閏同。二三日，春分。○《宋志》：六月，熒惑犯輿鬼。○《魏志》：十月己卯朔，食。又癸巳，月食於參。又四月，太白鎮合。六月壬寅，太白犯鬼。

三

張永等敗於吕梁。值大雪，士卒凍斷手足什七八。帝謂蔡興宗：「朕愧卿甚！」遂失淮北四州及豫州淮西之地。○魏拓跋石寇汝陰，張超拒卻之。○劉懷珍浮海討青州，沈文秀、崔道固皆降。○申纂等不附於魏，魏慕容白曜攻之。纂敗死，白曜遂取肥城、垣苗、糜溝及升城。○清泗人詐稱薛安都降，沈攸之不迎。○帝復使攸之討彭城，攸之以清、泗方涸，不可行。帝彊之。○蕭道成戍淮陰，收養豪儁。

皇興元

尉元等大破宋張永、沈攸之於吕梁，始得淮北四州及豫州淮西之地。○東平王道符反於長安，段太陽討斬之。○宋沈文秀、崔道固來降且請兵。○河西公石攻宋汝陰，不克。○鄭羲諫石退屯長社。○慕容白曜攻無鹽，獲申纂。○酈範勸襲無鹽，諫以其人爲軍賞；又請飛書諭降肥城。○白曜旬日克四城。○韓麒麟諫屠升城。○盧度世百口同豐儉。○酈範料沈文秀必不降。○尉元請先平下邳等戍。

卷第一百三十二

	歲	宋	魏
		○垣崇祖據朐山來降。垣榮祖謂人無自全之技，何異犬羊！○沈攸之至下邳，爲魏孔道恭所敗〔三〕。房灋壽以磐陽降魏。○魏慕容白曜攻歷城，長孫陵攻東陽。○徙徐爰於交州。○劉休賓謀降魏，不果。	○作大像，用銅十萬、金六百斤。○宋沈攸之入寇，孔道恭擊破之。○宋房灋壽以磐陽來降。○慕容白曜攻宋歷城，長孫陵攻東陽。○子宏生。○馮太后歸政。○劉昶辭與宋書。○常珍奇叛於懸瓠。
戊申（四六八）	著雍涒灘 宋：正丁未、三丙午、五乙巳、八甲戌、十癸酉、十一壬申朔。○魏同。○《宋志》：四月丙子朔，食。十月癸酉朔，又食。又六月壬寅，太白犯輿鬼。○《魏志》：正月，太白、熒惑合。十一月，太白犯氐。	四 劉勔言賈元友計不可從。○張讜以團城降魏。○魏慕容白曜拔歷城，擒崔道固。劉休賓以梁鄒降魏。○常珍奇來奔。○魏慕容白曜圍東陽。○明僧祐降魏。○交州李長仁反。○廣州劉思道反，殺刺史羊希。陳伯紹討斬之。○李長仁請降。○魏人拔不其，殺沈文靜。○發路太后陵，改葬之。○阮佃夫等用事，捉車爲中郎將，馬士爲員外郎。	二 宋張讜以團城來降。○慕容白曜拔宋歷城，擒崔道固。宋劉休賓以梁鄒來降。○常珍奇奔宋。○慕容白曜圍宋東陽。○宋崔僧祐來降。○拔宋不其，殺沈文靜。
己酉（四六九）	屠維作噩 宋：二辛未、四庚午、六己巳、八戊辰、十丁卯、十二丙申朔。閏十一、十二二日，大寒。○魏朔同。閏十。十一一日，冬至。○《宋志》：十月丁卯朔，食。又十月丙申，太白犯亢。○《魏志》：十月丁酉朔，食。	五 魏拔東陽，沈文秀執節不拜。○柳欣慰謀立廬江王禕。禕左遷南豫州，尋免官爵，逼令自殺。○魏脩和親。○建安王休仁寵寄甚隆，朝野輻湊，帝漸不悦。休仁表解揚州。孫謙辭募兵，以恩信懷蠻獠。	三 拔宋東陽。○帝寬減租調，民稍贍給。○置平齊郡，以處青齊民望。○曇曜請置僧祇户、粟及寺奴，偏於州鎮。○立太子宏。○復與宋和親。
庚戌（四七〇）	上章掩茂 宋：二乙未、四甲午、六癸巳、八壬辰、十辛卯、十二庚寅朔。○魏同。○《宋志》：八月壬辰，熒惑犯南斗。	六 爲太子納江妃。○王后謂外舍之樂，雅異於此。○蕭道成遷鎮淮陰。○置總明觀，學士分儒、玄、文、史、陰陽五部。○立子智隨爲孝武後。	四 長孫觀敗吐谷渾王拾寅於曼頭山。○柔然子成入寇。張白澤謂以萬乘之尊，嬰城自守，非所以威服四夷。○帝敗柔然於女水。旬有九日，往返六千餘里。○誅慕容白曜。○張白澤諫令人糾告，尚書以下即授其官。○李訢坐贓，告李敷及弟弈陰事。敷、弈坐誅，訢免死。○柔然攻于闐，以險遠不能救。

辛亥（四七一）

重光大淵獻

宋：二己丑、五戊午、七丁巳、九丙辰、十一乙卯朔。○魏同。○《魏志》：十二月辛卯，熒惑犯鉤鈐。乙巳，填犯井。

七

帝晚好鬼神，多忌諱。○器用必造九十枚。○取它人子，令寵姬子之。○以太子幼弱，忌諸弟。○因射雉，殺晉平王休祐。○王敬先勸巴陵王休若據荆州，不受詔。休若殺之。○殺建安王休仁。○帝陰雨不出，休仁曰：「我已得今一日。」○殺壽寂之。○帝以巴陵王休若和厚，恐物情向之，賜死。○帝賜蕭道成銀壺酒，吴喜勸道成飲之。帝惡吴喜多計數，好收人情，殺之。○蕭道成入朝。○垣崇祖侵魏，至蒙山。○帝作湘宫寺，自矜功德。虞愿以爲皆百姓賣兒貼婦錢，罪高浮圖。○又謂堯以棊教丹朱，非人主所宜好。○王景文求解揚州，帝以爲有心於避禍，不若無心於任運。

魏高祖宏延興元

西部敕勒殺胡莫寒而叛。汝陰王天賜討之，不利。○顯祖聰睿善斷，好釋、老，薄富貴，欲禪位於叔父京兆王子推。羣臣請傳位太子，許之。○太子生五年即帝位，悲泣不自勝。○尊顯祖爲太上皇帝，居北苑。采椽、土階，大事以聞。○源賀討敕勒叛者，大破之。○賀請罷每歲漠南戍軍，募三萬人築城屯田。○宋垣崇祖寇蒙山，于洛侯拒卻之。

壬子（四七二）

玄黓困敦

宋：正甲寅、三癸丑、五壬子、閏七辛巳、九庚辰、十一己卯朔。八一日，秋分。○魏：正甲寅、三癸丑、五壬子、七辛巳、九庚辰、十一己卯。閏六。七一日，處暑。

泰豫元

帝賜王景文死，曰：「欲全卿門户。」○景文與客棊畢乃飲藥。○帝以夢殺劉愔。○帝大漸，袁粲、褚淵、劉勔、蔡興宗、沈攸之並受顧命，淵引蕭道成同受顧命。○帝殂，太子即位。○阮佃夫等用事，粲等不能禁。○尊王太后，立江后。尊帝母陳貴妃爲太妃。○王道隆惡蔡興宗，罷其荆州。○道隆見興宗不敢坐。○沈攸之徙荆州，聚衆治兵，陰蓄異志。○阮佃夫稱敕用其所親爲郡，袁粲等不敢執。

二

大陽蠻酋桓誕帥八萬餘落來降，使韋珍安集之。○柔然入寇，遣將擊走之。○東部敕勒叛降柔然。上皇追至石磧，不及。○初禁比丘無移牒遊村落。○柔然無盧真寇敦煌，尉多侯擊走之。○柔然入寇，上皇討之，至漠南。○有司奏諸祠歲用牲七萬五千。上皇詔：「非天地宗廟社稷，皆用酒脯。」

癸丑（四七三）

昭陽赤奮若

宋：正戊寅、三丁丑、五丙子、七乙亥、九甲戌、十二癸卯朔。○魏同。○《宋志》：十二月癸卯朔，食。○《魏志》：戊午，月食於七星。

宋蒼梧王昱元徽元

桂陽王休範怨不得爲宰輔，謀自尋陽襲建康。朝廷陰爲之備。

三

令民同部不借牛者，一門不仕。○守令能靜盜者，兼治二三郡縣。○吐谷渾拾寅寇澆河。長孫觀討破之，拾寅降。○上皇南巡懷州。

卷第一百三十三

甲寅（四七四）

閼逢攝提格

宋：二壬寅、四辛丑、六庚子、八己亥、十戊戌、十二丁酉朔。○魏同。○《魏志》：正月癸酉朔，食。又七月丙申，太白、歲合。

二

休範反，晝夜取道。○蕭道成謂不宜遠出，請據新亭、白下以拒之。孫千齡請據梁山，道成折之。○休範至新林，道成解衣高卧以安衆。○丁文豪請直攻臺城，休範不許，留攻新亭。○道成謂賊雖多而亂，尋破之。○休範登臨滄觀，輕兵自衛。黄回、張敬兒詐降，直前斬之。○陳靈寶送休範首還臺，遇賊棄於水。○杜黑騾攻新亭〔四〕，陷東城。道成拒卻之。城中驚亂，道成秉燭正坐呵之。○黑騾與丁文豪攻朱雀桁。劉勔欲開桁，王道隆不聽。勔、道隆皆敗死。○勔謂災眚不可避。○蕭道成謂勔不宜深尚從容，廢省羽翼。○張永潰於白下，沈懷明潰於石頭〔五〕。褚澄開東府納南軍。杜黑騾屯杜姥宅。○士民詣新亭，投刺以千數。○陳顯達擊破黑騾，餘黨悉平。○百姓謂道成全國家。○袁粲、褚淵、劉秉、蕭道成更直決事，號曰「四貴」。○馮景祖克尋陽，江州平。○執政以太后令徵沈攸之，攸之不願入。○蕭惠明訐褚澄爲郡。

四

罷門、房之誅。○奏事皆據律正名。改口敕用墨詔。○顯祖曰：「滯獄猶愈於倉猝而濫。人幽苦則思善，故謂囹圄爲福堂。」又不數赦。○柔然寇敦煌，尉多侯擊破之。○尚書請徙敦煌，韓秀以爲不可。

乙卯（四七五）

旃蒙單閼

宋：二丙申、四乙丑、六甲子、八癸亥、十壬戌、十二辛酉朔。閏三。四一日，小滿。○魏朔閏同。四二日，小滿。○《宋志》：七月丙申，太白、歲合於角。丁巳，太白入氐。八月己巳，犯房北第二星。九月癸卯，犯南斗第三星。十月丙戌，歲入氐。○《魏志》：三月癸未，太白、熒惑合於羽林。

三

張敬兒自請鎮襄陽，以防沈攸之。○王季符告建平王景素謀反。

五

丙辰（四七六）

柔兆執徐

宋：二庚申、四己未、七戊子、九丁亥、十一丙戌朔。○《宋志》：九月甲辰，填犯太微西蕃。○《魏志》：四月甲戌，月食於尾。又五月癸亥，太白、熒惑合於軒轅。

四

景素潛結宿衛才力之士。垣祇祖奔京口，景素遂反。遣段佛榮等討斬之。○沈攸之召峽中兵赴建康，劉攘兵疑而拒命。攸之諭下之，待之如舊。

承明元

馮太后以李弈之死怨顯祖，使人弑之，復臨朝稱制。○有司奏神主祔廟，執事官皆賜爵。程駿諫，太后賞之，曰：「議事當依古典正言，豈得但循故事！」○太后聰察儉素，而猜忍多權數。○帝性孝，政事皆仰成太后，無所關豫。○宦官張祐等用事，官至僕射，封王公，賜鐵券。○王叡得幸太后，干豫政事。○太后性嚴，左右雖有寵，小過輒笞箠；然尋復待之如初，或更得富貴。○李訢出徐州。

丁巳（四七七）

彊圉大荒落

宋：正乙酉、三甲申、五癸未、七壬午、九辛巳、十二庚戌朔。閏十二。○魏：正乙酉、三甲申、五癸未、七壬午、九辛巳、閏十一庚戌朔。十二一日，大寒。○《宋志》：四月丁巳，熒惑犯輿鬼西北星。丙子，太白又犯之。九月丁亥，太白在翼。○《魏志》：十月辛亥朔，食。又三月戊辰，月食於尾。案：戊辰，四月望也。十月乙丑，月食於昴。又五月庚子，太白、熒惑合於張。壬申，辰、填合於翼，皆入太微。

宋順帝準昇明元

蒼梧王遊戲無度，好與左右數人單行市里，遇人畜輒擊刺之。民間門户晝閉，道無行人。鍼椎鋸鑿，不離左右。殿省憂惶，食息不保。阮佃夫謀廢立，坐死。○太后賜以毛扇。欲酖之。○親屠杜幼文等三家。○晝䔥道成腹爲的，王天恩請以骲箭射之。○道成與袁粲謀廢立，粲不可。紀僧真曰：「天下之望，不在袁、褚。」○道成欲奔廣陵起兵。劉善明、垣榮祖、紀僧真、蕭嶷以爲不可，乃止。○道成使王敬則結蒼梧王左右楊玉夫等共弑之。○道成讓事於袁、劉。王敬則拔刀叱之，袁粲不敢言。道成乃下議，迎安成王準。○劉韞謂兄秉肉中詎有血。○道成鎮東府。○大權悉歸道成，袁、劉閣手。○袁粲鎮石頭，即時順旨。○尊陳太妃。○沈攸之以道成素出己下，專制朝政，心不平。攸之反於江陵。○攸之責道成不與羣公共白太后廢昏立明，而與左右密謀弑逆。○劉懷珍勸道成擇人守夏口。○蕭賾入朝，薦柳世隆自代。○賾謂世隆使攸之留攻郢城，破之必矣。賾奉晉熙王燮留鎮湓城。○周山圖謂衆心齊壹，江山可爲城隍。○袁粲、劉秉與王藴、黄回、卜伯興等謀誅道成。○粲不見道成。○秉恇擾，晡後束装奔石頭。○敬則誅伯興。○戴僧靜等攻殺粲、秉。○道成赦莫嗣祖、張承伯而用之。○張瓌誅劉遐。○道成以重兵付黄回

太和元

初令工商賤族有役者，止本部丞，有勳勞不從此制。○楊文弘陷仇池。○李瑛諫其兄訢親信范㯹。○㯹知太后怨訢，告其謀叛。訢坐誅。○張白澤諫太后盡誅重山之民。○皮歡喜擊楊文弘，走之。○歡喜拔葭蘆，斬楊文度。楊文弘請降，以爲武都王。

卷第一百三十四

使前驅，曰無能爲。○臧寅諫攸之攻郢城。○柳世隆挑戰，焦度罵攸之。攸之改計攻城。○沈文季誅沈登之。○江淹謂道成有五勝，攸之有五敗。○劉善明謂攸之險躁，而累旬不進，必將自潰。○周山圖亦知攸之必敗。

戊午（四七八）

著雍敦牂

宋：正己酉、三戊申、五丁未、七丙午、九乙巳、十一甲辰朔。正一日，雨水。○魏朔同。二日，雨水。《宋志》：九月乙巳朔，食。○《魏志》：二月己酉晦，食。九月庚申，月食於昴。又九月，熒惑犯輿鬼。

二

范雲爲沈攸之送書。○張謨破公孫方平，復取西陽。黄回進據之。○攸之素刻暴寡恩，士卒多逃。攸之欲罪諸將，逃者益衆，莫敢發舉。○劉攘兵燒營，降於柳世隆。攸之將士皆潰。○臧寅曰：「幸其成而棄其敗，吾不忍也。」投水死。○攸之走還江陵，未至，聞張敬兒已據其城，自經死。○邊榮與程邕之同死。○蕭道成加太尉、都督十六州，以王儉爲長史。○殺庾佩玉、任侯伯。○使桓康殺黄回。○道成以公私奢侈，更立制度。○謝朏不肯從道成。○王儉謂道成推遷，則人望去矣。○任遐謂褚淵惜身，遐能制之。○道成加太傅。○立謝后。

二

宕昌入貢。○禁士民與非類昏偶。○馮太后忌李惠，誣云叛而殺之。

己未（四七九）

屠維協洽

齊：正癸卯、四壬申、六辛未、八庚午、十己巳、十二戊辰朔。○魏同。○《宋志》：三月癸卯朔，食。○齊志：八月辛亥，太白犯軒轅大星。九月癸丑，與填合於軫。五月己未，熒惑犯太微西蕃上將〔六〕。○《魏志》：三月，填逆行入太微，留左掖門内。九月庚子，太白犯左執灋。

齊太祖道成建元元

蕭嶷至荆州，罷遣兵役，輕刑薄斂。謝朏謂晉文必終身北面。○殺臨川王綽。○進位相國，封齊公。○褚淵求爲齊官。○公進爵爲王。○受宋禪。○謝朏不肯解璽。王琨攀獺尾泣。○王即帝位。○宋公侯皆除國。褚炤歎彦回不早死。○裴顗挂冠徑去。○帝不殺謝朏。○劉瓛謂政在《孝經》。○劉善明請除大明、泰始苛政。○又請停討交趾。○崔祖思請令無員之官就文武二學。○又請進清素，退驕奢。聞喜公子良論臺使勞擾。○劉思效言山澤之民，不敢采食水草。○詔二宮諸王不得營屯邸，封山湖。○斷諸將募部曲。○何點謂褚淵、王儉不賴舅氏，遑恤國家。○衛卒聞走馬殺汝陰王。○盡誅宋宗室。○誅姚道和。○立太子賾。○王儉諫立符伍。○以李叔獻刺交州。

三

宜都王目辰等坐贓誅。○省侯官。○遣梁郡王嘉等奉劉昶以伐齊。齊謝天蓋請降，遣韋珍迎之，不果。○柔然入寇，至塞而還。○賜高允絲竹牛酒。

○楊廣香來降。胡諧之譖范柏年，殺之。李烏奴叛入氐。○王玄邈破烏奴。○玄邈言帝有異志於宋明帝，帝不以爲恨。魏拓跋嘉等奉劉昶入寇。○謝天蓋謀以司州附魏，蕭景先擊破之。○王敬則棄鎮南遁。○王洪範約柔然共伐魏。

庚申（四八〇）

上章涒灘

齊：二丁卯、四丙寅、七乙未、九甲午、十癸巳、十二壬辰朔。閏九。十二日，小雪。○魏：二丁卯、四丙寅、七乙未、閏八甲午、十癸巳、十二壬辰朔。九一日，霜降。○齊志：九月甲午朔，食。又十月辛酉，熒惑守太微。○《魏志》：二月壬午，月食。又九月壬戌，太白犯左執灋。

二

魏拓跋琛拔馬頭。○崔文仲拔魏茌眉。○羣蠻秦遠等反，豫章王嶷討平之。○拓跋嘉等寇壽陽，垣崇祖等擊破之。○帝命虞玩之等校定黄籍。○置巴州，齊境有州二十三。○西陽侯鸞早孤，帝養之，恩過諸子。○築宮外牆易竹籬。○崔慧景破李烏奴。○魏拓跋嘉等復入寇，圍朐山。玄元度擊破之。○帝欲加何戢常侍，褚淵以爲不可有三貂。○魏馮熙等寇邊。○王僧虔請斷上湯殺囚。○以楊後起爲武都王。○劉祥謂淵「羞面見人，扇鄣何益」！○沈文季謂淵：「死何面見宋明帝？」○豫章王嶷爲司空、揚州。

四

隴西公琛拔齊馬頭。○齊崔文仲拔茌眉。○梁郡王嘉等攻壽陽，爲齊垣崇祖所敗，引還。○齊角城來降，遣嘉迎之，遂擊齊。○圍朐山，爲玄元度所敗。○馮熙等復擊齊。○徐、兗民起爲盜。○王叡進爵中山王，官屬皆名士。

辛酉（四八一）

重光作噩

齊：二辛卯、四庚寅、六己丑、八戊子、十一丁巳朔。○魏同。○齊志：七月己未朔，食。又十月癸丑，填逆行守氐。○《魏志》：七月庚申，食。又九月辛巳，填、辰合于軫。

三

魏寇淮陽，殺成買。○周盤龍父子縈擾魏數萬之衆。○魏寇下蔡，垣崇祖擊卻之。○王奂奏罷南蠻校尉官。○淮北民桓標之等請援，帝遣李安民等迎之。安民不時進，標之等皆爲魏所滅。魏虜三萬餘口而去。○楊文弘請降。○車僧朗聘魏，爲解奉君所殺。○柔然與帝書，約共伐魏。

五

攻齊淮陽，殺成買。與李安民等戰，不利而還。○灋秀謀亂，苟頽討擒之，鐵鎖自解。○爲馮太后營壽陵於方山。○攻齊下蔡，不克。○王叡請宥灋秀餘黨。○淮北民桓標之等舉兵應齊，討滅之。○諸將虜齊三萬餘口而還。○王叡卒，爲詩誄者百餘人，爲義孝者千餘人。以叡子襲爲尚書令。○解奉君殺齊使者車僧朗。○薛虎子請以資絹市牛，屯田彭城。○邵安等告虎子謀叛，帝知其不然。○吐谷渾拾寅卒，子度易侯立。○高閭等更定新律。高車殺高昌王首歸，國人立馬儒爲王。

壬戌（四八二）

玄黓閹茂

齊：正丙辰、二乙卯、五甲寅、七癸丑、九壬子、十一辛亥朔。○魏同。○齊志：七月戊辰，月食，在危。又六月庚子，太白入東井。八月戊子，犯軒轅女主星。甲辰，犯少民星。九月己卯，犯太微西蕃上將。辛酉，入太微。戊辰，犯左執灋。十二月壬子，太白、填合於氐、度。丙辰，太白犯房北第一星。丁卯，犯揵閉星。又六月戊子，熒惑入東井。丁丑，與太白合。七月甲戌，犯積尸。十月癸未，入太微。又正月己卯，歲、太白合於婁、度。又七月戊辰，填入氐。○《魏志》：正月辛未，月食。七日丁卯，又食。十一月辛亥朔，月寅見東方。

四

帝殂，太子即位。○帝以玉導爲病源，碎之。○帝曰：「使我治天下十年，當使金土同價。」○立太子長懋。○立王妃。○褚淵解司徒。○江謐怨望，私結豫章王，坐誅。○褚淵卒，子賁屏居墓下。

六

帝臨虎圈，罷四方捕貢。○氐楊文弘卒，從子後起立。○李崇爲荆州，敕發兵送之，辭曰：「邊人失和，本怨刺史。奉詔代之，自然安帖。發兵自防，適使疑懼。」○崇命邊戍掠得齊人皆還之。○崇在兖州，置鼓樓逐盜。○帝始親享七廟，服器皆依古制。

癸亥（四八三）

昭陽大淵獻

齊：二庚辰、四己卯、閏五戊寅、七丁丑、九丙子、十一乙卯朔。六一日，大暑。○魏：二庚辰、四己卯、五戊寅、七丁丑、九丙子、十一乙亥朔。閏四。五一日，夏至。○齊志：十二月乙巳朔，食。又六月己酉，太白犯太微上將。辛酉，犯左執灋。八月甲申，犯南斗第四星。九月乙酉，犯第三星。壬辰，與熒惑合。十月丁卯，犯哭星。又正月己亥，熒惑逆犯上相。辛亥，守角。庚

齊世祖賾永明元

復治民官田秩。○豫章王嶷不參朝務，而時獻謀畫。○以楊炅爲陰平王。○治民官皆以三年爲小滿。○帝不禳天文。○葬袁、劉及沈攸之。○荀伯玉曰：「豈得畏死，蔽官耳目！」白誅張景真。○王敬則彊太祖慰釋東宮。○太祖有廢立意，而豫章王嶷事太子愈謹。○帝以宿嫌殺垣崇祖、荀伯玉。○又以猜忌殺張敬兒。○張恭兒上馬屬鞬見兄使。○謝超宗以輕慢死，并袁彖坐禁錮。○王僧虔固辭開府。○王儉作長梁齋，僧虔不入。○王弘觀三兒戲，知其所至。

七

李安世謂劉纘：「聖朝不貴金玉，故賤同瓦礫。」○初禁同姓昏。○于洛侯坐殘酷，帝命於刑人處斬之。○韓麒麟謂劉普慶：「必若斷斬立威，當以卿應之。」

子，逆入太微。三月丁卯，與太白合。六月戊申，犯亢。己巳，犯氐。七月戊寅，與填合。丁亥，犯房。八月乙丑，犯天江。甲戌，犯南斗。十一月丙申，入羽林。又五月甲午，歲入東井。又六月，辰入太微。又正月庚寅，填守房心。三月甲子，逆行犯西咸。

甲子（四八四）

閼逢困敦

齊：正甲戌、三癸酉、六壬寅、八辛丑、十庚子、十二己亥朔。○魏同。○齊志：四月丁巳，月食，在南斗。○又三月甲戌，太白入羽林。四月丙申，犯東井鉞星。六月戊辰，與熒惑合於輿鬼度。己巳，與歲合。八月庚午，熒惑犯太微西上將。十月庚申，犯進賢。十一月壬辰，犯亢。十二月乙卯，入氐。又八月甲寅，辰、太白合於翼。又二月戊辰，填犯東咸。○《魏志》：四月丁亥，月食。

二

竟陵王子良愛才禮士，開西邸，以范雲、任昉等爲八友。范縝不信因果。○王儉謂蕭衍出三十，貴不可言。○四户專權納賂，歲辦百萬。○論者謂帝優於魏文，減於漢明。○陳顯達襲破大度獠。○初以始興王鑑爲益州。鑑不殺韓武方，蠻寇皆降。○鑑保陳顯達不叛。○帝令豫章王嶷白服，帬帽侍宴，嶷固辭。

八

初班百官俸禄。○李洪之首以贓敗，賜死。淮南王它請復斷禄，高閭駁之。○閭請築長城。○高麗使次齊使。

乙丑（四八五）

旃蒙赤奮若

齊：二戊戌、四丁酉、六丙申、八乙未、十一甲子朔。○齊志：十一月戊寅，月食，在東井，食三分之一。又五月戊子，太白犯少氐星。十一月壬申，入氐。十二月己酉，與填合於箕度。又二月乙卯，熒惑守房。四月戊戌，犯氐。六月乙亥，犯房。癸亥，犯天江。八月丁巳，犯南斗。

三

帝命劉楷討交州。李叔獻入朝。○王儉長於禮學，賓客簿領，應接無滯，自謂風流宰相。○唐寓之作亂於新城。○茹灋亮、呂文顯以姦佞用事。

九

禁圖讖及卜筮不經者。○班皇誥於羣臣。○彭城王勰有賢行。○穆亮納宕昌王梁彌承。○初均給民口分田。○柔然犯塞，任城王澄拒卻之。○柔然予成卒，子豆崙立。

卷第一百三十六

十月丙戌，入羽林。又五月丙子，歲與太白合。六月辛丑，與辰合。十月己巳，入太微。十一月甲子，犯右執灋。

丙寅（四八六）

柔兆攝提格

齊：正癸亥、二壬戌、四辛酉、六庚申、八己未、十戊午、十二丁巳朔。閏正。二日，春分。○魏朔閏同。二日春分。○齊志：九月丙午，太白犯南斗。十一月庚子，入羽林，犯天關。又八月戊辰，熒惑入太微。九月戊申，與歲合。十月丁丑，犯亢。十一月庚寅，犯氐。十二月己未，犯房。又八月乙巳，歲犯進賢，又與熒惑合於軫度。又十二月辛巳，填犯建星。○《魏志》：九月，熒惑、歲合。

四

唐寓之稱帝於錢唐，帝遣禁兵討誅之。○陳天福坐抄掠棄市。

十

初服衮冕。○楊後起卒，從弟集始立。○用李沖議，置三長，賦調始均。○穆亮等請擊柔然，帝不許。○初制五等公服。○作明堂、辟雍。○分置州郡，凡三十八州。

丁卯（四八七）

彊圉單閼

齊：三丙戌、五乙酉、七甲申、九癸未、十一壬午朔。○魏同。○齊志：三月庚子，月食在氐。九月戊戌，又食在胃。又五月庚子，太白犯畢。六月，犯東井。八月甲寅，入軒轅。又二月乙亥，熒惑、填合於南斗度。九月乙未，熒惑犯哭西星。又二月癸卯，歲犯進賢。十月己未，歲、辰、太白合於氐度。○《魏志》：三月丁亥，熒惑、填合于南斗。七月癸丑，太白犯軒轅大星。

五

范雲謂文惠太子，當知稼穡之艱難，無徇一朝之宴逸。○桓天生以司、雍蠻及魏兵寇邊，命陳顯達等討之。○戴僧靜破天生於深橋。○殷公愍破天生於舞陰。○天生復以魏兵入寇，公愍又破之。

十一

除樂章非雅者。○桓天生請兵伐齊。○高允卒，年九十八。○公孫邃等攻齊舞陰，不克。○韓麒麟謂前世入粟者與斬敵同爵，力田者與孝弟同賞。○又云衣食匱於室，麗服溢於路。○詔聽民出關就食。○柔然豆崙殘暴，族其忠臣，部衆離心。○柔然寇邊，陸叡等擊破之。○高車阿伏至羅叛，柔然豆崙擊之，不克。○罷起部無益之作，出宫人不執機杼者。○罷尚方錦繡之工。○出御府金帛，内庫弓刀，班賚百司，下至戍卒鰥寡。○李彪、崔光改國書編年爲紀傳。○高祐謂盜賊人也，化之易於蝗、虎。○祐謂選舉宜采識治，不專取年勞。

戊辰（四八八）

著雍執徐

齊：正辛巳、三庚辰、六己酉、八戊申、十丁未、十一丙午朔。閏十。十一一日，冬至。○魏：正辛巳、三庚辰、六己酉、八戊申、閏九丁未、十一丙午朔。十一日，小雪。○齊志：九月癸巳，月食在婁九度，加時在寅少弱，虧起東北，食十五分之十一。又四月辛酉，太白、熒惑合於東井。六月己巳，太白犯右執灋。七月癸巳，犯氐。八月乙亥，犯房。十一月戊午，與歲合於尾。十二月壬寅，與填合於斗。又四月癸丑，熒惑、太白、辰合於參度。甲戌，熒惑、辰入東井。閏四月己卯，熒惑入氐。乙巳，犯房。案曆是歲不閏，四月疑誤。十一月丙寅，與歲合於尾。又二月甲申，歲逆行入氐。○《魏志》：九月，月食既。

六

巴東王子響出繼還本。○桓天生復以魏兵出據隔城，曹虎擊破之，取隔城及平氏。○陳顯達侵魏，攻沘陽，不克。○帝以穀帛至賤，令中外出錢糴買。○顧憲之以爲便宜者，謂便於公，宜於民也。

十二

詔犯死罪，父祖無兼侍者，以聞。○桓天生侵齊，不克。○齊陳顯達寇醴陽、沘陽，韋珍拒破之。○淮南王佗卒，帝廢祭哭之。○柔然伊吾戍來降。○李彪上封事七條：請立制度；教太子；置常平倉；擢河表七州之人；父子兄弟有罪，令引咎解職；有喪者，非戎事，皆聽終服。○擊百濟，不克。

己巳（四八九）

屠維大荒落

齊：正乙巳、三甲辰、五癸卯、七壬寅、十辛未、十二庚午朔。○魏同。○齊志：八月丁亥，月食在奎。又二月辛巳，太白入羽林。十月癸酉，與歲合於箕度。十一月丁卯，入羽林。又二月丙子，熒惑、填合於牽牛。三月戊辰，熒惑從入羽林。八月戊戌，逆入羽林。九月乙丑，入羽林，成句己。又十二月戊戌，填、辰合

七

王晏以便僻有寵，豫章王嶷、王儉皆下之。○王儉卒，晏改其謚爲文憲。○儉謂徐孝嗣必爲宰相，薦於帝。○豫章王嶷求還第。○張緒謂長沙王晃：「身家州鄉，何得見逼！」○上謂紀僧真，士大夫由江斅、謝瀹。

十三

初備大駕。○罷升樓散物，以賜窮民。○汝陰王天賜、南安王楨皆坐贓當死，特削官爵禁錮。○帝令貪者辭位，慕容契自請退黜。○游明根請復通使於齊。

於須女度。○《魏志》：二月乙亥朔，食十五分之八。己丑，月食十五分之七在角。八月丙戌，月食在未。

庚午（四九〇）

上章敦牂

齊：二己巳、四戊辰、六丁卯、八丙寅、十乙丑、十二甲子朔。○魏同。○齊志：六月戊子，太白入東井。八月庚辰，犯軒轅。九月丙申，犯太微。辛酉，犯進賢。十月乙亥，犯亢。甲申，入氐。十一月戊戌，犯房及揵閉，又與熒惑合。又四月丙申，熒惑入輿鬼。十月乙亥，入氐。十一月乙未，入北落門，犯鉤鈐。又三月庚申，歲守牽牛。又三月庚申，填守哭星。○《魏志》：二月己巳朔未時，雲氣班駮，食十五分之一。又是歲，太白三犯熒惑。

八

歸隔城俘於魏。○安陸侯緬得劫赦遣，再犯乃誅之。○丘冠先不拜伏連籌，投於崖下。○巴東王子響擅殺長史劉寅等。○戴僧靜諫帝以兵討子響。○帝使胡諧之等至江陵檢捕羣小。○張欣泰勸諧之頓軍夏口。諧之築城江津守之。子響求見茹灋亮不得，擊破臺軍，殺尹略。蕭順之兵繼至，子響將左右東下，順之縊殺之。○垣榮祖表稱「劉寅等孤負恩奬」。○使樂藹脩復江陵。○房灋乘好屬疾讀書，爲長史伏登之所囚。詔登之代爲交州。○孔顗請鑄錢。○顗謂重錢難用爲累輕，輕錢盜鑄爲禍深。○又謂盜鑄不能禁者，由上惜銅愛工。○又謂五銖久不變者，輕重得宜故也。○還黄籍巧僞戍淮者。○帝欲以西昌侯鸞領選，王晏沮之。

十四

陽平王頤破地豆干。○樓龍兒破庫莫奚。○吐谷渾度易侯卒，子伏連籌立。○馮太后殂，帝勺飲不入口五日。○楊椿諫，乃一進粥。○羣臣固請踰月即吉。帝與游明根、高閭等論喪禮，服衰至朞。○帝謂公卿，平日以爲治勝唐、虞，及今居喪，乃欲不踰漢、魏，何也！○又謂豈可豫念軍旅，而廢喪紀。○太后幽帝，單衣絶食，欲廢之。帝初無憾意。○宦者譖帝被杖，帝不追怨。○詔且以政事任掌機衡者，有疑論決。○高車阿伏至羅及窮奇請降。

辛未（四九一）

重光協洽

齊：三癸巳、五壬辰、七辛卯、八庚寅、十己丑、十二戊子朔。閏七。八一日，秋分。○魏：三癸巳、五壬辰、閏六辛卯、八庚寅、十己丑、十二戊子朔。七一日，處暑。○齊志：七月辛卯，太白入太微。九月乙亥，犯南斗。又三月甲午，熒惑、填、歲合於虛度。四月癸亥，熒惑入羽林。閏七月辛酉，犯畢。八月十四日，應伏在昴三度，先曆在畢度，二十一日始逆行北轉，垂及玄冬〔七〕，形色彌

九

太廟薦帝后所嗜。以家人禮，别祭於青溪宫。○王植集定張、杜律。○孔稚珪請置律助教。○以范當根純爲林邑王。

十五

帝始聽政。○齊使裴昭明等欲以朝服入弔，成淹責之，易以衣帢。○帝始進蔬食，終日不飯。帝不祈雨。○李彪使於齊，辭樂。○作明堂。○帝親定律令。○李沖以忠謹爲帝所任，中外推服。○長孫百年擊吐谷渾，克二戍。○尊烈祖爲太祖，更定二祧。○罷六宗別兆。○移道壇於桑乾。○合禘祫爲一，五年一祭，四時偏行。○罷雜祀非禮者。○朝日夕月用朔朏。○不卜祥日。○帝謂飄風旱氣，皆誠慕未濃。○帝饗羣臣，樂懸而不作。○自太和廟遷主于新廟。○罷小歲朝賀。○高麗王璉卒，帝素委貌、布深衣見其使者。○簡置樂官。○除苻承祖爲悖義將軍、佞濁子。○承祖姨不受饋遺，得免罪。

盛。及二月壬午，歲、填合於虛度。閏七月辛酉，歲犯泣星。又與填合。又六月丙午，辰、太白合於七星度。又七月庚戌，填逆犯泣西星。十月甲午，從又犯。○《魏志》：正月癸酉晦，食。案是月癸亥晦，疑誤。又己酉，月食在張。又十二月辛卯，月食盡。案辛卯非望，疑癸卯誤也。

壬申（四九二）

玄黓涒灘

齊：二丁亥、五丙辰、七乙卯、九甲寅、十一癸丑朔。○魏同。○齊志：十二月癸未朔，食，未初始虧西北，食十分之四，申時復故。十二月丁酉，月食在柳(八)，亥時起東，食七分之二，子時復故。又二月甲辰，太白入羽林。五月辛巳，在東井。十一月乙丑，犯軒轅。又二月庚子，熒惑犯東井。三月乙酉，入輿鬼。六月壬寅，入太微。

十

豫章王嶷齋庫火，燒貲直三千餘萬。杖主局數十而已。○嶷遺令諸子：才有優劣，位有貴賤，不足相陵侮。○嶷卒之日，第庫無見錢。○武興氐楊集始寇漢中，陰仲昌等擊走之。○帝命沈約撰《宋書》，立袁粲傳，諱孝武、明帝之惡。○復以范諸農爲林邑王。

十六

帝初祀明堂，登靈臺，隨月聽朔於十二室，命齊使觀禮。○高閭欲以魏承秦爲土德，李彪等請承晉爲金德，從之。○宗室及功臣後封王者皆降爲公，公皆爲侯，獨太祖子孫及長孫觀王如故。○作太極殿。○帝初朝日夕月。○初祀堯、舜、禹、周公。○帝親祀孔子於中書省。○罷西郊蹋壇繞天。○吐谷渾王伏連籌受詔不恭，羣臣請討之。帝不許，仍歸其俘。伏連籌遣世子入朝。○伏連籌欲攻宕昌，張禮禁之。○宋弁謂齊主得没身幸矣。○陽平王頤、陸叡擊柔然，大破之。柔然人弒豆崙，立其叔父那蓋。○帝行養老禮，以尉元爲三老，以游明根爲五更。○帝以再期哭永固陵，終日不絶聲，二日不食。○李元凱曰：「江北無好臣，百年一易主。」帝謚鄭羲爲「文靈」。

癸酉（四九三）

昭陽作噩

齊：正壬子、三辛亥、五庚戌、七己酉、十戊寅、十二丁丑朔。○魏同。○齊志：正月戊辰，太白、歲合於奎度。二月丁丑，太白犯東井。四月戊子，犯五諸侯。辛丑，入輿鬼。十月丙戌，犯進賢。十一月戊戌，入氐。十二月壬辰，犯南斗。辛丑，犯

十一

陳顯達謂麈尾蠅拂是王、謝家物。○文惠太子卒。帝見太子服玩奢僭，大怒。○太子不喜西昌侯鸞，曰：「當由其福薄。」○王奂擅殺寧蠻長史，閉城拒詔，坐誅。○立太子之子昭業爲太孫。○廬陵王子卿戲爲水軍，帝終身不見。○僧灋智作亂，王玄邈討誅之。○王融三十内望爲公輔。○帝疾，竟陵王子良日侍醫藥，太孫間日參承。融謀立子良，不果。○蕭衍曰：「憂國欲爲豎刁邪！」○遺詔：子

十七

上始耕籍田。○立馮后。○帝命馮熙上書不臣，熙不敢從。○上宴四廟子孫，親與之齒。○上命公卿日中以前先自論議，日中以後共決之。○帝欲遷都，先大舉南伐。○任城王澄曰：「臣爲社稷之臣，不可以不言。」○澄曰：「陛下斷自聖心，彼亦何所能爲。」○盧淵諫親征。○立太子恂。○帝自將三十餘萬伐齊。○帝行軍遇盜，故赦之。安定王休執不可。○王襲教民立銘，降號二等。○帝觀洛

卷第一百三十八

西建東星。又三月庚戌，熒惑與填合於營室。五月戊午，與歲合於婁。八月辛巳，入東井。十一月丁巳，逆行犯五諸侯。○《魏志》：六月庚辰朔，食。甲午，月食在女。又正月戊辰，太白、歲合於危。

良輔政，事大小悉與西昌侯鸞參懷。上殂。○鬱林王哀樂過人。○誅王融。○徐勉曰：「王郎名高望促，難可輕褻衣裾。」○追尊文惠太子爲文帝。○尊王太后，立何后。○劉悛以獻物少抵罪。

陽石經。○鄧至王像舒彭請以位傳子。○帝發平城至洛陽，霖雨不止。帝執鞭乘馬而出，羣臣稽顙固諫，乃定遷都之計。○帝謂于烈，深感不言之益。○支酉反於關中，盧淵等討平之。○命穆亮等營洛都。○齊王肅來奔。帝與之語，或至夜分，恨相得之晚。○帝徙居鄴宮。

甲戌（四九四）

閼逢閹茂

齊：二丙子、四乙亥、五甲戌、七癸酉、九壬申、十一辛未朔。閏四。五二日，夏至。○魏：二丙子、閏三乙亥、五甲戌、七癸酉、九壬申、十一辛未朔。四一日，小滿。○齊志：五月甲戌朔，巳時食三分之一，午時復故。又三月乙丑，熒惑入輿鬼。閏三月甲寅，入軒轅。五月丁酉，入太微，犯右執灋。又正月丙戌，辰、太白合於危。○《魏志》：四月庚申，月食在斗。

齊高宗鸞建武元

陳顯達折晉安王子懋之謀。○蕭衍爲鸞畫策召隨王子隆。○帝見錢曰：「今日得用汝未？」用三億萬垂盡。○令諸姬以寶器相擊。○帝與鄱陽王鏘謀誅西昌侯鸞，鏘以爲不可。○帝以蕭諶、蕭坦之祖父舊人，親信之。○何后私於楊珉，帝不禁。○鸞遣坦之奏誅珉。○鸞又殺徐龍駒。○諶、坦之以帝狂縱不悛，更附鸞勸廢立。○鸞又殺周奉叔、綦毋珍之、杜文謙。○帝與何胤謀誅鸞，不果。○王晏、徐孝嗣皆與鸞合謀。○樂豫謂孝嗣：「人笑褚公，至今齒冷。」○鸞與諶等引兵入宮，取帝弑之。○孝嗣出太后令於袖中。○立新安王昭文。○謝瀹聞變，圍棊不問。○孫謙輒散甲士。○始安王遥光豫鸞密計。謝粲等勸鄱陽王鏘入宮奉帝發兵誅鸞，鏘猶豫不果而死。○晉安王子懋謀起兵於尋陽，于瑶之兄弟誘而殺之。○何昌寓不聽徐玄慶殺臨海王昭秀。○孔琇之不食而死。○謝朏謂弟瀹：「力飲酒，勿豫人事。」○桂楊王鑠謂：「録公見接慇懃而有愧色，必將殺我。」○江夏王鋒曰：「遥光之於殿下，猶殿下之於高皇。」○巴陵王子倫正衣冠出受詔。○諸王皆死於典籤之手。○海陵王思食蒸魚，不能得。○太后令：廢海陵王。以鸞入纂太祖爲第三子。吾當歸老別館。○虞悰不願豫佐命。○謝瀹謂：「王晏叨天功爲己力。」○斷邑宰貢獻。○帝以始安王遥光居楊州，遥欣鎮撫上流。○立太子寶卷。○詔：致仕窮困者，依舊銓敘。○封所誅諸王子爲侯。○殺海陵王。○魏人寇徐、豫、司、梁四州。

十八

帝祭比干墓。○韓顯宗諫幸三齊及勸帝嗇神養性。○又謂取士當擇才，不宜專取門望。○又謂羣臣以嚴酷相尚，是堯、舜止一人，而桀、紂以千百。○又謂代都不宜廢同郡國。○又謂衣冠工伎，不宜雜處。○又諫賞賚太厚。○帝謂至人之知未然審於龜。○帝如平城，部分還留。○帝謂：「使人以和爲貴，勿迭相矜夸，失將命之體。」○帝北巡六鎮。○詔三載一考，即行黜陟。○舊臣以萬數。任城王澄銓簡爲三等，人無怨者。○帝臨朝堂，親黜陟羣臣，廣陵王羽等皆面數而黜之。○陸叡謂：「金日磾不仕漢，安得七世知名！」○詔蠻民毋得暴掠齊境。○宇文福徙代畜於石濟之西，無耗失。○韋珍得賜，悉散孤貧。○薛真度等四道伐齊。○盧淵恐曹虎爲周魴禁士民胡服。○帝親重劉芳，郭祚慰諭舊臣。○高閭諫伐齊。○任城王澄謂新遷之民宜休息，待平樊溷，親征未晚。○澄面折穆亮。○帝至懸瓠。○放還所獲齊男女。

乙亥（四九五）

旃蒙大淵獻

齊：一庚子、四己亥、六戊戌、八丁酉、十丙申、十二乙未朔。○魏同。○《魏志》：六月壬寅，熒惑出端門。

二

遣王廣之等拒魏。○魏主至壽陽。○崔慶遠謂和親則生民蒙福。○蕭衍救義陽，與蕭誕夾擊魏軍，破之。○張沖等拔魏數城。○魏主至鍾離而還。○張欣泰謂築邵陽城者，懼我躡其後。○欣泰謂邵陽歸兵不可遏。○蕭穎胄不徙民。○沈文季開門嚴備。○拓跋英圍南鄭，庾域指空倉示將士。○拓跋鸞等攻赭陽，垣歷生敗之。○蕭諶有怨言，帝殺之，及其兄弟。納太子褚妃。

十九

禁淮北人侵掠。○劉昶、王肅攻義陽。○陽固志意閑，臨敵勇。○帝至壽陽，登八公山賦詩，遇雨去蓋。○帝循淮而東，禁侵掠，民皆悦附。○劉昶、王肅爲蕭誕所敗。○齊張沖入寇，拔數城。○帝至鍾離，欲南臨江，馮誕卒，乃還。○遣使臨江數齊主罪惡。○帝欲於淮南置戍。高閭諫以爲大鎮未平，小戍無益，徒遺敵禽。○陸叡請帝早還。○奚康生攻破中渚。○楊播留淮南爲殿。○盧昶食蒸豆。○馮熙卒。平陽公丕請帝臨熙喪。帝貶令僕以下。○魏公英并兵敗蕭懿一營，四營皆走，遂圍南鄭。○英將還，與懿告别。○英討平叛氐。○帝欲發雍、涇、岐三州兵戍南鄭。李沖謂東道未可以近力守，西藩寧可以遠兵固。○帝親祠孔子，封其後。○帝泝河入洛。○薛真度等攻赭陽，爲齊垣歷生所敗。○帝貶真度而存其爵，曰：「進足明功，退足彰罪。」初定臨王公喪之制。○李彪彈趙郡王幹，帝杖之。○禁羣臣北語於朝。○求遺書。○詔代人遷洛者不得歸葬，皆爲河南人。○行長尺、大斗。○罷密后廟。○選武勇十五萬充宿衛。○金墉宫成。○帝不脩景陽山。○帝在輿據鞌，不忘講道。○好賢樂善，寄以布素之意。○李沖等皆以文雅親貴〔九〕。○帝謂薛聰天爵自高。○帝降高閭號而授幽州，令存勸兩脩，恩瀌並舉。○帝謂作牧亦易亦難。詔州牧考屬官爲三等。○命徐、兖等六州纂戎備。○以委粟爲圓丘。○爲大選品令。○于烈子引例求進，烈自劾失教。帝賞其謙直。○帝嘆臣下不肯公言得失。

丙子（四九六）

柔兆困敦

齊：一甲午、五癸亥、七壬戌、九辛酉、十一庚申、閏十二己未朔。○魏：一甲午、五癸亥、七壬戌、九辛酉、十一庚申、十二癸未朔。閏十一。

三

帝四破裹蒸，收皁莢餘濼。○帝欲壞酒鎗，蕭穎胄謂宜移於宴器。○鍾嶸諫親細務。○魏薛瀀護來降。

二十

帝改姓元氏，并改功臣姓複重者。○納望族女於後宫。○定諸州及代人姓族高下。○納望族女爲王妃。○薛宗起以不入郡姓，碎戟於庭。○李沖謂：「張官列位，不爲膏粱；傅説、呂望，豈可以門地得之！」○李彪謂：「魯之三

卷第一百四十

十二一日，大寒。○《魏志》：九月庚寅晦，食。十月丙午，月食在畢。

卿，孰若四科！」○韓顯宗謂：「豈可以貴襲貴，以賤襲賤！」○國老庶老，皆假守令。○薛濤護降齊。○營方澤於河陰。○馮昭儀譖馮右，廢之。○帝以久旱，三日不食。○太子恂謀叛歸平城，杖而囚之。○奚康生破吐京胡。○帝謂元彬：「先斬刺史，乃可發兵。」○廢太子恂。○穆泰、陸叡等不樂南遷，謀反。帝使任城王澄討禽之。○帝議伐齊，李沖請俟來秋。○崔挺諫戍邊亡者闔門充役。

丁丑（四九七）

彊圉赤奮若

齊：二戊午、四丁巳、六丙辰、九乙酉、十一甲申朔。正一日，雨水。○魏同。○《魏志》：十月壬午，熒惑、歲合於端門之內。

四

王晏以反覆輕淺無防，被誅。○王思遠謂晏：「自裁今猶未晚。」○阮孝緒謂：「親而不黨何懼！」○魏主寇雍州，攻南陽。○房伯玉云：「厲將士以脩職業，不應垂責。」○魏主圍新野。劉思忌云：「兵食猶多，未暇從汝小虜語。」

二十一

立太子恪。○任城王澄案穆陸之黨，無一人稱冤。○新興公丕獨胡服於衆座。○陸叡與李沖、于烈同受不死詔。○聽北方酋長侍子秋朝春還，謂之「鴈臣」。○李彪奏太子恂復謀反，賜死。○劉昶卒。○穆羆坐與泰通謀，削黜。○弟亮遜位。○立馮后。○后母養太子恪。○帝謂彭城王勰：「二曹以才名相忌，吾與汝以道德相親。」○楊靈珍以南梁州降齊，襲取武興，遣李崇討之。○帝自將攻齊南陽。○李崇大破楊靈珍，復取武興。○帝圍新野。○韓顯宗不作露布。○高昌王馬儒求內徙，國人不樂，殺儒，立麴嘉。

戊寅（四九八）

著雍攝提格

齊：正癸未、三壬午、五辛巳、七庚辰、九己卯、十一戊寅朔。○魏同。○《魏志》：二月丁卯，月食在角。又二月乙丑，歲、熒惑合於掖門內。三月丙午，俱出。

永泰元

魏拔新野，劉思忌不降而死。沔北大震，湖陽、赭陽、舞陰、南鄉諸戍皆遁還。○帝嘆高、武子孫日益長大，陳顯達謂此等豈足介慮。○始安王遥光勸帝以次施行。○上疾甚，殺河東等十王。○魏拔南陽，房伯玉降之。○崔慧景、蕭衍與魏戰，大敗於鄧城。○魏主圍曹虎於樊城，臨沔而還。○魏王肅攻義陽。○裴叔業圍魏渦陽，敗魏廣陵王羽及傅永等。○肅救渦陽，叔業退保渦口。○王敬則猜懼謀反，丁興懷曰：「官祗應作爾。」○王仲雄作《懊儂歌》。○王公林曰：「凡事皆可悔，唯此不可悔。」○帝欲盡誅諸王

二十二

拔齊新野、湖陽、赭陽、舞陰、南鄉。○又拔齊南陽，房伯玉降，赦之。○敗齊崔慧景、蕭衍於鄧城。○帝圍樊城，臨沔而還，遂如懸瓠。○王肅攻齊義陽，不克。○齊裴叔業圍孟表於渦陽。廣陵王羽、傅永等救之，皆敗。○肅復請兵救渦陽，帝責之。肅自救渦陽，叔業敗退。○李彪與李沖俱留守，不協。沖禁彪，劾奏之。帝謂：「道固誡溢，僕射亦滿矣。」○沖忿恚得疾而卒。○以彭城王勰爲宗師。○發兵二十萬，期秋集懸瓠。○彭城王勰請以俸祿助軍。詔自皇后以下供恤皆減之。○高車樹者叛，使江陽王繼討之。○

卷第一百四十一

侯，南康侯子恪自歸，乃止。○敬則以舊將舉事，百姓隨者十餘萬。○丘仲孚瀉瀆水以阻其進。○左興盛等與戰於曲阿，敗，斬之。○王瞻謂：「愚民易動，不足窮瀍。」○沈約謂：「讓出人情，豈關官之大小。」蕭衍爲雍州刺史。○帝殂。○帝東出云西，南出云北。○太子即位。羊闡幘脱，帝輙哭大笑。○立褚后。

帝聞齊主殂，引兵還，伐高車〔十〕。○帝有疾，彭城王勰内侍醫藥，外總軍國，人無異議。勰爲壇請代。○江陽王繼請誅高車叛魁，而招撫其餘。樹者來降。帝至鄴而還。

己卯（四九九）

屠維單閼

齊：二丁未、四丙午、六乙巳、八甲辰、九癸卯、十一壬寅朔。閏八。九一日，霜降。○魏：二日霜降。○《魏齊志》：八月己未，月食既。○《魏志》：二月壬戌，月食在軫。

齊東昏侯寶卷永元元

陳顯達、崔慧景等擊魏。○顯達克馬圈，慧景圍順陽。○魏主至馬圈，陳顯達敗，慧景退。○馮道根説顯達棄船陸進。○立太子誦。○始安王遥光等六貴用事。蕭衍知朝廷將亂，陰與張弘策脩武備。○吕僧珍私具櫓數百張。○衍使弘策説蕭懿以郢、雍拒朝廷，不從。○帝稍欲行意，江祏、江祀制之。○祏謀廢帝立江夏王寶玄，劉暄欲立建安王寶寅，始安王遥光欲自取。○蕭坦之以爲非次，恐人不服。○謝朓泄祏謀，坐死。○暄發祏謀，帝誅祏、祀。○遥光陽狂還東府，據城反。○垣歷生勸夜攻臺城及出軍，遥光皆不聽，冀自有變。徐孝嗣入宫，衆情乃安。○孝嗣與沈文季論世事，文季引以它辭。○坦之等攻遥光，斬之。○夏侯詳斬潘紹，荆州獲安。○魏沈陵來降。○帝誅蕭坦之、劉暄、曹虎。○高宗戒帝作事不可在人後。○劉季連嚴酷，蜀人叛之。○許準勸徐孝嗣廢立，孝嗣疑不決。帝并沈文季誅之，沈昭略駡孝嗣而死。○陳顯達乞枕枕死，告老不許，有疾不治自愈，遂舉兵於尋陽。命崔慧景等拒之。○顯達乘勝襲宫城，至西州前敗死。○庾弘遠著帽而死。○帝每出作長圍屏除。○帝齒上擔白虎幢。○置逐馬左右，周遊市里。

二十三

齊陳顯達、崔慧景等入寇。○帝望李沖冢而泣。○帝責任城王澄以不能變胡俗。○令史告李彪匿太子恂手書。○馮后私於高菩薩，具爲厭禱，斥居後宫。○崔光謂馮氏終衰敗。○齊陳顯達拔馬圈，崔慧景圍順陽，帝自將救之。○彭城王勰侍醫藥，晝夜不離側。○命勰都督中外。○帝至馬圈，顯達敗走，順陽圍亦解。○賜馮后自盡。○勰辭輔政，以爲陛下愛臣，未盡始終之美。帝敕太子聽勰辭位。○北海王詳等六人受遺詔輔政。○帝殂於穀塘原。○帝友愛諸弟，始終無間。○帝謂人主能公平推誠，胡、越可爲兄、弟。○郊廟必親。○脩道不令除草剗平。○淮南行軍伐樹，留絹償之。○能以指碎羊骨，而止殺不獵。○謂史不書惡，人君何所畏忌。司徒勰等祕不發喪，密告于烈，迎太子至魯陽即位。○勰謂咸陽王禧曰：「彦和握蛇騎虎，不覺艱難。」○馮后死。○高祖既葬，勰辭位出爲定州。○任城王澄擅禁王肅，坐免官。○追尊高后，高肇始貴。○盧淵知沈陵將叛，密爲備，又赦其餘黨。○元匡諫帝引茹皓同車。○王肅制官品，皆如江南。○郭作典選，徘徊下筆，曰：「此人貴矣。」

卷第一百四十二

庚辰（五〇〇）

上章執徐

齊：正辛丑、四庚午、六己巳、八戊辰、十丁卯、十二丙寅朔。○魏同。○《魏志》：正月辛丑朔，食。七月己亥朔，又食。又正月丙辰，月食十五分之三在翼。

二

裴叔業欲以豫州附魏。蕭衍勸遣家還建康，不則勒馬步二萬直出横江。○叔業以州降魏。○雍道晞逼巴西，李奉伯擊斬之。○魏彭城王勰取合肥、建安等城，略定淮南。○崔慧景討壽陽，至廣陵，還兵向建康。江夏王寶玄以京口應之。張佛護等戰死。○慧景殺左興盛，圍宫城。○帝密召蕭懿，懿引兵入援。○慧景好高談。崔恭祖與崔覺爭功，且怨慧景不用其謀，詣城降。慧景敗走，死。○士民多投寶玄，帝悉焚其名。○以步鄣裹寶玄。荒民稱王肅欲降，詔除豫州刺史。○赦後，嬖倖誣富家爲賊黨，再赦又然。○徐世檦稱貨主惡。○帝呼嬖倖爲阿丈阿兄，數往刀敕家遊宴慶弔。○王倀子詆訶天子。○陳伯之再討壽陽，與魏傅永戰於肥口，敗還。○後宫火，帝重斂以修宫室，以夜繼晝。○茹灋珍等譖蕭懿，殺之。○或勸懿奔襄陽，懿曰：「豈有叛走尚書令！」○帝使鄭植刺蕭衍。植弟紹叔以告衍。○衍舉兵於襄陽。○帝使劉山陽敕蕭穎胄以荆州兵襲衍。衍使王天虎遺穎胄書，云天虎口具，而實無言。山陽疑不進。席闡文等勸穎胄斬天虎首以誘山陽，殺之。○穎胄奉南康王寶融，舉兵於江陵。○穎胄虚心委任宗史等。○穎胄欲二月進兵，衍以爲不可。○以宣德太后令，進寶融相國，封宣城王。曹景宗、王茂欲迎南康王置襄陽，衍不許。○韋叡知衍必成功。○韋叡、康絢、馮道根、柳惔皆起兵應衍。帝使薛元嗣等與張沖據郢城拒西師。○房僧寄請守魯山。○鄧元起以武寧應衍。○楊公則擊湘州，取之。

魏世宗恪景明元

齊裴叔業以壽陽來降，命彭城王勰等將兵應之。○叔業卒，兄子植代領其衆。○奚康生安集壽陽，以待援軍。○勰取合肥、建安等城，略定淮南。○太陽蠻田育丘等來降。○吐谷渾伏連籌事魏盡禮，而僭於其國，稱制四鄰。帝責而赦之。○齊陳伯之寇壽陽，傅永以汝陰兵救之，與鼓城王勰擊破伯之於肥口。○彭城王勰不樂勢利。○甄琛乞弛鹽禁，勰與邢巒以爲不可，曰：「所謂資天地之産，惠天地之民。」○楊椿遺楊集始書，集始來降。

卷第一百四十三

辛巳（五〇一）

重光大荒落

齊：二乙丑、四甲子、六癸亥、九壬辰、十一辛卯朔。○魏同。○《魏志》：七月癸巳朔，食。又正月己未，

齊和帝寶融中興元

南康王始稱相國。○蕭衍發襄陽。○蕭偉、蕭憺破裴師仁、顔僧都，以安雍州。○衍分兵圍郢、魯山兩城，以通荆、雍兵糧之道，曰：「天下可以卧取。」○張沖卒，薛元嗣代

二

咸陽王禧驕奢貪淫。○于烈不與禧羽林。○北海王詳譖彭城王勰（十二）。○帝使于烈以兵召禧等，奪其政。○帝始親政，嬖臣趙脩等用事。○廣陵王羽代勰爲司徒，固辭。○帝

卷第一百四十四

太白、熒惑合於奎。三月戊午，填入井。八月戊午，太白、熒惑合於翼。

守郢城。○王即位於江陵，立郊廟。○遥封東昏侯爲涪陵王。○魯休烈、蕭惠訓舉兵擊蕭穎胄，穎胄使劉孝慶、任漾之等拒之。○東昏遣吴子陽等十三軍救郢州。○穎胄欲請救於魏，衍曰：「攻取但以見付，無患不捷，但借鎮軍靜鎮之耳。」○吴子陽屯加湖，與郢城舉火相應，不能相救。○房僧寄卒，張樂祖代守魯山。○蕭穎孚起廬陵，范僧簡拔安城。○東昏自爲市録事，受潘妃杖。○縛菰爲高宗而斬之。○張欣泰等謀誅諸嬖倖，廢東昏立建安王寶寅，兵及杜姥宅而潰。○王茂等襲吴子陽於加湖，破走之。○魯山、郢城相繼降。○房長瑜謂張孜：「當幅巾待命，下從使君。」○韋叡守郢，瘞死撫生。○張弘策、庾域勸衍直指建康。○衍取司州。○崔偃爲父及江夏王訟冤而死。○衍曰：「用兵未必實力，所聽威聲。」使人説下陳伯之。○伯之云軍未須遽下，衍直往逼之。○席謙曰：「我家世忠貞，有隕不二。」○魯休烈等殺任漾之。穎胄欲召兵自救，衍不可。○衍克姑孰。○東昏聞江、郢陷，遊騁如舊。○曹景宗破李居士於江寧，諸軍進圍建康。○王寶孫罵諸將，席豪突陳死。○王茂等敗王珍國于朱雀航南，遂進圍宫城。○衍使降者詐陳伯之，云城中欲斷其手足。○徐元瑜、桓和、李居士皆降。楊公則矢貫胡牀，曰：「幾中吾脚！」○公則將湘州怯兵，克獲更多。○京口、廣陵、瓜步皆降。○蕭穎胄卒。夏侯詳迎蕭憺與參軍國，又以荆州讓憺。○東昏尊蔣子文爲靈帝。○又好與宫人宦者爲軍陳，戲作被創輿去。○又敕太官辦樵米爲百日調。○茹灋珍恐士民逃潰，閉城不出兵，故長圍得成。○東昏惜金錢，曰：「賊來獨取我邪！」○又金銀雕鏤，倍急於常，衆怨怠不爲用。○王珍國、張稷引兵入殿弑東昏，送首於蕭衍。○王志援服樹葉，不署牋名。○衍謂王亮顛而不扶。○楊公則親衛送公卿士民。○馬仙琕戮衍使，鈔運道。○追廢東昏侯。○衍除虐政，理滯訟，葬死事，瘞逆徒。○袁昂守吴興，不下。○劉坦開城以疑鍾玄紹。○王僧粲潰，湘州平。

○帝獵北邙，禧謀反，誅。○廣陽王嘉築洛陽三百餘坊。○立于后。○北海王詳爲司徒。○于忠責王遇損公惠私。○又謂若應死王手，避亦不免。○遷圜丘於伊陽。○源懷請乘蕭衍未克建康取江南。○田益宗、元英請乘間取義陽。

壬午（五〇二）

玄黓敦牂

梁：正庚寅、三己丑、五戊子、閏六丁亥、八丙戌、十乙酉朔。○魏：正庚寅、三己丑、五戊子、六丁亥、八丙戌、十乙酉朔。閏五。六二日，大暑。○《隋志》：八月壬寅，熒惑守南斗。○《魏志》：七月丁巳朔食。十一月己巳，月食盡在井。又正月，熒惑犯房。癸巳，填逆行守井。三月，太白、辰合於須女。

梁高祖衍天監元

迎宣德太后臨朝，引范雲、沈約、任昉爲腹心。○約曰：「公建牙樊沔，此時應思；今王業已成，何所復思！」○又曰：「若天子還都，君臣分定，豈復有人同公作賊！」○約給雲先入。○進位相國，綜百揆，封梁公，備九錫。○殺湘東王寶晊。○梁國置百官。○范雲諫納余氏。○進封梁王。○殺邵陵王寶攸等。○顔文智等穿牆奉鄱陽王寶寅奔魏。○蕭憺鎮荆州，民皆安悦。○和帝歸至姑孰，禪位于梁。○宣德太后臨軒，遣使授璽紱，遜于别宫。○梁王即帝位，奉和帝爲巴陵王，間一日殺之。顔見遠不食而卒。○以蕭寶義爲巴陵王。○帝謂南康侯子恪曰：「宋孝武多猜忌，卿祖以材略見疑，而無如之何；湘東以凡愚獲免，而子孫死其手。」○又曰：「齊、梁雖云革命，宗屬未遠。卿兄弟果有天命，非我所殺，適足示無度量耳。」○置謗木、肺石函。○擢到溉等，以勸廉能。盜入南北掖，殺張弘策。○陳伯之以鄧繕爲别駕，帝遣代之。繕及褚緭勸伯之據江州反。○伯之攻鄭伯倫於豫章，帝遣王茂等擊之。伯之敗，奔魏。○帝遣使慰諭劉季連，季連飭還裝。鄧元起欲之官，朱道琛請先檢校，輒奪人物，曰：「會當屬人！」季連懼，復反。○朱士略納元起於巴西。○李膺諫檢詐疾罰軍糧。○命王亮等議定律令。○作四通、十二笛，以考鍾律。○立太子統。○江東旱，米斗五千。

三

齊蕭寶寅來奔。○魯陽蠻寇潁州。○李崇擊滅叛蠻。梁陳伯之來奔。○以元丕爲三老。○范紹謂有兵無糧，何以克敵。○洛陽宮殿始成。○高肇與張彝爭尚公主，譖彝沈廢累年。

癸未（五〇三）

昭陽協洽

梁：正甲寅、三癸丑、五壬子、七辛亥、九庚戌、十一己酉朔。○魏同。○《隋志》：七月丙子，太白犯軒轅大星。○《魏志》：五月丁卯，月食自地出，食十五分之十二。

二

劉季連食盡困窮，帝遣使受其降。○初行梁律。○范雲卒。帝捨沈約而以徐勉、周捨代之。○捨言謔終日，不泄機事。○斷郡縣獻奉。○帝幸謝朏宅。○魏元英寇義陽，取賢首柵。元澄寇東關，拔五城，虜司馬明素[十二]。○馮道根怯防勇戰，開門擊魏。党瀼宗等卻之。○吉翂請代父死，不肯易械及就舉。

四

梁州氐楊會叛。○蕭寶寅伏闕下請兵伐梁，暴風大雨不移。○命寶寅屯東城，陳伯之屯陽石，以俟伐梁。○楊椿等大破叛氐。○任城王澄表請伐梁。○復收鹽利。○彭城王勰爲太師。○元英侵梁義陽，拔賢首柵。任城王澄侵東關，拔五城，虜司馬明素。○楊集始卒，子紹先立。○源懷謂元尼須：「故人飲酒之坐，非鞫獄之所。」○懷請損邊

鎮官五分之二。○東荆蠻樊素安叛。○納高貴嬪。趙脩得罪，鞭死。

甲申（五〇四）

閼逢涒灘

梁：正戊申、四丁丑、六丙子、八乙亥、十甲戌、十二癸酉朔。○魏：正戊申、四丁丑、六丙子、八乙亥、十甲戌、十二癸酉朔。閏十二。

三

姜慶真襲魏壽春，入其外郭。○張惠紹等與魏劉思祖戰於邵陽，爲魏所虜。既而惠紹復還。○王僧炳與魏元遟戰，敗於樊城。○蔡道恭守義陽百餘日，魏不能克。會病卒，戒靈恩以死節。○柴慶宗以角城降魏。○馬仙琕救義陽，不克。蔡靈恩以城降魏。○徙司州於南義陽。○除贖罪科。

正始元

楊大眼討樊季安，平之。○梁姜慶真襲據壽陽外郭，蕭寶寅擊卻之。○劉思祖破梁張惠紹等於邵陽，禽之。○元遟破梁王僧炳於樊城。○任城王澄自鍾離還，遇雨，失亡多。○北海王詳貪淫驕侈。○高太妃願母子相保，掃市爲生。○茹皓用事，詳亦附之。○高肇欲專朝政，譖詳與皓等謀爲逆亂。帝殺皓等而囚詳。○高大妃以劉妃不妬，杖之。劉妃笑而受罰。○家奴謀劫出詳，不果。詳暴卒。○崔光對：雞四翼四足，爲小臣相扇助之象。○高肇說帝使禁兵守諸王第〔十三〕，殆同囚禁。○邢巒謂明玉重粟帛輕金玉。○梁柴慶宗以角城來降。○李崇破東荆蠻，禽樊素安。○元英破梁馬仙琕於義陽。蔡靈恩以城降。○傅永傷服，不欲人知。○永改露板，直敘處置形要。○柔然寇北邊。源懷巡行，請築九城，以爲用夏制夷，莫如城郭。○公孫崇請考正鍾律。○置四門小學，儒業大盛。○詔袁翻等議定律令。

乙酉（五〇五）

旃蒙作噩

梁：二壬申、三辛未、五庚午、八己亥、十戊戌、十二丁酉朔。閏二。三二日，穀雨。○魏：正壬申、三辛未、五庚午、八己亥、十戊戌、十二丁酉朔。正一日，雨水。○《魏志》：九月癸未，月食十五分之十，在昴。又六月己未，歲犯昴。

四

初置五經博士，儒術大興。○夏侯道遷以梁州叛降魏。○李凱據交州反，李畟平之。○魏邢巒寇梁州，取巴西等郡。○王足入劍閣。○鄧元起逗遛縱敵，蕭淵藻殺之。○淵藻自擊焦僧護，平之。○命臨川王宏等伐魏。○魏王足圍涪城，蜀人震恐。○巴西復自魏來歸。○大穰，米斛三十錢。

二

梁夏侯道遷以梁州來降，遣邢巒將兵援之。○巒略定巴西等郡。○王足入劍閣。○崔光謂菌不當生殿堂高華之處。○又曰：「家利而怪先，國興而妖豫。」○楊集起等帥羣氏反梁州。○王足圍梁洛陽。○邢巒請乘勝取益州。○王足不得刺史，輒引兵還。○巴西復入于梁。○源懷討梁州叛氏。

卷第一百四十六

丙戌（五〇六）

柔兆閹茂

梁：二丙申、四乙未、六甲午、八癸巳、十壬辰朔。○魏同。○《梁紀》：三月丙寅朔，食。○《魏志》：正月庚辰，月食盡，在氐。

五

魏元翼等來奔。○魏陳伯之來奔。○王茂先爲魏楊大眼所敗。○張惠紹攻魏宿預。○昌義之拔魏梁城。○韋叡拔魏小峴。○又堰肥水灌合肥，拔之。○叡體羸，未嘗乘馬，常坐板輿督戰，頓舍牆宇，皆應準繩。○徙豫州治合肥。○桓和拔魏朐山。○太子統出居東宮。○魏邢巒破桓和於孤山。○又破張惠紹等於宿預。○魏元英等攻梁城。○臨川王宏懦怯欲退，柳惔等爭之。魏人謂之「蕭娘」。○張惠紹不受降者，曰：「徒令卿等失鄉。」○洛口軍潰，宏與諸將走還。○元英進圍鍾離。○曹景宗救鍾離。帝以船遇風爲必破賊。

三

皇子昌生。○傅豎眼滅武興，執楊紹先。○秦州呂苟兒、涇州陳瞻反。○元翼等奔梁。○陳伯之奔梁。○甄琛請罷鹽禁，彭城王勰、邢巒以爲不可。○中山王英都督諸軍以拒梁。○楊大眼敗梁王茂先。○梁張惠紹攻宿預。○梁昌義之陷梁城。○韋叡陷小峴，又陷合肥。○桓和陷朐山。○源懷謂貴人不當親細務。○元麗擊呂苟兒，降之。○楊椿斬陳瞻。○邢巒破梁桓和於孤山。○又破張惠紹等於宿豫。○中山王英攻梁城，大破梁兵於洛口。○英乘勝圍鍾離，邢巒固諫求還。○盧昶、元暉共譖巒。巒賂暉，得免。○暉在吏部用官，皆有定價。柔然那蓋卒，子伏圖立。帝不許伏圖通和，使脩藩禮。○邢巒、傅豎眼在梁、益，能得獠和。

丁亥（五〇七）

彊圉大淵獻

梁：正辛酉、三庚申、五己未、七戊午、九丁巳、閏十丙辰、十二乙卯朔。十一二日，冬至。○魏：正辛酉、三庚申、五己未、七戊午、九丁巳、十丙辰、十二乙卯朔。閏九月十一月小雪。

六

昌義之守鍾離，隨方拒魏。韋叡奔救鍾離。○帝敕曹景宗善敬叡，曰：「二將和，師必濟矣！」○景宗、叡乘淮水漲以高艦焚魏橋，大破元英，斬獲二十餘萬。○徐勉爲吏部尚書，謂虞暠：「今夕止可談風月。」

四

公孫崇請高肇監大樂。中山王英作橋於邵陽洲，以攻鍾離。詔召英還，英固請留攻。梁曹景宗、韋叡乘淮水漲焚橋，大破英於邵陽洲。中山王英、蕭寶寅皆免死爲民，楊大眼徙營州爲兵。○辛琛願得方正長史。○于后殂，人歸咎高氏。

校勘記

〔一〕「賾」，原作「頤」，今據《通鑑》卷一百三十一改。

〔二〕「王」下，原衍一「王」字，今據文意删。

〔三〕「敗」下，原衍一「敗」字，今據文意删。
〔四〕「黑」，原作「墨」，今據《通鑑》卷一百三十三改。下同。
〔五〕「潰」，原作「漬」，今據文意改。
〔六〕「蕃」，原作「東」，今據《南齊書·天文志》改。
〔七〕「玄」，原作「立」，今據《南齊書·天文志》改。
〔八〕「月」，原缺，今據《南齊書·天文志》補。
〔九〕「文」，原作「之」，今據《通鑑》卷一百四十改。
〔十〕「伐」，原作「代」，今據《通鑑》卷一百四十一改。
〔十一〕「王」，原作「正」，今據《通鑑》卷一百四十四改。
〔十二〕「明」，原脱，今據《通鑑》卷一百四十五及下文補。
〔十三〕「第」，原作「弟」，今據《通鑑》卷一百四十五改。

資治通鑑目録卷第十五

端明殿學士兼翰林侍讀學士朝散大夫右諫議大夫集賢殿修撰提舉西京嵩山崇福宫上柱國河内郡開國侯食邑一千八百户食實封陸佰户賜紫金魚袋臣司馬光奉敕編集

戊子（五〇八）

著雍困敦

梁：三甲申、五癸未、七壬午、九辛巳、十一庚辰朔。○魏同。○《魏志》：八月壬子朔，食。又三月戊申，熒惑在東壁。五月癸未，填逆行入太微。六月庚辰，太白、歲合於柳。

梁高祖天監七

初置州望、郡宗、鄉豪。○蕭昺爲領軍峻切，近幸不堪命。○初置十二卿。分百官十八班，將軍二十四班。○魏三關來降。○魏白早生以懸瓠來降。○安成王秀輒遣馬仙琕赴懸瓠。○魏宿豫來降。○魏元英、邢巒拔懸瓠，斬白早生。○魏辛祥敗胡武城於金山。○初造大裘。

魏世宗永平元

皇子昌卒，人疑高肇爲之。○立高后，高肇益用事。○元匡造棺欲諫，坐免死。○京兆王愉據冀州反，稱帝。○安樂王詮撫安在北州鎮。○李平擊破愉兵，遂圍信都。○高肇譖彭城王勰與愉通謀，召入禁中殺之，士民流涕。○愉棄城走，李平追執之。帝命送洛陽，肇潛殺之於野王。○崔光諫屠割李氏。○高顥救愉黨千餘人死。○高肇奏除李平名。○楊椿諫徙柔然於濟州，曰必爲後患。○三關叛入于梁。○中山王英救郢州。○白早生殺司馬悦，以懸瓠降梁。○邢巒擊破早生，圍懸瓠。○成景儁以宿豫降梁。○梁以開府、郡公誘田益宗，不從。○楊椿攻宿豫。○中山王英、邢巒共攻拔懸瓠，斬白早生。○辛祥敗梁胡武城等於金山。○桓叔興招降太陽蠻萬餘户。○高昌王麴嘉求内徙，迎之，不至。○柔然伏圖擊高車，敗死。○子醜奴立。

卷第一百四十七

年	曆	梁	魏
己丑（五〇九）	屠維赤奮若 梁：正己卯、三戊寅、五丁丑、八丙午、十乙巳、十二甲辰朔。○魏同。○《魏志》：八月丙午朔，食。又三月，熒惑入鬼。四月乙丑，太白犯積尸。五月，太白、歲合。九月甲申，歲入太微。十二月乙酉，又逆行入太微。	八 或請封會稽，禪國山。許懋以爲古有巡狩而無封禪，若聖主不須封禪，若凡主不應封禪。○魏元英復取三關，馬仙琕走。○韋叡救三關，先城安陸，曰：「爲將當有怯時，不可專勇。」○帝遣董紹歸求和於魏，曰：「吾不恥先言和，以息彼此之民。」魏人不許。○魏元志寇潺溝。蕭昺受郡鑾降，擊志，破之。○魏元樹來奔。	二 中山王英謂三關相須，攻難不如攻易。乃先攻東關，克之，二關皆潰，走梁馬仙琕。○帝欲以所獲梁將贖司馬悦首及董紹。梁遣紹歸，求和，帝不許。○元志侵梁潺溝，爲蕭昺所敗。○命劉芳、公孫崇各造樂器。○帝爲朝臣講佛經。○裴延儁勸帝覽五經。○作閑居寺。○元樹奔梁。
庚寅（五一〇）	上章攝提格 梁初用《大明曆》：二癸卯、四壬寅、六辛丑、七庚子、九己亥、十二戊辰朔。閏六。七一日，處暑。○魏朔閏同，二日處暑。○《魏志》：正月戊子，月食在張。閏月乙酉，又食在危。十二月壬午，又食在張。又閏月壬申，太白犯太微。	九 沈約求三司之儀，不得。○帝幸國子學，命太子以下皆入學。○選士流爲尚書五都令史。○宣城吴承伯作亂，蔡撙討平之。○初行祖沖之曆。	三 皇子詡生。○胡充華曰：「不可愛一身之死，使國無嗣。」○劉芳等新樂成，止用二舞，餘仍舊。
辛卯（五一一）	重光單閼 梁：二丁卯、四丙寅、六乙丑、八甲子、十癸亥、十二壬戌朔。○魏同。○《梁紀》：十二月壬戌朔，食。○《魏志》：十月己巳，歲犯房。	十 張稷、王國珍以怨望得罪。○朐山叛降魏，馬仙琕討之。魏盧昶援朐山。朐山降，昶敗走，僵尸二百里。○梁有二十三州，是後州名浸多。○秣陵老人遮帝言：「陛下爲法，急於庶民，緩於權貴。」	四 汾州劉龍駒反，薛和討平之。○梁朐山來降，盧昶援之。○梁馬仙琕克朐山，昶敗奔走，士卒免者什一二。游肇諫與梁爭朐山。○甄琛請重里尉之任，以除洛城盜賊。
壬辰（五一二）	玄黓執徐 梁：三辛卯、五庚寅、七己丑、九戊子、十一丁亥朔。○魏同。○《魏志》：五月己未晦，食。又三月丙申，歲犯鍵閉。丙午，掩房。是月，填守氐九十餘日。	十一 初免老小逋謫質作。○修五禮成。	延昌元 高肇爲司徒猶怏怏。○清河王懌以肇比王莽；又謂肇擅録囚徒，亂君臣之分。○立太子詡，始不殺其母。○人謂郭祚爲「黄𤬪少師」。

癸巳（五一三）

昭陽大荒落

梁：正丙戌、三乙酉、四甲申、七癸丑、九壬子、十一辛亥朔。閏三。四二日，小滿。○魏：正丙戌、閏二乙酉、四甲申、七癸丑、九壬子、十一辛亥。三一日，穀雨。○《魏志》：五月甲寅朔，食。又四月己亥，月從地食出，生三分漸滿。十月丙申，又食盡在參。又四月庚午，熒惑犯軒轅。三月乙丑，填守房。

十二

鬱洲民殺張稷降魏，康絢討平之。○沈約奏赤章，稱禪代不由己出。

二

梁鬱洲來降，遣兵援之。游肇諫。○壽陽大水，孝崇乘船依女牆不去，曰：「吾動足則楊州非國物。」○裴絢叛，崇討禽之。○梁設反間，帝委信崇不疑。○恒、肆地震踰年。○帝命太子拜少傅崔光。

甲午（五一四）

閼逢敦牂

梁：正庚戌、三己酉、五戊申、七丁未、九丙午、十二乙亥朔。○魏同。○《魏志》：四月癸巳，月從地食十五分之十四在尾。又八月，太白犯軒轅。九月，犯執法。

十三

魏高肇等寇益州。○命康絢堰淮水於浮山，以灌壽陽。

三

田益宗以貪被代，子魯生等叛入梁。○帝考百官黜陟。○李苗、淳于誕獻取蜀之策。命高肇等將兵十五萬伐梁、益州，游肇諫。○楊津賜輸物善者杯酒。○揚昱請令宮臣從太子出入。○陽固謂王顯實庫無益。

乙未（五一五）

旃蒙協洽

梁：二甲戌、四癸酉、六壬申、八辛未、十庚午、十二己巳朔。閏十二。○魏：二甲戌、四癸酉、六壬申、八辛未、十庚午、閏十一己巳朔。十二一日，大寒。○《魏志》：十一月庚寅，歲熒惑合于室。十月，太白犯斗牛。

十四

任太洪圍魏關城，不克。○淮堰欲成而壞，沈鐵器數千萬斤。○趙祖悅襲魏西硤石，據之以逼壽陽。○魏崔亮圍趙祖悅於硤石。○魏任令宗以晉壽來降。○淮堰士卒凍死什七八。

四

帝殂。○崔光不俟明，不奏中宮，迎太子即位。○高后欲殺胡貴嬪。光與于忠等置於別所，守衛之。○召西伐、東防兵。○廣平王懷欲上殿哭及見肅宗，崔光引趙熹事拒之。○于忠引高陽王雍入西柏堂決庶政，任城王澄爲尚書令。○王顯謀矯皇后令，以高肇録尚書，于忠執顯殺之。○尊高太后。○高肇還。入哭訖，雍、忠執而殺之。○梁任太洪圍關城，傅豎眼擊走之。○高后爲尼，徙居金墉。○于忠復百官禄，罷民税綿麻。○冀州僧法慶反，自號大乘。○郭祚、裴植説高陽王雍出于忠。忠矯詔殺祚、植，廢雍還第。○尊胡太后。○元乂始進用。○太后臨朝稱制。

卷第一百四十八

○出于忠爲冀州刺史。○胡國珍出入禁中，參咨大務。○元遥斬法慶。○梁趙祖悦據西硤石，逼壽陽。○高陽王雍疏于忠罪，太后不問。○胡國珍與三王居門下同釐庶政。○崔亮圍梁趙祖悦於硤石。○元法僧貪虐。任令宗以晉壽降梁。○趙王謐閉岐州城大索，爲城人所囚。○崔光令胡太后攝祭。

丙申（五一六）

柔兆涒灘

梁：正戊辰、四丁酉、六丙申、八乙未、十甲午、十二癸巳朔。正二日，雨水。○《梁紀》：三月戊辰朔，食。○《魏志》：八月己酉，月食十五分之八在奎。又三月丙子，太白、歲合。正月，熒惑犯房。四月，逆行又犯之。

十五

魏攻浮山，康絢擊卻之。○魏攻拔西硤石，斬趙祖悦。○淮堰成，康絢縱反間使蕭寶寅開秋水。○張豹子譖絢，徵還。○張齊攻魏東益州諸戍，皆下之，遂圍武興。魏傅豎眼救之，殺任太洪。齊退保白水。○豎眼取白水，敗張齊。東益州復入魏。○淮堰壞，死者十餘萬口。○李旻斬阮宗孝。

魏肅宗詡熙平元

李崇、崔亮乖異不壹。太后命李平爲行臺，節度諸軍。○崔延伯以竹絙貫車輪，施鹿盧，塞梁水路。○李平等拔西硤石，斬趙祖悦。○崔亮違詔擅還，平奏處死刑，太后赦不問。○元匡請誅于忠，不從。○又請去年正月後八月前超階授官者，並從追奪。○袁翻謂侯剛故掠殺人，非邂逅。○梁主手書誘蕭寶寅。○李崇作浮橋及魏昌城。○復封于忠、崔光。○梁張齊圍元法僧於武興。傅豎眼救之，殺梁任太洪。齊遁去。○苟金龍妻劉氏守關城。○李平料淮堰必自壞。○崔光諫太后數幸勳貴家。○司空澄請選北邊鎮將，嚴守備。○袁翻請令王公舉東南將吏。○太后作永寧等寺，李崇以爲不如修明堂、太學。○李瑒謂佛爲鬼教。○柔然醜奴滅高車，執彌俄突，以駑馬曳殺之。

丁酉（五一七）

强圉作噩

梁：二壬辰、四辛卯、七庚申、九己未、十一戊午朔。○魏同。○《魏志》：二月丁未，月食在軫。八月癸卯，又食盡在婁。

十六

敕文錦不得爲仙人鳥獸之形。○宗廟初用麪牲。○去薦羞，用蔬果。○帝謂馮道根所在，令朝廷不復憶有一州。

二

大乘賊入瀛州，宇文延討平之。○任城王澄奏：錢非雞眼、鐶鑿，並可通行。○盧同檢覈勳簿。○任城王澄不聽元匡取景明舊案。○北京士民未遷者聽留。○采王屋等山銅鑄錢。

戊戌（五一八）

著雍閹茂

梁：正丁巳、三丙辰、五乙卯、七甲寅、閏八癸丑、十一壬午朔。九一日，霜降。○魏同。

十七

安成王秀，帝之布衣昆弟，小心過於踈賤。○始興王憺分半禄，秀不辭多。○竊發者皆指臨川王宏，帝泣責而不誅。

神龜元

張倫諫遣使與柔然抗禮。○胡國珍卒，號太上秦公，張普惠諫。○尚書復徵綿麻税，普惠請先正稱尺。○普惠諫帝崇佛法、簡郊廟。○崔光請補石經。○卻鐵怱反。源子恭禁虜掠，不輕戰，鐵怱自降。○劉騰爲儀同。○胡太后殺高太后，以應天變，葬以尼禮。○任城王澄奏徙都城内寺於郭外。○復鹽禁。

己亥（五一九）

屠維大淵獻

梁：正辛巳、三庚辰、五己卯、七戊寅、九丁丑、十一丙子朔。○魏同。○魏：正月辛巳朔，食。又十二月庚申，月食十五分之十在柳。又八月己亥，太白犯軒轅。

十八

二

太后初稱詔。○張仲瑀請銓削選格，排抑武人。羽林、虎賁相帥焚其第，毆殺父彝，燒殺兄始均。朝廷捕斬八人，其餘大赦以安之。識者知魏將亂。○詔武官依資入選。崔亮作停年格，不問賢愚。劉景安以書規之。薛琡表諫，以爲執簿呼名，一吏足矣。○高歡覩魏失政，散財結客。○太后令王公自負絹。○權貴以豪侈相高。○任城王澄諫營佛事費竭財力。○源子恭請成明堂、辟雍。○陳仲儒請修律準，以調八音，曰：「知之者欲教而無從，心達者體而無師。」○元匡復欲造棺攻任城王澄，坐削官爵。○辛雄奏理匡。○楊昱言元乂受賂。○沙汰郎官。

卷第一百四十九

庚子（五二〇）

上章困敦

梁：正乙亥、四甲辰、六癸卯、八壬寅、十辛丑、十二庚子朔。○魏同。○《梁紀》：正月丙子，日食。○《魏志》：正月乙亥朔，食。又十二月甲寅，月食。又四月庚戌，太白、熒惑合于井。七月，太白犯角。

普通元

帝罷春祠，哭馮道根。○帝遣使授高句麗王衣冠，魏人執之。○魏元略來奔。○韋叡不隨俗奉佛。○魏始通使。

正光元

清河王懌得幸於太后。元乂、劉騰怨懌，稱懌謀毒殺帝自立，乃幽太后於北宮，殺懌於禁中。二人表裏擅權。○中山王熙起兵於鄴，欲誅乂、騰，不克而死。○刁雙匿元略，送於梁。○柔然醜奴爲其母及大臣所殺，弟阿那瓌立，族兄示發攻之，阿那瓌兵敗來奔。○汝南王悦佞元乂得太尉。○阿那瓌求兵自送還國，元乂受其金而許之。○始與梁通使。

辛丑（五二一）

重光赤奮若

梁：二己亥、四戊戌、六丁卯、八丙寅、十乙丑、十二甲子朔。閏五。六一日，大暑。○魏朔閏同，二日大暑。○《魏志》：五月丁酉，日食。又丁未，月食。案：五月無丁未，疑癸未誤。十一月己酉，又食在井。又四月甲辰，熒惑、填合于危。十一月辛亥，太白、填合于奎。又九月癸丑，歲犯左執法。

二

蠻酋桓叔興以魏南荆州來降。文僧明以義州降魏。○琬琰殿火。○裴邃攻義州，取之，獲魏封壽。

二

南秦州氐反。○使楊鈞送阿那瓌還國。張普惠諫以爲救累世之勍敵，資天亡之醜虜。○阿那瓌從兄婆羅門擊示發，殺之，自立爲可汗。詔牒云具仁諭婆羅門[一]，使迎阿那瓌。○帝朝太后，太后欲留帝宿。賈粲紿太后，扶帝還宮。○奚康生謀殺元乂，不克而死。○八坐、九卿旦詣劉騰宅，乃赴省府。○騰納貨榷利，中外苦之。○京兆王繼讓司徒。○婆羅門遣兵迎阿那瓌，阿那瓌懼不敢往。○蠻酋桓叔興以南荆州降梁。梁文僧明以義州來降。○梁裴邃復取義州，獲封壽。○楊侃辨裴邃之詐。○高車王伊匐擊柔然婆羅門，大破之。婆羅門詣涼州降。○柔然迎阿那瓌。袁翻請分柔然爲二，以防高車侵畔。乃置阿那瓌於吐若奚泉，婆羅門於故西海郡。○河間王琛爲南秦氐所敗。

壬寅（五二二）

玄黓攝提格

梁：二癸亥、四壬戌、六辛酉、八庚申、十一己丑朔。○魏同。○《梁紀》：五壬辰，食既。○《魏志》：十一月己丑朔，食。又正月癸丑，歲逆行犯左執法。五月甲辰，又掩左執法。

三

西豐侯正德奔魏，既而復逃歸。

三

宋雲等自西域還。○高車王伊匐弟越居殺伊匐自立。○初行《正光曆》。○梁蕭正德來奔，既而復奔梁。○蕭寶寅請殺正德。○柔然婆羅門叛奔嚈噠，費穆擊破之。涼州禽婆羅門。

癸卯（五二三）

昭陽單閼

梁：正戊子、三丁亥、五丙戌、七乙酉、九甲申、十一癸未朔。○魏初用《正光曆》，同。○《梁紀》：十一月癸未朔，食。○《魏紀》：十月乙卯，太白入斗口。十一月庚戌，歲犯房。

四

始鑄鐵錢。民多盜鑄，物價騰貴。

四

阿那瓌入塞告飢。○劉騰卒。○使元孚撫慰柔然，阿那瓌劫孚剽掠。○使李崇等追之，出塞三千里，不及。○于謹以少騎走鐵勒。○劉蘭根請改鎮置州，府户入仕，一準其舊。○元乂驕愎荒怠，州鎮多非其人，百姓家家思亂。○懷荒鎮反，囚于景。○沃野鎮人破六韓拔陵反，南攻武川、懷朔，北邊民夷響應。○作伊闕二石窟，二十四年，用十八萬餘工[二]。○初令朝官致仕給半禄。○崔光寬和，時人比張禹、胡廣。○賈思伯曰：「衰至便驕，何常之有！」

甲辰（五二四）

閼逢執徐

梁：正壬午、三辛亥、五庚戌、七己酉、九戊申、十一丁未朔。閏正。二一日，春分。○魏：二壬子、三辛亥、五庚戌、七己酉、九戊申、十一丁未朔。閏二。三一日，穀雨。○《魏志》：四月癸丑，歲逆行犯房。

五

命裴邃督諸軍伐魏。○成景儁拔魏童城。○邃襲魏壽春，入其外郭。魏邊城多降。○李國興攻魏郢州，不克。○朱异始用事。

五

詔臨淮王彧北討拔陵。○高平鎮人胡琛反。○賀拔勝求救於彧。衛可孤陷武川、懷朔。○彧敗於五原，李叔仁敗於白道。○帝謂李崇：「開鎮户非冀之心。」○命崇與廣陽王淵等討拔陵。○梁裴邃入寇。○秦州人莫折大提反，殺刺史李彦，南秦州人殺刺史崔遊以應之。○大提卒，子念生稱天子。○命元脩義討念生。○崔暹敗於白道，李崇引還雲中。○廣陽王深請改鎮爲州。○崔暹賂元乂得不坐。○魏子建慰諭東益民，分戍諸郡，卒獲保全。○涼州于菩提反，執刺史宋穎。○梁成景儁拔童城。○李苗請勒大將，堅壁勿與賊戰。○莫折天生敗元志於隴口，志退保岐州。○東西部敕勒皆叛。○始改六鎮爲州，而六鎮已没。○爾朱代勤獵，箭中髀，拔去不問。○爾朱榮散財合衆，豪桀多歸之。○梁裴邃襲壽春，入外郭。邊城多入于梁。○命蕭寶寅督諸將西討。○吐谷渾救宋穎，復涼州。○營州民就德興反。○源子雍使子伯延守統萬，自出求糧，爲胡所禽，説胡降之，卒全二夏。○李崇、廣陽王深退保平城。○崇留費穆守雲中。○賀拔度拔襲殺衛可孤。○廣陽王深代李崇總戎。○莫折天生陷岐州，殺元志。○高平人殺卜胡，迎胡琛。○楊昱救雍州，斬姜神達。○京兆王繼西討。○梁李國興寇郢州，不克。○汾州胡反。○魏子建説下羣氏，復南秦州，斬韓祖香。○莫折念生陷涼州。

乙巳（五二五）

旃蒙大荒落

梁：正丙午、三乙巳、六甲戌、八癸酉、十壬申、十二辛未朔。○魏同。○《隋志》：三月丙午，歲入南斗。庚申，月食。九月壬子，太白犯右執法。○《魏志》：九月丁巳，月食。又五月，太白犯軒轅。十二月，熒惑犯鬼。

六

魏元法僧以彭城來降。○裴邃侵魏至鄭城，汝、潁響應。○邃敗魏長孫稚、元琛於壽陽。○元略與魏元鑑戰，敗於彭城南。元法僧復敗鑑。○法僧驅吏民來奔。○命豫章王綜鎮彭城。○裴邃卒。○樊文熾圍魏小劍，爲魏淳于誕所敗。○豫章王綜自謂齊東昏之子，陰謀叛亂，而帝不知。○綜夜亡入魏軍。彭城潰，將士淪没什七八，復失徐州。○西豐侯正德坐凶險，徙臨海。未至，復赦之。○祖暅之

孝昌元

元法僧據彭城叛降梁。○元顯和謂：「寧爲忠鬼，不爲叛臣。」○蕭寶寅、崔延伯破莫折天生於黑水，隴東皆平。將士采掠，隴道遂塞。○魏蘭根不受宛川奴婢。○長孫稚、河間王琛與梁裴邃戰，敗於壽陽。○安樂王鑑敗梁元略於彭城南，復爲元法僧所敗。○命安豐王延明討彭城。○太后欲出家，乂乃聽太后往來帝所，遂定黜乂之謀，解乂領軍。○阿那瓌擊破六韓拔陵，屢破之，自稱可汗。○解元

卷第一百五十

爲魏作銘，江革唾罵之。○曹義宗拔魏順陽、馬圈，與魏裴衍戰，敗於淅陽。○邵陵王綸以老叟爲帝而捶之，坐免削。

乂侍中。乂欲入宫，不得。太后復臨朝，除乂名。○韓子熙訟清河王懌。○宋弁謂子維踈險必敗家，李崇等亦以爲然。○元順謂太后：「奈何以一妹，不正元乂之罪。」○韓子熙謂：「事關生殺，豈繫鐵券。」○乂坐謀反死。○元順諫太后粃飾。○元順入穆紹寢所，紹謝事還家。○鄭儼得幸太后，與徐紇、李神軌、袁翻皆用事。○盧義僖不與神軌婚。○万俟醜奴寇涇州，蕭寶寅、崔延伯討之，延伯敗没。○羣臣皆言賊弱以悦媚太后。○梁樊文熾圍小劍，淳于誕擊敗之。○梁蕭綜請降。鹿悆單騎入彭城，驗其虚實。○綜夜出降。彭城潰。安豐王延明等復定徐州。○費穆棄雲州逃還，北邊皆没。○于謹説乜列河，下之，因敗破六韓拔陵。○柔然阿那瓌大破拔陵，拔陵帥衆南徙。○廣陽王深請立郡縣於恒州北，以處降户。詔徙置冀、定、瀛三州，深曰：「此輩復爲乞活矣！」○杜洛周反於上谷，圍燕州。○吐谷渾復爲魏取涼州，又救高徽於河州。○荆、郢羣蠻叛。○辛雄説臨淮王彧擊梁汝蠻，破之。○雄上疏稱寇盜不除，由賞罰不明信。○梁曹義宗入寇，拔順陽馬圈，裴衍等敗之於淅陽。○山胡劉蠡升反。○斛律金歸爾朱榮。

丙午（五二六）

柔兆敦牂

梁：二庚午、四己巳、六戊辰、八丁卯，閏十丙申，十二乙未朔。十一日，冬至。○魏：二庚午、四己巳、六戊辰、八丁卯、十一丙申、十二乙未朔。閏十一。十二二日，大寒。○《隋志》：正月癸卯，太白、歲合於牛。○《魏志》：十一月戊申，又合于女。

七

魏以江革易元略。○元樹、夏侯亶攻魏壽陽。○丁貴嬪卒。○夏侯亶等拔壽陽。

二

常景、元譚爲杜洛周所敗。○城陽王徽譖廣陽王深，召還。○鮮于脩禮反攻定州，陽津救之。○元順謂徐紇爲魏之宰嚭，魏若不亡，紇終不死。○河間王琛、長孫稚爲鮮于脩禮所敗。○以江革易義陽王略於梁。○廣陽王深討脩禮，畏城陽王徽，不敢決軍政。○崔秉棄燕州〔三〕。○陳雙熾反，薛脩義説下之。○鮮于阿胡陷平城。○梁元樹寇壽陽。○元洪業殺鮮于脩禮請降，葛榮殺洪業。○爾朱榮襲肆州，執尉慶賓，以從叔羽生爲刺史。○葛榮殺章武王融於白牛邏。○榮稱天子。○于謹自詣牓下辨理廣陽王深。○毛謐逐深，深爲葛榮所獲而死。○就德興陷平州。○吕

伯度破莫折念生。念生請降，既而復反，蕭寶寅不能制。○梁夏侯亶等拔壽陽。○杜洛周陷幽州。○辛雄請更停年選法，擇守令以靖民。

丁未（五二七）

强圉協洽

梁：二甲午、四癸巳、六壬辰、八辛卯、十庚寅、十二己丑朔。○魏：二甲午、四癸巳、六壬辰、八辛卯、十庚寅朔。○《魏志》：九月，熒惑再犯軒轅大星。

大通元

湛僧智圍魏渦陽，彭羣、王辯圍琅邪，夏侯夔拔三關。○成景儁攻魏彭城，不克。○帝幸同泰寺捨身。○彭羣等爲魏鹿悆所敗。○魏元慶和以廣陵降。○湛僧智以城讓夏侯夔。○陳慶之克魏渦陽。

二

葛榮陷殷州，殺崔楷。○楷留家城內，將士無叛志。○蕭寶寅敗於涇州，東秦、岐、豳相繼陷没，關中大擾。楊椿以雍州拒之。○羊侃射殺莫折天生。○路思令諫以貴遊爲將帥。○房景伯使不孝子觀其養母。○秦賊據潼關。○梁湛僧智圍渦陽，彭羣、王辯圍琅邪，夏侯夔拔三關。○成景儁寇彭城，崔景芬擊卻之。○帝下詔自欲西討，會得潼關，又詔欲北討，皆不行。○柔然阿那瓌請討賊，不許。○以蕭寶寅代楊椿鎮長安。椿奏寶寅有異志，宜爲置上佐。○劉獲、鄭辯反，曹世表討斬之。○安樂王鑒據鄴降葛榮。○鹿悆等擊彭羣，破之。○源子邕等拔鄴，斬元鑒。○杜粲殺莫折念生。○辛琛以南秦州降。○元慶和以廣陵降梁。○梁陳慶之拔渦陽。○蕭寶寅殺酈道元，據長安反，自稱齊帝。○蘇湛曰：「百口屠滅，云何不哭！」蕭贊出走[四]，獲而釋之。○薛脩義等反。○葛榮陷冀州，獲元孚。孚與將士爭就死，五百人皆得免。○源子邕、裴衍敗死於漳曲。○李神守相州，榮攻不能克。○駱超殺杜粲而降。

戊申（五二八）

著雍涒灘

梁：正己未、三戊午、五丁巳、七丙辰、九乙卯、十一甲寅朔。○魏同。○《魏志》：正月，熒惑逆行犯軒轅大星。七月癸亥，太白犯左角。

二

魏元悅、元彧、元顥來奔。元願達以郢州，元世儁以北青州，李志以南荆州來降。○元彧還魏。○立元顥爲魏王，使陳慶之將兵送之。○曹義宗爲費穆所禽。○魏羊侃來奔。

魏敬宗子攸永安元

楊津居杜、葛之間，不殺北人。○津求救於柔然。○杜洛周陷定州，執津，又陷瀛州。○楊侃説長孫稚捨潼關取蒲阪。○侃令諸村降者舉烽。○薛脩義等降。長孫稚言鹽税。○侯終德攻蕭寶寅，寶寅奔万俟醜奴。○李洪攻燒及

闕口。○葛榮殺杜洛周，併其衆。○太后殺肅宗所愛信者，由是母子有隙。○高歡、元天穆、賀拔岳勸爾朱榮討徐、鄭。榮請討山東盜賊，不許。○徐紇以鐵券間榮左右。○肅宗使榮舉兵内向。○鄭儼、徐紇與太后酖肅宗，詐立皇女；又立臨洮世子釗，生三歲。○爾朱榮抗表入朝。○爾朱世隆求復命。○葛榮陷滄州。○爾朱榮密召長樂王子攸。○徐紇謂爾朱榮「小胡」，使李神軌、鄭先護等拒之。○長樂王潛渡河，會爾朱榮，遂即帝位，改元建義。○鄭先護以河橋降，李神軌退走。○徐紇奔兖州，鄭儼奔滎陽。○太后與明帝後宫皆落髮爲尼。○百官出迎於河陰。○爾朱榮沈太后、幼主於河，殺王公以下二千餘人。○費穆勸殺朝士，慕容紹宗諫。○爾朱榮遷帝於河橋，作禪文。○高歡勸榮稱帝，賀拔岳請誅歡。○榮鑄金像不成，劉靈助言不吉。榮乃愧悔，迎帝謝罪。○帝入洛，惟山偉一人拜赦。○洛中士民竄匿，榮奏追贈河陰死者官，衆稍安。○鄭儼爲部下所殺。○汝南王悦、臨淮王彧、北海王顥皆奔梁。元顯達以郢州〔五〕，元世儁以北青州，李志以南荆州降梁。○爾朱榮自誓無二心，醉宿禁中。帝納榮女爲后。○榮還晉陽，令元天穆入秉朝政，遥稟榮意。○樊子鵠拔平陽。○王羆守荆州，祝箭中額。○臨淮王彧自梁還。○高乾兄弟起兵河濟間，元欣諭降之。○葛榮南侵至沁水。○邢杲反青州。○万俟醜奴稱帝。○徐紇勸羊侃以泰山叛降梁。○葛榮圍相州，衆號百萬。爾朱榮使從子天光守晉陽，自帥精騎七千討葛榮，大破葛榮於滏口，禽之。聽其衆各從所樂，一朝散盡，冀、定、滄、瀛、殷五州皆平。○宇文泰爲統軍。○梁陳慶之奉北海王顥入寇。○費穆救荆州，禽梁將曹義宗。○于暉等圍羊侃於瑕丘。徐紇託以乞師，遂奔梁。侃不能守，亦奔梁。○韓樓據幽州反。

屠維作噩

梁：正癸丑、三壬子、六辛巳、七庚辰、九己卯、十一戊寅朔。閏六。七一日，處暑。○魏：正癸丑、三壬子、六辛巳、閏七庚辰、九己卯、十一戊寅朔。八一日，秋分。○《隋志》：閏月壬戌，熒惑犯積尸。○《魏志》：十月己酉朔，從地食十五分之七，起西北。又八月乙丑，月食在危。十月甲子，又食在參。又十一月，熒惑自鬼入太微西掖門，犯上將，出東掖門，犯上相，東行累日，句己去來，逆行而西。

中大通元

陳慶之取魏梁國。元顥稱帝，慶之遂取滎陽、虎牢，送顥入洛陽。魏主北走。慶之取三十二城，四十七戰皆克。○顥密謀叛梁，慶之請益兵及赴徐州，皆不聽；上書止梁兵於境上。○魏爾朱榮奉魏主擊顥，顥敗死。慶之爲沙門逃歸。○魏元延明來奔。○嚴始欣以巴州來降，遣蕭玩援之。○帝捨身於同泰寺，羣臣以錢一億萬奉贖。

二

尊彭城武宣王爲文穆皇帝，廟號肅祖；彭城王劭爲孝宣皇帝。臨淮王彧、李神儁諫，不聽。○上黨王天穆將擊邢杲，薛琡請先擊元顥。○顥與陳慶之乘虛取睢陽。顥即帝位，改元孝基。進拔考城，禽濟陰王暉業。○天穆破邢杲，斬之。○慶之拔滎陽，禽楊昱，顥不殺。○慶之大破天穆，遂拔虎牢，禽辛纂。○帝將出避顥。高道穆勸帝北渡河，遂如河内。○臨淮王彧等備法駕迎顥。顥入洛陽，改元建武。○崔孝芬拔梁國，天穆拔大梁，費穆攻虎牢。陳慶之出擊之。○温子昇諫天穆渡河。○陳慶之復取大梁、梁國。○沛郡王欣欲以齊州附顥，崔光韶不從而止。○顥遽驕怠，近習干政，南兵陵暴，朝野失望。○爾朱榮見帝於長子，奉帝南還。兵衆大集，糧仗繼至。○顥殺費穆。○榮攻拔河内，斬宗正珍孫。○顥密謀叛梁。陳慶之請益兵，顥逆止之。○顥緣河拒守。榮欲北還，楊侃、高道穆勸縛筏濟河。○爾朱兆自馬渚濟〔六〕，禽顥子冠受。顥軍潰而走。○楊津清宫迎帝。○顥死臨潁。安豐王延明奔梁。○高道穆擊破公主車，帝謝之。○道穆與楊侃奏鑄永安五銖錢。○宋遊道責臨淮王彧。○以唐永代魏子建，遂失東益州。○嚴始欣以巴州降梁。○傅敬紹誘山民圍南鄭，父豎眼恥恚而卒。○爾朱榮謂：「侯淵臨機設變，是其所長；若總大衆，未必能用。」○淵以七百騎禽韓樓，定幽州。○万俟醜奴陷東秦州。就德興降。

卷第一百五十三

上章閹茂

梁：正丁丑、三丙子、五乙亥、七甲戌、十癸卯、十二壬寅朔。○魏同。○《魏志》：甲申望前，月食。又正月癸未，熒惑逆行入東掖門。三月己

二

魏梁、益州攻嚴祖欣，殺之；蕭玩亦敗死。○以魏汝南王悦爲魏王，置境上。○悦不能入魏而還。○陳慶之圍魏懸瓠。

魏東海王曄建明元

梁、益州攻嚴祖欣，殺之；及梁蕭玩。○爾朱榮遣爾朱天光、賀拔岳、侯莫陳悦擊万俟醜奴，唯配兵千人。天光淹留未進，杖之。○醜奴圍岐州。○岳破尉遲菩薩於渭南。○醜奴退屯平亭。○天光稱天熱未進，而襲擊醜奴，破之，遂

卷第一百五十四

卯，在右執法北留十四日，順行而東。四月己未，出端門，自左執法南而東。五月己亥，太白在參。

克涇州。○岳追及醜奴於高平。侯莫陳崇單騎入陳，禽醜奴於馬上。○高平人執蕭寶寅以降。○王道習勸帝誅寶寅。○梁以汝南王悦爲魏王。○万俟道洛走歸王慶雲，保水洛城。○爾朱天光約降給水，而以木槍取之。三秦、河、渭、瓜、涼、鄯等州皆降。○宇文泰爲原州，民悔從亂。○帝親聽獄訟，爾朱榮不悦。○帝謂太宰天穆：「天柱猶存臣節，無代天下百官之理。」○皇后妬忌，恨其父不自作。○帝見諸賊漸平，意不喜。○榮諷求九錫，帝稱其忠。○榮好獵，一鹿出圍，數人坐死；見避虎者斬之；士卒如登戰場。天穆諫之，榮曰：「不獵則士卒怠惰。」城陽王徽、李彧、楊侃等勸帝誅榮，李侃晞等諫。○奚毅曰：「不能事契胡。」○榮毁密書，唾地曰：「世隆無膽。」○帝謂榮：「人亦言王欲害我，豈可信之！」○帝欲止，徽不可。○榮下人皆陵侮帝左右，故不遜語皆上聞。○帝曰：「寧作高貴鄉公死，不爲漢獻帝生。」○王道習勸誅爾朱世隆、司馬子如、朱瑞。○徽詐稱生皇子以召榮。○温子昇執赦書，榮見問之，顔色不變。○帝手刃榮，并殺天穆。○帝得榮手板，曰：「過今日，不可制。」○大赦。○爾朱世隆奉榮妻子奔河陰。○田怡欲攻門〔七〕，賀拔勝止之。○司馬子如勸世隆據河橋攻京城以示彊。○爾朱拂律歸將胡騎來求尸。○世隆謂：「兩行鐵字，何足可信！」○李苗以火船燒河橋，世隆北遁。○世隆屠建州以肆忿。斛斯椿歸汝南王悦。○爾朱兆自汾州據晉陽，會世隆於長子，立長廣王曄。○爾朱仲遠起兵徐州。○爾朱天光起兵關中。○侯淵起兵平州。○城陽王徽忌前，勸帝不納羣臣之策，靳惜賞賜糜費，而恩不感物。○仲遠陷西兖州及滑臺。○爾朱榮謂：「兆不過將三千騎。堪代我者，唯賀六渾。」○兆召高歡向洛，歡辭之。○兆破源子恭於丹谷，自河橋西涉，河水不没馬腹。叩宮門，宿衛乃覺。○囚敬宗於永寧寺，

辛亥（五三一）

撲殺皇子。○寇祖仁斬城陽王徽，獻其首。○兆責世隆耳目不廣。○紇豆陵步蕃襲秀容。兆歸晉陽，使世隆等守洛陽。○兆送敬宗於晉陽。○高歡諫兆不宜害天子。○世隆殺高道穆。○世隆不追李苗贈謚。○世隆殺曄母。○兆弑敬宗。○步蕃大破兆於秀容。○高歡與兆共破步蕃，斬之。○兆使歡統三州六鎮降民就食山東。○趙洛周逐蕭贊，贊走山中而死。○趙脩延執李琰之。○汝南王悦南還，斛斯椿復降。

重光大淵獻

梁：二辛丑、四庚子、六己亥、八戊戌、十丁酉、十二丙申朔。○魏：二辛丑、四庚子、六己亥、八戊戌、十丁酉朔。○《魏志》：六月己亥朔，食，起西南。又五月甲申，月食盡。又十月甲寅，太白、熒惑、歲、填聚于觜、參。

三

昭明太子卒。小民走宫門，號泣滿路。○在東宫，坐起常西向。○道士謂墓地不利長子，埋蠟鵝。鮑邈之譖太子厭禱，帝由是捨歡而立綱。○周弘正勸綱讓太子。○宗戚有服者，皆食邑爲鄉亭侯。○樂山侯正則反，誅。○魏南兖州來降。

魏安定王朗中興元

空宫百日。○爾朱世隆以曄疎遠無人望，更議立君。○廣陵王恭陽瘖以避元乂之難，世隆迎立之。○節閔帝自撰赦，改元普泰。○但稱帝。○劉季明謂爾朱榮無所配享。○爾朱兆以不預廢立之謀，欲攻世隆。○節閔謂史仵龍於國無功。○不罪殺師子者。○崔祖螭反，圍青州。○劉靈助起兵稱燕王。○高乾起兵據冀州。○高歡引兵東下，乾密迎之，遂入冀州。○李元忠説歡討爾朱。○歡至山東，禁士卒侵暴，遠近歸心。○徵歡，不至。○爾朱世隆、仲遠、兆、天光皆驕淫貪暴，中外患之。○侯淵、叱列延慶襲擊劉靈助，斬之。○靈助首函三月入定州。○天光討宿勤明達，禽之。○荆州民斬趙脩延。○仲遠討崔祖螭，斬之。○高歡起兵信都，李元忠據殷州以應之。○世隆、天光滅楊椿、楊津之族。○爾朱彦伯以旱遜位。以世隆爲儀同三師。○兆復取殷州。○仲遠與兆會攻高歡。○歡立元朗爲帝。○歡縱反間，使互相猜貳，仲遠南走。○賀拔勝謂兆失策。○段韶謂衆者得衆人之死，彊者得天下之心。○歡破兆於廣阿。○歡攻鄴。○王乞德劫劉世明，以南兖州降梁。

卷第一百五十五

壬子（五三二）

玄黓困敦

梁：三乙丑、四甲子、六癸亥、八壬戌、十辛酉、十二庚申朔。閏三。四一日，小滿。○魏：正丙寅、三乙丑、閏四甲子、六癸亥、八壬戌、十辛酉、十二庚申朔。五一日，夏至。○《魏志》：十月辛酉朔，從地食，起西南。又四月戊寅，月食在箕。十月丙子，又食在參。又三月癸巳，熒惑逆行犯氐。閏月丙申，歲入鬼。十一月，熒惑入南斗十餘日，出逆行，復入六十日乃去。

四

以元法僧爲東魏王。○邵陵王綸坐强市殺人，免削。○魏爾朱仲遠來奔。○魏樊子鵠拔譙城，禽元樹。

魏孝武帝脩永熙元

高歡拔鄴。○安定王朗徙居鄴。○爾朱世隆卑辭厚禮以謝兆，納其女爲后。兆乃悦。○斛斯椿、賀拔勝謀聚爾朱氏而誅之。○世隆固請天光，天光乃肯來。○賀拔岳謂天光，同心勠力無不克；又勸留鎮關中，遣兵東討。○爾朱度律、仲遠、天光、兆同會於鄴。○高昂自將漢兵，不用鮮卑。○歡大破度律等於韓陵。○慕容紹宗整軍而去。○兆奔晉陽，仲遠奔滑臺。○斛斯椿先據河橋，禽度律、天光，使賈顯智入誅爾朱彦伯及世隆。○仲遠奔梁。○歡責喬寧、張子期以不忠不信而斬之。○賀拔岳、侯莫陳悦襲長安，禽爾朱顯壽。○馮紹隆紿爾朱弼使割心血，刺之。○安定王至邙山。歡以王踈遠，使魏蘭根視節閔帝，欲奉之。蘭根以帝英特，與崔㥄勸歡廢之。○斛斯椿欲殺歡，賀拔勝止之。○歡欲立汝南王悦，聞其狂暴而止。○迎平陽王脩，立之。○歡還鄴。○封隆之謂斛斯椿等反覆必爲患。歡送度律、天光於洛陽，斬之。○殺節閔帝。○追謚敬宗。○歡擊兆，兆奔秀容。歡留居晉陽。○郭遷反青州，侯景討平之。○樊子鵠攻梁譙城，拔之，禽元樹。○殺安定王朗、東海王曄。○又殺汝南王悦。○李元忠捋歡鬚。○歡使竇泰襲爾朱兆。

癸丑（五三三）

昭陽赤奮若

梁：二己未、五戊子、七丁亥、九丙戌、十一乙酉朔。○魏同。○《魏志》：四月己未朔，食在丙，起正南。又九月丁酉，太白、歲合于翼。甲寅，熒惑、太白合於軫。

五

魏耿翔以膠州來降。○王早、蘭寶據下邳來降〔八〕。○翔棄州來奔。○魏賀拔勝寇雍州，拔數城。

二

兆兵敗自縊。慕容紹宗以爾朱榮妻子降，歡厚待之。○罷行臺。○追尊武穆帝。○斛斯椿等説帝密圖歡，增置閤內部曲。○帝倚賀拔勝兄弟以敵歡。○高乾説歡受禪，歡掩其口。○歡招撫阿至羅。○帝殺高乾，弟昂、慎奔晉陽。○耿翔、王早叛降梁。○賀拔岳使宇文泰至晉陽觀高歡。○泰説岳屯平涼，招撫紇豆陵伊利等。○岳以泰爲夏州。○邸珍討下邳。○賀拔勝侵沔北，拔數城。○歡使翟嵩間賀拔岳、侯莫陳悦。

閼逢攝提格

梁：正甲申、三癸未、五壬午、七辛巳、十庚戌、十二己酉朔。閏十二。○魏同。○《隋志》：四月丁卯，熒惑在南斗。○《魏志》：四月癸丑朔，食。又三月戊戌，月食在亢。又五月己亥，熒惑逆行，掩南斗魁第二星，遂入斗口。

梁高祖中大通六

魏賀拔勝來奔。○元慶和伐東魏，克瀨鄉。○西魏獨孤信來奔。

魏孝武帝永熙三

丞相歡禽紇豆陵伊利。○泉企世襲商洛令。○永寧浮圖災。○宇文泰謂賀拔岳云：「曹泥未足憂，宜先圖侯莫陳悦。」○悦殺岳於河曲，不撫其衆，皆奔還平涼。○薛憕知悦必敗。○寇洛不能齊衆，請避位。趙貴、赫連達請迎宇文泰。○韓襄勸泰行。○泰知悦不據平涼，必無能爲，曰：「不速往，衆心將離。」○蔡祐殺彌姐元進。○赫連達不掠避難之民。○歡使侯景招岳衆，遇泰而還。○泰劫張華原，華原不從。○王基謂歡，宜及泰未定擊取之。○帝召岳衆還洛陽，泰辭不赴。○李虎説賀拔勝收岳衆。○泰使侯莫陳崇襲取原州，擒史歸。○李弼説悦解兵謝泰。○泰擊悦，克上邽。悦走死。○劉亮以二十騎襲取豳州，斬孫定兒。○自南岐至瓜鄯，皆爲氐羌所據，泰使李弼等討平之。○于謹勸泰迎天子，都長安。○歡遣使結泰，泰不受。○梁禦説賈顯度，下之，遂據長安。○帝以泰爲關西大都督，承制封拜。○封隆之、孫騰逃歸晉陽。○歡使邸珍奪徐州管籥。○帝惡建州韓賢、濟州蔡儁，欲去之。○帝下詔戒嚴，云欲伐梁。發河南諸州兵，大閲於洛陽，密詔歡，云欲討荆、雍。歡請發兵，四道俱進。帝復詔止之，且誚讓歡。○王思政、柳慶、宇文顯和勸帝入關。○裴俠謂：「泰已操干戈，寧肯授人以柄？無異避湯入火。」○歡置兵聚糧，欲遷都於鄴。○任祥棄官走。○帝敕北來文武，去留自便。○詔罪狀歡。

東魏孝靜帝善見天平元

孝武帝西奔長安。丞相歡入洛，責辛雄等以備位大臣，處不諫爭，出不陪從，悉誅之。○推清河王亶承制決事。○歡引兵西迎孝武，克潼關，屯華陰，退屯河東。凡四十啓，孝武不報，歡乃還洛。○侯景取荆州。亶稱警蹕，歡醜之，更立其世子善見爲帝。○西魏復取潼關。○梁元慶和入寇。○汝陽王暹克齊州，侯淵克青州。○歡遷都於鄴，書下三日即發[九]，四十萬户狼狽就道。○樊子鵠據瑕丘拒命。○六坊北徙者，皆給常廩。○元慶和據瀨鄉。○李廣諫辛纂討樊五能。○西魏獨孤信克穰城，殺辛纂，遂定三荆[十]。○高昂等復取之。

乙卯（五三五）

旃蒙單閼

梁：正戊申、三丁未、五丙午、七乙巳、九甲辰、十一癸卯朔。正一日，雨水。○魏：正戊申、三丁未、五丙午、七乙巳、九甲辰、十二癸酉朔。○《魏志》：七月壬戌，太白、填合于七星。

大同元

鄱陽王範等攻西魏晉壽，克之。○徐勉卒。梁世賢相稱范、徐。○蘭欽攻西魏漢中，克之，復得梁州。○陸襄禽鮮于琛。

魏文帝寶炬大統元

帝即位。○可朱渾道元自渭州奔東魏。○曹泥降。○立乙弗后、太子欽。○東魏司馬子如等攻潼關，襲華州，入其城。王羆袒跣擊走之。○泰奏行二十四條新制。○泰問蘇綽治道，達曙不厭。○綽始造案籍程式。○梁蕭範寇東益州，拔晉壽。○趙剛召賀拔勝等於梁。○梁蘭欽拔漢中，取梁州。○使庫狄時與柔然約和親。

召荆、雍兵，使來迎援。○盧柔爲賀拔勝陳三策。○歡自晉陽興兵南下，以誅斛斯椿爲名。○泰自高平東出。○帝勒兵十餘萬，屯河橋。○椿請度河逆戰，不許。○泰謂長河萬里，扞禦爲難。○賈顯智守滑臺，帥衆降歡。○歡濟河，帝西走。○歡入洛。○民獻麥飯，帝復一村十年。○泰使趙貴等迎帝。○泰謁帝於東陽。帝入長安，以泰爲大將軍、尚書令，軍國之政咸取決。○歡克潼關，屯華陰。○賀拔勝入援至折陽。崔謙勸勝入關見帝，與泰同拒歡。勝不從而還。○歡退屯河東，遂東還。○歡使侯景逼荆州，州民鄧誕應之。賀拔勝奔梁。○趙剛謂馮景昭：「欲爲忠臣，請斬馮道和；如欲從賊，可速見殺。」○大將軍泰復克潼關。○李虎等擊曹泥於靈州。○泰殺平原公主明月，帝復與泰有隙，遂遇酖殂。○泰立南陽王寶炬爲帝。○獨孤信攻東魏穰城，克之，遂定三荆。東魏高昂等復取之，信奔梁。

二

西魏可朱渾道元來奔。○衛既隆等謂高后於孝武未絶，宜爲服。○丞相歡擊劉蠡升，破之。○司馬子如和解勃海世子澄及婁妃。○子如等攻西魏潼關，襲華州，不克。○婁昭拔瑕丘，斬樊子鵠。○昭不誅子鵠餘兵。○歡詐許劉蠡升結昏，襲滅之。○侯淵襲青州，不克，欲奔梁，道死。○使高隆之作新宮。○隆之誣譖任欣集，

卷第一百五十七

殺之。○歡謂其子洋識慮過吾幼時。○洋斬亂絲，與彭樂相格。○文武量給祿。○以公主妻柔然阿那瓌。

丙辰（五三六）

柔兆執徐

梁：二壬申、四辛未、六庚午、八己巳、十戊辰、十二丁卯朔。○魏同。○《魏志》：二月丁亥，月食。八月癸未，又食。又十一月，熒惑、歲合。

二

上作皇基寺，孟少卿殺弘氏，取其良材。○人謂陶弘景爲「山中宰相」。○弘景詩刺玄談。○詔求諫，稱「屋漏在上，知之在下」。○賀拔勝還西魏。○發兵伐東魏。侯景破楚州，虜桓和，陳慶之破景。罷北伐之兵。

二

東魏高歡襲夏州，虜斛拔彌俄突。○曹泥復叛，圍之。歡使阿至羅救之。泥與劉豐奔東魏。○阿至羅寇秦州。○万俟普與其子洛奔東魏。泰追至河北千餘里，不及。○賀拔勝自梁還。○東魏高歡三道入寇。

三

丞相歡襲夏州，身不火食，四日而至，禽斛拔彌俄突。○西魏圍曹泥於靈州，歡使阿至羅救之。泥與劉豐來奔。○高澄年十五，入輔朝政，中外振肅。○高季式醉殺孫搴，薦陳元康代爲主簿。○歡使阿至羅逼西魏秦州万俟普。○普及子洛來奔。○侯景伐梁，虜桓和。景爲陳慶之所敗而還。○清河王亶卒。○丞相歡伐西魏。

丁巳（五三七）

强圉大荒落

梁：二丙寅、五乙未、七甲午、九癸巳、十壬辰、十二辛卯朔。閏九。十二日，小雪。○魏同。○《隋志》：三月乙丑，歲掩建星。

三

初與東魏和親。○獨孤信等還西魏。

三

歡在蒲津。丞相泰襲竇泰於潼關，斬之。歡退。○高昂拔上洛，聞泰敗，亦退。○泉元禮復取洛州。○獨孤信等自梁還。○泰帥十二將伐東魏，拔恒農，河北城堡多降。○歡將二十萬人出蒲津，高昂將三萬出河南來會戰。○泰兵不滿萬人，館穀恒農五十餘日。王羆謂：「狢子那得過！」○泰引兵度渭北，欲乘歡新至擊之。宇文深賀曰：「歡違衆遠來，決忿必敗。」○達奚武入歡軍覘察。○李弼請先據渭曲。○泰與歡戰於沙苑，大破之。○李檦身如小兒而勇戰。○泰追歡至河上而還。李穆請急追，不許。○種柳以旌武功。○李弼克蒲反，獲薛崇禮。○泰因略定汾、絳。○獨孤信克洛陽。○東魏潁州、梁州、滎

四

竇泰敗死於潼關，歡自蒲津退，高昂亦自上洛退。○歡得瑞石，陽休之、杜弼勸歡受禪，歡不從。○初與梁和親，以李諧等充使。與梁競以才儁相高。○西魏宇文泰拔恒農，河北城堡多附西魏。○柔然侵三堆，歡擊走之。○杜弼請治文武貪污者，歡曰：「如此督將皆歸黑獺，士子盡奔蕭衍。」○弼又言勳貴，歡命軍士張弓拔刃，使弼冒出其間。○歡號令鮮卑常使勿輕漢民，令華人常使勿疾鮮卑。○劉貴謂：「一錢漢，從其死。」高昂斫之。○歡出蒲津，昂出河南，以擊西魏。○薛琡請勿渡河。○侯景謂軍大難收，請分爲二。○斛律羌舉請分精兵趨長安。○侯景謂泰焚死誰信。○彭樂勸戰。○歡與泰戰

戊午（五三八）

陽皆降。○宇文貴先據潁川，擊東魏任祥等，破之。○韋叔裕攻東魏豫州，拔之。○郭鸞攻東魏東荆州，爲慕容儼所敗。

於沙苑，歡大敗。○彭樂腸出，截去復戰。○歡欲更戰，斛律金鞭其馬，乃跨橐駞度河。喪甲士八萬，棄鎧仗十八萬。○侯景請還取泰。婁妃曰：「得泰失景，何益？」乃止。○高昂退保洛陽。○西魏李弼克蒲反，獲薛崇禮。○西魏略定汾、絳。○薛脩義全晉州。○潁州、梁州、滎陽皆降於西魏。○任祥等救潁川，爲西魏宇文貴所敗。○西魏韋叔裕寇豫州，拔之。○邢磨納等起兵海隅以應西魏。○高季式遣私兵平境外之盜。

著雍敦牂

梁：二庚寅、四己丑、六戊子、九丁巳、十一丙辰朔。○魏同。○《梁紀》：六月辛丑，食。疑己丑誤。○《魏志》：正月辛酉朔，食。又六月癸卯，月食。又二月庚戌、三月甲子，歲逆順行，再犯上相。六月，太白入東井。

四

以李胤之得舍利，大赦。

四

東魏賀拔仁復取南汾州。○侯景等復取潁、豫、廣三州。○泰令帝廢乙弗后，迎柔然女爲后。○東魏侯景等圍獨孤信於金墉。○帝留太子欽守長安，與泰東如洛陽。○李弼遇東魏將莫多婁貸文，擊殺之。○景等解圍，泰與戰於河橋。○泰墜馬，李穆抶其背，以馬授之。○殺高昂等。○獨孤信等先敗走，泰亦遁。○降卒據弘農，攻拔之。○泰枕蔡祐股，乃得安寢。○祐口不言功，泰曰：「我當代之論敘。」○太子欽出屯渭北。○趙青雀據長安，于伏德據咸陽反。○王羆開門，任軍士去留。○宇文導襲取咸陽，與泰會，攻長安，拔之。○帝入長安，泰還屯華州。○是云寶襲取洛陽。○趙剛襲取廣州，復得襄、廣以西。○李長壽據伊川以拒東魏，子延孫繼之，韋法保又繼之。○權景宣詐保宜

元象元

賀拔仁攻西魏南汾州，取之。○侯景等治兵虎牢，復取潁、豫、廣三州。○盧勇以百騎破西魏兵。○歡以兵敗，請解大丞相。○侯景等圍西魏獨孤信於金墉。○西魏主與宇文泰救之。○莫多婁貸文先與西魏戰，敗死。○景等解圍，與泰戰於河橋。○高昂敗死。○泰敗走。○歡攻金墉，毀之而還。○裴讓之謂諸葛亮兄弟事吳、蜀，各盡其心。○賀拔仁討邢磨納等，平之。○歡赦盧景裕，使教諸子。○西魏是云寶襲取洛陽[十二]，王元軌走。○襄、廣以西復入西魏。○僧尼至二百萬人，寺三萬餘。○西魏韋孝寬取宜陽。○高澄典選，始改年勞之制，引擢英俊。

陽，遂西遁。○韋孝寬取宜陽。○王思政築玉壁，自恒農徙鎮之。

己未（五三九）

屠維協洽

梁：正乙卯、三甲寅、五癸丑、七壬子、九辛亥、十一庚戌朔。○魏：正乙卯、三甲寅、五癸丑、七壬子、九辛亥、十二庚辰朔。○《魏志》：十二月甲午，月食。又二月壬子，熒惑犯井北軒轅第一星。四月，入鬼。

五

晉、宋以來，宰相多以文義自逸，何敬容獨勤簿領，爲時俗嗤鄙。○敬容以質慤，朱异以文華，皆爲帝所寵任。○异阿諛貪黷，奢侈吝嗇，當權任三十年，車馬填門。○郊祀初乘輦。○分州爲五品，凡一百七州。州郡雖多，而户口日耗。

五

泰於行臺置學。○置紙筆陽武門，以求得失。○命周惠達等修定禮樂。

興和元

歡褒稱房謨等政績，勸諭諸刺史。○立高后。○發十萬人城鄴。○新宮成。○行《興和曆》。

庚申（五四〇）

上章涒灘

梁：二己卯、四戊寅、閏五丁丑、七丙子、九乙亥、十一甲戌朔。六一日，大暑。○東魏初用《興和曆》，西魏仍用《正光曆》，並同。○《魏志》：閏月丁丑朔，食。又十一月甲戌，太白、填合於氐。

六

袁昂不受贈謚。

六

鑄五銖錢。○東魏侯景欲復荆州，李弼等拒卻之。○柔然入寇，至夏州。○賜乙弗后死。○王羆謂周惠達恇怯，致帝城驚擾。○郁久閭后卒。宮延和等降東魏。

二

侯景欲復荆州，不克。○西魏宮延和等來降。○吐谷渾伏籌連卒，子夸吕立，始稱可汗。

辛酉（五四一）

重光作噩

梁：正癸酉、四壬寅、六辛丑、八庚子、十己亥、十二戊戌朔。○魏同。○《魏志》：四月壬辰，月食。疑丙辰誤。又四月己丑，太白、歲合於奎。丙午，熒惑、歲合於奎。

七

武林侯諮哀刻交州，李賁反。

七

宕昌王梁企定死，弟彌定立。○宇文測禮遣東魏爲寇者。或譖其外交，丞相泰斬之。○蘇綽奏頒六條。○新制十二條。

三

初行麟趾格。○築漳瀕堰。○瀕河置倉漕穀，傍海煮鹽。穀斛九錢，民稍蘇息。○高澄生子孝琬，禮遺滿十室。○臨淮王孝友請省三長。

壬戌（五四二）	玄黓閹茂 梁：二丁酉、四丙申、六乙未、九甲子、十一癸亥朔。○魏同。○《魏志》：七月壬午，熒惑、歲合於井。	八 劉敬躬反，張綰討平之。○盧子略攻廣州，陳霸先擊平之。	八 初置六軍。○東魏高歡圍玉壁，王思政拒之，值大雪而退。○太子鎮蒲反。○帝狩於華陰，泰來朝。	四 丞相歡泣請尉景。○歡伐西魏，圍玉壁，不克而還。○李元忠謂作僕射不如飲酒樂。
癸亥（五四三）	昭陽大淵獻 梁：正壬戌、二辛酉、四庚申、六己未、八戊午、十丁巳朔。閏正。二二日，春分。○魏：正壬戌、二辛酉、四庚申、六己未、八戊午、十一丁亥朔。○《魏志》：三月丙午，月食。	九 林邑王攻李賁，敗於九德。	九 東魏高慎以虎牢來降。○泰圍東魏河橋。○泰襲高歡於邙山，不利。○臨洮王柬等爲東魏彭樂所虜。○泰謂樂：「急還前營，收汝金寶。」○若于惠等敗東魏兵。○賀拔勝逐歡，刃垂及而逸。○左軍敗，泰遂遁。○若于惠食畢，建旗鳴角，收散兵而去。○泰敗走，歡追至陝而還。○王思政守恒農，開門待敵。○泰求自貶，不許。○賜王勇、耿豪、王傑名。○趙昶説李鼠仁，下之。○東魏拔虎牢，復取北豫、洛二州。○泰命裴俠獨立，以激厲諸牧守。	武定元 高慎以虎牢叛降西魏。○歡拒西魏軍河北。○斛律金以鎖釘火舡。○歡謂西軍食乾飯當渴死。○歡敗泰於邙山。○彭樂入西營，虜王公等而還。○樂追泰，幾獲之。○歡取絹三千壓樂，因賜之。○歡爲西魏所敗。○尉興慶以百箭死。○西魏賀拔勝逐歡，槊刃垂及，段韶射殺其馬得免。○西軍大敗，封子繪、陳元康勸歡追之，不從，至陝而還。○封隆之不聽高澄收叛者家屬。○侯景改諜書取虎牢，復得北豫、洛二州。○築土墱長城
甲子（五四四）	閼逢困敦 梁：正丙戌、三乙酉、五甲申、七癸未、九壬午、十一辛巳朔。○魏同。	十 李賁稱帝。○帝幸蘭陵、京口。○何敬容免官。	十 泰謂賀拔勝爲真勇。○更權衡度量。○命蘇綽損益新制行之。	二 歡巡冀、定，校户口。○高澄爲大將軍、中書監，移門下機事歸中書。○澄使崔季舒在帝左右。○澄假崔暹威勢，避其赤棒，使彈劾諸貴貪污者。○司馬子如坐贓免。○歡爲子如擇蝨。○高澄及歡褒美崔暹，戒屬諸貴。○楊愔謂狗以數吠殺之，恐無復吠狗。○命孫騰、高隆之括無籍户，得六十餘萬。○歡襲山胡，破之。○魏收改定與梁書。

乙丑（五四五）	旃蒙赤奮若 梁：正庚辰、四己酉、六戊申、八丁未、十丙午、十一乙巳朔。閏十。十一一日，冬至。○魏同。○《魏志》：四月丁巳，熒惑犯南宮上將。戊寅，犯右執法。	十一 楊瞟、陳霸先討李賁[十二]。○復聽人贖罪。○賀琛陳四事，上詰責求其主名。○帝恭勤慈儉，而踈簡刑法，枉濫者多。○王侯驕横，或行殺驚，上不禁。	十一 突厥土門始彊大，遣使與之通。○蘇綽作大誥，以革文章流弊。○申徽以單使禽鄧彥於瓜州。	三 爾朱文暢等謀殺歡，不克而死。○置晉陽宮，納吐渾女爲容華。○歡厚謝崔暹，顯賞之。○暹墜刺求見公主。○婁妃勸歡娶柔然女，避正室以處之。	卷第一百五十九
丙寅（五四六）	柔兆攝提格 梁：正甲辰、三癸卯、五壬寅、八辛未、十庚午、十二己巳朔。○魏同。○《魏志》：九月壬寅，太白犯左執法。	中大同元 楊瞟平交州，李賁逃入獠中。○上留同泰寺講經。寺災，更作十二層浮圖。○初令犯罪者祖父母、父母不坐。詔通用足陌錢。○上諸子心不相下，互相猜忌。○陳霸先破李賁於典澈湖。○岳陽王詧鎮襄陽，陰待士撫民，以圖大功。	十二 宇文仲和據涼州，張保據瓜州反。○獨孤信定涼州，令狐整定瓜州[十三]。○王思政舉韋孝寬代鎮玉壁。○東魏高歡入寇，攻玉壁五十日，孝寬隨機拒之。歡不能克，發疾而退。○侯景寇齊子嶺，楊檦拒卻之。○安定公泰署空紙以授蘇綽，使隨事處分。○綽謂爲國當愛人如慈父，訓人如嚴師。○綽卒，泰薄葬以彰廉讓。	四 遷石經於鄴。○歡舉山東之衆伐西魏，圍玉壁，以挑西師。西師不出，死者七萬人，不克，發疾而還。○侯景趣齊子嶺，亦不克。○歡使段韶輔太原公洋鎮鄴，召世子澄詣晉陽。○侯景與澄有隙，澄召之，不至。○歡謂堪敵侯景，唯慕容紹宗。	

校勘記

〔一〕「仁」，原作「然」，今據《通鑑》卷一百四十九改。

〔二〕「工」，原作「功」，今據《通鑑》卷一百四十九改。

〔三〕「秉」，原作「棄」，今據《通鑑》卷一百五十一改。

〔四〕「出走」，原作「走出」，今據《通鑑》卷一百五十一乙正。

〔五〕「顯」，原作「願」，今據《通鑑》卷一百五十二改。
〔六〕「馬」，原作「殺」，今據《通鑑》卷一百五十三改。
〔七〕「怡」，原作「恬」，今據《通鑑》卷一百五十四改。
〔八〕「蘭寶」，原作「簡實」，今據《通鑑考異》卷七引《梁書·武帝紀》改。
〔九〕「下」，原作「十」，今據《通鑑》卷一百五十六改。
〔十〕「三」，原作「王」，今據《通鑑》卷一百五十六及上文改。
〔十一〕「寶」，原作「廣」，今據《通鑑》卷一百五十八及上文改。
〔十二〕「瞟」，原作「標」，今據《通鑑》卷一百五十九及下文改。
〔十三〕「狐」，原作「孤」，今據《通鑑》卷一百五十九改。

資治通鑑目録卷第十六

端明殿學士翰林侍讀學士朝散大夫右諫議大夫奉集賢殿修撰提舉西京嵩山崇福宫上柱國河内郡開國侯食邑一千八百户食實封陸佰户賜紫金魚袋臣司馬光奉敕編集

丁卯（五四七）

强圉單閼

梁：二戊辰、四丁卯、六丙寅、八乙丑、十甲子朔。○魏：二戊辰、四丁卯、六丙寅、八乙丑、十一甲午朔。○《魏志》：正月己亥朔，食。

梁高祖太清元

謝宣融謂盧陵王續有過不隱〔二〕。○湘東王繹聞續卒，喜躍屧破。○東魏侯景來降，羣臣皆以爲不可受，朱异獨勸受之。○周弘正謂亂階在此。○上幸同泰寺捨身。○遣羊鴉仁等應接侯景。○上還宫。○景復割地求救於西魏，啓上自解謝。○命鄱陽王範擊穰城。○羊鴉仁據懸瓠。○大舉伐東魏。○朱异謂鄱陽王範有雄才，不可爲元帥。○以貞陽侯淵明，南康王會理分督諸將。淵明復與异譖會理而代之。○上謂荀濟好反不可用。○濟諫上崇信佛法，上欲誅之，奔東魏。○蕭淵明堰寒山以灌彭城。羊侃屢勸之攻戰，不從。○侯景戒梁人深入。○東魏慕容紹宗擒蕭淵明等於寒山，失亡三萬人。○上聞敗，曰：「吾得無復爲晉家乎？」○紹宗克潼州。○侯景求立元氏輔之，詔以元貞爲魏主。○景退保渦陽。○景專斫人脛馬足。○景敗慕容

魏文帝大統十三

東魏侯景據河南來降。○景貳於梁。○東魏圍景於潁川。景復割四城求救。○于謹謂景姦詐，宜厚其爵位，而勿遣兵。○王思政謂宜因機進取，遂以荆州兵赴之。○安定公泰乃遣李弼、趙貴助之。○東魏韓軌等引退。○景與弼等互相圖，皆不克。聞梁兵將至，弼等還。○王思政據潁川，景出屯懸瓠。○泰使韋法保等助景戍守。王悦以爲景不可信。泰召景入朝，不至，乃悉召援兵。景遂叛降梁。○裴寬勸韋法保誅景。○王思政分軍據景七州、十二鎮。泰授以景官，不受。○鄭穆治岐州三千户，數年至四萬户。

東魏孝靜帝武定五

齊獻武王歡卒，秘不發喪。○侯景據河南叛。○邢子才捕獲景兵，移檄東方諸州。○陳元康諫高澄殺崔暹。○澄遣韓軌等討景。○澄留段韶、趙彦琛守晉陽，入朝于鄴。○澄使元柱襲景，柱敗歸。○景保潁川。○韓軌等圍景於潁川。西魏李弼等救潁川，軌等引還。○澄還晉陽發喪。○澄辭丞相。○潛葬齊獻武王於石佛頂，盜發之。澄招侯景，景使王偉復書，不從。○帝有文武才，澄忌之。○澄使崔季舒毆帝。○荀濟等謀作地道誅澄。事泄，澄謂帝何意反，遂幽於含章堂。○齊獻武王謂濟入宫必敗。○濟曰：「奉詔誅高澄，何謂反！」○澄餓殺温子昇，宋遊道收葬之。澄曰：「人代卿怖者，不知吾心。」○梁蕭淵明圍彭城。○澄遣高岳、慕容紹宗救彭城。○陳元康勸澄推心用紹宗，仍受金以安其心。○侯景聞紹宗來，驚曰：「高王定未死邪！」○

卷第一百六十

著雍執徐

梁：正癸巳、三壬辰、五辛卯、七庚寅、八己丑、十戊子、十二丁亥朔。閏七。八二日，秋分。○東魏同。○西魏一日秋分。○《魏志》：七月庚寅朔，食，起西北。

紹宗。○紹宗使斛律光等試擊景，勿過渦水。○景帥騎入水而卻走，草濕，火不然。

二

紹宗敗景於渦陽。○景收散卒，得八百人，南走。○羊鴉仁棄懸瓠，羊思達棄項城還。河南地皆入于魏。○劉神茂説景據壽陽。○韋黯開城納景。○何敬容謂景死爲朝廷之福；又謂太子祖尚玄虚，江南將復爲戎。○景告敗，復以爲南豫州牧。蕭介切諫。○東魏高澄使貞陽侯淵明與帝書，求復通好。朱异請許之，傅岐以爲澄欲間侯景，使興禍亂。○侯景諫與東魏和。○朱异納景金，不通其啓。○景詐爲鄴中書，以貞陽侯易景。○傅岐謂景寧肯束手就縶。○王偉勸景反。○交趾斬送李賁。賁兄天寶作亂，陳霸先討平之。○徐陵聘東魏。○侯景求娶王、謝，又求錦萬匹及鍛工。○王偉謂景坐聽亦死，舉大事亦死。○景謂元貞：「河北事雖不果，江南何慮失之。」○臨賀王正德怨望。○景陰與正德相結。○鄱陽王範屢啓景反，朱异謂範不許朝廷有一客。○景啓不遜，帝曰：「朕唯一客，致有忿言，朕之失也。」○景反於壽陽，帝笑曰：「吾折箠笞之。」○王偉勸景棄淮南，直掩建康。○景襲取燕州，執豐城侯泰。○又攻歷陽。莊鐵降之，因説景速趣建康。○羊侃請急據采石。朱异曰：「景必無渡江之志。」侃曰：「今茲敗

十四

東魏高岳、慕容紹宗等圍王思政於潁川。○安定公泰奉太子巡西境，登隴，歷長城，東至蒲州而還。○柳慶諫泰誅王茂。

杜弼謂賞罰不失，自然盡美。○紹宗豫戒衆以陽敗。○紹宗擒蕭淵明等於寒山，俘斬三萬人，又克潼州。○杜弼檄梁，謂侯景當復爲梁患。○澄厚禮蕭淵明。○慕容紹宗爲景所敗。

六

紹宗敗景於渦陽。○紹宗謂景衆家屬並完，被髮爲誓。○梁戍將棄城走，復得懸瓠、項城，盡復舊境。○復與梁通好。○吏部僞假官首者六萬餘人。○高岳、慕容紹宗等攻西魏王思政於潁川。○梁徐陵來聘。○罷南郊道壇。○辛術略江、淮之北，獲二十三州。○高澄欲禁錢不重五銖者毋得入市門。

卷第一百六十一

矣！」○臨賀王正德以荻舡濟景。○帝召王質還，景遂自采石濟。○朝廷始戒嚴。○江子一敗還。○太子稟受方略，帝悉以軍事委之。太子停中書省。○修宮城爲受敵之備，分軍屯守。○朱异謂：「徐思玉豈刺客！」○賀季問舉兵之名，景曰：「欲爲帝。」○羊侃部分守備。○庾信甘蔗落手。○臨賀王正德迎景，交揖反袍。○西豐公大春棄石頭，謝禧棄白下走。○景使于子悦守石頭。○景圍臺城。○帝欲誅朱异，太子止之。○景百道攻城，羊侃拒之。○侃射其子。○莊鐵奔歷陽，逐景將而不能守。○正德即帝位，改元正平，以景爲丞相。○景攻陷東府，殺三千人，聚户示城中。○太子請帝巡城。○江子一兄弟三人戰死。○景初至，軍令嚴整；攻不克，乃暴掠。米升直七八萬錢。○景起土山，城内應之，太子以下皆負土。○景以朱异奴爲儀同。○景謂朝廷侈費，不奪百姓，何從得之。○景啓東魏主迎母妻。○陳昕説范桃棒請降，太子疑不受，帝怒之，朱异謂「社稷事去矣」。○蕭見理爲劫而死。○邵陵王綸至鍾離，而還屯鍾山。景懼欲走，安南侯駿追景而敗。綸軍遂潰，走還京口。○霍俊言援軍尋至。○鄱陽世子嗣等軍于蔡州。○封山侯正表謀襲廣陵，劉詢擊破之。○羊侃卒。○景復攻城。○吴景作地樓迂城，柳津作地道以拒之。○景上攻，更引水灌城。○韋粲、裴之高、柳仲禮入援。粲推仲禮爲大都督。之高射其子。○湘東王繹發江陵。○梅伯龍攻壽陽。

屠維大荒落

梁：三丙辰、五乙卯、七甲寅、九癸丑、十一壬子朔。○魏同。○《隋志》：正月壬午，熒惑守心。三月丙子，又守心。○《魏志》：十一月丁卯，月食。

三

韋粲親戚數百人同死。○柳仲禮敗景于青塘。○邵陵王綸與東方諸軍皆至。○朱异卒。○封山侯正表以北徐州降東魏。○太子還永福省。○紙鴟送敕。○李朗請受鞭送啓。○鄱陽世子嗣等渡淮攻東府。○樊文皎戰死，自是援軍不復戰。○柳仲禮傲很，諸將更相猜阻，莫有戰心。○援軍剽掠，士民失望。○王顯貴以壽陽入東魏。○顧野王起兵討景。○城中以飯飼馬，分乾苔給戰士。○景軍乏食，欲取東城米，乃僞請和。○上曰：「和不如死。」太子固請，許之。○傅岐謂：「宣城嫡孫，不可爲質。」○使王克等出盟。○景不解長圍，專修鎧仗，運東城米，邀求稍廣。太子知其詐，猶羈縻不絶。○南康王會理等兵至。景恐其自白下而上，請聚之南岸。○景求借南兖、譙二州。○又求召永安侯確及趙威方入城。確不肯入，邵陵王綸欲斬之。○上無蔬，食雞子。○湘東王繹軍武城不進，蕭賁謂繹都無下意。○又謂景必不去，王以十萬衆，未見賊而退，奈何！繹殺之。○景既得米，王偉、臨賀王正德勸景且留觀變。○景陳上十失。○立壇告景渝盟。○圍城之初，男女十餘萬，腫死什八九。○柳仲禮被傷，閉壁不敢復出。諸將日請戰，不許。○南康王會理等敗於東府北。○景又求和，而乞且留京師。沈浚責之。○邵陵世子堅不恤吏士，其書佐董勛等夜納景兵。○臺城陷，帝曰：

十五

司馬裔辭封，曰：「不可賣義士以求榮。」○東魏高岳等堰洧水灌潁川，王思政守之。趙貴等救潁川，至穰不得前。○獲東魏慕容紹宗、劉豐生。○東魏高澄自攻潁川。○詔代人復舊姓。○東魏陷潁川。王思政欲自刎，不果。○思政與八千人守城，圍守朞年，存者三千人，終無叛者。○崔猷欲於襄城置行臺，長社置州，思政不從而敗。○丞相泰命樂口等諸城拔還。○梁蕭詧來求援，請爲附庸。遣楊忠等救之，拔隨郡，圍安陸。

七

梁蕭正表據鍾離來降。○王顯貴以壽陽來降。○東徐、南北青州、淮陽、山陽皆來降。○梁蕭退來奔。○梁羊海以淮陰來降。○高岳等圍潁川，不下。劉豐生堰洧水以灌城。慕容紹宗、劉豐生乘艦臨城，遇風纜斷，爲西魏所獲。○封高澄齊王，加殊禮。○陳元康謂澄未可受。○元康説澄自攻潁川。○澄克潁川，募生致王思政，厚禮之。○盧潛謂：「思政不死節，何足重！」○李伯穆取梁合肥。○澄入鄴。○濟陰王暉業曰：「不讀曹、馬之書。」○立太子長仁。○高洋善自晦匿。○澄謀受禪，奴蘭京弒之，并殺陳元康。○洋勒兵討賊安衆。○帝私喜，謂：「威權當歸帝室。」及洋辭如晉陽，帝曰：「朕未知死在何日。」○動貴惡崔暹，勸洋黜之。○潘樂襲取梁司州，盡有淮南之地。

「自我得之，自我失之，何恨！」帝及太子見景，神色不變。○景自爲都督中外、録尚書。○蕭允謂禍生於利。○景稱詔解外援軍。裴之高等謂當悉力決戰，柳仲禮不從，於是援軍各散還。仲禮等入見景。○柳津哭謂仲禮非我子。○景燒臺内積尸。○臨賀王正德約不全二宫。○景廢正德爲大司馬，見帝而泣。○南徐、南北青州、淮陽、山陽皆入東魏。○景遣蕭邕據京口，徐相據晉陵。○張纘惡河東王譽、岳陽王督，譖之於湘東王繹，云譽兄弟欲襲江陵。繹自武城步道奔歸，殺桂陽王慥。○景使董紹先召南康王會理，會理以廣陵授之。○湘潭侯退奔東魏。○羊海以淮陰降東魏。○景遣于子悦據吴郡。○戴僧遏説袁君正拒子悦。○劉方貴以樊城叛岳陽王督。督斬之，遂擒張纘。○王沖等請湘東王繹承制主盟，不許。○帝外制於景，而内不平，遂以餒殂。○太宗即位。○景悉免北人爲奴婢者。○建康豪貴自出采稆。○楊白華殺來亮，附江陵。○景誅于子悦。○張嵊、沈浚據吴興拒景。○景號令所行，唯吴郡以西，南陵以北。○立太子大器。○湘東王繹酖劉之遴。○上甲侯韶奔江陵，稱受高祖密詔，以繹都督中外、承制。○陸緝據吴郡。○景殺臨賀王正德。○永安侯確謀殺景，不克而死。○河東王譽不受湘東王繹調發，繹遣世子方等擊之，敗死。○繹殺徐妃。○陳霸先殺元景仲，迎蕭勃鎮廣州。○蘭裕作亂，霸先

上章敦牂

梁：正辛亥、二庚戌、五己酉、八戊寅、十丁丑、十二丙子朔。○魏、齊同。○《魏志》：三月甲午，歲、填、太白、熒惑聚於虛。又云聚危。○《隋志》：十二月甲申，熒惑犯房北第一星及鉤鈐。

擒之。○湘東王繹使王僧辯伐湘州，怒其未發，拔劍斫之，使鮑泉伐湘州。○宋子仙擊陸緝，走之。○鄱陽王範以合肥與東魏以求助，魏不爲出兵。範引兵如尋陽。○景出鎮姑孰。○鮑泉圍長沙。○郭元建等四十人同日開府。○侯子鑒克吴興，擒張嵊。○嵊不就侯景求存一子。○岳陽王詧圍江陵，以救長沙。○湘東王繹就獄中問計於王僧辯。○杜岸叛詧降繹。○詧走還襄陽。○詧殺張纘。○繹以王僧辯代鮑泉攻長沙。○莊鐵襲尋陽，不克。○劉神茂取富陽。○百濟使者哭於端門。○宋子仙克錢唐。○岳陽王詧求援於西魏，請爲附庸，以妃及世子爲質。西魏遣楊忠救之。○宋子仙渡浙，邵陵王綸奔鄱陽。○宋子仙擒南郡王大連，三吴皆没於景。○陳霸先起兵於始興以討景，蕭勃止之，不可。西魏楊忠拔隨郡。○鄱陽王範至湓城。○東魏襲取司州，盡有淮南之地。

梁太宗綱大寶元

陳霸先破蔡路養於南野，進屯南康。○邵陵王綸至江夏，南康王恪推爲盟主，承制置百官。○柳仲禮與西魏戰於漴頭，仲禮敗没。漢東之地，皆入西魏。○祖皓起兵於廣陵，殺董紹先。○西魏楊忠進逼江陵，湘東王繹遣子方略爲質以請和。○侯景遣任約等攻諸藩。○邵陵王綸與湘東王繹書，使釋長沙之圍，不從。○侯景克廣陵，殺祖皓。○侯景請上禊宴三日。○始興王毅等擊莊鐵，不克而

十六

楊忠擒梁柳仲禮於漴頭，悉定漢東之地。○忠進逼江陵。梁蕭繹遣子方略爲質，請爲附庸。○宕昌梁獠甘逐其王彌定，宇文貴、史寧討平之。○以蕭詧爲梁王。○詧來朝。○丞相泰聞齊稱帝，督諸軍伐之。○梁楊法琛據黎州來降。○泰至建州，遇雨久而還。於是河北自平陽，河南自洛陽，皆入于齊。○梁蕭綸謀取安陸，泰使楊忠擊之。○以八柱國統二十四大將軍。

齊顯祖洋天保元

爲丞相、齊郡王。○又進爵齊王。○高德政勸受禪。○徐之才謂關西不過隨我稱帝。又曰：「以不及父兄，故當早升尊位。」○宋景業謂五月爲天子，無復下期。○段韶、斛律金請殺景業。○如鄴受魏禪。○復給百官禄。○立李后，高隆之謂漢婦人不可母天下。○立太子殷。○立文襄元后。○帝命守宰設棓，以誅屬請之使，宋軌諫而止。置「百保鮮卑」及「勇士」。立九等户。○梁蕭綸來

卷第一百六十三

死。○鄱陽世子嗣敗任約於三章。○侯景請上幸西州，使上起舞。○江南大饑，富室衣錦繡而餓死。○景戒諸將平城當淨殺；禁偶語者，刑及外族。○江仲舉謀殺邵陵王綸，不克而死。王僧辯拔長沙，殺河東王譽。○湘東王繹始發喪，刻檀爲像而事之。○繹下令討景。○鄱陽王範與尋陽王大心結隙。○範卒。○文成侯寧起兵於吴而死。○三吴遺民殆盡。○武陵王紀遣世子圓照將兵東討湘東王繹，使屯白帝，未許下。○繹帥舟師上頓。○江夏王大款等奔江陵。○侯瑱殺莊鐵，據豫章。○羊鵶仁奔江陵，道死。○陳霸先徙居崎頭。○洗氏女多籌略，有信義，善用兵，佐夫馮融鎮撫百越，勸融不赴李遷仕之召，自帥衆襲破之。○洗氏謂：「陳都督非常人，宜厚資之。」○任約攻鄱陽世子嗣，殺之。○尋陽王大心以江州降約。○侯瑱以豫章降于慶。○慶攻新淦，黄法氍敗之。○任約敗蔣思安。○沙門孫天英襲成都，武陵王紀擊斬之。○湘東王繹使王僧辯等逼邵陵王綸。○綸以書責僧辯。○綸棄夏口，奔武昌。○綸收散卒，屯齊昌，請降于齊。○張彪起兵浙東，南海王大臨不往依之。○任約攻西陽，湘東王繹使徐文盛等拒之。○邵陵王綸至馬柵，爲任約所敗；走至汝南，李素納之。○任約拔齊昌，殺衡陽王獻。○侯景進位相國，封漢王。○楊法琛據黎州降魏。○景自

降，以綸爲梁王。○帝如晉陽。○廣武王長弼譖段韶，帝不信。○辛術圍梁陽平，不克。○魏宇文泰入寇，至建州而還。

	重光協洽 梁：二乙亥、閏三甲戌、五癸酉、七壬申、九辛未、十二庚子朔。四一日，小滿。○魏：二乙亥、四甲戌、五癸酉、七壬申、十辛丑、十二庚子朔。閏四。五二日，夏至。○齊初用《天保曆》：二乙亥、三甲戌、五癸酉、七壬申、九辛未、十二庚子朔。閏二。三一日，穀雨。
加宇宙大將軍、都督六合。○齊辛術寇陽平，郭元建擊卻之。○武陵王紀統諸軍發成都，湘東王繹以書止曰：「地擬孫、劉，情深魯、衛。」○文武請繹以相國總百揆，不許。○徐文盛破任約於貝磯。○景出屯晉熙。○南康王會理、柳敬禮等謀討景，事泄皆死。○會理謂褚冕：「卿雖忍死明我，我心實欲殺賊。」○景使盜殺武林侯諮。○景與帝禮佛爲誓。○帝謂：「龐涓當死此下。」○景克宣城，得楊白華而不殺。○武陵王紀使楊乾運等擊楊法琛。	二 乾運攻拔劍閣，據南陰平。○張彪圍錢唐、富春，不克。○魏楊忠拔汝南，執邵陵王綸，殺之。○湘東王繹與齊結好。○楊法琛敗還平興，楊乾運追破之。○李遷仕復出攻南康，陳霸先使杜僧明等擊斬之。○徐文盛克武昌。○齊以湘東王繹爲梁相國，建梁臺，承制。○侯景自帥衆西上援任約。○徐文盛等敗景於蘆洲。○景使宋子仙等襲江夏，拔之。○方諸踞鮑泉腹，以五綵辮其須，皆爲子仙所禽。○景入江夏，徐文盛等諸軍皆潰。○繹使王僧辯等擊景，留屯巴陵。○繹謂景攻巴陵爲下策。景果攻之。○王琳責其兄珣。○景力攻不克，王僧辯乘輿
	十七 楊忠拔汝南，執梁邵陵王綸，殺之。○帝殂。大子欽立。突厥求昏於柔然不得，始與之絕。○達奚武等攻梁南鄭。
	二 殺彭樂。○以蕭繹爲梁相國。○司馬子如自求爲王，坐免官。○帝如晉陽。○殺魏孝靜帝。又掘其陵。○元暉業罵元韶不及老嫗，負璽與人，帝殺之。○帝剃韶須鬢，加粉黛。
	卷第一百六十四

奏鼓吹巡城。○岳陽王詧使蔡大寶據武寧。繹欲遣兵擊之，乃退。○繹出胡僧祐於獄，使救巴陵。○陸法和引兵與僧祐合。○僧祐等大破任約於赤亭湖，禽之。景焚營宵遁。○丁和殺鮑泉。○繹使王僧辯等引兵東下。○陸法和請還屯峽口。○僧辯克魯山，圍江夏。○或勸太子大器北走，太子曰：「是叛父，非避賊也。」○僧辯克江夏，禽宋子仙、丁和。○繹忌江安侯圓正得衆心，囚之。荆、益始有隙。○陳霸先自南康進屯西昌。○王侯瑱據豫章拒于慶。慶奔郭默城。○王僧辯下湓城。陳霸先分糧三十萬石助之。○僧辯拔郭默城及尋陽、晉熙。○王偉説景廢帝。立豫章王棟。○殺哀太子大器及諸王侯。○大器謂：「賊欲見殺，雖一日百拜無益。」○又謂：「安能以必死之命，爲無益之愁。」○豫章王棟即位，改元天正。○郭元建諫景廢帝。景欲復立之，王偉不可而止。○元建不肯納太子妃。○景使王偉、彭儁弑帝。○湘東王繹以南鄭與魏，宜豐侯循不可，魏遣達奚武等攻之。○王僧辯等勸繹即位，不許。劉神茂等以浙東降於繹。○繹召方矩以自副。○景使趙伯超等討神茂。○景受禪，改元太始。○景三公十數，儀同尤多，以王偉、索超世等爲腹心。○武陵王紀雖未稱帝，而大造輿服。○謝答仁等禽元頵、李占。

玄黓涒灘

梁：二己亥、四戊戌、六丁酉、八丙申、十乙未、十二甲午朔。○魏、齊同。

梁世祖繹承聖元

侯景遣侯子鑒、郭元建攻齊合肥，不克。○魏王雄取上津、魏興，李遷哲降之。○王僧辯自尋陽東擊侯景。○陳霸先自南江會僧辯，盟於白茅灣。○謝答仁攻劉神茂，破之。神茂降。○僧辯克蕪湖。○景懼，赦湘東王及僧辯之罪。○侯子鑒據南洲。○景戒子鑒勿與西人水戰。○僧辯大破子鑒於姑孰。○陳霸先説僧辯度北岸攻石頭。○景殺湘東世子方諸。○寸斬劉神茂。○陳霸先合諸將各置陳，以分賊兵勢。○僧辯、霸先大破景於西州之西。○石頭降。○景棄臺城走，王偉諫，不聽。○僧辯入臺城，縱士卒剽掠。○僧辯謂王克：「百世卿族，一朝而墜。」○僧辯等勸進，王不許。○郭元建等以南兗、南徐、秦郡降。○僧辯曰：「討賊之謀，臣爲己任。成濟之事，請別舉人。」○王使朱買臣殺豫章王棟。○陳霸先詣江北受降。○侯子鑒説郭元建等降齊。○獲王偉。○齊潘樂等拔陽平。○陳霸先鎮京口。○武陵王紀在蜀十七年，庫厩充實。紀稱帝於蜀，王僧略、徐怦諫，殺之。○怦曰：「生兒如殿下，留之何益！」○永豐侯撝曰：「王殺善人，事不成矣！」○紀以劉璠爲中書侍郎，不受。○謝答仁欲迎侯景，趙伯超據錢唐拒之。○侯瑱追及景於松江。景敗走入

魏廢帝欽元

王雄取梁上津、魏興。李遷哲來降。○突厥土門襲柔然，大破之。阿那瓌自殺。○土門始稱可汗。○達奚武敗楊乾運於白馬。○武欲屠南鄭，劉璠固請得止。○柳帶韋入南鄭說蕭循，循請降。○賀蘭德願請攻南鄭，赫連達曰：「豈可利鹵掠，而不愛彼此之民！」○盡取劍北之地。柳檜不爲黄衆寶誘説東梁州而死。○劉璠謂丞相泰不如桓、文。泰乃歸蕭循於梁。

三

侯景遣侯子鑒、郭元建寇合肥。○帝擊庫莫奚，破之。○唐邕練習軍書，强敏過人。○郭元建以廣陵來降。○潘樂等拔梁陽平。○得傳國璽。○斛斯昭拔梁歷陽。○潘樂等攻梁秦郡，辛術諫，不聽。○辛術銓衡，最爲折衷。○帝還鄴，復如晉陽。○梁陳霸先圍廣陵。○起長城四百餘里，置三十六戍。

癸酉（五五三）

昭陽作噩

梁：三癸亥、五壬戌、七辛酉、九庚申、十一己未、閏十二戊午朔。○魏同。○齊：三癸亥、五壬戌、七辛酉、九庚申、十一己未、十二戊午朔。閏十一。十二一日，大寒。

海，羊鯤等殺之。景五子皆爲齊所殺。○楊乾運救南鄭，敗於白馬。○謝答仁等皆降。○葬太宗。○楊乾運救南鄭，敗於白馬。○貴侯景首而漆之。○釘王偉舌，臠其肉。○齊斛斯昭拔歷陽。○魯悉達保全北江州。○齊潘樂寇秦郡。○陳霸先敗郭元建於上林。○魏達奚武拔南鄭，劍北盡入于魏。○立王太子方矩。○齊廣陵人潛召陳霸先。霸先濟江，圍廣陵。○武陵王紀使永豐侯撝守成都，由外水東下。○齊人請歸廣陵、歷陽，以解廣陵圍。○魏人歸宜豐侯循。○王僧辯請誅王琳，王囚之。琳將陸納等據湘州作亂。○納抽張載腸，繫馬足而走。○王即帝位。○立太子元良。○陸納敗丁道貴於淥口。○上使王僧辯討納。○吴藏圍李洪雅於空雲城。○納送妻子，請降。宜豐侯循知其詐，嚴備待之。納果襲巴陵，不克。

二

帝送侯景之俘以報武陵王紀。世子圓照留之，趣紀東下，云景已破江陵。○帝求救於魏，曰：「子糾，親也，請君討之。」○魏尉遲迥伐蜀。○李洪雅降於陸納，納奉以爲主。○命王僧辯、宜豐侯循討納。○僧辯等大破納衆於車輪，遂圍長沙。○李賢明突出，趣僧辯。僧辯據胡牀不

二

宇文泰去丞相，稱都督中外。○突厥土門卒，子木杆立。○梁蕭紀舉兵攻荆州，梁主來求救。丞相泰曰：「取蜀制梁，在兹一舉。」○尉遲迥曰：「蜀隔絶日久，恃險無備，宜以鐵騎襲之。」○泰命迥督諸軍伐蜀。○泰踰隴，至姑臧。吐谷渾夸吕入貢。○梁楊乾運以潼州來降。○迴

四

山胡圍離石。帝擊之，至三堆。○鑄常平五銖。○送登注等入柔然。契丹殺柔然可汗鐵伐。國人立登注。登注死，又立庫提。○契丹寇邊，帝擊之。○郭元建以水軍納湘潭侯退於梁。○帝露髻肉袒，行千餘里，大破契丹，獲十萬餘口。○郭元建與梁侯瑱戰，敗於東關。○突

卷第一百六十五

動。○武陵王紀使譙淹還救蜀。○楊乾運以潼州降魏。○迴圍成都。○紀至巴東，責圓照。圓照曰：「侯景雖平，江陵未服。」○王開業請還救根本。圓照、劉孝勝固執不可。○紀至西陵，軍勢甚盛。帝拔任約於獄，使助陸法和拒之。觀寧侯永軍潰於宮亭湖。○紀築連城，絶鐵鎖。帝復拔謝答仁於獄以拒之。○帝送王琳，使諭陸納。長沙降，復琳官爵，使西討。○帝許紀還蜀，專制一方。紀不從。○紀戰數敗，使樂奉業求和。帝不許。紀有金百篋，不賞戰士。○硤口城降，任約等破侯叡。兩岸十四城皆降。紀不獲退，順流東下。○樊猛追擊紀。紀衆潰，猛圍之。帝謂猛：「生還不成功。」○猛遂殺之。○圓照、圓正絶食十三日，啖臂而死。○永豐侯撝以成都降魏，遂失蜀地。○帝將還建康，胡僧祐等固請留江陵。○周弘正謂：「東人勸東非良計，西人欲西豈長策！」○朱買臣謂：「建康舊都，山陵所在。荆鎮邊疆，非王者之宅。恐是臣富貴，非陛下富貴。」○杜景豪稱卜兆爲鬼賊所留。○陸法和以沙門法教化。○齊郭元建謀襲建康，納湘潭侯退。帝命王僧辯鎮姑孰以拒之。○侯瑱大破元建於東關。○開建侯蕃不入貢，帝使徐佛受執之。○王琛聘魏。○齊東方白額以宿預來降。

圍成都。○蕭撝請降，迥曰：「降之則將士全，遠人悦；攻之則將士傷，遠人懼。」遂受之。蜀地悉定，吏民皆復業。唯收奴婢儲積以賞軍。○宇文泰殺元烈。

厥攻柔然，柔然舉國來奔。帝北擊突厥，迎柔然。廢庫提，立菴羅辰，置之馬邑。○突厥請降。○東方白額以宿預叛降梁。

閼逢閹茂

梁：二丁巳、四丙辰、七乙酉、九甲申、十一癸未朔。正一日，雨水。

三

陳霸先圍廣陵，嚴超達圍涇州，以應白額。○杜僧明敗王球於宿預。○陸法和自稱司徒，帝即用之。○帝待魏使薄。又與魏定疆境，辭不遜。魏始謀來伐。○王琳謂：「帝還琳嶺南，如有不虞，安得琳力！」○庚季才勸帝還建康。○齊段韶救廣陵、涇州，陳霸先等皆引還。○魏于謹等入寇。○胡僧祐、黃羅漢謂：「二國通和無隙，必無此理。」○王琛謂前言兒戲。帝復講老子，百官戎服以聽。○徵王僧辯入援。○陸法和自郢州欲赴援，帝止之。○插木爲柵，周回六十餘里。○徵王琳入援。○柵内火焚數千家。○帝巡城賦詩。○王褒等出戰，敗還。○朱買臣請斬宗懍、黃羅漢。○裴政告城中云援兵大至。○魏師陷外柵。○帝燒圖書十四萬卷。○謝答仁請突圍走就任約，又請守子城。王褒皆云不可，不如降。答仁歐血而去。帝遂出降。○帝曰：「讀書萬卷，猶有今日，故焚之。」○魏使岳陽王詧害帝及太子元良等。○帝言：「我韜於文士，愧於武夫。」○王僧辯、陳霸先等奉帝子晉安王方智爲太宰，承制。

魏恭帝廓元

初作九命、九秩。○廢帝以元烈之死有怨言。宇文泰聞而廢之，立其弟齊王廓。○泰以諸將補三十六國，九十九姓。○泰與長孫儉謀伐梁。○泰酖廢帝。○李遷哲徇地巴濮，因鎮白帝。○崔猷開回車路通漢中。○于謹等伐梁。○謹謂梁主席卷據丹楊上策，守子城中策，守羅郭下策。○于謹等圍江陵。○拔其外柵，梁主出降，殺之。○立蕭詧爲梁主，資以荆州之地，取其雍州。仍置防兵於江陵。○俘江陵士民數萬口入關爲奴婢，小弱者殺之。○尹德毅説詧殺于謹，擊魏軍。不從，既而悔之。○王褒等至長安，宇文泰厚待之，褒等忘其羇旅。○于謹上馬鎧，泰不受。○尉遲迥得承制劍南，民夷懷之。

五

帝討山胡，平石樓。令九人食什長。始爲威虐。○梁陳霸先圍廣陵，嚴超達圍涇州。○王球與杜僧明戰，敗於宿預。○柔然菴羅辰叛。帝出擊，大破之。菴羅辰北走。○賀拔仁獻馬不善，拔髮輪晉陽負炭。○魏收上《魏書》。盧斐等坐謗史死獄中。○柔然寇肆州，帝擊之。柔然圍帝於黃瓜堆，帝安卧至明，乃起擊破之。○高阿那肱請益兵，帝更減其半，遂破柔然。○帝復擊柔然，破之。○段韶救廣陵、涇州，陳霸先等皆走。○郎基削木翦紙，以至海西。○柔然東徙，帝邀之於金川。○段韶誘東方白額，斬之。○帝殺高隆之子二十人，舉鞭叩輦，一時頭絶。○築四城於洛陽西南，欲以致魏。魏人不出。○帝北巡達速嶺。

旃蒙大淵獻

梁：正壬午、二辛巳、五庚辰、七己卯、九戊寅、十二丁未朔。○齊同。○魏：正壬午、三辛巳、五庚辰、七己卯、十戊申〔二〕、十二丁未朔。

梁敬帝方智紹泰元

王琳屯長沙，傳檄上流諸將，以攻後梁。○齊高岳救江陵不及，因略梁地。陸法和以郢州降之。○侯瑱等攻齊慕容儼於江夏。○晉安王來自尋陽，即梁王位。○齊高渙納貞陽侯淵明爲梁主，王僧辯不從。○侯平破後梁巴、武二州。○高渙破東關，斬裴之横。王僧辯出屯姑孰。○曲江侯勃復據廣州。○王僧辯迎貞陽侯淵明濟江，齊師北返。○淵明即位，以晉安王爲太子。○命侯瑱等解江夏圍。齊人歸郢州。○陳霸先不欲納淵明。會人訛言齊將入寇，霸先襲僧辯於石頭，殺之。○侯安都罵霸先。○僧辯曰：「委公北門，何謂無備。」程靈洗救僧辯，霸先義之，使助防京口。○晉安王即帝位，以淵明爲司徒。○尊夏太后，立王后。○王僧愔奔齊。○杜龕起兵於吳興，韋載以義興，王僧智以吳郡應之。○陳蒨守長城，龕攻之，不克。○周文育攻義興，韋載鎖弩卒以射之。○霸先自討義興。○徐嗣徽以秦州，任約以南豫州降齊。乘虚襲建康，據石頭。○侯安都閉門藏旗，擊嗣徽等，破之。○霸先説韋載降之，引參謀議。○裴忌襲吳郡，克之。○王僧智走。齊遣翟子崇等以兵糧助嗣徽。○霸先用韋載謀，通東南運道，絶齊糧餽。○霸先擊破嗣徽等。○侯安都得嗣徽琵琶、鷹，還之。○霸先破齊柳達摩等兵，遂圍石頭。達摩請和。○霸先謂：「齊以我爲微弱，必背盟。」○以永嘉王莊、陳曇朗爲質於齊，縱齊師還北。○魏宇文貴誘譙淹，淹不從。○陳寶應據晉安。

後梁中宗詧大定元

稱帝。尊龔太后，立王后、太子巋。百官制度一如王者，而稱臣於魏。○以蔡大寶爲謀主。○置武州、巴州，爲梁侯平所破。

魏恭帝二

庾季才私贖搢紳爲奴婢者，宇文泰爲之釋數千口。○宗室諸王皆降爲公。○柔然鄧叔子來奔。突厥木杆始大。取鄧叔子及其從者三千餘人皆殺之。○蘇綽、盧辯定六官。

齊顯祖天保六

清河王岳救江陵，不及。○梁陸法和以郢州來降。○慕容儼鎮郢州，梁侯瑱等攻之。○立蕭淵明爲梁主。使上黨王渙將兵納之，王僧辯不從。○渙破梁東關，斬裴之横。○僧辯迎淵明，立之。○發民一百八十萬築長城。○慕容儼守江夏，食葛艾及鞾皮帶角。○歸郢州於梁。○遣梁民南還。○帝擊柔然，至沃野，大破之。○剃道士爲沙門。○梁陳霸先殺王僧辯，廢蕭淵明。○梁王僧愔來奔。○徐嗣徽以秦州，任約以南豫州來降。○遣翟子崇等助據石頭。○平秦王歸彦譖清河王岳，殺之。○徐嗣徽、柳達摩等爲陳霸先所敗。達摩求和取質，棄石頭而還，帝殺之。

柔兆困敦

梁：二丙午、四乙巳、六甲辰、八癸卯、九壬寅、十一辛丑朔。閏八。九一日，霜降。○魏同。齊二日霜降。

太平元

陳蒨、周文育攻杜龕於吴興。龕妻謂：「霸先不可與和。」○杜泰叛龕。龕醉不知，遂死。○以留異爲縉州刺史。○侯瑱據豫章、江州，不附霸先。○徐嗣徽等襲破采石。○雜用古今錢。○齊蕭軌等入寇。○齊人召貞陽侯淵明，會卒。○齊兵逼建康，踰鍾山。○陳蒨饋米鴨，軍食以濟。○霸先大破齊軍於莫府山，獲蕭軌等，殺之。○賞俘貿酒，裁得一醉。○侯平叛。王琳自巴州奔侯瑱。○琳獻馴象於齊以求援。○樊毅襲武陵，琳討禽之。○侯瑱攻余孝頃，不克。○侯平焚掠豫章。瑱奔湓城。蔡景歷説之，乃詣建康。○熊曇朗據豐城。○鄱陽王循卒於郢州。弟泰代之。王琳使吴藏攻之，不克而死。○陳霸先爲丞相。○王琳襲江夏，豐城侯泰降之。○詔徵琳。琳辭還長沙。○周迪據臨川。

二

帝擊侯平於公安。

三

初建六官。宇文泰爲太師、大冢宰。○泰立世子覺。李遠請先斬獨孤信。○泰北巡。○陸騰作伎樂誘叛獠，取其城。○突厥木杆與史寧襲吐谷渾，破其賀真、樹敦二城。○太師泰以後事屬中山公護，卒於雲陽。世子覺嗣。○于謹拜護，以定衆議。○封覺爲周公。○禪位于周。

七

徐嗣徽等破梁采石。○蕭軌等伐梁，與陳霸先戰，大敗於莫府山，軌等皆死。○梁王琳獻馴象以求援。○廣脩三臺。○帝湎淫狂暴，構木高二十七丈，舞於其上。○掀太后落牀，自杖五十。○楊愔置供御囚。○楊愔謂：「裴謂之欲陛下殺之，以成其名。」○王紘謂飲大樂亦有大苦。○帝投盃欲伐魏，既而不行。○趙道德謂：「劉桃枝妄言當誅。彼可禽以來，此亦可禽以往。」○又謂：「臣見先帝，論此兒酣酗顛狂。」○又抶帝。○李集謂帝不及桀紂，沈流數四。○帝能委政楊愔。時稱主昏於上，政清於下。○愔一見選人，不忘姓名。○帝使稍騎圍百官，曰：「我舉鞭，即殺之。」聞其大怖，乃捨之。○發寡婦配軍。○省三州一百五十三郡。○築長城三千餘里。

丁丑（五五七）

強圉赤奮若

陳：二庚午、四己巳、六戊辰、八丁卯、十丙寅、十二乙丑朔。○周、齊同。○《隋志》：二月己亥，歲守少微六十三日。五月癸卯，犯太微上將。又太白犯軒轅。○辛亥，熒惑犯東井北第二星。

陳高祖霸先永定元

蕭勃起兵廣州，余孝頃應之。勃遣歐陽頠、傅泰、蕭孜出屯豫章。詔周文育擊之。○徐度侵齊合肥。○熊曇朗欺頠，取其馬仗。○文育禽頠、泰。○陳法武等攻勃，殺之。○行四柱錢。○蕭孜降。余孝頃奔新吳。○丞相復使歐陽頠安集嶺南。余孝頃請降。○王琳不就徵，謀攻丞相。丞相使侯安都、周文育擊之。○周人歸梁世祖之柩於琳。○丞相封陳公。○沈恪辭衛送梁主。○帝受禪于梁。○帝祠蔣帝廟。拜佛牙。○立章后。○侯安都曰：「今茲必敗，戰無名矣。」○安都、周文育與王琳戰於沌口，軍敗，皆爲琳所囚。琳殺周鐵虎，使樊猛據江州。○周人殺譙淹。○蕭乾諭降閩中豪帥。

三

周世宗毓元

周公即天王位。○親祀二丘、二郊、宗廟、社稷。○立元后。○齊馮顯來降。郭彥取南安。○于翼策吐谷渾不攻城。○趙貴謀殺晉公護，不克而死。○殺魏恭帝。○護殺獨孤信。○又殺齊軌。○孝愍惡護之專，與李植等謀誅之。事泄，護廢孝愍爲略陽公，尋弒之。迎寧都公毓於岐州而立之。○李穆勸兄遠殺植，以二子易基。○賀若敦擊梁譙淹，殺之。○令狐整撫循豐州之衆，卒代席固。

八

馮顯降周。周郭彥取南安。○梁徐度寇合肥。○崔叔瓚言土功不時致蝗，帝以溷汁淋其頭。○築重城四百餘里。○帝以直諫及讖語囚永安王浚、上黨王渙於地牢，飲食溲穢同所。

戊寅（五五八）

著雍攝提格

陳：二甲子、四癸亥、七壬辰、九辛卯、十一庚寅朔。○周、齊同。○《隋志》：二月，熒惑犯鬼、質。三月甲午，犯軒轅。六月庚子，填、太白合於井鉞。

二

王琳至湓城，魯悉達制其中流。琳求援于齊。○周迪求入赴，帝撫之。○余孝頃説琳先取迪。琳使樊猛等助之。○歐陽頠鎮廣州。○沈泰奔齊。○王琳迎永嘉王莊於齊，立爲梁主。○殺梁敬帝。○余孝頃、樊猛圍周迪。○帝幸莊嚴寺捨身。○黃法氍等救周迪。迪擊余孝頃、樊猛等，皆禽之。○遣謝哲諭王琳。○遣臨川王蒨等討琳。○侯安都、周文育逃歸。○琳請還湘州，召衆軍還。○遣周文育討余孝勱。○馮寶卒。洗氏安集海隅。

四

王操略取王琳之長沙、武陵、南平諸郡。

二

立獨孤后。○齊司馬消難來降。○楊忠懸軍五百里入虎牢，迎消難而還。達奚武服其勇。○獨孤后殂。

九

梁王琳來求援，迎蕭莊爲梁主。○陳沈泰來奔。○司馬消難叛入周。○納蕭莊於梁。○三臺成。○常山王演杖王晞以脱其死。○演被杖幾死，帝以晞還之。○演欲復諫，晞止之。○演美崔暹敢諫。○帝嫌太子殷得漢性，不似我，欲廢之。○使殷斬囚，不斷，鞭之，遂失志。○魏收諫帝言欲傳位常山。○有司訊囚，燒犁耳、車釭。○蘇瓊曰：「所

雪冤枉，不縱反逆。」○鄭頤譖王昕，殺之。○燒殺永安王浚、上黨王渙。

己卯（五五九）

屠維單閼

陳：正己丑、三戊子、五丁亥、六丙戌、八乙酉、十一甲寅朔。閏五。六一日，大暑。○周初用明克讓曆：正己丑、三戊子、五丁亥、六丙戌、九乙卯、十一甲寅朔，餘同。○齊：正己丑、三戊子、閏四丁亥、六丙戌、八乙酉、十一甲寅朔。閏四。五一日，夏至。○《陳紀》：五月丙辰朔，食。○《隋志》：六月庚子，填、太白合於鉞。

三

王琳襲後梁監利，殺蔡大有。○周文育討余公颺，禽之。○熊曇朗殺文育而叛。○魯悉達兵敗來降。○侯安都與王琳將周炅等戰，禽之。○余孝猷降。遂破曹慶常、衆愛於左里，斬衆愛。○臨川王蒨城南皖口。○帝殂。子昌在長安。章后用蔡景歷謀，秘喪召蒨。○侯安都定策立蒨，解髮推就喪次。○立太子伯宗。○立沈后。○王琳寇大雷，侯瑱等禦之。○吴明徹敗於湓城。

五

王琳襲監利，殺蔡大有。

武成元

晉公護歸政，猶總軍旅。○齊斛律光取柏谷、文侯城。○吐谷渾入寇。○詔有司無得糾赦前事，唯盜倉庫者免罪徵備。○賀蘭祥破吐谷渾，取其地置洮州。○樂遜上言時宜四事。○王延禮韋夐，號「逍遥公」。○夐謂晉公護峻宇彫牆。○寇儁曰：「得財失行，吾所不取。」○王令儁乘御輿以出，曰：「唯積善可以致之。」○崔猷請王稱帝，從之。○安成公憲爲益州總管。○封宗室功臣爲國公。

十

帝禪居深觀。○帝手斬崔暹妻。○斛律光取周柏谷、文侯城。○高德政譖殺杜弼。○楊愔譖殺德政。○元韶謂誅諸劉不盡，帝乃誅元世哲等二十五家，韶亦啗袖而死。○帝盡誅諸元七百餘人。投嬰兒於空中，承之以矟。鄴下爲之不食魚。○元景安請改姓高，從兄景皓不從而死。○詔民間冒姓元者，皆復本姓。○帝殂。太子殷立。○尊太皇太后，皇太后。

庚辰（五六〇）

上章執徐

陳：正癸丑、三壬子、五辛亥、七庚戌、九己酉、十一戊申朔。○周、齊同。○《隋志》：五月辛亥，熒惑犯右執法。又三月甲午，熒惑入軒轅。

陳世祖蒨天嘉元

侯瑱與王琳遇於蕪湖，相守百餘日。○周史寧圍郢州。○琳直趣建康。瑱追擊，大破之。○琳與永嘉王莊皆奔齊。○袁泌送莊於齊境。○周人遣衡陽王昌還。侯安都請自迎之。○孫瑒固守郢城，周不能克而去。瑒以中流來降。○周迪等攻熊曇朗，斬之。○齊軍戍魯山

六

陳侯瑱等寇巴湘，周賀若敦等救之。

二

史寧襲梁郢州，圍之不克，聞王琳敗乃還。初與陳通和。晉公護惡帝明敏，使李安進糖䭔寘毒而殂。口授遺詔，以子幼，立弟魯公邕。帝與參議朝事，邕非顧問不輒言。賀若

齊肅宗演皇建元

梁主莊及王琳兵敗來奔。○楊愔、燕子獻等以常山王演、長廣王湛位地親逼，忌之。○王晞謂演：「欲不爲周公，得邪？」○可朱渾天和謂〔三〕：「不誅二王，少主無自安之

者棄城走。○侯安都沈衡陽王昌於江中。○毛喜來，始與周和親。○葬梁元帝。○周賀若敦逼武陵。吴明徹退屯巴陵。○敦與獨孤盛水陸俱進。詔侯瑱拒之。○瑱破盛於楊葉洲。○詔春夏停大辟。○周巴陵守將降。獨孤盛走。

敦、獨孤盛侵陳巴、湘。敦聚土爲糧。詐爲餉舡伏甲士。使人乘畏舡馬僞叛，而伏兵擊之。獨孤盛敗於楊葉洲。巴陵降陳。盛走還。

理。」○燕子獻謀處婁太后於北宫，使政歸李太后。○楊愔自解開府及王，以澄汰天保以來爵位之濫者。○平秦王歸彦盡以疎忌之迹告二王。○宋欽道勸少帝速去二叔。○愔欲出二王，密奏李太后。李昌儀以告婁太后。○演、湛執愔、子獻、天和、欽道於尚書省，突入宫白帝而殺之。○成休寧抽刃呵演。○娥永樂叩刃仰視。○帝吃訥不能言。○婁太后謂楊郎何不留使。○演爲丞相，鎮晉陽，遥執朝政。○王晞謂演：「往猶可以名教出處，今日非人理所及。」○上黨李妃杖馮文洛。○晞謂演曰：「芒刺在背，何由可久？」○趙道德謂：「相王不畏後世謂之篡！」○婁太后廢少帝爲濟南王，以演承大統，仍戒勿殺濟南。○演即帝位。○帝命王晞等入東廊條廢置事。裴澤謂帝傷細。○立元后、太子百年。○盧叔虎獻伐周之策。○帝擊庫莫奚，走之。○王晞謂殿廷非行戮之所。○晞不願作要官。置石鼈、督亢、懷義等屯，以省轉輸。

辛巳（五六一）

重光大荒落

陳：二丁丑、四丙子、六乙亥、八甲戌、十癸酉、十二壬申朔。○周同。○齊朔同，閏十二。○《周紀》：四月丙子朔，食。十月甲戌朔，又食。○《隋志》：五月己酉，歲守南斗。六月丙戌，熒惑犯東井。七月乙丑，入鬼中。戊辰，犯斧質。十月，在太微右掖門内。戊寅，犯上將，合爲一。

二

裴景徽奔齊。○周殷亮以湘州降。○侯瑱以舡借賀若敦使引歸。○周許歸安成王頊。上賂周以黔中、魯山。○虞荔、孔奂立鹽酒之科。○留異不受朝命。上遣侯安都討之。

七

巴、湘復入于陳。

周高祖邕保定元

令五府總於天官，十二軍總屬相府；事無巨細，皆晉公護先斷後聞。○殷亮降陳。陳取湘州。○賀若敦還，坐除名。○爲韋孝寬置勳州。○孝寬以甲士百人城險要。○改八丁兵爲十二丁。○行布泉，當五錢。○取黔中、魯山於陳。

齊世祖湛太寧元

陳裴景徽來奔。○王琳鎮壽陽。○高歸彥勸肅宗殺濟南王，從之。○高元海爲長廣王湛畫三策。○婁太后謂肅宗：「不用吾言，死其宜矣！」肅宗徵湛嗣位，曰：「百年宜置樂處，勿效前人。」○肅宗殂於晉陽。湛先使人發殯視之。○湛即帝位。○封百年爲樂陵王。

壬午（五六二）

玄黓敦牂

陳：二辛未、三庚午、六己亥、八戊戌、十丁酉、十二丙申朔。閏二。三二日，穀雨。○周朔同，閏正。○齊：正辛未、三庚午、六己亥、八戊戌、十丁酉、十二丙申朔。正一日，雨水。○《周紀》：九月戊辰朔，食既。○《隋志》：閏二月己丑，熒惑逆犯上相。甲子，太白、填合於五車。七

三

周迪叛，襲豫章、湓城，皆不克。○陳寶應叛。虞寄諫，不聽。○改鑄五銖錢。○周人歸安成王頊。○侯安都大破留異，異奔晉安。○程文季克新安。○太子納王妃。○吴明徹攻周迪，不克。以安成王頊代之。

梁世宗巋天保元

中宗殂，太子巋立，尊龔太后、王太后。

二

鑿河渠、龍首渠。○歸陳頊于陳。○杜杲謂：「陳主介弟之價，豈止一城！」○初聽杜國寄食它縣。

河清元

帝還鄴。○立胡后、太子緯。○高元海等惡平秦王歸彥，出爲冀州。○和士開始用事。○王琳與盧潛不協，召還鄴。○婁太后殂。帝不改服，置酒作樂。○平秦王歸彥反於冀州，段韶討斬之。○帝如晉陽，尋還。帝對李后殺清河王紹德。

月乙亥，太白犯輿鬼。八月庚申，入太微。十一月辛巳，熒惑、歲合入。周閏正月癸巳，太白入昴。二月壬寅，熒惑犯上相。三月壬午，犯左執法。十一月壬午，熒惑、歲合于危南。

昭陽協洽

陳：二乙未、四甲午、六癸巳、八壬辰、十一辛酉朔。○齊同。○周：二乙未、四甲午、六癸巳、九壬戌、十一辛酉朔。○《周紀》：三月乙丑朔，食。○《隋志》：六月癸丑，太白犯右執法。七月戊子，熒惑、填合。八月甲午，熒惑犯軒轅大星。丁未，太白犯房。九月戊寅，熒惑犯右執法。癸未，太白入南斗。辛卯，熒惑犯左執法。十一月辛酉，犯右執法。又周九月甲子，熒惑犯太微上將。十月壬辰，犯左執法。

四

周迪奔晉安。○陳寶應資迪以兵。虞寄諫，不聽。○侯安都恃功驕倨，賜死。○高祖論三將之短。○周迪寇東興，詔章昭達討之。○昭達破周迪，迪走，遂討陳寶應。

二

三

侯莫陳崇坐妄言晉公護將死，自殺。○頒新律刑，有二十五等。○命晉公不名。○以于謹爲三老，帝親饋醢、乞言。○使楊荐結昏於突厥。突厥貳於齊，荐責之。○楊忠與突厥自恒州，達奚武自平陽，攻齊之并州。○初改襄州郡縣者爲伯子男。

二

魏收爲僕射，不能匡救。○帝責高元海教我反。○斛律光築勳掌城及長城。○和士開謂堯舜、桀紂，竟復何異。○士開與胡后握槊。○士開與趙郡王叡譖河南王孝瑜，殺之。○以三臺宮爲興聖寺。○周楊忠等與突厥寇并州。○帝欲棄晉陽，東走河間，王孝琬叩馬諫。○椎冰以備周人。

卷第一百六十九

甲申（五六四）

閼逢涒灘

陳：正庚申、三己未、五戊午、七丁巳、九丙辰、閏十乙卯朔。十一日，冬至。○周、齊：正庚申、三己未、五戊午、七丁巳、九丙辰、十乙卯朔。閏九。十一日，小雪。○《周紀》：二月庚寅朔，食。八月丁亥朔，又食。○《隋志》：四月庚子，太白、歲合於奎。壬寅，合於婁。五月庚午，熒惑逆行二十一日，犯氐東南西南星。又二月甲午，熒惑犯房右驂。三月己未又犯。

五

周迪復出東興，誘周敷，殺之。○章昭達破陳寶應、留異，皆斬之。

三

四

楊忠至晉陽城下，遇大雪，突厥不肯戰而還。達奚武亦自平陽還。○初執笏。○楊忠會突厥伐齊，至北河而還。○齊人歸晉公護之母閻氏。突厥來約同伐齊，護心不欲而重負約，乃遣尉遲迥趣洛陽，權景宣趣懸瓠，楊檦出軹關。○檦與齊婁叡戰，敗，遂降齊。○景宣克懸瓠。○齊段韶敗迥於洛陽。○王雄追斛律光，幾獲之。○楊忠詐脅稽胡使送軍糧。○田弘滅宕昌〔四〕。

三

周以步卒爲前鋒逼晉陽，段韶擊敗之。○初班齊律。立丁租法。○盜殺彭城王浟。○帝棰殺樂陵王百年。○使閻嫗遺宇文護書。○周楊忠入寇，至北河而還。○突厥寇幽州。段韶請俟和親堅定，然後遣閻嫗。○歸閻嫗于周。○突厥復寇幽州。周宇文護等三道入寇。婁叡敗周楊檦於軹關，降之。○周權景宣克懸瓠。段韶請捨突厥，救洛陽。○韶擊周軍於邙山，大破之。

乙酉（五六五）

旃蒙作噩

陳：正甲申、三癸未、五壬午、七辛巳、九庚辰、十一己卯朔。○周、齊同。○《周紀》：七月辛巳朔，食。○《隋志》：正月己亥，太白、熒惑合。五月丁亥，太白犯軒轅。九月辛巳，熒惑犯左執法。癸未，太白犯右執法。辛卯，犯左執法。乙巳，太白、熒惑合。又周正月甲辰，太白、熒惑、歲合於婁。

六

徐陵彈安成王頊。○程靈洗擊周迪，破之。駱牙斬迪首。

四

五

陳公純等如突厥迎女。○賀若敦有怨言，晉公護殺之。敦錐刺其子弼舌。

齊温公緯天統元

祖班爲盜及姦謟。○珽說和士開勸帝傳位。○太子即帝位。立斛律后。世祖稱太上皇帝，軍國大事以聞。○珽奏改顯祖謚號。

丙戌（五六六）	丁亥（五六七）
柔兆閹茂 陳：正戊寅、三丁丑、六丙午、八乙巳、十甲辰、十二癸卯朔。○齊同。周初用《天和曆》：正己卯、二戊申、四丁未、六丙午、八乙巳、十甲辰、十二癸卯朔。○《周紀》：正己卯朔，食。	强圉大淵獻 陳：二壬寅、四辛丑、六庚子、七己亥、十戊辰、十二丁卯朔。閏六一日，處暑。○齊同，一日處暑。○周：三壬申、五辛未、七庚午、閏八己巳、十戊辰、十二丁卯朔。九一日，霜降。○《周紀》：正月癸酉朔，食。十一月戊戌朔，又食。○《隋志》：八月壬午，填、辰合於軫。九月戊午，辰、太白合。又五月己酉，歲、熒惑合於井。閏六月丁酉，歲、太白合於柳。七月庚戌，太白犯軒轅大星。十一月庚子，熒惑犯鉤鈐。
天康元 帝疾篤，語孔奐等，欲傳位安成王頊。○帝殂。○帝令投更籤於堦石。○太子即位。○徐陵謂陳初白銀難得，黄札易營。○立王后。	陳臨海王伯宗光大元 安成王頊居尚書省，到仲舉、劉師知等惡其權重。殷不佞矯敕遣頊還東府。毛喜勸頊審奏，遂殺師知。○毛喜請簡人馬配韓子高，并賜鐵炭。○誅到仲舉父子及子高。○余孝頃誅。○華皎以湘州叛歸梁，且求援於周。詔吴明徹等討之。○周宇文直、梁王操將兵來助皎。○立太子至澤。○周元定圍郢州。○徐度等襲湘州。○吴明徹等與華皎及周、梁之師戰於沌口，使小艦先受拍，遂大破之。○皎奔梁。○徐度誘元定，禽之，盡俘其衆。○吴明徹取梁河東。○程靈洗攻周沔州，拔之，虜裴寬。
五	六 陳華皎以湘州來附。○遣王操將兵助之。○兵敗，皎來奔。○陳吴明徹取河東。
天和元 築武功等諸城。○信州蠻冉令賢、向五子王等反，陸騰討平之。○辛昂募人破萬榮賊。	二 陳華皎來求援。○尊叱奴太后。○崔猷謂不宜納叛臣，棄與國。○遣衛公直等將兵助華皎。○元定圍陳郢州。○直等與陳吴明徹戰於沌口，大敗而還。○元定并其衆皆没於陳。○陳程靈洗攻拔沔州，虜裴寬。
二 和士開、祖珽譖河間王孝琬，上皇搗折其脛而死。又鞭安德王延宗幾死。○元文遥謂縣令治民之切，始擇士人爲之。	三 斛律金卒。○金曰：「我以忠直動勞致富貴，何藉女寵？」○東平王儼以赤棒碎敕使簿。○儼器玩服飾皆與帝同，帝或先得新奇，屬官必獲罪。○上皇、胡后有廢立意而中止。○祖珽躁訐被流。○盜殺畢義雲。
	卷第一百七十

戊子（五六八）

著雍困敦

陳：二丙寅、四乙丑、七甲午、八癸亥、十壬戌朔。○齊同。○周：二丙寅、五乙未、七甲午、九癸巳、十一壬辰朔。○《周紀》：十一月壬辰朔，食。○《隋志》：六月丙寅，太白犯右執法。九月庚戌，逆行與填合於角。十一月丙午，歲守右執法。戊子，太白入氐。又三月己未，太白犯井北轅第一星。四月辛巳，入輿鬼，犯積尸。

二

吴明徹圍江陵，十旬不克，退保公安。○章太后下令廢帝，立安成王頊。又殺始興王伯茂。

七

陳吴明徹圍江陵。帝出頓紀南。王操拒守。馬武等擊明徹，走之。

三

阿史那后至自突厥。○于謹功高位重，愈謙恭忠儉。楊忠戒子堅：「兩姑之間難爲婦。」○始與齊通好。○趙文表討恒稜獠，降之。

四

和士開出徐之才爲兖州。○始與周通好。○世祖殂，以後事付和士開。○馮子琮説士開不改易貴臣，必無異志。

乙丑（五六九）

屠維赤奮若

陳：正辛卯、三庚寅、五己丑、七戊子、九丁亥、十一丙戌朔。○齊同。○周：正辛卯、三庚寅、五己丑、七戊子、十丁巳、十二丙辰朔。○《隋志》：二月戊辰，歲逆行掩太微上將。五月甲午，熒惑犯積尸。

陳高宗頊太建元

帝即位。○歐陽紇據廣州反。○徐儉謂紇：「獨不見周迪、陳寶應乎？」○周杜杲請復脩好。

八

四

爲齊世祖罷朝。○孔城叛入齊。○齊公憲等圍齊宜陽。○遣杜杲修好于陳。

五

博陵王濟曰：「次當至我。」帝殺之。○趙郡王叡等請出和士開，太后、帝不許。○士開以美女、珠簾賂婁定遠，得入見。譖叡，殺之。○叡曰：「吾寧死事先皇，不忍見朝廷顛沛。」○高阿那肱、韓長鸞、陸令萱、穆提婆皆以姦諂用事。○祖珽因陸媪、和士開得復入。○殺胡長仁。○周孔城來降。○周宇文憲圍宜陽。

庚寅（五七〇）

上章攝提格

陳：正乙酉、三甲申、五癸丑、七壬子、九辛亥、十一庚戌朔。閏四。五二日，夏至。○周：二乙卯、四甲寅、閏五癸丑、七壬子、九辛亥、十一庚戌朔。○齊：正乙酉、閏二甲申、五癸丑、七壬子、九辛亥、十一庚戌朔。三一日，穀雨。○《周紀》：十月辛巳朔，食。

二

洗氏不附歐陽紇。○章昭達破紇於洭口，禽斬之。○蕭引曰：「管幼安、袁曜卿但安坐耳。」○賜洗氏繡幰車，鹵簿如刺史。○章太后殂。○章昭達攻梁江陵，割葦橋，拔安蜀城。決龍川以灌城，不克。

九

陳章昭達攻江陵，不克。

五

齊公憲與齊斛律光戰，不利。陸騰、李遷哲與梁主共守江陵，拒陳章昭達，卻之。○韋孝寬請於汾北築城，晉公護不許。○齊斛律光出汾北，圍定陽。

武平元

斛律光救宜陽，敗周兵。朝士爲和士開假子，與商賈敘昆弟，爲士開嘗黃龍湯。○立太子恒。○以蕭莊爲梁王。○復顯祖謚號。○斛律光出汾北，圍周定陽。

辛卯（五七一）

重光單閼

陳：正己酉、三戊申、五丁未、七丙午、十乙亥、十二甲戌朔。○齊同。○周：正己酉、四戊寅、六丁丑、八丙子、十乙亥、十二甲戌朔。○《周紀》：四月戊寅朔，食。○《隋志》：四月己卯，熒惑逆行犯輿鬼。六月庚辰，熒惑、太白合於張。

三

十

華皎說周衛公直得基、平、郚三州[五]。

六

韋孝寬敗於汾北。齊公憲東拒齊師。○憲自龍門度河，拔齊五城。○齊段韶拔柏谷。○陳公純拔齊宜陽等九城。○齊段韶拔定陽，禽楊敷，克汾州。○楊素曰：「但恐富貴來逼臣。」○齊斛律光救宜陽，取四戍。○以基、平、郚三州與梁。

二

光馬上築十三城，拓地五百里，不伐其功。敗周吳孝寬於汾北。○周宇文憲自龍門度河[六]，拔五城。○段韶拒周師，拔柏谷。○周宇文純拔宜陽等九城。○段韶拔周定陽，禽楊敷，克汾州。○斛律光救宜陽，取四戍。還至紫陌，不散兵，帝惡之。○琅邪王儼殺和士開，因勒兵宮門。○斛律光令帝自出，儼徒駭散。○段韶卒。○殺琅邪王儼。○胡太后不謹，帝幽之北宮。

壬辰（五七二）	癸巳（五七三）
玄黓執徐 陳：二癸酉、四壬申、六辛未、八庚午、十己巳、閏十二戊戌朔。○周：二癸酉、五壬寅、七辛丑、九庚子、十一己亥朔。○齊：二癸酉、四壬申、六辛未、八庚午、十己巳、十二戊戌朔。閏十一。十二一日，大寒。○《陳紀》：九月庚子朔，食。○《周紀》：三月癸卯朔，食。○《隋志》：八月癸未，填、歲、太白聚於氐。九月庚申，月食既，至旦不復，在婁。案庚申非望，疑誤。又三月丙辰，熒惑、太白合於壁。七月丙午，辰、太白合於井。	昭陽大荒落 陳：二丁酉、四丙申、六乙未、八甲午、十癸巳、十二壬辰朔。三一日，雨水。○齊同。○周：正戊戌、二丁酉、四丙申、六乙未、九甲子、十一癸亥朔。閏正。二一日，春分。○《隋志》：五月癸巳，熒惑犯右執法。又二月癸亥，熒惑掩鬼西
四	五 帝謀伐齊，徐陵薦吴明徹、裴忌爲將。○明徹與齊尉破胡戰，大破之。淮南州郡多降。○黄法氍取歷陽、合肥，吴明徹取秦郡、瓜步。○明徹拔壽陽，虜王琳，殺之。齊皮景和北遁。○田夫野叟聞琳死，皆流涕。○置豫州、司州於淮南。○魯廣達取齊南徐州。○朱瑒請王琳首而葬之。○田龍升以江北六州七鎮叛入齊，周炅討平之。
十一	十二
建德元 晉公護專權，帝深自晦匿。○帝與衛公直誅護。○侯植數規正護，庾季才勸護歸政。○齊公憲每奏事，協和主相。帝使收兵符文籍。○帝得庾季才勸護返政書，賞之。○帝戒裴文舉以輯睦君臣，協和兄弟。憲指心曰：「但當盡忠竭節耳。」○衛公直求冢宰、司馬，帝皆不許。○追尊略陽公爲孝閔帝。○立太子贇。○韋孝寬播謡言於齊，殺斛律光。○帝如羌橋、斜谷，頒賜東西將士。○突厥木杆卒〔七〕，弟佗鉢立。○佗鉢言：「我在南兩兒常孝，何憂於貧。」	二 太子贇巡西土。○帝曰：「在德不在瑞。」○太子納妃楊氏。○宇文孝伯請選正人爲太子師友。○樂運謂太子爲中人。○帝辨儒道釋先後。
三 贈琅邪王儼爲楚恭哀帝。○祖珽欲以陸令萱爲太后，又謂：「令萱，女媧以來未有。」○斛律光謂祖珽「盲人入，國必破矣」。○斛律羨在幽州，突厥謂之「南可汗」。光會議常後言，言必合理，結髮從軍，未嘗敗北，深爲鄰敵所憚。○祖珽續謡言以譖光。帝誅光及羨。○邢祖信曰：「賢宰相尚死，我何惜餘生。」○祖珽逐高元海，專執朝政。○廢斛律后。○太后卑辭厚禮，求陸令萱立胡昭儀爲皇后。○令萱脩飾穆昭儀，勸帝立爲右皇后。○又譖胡后於太后，廢爲尼。○令萱母子用事，殺生在手，太后受其指麾，唐邕重足屏氣。	四 高阿那肱、穆提婆、韓長鸞共典機密，號「三貴」。○帝每旦先顧訪長鸞，後引奏事官。○長鸞尤疾士人，唯事譖訴。○立穆后。以陸令萱爲太姬，禁掌后母輕霄不得見后。○置文林館。○陳吴明徹等寇淮南。○王紘謂禦陳師莫若息民養士。○源文宗請以淮
卷第一百七十一	

甲午（五七四）

北星。四月己亥，太白掩西北星。壬寅，掩東北星。九月癸酉，太白犯左執法。十一月壬子，太白、填合於尾。

閼逢敦牂

陳：二辛卯、五庚申、七己未、九戊午、十一丁巳朔。○齊同。○周：正壬戌、三辛酉、五庚申、七己未、九戊午、十二丁亥朔。○《陳紀》：一月壬辰朔，食。○《隋志》：十一日丙子，歲、太白合於危。

六

始興王叔陵求三公。孔奂曰：「三公本以德舉。」

十三

三

諸公進爵爲王。○叱奴太后殂，帝行三年之喪。○衛王直譖齊王憲，帝不聽。○禁佛、道二教及淫祀，罷沙門、道士。○鑄五行大布錢。○立通道觀以壹異端。○帝如雲陽。衛王直作亂長安，燒宮門。尉遲運益火以拒之，直敗死。

南專委王琳。○高阿那廢雩祭，源師謂齊不能久。○尉破胡爲陳吴明徹所敗，淮南州郡多降於陳。○陳黄法𣰰取歷陽、合肥，吴明徹取秦州、瓜步。○祖珽收舉才望，排抑嬖倖，欲清朝政，陸令萱、韓長鸞譖而逐之。○崔成謂段孝言：「尚書豈特段家尚書！」○尉相願謂蘭陵王長恭：「欲自穢，得無更速罪！」○帝忌長恭威名，酖殺之。○諸嬖寵惡崔季舒、張彫、封孝琰，因其連名諫幸晉陽，韓長鸞言其欲反，皆斬之。○陳吴明徹拔壽陽，虜王琳。皮景和遁歸。○穆提婆等聞壽陽陷，握槊不輟。○又謂國家盡失河南，不失作龜茲國。○陳魯廣達取南徐州。○祖珽全北徐州。○陳田龍升以江北六州七鎮來降，周炅復取之。

五

南安王思好反，唐邕等討平之。○使弔周之使爲穆后市珠。○馮小憐得幸。○南陽王綽與帝聚蠍於斛，卧人其中。○韓長鸞譖綽，殺之。

校勘記

〔一〕「融」，原作「明」，今據《通鑑》卷一百六十改。

〔二〕「申」，原作「甲」，今據再造影印浙本改。

〔三〕「天和」，原作「道元」，今據《通鑑》卷一百六十八改。

〔四〕「弘」，原作「引」，今據《通鑑》卷一百六十九改。

〔五〕「公」，原作「王」，今據《通鑑》卷一百七十改。

〔六〕「河」，原脱，今據《通鑑》卷一百七十補。

〔七〕「杆」，原作「汗」，今據《通鑑》卷一百七十一改。

資治通鑑目録卷第十七

端明殿學士翰林侍讀學士朝散大夫右諫議大夫集賢殿修撰權判西京留司御史臺上柱國河内郡開國侯食邑一千八百户食實封陸佰户賜紫金魚袋臣司馬光奉敕編集

乙未（五七五）

旃蒙協洽

陳：正丙辰、三乙卯、五甲寅、七癸丑、九壬午、十一辛巳朔。閏八。九一日，霜降。本紀閏九。○齊同，二日霜降。○周：二丙戌、四乙酉、六甲申、八癸未、十壬午、十一辛巳朔。閏十。十三日，冬至。○《周紀》：二月丙戌朔，食。十二月辛亥朔，又食。○《隋志》：五月庚辰，熒惑犯右執灋。壬子，又犯。

陳高宗太建七

陳桃根獻青牛，帝還之。又獻錦被，帝焚之。○吴明徹伐齊，敗齊師于吕梁。

梁世宗天保十四

周高祖建德四

帝謀伐齊，于翼諫益儲加戍。○韋孝寬陳取齊三策。使伊婁謙覵釁於齊[一]。○齊王憲謂楊堅恐非人下，來和以爲可將領耳。○帝大舉伐齊，將出河陽。宇文弼、趙煚、鮑宏請出汾、晉，不從。○師入齊境，禁伐樹踐稼。○拔河陰大城。○攻金墉，不克。○帝有疾，焚舟而還。得三十餘城，皆棄之。

齊温公武平六

帝不喜見朝士，非嬖昵未嘗交語。又惡人視面，奏事者略陳大指，驚走而出。○後宫一裙直萬匹，朝衣夕弊。○盛修宫苑，數毁又復。夜則然火照作，寒則以湯爲泥。○鑿西山爲大像。○以設齋爲修德。○民間號「無愁天子」。立貧村，自爲乞食兒。○使黑衣攻城，帥内參拒鬭[二]。○陸令萱等宰制朝政，宦官、胡兒、官奴婢等得富貴者萬數，封王者百數，開府千數，儀同無數，狗馬鷹鷄有儀同、郡君之號。○府藏既竭，以郡縣賜嬖幸，使賣官。○周主入寇，拔河陰大城。○攻金墉，獨孤永業拒卻之。○高阿那肱拒周，至河陽。○陳吴明徹寇彭城。

卷第一百七十二

柔兆涒灘

陳：正庚辰、三己卯、五戊寅、七丁丑、九丙子、十二乙巳朔。○齊同。○周：正庚辰、四己酉、六戊申、八丁未、十丙午、十二乙巳朔。○《周紀》：六月戊申朔，食。○《隋志》：六月庚午，熒惑入鬼。十月庚戌，犯太微西蕃上將。戊午，歲犯大陵。

八

太子請以江總爲詹事。孔奐以爲太子文華不少，宜用敦重之才。

十五

五

太子伐吐谷渾。○紀王康坐謀反死。○鄭譯、王端幸於太子。王軌言之，太子、譯、端皆被杖。○帝令宫官每月奏太子言動。○賀若弼責王軌於衆中言太子得失。○軌捋帝須，言後嗣弱。○宇文孝伯言：「臣知陛下不能割慈忍愛，遂爾結舌。」○軌言楊堅有反相。○帝復伐齊，克晉州，禽尉相貴。○使梁士彦守晉州。○帝欲西還，宇文忻、王韶諫。○齊主圍平陽，梁士彦使婦女修城，三日而就。帝自長安復救平陽。○齊王憲謂齊師易與。○帝呼將士姓名慰勞。○帝曰：「朕獨乘良馬，安之？」○帝與齊主戰，大破之。○帝欲還，梁士彦諫，帝乃追齊師。○破齊高阿那肱於高壁。○齊穆提婆來奔，貴臣降者相繼。○帝圍晉陽，乘勝入城。既而不克，崎嶇僅免。○帝欲逃，宇文忻等諫，乃駐馬鳴角，兵復振，遂克晉陽，擒高延宗。○伊婁謙謂高遵非唾面可責。○高延宗謂：「任城王據鄴，臣不能知。」○帝引兵趣鄴。

隆化元

括雜户女，隱匿者死。○趙彦深卒。○朝貴典機密者唯斛律孝卿。○周主圍平陽。帝方校獵，高阿那肱不奏。城陷乃奏之，馮淑妃請更殺一圍。○帝帥諸軍向晉州。○周主西還。帝圍平陽，城陷，召淑妃觀之，遂不克。○帝與淑妃造遠橋觀聖人跡。○周主復救平陽。○帝與淑妃觀戰，東偏少卻，淑妃怖，與帝俱走，師遂敗散。○帝按轡，命淑妃著后服。○高阿那肱敗於高壁。○有告阿那肱叛者，以爲妄而斬之。○送太后、太子於北朔州。○帝使安德王延宗守晉陽。夜出，欲奔突厥。梅勝郎諫，乃回向鄴。○穆提婆奔周。貴臣降周者相繼。○延宗稱帝。衆不召自至，童兒女子投搏石拒敵。○周主圍晉陽，乘勝入城。延宗夾擊，幾獲之。軍士飲醉，不能復整。○周主復攻克晉陽，禽延宗。任城王湝執送延宗使。○廣寧王孝珩請使湝將幽州兵入土門，獨孤永業將洛州兵入潼關，自帥京畿兵逆戰。不從。○帝勞軍，不記所受言，遂大笑。○高勱送太后於鄴，欲斬苟子溢。○帝與羣臣會議，不知所從。○高勱請置貴臣家屬於三臺。

彊圉作噩

陳：二甲辰、四癸卯、六壬寅、八辛丑、十庚子、十二己亥朔。○齊同。○周：二甲辰、四癸卯、六壬寅、九辛未、十一庚午朔。○《周紀》：十一月己亥晦，食。○《隋志》：先此熒惑入太微宮二百日，句已往還。四月甲子，出端門。

九

吴明徹伐周，敗梁士彦於吕梁，遂圍徐州。○蔡景歷諫北伐，坐免削。

十六

入朝于鄴。

六

圍鄴，克之。齊主東走。○帝數莫多婁敬顯三罪而誅之。○帝幸熊安生家，執手與語。○又召李德林，問政教人物。○齊斛律孝卿奉璽綬來奔。○獨孤永業以河南來降。加斛律光等贈謚。帝指光名，曰：「此人在，朕安得至鄴！」毁東山、南園、三臺以賜民。○齊高湝等據信都，遣齊王憲等討之。○憲獲二諜，遣以書諭湝，不從。與戰，擒之。○憲多謀略，得士心。入齊境，芻牧不擾。○齊高紹義據北朔州，東平公神舉擊破之。紹義奔突厥。○平齊，得州五十。○梁主來朝。○傅伏聞齊滅乃降。○帝還長安，列齊君臣於前，奏凱獻俘。○竇毅謂李德林有用，勝麒麟鳳皇。○帝毁宫殿壯麗者。議定權衡度量。○免雜户爲民。○焚九尾狐。○制庶人止得衣綢絹等九種。○陳吴明徹寇徐州，敗梁士彦，遂圍之。○誣高緯以謀反，滅其族。○王軌救徐州。○齊王憲討稽胡劉没鐸，擒之。○憲謂稽胡未可盡除。○免所俘梁、齊民爲奴婢者。○後宫位號止存八人。○高寶寧立高紹義爲帝，寇幽州。

齊幼主恒承光元

帝禪位於太子恒，自稱太上皇帝。○尉相願謀殺高阿那肱。○出廣寧王孝珩爲滄州。○顔之推等勸上皇往河外募兵，不克則奔陳。太后、幼主先如濟州。周主圍鄴。上皇兵敗，東走。○慕容三藏據宫拒戰，周主禮之。○鮮于世榮於三臺前鳴鼓，周人殺之。○上皇入濟州，使幼主禪位於任城王湝。上皇稱無上皇，幼主稱宋國天王。○斛律孝卿奉璽綬奔鄴。○上皇留太后於濟州，以后妃、幼主奔青州。○田鵬鸞不言上皇所之，折四支而死。高阿那肱陰與周約生致齊主，屢言周兵尚遠。○周兵奄至青州。上皇南走，爲周所擒，并太后送鄴。○任城王湝、廣寧王孝珩據信都謀匡復，與周宇文憲戰，敗，皆爲所擒。○范陽王紹義據北朔州以拒周，周宇文神舉擊破之。紹義奔突厥。○紇奚永安就佗鉢乞賜一刀。○傅伏使韋孝寬速斬其兒。○周人封上皇爲温公，尋誣以謀反，滅其族。后妃貧者或賣燭。

卷第一百七十三

戊戌（五七八）

著雍閹茂

陳：二戊戌、五丁卯、六丙寅、八乙丑、十甲子、十二癸亥朔。閏五。六二日，大暑。○周：正己巳、三戊辰、五丁卯、閏六丙寅、八乙丑、十甲子朔。○《隋志》：六月壬午、癸丑，歲、熒惑、太白聚於井。案是月無癸丑，疑誤。七月丙辰，熒惑、太白合於七星。己未，太白犯軒轅大星。八月庚辰，入太微。九月丁酉，熒惑入太微西掖門。庚申，犯左執灋。十二月癸未，熒惑守氐三十日。

陳高宗太建十

吴明徹攻周彭城，周王軌斷其歸路。蕭摩訶請乘其水路未斷擊之，不從。軌敗明徹於清口，虜之以歸。○毛喜諫取彭汴。○命淳于量等督諸軍以備周。○盟百官於婁湖，仍頒四方。

梁世宗天保十七

周高祖宣政元

陳吴明徹攻彭城。王軌救之，虜明徹以歸。○初服常冠。○帝自將擊突厥。至雲陽，遇疾而還。○帝殂。○帝勤儉嚴明，將士樂爲之死。○太子即位。尊阿史那太后。○不踰月而葬。宣帝即吉。樂運諫，不從。帝使宇文孝伯害齊王憲，不可。乃使于智誣憲反而殺之。○李綱不肯證憲罪。○王興等伴死。○立楊后。○幽人盧昌期起兵迎高紹義。東平公神舉擊昌期，殺之。紹義還入突厥。○尊李太后。○以三拜成禮。

己亥（五七九）

屠維大淵獻

陳：二壬戌、四辛酉、六庚申、九己丑、十一戊子朔。○周初用丙寅元曆：正癸巳、三壬辰、五辛卯、七庚寅、十己未、十二戊午朔。○《隋志》：四月己丑，歲、太白、辰聚于東井。又云戊子。七月壬辰，熒惑掩房北第一星。八

十一

初用大貨六銖錢。○周韋孝寬等寇淮南。○孝寬克壽陽，梁士彦克廣陵。○江北地皆入於周。○周瀍尚叛奔周。樊猛擊之，不利。

十八

周靜帝闡大象元

宣帝改元大成。○初置四輔。○樂運諫數赦。○初行刑經聖制。○樂運陳帝八失。帝欲殺之，元巖詭説得免。○立太子衍。以洛陽爲東京，治宫室。徙相州六府於洛陽。○鄭譯用事，王軌知死不叛。○帝遣使殺軌於徐州。顔之儀、元巖切諫，不聽。又殺宇文孝伯及神舉。○突厥佗鉢請和，以千金公主妻之。○帝傳位於太子，自稱天元皇帝，居天臺，車服旂鼓皆倍前王之數。○天元驕奢淫湎，自稱爲「天」，用樽、彝、圭、瓚飲食。羣臣朝者，皆致齊三日。令婦人黄眉墨糚。捶人以百二十爲度，謂之「天杖」，后妃公卿皆不免。○命東北七總管受東京六府處分。○天元立朱后。○命趙王招等就國。○楊堅知周將亡。○發民修長城。○立司馬后。○天元立元后、陳后。○韋孝寬等伐陳淮南。○初復佛、天尊像，天元與二像並坐，設樂縱觀。○韋孝寬克壽陽，梁士彦克廣

月辛巳，熒惑犯南斗第五星。九月己酉，太白入南斗魁中。十月壬戌，歲犯軒轅大星。乙酉，熒惑、填合於虛。

陵。○鑄永通萬國錢。○作乞寒胡戲。○盡得陳江北之地。○天元如洛陽，命四后方駕齊驅。○陳周瀍尚來降。

上章困敦

陳：正丁亥、三丙戌、五乙酉、七甲申、九癸未、十二壬子朔。○周：二丁巳、四丙辰、六乙卯、八甲寅、十癸丑、十二壬子朔。○《周紀》：十月甲寅，日食。○《隋志》：七月壬子，歲、太白合於張。九月甲申，熒惑、歲合於翼。

十二

周司馬消難以九州八鎮來降，遣樊毅等將兵應之。○消難擁衆來奔，毅爲周所敗而還。

十九

柳莊謂：「尉迥昏耄，消難、王謙非匡合之才，周朝將相多爲身計。隋公必移周祚。」

二

稅入市錢。○四后皆稱太皇后。○杞公亮反，誅。○詔内外命婦執笏，拜皆俛伏。○何妥勸五后。○立尉遲后。○天元欲殺楊后，又欲殺楊堅。○以堅爲楊州總管，足疾，不果行。○天元得瘖疾而殂。劉昉、鄭譯矯詔以堅輔政。○顏之儀不署詔。○徵五王入朝。○顏之儀不授堅符璽。○尊阿史那太后、李太后、楊太后、朱太后，以陳后、元后、尉遲后爲尼。○李德林勸楊堅自爲大丞相。○堅使盧賁以兵卻衆。○高熲曰：「縱令公事不成，熲不辭滅族。」○劉昉說漢王贊出宮。○堅革宣帝苛虐之政，以節儉率下。○庾季才謂堅：「豈得復爲箕、潁之事。」○獨孤夫人謂堅：「騎虎之勢，必不得下。」○崔彭以兩騎執陳王純。○復佛、道二教。○尉遲迥舉兵於鄴以討堅。堅以韋孝寬爲元帥以討之。○楊尚希見迥哭不哀，而視不安，知有它計。○畢王賢謀誅丞相堅，堅殺之。○嫁千金公主於突厥。○佗鉢執高紹義，送長安。○尉遲勤等起兵應迥。○迥招李穆、源雄、于仲文，皆不從。○穆獻尉斗及十三鐶帶於堅。○堅遣楊素討宇文冑。○司馬消難起兵於鄖州，堅遣王誼討之。○于顗殺趙文表。○趙王招謀殺堅，元冑扶堅出，遂殺招及越王盛。○韋孝寬不攻永橋。○孝寬與尉遲惇夾沁而軍。○李詢密啓梁士彥等受迥金。李德林請使腹心監軍。○劉昉、鄭譯辭事，高熲請行，堅由是踈昉、譯而親熲。○李德林常參軍謀。○王謙起兵於益州，堅遣梁睿討之。○韋孝寬敗惇於沁東，又敗迥於鄴城下，遂克鄴。○崔弘度遏亂兵，迥極口罵堅而自殺。○于仲文擒檀讓，斬席毗羅。○毀鄴城。○堅敕官屬不得白事於鄭譯。○司馬消難擁衆奔陳。○元景山追敗陳樊毅於漳口。○沙州氐楊永安反。○楊素斬宇文冑於石濟。○廢司馬后。○堅爲大丞相。○堅殺陳王純。○王謙遣達奚惎等攻豆盧勣，不克。○梁睿擊謙，禽斬之。○達奚儒克沙州。○韋孝寬卒。○改姓皆復舊。堅爲相國，總百揆，進爵隋王，加九錫。○堅殺代王達、滕王逌。

卷第一百七十四

辛丑（五八一）	壬寅（五八二）
重光赤奮若 陳：二辛亥、四庚戌、五己酉、七戊申、九丁未、十一丙午朔。閏二。三一日，穀雨。○隋：三辛巳、閏四庚辰、六己卯、八戊寅、十丁丑、十二丙子朔。○《隋志》：十月辛酉，歲犯執灋。十二月癸酉，甲戌，辰、太白交相掩。又正月乙酉，歲逆行守右執灋，熒惑掩房北第一星。	玄黓攝提格 陳：正乙巳、四甲戌、六癸酉、八壬申、十辛未、十二庚午朔。○隋：二乙亥、四甲戌、七癸卯、九壬寅、十一辛丑朔。
十三 周羅睺拔隋胡墅。○隋長孫覽、元景山入寇。○蕭引説馬靖納質。○始興王叔陵潛作威福，新安王伯固畏而附之。	十四 帝殂。○始興王叔陵斫傷太子及柳后，長沙王叔堅縛之。叔陵脱走，還東府起兵。蕭摩訶討誅之，及新安王伯固。○太子即位。○尊柳太后。○隋元景山取湏口、甑山、沌陽。請和于隋，歸其胡墅。○立沈后。○立太子胤。○帝設無㝵會捨身。
二十 太宰巖入賀于隋。	二十一 隋主納帝女爲晉王妃。罷江陵總管，帝始得專制其國。
隋高祖堅開皇元 隋王受相國，九錫，建臺置官。○受周禪。○崔仲方勸除周六官，依漢、魏之舊。○立獨孤后、太子勇。○奉周主爲介公。○周宣后憤惋，帝甚愧之。○滎建緒曰：「臣位非徐廣，情類楊彪。」○竇毅女恨不爲男，救舅氏之患。○虞慶則勸帝盡滅宇文氏，李德林固爭，帝由是踈之。遂殺周十三公。○帝賜李穆詔曰：「敬惠來旨。」○穆一門執象笏百餘人。○蠲穆朝集，大事就訪。○蘇威聞帝將受禪，遁歸田里，帝徵用之。○帝欲取江南，高熲薦賀若弼、韓禽虎。○蘇綽爲征税灋頗重，威能輕之。○威與高熲參掌朝政。○帝欲斬人，威遮路諫止。○梁毗劾威兼領五職，安繁戀劇。帝曰：「威逢亂世，南山四皓，豈易屈哉！」○蘇綽曰：「《孝經》一卷，足以立身治國。」○帝聽高熲解僕射，尋復位。○盧賁等謀黜熲、威，坐除名。○詔前代品爵依舊不降。○放散樂。○發稽胡築長城。○韋沖安撫叛胡。○殺周靜帝。○帝始服黄。○吐谷渾寇涼州，元諧擊破之。○陳周羅睺拔胡墅。○于宣敏請使子弟鎮蜀，帝命蜀王秀爲總管。○詔長孫覽、元景山伐陳。○更鑄五銖錢。○賜鄭譯《孝經》。○命高熲等定新律，行之。去梟、轘及鞭灋，立議、請、減、贖，官當之科。○劉行本諫笞郎。○帝臨朝有失，獨孤后隨事匡諫。○有司請后命百官之妻。后曰：「婦人與政，或由此漸。」○后不宥崔長仁。○帝合藥，求胡粉，宫中無之。○宫中號帝后爲「二聖」。○帝不以權任假外戚，舅家吕氏微賤。○帝如岐州褒賞良吏。○突厥佗鉢卒，兄子沙鉢略立，與高寶寧入寇。長孫晟請離間四可汗。	二 置行臺尚書省於并、益二州，以晉王廣、蜀王秀爲令，又以骨鯁有文武才者王韶、李雄、李徹、元巖等佐之，二王不敢爲非灋。○元景山取陳湏口、甑山、沌陽。陳人請和，歸胡墅。命高熲等班師。○突厥帥衆四十萬與高寶寧入寇。○蘇威、庾季才、李穆勸遷都。命宇文愷營新都於龍首山。○太子屯咸陽以備突厥。○達奚長孺與突厥戰於周槃，士卒手皆骨見。○長孫晟説染干使召還沙鉢略。

癸卯（五八三）	昭陽單閼 陳：二己巳、四戊辰、六丁卯、九丙申、十一乙未、十二甲午朔。閏十一。十二二日，大寒。○隋：正庚子、三己亥、五戊戌、七丁酉、十丙寅、十二乙丑。閏十二。○《隋紀》：二月己巳朔，食。	陳長城煬公叔寶至德元 帝惡長沙王叔堅之專，出爲江州刺史。○又惡毛喜之直，出爲永嘉内史。○帝欲殺叔堅，叔堅曰：「臣死請宣明詔，責叔陵於地下。」乃免之。	二十二	三 遷入新都。○牛弘請購遺書。○吐谷渾寇洮州、廓州。○詔遣八元帥擊突厥。○衛王爽等敗突厥於白道。○陰壽擊高寶寧，殺之。黄龍平。○陳郢州城主請降，帝以和好，不納。○竇榮定使史萬歲與突厥決勝負。突厥請盟去。○長孫晟説阿波，下之。○沙鉢略與阿波相攻。○突厥寇幽州，殺總管李崇。○樂平公主令李敏不得柱國勿謝。○高熲等擊沙鉢略。○陳袁彦來聘，畫帝像而去。○蘇威屢請更律令。李德林以爲律令新成，非大爲民害者不宜易。○楊尚希以郡縣繁多，請存要去閑，併小爲大。於是悉罷諸郡爲州。○竇榮定辭三公。○詔李穆百死不問。○更命蘇威等删定律爲百條十二卷，自是刑網簡要。○置黎陽等倉，漕粟以給長安。柳彧請不以武將爲刺史。○又諫帝勤於聽覽。○又請禁正月望遊戲。
甲辰（五八四）	閼逢執徐 陳：二癸巳、四壬辰、六辛卯、八庚寅、十一己未朔。○隋初用甲子九曆：正甲子、二癸巳、五壬戌、七辛酉、九庚申、十一己未朔。正一日，雨水。○《隋紀》：正月甲子朔，食。	二 帝作三閣，與後宫張貴妃、狎客江總等朝夕酣歌賦詩。○帝置張妃於膝，共決百司奏事。○孔範爲帝文飾過失。○施文慶、沈客卿等以吏事彊敏得幸，競爲苛刻，士民嗟怨。○孔範奪將帥兵以配文吏。	二十三 入朝于隋。	四 梁主來朝。○初行甲子元曆。○帝如隴州。○突厥達頭請降。○賀婁子幹不肯築保營田。○命宇文愷鑿渭水爲廣通渠以通漕。○帝以關内飢，行如洛陽。○司馬幼之以文表華艷得罪。○李諤上言俗尚辭華及矜伐干進。○突厥沙鉢略求和親。千金公主請爲帝女，改封大義公主。○帝使虞慶則、長孫晟使於突厥。沙鉢略拜受詔稱臣，相聚慟哭。薛道衡聘陳，帝令勿以言辭相折。
乙巳（五八五）	旃蒙大荒落 陳：正戊午、三丁巳、五丙辰、七乙卯、九甲寅、十一癸丑朔。○隋：正戊午、三丁巳、五丙辰、八乙酉、十甲申、十二癸未朔。○《陳紀》：正月戊午朔，食。	三 章大寶據豐州反。○大寶敗死。○傅縡指陳帝荒惑，云：「恐東南王氣，自斯而盡。」帝殺之。○梁戚昕襲公安，不克。	二十四 帝殂。太子琮立。○戚昕襲陳公安，不克。○隋復置江陵總管。	五 命牛弘修五禮。○王誼坐謀反誅。○長孫平奏置義倉。○貌閲户口，得新附百六十餘萬口。○作輸籍灋。○阿波號西突厥。○沙鉢略避達頭於漠南，帝以兵糧援之。沙鉢略遣子奉表，請以磧爲界。○崔仲方築長城於朔方。

卷第一百七十六

丙午（五八六）

柔兆敦牂

陳：正壬子、四辛巳、六庚辰、閏七己卯、九戊寅、十一丁丑朔。八一日，秋分。○隋：二壬午、四辛巳、六庚辰、八己卯、九戊寅、十二丁未朔。閏八。

四

梁公琮廣運元

六

党項請降。○頒曆於突厥。○令刺史上佐歲莫更上考課。○崔仲方築數十城於朔方以東。○高德請帝傳位於太子。帝曰：「朕豈效近代帝王，自求逸樂。」○太子勇鎮洛陽。○梁士彥、宇文忻、劉昉皆坐謀反誅。○楊尚希諫帝親細務。○李文博恥濫賜。○帝謂吐谷渾太子曰：「嵬王欲歸，朕唯教嵬王爲臣子之禮。不可遠遣兵馬，助爲惡事。」

丁未（五八七）

彊圉協洽

陳：正丙子、三乙亥、五甲戌、八癸卯、十壬寅、十二辛丑朔。○隋：二丙午、四乙巳、五甲戌、八癸卯、十壬寅、十二辛丑朔。

禎明元

梁蕭巖等擁衆來降，帝納之。○始，隋待陳甚厚，帝與書：「想彼統内如宜，此宇宙清泰。」隋主不悦。○江南多妖異，帝自賣於佛寺爲奴以厭之。○章華極諫曰：「臣見麋鹿復遊姑蘇。」帝即日斬之。

二

帝入朝隋。隋遣崔弘度戍江陵。安平王巖等恐隋襲之，擁城中士民奔陳。隋廢梁國。

七

初令諸州歲貢士三人。○發丁男十萬修長城。沙鉢略請獵於恒代之間，許之。○沙鉢略卒，捨其子都藍而立其弟莫何。○莫何擊阿波，禽之。○長孫晟謂阿波非負國家，不如兩存之；高熲謂宜存養以示寬大。○梁主琮來朝。帝遣崔弘度戍江陵。梁蕭巖等擁士民奔陳。乃廢梁國。○陳主書有慢言，楊素請罪。○高熲請伺陳收穫時徵集士馬，彼既聚兵，我便解甲，又縱火燒其儲積。○崔仲方請以舟師下蜀、漢，陳遣精兵援上流，則下流諸將擇便橫度。○帝曰：「吾顯行天誅，何密之有！」使投船柹於江，曰：「若彼懼而能改，吾復何求！」

戊申（五八八）

著雍涒灘

陳：二庚子、四己亥、六戊戌、八丁酉、十一丙寅朔。○隋：二庚子、五己巳、七戊辰、九丁卯、十一丙寅朔。○《隋志》：二月庚子，填入東井。

二

張貴嬪、孔範等譖太子胤，廢之。○袁憲謂蔡徵：「卿是何人，輕言廢立？」立太子深。沈后不妬忌，數諫爭。○隋軍大舉入寇，江濱鎮戍告急，施文慶、沈客卿抑而不言。○帝忌蕭巖、蕭瓛，召緣江戰艦悉入，以威示梁人。○袁憲等請發

八

下詔伐陳。寫詔書三十萬紙，遍諭江外。○命晉王廣等三元帥，督九十總管，兵五十一萬，旌旗舟楫，橫亘數千里。以高熲爲長史，軍事皆取決。○突厥莫何卒，兄子都藍立。○薛道衡論伐陳必克四事。○楊素以舟師下峽，破戚昕。○吐谷渾拓拔木彌請降。帝曰：「納之不義，拒之不仁。任其自拔，不須出兵應接及勸誘。」

屯采石、京口。施文慶恐無兵從己之湘州，曰：「此是常事，邊城將帥，足以當之。恐出兵驚擾，且乏郊禮。」○帝謂王氣在此，齊、周來皆不克，彼何爲者。○孔範曰：「長江天塹，虜豈能飛度？虜若度江，臣作太尉矣。」○範聞隋馬死，曰：「此我馬，何爲死！」○帝奏妓飲酒賦詩不輟。

屠維作噩

正乙丑、三甲子、五癸亥、七壬辰、九辛卯、十庚寅朔。閏六。七二日，處暑。

三

元會，帝昏睡至晡。○隋賀若弼自廣陵，韓擒虎自采石濟江。詔曰：「蠭蠆有毒，宜時掃定。朕當親御六師，廓清八表。」○弼拔京口，擒虎拔姑孰，兩軍南北並進。○帝晝夜啼泣，軍事悉委施文慶。文慶知諸將疾己，恐其有功，奏言：「此等怏怏，那可專信。」所啓請皆不行。○蕭摩訶請逆戰，不許。請乘弼始至掩襲，又不許。○任忠請固守臺城，給臣兵一萬，斷其歸路，則不擊自去。又不許。○帝欻然命諸軍出戰。任忠固諫，不聽。孔範曰：

九

賀若弼、韓擒虎皆濟江。○弼使防人交者皆集廣陵。○弼拔京口，斬軍士酤酒者。○擒虎拔姑孰。○弼屯白土岡，擒虎屯新林。○弼與陳蕭摩訶等戰，大破之。○擒虎自南門入陳宮，獲陳叔寶。○叔寶拜弼，弼以爲禮。○弼與擒虎相詢。○晉王廣使高熲留張麗華，熲斬之。廣入建康，資財無所取，天下稱賢。○廣收賀若弼屬吏。上驛召之，褒美其功。○王頒燒陳高祖骨取灰，投水飲之。○詔給五户守陳陵。○秦王俊屯漢口，爲陳周羅睺所拒，不得前。○楊素破呂忠肅，下巫峽。巴陵以東，無取城守。○羅睺及陳慧紀等皆降。○置鄉正里長。○宇文述擒蕭瓛，降蕭巖。○薛胄破陳叔慎於湘州，斬之。○洗夫人以嶺南降。○隳建康城。留王韶鎮石頭。○諸軍凱入，獻俘太廟。○司馬消難以故舊得免死。○魯廣達得疾不療。○班賜將士，用布帛三百餘萬段。○元諧請以突厥爲侯正，陳叔寶爲令史。帝折之。○封賞功臣。或告高熲反，帝斬之。○熲自稱文吏焉敢與大將軍論功。○投孔範等四罪人於邊裔。○帝厚給賜陳叔寶，而不除官。○遷陳氏子弟於隴右、河西。○陳之公卿皆除官。○帝悔不殺任蠻奴。○周羅睺泣謝帝，抗賀若弼，折韓擒虎。○陳叔文自表先降，求異常例。○韋鼎前知隋興陳亡。○詔毀甲仗，興文學。○賀若弼上御授七策，帝不省。○帝以韓擒虎示突厥，曰：「是執得陳國天子者。」○帝謂高熲猶鏡，磨瑩益明。○元諧坐謀反誅。○朝野請封禪。詔曰：「豈可命一將軍除一

卷第一百七十七

「當爲官勸石燕然。」○蕭摩訶等皆無戰意，唯魯廣達力戰〔三〕，屢破弼。弼移兵趣孔範。範兵蹔交即走，諸軍大潰。摩訶被禽。○任忠入辭帝，曰：「陛下好住，臣無所用力矣！」出降韓禽虎於石子岡，引禽虎入朱雀門，麾戰士皆散。○袁憲請帝正衣冠，御前殿。帝曰：「吾自有計。」遂自投于井。軍人出之，與張、孔同束而上。○沈后、太子深居處如常。○帝禁諸宗室於朝堂。城破，皆出降。○魯廣達猶拒賀若弼於樂遊苑，力屈就禽。晉王廣入建康，斬施文慶等五佞人。○許善心在客館衰服號哭三日。○周羅睺守江夏，隋秦王俊兵十餘萬不能進。○吕忠肅拒楊素於巫峽四十餘戰。○陳慧紀自公安入援。○晉王廣使帝以書諭之，羅睺等皆降於隋。○吴人奉蕭瓛以拒隋，宇文述討禽之〔四〕。○岳陽王叔慎據湘州不下，薛胄、劉仁恩擊斬之。○洗夫人保嶺南，聞陳亡乃降。○任瓌勸王勇拒隋，不聽，棄官去。○陳國皆平。

小國，便謂太平。」○以廣平王雄爲司空。○帝命牛弘等議樂。鄭譯請立七音八十四調，何妥沮之。帝令上用黄鍾一宫。及得陳樂，帝以爲華夏正聲，置清商署。又命牛弘等議雅樂。○周灋尚安集嶺南。○辛公義親養視疫者，以變岷州之俗。○又謂：「豈可禁人在獄，而安寢於家！」訟者爲止。

庚戌（五九〇）

上章閹茂

正己丑、三戊子、五丁亥、七丙戌、九乙酉、十二甲寅朔。

隋高祖開皇十

李德林諫鄉正始置，不可遽廢。○蘇威等譖德林，出之。○帝信任李圓通、陳茂。茂譖柳莊，出之。○帝猜忌不悦學，好覘視人小過，加以重罪，或決之殿廷。高熲等諫以朝堂非殺人之所，殿廷非決罰之地。乃令殿内去杖，尋復置之。○初令坊府屬州縣。○令民五十免役收庸。○江南人未安隋政，高智慧等皆反。命楊素討之。○麥鐵杖戴草度江覘賊。○楊素擊高智慧等，悉平之。○封德彝墜水不言。○史萬歲攻溪洞，七百餘戰，深入千餘里，十旬無聲問，浮書筒中以白素。○素常令一二百人陷陳，不能陷，立斬之。○王仲宣反圍廣州，裴矩以三千人破之。○洗夫人遣其孫馮暄救廣州，逗橈，收繫獄。更遣孫盎代之。○夫人乘介馬，張錦繖，衛從裴矩巡撫諸州。○詔夫人開府置官屬，以便宜從事。○夫人陳三代賜物示子孫，曰：「皆吾用一忠順心所致。」○夫人載詔書，自稱使者，歷十餘州，諭降獠、俚。

辛亥（五九一）

重光大淵獻

二癸丑、四壬子、六辛亥、八庚戌、十己酉、十二戊申朔。○本紀：十二月辛巳晦，食。

十一

吐谷渾夸吕卒，子世伏入貢。求薦女，不許。○臨潁令劉曠以善政擢爲莒州刺史。○滕王瓚暴卒。

壬子（五九二）

玄黓困敦

二丁未、四丙子、六乙亥、八甲戌、十癸酉、十二壬申朔。閏二。三一日，穀雨。○本紀：七月壬申晦，食。

十二

何妥與蘇威及子夔爭論有隙，告威朋黨。威坐免官，盧愷除名。○郎茂奏罷威煩迂之灋。○茂謂張元預兄弟不睦，又坐得罪，彌益其忿。○初令天下死罪，大理覆治。○楊素才藝風調優於高熲，推誠體國，處物平當，不如熲遠。○賀若弼謂熲、素唯堪啗飯，坐下獄，自云：「格外望活。」○有司奏府藏皆滿。詔闢左藏院。免河北、河東租調。均天下田。

癸丑（五九三）

昭陽赤奮若

二辛未、四庚午、十己亥、九戊戌、十一丁酉朔。○本紀：十月戊辰晦，食。

十三

楊素作仁壽宮。役夫疲頓者，因以填築阬坎，死者以萬數。○禁緯候圖讖。○詔議明堂制度，不果立。○楊欽亡入突厥，誑説大義公主，使擾邊。長孫晟往掩欽，獲之。○裴矩説突利，使殺大義公主。○長孫晟請許突利爲婚，以捍都藍。○祖孝孫從毛爽受三百六十律灋。

甲寅（五九四）

閼逢攝提格

正丙申、三乙未、五甲午、七癸巳、九壬辰、閏十一辛酉朔。案《蕭吉傳》十一月辛酉冬至。然則閏十月也。

十四

初行新樂，禁淫聲。○萬寶常謂樂聲淫厲而哀，天下不久將盡。○蘇孝慈請禁諸司回易。初賜公卿以下職田。○劉孝孫興槪論曆。○帝見民食豆屑及糠，流涕示羣臣，爲之朞年不御酒肉。○帝帥民就食洛陽，敕斥候不得驅逼，引馬避之。○帝謂陳叔寶：「以作詩功，何如思安時事！」○帝謂：「盧賁等皆反覆子。我抑屈之，全其命也。」○羣臣請封禪。帝東巡。○蕭吉謂今年辛酉冬至，明年甲子夏至，合至尊、皇后本命。○王劭指帝龍顔戴干之表。○又焚香閉目歌《皇隋靈感志》。

乙卯（五九五）

旃蒙單閼

正庚申、三己未、五戊午、七丁巳、九丙辰、十一乙卯朔。五月甲子，夏至。

十五

帝以旱，祠泰山謝愆咎。○收天下兵器，禁民私造。○帝見仁壽宫壯麗，大怒。封德彝知皇后至，必有恩詔。○豆盧通貢綾紋布，焚於朝堂。○帝謂：「蘇威非詐清。然性很戾，不切世要，從己則喜，違之則怒。」○韋世康曰：「禄豈須多，防滿則退。年不待暮，有疾便辭。」○敕：盜邊糓一升，斬。○文武官四考受代。

丙辰（五九六）

柔兆執徐

正甲寅、四癸未、六壬午、八辛巳、十庚辰、十二己卯朔。

十六

初令工商不得仕進。○詔死罪三奏公乃行刑。○党項寇會州，討降之。○吐谷渾世伏請稱公主爲天后，不許。

丁巳（五九七）

彊圉大荒落

初用張胄玄曆：二戊寅、四丁丑、閏五丙子、七乙亥、九甲戌、十二癸卯朔。六一日，大暑。

十七

梁睿請討南寧夷爨震。○史萬歲討爨翫，深入千餘里。○桂州李光仕反，周灋尚討斬之。○令狐熙爲桂州總管，手教諭諸渠帥。州縣長吏始得之官。甯猛力詣府請謁。○詔諸司得於律外杖屬官。○帝命盜一錢以上棄市。有數人劫執事，使奏改之。○帝以六月殺人，曰：「天雖生長，必有雷霆。」○趙綽矯求入閤救來曠之死。○帝謂綽大理爲朕特放摩訶。○帝怒綽救辛亶，欲斬之。綽曰：「執灋一心，不敢惜死。」○綽謂：「上欲妄殺人，豈得不關臣事！」○薛胄斷獄以情而綽守灋。○帝晚節用刑益峻，楊素復任情不平。○屈突通檢牧馬，得隱匿馬二萬餘匹。救太僕等千餘人死。○劉昶坐子居士驕恣誅。○初行張胄玄曆。○桂州李世賢反，虞慶則討平之。○秦王俊坐奢僭免官。楊素諫，上曰：「何不別制天子兒律！」○上以安義公主妻突利，厚遇之。都藍怒，數爲邊患。○詔享廟還勿設樂。○何稠與甯猛力約，八九月至長安。猛力病死，命其子長真入朝。虞慶則婦弟告其謀反，坐死。○上誚責高麗王湯曰：「王若洒心易行，即是朕之良臣，何勞別遣才彥。」湯卒，子元立。○吐谷渾人殺世伏，立其弟伏允。

戊午（五九八）

著雍敦牂

二壬寅、四辛丑、六庚子、八己亥、十戊戌、十二丁酉朔。

十八

高麗寇遼西，命漢王諒等討之。○獨孤陁坐使猫鬼病皇后，當死。后爲之三日不食以請命。○漢王諒糧盡，遇疫而還。高麗亦服罪。○爨翫復反，史萬歲坐除名。

己未（五九九）

屠維協洽

二丙申、五乙丑、七甲子、九癸亥、十一壬戌朔。

十九

命漢王諒等擊突厥。○都藍襲突利，破之。突利與長孫晟入朝。○晟使城上舉四烽，以恐突利。○高熲破突厥於白道。○楊素以騎陳破達頭。○王世積爲親信所告，坐誅。○獨孤后殺尉遲迥女孫，帝單騎入山二十餘里。○帝欲廢太子勇及簡東宮衛士，高熲諫忤旨。○熲辭娶，而妾生子，后以爲面欺。漢王諒言幸免熲殺。○熲爲國令所告，除名。○熲母謂熲：「富貴已極，但有一斫頭耳。」○更命突利曰啓民，妻以義成公主。○長孫晟請置突厥降衆於兩河閒。○都藍爲部下所殺。達頭立爲步迦可汗。

庚申（六〇〇）

上章涒灘

正辛酉、二庚申、四己未、六戊午、九丁亥、十一丙戌朔。閏正。二一日，春分。

二十

帝謂賀若弼有三太猛。○又功臣正宜授勳官，不可預朝政。○又謂弼好亂，意終不改。○晉王等擊突厥。○長孫晟置毒於泉。○達頭聞史萬歲名，不戰而遁。○秦王俊薨。○帝謂碑徒與人作鎮石。○羣臣奏絶俊嗣。○太子勇任情不飾，帝好儉而勇奢靡，獨孤后嫉妬而勇好内，由是失愛。○帝曰：「吾昔日衣服，各留一物，時觀爲戒。」○勇至日受朝，帝漸生猜阻。○元妃暴薨，后疑其被毒，陰求勇過。○晉王廣不育庶子，傾身結大臣，曲事左右，樂器塵埃。○韋鼎謂：「至尊、皇后所愛當與之，安敢預知。」○廣敬接朝臣，禮極卑屈，由是聲名籍甚。○廣泣辭后，云常恐爲太子所殺。后曰：「使汝兄弟向阿雲兒再拜，幾許若痛。」遂決意廢立。○宇文述、張衡爲廣畫奪宗之計。○述爲廣説楊約，約説兄素，素説帝。○素偃息以激怒勇。○帝置候人以伺勇〔六〕。揀去衛士勇健者。○廣使段達賂姬威，且脅之使告勇陰事。○帝言：「我每還京師，嚴備如入敵國。」因執宮僚唐令則等鞫之。○元旻諫廢太子。素誣旻附託。○素索東宮，得火燧及艾，以爲反具。○帝廢勇。斬元旻等。○楊孝政諫，帝撻其胸。○帝謂裴政、劉行本在，勇不至此。○李綱謂帝不擇人輔導〔七〕，非太子罪。○楊素譖史萬歲，帝撲殺之。○立晉王廣爲太子。○勇升樹大叫，楊素言勇爲癲鬼所著。○房彦謙及子玄齡皆知隋將亂。○高孝基識玄齡及杜如晦。○詔盜毀佛天尊像，以惡逆論。○蔡王智積不令諸子有才能，恐致禍。○王伽送流内李參等七十餘人，解縱之，皆如期而至。○袁充表開皇以來，晝日漸長，太平之應。百工並加程課。

辛酉（六〇一）

重光作噩

正乙酉、三甲申、五癸未、七壬午、九辛巳、十二庚戌朔。○本紀：二月乙卯朔，食。

仁壽元

韓洪與突厥戰，敗於恒安。○省國子學生，廢四門、太學及州縣學。○報謝符瑞於南郊，如封禪禮。○衛文昇單騎説下山獠。○李渾刺殺兄子申公筠而代之。○馮盎等討潮、成州獠，平之。○命楊素等挾啓民以擊步迦。

卷第一百七十九

壬戌（六〇二）	玄默閹茂 二己酉、四戊申、六丁未、八丙午、十乙巳、十一甲辰朔。閏十。十一日，冬至。	二 楊素自引兩騎隨突厥，伺其頓舍未定，掩擊大破之。自是磧南無寇。○韋雲起言柳述驕豪。述舉雲起。○帝謂：「子孫壞我灋，如猛獸爲毛間蟲所損食。」○蜀王秀好勇，太子使楊素譖之。○帝徵秀。秀猶豫未發，源師泣諫。○秀欲襲獨孤楷，聞有備而止。○獨孤后崩。太子以竹筒貯魚肉而内之。○王劭謂皇后有神光天樂迎之，應生無量壽國。○命楊素等修定五禮。○上謂吉凶由人，不在葬地。○太子謂蕭吉：「卜山陵，務令我早立。」○帝謂楊素：「勤求吉地，功過於平戎定寇。」○帝繫治蜀王秀，慶整諫，帝欲斷其舌。○太子使楊素作偶人，書帝及漢王諒姓名，縛手釘心，埋華山下以誣秀。帝幽秀於内侍省。○柳彧據案劾楊素。素譖之，除名配邊。○裴肅訟高熲冤，請封二庶人以小國。○楊素威權愈盛，與之抗者，唯彧與李綱、梁毗。○毗對金慟哭，以止蠻夷攻奪。○毗上言素恃寵弄權，將爲國患，如王莽、桓玄。帝由是踈素，使三五日一入省。○賀若弼自許大將。○李佛子反，劉方討平之。
癸亥（六〇三）	昭陽大淵獻 正癸卯、四壬申、六辛未、八庚卯、十己巳、十二戊辰朔。	三 燕榮坐貪虐賜死。○王通謂楊素：「正身治天下，通受賜多矣[八]。」○又謂：「得失在僕，公何預焉！」○又謂息謗在無辨。○又曰：「無赦之國，刑必平；重斂之國，財必貧。」○又曰：「聞謗而怒，讒之囮；見譽而喜，佞之媒。」○突厥步迦衆潰，奔吐谷渾。長孫晟送啓民於磧口，盡有步迦之衆。
甲子（六〇四）	閼逢困敦 二丁卯、四丙寅、六乙丑、九甲午、十一癸巳朔。	四 詔賞罰支度，並付太子。○帝勤儉嚴明，愛民務農，丈夫不服綾綺金玉，故公私富溢。元年户不滿四百萬，末年踰八百九十萬。然猜忍苛察，功臣故舊，至於子弟，無始終保全者。○楊素與太子書，誤達帝所。○太子逼陳夫人。帝怒，命柳述、元巖召勇。素矯詔囚述、巖，使張衡入侍。帝暴崩。○太子賜陳夫人金合。○太子即帝位。○使楊約殺勇。○袁充稱煬帝即位與堯受命年合。○高祖謂漢王諒如籠内雞雛，何用腹心爲！○王頍、蕭摩訶勸諒反。○傅弈謂熒惑入地上井乃可怪。○煬帝使屈突通徵諒，敕旁無點，諒遂反。○皇甫誕切諫，諒囚之。○王頍謂諒：「欲入西則用西兵，欲守東則用東人。」○裴文安請以鋭兵直趣長安，使諒以大軍繼後。○諒使騎戴羃離襲據蒲州。○高義明、榮毗謀誅反者，不克。○裴文安未至蒲津百餘里，諒忽改圖，召還。○喬鍾葵欲赴諒，陶模諫囚之。○李景以代州拒諒，諒使鍾葵圍之。○景委馮孝慈等拒守。○楊素襲蒲州，計日破賊。○豆盧毓、皇甫誕據晉陽拒諒，諒擊殺之。○綦良攻黎陽，余公理屯河陽，史祥擊破之。○劉建攻井陘。李子雄發幽州兵，擊破之。○楊義臣自朔州救李景，驅牛驢爲伏兵，擊喬鍾葵，破之。○晉、絳、吕州爲諒城守，楊素各以二千人縻之而去。○素盡斬守營者三百人。○素破趙子開於高壁。○諒自蒿澤欲還清源。王頍諫以沮戰士之心，益西軍之氣。○素破諒於清源，遂圍晉陽。諒請降。○王頍戒其子勿過故人。○諒以幽死。○帝與獨孤后誓無異生之子。○又謂五子同母，必無分爭。○又使諸子各制方面，權牟帝室。○章仇太翼請徙都洛陽。○帝幸洛陽。發丁男數十萬掘塹置關防。○陳叔寶卒。○詔於伊洛建東京。○元胄坐惡言誅。

乙丑（六〇五）　**丙寅**（六〇六）　**丁卯**（六〇七）　**戊辰**（六〇八）

乙丑（六〇五）

旃蒙赤奮若

正壬辰、二辛卯、五庚寅、七己丑、八戊子、十一丁巳朔。閏七。八二日，秋分。○本志：六月甲子，熒惑入太微。

隋煬帝廣大業元

立蕭后。○廢諸州總管府。○立太子昭。○劉方擊林邑。○命楊素等營東京。○命宇文愷等營顯仁宮。○徙富商大賈數萬家於東京〔九〕。○命皇甫議等鑿通濟渠，引穀、洛達河，引河通汴入淮。又鑿邗溝，自山陽至楊子入江〔十〕。○自長安至江都，置離宮四十餘所。○遣王弘等往江南造龍舟、樓船數萬艘。車載死丁，相望於道。○作天經宮祭高祖。○劉方掘小阬覆草以陷象，大破林邑，入其都。○築西苑，周二百里，爲海水神山。作十六院，秋冬剪綵爲花卉。○滕王綸、衛王集坐巫蠱除名，徙邊。○帝乘龍舟幸江都，共用殿脚船夫八萬餘人。州縣五百里内皆獻食。○韋雲起用突厥破契丹。○西突厥處羅攻鐵勒，爲勒所困。

丙寅（六〇六）

柔兆攝提格

正丙辰、三乙卯、五甲寅、七癸丑、九壬子、十一辛亥朔。

二

東京成。○併省州縣。○命何稠等作輿服儀衛，鳥獸羽毛殆盡。○帝還洛陽。制百官不得計考增級。○命蘇威等六人與吏部參掌選事。○太子昭薨。帝哭數聲而止。楊素薨。帝問醫，唯恐不死。○改修律令。○置洛口、回洛倉。○裴藴奏徵天下散樂，魚龍、山車等，大集東都。制舞人衣，兩都錦綵爲之空竭。○帝語白明達：「以齊氏偏隅，樂工猶封王。」

丁卯（六〇七）

彊圉單閼

正庚戌、四己卯、六戊寅、八丁丑、十丙子、十二乙亥朔。

三

啓民請襲冠帶。○帝還長安。○朱寬入海至流求國。○宇文述欲爲雲定興求官，勸帝盡殺太子勇諸子。○頒《大業律》。○劉炫謂古者文案省，故士多而府史少。今文簿鍛鍊不密，則萬里追證百年舊案。○又謂往者詔除官少，每州不過數十。○改州爲郡，增減官爵。○帝北巡。○發十餘郡丁男鑿太行道。○議立七廟。別爲高祖建廟於東京。○長孫晟使啓民自芟草除道，自榆林至薊，三千餘里，舉國就役。○啓民及義成公主來朝。○周灋尚請爲方陳，外拒而行。○啓民請變衣服如華夏，帝不許。○宇文愷作大帳，下可坐數千人。○帝宴啓民於城東，陳百戲。諸胡獻雜畜數十萬頭，帝賜啓民帛二十萬段。○發丁男百餘萬築長城。○高熲、宇文弼、賀若弼皆坐誹謗誅，蘇威亦免官。○高熲所薦引皆爲名臣，執政二十年，物無異議。○帝自榆林出塞，甲士五十餘萬，旌旗輜重千里不絶。作觀風行殿及行城，周二千步。胡人十里之外，屈膝稽顙。○帝幸啓民帳。啓民奉觴〔十二〕，王侯袒割，莫敢仰視。○啓民從入塞而還。○營晉陽宮。○帝幸張衡宅。衡獻食，公卿至衛士，無不霑洽。○帝至東都。○置十二坊以處一藝户。○裴矩上《西域圖記》，勸帝開西域。帝命矩居敦煌引致之。○鐵勒寇邊，尋請降。

戊辰（六〇八）

著雍執徐

二甲戌、閏三癸酉、五壬申、八辛丑、十庚子、十二己亥朔。

四

發河北民百餘萬穿永濟渠。始役婦人。○崔君肅説西突厥處羅，使拜受詔。○倭王謂帝爲「日没處天子」。○帝幸五原，因出塞巡長城。○常駿等使赤土。○營汾陽宮。○齊王暕以驕淫得罪。○爲啓民置城造屋。○發丁男二十餘萬築長城。作六合木城，槍車旋弩。○裴矩説鐵勒使擊吐谷渾，破之。○宇文述又破吐谷渾於曼頭，空其地。○帝祠恒嶽。○徵鷹師萬餘人。○赤土以金鏁纜常駿船。○薛世雄擊伊吾，降之。

卷第一百八十一

己巳（六〇九）	屠維大荒落 二戊戌、四丁酉、六丙申、八乙未、十一甲子朔。	五 啓民來朝。○禁鐵叉、搭鉤、鑽刃。○帝西巡度河。○獵拔延山，長圍二十里。○命元壽等擊吐谷渾伏允，破之，降其民十餘萬口。○帝謂江東諸帝多傅脂粉，坐深宮。○高昌王伯雅、伊吾吐屯設及西域二十七國來朝〔十二〕。○伊吾獻數千里地，置西海等郡。發民轉輸，西方先困。○隋郡一百九十，盛極於此。○宴高昌王等。○置馬青海，求龍種。○經大斗拔谷，遇風雪，士卒凍死者太半。○帝復幸東都。○裴蘊糾告漏丁，得二十餘萬。○蘊希旨曲瀆。○突厥啓民卒，立其子始畢。○薛道衡謂：「高熲不死，令當夕行。」裴蘊以爲悖逆，坐賜死。
庚午（六一〇）	上章敦牂 正癸亥、三壬戌、五辛酉、七庚申、九己未、十一戊午、閏十二丁巳朔。	六 盜自稱彌勒佛，入建國門，謀作亂。齊王暕計斬之。○陳百戲於端門，執樂者萬八千人。○胡客見帛纏樹，曰：「何如與無衣者？」○裴矩、宇文述、虞世基、裴蘊、郭衍皆以佞諛貴幸。○衍謂帝：「毋效高祖，空自勞苦。」○帝每遊幸，常以僧、尼、道士、女官自隨。與親王嬪御，宴席相接，酒酣殽亂，無所不至。○陳稜擊流求，斬其王渴剌兜，俘其民萬餘口。○詔五等爵非有功者皆除之。○置散樂博士弟子相授，樂工至三萬餘人。○帝幸江都。○張衡坐語言，放還田里。○王世充以巧佞有寵。○牛弘妻告弟射殺牛，弘命作脯。○穿江南河，自京口至餘杭。欲巡會稽。○初令從駕文武官著紫、緋綠袍。○裴矩勸帝召高麗正元入朝，元不至，始議討之。
辛未（六一一）	重光協洽 三丙戌、五乙酉、七甲申、九癸未、十一壬午朔。正一日，雨水。	七 帝自永濟渠幸涿郡，命四司於前船選補。○發四方兵集涿郡者，晝夜如流。運糧食兵械，死者相枕藉，臭穢盈路，天下騷動。○厎柱崩。○庚質勸帝勿親征，遣諸將倍道速進。帝召西突厥處羅，不至。裴矩請許射匱婚，使襲擊破之。處羅奔高昌，遂入朝。○民苦征役，始爲羣盜，所在蜂起。○王薄起長白山，竇建德、張金稱、高士達起清河、勃海。
壬申（六一二）	玄默涒灘 正辛巳、三庚辰、五己卯、八戊申、十丁未、十二丙午朔。	八 帝命處羅從征高麗。○潘誕錬金丹不成，斬之。○庚質請帝留涿郡，獨遣諸將伐高麗。○詔二十四軍分道趨平壤，凡兵一百一十三萬，餽運者倍之。○軍行止皆有次敘儀灋，發軍四十日乃盡。并御營六軍，亘一千四十里。○段文振謂帝待突厥太厚，異日必爲國患。○又謂斛斯政險薄，不可委以機要。○又謂高麗詐降不可受，宜速進傾其本根。○造浮橋度遼水。麥鐵杖戰死。○敗高麗兵，進圍遼東。○詔諸將三道並進，毋得孤軍遠襲，進止須奏聞待報，降者即宜撫納。遼東再三詐降以緩攻。○帝自至城下，詰責諸將。○來護兒浮海先至平壤，入其郛，敗還海浦。○九軍會鴨綠水。○宇文述等齎百日糧及資械，不能勝，埋米幕下，中路糧盡。○高麗遣乙支文德迎降以觀虛實。于仲文既遣而悔之，與述等追擊，濟薩水，承其詐降而還。○述等九軍敗於薩水，還者百無一二。帝鎖述等而還。○百濟屯境上，陰懷兩端。○帝不忍誅述，與于仲文等皆除名。○張衡坐怨望誅。

癸酉（六一三）

昭陽作噩

二乙巳、四甲辰、六癸卯、八壬寅、十辛未、十二庚午朔。閏九。十二日，小雪。○本志：五月丁未，熒惑逆行入南斗，色赤如血，如三斗器，光芒長七八尺，於斗中句已而行。

九

募民爲驍果。○衛文昇輔代王侑守長安。○復宇文述官爵，仍加開府。○郭榮謂戎狄失禮，臣下之事，不足辱大駕。○孟海公起濟陰，見人稱書史輒殺之。○樊子蓋輔越王侗守洛陽。○孟讓、郝孝德等亂山東，張須陁屢破之。○帝度遼，督諸軍圍遼東，二十餘日不拔。○沈光墜於衝梯，得垂絙復上。○楊素謂其子玄感識度不如李密。○密謂玄感：「驅策天下賢俊，各申其用，公不如密。」○帝謂素不死當族。○玄感求將領自效，帝悦之，頗預朝政。○帝使玄感督運，逗遛，帝責之，遂反於黎陽。○游元不從玄感而死。○李密説玄感以斷臨渝歸路爲上計，西取長安爲中計，坐守洛陽爲下計。○玄感引兵南出，裴弘策等拒之〔十三〕，皆敗，遂圍東都。民從之如市。○玄感使韋福嗣遺樊子蓋書。○子蓋斬裴弘策，威令始行。然達官子弟奔玄感者四十餘人。○衛文昇救東都，掘楊素墓。○帝攻遼東垂拔，玄感反書至。○蘇威謂：「玄感無所慮，但恐浸成亂階。」○斛斯政亡奔高麗。○帝夜引軍還，委棄軍資如山。高麗閉城二日，乃敢出追，亦不敢逼。○庾質猶執前見，謂玄感必無成。○帝遣宇文述等發兵討玄感。○來護兒擅旋軍救東都。○李子雄亡奔玄感。○玄感屢破衛文昇，衆至十萬。文昇力戰，射殺楊玄挺。○劉元進起餘杭應玄感。○李密請斬韋福嗣，玄感不聽。密曰：「楚公好反，而不欲勝。吾屬必爲虜矣！」○密諫玄感稱尊號。○李子雄勸玄感拒屈突通，勿使度河。樊子蓋故橈留之。○玄感兵屢敗，李子雄、李密勸之入關，玄感引兵西。○李密諫玄感攻弘農宫。○宇文述等追敗玄感於閿鄉，殺之。○韓相國起梁郡，尋敗死。○帝使李淵代元弘嗣守弘化。帝忌淵，曰：「可得死否？」○朱燮起吴，管崇起晉陵。○帝使裴蘊治玄感黨與，曰：「玄感一呼而從者十萬，益知天下人不欲多，多則爲盜。」遂殺三萬餘人，受賑米者皆死。○帝誅薛道衡、王胄而誦其詩。○又謂與士大夫高選，亦爲天子。○又謂虞世南：「朕性不喜諫。」○裴矩説闕達度設寇掠吐谷渾以自富。○帝幸高陽。○朱燮、管崇迎劉元進爲天子。○李密被執，醉守者而遁。○車裂楊積善、韋福嗣等。向海明起扶風。○帝勞賞樊子蓋、衛文昇。○吐萬緒、魚俱羅，討劉元進，屢破之。二將皆得罪，王世充代將，滅之。世充詐，阬三萬人，餘黨復相聚爲盜。○杜伏威、輔公祏起淮南。○伏威降苗海潮，破宋顥，殺趙破陳。

甲戌（六一四）

閼逢閹茂

二己巳、四戊辰、六丁卯、八丙寅、十乙丑、十二甲子朔。

十

帝復伐高麗。○屈突通討延安劉迦論，斬之。○徵天下兵，多失期。高麗亦困弊，因斛斯政請降。帝至懷遠鎮而還。○來護兒欲獨取高麗，崔君肅禁之，乃止。○楊公卿抄後隊，取厩馬。○帝還長安。○召高麗入朝，竟不至。更圖後舉，不果。○烹斛斯政。○帝祀南郊，不齋，獨獻上帝。禮畢，御馬疾驅歸。○帝復幸東都。庾質諫，下獄死。○董純討賊屢捷，而賊日滋。或譖純懦怯，坐死。○孟讓寇江都，王世充擊破之。○張須陁擊盧明月於祝阿，使羅士信、秦叔寶潛入其營，大破之。

乙亥（六一五）

旃蒙大淵獻

三癸巳、五壬辰、七辛卯、九庚寅、十一己丑朔。○本志：七月，熒惑守羽林。

隋煬帝大業十一

帝命學士修書〔十四〕，成萬七千餘

唐高祖淵

爲山西河東撫慰大使，擊破毋端兒。○樊子

魏邢公李密

夏王竇建德○高開道、羅藝、劉黑闥附

梁主蕭銑

涼主李軌

秦武帝薛舉○梁師都、郭子和附

定楊可汗劉武周

吴主李子通○沈灋興、杜伏威、輔公祏附

李子通起長

楚主林士弘○朱粲、張善安附

朱粲以城父佐史從軍，

卷。○帝於觀文殿作書室。○命郡縣驛亭村塢皆築城。○王須拔、歷山飛起上谷。○帝疑李渾、李敏應圖讖，宇文述因譖而殺之。○高德儒見孔雀，奏云鸞集，超授五品官。○帝幸汾陽宫避暑。○帝巡北塞。○裴矩欲以宗女妻突厥始畢之弟叱吉[十五]。又誘其臣史蜀胡悉，殺之。始畢怨怒，圍帝於鴈門。○帝欲潰圍走。○蘇威曰：「城守

蓋擊絳賊敬盤陁，降者阬之。淵代之，釋置左右，降者數萬。

白山，依左才相。才相忌之，度淮與杜伏威合。爲來整所敗，奔海陵，有衆二萬，自稱將軍。

亡命爲羣盜，謂之可達寒賊，自稱迦樓羅王，衆至十餘萬，轉掠荆沔。

吾利，輕騎彼長。」○樊子蓋請據城徵兵，重爲賞格。○蕭瑀請求援於義成公主，且下詔罷征遼。○帝撫循將士，云有勳除六品。○詔募兵赴援。○李世民勸雲定興多爲疑兵。○義成告北邊有急，始畢乃解。○蘇威請還西京，宇文述勸幸東都。○帝顧眄東都，曰：「大有人在。」○樊子蓋謂勳格不宜失信，帝以爲收物情。○勳不過秉

	柔兆困敦 正戊子、三丁亥、五丙戌、七乙卯、九甲寅、十一癸丑朔。閏五。六一日，大暑。〇本志：五月丙戌朔，食既。
義尉，將士忿怨。〇帝謂蕭瑀相恐動，出爲郡守。〇楊子崇請早還，坐解宿衛。〇更造龍舟。	十二 朝集使不至者二十餘郡，初議捕盜。作毗陵宮苑。〇黄衮作水飾。〇張金稱陷平恩，一朝殺萬餘口。〇帝驚悸不得眠。〇景華放螢。〇蘇威對賊漸近。五月五日，獻《尚書》。又請以賊擊高麗。裴蘊譖之，三世除名。〇宇文
	淵破甄翟兒於西河。〇淵與王仁恭擊突厥，選二千騎，效其所爲，伺便擊破之。
	密亡命，食樹皮，屢危得免。〇黄君，漢脱翟讓於獄。〇徐世勣説讓捨東郡，掠滎陽、梁郡。〇密説諸賊帥以取天下，皆不從。〇密因王伯當説讓。〇李玄英解讖求密。〇密與房彦藻等遊漢沔。〇密使賈雄託術數以説讓。〇密説讓取滎陽足
	高士達以建德爲司馬，悉以兵授之。〇建德擊斬郭絢。〇楊義臣擊士達，建德知其必敗，先備之。士達敗死，建德徒據饒陽，還平原，收兵，復大振。〇建德善遇士子，郡縣稍降之，勝兵十餘萬。〇隋將王世充破斬格謙。謙將高開
	太平元 鄱陽操師乞舉兵，自稱元興王，建元始興。克豫章，以鄉人林士弘爲大將軍。〇師乞與隋將劉子翊戰，死。士弘擊子翊，殺之。衆十餘萬，自稱楚帝，改元。其地北自九江，南達番禺。
	卷第一百八十三

述勸帝幸江都。趙才諫，下吏。任宗諫，杖死。○命元文都等輔越王侗守東都〔十六〕。○帝謂征遼亦偶然。○崔民象諫，解頤斬之。○城洛口倉。○宇文化及、智及犯禁，帝欲斬而釋之。○張須陁與李密戰，死。詔裴仁基鎮虎牢。○蔡王智積病，不呼醫。○楊善會與賊七百戰未嘗敗。○楊義臣擊張金稱，禽之。○郡

食，然後爭利。○密爲讓畫策，破殺張須弛於大海寺北。○讓令密別建牙，號蒲山公營。○密號令士卒，如背負霜雪。○密兵爲讓兵所陵，不敢報。○讓與密別去，已而復合。

道收餘衆，轉掠燕地，軍勢復振。○隋虎賁郎將羅藝據涿郡，柳城、懷遠皆歸。

縣告敗求救，虞世基抑損表狀，不以實聞。○楊義臣奏降河北賊數十萬，帝驚其多。世基言小竊不足慮，義臣擁衆非宜。帝即召之。○韋雲起劾世基及裴藴，鄭善果奏雲起詆訾名臣，坐左遷。○郡縣官以禮餉豐薄爲黜陟。○民飢，吏畏澀不敢振救。○王世充斬格謙。

強圉赤奮若

正壬子、三辛亥、五庚戌、七己酉、十戊寅、十二丁丑朔。○本志：十一月辛酉，熒惑犯太微。

隋恭帝侑

義寧元

王世充擊斬盧明月。○李密據洛口倉，敗劉長恭。○孟讓入東都，燒掠豐都市。越王侗徙民入宫城。○侗遣元善達告急，虞世基以爲誑，煬帝罪善達。由是人莫敢言盜。○封倫助世基姦罔。○李淵起晉陽。○段達等敗李密於回洛，密走還洛口。○密尋敗留守兵平樂園，復據回洛。○命王世充等討密。○薛世雄將燕兵討密，

劉文靜語裴寂：「吾二人相得，何憂貧賤！」○文靜謂李世民豁達類漢高，神武同魏祖。○世民散財下士，劉弘基等皆依之。○世民與文靜密謀起兵，使裴寂告淵。○淵謂世民：「今破家亡軀亦由汝，化家爲國亦由汝。」○寂以宫人侍淵。○煬帝命囚淵詣江都。淵欲起兵，會事解而止。○夏侯端、唐儉、許世緒等皆勸淵舉兵。○文靜使寂趣淵。○淵

元

密説翟讓襲洛口倉，據之，開倉恣民就食。○隋將劉長恭等討之，大爲密所敗。○讓等推密爲魏公。河南羣盜爭附之，降者不絶如流，衆至數十萬。城洛口，周四十里而居之。○房彦藻略汝南等郡。○孟讓燒掠豐都市。○柴孝和以鞏縣降。○裴仁基以虎牢降。○密置内軍八千，以秦叔寶、程齩金領之。○密襲破回洛倉。○裴仁基等

丁丑元

建德稱長樂王。隋薛世雄兵三萬過河間。建德僞遁，以死士數百襲擊，大破之。○附於李密。

鳴鳳元

巴陵校尉董景珍等起兵，奉羅山令蕭銑爲主。○潁川賊沈柳生帥衆降銑。○銑自稱梁公，五日間有衆數萬。○柳生擅殺徐德基。銑步出營門，柳生謝而赦之。○銑入巴陵，景珍殺柳生。○銑稱梁王。蘇胡兒襲楚豫章，克之。

鷹揚府司馬李軌起兵武威，執郡官，自稱河西大涼王。軌不殺隋官。李贇與秦常仲興戰昌松，仲興全軍敗没。軌悉縱遣之，曰：「我有天命，當禽其主。」

秦興元

鷹揚郎將梁師都起兵據朔方。○略定雕陰、弘化、延安等郡，自稱梁帝，改元永隆。○左翊衛郭子和據榆林，自稱永樂王，改元丑平。○金城府校尉薛舉起兵，劫金城令郝瑗，自稱西秦霸王。略取枹罕、西平、澆河等郡，衆至十三萬。○舉稱帝，立鞠后、太子仁杲。○仁杲攻下天水，舉徙都之。○舉謂仁杲才足辦事而殘忍，終亡我國。○常

天興元

鷹揚府校尉劉武周殺王仁恭，據馬邑。○陳孝意、王智辯討武周。武周引突厥擊智辯，殺之。○武周襲破樓煩，取汾陽宫，陷定襄。○突厥立武周爲定楊可汗。武周自稱帝，立沮渠后。○陷鴈門，殺陳孝意。

伏威敗陳稜，破高郵，據歷陽。稱總管，以輔公祏爲長史。○伏威視上募背傷則斬之。

二

方與賊帥張善安下廬江，往歸士弘。士弘疑之，善安怒焚掠而去。○士弘徙都南康。梁蘇胡兒襲取豫章，士弘退保餘干。

自六月以後卷第一百八十四

至河間，竇建德襲擊破之。○李淵斬宋老生，拔霍邑。○裴矩爲驍果娶婦。○元寶藏以武陽降李密。○魏德深治貴鄉，民不知賦役之苦。○李密陷黎陽倉。○李淵圍屈突通於河東。○淵引軍濟河。○王世充等至東都，與留守兵共擊李密。○馮慈明罵密而死。○張季珣以數百兵守箕山府，密攻之七月不下。○屈突通聞李淵西入，使堯君素守河

命世民等募兵，旬日近萬人。○王威、高君雅欲按劉弘基等，武士彠止之。○淵起兵，囚威、君雅，殺之。○突厥寇晉陽。○文靜說淵結突厥爲援。○告突厥以尊立代王。○命建成、元吉攻西河，撫士卒，愛百姓，皆欣悅；遂克城，斬高德儒。○開大將軍府，置官屬。○突厥使康鞘利送馬千匹，爲互市。○淵待之甚恭，止市其半。○劉文靜使突厥請兵。○淵命

燒天津橋。○祖君彦移檄數煬帝十罪。○柴孝和說密先取關中。密曰：「士卒皆山東人，東都未下，莫肯西入。且留諸將，必競雌雄。」○段達等敗密於回洛。○密走還洛口。○密敗東都兵於平樂園，復據回洛。○密以主盟自處。○隋元寶藏以武陽降。○召魏徵掌記室。○徐世勣襲得黎陽倉。○趙魏以南，江淮以北，東至于海，郡縣盜

仲興擊李軌，敗沒。○仁杲襲唐弼，滅之。○謀取長安，聞李淵已定長安，乃圍扶風。淵遣子世民擊之，仁杲大敗而還。舉懼欲降，褚亮勸之，郝瑗以爲不可。

東，引兵據潼關。○衛文昇等奉代王侑守長安。○李淵引兵圍之。○王世充與李密戰，敗於黑石。○又敗於石子河。○李淵克長安。○姚思廉侍代王，訶止軍士。○淵立代王爲帝，遥尊煬帝爲太上皇。○屈突通使桑顯和襲劉文靜，不克。○通摩頸曰：「終當爲國家受一刀。」○通使顯和守潼關，引兵東走。顯和以城降文靜。文靜遣竇琮追之，通衆

子元吉守晉陽，引兵入關。○淵至官。○淵屯賈胡堡，久雨不得進。○張綸克離石。○劉文靜許始畢以民衆土地入唐公，金玉繒帛歸突厥。○淵推戴李密，以扞禦東方。○淵欲歸晉陽，世民夜哭，聲聞帳中，乃復召軍還。○雨止，淵進擊宋老生，斬之，拔霍邑。○淵命賞奴功如良人。○或諫淵授官太濫，淵曰：「隋以吝勳賞致

賊，皆附於密。○徐洪客請先取江都。○王世充等與留守兵共擊密。○世充營於黑石，與密戰，破之，遂圍月城。密引兵直趣其營，世充還自救而敗。○又與世充戰石子河，敗之。○翟讓貪暴專恣，密誘而殺之。赦徐世勣、單雄信，使與王伯當分領其衆。○密以書説營陽太守楊慶，下之。○密聞世充募兵饗士，潛備倉城。世充果夜至，逆擊敗之。

散被禽。王世充襲李密倉城，又敗。

亡。」○拔臨汾、絳郡。○淵喜突厥馬多兵少而來緩。○薛大鼎、任瓌勸淵濟河，取永豐倉。○孫華來降。○遣王長諧等先濟河。張綸取龍泉、文成〔十七〕。○屈突通使桑顯和襲王長諧營，孫華、史大奈擊走之。○蕭造以馮翊降。○淵兩用李世民、裴寂之策，分軍圍屈突通於河東，自引大軍濟河。○李孝常以永豐倉降。○淵次長春宮，關中士民歸之如

市，尉賞皆過望。○淵命建成屯永豐倉，世民徇渭北。○屈突通棄河東，保潼關。○柴紹妻及李神通、段綸等起兵鄠、杜。○淵進屯馮翊。○世民招撫渭北，所至歸附。○柴紹妻號「娘子軍」。○丘行恭斬奴賊帥，并其衆來降。○世民見房玄齡如舊識，引爲謀主。○劉弘基先屯長安故城，敗留守兵。○淵召建成、世民等諸軍二十餘萬會圍長安，克之。

禁止殺掠，與民約灋十二條，除隋苛禁。○誅陰世師、滑儀。○淵將斬李靖，世民請而釋之。○立代王爲帝。淵爲丞相，進封唐王。○劉世龍請樵苑樹易布帛。○立世子建成。○使李孝恭招山南，下之。○世民破薛仁杲於扶風。○關中諸郡皆降。○屈突通遣桑顯和襲劉文靜，不克。通東走，文靜追禽之，遂定新安以西。○詹俊等徇巴、蜀，下之。

校勘記

〔一〕「爨」，原作「疊」，今據《通鑑》卷一百七十二改。

〔二〕「帥」，原作「師」，今據《通鑑》卷一百七十二改。

〔三〕「達」，原脱，今據《通鑑》卷一百七十七補。

〔四〕「述」，原脱，今據《通鑑》卷一百七十七補。

〔五〕此卷數原在「十三年」下，今據《通鑑》移至此。

〔六〕「伺」，原作「祠」，今據《通鑑》卷一百七十九改。

〔七〕「綱」，原作「網」，今據《通鑑》卷一百七十九改。下文同。

〔八〕「受」，原作「授」，今據《通鑑》卷一百七十九改。

〔九〕「富」，原作「當」，今據《通鑑》卷一百八十改。

〔十〕「陽」，原作「楊」，今據《通鑑》卷一百八十改。

〔十一〕「奉」，原作「棒」，今據《通鑑》卷一百八十改。

〔十二〕「域」，原作「城」，今據《通鑑》卷一百八十一改。

〔十三〕「策」，原脱，今據《通鑑》卷一百八十二及下文補。

〔十四〕「帝」，原作「辛」，今據《通鑑》卷一百八十二改。

〔十五〕「叱」，原作「比」，今據《通鑑》卷一百八十二改。
〔十六〕「文」，原脱，今據《通鑑》卷一百八十三補。
〔十七〕「綸」，原作「給」，今據《通鑑》卷一百八十四改。

資治通鑑目録卷第十八

端明殿學士翰林侍讀學士太中大夫提舉西山崇福宮上柱國河内郡開國公食邑二千二百户食實封玖佰户賜紫金魚袋臣司馬光奉敕編集

著雍攝提格　三丙午、四乙亥、六甲戌、七癸卯、九壬寅朔。○本志：十月壬申朔，食，氐五度。六月丙子，熒惑犯右執灋。七月丙午，鎮、太白、辰聚東井。

隋恭帝侗　皇泰元　王世充擊李密於洛北，敗之。遂作浮橋度洛擊密。王辨破其外栅，世充不知而收兵。密乘之，世充大敗。王辨等死，士卒凍溺死者數萬人。世充自囚於河陽，越王召而慰勉之。出屯含嘉城。密進據金墉。○密逼上春門，

唐高祖武德元　隋加唐王殊禮。○唐王以書諭諸郡縣，東自商洛，南盡巴蜀，長吏豪桀，盜賊蠻夷，皆遣子弟請降。○命世子建成、秦公世民將兵十餘萬援東都。○遣鄭元璹徇南陽，馬元規徇安陸、荊襄。○元吉爲大原道元帥。○世民爲趙公。

魏邢公密　二　密與世充戰，敗於洛北。世充乘勝攻其營，破外栅。密奮擊，大破之，殺王辨。進據金墉。○密逼上春門，大破段達，殺韋津。於是偃師、河陽、河内皆降於密。竇建德等勸進，密不許。○遣房彦藻等分道經略，招楊汪及竇建德。○王

夏王建德　五鳳元　建德圍王琮於河間，歲餘乃降，建德嘉其忠禮而用之。河北郡縣爭降。○用張玄素。定都樂壽。○得玄圭，改國號爲夏。襲魏刀兒，滅之。○拔冀州，執麴稜，以爲忠，禮而用之。○羅藝以幽州降唐。○建德攻藝，藝用薛萬均策拒破

梁主銑　鳴鳳二　銑即位，遣楊道生攻下南郡，徙都江陵。使張繡徇嶺南，擒李襲志。於是東自九江，西抵三峽，南盡交趾，北距漢川，皆有之，勝兵四十餘萬。

涼主軌　安樂元　唐高祖遣使招軌，呼爲從弟。軌喜，遣弟懋入貢。高祖以軌爲涼州總管，封涼王。○軌稱帝。○軌以讒殺梁碩。○信胡巫言，築玉女臺。○曹珍請開倉賑饑民，謝統師等止之。由是羣下離心。

秦武帝舉　秦興二　郝瑗説薛舉結突厥莫賀咄咄與共取長安，不果。○舉侵唐涇州。○敗唐兵於高墌。○郭子和降唐。○舉遣仁果圍寧州，不克。郝瑗勸舉乘勝直取長安，會病卒。仁果立，居折墌城。仁果敗唐兵，虜劉感，圍涇州。唐秦王來伐，

定楊可汗武周　天興二

吳主子通　吳興太守沈灋興聞宇文化及弒煬帝，起兵徇餘杭、毗陵、丹楊，下之。盡有江表十餘郡，自稱總管。

楚主士弘　太平三　唐馬元規、呂子臧擊破朱粲。粲收餘衆攻元規，子臧於南陽，殺之。

卷第一百八十五自八月以後卷第一百八十六

段達出戰，大敗，韋津死。偃師、河陽、河內皆降於密。○募守城不食公糧者進散官二品。帝至江都，荒淫益甚，顧景遨遊，唯恐不足。○帝自謂不失作長城公。又曰：「好頭頸，誰當來斫之。」○帝治丹楊宮，將保江東。公卿皆曰：「此大禹之事也。」○江都糧盡，驍果思歸，多亡叛。司馬德戡、裴虔通等於廣座明論叛計。宮人白帝，帝立斬之，自是無復言者。○

○王進位相國，不受九錫，曰：「欺天罔人，平生不爲。」○竇抗帥靈武等郡來降。○竇軌斬部將十四人，遂破稽胡。建成等至東都，東都人不出。李密來戰，交綏。置新安、宜陽二郡而還。○武都、五原等郡降。薛舉與突厥謀共攻長安，宇文歆、張長遜說止之。○建成還長安。王君廓來降。○王哭煬帝曰：「失道不能救，敢忘哀乎！」○馬元規擊破朱粲。○袁子

德仁殺彥藻。○宇文化及攻徐世勣於黎陽，密救之。○化及曰：「何須作書語！」○世勣擊敗化及。○隋來求和。密上表乞降。隋以密爲太尉、尚書令。○密受詔甚恭，悉兵以擊化及，戰于童山，密被傷，秦叔寶救之，遂破化及。王軌以東郡降。化及北走。○蘇威舞蹈稱復覩聖明。○密將入朝，聞元文都等死，乃還金墉。○密得徐文遠，北面師之。○

之。○高開道克北平、漁陽，自稱燕王。詐降於高曇晟，襲取之。改元始興。

宗羅睺敗於淺水原。唐兵進圍折墌，仁果出降。至長安，被誅。

宇文智及説德戡等因行大事，奉兄化及爲主。○帝望見火及聞喧囂，裴虔通對以草坊失火。○燕王倓聞變求見，虔通因之。○虔通引兵入，獨孤盛拒戰而死。○司宮魏氏矯詔遣給使出外。○虔通等執帝，迎化及爲丞相，以帝示衆，數其罪而縊之。○帝與齊王暕相忌，至不相明。○盡殺宗室外戚及虞世基、裴蘊等。○蘊欲討化及，世基不許。○裴矩以私惠獲免。○

幹、王德仁皆來降。受禪于隋。○罷郡置州。○突厥彊盛，控弦百餘萬。恃功驕倨，帝優容之。○修定律令，置內外學生員。○裴寂、劉文靜、蕭瑀、竇威爲相。瑀受敕必勘審，使與前敕不違。○吕子臧守南陽，不降。○廢大業律令。○劉文靜諫引貴臣升御榻，上曰：「平生親友不可忘。」○吕珉來降。○追尊祖考。○立太子建成，封宗室。○薛舉寇涇州，使秦王

密有粟無金帛，無以賞戰士。又厚撫初附，衆心稍怨。○賈閏甫諫棄米。○密謂東都旦夕可平，而王世充亦決計圖密。○世充以衣易食。○密破化及還，士馬疲弊。世充出師擊密。裴仁基請分兵向東都，魏徵請固壘勿戰。諸將欲戰者衆，密從之。○程知節回身捩槊。○密大敗於通濟渠。○世充拔偃師。○宇文温請殺邴元真，楊慶告其叛。○元真以洛口降世充。

許善心不賀而死。張季珣兄弟三人死國難。○化及立秦王浩爲帝。○留陳稜守江都,自彭城北歸。○沈光謀殺化及,不克而死。○東都號令不出四門。段世弘謀應李密,事泄,誅。○化及自奉養一如煬帝,衆心離怨。司馬德戡、趙行樞謀殺化及,不克而死。化及引兵北據東郡。○越王即帝位,即日大祥。段達、王世充等共秉朝政,號「七貴」。○元文都等謀

世民拒之。○宇文明達招慰山東。○邊要皆置總管府。○孫伏伽首以三事諫,上賞之。○竇威薨。陳叔達、竇抗爲相。○闞可汗内附。○秦王有疾,殷開山與薛舉戰,敗還。劉文靜除名。○郭子和以榆林降。○隋皇甫無逸來奔。○薛仁果圍寧州,不克。王德仁殺宇文明達以叛。○秦王復討薛仁果。○仁果虜劉感,使説涇州,不從而死。○又虜常達,達亦不屈。

○單雄信亦降。○密奔虎牢,又奔河陽,欲據守以圖進取。諸將不願,乃帥二萬人奔唐。○徐世勣籍土地兵民與密,使自獻之。○密恥進食,與王伯當謀叛。○密請東收舊衆,取王世充。至稠桑,唐復召之,密遂叛。賈閏甫曰:「翟讓死後,誰復肯委兵柄授公!且大福不再。」密不從。唐兵追捕,并王伯當皆死。

與李密連和，使擊宇文化及。○密上表乞降，拜太尉，令先平化及，然後入輔政。○段達等起舞。○王軌以東郡降密。○化及北走。○元文都等謀誅王世充。世充夜襲宮城，殺文都、盧楚。以世充爲左僕射、總督内外。皇甫無逸奔唐。○世充專政，置十頭。○錢惡，米斛八九萬。○陳稜葬煬帝。○杜伏威、沈灋興皆上表降。○世充詐稱夢周公，令討李密。○世充

○追謚隋煬帝。○上引骨咄禄升御座。○李密來降，拜光禄卿。密意望三公，又執政從求賄，密甚不平。朝臣多輕密，上獨親禮之。○命淮安王神通徇山東。○吕子臧欲乘勝滅朱粲，馬元規不從。粲收餘兵攻南陽，殺子臧、元規。○劉蘭成取北海。○竇抗罷。○秦王至高墌，深壁不戰，曰：「彼驕我奮，乃可克。」○大破宗羅睺於淺水原，乘勝輕騎逐之，

與密戰於通濟渠。伏兵北山，擊密，大破之。○縛人詐稱獲密。○遂拔偃師，獲鄭頲。○進攻洛口，邴元真以城降。○宇文化及士衆離散，兄弟酣醉相尤。遂鴆秦王浩，稱許帝於魏縣，改元天壽。○王世充爲太尉。○徐文遠拜世充。○堯君素浮木鵝、射妻以守河東。

圍折墌。○薛仁果降。○秦王謂：羅睺兵緩之則入城，并力急之則散歸隴外。○秦王使仁果等將降卒，與之射獵。○李密諫盡誅仁果之黨。○密見秦王心服。○徐世勣來降，使與郭孝恪經營虎牢以東。○趙慈景爲堯君素所擒，梟首。○帝以薛仁果爲戒。○遣李密招撫山東。○以秦王爲陝東道行臺[一]。○西突厥曷娑那來降。○堯君素死，其將王行本城守。○羅藝來降。

屠維單閼 初用傅仁均戊寅曆：正辛丑、三庚午、四己亥、五戊辰、七丁卯、九丙寅朔。閏二。三一日，穀雨。○本志：三月丙申，鎮、太白、辰復聚東井。

唐高祖武德 二 秦王出鎮長春宮。○元寶藏以魏州降。淮安王神通攻宇文化及於魏縣。化及走保聊城，神通追圍之。○初定租、庸、調灋。使吐谷渾擊李軌。崔世幹請受宇文化及降，淮安王

○曷娑那獻珠，帝不受。○旁企地叛，王氏斬之。○李密叛。盛彦師邀擊，斬之。○李世勣發喪葬密。○帝欲灋外殺人，李素立執諫。帝擢授清要官。○李綱諫授舞胡官，帝曰：「我業已授之。」

鄭主王世充開明元 世充選朝貴爲府僚。○世充專政，臺省府署闃然。好以甘言悦上書者及厮養。○獨孤武都等謀殺世充以應唐，坐誅。○世充不朝。○皇泰主唯作佛事。秦叔寶、程知節降唐。

夏王建德五鳳二 建德攻宇文化及於聊城，生擒斬之。謁蕭后，哭煬帝，收傳國璽，撫存百官。○建德戰勝，得財悉分將士，身無所取，常食蔬茹脱粟，不噉肉，婢妾纔十許人。○得隋宮人、驍果皆

梁主銑鳴鳳三 侵唐峽州，不克。

涼王軌安樂二 軌欲去帝號，受唐官爵。曹珍以爲唐帝關内，涼帝河西，不相害，乃依蕭詧故事稱「從弟涼皇帝臣軌」。唐主怒絶之。○安興

梁王梁師都永隆三 侵唐延安，爲段德操所敗。○復侵延安，又爲德操所敗。

定楊可汗武周天興三 宋金剛説武周取晉陽，爭天下，武周從之。克介州。敗唐公於雀鼠谷，虜姜寶誼、李仲文。○金剛敗唐

吴主子通明政元 灋興稱梁王，改元延康。性殘忍，下多離叛。○子通圍陳稜，灋興、伏威救之。毛文深募江南人襲伏威營，兩軍交

楚主士弘太平四 粲遷徙無常，破城邑，食倉粟未盡輒去，焚棄其餘。不務耕稼，粟盡乃掠人而食之。又税諸城堡細弱，以充軍糧，

卷第一百八十七自十一月以後

冬，熒惑守五諸侯。

神通貪金帛，不從。○趙君德先登，神通疾其功，不戰。○竇建德至，神通退。○帝考第羣臣，以孫伏伽、李綱爲第一，責羣臣不能諫。○宇文士及、封德彝來降。○許紹來降。○秦叔寶、程知節來降。○李厚德據獲嘉降。○齊王元吉寧三日不食，不能一日不獵。○宇文歆諫，不改，表言之，免元吉官。○王世充復取獲嘉。○李公逸以雍丘降。○突厥始畢與梁師都、劉武周連兵將入寇，會始畢卒，弟處羅立。○張長遜致賻於突厥。○劉武周寇并州，陷榆次。○段確侮朱粲，粲噉之，復叛。○

○李厚德據獲嘉降唐。○世充復取之。○李世英謂世充：「遽正位號，四方必叛。」○戴曾諫受九錫。○進爵鄭王。○受禪稱帝。陸德明恥爲王玄恕師。○輕騎遊衢市，門外設坐。數日後，不復出。○張蘊古彈玄恕。○蘇良謂世充語太多。○裴仁基等謀殺世充，坐誅。○殺皇泰主。○羅士信降唐。○士信入洛陽外郭。世充徇滑臺，臨黎陽。

散遣之。百官隨才授職，欲往長安、洛陽者，資給援送之。奉表於隋。隋封建德爲夏王。○克邢州。○建德聞王世充自立，乃絶之。○送化及首及蕭后於突厥。○克洺州。○克相州。○克趙州，執張道源。○凌敬諫殺道源等，曰：「高士興降羅藝，大王意何如？」唐賜藝姓。○藝敗建德於衡水。○建德克黎陽，虜唐淮安王神通、李世勣。○王軌奴殺軌，建德斬奴，返軌首。滑州降，齊、兖皆歸附。○徙都洺州。

貴說軌降唐，軌不從。興貴與弟脩仁起兵襲軌，執送長安，斬之。

裴寂於度索原。晉州之北，城鎮多降。○武周圍晉陽，克之。金剛進陷晉州，逼絳州。○又陷澮州。○尉遲敬德等救夏縣，虜唐永安王孝基等。○與唐殷開山戰，敗於美良川。又與秦王戰，敗於安邑。

惡。子通遂拔江都，稱帝。○伏威降唐。

城堡相帥叛之。粲敗，奔菊潭。降唐，唐封爲楚王。○段確醉辱粲。粲殺確，奔王世充。

安興貴執送李軌。○劉季真陷石州，自稱可汗。○劉武周克介州。姜寶誼、李仲文敗於雀鼠谷，被虜逃歸。○命裴寂擊武周。○置十二軍。徐圓朗降。○羅士信來降。○西突厥始彊大。○酅公薨。○竇建德陷洺州，趣相州。淮安王神通退保黎陽。○梁師都寇延安，段德操敗之。○蕭銑寇峽州，許紹擊破之。○命李靖經略蕭銑。竇建德陷相州。○用裴寂譖殺劉文靜。○杜伏威請降。○裴寂與宋金剛戰於度索原，敗，奔晉州。晉州以北，城鎮皆没，浩州獨存。○姜寶誼敗死。○劉武周圍晉陽，齊王元

吉棄城走。上欲斬宇文歆，李綱諫而止。宋金剛陷晉州，逼絳州。○突厥遣使來殺曷娑那。○李綱諫太子建成，不聽，求解職。○竇建德陷趙州，執張道源。○梁師都復寇延州，段德操又破之。○龐玉平漢中山獠。○宋金剛陷澮州。○呂崇茂據夏縣叛。○帝手敕棄大河以東。秦王世民表諫，自請討武周。○竇建德陷黎陽，虜淮安王神通、李世勣。羅士信入洛陽外郭。○夏侯端招慰河南，懷節旄，食豋豆，得還。○王世充殺李公逸。○秦王屯柏壁，發教説諭民輸軍糧。○永安王孝基攻夏縣，尉遲敬德等救之，

	庚辰(六二〇)
	上章執徐 正乙丑、三甲子、五癸亥、六壬辰、八辛卯、十庚寅、十二己丑朔。
孝基等皆敗没。○上徵裴寂下吏而釋之，寵待彌厚。○殷開山等敗敬德于美良川，秦王又敗之於安邑。○秦王堅壁以拒宋金剛，曰：「俟其糧盡，必走，乃可破也。」	三 秦武通敗王行本。行本降，斬之。○宋金剛圍絳州。○李世勣謀殺竇建德不果，來奔。○王行敏守潞州，殺郭子武。○獨孤懷恩謀反。唐儉自劉武周所告之，懷恩伏誅。○突厥立楊政道爲隋王，有衆萬人，居于定襄。○改納言等官。○封德彝爲相。
	二 世充以亡叛者多，許父子夫婦相告，誅及四鄰，而叛者益衆。○以宗女妻突厥。○田瓚以顯州來降。○聞唐兵將至，爲守禦計。○世充與唐秦王戰，敗於慈澗，拔成而歸。○唐黄君漢取回洛。○田瓚以二十五州降唐。○時德叡以七州降唐。○世充與秦王戰宣
	三 李世勣與李商胡謀殺建德，商胡先發。世勣奔唐，建德赦其父蓋。○攻李商胡，殺之。境内無盜，商旅野宿。○高士興擊羅藝，敗於籠火城。○王伏寶謂建德自斬左右手。○高開道降唐，封北平王。○開道鑿骨取頰鏃。○建德攻幽州，薛萬均兄弟擊敗
	四 銑患諸將恣横，罷兵營農。○董景珍以長沙降唐。○銑命張繡攻景珍，殺之。
	四 張舉降唐。○劉旻降唐。師都遣人説突厥處羅共擊唐，會處羅卒而止。
	四 宋金剛圍唐絳州。金剛食盡走，唐秦王追之，破金剛於雀鼠谷，又破之於介休。尉遲敬德降唐。○武周棄并州，與金剛走突厥。金剛謀走上谷〔二〕，突厥殺之。○苑君璋諫武周南侵。武周謀歸馬
	二 唐以杜伏威爲江、淮南總管，徙封吴王。○子通度江，取京口。敗灋興將蔣元超於庱亭。灋興棄毗陵，奔吴郡。○伏威使輔公祏擊子通，敗之。子通棄江都，保京口。江西皆入於伏威。
	五

○劉季真詐降。○宋金剛走，秦王追之，一晝夜行二百里。破金剛於雀鼠谷，一日八戰，二日不食。○又破金剛於介休，降尉遲敬德。○劉武周走突厥，并州降，悉復舊境。○劉季真棄石州，走死。秦王還，屠夏縣。○田瓚殺楊士林，以顯州降王世充。○突厥處羅來，至晉陽而去。○秦王督諸軍擊王世充。○屈突通不顧二子。李襲譽邀擊突厥使者。○太子鎮蒲反。○秦王敗世充於慈澗。○西爨入貢。○黄君漢取回洛。○秦王與世充語於青
武陵。○杜才幹殺邴元真。○楊慶以管州、魏陸以滎州、王要漢以汴州降唐。○唐李大亮拔樊城。○使王琬求救於竇建德。○許、亳等十一州降唐。
之。○劉彬説建德救王世充，成鼎足之勢。○李藝復敗建德兵於籠火城。○王琬來求救。
邑，亦死。○突厥使苑君璋統餘衆。
伏威徙居丹楊。○子通東走太湖，襲瀼興，破之。瀼興走死。子通盡有瀼興之地。

城宫。○同安公主還。○田瓚以二十五州來降。○時德叡以七州來降。○諸將囚尉遲敬德。秦王釋之，引入卧内，賜之金。秦王與世充戰宣武陵〔三〕，敬德刺單雄信救秦王。○敬德三奪齊王槊。○羅士信拔千金堡。○高開道來降。○楊慶以管州、魏陸以滎州、王要漢以汴州來降。○李大亮拔樊城。○董景珍以長沙來降。○突厥處羅卒，頡利立。○許、亳等十一州來降。○許紹拔荆門鎮。○劉世讓出土門。○馮盎平廣、新二州。

重光大荒落

四戊子、六丁亥、七丙辰、九乙卯、閏十甲寅、十二癸丑朔。十二日，冬至。○本志：八月丙戌朔，食，翼四度。

四

胡大恩降，使鎮代州。○太子討劉仚成。○田世康取蕭銑五州四鎮。○秦王置玄甲隊爲前鋒。○秦王與王世充戰，擒葛彦璋。○李靖上取蕭銑十策。○詔趙郡王孝恭作舟艦以圖銑。○李君羡破王玄應於虎牢。○秦王大破王世充於青城宮。○丘行恭以馬授王，執刀步鬭。○秦王進圍洛陽。○段志玄拔髻逃歸。○李仲文坐謀反誅。○河陽來降。○王君廓破單雄信等於洛口。○段德操破劉仚成。○上欲班師，秦王執不可。○武牢來降。○劉仚

三

世充與唐秦王戰，敗亡葛彦璋。○太子玄應與唐戰，敗於虎牢。○世充與秦王戰於青城宮，大敗。唐遂圍洛陽。○王懷文刺世充，不克而死。○鄭頲削髮爲僧，世充殺之。○宋王泰棄河陽走。單雄信等敗於洛口。○沈悦以虎牢降唐。○民食浮泥，什不存一。竇建德來救，過滑臺，至酸棗。○楊公卿等敗齊王元吉。○秦王擒竇建德以示世充，世充泣而出降。○杞王世辯以徐、宋等三十八州降唐。○魏王弘烈以襄州降唐。○世充徙蜀，未行而死。

四

克周橋，虜孟海公。建德救王世充，軍酸棗。○進與唐秦王相拒於成皋。○殷秋、石瓚敗没於武牢東。凌敬請濟河，取上黨，趣蒲津。諸將受王琬賂，不從。曹氏曰：「祭酒言不可違。」○建德大敗於牛口渚，爲唐所擒。○曹氏與齊善行遁歸洺州。○善行以繒帛散諸將，不使虜掠。以其地降唐。○馮士羨推淮安王神通爲安撫使。○建德死長安。○諸將多匿庫物，及爲閭里患，唐吏按捕之。范願、高雅賢等懼，復起兵漳南，奉劉黑闥爲主，稱爲建

五

唐田世康取五州四鎮。○唐趙郡王孝恭、李靖等擊銑。○文士弘敗於清江。銑所留宿衛兵纔數千，帥以出戰，大敗。靖進攻江陵水城，拔之。悉散其舟於江中，援兵見之不敢進。○丘和、高士廉等皆降唐。○銑曰：「奈何以我一人，使百姓陷塗炭。」遂出降，曰：「當死者唯銑，願無暴掠。」○岑文本諫孝恭俘掠。○銑降數日，援兵

五

三

杜伏威遣兵助擊洛陽。伏威使王雄誕擊李子通，大破之。子通降，執送長安。○雄、誕又擊汪華、聞人遂安，皆降之。於是伏威盡有江淮以南嶺北之地。

自三月以後卷第一百八十九

成降，太子詐阮之，復叛。○劉世讓襲洺州，不果而還。○程名振閲乳婦縱遣之。○楊善經等説頡利入寇。○竇建德至成皋。○郭孝恪、薛收請據武牢以拒建德。○蕭瑀等欲退保新安，秦王不從。○王破建德兵於武牢東，獲殷秋、石瓚。○張長遜入朝。齊王元吉爲楊公卿等所敗。○突厥留鄭元璹等，帝亦留其使者。○秦王牧馬於河渚，以誘竇建德。○尉遲敬德擒王琬，取其馬。○大破建德於牛口渚，擒之。○俘獲五萬人，秦王皆散遣之。○王

德報仇。○黑闥擊貝、魏刺史，殺之。○徐圓朗起兵應黑闥。○崔元遜以深州來降。○圓朗稱魯王。黑闥與唐淮安王神通、李藝戰於饒陽，大破之。○陷瀛州、觀州。毛州人殺趙元愷來降。○陷定州，執李玄通。玄通自殺。○李藝發民，請糴於高開道，開道留之，因與藝絶，復稱燕王，北附突厥，南通黑闥。○黑闥陷冀州，殺麴稜。○建德將卒爭應黑闥。黑闥進逼宗城，李世勣棄城走，遂陷洺州、相州。半歲間盡復建德舊境。

至者十餘萬，皆降。○銑曰：「銑無天命，故至此。」唐高祖竟殺之。○劉洎以嶺南降唐。

世充出降。○李世勣割股肉啗單雄信。○杜楚客以死救叔父淹。○蘇威以窮餒死。○周灋明以蘄黄降，齊善行以山東降。○南陽公主拒宇文士及。○王世辯以徐、宋等州降。○曹、鄆州降。石世則以營州叛。○臧君相降。○王弘烈以襄州降。○蘇世長謂帝：「豈可忿同獵，問爭肉！」○又謂帝：「獵不滿十旬，未足爲樂。」○又謂：「披香殿，煬帝所爲。」○秦王凱旋長安。○高麗入貢。○誅竇建德。○徙王世充。○孫伏伽論赦

令。○獨孤修德殺王世充。○初鑄開元通寶錢。○劉黑闥反漳南。○孟噉鬼反，誅。○太子安撫北邊。○突厥寇代州，李大恩拒卻之。○徐圓朗執盛彦師以反〔四〕。○任瓌使崔樞將質子守虞城。○突厥寇并州、原州。○汪華以黟、歙降。○盧祖尚以光州降。○免樂工爲民。○命趙郡王孝恭等擊蕭銑。○李靖乘江漲東下。○淮安王神通與劉黑闥戰，敗於饒陽。秦王爲天策上將，開館延十八學士。房玄齡謂杜如晦王佐才，不可失。○玄齡每破軍克

城，先收人物。○李玄道謂：死生有命，非憂可免。○蕭銑悉兵出戰。李靖謂緩之則勢分，急之則致死。趙郡王孝恭不從而敗。靖乘其剽掠，大破之，遂圍江陵。拔水城，得舟艦，皆散之江中。援兵疑不進。○銑降。李靖不籍戰死者家。○定陝東大行臺省官。○劉旻破劉仚成。○李靖招撫嶺南。李襲志降。○李世勣與劉黑闥戰，敗走。黑闥盡復竇建德之地。○命秦王世民討黑闥。○昆明内附。

玄黓敦牂

三壬午、六辛亥、七庚辰、九己卯、十一戊寅朔。

唐高祖武德五

秦王拔相州。○洺水來降，王君廓據之。○秦王拔邢州。○羅士信代王君廓守洺水，劉黑闥攻拔殺之。○殷德操破梁師都於石堡城。乘勝進攻夏州，克其東城。會突厥救之，引還。○李世勣擊劉黑闥，殺高雅賢。程名振邀取黑闥饋運。○李義滿兄子殺王薄，盛彦師坐死。○帝賂突厥，突厥復請和親，各釋所執使者。○突厥攻劉世讓於鴈門，不克。○丘和請入朝。○秦王世民爲黑闥所圍，尉遲敬德救之。○世民大破黑闥於洺水上。黑闥奔突厥。○高開道寇易州。○甯長真降，交、愛道始通。○世民濟河擊徐圓朗。○李大恩謀取馬邑，爲突厥所殺。○王幹斬賀拔行威，瓜州平。○黑闥引突厥寇山東。○爲秦王世民營弘義宫。○世民留淮安王神通擊徐圓朗而還。杜伏威入朝，留之。○李子通謀亡歸江東，至藍田，捕得，誅。○淮陽王道玄討劉黑闥。○馮盎降。○改葬隋煬帝。○突厥寇邊，命太子建成、秦王世民禦之。○封德彝請先擊突厥，既勝而後與和。○頡利南侵，至晉州。鄭元璹説以虜掠所得，皆入國人，不如和親，坐受金幣(五)。頡利引還。○元璹五使突厥，幾死者數。○太子班師。○劉黑闥陷瀛州。○淮陽王道玄與黑闥戰於下博，先出犯陳。史萬寶不救，道玄敗没。○太宗謂：「道玄見朕深入，心慕效之。」○太宗未嘗爲矢刃所傷。○帝謂秦王世

漢東王劉黑闥天造元

黑闥稱王，都洺州，置百官。○設灋行政師建德，勇決過之。○唐秦王拔相州。○李藝助秦王擊黑闥，敗劉十善於徐河。○洺水叛附於唐。○秦王拔邢州。○李藝拔定、欒、廉、趙四州。○黑闥拔洺水，殺羅士信。○高雅賢與唐李世勣戰，死。○唐程名振邀取黑闥饋運。○黑闥與唐秦王戰，大敗於洺水，逃奔突厥。高開道侵唐易州，殺刺史。○劉復禮説徐圓朗迎劉世徹爲主。圓朗悔之，殺世徹。○唐秦王濟河擊圓朗。黑闥引突厥寇山東。○秦王留淮安王神通擊圓朗而還。○黑闥至定州，故將曹湛等復應之。唐淮陽王道玄討之。○道玄戰於下博，敗没。山東震駭。唐廬江王瑗棄洺州走。旬日間，黑闥盡復故地，復據洺州。○攻田留安於魏州。○唐太子建成等擊之。黑闥食盡，夜遁。建成等追敗之於館陶。

梁主師都永隆六

與唐段德操戰石堡城，敗走。德操進攻夏州，克東城。突厥來救，乃引去。

吳王杜伏威

伏威聞劉黑闥、徐圓朗敗，懼而入朝於唐。唐以伏威爲太子太保，留長安。○李子通謀亡歸江東。至藍田，捕得，誅。

楚主士弘太平七

蕭銑敗散，兵多歸士弘。士弘復振。○張善安以虔、吉等五州降唐。○士弘遣弟藥師攻循州，楊略斬之。士弘王戎以南昌降。士弘懼，亦降。既而復叛，入安成山洞，尋死。

卷第一百九十

	昭陽協洽 正丁丑、四丙午、六乙巳、八甲辰、十癸卯、十二壬寅朔。○本志：十二月壬寅朔，食，南斗十九度。七月癸卯，熒惑犯輿鬼西南星。
民：「天下皆汝所致。」許以爲太子。太子建成、齊王元吉多過失。世民功名日盛，爲帝所尊禮，建成內不自安，與元吉諂事妃嬪，共謀傾之。太子令、秦齊教與詔敕並行。○帝謂：「世民爲書生所教，非復我昔日子。」○妃嬪譖秦王，云它日必不能容妾子母，不如太子仁孝。帝由是無易太子意，且疎秦王，而親建成、元吉。○王珪、魏徵勸太子擊劉黑闥。○任城王道宗破突厥。○黑闥攻田留安於魏州。○留安謂吏民：「吾與爾曹同心禦賊，必欲棄順從逆，但自斬吾首去。」○魏徵説太子釋黑闥囚俘，以散其黨。○太子敗黑闥於館陶，黑闥走。○命高麗還隋戰士。	六 諸葛德威執劉黑闥以降。○葬平陽公主。以軍功，加鼓吹。○獲徐圓朗，殺之。○林邑初入貢。○張善安反。○段德操擊梁師都，至夏州。○劉世讓請戍崞城以圖馬邑。○高滿政逐苑君璋，以馬邑降。○沙州人張護等反。○柴紹使兩女子舞以破吐谷渾。○苑君璋以突厥寇馬邑。○張護等殺賀若懷廣，立竇伏明爲主。○遣太子、秦王屯北邊，以備突厥。○輔公祏反。遣趙郡王孝恭、李靖等討之。○孝恭飲血以安衆。○太子班師。○竇伏明降。○高昌王伯雅卒。○渝州人張大智反。○高開道引突厥寇幽州。○突厥縱反間
	二 黑闥走至饒陽，諸葛德威執之以降，建成斬之。○徐圓朗棄城走，死。○李藝入朝。○高開道引突厥侵唐幽州。
	七 賀遂、索同以十二州降唐。○唐段德操入寇至夏州。
	軍中謂輔公祏爲伯父，畏敬與伏威等。伏威忌之，使闞稜、王雄誕奪其兵權。公祏與左遊仙辟穀學道。○伏威謂雄誕：「吾不失職，勿令公祏爲變。」○公祏與遊仙謀殺雄誕，舉兵反，自稱宋帝。與張善安連兵。○唐遣趙郡王孝恭、李靖等討之。
	張善安反，唐遣張鎮周等擊之。○王戎與戰不利，爲所執。○善安與輔公祏連兵。○刺殺周灋明。○李大亮誘善安，執之。

閼逢涒灘
二辛丑、四庚子、六己亥、八戊辰、十丁卯、十二丙寅朔。閏七。八一日，秋分。○本志：六月，熒惑犯右執灋。七月戊寅，歲犯畢。

殺劉世讓。○張大智降。○突厥陷馬邑，殺高滿政。復以馬邑歸唐。○竇靜請置并州屯田。○張善安刺殺周灋明。○李大亮誘張善安，執之。

七
置大中正。○高麗請班歷。○詔明一經者皆敘用。州縣鄉皆置學。○帝幸國學，釋奠。○定職事散勳官名。○趙郡王孝恭次舒州。李世勣拔壽陽。○孝恭絶馮慧亮等糧道。○李靖謂攻石頭不如誘慧亮等使出戰，遂破之。孝恭〔六〕等乘勝直抵丹楊，擒輔公祏。○帝謂李靖爲蕭、輔膏肓。○孝恭殺闞稜。○行新律令。○定均田租、庸、調灋。○帝幸仁智宮。○齊王元吉欲手刃秦王世民，太子建成止之。○建成以甲遺楊文幹。或告建成與文幹謀反。○上召建成，置之幕下。○文幹據慶州反。上命世民討之，許還立爲太子，封建成於蜀。○上夜出山外數十里。○元吉與妃嬪、封德彝更爲建成營解，上意遂變，復令建成還居守。流王珪、韋挺、杜淹於嶲州。○文幹陷寧州，世民擊殺之。○上欲遷都山南，以避突厥。世民自請數年必擒頡利。建成以蹶馬授世民。○突厥入寇，上遣世民擊之。○韋仁壽撫定西南夷，置七州、十五縣。○世民與突厥遇於豳州。世民引百騎詣陳前，責突利以無香火之情。頡利疑之，請盟而退。裴矩爲相。

高開道自以數反覆，不敢降。將士皆山東人，思歸。其將張金樹斷假子弓弦而攻之，開道置酒奏樂，先殺妻子，乃自殺。

八

杜伏威薨。○公祏使馮慧亮等以舟師屯博望山，陳正通等以步騎屯青林山。唐趙郡王孝恭擊破慧亮等，進攻丹楊。公祏東走會稽，欲就左遊仙。未至，唐人執殺之。

自六月以後卷第一百九十一

乙酉（六二五）

旃蒙作噩　二乙丑、四甲子、六癸亥、八壬戌、十一辛卯朔。○本志：九月癸丑，熒惑入太微。冬，太白入南斗。

唐高祖武德八

張鎮周與故人歡飲十日，既而犯灋無所縱。○與突厥、吐谷渾互市，雜畜被野。○西突厥統葉護請昏，裴矩勸上許之。○復置十二軍。○始改與突厥書爲詔敕。○張瑾與突厥戰，大敗於太谷。温彦博爲虜所執。○初令太府校權量。裴矩罷。○宇文士及爲相。

丙戌（六二六）

柔兆閹茂　正庚寅、三己丑、五戊子、六丁巳、八丙辰、十二乙卯朔。○本志：十月丙辰朔，食，氐七度。六月己卯，歲、辰合東井。

九

祖孝孫定雅樂。○裴寂爲司空，員外郎更直。○初令州縣民間祀社稷。○歐陽胤謀襲突厥牙帳，不果。○傅奕請除佛灋。○奕謂：「蕭瑀不生空桑，乃遵無父之教。」○詔沙汰僧、尼、道士、女冠。○太子建成酖秦王世民。上欲使世民居洛陽，建成與齊王元吉沮之，不果行。○上欲罪世民，陳叔達諫。○元吉請殺世民，上不許。○長孫無忌、房玄齡等謀誅建成。○尉遲敬德不受建成金。○元吉刺敬德，敬德開門安卧。○程知節謂世民：「羽翼盡矣！」○建成等又譖房、杜，逐之。○世民問計於李靖、李世勣，皆辭。○建成薦元吉代世民拒突厥，悉奪世民驍將精兵與之。○王晊告建成欲因餞行殺世民。○世民欲俟建成先發，然後討之。○敬德請竄身草澤，無忌欲相隨而去。○敬德言勇士八百已入宫擐甲執兵。○元吉云：「但除秦王，取東宫如反掌。」○張公謹投龜曰：「卜而不吉，庸得已乎！」○世民使敬德取房杜首。○傅奕奏：「秦王當有天下。」世民奏：「建成、元吉欲殺臣，似爲世充、建德報仇。」○世民伏兵玄武門。建成、元吉入朝，世民射殺之。○馮立與薛萬徹、謝叔方帥宫府兵攻門。○敬君弘戰死。○敬德以建成、元吉首示之，宫府兵皆潰。○世民遣敬德入宿衛。○蕭瑀等勸上處秦王以元良，委之國務。○宇文士及宣敕内外，令受秦王處分。○世民跪而吮乳。○建成許立元吉爲太弟。○諸將欲誅二宫左右，敬德固爭而止。○詔國事皆取秦王處分。○馮立等自出，世民皆釋之。○立世民爲太子。軍國庶政悉委太子處決，然後奏聞。○魏徵常勸建成早除世民。世民引爲詹事主簿。○又用王珪、韋挺。○竇軌殺韋雲起。○上自號太上皇。○王君廓説廬江王瑗使反，而執之自以爲功。○高士廉、房玄齡爲相。○王珪啓世民赦後告捕建成、元吉之黨以求功者，皆反坐。○魏徵縱遣李志安等。○唐臨遇春雨，縱囚歸耕。○上傳位太子。太宗即位。○出宫女。○稽胡劉仚成降於梁師都，信讒殺之，部衆多叛。乃朝于突厥，説之入寇。○突厥頡利、突利舉國寇武功。○立長孫后。○上與后議賞罰，后辭以婦人不敢豫政事，竟不對。○突厥進至渭水便橋北，遣執失思力入見，上囚之。○上與房玄齡等六騎詣渭水上，與頡利語。突厥下馬羅拜。○上曰：「朕獨出以示輕之，嚴兵以示必戰。彼失其本圖，必懼，故與戰則克，與和則固矣！」頡利果請和。○上曰：「吾不戰而賂之，使虜驕而無備，則一舉可取矣。」○上不受頡利羊馬，使還所掠户口。○上教衛士習射，曰：「我居則爲汝師，出則爲汝將。」上謂淮安王神通：「雖至親，不可以私恩與勳臣同賞。」○房玄齡言秦府舊人怨嗟。上曰：「朕與卿等，衣食皆出百姓。設官以爲民，豈可論新舊，而捨賢不肖哉！」○禁妖祠雜占。○置弘文館學士。○追謚隱太子、海陵刺王。魏徵等請送葬。○立太子承乾。○初定功臣實封。○蕭瑀、陳叔達免相。○上不欲虚爲存恤而無其實。○降宗室郡王皆爲縣公。○上謂止盜在税薄，吏清不在重灋。由是商旅野宿，路不拾遺。○上謂刻民以奉君，

自九月以後卷第一百九十二

猶割肉以充腹。○又謂人君之患，不自外來，常由身出。○竇軌請伐獠，上不許。○上粘封事於屋壁，出入省覽。○封德彝欲貌閱中男。魏徵不署敕，曰：「以道御壯健足矣！何必取細弱，以增虛數。」且謂上失信數矣。上悦。○張玄素謂隋主好自專，下諛上蔽，故亡。○張藴古上大寶箴。○上謂傅弈：「卿前幾爲吾禍。然遇天變，皆應盡言如是。」○弈謂邪僻之人取莊、老，飾妖幻，爲佛教。○裴矩謂上使人賂吏，陷人於瀍，非導之以德。

丁亥（六二七）

彊圉大淵獻

二甲寅、閏三癸丑、四壬午、六辛巳、八庚辰、十一己酉朔。四一日，小滿。○本志：閏三月癸丑朔，食，胃九度。九月庚戌朔，食，亢五度。

唐太宗世民貞觀元

上謂文武隨時。○詔諫官入閤議事。○改斷右趾爲加役流。○上自選戴冑爲大理少卿。○冑謂敕者出於一時之喜怒，瀍者所以布大信於天下。○上謂封德彝：「致治者，豈借賢於異代！」○杜淹謂：「德彝所言得大體。臣心服，不敢復爭。」○上謂：「長孫順德有人性，得絹甚於受刑。」○李藝反於涇州，襲據豳州。部將楊岌攻之，藝走死。○併省州縣，分爲十道。○上自謂識弓矢猶未盡，況天下之務。○長樂王幼良坐左右暴横，賜死。○苑君璋自突厥來降〔七〕。○或勸上陽怒以辨佞直。上曰：「君自爲詐，何以責臣之直！」○封德彝薨。○蕭瑀爲相。○上謂取之或可以逆得，而守之不可不順。○長孫無忌爲相。○長孫皇后不願兄無忌執政。○無忌謂：「突厥不犯塞，而棄信勞民，非王者之師。」○蕭瑀請封建。○高士廉出安州。○宇文士及罷。杜淹爲相。○上謂杜淹：「知煬帝不可諫，何爲立其朝。」○王君廓欲亡奔突厥，不至，道死。○魏徵明馮盎不反。上爲罷兵，遣使慰撫之。○嶺表遂定。○蕭瑀免。○李孝常等謀反，誅。○長孫后爲兄安業請命。温彦博責魏徵不存形迹。徵曰：「臣願爲良臣，不願爲忠臣。」○上求規諫，假羣臣以辭色，曰：「君既失國，臣豈能獨全！」○上不以秦府舊兵宿衛。○上曰：「禹與民同利，故民勞而不怨；秦勞人以利己，故民怨叛。」乃禁奢靡，而民富庶。○上令中書、門下互相駁正，勿徇一人之顔情，爲兆民之深害。○上謂賈胡剖身藏珠，亦猶帝王徇奢欲而亡國。○崔仁師案反者，皆甘心請死。○孫伏伽諫騎射。○劉林甫請四時聽選。○唐初差人赴選。○省赤牒官，勒赴省選。○房玄齡省官，留文武六百餘員。○李百藥謂：「劉子翼雖復罵人，人終不恨。」○李乾祐謂瀍非陛下獨有。○張行成謂天子以天下爲家，不當以東西爲異。○薛延陁等諸部叛突厥。○突厥大雪入朔州會獵。○鄭元璹知突厥將亡。○上必待突厥有罪乃討之。○西突厥統葉護迎公主。

校勘記

〔一〕「道」上，原衍一「東」字，今據《通鑑》卷一百八十六删。

〔二〕「謀」，原作「諫」，今據再造影印浙本改。

〔三〕「王」，原作「正」，今據《通鑑》卷一百八十八改。

〔四〕「執」，原脱，今據《通鑑》卷一百八十九補。

〔五〕「坐」，原作「生」，今據再造影印浙本改。

〔六〕「孝恭」，原作「慧亮」，今據《通鑑》卷一百九十改。

〔七〕「璋」，原作「章」，今據《通鑑》卷一百九十二及上文改。

資治通鑑目録卷第十九

端明殿學士翰林侍讀學士太中大夫提舉西山崇福宫上柱國河内郡開國公食邑二千二百户食實封玖佰户賜紫金魚袋臣司馬光奉敕編集

戊子（六二八）

著雍困敦

二戊寅、四丁丑、五丙午、七乙巳、八甲戌、十一癸卯朔。○本志：三月戊申朔，食，婁十一度。

唐太宗貞觀二

長孫無忌罷。○魏徵謂人主兼聽則明，偏信則暗。○上謂隋文帝惜倉儲，末年足支五十年。煬帝恃之，卒亡天下。○上自言上畏皇天監臨，下憚羣臣瞻仰。○上戒房玄齡等以至公。上令中書、門下與尚書通議大辟。又三品以上，不令引過。○贖饑民鬻子者。○詔願移災朕身。○收瘞遺骸。○突厥請入朝。上曰：「吾亦喜亦懼。」○突利求救，許之。○上不以契丹易梁師都。○劉旻等攻梁師都，其弟洛仁殺之以降。○祖孝孫、張文收定雅樂爲三十一曲、十二和。○上謂治之隆替，不由於樂。○上謂煬帝文辭奥博，而行事悖戾。○上掇蝗吞之。○杜正倫謂上失言不惟害於今日，亦恐貽譏來世。○上謂梁武、元好釋、老，朕惟好堯、舜、周、孔之教，如鳥有翼魚有水。○流裴虔通於驩州。○上謂一歲再赦，善人喑啞。○初令致仕在見任上。○上謂家給無瑞，不害爲堯、舜。令小瑞申所司。毀白鵲巢。○李百藥勸出宫女，凡三千人。○上謂頡利將亡，不修堡鄣。○竇靜謂天子節儉，無用趙元楷。○王珪勸上用經術士。○杜淹薨。○盧祖尚辭交州，上殺之。○魏徵謂齊文宣與人爭，事理屈則從之。○上欲幸南山，畏徵而止。徵奏事，鷂死懷中。○王珪爲相。○王珪諫留廬江美人。○又諫責祖孝孫教宫人。○上疏都督、刺史名於屏風，坐卧觀之。○詔奴告主反，皆斬之。○統葉護爲其伯父莫賀咄所殺，泥孰迎其子肆葉護而立之，與莫賀咄相攻。○立薛延陁夷男爲可汗。

己丑（六二九）

屠維赤奮若

三壬寅、五辛丑、七庚子、八己巳、九戊戌、十二丁卯朔。閏十二。○本志：八月己巳朔，食，翼五度。三月丁丑，歲逆行入氐。案是月無丁丑，疑誤。

三

上祀太廟。○上耕藉於東郊。○裴寂坐法雅免歸鄉里，又坐信行流靜州。○上知寂不與山羌同反。○魏徵爲相。○劉恭頸有勝文，上赦之。○上謂房、杜：「求賢授任，宰相之職。細務以屬左右丞。」○房、杜不以求備取人，不以己長格物。玄齡善謀，如晦能斷。○上皇徙居太安宫。○上謂：「中書唯署詔敕，誰不可爲。」○舍人五花判。○常何薦馬周，上賞之。○上賜薛延陁刀鞭。○頡利請尚公主。○張公謹言突厥可取六事。○命李靖督諸軍擊突厥。李大亮言使者求鷹，上賞之。○突利入朝，上謂可雪上皇稱臣之恥。○上以治安中國，而四夷自服爲上策。○杜如晦罷。○孔穎達論「有若無，實若虚」。○東謝、南謝入朝。○顔師古請撰王會圖。○牂柯入貢。○党項細封步賴降。○華夷歸附，增百二十餘萬口。○權萬紀劾房玄齡、王珪不平。上欲推之，魏徵諫。○上謂寵相壽曰：「我昔爲一府主，今爲天下主。」

自八月以後卷第一百九十三

庚寅（六三〇）

上章攝提格

三丙寅、五乙丑、六甲午、八癸巳、九壬戌、十二辛卯朔。正一日，雨水。○本紀：正月丁卯朔，食。○本志：閏正月丁卯朔，食，營室四度。七月甲子朔，食，張十四度。

四

李靖以三千騎襲取定襄，得蕭后及楊政道。○上不推與蕭后書者。○頡利請入朝，上遣唐儉迎之。李靖、李世勣乘其無備，襲破之。頡利走，欲度磧，世勣遮之。○温彦博、戴胄、蕭瑀爲相。○四夷請上爲「天可汗」。○頡利奔，蘇尼失執之以降，漠南遂空。○杜如晦薨。○頡利至，上責而赦之。○顔師古請分置突厥、鐵勒於河北。○李百藥請分突厥諸部，各立君長，仍置定襄都護，爲之節度。○竇靜請分其土地，析其部落，使爲藩臣。○温彦博請置之塞内，實空虚之地，使爲扞蔽。○魏徵請縱還故土，不可留之中國爲後患。○上用彦博議。東自幽州，西至靈州，分置都督、刺史。又置定襄、雲中二都護府以統之。○酋長除五品以上官者百餘人，殆與朝士相半，入居長安者近萬家。○命太子聽訟。○上責讓李靖。○有司以林邑表辭不順，請討之。上不許。○張玄素諫修洛陽宮，謂上不如煬帝。上曰：「何如桀、紂？」曰：「若此役不已，亦同歸于亂耳。」○上謂隋文帝不明而喜察。○蕭瑀劾房玄齡等，上不問，遂罷朝政。○李大亮諫招西突厥。○初制百官服紫、緋、緑、青。○李靖爲相，似不能言。○薛萬淑説下奚、霫、室韋諸部。○突厥欲谷設來降。伊吾入朝。張儉安集思結。○上幸隴州。○侯君集爲相。○上讀明堂，不笞囚背。○魏徵諫招延西域。○王珪品藻房玄齡等。○魏徵謂經亂之民易化。○又謂若人漸澆訛，則今爲鬼魅矣。○斷死刑二十九人。上恨不使封德彝見太平。○上謂煬帝甲兵非不足，卒亡天下。○又謂朕於楊政道，勝煬帝於齊王。○肆葉護殺莫賀咄可汗而代之。

辛卯（六三一）

重光單閼

三庚申、五己未、七戊午、九丁巳、十一丙辰朔。○本志：五月庚申，鎮犯鍵閉。

五

詔僧尼拜父母。○上謂循正而行，自與吉會。○剗諸州京觀。○贖華人没突厥者八萬口。○殺張藴古。○魏徵諫上信任權萬紀、李仁發。○戴胄諫修洛陽宮。○竇璡坐修宮華靡免官。○執失思力諫逐鹿。○魏徵、李百藥、顔師古議封建。○詔議世襲刺史。○不受新羅女樂。○倭國入貢。○李世南開党項十六州。○詔死罪三日五覆。○上謂執政：「不能受諫，安能諫人！」○康國内附，不受。○上謂治國如治病。魏徵曰：「唯喜陛下居安思危。」○魏徵言煬帝殺盜二千餘人，唯五人實爲盜。○馮盎以七矢破獠數萬。○新羅王真平卒，女善德立。

壬辰（六三二）

玄黓執徐

正乙卯、三甲寅、六癸未、八壬午、九辛巳、十一庚辰朔。閏八。九一日，霜降。○本志：正月乙卯朔，食，虚九度。

六

上謂漢文不封禪，豈不如秦皇。何必登泰山，封數尺之土？○魏徵謂今日封禪，承隋亂之後，供頓未易。又使戎狄知山東虚弱，崇虚名而受實害。○姚思廉諫幸九成宮。○馬周謂上皇尚留暑中，陛下獨居涼處。○又言樂工調馬者不應受官爵。○置三師官。○魏徵諫資送公主倍長公主，長孫后賞之。○上怒魏徵，長孫后賀君明臣直。上哭張公謹不避辰日。○焉耆入貢，請開磧路。高昌怨之。○上以煬帝、頡利、統葉護恃彊致亡爲戒。○肆葉護敗死。西突厥立泥孰爲咄陸可汗。○魏徵諫，上不從，上與言，輒不應，曰：「不敢面從。」上曰：「人言徵疎慢，我更覺嫵媚。」○虞世南上《聖德論》，上曰：「卿未知其終。」○上幸慶善宮，賦詩。吕才始作慶善樂舞。○尉遲敬德毆任城王道宗，目幾眇。○上爲上皇捧輿。○以頡利爲虢州刺史，辭不行。○契苾何力來降。○陳叔達謂武德之言爲社稷計。○魏徵言營繕納諫異貞觀之初。○縱死囚還家。○上謂侍臣：「宜常爲朕念隋煬帝之亡，朕常爲公輩念龍逢之死。」○魏徵謂太平用人宜才行兼備。

癸巳（六三三）	昭陽大荒落 正己卯、三戊寅、五丁丑、八丙午、十乙巳、十二甲辰朔。	七 更名《破陳樂》曰《七德舞》。○蕭瑀請寫劉武周等敗狀，上不許。○魏徵不視《七德舞》。○王珪罷。○李淳風造渾天黄道儀。○周範留守，疾篤不出。○死囚如期歸即罪。○長孫無忌爲司空。○上與上皇置酒未央宫，謂漢高祖妄自矜大。○于志寧、孔穎達諫太子，上賞之。段綸造傀儡，削階。○魏徵謂上，當借諫者辭色。
甲午（六三四）	閼逢敦牂 二癸卯、四壬寅、五辛未、八庚子、十一己巳朔。五月辛未朔，食，參七度。	八 頡利卒。○分遣諸道黜陟大使。○上謂魏徵不可一日離左右。○吐谷渾王伏允數寇邊，命段志玄等討之。○作大明宫。○段志玄破吐谷渾。○李靖遜位。○吐蕃入貢。○李靖自請討吐谷渾。○魏徵諫納鄭仁基女。○上欲罪皇甫德參，魏徵諫而賞之。○高季輔上疏。○西突厥咄陸卒，立咥利失。
乙未（六三五）	旃蒙協洽 正戊辰、三丁卯、閏四丙寅、五乙未、七甲午、十癸亥朔。五一日，夏至。○本志：閏四月丙寅朔，食，畢十三度。四月丙午，熒惑犯軒轅。	九 民貲分九等。○上謂昏主斂百姓以自奉，如饞人自噉其肉。○任城王道宗破吐谷渾於庫山，伏允燒草而遁。侯君集請乘勝追之。○李靖追敗吐谷渾於赤水原。君集敗伏允於烏海。薛萬均敗天柱王於赤海。○上皇崩。○契苾何力救薛萬均兄弟。○李靖窮吐谷渾四境。○契苾何力襲伏允於突倫川，俘其妻子。○太寧王順斬天柱王，舉國請降。○伏允死。○立順爲可汗。○上始聽政，太子決細務。○虞世南諫山陵崇侈。○朱子奢議立七廟。○李道彦襲拓跋赤辭，爲所敗。○上欲解薛萬均官，以授契苾何力。何力固辭曰：「將使羣胡相誣，且有輕漢之心。」○高甑生誣李靖反，坐減死徙邊。上曰：「恐功臣人人犯法，故不敢赦。」○靖闔門自守，親戚不得妄見。處月入貢。○葬高祖。○顔師古議太原不當立廟。○上謂：蕭瑀不可以利誘威脅，真社稷臣。○吐谷渾殺順，立諾曷鉢。
丙申（六三六）	柔兆涒灘 正壬辰、三辛卯、四庚申、六己未、八戊午、十丁巳朔。○本志：四月癸酉，熒惑復犯軒轅。	十 上始親政。○阿史那社爾爲薛延陁所敗，來降。○出諸王爲都督。○上爲魏王泰開文學館。○吐谷渾請頒歷，行年號。○上曰：「諸子尚可復有，兄弟不可復得。」○楊師道爲相。○魏徵爲特進。○長孫后曰：「太子患德不立，不患無器用。」○后繫藥於衣，曰：「不能當吕后之地。」○太子請赦罪人，度人入道。后曰：「豈可以一婦人，使上爲所不爲。」后言：「房玄齡慎密，不可棄也。妾本宗勿處之權要。」○后崩。○后駮馬后不抑退外親，而戒其車馬。○上哭后，云：「内失良佐。」○上謂上封事訐人細事，當以讒人罪之。○段志玄夜閉使者。○上謂何必物在陵中，乃爲己有。○魏徵曰：「臣謂陛下望獻陵。若昭陵，臣固見之。」朱俱波、甘棠入貢。○上曰：「吾不能無懼。」○上謂公卿輕魏王泰。魏徵曰：「隋文驕諸子，又足法乎？」○上謂法令不可數變。○權萬紀言銀利。上曰：「卿以桓、靈俟我邪！」黜使還家。○十道置六百三十四府。

丁酉（六三七）

强圉作噩

二丙辰、四乙卯、六甲寅、七癸未、八壬子、十一辛巳朔。○本志：三月丙戌朔，食，婁二度。二月癸未，熒惑入輿鬼。

十一

吴王恪、晉王治出鎮。○魏徵諫作飛山宮。○頒新律令。○劉德威謂寬猛在主上，不在羣臣。○上豫爲終制。○魏徵諫以儲偫譴官吏。○上謂昔買飯僦舍，今豈得嫌不足。又謂隋亡由虞世基、裴蘊諂諛壅蔽。○行新禮。○王珪爲魏王泰師，以師道自居。○又坐受公主謁見。○房玄齡等草封禪儀。○魏徵陳十思。○魏徵諫居安忘危。○温彦博精神先竭。○以宗室、勳臣爲世襲刺史。○穀、洛溢入洛陽宮。○魏徵諫親小人，疎君子。○上謂何曾不忠之大。○魏徵謂封事雖無取無所損。○馬周諫營繕奢侈、寵諸王太過，守令不擇人。○唐儉謂上，豈復逞雄心於一獸。○柳範謂房玄齡不能止畋獵。○武才人入宮。

戊戌（六三八）

著雍閹茂

閏二庚辰、四己卯、五戊申、七丁未、八丙子、十乙亥朔。三一日，穀雨。○本志：閏二月庚辰朔，食，奎九度。六月辛卯，熒惑入東井。

十二

王珪、魏徵謂三品見諸王降乘非禮。○上命高士廉等撰氏族志，貶舊望，崇今貴。○上責趙元楷飾儲偫。○追賞堯君素。○上不集文章，曰：「人主患無德政。」○上以佩刀賞房、魏。○魏徵謂上往以未治爲憂，故日新；今以既治爲安，故不逮。○上謂虞世南有五絶。○高士廉爲相。○吐蕃求昏不獲，擊破吐谷渾，入寇松州。命侯君集擊破之。○上謂創業之難，既往矣；守成之難，當與諸公慎之。○薛延陁彊盛，上立其二子爲小可汗，以分其勢。○初置屯營飛騎。○岑文本謂：「馬周論事，舉要删煩，會文切理，一字不可增減。」○劉玄平謂霍王元軌無長。○西突厥立欲谷設爲乙毗咄陸可汗。與咄利失大戰，中分其地。○高昌攻焉耆，拔五城。

己亥（六三九）

屠維大淵獻

二甲戌、五癸卯、六壬申、八辛未、九庚子、十一己亥朔。○本志：八月辛未朔，食，翼十四度。五月乙巳，熒惑犯右執法。六月，太白犯東井北轅。

十三

上謁獻陵。○房玄齡求解機務。不敢當太子拜。自領度支。○王珪不立家廟。○尉遲敬德袒衣出金創。不願尚帝女。○初令掖庭、東宮選良家才行。○于志寧、馬周諫襲封。○長孫無忌等不願之國。罷世襲刺史。○高昌王麴文泰自謂猫遊于堂，鼠噍于穴。○上將討之。薛延陁請爲軍導。○突厥結社率反，犯行宮，踰四重幕。討斬之。○魏徵言上不能終美業者凡十條。○侯弘仁説下蠻、俚二萬八千餘户。○立李思摩爲突厥可汗，遣帥其衆還河北。○上謂中國根幹，四夷枝葉。○詔訟者自毁耳目，先笞四十。○劉洎爲相。○遣侯君集等討高昌。○太子以遊畋廢學，張玄素諫。○天下州府三百五十八。○傅弈精究術數而不信。○弈謂邪不干正，胡僧不能呪。○西突厥俟利發作亂，咥利失走死。弩失畢立沙鉢羅葉護。

自五月以後卷第一百九十五

庚子（六四〇）

上章困敦

二戊辰、五丁酉、七丙申、九乙未、閏十甲午、十二癸巳朔。十一一日，冬至。

十四

上幸魏王泰第，赦繫囚，免租賦，賜同里老人。○上幸國子學，觀講《孝經》。○飛騎給博士授經。高麗、吐蕃等皆遣子弟入學。升講筵者八千餘人。○命孔穎達作正義。○作襄城宮。○高昌王文泰卒，子智盛立。○侯君集曰：「襲人於墟墓間，非問罪之師。」○君集滅高昌，虜智盛以歸。○魏徵諫以高昌爲州縣。○唐地東西九千，南北一萬里。○劉仁軌杖殺折衝。魏徵謂隋之敗由百姓陵官吏。○仁軌諫獵妨收穫。○甲子朔，冬至。○更定嫂叔舅甥服。○初許封禪。○魏徵諫以給使罪韋元方。○陳伏伽謂司農識大體，無罪。○侯君集下獄，岑文本諫得免。○魏徵諫劾薛萬均私高昌婦女。○又疏言大臣當信而任之。○又言戰勝易，守勝難。○張玄素數諫太子，上賞之。○玄素少爲令史，上問其初仕，恥之。褚遂良諫。○孫伏伽不諱流外。○上令犯十惡勿劾刺史。○魏徵謂上親覽表奏，則州縣之事亦當親之。

辛丑（六四一）

重光赤奮若

二壬辰、四辛卯、七庚申、九己未、十一戊午朔。○本志：二月，熒惑逆行，犯太微東上相。

十五

禄東贊辭昏。○以文成公主妻吐蕃贊普，贊普爲之禁赭面。○突厥俟利苾始濟河，建牙定襄，請守吠北門。○上幸洛陽。○高士廉輔太子監國。○衛士憚役，夜射行宮。○罷襄城宮。○詔明年二月封泰山。○呂才辨陰陽謬妄。○吐谷渾丞相宣王作亂，諾曷鉢奔鄯善。席君買討誅之。○并州父老請幸晉陽。百濟王璋卒。○星孛太微。上用薛頤、褚遂良言，罷封泰山。○太子承乾遣客刺于志寧，不忍而止。○遣使立西突厥沙鉢羅葉護。○魏徵諫市馬。○乙毗咄陸擊沙鉢羅葉護，殺之。○上指殿屋戒變法。○陳大德使高麗，還言隋民思慕。上曰：「山東彫瘵，不欲勞之。」○上自謂有二喜一懼。○李世勣在并州十六年，上以爲壯於長城。○薛延陁度漠南，擊俟利苾。俟利苾走入長城，保朔州。詔李世勣等救之。○上謂薛延陀見利不速進，不利不速退，糧盡，將走擊之，必勝。○上還長安。○李世勣破薛延陀於諸真水。○上謂人臣納諫與冒白刃何異。○魏徵謂房玄齡何罪而責，何罪而謝。○上自謂兼將相之事，張行成諫。

壬寅（六四二）

玄黓攝提格

正丁巳、二丙戌、五乙卯、七甲寅、十癸未、十二壬午朔。○本志：五月，太白犯畢左股。九月己未，熒惑犯太微西上將。十月丙戌，入太微犯左執法。

十六

魏王泰月給踰太子，褚遂良諫。○上令泰居武德殿，魏徵諫。徙民實西州。○附浮遊者籍。○岑文本爲相。○劉洎謂褚遂良不記，天下亦記之。○追復隱太子、巢剌王爵位。○詔太子用庫物勿爲限制。○張玄素諫太子驕奢，太子以馬箠擊之。○禁自傷殘者。魏徵謂弟子陵師，奴婢忽主，漸不可長。○上輟小殿材爲徵構堂。○上問當今急務。褚遂良曰：「太子、諸王，宜有定分。」○上命魏徵爲太子師，以息疑論。○乙毗咄陸寇伊州，郭孝恪敗之。○乙毗咄陸衆潰。詔立乙毗射匱可汗。○上謂宇文士及爲佞人。○房玄齡請許薛延陀昏。○契苾何力爲部人所執，以降薛延陀。何力割耳自誓。上知其不叛，許降公主以求之。○泉蓋蘇文弒高麗王武，立其弟子藏。○上宴故舊於慶善宮。○上謂少敬長，婦敬夫，則皆貴；人不失業，則皆富，但家給人足，則無管絃而樂。○上謂因喪乘亂取高麗，雖得之不貴。○上欲赦党仁弘，席藁減膳以謝天。○上引轡入谷，以避斷圍。○崔仁師謂反者父子不顧，何愛兄弟。○魏徵謂有治君無亂臣，齊文宣得楊遵彥，纔救亡耳。

卷第一百九十六

癸卯（六四三）

昭陽單閼

二辛巳、三庚戌、五己酉、閏六戊申、九丁丑、十二丙午朔。七一日，處暑。○本志：六月己卯朔，食，東井十六度。二月，熒惑犯鍵閉。三月丁巳，守心前星。癸酉，逆行犯鉤鈐。

十七

上謂太子病足，縱使不立，當立嫡孫，終不以孽代宗，啓窺窬之源。○魏徵薨，葬以一品羽儀。妻裴氏辭曰：「非亡者之志。」以布車載柩。○上謂人有三鏡，徵没，亡一鏡矣。○劉蘭成坐謀反腰斬，丘行恭食其心肝，上非之。○褚遂良謂漆器不已，必金爲之，忠臣必防其漸，若禍亂已成，無所復諫。上曰：「帝王拒諫者多，云『業已爲之』，求無亡，得乎！」○遂良諫皇子幼者爲都督、刺史。○張亮告侯君集反，上不窮治。○尉遲敬德乞骸骨。○上謂人主有一心，攻之者衆。○圖功臣於凌煙閣。○權萬紀拘齊王祐太急。祐殺萬紀，據齊州反。杜行敏起兵討擒之，賜死。○太子承乾奢淫。宫臣諫，則斂容引咎，諫者拜答不暇。○太子好效突厥，與漢王元昌以戰陳爲戲。○魏王泰折節求聲譽，潛爲奪宗之計。韋挺、杜楚客爲之結黨。○太子與侯君集等謀反。○紇干承基告之。○來濟謂陛下不失慈父，太子得盡天年則善矣。○廢太子承乾爲庶人，誅君集等。○李靖謂君集欲反，求盡臣術。○江夏王道宗知君集將反。○褚遂良謂陛下萬歲後，魏王安肯殺其子傳位晉王。必欲立魏王，先措置晉王乃可。○魏王以漢王元昌事恐晉王，上由是惡之。○上自投于牀，引佩刀欲自刺，遂幽魏王，立晉王治爲太子。○上謂若立泰，是太子之位可經營而得。自今太子失道，藩王窺伺者，皆兩棄之。○上謂長廣公主：「天下至公之道不敢違。」○上剪須和藥賜李勣。○又謂世勣不負李密，豈負朕哉。○黜魏王泰爲東萊王，貶其黨。○上命太子迎拜三師。○劉洎請令太子務學問，親師友。○鄧素請戍懷遠以逼高麗。○上遇物則訓太子。○契苾何力請使薛延陀親迎。○薛延陀斂雜畜爲聘財，多耗死。詔絶其昏。褚遂良諫。○上謂雜姓必共滅薛延陀。○長孫無忌欲使蓋蘇文驕縱，乃討之。立高麗王藏。杜正倫坐漏言貶。○魏徵坐薦正倫、侯君集，絶昏仆碑。○欲自觀國史，朱子奢諫。○上命直書六月四日事。○張亮爲相。○李大亮不負恩，張弼不伐。○高麗攻新羅。新羅求救，上使相里玄獎語高麗，不戢兵將擊爾國。○徙承乾於黔州，順陽王泰於均州。上曰：「朕非不念泰。社稷之故，不得不以義斷之。」○作考使邸舍。○奪封德彝贈官，改其謚。○選良家女納東宫，太子辭。○上以太子仁弱，欲更立吴王恪，長孫無忌諫而止。仍戒恪以燕王旦。

自四月以後卷第一百九十七

甲辰（六四四）

閼逢執徐

二乙巳、三甲戌、六癸卯、七壬申、九辛未朔。○本志：十月辛丑朔，食，房二度。五月，太白、辰合東井。

十八

相里玄獎還，言蓋蘇文不肯釋新羅，上乃議討之。褚遂良諫，李世勣勸行。○遂良謂四夷身外之物。○上謂高麗有罪，今爲可亡之時。○上謂薛萬徹非大勝則大敗。○長孫無忌謂陛下撥亂，太子守文。○劉洎諫上以英辯折言者。馬周諫以喜怒遷賞罰。○命張儉等先擊遼東。○韋挺、蕭説督河南北運糧。○上舉長孫無忌等得失以戒之。○岑文本爲中書令，受弔不受賀。○褚遂良爲相。○焉耆貳於西突厥。郭孝恪討之，擒其王突騎支。○上計孝恪捷奏當至，言未畢而至。○上詰吐屯使者，吐屯懼而返國。○褚遂良諫受蓋蘇文白金。○上以焉耆王戒太子。○鄭元璹謂遼東糧道艱阻，東夷善守城。○上責怒程名振，名振不懼。○命張亮等以舟師趨平壤，李世勣等帥步騎趨遼東。○手詔諭天下，減供頓太半。○李大亮臨終諫伐高麗。○承乾死於黔州。○突厥之衆棄俟利苾，南渡河。上處之於勝夏之間。○上謂德澤洽則四夷可使如一家，猜忌多則骨肉不免爲讎敵。○又謂突厥不北走薛延陀，南來歸我，其情可見。○又謂自今十五年，保突厥無事。○俟利苾輕騎歸朝。

乙巳（六四五）

旃蒙大荒落

正庚午、二己亥、四戊戌、六丁酉、九丙寅、十一乙丑朔。○本志：六月丙辰，太白、辰合東井。七月壬午，太白入太微，遂犯左執法。

十九

韋挺坐運糧失期，除名。○上發洛陽。○詔太子監國於定州。○尉遲敬德諫伐高麗。○或詣留臺告房玄齡反。上腰斬告者，責玄齡不自信，令專決。○上祭魏太祖，稱一將之智有餘，萬乘之才不足。○上不進春蔬，懼煩擾。○士卒不預征名，願以私裝從軍者，動以千計。○戒太子以賞罰。○命高士廉等輔太子，以張行成、高季輔爲相。長孫無忌等從行。○李世勣趣玄菟，江夏王道宗趣新城，張儉趣建安。○岑文本精神耗竭而卒，上爲之撤夜警。○李世勣等拔蓋牟城。○程名振等拔卑沙城。○上度遼澤。○江夏王道宗謂前軍當清道以待乘輿，遂敗高麗兵於遼東城下。○上度遼水，撤橋以堅士心。○上自於馬上負土。○攻拔遼東。○上爲李思摩吮血。○契苾何力槊中腰，束瘡而戰。○上以唐幟降白巖城。○上謂李世勣：「庶因將軍，贖此一城。」○契苾何力得刺己者，以爲忠勇而釋之。○上謂加尸城人：「得一人而滅一家，吾不忍。」○進攻安市。○高延壽、惠真將兵十五萬救安市。○上謂延壽連城固壘爲上策，拔城俱遁爲中策，來戰爲下策。○對盧欲頓兵曠日，分兵絶餽運。○長孫無忌謂士卒喜形於色，此必勝之兵。○江夏王道宗請以精卒五千，乘虚取平壤。○上大破高麗於駐蹕山。延壽以三萬六千人降，上徙其酋豪三千餘人，阬靺鞨三千餘人，餘皆縱之。後黄城、銀城皆拔走。○張亮踞胡牀，直視將士，以爲勇，而破敵。○上獲諜者，賜食與屩而遣之。○軍士單行野宿如中國。○上謂薛延陀真珠：「我父子東征，汝能爲寇，亟來。」○真珠卒，子拔灼殺其兄曳莽，自立爲多彌可汗。○上欲使李世勣先攻建安，世勣請先取安市。高延壽等請取烏骨，直趣平壤。長孫無忌以爲天子不可乘危徼幸。○上聞雞彘喧，知虜將襲營。○傅伏愛守土山，爲虜所奪。○上以天寒食盡班師。○安市城主拜辭，上賜縑百匹。○凡拔十城，獲口七萬，斬首四萬。○上曰：「魏徵在，不使我有是行。」召其妻子勞賜之。○祭士卒死事者，親哭之。○上經寒暑，不易褐袍。○高麗應賞軍者萬四千口。上閔其父子夫婦離散，贖而免之。○陳元璹地室種蔬，上免其官。○太子爲上吮癰，扶輦步從數日。○薛延陀寇夏州，執失思力破之。○劉洎爲人所譖，賜自盡。

丙午（六四六）

柔兆敦牂

正甲子、三癸亥、四壬戌、六辛酉、八庚申、閏三。四一日，小滿。○本志：閏三癸巳朔，食，胃九度。七月丁未，歲守東壁。

二十

執失思力大破薛延陀。多彌走，所部騷然。○孫伏伽等巡察四方。○李靖謂取高麗，道宗所解。詔以機務委太子。○上於寢殿側置太子院。褚遂良請旬日遣還宮。○上赦草中帶横力及拂御衣者。○張亮坐養假子五百，與術士論符讖，誅。○李道裕謂亮反形未具。上以爲刑部侍郎。○西突厥射匱請昏，使割五國爲聘。○回紇吐迷度等擊薛延陀，上亦使江夏王道宗擊之。薛延陀諸部離散，多彌逃遁而死。餘衆西奔鬱督軍山，立咄摩支。○上遣李世勣招討。自幸靈州撫納敕勒。○張行成請使太子監國。○咄摩支降。○敕勒諸部各遣使降，請置官司。詣靈州者數千人。○蕭瑀謂房玄齡等朋黨執權，但未反耳。○瑀請出家，尋復違異，貶商州。○蓋蘇文驕慢，更議討高麗。○上以疾，委政太子。羣臣請封禪。○回紇等酋長皆入朝。○上謂生日奈何忘劬勞爲宴樂。○褚遂良謂房玄齡無大罪不可棄。

自六月以後卷第一百九十八

丁未（六四七）

強圉協洽

正戊子、三丁亥、五丙戌、七乙酉、九甲申、十一癸未朔。

二十一

高士廉薨。長孫無忌伏泣諫上臨喪。○分敕勒諸部，置六府七州。○敕勒請置六十八驛，謂之參天可汗道。北荒悉平。○詔以來春封禪。○李世勣、牛進達伐高麗。○上謂禹與民同利，故勞而不怨。○上得風疾，作翠微宮於終南山。○置燕然都護。○上幸翠微宮。○王師旦不取張昌齡、王公治，以其文體輕薄，恐傷雅道。○上自謂以五事懷服華夷。○李世勣破高麗數城。○長孫無忌領揚州都督。○贖中國人在敕勒者。○房玄齡謂李緯美髭鬢。○牛進達破高麗於積利城。○作玉華宮。○以水災停封禪。○以骨利幹爲玄闕州。○段志沖請致政太子，上不誅。○上納巢剌王妃，生曹王明。○軍鼻初入貢。○阿史那社爾等伐龜茲。

戊申（六四八）

著雍涒灘

正壬午、三辛巳、六庚戌、八己酉、十戊申、十二丁未朔。閏十二。○本志：八月己酉朔，食，翼五度。七月乙巳，鎮守東井。閏月辛巳，太白犯建星。

二十二

上謂太子：「當法古之哲王，吾不善猶多，不足法。」○馬周薨。○崔仁師爲相。○新羅王善德卒，妹真德立。○薛萬徹等擊高麗。○結骨俟利發來朝，緑睛赤髮，自古未通中國。○元正，四夷朝賀者常數百千人。○上謂漢武窮兵疲弊，豈若綏之以德，使盡爲編户。○營玉華宮，覆以茅茨，費已鉅億計。○崔仁師流連州。○隋蕭后卒。○徐充容諫征伐、營繕。○梁建方破松外諸蠻，降十餘萬户，通西洱道。○古神感浮海破高麗。○西突厥賀魯帥數千帳内屬。○王玄策奉使天竺，發諸國兵擊阿羅那順，擒之。降城邑聚落五百餘所。○上謚蕭瑀曰貞褊。○襄城公主辭别第。○上議再征高麗，命劍南造海船。○李君羨以謡讖誅。○李淳風謂王者不死，徒殺無辜。○房玄齡諫征高麗。○玄齡薨。○阿史那社爾擊處月、處密，降之。○邛、雅、眉獠反，命張士貴、梁建方等擊之。○長孫知人言蜀民苦造舡之役。○回紇吐迷度兄子烏紇殺吐迷度。元禮臣誘烏紇斬之。○阿史那社爾擊斬焉耆王阿那支，破龜茲於多褐城。○立回紇吐迷度子婆閏爲俟利發。○契丹、奚内屬，置十四州。○作慈恩寺。○阿史那社爾拔龜茲，虜其王布失畢。其相那利收餘衆，攻郭孝恪，殺之。曹繼叔等討擒那利。社爾立龜茲王葉護而還。○立賀魯爲沙鉢羅葉護。○新羅相金春秋入見。

自四月以後卷第一百九十九

己酉（六四九）

屠維作噩

正丙午、三乙巳、五甲辰、八癸酉、十壬申、十二辛未朔。正二日，雨水。

二十三

拔悉密等内附。○上黜李世勣爲疊州都督，使太子擢任之。○李靖薨。○太子侍疾，髮變白。○上謂太子：「無忌、遂良在，汝勿憂天下。」○上崩於翠微宮。無忌等使太子先還長安，以于志寧爲相，乃發喪。○以遺詔罷遼東役及土木功。○高宗即位。○李勣爲相。○薛萬備説于闐王伏闍信入朝。○阿史那社爾、契苾何力請殺身殉葬，上不許。○許敬宗請藏弘農府君主于夾室。○唐臨所處囚不稱冤。○吐蕃弄讚與長孫無忌書，云：「臣下有不忠者，當勒兵除討。」○詔濮王泰開府置僚屬。

庚戌（六五〇）

上章閹茂

二庚午、四己巳、六戊辰、八丁卯、十丙寅朔。○本志：二月己丑，熒惑犯東井。四月己巳，犯輿鬼。七月辛酉，歲、太白合于柳。

唐高宗治永徽元

立王后。○日引刺史十人問民事。○或告長孫無忌反，立斬之。○無忌與褚遂良同心輔政，上恭己以聽，故永徽有貞觀遺風。○于志寧謂豈可情隨例改。○吐蕃弄讚卒，其孫立，國事決於禄東贊。○高侃擒車鼻。○龜茲大亂，遣故王布失畢歸國。○分突厥爲二都護，十都督，二十二州。○谷那律謂瓦爲油衣則不漏。○褚遂良出爲同州刺史。

辛亥（六五一）

重光大淵獻

正乙未、三甲午、五癸巳、七壬辰、九辛卯、十庚寅、十二己丑朔。閏九。十月二日，小雪。○本志：六月己丑，太白入太微，犯右執法。九月甲午，犯心前星。

二

宇文節、柳奭爲相。○阿史那賀魯帥衆西走，擊乙毗射匱，并其衆，自稱沙鉢羅可汗。西突厥十姓及西域諸國皆附之，勝兵數十萬。○遣焉耆王突騎支歸國。○滕王元嬰多不法，上書下上考以愧之。○賜元嬰及蔣王惲麻兩車。○沙鉢羅寇庭州，遣梁建方等討之。○引駕爲盜，蕭鈞謂法不至死。○頒新律令式。○長孫無忌謂小小收取人情，恐陛下亦不能免。○禁獻鷹隼犬馬。○趙孝祖破白水蠻，進擊小、大勃弄。

壬子（六五二）

玄黓困敦

二戊子、五丁巳、七丙辰、九乙卯、十一甲寅朔。○本志：正月壬戌，太白犯牽牛。丁亥，歲掩太微上將。二月己丑，熒惑犯五諸侯。五月戊子，掩右執法。案是月無戊子，疑誤。

三

梁建方等破處月朱邪孤注，擒之。○褚遂良復爲相。○上焚鞠，以杜胡人窺望之心。○韓瑗爲相。○趙孝祖破小、大勃弄，西南夷遂定。○崔敦禮等遷薛延陀餘衆於河南。○柳奭勸王后立太子忠。○見户三百八十萬。○來濟爲相。○吐谷渾弘化公主來朝。○濮王泰薨於均州。

癸丑（六五三）

昭陽赤奮若

正癸丑、三壬子、五辛亥、八庚辰、十己卯、十二戊寅朔。

四

房遺愛、薛萬徹、柴令武坐謀反誅。○長孫無忌忌吳王恪才望，與荆王元景、高陽巴陵公主皆賜死。○宇文節流嶺表。○林邑伽獨弑其王真龍，滅范氏。國人立諸葛地爲王。○張行成薨。○睦州女子陳碩真反，崔義玄討斬之。○崔敦禮爲相。○高季輔薨。○西突厥乙毗咄陸卒，子真珠立，與沙鉢羅相攻。

甲寅（六五四）

閼逢攝提格

二丁丑、四丙子、閏五乙亥、七甲戌、九癸酉、十二壬寅朔。六一日，大暑。

五

王后薦武昭儀以間蕭淑妃之寵。昭儀大幸，后及淑妃寵皆衰。○大食擊殺波斯王伊嗣侯，其子卑路斯奔吐火羅，吐火羅納之。○山水犯萬年宮。薛仁貴登門桄大呼，上驚走出。○新羅女王金真德卒，立其弟春秋。○柳奭罷政事。○上責五品以上不言事。○築長安外郭。○上赦薛景宣以開言路。○高麗攻契丹，敗於新城。○王后不禮上左右。武昭儀視后所薄者深結之，故后動靜皆知之。○昭儀自殺其女以誣后。○上幸長孫無忌弟，賜金帛十車，欲立武昭儀。昭儀母數祈請，許敬宗勸之，無忌皆不從。

乙卯（六五五）

旃蒙單閼

二辛丑、四庚子、六己亥、八戊戌、十丁酉、十二丙申朔。○本志：七月乙亥，歲守尾。己丑，熒惑入輿鬼。八月丁卯，入軒轅。

六

高麗、百濟擊新羅，取三十三城。○程名振等擊新羅於貴端水，破之。○韓瑗、來濟諫立宸妃。○長孫無忌惡李義府，出爲壁州司馬。王德儉教義府表請立武昭儀，擢爲中書侍郎。○裴行儉謂國家之禍，必由此始。○上議立武昭儀，褚遂良曰：「武氏經事先帝，天下耳目，安可蔽也。」因置笏殿階，叩頭流血。○韓瑗、來濟亦諫。○李勣謂陛下家事，何問外人。上意乃決。○許敬宗謂田舍公有十斛麥，尚欲易婦。○貶褚遂良爲潭州都督。○廢王后及蕭淑妃。○立武后。○武后請賞韓瑗、來濟，瑗、濟愈懼。○武后斷王后、蕭妃手足，投酒甕中。○許敬宗請廢太子忠，立皇后子弘。○遣使立西突厥頡苾達度設爲可汗，沙鉢羅拒之，不果立。○李義府爲相。人謂義府笑中有力，亦謂之李猫。

丙辰（六五六）

柔兆執徐

二乙未、五甲子、七癸亥、九壬戌、十一辛酉朔。○本志：四月丁酉，太白犯東井北轅。

顯慶元

以太子忠爲梁王，立太子弘。○杜正倫爲相。○來濟謂養人在省征役。○初以高祖、太宗配圜丘、明堂。○崔敦禮薨。○程知節擊西突厥，破之。○畢正義爲李義府自殺，王義方彈之。○蘇定方敗西突厥於鷹娑川，王文度疾其功，使騎士結陳而行，且專節制。定方勸程知節斬之，不從。文度又殺恒篤胡取其財，定方曰：「此乃自爲賊耳。」○韓瑗爲褚遂良訟冤。○劉洎子訟父冤，樂彥瑋曰：「若雪洎罪，則謂先帝用刑不當乎！」

丁巳（六五七）

强圉大荒落

正庚申、二己未、四戊午、七丁亥、九丙戌、十一乙酉朔。閏正。二一日，春分。

二

遣蘇定方及阿史那彌射、步真擊沙鉢羅。○初隔日視事。○上不留婆羅門術士，謂果有不死之人，今皆安在。○許敬宗、李義府誣韓瑗、來濟，云與褚遂良謀反，皆貶嶺南刺史。○遂良表陳舊功，上不省。○南郊、明堂不祀五帝，北郊不祭神州地祇。○許敬宗爲相。○蘇定方破西突厥，擒沙鉢羅。○立阿史那彌射、步真爲興昔亡、繼往絶可汗。○以洛陽宮爲東都。○禁僧尼受父母拜。○劉祥道陳選法。

戊午（六五八）

著雍敦牂

正甲申、三癸未、五壬午、七辛巳、九庚辰、十二己酉朔。

三

行許敬宗等所修新禮。○龜茲王布失畢卒，立其子素稽。○徙安西都護於龜茲。○程名振等擊高麗，拔赤烽。○李義府、杜正倫相詆訐，上兩責之，皆貶。○阿史那賀魯請死於昭陵之前。○分西突厥地爲六都督府。○辛茂將爲相。○尉遲敬德學延年術，奏清商樂，以自奉養。○褚遂良卒。

自十月以後卷第二百

己未（六五九）

屠維協洽

二戊申、四丁未、六丙午、八乙巳、十甲辰、十一癸卯朔。閏十。十一一日，冬至。

四

唐臨坐挾私選授，免官。○西突厥興昔亡與真珠戰，殺真珠。○許圉師爲相。○李奉節告韋季方朋黨，許敬宗鞫之，因誣長孫無忌謀反。上竟不引問，徙無忌於黔州，遂免于志寧官，除柳奭、韓瑗名。○任雅相、盧承慶爲相。○誅趙持滿。○更修姓氏録，以后族爲首。○議封禪，以高祖、太宗並配天。○遣使重鞫長孫無忌，逼令自殺。誅柳奭於象州。○李義府復入相。○以石米等國爲州縣。○太子加元服。○詔王、李、盧、崔、鄭不得爲昏。○上初幸東都。○思結都曼反，遣蘇定方討之。

庚申（六六〇）

上章涒灘

正壬寅、四辛未、六庚午、八己巳、十戊辰、十二丁卯朔。○本志：六月庚午朔(二)，食，□五度。二月甲午，熒惑入南斗。六月戊申，復犯之。案是月無戊申，疑誤。

五

蘇定方克思結，虜都曼以歸。○上幸并州。○遣蘇定方與新羅共擊百濟。○上還東都。○作合璧宫。○命阿史德樞賓等討叛奚，降。遂討契丹，擒阿卜固。○廢梁王忠爲庶人，徙黔州。○盧承慶免。○吐蕃擊吐谷渾。○蘇定方克百濟，虜其王義慈，分其地爲五都督。○鄭仁泰擊思結等四部，破之。○上苦風眩，初令皇后決百司奏事。○上幸許州，尋還東都。○遣契苾何力等擊高麗。

辛酉（六六一）

重光作噩

二丙寅、四乙丑、七甲午、九癸巳、十一壬辰朔。○本志：五月甲子晦，食，東井二十七度。九月癸卯，太白犯左執法。

龍朔元

道琛、福信圍劉仁願於百濟府，立故王子豐爲王。劉仁軌救之，請唐曆及廟諱而行。百濟退保任存城，敗新羅將金欽。○命任雅相等三十五軍擊高麗。○上欲親征高麗，皇后表諫而止。○以西域諸國置都督八，州七十六。○蘇定方圍平壤。○新羅王春秋卒，子法敏立。○上見王勃檄雞文，逐之。○契苾何力破高麗男生於鴨緑水。○回紇婆閏卒，其姪比粟毒與諸敕勒犯邊，命鄭仁泰等討之。

壬戌（六六二）

玄黓閹茂

正辛卯、三庚寅、五己丑、七戊子、八丁亥、十一丙辰朔。閏七。八二日，秋分。○本志：七月己丑，熒惑守羽林。

二

改百官名。○任雅相薨。雅相不奏親戚故吏從軍，故賞罰平。○龐孝泰與高麗戰，并其子十三人皆死。○蘇定方解圍還。○薛仁貴三箭定天山。○鄭仁泰等討敕勒，殺掠降胡，深入無功，士卒死者什八九。楊德裔劾之，上不問。○契苾何力撫諭九姓，皆請降。○上自東都還京師。○作蓬萊宮。○上命劉仁願、劉仁軌棄熊津歸。仁軌以爲如此則百濟復興，高麗難制，守便宜不奉詔，遂擊破福信，拔真峴城，表請益兵，上從之。○百濟王豐襲殺福信。○初令八品、九品衣碧。○上官儀爲相。○詔以四年封泰山。○許圉師免官。○罷封泰山。○蘇海政與繼往絶殺興昔亡，由是西突厥叛歸吐蕃。○來濟與西突厥戰死。

癸亥（六六三）

昭陽大淵獻

正乙卯、三甲寅、五癸丑、七壬子、九辛亥、十一庚戌朔。○本志：正月己卯，熒惑犯天街。六月乙酉，太白入東井。

三

分磧南北爲雲中、瀚海都護。○李義府坐賣官，對詔不遜，流嶲州。○上徙居蓬萊宮。○吐蕃擊吐谷渾，破之。吐谷渾可汗曷鉢及弘化公主棄國走，依涼州。遣鄭仁泰等屯涼、鄯以備吐蕃，降璽書責讓之。○罷三十六州造海舡。遣竇德玄等分十道問人疾苦。○詔孫仁師助劉仁願、劉仁軌討百濟。○諸將欲攻加林城，仁軌請先攻周留城，破其巢穴。○仁師等大破百濟及倭兵於白江。百濟王豐奔高麗，王子忠勝等以周留城降，百濟盡平，唯任存城不下。○黑齒常之聚衆三萬，復百濟二百餘城。○常之與沙吒相如降仁軌，使取任存，仍以糧仗資之，曰：「二人皆敦信重義，今是其感激立效之時，不用疑也。」○仁軌存撫遺民，百濟遂定。○上官儀稱仁軌遭黜削而能盡忠，仁願秉節制而能推賢，皆君子也。○詔太子決小事。○高賢擊弓月。○大食吞滅諸胡，勝兵四十餘萬。

甲子（六六四）

閼逢困敦

正己酉、四戊寅、六丁丑、八丙子、十乙亥、十二甲戌朔。

麟德元

以殷王旭輪爲單于大都護。○郇公孝協坐贓死，上曰：「苟害百姓，雖太子不赦。」○詔以三年封泰山。○劉仁軌言顯慶五年以來，國家不恤戰士，難以成功。○武后專恣，上動爲所制，與上官儀謀廢之。后知而自訴，上羞縮而止，因歸罪於儀。后令許敬宗誣儀與故太子忠謀大逆，儀坐誅，忠賜死。自是政歸中宮，上拱手而已，中外稱「二聖」。○樂彦瑋、孫處約爲相。

乙丑（六六五）

旃蒙赤奮若

二癸酉、閏三壬申、五辛未、八庚子、十己亥、十二戊戌朔。四一日，小滿。○本志：閏三月癸酉，食，

二

吐蕃求赤水地，不許。○上幸合璧宮。○李勣謂上所爲盡善，羣臣無得而諫。○姜恪爲相。○上幸東都。○弓月、吐蕃侵于闐，命崔知辯等救之。○陸敦信爲相，樂彦瑋、孫處約罷。○初行《麟德曆》。○劉仁軌盟新羅王法敏及扶餘隆於熊津。○皇后請助祭皇地祇。○祀天以茵褥，罍爵代藁秸、陶匏。○郊廟初用《慶善》、《破陣》二舞。○上發東都，華夷衛從數百里。○米斗五錢，麥、豆不列于市。○許敬宗對帝丘，竇德玄曰：「吾不强對以所不知。」○張公藝九世同居，書「忍」字百餘。○上至泰山。

自八月以後卷第二百一

胃九度。三月戊午，熒惑犯東井。四月壬寅，入輿鬼犯質星。

丙寅（六六六）

柔兆攝提格

用李淳風《麟德曆》：二丁酉、五丙寅、七乙丑、八甲午、十癸巳、十二壬辰朔。○本志：八月乙巳，熒惑入東井。

乾封元

上封泰山，禪社首。○李義府卒。○上謁老君於亳州，追尊玄元皇帝。還京師。○陸敦信罷。○鑄乾封泉寶錢。○泉蓋蘇文卒，子男生代之，弟男建、男産與之相攻。男生來求救，遣契苾何力等救之。○劉仁軌爲相，不恨袁異式。○竇德玄薨。○武后逐其兄元慶、元爽，殺其從兄惟良、懷運，棘鞭其嫂見骨而死。○劉祥道薨。○遣李勣等擊高麗。○杜懷恭謂勣欲以我立法耳。

丁卯（六六七）

强圉單閼

三辛酉、六庚寅、八己丑、九戊午、十一丁巳、閏十二丙辰朔。○本志：八月己丑朔，食，翼六度。

二

上耕藉田，去耒耜彫飾者，耕九推。○罷乾封泉寶錢。○廢生羌十二州。○李安期謂公卿薦賢，讒者已謂之朋黨。○楊弘武、戴至德、張文瓘、趙仁本爲相。○張文瓘諫造宫室，征四夷。○李安期出荆州。○上以疾，命太子監國。○李勣拔新城。○薛仁貴破高麗，拔南蘇等三城。○郭待封以離合詩求糧仗。○元萬頃檄高麗，請其不守鴨緑。○郝處俊據胡床食乾糒。○合祀昊天五帝於明堂。

戊辰（六六八）

著雍執徐

二乙卯、五甲申、七癸未、九壬午、十一辛巳朔。正一日，雨水。

總章元

李勣、薛仁貴拔扶餘城。○賈言忠謂先帝征高麗不克者，未有釁也。○詔定明堂制度。○許敬宗謂彗見東北，高麗將滅。上曰：「高麗亦朕百姓。」○劉仁願流姚州。○李勣剋平壤，虜高麗王藏及泉男建等。○郝處俊諫餌婆羅門藥。○李勣凱還，分高麗爲九都督府、四十二州。以薛仁貴爲安東都護鎮撫之。○李勣戒劉延祐獨出人右。○太子諫籍没征遼亡卒家。○閻立本爲相。

己巳（六六九）	屠維大荒落 正庚辰、三己卯、五戊寅、七丁丑、十丙午朔。○本志：六月戊申朔，食，東井二十九度。	二 李敬玄爲相。○盧承慶判考三改。○郝處俊爲相。○詔定明堂制度，法象陰陽，不果立。○徙高麗三萬餘户於江淮及山南、京西。○來公敏諫幸涼州。○詔徙吐谷渾就涼州南山，議不決而止。○李勣謂脩短有期，豈能就醫工求活。○勣謂弟弼：「子孫有志氣不倫，交遊非類，先撾殺乃奏聞。」○勣薨。○勣選將，必訾相豐厚者遣之。○勣曰：「雖欲久爲姊煑粥，其可得乎！」○勣自謂年二十爲大將，用兵以救人死。○裴行儉定選法。
庚午（六七〇）	上章敦牂 正乙亥、二甲辰、四癸卯、六壬寅、八辛丑、十庚午朔。閏九。十月一日，小雪。○本志：六月壬寅朔，食，東井十八度。七月壬申，熒惑入東井。十二月丙子，入太微。	咸亨元 劉仁軌罷。○徐齊聃諫令突厥子弟事東宮。○吐蕃陷西域十八州，罷西安等四鎮。○命薛仁貴等討吐蕃。○高麗劍牟岑反，立安舜爲主。命高侃等討之。安舜殺劍牟岑，奔新羅。○郭待封與薛仁貴不叶，不用其策。與吐蕃論欽陵戰，大敗於大非川。○后母楊氏卒，令九品以上詣宅哭。○皇后以旱請避位。○命姜恪將兵禦吐蕃。○趙仁本罷。○官名復舊。

校勘記

〔一〕「月」，原作「丙」，今據《舊唐書·天文志》改。

資治通鑑目録卷第二十

端明殿學士翰林侍讀學士太中大夫提舉西山崇福宮上柱國河内郡開國公食邑二千二百户食實封玖佰户賜紫金魚袋臣司馬光奉敕編集

		卷第二百二
辛未（六七一）	重光協洽 正乙亥、二戊辰、四丁卯、五丙申、七乙未、十甲子朔。〇本志：十一月甲午朔，食，箕九度。四月戊辰，熒惑復犯太微垣。	唐高宗咸亨二 上幸東都。〇命阿史那都支安集五咄陸之衆。〇流賀蘭敏之於嶺南。〇高侃破高麗於安市城。〇上幸許、汝。
壬申（六七二）	玄黓涒灘 二癸亥、四壬戌、五辛卯、六庚申、八己未、十戊午朔。〇本志：十一月戊子朔，食，尾十度。	三 梁積壽討叛蠻。〇徙吐谷渾於靈州，故地皆入吐蕃。〇姜恪薨。〇仲琮言吐蕃議事，常自下而起。〇袁思古、王福時謚許敬宗曰「繆」。〇上還京師。〇高侃敗高麗於白水。新羅救高麗，侃擊破之。〇劉仁軌爲相。〇邢文偉撤膳諫太子。〇王及善不肯擲倒。
癸酉（六七三）	昭陽作噩 二丁巳、四丙辰、閏五乙卯、六甲申、八癸未、十壬午朔。六一日，大暑。	四 命劉仁軌等刊補許敬宗《國史》。〇李瑾行破高麗於瓠廬河。〇閻立本薨。〇蕭嗣業討弓月、疎勒。弓月、疎勒入朝，赦其罪，遣還。

年	歲名	紀事
甲戌（六七四）	閼逢閹茂 二辛巳、四庚辰、六己卯、七戊申、九丁未、十一丙午朔。○本志：三月辛亥朔，食，婁十三度。六月壬寅，太白入東井。	上元元 劉仁軌等討新羅，立金仁問爲其王。○召武承嗣于嶺南。○追尊祖宗謚號。上稱天皇，皇后稱天后。○定九品以上七等服色。○追復長孫晟、長孫無忌官爵。○郝處俊諫令雍、周二王主音樂分朋角勝。○上幸東都。○或告蔣王惲謀反，自殺。○天后請舉人習《老子》，父在爲母服三年，增京官禄。○劉曉論選曹以書判取士。○又論禮部用文章爲甲乙，有朝登甲科，名陷刑辟。日誦萬言，何關理體，文成七步，未足化人。
乙亥（六七五）	旃蒙大淵獻 二乙亥、五甲辰、七癸卯、八壬申、十辛未、十二庚午朔。○本志：正月甲寅，熒惑犯房。	二 吐蕃來請和，不許。○劉仁軌破新羅於七重城。新羅王法敏謝罪。仁問還。○上欲使天后攝政，郝處俊、李義琰諫而止。○北門學士參決時政。○韋機杖宦者，上賞之。○天后廢周王妃趙氏，幽殺之。斥常樂公主於括州。○太子請嫁義陽、宣城二公主。○太子弘薨，追尊爲孝敬皇帝。○立雍王賢爲太子。○徙杞王上金於澧州。○劉仁軌以美言許訴者。戴至德據理難詰，而密爲奏辨。○太子嫗謂至德爲不解事僕射。○大理囚聞張文瓘改官，皆慟哭。
丙子（六七六）	柔兆困敦 二己巳、四戊戌、六丁酉、八丙申、十乙未、十二甲午朔。閏三。四一日，小滿。○本志：正月丁卯，太白犯牽牛。	儀鳳元 徙安東都護於遼東。○詔封嵩岳。○來恒、薛元超爲相。○吐蕃寇鄯、廓、河、若等州。○罷封中嶽。○李義琰、高智周爲相。○吐蕃寇疊州。○桂、廣、交、黔選補初遣使。○狄仁傑諫誅誤斫陵柏者。○郇王素節降封鄱陽，徙袁州。○改元，赦。
丁丑（六七七）	强圉赤奮若 二癸巳、四壬辰、七辛酉、九庚申、十一己未朔。○本志：八月辛亥，太白犯軒轅左角。	二 上耕藉田。○遣高藏、扶餘隆各歸其國，安輯餘衆，徙安東都護於新城以統之。既而不果。○張大安爲相。○劉思立諫遣使賑給。○吐蕃寇扶州。○徙周王爲英王，更名哲。○詔廢顯慶禮，自是禮官益無憑守。

戊寅（六七八）	**著雍攝提格** 二戊子、三丁巳、五丙辰、七乙卯、十甲申、閏十一癸未朔。十二一日，大寒。〇本志：十月戊寅，熒惑犯鉤鈐。案是月無戊寅，疑誤。	**三** 百官朝天后。〇劉仁軌請李敬玄鎮洮河以陷之。〇改元通乾。〇上幸九成宮，從兵有凍死者。〇復奏《破陳樂》。〇張文瓘輿疾諫討新羅，尋薨。〇李敬玄與吐蕃戰，敗於西海，劉審禮陷没。〇魏元忠上疏，陳禦吐蕃之策。〇來恒薨。〇罷通乾年號。
己卯（六七九）	**屠維單閼** 正壬午、三辛巳、五庚辰、六己酉、九戊寅、十二丁未朔。〇本志：四月戊午，熒惑入羽林。七月辛巳，入天囷。	**調露元** 上幸東都。〇韋機作上陽宮壯麗，狄仁傑劾奏免官。〇仁傑劾王本立，謂上何惜罪人，以虧王法。〇戴至德薨。吐蕃贊普卒，子器弩悉弄立。上命裴行儉乘間圖之，行儉曰：「彼大臣輯睦，未可圖也。」〇盜殺明崇儼。〇太子監國。〇作紫桂宮。〇裴行儉請送波斯王泥洹師還國。〇詔今冬封嵩山。〇行儉道出西突厥，以便宜討阿史那都支及李遮匐。行儉陽爲遊獵，募得諸胡子弟近萬人，擒都支、遮匐以歸。〇北突厥阿史德温傅、奉職反，立泥熟匐爲可汗，二十四州皆應之。蕭嗣業等討之，大敗。〇霍王元軌開門待突厥，不窮叛黨。〇遣將屯井陘、龍門，以備突厥。〇罷封嵩山。〇高智周罷。〇命裴行儉將兵三十餘萬討突厥。
庚辰（六八〇）	**上章執徐** 二丙午、四乙巳、五甲戌、七癸酉、九壬申朔。〇本志：十一月壬申朔，食，尾十六度。五月癸未，熒惑犯輿鬼。	**永隆元** 上幸汝州温湯及嵩山。〇裴行儉破突厥於黑山，擒奉職，斬泥熟匐。〇行儉伏壯士於糧車，以詐突厥。〇行儉暮移營，夜水大至。〇上幸紫桂宮。〇裴炎、崔知温、王德真爲相。〇吐蕃寇河源，黑齒常之擊卻之。常之鎮河源，遠斥候，廣屯田。〇吐蕃陷安戎城，西洱諸蠻皆降之。吐蕃盡據諸羌之地，方萬餘里。李敬玄貶衡州。〇宮中疑太子賢爲天后姊所生，賢疑懼。明崇儼密言賢不堪承繼，天后疑賢殺之，乃誣賢謀反，廢爲庶人。〇立英王哲爲太子。〇高訥言坐獻《誹諧集》，流振州。〇高真行刺其子，貶睦州。〇李義琰涕泣引咎。〇王德真罷。曹王明降封零陵王，徙黔州。〇文成公主薨于吐蕃。

辛巳（六八一）

重光大荒落

正辛未、三庚午、五己巳、六戊戌、閏七丁酉、九丙申朔。八一日，秋分。○本志：十月丙寅朔，食，尾四度。

開耀元

袁利貞諫宴命婦於宣政殿及引九部伎自正門入。○袁誼謂世篤忠貞，方爲名家。突厥伏念自稱可汗，與温傅連兵爲寇。命裴行儉等討之。○天后表赦杞王上金、鄱陽王素節。○郝處俊罷。○劉仁軌謂唐家賣馬糞非嘉名。○曹懷舜與伏念戰敗於横水，約和而還。○黑齒常之破論贊婆於非良川。太平公主適薛紹。○薛顗、薛克構以公主寵盛爲懼。○夏州喪馬十八萬餘匹。○蔣儼責田遊巖不諫。○太子監國。○裴行儉離間伏念、温傅。遣程務挺等乘虛襲伏念於金牙山，伏念走保細沙，行儉又使務挺等襲之。伏念窘急，執温傅以降。○裴炎疾裴行儉功，并斬伏念及温傅。○新羅王法敏卒。○徙故太子賢於巴州。

壬午（六八二）

玄默敦牂

正乙未、三甲午、五癸巳、六壬戌、八辛酉、九庚寅、十二己未朔。○本志：四月甲子朔，食，畢五度。十月庚申朔，食，房三度。五月丁巳，辰犯軒轅。九月庚戌，熒惑入輿鬼，犯質星。十一月乙未，復犯輿鬼，去而復來，是謂勾己。

永淳元

作萬全宫。○立皇太孫重照。王方慶奏置師傅等官。○西突厥車薄反。○上以關中饑，幸東都。魏元忠使盜禁盜。○裴行儉薨。○行儉謂王勮、蘇味道必掌銓衡，王、楊、盧、駱令終爲幸。○行儉不罪碎馬腦盤者。○王方翼討車薄，平之。○上美方翼之功，以廢后近親不用。○初以岑長倩、郭正一、魏玄同、郭待舉等爲平章事。○魏玄同論選事。○兩京水旱，人相食。○李善感諫作奉天宫，時人謂之「鳳鳴朝陽」。○蘇良嗣囚宦者，諫移竹。○謝祐通殺零陵王明。○薛元超諫太子遊畋。○吐蕃寇柘、松、翼州，遣李孝逸等禦之。○劉景先爲相。○突厥阿史那骨篤禄、阿史德元珍等反，薛仁貴擊破之。○婁師德破吐蕃於河源〔一〕。

癸未（六八三）

昭陽協洽

四戊午、六丁巳、七丙戌、九乙酉、十甲寅朔。

弘道元

上幸奉天宫。○突厥寇定州、嬀州。○骨篤禄圍單于府。○李義琰致仕。○崔知温薨。○上還東都。○白鐵余反，程務挺討平之。○骨篤禄寇蔚州。○唐休璟謂豐州不可廢。○詔來年封嵩山。○薛元超罷。○召太子赴東都。○上幸奉天宫。○罷封嵩山。○天后不欲上疾愈，欲斬秦鳴鶴。○命程務挺討骨篤禄。○太子監國。○上還東都。○上崩，遺詔軍國大事兼取天后進止。○太子即位，太后臨朝攝政。○裴炎遷政事堂於中書。郭正一罷。

甲申（六八四）

閼逢涒灘

二癸丑、四壬子、六辛巳、七庚戌、九己酉、十一戊申朔。閏五。六一日，大暑。

唐則天后嗣聖光宅元

立韋后。○韋弘敏爲相。○中宗謂我以天下與韋玄貞，何不可。裴炎以白太后。廢帝爲廬陵王。立豫王旦爲帝，居別殿，不得有所預。○立劉后。○飛騎飲於坊曲，有惡言。坐未散，皆捕誅之。○立太子成器。○廢太孫重照。○劉仁軌引呂氏以戒太后，太后使武承嗣慰勞之。○太后使丘神勣殺故太子賢於巴州。○王德真、劉禕之爲相。○貶丘神勣爲疊州刺史。○遷廬陵王于均州。○高宗靈駕西還。○武承嗣爲相。○路元叡爲崑崙所殺。○骨篤禄等寇朔州。○葬高宗。○馮元常言中宮權太重。○又謂瑞石詒詐。○武承嗣罷。○改旗幟從金色。○改百官名。○裴炎諫追王武氏，由是獲罪。○太后作五代祠堂於文水。○徐敬業等起兵於揚州，以匡復廬陵王爲辭。○李崇福以楚州應敬業，劉行舉以盱眙拒之。○命李孝逸將兵三十萬討敬業。○武承嗣等欲誅諸王，裴炎固爭。○又謂太后歸政，則敬業不討自平。○崔詧告炎有異志。太后收炎下獄，令騫味道鞫之。○李景諶證炎必反。劉景先、胡元範、蔣儼保其不然。味道、景諶尋爲相。○魏思温勸徐敬業引兵直趣洛陽。薛仲璋以爲金陵有王氣，不如先取潤州，敬業從之。思温知其必敗。○敬業陷潤州，執李思文。○斬裴炎於都亭。劉景先、胡元範皆坐貶。○裴伷先請見直言。○劉仁軌附表殺姜嗣宗。○斲李勣棺。○李景諶罷。○沈君諒、崔詧爲相。○魏元忠勸李孝逸進擊徐敬業。薛克構、魏元忠勸孝逸先擊都梁山及淮陰。○成三朗謂唐之奇：「我死，妻子受榮；爾死，妻子戮没。」○魏元忠、劉知柔勸李孝逸縱火攻敬業，大破之於下阿溪。遂克江都，斬敬業等。○郭待舉罷。○韋方質爲相。○或譖程務挺與裴、徐通謀，太后遣使就軍中斬之。突厥宴飲相慶。王方翼亦坐流。

乙酉（六八五）

旃蒙作噩

正丁未、三丙午、六乙亥、八甲戌、十癸酉、十二壬申朔。○本志：四月癸未，辰犯東井北轅。

垂拱元

劉仁軌薨。○登聞鼓、肺石不防守。○武承嗣、裴居道、韋思謙爲相。○沈君諒、崔詧罷。○遷廬陵王於房州。○武承嗣罷。○頒垂拱格。○太后貶騫味道以推惡於君，擢劉禕之以引怨歸己。○突厥寇代州，淳于處平救之，敗於忻州。○流王德真。○蘇良嗣爲相。○詔吏民自舉。○韋待價爲相。○同羅、僕固叛，劉敬同破之。○魏玄同爲相。○元萬頃等議一祖二宗並配天地。○立阿史那元慶爲興昔亡可汗。○陳子昂上疏言遣使、守令、用兵三事。○懷義修白馬寺。

丙戌（六八六）

柔兆閹茂

二辛未、四庚午、六己巳、九戊戌、十一丁酉朔。○本志：二月辛未朔，食，營室十五度。

二

太后陽復政，睿宗固讓。○武承嗣等譖李孝逸，逐之。○初置銅匭，受密奏。○太后大開告密之門，雖農夫樵人，皆得召見，擢用不次。○使酷吏索元禮等按之，榜掠取服。周興、來俊臣等效之繼起，競爲羅織。○陳子昂諫任威刑。鑄大儀。○蘇良嗣批懷義。○王求禮請閹懷義。○立斛瑟羅爲繼往絶可汗。○俞文俊諫賀慶山。○黑齒常之破突厥於兩井。○郭翰薦狄仁傑。

丁亥（六八七）	强圉大淵獻 正丙申、二乙未、四甲午、六癸巳、八壬辰、十一辛酉朔。閏正。二一日，春分。	三 骨篤禄元珍寇昌平，黑齒常之討之。○韋思謙致仕。○蘇良嗣不鬻蔬果。○張光輔爲相。○劉禕之竊議歸政，賜死。○交阯李思慎反，殺劉延祐。曹玄靜討平之。○黑齒常之破骨篤禄元珍於黄花堆。○楊初成矯制募人迎廬陵王。○爨璧與骨篤禄戰，全軍皆没。○武承嗣譖李孝逸，流儋州。命韋待價討吐蕃，不遣御史監軍。
戊子（六八八）	著雍困敦 正庚申、三己未、四戊子、六丁亥、八丙戌、十二乙酉朔。○本志：六月丁亥朔，食，東井二十七度。	四 周悰請武氏廟立七室，減唐廟爲五室。賈大隱駁之。○毁乾元殿，立明堂，以懷義充使。郝象賢臨刑極詈，自是刑者塞口。○武承嗣獻瑞石，云得於洛水，太后始稱聖母神皇。東陽公主以長孫舅族，徙巫州。○狄仁傑廢淫祠。○琅邪王沖起兵博州，七日而死。○越王貞起兵豫州，命張光輔等討之。○貞誦經，帶辟兵符，尋敗。○沖先期舉事，四方莫之應，故敗。○常樂公主謂貞何淹回如是，勿虚生妄死。○蘇珦不鞫韓、魯。○殺韓王元嘉、魯王靈夔、常樂公主。○狄仁傑活貞黨五千口。○仁傑謂張光輔：「一貞死，萬貞生。」○騫味道、王本立爲相。○殺東莞公融。○殺薛顗、薛緒、薛紹。○霍王元軌徙黔州，道死。殺江都王緒。○殺騫味道。○太后拜洛受圖。○明堂成，高二百九十四尺。王永禮曰：「殷辛瓊臺，夏癸瑶室，無以加也。」○陳子昂諫擊雅州生羌，因襲吐蕃。
己丑（六八九）	屠維赤奮若 二甲申、四癸未、五壬子、七辛亥、九庚戌、十二己酉朔。閏九。十月一日，小雪。以十一月爲明年正月，十二月爲臘月，正月爲一月。	永昌元 太后服衮冕，饗明堂。○尊魏王爲周王，墓曰陵。○太后問陳子昂以政要，對以緩刑罰，息兵革，省賦役，撫宗室。○懷義擊突厥，至紫河，不見虜，紀功而還。○紀王慎徙巴州，道死。女楚媛以孝謹稱。○韋待價與吐蕃戰，敗於寅識迦河，除名，流繡州。○徐敬真、張嗣明多引海内之士，連坐死者甚衆，與張光輔同誅。○魏元忠臨刑免死，無憂喜之色。○懷義討骨篤禄。○魏玄同謂人殺鬼殺何殊，豈能爲告密人。○殺劉易從。吏民爲之解衣求福，直十餘萬。○黑齒常之被誣自縊。○范履冰、邢文偉爲相。○忠孝太后從配地祇。○陳子昂謂太平之朝，不宜亂臣賊子日犯天誅。○又謂陛下何不悉召見繫囚，自詰其罪。

卷第二百四

庚寅（六九〇）

上章攝提格

二戊申、四丁未、五丙子、七乙亥、八甲辰、十一癸酉朔。

天授元

始用周正。○造十二字。太后名曌。○周興奏除唐親屬籍。○武攸寧爲相，王本立罷。○韋方質傲武承嗣，流儋州。○殿試貢士。○殺范履冰。○舒王元名廢徙和州。○侯思止謂獬豸不識字。○又謂反逆之宅不願居。○王弘義謂麗景門爲「例竟門」。○朝士每入朝，與家人訣。○徐有功、杜景儉獨守平恕。○有功不杖一人，而職事修。○李日知爭內無死法。○僧法明等撰《大雲經》，稱太后當代唐主閻浮提。頒於天下。○殺澤王上金、許王素節。○素節謂病死安可得而更哭。○太后殺武攸暨妻，以太平公主妻之。○太后以太平爲類己，特有寵。○殺裴居道。○太后誅宗室殆盡，惟千金公主以巧媚得全。○傅遊藝帥關中百姓請改國號曰周，賜皇帝姓武氏。百官、四夷上表者六萬餘人。太后乃改唐爲周，自稱聖神皇帝，以皇帝爲皇嗣。尊武氏五代，立諸武爲王。○史務滋、傅遊藝爲相。○宗秦客首勸太后革命，得爲內史。○改州爲郡，尋復故。○宗秦客貶遵化尉。○殺韋方質。○邢文偉貶死。○諸州置大雲寺。○十姓爲東突厥所破。斛瑟羅徙居內地。○泉獻誠不與漢官角射。

辛卯（六九一）

重光單閼

三壬申、五辛未、六庚子、八己亥、九戊辰、十二丁酉朔。○本志：四月壬寅朔，食，昴七度。

二

始受尊號[二]。○納武氏神主於太廟，以唐廟爲享德廟。○祀昊天於明堂，以武氏祖宗及唐三帝配。○李嗣真諫任酷吏。○史務滋自殺。○來俊臣以火甕鞫周興。○升釋教於道教上。○岑長倩擊吐蕃，中道召還。○格輔元、樂思晦、任知古爲相。○徙關內戶數十萬實洛陽。○武攸寧罷，歐陽通爲相。○來俊臣以亂刀斫張虔勗。○徐思文流嶺南。○傅遊藝自殺。○武攸寧、狄仁傑、裴行本爲相。○狄仁傑不願知譖者名。○王慶之等請立武承嗣爲太子，岑長倩、格輔元沮之。承嗣諷酷吏及歐陽通。李昭德杖殺慶之，且言：「立承嗣，則天皇不血食。」○殺樂思晦、李安靜。○狄仁傑諫給學生假。

壬辰（六九二）

玄黓執徐

四丙申、閏五乙未、六甲子、八癸亥、九壬辰、十二辛酉朔。六一日，大暑。○本志：四月丙申朔，食，胃十一度。

長壽元

立于闐王瑕。○存撫使所舉人悉除遺補、御史、校書。沈全交譏之，太后不罪。○太后雖以祿位籠天下士，不職者尋亦黜之。○郭霸嘗魏元忠糞。○楊執柔爲相。○築東都外城。○任知古、狄仁傑等下獄。○王德壽使仁傑引楊執柔，仁傑觸柱流血。○魏元忠謂侯思止：「須頭截取，何必承反。」○仁傑裂衾爲書訴冤，得召見。與知古等七家俱免死。○樂思晦男訴俊臣酷虐。○霍獻可請殺其舅裴宣禮，觸階流血。○薛謙光論試策、彎弧不足取文武士。○來俊臣殺泉獻誠。○李遊道爲相。○袁智弘爲相。○改元如意，禁屠殺。○出杜肅表示張德。○吐蕃昝捶等內附，張玄遇納之。○徐堅諫按獄者專殺。○李昭德讓武承嗣權重，父子猶篡，況於姑姪。○崔元綜、李昭德、姚璹、李元素、崔神基、王璿爲相。○李昭德謂洛石豈盡反。○太后謂詐爲瑞物，心非惡。○猫食鸚鵡。○戶婢謂新官爲「鬼朴」。○嚴善思按告密者，八百五十餘人引虛。○朱敬則謂人心已定，宜省刑尚寬。○周矩諫任酷吏，制獄稍衰。○太后以生齒改元。○於并州置北都。○李遊道等五相同流。○王孝傑破吐蕃，復取四鎮。

卷第二百五

癸巳（六九三）

昭陽大荒落

三庚寅、五己丑、七戊子、九丁亥、十一丙戌朔。○本志：九月丁亥朔，食，角十度。

二

太后享明堂，以武承嗣、三思爲亞、終獻。舞神宫樂，用九百人。户婢譖殺劉妃、竇德妃。○徐有功爭龐氏獄坐絞，掩扇熟寐。○有功謂：「失出，臣下之小過；好生，聖人之大德。」○姚璹請作《時政記》。○婁師德爲相。○師德謂唾面當笑而受之。○裴匪躬等坐私謁皇嗣，腰斬。○安金藏剖胸出五藏，以明皇嗣不反。○罷《老子》，習《臣軌》。新羅王政明卒，子理洪立。○侯思止坐畜錦誅。○遣萬國俊等殺六道流人二千餘人。○太后加金輪尊號。○追加祖考渾元等號。○姚璹罷。豆盧欽望、韋巨源、陸元方爲相。

甲午（六九四）

閼逢敦牂

正乙酉、三甲申、六癸丑、八壬子、十辛亥、十二庚戌朔。○本志：九月壬午朔，食，軫十八度。

延載元

突厥骨篤禄卒，弟默啜立，寇靈州。○室韋反，李多祚破之。○婁師德充河源營田使。○王孝傑破吐蕃勃論等於冷泉。○蘇味道爲相。○以懷義爲大總管。○李昭德、蘇味道爲長史，司馬以討默啜。未行，虜退而止。○懷義撻昭德。○王孝傑爲相。○太后稱越古金輪聖神皇帝。○永昌蠻薰期内附。○武什方以妖妄爲相，尋罷。○王孝傑爲瀚海總管，受懷義節度。○姚璹、楊再思、杜景儉爲相。○豆盧欽望請九品輸俸以助軍，王求禮言其不可。○鑄天樞。○來俊臣貶同州。王弘義流瓊州死。○李昭德以專權流竄。○杜景儉謂梨花秋開，咎在臣等。○李元素、周允元爲相。○嶺南獠反，張玄遇討之。

乙未（六九五）

旃蒙協洽

二己酉、三戊申、五丁未、八丙子、十乙亥、十二甲戌朔。閏二。三一日，穀雨。○本志：二月己酉朔，食，營室五度。

天册萬歲元

太后加號慈氏，改元證聖。○豆盧欽望等五相同貶。○周矩按僧懷義，流其徒千人。○懷義燒天堂及明堂。○劉承慶請罷酺宴及修佛舍。○劉知幾表陳四事。○誅僧懷義。○太后去「慈氏越古」之號。○天樞成。○吐蕃寇臨洮，王孝傑討之。○太后加號天册金輪大聖皇帝，改元。○默啜遣使請降。

丙申（六九六）

柔兆涒灘

二癸酉、三壬寅、五辛丑、八庚午、十一己亥朔。○本志：十一月乙丑，歲犯司怪。

萬歲通天元

封神嶽，禪少室。○武攸緒棄官隱嵩陽。○改崇尊廟爲太廟。○王孝傑、婁師德與吐蕃戰，敗于素羅汗山，皆罷免。○新明堂成。○孫元亨爲相。○契丹李盡忠、孫萬榮反，攻陷營州。○曹仁師等與契丹戰，敗於黄麞谷，張玄遇、麻仁節皆爲契丹所虜。○募囚徒及奴以擊契丹。○邊州初置武騎團兵。○命武攸宜討契丹。○陳子昂言軍事。○突厥寇涼州，執許欽明。○許欽寂使安東堅守。○吐蕃請和，求去四鎮兵，分十姓地。郭元振言軍事。○王方慶、李道廣爲相。○突厥默啜請討契丹，拜遷善可汗。○李盡忠卒，孫萬榮代之。默啜襲破松漠。萬榮收餘燼復振，陷冀州，圍瀛州。○狄仁傑開城縱民還農。○姚元崇治軍書，剖析如流。○徐有功爲御史，人相賀。○潘好禮謂張釋之所行易，有功所行難。

丁酉（六九七）

強圉作噩

正戊戌、三丁酉、五丙申、六乙丑、八甲子、十二癸巳朔。以十一月爲閏十月，以就十一月甲子朔。於是十月二十八日小雪，十一月二十九日大寒。

神功元

默啜寇靈州，許欽明求美醬、粱米。○劉思禮、綦連耀謀反，武懿宗鞫之，連引李元素、孫元亨、王勮等三十六家，皆族誅。○樊甚子訟父冤，自剖其腹。劉如璿歎泣，坐流瀼州。○張易之、昌宗得幸太后。○默啜寇勝州。○婁師德爲相。○王孝傑將兵十七萬與孫萬榮戰於東硤石，墜崖死，將士殆盡。武攸宜軍漁陽。萬榮乘勝寇幽州。○姚璹等以降户與突厥，默啜益彊。○田歸道言默啜必負約。○鑄九鼎成。○太后問王及善政事，留爲内史。○命武懿宗等討契丹。○朱前疑云夢太后八百歲，得拾遺。輸馬求五品，斥歸田里。○武承嗣以侍婢族喬知之。○李昭德、來俊臣同誅。○王及善、吉頊謂俊臣不可不誅。○俊臣欲羅告斛瑟羅，取其婢。○選曹謂：「亂國家法，罪止一身；違俊臣語，立見滅族。」○侯敏妻勸敏疎俊臣。○宗楚客爲相。○武懿宗聞契丹將至，自趙州退保相州，契丹遂屠趙州。○默啜襲孫萬榮新城，取之。○楊玄基與奚合擊萬榮。萬榮軍敗而逃，爲奴所殺。○武承嗣、武三思爲相，尋罷。○武懿宗多所誅殺，河北人以比何阿小。○王求禮請斬懿宗以謝河北。○姚璹左遷。○姚元崇請以百口保無反者。○狄仁傑、杜景儉爲相。○狄仁傑謂秦皇窮兵而亡，漢武悔悟而存。請棄四鎮，以封斛瑟羅；棄安東，以封高氏。敕邊兵嚴守備，待戎狄至而擊之。○李嶠始置員外官數千。○改正月爲閏月，取正月甲子朔冬至。

戊戌（六九八）

著雍閹茂

正壬戌、三辛酉、四庚寅、六己丑、八戊子、十丁亥朔。○本志：五月庚午，太白犯天關。

聖曆元

宗楚客罷。○武承嗣求爲太子。狄仁傑爲太后分別子母姑姪親疎。○又謂太宗勤勞天下，子孫當享其禄。陛下立子則廟食無窮，立姪則未聞祔姑於廟者。○又謂王者以四海爲家，何非陛下家事。○又謂起二子則兩翼振。○孫萬榮檄索廬陵王。○吉頊説張易之、昌宗非有大功無以自全，宜勸主上立廬陵王爲太子。○太后使徐彦伯召廬陵王於房陵。○閻知微送武延秀逆突厥女，張柬之諫。○杜景儉罷。○默啜曰：「武氏兒門户不敵，罔冒爲昏。」乃執延秀，立閻知微爲南面可汗。發兵襲靜難等軍，破之。○裴懷古不受官，逃歸。○敬暉罷修城收穀。○王方慶罷。○武承嗣薨。○狄仁傑舉子光嗣爲郎。○元行沖請備仁傑藥物之末。○命武重規等擊突厥。○默啜陷定州。○武攸寧爲相。○閻知微蹋《萬歲樂》。○默啜陷趙州，高叡與妻秦氏閉目而死。○立廬陵王爲太子，使爲元帥，狄仁傑副之，以擊突厥。○蘇味道爲相，以模稜處事。○默啜大殺掠而去，還漠北。○狄仁傑請曲赦河北。○又謂人猶水也，壅之則爲泉，導之則爲川。○又謂邊塵暫起，不足爲憂；中土不安，此爲大事。○姚元崇、李嶠爲相。○誅閻知微三族。○張柬之請廢姚州。

己亥（六九九）

屠維大淵獻

二丙戌、四乙酉、五甲寅、七癸丑、八壬午、十一辛亥朔。

二

以皇嗣爲相王。○置控鶴府官。員半千諫，斥之。○吉頊、魏元忠爲相。○宗楚客兄弟坐貪侈貶。○太后重眉，成八字，百官賀。○河南、北置武騎團。○武攸寧罷。○太后幸嵩山。○閻朝隱身爲犧牲以禱疾。○吐蕃器弩悉弄殺論欽陵，其弟贊婆等來降。○命太子與諸武誓於明堂。○王及善責張易之無臣禮。○楊再思罷。○陸元方爲相。○婁師德薨。○太后謂狄仁傑：「卿因師德所薦，可謂知人。」○太后幸福昌。○使論贊婆守洪源。○諸孫復出閤。○韋嗣立請崇儒學，復冤死者官爵，還其親友。○嗣立求代兄杖。○默啜立左右察及小可汗。

卷第二百六

年	朔閏	紀事
庚子（七〇〇）	上章困敦 三庚戌、五己酉、六戊寅，閏七丁丑、八丙午、十乙巳朔。八一日，秋分。○本志：五月己酉朔，食，畢十五度。三月辛亥，歲犯左執法。十二月甲戌晦，熒惑犯軒轅。	久視元 武三思罷。○吉頊貶。○吉頊謂分泥爲天尊、佛則有爭，太子已立，諸武仍爲王，此驅之使爭也。○陸元方云：「細事不足煩聖聽。」以是罷。○命斛瑟羅鎮碎葉。○韋巨源爲相。○太后幸嵩山、温湯。○作三陽宫。○豆盧欽望罷。○太后幸三陽宫。○狄仁傑諫觀胡僧葬舍利。○長年藥成，改元。○改控鶴爲奉宸府。○命張易之集文學之士，作《三教珠英》。○朱敬則言内寵爭自薦，太后賜綵百段。○張昌儀屬選人姓薛者於張錫，并留六十餘人。○狄仁傑請赦李楷固、駱務整以爲將，破契丹。○張錫爲相，李嶠罷。○唐休璟破麴莽布支於洪源谷。○張易之惡楊元亨等，以楊素罪逐之。○魏元忠屯隴右，擊吐蕃。○狄仁傑諫造大像。○田楊名等斬阿悉吉薄露。○狄仁傑面引廷爭，太后常屈意從之。寵待無比，令太子執其馬。○仁傑薨。○仁傑薦張柬之爲相。○復以一月爲正月。○韋巨源罷，韋安石爲相。○太后幸新安。○突厥掠隴右馬。○崔融建議開屠禁。
辛丑（七〇一）	重光赤奮若 二甲辰、五癸酉、六壬寅、八辛丑、九庚午、十一己巳朔。	長安元 改元大足。○李懷遠爲相。○張錫流循州。○蘇味道步詣繫所，席地蔬食。○王求禮不賀雪。○太后幸三陽宫。○顧琮、李迥秀爲相。○迥秀妻叱媵婢，出之。○李懷遠罷。○默啜寇邊，相王爲元帥，未行而退。○蘇安恒請還政太子，侯諸武，王諸孫。太后勞而遣之。○邵王重潤、永泰郡主、武延基坐竊議張易之，皆自殺。○太后還京師，改元。○崔玄暐改官，令史設齋。○郭元振拓涼州竟千五百里，糧支數十年。
壬寅（七〇二）	玄黓攝提格 二戊戌、五丁卯、七丙寅、九乙丑、十一甲子、十二癸巳朔。○本志：九月乙丑朔，食，角初度，幾既。	二 初設武舉。○突厥寇鹽、夏。○又寇并州。命薛季昶、張仁愿拒之。○蘇安恒復請復辟。○突厥寇代州。○太子、相王等表請封張昌宗爲王，乃封鄴公。○敕告楊、豫餘黨毋得爲理。○突厥寇忻州。○吐蕃求和。○論彌薩畏唐休璟。○顧琮薨。○吐蕃寇茂州，陳大慈破之。○魏靖請詳覆來俊臣等所按獄，太后令蘇頲覆之。○張循憲薦張嘉貞。
癸卯（七〇三）	昭陽單閼 三壬戌、閏四辛酉、七庚寅、九己丑、十一戊子朔。五一日，夏至。○本志：三月壬戌朔，食，奎十度。九月庚寅朔，食，亢七度。	三 吐蕃求昏。○新羅王理洪卒，立其弟崇基。○默啜請以女妻太子之子。○朱敬則、唐休璟爲相。○烏質勒等相攻。休璟策邊事皆如程期。○斛瑟羅入朝，烏質勒併其地。○張昌宗怨魏元忠，誣云與高戩謀反，引張説爲證。宋璟謂名義至重，鬼神難欺。張廷珪謂朝聞夕死。劉知幾謂無污青史。説遂證元忠不反，并下獄。朱敬則、蘇安恒皆上疏理之，元忠等免死流貶。○元忠謂張易之、昌宗終爲亂階。○宋璟謂王晙曰：「璟不能伸魏公，深負朝廷。」○馬懷素謂崔貞慎等以親故送元忠無罪。○宋璟謂鄭杲：「非張卿家奴，何郎之有！」○太后還神都。○崔神慶請召太子降墨敕、玉契。○裴懷古平叛獠。○遣使以六條察州縣。○吐蕃器弩悉弄卒，子棄隸縮贊立。

自七月以後卷第二百七

甲辰（七〇四）

閼逢執徐

正丁亥、二丙辰、五乙酉、七甲申、七癸丑、十二壬子朔。

四

立西突厥可汗懷道。○毀三陽，作興泰宮。盧藏用諫。○韋嗣立爲相。○李迥秀貶。○朱敬則爲相，以用人爲先。○出韋嗣立等二十人爲刺史。○宗楚客爲相。蘇味道左遷。○太后幸興泰宮。○李嶠、張廷珪諫造大像。○姚元崇罷。○崔玄暐爲相。○元崇復爲相。○楊再思爲高麗舞，謂蓮花似六郎。○又謂張昌宗合神丹莫大之功。○宗楚客左遷。○韋安石奏張易之等罪，出爲楊州。唐休璟亦出。○姚元之以事相王，辭夏官尚書。○突厥遣武延秀還。○姚元之薦張柬之爲相，太后即日用之。○房融爲相。○韋嗣立薦岑羲爲員外郎，緣坐者始得進。○韋承慶爲相，弟嗣立罷。○崔玄暐請不令異姓侍疾。○季弘泰謂張昌宗有天子相。宋璟請收昌宗下獄。○李邕謂璟言可聽。○太后三遣璟出使，璟不行。○桓彦範、崔玄暐請誅昌宗。○璟固請收昌宗，太后遣詣臺。尋赦之，使謝璟，璟不見。○桓彦範謂楊嶠不欲爲御史，尤須與之。○彦範、玄暐請赦文明以來冤人。

乙巳（七〇五）

旃蒙大荒落

二辛亥、三庚辰、五己卯、七戊寅、十丁未朔。○本志：三月癸巳，熒惑犯天田。七月辛巳，掩氐西南星。

唐中宗顯神龍元

張柬之説李多祚、楊元琰，使誅張易之、昌宗。○桓彦範母謂忠孝不兩全。○多祚、李湛共迎太子。王同皎抱太子上馬。○柬之、彦範與敬暉、崔玄暐帥羽林兵入迎仙宮，斬易之、昌宗。○彦範請太后傳位太子。○玄暐云此乃所以報大德。○袁恕己從相王屯南牙。○張昌儀注第門：「一日亦足。」○太子監國。○袁恕己爲相。○太子即帝位。○周、來所陷者皆雪免。○相王爲相。○皇族復屬籍，敍官爵。○太后徙居上陽宮。上尊號曰則天大聖皇帝。○敬暉、桓彦範爲相。○暉索千騎，田歸道不與。○復國號曰唐，郊廟、百官、文字皆如舊。○貶韋承慶等三相。○姚元之泣辭太后，左遷。○立韋后。○賈虚己諫贈后父王爵。○上與后約不相禁禦。○后干預朝政，桓彦範諫。○改葬諸王公，令子孫承襲。○薛季昶、劉幽求勸張柬之等誅武三思。○上官婕妤引三思入宮，上與議政事，柬之等皆受制。○上令韋后與三思雙陸，爲之點籌。○武氏權復振，柬之等彈指出血。○崔皎諫上微行幸三思第。○三思爲相。○韋后譖譙王重福徙均州。○相王讓政事。○祝欽明爲相，韋安石罷。○酷吏死者奪官爵，存者流嶺南。○徵武攸緒，尋歸山。○上以鄭普思爲祕書監，葉靜能爲祭酒。桓彦範引貞觀事以爲諫。李邕謂神仙能令人不死，則秦皇、漢武得之；佛能爲人福，則梁武得之。○魏元忠爲相。○追贈重潤爲懿德太子。○立太廟、社稷於東都。○賜武三思、張柬之等鐵券。○敬暉等請降諸武王爵。○崔湜爲暉等伺三思，反爲三思用。○鄭愔見三思，先哭後笑。○賜敬暉等五人爵爲王，罷政事。○三思復修則天之政。○岑羲草表，畢構讀表，皆左遷。○宋璟不受三思請屬。○上官婕妤勸韋后襲則天故事，改制度以收時望。○降諸武爲郡王、國公。○僕射始不爲宰相。○祔孝敬於太廟，號義宗。○韋巨源爲相。○張柬之歸襄州。○宋務光諫後庭預政，請早立太子，抑損武三思等權任。○追立趙后。○上祀明堂。○擢張知謇、崔敬嗣以報德。○改葬韋玄貞，如太原王。○韋巨源罷。○上加尊號曰應天，皇后曰順天。○上觀潑寒胡戲。○吕元泰諫。○太后崩，去帝號。○魏元忠捧制悲泣，衆謂事去矣。○嚴善思請太后不合葬。○天下户六百一十五萬。

自二月以後卷第二百八

丙午（七〇六）

柔兆敦牂

正丙子、二乙亥、三甲辰、五癸卯、七壬寅、九辛丑朔。閏正。二一日，春分。○本志：九月壬子，熒惑犯左執法。十一月戊午，熒惑入氐。十二月丁酉，犯天江。

二

李嶠、于惟謙爲相。○公主開府置官屬。○出敬暉、桓彦範、袁恕己爲刺史。○以烏質勒爲懷德王。○韋巨源爲相。○僧慧範等加五品階。○初置十道巡察使。○韋安石罷，蘇瓌爲相。唐休璟致仕。○賜萬回號法雲公。○敬暉等左遷朗、均、亳、郢刺史。○置員外官二千餘人，宦官七品以七千餘人。○王同皎等謀殺武三思，族誅。○改贈后父酆王，置陵廟。○李懷遠致仕。○韋月將告武三思交通宮掖，上命斬之。宋璟請推按，乃流嶺南。○尹思貞詆李承嘉。○葬武后。○敬暉等貶崖、瀧、新、竇、白州司馬。○周仁軌爲韋后斬甯承基。○立太子重俊。○姚珽屢諫太子。○武三思牓后惡於天津，欲殺敬暉等。李朝隱請加推鞫，乃流暉等於瓊、瀼、瀧、環、古州。崔湜説三思遺周利用矯制殺之。○三思謂於我善者爲善人。○宗楚客等爲三思黨與。○李嶠請置員外官，已而復諫。○上還長安。○李元紘曰：「南山可移，此判無動。」○鄭普思謀作亂，蘇瓌按之。上佑普思。范獻忠請先斬瓌，乃流普思於儋州。○默啜寇鳴沙，敗沙吒忠義。○郭元振與烏質勒立語，風雪甚，烏質勒死。元振不逃去而哭之。○娑葛襲烏質勒官爵。○安樂公主掩敕令上署。又求爲皇太女。

丁未（七〇七）

强圉協洽

正庚子、三己亥、四戊辰、六丁卯、七丙申、十乙丑朔。○本志：六月丁卯朔，食，東井二十八度。十二月乙丑朔，食，南斗二十一度。五月戊戌，太白入輿鬼中。十月丙寅，太白、熒惑合于虚、危。

景龍元

盧俌言取突厥策。○上命武三思禱旱於乾陵，遇雨。復武氏陵廟。因立韋氏陵廟。○上命太廟準崇恩廟，取五品子爲齋郎。楊孚以爲不可以君準臣。○改中興寺觀爲龍興。○權若訥謂依貞觀故事，豈可近捨母儀，遠尊祖德。○以金城公主妻吐蕃。○命張仁愿屯朔方以備突厥。○上召見紀處訥，迦葉志忠奏攝提入太微，主大臣納忠。○唐九徵破姚州叛蠻。○武三思、武崇訓忌太子重俊，且陵之。太子與李多祚等發兵斬之，引兵入宮。上登玄武樓，誘諭士衆。士衆殺多祚等而潰，太子逃至鄠西而死。上以其首祭三思、崇訓，并誅成王千里等。○鄭惟忠請不推守門者以安衆。○盧粲諫以崇訓墓爲陵。○席豫請立太子。○上加尊號曰應天神龍，皇后曰順天翊聖。○蘇珦爲相王申理。○安樂公主、宗楚客誣相王、太平公主與重俊通謀。蕭至忠、吴兢救之，得免。○魏元忠子升與重俊同死。宗楚客、紀處訥譖元忠與重俊同謀，請夷三族。○不許聽元忠致仕。○宗楚客、紀處訥、蕭志忠爲相，于惟謙罷。○赦，改元。○宗楚客等復譖魏元忠，貶渠州司馬。○袁守一謂則天不豫，狄仁傑請太子監國，元忠密奏不可。上曰：「此乃仁傑樹私恩，未見元忠有失。」○魏傳弓彈慧範，曰：「陛下賞既妄加，豈宜刑所不及。」○竇從一誤見無須，曲加承接。○蘇瓌罷。○張仁愿擊突厥，破之。○蘇安恒死。○李乂諫贖生，曰：「未若回救贖之錢物，減貧無之傜賦。」

戊申（七〇八）

著雍涒灘

二甲子、四癸亥、五壬辰、七辛卯、八庚申、十己丑朔。閏九。十月一日，小雪。

二

皇后裙有五色雲，赦天下。○迦葉志忠、鄭愔獻桑條韋歌。○趙延禧奏周、唐符命同歸。○蕭至忠諫濫官。○張仁愿築三受降城，據河北漠南地，突厥不敢南牧。○仁愿不施壅城及守備，曰：「寇至出戰，回首望城者當斬之。」○置修文館學士。○上數與學士遊宴賦詩，天下靡然以文華相尚，儒學忠讜之士莫得進。○張仁愿爲相。○吕元泰請回營造之資，充疆埸之費。○嬖倖爭受賕請謁，斜封除官數千人。○安樂驕横，宰相以下多出其門。○安樂、長寧第舍擬宫掖，精巧過之。○安樂織裙直一億。○辛替否諫官賞猥濫。○又曰：「寵愛公主太甚，適所以禍之。本固邦寧，則陛下夫婦母子能相保。」○又曰：「造寺親未來而疎見在，失真實而冀虚無。」○李朝隱執破斜封官千四百餘人。○武平一請抑損外戚。○娑葛與其將闕啜忠節相攻。郭元振奏徵忠節入朝。周以悌説忠

節賂宗楚客、紀處訥，引吐蕃擊娑葛。郭元振諫，不聽。娑葛自稱可汗，發兵寇邊，殺唐使者馮嘉賓，擒忠節。○上徵武攸緒，待以殊禮。攸緒入見如常儀。○安樂公主適武崇訓，大赦。○牛師奬與娑葛戰火燒城，敗没。○以娑葛爲十四姓可汗。○宗楚客欲害郭元振，不果。○上官婕妤爲昭容。○姚定筠奏爲君任臣，爲臣奉法，小事不應一一奏決[三]。○上以皇后乳母嫁竇從一。

己酉（七〇九）

屠維作噩

正戊午、四丁亥、五丙辰、七乙卯、八甲申、十癸未朔。

三

袁從之謂上縱奴掠良人，何以理天下。○命宮女拔河，爲市肆與公卿交易。○崔琬彈宗、紀受闕啜金，上和解之。○郭山惲歌《鹿鳴》、《蟋蟀》。○李景伯以回波規諠譁。○韋嗣立、崔湜、趙彦昭爲相。○宰相、御史及員外官多，時稱「三無坐處」。○韋嗣立諫造寺崇侈，食封及員外官多，守令非才。○韋温、鄭愔爲相。○唐紹諫昊陵、順陵守户同昭陵，褒德廟衛兵多於太廟。○崔湜、鄭愔坐贓遠貶。楊再思薨。○娑葛請降。○蕭至忠女適皇后舅子崔無詖。○祝欽明、郭山惲請皇后爲祭天亞獻。唐紹、蔣欽緒、褚無量駁之，不從。○武平一請輯睦親貴。○上祀南郊，赦十惡。○豆盧欽望薨。○宋務光言封户勞擾，過於征役。○流人遇赦皆還，譙王重福獨不得歸。○唐休璟媚賀婁尚宫，已致仕，復起爲相。○上幸温湯，封韋嗣立爲逍遥公。○關中饑。羣臣請上幸東都，上曰：「安有逐糧天子邪！」

庚戌（七一〇）

上章閹茂

正壬子、四辛巳、七庚戌、八己卯、九戊申、十二丁丑朔。○本志：二月癸未，熒惑犯天街。

唐睿宗旦景雲元

中宗與韋后微行觀燈，縱宫女夜遊，多不還。○嫁金城公主於吐蕃，上送至始平。○命三品以上抛毬拔河。○祝欽明作八風舞。○幸龍慶池厭王氣。○郎岌言韋后、宗楚客將爲逆亂，杖殺之。○燕欽融言韋后、安樂公主、宗楚客等謀危宗社，撲殺之。○韋后私於馬秦客、楊均，恐事泄，與安樂公主同酖中宗。○韋后徵兵五萬屯京城，使諸韋分將之。○裴談、張錫、張嘉福、岑羲、崔湜爲相。○太平公主、上官昭容草遺詔立太子重茂，以相王輔政。宗楚客刊改，使韋后臨朝，韋温總兵。○改元唐隆。○殤帝即位。○宗楚客勸韋后革命。○韋温等謀害相王及太平公主，臨淄王隆基與劉幽求、鍾紹京、葛福順等謀誅之。福順斬韋璿等，帥萬騎入宫，隆基帥丁匠會之。殺韋后、安樂公主、武延秀、上官昭容等。○王昱戒昭容助武氏。○幽求即欲立相王，隆基止之。○隆基謝相王以不先啓之罪，迎相王入輔少帝。誅韋、武親黨韋温、宗楚客、趙履温、韋巨源等。○以鍾紹京、劉幽求、李日知爲相。○誅紀處訥、張嘉福。○貶蕭至忠、韋嗣立、趙彦昭、崔湜。○幽求不立太后。○幽求與太平公主共廢殤帝，立相王。○睿宗即位。○鍾紹京罷。○宋王成器以太子讓平王隆基，劉幽求亦勸上立平王，上從之。○復以則天爲天后。○薛稷、姚元之、韋嗣立、蕭至忠、趙彦昭、崔湜爲相。○太平公主權傾人主，軍國大政，上令宰相就第議之。○崔日用、宋璟爲相，岑羲罷。○姚元之、宋璟革中宗弊政，綱紀修舉。○崔湜、張錫、蕭至忠、韋嗣立、趙彦昭、李嶠、唐休璟、張仁愿罷。○崔日用、薛稷互訐傾側，皆罷相。○改元。○廢崇恩廟、昊陵、順陵。○鄭愔、張靈均潛迎譙王重福入東都，謀作亂。崔日知、李邕討誅之。○停斜封官。○裴談貶。○遷義宗廟於東都。○復以天后爲大聖天后。○薛訥始爲節度使。下制遏流言。○韋湊駁節愍太子謚。○葬中宗，祔以趙后。○韋安石、蘇瓌罷。李日知不忍諭蘇頲起復。○以西城、隆昌二公主爲女官。○甯原悌言安樂以爲戒。○李朝隱繫宦者於獄，上賞之。○奚、霫寇漁陽。○兵、吏部各分三銓。宋璟爲吏部，姚元之爲兵部尚書，文武選者皆服其公。○倪若水彈祝欽明、郭山惲，黜之。○上謂御史繩姦慝，如鷹搏狡兔，須人救之。○姚州蠻旁名殺李知古。○張玄表侵掠吐蕃，始貳。

自八月以後卷第二百一十[四]

辛亥（七一一）

重光大淵獻

二丙子、五乙巳、閏六甲辰、八癸卯、十壬寅、十一辛未朔。七一日，處暑。○本志：三月壬申，太白入羽林。七月，鎮、太白合于張。八月己未，歲犯執法。

二

郭元振、張説爲相。○徙温王於集州。○追立劉、竇二后，作儀坤廟。○韋安石不附太平，又爲太子辨讒。○太平邀宰相，欲廢太子，宋璟拒之。○姚元之、宋璟請出宋王、豳王爲刺史，岐、薛爲左右率，置太平於東都。上命置於蒲州。○張説請使太子監國，上從之。○太平公主勸上悉復斜封官。○太子奏姚、宋離間姑兄，請從極法。皆出爲刺史。○劉幽求罷，韋安石爲相。○韋安石、李日知代姚、宋執政，綱紀隳紊。○柳澤諫復斜封官。○上欲傳位太子，和逢堯諫。乃命政事皆取太子處分，軍旅、死刑先議以聞。○太子請召太平公主還京師。○復武氏昊陵、順陵。○作金仙、玉真二觀。○竇懷貞爲相。○分天下置二十四都督。尋罷都督，置十道按察。○以枯柿復生，大赦。○解琬減朔方戍兵十萬。○竇懷貞爲公主邑司。○罷韋安石、郭元振、竇懷貞、李日知、張説等五相，用劉幽求、魏知古、崔湜、陸象先等四相。○崔湜薦陸象先。○太平公主泣請湜爲相。○辛替否謂耳聞不如目覩。太宗祖也，何不法；中宗兄也，何不懲。○和逢堯諭默啜，使之寇帶。○以興昔亡獻爲十姓招慰使。○司馬承禎謂理國猶理身。

壬子（七一二）

玄黓困敦

二庚子、四己亥、六戊戌、九丁卯、十一丙寅、十二乙未朔。○本志：先天元年九月丁卯朔，食，角十度。○四月，熒惑、太白合于東井。八月甲子，太白襲月。

唐玄宗隆基先天元

睿宗合祭天地。○改元太極。○竇懷貞、岑羲爲相。○廢右臺。○蔣欽緒戒蕭至忠非分妄求。○宋璟譏至忠出入太平第。○薛訥鎮幽州，二十年無邊患。劉幽求聽譖，以孫佺代之。○改元延和。○武攸暨卒。○岑羲以保護功爲侍中。○孫佺與奚酋李大酺戰于冷陘，全軍敗没。○竇懷貞請解官爲奴。○太平使術者言於上，云帝座有變，太子當爲天子。上即傳位於太子，大事仍自決。○太子即帝位，尊睿宗爲太上皇。○尊天后曰聖帝天后。○改元。○立王后。○王琚勸討太平公主。○劉幽求謀討太平公主，流封州。○崔湜欲殺幽求，王晙保全之。○沙陀入貢。○奚、契丹寇漁陽。○李日知不行捶撻而事集。

癸丑（七一三）

昭陽赤奮若

二甲午、四癸巳、七壬戌、九辛酉、十二庚寅朔。○本志：十一月丙子，熒惑犯司怪。

開元元

初令衛士二十五入軍，五十而免〔五〕。仍其中選羽林飛騎。○蕭至忠爲相。○上巡邊改期。○嚴挺之諫酺宴連霄。○以大祚榮爲勃海王。○賞嚴挺之。○后親蠶。○楊相如言明主愛忤以收忠賢，惡順以去佞邪。又言法貴簡而能禁，刑貴輕而必行。○罷修大明宫，以待閑月。○郭元振爲相。○太平公主擅權，七相五出其門。謀廢立及進毒。○崔日用勸上誅太平公主，須一制書耳。○上與郭元振等誅竇懷貞、蕭至忠、岑羲等。○上皇誥軍國政刑，一取皇帝處分。徙居百福殿。○賜太平公主死。○崔滌勸兄湜盡誠對上。○陸象先不從廢立之謀。○高力士始登三品，隳太宗之制。○張説爲相，陸象先罷。○劉幽求爲相。○張説謂李嶠雖不識逆順，然爲當時謀則忠。○復置右臺。罷按察使。○講武驪山，徵兵二十萬。流郭元振於新州。斬唐紹。○薛訥、解琬軍獨不動。○上獵渭濱。召姚元之爲相。○姚元之奏序進郎吏，上視屋不聽。○張九齡勸元之抑諂躁，曰：「其間豈不有才，所失在於無恥。」○元之用李撝。○加尊號曰開元神武皇帝。○人謂王琚權譎縱横之才，可與之定禍亂，難與之守承平。乃命琚出按邊軍。○改元。○改官名。○姚元之因足疾，言張説潛謁岐王。説與劉幽求俱罷。盧懷慎爲相。

校勘記

〔一〕「師」，原作「帥」，今據《通鑑》卷二百三改。

〔二〕「受」，原作「授」，今據《通鑑》卷二百四改。

〔三〕「奏」，原作「秦」，今據《通鑑》卷二百九改。

〔四〕「一十」，原脱，今據文例補。

〔五〕「五」，原作「三」，今據《通鑑》卷二百一十改。

資治通鑑目録卷第二十一

端明殿學士兼翰林侍讀學士太中大夫提舉西京嵩山崇福宮上柱國河内郡開國公食邑二千二百户食實封玖佰户賜紫金魚袋臣司馬光奉敕編集

卷第二百一十一

甲寅（七一四）

閼逢攝提格

閏二己未、四戊午、五丁亥、六丙辰、九乙酉、十二甲寅朔。三一日，穀雨。○本志：七月己丑，太白犯輿鬼東南星。

唐玄宗開元二

令京官、刺史出入常均。○初置教坊及梨園弟子。○姚崇請沙汰僧尼，還俗萬餘人。○遣薛訥擊契丹。○薛王舅侵暴百姓，姚崇請從御史所劾，貴戚束手。○姚崇賀日食不虧。○默啜寇北庭，郭虔瓘敗之，斬其子同俄。○禁創建佛寺，修葺皆陳牒。○復置十道按察使。○録徐有功子。○申王成美請除其府官，不許。由是請屬不行。○突厥石阿失畢來奔。○劉幽求、鍾紹京坐怨望貶。○酷吏周利貞等放歸草澤。○姜晦彈韋安石、韋嗣立、趙彦昭、李嶠，皆坐貶。安石尋卒。○毁天樞及韋后石臺。○默啜求昏。○悉罷員外、試、檢校官。○吐蕃求與解琬正封疆。琬知吐蕃必叛。○姚崇知其子必以事干魏知古。知古罷。○出宋、申、豳王爲刺史。○出珠玉錦繡，焚之。○薛訥與契丹戰於灤水，全軍敗没。○襄王重茂薨，謚殤帝。○禁百官與僧道往還。○禁人鑄佛寫經。○作興慶宮。○上友愛諸兄弟。○令宋王等每季二人入朝。○出宮女。○吐蕃寇臨洮，掠牧馬。○薛謙光獻鼎符。○修常平法。○突厥諸部請降。○吐蕃復寇渭原。上募兵，欲親征。○薛訥、王晙大破吐蕃於武街。○養王海賓子忠嗣於宮中。○默啜復求昏。○突厥胡禄屋等内屬。○立太子嗣謙。○默啜擊突厥施守忠，虜之。

乙卯（七一五）

旃蒙單閼

二癸丑、三壬午、五辛巳、七庚辰、九己卯朔。○本志：七月庚辰朔，食，張四度。

三

上以盧懷慎坐鎮雅俗。○齊澣謂姚崇救時之相。○人謂懷慎「伴食宰相」。○突厥、高麗降者前後萬餘帳。○命薛訥屯涼州，郭虔瓘屯并州，以備突厥。○默啜擊葛邏禄等。命湯嘉惠等救之。○山東蝗，姚崇命捕之。○上以馬懷素、褚無量爲侍讀，待以師傅禮。○郭虔瓘請募萬兵赴安西，韋湊諫。○張孝嵩發戎落兵破阿了達，下數百城，威振西域。○崔日知構李傑罪。楊瑒謂御史臺可廢。○或請精擇刺史、縣令，廢按察使。姚崇以爲擇十使尚不能精，況州縣之廣乎？○崇諫貶韋玢，恐使來者疑懼。○蘇禄代守忠統突騎施，有衆二十萬。

丙辰（七一六）	柔兆執徐 正戊寅、三丁丑、五丙子、六乙巳、七甲戌、九癸酉、閏十二壬申朔。	四 長孫昕毆李傑。上命於朝堂杖殺，仍敕書慰謝傑。○郭虔瓘奏奴五品，盧懷慎折之。○以郯王嗣直、陝王嗣昇遥領安北、安西大都護。○孫仁獻破吐蕃於松州。○倪若水諫取鵁鶄、鸂鶒。○若水不捕蝗，姚崇牒責之。○上面試縣令。○楊範臣諫使胡人求珍寶及藥。○上皇崩。○拔曳固斬默啜首來獻。默啜子小可汗立，骨咄禄之子闕特勒殺之，立其兄毗伽。○祔睿宗及昭成后於太廟。中宗及肅明后皆别立廟。○契丹李失活、奚李大酺來降。○吐蕃請和。○毗伽以暾欲谷爲謀主，國人信服。王晙言河曲降户必叛。○跌跌思泰等叛，命薛訥討之。○降户執張知運奔突厥，郭知運擊破之。○毗伽欲入寇及築城郭，暾欲谷諫而止。○又謂釋、老教人仁弱，非用武之術。○葬睿宗。○盧懷慎薦宋璟等，曰：「所坐小，所棄大。」○懷慎薨。老奴自鬻以辦喪。○上命姚崇養疾於四方館，曰：「爲社稷也。」○姚崇以位讓宋璟。○璟不與楊思勗言。○璟與蘇頲同爲相。○璟務擇人，刑賞無私。○璟不賞郝靈筌，以防黷武。○璟謂頲獻替吏事過父瓌。○姚、宋相繼爲相。崇應變成務，璟據法守正，共致太平。○姚、宋問古今於高仲舒、齊澣，云可無缺政。○罷按察使。○初制員外郎、御史、遺、補不擬。
丁巳（七一七）	强圉大荒落 三辛丑、四庚午、六己巳、七戊戌、九丁酉、十二丙寅朔。正一日，雨水。	五 太廟四室壞。宋璟、蘇頲以爲喪未三年，宜停幸東都。姚崇以爲廟材皆苻堅時物，歲久朽壞，不廢行幸。褚無量以崇爲諛。○上以道隘不治，欲罪主者。璟曰：「臣恐將來民受其弊。」○復置營州於柳城。○賜李大酺妻辛氏號公主。○夏悼王嗣一卒。○阿史那獻請擊蘇禄，上不許。○宋璟言姜皎權寵太盛。上命放歸田園。○郭知運大破吐蕃於九曲。○突騎施圍鉢換、大石城，湯嘉惠與阿史那獻擊之。○置天兵軍於并州，集兵八萬，以張嘉貞爲使。○復以明堂爲乾元殿。○中書、門下復舊名。○復令百官對仗奏事。○孫平子請遷中宗入廟。○宋璟不爲皇子别制佳名。○李失活入朝。○以永樂公主嫁李失活。○命馬懷素、褚無量整比羣書。
戊午（七一八）	著雍敦牂 四乙丑、五甲午、八癸亥、九壬辰、十辛酉朔。	六 毗伽請和。○宋璟不立遺愛頌。○禁惡錢。○徙横野軍於山北，屯兵三萬，爲九姓之援。○徵盧鴻入見。○張嘉貞自請赦誣告者。○宋璟以范知璿《良宰論》諂諛，罷之。○鄭銑等獻詩崇道法，度爲道士。○以突騎施蘇禄爲順公。○李失活卒，立其弟娑固。○頒鄉飲禮。○崔沔請罷息錢，加賦以給州縣俸。○上還長安。○宋璟謂李邕、鄭勉，全引進則咎悔必至，長棄捐則才用可惜。○又謂元行沖爲大理卿，初用實允僉議，當事頗非稱職。
己未（七一九）	屠維協洽 二庚申、四己未、六戊午、閏七丁巳、八丙戌、十乙酉、十二甲申朔。八一日，秋分。	七 俱密等國告爲大食所侵掠。○王毛仲寵幸，高力士畏避之。○大祚榮卒，子武藝襲。○王仁皎薨，欲高其墳，用宋璟諫而止。○璟謂王者推誠恤民，不必數下制書。○吐蕃請上親署誓文，不許。○褚無量謂聖人禮經一紊，誰能正之。○寧王憲諫以棄食殺衛士。○册蘇禄爲忠順可汗。○上欲用藩邸故吏爲五品，宋璟不可。○宋元超自稱璟叔。璟牒吏部請放。○寧王奏薛嗣先官。璟懲斜封之弊，不爲出敕。

卷第二百一十二

○本志：五月己丑朔，食，畢十五度。○六月甲戌，太白犯東井鉞星。

庚申（七二〇）

上章涒灘

三癸丑、六壬午、八辛巳、九庚戌、十一己酉朔。○本志：三月庚午，太白犯東井北轅。五月甲子，犯軒轅。

八

褚無量卒。元行沖代之校書。○宋璟、蘇頲以遣使禁惡錢煩擾，罷相。○源乾曜、張嘉貞爲相。○初令民更迭爲衛士。○册命烏長等三國，嘉其不從大食。○復置按察使。○源乾曜令二子外補。○張嘉貞任苗、吕、崔、員。○王晙悉誅僕固䟫跌降户。○張説慰撫拔曳固、同羅，宿其帳下。○上幸長春宫。○上以裴虚己等從岐王範遊宴，悉流貶之。然待範如故。○王晙謀襲突厥衙帳，暾欲谷以爲必不能至。○拔悉密獨擊突厥，暾欲谷大破之。遂寇甘、涼，敗楊敬述。毗伽由是大振，盡有默啜之衆。○契丹可突干攻李娑固，娑固奔營州。許欽澹遣薛泰與娑固及奚李大酺討之。可突干禽泰，殺娑固、大酺。立鬱干爲王。上因而立之，赦可突干。大酺弟魯蘇嗣立。

辛酉（七二一）

重光作噩

正戊申、三丁未、七丙午、八乙亥、十一甲辰、十二癸酉朔。○本志：九月乙巳朔，食，軫十八度。

九

置中都於蒲州。○宇文融請檢户口巧僞。○突厥請和，上書報之。○聽逃户百日内首。○命宇文融括户口及籍外田，民病其擾。皇甫憬諫，貶之。得户八十餘萬。○康待賓反於夏州，命王晙、郭知運討之。○初舉縣令。○罷中都。○陸象先謂録事，必欲捶撻示威，當從汝始。○象先言：「天下本無事，但庸人擾之。苟清其源，何憂不治。」○王晙禽康待賓，斬之。○張説不誅党項，置麟州以招撫之。○郭知運害王晙之功，晙坐貶。○姚崇薨，遺令薄葬，不從僧道士求福。○郭知運卒，王君㚟代之。○元行沖上書目，凡四萬餘卷。○悉召諸王還京師。○吴兢不以史事誣劉子玄，不爲張説改史。○命一行造新曆，梁令瓚鑄銅儀。

壬戌（七二二）

玄黓閹茂

二壬申、四辛未、六庚子、九己巳、十一戊辰朔。閏五。六一日，大暑。

十

上幸東都。○罷百官公廨錢及職田，以税錢、倉粟給之。○以張説兼朔方節度使巡邊。○以李氏外孫爲公主，嫁李鬱干。○博州河決。○增太廟爲九室，遷中宗入太廟。○李朝隱請宥裴景先死。○梅叔焉反，寇安南。楊思勗討平之。○姜皎決杖，流欽州。○權楚璧作亂，入長安宫城，敗死。○吐蕃攻勃律，張嵩擊敗之。○宋璟宥權楚璧之獄。○康願子反，張説討平之。徙河曲殘胡於許、汝等州。○説減邊兵二十餘萬。○衛士貧弱，逃散略盡。説始募壯士代之，旬日得十三萬。○復以乾元殿爲明堂。初令宰相共食實封。○張説謂大臣可殺可流，不可加杖。○張説請祀汾陰后土。○一行諫資送公主如太平。

癸亥（七二三）	昭陽大淵獻 正丁卯、二丙申、四乙未、六甲午、八癸巳、十一壬戌朔。○本志：十一月丁卯，歲犯進賢。	十一 上幸并州，置北都。○張嘉貞貶幽州。○祭后土於汾陰。王同慶坐廣爲儲偫貶。○王晙爲相。○晙巡邊。○張説謂天子好文儒，所益者大，所損者小。○赦所在安集逃人。○尊獻、懿二祖。○吐谷渾降。○作温泉宫。○上祀南郊。○命蕭嵩選府兵十二萬爲長從宿衛。○王晙貶蘄州。○改政事堂曰中書門下。○杜暹埋金幕下。
甲子（七二四）	閼逢困敦 二辛卯、三庚申、五己未、六戊子、八丁亥、十二丙戌朔。閏十二。○本志：閏十二月丙辰朔，食，虚初度。	十二 嗣許王瓘誣嗣澤王義珣非上金子，罷。宗室外繼爲嗣王者，令歸宗。○命南宫説測南北日晷、極星。○游儀成。○罷按察使。○聽逃户自首，墾田免役。以宇文融爲勸農使。○選臺閣補刺史。○崔沔謂中書侍郎，令之貳也。○突厥求昏。○溪州覃行璋反，楊思勗討平之。○王后坐厭勝廢。○中書待宇文融指撝決事。○楊瑒議括客户及籍外田不利。○謝颶言吐蕃公主欲逃歸。○王后卒。○上幸東都。○申王撝薨。○羣臣請封禪，許之。
乙丑（七二五）	旃蒙赤奮若 二乙卯、三甲申、五癸未、六壬子、八辛亥、十一庚辰朔。正一日，雨水。	十三 以客税錢爲常平本。○作勸農社，令貧富相恤。○置彍騎十二萬，分六番。○選源光裕等補刺史，寵以宴餞。○太子更名鴻。○禁錮來俊臣等子孫。○楊承令不樂外補，坐貶。○改集仙殿爲集賢，置學士。○裴光庭請召突厥大臣使從封禪。○初以睿宗配皇地祇。○上謂《春秋》不書祥瑞，惟記有年，令州縣毋得言祥瑞。○水運渾天成。○上不秘玉牒。○封泰山，禪社首。○封天齊王。○張九齡諫張説以階品私胥史。○王毛仲掌監牧，馬蕃育至四十三萬匹，加開府。○幸孔子宅，致祭。○上以王丘、崔沔、裴耀卿不勞人市恩，賞之。○王毛仲召客，不能致宋璟。○契丹可突干逐吐干，立邵固。○上疑吏部有私，别置十銓。吴兢諫曰：「萬乘之君，豈得下行銓選之事。」○東都斗米十五錢，青、齊五錢。○于闐王謀叛，杜暹討斬之。
丙寅（七二六）	柔兆攝提格 二己酉、四戊申、六丁未、七丙子、九乙亥、十一甲戌朔。	十四 以李邵固爲廣化王，李魯蘇爲奉誠王，以國甥妻之。○命張説等修五禮。○封陵獠反，楊思勗討之。○崔隱甫等彈張説。○李元紘爲相。○張説止解中書令。○岐王範薨。○李子嶠詐稱皇子。○上欲立武惠妃爲皇后。或言武氏國讎，且恐太子不安，乃止。○户七百六萬，口四千一百四十一萬。○杜暹爲相。○幸廣成湯。○楊思勗破反獠。○勃海王武藝之弟門藝來奔。上詐流嶺南，武藝知之，貶鴻臚。○突騎施蘇禄寇安西。

丁卯（七二七）	强圉單閼 三癸酉、六壬寅、七辛未、九庚午、閏九己亥、十二戊辰朔。十月一日，小雪。	十五 王君㚟破吐蕃於青海西。○張説勸上和吐蕃。○榮澤汴口填淤，復開汜水。○張説、宇文融、崔隱甫皆坐朋黨貶。○制新逃户不免租庸。○以諸子遥領方鎮，不出閤。○宫中育蠶。○蘇頲薨。○吐蕃悉諾邏陷瓜州，執王君㚟父，進寇玉門、常樂，君㚟不敢出。○賈師順拒卻之。○流回紇承宗於瀼州。○初與突厥互市，以縑易馬。○吐蕃、突騎施寇安西，趙頤貞破之。○回紇護輸殺王君㚟。○上還長安。○以蕭嵩鎮河西。○張守珪城瓜州，作樂以疑吐蕃。○蕭嵩縱反間，殺悉諾邏。○命隴右、河西團兵以備吐蕃。
戊辰（七二八）	著雍執徐 二丁卯、五丙申、七乙未、八甲子、十癸亥、十二壬戌朔。	十六 趙頤貞敗吐蕃于曲子城。○春，瀧州獠陳行範等反，楊思勗討之。○宇文融爲決九河使。○改彍騎爲羽林飛騎。○吐蕃寇瓜州，張守珪破之。蕭嵩破吐蕃於渴波谷。○《大衍曆》成。○杜賓客破吐蕃於祁連城。○蕭嵩爲相。○初令長征兵分五番。○初令户籍三歲一定，分九等。○楊思勗執陳行範，斬之。○思勗剺人頭皮。
己巳（七二九）	屠維大荒落 始用一行《大衍曆》：三辛卯、五庚寅、七己丑、九戊子、十一丁亥朔。○本志：十月戊午朔，食，氐九度，不盡如鉤。	十七 張守素破西南蠻，拔昆明及鹽城。○張守珪擊吐蕃大同軍，破之。○信安王禕擊吐蕃，拔石堡城，拓境千餘里。○楊瑒言明經、進士不應歲限百人。○禘祭初序昭穆。○復置按察使。○杜暹、李元紘坐不協貶，源乾曜以依違免。○宇文融、裴光庭爲相。○齊澣言王毛仲寵太盛，坐漏泄貶。○初以上生日爲千秋節。○張嘉貞謂田宅適足爲子弟酒色之資。○禁銅器及私賣銅鉛錫。○宇文融廣置諸使，使百官失職，上心日侈。○融爲相百日而貶。○融再貶平樂尉。○上謁諸陵還，赦。
庚午（七三〇）	上章敦牂 正丙戌、三乙酉、五甲申、七癸丑、九壬子、十一辛亥朔。閏六。七一日，處暑。	十八 賜百官假，尋勝遊宴。○復給京官職田。○築京西外郭。○裴光庭典選，始用循資格。○吐蕃求和。○李元紘不禮契丹可突干，張説知必叛。○可突干弑李邵固，脅奚人叛降突厥。李魯蘇來奔。○以忠王爲元帥，討奚、契丹。○皇甫惟明勸上與吐蕃和親。吐蕃遣論名悉獵入貢。突厥、突騎施使者爭長。
辛未（七三一）	重光協洽 正庚戌、三己酉、五戊申、七丁未、十丙子、十二乙亥朔。	十九 王毛仲以驕縱賜死。○宦官勢益盛。○裴光庭請給吐蕃《詩》、《書》。○上躬耕興慶宫側。○初置太公廟。○上幸東都。○張審素坐劫制使誅。

壬申（七三二）

玄黓涒灘

正乙巳、二甲戌、四癸酉、六壬申、八辛未、十一庚子朔。○本志：二月甲戌朔，食，營室十度。八月辛未朔，食，翼七度。

二十

信安王褘討奚、契丹。○賜安金藏爵。○信安王褘破奚、契丹，走可突干。奚衆悉降。○裴耀卿賜奚人，一日畢。○蕭嵩請賽后土。○開元禮成。○勃海寇登州，殺刺史。○牛仙客加六階。○上自東都幸潞州、北都，過祠后土，還西京。○天下户七百餘萬。

癸酉（七三三）

昭陽作噩

二己巳、四戊戌、五丁卯、六丙申、七乙丑、十甲午朔。閏三。四二日，小滿。○本志：七月乙丑朔，食，張十五度。

二十一

毁儀坤廟。○上遣大門藝發幽州兵，金思蘭發新羅兵擊勃海，不克。○大武藝刺門藝不死。○與吐蕃立碑，分界於赤嶺。○裴光庭薨。孫琬以循資格，謚光庭曰克。○蕭嵩薦王丘爲相，丘以讓韓休。○休峭直。上曰：「吾貌雖瘦，天下必肥。」○杖殺黄甗。○郭英傑與契丹戰都山，敗死。○罷循資格及流外過門下。○内外官萬七千餘員。○立濟信等八王。○裴耀卿請循河置倉通漕。○宋璟致仕。○蕭嵩、韓休以不協罷相。○嵩謂及陛下未厭臣，故得從容引去。○裴耀卿、張九齡爲相。○分天下爲十五道，置采訪使。○楊崇禮爲太府，物皆精美。○楊慎矜以聚斂進。

甲戌（七三四）

閼逢閹茂

二癸巳、三壬戌、五辛酉、六庚寅、八己丑、十戊子朔。○本志：十二月戊子朔，食，南斗二十三度。

二十二

上幸東都。○秦州地震。○徵方士張果。○張九齡請不禁鑄錢。裴耀卿、崔沔、劉秩等皆以爲不可，乃止。○李林甫結妃嬪、宦官以伺上意。又請保護壽王，以媚武惠妃，故得爲相。○上帥太子芟麥。○薛王業薨。○裴耀卿置輸場、三門東西倉及漕渠。○耀卿不獻僦車錢。○張果歸恒山。○王悔説契丹李過折斬其王屈烈及可突干。○突厥毗伽卒，子登利立。○禁京城匄者，置病坊。

乙亥（七三五）

旃蒙大淵獻

二丁亥、四丙戌、六乙酉、七甲寅、八癸未、十一壬子朔。閏十一。十二一日，大寒。○本志：閏十一月壬午朔，食，南斗十一度。

二十三

以李過折爲北平王。○上耕藉田，九推乃止。○嚴安之畫地，人不犯。○上罪懷州盛飾音樂。○上欲相張守珪。張九齡曰：「宰相非賞功之官。」○張瑝、張琇報父讎，杖死。○上謂百姓租賦，非我所有，賞戰士不過束帛，女何功而享多户。○突騎施寇北庭及安西。○楊玄琰女爲壽王妃。○李過折爲涅禮所殺。○突厥侵奚、契丹，奚、契丹擊破之。

丙子（七三六）

柔兆困敦

正辛巳、四庚戌、六己酉、七戊寅、九丁丑、十一丙子朔。

二十四

敕逃户盡今年不首，散配諸軍。○上作《新戒》賜縣令。○皇子改名。○初令禮部侍郎掌貢舉。○張九齡謂安禄山有反相，不殺必爲後患。○張守珪養禄山爲子。○史思明誘執瑣高自爲功。○信安王禕等坐與武温眘交遊貶官。○醴泉妖人劉志誠反，誅。○初分月給俸錢。○初加宗廟籩豆。服外祖父母大功，舅小功，舅母緦麻。○張九齡獻《金鏡録》。○突騎施請降。○追贈太子承乾恒山愍王。○上還西京。○李林甫謂妨農收則蠲租税。○上欲加牛仙客尚書及實封，張九齡固執不可。○林甫薦仙客有宰相才。○九齡曰：「事有未允，臣不敢不盡言。」○九齡謂相李林甫異日爲廟社之憂。○上怠於政事。九齡每力爭，林甫伺間中傷之。○太子瑛及二弟以母失職，怨望。武惠妃泣訴，上欲廢之。九齡諫曰：「臣必不奉詔。」○林甫曰：「主上家事，何問外人。」○惠妃使人誘九齡，九齡奏其言。○嚴挺之謂蕭炅爲「伏獵侍郎」。○九齡與裴耀卿坐阿黨罷，牛仙客爲相。自是朝廷無直言。○李林甫諭諫官以立仗馬。○林甫以陰狡專權。

丁丑（七三七）

强圉赤奮若

正乙亥、五甲戌、七癸酉、八壬寅、十辛丑、十二庚子朔。○本志：六月壬戌，熒惑犯房。

二十五

置玄學。○明經試時務策，進士帖大經。○新羅王興光卒，子承慶立。○崔希逸欺吐蕃，襲破之。自是絶朝貢。○周子諒彈牛仙客。上撲之殿庭，杖於朝堂而死。○楊洄譖太子瑛、鄂王瑶、光王琚，皆廢而殺之。○裴耀卿諫刺史犯贓免死決杖。○以方隅底定，減兵防額。募人長充邊軍。○選宗子才者授臺省官。○徐嶠奏斷死刑五十八，鵲巢大理樹。百官表賀。賜李林甫、牛仙客爵國公。○新律令格式成。○和糴東西畿粟，停江、淮所運租。關中倉廩充溢。自是不復幸東都。○王璵以祠祭干時，請立青帝壇祈禱。或焚紙錢。○宋璟薨。○武惠妃薨。○毀明堂上層。○租庸調悉用土物。

戊寅（七三八）

著雍攝提格

二己亥、五戊辰、七丁卯、閏七丙申、十乙丑、十二甲子朔。八二日，秋分。○本志：九月丙申朔，食，亢九度。

二十六

上迎春於滻東。○以所募長征兵向足，罷鎮兵不復遣，在彼者聽還。○里別置學。○置宥州處六州降胡。○吐蕃寇河西，崔希逸破之。○杜希望擊吐蕃，拔新城，置威戎軍。○崔希逸以失信吐蕃，愧恨而卒。○李林甫欲立壽王瑁爲太子。高力士勸上立忠王璵，從之。○突騎施莫賀達干殺蘇禄。都摩度立吐火仙，與之相攻。上命蓋嘉運招集其西諸國。○太子請易中嚴、外辦及絳紗袍。○册太子，赦。○杜希望築鹽泉城。○王忠嗣敗吐蕃。○勃海王武藝卒，子欽茂立。○王昱爲吐蕃所敗。○昱受蒙歸義賂，奏合六詔爲一，封雲南王。○京、都路中作行宫千餘間。○置龍武軍。○齊澣於京口江北穿伊婁河。

己卯（七三九）

屠維單閼

二癸亥、四壬戌、七辛卯、九庚寅、十一己丑朔。○本志：七月辛丑，熒惑犯南斗。

二十七

榮王琬按行隴西。○加聖文尊號。○非昏喪卜擇，禁諸術數。○張守珪、蕭嵩皆坐賂牛仙童貶。○蓋嘉運大破突騎施於碎葉城，獲吐火仙及黑姓可汗爾微。使莫賀達干統其衆。○吐蕃寇白草、安人軍，蕭炅擊破之。○追謚孔子文宣王，七十子皆追贈公、侯、伯。○處木昆等請還安西。○以章仇兼瓊鎮劍南。○通計禘祫之年。

庚辰（七四〇）

上章執徐

正戊子、三丁亥、五丙戌、七乙酉、十甲寅、十二癸丑朔。○本志：三月丁亥朔，食，婁三度。

二十八

張九齡卒。○章仇兼瓊克安戎城。○以阿史那昕爲十姓可汗。○裴耀卿謂蓋嘉運言氣矜誇，必無功。○幽州破奚、契丹。吐蕃寇安戎城及維州，不克。○莫賀達干叛而復降。○吐蕃請和，不許。○天下户八百四十餘萬，口四千八百一十餘萬。米斛、絹匹，直錢不滿二百。行萬里不持兵。

辛巳（七四一）

重光大荒落

三壬午、四辛亥、五庚戌、七己酉、十戊寅朔。閏四。五一日，夏至。

二十九

令諸州賑給不待奏報。○上夢玄元，得其像。○吐蕃寇安仁軍，臧希液擊破之。○突厥判闕殺登利，國大亂。骨咄自立爲可汗。○安禄山以賂結上左右，始有寵。張利貞薦爲平盧軍使。○邠王守禮背瘢知陰晴。○寧王憲薨，謚曰讓皇帝。○吐蕃陷石堡城。

壬午（七四二）

玄黓敦牂

正丁未、三丙午、四乙亥、六甲戌、七癸卯、十壬申朔。○本志：七月癸卯朔，食，張五度。

天寶元

赦，改元。○安禄山爲平盧節度使。○置十節度經略使以備邊。凡宿兵四十九萬。○田同秀言玄元錫寶符。○李齊物穿三門渠。○加天寶尊號。○享玄元廟、太廟，祀天地，赦。○改侍中、中書令爲左右相。○韋堅、王鉷以利自進。○諸使奪百司權。○李林甫擠盧絢、嚴挺之。○納阿史那昕於突騎施，莫賀達干殺之。○都摩度降，以爲三姓葉護。○牛仙客薨。李適之爲相。○拔悉蜜、回紇、葛邏禄共攻突厥骨咄，殺之。立拔悉蜜爲可汗，回紇、葛邏禄爲左右葉護。突厥立烏蘇可汗，王忠嗣與三部共擊之。烏蘇走突厥，餘衆多降。○護密王頡吉里匐降。○皇甫惟明、王倕連破吐蕃。○天下户八百五十餘萬，口四千八百九十萬。○回紇骨力裴羅入貢，賜爵奉義王。

癸未（七四三）

昭陽協洽

正辛丑、四庚午、五己亥、七戊戌、八丁卯、十丙寅朔。

二

安禄山入朝，寵待益厚。言選部不公，苗晉卿等坐貶。○追尊玄元父及皋繇、涼武昭王。○韋堅開廣運潭。○皇甫惟明破吐蕃洪濟城。○楊慎矜畏李林甫，不敢受中丞。

甲申（七四四）

閼逢涒灘

二乙丑、四甲午、五癸亥、七壬戌、八辛卯、十一庚申朔。閏二。三一日，穀雨。

三

改年曰載。○太子改名亨。○安禄山兼領范陽。李林甫、裴寬、席建侯皆譽之，其寵益固。○裴敦復破吴令光。○夫蒙靈詧斬莫賀達干，立伊里底密施可汗。○拔悉蜜斬突厥烏蘇。突厥立白眉可汗。○王忠嗣擊突厥，至薩河内山，破左廂十一部。○回紇葛邏禄殺拔悉蜜可汗。立回紇懷仁可汗。○懷仁統十一部。○蘇嘉慶請置九宫神壇。○貶裴寬。○上納壽王妃楊氏於後宫。○上祀九宫，赦。寬丁、中。○高力士謂大柄假人，誰敢復議。

乙酉（七四五）

旃蒙作噩

正己未、四戊子、六丁亥、八丙戌、九乙卯、十一甲寅朔。

四

上謂黄素飛升，天空語留藥。○懷仁殺白眉，北邊晏然。○回紇盡據突厥故地。○王忠嗣以安邊爲務，不疲中國以邀功。見可勝乃興師，故出必有成。○貶裴敦復。○李林甫發兵部姦利。○吉温能使仇讎更成親昵。○温與羅希奭治獄，謂之「羅鉗吉網」。○上立楊貴妃。○鮮于仲通薦楊釗於章仇兼瓊，使結内援。○李林甫罷韋堅諸使，以楊慎矜代之。○安禄山數掠奚、契丹，奚、契丹叛。○皇甫惟明敗於石堡，褚詡死。○禄山奏夢李靖、李勣，立廟生芝。○王鉷爲户口色役使，民得復，除徵價更多。歲貢額外，錢帛百億萬。○上賞楊釗摴蒱，曰：「好度支郎。」

丙戌（七四六）

柔兆閹茂

正癸丑、五壬子、七辛亥、九庚戌、十己卯、十一戊寅朔。閏十。○十一二日，冬至。○本志：五月壬子朔，食，畢十六度。

五

李林甫以金鑛賣李適之。○韋堅與皇甫惟明相見於道士房，林甫譖云謀立太子，坐貶。○王忠嗣高價市胡馬。○忠嗣杖四節，制萬里，屢破吐蕃、吐谷渾。○立奚王娑固、契丹王楷落。○初以四孟祀天地、九宫。○李適之罷相，陳希烈代之，給唯諾而已。○初令貶官者日行十驛以上。○張九章、王翼以獻貴妃物美遷官。○妃以忤旨歸第，上不樂，高力士復迎還。○韋堅再貶，連坐者數十人。○杜良娣姊夫柳勣等坐連結黨友，杖死。○貶王琚。

丁亥（七四七）

强圉大淵獻

正丁丑、四丙午、六乙巳、八甲辰、十癸卯、十二壬寅朔。

六

林甫使羅希奭等殺李邕、裴敦復、皇甫惟明、韋堅、李適之、王琚等。○盧藏用戒邕以缺折。○上合祭天地。○除絞、斬刑。○李林甫賀野無遺賢。○安禄山以巧諂得幸。○王忠嗣言禄山必反。○忠嗣言石堡險固，非殺數萬人不可克，所得不如所亡。○李光弼謂出師數萬而無重賞，是沮董延光之謀。○忠嗣謂石堡得之未必制敵，不得無損於國，吾終不以數萬人命易一官。○李林甫譖忠嗣謀立太子。○楊慎矜用史敬忠言買山莊避亂，被桎梏禳墓血，卒以是及禍。○李林甫、王鉷共譖慎矜謀復祖業，兄弟同賜死。○哥舒翰涕泣隨上訴王忠嗣冤。忠嗣得不死。○李林甫屢起大獄，欲危東宫，賴太子仁孝謹靜得免。○筑會昌羅城，置百司。○上悉以歲貢賜林甫。○李岫謂林甫恐求爲役夫不得。○林甫出則騶從數百步，處則牆置板、地甃石、牀屢徙。○高仙芝拔吐蕃連雲堡，虜小勃律王。○仙芝爲河西節度，謂仇人：「吾既言之，則無事矣。」○封常清杖殺仙芝乳母子。仙芝不言，常清亦不謝。○李林甫欲杜邊帥入相之路，請用寒畯、胡人〔一〕，卒成禄山之禍。

戊子（七四八）

著雍困敦

二辛丑、四庚子、七己巳、九戊辰、十一丁卯朔。

七

太子呼高力士爲兄，諸王、公主呼翁。○李林甫等皆因高力士以進。○上加尊號曰應道，赦。○楊釗領十五使。○封韓、虢、秦三夫人。玉真公主不敢就位。○五家請託，峻於制敕，貨賂盈門。○虢國奪韋嗣立宅。○玄元降於朝元閣，改縣曰昭應。○哥舒翰築神威軍、應龍城。吐蕃不敢近青海。○雲南王歸義卒，子閤羅鳳嗣。

自十二月以後卷第二百一十六

己丑（七四九）	屠維赤奮若 正丙寅、三乙丑、五甲子、閏六癸亥、七壬辰、十一辛卯朔。閏六。七一日，處暑。	八 楊釗糶變天下倉粟，市輕貨，實左藏。上帥羣臣觀之。○趙奉璋告李林甫。林甫以爲妖言，杖殺之〔二〕。○停折衝府上下魚書。○承平既久，猛將精兵聚於西北邊，而中國無武備。○李渾言金星洞有玉板石記。求得之，乃加聖祖號及諸帝、后謚。○哥舒翰拔石堡，士卒死者數萬。○以石堡爲神武軍，置保寧都護。○上謁太清宮，赦。上加尊號曰天地大寶。○禘祫於太清宮。○立突騎施移撥爲可汗。○護密玉請留宿衛。○吐火羅乞討朅師。
庚寅（七五〇）	上章攝提格 正庚寅、三己丑、五戊子、六丁巳、九丙戌朔。○本志：八月，五星聚于尾、箕，熒惑先至而又先去。	九 羣臣請封西嶽，許之。○楊妃忤旨送歸。獻髮，復召入。○高仙芝破朅師，立其王素迦。○嶽祠災，罷封西嶽。○吉温叛李林甫，附楊釗，逐蕭炅、宋渾。○爵安禄山東平王。○安禄山兼河北采訪。○朔方軍士毆判官張齊丘，坐左遷。○崔昌請承周、漢，廢周、隨，從之。○王玄翼言見玄元，授妙寶真符。○安禄山入獻奚俘。○楊釗雪張易之，復官爵。○釗更名國忠。○王難得破吐蕃，克五橋，拔樹敦城。○高仙芝滅石國，虜其王。○南詔王閤羅鳳反，陷雲南，殺張虔陁。
辛卯（七五一）	重光單閼 正乙酉、三甲申、四癸丑、六壬子、七辛巳、九庚辰朔。	十 上祀太清宮、太廟、南郊，赦。○楊氏奴與廣平公主爭道，鞭及公主衣。駙馬程昌裔坐免官。○上爲安禄山起第。廚廐之物，皆飾以金銀。○貴妃以襁褓裹禄兒。○安禄山兼領河東，以吉温爲留後。○禄山畏憚李林甫。○禄山潛謀作亂，養曳落河八千餘人，戰馬數萬匹，以張通儒等爲腹心。○鮮于仲通討閤羅鳳，大敗於瀘南。○楊國忠大發兵詣雲南，先取高勳，百姓愁怨。○高仙芝擊大食，敗於恒羅斯城。○段秀實詬李嗣業。○武庫火。○安禄山將兵六萬襲契丹，大敗，僅以身免。○楊國忠領劍南。
壬辰（七五二）	玄黓執徐 正己卯、三戊寅、四丁丑、五丙午、七乙巳、九甲辰、十二癸酉朔。閏三。四一日，小滿。	十一 李林甫請禁惡錢，楊國忠奏罷之。○安禄山復將兵二十萬擊契丹，奏阿布思爲裨將。阿布思叛歸漠北，禄山不果出。○王鉷有寵，李林甫避之。○王準彈王繇折簪，永穆公主親執刀匕。○鉷殺任海川以滅口。韋會私語，鉷擒殺之。○鉷弟銲與邢縡謀反。楊國忠、陳希烈奏鉷通謀，賜死。○慶王琮薨。○楊國忠代王鉷領諸使，與陳希烈言李林甫知王鉷、阿布思之謀。上由是踈林甫。○國忠奏破吐蕃於雲南。楊國忠吏以鳳皇優得調。○李林甫請國忠赴劍南。國忠泣辭上，尋復召之。○林甫薨，國忠爲相。○國忠領四十餘使。○臺省官有名於時不爲己用者，皆出之。○張彖謂國忠爲冰山。○吉温爲安禄山詗事。○國忠奏選深者補官。○史思明爲平盧軍使。○安禄山詈哥舒翰。○棣王琰坐符厭，憂死。

癸巳（七五三）

昭陽大荒落

三壬寅、四辛未、六庚午、八己巳、十戊辰、十二丁卯朔。

十二

楊國忠唱注選人，一日而畢。〇國忠使安禄山誣李林甫與阿布思謀反，子孫皆流嶺南。〇復以魏、周、隋後爲三恪。〇安禄山得阿布思部落，兵精天下。〇使何復光將嶺南兵擊南詔。〇楊國忠以哥舒翰兼河西，共排安禄山。〇自安遠門至胡境，萬二千里。〇程千里擒阿布思。〇諸楊驕奢。〇陳玄禮諫夜遊。〇劉迺謂判語不足知人。

甲午（七五四）

閼逢敦牂

四丙寅、六乙丑、七甲午、九癸巳、十一壬辰、十二辛卯朔。閏十一。十二一日，大寒。〇本志：六月乙丑朔，食，東井十九度，幾既。〇五月，熒惑守心五旬餘。

十三

楊國忠言安禄山必反，召之必不來。上召之而來，由是益愛信之。〇上置翰林院。〇上欲加禄山平章事，國忠諫而止，乃除左僕射。〇禄山求領閑厩，選取戰馬數千匹。〇加聖祖尊號。諸帝皆加謚孝字。〇安禄山請超敘將士勳。爲將軍者五百餘人，中郎將者二千餘人。〇上解御衣賜禄山，禄山倍道而歸。自是有言禄山反者，上皆縛送之。〇張均、張垍、張埱坐漏言貶。〇斬阿布思。〇李宓將兵七萬討閤羅鳳，全軍覆没。國忠隱之，上不知。〇高力士言邊將兵太盛。〇哥舒翰置洮陽、澆河郡及神策軍。〇楊國忠薦韋見素代陳希烈。〇國忠以水旱逐李峴。〇上憂雨傷稼，國忠獻善禾。推房琯，以其言水災。〇高力士言陛下以權假宰相，臣何敢言。〇楊國忠逐韋陟，貶吉温。〇天下郡三百二十一，户九百餘萬，口五千二百八十餘萬。

卷第二百一十七

乙未（七五五）

旃蒙協洽

正庚申、四己丑、七戊午、八丁亥、十一丙辰、十二乙酉朔。〇本志：二月，熒惑、太白鬭于畢、昴、井、鬼間，至四月乃伏。

十四

蘇毗悉諸邏來降。〇安禄山請以蕃將代漢將。楊國忠、韋見素以爲必反，請以平章事召詣京師，使賈循、吕知誨、楊光翽分領三鎮。〇上遣輔璆琳往察之。璆琳受賂，還言其忠。事遂寢。〇哥舒翰得疾家居。〇安禄山奏破奚、契丹。〇楊國忠殺禄山客李超等。〇上召禄山，辭疾不至。〇禄山請多獻馬，上始疑之。撲殺輔璆琳。〇上幸華清宫。〇安禄山反於范陽，衆十五萬，以誅楊國忠爲名。〇禄山令將卒異言者族。〇海内久承平，聞范陽兵起，遠近震駭。〇河北州縣瓦解，守令皆降竄死。〇何千年等劫楊光翽於太原。〇東受降城告變，上猶不信。〇楊國忠謂不旬日，傳首行在。〇封常清請挑馬箠度河取其首。〇上令常清至東京，募兵禦之。〇禄山使顔杲卿守恒山。〇上還宫。〇誅安慶宗。〇命張介然等東討。〇以榮王琬爲元帥，高仙芝副之。〇募天武兵，得十一萬。〇高仙芝將兵屯陝。〇安禄山度河，陷靈昌、陳留。聞子死，殺降卒近萬人。〇上下制親征。〇顔真卿起兵平原。〇禄山陷滎陽。〇封常清敗於武牢。〇禄山陷東京，李憕、盧奕死之。〇封常清説高仙芝棄陝守潼關。〇吴王祗、李隨等皆起兵討禄山。制以太子監國。楊國忠懼，使貴妃銜土訴上，乃止。〇顔真卿斬段子光，葬李憕等首。景城、饒陽、河間、博平皆起兵，推真卿主盟。〇斬封常清、高仙芝。〇哥舒翰將兵二十萬屯潼關。翰病瘖，諸將爭長，士無鬭志。〇郭子儀拔靜邊軍，破高秀巖、薛忠義，圍雲中。〇顔杲卿殺李欽湊，通井陘路。擒何千年、高邈。〇千年謂禄山不用己策致敗，勸杲卿解饒陽圍。〇河北歸朝廷者十七郡。〇賈循謀以范陽歸國，不克而死。〇禄山將攻潼關，至新安而還。〇吐蕃贊普乞黎蘇卒，子娑悉立。

柔兆涒灘

二甲寅、六癸未、八壬午、十辛巳、十二庚辰朔。○本志：十月辛巳朔，食既，在氐十度。○五月，熒惑、鎮同在虛、危中。

唐肅宗亨至德元

禄山稱燕帝。○李隨至睢陽。○尚衡、王栖曜拔濟陰。○王承業竊顔杲卿功。○史思明、蔡希德攻常山。承業不救，城遂陷。○禄山冎殺顔杲卿、袁履謙。○河北諸郡復爲賊守。○命郭子儀、李光弼將兵取河北。○命魯炅將兵屯葉北。○安慶緒寇潼關，哥舒翰擊卻之。○李光弼克常山。○安思義勸光弼移軍入城，預爲禦備。○史思明引兵攻常山，光弼擊破之。○思明退據九門。○張巡起兵真源，進取雍丘，敗令狐潮。○哥舒翰誣安思順兄弟，殺之。○吴王祇破謝元同。○李萼説顔真卿以平原、清河兵擊魏郡，拔之，走袁知泰。○賀蘭進明起兵北海，度河與真卿合。真卿以權及功讓之。○進明拔信都。○郭子儀、李光弼合擊史思明，破之，遂拔趙郡。思明退保博陵。○來瑱鎮潁川。○吕知誨誘馬靈詧，殺之。○劉正臣殺知誨。○武令珣敗魯炅於强南，炅退保南陽。○以虢王巨爲河南節度使。○郭子儀、李光弼還常山，破史思明於沙河，又破之於嘉山，思明走還博陵。河北降者十餘郡。○安禄山大懼，詬高尚、嚴莊，謀走歸范陽。○王思禮勸哥舒翰奏誅楊國忠。○國忠奏置監牧兵於苑中〔三〕。又使杜乾運將萬人屯灞上，以備翰。○翰奏請灞上軍，斬乾運。○或告賊無備，國忠勸上趣翰出關復陝、洛。○翰曰：「賊羸師誘我，不可往。且賊遠來，利速戰。官軍據險，利堅守，賊勢日蹙，必内生變，請待之。」○郭子儀、李光弼請先取范陽，質賊黨妻子以招之，潼關惟宜固守。上不從。○翰與崔乾祐戰，大敗於靈寶西原，士卒死亡略盡。火拔歸仁執翰降賊。乾祐遂陷潼關。○翰佞禄山以求生。○禄山惡歸仁不義，斬之。國忠建幸蜀之策。○又謂今日非宰相之過。○上下制親征，而密謀西幸。○上獨與所親愛出延秋門，羣臣宗戚多不知。○上不焚左藏。○細民爭入宫禁，掠府庫。崔光遠、邊令誠禁止之，降于禄山。○上不焚便橋。○上至咸陽，日中不得食。皇孫手匊麥飯。○郭從謹讓上以杜絶直言致亂。○以王思禮鎮河西、隴右。○陳玄禮帥士卒圍馬嵬驛，誅楊國忠及貴妃。○將士不欲之蜀。韋諤請且幸扶風。○父老遮上請留。上遣太子宣慰，因請留太子。建平王倓、李輔國勸太子從民，欲北收邊兵，以復中原。上乃分後軍與之。○士卒流言不遜，上以蜀綵分賜使歸，流言乃息。○太子北至安定。○上發扶風。○太子至彭原，得牧馬，軍勢稍振。○上至散關，分六軍。○命潁王璬之劍南。○以崔圓爲相。○王思禮至平涼，聞亂而還。以周泌、彭元曜鎮河西、隴右。○康景龍等殺薛總。薛景仙克扶風。○孫孝哲入長安。賊西脅汧、隴，南侵江、漢。○賊縱酒不西出，故上及太子得去。○郭子儀、李光弼入井陘。○劉正臣襲范陽，爲史思明所敗。○顔真卿復治河北軍事。○杜鴻漸等迎太子詣朔方，裴冕勸之。○太子撤帷帳盛饌。○上至普安，相房琯。○上許相張垍等，既而不用。○肅宗即帝位於靈武，尊玄宗爲上皇。赦，改元。以裴冕爲相，文武不滿三十人，披草萊立朝廷。○李勉彈管崇嗣朝儀不肅。○張良娣産三日，起縫衣。○上皇命上及永王璘等分領諸道節度都使以討賊。○安禄山殺妃主以祭慶宗。○上皇至巴西，相崔涣。○上得李泌，事無大小皆咨之。○同羅叛禄山，歸朔方。○賊寇扶風，薛景仙擊卻之。○賊遣使招誘河、隴，郭英乂斬之。○崔光遠逃歸靈武。○段秀實勸李嗣業入援。○改扶風爲鳳翔。○上皇至成都。○張巡斬六大將請降賊者。○巡縛藁人取矢，已而縋人斫營。○雷萬春面中六矢不動。○王俌欲降賊，諸將殺之。使宗仙運抑烏承恩鎮常山，承恩不從。○史思明攻九門，敗走。○顔真卿奉表且宣布赦書。○郭子儀等至靈武，與李光弼皆爲相。○光弼斬崔衆。○回紇、吐蕃請助國討賊。○上皇赦。○使第五琦督江、淮租庸。○史思明陷九門。○張巡破李庭望。○靈武使者至蜀，上皇始稱誥命。韋見素等奉寶册詣靈武。○史思明陷藁城。○安禄山宴羣臣張樂，雷海清慟哭。○禄山治乘亂盜物者，百姓怨叛。西門外皆敵壘。○薛景仙通拔風路。○史思明陷趙郡、常山。○上欲以建寧王倓爲元帥，李泌請用廣平王俶。○上賜泌紫袍，以爲侍謀軍國、行軍長史。○同羅誘九姓府、六胡州寇朔方，遣郭子儀討之。○僕固懷恩斬其子以破同羅。○遣敦煌王承寀與懷恩使回紇請兵。○命拔汗那帥西域兵入援。○李泌勸上幸彭原、扶風。○上至順化。○韋見素等奉上寶册，上不受。○上虚心待房琯，琯亦以天下自任。○李泌

自五月以後卷第二百一十八　自十月以後卷第二百一十九

勸上毀張良娣七寶鞍。建寧王倓喜而泣。○泌諫焚李林甫骨，上泣拜天。○上欲立良娣爲后，泌請俟上皇之命。○南詔陷越巂，據清溪關。○上至彭原。○第五琦請運江淮以助軍。○賀蘭進明毀房琯。○琯請將兵復兩京。○琯謂賊曳落河雖多，安能敵劉秩。○令狐潮等攻雍丘，張巡擊破之。○房琯以車戰敗於陳濤。○李泌營護琯，上待之如初。○回紇以女妻敦煌王承寀。○史思明陷河間、景城、樂安。○顔真卿棄平原走。○思明陷清河、博平、饒陽、信都。○張興説思明轉禍爲福。○思明每破城多殺掠。○思明還博陵。○尹子奇度河至北海，欲取江淮。回紇掠范陽，子奇遽歸。○回紇與郭子儀破同羅於榆林，河曲皆平。子儀還屯洛交。○命崔涣詣江南選補。○張巡敗令狐潮於雍丘城北。○高適諫上皇使諸子分節制。○阿史那承慶拔潁川，殺薛愿、龐堅。○李泌論賊形勢必敗。○永王璘擅引軍東下，襲吳郡、廣陵。○于闐王勝自將兵入援。○張巡自雍丘徙寧陵。○巡求賜物於虢王巨，巨不與。○吐蕃陷威戎等軍，石堡等城。○林邑弑其王真龍，滅范氏之族。立諸葛地爲環王。

强圉作噩

二己卯、四戊寅、六丁丑、閏八丙午、十乙巳、十二甲辰朔。九一日，霜降。○本志：四月壬寅，歲、熒惑、太白、辰聚于鶉首，罰星先去而歲留。八月，太白芒怒，掩歲星于鶉火。十二月，歲犯軒轅大星。

二

上皇相李麟，命崔圓赴彭原。○安禄山躁忿多殺，欲黜其子慶緒。慶緒與嚴莊弑禄山自立。○李泌諫立太子。○賜建寧王倓死。○李泌勸上以茅土酬功。○上至保定。○劍南兵賈秀等反，誅。○武威將蓋庭倫殺周泌，崔稱討平之。○史思明圍李光弼於太原。○思明使遊兵乘隙取城，光弼所在有備。○光弼募軍中，小技必收。得錢工，使穿地道，竟得其用。○安慶緒使思明歸范陽，留蔡希德圍太原。○尹子奇攻睢陽。張巡入睢陽，與許遠合兵擊子奇，大破之。遠悉以軍事推巡。○王玄志使董秦度海取平原、樂安。○上至鳳翔。○郭子儀取馮翊、河東。○河隴兵、江淮庸調皆會長安，人來者相繼。○李泌請先取范陽。○安守忠寇武功，郭英乂被傷。王思禮退保扶風。○李光弼破蔡希德於太原。○史思明鎮范陽，安慶緒不能制。○李成式敗永王璘，皇甫侁殺之。○郭旰等破潼關。賊救之，旰等敗還。○韋見素、裴冕罷相，苗晉卿代之。○上皇思張九齡。○張巡屢破尹子奇，而子奇攻圍不輟。○安守忠寇河東，郭子儀擊走之。○顔真卿來見。○召郭子儀赴鳳翔。李歸仁邀戰於三原，子儀敗之。○子儀與安守忠戰敗於清渠，退保武功。○上以府庫空竭，始以官爵賞功。士卒衣金紫，僮僕稱大官。○房琯罷相，張鎬代之。○鎬謂飯僧不可致太平。○追册元獻皇后。○魯炅棄南陽，保襄陽。○張巡敗尹子奇，射傷左目。○楊務欽以陜城來降。○賈至、韋見素諫赦王去榮。○南充何滔反，誅。○賀蘭進明克高密、琅邪。○蜀兵郭千仞反，陳玄禮討平之。○睢陽食盡，尹子奇攻之。張巡隨機守禦，賊不能克。○安武臣屠陜。○崔涣罷。○許叔冀自靈昌奔譙。○南霽雲如臨淮告急，賀蘭進明不救。霽雲齧指而返。○許叔冀制進明。○王伯倫、李椿破賊於中渭橋，賊不敢屯武功。○程千里爲蔡希德所擒。○回紇懷仁遣子葉護將四千兵助唐討賊。○廣平王俶將十五萬兵趣長安。○郭子儀與安守忠戰香積寺北。○李嗣業力戰卻敵。○回紇衝賊伏兵，與嗣業夾擊賊陳，賊遂大潰。○僕固懷恩請追賊，一夕四五起。○安守忠等棄城走。○廣平王俶拜葉護，使不虜掠。○俶入城，鎮撫三日而東。○李泌請令羣臣表迎上皇。○泌求歸山，誦《黄臺瓜辭》。○郭子儀克華陰、弘農。○李勉請赦俘囚。○捷書至蜀。○吐蕃陷西平。○張巡謂睢陽江、淮保鄣，不可棄去。○尹子奇陷睢陽。○巡使諸將各以其意教戰。○張通儒等退保陜，嚴莊引兵就之，凡十五萬。○郭子儀與回紇大破莊等於新店。○莊等與安慶緒棄洛陽走。○廣平王俶入東京。回紇大掠三日。○上皇誥許還京。○李泌歸衡山。○上發鳳翔。○郭子儀取河陽、河内。○嚴莊降。○陳留人殺尹子奇。○上入西京。○安慶緒保鄴，改元天成。蔡希德、田承嗣等歸之，軍勢復振。○陳希烈等下獄。○甄濟詐疾，不污禄山父子。○業護還國。○廣平王俶、郭子儀還自東京。○上謂子儀：「吾有國家，由卿再造。」○河南、河

自九月以後卷第二百二十

東郡縣皆平。○以葉護爲司空、忠義王。歲給回紇絹二萬匹。○以嚴莊爲司農卿。○上皇至鳳翔，留甲兵。○上迎上皇於望賢宮。釋黄袍，捧足，嘗膳，習馬，執鞚，前引。○上皇居興慶宮。○李峴與吕諲、崔器共治陷賊官獄。峴獨寬平。○赦。○立楚王俶。○郭子儀爲司徒，李光弼爲司空。○褒賜李憕等。○置南京、西京、中京。○張良娣爲淑妃。○立諸子爲王。○李翰表論張巡。○上始受傳國寶。○史思明收曳落河、六州胡之衆。○耿仁智、烏承玼説思明歸國。○思明執安守忠，以十三郡兵八萬降。○以思明爲歸義王。○上皇加上尊號曰光天文武大聖孝感皇帝。○郭子儀還東都。○吕諲、崔器處陷賊官皆死。李峴以爲太深，非開自新之路，乃以六等定罪。斬達奚珣等，賜陳希烈等自盡，餘皆杖流貶降。○故韋妃薨。○置神武、英武軍。

戊戌（七五八）

著雍閹茂

二癸卯、四壬寅、六辛丑、八庚子、十二己亥朔。○本志：四月，熒惑、鎮、太白聚于營室。

乾元元

上辭大聖尊號，上皇不許。○尊上皇曰太上至道聖皇天帝。○停檢括使。○能元皓降。○赦。○復以載爲年。○以王玄志鎮平盧。○徙楚王俶爲成王。○立張后。○王惟良謀殺李嗣業，不克而死。○安慶緒族叛者，盟羣臣。人心益離。○慶緒寇河内，不克。○新主入太廟。上享廟，因祀上帝。○赦。○罷采訪黜陟使。○張鎬言史思明、許叔冀必叛，坐罷相。○李揆定嗣。○立成王俶爲太子。○崔圓、李麟罷相。王璵以鬼道進。○褒贈顔杲卿。○顔泉明振救親故。○立太一壇。○左震斬妖巫。○行韓穎曆。○赦陷賊官。○貶房琯、劉秩、嚴武。○李光弼使烏承恩殺史思明，不克。思明由是復叛。○耿仁智改表，思明殺之。○鑄乾元重寶錢。○以寧國公主妻回紇可汗。○漢中王瑀責可汗坐受册命。○郭子儀、李光弼入朝。○回紇遣骨啜特勒助討安慶緒。○王仲昇斬拓跋戎德。○安慶緒以讒殺蔡希德。○命九節度討慶緒，不置元帥。以魚朝恩爲觀軍容使。○大食、波斯破廣州。○太子更名豫。○初以大錢賜百官、六軍。○郭子儀破安太清於獲嘉。○又破安慶緒於衛州。又破之於愁思岡，遂圍鄴。○慶緒讓位於史思明以求救。○上皇幸華清宮。○崔光遠拔魏州。○羣臣上乾元尊號。○史思明陷魏州。崔光遠走。○王志玄卒。李懷玉殺志玄之子，立侯希逸。初令中使就授旌節。○吐蕃陷河源。

己亥（七五九）

屠維大淵獻

二戊戌、三丁卯、五丙寅、六乙未、八甲午、十二癸巳朔。○本志：正月癸未，歲蝕月。

二

史思明稱大聖燕王，改元順天。○李光弼欲擊思明於魏州，魚朝恩沮之。○上祀九宮貴神，耕藉田。○李嗣業薨。○李揆諫加皇后尊號。○后與李輔國表裏，干政事。上不悦，而無如之何。○九節度圍鄴城，無統帥。史思明先抄糧運樵采，士皆飢疲。○戰於安陽河北，兩軍驚潰。○郭子儀退屯河陽。○諸節度各潰歸本鎮，李光弼、王思禮獨全軍以歸。○張用濟請守河陽。○諸將請罪，上皆不問。○安慶緒得諸軍餘糧，欲更拒思明。思明誘而殺之。州縣及兵悉歸思明。○回紇骨啜特勒奔歸西京。○吕諲爲相。○苗晉卿、王璵罷，李峴、李揆、第五琦爲相。○李揆諫以羽林代金吾警夜。○李輔國專掌禁兵，處分天下事，稱制敕。李峴言其專横，變改所行。輔國乃請解行軍，帝不許。○制革弊政。○魯炅卒。○史思明自稱應天皇帝。○回紇毗伽卒，子登里立。○李峴論毛若虚鞫獄不直，罷相。○韓擇木謂峴非專權，寬之秖益聖德。○魚朝恩毁郭子儀，上以李光弼代之。以趙王係爲元帥。○張用濟謀逐光弼，請子儀。光弼斬之。○張光晟以馬救王思禮。將雪辛雲京，始言之。○以僕固懷恩爲大寧王。○康楚元、張嘉延據襄州作亂。○寧國公主自回紇歸。○以李光弼爲河北節度使。○張嘉延破荆州。○鑄重輪錢，一當五十。初給京官俸。○命崔光遠等討荆、襄。○史思明將兵濟河，取汴州。○李光弼棄東京，守河陽。○思明入洛陽，屯白馬寺。又陷鄭、滑。○上欲親征，羣臣諫而止。

○白孝德擒劉龍仙。○李光弼誘賊戰馬。以鐵叉拒賊船，飛石擊之。○光弼使雍希顥守野水柵，降李日越、高庭暉。○思明復攻河陽。○董秦來降。○荔非元禮破周摯於中潬。○光弼又破之於北城。○蜀蠻反。○韋倫破康楚元，擒之。貶第五琦。○李歸仁寇陝，衛伯玉擊卻之。

上章困敦 三壬戌、四辛卯、五庚寅、六己未、八戊午、十一丁亥朔。閏四。五一日，夏至。○本志：八月己酉，太白犯進賢。八月無己酉，疑誤。十二月癸未，歲掩房。	上元元 李光弼爲太尉。○于闐王弟曜同四鎮節度。○党項侵邊鄙，迫京畿。命郭子儀領邠寧以鎮之。○李光弼攻懷州，敗史思明於沁上。○第五琦流夷州。○蒲州爲河中。○李光弼破史思明於河陽。○張維瑾、曹玠殺史翽，據襄州反。○韋倫不謁李輔國，罷節制。○來瑱降張維瑾等。○王思禮始以三公不爲宰相。○赦，改元。○罷中下祀。○苗晉卿爲相，比胡廣。○呂諲坐昵宦官，罷。○劉晏爲度支、鹽鐵等使。○桂州破西原賊。○崔光遠破羌、渾。○行三品錢。米斗七千，人相食。始令重輪錢一當三十。○興王佋薨。○太子以恭遜取容。○李輔國言高力士等謀爲不利。矯命徙上皇於西內，竄逐力士等。上皇由是不懌成疾。○上欲誅輔國，畏其握兵而不決。○衛伯玉爲神策節度。○贈興王佋恭懿太子。○置南都於荆州。○命郭子儀自朔方取范陽，還定河北。魚朝恩沮之。○邢延恩請以劉展爲江淮都統，因而除之。展知其謀，以宋州兵赴鎮，破鄧景山、李峘、侯令儀，遂據楊州。○李光弼拔懷州，擒安太清。○党項寇美原、華原。李藏用收峘餘兵，保蘇州。○劉展陷宣州，李峘奔洪州。○湖李藏用退保杭州。○屈突孝標陷濠、楚，王晅陷舒、和、滁、廬。○鄧景山求救於田神功，許賂以淮南金帛子女。○神功以平盧兵南下，敗展於都梁山，遂克楊州，大掠。○展走度江。

校勘記

〔一〕「晙」，原作「俊」，今據《通鑑》卷二百一十六改。

〔二〕「杖」，原作「杜」，今據《通鑑》卷二百一十六改。

〔三〕「忠」，原作「志」，今據《通鑑》卷二百一十八改。

資治通鑑目録卷第二十二

端明殿學士兼翰林侍讀學士太中大夫提舉西京嵩山崇福宮上柱國河内郡開國公食邑二千二百户食實封玖佰户賜紫金魚袋臣司馬光奉敕編集

卷第二百二十二

辛丑（七六一）

重光赤奮若

二丙辰、四乙卯、六甲寅、七癸未、九壬午、十二辛亥朔。○本志：七月癸未朔，食，既，大星皆見，在張四度。

唐肅宗上元二

張景超攻杭州，敗李藏用兵。○田神功濟江擊劉展。○賈隱林破展於下蜀，斬之。○楊惠元破王晅於淮南。○張景超走。○平盧兵掠浙西十餘日。○奴剌、党項寇寶雞、鳳州。○新羅王嶷入朝宿衛。○魚朝恩言史思明將士離心可取，上趣李光弼等復東京。光弼等敗於邙山，棄河陽、懷州，奔聞喜。○李揆貶袁州。○蕭華入相。○史思明愛少子朝清，欲殺其長子朝義，以朝清爲嗣。朝義將駱悦等弑思明，立朝義，改元顯聖。殺朝清於范陽。○朱融等謀奉岐王珍作亂，誅。○裴遵慶爲相。○段子璋反，據綿州，自稱梁王。○李唐謂上皇亦思見陛下。○崔光遠、李奂克綿州，殺段子璋。○復以李光弼爲副元帥，鎮臨淮。○李輔國求宰相，裴冕沮之。○去尊號、年號，以建子月爲歲首，赦，停五京。○初令舉自代官。○孫待封不肯誣李藏用以脱死。○劉晏貶通州。元載代掌財利。○衛伯玉拔永寧。○上祀圓丘。○侯希逸引兵南。

壬寅（七六二）

玄黓攝提格

三庚辰、五己卯、七戊寅、八丁未、十丙午、十二乙巳朔。

寶應元

追尊太子琮爲奉天皇帝。○李光弼拔許州。○侯希逸自青州度河。○元載徵八年租調，民有粟帛者發徒圍之。○復置五都。○管崇嗣放散太原軍糧，鄧景山急治之。軍亂，殺景山，立辛雲京。○絳州糧盡。李國貞奏未報，王元振殺國貞。○王仲昇與謝欽讓戰中州，爲欽讓所虜。○郭子儀鎮絳州。○裴茂譖來瑱，徙淮西。○赦。○奴剌寇梁州，逐李勉。○党項寇奉天。○李輔國罷蕭華，以元載爲相。○崔侁奏尼真如登天，得鎮國寶十三枚。○上皇崩。○命太子監國。○改元，歲首、月數皆如舊。○張后令太子誅李輔國、程元振，太子不可。更令越王係誅之。輔國以兵圍太子於飛龍廐，勒兵三殿，收后及係。○上崩。太子即位。○李輔國謂代宗但居禁中，外事聽老奴處分。上尊之爲尚父，事無大小皆咨之。○郭子儀誅王元振，由是河東諸鎮皆奉瀍。○李輔國爲司空、中書令。○侯希逸爲青州節度，始有平盧之號。○追尊吴太后。貶蕭華。○乾元錢皆當一。○史朝義圍宋州。諸將勸李光弼保揚州。光弼直趣徐州，朝義遁去。○田神功、尚衡等憚光弼威名，皆順服。○赦。○上復以來瑱鎮襄州。○程元振勸上罷李輔國行軍司馬，以元振代之。尋又罷輔國中書令。○裴茂受密敕襲來瑱，至則瑱已復故任，戰敗被擒。○復以劉晏爲度支轉運使。○以郭子儀爲朔方等道副元帥。○徐知道據劍南拒嚴武。○知道爲其將李忠勇所殺。○來瑱入朝。○程元振譖郭子儀，解元帥，留京師。○袁晁陷浙東諸州，改元寶勝。○來瑱爲相。○裴冕忤元振，貶。○史朝義召回紇舉國南來。上遣僕固懷恩説之，遂助國討朝義。

○藥子昂説回紇自陝趣洛。○袁晁陷信州。○又陷温、明州。○雍王适會諸道及回紇兵於陝。○盜殺李輔國。○回紇責雍王不舞蹈，鞭其僚屬。○阿史那承慶請保河陽，朝義不聽。戰於横水，大敗，棄東京走。僕固懷恩使其子瑒逐之，遂取鄭、汴州。張獻誠降。○回紇暴掠東京，殺人萬計，士民衣紙。○史朝義北度河，屢敗。○薛嵩、張忠志以相、恒等諸州降。○懷恩令嵩等復位，李抱玉、辛雲京始疑其貳心。○受僞官者一切不問。○王武俊説李寶臣令降。○郭子儀以副元帥讓僕固懷恩。○僕固瑒破史朝義於下博。朝義奔莫州，瑒會諸節度圍之。○初以太祖配天地。

癸卯（七六三）

昭陽單閼

一甲戌、五癸卯、七壬寅、九辛丑、十二庚午朔。閏正。二一日，春分。

唐代宗豫廣德元

劉晏爲相。○程元振譖來瑱，殺之。方鎮皆懼。○史朝義使田承嗣守莫州，歸范陽發兵。承嗣以城降僕固瑒等，追敗朝義於歸義。○李懷仙以范陽降。朝義將奔奚、契丹，追兵及之，自殺，傳首。○僕固懷恩恐賊平寵衰，奏以降將薛嵩、田承嗣、李懷仙、李寶臣分帥河北。○回紇登里歸國，馬燧賂其渠帥，回紇不敢爲暴。○梁崇義自據襄陽，上即用爲留後。○葬玄宗、肅宗。○李光弼遣兵擒袁晁，浙東平。○羣臣三表請立太子。○分河北諸州隸藩鎮。○楊綰、賈至請舉孝廉、秀才，罷明經、進士。○田承嗣籍管内丁壯皆爲兵。○李懷讓爲程元振所譖，自殺。○上加尊號曰寶應元聖文武孝皇帝。○赦，改元。○册回紇可汗、可敦。○楊綰上貢舉條目，事竟不行。○吐蕃盡陷河隴及秦、成、渭州，鳳翔以西，邠州以北，皆爲左衽。○僕固懷恩與辛雲京有隙，雲京與駱奉先奏其謀反，懷恩請誅二人，上兩解之。懷恩始貳。○懷恩上書怨訐。○上遣裴遵慶慰諭懷恩，使入朝。范志誠止之曰：「入則爲來瑱矣。」○吐蕃陷涇州，程元振不以聞。過邠州，上乃知之。○以郭子儀爲關内副元帥，鎮咸陽。吐蕃已度渭，掠南山下。○吕月將與吐蕃戰，敗没。○上幸陝。○郭子儀自咸陽歸，遇豐王珙等，送行在。○上至華州，魚朝恩以神策軍來迎。○賜豐王珙死。○吐蕃入長安，立廣武王承宏爲帝。○苗晉卿閉口不言。○上至陝。○郭子儀如商州收兵，上徵詣行在。子儀請收長安，曰：「臣出藍田，虜必不敢東向。」○段秀實説白孝德赴難。○子儀使長孫全緒出韓公堆張疑兵，殷仲卿以輕騎度滻水。王甫入城，夜鼓譟，吐蕃驚遁。○李日越斬高暉。○柳伉請斬程元振，上削元振官爵。○郭子儀入長安，誅王甫等。○吕太一掠廣州。○吐蕃圍鳳翔，馬璘拒卻之。○顔真卿謂元載：「朝廷豈堪相公再壞！」○上還長安。○魚朝恩爲天下觀軍容使。○罷苗晉卿、裴遵慶，相李峴。○元載與董秀、卓英倩探上旨。○放廣武王承宏于華州。○程元振私入長安。○吐蕃陷松、維、保州。

自七月以後卷第二百二十三

甲辰（七六四）

閼逢執徐

正己亥、三戊戌、五丁酉、七丙申、九乙未、十一甲午朔。

二

放程元振于江陵。○顔真卿請以郭子儀代僕固懷恩，李抱真亦言之。○初以祖宗分配上帝。○立太子适。○以薛景仙爲五谷防禦。○僕固懷恩使子瑒攻太原，不克，遂圍榆次。○以郭子儀爲河東副元帥[一]，鎮河中。○罷劉晏、李峴，相王縉、杜鴻漸。○郭子儀領朔方。○上祀圜丘。○白玉、焦暉殺僕固瑒。僕固懷恩奔靈武。○懷恩殺渾釋之及張韶。○上自愧信不及人，致功臣顛越，厚遇懷恩母。郭子儀如汾州。○赦。○劉晏復開汴水，歲運江淮數十萬石米給關中。唐世漕運，推晏爲首。○李國臣破党項於澄城。○行《五紀曆》。○罷孝弟、力田、童子科。○郭子儀以四方粗平，諸道節度兵耗蠹百姓，請罷之，自河中始。上止罷河中。○上招諭僕固懷恩，不從。○税青苗給俸。○李光弼薨。○王縉都統河南行營。○僕固懷恩引回紇、吐蕃入寇。命郭子儀鎮奉天。○子儀謂朔方兵不忍以鋒刃相向。○河中鎮兵剽掠。○嚴武拔當狗。○關中饑。○吐蕃至邠州，白孝德嬰城。○嚴武拔鹽川。○僕固懷恩以吐蕃逼奉天。郭子儀堅壁，虜不戰而退。○吐蕃攻邠州，不克而遁。○楊志烈以河西兵攻靈武。懷恩至永壽而還。○郭晞卒爲暴，段秀實斬之。○李抱玉破五谷賊。○加郭子儀尚書令，不受。○户二百九十餘萬，口一千六百九十餘萬。○于闐王勝願宿衛，以國讓其弟。

乙巳（七六五）

旃蒙大荒落

正癸巳、三壬辰、六辛酉、九庚寅、十己未、十一戊午朔。閏十。十二日，冬至。

永泰元

改元，赦。○李抱真教澤潞民成精兵。○獨孤及請減諸道兵以寬貢賦。○吐蕃請盟。郭子儀曰：「虜利我不虞而來。」乃更增儆備。○裴諝謂陛下不先問民疾苦，乃問榷酤。○嚴武薨。○第五琦稅民麥以爲什一灋。○李正己逐淄青帥侯希逸而代之。○尼廣澄詐稱太子母。○作百高座講。○僕固懷恩誘吐蕃、回紇入寇。○李忠臣曰：「父母有急，豈得擇日而救！」○懷恩病死鳴沙。○上不言懷恩反。○吐蕃寇奉天，渾瑊擊破之。○命郭子儀等分屯諸縣，上自屯苑中。○魚朝恩大索，團結士民逃竄。○朝恩欲奉上幸河中，劉給事曰：「敕使反邪！」○吐蕃大掠而去。○周智光逐北至鄜州，因殺杜冕家。○吐蕃至邠州，遇回紇，復同入寇。郭子儀挺身見回紇，責以負約，説使擊吐蕃。回紇悦從。○白元光與回紇破吐蕃於靈臺。○神策軍始居北軍之右。○郭子儀請招僕固名臣降之。○党項請降。○回紇入見，税百官繒十萬匹以賞之。○郭子儀入朝，薦路嗣恭鎮朔方。置河西。○嚴武以寶轝迎崔旰。○郭英乂殺王崇俊，討旰不勝。旰遂襲成都，殺英乂。○顧繇刺譏元載，流錦州。○蕭昕請修國子監。

丙午（七六六）

柔兆敦牂

正丁巳、三丙辰、五乙卯、七甲寅、十癸未、十二壬午朔。

大曆元

劉晏、第五琦分理天下財賦。○周智光聚無賴數萬，留漕米，劫貢獻。○魚朝恩自謂才兼文武。○元載請論事者先白宰相。顔真卿謂上自掩耳目。○又謂患讒宜察實而誅賞。○又謂如此陛下所聞見，不過三數人。○又陛下見無言者，以天下爲無事可論。○又謂李林甫陰中言事者，猶不敢明言先白宰相。○命楊濟修好吐蕃。○以杜鴻漸鎮劍南，平蜀亂。○段秀實殺能挽彊而盜者。○秀實謂罪若可殺，何以怒爲；無罪殺人，恐涉非道。○崔旰敗張獻誠於梓州。○楊休明徙鎮沙州。○魚朝恩講「覆餗」以譏宰相。○崔旰卑辭厚禮迎杜鴻漸入成都。鴻漸悉以軍府事委旰，因以節制讓之，上不得已從之。○常衮諫以魚朝恩判國子監。○黎幹穿漕渠。○常衮諫受諸節度獻壽，曰：「彼非男耕女織得之。」○民苦什一灋，重罷之。○赦，改元。○周智光殺張志斌。○又殺舉選人。○加智光僕射。受詔慢駡。○郭子義躬耕以足軍食。○陳少遊得桂、管。賂董秀、元仲武，改宣、歙。

丁未（七六七）

彊圉協洽

二辛巳、四庚辰、五己酉、七戊申、十一丁未朔。○本志：七月癸亥，熒惑入氐。乙丑，鎮犯水位。乙亥，歲犯司怪。九月戊申，歲守東井。乙丑，熒惑犯南斗。十二月丁丑，犯壘壁。

二

密詔郭子儀討周智光。華州牙將姚懷等斬智光，傳首。○分劍南置東川。○郭曖稱我父薄天子不爲。○杜鴻漸入朝。以崔旰、杜濟爲東、西川節度。○高郢諫造章敬寺，曰：「無寺猶可，無人其可乎！」○三宰相勸上奉佛。○李抱玉固辭僕射。○吐蕃圍靈州，遊騎至宜禄。郭子義屯奉天。○山獠陷桂州。○路嗣恭破吐蕃於靈州。○盜發郭子儀父冢，子儀以爲天譴。○新羅王憲英卒，子乾運立。

自閏十月以後卷第二百二十四

戊申（七六八）	著雍涒灘 正丙午、三乙巳、四甲戌、六癸酉、七壬申、十辛丑朔。○本志：三月乙巳朔，食，奎十一度。七月壬申，五星並出東方。九月壬申，歲入輿鬼。丁丑，熒惑入太微，二旬而出。己卯，太白犯左執灋。	三 郭子儀謂諸子皆奴材。○立獨孤貴妃。○崔旰入朝。○上召李泌於衡山，置之蓬萊書院。○上令泌飲食結昏。○上思齊王倓中興之功，追謚承天皇帝。○楊子琳襲陷成都。遣崔寧歸鎮。○朱希彩、朱泚、朱滔殺李懷仙。○李寶臣討朱希彩，不克。○以王縉領幽州，希彩爲留後。○崔寧妾任氏擊走楊子琳。○王縉至幽州勞軍而還。○蕭昕誚讓回紇。○吐蕃寇靈武。○又寇邠州，馬璘擊破之。○辛雲京薨。○郭子儀屯奉天。○白元光破吐蕃。○李晟屠定秦堡，吐蕃解去。○李岵殺姚奭。○徙馬璘鎮涇州，郭子儀鎮邠州，以備吐蕃。○段秀實移更籌，不救火，誅王童之。○張萬福破許杲，辭將士賞。
己酉（七六九）	屠維作噩 正庚午、三己巳、五戊辰、六丁酉、七丙寅、十乙未朔。○本志：二月壬寅，熒惑守房上相。三月壬午，逆行入氐中。是月，鎮犯輿鬼。七月戊辰，熒惑犯次相。九月丁卯，犯建星。	四 郭子儀不疑魚朝恩害己。○以好時、麟遊、普潤隸神策軍。○楊子琳引兵下江，據夔州。詔以爲峽州刺史。○以僕固懷恩幼女爲崇徽公主，嫁回紇可汗。○董晉謂回紇：「爾之父子寧而畜馬蕃，非我誰使之！」○郭子儀自河中遷邠州。○吐蕃寇靈州。○王縉誅王無縱等，河東軍府始定。○郭子儀救靈州，至慶州。○杜鴻漸薨。○裴冕爲相，尋薨。
庚戌（七七〇）	上章閹茂 二甲午、四癸巳、六壬辰、七辛酉、八庚寅、十己丑朔。○本志：二月乙巳，歲入軒轅。六月庚戌，太白入東井。	五 魚朝恩專恣，上使元載謀誅之。○李抱玉徙盩厔，軍士掠鳳翔。○殺魚朝恩而隱之。○罷度支及關内轉運等使，使宰相領之。○元載以楊綰爲祭酒，徐浩爲吏部侍郎。○丈人以載一名得千縑。○臧玠殺崔灌。○命涇原馬璘兼鄭、潁。○賜劉希暹死。○吐蕃寇永壽。○元載驕横，上始惡之。○載出李泌於江西。

辛亥（七七一）	壬子（七七二）	癸丑（七七三）
重光大淵獻 二戊子、四丁巳、五丙戌、七乙酉、八甲寅、十癸丑朔。○本志：八月甲戌，熒惑犯鄭星。九月壬辰，犯哭星。庚子，犯泣星。十月己巳，犯壘壁。	玄黓困敦 二壬子、四辛亥、六庚戌、八己酉、十戊申、十一丁丑朔。○本志：二月己巳，熒惑犯天街。四月丁巳，入東井。辛未，歲犯左角。	昭陽赤奮若 四丙午、五乙亥、十甲戌、九癸酉、十一壬申、十二辛未朔。閏十一。十二一日，大寒。○本志：四月癸丑，歲掩房。甲寅，熒惑入壘壁。五月庚辰，入羽林。七月己卯，太白入東井，留七日。己丑，太白入太微。十月庚午，入氐中。十一月癸未，入房。閏十一月壬寅，太白、辰合于危。
六 李抱玉讓山南西道。○王翃擒梁崇牽，克復容州。又與李觀斬馮崇道、朱濟時，嶺南始平。○楊子琳入朝。○李少良言元載陰事，坐死。○上厭元載，以李栖筠爲大夫。○韓滉判度支，國用始充。	七 回紇掠子女，犯宮門，上諭止之。○赦。○回紇奪長安令馬。○李懷瑗殺朱希彩。朱滔立其兄泚爲留後。	八 薛嵩薨，子平讓帥於叔崿。○令孤彰薨，舉李勉自代，遣子歸東都。○貶徐浩、薛邕。○鄭王邈薨。○回紇遣使賣馬，送之東千乘。○吐蕃寇靈武。○朱泚遣弟滔防秋。○哥舒晃反，據嶺南，殺吕崇賁。○郇模哭市。○田承嗣毁安、史廟，加平章。○吐蕃寇涇、邠，敗渾瑊於宜禄，馬璘於鹽倉。李國臣掎其後，乃退。○元載請城原州，開隴右、河西。○郭子儀請輸一歲俸市回紇馬。

甲寅（七七四）

閼逢攝提格

二庚午、四己巳、七戊戌、九丁酉、十一丙申朔。○本志：三月丁未，熒惑入東井。五月己未，太白入軒轅。九月辛丑，入南斗。甲子，熒惑入氐。十月戊子，歲入南斗。

九

田神功薨。○楊猷擅至鄂、復、郢州。○徐州逐刺史。○汴宋防秋者潰歸。○郭子儀請發諸道兵禦吐蕃。○以公主妻田承嗣子，承嗣益驕。○以楊猷爲隴右兵馬使。○郭子儀流涕論邊事。○赦。○楊猷入朝。○馬璘求宰相，以爲僕射。○朱泚自請防秋。○僧不空卒，贈司空。○黎幹與巫覡更舞。○朱泚欲輿尸入朝。○回紇白晝殺人，不問。○命郭子儀等分統諸道防秋兵。

乙卯（七七五）

旃蒙單閼

正乙未、三甲午、四癸亥、七壬辰、十辛酉、十二庚申朔。○本志：十月辛酉朔，食氐十一度。正月甲寅，歲、熒惑合于南斗。二月庚戌，熒惑入壘壁。四月甲子，入羽林。七月庚辰，太白、辰合于柳。七月無庚辰，疑誤。

十

裴志清逐薛崿，以衆歸田承嗣。承嗣襲取相州。○朱泚請留闕下，以弟滔知幽州留後。○田承嗣取洺州。○崔寧破吐蕃於西山。○詔諸道兵逃亡毋得擅召募。○田承嗣殺薛雄，盡據相、衛四州。○封皇子述等爲王。○以李承昭知昭義。○河陽軍亂，逐常休明。○陝軍亂，李國清徧拜將士得脱去。○李忠臣以棘圍聚所掠物。○李寶臣、李正己請討田承嗣，從之。磁州降，正己拔德州。○李忠臣攻衛州。○田承嗣圍冀州，李寶臣遣張孝忠救之。承嗣遁去。○承嗣請束身歸朝。○郭子儀以奏事不報爲親厚。○盧子期寇磁州。○回紇刺人腸出，繫獄，酋長劫之去。○吐蕃寇臨涇及普潤，李抱玉擊卻之。○李寶臣、李正己會棗强，犒賞不均，各解去。○李忠臣亦釋衛州，南渡河。○寶臣、朱滔攻滄州。○吐蕃寇涇州，馬璘擊去之。○朱泚出鎮奉天。○李寶臣破盧子期，擒之。○田承嗣以甘言説李正己。正己悦，不進兵。○馬承倩擲絹詬李寶臣。寶臣始玩寇。○承嗣以石讖惑寶臣，使擊朱滔。○獨孤貴妃薨，贈貞懿皇后。○吴希光以瀛州降。○路嗣恭克廣州，斬哥舒晃。○回紇寇夏州。○上謂承嗣負朕，百姓何罪。不令禁鹽。

丙辰（七七六）

柔兆執徐

二己未、三戊子、五丁亥、七丙戌、九乙卯、十二甲申朔。

十一

杜亞宣慰魏州。○崔寧破吐蕃。○上赦田承嗣罪，聽入朝，竟不至。○增朔方戍兵備回紇。○河陽軍亂，冉庭蘭討定之。○田神玉卒。李靈曜據汴宋，不受詔。○田承嗣敗李勉。加朱泚平章事。○命李忠臣等討李靈曜。○李僧惠等降。○李忠臣敗於鄭州，欲還淮西，馬燧不可。○忠臣等圍靈曜於汴州。○田承嗣使田悦救靈曜，忠臣等擊敗之。靈曜走，擒之。○馬燧不入汴州，以功讓忠臣。○馬璘薨。段秀實治其喪，不戮一人而軍府定。

丁巳（七七七）

彊圉大荒落

二癸未、四壬午、五辛亥、七庚戌、九己酉朔。○本志：二月乙未，鎮入氐中。七月乙亥，熒惑入東井。

十二

李抱玉薨。○復田承嗣官爵，不令入朝。○誅元載及其妻子。貶王縉括州。○楊綰、常衮爲相。○郭子儀減樂，黎幹省騶從，崔寬撤第舍。○吴湊救楊炎等。○崔寧破吐蕃。○增京官俸。○令諸使毋得擅召刺史及停務差攝。○定諸州兵數。○均節度使以下俸給。○發元載祖墓，毁家廟，焚木主。○卓英璘作亂，孫道平討擒之。○楊綰薨，上謂天不欲朕致太平。○鮮于叔明賜姓李。○常衮辭賜饌。○段秀實鎮涇原，嚴惠簡儉。○吐蕃寇原州、坊州。○崔寧破吐蕃於望漢城。○韓滉奏瑞鹽。○吐蕃寇鹽、夏、長武。○上謂縣令字人，不損猶應言損。○張獻恭破吐蕃於岷州。○蔣鎮助韓滉賀瑞鹽。○崔寧破吐蕃。○李正己自青徙鄆，據十五州，富彊無比。

戊午（七七八）

著雍敦牂

正戊申、三丁未、五丙午、六乙亥、八甲戌、十癸酉朔。

十三

毁白渠碾磑。○回紇寇太原。李自良説鮑防勿與爭鋒，不從而敗。○吐蕃寇靈州。○河中軍掠回紇使。○吐蕃寇靈州。○崔祐甫不賀猫鼠。○吐蕃寇鹽慶。○李寶臣復姓張。○劉晏遷僕射，仍領轉運、三銓。○李泌謂上含容元載太過，使至大惡。○又謂路嗣恭新立大功，不可以一般罪之。○郭子儀殺張曇。

己未（七七九）

屠維協洽

正壬寅、四辛未、五庚子、六己亥、七戊辰、九丁卯朔。閏五。六二日，大暑。○本志：七月戊辰朔，食，張四度。十二月丙寅晦，食，危十二度。

十四

李泌爲澧州刺史。○田承嗣薨，以姪悦爲留後。○淮西將李希烈逐李忠臣。以希烈鎮蔡州，李勉鎮汴州。○王翃誅凌正，定河中。○張寶臣復姓李。○上崩。德宗即位，居喪食馬齒羹。○常衮與崔祐甫换貶。○祐甫作相未二百日，除官八百人。○祐甫謂平生未識者，何以諳其才行而用之。○省貢獻，罷樂工。○以郭子儀爲尚父。命李懷光、常謙光、渾瑊分其權任。○詔天下勿上祥瑞及珍禽異獸。○放馴象，出宫女。淄青軍士曰：「明主出，猶反乎！」○馬燧鎮河中，教牧馬者爲騎士，一年得選兵三萬。○黎幹、劉忠翼賜死。○罷幹、滉度支，命劉晏兼掌財賦。○晏榷鹽，當征賦太半。○赦。○裴諝諫親治登聞訟。○令狐峘諫山陵優厚。○立宣、舒等七王。○復置待制官。○杖邵光超。中使不敢受賄。○崔祐甫留王駕鶴語，令白琇珪視事。○李正己獻錢三十萬緡，祐甫請賜淄青將士。○顔真卿請省祖宗謚，袁傪沮之。○罷客省廩給。○毁第舍僭侈者。○減服玩之貢。○禁回紇、諸胡華服。○罷榷酒。○上訪政事於張涉。○楊炎、喬琳爲相。○歸吐蕃俘。○沈既濟上選舉議，欲令州府辟吏。○曹王皋貶官，以遷入賀。○李懷光誅邠府五將。○南詔閤羅鳳卒，異牟尋立。○吐蕃、南詔寇西川，上遣崔寧還鎮。楊炎以爲國家喪外府十四年，宜留寧，遣禁兵及幽州兵禦二虜。因内親兵於其腹中，易以它師。○裴諝奏郭子儀殺羊，曰：「吾上尊天子，下安大臣。」○葬代宗。上改輼輬指午。○喬琳罷相，上由是踈張涉。○楊炎以崔寧鎮朔方，而置三留後。○立太子誦。○楊炎請出大盈金帛歸有司。○關播奏政本在求賢。

自八月以後卷第二百二十六

庚申（七八〇）

上章涒灘

二丙申、四乙未、五甲子、七癸亥、八壬辰、十辛卯朔。○本志：十二月，歲食天尸。

唐德宗适建中元

改元。上尊號曰聖神文武。赦。○改賦斂雜目爲兩税。○楊炎譖劉晏謀動摇東宮，罷其諸使，悉以錢穀歸金部、倉部。○命黜陟使十一人分行天下。○洪經綸罷田悦兵，使德悦而怨朝廷。○楊炎專政，務復恩讎。○炎欲復原州浚、陵陽渠，段秀實、嚴郢以爲不可。○李懷光兼領涇原。○劉晏貶忠州。○劉文喜據涇州不受詔。以朱泚代李懷光。○李忠臣謂先生以乏財犯灋，非其過也。○復使韓洄、杜佑領度支、轉運。○劉文喜求救於吐蕃，上命朱泚、李懷光討之。○吐蕃以上歸其俘，大喜，遣使隨韋倫請和。○上又歸蜀俘，以示威信。○上不受貢獻。○楊炎請自與吐蕃爲載書，令上畫可。○羣臣請赦劉文喜。上曰：「微孽不除，何以令天下。」○上不與文喜節，而給將士春服。○劉海賓殺文喜，傳首。○原州不果城。○城奉天。○九姓胡説回紇登里入寇。頓莫賀弑登里自立，求請册命。○曹王臯説降王國良。○遥尊沈太后。○庾準與楊炎共譏劉晏，殺之。○國用倚辦於晏。○晏謂士名重於利，吏利重於名。○晏屬官居數千里外，如在目前。○晏以冗官應權貴，不使治職事。○晏謂户口滋多，則賦税即廣。○晏以平糴及時，救民不待困弊，然後賑施。○晏專用榷鹽充軍國用。○晏造船，每艘給千緡，曰：「論大計者，不可惜小費。」○張光晟殺回紇董突等九百餘人。○以姚令言爲涇原留後。○上曰：「但不妨公害人則吉，安問時日？」○天下不按贓吏二十年。薛邕以贓得罪，州縣始畏朝典。○宦官、武將嗤南牙文臣，上心始疑。○以睦王爲迎太后使。○待制官外，加朝集使二人。○初令公主拜舅姑。○以從妹喪，改縣主昏日。○嫁縣主老未嫁者十一人。○册王淑妃。○天下户三百餘萬，兵七十餘萬。

辛酉（七八一）

重光作噩

正庚申、四己丑、六戊子、八丁亥、九丙辰、十一乙卯朔。○本志：六月，熒惑、太白鬬于東井。

二

李寶臣薨。○寶臣欲立子惟岳，豫誅諸將，而親信王武俊。○召張孝忠，不至，曰：「猶公不入朝。」○惟岳求承襲，田悦又爲之請。上以爲賊竊我土地，假我位號，以聚其衆耳。皆不許。二人乃與李正己謀連兵拒命。○田廷玠請先就死，不忍見族滅。○邵真請執正己使者送京師。○谷從政勸惟岳使惟誠攝軍府，身自入朝。○關東訛言上欲東封。李正己、田悦皆發兵戍境上，河南士民驚駭。詔分永平軍爲三節度以備之。○高力士養女詐稱太后，羣臣皆賀。○郭子儀屏侍妾見盧杞。○楊炎遣使詣藩鎮自解誅劉晏事，上始有誅炎之志。○盧杞爲相。○振武軍殺彭令芳。○發京西防秋兵萬二千人戍關東。○楊惠元以帥令不飲酒。○李希烈請討梁崇義。上加崇義平章事，徵之。○梁崇義不受詔，上命李希烈討之。○楊炎謂希烈無功猶屈强不灋，有功何以制之。○張萬福發渦口船。○郭子儀薨。○子儀聞詔，即日就道，故讒謗不行。○田承嗣望拜。○李靈曜衛送封幣。○麾下爲王公，頤指如僕隸。○功蓋天下而主不疑，位極人臣而衆不疾，窮奢極欲而人不非。○北庭李元忠、安西郭昕間使奉表。○楊炎罷相，張鎰代之。○褒袁光庭死事。○田悦攻臨洺，馬燧、李抱真、李晟擊破之。○李正己薨，子納求承襲。不許。○李希烈克襄陽，斬梁崇義。張孝忠以易州降。○李承謂李希烈有功之後，必更煩朝廷用兵。○承以死守襄州。○盧杞譖楊炎，殺之。○李洧以徐州降。○上以永樂公主適田華，不敢違先命。○李納攻徐州，劉洽等擊破之，遂拔濮州。○王涉以海州降。○馬萬通以密州降。○吐蕃求改敕書。

自六月以後卷第二百二十七

玄黓閹茂

閏正甲申、三癸未、六壬子、八辛亥、十庚戌、十一己卯朔。二日春分〔二〕。

三

衛州詐降復叛。○馬燧乏糧深入，屯洹水，與田悦戰，破之。○悦奔魏州。燧與李抱真按兵不進。○悦自馬上投地。○博州、洺州降。○邵真勸李惟岳入朝，田悦使扈岌斬真。○朱滔、張孝忠敗惟岳於束鹿。○孝忠謂滔言大識淺，還軍義豐。○康日知以趙州降。○惟岳使王武俊攻趙州。○李納復取海、密二州。○王武俊還兵討李惟岳，誅之。○深州降朱滔。○復搉酒。○定州降，山東幾平。○以張孝忠爲易、定節度，王武俊爲恒、冀觀察，康日知爲深、趙觀察。滔不得深州，武俊失趙、定，皆怨怒。又恐朝廷既平魏博，移兵伐之，遂謀合兵救田悦。○劉洽攻李納於濮陽。納遣子弟入見請降。上用宋鳳朝上言，囚之。納歸鄆州，復叛。○以李洧領徐、海、沂。○李士真誣李納，以德、棣來降。朱滔留之。○吐蕃歸所掠兵民。○王武俊使子士真攻趙州。○劉怦諫朱滔救田悦。○滔説張孝忠同反，不從。○孝忠謂王武俊反覆。○滔至束鹿，士卒不從。○孟華諫武俊舉兵。○田悦出戰，敗於御河上。○借商人錢，長安大擾。○馬燧與李抱真相失。燧欲引歸，李晟諫止之。○貶蔡廷玉、朱體微。○劉洽拔濮陽。○朱滔以蠟丸遺朱泚。上召泚還長安私第。○盧杞排張鎰，使代泚鎮鳳翔。○杞杖殺鄭詹，徙嚴郢〔三〕。杞始勸上爲嚴刻。○增税錢及鹽價。○朱滔、王武俊同救田悦。○回紇欲殺源休，既而遣歸。○朱滔等與李懷光同日至魏州。懷光輕與之戰，敗於愜山。王武俊引河絶其後，懷光與馬燧等退保魏縣。○以李希烈兼淄青，討李納。○李晟與張孝忠合勢解趙州圍，掠恒州。○李孟秋反，輔良交討斬之。○初分汴東西，置運使。○顔真卿謂盧杞，中丞傳首，以舌舐面血。○崔漢衡自吐蕃歸。○曹王皋閲湖南將佐，得伊慎、王鍔、許孟容。○皋辨伊慎不叛，使立功自贖。○盧杞引關播爲相，謂播奈何發口欲言。○朱滔稱冀王，爲盟主。田悦稱魏王，王武俊稱趙王，李納稱齊王，各置百官。○李希烈徙鎮許州，與李納、朱滔等交通。汴水路絶，轉輸者由蔡水而上。○朱滔等推李希烈爲天下都元帥、建興王。○徐承嗣造《建中正元曆》。

昭陽大淵獻

正戊寅、四丁未、六丙午、九乙亥、十一甲戌朔。○本志：六月，熒惑、太白復鬭于東井。

四

張鎰與吐蕃尚結替盟于清水。○李希烈襲陷汝州，執李元平。○盧杞遣顔真卿宣慰李希烈。希烈遣兵環繞，欲𠜂食之。真卿不動。○真卿責李元平，叱四王使者，謂希烈死生已定，何必多端。○遣哥舒曜將兵討希烈。○希烈遣兵據鄧州。南路絶，治上津道。○哥舒曜克汝州，擒周晃。○曹王皋拔黃州、蘄州。○周曾等謀殺李希烈，不克而死。○希烈懼，引兵還蔡州。幽顔真卿於龍興寺。○張伯儀敗於安州。○白志貞勒將家子弟從軍。○崔漢衡入吐蕃再議疆埸。○哥舒曜保襄城。○李晟圍鄭景濟於清苑。朱滔留馬寔屯魏橋，自將救之，擊敗晟軍。晟走保定州。滔屯瀛州。○滔忿王武俊，武俊謝之。○賈林説武俊歸國。○初税間架、除陌錢。○令將相與吐蕃區頰贊盟于城西。○盧杞使李揆入吐蕃。○李希烈圍襄城。○陸贄上言：「將非其人者，兵雖衆不足恃。操失其柄者，將雖才不爲用。」○又曰：「財者人之心也，心傷則本傷。」○又曰：「不靖其本，而務救其末，則救之所爲，乃禍之所起也。」○又諫虚關中以奉山東，曰：「萬一將帥之中，又如朱滔、希烈，或負固邊壘，誘致豺狼，或竊發郊畿，驚犯城闕，陛下何以備之。」○李勉遣劉德信等攻許州，上責其違詔，狼狽而還，敗於滬澗。汴兵由是不振。○以普王誼爲元帥。○涇原軍救襄城。行至滻水，以宴賜薄作亂，還攻京城。○上召禁兵，無一人至者，遂自苑門出。○姜公輔請召朱泚自隨。○姚令言與亂兵迎泚入宫，權知六軍。○百官勸泚迎乘輿，泚不悦。○源

休勸泚僭逆，泚喜。○上幸奉天。○渾瑊至奉天，衆心稍安。○源休誘脅朝士，朝士易服潛遁。○李忠臣、張光晟、蔣鎮皆事泚。○張廷芝等帥衆歸泚，泚反謀遂定。○段秀實勸泚迎乘輿，不從。○盧杞保泚不反，不設備。○姜公輔請召援兵入城。○吴溆自請宣慰，爲泚所殺。○泚遣兵襲奉天，段秀實倒用司農印追還。因以笏擊泚，不克而死。○齊映、齊抗勸張鎰除李楚琳。○楚琳作亂殺鎰，據鳳翔歸泚。○蕭復諫上幸鳳翔。上聞鎰死而止。○朱泚自稱秦帝，改元應天，以朱滔爲太弟。○蔣鎮欲自殺，欲逃匿，終以恇怯不果。○樊系草册文成而仰藥。○李希烈陷襄城。哥舒曜奔洛陽。○馮河清以涇原甲兵輸奉天。○崔寧言上聰明，爲盧杞所惑故至此。杞與王翃譖寧，殺之。○朱滔得泚書，移牒諸道自誇大。○魏縣諸將聞難，李懷光引兵趣奉天，馬燧、李艽歸鎮，李抱真退屯臨洺。○蕭復、劉從一、姜公輔爲相。○朱泚引兵逼奉天。○韓遊瓌遇泚於醴泉，還入奉天。泚隨至，爭門欲入。遊瓌與渾瑊、高固拒卻之。○陸贄上疏以爲，今日之患，皆羣臣急聚斂不諫爭之罪也。非常之虞，億兆同慮，陛下穆然凝邃，獨不得聞。○又曰：「六經皆謂禍福由人，不言盛衰有命。」○田悦欲與王武俊共擊李抱真，使賈林説止之。○林又説武俊捨朱滔，與抱真、馬燧相結。○武俊與馬寔共圍康日知於趙州。○高重捷與李日月戰死〔四〕，麾下奪其尸而返，上親哭之。泚亦哭其首而葬之，曰：「忠臣也。」○李日月戰死，泚厚葬之，其母不哭。○韋皋殺牛雲光，定隴州。○盧杞不使杜希全等四將過乾陵，恐驚陵寢，遂敗於漠谷。○泚據乾陵，下視城中。○李晟自定州入援。○王武俊攻趙州，不克而歸。○奉天糧儲盡，供御惟糲米二斛。上語將吏宜早降。○崔縱勸李懷光入援，資以貨財。○李晟等進屯西鐖。泚黨但守長安。○泚以雲梯攻城，渾瑊鑿地道迎之。○上與渾瑊對泣。○雲梯陷，賊徒大敗。○張韶雜填壕者，得入城。○李懷光至醴泉。泚遁歸長安。○賈隱林謂上性急不改，憂未艾也。○泚但爲城守計。○李懷光欲面言盧杞等姦佞，請誅之。杞勸上令懷光乘勝取長安，未得入朝。懷光由是怨叛。○張朏作亂，入成都。張延賞奔漢州。○陳少遊、韓滉聞難，治兵自固。○少遊奪包佶錢帛。○陸贄疏言：「頃者下情壅隔，實事不必知，知事不必實。」○又曰：「慮有愚而近道，事有要而近迂。」○又論否泰損益。又曰：「未行者則戒以樞密勿論，已行者又謂之遂事不諫。」○又曰：「天不以地有惡木而廢發生，天子不以時有小人而廢聽納。」○又曰：「惟信與誠，有失無補。一不誠則心莫之保，一不信則言莫之行。」○又曰：「聖賢惟以改過爲能，不以無過爲貴。」○又曰：「陛下若納諫不違，傳之適足增美；陛下若違諫不納，又安能禁之勿傳。」○又曰：「陛下雖窮其辭，而未窮其理；能服其口，而未服其心。」○又謂上下之情不通者，九弊不去故也。○又曰：「胡可以一酬一詰，而謂盡其能。」○又曰：「諫者多，表我之能好；諫者直，示我之能賢；諫者之狂誣，明我之能恕；諫者之漏泄，知我之能從。」○又曰：「諫者有爵賞之利，君亦有理安之利。諫者得獻替之名，君亦得采納之名。」○李懷光頓兵不進，屢言盧杞等罪惡。上爲之貶杞及白志貞、趙贊，殺翟文秀。○陸贄謂：「行罰先貴近而後卑遠，則令不犯；行賞先卑遠而後貴近，則功不遺。」○朱滔欲帥田悦共取河南，許士則、王武俊説止之。滔引回紇發河間。○李希烈陷汴州，李勉奔宋州，江淮大震。○陳少遊送款希烈。○關播罷相。○陸贄請爲詔書，痛自刻責，無所諱避，悍卒爲之揮涕。○贄諫加尊號，曰：「行之安泰之日，已累謙沖；襲於喪亂之時，尤傷事體。損之有謙光稽古之善，崇之獲矜能納諂之譏。與其增美稱而失人心，不若黜舊號以祇天戒。」○贄又論赦令，曰：「動人以言，所感已淺。言又不切，人誰肯懷。」

閼逢困敦

正癸酉、二壬寅、四辛丑、六庚子、九己巳、閏十一戊戌朔。閏一日，冬至。

興元元

赦，改元。下制罪己，貶尊號。釋李希烈、田悦、王武俊、李納等罪。朱泚之外，一無所問。罷墊陌、閒架等錢。人情大悦。○朱泚更國號曰漢，改元天皇。○李希烈稱楚帝，改元武成。○積薪脅顔真卿。○張建封斬希烈使者，拒杜少誠。○少誠南侵蘄、黄，伊慎擊走之。○希烈又使董侍襲夏口，李兼拒卻之。○朱滔至永濟，田悦不出。滔怒，大掠而去。○盧翰爲相。○朱滔圍貝州。○陸贄諫置瓊林大盈庫。○蕭復言宦官不宜委以兵權國政。○又言陛下用楊炎、盧杞，以致今日。○又謂杞言不正。上以爲輕己，使宣慰江淮。○陸贄論復節行。○又曰：「惑莫甚於逆詐而不與明，冤莫痛於見疑而不與辨。」○以劉洽爲都統副使。○初置統軍。○使崔漢衡出吐蕃兵助取長安。贈段秀實。○李希烈攻寧陵，劉昌拒卻之。○李澄以滑州降。○李晟殺劉德信，併其軍。○李懷光有異志。○李晟勸懷光擊朱泚，不從。○懷光與泚通謀。晟請移軍。○晟曰：「增減衣食，公當裁之。」○懷光不肯用吐蕃兵。○陸贄請聽李晟移屯渭橋。又遣李建徽、楊惠元與之俱移。○李晟勸上幸蜀，不從。○上欲幸咸陽，懷光益懼。○懷光投鐵券於地。○張名振大呼太尉將反。○懷光城咸陽而據之，殺名振。○石演芬願不爲賊而死。○嚴震使馬勛迎車駕，誅張用誠。○懷光奪李建徽、楊惠元軍。惠元走死。○懷光誘韓遊瓌。遊瓌奏之，請分其兵授諸守將。○上發奉天，幸梁州。○蔣鎮謂劉迺，不可以腥臊污賢者。○喬琳爲朱泚掌選。○懷光遣孟保等追上，以追不及復命。○李晟曰：「若皆從行，誰取長安。」○晟以假官集芻粟。○田緒殺田悦自立，朱滔圍之。緒先許降，後城守。○韓遊瓌歸邠州。○李懷光欲襲東渭橋，衆不從。○李景略勸懷光誅泚。○懷光誘將士詣河中。○韓遊瓌殺張昕，縱李旻。○諸將皆受李晟節度。○朱泚欲臣李懷光，懷光奔河中。○裴向諭降趙貴先，存同州。○陸贄諫以散試官授獻瓜果者。○上與贄謀事，人謂之内相，行止必與之俱。○上至梁州，欲幸成都。嚴震、李晟諫而止。○陸贄請撫接李楚琳。○渾瑊爲副元帥。○詔慰撫朔方軍，以李懷光爲太子太保。○李晟爲副元帥。○晟曰：「天子何在，敢言家乎！」殺傳家書者。軍士夏衣裘褐，無叛志。○渾瑊與吐蕃破韓旻於武功〔五〕。○姜公輔諫厚葬唐安公主。○陸贄謂，諫者當問理之是非，豈論事之大小。○又曰：「唐、虞慮事之微，日至萬數。」○姜公輔罷相。○田希鑒殺馮河清。○上疑山北來者爲窺伺，欲拘之。○陸贄曰：「秦皇嚴肅雄猜，而荆軻奮其陰計；光武寬容博厚，而馬援輸其款誠。」○賈耽不罪樊澤，與張獻甫俱入朝。○李揆薨。○賈林説王武俊擊朱滔。○李抱真寢王武俊帳中，武俊許以死。○上以將士未春服，不御衫。○韓滉使何士幹貢綾羅。又以米百艘餉李晟。○吐蕃受朱泚賂，引兵退，陸贄賀之。贄又不欲遥制軍機，曰：「鋒鏑交於原野，而決策於九重之中；機會變於斯須，而定計於千里之外。」○又曰：「傳聞與指實不同，懸筭與臨事有異。」○李抱真、王武俊大破朱滔於貝州。○劉怦迎滔入幽州。○李宇説程日華分滄州自爲一道。○李晟陳兵示諜而縱之。○晟自苑北攻賊，故宫闕皆完，坊市不擾。○晟乘勝收城不待西兵，朱泚西走。○晟命將士五日毋得通家信，秋毫不犯，遠坊經宿乃知。○王武俊讓幽州。○于公異草露布。○熒惑守歲，李晟曰：「天象非所知。」○韓旻斬朱泚。○陸贄諫訪裏頭内人。○以梁州爲興元府。○斬李忠臣。○陸贄請未易李楚琳，曰：「以反道爲權，以任數爲智，所以多喪亂而長姦邪。」○李晟請迎扈。○斬喬琳、蔣鎮、張光晟。○李懷光遣子璀請降。○上至長安。○曹王皋擒劉戒虚，克安州。○李懷光殺孔巢父。○赦。○李泌謂懷光如夢魘耳。○泌請不以伊西、北庭與吐番。○李希烈殺顔真卿。○李晟鎮鳳翔。○命渾瑊、馬燧討李懷光。○燧下晉、慈、隰三州，不取，以與康日智：「恐有功者踵以爲常。」○朱滔請降。○給李懷光將士冬衣。○罷李勉都統而不罷相。○閻晏敗官軍於沙苑，命韓遊瓌赴之。○馬燧拔絳州。○初分神策軍，使宦官竇文場等典之。○李晟誅田希鑒。○李希烈使翟崇暉圍陳州。○李澄焚希烈旌節。○劉洽、曲環等擒翟崇暉於陳州。李希烈走歸蔡州。○洽等克汴州。○李澄取鄭州。

自二月以後卷第二百三十　自五月以後卷第二百三十一

○李泌爲李勉救過。○又爲韓滉辨謗。○蕭復謂李勉、盧翰既在相位，政事不可不與共議。由是罷相。○陳少遊慙憤而薨。○韓滉制王韶使不敢亂。

乙丑（七八五）

旃蒙赤奮若

正丁酉、二丙寅、四乙丑、六甲子、八癸亥、十二壬戌朔。

貞元元

赦，改元。○袁高不草盧杞制。又執之不下。○陳京謂趙需等勿退。○李勉謂與盧杞大州亦可，如天下失望何。○李泌謂上爲桓、靈、堯舜。○李希烈陷鄧州。○馬燧等圍長春宫。○韓遊瓌取朝邑。○韋皋鎮西川。○朱滔卒，劉怦代之。○李晟言赦李懷光有五不可。○馬燧願得一月糧，必平河中。○達奚抱暉鴆張勸，據陝求節。○李泌單騎入陝，縱抱暉令亡。○馬燧身説徐庭光，下之。○李懷光死。○李瓘言臣父必負陛下，宜爲之備。與父俱死。○陸贄言河中既平，若欲遂取淮西，必復致亂。○上爲李懷光置後。○詔李希烈不侵軼，勿復進討。○上召張延賞爲相，李晟奏罷之。○駱元光擅殺徐庭光，韓遊瓌救免之。○渾瑊鎮河中，朔方軍分居邠、蒲。○劉怦卒。○劉從一薨。○郊，赦。○入貢者百五十州。○于闐王曜請復立兄勝子鋭，勝固辭。

丙寅（七八六）

柔兆攝提格

二辛酉、三庚寅、五己丑、六戊午、八丁巳、十二丙辰朔。

二

劉滋、崔造、齊映爲相。○造罷諸道運使，租賦悉委觀察、刺史輸運。宰相分領尚書六曹。○樊澤敗李希烈，擒其將杜文朝。○李泌鑿車道於集津、三門。○李澄敗李希烈於鄭州。○陳仙奇殺希烈來降。○上聞米至陝，謂太子，吾父子得生。○程日華爲節度使。○吴少誠殺陳仙奇，自爲留後。○李澄薨。○吐蕃寇涇、隴、邠、寧，渾瑊、駱元光屯咸陽以備之。○上與李泌議復府兵。○李克寧謀襲父位，劉玄佐屯境上以制之。○賈耽聽淄青兵入城，畋於李納之境。○吐蕃遊騎至好畤，京城戒嚴。○齊映言大福不再。○立王后。○王佖敗吐蕃於汧城，幾獲尚結贊。○尚結贊抵鳳翔城下，離間李晟。○野詩良輔克摧沙堡。○韓遊瓌敗吐蕃於合水北。○韓滉入朝。○王后崩。○吐蕃陷鹽州。○韓滉諭劉玄佐使入朝。○滉領度支、鹽鐵。○崔造罷相。元琇貶。○韓遊瓌、馬燧等擊吐蕃。○張延賞謗李晟。晟請爲僧，因入朝。上令韓滉和解之。

自八月以後卷第二百三十二

丁卯（七八七）

彊圉單閼

三乙酉、五甲申、閏五癸丑、六壬午、八辛巳、十二庚辰朔。六一日，大暑。○本志：八月辛巳朔，食，軫八度。

三

張延賞爲相。○李晟求昏不得，知延賞怒未解。○淮西兵自鄜州叛歸。過陝，李泌邀擊破之。○鄭回勸異牟尋歸唐，韋皋招納之。○張延賞譖齊映，貶之。○劉滋罷相，柳渾代之。○渾責韓滉專暴。○滉薨。○滉以視專者監門。○柳渾諫用白志貞。○葬昭德后。○吐蕃因馬燧以請和。李晟、韓滉、韓遊瓌以爲不如擊之。燧入朝，與張延賞共勸上。上乃許之。○延賞罷李晟兵柄。○晟慕魏徵直諫。○遣渾瑊與吐蕃盟于平涼。○鄭常、楊冀謀殺吴少誠，不克而死。○省州縣官。○韓滉欲復河、湟，劉玄佐、李抱真不從。○張延賞使渾瑊不爲備。○以瑊表示百官。○駱元光與瑊連營。○尚結贊劫盟。瑊入元光營得免。○柳渾、李晟謂盟事可憂。○尚結贊謂馬弇：「蒙侍中力得歸，奈何拘其子孫。」○馬燧罷兵柄。○李泌爲相。○李自良不願代馬燧。○吐蕃棄鹽、夏州。○韋皋以書招雲南。○上謂李泌勿報仇。○泌願上勿害功臣。○泌謂宰相之職不可分。○李泌謂户口雖少，而事多於承平，官不

自八月以後卷第

可減。○泌請罷李晟典兵〔六〕。○泌請句檢諸道違濫賦斂之財輸京師。○又曰：「寬則獲多而速，急則反是。」○又以胡客補神策，省度支錢五十萬緡。又請買吐蕃牛，使戍卒屯田。○又使人入粟補邊地官〔七〕。○又募戍卒留屯，漸復府兵。○張延賞薨。○吐蕃遣崔漢衡歸。○柳渾謂頭可斷，舌不可禁。○渾罷相。○上以郜國公主有罪，欲廢太子，立舒王。李泌曰：「陛下奈何廢子而立姪，願還延三日思之。」太子卒不廢。○吐蕃寇隴州，京城震恐。○吐蕃掠汧陽、吳山、華亭而去。○李泌請歲供百萬緡，不受諸道貢獻。○又請和回紇以制吐蕃，曰：「先帝拜葉護，而陛下不拜可汗。且合骨咄禄殺牟羽宜賞，國人有再復京城之功，皆無可怨者。而吐蕃迫先帝幸陝，豈可與和乎！」○又與回紇書，使稱臣爲子。○吐蕃陷華亭、連雲堡，涇州西門爲寇境。○吐蕃寇豐義、長武城。○李軟奴與北軍韓欽緒謀反，誅。○移防秋諸軍入就食。○趙光奇言民不樂。

戊辰（七八八）

著雍執徐

三己酉、四戊寅、六丁丑、七丙午、九乙巳、十二甲戌朔。○本志：五月乙亥，歲、熒惑、鎮聚于營室。六月癸卯，熒惑逆行入羽林。

四

赦。○三年一定稅。○李泌增京官禄。○劉昌、李元諒鎮涇、隴。○韓遊瓌欲殺范希朝，希朝奔鳳翔。○李泌歲輸宮中錢，上猶宣索。○上欲贈白起司徒，泌曰：「陛下不惜官，神亦不爲榮。」○上謂盧杞忠清彊介。泌謂陛下獨不覺杞姦邪，真姦邪也。○又謂君相所以造命，不可言命。泌言雖深切，而氣色和順。○置左右十軍，神策尤盛。○福建軍亂，逐吳詵。○東蠻驃旁入見。○吐蕃驅唐人以寇邠、涇、慶、寧、鄜。○徵陽城爲諫議。○邠寧軍亂，拒張獻甫，楊朝晟討誅之。○范希朝曰：「臣畏偪而來，今代之，非所以防窺覦，安反仄。」○奚、室韋寇振武。○吐蕃寇寧、鄜、坊。○免諸道税外物歲百餘萬。○回紇國相、公主來迎可敦。○吐蕃帥雲南寇西川。韋臯漏其書於吐蕃，由是大相猜阻。○吐蕃寇清溪關，韋臯破之。○冊回鶻天親可汗。○劉朝彩大破吐蕃於清溪關外。○李泌請以張建封爲徐、泗、濠節度使。○程日華卒，子懷直代之。

己巳（七八九）

屠維大荒落

三癸卯、五壬寅、七辛丑、八庚午、十己巳、十二戊辰朔。○本志：正月甲辰朔，食，營室六度。

五

程懷直請除刺史。○董晉、竇參爲相。○李泌薨。○以李承緒爲懷光後。○韋臯破吐蕃於臺登谷，復巂州。○張孝忠襲蔚州。○李復克瓊州。○回鶻天親可汗卒。○吐蕃寇北庭。

庚午（七九〇）

上章敦牂

四丁卯、五丙寅、七乙丑、八甲午、十癸巳、十二壬辰朔。閏四。

六

迎佛骨。○趙鎬以棣州歸李納。王武俊攻之，不克。○回鶻忠貞可汗爲弟所殺。次相殺之，立忠貞之子。○田緒爲李納取棣州。王武俊攻緒，取四縣。○吐蕃陷北庭。○回鶻可汗郊迎頡于迦斯，拜以爲父。○頡于迦斯救北庭，爲吐蕃所敗。殺楊襲古，安西遂絶。○葛禄取浮圖川，回鶻震恐。○季景略以氣服梅録。○祀圓丘〔八〕。○李納以棣州歸王武俊。

二百三十三

五二日，夏至。○本志：閏三月庚申，太白、辰合于東井。戊寅，熒惑犯鎮。閏三無庚申，疑誤。

辛未（七九一）

重光協洽

三辛酉、五庚申、八己丑、十戊子、十一丁巳朔。

七

劉昌築平涼城、胡谷堡。○六軍驕横，府縣不能治。○張孝忠薨。○安南蠻圍都護高正平。○以張昇雲爲義武留後。○吐蕃寇靈州，爲回鶻所敗。○竇參誣譖吴湊，上始惡之。○雲南執韋皋使送吐蕃。

壬申（七九二）

玄默涒灘

正丙辰、三乙卯、六甲申、八癸未、十一壬子、閏十二辛亥朔。○本志：十一月壬子朔，食，尾六度。

八

劉玄佐薨。○母戒玄佐以死報。○李實侵刻，致襄州軍亂，徐誠安集之。竇參引張滂分班宏利權。○竇申以招權受賂，與吴通玄俱貶。○宣武軍亂，拒吴湊，立劉士寧。○貶竇參，相趙憬、陸贄。○班宏、張滂分掌財賦。○吐蕃寇靈州。○陸贄請令臺省長官各舉其屬。○贄謂宰相必展轉詢訪，是變公舉爲私薦，更爲所賣。○又謂：「今之宰相，則往日臺省長官，但職名暫異，非行舉頓殊。」○又謂：「尊者領其要，卑者任其詳，是以人主擇輔臣，輔臣擇庶長，庶長擇佐僚。」○又謂：「求才貴廣，考課貴精，則天舉用之濫傷易而得人，陛下慎簡之規太精而失士。」○李納薨，子師古代之。○吐蕃寇涇州。○陸贄謂：「嶺南、安南，莫非王土；中使、外使，悉是王臣。」○班宏卒。贄諫以裴延齡判度支。○贄請優恤水災，曰：「所費者財用，所收者人心。苟不失人，何憂乏用。」○又謂帝王之道，寧人負我，無我負人。○韋皋攻吐蕃維州，獲論贊熱。○陸贄請糴運米以濟江淮，和糴以足邊儲。○贄謂：「食不足而財有餘，則弛於積財而務實倉廩；食有餘而財不足，則緩於積食而嗇用貨泉。」○貶姜公輔。○嚴振敗吐蕃於芳州。○王武俊欲擊李師古，上諭解之。○劉濟敗其弟澭於瀛州。○柏良器左遷，宦官始專軍政。

癸酉（七九三）

昭陽作噩

正庚辰、三己卯、五戊寅、七丁丑、十一丙子朔。正二日雨水。

九

張滂初税茶，禁銅器。○大發兵城鹽州。○上令陸贄勿對趙憬論事。贄曰：「是於心膂之内，尚有形迹之拘。」○又言苗粲被譖，豈可令陰受播遷。○又謂貪饕爲弊，至於士吏之微，尚當嚴禁；矧居風化之首，反可通行。鞭韡不已，必及金玉。○上賜竇參死，陸贄救之。○張昇璘罵王武俊，上命杖之。武俊因侵掠定州。○李師古毁三汊城。○賈耽、盧邁爲相。○陸贄論備邊六失：以關東戍兵，無益有損；姑息將帥，賞罰不行；財匱於兵衆；力分於將多；怨生於不均；機失於遥制。○韋皋破吐蕃於西山。○董晉罷。○異牟尋遣三使請降。○令諸相更日秉政筆。○西山羌王入朝。○裴延齡别置四庫，虚張名數以惑上。○權德輿言延齡姦詐。○李晟薨。○郊，赦。○陸贄請不授李萬榮節制。

校勘記

〔一〕「帥」，原作「師」，今據《通鑑》卷二百二十三改。

〔二〕「二日春分」，此句諸本有脱文，今據曆二月十二日春分。

〔三〕「徙」，原作「從」，今據《通鑑》卷二百二十七改。

〔四〕「月」，原作「越」，今據《通鑑》卷二百二十八改。下文同。

〔五〕「功」，原作「攻」，今據《通鑑》卷二百三十改。

〔六〕「晟」，原作「昇」，今據《通鑑》卷二百三十二改。

〔七〕「粟」，原作「票」，今據《通鑑》卷二百三十二改。

〔八〕「祀」，原作「記」，今據《通鑑》卷二百三十三改。

資治通鑑目録卷第二十三

端明殿學士兼翰林侍讀學士太中大夫提舉西京嵩山崇福宮上柱國河内郡開國公食邑二千二百户食實封玖佰户賜紫金魚袋臣司馬光奉敕編集

年	歲陽歲名·朔閏	紀事
甲戌（七九四）	閼逢閹茂 正乙亥、二甲辰、四癸卯、六壬寅、八辛丑、十一庚午朔。	唐德宗貞元十 劍南羌、蠻二萬餘户降。○加韋皋押西山八國使。○崔佐時至雲南大宣詔書。○雲南襲吐蕃，敗之於神川。○劉濟自瀛州帥衆入防秋，屯普閏。○李融卒。○薛盈珍譖盧坦所言皆公，我固不違。○程懷直入朝。○宣武將韓惟清、張彦琳作亂，李萬榮討平之。○徙劉士寧於郴州。○欽州蠻黄少卿反。○陸贄請量移左降官，曰：「王者有責怒而無猜嫌，有懲沮而無怨忌。」○又言用人之法。○又言均節財賦六條。○李抱真薨，子緘謀掌留務。王武俊責之。○上令第五守進黜緘，立王延貴。○册雲南王爲南詔。○裴延齡貶穆贊。○韋皋破吐蕃於峨和城。○元誼據邢、洺、磁，不服，王虔休攻之。○黄少卿陷欽、横、潯、貴，攻邕州。○王虔休拔雞澤。○裴延齡諂詐。○陸贄上書極言延齡罪惡。○王虔休敗於洺州。○陸贄謂上不負天子，下不負所學，它無所恤。裴延齡與趙憬譖贄，罷之。
乙亥（七九五）	旃蒙大淵獻 二己亥、三戊辰、五丁卯、六丙申、八乙未、十甲子朔。閏八。九一日，霜降。○本志：七月，熒惑、太白相繼犯太微上將。	十一 勃海王嵩鄰立。○裴延齡譖陸贄、李充、張滂、李銛，貶逐之。○陽城强客酒以杜其言。○城等伏閤救贄等。○張萬福拜賀城等。○陽城欲壞裴延齡麻。○幽州破奚王啜剌。○回鶻奉誠可汗卒，國人立其相骨咄禄。○李自良薨。以李説爲留後。○立回鶻懷信可汗。○王定遠欲刺李説，不克而死。○馬燧薨。○元誼詐降。○程懷信逐程懷直。○南詔攻吐蕃，拔昆明。○又破施、順等蠻。

自六月以後卷第二百三十五

年	曆	事
丙子（七九六）	柔兆困敦 二癸亥、四壬戌、五辛卯、六庚申、八己未、十戊午朔。○本志：八月己未朔，食，翼十八度。	十二 元誼帥衆奔魏州。○節度、觀察使徧遷官。○李齊運決宰相議，上所除拜必咨之。○田緒薨軍中，立其子季安。○韋渠牟以辯給得幸。○張獻甫薨，楊朝晟代鎮邠寧。○初以竇文場、霍仙鳴爲中尉。○鄭絪謂中尉不應降麻。○竇、霍勢傾天下，清要或出其門，藩鎮爭以進奉求恩。○李萬榮病，子迺謀領軍務，鄧惟恭、俱文珍執送京師。○董晉輕行入汴，悉撤幕下兵。○陸長源欲更舊事，晉初許而竟罷之。○趙憬薨。○李説惡李景略，使竇文場薦之守豐州。○宰相絶班，主書承旨。○裴延齡卒。中外相賀，上獨悼惜之。○吐蕃寇慶州。○崔損、趙宗儒爲相。○上不任宰相，唯信裴延齡、李齊運、王紹、李實、韋執誼、韋渠牟。○鄧惟恭謀作亂，流汀州。
丁丑（七九七）	强圉赤奮若 二丁巳、四丙辰、六乙卯、七甲申、九癸未、十一壬午朔。○本志：二月戊辰，太白入昴。	十三 吐蕃請和親，不許。○楊朝晟請專以邠寧兵城方渠、合道、木波。○李復卒。盧坦潛去。○吐蕃贊普死，子足之煎立。○曹高仕破吐蕃於臺登城。○蔣乂諫張茂宗起復尚主。○盧邁罷。○盧羣謂吴少誠，不從天子之令，何以使下吏從公令乎。張建封入朝。○宫市强取人物。
戊寅（七九八）	著雍攝提格 三辛巳、五庚辰、六己卯、七戊申、九丁未、十一丙午朔。閏五。六一日，大暑。	十四 長武戍兵作亂，韓全義踰城走，高崇文遏定之。○趙宗儒罷，鄭餘慶爲相。○邊兵遥隸神策，至十五萬人。○吴湊言宫市。○于頔鎮襄陽。○吴少誠掠霍山。○陽城貶道州。○韓全義破吐蕃於鹽州。○明州栗鍠反。
己卯（七九九）	屠維單閼 二乙亥、五甲辰、七癸卯、八壬申、十辛未、十二庚午朔。	十五 董晉薨。汴州亂，殺陸長源。俱文珍召劉逸準於宋州。○李錡賂李齊運得浙西鹽鐵轉運使，厚進奉以取寵於上。○裴肅擒栗鍠。○吴少誠襲唐州。○王虔休薨。○嚴震薨。○異牟尋與韋皋約攻吐蕃，皋以兵糧未集不果。○嚴礪鎮興元。○曲環薨。○吴少誠圍許州。上官涚欲走，劉昌裔止之。擊破少誠軍，誅叛將安國寧。○劉全諒薨，軍中推韓弘爲留後。○削吴少誠官爵，令諸道討之。○韓弘斬少誠使者，出兵擊之。○邕王謜薨，謚文敬太子。○諸道屢破吴少誠兵。○渾瑊薨。瑊位窮將相，無矜大之色，故能以功名終。○石州党項逃奔河西。○諸軍討吴少誠者無統帥，自潰於小溵水。○吐蕃寇巂州及南詔，韋皋與異牟尋共拒卻之。

庚辰（八〇〇）

上章執徐

二己巳、五戊戌、七丁酉、九丙申、十一乙未朔。

十六

恒冀等四軍爲吴少誠所敗。○韓全義爲蔡州招討使，統諸軍討少誠。○韓弘誅亂兵劉鍔等三百人。○薛戎證馬總無辜。○薛盈珍誣奏姚南仲，曹文洽以死明之。○南仲入朝，曰：「天下監軍皆如是，雖羊、杜不能立政成功。」○黔中軍亂，逐韋士宗。○于頔暴横，有據漢南之志。○新羅王敬則卒，子俊邕立，尋卒。○韓全義諂事宦官得元帥，監軍數十爭論不決。諸軍又潰於廣利原，退保五樓。○張建封薨。徐州軍亂，劫立建封子愔。○李鄘脱監軍械，不受愔表。○靈州破吐蕃於烏蘭橋。○韋士宗復入黔中。陽履以稱進奉免贜罪。○詔杜佑討徐州，不克。乃以張愔爲留後。○李藩逐杜兼，使歸濠州。兼誣奏藩，杜佑保全之。○韓全義復敗于五樓，退保溵水。○劉濟執其弟源于涿州。○盧羣薨。○賈耽曰：「就軍除節度使，必有愛憎，喜懼相半。不若自朝廷除之。」○鄭餘慶、于頔同貶。○韓全義爲吴少誠所逼，退保陳州，劉昌裔不納。○齊抗爲相。○韋皐自請擊吴少誠，不則赦之。○賈耽謂宜開生路，乃復少誠官爵。○李説薨。嚴綬因進奉知名，得爲河東司馬。○吐蕃謀臣馬定德降於韋皐〔一〕。

辛巳（八〇一）

重光大荒落

正甲午、二癸巳、四壬辰、七辛酉、九庚申、十一己未朔。閏正。二一日，春分。○本志：五月壬戌朔，食，東井十度。

十七

韓全義至長安，宦官掩其敗迹。上曰：「能招來少誠，其功大矣。」○韋士宗棄黔中走。○楊朝晟卒。制以李朝寀代之，劉南金爲副。朝寀收其弓刀，送甲二千。軍士疑懼作亂，殺南金，立高固。制命出而復還。○崔善貞言李錡不法，上械送錡。錡阬殺之，因聚兵謀自固。○高固不報舊怨，軍中遂安。○王武俊薨。○吐蕃寇鹽州。○吐蕃陷麟州，殺郭鋒。○延素見徐舍人。○韋皐九道出兵攻吐蕃。○鄭儋薨。令狐楚於白刃中草遺表。○韋皐破吐蕃於雅州。○韋皐深入吐蕃，拔七城，斬萬餘級，圍維州。加皐中書令。○杜彦先棄鹽州走。

壬午（八〇二）

玄黓困敦

正戊午、三丁巳、五丙辰、七乙卯、十甲申朔。

十八

驃國獻樂。○吐蕃論莽熱救維州，韋皐擊擒之。○齊總以進奉得衢州。○許孟容封還詔書。○高弘本正牙理債，因罷羣臣正牙奏事。○王栖曜薨。○何朝宗作亂，裴玢討擒之。

癸未（八〇三）

昭陽協洽

正癸丑、二壬午、四辛巳、五庚戌、十己酉、十十戊寅朔。閏十。十一一日，冬至。○本志：三月，熒惑入南斗，色如血。

十九

安南將王季元逐裴泰，趙均斬季元而復之。○杜佑入朝爲相。○初遷獻、懿二祖於德明廟，太祖正東向位。○李實薦引譖訴人，皆如期而效。○吐蕃遣論頰熱入貢。○宦官勢益盛。○上官涚薨，壻田偁謀承襲，王沛告擒之。○齊抗罷。○王叔文諫太子論宮市，陰結黨與。○韋執誼譖張正一等朋黨遊宴，斥逐之。○鹽州將李庭俊殺崔文先，李興幹討誅之。○崔損薨。○高郢、鄭珣瑜爲相。○崔薳誤入神策，流崖州。○李實稱歲旱禾美，不免租税。韓愈請待蠲麥徵之，貶陽山。

卷第二百三十六

甲申（八〇四）

閼逢涒灘

正丁丑、二丙午、四乙巳、五甲戌、七癸酉、九壬申朔。

二十

李景略卒，任迪簡以飲醯爲帥。○吐蕃贊普死，其弟立。○李昇雲子謀繼襲，籍没。○盧從史爲昭義帥。○太子得風疾不能言。

乙酉（八〇五）

旃蒙作噩

正辛未、三庚午、五己巳、六戊戌、八丁酉、十丙申朔。○本志：正月己酉，太白犯昴。是月無己酉，疑誤。十二月己酉，歲犯太微西垣。

唐順宗誦永貞元

德宗崩。○衛次公定繼嗣。○上即位。王伾與李忠言、牛昭容相結，召王叔文坐翰林使決事。○韋執誼爲相。○李師古屯兵境上，以脅鄭、滑。韓弘沮之，曰：「兵來不除道。」○貶李實。○王伾爲常侍，王叔文爲學士，與其黨更相唱和，榮辱進退，生於造次。○赦。罷進奉宮市及五坊小兒。○收敘左降官，陸贄、陽城先卒。○王叔文以杜佑掌財賦，而己副之。○竇羣謂叔文事有不可知。○俱文珍等惡叔文專横，請上立太子純。○鄭絪書「立嫡以長」字呈上。○賈耽、鄭珣瑜相次歸卧。○立子弟爲王。○太子既立，中外皆喜。叔文獨有憂色。○杜黄裳謂韋執誼：「豈可以一官相買！」○執誼使陸質解太子，太子不受。○叔文以范希朝、韓泰領京西神策，欲奪宦者兵權。○俱文珍削叔文翰林職。○貶羊士諤，叔文始與韋執誼爲仇怨。○韋皋等請太子監國。○宦者使諸將不以兵屬范希朝。○叔文以母憂去職。○王伾爲叔文求起復不得，自稱中風。○程懷信薨，子執恭襲。○命太子權句當軍國。○杜黄裳、袁滋爲相，鄭珣瑜、高郢罷。○上傳位憲宗，自稱太上皇。徙居興慶宮，改元，立王良娣爲太上皇后。○貶王伾、王叔文。○憲宗不受昇平公主女口。○詔毋得上祥瑞及珍禽奇獸。○韋皋薨，劉闢自爲留後。○韓全義入朝。○以袁滋爲三川安撫使。○罷度支别庫。○鄭餘慶爲相。○發沈太后喪。○初作《日曆》。○貶韓泰等。○賈耽薨。○以袁滋鎮西川，徵劉闢爲給事中。○羅令則謀反，誅。○葬德宗。○遷高宗主。○貶韋執誼。○劉闢不受徵。袁滋不敢進，坐貶。○再貶韓泰等。○回鶻懷信可汗死，騰里可汗立。○以劉闢知西川節度。韋丹曰：「如此朝廷所制，惟兩京耳。」○上許上上皇尊號，而自辭尊號。○鄭絪爲相。

丙戌（八〇六）

柔兆閹茂

二乙未、四甲午、六癸巳、閏壬戌、八辛酉、十庚申朔。七一日，處暑。○本志：十月，太白入南斗。十二月，復犯之。

唐憲宗純元和元

赦，改元。○伊宥爲安州刺史。○上皇崩。○劉闢圍梓州。○林藴謂劉闢非砥石。○杜黄裳謂闢狂戇書生，取如拾芥。請以高崇文爲帥，不置監軍，必有功。○崇文練卒五千，常如寇至。○卒有折人匕筯者，崇文斬之。○杜黄裳請以法度裁藩鎮。○嚴礪拔劍州。○杜黄裳謂王者當擇人而任之，不宜親細務。上疑下詐，則無由致理。○高崇文克梓州。○劉闢歸李康求自雪，崇文斬之。○楊惠琳以夏州拒命，其將張承金斬之。○韋丹以東川讓高崇文。○杜佑以度支等使讓李巽。○巽收租賦，踰劉晏之數。○元稹論諫職。○稹又言太宗知順適之快小，危亡之禍大。○稹又以伾、文得幸東宮，幾亂天下，請早選端士教諸子。○程執恭爲横海帥。○鄭餘慶罷相。○尊王太后。○高崇文破劉闢於鹿頭關。○又破之於漢州。○李師古欲使弟師道知衣食所自來。○又謂師道不務訓兵理人，專習工人賤藝，將覆吾族。○師古薨，師道襲位。○詔西川繼援兵，悉取高崇文處分。○葬順宗。○立郭貴妃。○立鄧、澧等七王。○高沐止李師道掠四境，請輸兩税，申官吏。○杜黄裳欲分淄青，上不許。○誅滑涣。○李光顔斷鹿頭糧道。○鹿頭城降。高崇文長驅抵成都。○劉闢走，追擒之。○崇文入成都，市肆不驚，珍寶山積，秋毫不犯。○軍府事，一遵韋南康故事。○崔從固守邛州。○符載等請罪，高崇文禮而薦之。○崇文不獻二妾。○杜黄裳謂崇文無功，必以劉澭爲代。○張茂昭入朝。○割西川六州隸東川。○以高崇文鎮西川。○柳晟撫安興元軍。○誅劉闢。○王紹代張愔鎮武寧，歸其濠、泗。○吐突承璀爲中尉。○回紇以摩尼俱來。

卷第二百三十七

丁亥（八〇七）

强圉大淵獻

正己丑、四戊午、六丁巳、七丙戌、九乙酉、十一甲申朔。○本志：四月丙子，太白犯東井北轅。

二

赦。○杜黄裳出鎮河中。○武元衡、李吉甫爲相。○吉甫求賢於裴垍，筆疏三十餘人。○邕州破黄賊。○范希朝鎮鹽夏。○劉濟、王士真、張茂昭交惡，上命房式和解之。○李錡求入朝，既而復遷延。武元衡曰：「可否在錡，何以令四海。」○錡教軍士食王澹、趙琦，遂反。○常州顔防、湖州辛秘各殺錡鎮將。○高崇文以西川優富無事，請效死邊庭。○武元衡鎮蜀。○李錡遣其將張子良等取宣州。子良等還兵討錡，擒之。○上自謂不德致干紀，何賀。○蔣乂謂淮安靖王、李國貞有功，不可以孽孫累之。○誅錡。○盧坦諫毁錡廟冢。裴垍、李絳請以錡家財代浙西租賦。○絳爲鄭絪辨讒。○又謂諫臣不可罪。○上尊號。○白居易以諷諫入翰林。○上謂宰相事有違宜，卿當十論。○高崇文徙邠寧。○上以愛女妻于頔之子，頔遂入朝。○李吉甫上《國計簿》，天下税止八道四十九州，百四十四萬户，食兵八十三萬人。

戊子（八〇八）

著雍困敦

正癸未、五壬午、七辛巳、九庚辰、十己酉、十二戊申朔。○本志：七月辛巳朔，食七星三度。○三月乙未，鎮蝕月，在氐。

三

赦。○上謂例是則從之，非是奈何不改。○郝玼城臨涇。○咸安公主薨。○回鶻騰里可汗卒。○鄜王總薨。○盧坦彈柳晟、閻濟美違赦進奉，曰：「奈何存小信棄大信！」○制舉人牛僧孺等指陳時政之失。李吉甫泣訴於上，考官韋貫之等皆坐貶。○罷五月宣政朝賀。○裴均錯立，盧坦謂姚南仲是不交權倖者。○白居易論牛僧孺、韋貫之事。○册回鶻保義可汗。○黄少卿降。○沙陀朱邪盡忠自吐蕃帥衆來降，吐蕃追殺之。其子執宜帥餘衆投靈鹽，范希朝撫安之。○盧坦辟蘇弘爲判官。上曰：「蘇彊不死，有才亦可用。」○坦不抑穀價，以來商船。○以于頔爲司空。○白居易諫加王鍔平章事。○裴垍爲相。○上選任宰相以矯德宗之弊。○裴垍謂爲理之要在正心。○垍令送使、留州皆用省估。○垍賞諫官言得失者。○垍不以官私故人。○李吉甫罷。○杜黄裳薨。○置行原州於臨涇。○雲南王異牟尋卒，子尋閤勸立。

己丑（八〇九）

屠維赤奮若

二丁未、四丙子、六乙亥、八甲戌、十癸酉、十二壬申朔。閏三。四一日，小滿。○本志：九月癸亥，太白犯南斗。

四

勃海王嵩璘卒，子元瑜立。○上謂宣慰使曰：「朕宫中用帛一匹，皆籍其數，惟賙救百姓不計費。」○李藩批敕。○鄭絪罷，藩爲相。○裴垍奏以李鄘代嚴綬。○王士真薨，子承宗自立。○李絳、白居易謂欲令實惠及人，無如減其租税。○絳謂憂先於事，故能無憂；事至而憂，無救於事。○李巽奏程异爲楊子留後。○李師道奏贖魏徵第，白居易請官自贖。○王士則、劉栖楚棄王承宗自歸。○李絳奏儲闈未立，開窺覦之端。立太子寧。○范希朝奏以衣糧給沙陀。○上以裴均進奉歸度支，而戒進奉勿申御史臺。○上欲除成德帥。裴垍謂陛下許師道，而奪承宗，必不服。○李絳謂國家討承宗，鄰道進退有利。○吐突承璀自請將兵討承宗。○上惡李栻迎合，黜之。○盧從史請討承宗，以求起復。命沙陀從范希朝徙河東。○上命曳倒安國寺聖德碑。○李夷簡彈楊憑贓污，李絳諫籍其家貲。夷簡謂徐晦不負楊臨賀，肯負國。○上欲分割德、棣。李絳言鄰道必相構扇。○又言使弔祭使諭承宗輸兩税，請官吏。若其不聽，體亦無損。○又言河北諸鎮，内則膠固歲深，外則蔓連勢廣，與劍南、浙西不同，未易取也。○又言吴少誠病，宜釋恒、冀，取申、蔡。上遣裴武詣真定宣慰。承宗請獻德、棣。○以承宗爲成德帥，薛昌朝爲德棣帥。○田季安説承宗，囚昌朝。○上欲罪裴武，李絳曰：「自今奉使者，必依阿兩可矣。」○吐蕃掠回鶻還國者。○許孟容械神策軍吏，違詔不送。○以吐突承璀爲招討使，討王承宗。白居易等言自古無中官爲統帥者，恐諸將不服。○李絳論宦官毁譽不實。○吴少誠薨，鮮于熊兒以吴少陽代之。○雲南王尋閤勸卒，子勸龍晟立。○譚忠説田季安犒官軍，取堂陽。○又激劉濟，使討王承宗。

自七月以後卷第二百三十八

庚寅（八一〇）

上章攝提格

二辛未、四庚午、七己亥、九戊戌、十二丁卯朔。

五

濟先諸軍擊承宗，拔饒陽、束鹿。○張茂昭不以三鎮軍罷張燈。○吐突承璀兵屢敗。酈定進死。○貶元稹。白居易論奏。○以吳少陽爲淮西留後。○白居易謂討恒冀者必無功，終須罷兵，不如早罷以省費。若諸鎮請而罷之，則威權盡歸河北。又恐神策潰歸，吐蕃、回鶻乘釁[二]。○裴垍使吐突承璀誘盧從史，執之。○范希朝、張茂昭破王承宗於木刀溝。○吐突承璀擅以烏重胤爲昭義留後，李絳以爲無君。○絳請以重胤爲河陽，孟元陽爲昭義。○貶盧從史。○昭義軍潰奔魏州。○劉濟拔安平。○吐蕃歸路泌之柩。○奚寇靈州。○白居易再請罷兵。○上踰月不見學士。李絳上言，上遽召對。○上罪白居易不遜。絳曰：「如此箝天下口。」○上爲絳罷獵。○洗雪王承宗，罷兵。○劉總弒父兄自立。○裴垍爲楊於陵辨誣。○李藩戒上學仙。○裴垍請貶吐突承璀以謝天下，李絳亦論承璀，乃罷其中尉。○裴垍有疾。○權德輿爲相。○張茂昭請除代人，舉族入朝。○任迪簡與士卒共食糲飯，宿戟門踰月。○伊鎮坐交通密近貶官。○郗士美發伊宥喪。○王鍔賂宦官求使相，李藩、權德輿執不與。○鍔獻家財三十萬緡，上欲除使相，李絳諫。○裴垍罷。○張茂昭請遷祖考之骨。○呂元膺擢守門者。○李絳力諫。上始怒，既而改官。○上謂聚財欲以平河南北，復河、湟。

辛卯（八一一）

重光單閼

正丙申、三乙未、五甲午、七癸巳、十壬戌、閏十二辛卯朔。

六

李吉甫爲相。李藩罷。○李絳謂自左藏輸内藏，猶東庫移西庫。○權德輿論爲政寬猛。○李吉甫徙裴垍爲賓客。○盧坦謂大臣不足信於品官。○權德輿謂于皋謩等當死則死，不當已赦而殺之。○李惟簡禁抄吐蕃，務農積穀。○李吉甫奏減冗官。○韓愈議復讎。○省内外官八百八員。○辰、漵州蠻張伯靖反。○出吐突承璀爲淮南監軍。○選才地嫁諸王女。○李絳爲相。○李吉甫與絳有隙。○李涉附宦官，坐貶。○太子寧薨。○大稔，斗米二錢。

壬辰（八一二）

玄黓執徐

二庚寅、三己未、五戊午、六丁亥、九丙辰朔。正一日，雨水。○本志：五月癸亥，熒惑犯右執法。

七

李絳謂同年四海九州之人。○又謂避嫌棄才，乃便身，非徇公。○李絳謂此正陛下宵旰之時，何可稱太平，縱逸樂。○上謂德宗失政亦由宰相不固執。○又謂宰相力諫爲是。○李絳久不諫，上輒詰之。○于頔勸上峻刑。上曰：「此欲使朕失人心耳。」○上命學士奏章取崔羣署，羣固辭。○上謂人爲國本，聞有災當亟救之，豈可尚疑。○又謂入禁中獨宫人、宦官，故樂與宰相論治道。○杜佑致仕。○立太子恒。○崔羣不爲澧王寬作讓表。○田季安薨，妻元氏立子懷諫。○李吉甫請乘間討魏博。李絳謂不必用兵，魏博將自歸。○魏博軍亂，殺蔣士則，立田興。吉甫請先遣中使宣慰，絳曰：「若敕使以將士表來，則恩在彼不在此。請即除節度使。」上從之。○絳又請發内庫錢百五十萬緡，賞魏博軍士。○田興奏行朝廷法令，請官吏，輸賦税。○鄆、蔡、幽、恒遊説，興終不聽。○李師道謂韓弘：「我欲與成德同討魏。」弘曰：「若兵北度河，我東取曹。」○田興送田懷諫於京師。○李絳請開天德、振武營田。○又謂但問其人才與官職相稱，不必避親故。○吐蕃寇涇州。絳請割京西、京北神策隸節度使，宦者沮之而止。

自十月以後卷第

癸巳（八一三）	昭陽大荒落 正乙卯、三甲寅、四癸未、五壬子、六辛巳、九庚戌朔。○本志：十月己丑，熒惑犯太微西上將。十二月，掩左執法。	八 田融以弟興善射爲取禍，抶之。○勃海王元瑜卒，弟言義立。○權德輿罷。○于頔坐子敏行賂殺人，負牆待罪。○薛存誠謂先殺臣，鑒虚乃可釋。○武元衡復入相。○以大水出宮人二百車。○李吉甫廢受降城入天德，李絳、盧坦諫。絳言邊兵皆虚數無實。○廢天威軍，隸神策。○張伯靖降。○吐蕃賂王佖，作烏蘭橋。○回鶻西擊吐蕃，至鸊鵜泉，邊軍戒嚴。○振武軍亂，逐李進賢。○羣臣請立郭妃爲后，不許。○命張煦鎮振武，以夏州及河東兵納之。○開黎陽河。○李絳論朋黨。
甲午（八一四）	閼逢敦牂 正己酉、四戊寅、五丁未、六丙子、八乙亥、九甲戌、十二癸卯朔。閏八。九二日，霜降。○本志：七月，太白入南斗，至十月出。熒惑入南斗中，因留，犯之。十月辛未，熒惑犯鎮，又與太白含于女。	九 張煦入單于府誅亂者。○李絳罷。吐突承璀復爲中尉。○李吉甫請置宥州於經略軍。○李絳請許回鶻昏。○張弘靖爲相。○岐陽公主適杜悰，有賢行。○吴少陽薨，子元濟匿喪領軍務。○李吉甫遷烏重胤於汝州。○楊元卿請止蔡使，而易帥增兵。○元濟以董重質爲謀主。○加王鍔使相。○李吉甫勸討淮西。○張弘靖先弔祭。○李吉甫薨。○命嚴綬督諸道招討吴元濟。○韋貫之爲相。
乙未（八一五）	旃蒙協洽 三壬申、五辛未、六庚子、八己亥、十戊戌朔。○本志：八月己亥朔，食，翼十八度。○六月辛未，歲、熒惑、太白、辰合于東井。是月無辛未，疑誤。	十 加韓弘司徒。○削吴元濟官爵，進諸軍討之。○嚴綬敗於磁丘，退守唐州。○柳公綽自請討蔡，署李聽爲先鋒，爲行營士卒治家。○河東兵戍鋒州，殺燕重旰而歸，王鍔誅之。○劉禹錫除播州。裴度曰：「陛下侍太后，禹錫所宜矜。」○柳宗元《梓人》、《郭橐駝傳》。○田弘正遣子布助討蔡。○王承宗、李師道累表請赦吴元濟，上不許。○盗焚河陰轉運院。○裴度宣慰行營，還言李光顔勇而知義，必能立功。○韓愈謂克淮西在陛下斷與不斷。○又請罷諸道兵，專募環蔡土兵。○又言賊皆國家百姓，勢力已窮者，不須過有殺戮。○李光顔破吴元濟於時曲。○盗殺武元衡，傷裴度。○許孟容雪涕請起度爲相。○捕張晏等，誅之。○上謂若罷度官，是奸謀得行，朝廷無復綱紀，遂以度爲相。○李光進薨。○光進家娣姒讓管鑰。○絶王承宗朝貢。○李師道遣兵入東都焚宮闕，吕元膺捕獲之。○裴度言嚴綬軍無政，以韓弘代爲都統。○弘以美妓遺李光顔，光顔卻之。○分山南東道爲兩鎮，使李遜、高霞寓領之。○田弘正請討王承宗軍于貝州。○李光顔敗蔡兵於小溵橋。○盗焚獻陵寢宮。○吐蕃請互市。○吴武陵謂元濟：「足下反天子，人亦反足下。」○李師道攻徐州，李愿使王智興擊敗之，逐北至平陰。○吕元膺募山棚以衛宮城。

二百三十九

丙申（八一六）

柔兆涒灘

正丁卯、四丙申、六乙未、八甲午、九癸亥、十一壬戌朔。○本志：二月，熒惑入氐，因逆行。四月丙辰，太白犯輿鬼。五月丁卯，歲、辰合于東井。六月己未，復合于東井。是月，熒惑復入氐，是謂鉤己。十一月戊子，鎮、熒惑合于虛、危。十二月，鎮、太白、辰聚于危。

十一

張弘靖罷。○劉總拔武强。○黜錢徽、蕭俛，以懲請罷兵者。○削王承宗官爵，命河東等六鎮討之。○韋貫之稱德宗欲成功之速致亂。○盜斷建陵門戟。○吐蕃贊普卒，可黎可足立。○李逢吉爲相。○雲南弒其王勸龍晟，立其弟勸利。○皇太后崩。○諸司公事權取中書門下處分。○皇甫鎛始以聚斂得幸。○宥州軍亂，逐刺史，田進討平之。○高霞寓敗于鐵城。○上謂但當論用兵方略，豈得以一將失利，遽議罷兵。○霞寓退保唐州。○貶高霞寓、李遜。○張宿譖韋貫之朋黨，罷之。○郗士美敗成德兵於柏鄉。○葬莊憲皇后。○李光顔、烏重胤拔陵雲栅。○黄洞蠻寇邕容。○李師道請輸款，受之。○裴度諫檢王鍔家財，誅其告事二奴。○柳公綽杖殺神策軍將。○以梁守謙監淮西諸軍。○渾鎬爲王承宗所敗，裸走而歸。以陳楚代之。○王涯爲相。○初置淮、潁水運使。○黄洞蠻屠巖州。

丁酉（八一七）

强圉作噩

正辛酉、四庚寅、六己未、七戊子、九丁亥、十一丙戌朔。閏五。

十二

袁滋坐畏懦貶。○李愬以敗卒憚戰，自謂攻取非吾事。○又不嚴軍政，使賊不備。○回鶻屢請尚主，上計費未許。○馬少良擒丁士良，欲刳其心。士良不懼，李愬釋而用之，許愬以死。○丁士良請先擒陳光洽，則吴秀琳自降。○李道古攻申州，克其外郭，既而復敗。○置行縣以撫蔡州降民。○郗士美敗於柏鄉，引歸。○程執恭名權。○王承宗斷白橋路。程權引歸。○吴秀琳待李愬至，乃以文成栅降。○愬得李忠義用之。○愬屯文成。降者有父母，給粟帛遣之。○王沛先度溵水爲城。○李光顔敗淮西兵於郾城。○董昌齡母謂其子順死賢於逆生。○鄧懷金以郾城降李光顔。○罷河北行營兵。○吴秀琳謂李愬：「欲取蔡，非李祐不可。」○愬命李用誠擒祐，待以客禮。○愬獨與祐及李忠義謀襲蔡。○又送祐京師，而復請之。○又厚待賊諜，反得其情。○愬攻朗山，不利而喜。○愬募突將三千。○程异得供軍錢百八十五萬緡。○韋綬坐以諧謔悦太子貶。○吴元濟求束身自歸，爲左右所制，不果。○上求諫官蚶者，授以嶺南。○李逢吉請釋淮西。裴度曰：「臣誓不與此賊俱生。」請自往督戰。○以度爲淮西宣慰處置使。○罷令狐楚學士〔三〕。○李光顔等敗於賈店。○裴度罷監陳中使，諸將始得專軍事。○淮西寇溵水。○李逢吉謂張宿不可爲諫議。必先去臣，乃可用。○逢吉罷相。○李愬以往亡日乘不虞攻吴房，既勝而不取其城。○上竟用張宿爲諫議。○董重質邀裴度於沱口，賴李光顔、田布以免。○李愬冒風雪行百三十里襲蔡州。○愬招降董重質，遂擒吴元濟。○李鄘爲相。○上謂取淮西非求珍寶。○李愬具櫜鞬迎裴度，曰：「使蔡人知上下之分。」○愬謂矜小勝，恤小敗，先自撓，何暇立功。○愬知賢不疑，見可能斷。○裴度以蔡卒爲牙兵。○度悉除苛禁，蔡人始知生民之樂。○誅吴元濟。○吴少誠令諸將各以便宜自戰。○劉晏平知元濟必敗。○裴潾曰：「内臣外事，職分各殊。事有不便，必戒於初，令或有妨，不必在大。」○裴度與梁守謙俱入蔡州誅賊將。○度復入相。○李鄘恥因吐突承璀入相，辭不視事。

戊戌（八一八）

著雍閹茂

正乙酉、三甲申、六癸丑、八壬子、十辛亥、十二庚戌朔。○本志：六月癸丑朔，食，輿鬼一度。○正月，歲逆行犯太微西上將。三月，熒惑入南斗，因逆留，至于七月，在南斗中，大如五升器，色赤而怒，乃東行。八月甲戌，太白犯左執法。乙巳，熒惑犯哭星。是月無乙巳，疑誤。

十三

赦。○李師道逆命，高沐、郭旿諫，李文會、林英譖之，殺沐囚旿。○李公度、李英曇因師道懼，勸之納質獻地。○上始治宮室。○李愬多奏將佐官，上不悦。○李鄘罷，李夷簡爲相。○勃海王明忠卒，從父仁秀立。○程權舉族入朝。○柏耆説王承宗。承宗因田弘正遣二子入質，獻德、棣二州。○擗仗使始糾繩軍政。○洗雪王承宗。○李師道用二婢語，悔獻三州，因李公度，殺李英曇。○李遜責以決語，師道僞許之。遜歸言師道頑愚，必須用兵。○師道表言三軍不可。賈直言極諫，師道囚之。○烏重胤復鎮河陽。○命宣武等五鎮討李師道。○李夷簡罷。○王涯罷。○韓弘自將圍曹州。○上浸驕侈，皇甫鎛、程异數進羨餘以供其費，遂俱爲相，負販亦嗤之。○裴度言鎛豐取刻與，中外思食其肉。○又謂令四方順從，豈朝廷力所能制，直以處置得宜，服其心耳。○又謂太平已八九，何忍還自墮壞。○鎛請減百官俸。崔植封還敕書。○邊軍焚朽繒。鎛引靴稱裴度不可信。○程异月餘不敢知印秉筆。○裴度謂用兵事小，憂在山東；五坊暴横，恐亂輦轂。上爲之殺楊朝汶。○皇甫鎛、李道古薦柳泌合長生藥。○吐蕃寇河曲、夏州，靈武擊破之。○以柳泌爲台州刺史，求靈藥。○河陽兵叛歸，令狐楚撫安之。○田弘正請自黎陽度河，裴度令自楊劉直趣鄆州。鄆人大震。○李愬請董重質隸徐州。○上釋夏侯澄等，鄆人降者相繼。○李元規謂弟文會必驟貴而受禍。○裴度謂君子小人各有朋黨，在察其所爲邪正。○李愬拔金鄉，李師道至死不知。

己亥（八一九）

屠維大淵獻

二己酉、四戊申、六丁未、九丙子、十一乙亥朔。○本志：八月丁丑，歲、太白、辰聚于軫。八月無丁丑，疑誤。

十四

韓弘拔考城。○李聽降沭陽。○上縱遣吐蕃使者。○李愬拔魚臺。○韓愈諫迎佛骨，坐貶潮州。○愈謂人安居而暇食，豈可不知其所自。○李宗奭據滄州不就徵，斬之。○李聽襲海州，克東海等縣。○李愬拔丞縣。○李師道治鄆州城，役及婦女，民益懼而怨。○師道疑劉悟，欲誅之而不決。○悟自陽穀引兵襲鄆，殺師道。○夏侯澄抱師道首，哭舐目垢。○楊於陵宣撫淄青。○河南北三十餘州盡平。○分淄青爲三道。○田弘正聞劉悟自教手搏，知無能爲。○徙悟鎮義成。弘正入鄆州。○郭旿、李存殺李文會。○田弘正撫安鄆人。○關津受賂，容奸人。○上不以平蔡、鄆事付史官。○命馬總、薛平、王遂分帥三道。○罷鎮將，令刺史領兵。○程异薨。○裴度出鎮河東。○李翺請用忠正，屏邪佞，成太平之政。不然大功之後，逸欲易生。○田弘正送王士元等十六人，杖殺之。○韓弘入朝。○赦。○沂州軍亂，殺王遂。○進奉者始曰助軍，後曰賀禮。○令狐楚爲相。○韓弘請留，以張弘靖代鎮宣武。○田弘正入朝。○李渤言攤逃之弊。○吐蕃寇慶州。○誘沂州賊王弁，殺之。○曹華屠鄆卒千二百人。○田弘正請留，不許。○崔羣謂玄宗罷張九齡相，專任李林甫，此理亂之所分也。○安南賊楊清殺李象古。○孔戣諫討黄蠻。○吐蕃圍鹽州，史奉敬擊破之。○裴潾諫上餌柳泌藥。○皇甫鎛譖崔羣惜「孝德」字。○又譖羣扇鼓人情，遂罷相。○令狐楚舉狄兼謩以沮武儒衡。

自二月以後卷第二百四十一

庚子（八二〇）

上章困敦

正甲戌、二癸酉、四壬申、六辛未、八庚午、十一己亥朔。閏正。○本志：三月，鎮、太白合于奎。四月，太白犯昴。七月庚申，熒惑逆行入羽林。十二月，熒惑、鎮合于奎。

十五

曹華徙治兗州。○劉悟入朝。○郭釗謂太子但盡孝謹以俟之。○上服金丹，多躁怒，宦官危懼，遂暴崩。○梁守謙等立太子，殺吐突承璀及澧王惲。○穆宗即位。薛放、丁公著侍禁中，預機密。○貶皇甫鎛崖州。○蕭俛、段文昌爲相。○誅柳泌。○尊郭太后。○赦。○上觀倡優雜戲。○楊虞卿勸上延問羣臣，使進忠若趨利，論政若訴冤。○桂仲武攻安南，坐逗遛貶。○吐蕃寇靈武。○許回鶻昏。○柳公權筆諫。○桂仲武克安南。○吐蕃寇鹽州。○元稹因崔潭峻得知制誥。○武儒衡謂蠅適從何來。○上稱崔羣建儲之功，羣曰：「此先帝久定。」○上奉事太后尤侈。○令狐楚罷。○崔植爲相。○令狐楚再貶衡州。○李珏諫於遏密中遊畋。○王承宗薨，承元請朝廷除帥。○吐蕃寇涇州。○柏耆宣慰鎮州。○鄭覃謂金帛皆百姓膏血。○丁公著謂外間多宴樂，非佳事。○梁守謙將神策救涇州。○貶田洎。○以田弘正鎮成德，以王承元鎮義成。○李光顔開諭怨兵，以救涇州。○吐蕃退。○鄭覃宣慰鎮州。○王承元散家財，斬李寂，乃得赴滑州。○上幸華清宫。宰相、兩省諫，不聽。○南詔助討吐蕃。○容管破黄蠻。○韓愈請赦黄少卿。

辛丑（八二一）

重光赤奮若

正戊戌、三丁酉、五丙申、六乙丑、八甲子、十二癸亥朔。○本志：二月乙亥，太白犯昴。三月庚戌，犯五車。九月乙巳，犯左執法。

唐穆宗恒長慶元

上祀圓丘，赦。○王播以賂求相。蕭俛力爭不獲，遂辭位。○劉總乞棄官爲僧。○段文昌罷，杜元穎爲相。○回鶻保義可汗卒。○以張弘靖代劉總鎮幽州。○立子弟爲王。○劉總棄軍爲僧而卒。○錢徽恥奏私書。○李德裕、李宗閔始爲朋黨。○立回鶻崇德可汗。○回鶻逆公主。○李珏諫加茶税。○以太和公主嫁回鶻。○吐蕃寇青塞堡。○劉總請分所部爲三道，崔植、杜元穎不從。薦朱克融等，不用。○張弘靖貴驕莊默，幕僚輕侮將士。軍亂，囚弘靖，立朱克融。○上受尊號，赦。○田弘正以魏兵赴鎮，崔倰不給其糧，乃遣歸。○王庭湊殺弘正自立。○朱克融陷莫州。○王庭湊陷冀州。○李愬激魏兵使復讎。○又遺牛元翼劍帶，使擊庭湊。○愬有疾，以田布代鎮魏博。○瀛州軍亂，執盧士玫送幽州。○詔魏博等五軍討庭湊。○以裴度爲幽鎮招撫使。○王庭湊以朱克融兵圍深州。○相州殺刺史邢濋。○朱克融寇淶水，遂城滿城。○楊於陵議錢法，令兩税輸穀帛。○王播爲相。○裴度爲鎮州都招討使。○杜叔良爲深州行營節度。○牛元翼爲成德節度。○命宰相與吐蕃盟城西。○裴度自將出承天軍。○朱克融寇蔚州。○王庭湊寇貝州。○裴度極言魏弘簡、元稹奸蠹，曰：「若朝中奸臣尚存，則逆賊縱除無益。」○牛僧孺謂安禄山、朱泚皆過人，法不能制者。○上怒烏重胤不進兵，以杜叔良代鎮横海。○李進誠敗吐蕃於大石山。○青州將馬廷崟反，薛平討誅之。○杜叔良敗於博野。○以李光顔代叔良。○朝廷以府藏空竭，赦朱克融，專討王庭湊。

壬寅（八二二）

玄黓攝提格

三壬辰、四辛酉、五庚寅、七己丑、九戊子、十一丁巳朔。閏十。○本志：四月辛酉朔，食，胃十三度。○

二

中使怒弓高不夜開城，朱克融遂陷弓高。○白居易請選諸道精鋭，令李光顔攻成德之東，裴度招其西，悉罷冗兵以省費。○又請省監軍。○度支饋運多爲緣道諸軍所奪，深入者凍餒。○魏博兵驕，屯南宫不戰。史憲誠聞之，遂潰。○田布自刺死，曰：「上謝君父，下示三軍。」○憲誠據魏，遂授節鉞。○貶杜叔良。○赦王庭湊，授以成德。○蕭俛、段文昌欲消兵，每歲百人中限八人逃、死。○朱克融反，亡者皆集。諸道新募兵，皆不可用。○偏師亦有監陳，選驍勇自衛，令羸怯出戰。○諸將皆從中授方略，又趣使速戰。○官軍十五萬，不能破幽、鎮萬餘之衆。○賜王日簡姓名李全略。○崔植罷，元稹爲相。○以滄景隸李光顔。○裴度與幽、鎮書，解深

自七月以後卷第二百四十二

癸卯（八二三）

甲辰（八二四）

二月甲戌，歲、熒惑合于南斗。八月丙寅，熒惑犯鎮，在畢、昴，因留相守。九月，熒惑守天囷六旬餘乃去。十月，犯鎮于昴。

州團。○元稹罷裴度兵柄，留守東都。○李聽以不獻馬得河東。○劉承偕陵轢劉悟，悟囚之。○詔奬擢武臣。商賈以賂求文牒薦舉，遂升朝籍。○王智興逐崔羣，據徐州。○加朱克融、王庭湊檢校。○韓愈宣慰王庭湊。○牛元翼突圍走。○裴度請斬劉承偕，以謝潞人。○李光顔辭横海，請歸忠武。○裴度鎮淮南。○留度輔政。○以徐州授王智興。○李全略復鎮横海。○張平叔請官自糶鹽，韓愈、韋處厚難之。○平叔又徵貞元二年逋税，李渤奏之。○李元宗以邕州印奔黄洞。○李賞告元稹謀刺裴度。○朱克融進羊馬，先求直。○裴度、元稹罷，李逢吉爲相。○吐蕃寇靈武。○党項拓拔萬誠降。○吐蕃寇鹽州。○復置邕管。○汴州軍亂，逐李愿，立李齐。○李逢吉請討汴州。○宋、亳、潁請别命帥。○李齐攻宋州，高承簡拒之。○曹華不俟詔討齐。○李質執齐，誅之。○質先罷牙兵日膳，乃迎韓充。○充逐爲惡者千餘人。○浙西將王國清作亂，竇易直誅之。○李景略殺王稷，取其財。○史憲誠始助李齐，聞齐死而懼。○太后幸華清宮。○上畋于驪山。○上得風疾。○李逢吉、裴度請立太子。○立太子湛。○行《宣明曆》。

昭陽單閼

二丙戌、四乙酉、六甲申、七癸丑、九壬子、十一辛亥朔。○本志：九月壬子朔，食，角十二度。

三

賜中尉、統軍等錢。○牛僧孺不受韓弘錢，入相。○獠寇安南。○賜供奉官錢。○鄭注始用事，鄭權因之得嶺南。○柳公綽謂贓吏犯法，法在；奸吏亂法，法亡。○以晉、慈爲保義軍。○黄蠻寇邕、欽州。○南詔勸利卒，弟豐祐立。○邕管奏破黄蠻。○上投絹施山僧。○裴度出鎮漢中。○黄蠻寇安南。

閼逢執徐

三庚戌、五己酉、七戊申、八丁丑、十丙子、十二乙亥朔。○本志：三月庚午，太白犯東井北轅，遂入井中，七日而出，因犯輿鬼。六月丙戌，鎮依曆在觜觿，羸行至參六度，當居不居，失行而前，遂犯井鉞。癸未，熒惑犯東井。丁

四

張臯謂藥以攻疾，無疾不可餌。○黄蠻寇欽州。○上疾復作，太子監國。○郭太后謂自古豈有女子爲天下主，能致唐、虞之理。○郭釗言太后稱制，請帥子弟歸田里。○上崩。敬宗即位。時相減神策賜物。○上賜宦官服色，或今日緑，明日緋。○李逢吉與其黨言李紳始欲立深王，貶紳端州。○張又新言端溪不敢多讓。○于敖封還敕書，言貶輕。○張又新等欲殺紳。韋處厚言紳無罪，皆逢吉朋黨讒之。○尊郭太皇太后。○尊王太后。○上耽毬樂，多賞賜。○赦。○王庭湊屠牛元翼家。○李渤、劉栖楚諫晏朝。○張韶、蘇玄明作亂，入清思殿。上幸左神策軍，討誅之。○李程、竇易直爲相。○程請以營殿木石奉山陵。○韋處厚請用裴度，曰：「人離而聽之則愚，合而聽之則聖。順人則理，違人則亂。」上乃加度平章事。○馬存亮讓功求出。○温造彈李祐進馬。○發人補牛心山東川疲弊。○李漢謂沈香亭子何異瑶臺瓊室。○韋處厚謂皇子纔一歲，臣敢不死諫。○黄蠻引環王陷陸州。○葬穆宗。○獨孤朗等羣諫。○劉栖楚遷官。○王智興置戒壇。李德裕言兩浙、福建失六十萬丁。○回鶻崇德可汗卒，弟昭禮可汗立。

卷第二百四十三

亥，入井中。己丑，太白犯軒轅右角。八月庚辰，熒惑犯鎮于東井。鎮既失行犯鉞，而熒惑復往犯之。十一月，熒惑逆行向參，鎮守天關。

乙巳（八二五）

旃蒙大荒落

四甲戌、六癸酉、閏七壬申、八辛丑、十庚子、十二己亥朔。○本志：四月壬寅，熒惑入輿鬼，掩積尸。七月癸卯，犯執法。甲辰，鎮犯東井。九月癸未，太白犯南斗。十一月庚辰，鎮復犯東井。

唐敬宗湛寶曆元

赦，改元。○中使毆崔發。○牛僧孺罷。○柳公綽謂藩鎮重宰相，是尊朝廷。○李德裕獻《丹扆箴》。○李渤、張仲方言崔發事，上不聽。宰相言發誠不敬而母老，乃釋之。○上尊號，赦。○韋處厚上言，不可以李紳故，使流貶者皆不量移。○王播領鹽鐵，正入不充，而羨餘相繼。○劉悟薨，子從諫匿喪求留後。賈直言責之。○武昭謀殺李逢吉，坐死。○茅彙謂寃死甘心，不誣人自全。○李仲言等流嶺南。○張權輿諫幸驪山。上謂宜一往驗其凶。○李絳請除近潞一將爲帥。李逢吉、王守澄以授劉從諫。○逢吉惡絳直諫，授分司官。

丙午（八二六）

柔兆敦牂

三戊辰、五丁卯、七丙寅、九乙丑、十一甲子朔。○本志：五月甲午，熒惑犯昴。六月，太白犯昴。八月丁未，熒惑、鎮合于東井、輿鬼間。庚戌，熒惑犯輿鬼。

二

裴度入朝。張權輿險語排之，上不聽。○劉栖楚與度耳語，崔咸罰度。○度復入相。○上欲幸東都，度諫而止。○度謂朱克融無禮將斃。○又請勿宣慰及索敕使，徐賜詔諭以理。○立郭貴妃。○李全略薨，子同捷自立。○幽州軍亂，殺朱克融，立其子延嗣。○趙歸真等説上求神仙。迎周息元於潤州。○李載義殺朱延嗣自立。○史憲誠妄奏李同捷爲將士所逐。○李程出鎮河東。○李逢吉出鎮襄陽。○上遊戲無度，狎暱羣小，性復褊急。蘇佐明、劉克明等弑上，立絳王悟。○克明欲更易權要，王守澄等討誅之，并殺悟。迎立江王涵。○韋處厚參議，一夕處置，及草踐阼儀法，皆叶宜。○誅竄逆黨、佞幸、術士等。○文宗即位。○韋處厚爲相。○上勵精爲治，去奢從儉。

丁未（八二七）

强圉協洽

正癸亥、三壬戌、六辛卯、八庚寅、十己丑、十二戊子朔。○本志：五月丙戌，熒惑犯右執法。

唐文宗昂大和元

赦，改元。○李同捷遣弟入見。○上雖虛懷聽納，而不能堅決。韋處厚力陳之。○裴度等奏高瑀帥忠武，債帥始少。○以烏重胤鎮橫海，移李同捷鎮兖海。○王播自淮南入朝，厚進獻以取相位。○葬敬宗。○李同捷不受命。命烏重胤、王智興等討之。○李載義執李同捷使者，并所賂獻之。○韋處厚謂史憲誠親吏，仰觀所爲，自有朝典。○王庭湊發兵助同捷。○烏重胤薨。以李寰鎮橫海。

戊申（八二八）

著雍涒灘

二丁亥、閏三丙戌、五乙酉、八甲寅、十癸丑、十二壬子朔。四一日，小滿。○本志：七月甲辰，熒惑掩興鬼、質星。九月，歲、熒惑、鎮聚于七星。

二

王智興破棣州。○劉蕡對策譏斥宦官。○史憲誠遣子唐及亓志紹討李同捷。○李郃請回己官以授劉蕡。○晉王普薨，贈悼懷太子。○蕭洪詐稱太后弟。○王升朝叛，韓約討斬之。○殷侑議王庭湊宜且含容，專討同捷。○詔罪狀王庭湊。○王智興拔棣州。○李寰徙鎮夏州。○削王庭湊官爵，討之。○安南軍亂，逐韓約。○魏博拔平原。○諸將虛張首虜以邀賞，財力耗弊。○李祐鎮橫海。○昭德寺火。○亓志紹舉兵逼魏州。○路隋爲相。

己酉（八二九）

屠維作噩

二辛亥、四庚戌、五己卯、八戊申、十一丁丑朔。○本志：二月乙卯，太白犯昴。壬申，熒惑掩右執法。七月，入于氐。十月，入于南斗。四月壬申，歲犯鎮。

三

義成兵戍齊州者叛，李祐討誅之。○李聽討亓志紹，平之。○李載義拔長蘆。○李祐擊李同捷，破之，進攻德州。○史憲誠遣子唐入朝，請以所管聽命。○王智興請殺石雄。詔流之白州。○李載義破滄州羅城。○李祐拔德州。李同捷請降。○柏耆入滄州，殺高洪。遣同捷入京，道斬之。貶耆循州。○李祐薨。○史唐改名孝章。○休鎮州諸軍。○史憲誠徙鎮河中，李聽代鎮魏博。分相、衛、澶以授史孝章。○賜柏耆死。○魏博軍亂，殺史憲誠，立何進滔。○進滔擊破李聽，聽走歸滑臺。○以魏博授進滔，復以相、衛、澶歸之。○殷侑撫安滄州。雪王庭湊。○李宗閔爲相。○上戒韋處仁著夾羅巾。○路隋謂宰相不宜兼金穀。○上祀圓丘，赦。○杜元穎減軍士衣糧，軍士導嵯顛寇西川。○王智興入朝，徙忠武。○嵯顛入成都外郭。○貶杜元穎。○南詔寇梓州，入西郭。郭釗以書責之。○嵯顛大掠成都而去。○嵯顛表杜元穎之罪。

卷第二百四十四

庚戌（八三〇）	上章閹茂 正丙子、三乙亥、五甲戌、六癸卯、八壬寅、十一辛未朔。閏十二。○本志：五月丙午，歲、太白合于東井。五月無丙午，疑誤。十一月辛未，熒惑犯右執法〔四〕。	四 立魯王永。○牛僧孺爲相。○楊叔元激興元募兵，使作亂，殺李絳。○柳公綽以恩撫沙陀，使守代北。○温造悉誅亂兵八百餘人。○李載義擊奚，破之。○命裴度平章軍國重事。○上以宋申錫爲相，與之謀宦官。○李宗閔排裴度出鎮襄陽。○李德裕言清溪關不可塞，惟重兵鎮守，乃得無虞。○又以蜀兵脆弱，求北兵千五百人鎮蜀。勃海王仁秀卒，孫彝震立。
辛亥（八三一）	重光大淵獻 正庚子、三己亥、五戊戌、六丁卯、八丙寅、十乙丑朔。正二日，雨水。○本志：三月，熒惑犯南斗杓次星。	五 幽州軍亂，楊志誠逐李載義。○牛僧孺謂志誠今日得之，猶載義前日得之。○上以載義有功，寵待甚厚。亦以幽州授志誠。○新羅王彦昇卒，子景徽立。○王守澄、鄭注誣宋申錫私結漳王湊。守澄欲以兵屠申錫家，馬存亮曰：「如此京城自亂。」○崔琯、王正雅請以獄付外廷。○崔玄亮謂殺一匹夫不可不重，況宰相乎。○牛僧孺謂申錫已爲宰相，復何求。○貶湊巢縣公，申錫開州司馬。○上遣中使修太廟。韋温曰：「如此百官皆虚設。」○崔郾治陝、虢以寬，鄂、岳以嚴。○李德裕奏簡蜀兵治器械。○吐蕃維州守將降，德裕請乘此攻之。牛僧孺曰：「棄誠信有害無利。」悉還之。○南詔寇巂州。
壬子（八三二）	玄黓困敦 二甲子、四癸亥、六壬戌、七辛卯、九庚寅、十一己丑朔。○本志：正月，太白、熒惑合于羽林。十月，太白、熒惑、鎮聚于軫。	六 韋温請不受尊號。○回鶻昭禮可汗死，從子彰信立。○徐人殺李聽親吏。○李德裕修邛崍關，徙巂州。○立太子永。○王踐言以縛送悉怛謀爲非計。○牛僧孺謂太平無象。○僧孺出鎮淮南。○杜悰勸李宗閔用李德裕爲大夫。

昭陽赤奮若
三戊子、五丁亥、七丙戌、八乙卯、閏八甲申、十癸未朔。閏一日，秋分。○本志：五月甲辰，熒惑守心中星。九月癸酉，太白入南斗。

七
劉從諫見事柄不一，朝士多請託，歸而益驕。○以崔珙代高瑀鎮徐州。○加楊志誠檢校尚書。○李德裕爲相，論楊虞卿等朋黨。○楊志誠留中使，不受新官。○李德裕折李宗閔，給、舍非美官而何。○李載義使二卒守回鶻門。○李德裕謂，鄭覃、殷侑論議，惟陛下欲聞。○李宗閔出鎮興元。○王涯爲相，兼兩使。○李德裕請徙劉從諫於宣武。○李德裕請試進士論議，罷詩賦。○又謂玄宗疑忌宗室，幽閉之，故爲安、朱魚肉，請散處方州。○加楊志誠僕射。○杜牧作《罪言》、《原十六衛》、《戰論》、《守論》、《孫子序》。○李款彈鄭注章數十上，王涯抑之。○羣臣上尊號，上以民彫弊不受。○上得風疾，飲鄭注藥。注始有寵。

校勘記

〔一〕「德」，原作「得」，今據《通鑑》卷二百三十五改。
〔二〕「舋」，原作「亹」，今據《通鑑》卷二百三十八改。
〔三〕「狐」，原作「孤」，今據《通鑑》卷二百四十改。下文径改。
〔四〕「惑」，原作「歲」，今據《舊唐書・天文志下》改。

資治通鑑目録卷第二十四

端明殿學士兼翰林侍讀學士太中大夫提舉西京嵩山崇福宮上柱國河内郡開國公食邑二千二百户食實封玖佰户賜紫金魚袋臣司馬光奉敕編集

甲寅（八三四）

閼逢攝提格

二壬午、五辛亥、七庚戌、八己卯、十戊寅、十一丁未朔。○本志：二月壬午朔，食奎一度。八月庚寅，太白、熒惑合相犯，推曆度在翼，近太微。十月庚子，熒惑、鎮合于亢。

唐文宗大和八

上疾小瘳，出見羣臣。○李中敏謂致雨之方，莫若斬鄭注，雪宋申錫。○李仲言因鄭注、王守澄得召見講《易》。○上欲以仲言爲諫官，入翰林，李德裕執不可。○仲言等惡德裕，召李宗閔以敵之。○幽州軍亂，逐楊志誠，立史元忠。○李宗閔爲相，李德裕罷。○李仲言爲侍講，高銖等諫。○復進士試詩賦。○王庭湊薨，子元逵襲位。○楊志誠流嶺南，尋殺之。○李德裕出鎮浙西。○上謂去朋黨難於河北賊。○李仲言改名訓。○莫州軍亂。○鄭注爲太僕卿，郭承嘏諫。○以史元忠爲幽州留後。

乙卯（八三五）

旃蒙單閼

二丙子、五乙巳、七甲辰、九癸卯、十一壬寅朔。

九

巢公湊薨。○浚曲江。○王璠、李漢誣李德裕賂杜仲陽，結漳王。○鄭注爲太僕，舉李款自代。○路隋坐救李德裕出鎮浙西。○賈餗爲相。○李德裕貶袁州。○上與李訓、鄭注謀誅宦官。以仇士良爲中尉。○以訛言下楊虞卿獄。○李宗閔貶明州。○出楊承和、韋元素、王踐言監軍。○楊虞卿貶虔州。○作紫雲樓。○李固言爲相。○訓、注爲上畫太平策。○李宗閔貶處州。○舒元輿爲中丞。○沙汰僧尼。○李甘欲裂鄭注麻，坐貶。○李宗閔貶潮州。賜宋若憲死。○鄭注爲侍講。○李珏言注奸邪。○楊承和、韋元素、王踐言流嶺南，尋賜死。○羅立言爲少卿。○高元裕以制辭貶。○訓、注所惡，皆目爲二李之黨，貶逐無虚日。○詔不問二李黨以安人情。○王涯增茶稅。○杖殺陳弘志。○李固言出鎮興元。○李訓忌鄭注，使鎮鳳翔，欲并圖之。韋温不從注辟，曰：「擇禍莫若輕。」○王守澄爲十二衛統軍。○舒元輿、李訓爲相。○李孝本爲中丞。○鄭注譖李聽分司。○注請榷茶。○罷沙汰僧尼。

卷第二百四十五

○酖王守澄。○李訓尊裴度等以順人心。○鄭注與李訓謀，因葬王守澄，集宦者於滻水誅之。訓恐注專其功，更先期舉事，欲并注去之。○韓約奏金吾有甘露。仇士良等覺有變，奉上入宮。訓召兵上殿誅宦者，不克。○士良等縱兵殺戮，死者近二千人。○執王涯等，誣以同反。○涯責王璠漏言。○上怪宰相不來。○召令狐楚、鄭覃，示以王涯手狀。○命楚、覃宿中書，參決機務。○楚草制敘涯反浮汎〔一〕，故不相。賈餗乘驢自首。○擒李孝本。○鄭覃爲相。○追斬李訓。○李石爲相。○族王涯、賈餗、舒元輿、王璠、羅立言、郭行餘、李孝本。○數日殺生除拜，上不預知。○李訓欲殺六道巡邊使，不果。○鄭注發鳳翔，至扶風，聞訓敗而還。張仲清誘而斬之。○獲韓約，斬之。○朝權盡歸北司。○鄭覃、李石謂訓、注因何人得進。○李石卻江西、湖南衣糧。○罷榷茶。○鄭注家絹百餘萬匹。○李石言寒冽由刑殺太過。○田全操等入城，公私驚走。○李石謂宰相亦走，則中外亂矣。○陳君賞謂賊至閉門未晚。○詔赦逆人親黨及詿誤者。○薛元賞誚責李石杖殺神策將。

丙辰（八三六）

柔兆執徐

正辛丑、三庚子、五己亥、六戊戌、九丁卯、十一丙寅朔。閏五。六二日，大暑。○本志：正月辛丑朔，食，虛三度。正月甲辰，太白掩建星。

開成元

赦，改元。○李石謂古人因事爲文，今人以文害事。劉從諫表請王涯等罪名。加檢校官。○吐谷渾詣豐州降。○葬王涯等。仇士良潛發其骨投渭水。○郭旼請納金吾鋒刃給儀刀。○劉從諫言仇士良罪惡。由是鄭覃、李石粗能秉政，天子亦倚以自彊。○二李黨始收復。○李固言爲相。○鄭覃謂王者不自爲詩，陳、隋不免亡國。○訛言上令宰相典禁兵。李石請召仇士良等諭解之。○上謂李聽，付之兵不疑，置之散地不怨。○鄭覃謂宰相盡同，事必有欺陛下者。○魏謩諫取李孝本女入宮，上賞其疑似盡言。○蕭洪詐覺，死。蕭本進。○李石雪宋申錫。○上謂宰相知人則用，有過則懲。○上自甘露事，忽忽不樂。○李石稱弘逸、季稜之善，勸上褒之。○上謂宰相，與卿等論天下事，退飲醇酒。○上謂狄兼謩，與其失信，寧失罪人。○盧鈞除嶺南，朝士相賀。

丁巳（八三七）

强圉大荒落

正乙丑、三甲子、五癸亥、七壬戌、十辛卯、十二庚寅朔。○本志：六月庚申，太白入東井。八月壬子，入太微，遂犯左右執法。

二

竇易直未嘗用親故。○彗出，長八丈。上分日膳供一旬。○柳公權謂天子當進賢退不肖，明賞罰，澣衣乃末節。○陳夷行爲相。○河陽軍亂，逐李泳。○振武党項叛。○韋溫日中見太子，辭侍讀。○振武突厥叛。○立王德妃、楊賢妃及諸王。○李執方誅河陽亂兵。○石經成。○蕭弘詐稱外族。○李固言罷。

卷第二百四十六

戊午（八三八）

著雍敦牂

二己丑、四戊子、五丁巳、七丙辰、十乙酉朔。○本志：二月戊午，熒惑入東井。三月乙酉，入輿鬼。五月辛酉，太白犯輿鬼。甲寅，犯右執法。六月丁亥，犯熒惑于張。十月辛卯，犯南斗。

三

李石遇盜。○齊王湊贈太子。○楊嗣復、李珏爲相。上知仇士良刺李石，無如之何。石出鎮荆南。○鄭覃謂在人不在笏。○楊嗣復援引李宗閔、鄭覃，請退陳夷行，謂陛下何愛纖人。○李固言引楊嗣復、李珏，共排鄭覃、陳夷行，上不能決。○杜悰不奏紫雲，獻白兔。○宰相謂《春秋》記災異，不書祥瑞。○詔罷臘享及元會奏祥瑞。○王晏平坐贓，禱三鎮求雪。○楊賢妃譖太子，上欲廢之。羣臣皆以爲不可，乃止。○張璠請入朝，未報而薨。義武軍亂，立其子元益。○初令神策將吏毋得直牒中書遷官。○義武不納李仲遷。○莊恪太子薨。○上謂易定地狹人貧，仰給度支，緩之則自生變。義武果請服。○柳公權諫上納郭旼二女。○上欲置詩學士，李珏諫而止。○召裴度入知政事。○吐蕃彝泰卒，弟達磨立。吐蕃益衰。

己未（八三九）

屠維協洽

正甲寅、二癸丑、四壬子、五辛巳、七庚辰、九己卯朔。閏正。二一日，春分。○本志：正月丁巳，熒惑、太白、辰聚于南斗。八月壬申，熒惑犯鉞，入東井。十月戊午，辰入南斗魁中。

四

裴度薨，遺表言儲嗣。○上謂人主當擇宰相，不當疑宰相。○鄭覃、陳夷行與楊嗣復、李珏爭言。嗣復趨出求罷。覃、夷行罷相。楊嗣復謂有吏能者皆不得爲清流，恐似衰晉之風。○賞張元益母。○崔鄲爲相。○劉從諫言蕭本非真舅，薦蕭弘。○魏謩不令上觀記注。○楊妃請立安王溶爲太子，李珏非之。乃立陳王成美。○上見緣橦，思莊恪，殺劉楚材等。○蕭本、蕭弘皆坐流，太后真弟終不能自達。○上問周墀，何如赧、獻。○天下户四百九十九萬。○回鶻掘羅勿殺彰信可汗，國人立𩨍馺爲可汗。饑疫大雪，回鶻遂衰。

庚申（八四〇）

上章涒灘

正戊寅、三丁丑、五丙子、六乙巳、八甲辰、十癸卯朔。○本志：二月壬申，熒惑入輿鬼。四月，太白、歲入輿鬼。五月，辰見于七星，色赤如火。

五

仇士良、魚弘志立潁王瀍爲太弟，復以太子成美爲陳王。○上崩。○殺安王溶、陳王成美。○裴夷直諫成服太緩。○又諫誅殺太速。○武宗即位。追尊韋太后。○赦。○楊嗣復罷，崔珙爲相。○葬文宗。○李珏罷相。○義武軍亂，逐陳君賞。君賞復入，誅之。○李德裕爲相。○德裕言爲政在慎擇宰相，令政事皆出中書。○又言大臣有過，勿爲形迹，當面詰之。○德裕結楊欽義，得其力。○回鶻句録莫賀引黠戛斯攻破回鶻，殺𩨍馺及掘羅勿。諸部逃散。○回鶻嗢没斯等來請降。○何進滔薨，軍中立其子重順。○蕭太后徙居積慶殿。○李中敏不許仇士良蔭子。○以何重順知魏博留後。

辛酉（八四一）

重光作噩

二壬寅、四辛丑、六庚子、七己巳、八戊戌、閏九丁酉朔。十月一日，小雪。○本志：閏八月丁酉，熒惑入輿鬼中。

唐武宗炎會昌元

上祀圜丘，赦，改元。○回鶻立烏介可汗。○陳夷行爲相。○賜劉弘逸、薛季稜死。○上欲殺楊嗣復、李珏。杜悰謂天子新即位，兹事不宜手滑。李德裕等力救得免。○詔論人罪，毋得乞留中。○命趙歸真設壇受籙。王哲諫，坐貶。○田牟請擊回鶻。李德裕謂回鶻有功，今飢亂來歸，宜賑救之，俟侵軼乃可討。○幽州軍亂，殺史元忠，立陳行泰。○李德裕請慰撫回鶻，賜以米。○德裕以漢水溢，廢牛僧孺。○幽州殺陳行泰，立張絳。○李德裕請不遣使賜陳行泰等詔，軍必自變。○張仲武請以雄武軍討張絳。詔以爲留後。○李德裕請遣使訪問太和公主。○郭太后令上閱諫疏，遊畋遂希。○崔鄲出鎮西川。○黠戛斯送太和公主，烏介奪之，度磧，抵天德，求借振武。○遣王會慰撫，賑米二萬斛，諭使北還。

壬戌（八四二）

玄黓閹茂

正丙申、四乙丑、六甲子、七癸巳、八壬戌、十辛酉、十二庚申朔。○本志：六月乙丑，熒惑犯歲于翼。丙寅，太白犯東井。

二

李拭巡邊。○李紳爲相。○李德裕奏修杷頭烽、受降城守備。○德裕以柳公權恩非己出，黜之。○回鶻復借振武城，遣楊觀賜書諭之。○李拭還，薦劉沔使鎮河東。○遣苗縝册烏介，竟不行。○嗢没斯殺赤心。那頡啜帥七千帳東走。○回鶻寇横水。李德裕請以此兵不受可汗指揮討之。○田牟出兵三千擊回鶻。德裕謂牟殊不知兵。○又欲令牟招誘降者。○又謂嗢没斯雖不誠，賞之亦是反間。且奬忠義，爲討伐之名。○又請以石雄爲牟副。○嗢没斯帥衆降。仇士良摇神策軍，欲害宰相，上沮遏之。○上尊號。赦。○那頡啜窺幽州，張仲至大破之。烏介求執送嗢没斯，詔不許。○嗢没斯請入朝。○置歸義軍。陳夷行罷。○李讓夷爲相。○嵐州田滿川反，劉沔誅之。○嗢没斯請置家太原，與其屬扞邊。○烏介借天德，不許。○烏介往來天德、振武之間，屯杷頭烽北。諭令還漠南，不從。爲之抑止奚、契丹，盡給馬價，亦不去。因突入大同川，掠河東牛馬，抵雲州城下。詔發兵屯邊以禦之。○賜嗢没斯姓名李思忠。○遣石介直賜烏介書。○使劉沔答頡于迦斯書。○李德裕請令公卿議太原、振武、幽州嚴備，俟來春驅逐回鶻。○以劉沔、張仲武爲招撫使，李思忠將蕃兵。○李德裕請令沔等移營稍前，迫蹙回鶻。○以何清朝、契苾通分將蕃兵，隸李思忠。○黠戛斯遣踏布合祖來問公主，且言徙居合羅川。○賜太和公主書。○上欲時聞諫官言。○劉沔、張仲武固稱盛寒未可進兵，李忠順獨請與李思忠深入，詔思忠屯保大柵。○吐蕃達磨贊普卒。○劉沔移軍雲州。○李忠順擊回鶻，破之。○吐蕃立綝乞離胡爲贊普。結都那不拜，曰：「國必亡矣！」坐滅族。○論恐熱起兵討亂者，敗尚思羅於洮水，殺之。

癸亥（八四三）

昭陽大淵獻

四己未、六戊午、八丁巳、十一乙酉朔。○本志：二月庚申朔，食，東壁一度。七月癸巳，熒惑入東井。八月丁丑，犯輿鬼。

三

回鶻逼振武。劉沔使石雄等將雜虜襲擊之，大破回鶻於殺胡山，迎公主以歸。○李思忠請留京師。○烏介走保黑車子。○黠戛斯遣注吾合索入貢。○上欲求安西、北庭。李德裕曰：「此乃用實費以易虚名。」乃止。○崔珙罷。○李德裕請册命黠戛斯，使滅回鶻。○太和公主至。○賜何重順名弘敬。○上賜黠戛斯可汗書。○上命李德裕草詔敕，曰：「學士不能盡人意。」○劉沔盡殺歸義軍回鶻。○回鶻降幽州者三萬餘人。○李德裕請追贈悉恒謀。○德裕求罷，不許。○劉從諫請以弟子稹爲留後。○從諫薨。○李德裕謂：「澤潞近處腹心，與河朔不同。若又因而授稹，則四方相效，威令不復行矣。」○又言：「鎮、魏不與之同，旁撓官軍，則稹必成擒。請遣使諭之。」○上曰：「吾與德裕同之，保無後悔。」○德裕與王元逵、何弘敬詔，曰：「勿爲子孫之謀，欲存輔車之勢。」○薛士幹入潞境，直爲知從諫死。○詔劉稹護喪歸東都，不從。○杜牧上李德裕書，論上黨事。○仇士良罷軍權。○上謂有功當顯

賞，有罪亦不可苟赦。○李德裕譖李宗閔，黜湖州。○王茂元等守澤潞之境。○上即命降詔討劉稹。○王元逵受詔即出。○崔鉉爲相，宰相、樞密皆不知。○以李彦佐爲晉絳招討使。○築望仙觀。○王茂元遣兵與薛茂卿相拒於科斗店。○黠戛斯使温仵合入貢。詔速平烏介、黑車，乃行册命。○仇士良致仕，戒其僚以天子惟宜悦以奢靡新奇，勿令讀書親近儒生。○命王元逵等五道攻劉稹。○吐蕃論恐熱擊尚婢婢，婢婢卑辭以卻之。○命李回宣慰河朔。○李德裕請令諸軍惟取州，勿取縣。○李彦佐逗留，以石雄副之。○劉稹上表自陳，何弘敬亦爲奏雪。○三鎮具櫜鞬迎李回。○王元逵拔宣務栅，敗堯山救兵，加平章事。李丕降。李德裕謂無問誠詐，且當厚賞。○上謂文宗時諫官疏皆匿名。德裕言人主當推誠任下，有欺罔當威以明刑。○何弘敬久不出師，德裕使王宰以忠武兵徑魏直攻磁州。弘敬懼，即日自擊磁州。薛茂卿敗王茂元於科斗寨。○上謂朝士沮議者，當斬於賊境。○李德裕請遣王宰援河陽。○以王宰領河陽行營。○何弘敬拔肥鄉、平恩。○王茂元薨。○初置孟州。○以石雄代李彦佐爲節度使。○吐蕃尚婢婢大破論恐熱於河州南。○石雄踰烏嶺，破五寨。○雄以優賞帛置軍門，先取一匹。○徙劉沔鎮滑州，避張仲武。○党項剽掠靈夏。○以兖王岐爲安撫党項使，李回、鄭亞副之。○安南軍亂，逐武渾。○王宰克天井關。劉稹殺薛茂卿。○王宰拔陵川、河東，克石會關。○劉稹僞降。○李石發横水軍詣榆社。

甲子（八四四）

閼逢困敦

二甲寅、五癸未、七壬午、八辛巳、十庚辰、十一己酉朔。閏七。八二日，秋分。○本志：二月甲寅朔，食，營室七度。二月，歲守房，掩上相。熒惑逆行守軒轅，四旬乃去。十月癸未，太白與熒惑合，遂入南斗。

四

楊弁作亂，逐李石。○王宰請招納劉稹，李德裕請乘其無備取之。○德裕又言楊弁千五百人豈足爲事，必不可姑息寬縱。○詔王逢留太原兵於榆社，以客軍討楊弁。又令王元逵應接。○李丕斬弁使，斷其北路。○德裕謂張仲武與太原有怨，恐平人受害。○馬元實稱楊弁有十五里光明甲，德裕折之，曰：「寧捨劉稹！」○榆社兵恐妻孥爲客軍所屠，自往討弁，擒之。○德裕謂王宰以子晏實在潞，故遷延。上令賜詔，言破此意。○又徙劉沔鎮河陽，以激發宰。○康良佺退保鼓腰嶺。○黠戛斯遣諦德伊斯難珠入貢，請師期。劉濛巡邊。○吐蕃尚婢婢大破論恐熱於東谷，悉降其衆。○李德裕謂趙歸真門車馬甚衆，宜戒之。○上謂王起：「宰相無内外之異。」○李德裕省州縣佐官千二百餘員。○削仇士良官爵。○王逢謂前有白刃，法不嚴，其誰肯進。○李德裕言李泌搏桐葉。○杜悰不爲監軍選倡女，上擢爲相。○李紳出鎮淮南。○高迪言賊好用偷兵術，及魏、鎮不能分賊勢。○高文端降，請築夾城圍澤州，奪固鎮、青龍寨水，説王釗使入潞州取劉稹。○王協爲劉稹税商人。裴問、王釗、安玉以邢、洺、磁州降鎮、魏。○上料郭誼必梟劉稹。○李德裕請置留後以占三州。○郭誼使董可武説劉稹以軍府授誼。又説稹就死。乃滅其族，傳首以降。○李德裕謂郭誼教劉稹作亂，又賣稹求利，不可不誅。○又謂澤潞、禾平、太原復亂，非聖斷堅定，何由克之。○石雄入潞州，執郭誼等，戮劉從諫尸。○以李德裕爲太尉。○德裕不使監使多占精兵，不以中詔指揮軍事。○德裕戒勵河朔三鎮。○盧鈞以寬厚安昭義。○斬郭誼等。○上許郊廟而辭尊號。○李德裕譖牛僧孺、李宗閔流貶嶺南。○上幸雲陽。

乙丑（八四五）

旃蒙赤奮若

二戊寅、四丁丑、六丙子、九乙巳、十一甲辰朔。○本志：七月丙

五

上尊號，郊，赦。○義安太后崩。○盧弘宣寬而難犯。○崔元藻、李稠覆吴湘獄，坐貶。○柳仲郢謝李德裕曰：「報德敢不如奇章公。」○葬恭僖后于柏城外。○杜悰、崔鉉罷。○李回爲相。○括天下寺及僧尼。○册黠戛斯宗英可汗。○毁天下佛寺，罷去僧尼。○鄭肅爲相。○潞州軍亂，逐盧鈞。○李德裕戒張仲武受五臺僧。○李文矩使亂兵，亂兵謝盧鈞。鈞歸，掩亂兵殺之。○修東都太

自閏七月以後卷第二百四十八

	午朔，食，張七度。○本志：二月壬午，太白掩昴。五月辛酉，入畢口。八月壬午，犯軒轅大星。九月癸巳，熒惑犯太微上將。按九月無癸巳，疑誤。	廟。○置備邊庫。○上欲立王才人爲后，李德裕以爲不可。○李德裕謂得罪者無怨，爲善者不驚，則寬矣。○以劉玄靜爲崇玄館學士，不受。○李德裕貶韋弘質，衆怒愈甚。○上服道士金丹，始有疾。○吐蕃尚婢婢敗論恐熱。○天下户四百九十餘萬。○党項雖置使，猶爲邊患。
丙寅（八四六）	柔兆攝提格 正癸卯、二壬申、四辛未、七庚子、九己亥、十二戊辰朔。○本志：十二月戊辰朔，食，南斗十四度。○二月丁丑，熒惑犯畢大星。	六 詔米暨討党項。○上改名炎。○上疾不能言，宦官立光王怡爲皇太叔。○上崩。○宣宗即位。○上謂李德裕每顧我，毛髮洒淅。○尊鄭太后。○李德裕出鎮荆南。○杖殺趙歸真等。○赦。○上都增十六寺。○白敏中爲相。○立鄆王温等。○復代宗神主，增太廟爲十一室。○李紳薨。○回鶻逸隱啜殺烏介，立遏捻爲可汗。○葬武宗。○嶺南五相同日北遷。○李德裕爲留守。○鄭肅出鎮。○盧商入相。○罷册黠戛斯可汗。○蠻寇安南。○李景讓母鄭氏掩瘞錢船。○撻景讓以息軍亂。○景讓寧受撻，不以私撓主司。○穆、敬、文、武四室祝文，稱「嗣皇帝」。
丁卯（八四七）	强圉單閼 二丁卯、閏三丙寅、四乙未、六甲午、九癸亥、十二壬辰朔。四二日，小滿。	唐宣宗忱大中元 郊，赦。○馬植言踈理不當盡宥極法。○李德裕爲少保，分司。○崔元式、韋琮爲相。○悉復會昌所廢寺。○蕭太后崩。○張仲武大破諸奚。○詔王宰擊吐蕃。○上思令狐楚，擢其子綯。○葬貞獻后。○上敦睦兄弟。○鄭光爲節度使。○吴汝納訟弟湘冤死。○李德裕貶潮州。增州縣官三百餘員。
戊辰（八四八）	著雍執徐 二辛卯、四庚寅、五己未、七戊午、九丁巳朔。○本志：五月己未朔，食，參九度。	二 上尊號，赦。○丁柔立訟李德裕，坐貶。○貶李回、鄭亞。○張仲武使室韋取回鶻遏捻。遏捻西走，餘衆悉爲黠戛斯所虜。○厖勒稱可汗，總磧西諸城。○上以治亂在所任爲太平之首。○置《具員御覽》。○柴嶽明謂陰陽書不言帝王家。○崔元式罷，周墀、馬植爲相。○韋澳願墀無權。○郭太后崩。○王皞請合葬祔廟，坐貶。○李德裕貶崖州，李回貶賀州。○石雄失意而薨。○上戒萬壽公主毋輕夫族，毋干時事。○上責公主不視鄭顗疾。由是貴戚遵禮法如山東衣冠。○葬懿安皇后。○韋琮罷。○崔珙克清水。○上多擢憲宗朝公卿子孫。○尚婢婢破論恐熱於南谷，降莽羅急藏。

卷第二百四十九

己巳（八四九）

屠維大荒落

正丙辰、三乙卯、五甲寅、六癸未、七壬子、九辛亥、十二庚戌朔。閏十一。十二一日，大寒。

三

立韋丹碑。○論恐熱敗尚婢婢于河州。○吐蕃秦、原、安樂州及七關來降。○詔涇原、靈武、鳳翔、邠寧出兵應接。○周墀罷。○崔鉉、魏扶爲相。○張仲武薨，子直方立。○鄭顥言周墀以直言相，直言罷。○徐州軍亂，逐李廓。○鄭魯言新麥未登，徐師必亂。○涇原等四道取二州七關。○河隴老幼入見於延喜門。○改備邊庫爲延資。○西川取維州。○上辭尊號，加順、憲謚。○張直方奔京師，幽州立周綝。○李德裕卒。○山南西道取扶州。

庚午（八五〇）

上章敦牂

二己卯、五戊寅、六丁未、七丙子、九乙亥、十二甲辰朔。

四

赦。○馬植以寶帶罷，貶。○魏扶薨。○崔龜從爲相。○白敏中判延資庫。○周綝薨，幽州立張允伸。○孔温裕諫討党項，坐貶。○論恐熱擊尚婢婢。燭盧鞏力請拒險以疲之，磨離羆子不從，敗死。婢婢奔甘州。○恐熱大掠河西。○令狐綯爲相。○党項寇邊。○孔温業求外官，白敏中曰：「我輩須自點檢。」

辛未（八五一）

重光協洽

三癸酉、六壬寅、七辛未、八庚子、十己亥、十二戊戌朔。

五

張義潮逐吐蕃，以沙州來降。○裴休修劉晏漕法。○上以儒臣代邊帥之貪暴者，党項遂安。○白敏中爲討党項都統。○上以鄭顥謗書示敏中。○史元破党項於三交。○詔赦平夏党項，撫存之。若復侵叛，先罪邊將。○論恐熱入朝，求河渭，不許。歸而衰散，奔廓州。○孫樵諫復寺度僧。○并赦南山党項。○宰相奏大縣遠州府許置一寺，鄉村皆不置。○魏謩爲相。○謩請立太子。○命王贄弘討雞山盜。○罷白敏中都統。○張義潮上十一州圖籍，河湟悉平。○崔龜從出鎮宣武。○貶張直方。

壬申（八五二）

玄黓涒灘

四丁酉、六丙申、閏七乙未、八甲子、十癸亥、十二壬戌朔。○八一日，秋分。

六

王贄弘平雞山盜。○崔鉉謂羣盜皆陛下赤子。○劉潼謂所慮武臣恥不戰之功，議者責欲速之效。○宰相諫免鄭光租役，上從之。○馮少端討鄧裴，平之。○党項復擾邊，上謂畢諴禁中頗、牧。○李業殺降虜，魏謩請黜之。○盧鈞抑牙將羣訴者。○裴休爲相。○畢諴奏党項皆平。○張直方貶恩州。○節修寺度僧，初給祠部牒及遊歷公驗。

癸酉（八五三）

昭陽作噩

二辛卯、六庚申、八己未、十戊午、十一丁亥朔。

七

郊，赦。○定折杖制。○上不用鄭光爲方鎮。○度支奏天下租稅鹽酒錢。

甲戌（八五四）	閼逢閹茂 正丙戌、三乙酉、六甲寅、八癸丑、十一壬午朔。○本志：正月丙戌朔，食，危二度。	八 赦逆亂餘黨。○上謂諫官要在舉職，不必人多。○上重惜服章，故當時以緋紫爲榮。○敕使怒餅黑，上謫之。○上問樵夫，賞李行言。○雪王涯等。○上與韋澳論宦官。○令狐綯謂宦者有罪勿捨，有闕勿補。
乙亥（八五五）	旃蒙大淵獻 正辛巳、二庚戌、四己酉、五戊申、八丁丑、十一丙午朔。閏四。五一日，夏至。	九 王元逵薨，子紹鼎立。○李君奭以父老聚佛祠得刺史。○党項皆平，邠、寧還理所。○上明察彊記。○令韋澳作處分語。○浙東軍亂，逐李訥。○崔鉉出鎮淮南。○詔戎臣失律，并罪監軍。○柳仲郢謂場官非特敕所宜親。○上令醫愈疾，不與官而給錢。○鄭祗德以子貴顯，求分司。
丙子（八五六）	柔兆困敦 正乙巳、三甲辰、四癸酉、六壬申、八辛未、十一庚子朔。	十 鄭朗爲相。○裴休請建太子，上曰：「朕遂爲閑人。」○詔哀閔回鶻。○韋澳械鄭光莊吏，租足乃釋之。○裴休出鎮宣武。○韋廑爲術士所誣。○鄭祗德謂子顥：「求作相是吾死日。」○册回鶻懷建可汗。○李景讓請遷穆宗出，代宗入廟。○初令僧尼受戒給牒。○上欲用蕭鄴爲相，疑樞密使佑之，更用崔慎由。○李敬寔不避鄭朗馬，謫之。
丁丑（八五七）	强圉赤奮若 二己巳、四戊辰、五丁酉、七丙申、八乙丑、十二甲子朔。○本志：八月，熒惑犯東井。	十一 韋澳辭判户部。○上欲幸華清宮，納諫而止。○上樂聞規諫。○魏謩出鎮西川。○容州軍亂，逐王球。以宋涯代之。○以蕭鄴爲相。○上謂祝漢貞：「豈得預朝政。」○又謂樂工：「汝惜羅程藝，我惜高祖、太宗法。」○王紹鼎荒淫，軍中欲逐之。○會薨，軍中立弟紹懿。○以盧鈞爲使相，鎮興元。○尚延心請内徙，李承勛止之。○鄭朗罷。○王端章册回鶻不至，還坐貶。
戊寅（八五八）	著雍攝提格 閏二癸巳、四壬辰、五辛酉、六庚寅、八己丑、十一戊午朔。三一日，穀雨。	十二 王式卻南蠻，杖羅行恭。○劉瑑爲相。○崔慎由欲甄别品流，瑑以西晉折之。○軒轅集謂王者屏欲崇德，自然長生。○罷光陵朝拜及忌日。○崔慎由請立太子，尋罷相。○勃海王彝震卒，弟虔晃立。○嶺南軍亂，囚楊發。○夏侯孜爲相。○劉瑑薨。○上使優人追李璲節。○命李承勛討嶺南。○湖南軍亂，逐韓琮。○李涿貪暴，致蠻寇安南。○宣州軍亂，逐鄭薰。○張潛言藩府不增賦斂，不減糧賜，然後羨餘可賞。○崔鉉討宣州。○上謂于延陵階前則萬里。○上謂遠安能理人。○令狐綯令刺史便道之官。上謂宰相權可畏。○上臨朝莊重有節。○徐商平湖南。○蔣伸謂儌幸者多，亂亦非難。上以爲相。○韓季友平江西。

己卯（八五九）

屠維單閼

三丁巳、五丙辰、六乙酉、七甲寅、九癸丑、十一壬子朔。

十三

赦。○置大同軍。○上見永福公主折匕筯，謂不可嫁士族。○武寧軍亂，逐康季榮。命田牟鎮徐州以安之。○上愛次子夔王滋，欲立之，故久不建東宮。○上餌李玄伯藥發疽。○上命王歸長等立夔王。歸長等出王宗實於淮南。亓元實勸宗實入見上，上已崩。乃迎立鄆王漼爲太子，誅歸長等。○懿宗即位。○尊太皇太后。○誅李玄伯等。○追尊晁太后。○赦。○蕭鄴出鎮荆南。○杜審權爲相。○裘甫攻掠浙東。○令狐綯出鎮河中。○西川減蠻傔以惜費，南詔始怒。○豐祐卒，子酋龍立，不册，立遂稱帝。國號大禮，改元建極。

卷第二百五十

庚辰（八六〇）

上章執徐

三辛亥、五庚戌、七己酉、八戊寅、十丁丑、十一丙子朔。閏十。十一二日，冬至。

唐懿宗漼咸通元

浙東軍敗於桐柏觀，裘甫入剡。○沈君縱等又敗於剡西。甫衆至三萬，改元羅平。○葬宣宗。○鄭祗德告急，越中恟懼。○夏侯孜薦王式討裘甫。○式謂兵多賊速破則費少。○甫將掠衢、婺。房郅等拒之，不得前。○明州民自相帥拒賊。○甫據寧海。○劉晊請乘王式未至入越州，甫不從。○式軍所過若無人。○甫請降，式曰：「面縛來，當免死。」○式曰：「式在，此賊不能妨人樂飲。」○式令洪師簡立效以自明。○式悉誅與賊通者。賊始不知城中所爲。○式命諸縣開倉賑貧民。○籍吐蕃、回鶻爲騎卒。不置烽燧，使懦卒乘健馬爲候騎。○式分東南兩路軍以討賊。○王譜請罷白敏中，坐貶。○裘甫軍屢敗，劉晊責之。○高羅鋭克寧海。○王式斷賊入海之路。○裘甫屯南陳舘。○薛調謂羣盜固須翦滅，亦可閔傷。○浙東軍敗裘甫於南陳舘。○甫復入剡。○王式曰：「甫來就擒耳。」趣諸軍圍之。甫出降，擒之。○諸將問式以所疑。○夏侯孜謂式才有餘，不日告捷。又與式書，軍須期悉力。○白敏中爲中書令。○劉鄴請贈李德裕官。○夏侯孜出鎮西川。○畢諴爲相。○上祀圜丘，赦，改元。○南詔陷安南。

辛巳（八六一）

重光大荒落

二乙巳、五甲戌、七癸酉、九壬申、十辛丑、十二庚子朔。

二

發鄰道兵救安南。○白敏中出鎮鳳翔。○杜悰入相。○悰謂兩樞密不宜贊人主殺宰相。○葉京坐揖監軍沈棄。○李鄠以土軍收復安南，坐失守貶儋州。以王寬代之。○又贈杜存誠官。○流鄠崖州。○段文楚罷邕戍兵，募土軍代之。○李蒙利闕額衣糧，戍兵什減七八。○蠻乘虛陷邕州。李弘源坐貶。○杜悰欲遣使弔祭南詔，會其寇巂州而止。

壬午（八六二）

玄黓敦牂

三己巳、五戊辰、八丁酉、十丙申、十一乙丑朔。

三

上尊號，赦。○蔣伸出鎮河中。○南詔寇安南，遣蔡襲將諸道兵拒卻之。○命蔡京制置嶺南。○上怠於政事，奉佛太過。蕭倣諫曰：「繆賞濫刑，其殃必至；勝殘去殺，得福甚多。」○蔡京請分嶺南爲兩道節度。敕以京鎮邕州，爲西道。○京忌蔡襲，恐其立功，奏罷諸道戍兵。襲作十必死狀申中書，時相不信。○徐州軍亂，逐温璋。○田牟爲軍士執板唱歌。○夏侯孜爲相。○王式悉誅徐州驕兵數千人。○罷武寧軍，分隸諸道。○蔡京苛慘，軍士逐之，進退無所容，貶崖州，尋賜死。以鄭愚代之。○南詔圍安南。○嗢末始入貢。

癸未（八六三）	昭陽協洽 正甲子、三癸亥、六壬辰、七辛卯、九庚寅、十一己丑朔。閏六。七一日，處暑。○本志：七月辛卯朔，食，張十七度。	四 祀圓丘，赦。○南詔陷交趾，殺蔡襲。○荆南等軍復入城，殺蠻二千餘。○蠻據交趾，溪洞皆降之。○劉蜕以方用兵，諫遊宴。○以秦州爲天雄軍。○張義潮克涼州。○蠻逼邕州。鄭愚自言儒臣無將略。以康承訓代之。○畢諴罷相。○羣盜入徐州。○楊收爲相。○杜審權出鎮浙西。○置行交州於海門，以宋戎領之。○杜悰出鎮鳳翔。曹確爲相。○陳磻石自海道運糧。○韋宙請屯兵容、藤。○劉蜕謂敕命已行，何不可改。○黠戛斯請經籍及擊回鶻，不許。○劉蜕、張雲言令狐滈不可爲諫官。○復以徐州爲觀察。○蠻寇西川。○奴殺沈詢。
甲申（八六四）	閼逢涒灘 正戊子、三丁亥、五丙戌、七乙酉、十甲寅朔。	五 令狐綯自訟。劉蜕、張雲坐貶。○蠻寇巂州。○命張茵領交州，進取安南。○蕭鄴坐蠻事左遷。○司天以彗爲含譽。○南詔寇邕州，五道兵八千人皆没，遂圍邕州。天平小校燒營卻之，康承訓奏大捷。○蕭寘爲相。○康承訓等受賞，而不及小校。○募徐州兵援安南。○兩林敗南詔。○康承訓分司。○命高駢取安南。○夏侯孜出鎮河中。○路巖爲相。
乙酉（八六五）	旃蒙作噩 正癸未、三壬午、四辛亥、六庚戌、八己酉、十一戊寅朔。	六 王皥竟請以郭后祔憲宗。○杜宣猷爲宦官掃墓得宣歙。○蕭寘薨。○高璩爲相。○楊收聚兵食江西以奉嶺南。○南詔陷巂州，喻士珍降之。○高璩薨。○徐商爲相。○子儼爲普王。○高駢破峯州蠻。○鄭太后崩。
丙戌（八六六）	柔兆閹茂 二丁未、閏三丙午、四乙亥、五甲辰、七癸卯、十壬申朔。四一日，小滿。	七 僕固俊平西州。○拓跋懷光破論恐熱。○李福捽辱南詔使，劉潼奏釋之。上召見，勞賜遣之。○王紹懿以軍政授兄子景崇而薨。○吐蕃寇邠寧。○貶李福。○葬孝明后。○何弘敬薨，子全皥立。○以王景崇爲成德留後。○李維周奏高駢玩寇不進，以王晏權代之。○駢大破南詔，遂圍交趾。○以何全皥爲魏博留後。○楊收出鎮宣歙。○拓跋懷光擒尚恐熱，傳首。○王晏權圍交趾，不能克。詔復以高駢鎮安南，拔交趾，殺段酋遷等。○赦。○令劉潼招撫南詔。○置靜海軍於安南。○黠戛斯求册立，請曆。○上好樂及遊宴。
丁亥（八六七）	强圉大淵獻 二辛未、四庚午、五己亥、六戊辰、八丁卯、十丙寅朔。	八 張義潮入朝，命其族子惟深守歸義。○高駢開海運路。○劉潼破六姓蠻。○曹確諫以李可及爲將軍。○上不豫，降繫囚。○懷州民逐刺史。○以于琮爲相。○楊收貶端州。○上疾瘳。○韋宙加平章事。

戊子（八六八）

著雍困敦

二乙丑、五甲午、六癸亥、七壬辰、九辛卯、十一庚寅朔。閏十二。

九　李師望請分西川，置定邊軍。從之。○崔彦曾憚發兵之費，留徐卒戍桂州。戍卒奉龐勛爲帥擅歸。○遣敕使赦徐卒罪。○高駢以從孫潯代鎮交趾。○崔鉉嚴兵襄陽，龐勛不敢入境。○李湘請邀擊勛於高郵，令狐綯不聽。○勛斬不同謀者，獻其首於崔彦曾。○温庭皓謂討勛有三難五害。○彦曾命元密將兵討勛，戒以毋傷敕使。○密遇勛於任山，猶豫未擊。賊覺之，遁去，遂陷宿州。○密攻勛於宿州。勛乘舟夜遁，密追與戰，一軍敗没。勛始有攻徐之志。○或勸崔彦曾奔兖州，不從。○勛陷彭城，囚彦曾。○温庭皓不爲勛草表。○勛表求節鉞。○勛詐爲彦曾請翦滅徐州表。○劉行及陷濠州。○李圓攻泗州，杜慆拒之。○龐勛迎康道偉，誇示甲兵。○杜慆不肯避賊棄城。○人利剽掠，爭應勛募。○勛破魚臺等縣。○或説勛求節宜恭順。勛囚敕使。命康承訓等討勛。○辛讜爲杜慆求救破賊。賊敗翟行約，遂圍淮口。賊陷淮口擒李湘。康承訓軍新興，爲姚周所拒，退屯宋州。賊陷滁、和，崔雍以城輸賊。辛讜詣楊、潤求兵食。戴可師敗死於都梁山。令狐綯許爲龐勛請節鉞。賊圍壽州。周重諫勛驕滿。官軍大集，徐人始愁苦。馬舉、曹翔爲南北招討。○魏博遣兵討龐勛。

己丑（八六九）

屠維赤奮若

正己未、四戊子、六丁亥、八丙戌、九乙卯、十一甲寅朔。正二日，雨水。

十　康承訓將兵七萬，屯柳子西。龐勛始懼，搜掘耕民爲兵。○孟敬文貳於勛，勛殺之。○同昌公主適韋保衡，窮侈靡以爲資送。○徐賊寇海州，斷橋柱而敗之。圍壽州，亦敗。○辛讜引淮、浙米舟突圍入泗州。○楊收流驩州，尋賜死。○裴坦謂犀玉器破我家。○朱邪赤心以沙陀解康承訓之圍。○王弘立請獨當承訓，引兵三萬圍鹿塘。沙陀與諸軍大破之。○敕破賊毋殺農民。由是賊遇官軍皆潰。○龐勛欲斬弘立，周重説止之。○康承訓破姚周，焚柳子。周奔宿州，梁丕殺之。○周重説勛，遂稱大號，悉兵死戰。勛殺崔彦曾等。○勛自稱天册將軍。○辛讜至廣陵，不敢歸家。○讜令勇士火賊戰棚運錢米入泗。○龐勛使父舉直與許佶守徐州，坐受父拜。○令狐綯分司。○龐勛敗魏博軍於豐。曹翔退保兖州。馬舉救泗州，斬王弘，立解其圍。○龐勛西擊康承訓於柳子。承訓逆擊，大破之。走還彭城。○鄭鎰帥衆降。○陕民逐觀察使崔蕘。○徐商出鎮荆南。劉瞻爲相。○馬舉圍濠州，敗賊於北津。○曹翔殺魯橋戍卒二千人，復會宋威於豐、蕭。康承訓破臨渙等寨。曹翔拔滕。賊戍卒多逃匿，保據山林。陳全裕來降。○李衮據蘄，朱玫據沛來降。康承訓拔第城，抵宿州。張實勸龐勛西掠宋、亳。張玄稔殺賊將，舉宿州降。玄稔詐爲潰兵，取苻離，遂克徐州，斬龐舉直。許佶、康承訓追龐勛至蘄，斬之。馬舉伐濠州，斬吴迥。賜朱邪赤心姓名李國昌。辛讜犯圍迎兵糧，往返十二。誅崔雍。○上荒宴，委政路巖。巖通賂遺。○陳蟠叟請破邊咸一家，贍軍二年。○李師望殺楊酋慶以激南詔。師望與竇滂相繼貪殘，定邊已困。蠻寇清溪關，與安再榮相拒於大度河。潛兵出沐源川，陷嘉州。○蠻濟大度河，竇滂欲自經。苗全緒等先夜驚蠻軍，然後遁去。○蠻陷黎雅。○滂奔導江。詔顔慶復援蜀。

卷第二百五十一

庚寅（八七〇）	上章攝提格 二癸未、五壬子、七辛亥、九庚戌、十己卯、十二戊寅朔。	十一 上尊號，赦。○盧耽使吳行魯、楊慶復守備，選突將。○路巖、韋保衡短康承訓，貶恩州。○蠻逼成都，盧耽告急。朝廷遣支詳與之約和。○蠻以儀注授柳槃，以王者自處。又欲張陳蜀王廳，以居驃信。蠻抵成都。○王晝敗於毗橋。○竇滂自導江奔漢州，止援兵不使進。○蜀人素怯，楊慶復獎拔賞勸，勇氣自倍。○支詳顏慶復將至〔二〕，謂蠻曰：「朝廷欲和者，冀不犯成都也。」○蠻以和使不至，復攻城。○韋皋教蠻造甲弩，遺後患。邊吏侵苦東蠻三部，遂深附南詔。貶竇滂。顏慶復與蠻戰，再敗之。○援軍至城下，蠻夜遁。○宋威欲追蠻，慶復奪軍。蠻至新穿水，三日乃得過。慶復教蜀人治城塹，蠻自是不復犯。牙將授官，輸堂例錢三百緡。曹確出鎮浙西。○韋保衡爲相。○徐賊餘黨散在徐、兖、青、齊，詔夏侯瞳招諭。○光州逐刺史，楊堪言不可不懲。○以泗州隸淮南。○同昌公主薨，誅醫官宗族三百餘人。劉瞻、温璋諫。○魏博軍亂，殺何全皞，立韓允中。○劉瞻出鎮荆南。○温璋貶振州。璋自殺，敕未得葬。○瞻又貶康州、驩州。○王鐸爲相。○復以徐州爲感化軍。○李國昌鎮振武。
辛卯（八七一）	重光單閼 二丁丑、五丙午、七乙巳、閏八甲辰、十癸卯、十二壬寅朔。九一日，霜降。	十二 葬同昌公主。○路巖出鎮西川，人以瓦礫擲之。○上賜安國僧沈檀講座，高二丈。○劉鄴爲相。
壬辰（八七二）	玄黓執徐 二辛丑、四庚子、七己巳、九戊辰、十一丁卯朔。	十三 張允伸薨，軍中立其子簡會。○于琮出鎮襄陽。○趙隱爲相。○張公素逐張簡會而代之。○韋殷裕告郭敬述陰事。上怒，杖殺殷裕，親友皆坐貶。○韋保衡譖于琮，貶韶州，并其親友皆貶之。○廣德公主常執琮帶，琮以是獲全。○李璋對韋保衡：「朝廷遷除，不應見問。」○張義潮薨，曹義金代之。歸義諸州，多爲諸胡所據。○追上宣宗謚。○李國昌驕横，徙大同軍，稱疾不赴。
癸巳（八七三）	昭陽大荒落 正丙寅、三乙丑、五甲子、七癸亥、十壬辰朔。	十四 上迎佛骨，曰：「生得見之，死亦無恨。」○南詔寇黔南。秦匡謀棄城走，斬之。○王鐸出鎮宣武。○韋保衡弄權報怨。○上疾甚，劉行深、韓文約立少子普王儇爲太子。○上崩。○僖宗即位。○追尊王太后。○韋保衡貶賀州。○西門季玄謂李可及徒煩牛足。○蕭倣爲相。○賜韋保衡死。○赦。○路巖信任邊咸、郭籌亂政。

甲午（八七四）

閼逢敦牂

正辛酉、二庚寅、四己丑、五戊子、六丁巳、九丙戌、十二乙卯朔。閏四。五一日，夏至。

唐僖宗儇乾符元

盧攜言民飢困，宜加振恤。○賜路巖死。○崔鉉知巖早達速亡。○葬懿宗。○趙隱出鎮浙西。○裴坦爲相。○劉瞻還朝，市人雇百戲迎之。○裴坦薨。○劉瞻爲相。○瞻薨。○崔彦昭爲相。母恐其讎王凝，令多具履。○劉鄴出鎮淮南。○鄭畋、盧攜爲相。○上尊號，改元。○韓允中薨，子簡立。○南詔寇大度河，黄景復不能禦，軍遂潰。○党項、回鶻寇天德。○徐州羣盜起，敕鄰道討之。○南詔陷黎州，攻雅州，成都城守。蠻遣牛叢書，云欲入朝訴冤。楊慶復復書詈之。蠻至新津而還。叢悉燒城外民居。發諸道兵救西川。○商州民毆傷王樞，李誥討誅之。○回鶻爲吐谷渾嗢末所敗，逃不知所之。召册使還。○歲荐飢，民困不賑恤而急斂，王仙芝始起。

乙未（八七五）

旃蒙協洽

三甲申、四癸丑、六壬子、七辛巳、九庚辰朔。

二

祀圓丘，赦。○高駢先遣使開成都門。○南詔請和。○田令孜爲中尉，上呼爲「阿父」，委以政事。○高駢追擊南詔，破之。城平夷軍、沐源川，蠻不復爲寇。駢斬黄景復。○駢請自將擊南詔，不許。○徐卒戍靈武者欲擅還，王裕本等討誅之。○高駢奪突將職名，停其廩給。突將作亂，駢逃厠間僅免。○浙西王郢作亂，遣宋皓討之。○蕭倣薨。○李蔚爲相。○高騎誅突將家近萬人。○王仙芝陷曹、濮，黄巢起應之，衆至數萬。○李茂勳逐張公素，據幽州。○楊知至奏蝗不食稼。○董禹諫上賞之尋，坐貶。○昭義軍亂，逐高湜。○回鶻還羅川。○羣盜掠十餘州。詔淮南、忠武、宣武、義成、天平討之。○王仙芝寇沂州，以宋威爲招討草賊使擊走之。

丙申（八七六）

柔兆涒灘

正己卯、四戊申、五丁丑、六丙午、八乙巳、十甲辰朔。○本志：九月乙亥朔，食，軫十四度。

三

天平張晏等謀作亂，張思泰等慰安之。詔毋得窮詰。○令百姓各置弓刀鼓板以備盜。○兗州號泰寧軍。○李茂勳以幽州授其子可舉。○崔彦昭罷。○王鐸爲相。○高駢斬蠻使，移牒責之。○原州軍亂，逐史懷操。○密詔宣武等軍防衛綱船。○宋威破王仙芝於沂州，奏已死。散兵歸青州，中外賀。仙芝故在，勢益熾。○仙芝陷陽翟、郟城。詔曹翔援東都。發邠寧、鳳翔兵守潼關。○王仙芝陷汝州，執王鐐。東都士民驚走。○仙芝攻鄭州，雷殷符等擊走之。○仙芝掠唐、鄧。○高駢築成都羅城。○王仙芝陷郢、復。○仙芝攻申、光、廬、壽、舒、通。○鄭畋請易將帥。○桂州軍亂，逐李瓚。○尚讓據查牙山。○仙芝攻蘄州。裴渥爲奏官，詔許之。黄巢擊傷仙芝首，遂分軍爲二。

丁酉（八七七）

强圉作噩

正癸酉、三壬寅、五辛丑、七庚子、八己巳、十戊辰、十二丁卯朔。閏二。三一日，穀雨。○本志：四月壬申朔，食，畢三度。

四

王郢誘魯寔，執之。命宋皓爲招討使。○王仙芝陷鄂州。黄巢陷鄆州，殺薛崇。○南詔酋龍卒，子法立，請和。○裴璩招王郢將朱實，降之。郢走死明州。○黄巢陷沂州。○陝州軍亂，逐崔碣。○黄巢、尚讓合兵，保查牙山。○柳彦璋陷江州，執陶祥。○李可封劫脅邠帥，崔安潛按誅之。○盜圍宋州，張自勉擊解之。○王鐸、盧攜欲使自勉受宋威節度，鄭畋不肯署奏，互求罷免。○王仙芝陷安州。○鹽州軍亂，逐王承顔。○鹽州請以王宗誠爲刺史。○王仙芝陷隨州。○忠武、宣武軍自襄州逃歸，遣人約還。○李侃討王宗誠，斬之。○鄭畋論崔安潛、張自勉事。○河中軍亂，逐劉侔。○黄巢寇掠蘄、黄，曾元裕擊破之。巢走。○楊復光招降尚君長，宋威奪之，稱擒獲。朝廷不能辨而斬之。○黄巢陷濮州。詔張自勉擊之。○劉秉仁討柳彦璋，斬之。○赫連鐸據雲州。

卷第二百五十三

戊戌（八七八）

著雍閹茂

四丙寅、六乙丑、八甲子、九癸巳、十一壬辰朔。

五

王仙芝攻江陵，陷其羅城。李福救之，解去。○曾元裕破仙芝於申州東。以元裕代宋威。○高駢徙荆南。○李克用殺段文楚，據大同。○李國昌請自討克用。○曾元裕破王仙芝於黄梅，追斬之。○尚讓帥餘衆歸黄巢，推巢爲王，改元王霸。○巢陷沂州、濮州。○巢屢敗，乃請降。除將軍，竟不至。○盜陷朗州、岳州。○黄巢掠汴、宋，攻葉、陽翟。詔發兵守東都險要。○王重隱陷洪州，掠湖南。曹師雄掠宣潤。○湖南軍亂，逐崔瑾。○黄巢度江，陷虔、吉、饒、信州。○以盧簡方爲振武，李國昌爲大同。○貸商人錢穀，以贍東都。以御史易財。○楊嚴懇求解度支。○南詔請尚公主，崔澹以爲不可。○鄭畋、盧攜爭蠻事破硯，皆罷。○豆盧瑑、崔沆爲相。○宰相囊錢施匄者。○辛讜使賈宏使南詔。○李國昌不受代，與李克用陷遮虜軍，寇岢嵐軍。○盧簡方薨。○河東土團過鄧虎求優賞。○高駢徙浙西。○沙陀焚唐林、崞縣。○發諸道兵會晉陽以禦沙陀。○沙陀敗官軍於洪谷。○黄巢攻宣州，不克。入浙東，開山掠福建。○宋威薨。○昭義兵掠晉陽，爲民所殺。○李蔚罷。○鄭從讜爲相。○詔幽、潞及吐谷渾、沙陀討李國昌父子。○岢嵐軍翻城應沙陀。○黄巢陷福州。○昭義兵掠代州，爲民所殺。○杭州募鄉兵，董昌、錢鏐等爲八都。

己亥（八七九）

屠維大淵獻

正辛卯、四庚申、七己丑、八戊午、十丁巳、十一丙辰朔。閏十。十一一日，冬至。○本志：四月庚申朔，食，胃八度。

六

高駢屢破黄巢。巢趣嶺南。○辛讜遣徐虔使南詔。○河東軍亂，殺崔季康。○崔安潛募賊同侶捕賊。○又置黄頭軍、神機弩營。○王鐸自請討賊，出鎮荆南，爲南面都統。河東軍亂，李侃欲殺張鍇、郭昢以悦之。軍士復篡取復職。黄巢求旌節，除率府率。○李侃請尋醫，以李蔚代之。○高駢請自將兵討黄巢，不許。○黄巢得告身大怒，陷廣州，執李迢，殺之。○高駢徙淮南。○黄巢士卒瘴疫，自桂州北襲長沙，陷之。李係奔朗州。○巢進攻江陵。王鐸奔襄陽。劉漢宏焚掠江陵。○李蔚薨。張鍇、郭昢納李邵。○王處存鎮義武。○劉巨容、曹全晸破黄巢于荆門。○巨容謂國家喜負人，釋巢不追。巢復振。○巢轉掠陷鄂、饒、信、宣、歙、杭等十五州，衆至二十萬。○王鐸分司。○盧攜爲相。○陳彦謙陷柳州。

庚子（八八〇）

上章困敦

正乙卯、三甲寅、六癸未、八壬午、十辛巳、十二庚辰朔。

廣明元

改元。○沙陀寇忻、代，陷太谷。遣諸葛爽救之。○河東亂，殺康傳圭。○侯昌業以直諫賜死。○石野豬謂上遇堯、舜必駁放。○度支借富户，胡商貨財。○田令孜陰爲幸蜀計。○陳敬瑄以擊毬鎮西川。○鄭從讜鎮河東，軍中遂安。○高駢爲諸道都統。○安南軍亂，逐節度使曾衮。○李琢爲蔚朔招討，都統。○張璘擊王重霸，降之。黄巢退保饒州。○江淮虚奏破賊，朝廷差以自安。○以楊師立鎮東川，牛勗鎮興元。○段彦謩殺宋浩。○劉漢宏侵掠宋、兖。○黄巢復振，襲張璘，殺之。○除監軍、樞密，降麻出案。○妖人詐稱陳敬瑄。○黄巢黨陷睦州、婺州。○盧攜專權，豆盧瑑附之，崔沆爲所沮。○赫連鐸誘沙陀。高文集等皆降。○黄巢陷宣州。○盧攜請遣使和南詔，從之。○黄巢度江，屯天長。高駢嚴備自保，飛表告急，上下失望駭懼。○詔河南諸軍屯溵水，劉克讓屯汝州。○劉漢宏降。○李克用還討高文集，李可舉敗之於藥兒嶺、雄武軍。○李琢、赫連鐸敗李國昌於蔚州。國昌、克用奔達靼。○克用曰：「誰能老死沙磧！」○崔安潛分司。○黄巢擊曹全晸，破之。○薛能館徐卒於毬場，周岌還兵殺之，能走死。○齊克讓還兖州，溵水諸軍皆散。黄巢遂悉衆度淮，所過不虜，掠惟取丁壯爲兵。○吴師泰乞留振武。○黄巢入潁、宋、徐、兖。○賊陷澧州，皇甫鎮死李詢。○王重榮亂河中。○豆盧瑑欲以天平授黄巢，盧攜不可。及巢度淮，攜稱疾不出。巢逼東都，田令孜、豆盧瑑、崔沆勸

自十一月以後卷第二百

辛丑（八八一）

重光赤奮若

二己卯、四戊寅、六丁丑、九丙午、十一乙己朔。

上幸蜀。上令張承範將神策二千八百人守潼關，令孜爲諸道兵馬都指揮使。○齊克讓以飢卒萬人退保潼關。○黃巢陷東都，劉允章帥百官迎謁。巢入城，勞問而已。○巢陷虢州。○秦宗權據蔡州。○神策軍雇病坊貧人代行。○華州庫惟塵埃鼠迹，倉有米千餘斛。神策軍裹三日糧而行。○神策軍上關，齊克讓居關外，皆絶食。黃巢軍大至，不見其際。克讓力戰竟日，士卒飢甚，燒營而潰。官軍忘守禁谷，潰卒踐爲坦塗。○巢自禁谷入，夾攻關。關上人潰走。○以巢爲天平節度使。○王徽、裴澈爲相。○田令孜歸罪於盧攜，罷之。攜自殺。○令孜奉上西走，百官皆不知。○巢入長安，張直方帥文武迎灞上。○尚讓慰撫百姓。賊見貧者，或施與之。後數日，乃出大掠，巢不能禁。○上自駱谷趣興元。○鄭畋請上留鳳翔，不許。○巢入宮，即帝位，國號齊，改元金統。唐官三品以上悉停。立后，置百官。○朱温爲巢説諸葛爽，降之。○巢以爽鎮河陽。羅元杲走。○鄭畋聞將佐欲臣賊，悶絶傷面。○畋首唱諸道討賊。○上至興元。○巢殺豆盧瑑、崔沆、于琮及張直方。○張濬勸李康以糗糧饋上。○義武王處存、河中王重榮發兵屯渭北。○陳敬瑄遣使迎車駕。

中和元

陳敬瑄杖殺內園小兒。○蕭遘爲相。○上至成都。○詔屢趣高駢討賊，駢終不出。師德、駢得以墨敕除官。○樂朋龜、張濬拜田令孜。○王鐸爲相。○陳景思以沙陀及諸胡入援，至絳州而還。○朱温陷鄧州。○以鄭畋爲京城四面行營都統。○畋與唐弘夫敗尚讓、王播於龍尾陂。有書省門嘲賊者，殺三千餘人。瞿稹、李友金募沙陀得三萬。使陳景思奏赦李國昌父子，詔從之。○百官追車駕者稍集，諸道貢獻相繼。○王徽爲尚書。○諸葛爽復以河陽歸國。○拓跋思恭、李孝昌入援。○鄭畋傳檄天下，賊不敢窺京西。○朱玫殺王玫，以邠寧兵討巢。○唐弘夫、程宗楚、王處存入長安。黃巢出屯霸上。官軍貪虜獲無備，巢復襲敗之。弘夫、宗楚死，處存走。巢殺人洗城。○拓拔思恭、李孝昌敗於王橋。○巢加尊號。○高駢出屯東塘，以禳雉集之異。○李克用過掠晉陽，契苾璋救之，乃解。○楊復光説周岌、秦宗權共討黃巢。○復光分忠武軍爲八都。○高潯、王重榮拔華州。○鄭畋爲相，兼都統。○李克用還鴈門。○朱玫自興平退屯奉天。○高仁厚益興平兵。○改元，赦。○韋昭度爲相。○鄭從讜斬論安。○田令孜屢賞從駕軍，不及蜀軍。郭琪反，討平之。孟昭圖言：「天下非北司天下，天子非北司天子。」令孜沈之於江。○星流如織。○武寧軍亂，時溥殺支詳而代之。○王緒據壽州、光州，以王潮爲軍正。○高潯敗于石橋。○李詳復取華州。○南詔上表請和。○高駢與周寶交惡，留屯東塘百餘日復歸。○董昌據杭州。杜雄陷台州。○成麟殺高潯，據潞州。孟方立攻麟，殺之。○李昌言自興平乘虛襲鳳翔，逐鄭畋而代之。○曹全晸戰死。○鄭畋分司。○盧約陷處州。○閔勗過湖南，逐李裕而代之。○雷滿據朗州，周岳據衡州，向瓌據澧州。

四十五

校勘記

〔一〕「汎」，原作「沈」，今據《通鑑》卷二百四十五改。

〔二〕「復」，原脱，今據《通鑑》卷二百五十二及上下文補。

資治通鑑目録卷第二十五

端明殿學士兼翰林侍讀學士太中大夫提舉西京嵩山崇福宮上柱國河内郡開國公食邑二千六百户食實封壹阡户臣司馬光

奉敕編集

壬寅（八八二）	玄黓攝提格 正甲辰、三癸卯、五壬寅、七辛丑、八庚子、十一己巳朔。閏七。八一日，秋分。	唐僖宗中和二 王鐸代高駢爲諸道都都統。○鄭畋爲相。○李克用寇蔚州，契苾璋討之。○阡能寇掠邛、雅，蜀中羣盜大起。○高駢好神仙，呂用之、張守一、諸葛殷以方術惑之，賂左右共爲欺罔，駢倚用之如左右手，公私事皆決焉。用之悉排擯舊將，而進其黨，軍政大壞。又使駢深居不與將佐相接。○諸軍大集西畿，長安斗米三十緡。賊買人爲糧。○鍾傳據洪州。○以閔勗權鎮南節度使，不行。○罷高駢鹽鐵轉運。駢上表不遜。詔切責之，駢貢賦遂絶。○興平諸軍退屯奉天。○荆南監軍朱敬玫殺段彦謩。○羅渾擎、句胡僧、羅夫子聚衆應阡能。○以鍾傳鎮江西。○尚讓攻宜君，遇大雪。○韓求反。○高駢承制除宣歙觀察使。詔周寶拒之。○南詔求公主。○劉漢宏遣弟漢宥屯西陵，謀兼浙西。董昌遣錢鏐襲擊，破之。○韓簡逐諸葛爽，據河陽。○李國昌還代州。○朱温以同州降王重榮。○黄巢殺李詳。○廣西軍亂，逐張從訓。○青州逐安師儒，立王敬武。○湯羣以嵐州附沙陀。○韓秀昇、屈行從反，陳敬瑄、莊夢蝶討之。○韓簡殺曹存實，圍鄆州。朱宣拒之。○朱温賜名全忠。○李克用雖降，猶攻掠。詔王處存招諭之。○張濬説王敬武發兵赴長安。○劉漢宏復遣王鎮攻西陵，錢鏐擊敗之。○楊復光與王重榮謀召李克用。克用自嵐石趣河中，過晉陽，辭鄭從讜。○李詳牙兵逐黄思鄴，以華州降。○高仁厚不殺一人，擒阡能等五賊。○唐溪請釋阡行全。○鄭從讜討湯羣，斬之。○以李克用爲鴈門節度使。○鄭紹業不敢赴荆南。軍中以陳儒知府事。○王鐸以鄭昌圖守昭義，朝廷以王徽代之，徽辭不行。昌圖不能守，委去。孟方立自稱留後，徙鎮邢州。○秦彦逐竇潏，據宣歙。
癸卯（八八三）	昭陽單閼 正戊辰、三丁卯、五丙寅、六乙未、八甲午、十二癸巳朔。	三 李克用至沙苑。○罷王鐸都都統。○田令孜爲十軍十二衛觀軍容使。○王景崇薨，軍中立其子鎔。○以朱瑄鎮天平。○李克用屯乾阬，敗尚讓十五萬衆於梁田陂，讓走。○韓簡攻鄆州，不克。諸葛爽復襲取河陽，朱瑄請和。簡還攻河陽，與李罕之戰，敗於武陟。樂行達先歸，據魏州，稱留後。簡爲部下所殺。○李克用圍華州。○鄭紹業分司。以陳儒鎮荆南。○莊夢蝶爲韓秀昇所敗。以高

自五月以後卷第二百五十五

仁厚代之。○尚讓救華州，李克用敗之於零口，進軍渭橋。○以楊行慜爲廬州刺史。○吕用之使行慜殺俞公楚、姚歸禮。○以朱全忠鎮宣武。○李克用拔華州，黄揆走。○劉漢宏屯黄嶺等處，錢鏐擊走之。○高仁厚擒韓秀昇等，峽中平。○李克用破賊於渭南，遂入長安。黄巢焚宫室，自藍田走商山。○斬崔璆。○黄巢遣孟楷攻蔡州。秦宗權稱臣於巢，與連兵。○趙犨擊斬楷。巢怒，圍陳州，作舂磨寨。○以劉謙爲封州刺史。○朱全忠赴鎮。○南詔遣楊奇肱迎公主。○以李克用爲河東節度使。○楊復光卒，八都鹿晏弘等散去。田令孜黜楊復恭。○令孜與陳敬瑄惡鄭畋，罷其相。○以裴澈爲相。○以李國昌爲代北節度使。○升湖南爲欽化軍。○孟方立徙昭義於邢州，潞人不悦。召李克用兵。克用使弟克脩攻取潞州。○以安化公主妻南詔。○劉漢宏自擊董昌，大敗而遁。弟漢容、辛約死。○秦宗權圍許州。○鹿晏弘陷興元，逐牛勗。○王華不遣李損，蕭遘論時溥陵蔑朝廷。○劉漢宏爲義勝軍節度。○朱全忠等救陳州。○全忠取亳州。

甲辰（八八四）

閼逢執徐

二壬辰、四辛卯、六庚寅、七己未、九戊午、十二丁亥朔。

四

樂行達更名彦禎。○楊師立惡陳敬瑄，田令孜罷其東川。○李克用救陳、許，將出河陽，諸葛爽拒之，乃自陝濟河。○楊師立反，進攻涪城。以陳敬瑄爲三川招討使，命高仁厚討師立。○朱全忠拔黄巢瓦子寨。○錢鏐取劉漢宏婺州。○高澞疏吕用之罪惡。○李神福懷旗幟救舒州。○吴迥逐高澞。高駢使人殺澞。○秦宗權寇廬州，田頵擊走之。○路審中據鄂州。○黄巢圍陳州三百日，趙犨大小數百戰。○李克用帥許、汴、徐、兖諸軍破尚讓、黄鄴。巢解圍東去。○克用破巢於王滿渡，巢軍遂潰。尚讓降時溥，霍存、葛從周等降朱全忠。○克用又破巢於封丘。巢東奔兖州，克用追至曹州而還。○高仁厚屯德陽，張士安、鄭君雄等據鹿頭關拒之。○朱全忠謀殺李克用於上源驛，克用踰城得免。○克用欲攻全忠，妻劉氏曰：「當訴之朝廷。」○高仁厚圍張士安。○仁厚開寨門設炬，賊不敢入。○楊茂言棄寨走。仁厚使張韶召還，明旦獨斬茂言。○鄭君雄等敗走。仁厚進圍梓州。鄭君雄斬楊師立，出降。○東川平。○李師悦追黄巢至狼虎谷。林言斬巢首降。○秦宗權寇宣武，朱宣救之。黄巢妾謂上：「責女子拒賊，置將相何地！」○朱全忠敗秦宗權于溵水。○李克用累表自訴，朝廷和解之。○藩鎮互相吞噬，無所稟畏。○李克用請麟州及雲蔚，許之。○王徽招撫流散，修復宫室。○王鐸徙滄州。○王建、韓建等帥衆奔行在。田令孜養爲假子，號隨駕五都。○鹿晏弘棄興元走。○令孜使王行瑜襲殺曹知慤。○上患令孜專，語輒流涕。○秦宗權、鹿晏弘陷襄州。劉巨容走。○晏弘襲許州據之。○陳巖據福州。○樂從訓殺王鐸。○以邠寧爲静難軍。○陳晟據睦州，王敬蕘據潁州。○馮行襲斬孫喜。○李昌言薨，弟昌符立。○秦宗權縱兵四掠。

自六月以後卷第二百五十六

乙巳（八八五）

旃蒙大荒落

三丙辰、四乙卯、五甲申、七癸未、九壬午、十辛巳朔。閏三。四一日，小滿。

光啓元

招撫宗權。○上發成都。○張瓌囚陳儒，據荆南。○成汭據歸州。○盧光稠陷虔州。○秦宗權攻王緒。緒劫光壽之民，轉掠江、洪，入汀、漳。宗權寇潁、亳，朱全忠擊敗之。○上至京師。赦，改元。○朝廷號令止行於山、劍、嶺南數十州。○秦宗權稱帝，置百官。以時溥爲都統，討之。○李可舉、王鎔共攻王處存，李克用救之。○秦宗言寇荆南。○田令孜募新軍五萬四千人，南北司官萬餘人，兩河、江淮賦税不入，度支税畿甸不能給。○田令孜自領榷鹽使，與王重榮爭鹽利。徙重榮兖州。以王處存鎮河中，令李克用

送之。○劉仁恭陷易州。○李克用救無極，敗鎮兵于新城。○王處存敗幽兵，復取易州。○李全忠襲幽州，殺李可舉而代之。○李罕之走孫儒，陷東都。○常濬上言姑息藩鎮太甚致亂，坐貶死。○滄州軍亂，逐楊全玫，立盧彥威。○孫儒焚掠東都而去，李罕之復居之。○王重榮數田令孜十罪。○王處存辭河中。○馬爽攻孟方立，不克而出，樂彥禎殺之。○趙犨領蔡州，附朱全忠。○王潮執王緒而代之，遂圍泉州。○張瓌殺陳儒。○王重榮求救於李克用。克用請自渭北取邠、岐。○田令孜遣朱玫、李昌符討王重榮，李克用救之，敗二帥于沙苑。○令孜奉天子幸鳳翔。

丙午（八八六）

柔兆敦牂

三庚辰、五己卯、七戊寅、八丁未、九丙子、十二乙巳朔。○本志：四月，熒惑犯月角。

二

張郁陷常州。○李克用還軍河中，請誅田令孜。○令孜脅上幸興元。○杜讓能解帶繫馬頸以從。○上遣孔緯還召百官。○朱玫、李昌符復與李克用合。○蕭遘召玫至鳳翔迎駕。○百官不肯扈從，孔緯獨還。○李昌符焚閣道，王建掖上過火中。○李克用還太原。○鄭從讜爲侍中。○石君涉燒棧道。○君涉奔朱玫。○車駕至興元。○孔緯、杜讓能爲相。○陳敬瑄殺高仁厚。○朱玫謀廢立，蕭遘以爲不可。○玫奉襄王熅監國，以鄭昌圖爲相。○田令孜薦楊復恭自代，出爲西川監軍。○王建等出爲刺史。○朱玫黜蕭遘，自兼侍中。○熅褒寵高駢、呂用之，藩鎮從熅者什六七。○用之謀害駢。○杜讓能請令楊復恭招王重榮。○蓋寓勸李克用囚熅，使移檄諸道，共討朱玫。○朱全忠敗秦賢於尉氏。○楊守亮出金商，討朱玫。○李克用表至山南，人情始安。○周岳據潭州。閔勗死。○丁從實克常州，逐張郁。○秦宗權陷許州，殺鹿晏弘。○楊晟棄興、鳳，據文州。○李鋋等守大唐峯。○李全忠薨，子匡威立。○王潮據泉州。王緒自殺。○滿存克興州。○李克脩拔邢、洺數縣。○襄王熅稱帝，改元建貞，以上爲太上元皇聖帝。○董昌遣錢鏐攻浙東。○張雄陷蘇州。○諸葛爽薨，子仲方立。○李克脩攻邢州，不克而還。○錢鏐拔越州。劉漢宏奔台州。○朱全忠襲滑州，取之，兼領義成。○田令孜請尋醫。○諸軍克鳳州。○王行瑜軍數敗，恐獲罪，歸斬朱玫。○襄王熅奔河中，王重榮殺之。○杜雄執劉漢宏，送董昌，殺之。○昌移鎮浙東，以杭州授錢鏐。○殷盈孫議襄王熅不當獻馘受賀。○劉經、李罕之、張全義相攻。○孫儒陷鄭州，遂據河陽。○張佶謂秦宗權剛鷙而猜忌，亡無日矣。○許勍陷舒州。○楊行愍更名行密。○朱瑾逐齊克讓，據兖州。○杜洪據武昌。○荆南解圍。

丁未（八八七）

强圉協洽

四甲辰、六癸卯、七壬申、九辛未、十一庚午、十二己巳朔。閏十一。十二一日，大寒。

三

朱全忠遣朱珍詣淄州募兵。○流田令孜。○斬蕭遘、鄭昌圖、裴澈於岐山。○上至鳳翔。○鄭從讜罷。○周寶置後樓親兵，稟給倍鎮海軍。劉浩作亂，立薛朗。寶奔常州。○高駢饋寶齏粉，寶曰：「呂用之在。」○周庠說王建取閬州。張虔裕說建尊事天子。綦毋諫說建養士愛民。○徐約逐張雄，據蘇州。○畢師鐸自高郵起兵討呂用之。○朱珍得兵萬餘，還大梁。朱全忠敗秦賢於板橋。○畢師鐸攻廣陵，呂用之力戰，師鐸少卻。高駢聞喧噪，始知之。○師鐸悔來，遣迎秦彥，許以爲帥。○師鐸知城中離心乃喜。○駢令用之選溫信將諭師鐸，用之遣部將往，師鐸斬之。○用之以甲士入見，駢怒驅出。用之指門曰：「吾不可復入。」高、呂始判。駢以五百兵授從子傑。用之驅縛士民守城，城中恨城破之晚。○駢使石鍔諭師鐸，師鐸請以妻子爲質。○秦彥遣秦稠助師鐸。○師鐸克廣陵，用之出走。○駢撤備見師鐸。○申及勸駢潛出收兵復府城。○秦稠以兵守倉庫。○駢以使務授師鐸。○或說師鐸奉駢爲帥

自四月以後卷第

如故，而拒秦彦。○駢出居南第。○宣軍焚進奉兩樓。○亂兵掠御物。○殺諸葛殷。○朱全忠敗盧瑭於萬勝，張晊於赤岡。○畢師鐸復幽高駢於道院。○呂用之召楊行密入援。袁襲謂天以淮南賜行密。○行密至天長，用之帥衆歸之。○朱全忠破張晊，秦宗權自鄭州會之。○張神劍求貨不獲，與高霸等俱歸楊行密。○朱宣、朱瑾救朱全忠，大破秦宗權於邊孝村。宗權宵遁。○蔡人守東都、河陽、許、汝、懷、鄭、陝、虢者皆棄去。○錢鏐遣杜稜等討薛朗。○秦彦以趙鍠守宣歙，引兵入廣陵。○楊行密圍廣陵。○李昌符與楊守立爭道，遂攻燒行宮，敗奔隴州。○韋昭度質其家於軍中。○常行儒殺王重榮。○畢師鐸、秦稠出戰而敗。稠死。○亳州謝殷逐刺史。○李罕之鎮河陽，張全義守東都。○全義招流散，勸農桑，數年富庶。○李茂貞克隴州，斬李昌符。○朱全忠取亳州。○全忠襲取曹州，敗朱宣、朱瑾於劉橋。○秦彦結張雄，冀獲其用。雄軍富而不戰，更助楊行密。○畢師鐸、鄭漢章悉兵出戰。○李濤謂：「以順討逆，何論衆寡。大軍至此，去將安歸。」○行密大破師鐸等，俘斬殆盡，自是不敢出。○張濬爲相。○秦彦殺高駢。○鄭漢章敗張神劍、高霸，兩軍各奔歸。○朱珍拔濮州，進攻鄆州，敗還。朱宣復取曹州。○杜稜拔常州。丁從實奔海陵。錢鏐迎周寶以歸。○廣陵無食，屠人賣之。○楊行密克廣陵。秦彦、畢師鐸奔東塘。○秦宗權遣弟宗衡、孫儒與行密爭楊州，彦、師鐸歸之。○儒殺宗衡，送首朱全忠。○朱珍、李唐賓不相下，朱全忠兩全之。○全忠軍機民政，悉咨敬翔。○儒攻高郵。張神劍奔廣陵，行密殺之。○行密召高霸還廣陵。○詔朱全忠兼領淮南。○陳敬瑄惡顧彦朗、王建相親，使田令孜召建。建至鹿頭，敬瑄悔而拒之。建怒，攻拔漢州，與彦朗共攻成都，三日不克而退。○楊行密殺高霸及麾下數千人。○又殺呂用之。○袁襲勸行密遣輜重還廬州。○張雄拔上元，趙犨走。○朱全忠以李璠爲淮南留後，時溥以兵拒之。璠至泗上而還。○趙德諲陷荊南，殺張瓌。○陳儒陷衢州。○馮敬章陷蘄州。○阮結擒薛朗。

戊申（八八八）

著雍涒灘

三戊戌、五丁酉、七丙申、九乙未、十一甲午朔。○本志：三月戊戌朔，食，胃一度。八月，熒惑守輿鬼，歲、鎮、太白聚于周。

文德元

孫儒殺秦彦、畢師鐸。○楊行密殺張守一。○以朱全忠代時溥爲都統，討秦宗權。○朱全忠將如淮南，至宋而還。○上不豫。○上至長安。赦，改元。○魏博牙兵廢樂彦禎，立趙文玠。又殺之，立羅弘信。○彦禎子從訓攻城不克，求援於朱全忠。○張全義襲河陽，逐李罕之而據之。罕之求救於李克用。○上尊號。○上崩。楊復恭立皇弟壽王傑，更名敏。○昭宗有恢復前烈之志。○朱珍等救樂從訓，敗魏兵于内黄。○李克用助李罕之攻河陽。張全義求救於朱全忠。○王建掠西川十二州。○追尊王太后。○孫儒陷楊州。楊行密走歸廬州。○朱全忠遣丁會等救河陽。河東軍退，使會鎮之。張全義復還河南。○克用置罕之於澤州，數百里間無煙火者幾十年。○羅弘信殺從訓父子，求和於朱全忠。○成汭襲荊南，逐王建肇而據之。○汭與韓建能安集流散，時號北韓南郭。○趙德諲以襄州來降。○全忠圍蔡州。○王建謂用兵不倚天子之重，則衆心易離。○顧彦朗請移陳敬瑄它鎮。○田令孜不奉詔，以韋昭度代敬瑄。○袁襲勸楊行密取宣州。○行密敗蘇塘等於曷山，遂圍宣州。○陶雅敗趙乾之於九華。○錢銶攻蘇州。○李克脩敗孟方立兵于遼州，擒奚忠信。○葬僖宗。○朱全忠敗時溥，取宿州。○申叢執秦宗權以降。○王建攻彭州。○命韋昭度討陳敬瑄。○以王建爲永平節度。○楊守厚陷夔州。

二百五十七

己酉（八八九）

屠維作噩

正癸巳、三壬辰、六辛酉、八庚申、十己未、十二戊午朔。

唐昭宗曄**龍紀元**

赦，改元。○劉崇望爲相。○龐師古敗時溥於吕梁。○郭璠殺申叢，送秦宗權於汴。○王建敗山行章於新繁。○誅秦宗權。○朱全忠克蔡州，軍勢益盛。○趙犨薨，弟昶立。○錢鏐拔蘇州。○潤州阮結卒，成及代之。○李克用攻孟方立，拔磁、洺二州，擒其將馬溉，攻邢州。方立飲藥死，弟遷代立。○楊行密拔宣州。○徐温據囷食餓者。○李德誠從趙鍠不去，行密以宗女妻之。○朱全忠求趙鍠於行密，袁襲勸以首與之。○行密謂袁襲好殺，所以不壽。○孫儒攻廬州，蔡儔降之。○朱珍殺李唐賓，朱全忠殺珍。○王敬武薨，子師範立。○田頵攻常州。○上改名曄。○祀圜丘。宦官始衣法服。○孔緯謂楊復恭將反。○又謂李順節不應班見。○又謂朱全忠求鹽鐵，非興兵不可。○田頵拔常州。○龐師古擊孫儒。○王建敗宋行能於廣都山，行章以眉州降之。○孫儒逐田頵，取常州。○劉建鋒取潤州。○田令孜殺劉巨容。

庚戌（八九〇）

上章閹茂

二丁巳、四丙辰、六乙卯、八甲寅、十癸未、十二壬午朔。○閏九。十月二日，小雪。

大順元

上尊號，改元。○孟遷擒汴將，以邢、洺、磁州降李克用。○王建攻邛州，楊儒以其衆降。○杜有遷以簡州降建。○龐師古下天長、高郵。○侯元綽以資州降王建。○孫儒敗龐師古於陵亭。○馬敬言等據潤州。○李克用攻赫連鐸於雲州，李匡威救之。安金俊死，克用還。○李克脩薨，弟克恭代之。○張筠以宿州應時溥，朱全忠攻之。○朱實以嘉州降王建。○文武堅以戎州降建。○赫連鐸、李匡威、朱全忠請因李克用敗討之。○上以張濬與楊復恭有隙，親倚之，濬亦以功名自任。○克用謂濬好虚談，無實用，必交亂天下。○濬謂兵彊而天下服，故募兵京師，至十萬人。○朝議皆謂克用不可伐，濬獨與孔緯請伐之，欲恃外勢以擠楊復恭。○詔濬督諸軍伐河東。○安居受殺李克恭，以潞州歸朱全忠。高霸殺居受而代之。克用使康君立、李存孝攻潞州。○張濬請先除外憂，後除内患。○以孫揆鎮潞州。○李繼昌救成都，王建擊斬之。○謝從本以雅州降建。○孫儒求好於全忠，既而復爲仇敵。○盧彦威逐楊全玫而代之。○張濬會軍晉州。○詔全忠兼汴、滑兩鎮，全忠辭不受。○官軍至陰地關。○葛從周犯圍入潞州。○李讜等攻李罕之於澤州。○孫揆赴潞州，李存孝伏兵擒之，紲以素練，徇於城下。○揆駡克用，克用鋸殺之。○孫儒攻潤州。○沈粲殺杜孺休。○李友拔蘇州。○陳敬瑄括民財。○朱全忠軍河陽。○李存孝擒鄧季筠。○李讜、李重胤遁歸，全忠斬之。○李克用以康君立鎮昭義。李存孝始有貳志。○李匡威、赫連鐸攻克用，克用擊走之。○李嗣源謂諸將以口擊賊。○孫儒拔常州。○毛湘使任可知取己頭降王建。○李行周以蜀州降建。○朱全忠假道于魏，不許，遂伐之。○李存孝敗韓建，邠、岐軍不戰而走，禁軍自潰。建與張濬保晉州。存孝陷絳州。○李克用表訟冤。○孫儒拔蘇州。安仁義等棄潤州走。

辛亥（八九一）

重光大淵獻

二辛巳、四庚辰、五己酉、七戊申、十一丁未朔。

二

朱全忠敗魏軍于内黄。羅弘信請和于汴。○孔緯出鎮荆南，張濬出鄂岳。○崔昭緯、徐彦若爲相。○緯、濬再貶均、連。○復李克用官爵。○孫儒悉淮、蔡之衆濟江，自潤州轉戰而南。楊行密軍屢敗。○復李罕之官爵。○張濬再貶繡。○復陳敬瑄官爵。令韋昭度等罷兵。○盧弘攻王師範。師範誘弘，斬之，遂殺張蟾，逐崔安潛。○孔緯、張濬倚朱全忠。韓建不赴貶所。○安知建貳於李克用，克用以李存孝代之。知建奔青州，朱宣殺之。○赦。○成都飢甚，爲虐刑而人不懼。徐耕活數千人。○王建不奉詔罷兵，逼

韋昭度東歸，代之攻成都。○李克用圍赫連鐸於雲州。○孫儒遇大水，還揚州。○立德王祐。○楊行密取滁、和。○李克用克雲州。赫連鐸奔幽州。○孫儒焚掠揚州，度江攻楊行密。張訓入揚州收其穀。○李克用巡澤潞。○孫儒屯廣德。○田令孜以印節授王建，陳敬瑄開城納之。○建使張勍禁焚掠。○田令孜盜陳敬瑄軍權。○楊復恭溺殺王瓌。○復恭致仕，殺使者。○顧彥朗薨，弟彥暉立。○丁會拔宿州。○王建勤政事，納直言。○上命李順節討楊復恭、楊守信。○劉崇望説禁軍不虜掠。○復恭、守信奔興元。○李克用敗王鎔於龍尾岡，李匡威救之，乃還。○郭銖以曹州降朱全忠。○全忠取壽州。○劉知俊降朱全忠。○丁會敗朱瑾於金鄉。○劉景宣等殺李順節。○孫儒焚掠蘇、常，逼宣州。○錢鏐取蘇州。○楊守亮奪顧彥暉旌節而伐之，王建救之，因欲執彥暉，不果。○守亮欲自金商襲京師，馮行襲擊破之。○陳巖欲以福建授王潮，范暉拒之。

壬子（八九二）

玄黓困敦

正丙午、三乙巳、五甲辰、六癸酉、八壬申、十一辛丑朔。

景福元

赦，改元。○李茂貞、王行瑜、韓建等請討楊守亮，詔和解之。○王鎔、李匡威攻堯山，李嗣勳大破之。○楊行密欲退保銅官，劉威、李神福以爲不可。○戴友規勸行密先遣淮南人歸廣陵，孫儒軍慕之，必離心。○楊晟與楊守亮約共攻東、西川。○李茂貞、王行瑜擅攻興元。牛徽請加茂貞招討使。○朱瑄敗朱全忠於瓠河。○孫儒圍宣州。○張訓殺陳可言，取常州。○楊行密取潤州。○朱全忠請移時溥於它鎮。詔以劉崇望代之。溥不受代。○趙德諲薨，子匡凝代。○王潮遣弟審知攻范暉。○王建遣王宗裕等圍彭州。符昭攻成都以救楊晟，不果。○鄭延昌爲相。○楊子實等降王建。○李克用、王處存攻王鎔，鎔敗之於新市。○楊守忠、楊守厚攻東川。○李簡、華洪大破守忠於鍾陽，守厚於銅鉾，二帥皆走。○以錢鏐爲武勝防禦使。○西門重遂殺賈德晟。○李匡威侵雲、代，李克用始還。○張訓敗徐兵于壽河，遂取楚州。○楊行密擒孫儒，斬之。○劉建鋒、馬殷收餘衆趣洪州。○行密還揚州。○楊州富庶掃地。○王先成説王宗侃置寨及行縣，招安山谷之民。○李茂貞取鳳、興、洋三州。○楊行密選蔡兵置黑雲都。○高勗諫以茶鹽易民布帛，但與鄰道交易。○行密武伎不長，而寬簡有智略，不猜忌，承荒殘之後，能以勤儉足用，輕傜薄斂，數年間幾復承平之舊。○李匡威、赫連鐸寇雲州，李克用擊敗之。○李茂貞攻興元。楊守亮等奔閬州。○復以時溥鎮徐州。○李存孝以邢、洺、磁歸朝廷。○張璲、張諫以濠、泗降朱全忠。○全忠拔濮州，遂攻徐州。○王壇陷婺州。○蔡儔求救於全忠，全忠不救。楊行密使李神福等討之。○邊岡造《景福曆》。○華洪擊楊守亮，破之。○明州鍾文秀卒，黄晟代之。

癸丑（八九三）

昭陽赤奮若

二庚午、四己巳、閏五戊辰、六丁酉、八丙申、十乙未朔。六二日，大暑。

二

時溥攻宿州，殺郭言。○李茂貞請再賜顧彥暉節。○王建敗岐、梓之兵于利州。○徙李茂貞於山南，不從。○李克用擊李存孝，遂擊王鎔，敗鎔兵於叱日嶺。李匡威救之，敗克用於元氏。克用還邢州。○朱友裕圍彭城，敗朱瑾於石佛山。朱友恭譖之，友裕逃歸。張夫人救之，得免。○李匡籌據幽州。李匡威不得歸，欲入朝京師，士民竄匿。王鎔迎歸，父事之。○柳玭謂門地高可畏不可恃。○王建殺陳敬瑄、田令孜。○龐師古拔彭城，時溥自焚死。○李匡威劫王鎔，欲奪其位，墨君和負鎔以免。鎮人攻匡威，殺之。○劉仁恭攻匡籌，不克，奔河東。○楊行密圍蔡儔於廬州。張顥出降，袁稹惡其反覆，請殺之。○王審知拔福州，范暉走死。王潮自稱留

後。○錢鏐爲蘇杭觀察使。○上以武臣難制，出曹誠等爲節度使，以諸王代之。○李匡籌攻樂壽、武强。○王鎔救邢州，李克用敗之於平山，進擊鎮州。鎔請和，且以兵糧助攻邢州。○楊行密克廬州，斬蔡儔，不發其家，曰：「儔以此得罪。」○錢鏐城杭州，周七十里。○張雄卒，馮弘鐸代之。○李茂貞上表不遜，上怒，欲討之。杜讓能諫，不聽，曰：「但恐臣徒受晁錯之誅，不能弭七國之禍。」○崔昭緯陰附邠、岐，害讓能。○市人投瓦石擊昭緯及鄭延昌肩輿，失堂印朝服。命嗣覃王嗣周討李茂貞。○歙州願得陶雅爲刺史。○龐師古攻兗州，敗朱瑾。○以錢鏐爲鎮海節度使。○李克用圍邢州。袁奉韜誑李存孝以成塹壘。○鄧季筠逃歸汴。○覃王嗣周軍潰于興平。李茂貞、王行瑜進軍臨皋。上爲之斬西門君遂等，貶杜讓能以謝之。○韋昭度、崔胤爲相。○茂貞勒兵不退，賜讓能死。○自是朝廷動息稟邠、岐，南北司依二鎮以邀恩澤。不逞者，因崔鋋、王超以回詔命。○以王潮爲福建觀察使。○楊行密取舒州。○韋昭度不授王行瑜尚書令。○朱全忠求領鹽鐵，不許。○鄧處訥殺周岳，據潭州。

甲寅（八九四）

閼逢攝提格

二甲午、四癸巳、五壬戌、七辛酉、八庚寅、十一己未朔。

乾寧元

李茂貞入朝。○朱全忠敗兗、鄆兵於魚山。○鄭綮爲相，自爲時事可知。○張鈞薨，兄鐇代之。○吳討以黃州降楊行密。○李存孝出降，李克用車裂之，恨諸將不爲之請。○薛阿檀死，克用勢衰。○馬殷説蔣勛襲鄧處訥，斬之。劉建鋒據潭州。○王建拔彭州，斬楊晟。○鄭延昌罷。○朱瑄、朱瑾求救於河東，李克用遣安福順赴之。○杜洪攻黃州。○李谿爲相，劉崇魯哭麻而罷。谿累表詆崇魯。○李克用破赫連鐸，殺之。○李茂貞拔閬州，楊復恭等走。○鄭綮致仕。○徐彥若爲相。○楊守厚卒，綿州降王建。○楊復恭、守亮、守信走至乾元，韓建擒斬之。○復恭遺守亮書，自謂「定策國老」，謂上「門生天子」。○李克用醉殺康君立。○劉仁恭勸李克用取幽州。○張諫以泗州降楊行密。楊、汴始有隙〔一〕。○李克用大破幽州兵。李匡籌走盧彥威，殺之。幽州降克用。○李匡威知匡籌不能保舊業。○吳討納印於楊行密。○王潮保境息民。○劉謙卒，子隱代之。○董昌以妖妄謀爲帝。

乙卯（八九五）

旃蒙單閼

三戊午、五丁巳、六丙戌、八乙酉、九甲寅、十一癸丑。○本志：七月癸亥，熒惑犯心。

二

李克用入幽州。○朱友恭破朱瑄，擒安福順。○陸希聲爲相。○王重盈薨，軍中立兄子珂。○楊行密請討朱全忠。○黃碣謂董昌：「寧死爲忠臣，不生爲叛逆。」○吳鐐謂昌：「不爲真諸侯，以傳子孫，乃欲爲假天子，以取滅亡。」○張遜謂昌：「爲帝巡屬六州，必不從徒守孤城耳。」○昌稱帝，自稱大越羅平國，改元順天。○錢鏐謂昌：「與其閉門作天子，何如開門作節度使。」○鏐將兵三萬，至越城下諭昌。昌懼，執送吳瑶等，請待罪天子。鏐乃還。○王重盈之子珙、瑶舉兵攻王珂。○復以李谿爲相。○朱全忠屯單父。○李克用表劉仁恭鎮幽州，留兵戍之。○崔昭緯使李茂貞、王行瑜表李谿不可爲相。上不得已，復罷之。○崔胤出鎮河中。○以王摶爲相。○李克用請以河中授王珂。李茂貞、王行瑜、韓建表珂非重榮子。上許克用。○楊行密以補綻衣愧臺濛。○行密拔濠州，執張璲。○行密獲李昪，賜徐温。○行密圍壽州。○上欲令諸王將兵巡警及撫慰方鎮，南北司競諫而止。○赦董昌，放歸田里。○陸希聲罷。○朱延壽拔壽州，敗汴兵。○錢鏐表董昌不可赦。○韋昭度致仕。○劉建鋒爲武安軍節度使。○李克用遣兵救鄆。朱友恭還汴。○詔錢鏐討董昌。○王行瑜、李茂貞、韓建引兵入朝，殺李谿、韋昭度、康尚弼。○三帥謀廢立，聞李克用起兵，乃還鎮。○劉崇望貶昭州。○起孔緯、張濬，以緯爲相。○李克用大舉討三鎮，拔絳州，斬王瑶，屯河中。○王行約棄同州，奔京師。○李繼

鵬、駱全瓘謀劫上幸鳳翔，王行實、劉景宣謀劫上幸邠州。左右軍相攻於闕下，矢拂御衣，遂焚宮室。上出幸莎城，移幸石門。○上遣使召李克用討邠、岐。○克用軍渭北，拔永壽，攻梨園。○李茂貞斬李繼鵬、駱全瓘以謝罪。○上命延王戒丕等諭克用，且赦茂貞，專討行瑜。○命戒丕等拜克用爲兄。○崔胤復爲相。○李克用遣子存勗入見。○車駕還京。○崔昭緯罷。○上寓居尚書省。○朱全忠敗朱瑄於梁山。○孔緯薨。○李茂貞屯咸陽。李克用請削奪，分兵討之。上不許。○以李罕之爲副都統。○史儼敗邠寧兵於雲陽。○王宗瑤屯縣州。○楊行密攻蘇州以救董昌。○李存貞敗邠寧兵於梨園，自是閉壁。○貶崔昭緯。○賜李克用魏國夫人。○克用破王行瑜，拔梨園等三寨。○王行約等棄寧州走。克用奏蘇文建使鎮之。○上遷居大内。○朱全忠圍兗州。○楊行密遣田頵、安仁義攻杭州以救董昌。○王處存薨，子郜代之。○孫偓爲相。○李茂貞救王行瑜，李罕之擊走之，遂拔龍泉。行瑜走邠州，請降。○朱瓊降朱全忠。○陳儒卒，弟岌代之。○李克用拔邠州，王行瑜走死。○朱瑄遣賀瓌等襲曹州，朱全忠敗之於鉅野南，虜瓌。○王宗侃拔利州。○蔣勛、鄧繼崇帥羣蠻據邵州。○閬、蓬、渠州皆降王建。○建攻東川，敗其兵於楸林。○以李克用爲晉王。○蓋寓以婉辭規諫克用，引近事爲喻，常見從。○朱全忠離間，克用益親之。○顧彥暉獲王宗弼。○通州降王建。○李克用請討李茂貞，上不許。克用曰：「不去茂貞，關中無寧日。」○蓋寓謂克用入朝，恐震駭都邑。○克用去，茂貞驕横如故，據有河西。○葛從周攻兗州，詐爲遁去，復還敗之，擒孫漢筠。○張璠薨，子璉代之。○李克用遣史儼救兗、鄆。○家晟襲據桂管。陳可璠殺晟，以劉士政代之。

丙辰（八九六）

柔兆執徐

二壬子、四辛亥、六庚戌、八己酉、十戊申、十一丁丑朔。閏正。二一日，春分。○本志：八月壬申，太白應見在氐，不見，至九月丁亥乃見，是謂當出不出。十月，太白、鎮合于南斗。

三

王宗夔拔龍州。○馬殷攻邵州，拔定勝。○安仁義屯湖州救董昌，顧全武屯西陵以拒之。○李存信救兗、鄆，屯莘，侵暴魏人。○朱全忠説羅弘信，襲擊破之，弘信遂與河東絶。○全忠拜受弘信贈遺。○果州降王建。○詔釋董昌，錢鏐不從。○上欲復相張濬，李克用欲詣闕，乃止。○李思孝致仕，弟思敬代之。○滑州河決分爲二。○李克用攻掠相、魏。○陳贍殺劉建鋒，軍中立張佶，佶以讓馬殷。○楊行密破錢鏐於皇天蕩，遂圍蘇州。○朱全忠遣朱友恭度淮。○董昌使人覘錢鏐，言彊盛輒斬之，言兵疲食盡則喜。顧全武遂圍其城，昌懼，去帝號。○張佶受馬殷拜謁，然後以軍府授之。○楊行密取蘇州，禮重成及。○顧全武請先取越州，後復蘇州。○賈公鐸突圍入城。○朱延壽拔蘄州、光州。○詔和解兩川。王建還成都。○賜崔昭緯死。○成汭逐王建肇，取黔中及渝、涪。建肇及許存奔成都。○高燭、王宗綰脱存於死。○顧全武克越州，誅董昌。○昌貪吝粟帛，錢鏐得而散之。○葛從周敗李克用於洹水，獲其子落落。○從周復擊兗、鄆，克用救之，爲羅弘信所拒。○上選募安聖等四軍，使諸王將之，守衛京畿。李茂貞稱延王無故討臣，臣今引兵詣闕自訴。○上將自鄜州濟河，幸太原，至富平。韓建固請上幸華州。○茂貞入長安，焚宮室市肆俱盡。○崔胤出鎮湖南。○陸扆爲相。何迎薦朱朴，上以比魏徵。○詔韓建關議朝政，建辭。○李克用謂建天下癡物。○出王摶鎮浙東。○上擢博士朱朴爲相，中外大驚。○升福建爲威武軍，以王潮爲節度使。○以馬殷判湖南。○高郁勸殷上奉天子，下撫士民。○朱全忠請遷都洛陽，且欲以兵二萬迎駕。韓建懼，復召崔胤爲相。○崔遠爲相。○貶陸扆。○以孫偓爲都統，討李茂貞。○茂貞表請自新，韓建佐佑之，竟不出師。○王摶復爲相。命錢鏐兼鎮兩浙。○李克用敗魏兵於白龍潭，追至觀音門。○李師悦卒，子彥徽代之。○安仁義攻婺州。○東川焚掠漢、眉等州。○劉隱誅盧琚。譚弘玘禮迎薛王知柔。

丁巳（八九七）

强圉大荒落

二丙午、五乙亥、七甲戌、九癸酉、十一壬申朔。

四

韓建奏八王謀殺臣挾天子幸河中，悉幽於別第，散其兵。又奏罷遣殿後四軍二萬人。又奏召還諸王使四方者。○立德王裕爲太子。○龐師古克鄆州，擒朱瑄，殺之。○孫偓罷行營都統。○杜稜救婺州。安仁義攻睦州，不克而還。○葛從周克兗州。朱瑾奔淮南。○鄆、齊、曹、棣、兗、沂、密、徐、宿、陳、許、鄭、滑、濮皆入朱全忠。○楊行密得河東、兗、鄆兵，軍聲大振。○王建遣華洪、王宗祐攻東川。○又遣王宗謹討鳳翔。○赦。○王建遣王宗侃取渝州，王宗阮拔瀘州。○李茂貞遣李繼昭救東川，王宗播擊擒之。○韓建殺馬道殷、許巖士。罷孫偓、朱朴相。○詔楊行密討杜洪。○張佶克邵州，擒蔣勛。○葛從周鎮泰寧，朱友裕鎮天平。○王珙攻王珂。朱全忠救珙，李克用救珂。珙解圍去。○命李洵和解兩川。○顧全武救嘉興，破淮南兵。○朱友恭攻黃州，馬珣等救之。○顧全武破淮南兵，田頵走。○韓建貶張禕等數人。○朱友恭拔黃州，擒瞿章。馬珣等敗走。○王建自攻梓州。○錢鏐如越州。○貶王建南州。以李茂貞鎮西川，覃王嗣周鎮鳳翔。○建破梓州南寨。李洵宣諭，不聽。○李茂貞圍覃王於奉天。○韓建移書茂貞。縱覃王歸華。○錢鏐還杭州，命顧全武取蘇州。○李克用移書劉仁恭。王鎔、王郜欲發兵定關中，仁恭不從，克用舉兵伐之。○上欲親討李茂貞，宰相諫而止。○韓建殺十一王於石隄谷，以謀反聞。○貶孫偓、朱朴。○周德權勸王建招撫東川羣盜。○劉仁恭敗李克用於安塞。○李彥徽奔楊行密。錢鏐取湖州。○命張璉討李茂貞。○復王建西川節度。削茂貞官爵。○朱全忠遣龐師古、葛從周擊楊行密，淮南大震。○李繼瑭棄同州走。以韓建兼鎮匡國。○遂州侯紹、合州王仁威、鳳翔李繼溥各以衆歸王建。○建克梓州。顧彥暉舉族自殺。○以王宗滌爲東川留後。○李克用謂劉仁恭：「猜防出於骨肉。」楊行密襲龐師古於清口，斬之。○又敗葛從周於淠水，汴兵還者不滿千人。朱全忠由是不能與之爭。○立何后。○王審知爲觀察副使，兄潮撻之無怨。○潮薨，捨其四子，以軍府授審知。○審知讓其兄審邽，審邽以無軍功不敢當。○驃信舜化上書。王建以爲：「小夷不足辱詔書，臣在西南，必不敢犯邊。」○建斬山行章以令三蠻王。悉罷賜物，鄘戍不敢盜邊。後以漏軍事召三王，斬之。○張道古上疏切諫，貶施州。

戊午（八九八）

著雍敦牂

正辛未、三庚午、五己巳、八戊戌、十丁酉、十一丙申朔。閏十。十一一日，冬至。

光化元

以劉崇望鎮東川。○詔罷討鳳翔，復李茂貞官爵。○茂貞、韓建與李克用通好。○韓建修復宮室。○徙鎮海軍於杭州。○以朱全忠兼宣武、宣義、天平三鎮。○馬殷知武安留後，止得潭、邵二州。○劉仁恭遣子守文逐盧彥威，取滄、景、德三州。○朱全忠敗河東兵於鉅鹿城下。○赦。○葛從周五日取邢、洺、磁三州。○朝廷聞王宗滌已據東川，召劉崇望還。○馬殷取衡州、永州。○朱全忠遣氏叔琮伐趙匡凝，取唐州，擒隨州刺史。○以華州爲興德府。○康懷貞拔鄧州。趙匡凝懼，復附于汴。○上還長安。○赦。○遣使和河東、宣武，朱全忠不可。○王宗滌請分遂、合等五州別爲一鎮。○顧全武拔蘇州，臺濛走。○秦裴遣顧全武佛經，降而宥之。○羅弘信薨，子紹威代之。○朱友恭襲破安州。○李嗣昭等攻邢州，葛從周擊敗之，追至青山，李嗣源勸兵拒戰，從周乃退。○以王審知爲威武節度使。○王珙以汴人寇河中，李嗣昭救之，敗汴人於胡壁。○王柷不受珙拜，珙屠其家。○陳岌以衢州降楊行密，顧全武討之。○薛志勤薨。○李罕之求藩鎮，李克用不與。○罕之擅據潞州，附朱全忠。李嗣昭討之，先拔澤州，虜其妻子。○楊行密以成及易魏約等於錢鏐。○曾袞叛，劉隱討平之。

卷第二百六十一

己未（八九九）

屠維協洽

正乙未、二甲子、四癸亥、七壬辰、十辛酉、十二庚申朔。

二

崔胤罷，陸扆爲相。○楊行密攻徐州。○劉仁恭發幽、滄兵十萬屠貝州，攻魏州。羅紹威求救於朱全忠。○蔡州軍亂，擁崔洪奔淮南。朱全忠以朱友裕代之。○全忠救徐州，楊行密引去。○全忠遣李思安救魏博，敗劉守文於内黄，擒單可及。○葛從周自邢入魏，大破劉仁恭。王鎔復從旁擊之，伏尸五百里。仁恭自是不振，而全忠益横。○羅紹威求救於河東，既而復與之絶。○葛從周攻河東，拔承天軍。氏叔琮拔樂平，軍榆次。周德威擊敗之，擒陳章。○丁會攻下澤州。○置武信軍於遂州。○李克用遣李君慶攻潞州，不克，誅之。以李嗣昭代之。○康儒取婺州。○李罕之疾亟。朱全忠徙之河陽，以丁會代之。○罕之薨。○陝軍亂，殺王珙，立李璠。○陳漢賓以海州降楊行密。○李唐拔道州，斬蔡結。○朱全忠召葛從周。○李嗣昭攻澤潞，取之。賀德倫走。○李茂貞兼彰義節度。○王師範以沂、密内叛，乞師於楊行密。○臺濛、王綰拔密州，攻沂州，不克。○朱友謙殺李璠，以陝降朱全忠。○李瓊拔郴州，斬陳彦謙。又拔連州，魯景仁自殺。湖南皆平。

庚申（九〇〇）

上章涒灘

二己未、三戊子、五丁亥、七丙戌、十乙卯朔。

三

康儒攻睦州，錢鏐拒之。○崔胤出鎮廣州。○劉延業諫李克用治城塹。○葛從周擊劉守文，拔德州，圍滄州。周德威攻邢、洺以救之。○邕州軍亂，逐李鐬。鐬討平之。○上與崔胤謀去宦官，南北司各結藩鎮爲援，王摶請徐圖之。胤遣朱全忠言摶與敕使同危社稷。胤復爲相。摶及宋道弼、景務脩皆賜死。胤勢震中外。○葛從周敗劉仁恭於老鴉隄。○李嗣昭復攻邢、洺。從周釋滄州還。○以王建兼東川武信都指揮制置使。○李嗣昭敗汴兵于沙門河，拔洺州。○葛從周復取洺州，敗李嗣昭於青山口。○徐彦若出鎮廣州。○崔遠罷。○裴贄爲相。○升桂管爲静江軍。○朱全忠攻鎮州。周式爲王鎔請和，以鎔子昭祚爲質。○張澤請鎔説全忠兼服幽、滄、易、定以制河東。○張存敬擊劉仁恭，拔瀛、景、莫州。○陳可璠掠民耕牛以犒軍，民導李瓊取秦城，遂并可璠擒之。○彦暉等圍桂州，士政降，遂取桂、宜、巖、柳、象五州。○馬殷遣秦彦暉等伐劉士政。○張存敬西擊王部，拔祁州。○王處直與存敬戰于沙河。處直敗，餘衆擁處直還定州。郜奔晉陽。○朱全忠進圍定州。處直請服，乃還。○存敬又敗劉守光於易水，由是河北皆服全忠。○李嗣昭下太行，拔懷州，攻河陽。閻寶救之，乃退。○上與崔胤謀去宦官。宦官憂憤，劉季述等以禁軍劫上，幽於少陽院。立太子爲帝，以上爲太上皇。○季述畏朱全忠，不敢殺胤，但解三司。○胤致書全忠，勸圖返正。○張濬勸藩鎮。○李愚勸韓建。○季述遣子希度詣全忠，許以社稷輸之。○李振勸全忠誅季述，全忠乃囚希度等。○薛王知柔薨。○睦州陳晟卒，弟詢代之。○崔胤使石戩説孫德昭等謀返正。

辛酉（九〇一）

重光作噩

二甲寅、三癸未、四壬子、六辛亥、七庚戌、九己酉朔。閏六。七一日，處暑。

天復元

德昭伏兵執王仲先、劉季述，殺之。迎上御樓復位。○黜太子爲德王。○德昭等三人皆除使相，賜姓李。○朱全忠爲東平王。○令樞密使俟宰臣奏事畢方得升殿。○誅李師虔、徐彦孫。○李茂貞入朝。○崔胤請與陸扆分典禁軍，上疑不決。李茂貞怒，李繼昭等亦以爲不可，乃復用韓全誨等。○嚴遵美辭兩軍中尉。○茂貞留兵宿衛，人心不安。○全忠遣張存敬襲取晉、絳。○王珂及妻告急於李克用。克用以汴人扼晉、絳路不能救，令珂歸朝。○珂謂河中亡，則同、華、邠、岐爲之次，勸李茂貞帥諸鎮據潼關拒全忠。不

從。○李嗣昭拔澤州。○張存敬圍河中。王珂勢窮，遂降之。○王溥、裴樞爲相。○朱全忠遣氏叔琮等與魏博、易定共攻李克用，
拔沁、澤、潞、遼等州，抵晉陽城下。○赦，改元。○王宗裕鎮東川。○氏叔琮等攻晉陽，以久雨芻糧不繼而還。○李瑭以邠州應汴
軍，李存審討斬之。○孟遷舉族南徙。○以朱全忠兼領河中，凡四鎮。○李茂貞入朝，韓全誨深與相結。崔胤始懼。○朱全忠如河
中。○韓偓謂制宦官當在正旦，今已失時，惟宜守大信以安之。○又謂爲天下當用公正，此機生則彼機應，終無成功。○李克用復
取慈、隰。○丁會鎮昭義。孟遷鎮河陽。○杜從法亂昌、普。○崔胤欲盡誅宦官，宦官使美女知書者詗之。○胤與朱全忠書，稱被
密詔令，以兵迎車駕。全忠自河中遽歸。○王宗侃平昌、普。○上謂陸扆不樂吾返正，易服而逃。韓偓曰：「彼不預謀，聞變驚懼
耳。」○偓又言敕使憂懼，與三功臣及繼筠相結，將致不安。○上貶黜宦官，皆不行。○李神福攻杭州，顧全武拒之。○上謂朱全忠
欲誅君側之惡爲盡忠，令與茂貞合謀。○李繼誨等令小兒歌於殿東。○韓偓謂繼誨等不當令出入禁中。○又謂敕使、衛兵相與爲
一。朱全忠舉兵發大梁。○李神福敗杭兵，擒顧全武。○韓全誨令李繼誨等劫上。○上謂崔胤：「我勢須西行，卿等但東行。」○復
咸通近例，全誨等同議政事。○李繼筠掠内庫。○朱全忠至河中，京師大駭。○司馬鄴以同州降全忠。○李繼昭以兵衛崔胤及士
民於開化坊。○上召胤及百官，皆不至。○韓全誨、李繼誨等逼上幸鳳翔。○韓建請平於全忠。○李茂貞迎車駕。○全忠至零口，
聞上西幸，還屯赤水。○全忠逼韓建，取華州。徙建鎮許州。○崔胤帥百官請全忠西迎車駕。○盧光啓權句當中書。○上至鳳翔。
○全忠過長安，百官班迎及辭。○李繼昭獻其兵八千於全忠。○全忠表言崔胤以密詔召臣入朝。上答以胤矯詔，趣全忠斂兵還鎮。
○康懷貞敗鳳翔兵於武功。○盧光啓參知機務。○全忠至鳳翔。○屢詔全忠還鎮。全忠乃北攻邠州。○崔胤、裴樞罷相。○李繼
徽降全忠，復其姓名楊崇本。○韓全誨、李茂貞求援於李克用。李嗣昭敗汴兵於平陽北。○全忠還屯三原。崔胤至三原，趣全忠迎
駕。○朱友寧屠盩厔。○全忠遷百官、京城民於華州。○徐彦若薨，遺表以劉隱爲留後。○李神福守衛錢鏐丘壟，鏐乃求成。○馮
行襲殺江淮敕使，以附全忠。○王建外附朱全忠，内勸李茂貞堅守。遣王宗佶等將兵五萬迎駕，實襲山南。○鍾傳圍危全諷於撫
州，祝天火曰非民罪。○傳戒子以搏虎。○雷滿薨，子彦威代之。

玄黓閹茂

正戊申、三丁未、四丙子、六乙亥、七甲辰、十癸酉朔。○本志：五月甲子，太白襲熒惑在軒轅台星上，太白遂犯端門，又犯長垣中星。

二

朱全忠軍武功。○李嗣昭攻慈、隰。○韋貽範爲相。○以嚴龜爲岐、汴和協使。賜全忠姓李。○全忠旋軍河中。○李嗣昭下慈、
隰，逼晉絳。全忠遣朱友寧、氏叔琮擊之。○嗣昭下絳州，康懷貞復取之。○嗣昭退屯蒲縣，叔琮擊破之。○全忠如晉州。○盜發
簡陵。○上謂韋貽範兼須杖之二十。○貽範舉盃及上頤。○氏叔琮大破嗣昭於蒲縣，乘勝攻河東，取慈、隰、汾三州，遂圍晉陽。○
李存信勸克用逃入北虜，李嗣昭、李嗣源、周德威、劉夫人、李克寧力爭之，乃止。○叔琮等大疫，引還。○李襲古謂聚貨治兵修城，
不若修德愛人，選將擇吏。○李克用縱沙陀侵暴，曰：「諸侯皆重賞募士，急之則散去矣。」○李存勗謂朱氏惡極，殆將斃矣，毋宜沮
喪。○曹姬生存勗，劉夫人待之加厚。○使李儼以御衣賜楊行密，使爲東面都統，以討全忠。○崔胤爲全忠執板歌。○韓偓諫用回
鶻兵。○盧光啓罷。○楊行密以顧全武易秦裴。○康懷貞破符道昭於漠谷。○朱褒卒，兄敖代之。○朱全忠發河中。○韋貽範遭
母喪。○錢鏐進爵越王。○蘇檢爲相。○朱全忠至虢縣。○馮弘鐸攻田頵，頵大破之於葛山。○李茂貞與朱全忠戰於虢縣北，茂
貞大敗。○孔勍拔鳳州。○全忠進圍鳳翔。○馮弘鐸沿江將入海，楊行密説降之。○行密攻宿州，不克而還。○孔勍取成、隴州。

卷第二百六十三

○韋貽範求起復，韓偓不肯草麻。○李茂勳屯三原，康懷貞擊走之。○杜稜諫錢鏐以孫儒之黨爲親兵。○徐綰、許再思作亂，攻杭州。○韋貽範再起復爲相。○柳修業謂王宗播，不血戰恐不自保。○王建爲秦承厚舐目。○王宗滌克興元。李繼密降，以憂死。○建忌宗滌得衆而殺之。○朱全忠欲歸河中，高季昌謂功垂成，安可捨去。○馬景詐降，云汴軍遁去。李茂貞出擊，大敗而還，由是喪氣。○李思敬以洋州降王建。或勸錢鏐東保越州，杜建徽叱之。○鏐遣顧全武戍越州，全武曰：「之越不如之楊。」乃遣全武。以子傳瑭告急於楊行密。○徐、許召田頵共攻杭州。○全武説行密曰：「田頵得志，必爲王患。」○李儼至楊州，行密置制敕院。○王建拔興州。○李彦詢、彦韜降於汴軍。○朱全忠獻食物，議與李茂貞連和。○李茂勳屯北阪以救茂貞。○上竊見二學士。○朱全忠遣孔勍乘虚襲取坊、鄜二州。李茂勳聞之遁去。○鳳翔城中犬肉貴於人肉，上鬻御衣以充用。○韋貽範薨。○田頵欲自西陵度江，盛造等拒破之。○李茂勳請降於朱全忠，更名周彝。○李茂貞密謀誅宦官，與全忠連和。○楊行密召田頵。頵徵錢鏐錢及取質而還。○錢傳瓘請爲質於頵。○丁章逐朱敖，據温州。○上言十六宅凍餒死者日數人，令速和解。○鳳翔卒罵韓全誨。○盧光稠陷韶州。○岳州鄧進思卒，弟進忠代之。

癸亥（九〇三）

昭陽大淵獻

二壬申、四辛未、五庚子、七己亥、八戊辰、十丁卯朔。

三

王師範以朱全忠圍逼天子，分兵襲河南諸州。○劉鄩據兗州，市人不知。○張居厚襲華州，事泄，走死。○李茂貞白上誅韓全誨等，與朱全忠連和。○上累召崔胤，胤稱疾不至。○全忠擊鳳翔北山兵。○茂貞爲子侃求尚平原公主。○上出鳳翔，幸全忠營。○崔胤迎謁於興平，復爲相。○上入長安。○盡誅宦官數百人。以内諸司歸省寺，兩軍八鎮隸六軍。○以崔胤判六軍十二衛。○李克用攻晉州。○停鳳翔所除官。○張承業等不死。○崔胤惡陸扆，貶之。○杖殺宋柔等。○韓偓謂萬國耳目，安可以機數欺之。○賜蘇檢、盧光啓死。○王溥分司。○褒寵朱全忠將佐。○崔胤請以輝王祚爲元帥，全忠副之。○崔胤恃全忠專恣。○全忠表符道昭鎮秦州，不果。○韓偓薦趙崇、王贊爲相。全忠怒，偓坐貶。○上令全忠取平原公主。○朱友裕鎮華州。○全忠留步騎萬人於兩軍，使朱友倫將之。侍衛京輔皆全忠黨。○全忠歸鎮。○裴樞爲相。○李克用謂崔胤權重則怨多，勢侔則釁生。○又謂全忠欲有事淄青，畏吾掎其後。○朱友寧解齊州圍。葛從周圍兗州。○全忠以四鎮、魏博兵擊王師範。○李神福圍鄂州。○朱全忠判元帥府。○丁章死，張惠據温州。○王茂章救王師範。○淮南兵攻宿州，康懷貞擊走之。○許德勳勸馬殷不絶朱全忠。○杜洪求救於朱全忠，全忠遣成汭、馬殷、雷彦威共救之。○李班謂汭曰：「潭朗吾讎，安得不爲後慮。」○王建攻秦隴。○建以馬示王殷。○王敬暉以雲州叛降劉仁恭，李克用遣李嗣昭討之。敬暉帥衆棄城去。○契苾讓據振武叛，嗣昭討平之。○克用杖嗣昭。○李神福敗成汭於君山，汭溺死。○馬殷、雷彦威襲陷江陵。○許德勳過岳州，遷鄧進忠於長沙。○李茂貞解尚書令以避朱全忠。○崔胤請召募六軍六千餘人。○朱友寧攻博昌，驅民十餘萬，并築爲土山，遂屠之。進攻青州。○王茂章拔密州，使張訓守之。○朱全忠拔登州。○王師範、王茂章破朱友寧於石樓，斬之。○全忠自攻青州。茂章戰且飲酒。○茂章引去，李虔裕死之。○張訓封府庫，植旗幟而去。○陳詢據睦州叛，錢鏐遣方永珍擊之。○鏐索杜建徽兵仗，建徽食不顧。○朱全忠留楊師厚圍青州而還。○以王建爲蜀王。○王宗本謀取荊南。○田頵詣楊行密獄吏求貨。○行密欲保境息民，抑頵攻取。○行密間康儒於頵。○頵與安仁義同舉兵。○行密召李神福於鄂州。神福詐云攻荊南，遂東還。○安仁義襲常州，不克。○王茂章、徐温擊潤州，破之。○朱延壽與田頵通謀。○楊師厚敗王師範於臨朐。又敗其弟師克，遂圍青州。○楊行密詐失明，誘朱延壽，殺之。○田頵執李神福妻子招之，神福不從。○

自二月以後卷第二百六十四

神福敗王壇、汪建於吉陽磯[二]。又敗之於皖口，獲徐綰，以遺錢鏐。○頵自將逆戰行密，使臺濛掎其後。○汴人拔棣州。○王師範降於朱全忠。○田頵使郭行悰等屯蕪湖拒李神福，自引兵拒臺濛，戰于廣德，敗還宣州。行悰等皆降於濛。○侯矩以夔州降王建。○王建取夔、忠、萬、施四州。○劉鄩令軍士非素遣從副使者，無得與之俱。○鄩俟王師範命然後降。○朱全忠以鄩爲都押牙，坐受四鎮將吏庭參。○朱友倫因擊毬死，全忠盡殺同戲者。○趙匡凝襲荆南，朗人走。以弟匡明鎮之。○錢鏐遣方永珍救楊行密。○鳳翔、邠州兵屢近京畿。朱全忠遣兵屯河中。○田頵出戰死。臺濛克宣州。○李神福以杜洪未平，辭宣州。○郭師從保護錢傳瓘。○獨孤損爲相，裴贄罷。○朱全忠殺張濬葉。○彦送其子格於漢南。○劉仁恭焚契丹草。○劉守光誘執述律阿鉢。

甲子（九〇四）

閼逢困敦

二丙寅、閏四乙未、五甲子、七癸亥、八壬辰、十辛卯朔。五一日，夏至。○本志：十月辛卯朔，食，心二度。

天祐元

朱全忠奏殺崔胤。詔貶之。○散遣所募六軍。○以崔遠、柳璨爲相。○朱友諒殺崔胤。○李茂貞、李繼徽侵逼京畿。○全忠屯河中，請上遷都洛陽，驅徙士民。○上謂華州民：「朕不復爲汝主。」○上至陝。○全忠來朝何后，言：「大家夫婦，委身全忠。」○王建遣王宗祐迎駕至興平。○建始用墨制除官。○朱全忠兼判神策六軍諸衛。○宮人耳語。韓建躡全忠足，陽醉去。○以長安爲佑國軍。○上以絹詔賜王建、李克用、楊行密。○行密歸錢傳璙、顧全武於杭州。○行密遣李神福擊杜洪。全忠求和，不許。○上以皇后新産，請俟十月入洛。全忠令寇彦卿促官家發來。○上發陝。○至穀水，全忠殺内園小兒二百餘人，左右皆汴人矣。○上至東都。赦，改元。○以陝爲興唐府。○徙張全義天平。全忠自領忠武。○賜錢鏐爵吴王，羅紹威爵鄴王。○上召朱全忠、敬翔宴，不入。○趙匡凝攻夔州，王宗阮擊敗之。○張武鎖峽。○邠寧、鳳翔、西川合兵，傳檄討朱全忠。○全忠西擊邠、岐。○馮涓勸王建與李茂貞結昏，使爲蜀扞蔽。○涓諫重斂。○朱全忠欲殺德王裕，既而云崔胤賣臣。○全忠使李振與朱友恭等謀弑上。○蔣玄暉帥史太等弑上於椒殿，誣李漸榮、裴貞一。○立輝王柷爲帝，年十三。○李神福攻鄂州未下，有疾，以劉存代之。○臺濛卒。楊渥出鎮宣州，徐温戒以非王令、温使勿來。○尊何太后。○邠、岐兵不出，朱全忠引還。○全忠歸罪於朱友恭、氏叔琮，殺之。○復以張全義爲河南尹。○朱友裕薨。楊行密圍光州。朱全忠屯霍丘，掠淮南以救之。○陳璋以衢州叛。錢鏐降楊行密。○行密歸馬賨於湖南。○馬殷謂行密不事天子不足與。○劉隱賂朱全忠，得清海節。

乙丑（九〇五）

旃蒙赤奮若

正庚申、四己丑、六戊子、八丁亥、九丙辰、十一乙卯朔。

唐昭宣帝柷天祐二

王茂章拔潤州。○安仁義以李德誠有禮，委身授之。○陶雅救睦州，軍夜驚不動，虜錢鎰以歸。○朱全忠使李振代王師範。○全忠圍壽州，州人不出，乃引歸。○王師範舉族遷大梁。○朱全昱致仕。○全忠使蔣玄暉殺昭宗諸子。○劉存拔鄂州，執杜洪，殺之。○葬昭宗。○王師範鎮河陽。○獨孤損出鎮安南。○張文蔚爲相。○裴樞、崔遠罷相。○樞不與張廷範太常卿。柳璨并損、遠譖去之。○楊涉爲相，泣曰：「此吾家之不幸。」○蓋寓卒。○彗星竟天。○陶雅會衢、睦攻婺州，錢鏢救之。○詔以十月親郊。○柳璨、李振勸朱全忠貶逐衣冠裴樞等以塞星變，朝廷爲之一空。○趙匡凝修好於王建。○殺裴樞等朝士三十餘人於白馬驛。○全忠撲殺言柳爲車轂者。○裴贄貶死。○士大夫不入朝者，令州縣督遣。○魏將李公佺謀亂，奔滄州。○王建遣王宗賀擊馮行襲。○全忠朱全忠遣楊師厚擊趙匡凝，自以大軍繼之。○盧佶陷温州。○方永珍攻婺州。○縱司空圖還山。○楊師厚克襄州，趙匡凝奔廣陵。

自五月以後卷第二百六十五

丙寅（九〇六）

○進擊荆南，趙匡明奔成都。○王宗賀克金州，馮行襲奔均州。○陶雅拔婺州。○濠州劉金卒。○楊行密疾，使周隱召子渥於宣州。隱請以軍府授劉威。徐温、嚴可求使人召渥。○朱全忠爲諸道元帥。○全忠移兵擊淮南，道遇雨，人馬疲乏。○柴再用請先下壽州，即以光州迎降。○蘇楷奏改昭宗謚號曰襄宗。○楊渥至廣陵。○全忠至壽州，壽人堅壁清野以待之，乃退屯正陽。○改成德軍曰武順。○全忠比歸，柴再用抄其後軍。○全忠言：「我不受九錫，豈不能作天子？」○又謂柳璨等欲延唐祚乃效天，遂改郊日。○趙匡明至成都。○楊行密薨，子渥立。○蘇循揚言朝廷速宜揖讓。○以宣武等二十一道封全忠爲魏王，加九錫，不受。○柳璨自往達傳禪之意，全忠拒之。○王殷、趙殷衡譖蔣玄暉。柳璨與何太后謀復祚。○以全忠爲天下元帥。○全忠修大梁府舍爲宫闕。○斬蔣玄暉而焚之。○王殷等誣玄暉私侍太后。全忠害太后，追廢爲庶人。○罷郊祀。○斬柳璨，車裂張廷範。璨自謂負國賊。○王宗朗棄金州，馮行襲復取之。○陳詢棄睦州，奔廣陵，陶雅據之。○楊渥遣李簡擊王茂章。○湖南寇淮南，楊彪擊卻之。

柔兆攝提格

二甲申、四癸未、七壬子、九辛亥、十一庚戌、十二己卯朔。閏十二。○本志：四月癸未朔，食，胃十二度。

三

吐蕃寇涼州。○李簡至宣州，王茂章奔兩浙。刁彦能撫定軍城。○陶雅歸歙州，錢鏐取睦州。○羅紹威患牙軍驕横，欲借汴軍誅之。朱全忠詐會魏鎮兵伐滄州，又遣馬嗣勳會女葬，與紹威合擊牙兵，盡殺之。○陳璋歸衢州。方永珍取婺州，遂攻衢州。○楊渥攻湖南。○陳知新拔岳州。○以朱全忠爲三司都制置使，不受。○魏將史仁遇作亂，據高唐。全忠召滄州諸軍討之，至歷亭，魏兵又亂，誅之，遂拔高唐，殺仁遇。○李嗣昭攻邢州，張筠擊走之。○劉守文攻貝、冀。○鍾傳薨，子匡時立。養子延規以江州降淮南。○朱全忠如洺州。○楊渥遣秦裴攻江西。○魏之亂兵據貝、博、澶、相、衛五州，朱全忠悉討平之。○全忠留魏半歲，羅紹威殺牛羊豕近七十萬。○紹威悔誅牙兵。○秦裴先誘擒劉楚，乃圍洪州。○全忠發兵擊滄州。○周本迎陳璋歸淮南，兩浙取衢州。○朱全忠軍長蘆，滄人不出。羅紹威供億，數十萬人無闕。○秦裴拔洪州，虜鍾匡時。○楊崇本攻夏州。劉知俊敗坊州兵。○劉仁恭悉文境内士民。○劉守文謂：「子叛父來，將安用之！」○王建始承制封拜。○李存勗勸李克用救劉仁恭。○克用召仁恭兵，與共攻潞州。○劉知俊、康懷英敗楊崇本於美原，西軍自是不振。○高季昌鎮荆南。○湖州高彦卒，子澧代之。○錢鏐薦王景仁。○朱全忠遣李周彝救潞州。○廢鎮國隸匡國軍。○丁會以潞州降河東。○朱全忠釋滄州還。劉守文乞餘糧以濟飢民。○吉州彭玕附湖南。

校勘記

〔一〕「汴」，原作「下」，今據《通鑑》卷二百五十九改。

〔二〕「磯」，原作「機」，今據《通鑑》卷二百六十四改。

資治通鑑目録卷第二十六

端明殿學士兼翰林侍讀學士太中大夫提舉西京嵩山崇福宮上柱國河内郡開國公食邑三千六百户食實封壹阡户賜紫金魚袋臣司馬光奉敕編集

彊圉單閼

正戊寅、四丁未、六丙午、九乙亥、十一甲戌朔。正二日，雨水。○本志：六月丁酉，熒惑犯積尸。

梁太祖晃

○燕劉守光附 開平元

梁王自滄州還，威望大沮，欲速受禪，羅紹威勸之。○薛貽矩以臣禮見王，歸趣唐帝禪位。○唐帝遣百官勸進，王卻之。○遣李思安擊幽州。○唐帝遣百官奉册寶詣大梁。○楊凝式謂父涉：「以璽綬與

唐太祖武帝克用 天祐四

蜀王勸晉王稱帝，王復書曰：「誓於此生，靡敢失節！」○王匿張承業，復以爲監軍。○契丹阿保機寇雲州，王與之會東城，約共攻梁。阿保機歸而負約，更附梁。○梁康懷貞攻潞州。○李嗣

秦忠敬王李茂貞 天祐四

岐王寬簡，或告苻昭反，王寢宿其家。○名所居爲宫殿，妻爲后。

吴越武肅王錢鏐

鏐遣子傳璙、傳瓘討盧佶於温州。○克温州，斬佶。移兵討盧約於處州。○羅隱勸王舉兵討梁。○梁以鏐爲吴越王。○盧約以處州降。

楚武穆王馬殷

殷勸進於梁。○梁以殷爲楚王。○淮南遣劉存、陳知新入寇，殷遣秦彦暉拒之。存等詐降，彦暉不受，敗之於越隄，擒存等殺之，遂拔岳州。○遣兵會彭玕攻洪州，不克。○雷彦恭攻岳州。○梁命殷與荆南討彦恭。

荆南南平武信王高季興

梁以高季昌爲荆南節度使。○季昌安集流散。○雷彦恭攻江陵，季昌擊卻之。○彦恭又攻涔陽、公安，李昌敗之。○梁命季昌討彦恭。○季昌遣倪可福攻之。

吴景帝楊渥天祐四

殺周隱。○弘農王渥驕奢酣縱，左右恣横，忌張顥、徐温。○顥、温殺朱思勍等於洪州，又殺左右於庭下，渥不能制。○移檄諸道，云欲復唐。○遣劉存、陳知新擊湖南，兵敗於越隄，被擒，不屈死，遂失岳

閩太祖王審知

梁加琅邪王審知侍中。

蜀高祖王建天復七

移檄諸道，云欲復唐室。既無應者，乃謀自帝。又遺晉王書勸之。○馮涓勸王以蜀王稱制，曰：「唐興不失稱臣，賊在不同爲惡。」○王即帝位。○王宗佶、韋莊爲相。○用唐衣冠之族，使修故事。

南漢烈宗襄帝劉隱

勸進於梁。○梁以隱爲大彭王。

卷第二百六十六

人，奈千載何！」○劉仁恭居大安山，李思安直抵城下。劉守光引兵入城拒卻之，遂攻大安山，執仁恭，囚之。○王始御殿受百官稱臣。○去唐年號。○王更名晃。○朱全昱謂王可作天子乎。○王即帝位。○朱全昱責帝行當族滅。○改元。○奉唐帝爲濟陰王。○建東京，廢西宮。○遷濟陰王於曹州。○敬翔知崇政院。○翔不顯諫，微示持疑。○追尊四代。○以子友文判建

昭等堅守，王命周德威等救之。○○攻澤州。○梁李思安代康懷貞攻潞州，爲夾寨。○周德威數攻梁甬道，絕饋運。○梁尹皓拔江豬嶺。○遣李存璋攻梁晉州。○又攻洺州。

○殷遣秦彥暉攻之。○淮南遣泠業、李饒入寇以救彥恭，許德勳擊擒之。

州。○遣泠業、李饒侵湖南以救雷彥恭。業、饒敗死。○遣米志誠等襲梁潁州，不克。○遣兵攻信州。

昌院。○薛貽矩爲相。○契丹阿保機恃彊不受代，七部邀之，乃別居滑鹽城。○命康懷貞會魏博兵攻潞州。○勒蘇循等致仕，斥蘇楷等歸田里。○康懷貞圍潞州，不克。○晉兵攻澤州，范居實救之。○韓建爲相。○劉守光請降。○以曲顥鎮交州。○賜張全義名宗奭。○以李思安代康懷貞攻潞州，爲夾寨。○尹皓拔晉江豬嶺。○劉守文討守光，羅紹威以書說，守文請降。帝文軍士面，

戊辰（九〇八）

	著雍執徐正癸酉、二壬寅、四辛丑、六庚子、九己巳、十二戊戌朔。○本志：四月辛丑，熒惑犯上將。甲子，犯左執灋。
軍士亡者多爲盜，詔赦之。○晉李存璋寇晉州。○又寇洺州。	二 唐哀帝殂。○上如澤州。○張文蔚卒。○削李安，歸本貫充役。○命劉知俊還屯晉州。○楊涉罷，于兢、張策爲相。○上謂晉兵不能復出，遂還大梁，上黨不爲備。○晉王襲夾寨，大破之。○康懷貞遁歸。○晉周德威攻澤州，牛存節救之。晉兵退。○帝賜阿保機詔，欲與共滅沙陀，然後封册。○岐、邠、晉、蜀之
	五 王命李克寧等立子存勗爲嗣。○王卒。○張承業扶存勗出見將吏。○存勗讓位於克寧，克寧不受。存勗襲位，首帥衆拜賀。○李存璋禁止暴横。李存顥説李克寧殺張承業、李存璋，自爲節度使，送王母子於大梁。事覺，承業等伏兵誅之。○李嗣昭固守上黨，殺梁使，焚其詔。○王召周德威
	五 會晉、蜀之兵攻梁雍州，敗於幕谷。○胡敬璋攻梁上平關，不克。○敬璋卒，劉萬子代之。
	遣兵救信州。○遣王景仁詣梁，陳取淮南之策。○淮南將周本圍蘇州。○張仁保攻淮南，取東洲。既而敗於魚蕩，復失東洲。
	李瓊卒，殷以弟存代守桂州。○遣兵攻鄂州，爲淮南秦裴所敗。○秦彦暉克朗州，雷彦恭奔廣陵。○又取澧州。○高郁運茶賣於北方，由是豐贍。○高季昌屯漢口，許德勳攻之。季昌求成。○呂師周攻嶺南，取昭、賀、梧、蒙、龔、富六州。○殷息民禮士，湖南遂安。
	淮南將李厚入寇，季昌敗之於馬頭。○梁震不受季昌辟署，但稱前進士。
	五 李厚攻荆南，高季昌敗之於馬頭。○楚兵寇鄂州，秦裴擊敗之。○張顥、徐温使賊弒景王。○嚴可求謂顥自立太速。○可求以太夫人教立王弟隆演。○朱瑾兄事可求。○顥以温鎮潤州，可求留之。○顥使盜刺可求，不忍殺。○温使鍾泰章殺顥。温使顥獨用左牙卒。○温專軍府之政。
	武成元 張格諫賞抉目僧。○赦，改元。○王宗佶罷。○張格爲相，阿諛忌前。○王宗佶謀作亂，求總六軍。蜀主撲殺之。○遣將會岐、邠、晉兵攻梁雍州，不克。○立太子宗懿。○立周后。○立張、徐諸妃。○講武星宿山，步騎三十萬。
梁以隱爲清海、靜海節度使。	
	自八月以後卷第二百六十七

兵寇雍州。○帝以朱友寧妻泣訴，阮王師範二百口。○師範請敘長幼受刑。○劉知俊敗岐兵於幕谷，晉、蜀引歸。○錢鏐遣王景仁來請討淮南。○晉周德威寇晉州，帝自將救之。至陝州，德威退。○胡敬璋寇上平關，劉知俊擊破之。○温韜暴掠雍州。○遣寇彦卿擊淮南，攻霍丘、盧、壽，皆不克。○李思諫卒，子彝昌襲位。○劉守文攻劉守光，敗於盧臺軍，又敗於玉田，乃還。○張策致仕，楊涉爲相。

引兵還，步入哀哭，謁王甚恭，衆心釋然。○王曰：「梁謂吾童子新立，不知兵，必驕惰。若出其不意，可敗也。」遂帥諸將救上黨。○王襲梁夾寨，大破之，解潞州之圍。○克用遺言解周德威、李嗣昭怨隙。○德威乘勝攻澤州，不克。○王歸晉陽，修政事，始承制封拜。○王兄事張承業。承業會岐、蜀兵攻梁雍州，不克。○周德威攻梁晉州，不克。

○温與可求修政息民。○隆演稱節度使、弘農王。○周本、呂師造擊兩浙，圍蘇州。○兩浙將張仁保入寇，取東洲。○陳璋敗仁保於魚蕩，復取東洲。○柴再用以僧飯犒部兵。○梁寇彦卿寇霍丘、盧、壽，皆不克。

屠維大荒落

唐：二丁酉、四丙申、五乙丑、七甲子、閏八癸亥、十二壬戌朔[二]。九一日，霜降。○蜀初用胡秀林《永昌曆》：正丁卯朔。

三

上還都洛陽。○祀圜丘，赦。○延州高萬興來奔。○上幸河中。○丹州降。○劉知俊拔延州。○鄜、坊二州降。○上還洛陽。○上用劉捍譖，族王重師。○劉守文敗劉守光於雞蘇，單馬出陳前，爲元行欽所擒。○守光進攻滄州。吕兖等立守文子延祚拒守。○王重師死而劉知俊聞懼，叛歸鳳翔，襲據華州、長安，執劉捍送鳳翔，殺之。○知

唐莊宗存勗六

梁劉知俊來求援。○侵梁晉州。○王自將南下，使周德威攻梁晉州，不克。

六

李延實殺劉萬子。高萬興奔梁。○梁寇丹、延。○丹州降梁。○梁劉知俊拔延州。○鄜、坊二州降梁。○劉知俊以同、華、雍州來降。執劉捍，殺之。○知俊兵敗來奔，同、華、雍州復入于梁。王遣知俊攻靈州。梁康懷貞等攻邠寧以救之，入寧、衍、慶三州。知俊引還，邀懷貞等於三水，大破之。

王見陸仁章樹藝有智而志之，果獲其用。○錢鏐等大破淮南兵，解蘇州圍。○信州危仔倡來奔。○高澧欲盡殺百姓。○澧叛附淮南，使錢鏐討之。

苑玫圍高安以助危全諷。○玫爲米志誠所敗。○吉州彭玕來奔。

李洪入寇，倪可福擊敗之。

吴惠帝隆演六

徐温遣假子知誥治昇州。○圍蘇州，兵敗遁歸。○初置選舉。○危全諷衆十萬寇洪州，劉威守兵纔千人，日宴飲。全諷不敢進，屯象牙潭。○湖南兵圍高安。○周本將兵，請去副貳。○本謂全諷敗，援兵必還。○又謂衆寡不敵，當乘鋭用之。○周本擒危全諷於象牙潭，遂取袁、吉州。○陶雅襲取饒州。

梁以審知爲閩王。○殺淮南使張知遠，遂與之絶。○審知儉約，寬刑薄賦，公私充實，境內以安。

二

梁李洪以襄州、楊虔以房州來附，尋失之。○以太子判六軍，開永和府。○王鍇爲相。○行胡秀林曆。○王宗弁謂廉者足而不憂，貪者憂而不足。

梁以隱爲南平王。

俊亦求援河東。○韓遜克鹽州。○命楊師厚、劉鄩等討劉知俊。○鄩克潼關，擒劉知浣。○上幸陝。○楊師厚拔華州。○劉知俊奔鳳翔。○楊師厚克長安，以劉守光爲燕王。○克丹州。○商州李稠走，擒之。○上還西都，寢疾。○襄州軍亂，殺王班，立李洪，附于蜀。○楊虔以房州叛附蜀，尋克之。○晉周德威圍晉州，楊師厚擊卻之。○陳暉

○米志誠敗苑玫於上高。○危仔倡奔兩浙，取信州。○盧光稠以虔州來附，始盡得江西。○高濃以湖州來附。

克襄州，執李洪、楊虔。○以劉繼威爲義昌留後。○韓建、楊涉罷，趙光逢、林曉爲相。○上告謝圓丘，赦。○羅紹威病乞骸，請以有功重臣鎮魏博。上以其子周翰領府事。○岐劉知俊攻靈州。詔康懷貞等攻邠寧以救之。○懷貞等入寧、衍、慶三州，引還。○王彦章用二鐵槍。○懷貞等大敗於三水。滄州置宰殺務，烹人以飼軍。

上章敦牂

二辛酉、三庚寅、五己丑、七戊子、九丁亥朔。○本志：十二月庚午望，食。

四

劉延祚出降。劉守光族呂究。○趙玉竊呂琦以逃。○守光爲父仁恭請致仕，殺劉守文。○高宗益殺李彝昌，軍中立其族父仁福。○上以宋州大水，而衡王友諒獻瑞麥，黜之。○分晉、絳，置定昌軍。○寇彦卿專殺，崔沂劾奏，貶之。○羅紹威卒，子周翰代之。○馮行襲病亟，李珽安靖許州。○上以革敝之初，不欲置宦者於宮掖。○并、岐、邠、涇兵圍夏州。

七

遣周德威會鳳翔兵圍夏州，不克。○趙王鎔求援，王急發兵救之。○王自將屯趙州，王處直以兵從。○王進迫梁營，量于野河北。○周德威謂天武軍爲奇貨。德威與張承業勸王退屯高邑。

七

求巴、劍州於蜀，蜀以貨與之。○遣兵圍夏州，不克。

克湖州。○沈行思殺陳瓌，誅之。

梁以殷爲天策上將軍。○侵荆南，敗于油口。○淮南敖駢圍赤石，遣兵擊虜之。○辰、溆州蠻入寇，遣呂師周討之。○龐巨昭以容州、劉昌魯以高州來降。

湖南入寇，季昌敗之油口。

七

岐王加隆演嗣吴王〔二〕。○高澧來奔。○徐温謂木偶衣皆民力，宜解衣貧者。○敖駢圍赤石，爲湖南所虜。○盧光稠傳位於譚全播，不受。光稠卒，全播迎其子延昌立之。○延昌貳於梁，嚴可求戍新淦以圖之。

三

太子與唐道襲有隙，出道襲於興元，潘炕代爲樞密使。○岐主求巴、劍州，與之貨七萬。○韋莊卒。○太子更名元坦。○養子百二十人。○周庠、庾傳素爲相。○赦，改明年元。

高州、容州入于楚。

○弔王鎔，使者勸上圖鎮、定。○上幸陝，遣楊師厚等屯三原。○上還西都。○梁兵至夏州，諸鎮兵解去。○楊師厚等屯澤州。○王景仁屯魏博。○上使杜廷隱等屯深、冀，趙王鎔懼而未敢絶。○廷隱等殺鎮兵，據二州。○鎔求援燕、晉。○孫鶴勸劉守光救趙，不從。○鎮、定復稱天祐年。○上遣王景仁等擊趙。○行新律令格式。○王景仁進軍柏鄉。

重光協洽

唐：正丙戌、三乙酉、五甲申、六癸丑、七壬午、九辛巳朔。十一二十三日，冬至。○蜀：正丁亥朔。○本志：正月丙戌朔，食。十月，熒惑犯左執灋。

乾化元

晉人掠刈芻者，以困梁軍。○王景仁出兵逐晉人至高邑。○日晡，士卒飢而退，晉兵乘之，大敗梁兵於柏鄉。景仁等走還，河北大震。○命楊師厚將兵屯河陽。○晉人圍邢州，王檀城守。○晉王圍魏州。上遣李振助羅周翰城守。○蔡州劉行琮作亂，王存儼誅之。○上謂存儼方懼，若臨之以兵，則蔡速飛矣。○晉人掠貝、博、澶、衛。上屯白司馬阪以備之。○楊師厚自磁、相救

八

周德威掠柏鄉刈芻者，梁人始困。○德威壓梁壘門而詬之。王景仁怒而出兵，德威轉戰而北，至野河而止。○王謂梁嚚我靜，其必有勝。○王欲先登，周德威請俟日昳，梁卒飢欲退，以騎兵乘之。○大敗梁兵於柏鄉。○李存璋曰：「餉軍者勿殺。」梁戰士悉解甲投兵。○王退屯趙州。張承業圍邢州。○王圍魏州。○王觀河於黎陽。○周德

八

蜀主奪繼崇之婦，王怒，始與蜀絶。○王聚兵臨蜀境。○遣温韜寇長安，至車度敗還。○遣兵寇興元，不克。○蜀屢破岐兵。○王遣劉知俊，李繼崇等擊蜀，大敗王宗侃等於青泥嶺，追至西縣，圍之。○蜀王宗鐬敗岐兵於明珠曲。○蜀主自救西縣，劉知俊敗，解圍歸。○王以讒奪知俊兵，李繼崇諫，且遷其族於秦州。

錢鏐棄湖州，奔淮南。

呂師周擒潘金盛，斬之。移兵擊宋鄴。○馬賨爲朗州節度使。○劉巖攻容州，取之。又取高州。

八

黎球殺盧延昌而代之，尋卒，李彥圖代之。譚全播詐疾自免。○劉巖取韶州。

永平元

普慈公主嫁李繼崇，蜀主奪之，始與岐絶。○命王宗侃等將兵擊岐，趙温珪諫。破岐兵，寇興元，唐道襲擊卻之。○蜀主如利州。○諸將屢破岐兵，蜀主西還。○王宗侃等與劉知俊戰於青泥嶺，大敗，走保西縣，岐人圍之。○唐道襲不棄興元。○王宗鐬等救西縣，敗岐兵於明珠曲。○蜀主復如利州。○又如興元。○大破岐兵。岐兵解圍去，蜀主西還。

隱卒，表弟巖爲留後。○梁以巖爲節度使。攻韶州，取之。○又取容州、高州。

自三月以後卷第二百六十八

邢、魏，晉兵去，師厚屯魏州。○温韜以邠、岐之師寇長安，康懷貞等敗之於車度。○大赦。○劉守光欲稱帝，孫鶴諫。晉王與五鎮共尊守光爲尚父。○守光表求河北都統，詔以爲采訪使。○守光怒儀注無郊天改元，乃謀稱帝。○張全義子繼祚欲弑上，全義止之。○劉守光寸斬孫鶴。○守光自稱燕帝，改元應天。其日契丹陷平州。○上聞晉、趙將入寇，北巡至相州。○上至魏縣，或

威掠貝、博、澶、衛。○劉守光誘脅鎮、定。諸將請先取守光，然後南討。○王自魏州還，趙王享王於趙州。○周德威戍趙州。○王與趙王等共尊劉守光爲尚父。○王會趙王於承天軍，謂朱温不日必有天誅。○遣李承勳賀劉守光，不肯稱臣，守光囚之。○守光攻容城，王處直求救。遣周德威等救之。

	玄黓涒灘正庚辰、四己酉、閏五戊申、六丁丑、七丙午、七乙巳、十二甲戌朔。六一日，大暑。○本志：正月丙申，熒惑犯房第二星。五月壬戌，順行去心四度，犯心大星。
傳沙陀至，士卒多避匿。○上躁忿，宿將多被誅。○晉、趙竟不出，上乃還。○高萬興克鹽州。○以曲美爲靜海節度使。	二　劉守奇來奔。○晉人攻幽州，劉守光求救，帝自將擊鎮、定以救之。○樸殺孫鷺等於白馬。○以段凝饋獻豐厚，追數李思安菲薄而殺之。○上至魏州，命楊師厚攻棗强，賀德倫攻蓨縣。○上至下博南，遇苻習，遂趣棗强。○棗
	九　周德威會鎮、定兵下祁溝關。○劉守奇、劉去非説下涿州，尋奔梁。○德威攻幽州，梁主攻蓨縣。李存審屯下博橋，執芻樵者，斷臂縱去，曰：「晉王至矣！」○史建瑭、李嗣肱詐爲梁兵入賀德倫營，縱火
	九　蜀王宗汾拔文州。
	梁加王尚父。
	宋鄴及蠻酋昌師益降。○梁以殷爲武安、武昌、靜江、寧遠節度使，洪、鄂四面都統。○梁遣韋戩等爲潭、廣和叶使。○吳陳璋襲取岳州。
	築江陵外郭。○吳陳璋入寇，遣倪可福拒之。○季昌出兵攻襄州，爲孔勍所敗，梁朝貢路絶。
	九　李遇不服徐温。温遣柴再用等攻宣州。遇降，温族之，諸將始畏温。○徐知誥事温甚謹，爲昇州刺史，修政禮士。○宋齊丘以術干知誥。黄訥説劉威入覲以解嫌。○徐温事劉威、陶雅如武忠王，威等悦
	二　赦。○王鍇罷。太子更名元膺。王宗汾攻岐文州，拔之。
	南漢高祖天皇大帝龑

强卒擊李周彝。上怒，拔棗强，屠之。○晉史建瑭等入賀德倫營，軍中驚擾，帝帥諸軍宵遁，還貝州，疾增劇。○張萬進殺劉繼威，舉滄、景内附。○帝至東都。○至西都。○薛貽矩卒。○上謂我死諸兒非晉王敵，無葬地矣。○帝愛養子友文，欲以爲後。次子友珪無寵，心不平且不自安。○帝亂諸婦，友文婦王氏尤有寵。○帝疾甚，使王氏召友文，出友珪於萊州〔三〕。○友珪與韓

殺人。梁主宵遁。○張萬進殺劉繼威，以滄、景内附。○李存威拔瓦橋關及莫州。王欲斬李嚴，孟知祥諫而止。遣李存審將騎兵助周德威。○李嗣源拔瀛州。○德威擒單廷珪。○梁朱友謙以河中來附且求救。○王自將救友謙，敗康懷貞於解縣。友謙詣猗氏謝。○劉訓以隰州來附。

服，人亦重温。○温等推隆演爲吴王。○陳璋襲楚岳州，取之，遂攻荆南。遣劉信屯吉州。○李彦圖卒，虔州人奉譚全播代之。附于梁。

勍謀，夜弑帝。使其弟友貞殺友文於東都，誣以爲反。○友珪即帝位。○許州軍亂，殺韓建。○赦。○楊師厚奪羅周翰魏博，徙周翰於滑州。○廢建昌宮。○以張宗奭爲國計使。○龍驤軍潰亂，討平之。○朱友謙以河中附晉，遣康懷貞等討之。○敬翔爲相。○晉王救河中，懷貞等敗於解縣。○友珪召楊師厚，師厚曰：「往亦如我何。」○師厚敗王德明於唐店。○葬太祖。○劉訓以隰州附晉。

昭陽作噩 三癸卯、五壬寅、七辛丑、八庚午、十己巳、十二戊辰朔。

梁均王 瑱 乾化三 友珪祀圓丘，赦，改元鳳歷。○趙巖與均王友貞謀討友珪，巖曰：「在招討楊公一言耳。」均王使馬慎交説楊師厚。○或説師厚：「奉義討賊，何謂君臣！」○友珪徵龍驤軍，均王激怒云欲盡阬之。○袁象先帥禁軍突入宫。○友珪使馮廷諤殺妻及己。○諸軍十萬大掠。○杜曉、李班皆死。○袁象先使趙巖迎均王。均王即帝位於東都。○帝更名鍠，又更

十 周德威拔順州。○又拔安遠軍，降薊州。○又拔盧臺軍。劉光濬克古北口，居庸關降。○劉守光令元行欽收兵山北，使高行珪守武州。○李嗣源下山後八軍，進攻武州。行珪降。○元行欽攻行珪，嗣源救之，敗行欽於廣邊軍，降之。○嗣源拔儒州。○高行珪與王從珂分將牙兵從嗣源。○周德威謂劉守光：「大燕皇帝，何雌伏如是！」

十

吴李濤攻衣錦軍，遣傳瓘救之，虜濤以歸。○又攻廣德，虜花虔、渦信。傳瓘攻吴常州，敗於無錫。

姚彦章侵吴鄂州。○嶺南求昏，許之。

吴陳璋攻荆南，不克而還。○梁以季昌爲勃海王。○季昌繕完聚兵，交通吴、蜀，朝廷浸不能制。

十 陳璋攻荆南，不克而還。○李濤攻吴越衣錦軍，爲錢傳瓘所虜。○花虔、渦信屯廣德，復爲傳瓘所虜。○楚姚彦章寇鄂州。○吴越錢傳瓘寇常州，徐温敗之於無錫。○梁王景仁寇廬、壽，徐温敗之於霍丘。

三 赦。○太子疏唐道襲過失。以爲太子少保。○王鍇爲相。○以杜光庭爲諫議、蔡國公。○太子元膺召諸將宴飲，唐道襲譖云將作亂，徵兵入宿衛。太子發兵攻道襲，戰於清風樓下，道襲敗死。○王宗黯與太子戰於會同殿前，太子敗死。○徐妃、張格合謀立太子宗衍。

求昏于楚。

自十二月以後卷第二百六十九

名瑱。○以楊師厚爲鄴王，事大小必咨焉。○師厚與劉守奇掠趙境，焚鎮州關城。○師師厚逼滄州，遷張萬進於青州，以守奇代之。○姚洎爲相。○王景仁侵廬、壽。與徐温戰，敗於霍丘。

○劉光濬拔平州。○又拔營州。○趙王求救，李紹衡救之。○李信拔莫州。○又拔瀛州。○與趙王會天長。○劉守光復取順州。守光將入檀州，周德威擊破之。○守光窮困，晉王自詣幽州城下諭之。守光欲降，李小喜止之。其夕，小喜降於晉軍，且告食盡。明日，王急攻拔其城，擒劉仁恭。守光亡至燕樂，擒之。○以周德威鎮幽州。○王自鎮、定還晉陽。

甲戌（九一四）	乙亥（九一五）
閼逢閹茂 四丁卯、六丙寅、八乙丑、十甲子、十一癸巳朔。	旃蒙大淵獻 正壬辰、三辛酉、六庚寅、八己丑、十戊子、十一丁巳朔。閏二。三二日，穀雨。
四 貶于兢。○韓遜卒，子洙代之。○晉王寇邢州，楊師厚拒卻之。○王殷以徐州叛附於吳。命牛存節等討之，敗吳朱瑾。	貞明元 牛存節拔徐州，蔣殷自焚。○趙光逢致仕。○楊師厚卒，上宮中受賀。○趙巖勸上分魏、相爲兩
十一 趙王願識劉太師面。○李小喜先劉守光死。○刺劉仁恭心血祭先王墓。○鎮、定推王爲尚書令，始開府置行臺。○王會趙、幽、潞之兵攻梁邢州，不克。	十二 梁張彥以魏博來附。○王使李存審先據臨清，自以大軍繼之。○賀德倫勸王先誅張彥。○彥
十一 蜀王宗鐸等寇階州及長城關。○李繼徽之子彥魯毒其父而代之。	十二 李保衡殺李彥魯，以邠寧附于梁。遣劉知俊攻之。○蜀王宗綰克階州、成州。李繼崇以秦
吳劉崇景以袁州來附。○王環襲吳黃州，執馬鄴。○許貞救劉崇景，敗歸，復失袁州。	以女嫁劉巖。
李昌以水軍取夔州，不克。	
十一 劉崇景以袁州叛附于楚。○楚王環襲破黃州。○柴再用敗楚許貞兵，復取袁州。○梁王殷以徐州來附，朱瑾救之，敗歸。	十二 徐温以子知訓爲行軍副使。○温出鎮潤州，子知訓留廣陵秉政。
四 太子開崇勳府。○荆南寇夔州，王成先擊卻之。○誅王宗訓。○毛文錫判樞密。○文錫諫決峽堰，曰：「高季昌不服，其民何罪！」○南詔寇黎州，王宗範等擊敗之，追至大度河，俘斬萬計。○王宗鐸等破岐階州及長城關。	五 赦。○誅鐧金三王，南詔不復犯邊。○遣王宗綰、宗播攻秦州，宗瑤、宗翰攻鳳州。○宮
	逆婦于楚。○巖求都統及南越王於梁，不得，曰：「安能梯航事僞庭。」自是貢使遂絶。

鎮。○使劉鄩將兵六萬度河以脅魏人。○魏軍不樂分徙，遂作亂，劫賀德倫，求復舊。上不許，遂叛附于晉。李保衡殺李彦魯，以邠、寧來附。○使王檀助劉鄩拒晉。○岐劉知俊圍邠州，霍彦威拒之。○晉人襲陷澶州。○劉鄩伏兵圍晉王，幾獲之。○鄩自黃澤乘虛襲晉陽，會久雨積旬，鄩至樂平，食盡而還。○鄩欲據臨清，周德威逼之，退屯莘縣。○晉王引兵守之。○

至永濟迎謁。王誅彦等八人，而撫其餘衆。○王以彦卒，爲帳前銀槍都使翼馬而從，衆心大服。○王與劉鄩屯魏縣，夾河爲營。○賀德倫以魏博讓王，王兼領之。○王以李存進爲巡按使，魏城肅然。○王以軍府事委司空頲。○頲召從子，不以白王，王族之。○王以孔謙爲支度，務使聚三鎮兵十年軍須無闕。○然急徵重斂，怨亦歸王。○貝

州降蜀。○劉知俊攻邠州，未克，聞其家陷蜀，引兵還，遂奔蜀。○蜀王宗綰、宗瑤克鳳州。○温韜以耀、鼎州附於梁。

中火，閉門不内救者。○赦。○宗綰等克階州、成州。○李繼崇以秦州降。○岐劉知俊來奔。○宗綰會宗瑤，克鳳州。○赦，改明年元。

帝責鄩不速戰，鄩曰：「晉軍尚彊，未可輕也。但人給十斛糧，可勝矣。」帝怒，使中使督戰。○鄩以河水飲諸將。○鄩薄鎮、定營，敗還。○張德妃卒。康王友敬伏人寢殿，謀爲逆。帝覺之，誅友敬，由是疎忌宗室，專任趙巖、張漢傑等，弄權受賄。敬翔、李振皆疎退。○劉鄩謀毒晉王，不克。○改元。○岐温韜以耀、鼎來附。

州不服于晉，王襲取德州，絶其通滄州之路。○襲澶州，取之。○王從百餘騎覘劉鄩營。梁人圍之數重，力戰得出。○鄩乘虚襲晉陽，王曰：「鄩長於掩不備，短於決戰。」○鄩遇雨而還。欲據臨清。周德威迫之，退屯莘縣。王與之對壘。○高行周謂李嗣源養壯士亦爲大王，行周事嗣源，猶事大王。○梁王檀復取澶州。○劉鄩薄鎮、定營，敗去。

柔兆困敦

正丙辰、三乙卯、六甲申、八癸未、十一壬子朔。

二

李愚不拜衡王。○劉鄩聞晉王還晉陽，乃出師襲魏州。晉王自貝州還，鄩與戰於故元城西，大敗晉人。追至河，梁兵七萬，殺溺殆盡，鄩走保滑州。○王檀自陰地關襲晉陽，急攻，幾陷之。會昭義救至，大掠而還。○帝聞鄩敗檀還，歎曰：「吾事去矣。」○晉人拔衛、磁州。○帝召劉鄩不至，即以爲滑帥。○晉拔洺州。○李霸作亂，欲焚建國樓，杜晏球討誅之。○晉攻邢州，

十三

劉鄩不出。王如貝州，詐云還晉陽。○鄩襲魏州，李存審躡其後。王還，與存審夾攻之於故元城西，大破之。○王檀自陰地關襲晉陽，幾不守。○安金全帥故將子弟出戰。○石君立以昭義援兵至，梁師乃退。○王以策非己出，其賞不行。張承業殺賀德倫，攻梁衛、磁州，拔之。○又拔洺州，攻邢州。梁張温以援兵來降。○取梁相州還隸天

十三

使皮光業入貢于梁。○梁以王爲諸道兵馬元帥。○傳珦逆婦于閩。

通好於晉。

十三

馬謙、李球作亂挾王討徐知訓〔四〕。知訓欲走，嚴可求止之。朱瑾討謙、球，斬之。○周郊作亂於潤州，陳祐等討斬之。○光州將王言作亂，張崇討平之。○晉王來約伐梁，遣徐知訓等圍潁州。

與吳越爲昏。○鑄鉛錢。

通正元

遣王宗綰、王宗播等伐岐。○新宮成。○宗綰圍鳳翔，宗播攻隴州，會大雪，召還。○再赦，改明年元，國號大漢。

帝使張温救之，以衆降晉。○加錢鏐諸道元帥，竇夢徵執麻以泣。○趙光逢爲相。○張筠棄相州走。○閻寶以邢州降晉。○戴思遠棄滄州走。○晉拔貝州，河北皆入于晉，梁獨有黎陽。○盜殺王檀。裴彦安定鄆州。鄭珏爲相。○吴圍潁州。○契丹王阿保機稱帝，改元神册。○述律氏勸契丹主用韓延徽。○延徽逃歸復往，曰：「彼手目復完，安肯害我。」

雄。○梁閻寶以洛州降。○契丹陷蔚州，虜李嗣本。又攻李存璋於雲州。王一歲再三還晉陽，省曹夫人。○毛璋以滄州降。○王自將救雲州，契丹引去。○貝州降，屠之。河北皆平。○張承業姪爲盜，立斬之。

彊圉赤奮若

正辛亥、二庚辰、四己卯、六戊寅、九丁未、十一丙子朔。閏十。十一一，冬至。

三

袁象先救潁州，吴師去。○晉王攻黎陽，不克。○貶劉鄩於亳州。○賀瓌爲北面招討使。○晉王度河，拔楊劉〔五〕。○帝如西都，將郊祀。敬翔諫，不聽。聞楊劉敗，奔歸。

十四

王攻黎陽，不克。○李存矩不恤士卒，山後新募軍殺之，擁盧文進。攻新州，不克，奔契丹。○周德威恃勇失渝關之險。○契丹主欲試猛火油攻幽州，述律后以爲不若抄略其四野以困之。○盧文進以契丹攻取新州。德威攻之，不克。契丹救之，德威敗還。契丹遂圍幽州。○李嗣源、閻寶、李存審請救幽州。嗣源謂城中恐朝夕有變，

十四

梁加王天下兵馬元帥。

馬存攻吴上高。

復與孔勍修好，通貢獻。

十四

梁救潁州，知訓等還。○楚馬存寇上高。○徐温徙鎮昇州。○宋齊丘知徐知訓將敗，勸徐知誥之潤州。

審知爲子延鈞娶越王之女〔六〕。

天漢元

張格、唐文扆譖毛文錫，貶之。庾傳素罷，庾凝績判樞密。○蜀主忌劉知俊才而殺之。赦，改明年元。

乾亨元

稱帝，大赦，改元。以梁例、趙光裔等爲相。○嫁女於閩。

自七月以後卷第二百七十

不暇待其衰。○王遣三將救幽州，嗣源及子從珂爲前鋒，力戰得出山。○大破契丹，解幽州圍。○契丹置盧文進於平州，爲北邊患。○張承業守晉陽，徵租行濅，不寬貴戚。○承業不以公物爲私禮。王取劍，承業挽衣請死。曹太夫人爲之笞王。○承業終身稱唐官。○王不殺盧質。○劉夫人笞其父。○王乘冰取梁楊劉。

著雍攝提格

正乙亥、二甲辰、三癸酉、六壬寅、八辛丑、十一庚午朔。○本志：十二月癸亥，填犯文昌上將。

四

敬翔憂國事求自效，趙、張以爲怨望，帝遂不用。○謝彥章攻楊劉，決河水以限晉兵。○蕭頃爲相。○趙光逢致仕。○謝彥章敗於楊劉，晉人拔濱河四寨。○張萬進以兗州叛附晉，遣劉鄩討之。○賀瓌、謝彥章軍行臺村，與晉王相拒不戰。○彥章伏兵圍晉王，幾獲之。○瓌欲速戰，彥章曰：「吾據津要，彼不敢深入。若輕戰而敗，大事去矣。」瓌疑彥章與晉通，與朱珪合謀

十五

梁謝彥章攻楊劉，王欲救之，限河水不得進。○王涉河攻彥章，大破之，拔其四寨。○王合十鎮兵及雜虜，欲大舉伐梁。○王引軍麻家度，與梁賀瓌相拒不戰。○王好輕出，身自挑戰，李存審扣馬切諫，不聽，幾爲謝彥章所獲。王聞瓌殺彥章，喜曰：「彼亡無日矣！我直指其國都，彼安得不行。但得戰，必勝矣。」○王引兵趣大梁，

十五

復求好于蜀。

錢傳球攻吴信州以救虔州。○吴陳璋侵蘇、湖。○傳球引還。○吴滅虔州，始自海道入貢。

張可求救虔州，敗於古亭。○梅山蠻寇邵州，樊須擊走之。

十五

王祺等討虔州。○徐知訓驕倨淫暴，自爲參軍，以王爲蒼鶻。以彈彈王。○徐知諫以兄禮事徐知誥。○知訓使刁彥能殺知誥。彥能追及，舉劍示之而還。○知訓出朱瑾於泗州。瑾殺知訓，提首示王，王鄣面走入內。翟虔闔門討之，瑾踰城折足，自剄。知誥引兵濟江，撫定軍府。時徐温諸子皆弱，遂代知訓知政。殺米志誠、李儼等。○

救虔州。聞楚敗，引還。

光天元

赦，復稱蜀。○蜀主知太子衍不才，欲廢之立宗傑。宗傑暴卒。惡張格，而徐賢妃主之，不能去。○復與岐通好。○蜀主寢疾，遺命若太子不堪大業，廢而勿殺。徐妃兄弟勿令典兵預政。○唐文扆謀誅諸將，王宗弼等入白，貶之。○以宋光嗣爲內樞密使，宦者始用事。○蜀主殂，太子即位，尊徐太后太妃。○殺唐文扆。○貶張格。○庾傳

二

赦，改國號曰漢。

殺之。帝賞珪以節度使。○瓌聞晉王西上，引兵隨之，與晉戰於胡柳陂，大破之，殺周德威。日晡，復爲晉所敗，兩軍喪士卒各三之二，皆不能振。○晉人陷濮陽。○晉撤剌阿撥來降。敗卒至者云晉兵至矣，晉卒有入京問次舍者。上懼，驅市人乘城，欲奔西都。

周德威諫，不聽。○賀瓌自後至，德威請王按兵勿動，自以輕騎擾梁兵，使不得立壘樵爨，俟日暮疲乏，乃可破也。王不聽，以親軍陷陳。王彥章敗趣濮州，輜重驚潰，入幽州陳，陳亂，德威父子戰死。○瓌據土山，王奪之。○諸將欲斂兵還營，明日俟諸軍集復戰。閻寶曰：「梁兵日晚有歸志，我乘高趣下，擊之無不勝。若退，必爲所

徐温入朝，聞知訓過惡，乃責僚佐，賞刁彥能。○知誥反知訓所爲，事上恭，接士謙，御衆寬，約身儉，士民歸心。○宋齊丘除民丁口錢，以穀帛當税，曰：「安有民富而國貧！」○知誥、齊丘晝灰謀事。○皮州久不下，以劉信代王祺，吳越、楚、閩救之。○錢傳球攻信州，周本開門張幕宴飲。○陳璋侵蘇、湖。劉信擊吳越、閩、楚兵，皆卻之。○

素爲相。○蜀主不親政事，王宗弼、宋光嗣專權，蜀由是衰。○彭王宗鼎以親王典兵，讒間將興，固辭軍使。○周后殂。○歐陽晃焚營以廣其居。○改明年元。

		乘。梁若再克，諸軍來集者必潰，河北非王有也。」李嗣昭曰：「但擾之使不得夕食，自破矣。」王建及先陷陳，諸軍繼之，梁兵大敗。○王哭周德威，曰：「是吾罪也！」○取梁濮陽。○李嗣源失王所在，宿於河北，王以是踈之。○撒剌阿撥降梁。○晉軍至德勝度。					信攻虔州，不克。徐温怒，益兵使更攻之，遂拔虔州，執譚全播。○可求勸徐温以知詢代知誥，知誥出可求於楚州。可求説温建吳國，温復留之。			

校勘記

〔一〕「十二壬戌朔」，原在「霜降」下，今據文例改。

〔二〕「王」，原作「主」，今據《通鑑》卷二百六十七改。
〔三〕「萊」，原作「菜」，今據《通鑑》卷二百六十八改。
〔四〕「王」，原爲空格，今據《通鑑》卷二百六十九補。
〔五〕「楊」，原作「陽」，今據《通鑑》卷二百七十及上下文改。
〔六〕「竪」，原作「安」，今據《通鑑》卷二百七十改。

資治通鑑目録卷第二十七

端明殿學士兼翰林侍讀學士太中大夫提舉西京嵩山崇福宮上柱國河内郡開國公食邑二千六百户食實封壹阡户臣司馬光

奉敕編集

屠維單閼	一己亥、四戊戌、五丁卯、六丙申、八乙未、十二甲午朔。
梁均王貞明五	賀瓌攻德勝南城，笮聯艨艟，斷晉救兵，幾拔之。晉兵至，乃走，退屯行臺村。○瓌卒，王瓚代之。拒晉於楊村，夾河築壘。○劉鄩屠兗州，族張萬進。○王瓚與晉李嗣源戰戚城。○瓚與晉王戰河南，獲石君
唐莊宗天祐十六	李存審築夾河兩城於德勝。○王還魏州。○王自領幽州，以李紹宏提舉軍府。孟知祥薦郭崇韜爲中門使，專掌機密。○賀瓌攻德勝南城，幾陷。王建及帥死士入艨艟間，斧其笮而焚之，救
秦忠敬王天祐十六	蜀王宗播等入寇。
吳越武肅王	王遣傳瓘伐吳。○傳瓘舟載灰豆及沙，大破吳軍於狼山江，殺彭彥章。○傳瓘復伐吳，與徐温戰于無錫，大敗而還。○王見何逢馬而悲，斬鄭姬父以正法。○枕圓木及鈴以警寐。○微行，夜
楚武穆王	攻荊南。吳人寇潭州，乃還。
荊南南平武信王	楚人入寇。求救於吳，楚人引去。
吳惠帝武義元	吳越錢傳瓘入寇。○徐温勸王稱帝，王不許，乃即吳國王位，置百官，用天子禮。徐温爲大丞相。○彭彥章與錢傳瓘戰於狼山江，軍敗，死之。○劉信等侵潭州以救荊南。○錢傳瓘攻常州，徐温與
閩太祖	
蜀順正公衍乾德元	赦。○王宗播等侵岐。○王宗昱攻隴州，皆不克。蜀主與太后、太妃遊宴近郡名山。○太后、太妃各出教令賣刺史、令、録官。○王承謂等犯禁，原之，自是禁令不行。○削全師朗官爵，遣桑弘志討之。
南漢高祖乾亨三	立馬后。○梁命吳越王鏐來討，鏐不行。

自十月以後卷第二百七十一

立。既而大敗，走保北城。○君立謂晉將而爲梁用，雖竭誠，誰則信之。○以戴思遠代王瓚。

兵乃得度，環走。○王怒郭崇韜，令別擇河北帥，馮道諫而止。○李存進作浮梁於德勝。○劉知遠救石敬瑭。○劉處讓爲張萬進求救，割耳軍門。○李嗣源與王瓚戰戚城。○王邀梁餉者於潘張，爲梁所窘，賴李紹榮以免。○王敗梁王瓚于河南。○拔濮陽。

叩北門，不納，賞其吏。○吴來求和，許之。○吴王徐温屢勸王建國，不許。

戰於無錫，大破之。○温獲叛將陳紹、曹筠，復使典兵。○諸將請因旱乾，乘勝滅吴越，温曰：「久亂民困，錢公未可輕。不若戰勝以威之，戢兵以懷之，使兩地民安業。」乃歸其俘與和。自是三十餘州民安業者二十餘年。○高麗僧躬乂自稱大封王，入貢。○徐温出廬江公濛於楚州。○盧樞諫禁民畜兵器。

上章執徐
三癸亥、五壬戌、六辛卯、閏庚申、八己未、十一戊子朔。七一日，處暑。

六
李琪附趙、張得相位，受賄作姦，免，流貶。○朱友謙襲取同州，以子令德爲留後，求節鉞，帝不許。友謙叛附于晉。○詔劉鄩等討之。○鄩等圍同州，晉李存審等救之。○鄩等敗，遁歸。○帝遣竇維說温昭圖，表求移鎭。○母乙攻掠陳、蔡、潁，討擒之。

十七
李建及以私財分士卒，章令圖譖之，王罷其軍職。○梁朱友謙以河中、同州來附。○梁劉鄩圍同州，遣李存審等救之。○大破鄩等，至下邽而還。○趙王鎔不親政事，權移左右，石希蒙以佞得幸。○張文禮作亂於滄，敗而犇趙。趙王以爲假子，名德明，悉以軍事委之。○趙王嗜佛老，遊西山數月方歸。○石希蒙復勸遊它所，李弘規教蘇

十七
蜀王宗儔等寇隴州。王出屯汧陽。

求昏于楚。

吴越來求昏。

二
楊廷式欲械繫張崇，簿責都統。○王以恭謹保位，尤不樂建國，沈飲成疾。○徐温謂楊氏無男，有女當立。○王殂。温捨廬江公濛，立其弟溥。○金陵城成，陳彦謙上費用之籍，温不視而焚之。

僧浩源以白鹿、紫芝爲王延彬符瑞。延彬求泉州節鉞於梁，審知黜之。

三
桑弘志克金州，執全師朗。○周庠出鎭。○張士喬諫，流黎州，士喬赴水死。○韓昭乞數州，賣之以營宅。○蜀主北巡，金甲珠帽而行，段融諫，不從。○次安遠城。○王宗儔等攻隴州，食盡而還。蜀主如閬州，道路供辦，民始愁怨。○又如梓州。○漢來通好。

四
立學校，開貢舉，設銓選。○通好于蜀。

	重光大荒落 二丁亥、五丙戌、六乙卯、七甲申、九癸未、十一壬午朔。○六月乙卯朔，食。
	龍德元 徙温昭圖於許州。○惠王友能反，詔霍彦威等討之。友能至陳留，敗還陳州，圍之。○改元。○尹皓、段凝譖劉鄩，帝酖殺之。○友能降，幽之。○張文禮乞萬兵，自德、棣度河，晉人必遁。敬翔曰：「陛下不乘此釁，晉不可復破。」趙、張不可，乃止。○戴思遠襲德勝北城，敗還。
漢衡等殺之。○趙王使子昭祚族弘規，窮治黨與。	十八 王稱先王之教，以辭吴、蜀。○傳真獻傳國寶。○張承業謂：「讓之愈久，則得之愈堅。」○又謂：「王自取之，誤老奴矣。」○趙王恨殺石希蒙者，親軍皆懼，張文禮激之，遂弒趙王。奉文禮爲帥，盡滅王氏。○文禮求節鉞于晉王，王不得已，以爲成德留後。○
	十八
	歸李濤于吴。
	辰、溆蠻入寇，姚彦章討平之。
	季昌杖倪可福，而賜之金。
	吴睿皇溥 順義元 改元。○歸錢鎰于吴越。○徐温勸王郊天，曰：「唐末侈費安足效。」○赦。○温謂：「崔太初不能制，如它人何！」
	三 韋妃有寵，尚妃還家。○蜀主厭香，爇皂莢亂之。繒山爲雨所敗，則易新者。
	五 倪曙爲相。

蘇循舞蹈稱臣，獻畫日筆。○張文禮內不自安，北召契丹，南召梁兵。王獲蠟丸絹書，送與之。○文禮召苻習。王問習能復讎乎，習請行。王遣閻寶、史建瑭助之伐鎮州。○寶等拔趙州。文禮卒，子處瑾拒守，寶等圍之。○建瑭卒。○戴思遠襲德勝北城，王擊敗之，俘斬二萬。○李嗣源爲蕃漢副總管。○王處直愛養子都，欲

壬午（九二二）

	玄黓敦牂 三辛巳、五庚辰、七己卯、八戊申、十丁未、十二丙午朔。
	二[二] 戴思遠襲魏州，至魏店遇李嗣源，拔成安而還。○又急攻德勝
以爲嗣。孽子郁奔晉，爲新州團練使。處直使郁召契丹以解鎮圍，將士弗徇。都因衆心，幽處直於西第而自立。○王自攻鎮州，斬韓正時。○王郁説契丹入寇，過幽州，陷涿州，攻定州。王自鎮州救之。	十九 王處直毆王都，尋卒。○王遇契丹於新城北，將士大懼，
	十九
	二
	王延美襲漢主於梅口，不克。
	四 蜀主好微行，令士民著大裁帽。○奪王承綱女，流其父。
	六 漢王遊梅口鎮避災，閩人襲之，遁逃僅免。

北城，聞晉王至，遁歸楊村。○段凝襲晉衛州，取之。戴思遠又取淇門、共城、新鄉，澶西相南，皆爲梁有。○契丹改元天贊。○王建殺大封王躬乂，自稱高麗王。

欲入井陘避之。郭崇韜、李嗣昭勸王進戰。○王至定州，契丹退保望都，追擊破之。會大雪，契丹引去。○契丹所宿，藁枝不亂。○李嗣肱定嬀、儒、武州。○李嗣源屯澶州，梁戴思遠將襲魏州，嗣源先爲備，思遠拔成安而去。○思遠急攻德勝北城，李存審固守。○王自幽州救之，五日至魏州。思遠去。○鎮人

攻長圍，閻寶輕之不爲備。鎮人壞長圍，出攻寶營。寶退保趙州，王以李嗣昭代之。○嗣昭爲敗卒所射中腦卒，遺命任圜督諸軍攻鎮，號令如一，鎮人不知。○王以李存進代嗣昭。○嗣昭諸子不受王命，以牙兵擁喪歸潞州。○李繼韜囚兄繼儔，自稱留後，王不得已授之。○○閻寶卒。○王以優人李存儒爲衛州刺史，梁段

凝襲取之。○戴思遠又取淇門等縣，失軍儲三分之一。○張處球掩李存進營，晉兵雖捷，存進戰没。○王以李存審討鎮。○存審拔鎮州，醢張處瑾兄弟。○王悉以趙將爲節度使、刺史。○苻習辭成德，王自領之。○習又辭相、衛，求河南一鎮，自取之。○張承業卒。以何瓚知河東，張憲知鎮冀軍府事。○趙季良問王何時取河南。

昭陽協洽三乙亥、五甲辰、七癸卯、八壬申、十辛未、十一庚子朔。閏四。五二日，夏至。十一八日，冬至。○本志：十月辛未朔，食。

三　晉李繼韜以潞州來附。裴約據澤州，不從。遣董璋攻之。○唐李嗣源襲鄆州，據之。帝大懼，以王彥章代戴思遠，促使進戰。○彥章自楊村水陸俱下，攻唐德勝南城，拔之，連破唐諸寨，聲勢大振。○彥章與唐兵俱浮河東下。○彥章急攻楊劉，不克。○唐郭崇韜築城於馬家口，彥章引兵爭之。唐主自救之，彥章退保鄒家口。○彥章復攻

同光元　盧質薦豆盧革、盧程爲相。○李繼韜內不自安，叛附於梁。裴約據澤州，不從。○契丹寇幽州，以李存審鎮盧龍。○晉王即帝位，國號唐。大赦，改元。○尊母曹氏爲太后，嫡母劉氏爲太妃。○太妃賀太后，有喜色。○張居翰讓事於郭崇韜。○以魏州爲東京，太原爲西京，真定爲北都。○追尊祖考。○契丹入寇，至易定

與唐主書，以季父自處。

梁以鏐爲吳越國王。鏐始建國，置百官，謂軍府爲朝廷，教令爲制敕，將吏皆稱臣，惟不改元。以傳瓘爲鎮海、鎮東留後，杜建徽爲左相。

遣子希範入貢于唐。

季昌聞唐滅梁，更名季興，欲自入朝。梁震諫，不聽。○李興爲唐主謀，請先取蜀，後取吳。○季興謂人朝有二失。○又謂唐主驕矜荒怠，吾無憂矣。

三　徐温欲引兵循海助唐、梁之勝者，嚴可求諫而止。○可求謂唐主始得中原，志氣盈滿，不出三年，必有內變。○鍾泰章不自辨以彰朝廷之失。徐温不忘泰章殺張顥之功。○嚴可求預料唐主所問，教盧蘋應對。○蘋還言唐主嗇財拒諫。

五　蜀主以韓昭、潘在迎、顧在珣爲狎客，晝夕荒宴。王宗壽泣諫，在迎曰：「嘉王好酒悲。」諧笑而罷。○張雲謂彗星亡國之徵，非祈禳可弭。坐流黎州，卒於道。

七

楊劉。聞唐兵且至，解圍退保楊村。○彦章疾趙、張，曰：「俟功成旋師，必誅之。」○段凝素惡彦章，諂附趙、張，陰沮其功，捃摭其過。○帝亦恐彦章功成難制，召使助董璋攻澤州。○董璋拔澤州，殺裴約。○決河注曹、濮，以限唐兵。○李振謂段凝，俟其有過，則社稷危矣。○凝賂趙、張，遂代王彦章爲招討使，敬翔、李振、張宗奭諫，不聽。○凝寇掠澶州。

而還。○盧順密獻策取鄆州，李嗣源贊成之。帝遣嗣源襲鄆州，克而守之。○帝屯澶州，使朱守殷守德勝。○梁王彦章攻德勝南城，拔之，連破諸寨。○帝命守殷棄北城，撤屋材，東保楊劉。彦章亦浮河而下，各行一岸，一日百戰。○彦章急攻楊劉，帝引兵救之，曰：「李周在內，何憂！」○郭崇韜、范延光請築壘於博州東岸馬

○帝遣王彦章取鄆州。彦章與李從珂戰敗，退保中都。○唐主自將擊彦章，擒之。○彦章謂朝爲梁將，暮爲唐臣，何面見天下之人。○唐主知彦章終不爲用，遂殺之。○帝聞唐軍將至，召羣臣問策，莫能對。○敬翔謂臣今請陛下避狄必不從，決戰必不果，雖良、平復生，不能爲陛下謀，願先賜死。○城中有兵四千，朱珪請出戰，不從。○帝疑

家口，以通鄆州之路。崇韜築城六日，彦章兵至，急攻之。崇韜力戰得全。○帝以大軍救之，彦章退。○帝循河而南。彦章棄鄆家口，復趣楊劉。○李嗣源救楊劉。彦章解圍，退保楊村。唐軍復屯德勝。○盧程坐罵任圜，貶。○帝命李紹斌救裴約，未至，澤州陷。○帝還興唐。○梁段凝寇掠澶州。○帝屯朝城。○梁康

兄弟乘危謀亂，盡殺之。○或請幸洛陽，或請幸段凝軍。趙巖曰：「一下此樓，誰心可保。」乃止。○鄭珏請奉寶詐降，曰：「但恐未了。」○趙巖奔許州。○帝令皇甫麟殺己。○帝温恭儉約，但以信趙、張，踈敬、李，至亡。○敬翔謂：「君昏不能諫，國亡不能救，新君若問，何辭以對。」○又謂李振謬爲丈夫，遂縊死。○温昭圖斬趙巖，没其貨。○段凝

延孝來奔，謂梁君臣行事，終必敗亡。勸帝自鄆直趣大梁。李紹宏勸帝與梁和，以鄆易衛，以河爲境。郭崇韜曰：「段凝不足畏，宜用延孝之策，得其君則諸將自降。」○王彦章將攻鄆州，李從珂敗之於遞坊鎮。彦章退保中都。○帝自楊劉濟河，與李嗣源攻彦章，擒之。○李紹宏欲先下東方諸鎮，康延孝請直趣大梁。嗣

入援至封丘，以五萬衆降唐。○唐主貶梁貴臣鄭珏等十一人，族趙巖等十家。○毁梁宗廟。

源謂段凝礙決河，不能救汴。此去汴道近而平，比其濟河，吾已擒友貞矣。因請自爲前驅。○帝發中都，取曹州。○李嗣源至大梁，王瓚降。○帝入城，赦梁百官。○帝以頭觸李嗣源衣，曰：「天下與汝共之。」○或獻梁主首。○陸思鐸射帝中鞍，帝赦而用之。○袁象先首入朝。○詔梁節度、刺史、將校不議改

更，先叛降梁者亦不問。○郭崇韜權兼中外，盡忠規益。○張全義入朝。○帝欲斲梁太祖棺，焚其尸。全義諫而止。○遣使宣諭諸道，梁之藩鎮皆稱藩朝貢。○帝寵任伶人，自爲俳優。○張全義請遷都洛陽，從之。○廢北都。○郭崇韜謂温韜發陵，罪埒朱温，何得復居方面。○減三省寺監官。張全義請祀南郊。○廢梁東京。○趙光

胤、韋説爲相。○趙光逢署户：「請不言中書事。」○孔謙出張憲。○復以長安爲西京。○帝如洛陽。○下定州。○寫唐律令。○李繼韜聞帝滅梁，大懼，齎銀四十萬兩入朝，賂左右，帝寵待如故。繼韜求還鎮，帝不許，與弟繼遠書，令作亂，事泄，皆斬之。○李繼達殺兄繼儔謀奔契丹，衆潰自殺。○議者欲留高季興，郭崇韜諫，宜敦信以勸來者。乃遣還。

閼逢涒灘

二己巳、五戊戌、八丁卯、十丙寅、十一乙未朔。十八日，冬至。○本志：八月戊子，熒惑犯星。十一月庚戌，犯上相。甲子，犯左執法。

唐莊宗同光二

契丹寇瓦橋，遣李嗣源等救之。○孔謙解豆盧革租庸使，郭崇韜復以張憲代之。○諸道内臣悉遣詣闕，殆至千人，浸干政事。監軍與主帥爭權。由是將相離心。○契丹出塞，李嗣源還。孔謙排張憲，引王正言。○三司並隸租庸使。○太妃留晉陽奉陵廟。○帝迎太后於河陽。○上祀南郊，赦。○孔謙徵赦文所蠲，由是人不信詔令。○郭崇韜受饋遺以安藩鎮心，獻十萬緡助南郊。○宦官勸上分財賦爲内外府。○崇韜請出内府助郊禮，不許，軍士始怨。○以李繼麟爲榷鹽使。○置内句使。○郭崇韜權侔人主，摧抑僥幸，伶官疾之；以膏粱自處，甄别流品，勳舊怨之。○崇韜欲求出鎮，所親止之。勸立劉后，從之。○后蓄財以施尼師。○李嗣源屯邢州以備契丹。○李存審求入覲，郭崇韜抑之。○帝與李存賢手搏不勝，使鎮幽州。○契丹寇新城。○李嗣源求解

秦忠敬王

岐王聞唐主入洛，遣子繼曮入貢，始上表稱臣。唐主尊之不名。○王請正藩臣之禮。○進爵秦王。○王卒，遣奏立子繼曮。

吴越武肅王

唐因梁官爵，别加册命。

楚武穆王

加尚書令。

南平武信王

封南平王。

吴睿皇順義四

王如白沙觀樓船。徐温來朝，王名雨爲水。温敗翟虔。

閩太祖

漢主入寇，屯汀、漳境上，擊之，敗歸。

蜀順正公乾德六

李龜禎諫君臣沈湎。○唐李嚴來使。○宋光葆請嚴邊備。○禁珍奇不得入中國，唐主怒。○許寂爲相。○遣兵戍洋、利州以備唐。○唐李彦稠來使。○王宗儔謀廢立不果，憂憤而卒。王宗弼賣之於宋光嗣。○置龍武萬二千人爲親軍，以王承休、安重霸領之。○遣歐陽彬聘唐。李彦稠還。○以唐修好，召還東北戍軍。

南漢高祖乾亨八

漢主自將侵閩，屯汀、漳境上。閩人擊之，敗歸。

卷第二百七十三

兵柄。○革選人僞濫。○修唐諸陵。○賜霍彥威姓名李紹真。○楊立據潞州，求節鉞。詔李嗣源等討之。○盧質言孔謙貸絲，是趙巖復生。○又云臣惟事天子，不事租庸。○帝入汴之日，以周匝故，許陳俊、儲德源刺史，郭崇韜諫止之。踰年，帝卒與之，百戰之士憤歎。○薛昭文言宜增士卒賞給，收撫梁兵，安集百姓，裁省土木。○令州鎮毋得修浚城隍，毀防城之具。○李存審卒。○存審以所出百餘鏃示諸子，曰：「當知爾父起家如此。」○契丹寇幽州，命李紹斌禦之。○張廷蘊以前鋒克潞州。○劉后以幸姬賜李紹榮。○孔謙求解職，帝欲誅之。○塞梁決河，既而復壞。○契丹主擊遼東。○孔謙、孔循爲租庸使，重斂以充帝欲，民不聊生。○何澤遮馬諫獵。○契丹攻勃海無功。○契丹寇幽州。○敕禁租庸直帖支郡，既而不行。○契丹寇易、定。○帝畋伊闕，使從官拜梁太祖墓。夜合圍，士卒死傷。○賜李繼

○張格爲相，讎王魯柔，許寂危之。○以宦官王承休爲秦州節度使，使采擇美女。○改明年元。

旃蒙作噩 正甲午、三癸巳、五壬辰、八辛酉、十一庚寅、閏十二己丑朔。○本志:四月癸亥朔,食。○三月戊申望,食。○九月甲辰望,食。○三月丙申,熒惑犯上相。四月甲子,犯左執法。六月丙寅,歲犯右執法。九月丙辰,太白歲相犯。	
三 敕改葬昭宗、少帝,既而不果。○契丹寇幽州。○上如興唐。○苻習治河堤。○李嗣源取御鎧,上怒。○上毀即位壇爲毬場。張憲諫忘天背本不祥。○李嗣源敗契丹于涿州。上徙嗣源鎮真定。○郭崇韜固辭藩鎮。○謫李從珂戍石門。○郭崇韜勸上除李嗣源。○上至德勝、楊村、戚城觀戰處。○宦官言宮中夜見鬼由無人,乃命采民間女子數千實後宮,營婦亡逸者千餘人。上還洛陽。○復以洛陽爲東都,興唐爲鄴都。○誠惠以妖妄惑衆,帝后親拜之。○趙光胤卒。○太妃別太后成疾而卒,太后亦悲哀成疾。○旱。○郭崇韜謂上儻不忘艱難,暑氣自消。○太后殂,帝五日方食。○羅貫忤伶宦,坐死。	麟鐵券。○契丹寇蔚州。○遣李嗣源赴汴州,遂北救幽州。○劉后拜張全義爲父。○契丹寇嵐州。
秦王從曮 唐伐蜀,以繼曮爲轉運使供糧餉。	
唐賜王玉冊、金印、御衣。鏐遣使以受冊告吴,吴以國名同,與之絶。	
殷聞蜀亡而懼,上表請老。○殷不征商旅,四方輻湊。高郁鑄鉛鐵錢,商旅皆易它貨而去。○又令輸稅者以帛代錢,民間機杼大盛。	
唐以季興爲西川東南面都招討使,令取夔、忠、萬爲巡屬。季興將水軍上峽,爲張武所敗,遁還。○梁震謂蜀亡未必不爲吾福。	
五 徐知誥厚遺陳彥謙。彥謙臨終留書徐温,請以嫡子爲嗣。○吴越王鏐來告受玉冊,以國名同,與之絶。	
閩忠懿王寢疾,令子延翰權知軍府。○王卒,延翰爲留後。○陳本圍汀州,遣柳邕等討之。	
咸康元 赦。○蜀主與太后、太妃遊青城山、陽平化、三學山。○王承休請蜀主遊秦州,太后流涕不食止之,不能得。蒲禹卿切諫。○蜀主聞唐兵西上,不信,曰:「吾方欲耀武。」○唐克威武城。○王承捷以鳳州降唐。○蜀主至利州,遇威武敗卒,始信之。○遣三招討將	
白龍元 遣何詞使唐且覘之,還言唐主驕淫。自是不復通中國。○改元。○更名龑。○長和驃信求昏,以女妻之。	
自十一月以後卷第二百七十四	

上闔户拒郭崇韜諫。○李紹宏薦段凝有蓋世奇才，孫、吴不如。○郭崇韜請以魏王繼岌爲伐蜀都統，以成其威名。○雨七十五日。○郭崇韜薦孟知祥爲西川帥。張憲爲相。○李愚欲斬陳乂。○李紹琛克威武城。郭崇韜謂宜力取鳳州，因糧於敵。○李愚謂宜乘蜀人心崩離，急擊之。○王承捷以鳳、興等四州降。○程奉璉修橋棧俟唐兵。○李紹琛過興州，敗蜀三招討于三泉。○葬貞簡太后。○宋光葆以梓、緜等五州，王承肇以洋、蓬、壁三州，王宗威以梁、開等五州，王承岳以階州皆降。○李紹琛至利州，林思諤降。○魏王繼岌至劍州。○王宗壽以遂、合等五州降。○李紹琛至緜州，乘馬度江水，入鹿頭關，據漢州。○李嚴先入成都安撫。○蜀主請降。○王宗弼賂繼岌求節度使，繼岌曰：「此我家物，奚以獻爲！」○繼岌至成都，蜀主出降。○崇韜入城，市不改肆。○出師七十日而蜀

兵逆戰。○蜀兵皆曰：「龍武糧賜厚，它兵安能戰！」○三招討敗于三泉。○蜀主西走，使王宗弼守利州。○梁、洋、梓、階諸州皆降於唐[二]。○安重霸使王承休入赴難，而自據秦隴。○王宗弼棄利州，引兵西歸。○蜀主至成都，作回鶻隊入宮。君臣涕泣相視，莫知爲謀。○利州降唐。○遂州降唐。○王宗弼至成都，劫遷蜀主、太后於

平。○董璋鎮東川。○蜀人請崇韜爲帥，李從襲等譖崇韜於繼岌，由是相疑。○誅王宗弼。○誅王承休、王宗汭。○徵孟知祥鎮西川。○段佪薦張憲守北都。○王正言守鄴都，六州之政決於史彦瓊。○大饑，民流亡，租賦不充，漕運艱澁，軍士無食，雇妻鬻子，老弱餧死。帝不恤，畋于伊闕，五日而返。○李嗣源入朝。○李琪謂古者計農置兵，故無匱乏。○又謂未有農富給而兵不足者。○蜀官皆降等。○賜王衍詔，許以裂土。○上欲如汴州，諫官以爲無就食天子。○崇韜謂繼岌：「它日驟馬亦不可乘。」由是宦者切齒。○帝使向延嗣促旋師，崇韜不禮焉。延嗣白劉后，云：「崇韜將不利於魏王。」○帝閲蜀籍，怪寶貨之微。延嗣曰：「皆入崇韜父子。」帝怒。○帝使孟知祥殺崇韜，知祥請更察之。○帝使馬彦珪察崇韜。劉后以教與繼岌，使誅之。

西宮。自稱留後，請降於唐。○宗弼誅宋光嗣等。○蜀主出降。○郭崇韜族王宗弼，蜀人爭食其肉。○唐以孟知祥鎮西川。

柔兆閹茂

正戊午、三丁巳，五丙辰，七乙卯，十甲申朔。正二日，雨水。十一日，冬至。○本志：八乙酉朔，食二分甚，在辰初。四月庚戌，大白犯積尸。八月癸卯，犯心大星。辛亥，熒惑犯上將。九月庚午，犯右執法。己卯，犯左執法。十月戊子，犯上相。十二月戊戌，犯氐。

唐明宗亶天成元

魏王繼岌送王衍詣洛。○李繼麟不能應伶官之求，伶官譖其欲反，繼麟入朝以自明。○繼岌殺郭崇韜。○○李崧矯爲敕書以安衆。○○帝賞嚴旭歌，許還蓬州。○契丹主擊女真、勃海，遣使修好。○宦官又譖睦王存乂，幽而殺之。○伶官譖朱友謙，滅其族。○張氏別婢僕，不使濫死。○族友謙舊將七人。○李嗣源危殆數四，李紹宏保佑之。○魏王繼岌發成都，命李紹琛將後軍。○皇甫暉作亂於貝州，奉趙在禮爲帥，南趣鄴都。○孫鐸請乘城逆戰，史彥瓊不許。賊至，彥瓊衆潰，奔洛陽。○賊陷鄴都。○王正言不知，既而拜謁在禮。○帝遣李紹榮將三千人招撫。○李紹琛聞朱友謙誅，自劍州擁衆反，西趣成都。○魏王繼岌使任圜追討紹琛。○趙太據邢州作亂，詔李紹真討之。○李紹榮以敕諭鄴都，趙在禮欲降。史彥瓊罵之，皇甫暉壞敕。帝命克城勿遺噍類。紹榮退保澶州。○從馬直王温作

魏王遣繼曮送王衍詣洛。至鳳翔，監軍柴重厚拒之，令入朝。○繼曮至華州，聞洛陽亂，復還鳳翔。明宗爲之誅重厚。○賜繼曮名從曮。

寳正元

鏐力疾見吳使。○私改元，既而諱之。

加尚書令。

孫光憲諫攻楚。○季興求夔、忠、萬三州，明宗許之。

六

徐知誥爲侍中，嚴可求爲相。

閩惠宗鏻

斬陳本。○唐主命延翰爲節度使。○加延翰平章事。○延翰驕淫殘暴，自稱閩王，置百官，擬天子。○延翰蔑棄兄弟，養兄延稟、弟延鈞合兵襲福州。延稟先至，殺延翰，開門納延鈞，推爲留後。

蜀高祖

知祥

知祥至成都，去留帖然。○遣李仁罕等與任圜共討李紹琛，擒之。○知祥用廉吏，寬賦斂，誅羣盜，蜀中遂安。○加知祥侍中。○知祥增蜀兵至七萬五千人。○唐趙季良來，爲制置轉運使。知祥與其庫物，而留其租賦。○安重誨以知祥、董璋地險兵彊，欲圖之。○李嚴請爲西川監軍，母知其必死。

二

自四月以後卷第二百七十五

亂，斬之。○帝戲郭從謙，親軍皆不自安。○紹榮再攻鄴都，不克。○詔趣繼岌兵。繼岌留利州，未得還。○滄州軍亂，王景戡稱留後。○帝欲親征，大臣諫止，共薦李嗣源。帝久乃許之，使將親軍攻鄴都。○綏、銀軍亂。○李延厚將二千兵，選七百以行。○任圜大破李紹琛，紹琛入漢州城守。○李紹真克邢州，擒趙太。○張破敗作亂，逼李嗣源入鄴都。皇甫暉拒擊破敗，斬之。○嗣源説趙在禮出收兵，宿魏縣。○任圜攻拔漢州，擒李紹琛。○魏王繼岌始引兵東。○李紹榮引兵退。○李嗣源欲歸真定，李紹真、安重誨以爲不如南歸京師，乃引兵趣相州。○苻習歸青州，楊希望拒之，王公儼殺希望。○諸道多殺監軍。○豫借夏秋税。○張全義卒。○劉后謂命既在天，人如我何。○又請讐粧具、皇子以贍軍。○李紹榮退屯衛州，奏李嗣源叛。嗣源連章自理，帝遣其子繼璟諭意，紹榮囚之，奏章不得通，嗣源疑懼。○

石敬瑭勸嗣源先據大梁，嗣源乃令安重誨召兵。○王建立殺真定監軍，全嗣源家。○李從珂自横水赴嗣源。○帝賜諸軍金帛，皆曰：「妻子殍死，得此何爲！」○李紹榮來，勸帝東巡。○詔誅王衍。張居翰揩一字，活千餘人。○李繼璟不肯亡逸，帝使詣嗣源，紹榮殺之。○嗣源自白皋濟河。○孔循知汴州，西、北兩迎。○石敬瑭入大梁，西方鄴降。○李嗣源奪姚彦温兵。○帝至萬勝，聞嗣源已據大梁，諸軍叛散，命旋師。還至汜水，失萬餘人。○軍士謂帝賜已晚，人不感恩。○張容哥赴河。○李紹榮等截髮誓死。○李嗣源西上。○宰相、樞密請上控汜水。○帝將發，郭從謙反，攻興教門，帝中流矢而殂。善友斂樂器焚之。○朱守殷憩北邙，擇宫人入家。○李嗣源聞變，亟入洛陽，止私第，禁焚掠，拾莊宗燼骨殯之。○嗣源謂侯益爲臣盡節何罪。○謂朱守殷善巡徼，以待魏王。○豆盧革等勸進，不受。○誅李

紹琛。○張昭遠謂張憲得無勸進，憲曰：「豈可偷生不愧！」○李彦超與憲謀殺李存沼，憲曰：「寧徇義而死。」○百官請嗣源監國，許之，入居興聖宫。○嗣源擇老宫人備職掌，餘任所適。○安重誨、張延朗爲樞密。○重誨潛殺通王存確、雅王存紀，嗣源恨之。○申王存渥死於風谷，永王存霸死於晉陽。○劉后爲尼於晉陽，嗣源殺之。○誅元行欽。○孔循爲樞密。○誅孔謙。○罷租庸使，令宰相領三司。○罷監軍，盡誅宦者。○魏王繼岌至武功。○李從襲請亟東救内難。至渭南，腹心叛散，從襲曰：「王宜自圖。」乃命李環縊死。○李沖逐史彦鎔，族李存敬。○李紹真擅收温韜、段凝。○韜、凝放歸田里。○紹真、孔循欲改國號，嗣源曰：「武皇基業，則吾基業也。」○李琪曰：「若改國號，則先帝遂爲路人。」○明宗服斬衰，柩前即位。○殺張憲。○任圜將蜀兵至洛。○赦，改元。○量留後宫百人，宦官三十人。○省貢

獻，薄租税。○鄭珏、任圜爲相。○霍彦威等復舊姓名。○初令百官五日起居。○徙趙在禮鎮滑州，不赴。○置端明殿學士。○汴州軍亂，李彦饒討平之。詔孔循誅亂者三千家。○敕二名非連稱不避。○安重誨斬馬延，仍下詔。○誅于可洪。○初令百官轉對。○契丹主攻勃海，拔夫餘城，以其子突欲爲東丹王。○韓坤謂天皇王豈强取之。○契丹主以莊宗爲戒。○葬莊宗。○豆盧革、韋説貶官。○契丹主卒於夫餘城。述律后殺諸將及酋長。○王公儼據青州，拒苻習。帝徙霍彦威鎮青州，擒公儼，斬之。○李穀謂韓熙載：「若中國相吾，取吴如囊中物。」○契丹述律后立中子德光爲嗣。○初賜百官冬服。○毛璋欲不奉詔，邊蔚説之，乃受代。○契丹盧文進帥衆十餘萬來奔〔三〕。○罷朱膠綾軸錢。長興後歲賜告身以萬數。○皇子從榮鎮天雄。○趙季良運蜀金帛十億入洛。

强圉大淵獻

正癸丑、二壬午、四辛巳、六庚辰、八己卯、十一戊申朔。二十一日，冬至。○本志：八月己卯朔，食。○正月甲戌，熒惑、歲相犯。二月辛卯，熒惑犯鍵閉。三月己巳，犯上相。六月辛丑，犯房。九月壬子，歲犯房。

二

帝更名亶。○安重誨謂孔循諳典故，知人物，聽其言。○議立相。任圜欲用李琪，循欲用崔協。○循謂協暴死則已，不死會須相之。○馮道、崔協爲相。○初旬問。○從厚尹河南，判六軍。○契丹趙思温不肯達語，曰：「后行，吾則繼之。」○以烏震爲副招討，代房知温屯盧臺。以郭從謙爲景州刺史，尋族之。○詔劉訓等將兵討高季興。○初置監牧。○房知温誘鄴都兵殺烏震，既而與安審通共討誅之。○遣李仁矩安諭孟知祥。○誅盧臺亂兵九指揮三千五百家萬餘人。加房知温兼侍中。○遣瓊華公主歸蜀。○荆南久雨疾疫，糧不屬，召劉訓還。○任圜與安重誨爭館券，聲色俱厲。○温韋請立太子。○任圜罷。○張延朗判三司。○西方鄴取夔、忠、萬州。賜豆盧革、韋説死。○從榮左右勸勿接儒生，帝欲斬之。○李彦超復姓苻。○帝如汴州。○朱守殷疑懼而反。○范延光急往擊

二

會唐兵攻荆南，屯岳州。○唐册封國王，立宫殿，置百官。

蜀物下峽，季興掠之。唐詰之，曰：「宜問水神。」○唐劉訓、董璋與湖南三面攻之。○久雨疾疫，唐兵還。○執楚使史光憲，附於吴。○西方鄴取夔、忠、萬三州。

乾貞元

徐知誥陽失儀自罰，以肅朝綱。○以徐温受高季興貢物，而聽其稱藩於唐。○温卒。○徐知詢欲代知誥執政，温曰：「爾不如也。」嚴可求、徐玠勸温以知詢代知誥。温以知誥孝謹，不忍。○知誥表求洪州，俟旦上之，凶問至。○王即皇帝位。○赦，改元。尊王太后。○以徐知詢爲諸道副都統，知誥都督中外諸軍事。

延稟謂延鈞：「勿煩老兄再下！」○唐以延鈞爲節度使。

知祥以李敬周爲遂州留後。○知祥斬李嚴，朱弘昭懼而歸洛。○瓊華公主及子仁贊至成都。○留趙季良爲副使。○城成都。

三

漢主如康州。

自七月以後卷第二百七十六

	著雍困敦 二丁丑、四丙子、五乙巳、六甲戌、八癸酉、十壬寅朔。閏八。九一日，霜降。十一月一日，冬至。○本志：二月丁丑朔，食。十二月乙卯望五鼓，食。○正月壬申，太白、熒惑合于奎。閏月癸卯，熒惑犯上將。
之。○安重誨殺任圜，趙鳳哭而責之。○帝至大梁，城降，守殷自殺。○免逋負二百萬緡。○張筠誣將佐謀反。○安重誨議伐吳，帝不許。○帝欲召周玄豹，趙鳳謂自古術士妄言，多滅人族，不宜置京師。○立四親廟於應州，追尊謚號。	三 毛璋驕僭。○契丹陷平州。○上欲幸鄴都，軍士不悅而罷。○安重誨不受吳使，與之絶。○張筠至長安，守兵拒之，遂入朝。○西方鄴取歸州，荆南復取之。○孔循諫安重誨與皇子昏，而自以女妻從厚。○重誨怒，出循鎮許州。○安重誨謂華温琪惟樞密可代，上曰：「可。」○重誨與王建立互相短，上怒重誨，欲出之，朱弘昭解之而止。○鄭珏致仕。○王建立爲相。○王都據易定，陰結藩鎮，謀拒命。詔王晏球等討之。○奚酋禿餒救都，突入定州。晏球退保曲陽。都與禿餒就
	三 鏐使諸子論功定嗣，乃以兩鎮授傳瓘。
	殷如岳州。○袁詮等敗荆南於劉郎洑。○王環謂荆南接中朝、吳、蜀，留之爲吾扞蔽。○環自傳治戰傷者。○遣兵擊漢，圍封州，敗於賀江。○吳苗璘、王彦章攻岳州。許德勳敗之於道人磯，擒二將。○歸二將於吳。
	與楚戰，敗於劉郎洑。○吳以季興爲秦王。○楚許德勳入寇，擒從子從嗣。○敗楚兵于白田。○季興卒，子從誨立。
	二 遣使入唐，唐不受，遂絶。○遣苗璘、王彦章攻楚岳州，敗於道人磯，爲楚所擒。楚人復歸之。○赦。○王太后殂。
	唐以延鈞爲閩王。○度民二萬爲僧。
	知祥與董璋爭鹽利。○毛重威戍夔州，知祥召令擅歸，明宗不能罪。
	大有元 楚圍封州。○赦，改元。○蘇章敗楚於賀江。

庚戌，太白犯右執法。乙卯，熒惑犯右執法。九月庚辰，填、歲合于箕。辛巳，太白、熒惑合于軫。十一月乙未，太白犯填。十二月壬寅〔四〕，熒惑犯房，太白、歲相犯于斗。

攻之，晏球敗之於嘉山。○晏球立行府，食三州租而守之。○趙敬怡爲樞密使。○契丹救定州，晏球邀之於望都。契丹自它道入定州，與王都殺朱建豐於新樂，遂擊晏球於曲陽。晏球大破之，契丹北走。○朱弘昭等欲急攻定州，殺傷將士三千人。○葬王衍。○孔循族犯麴者。○初聽民造麴，畝率五錢。○契丹惕隱救定州，王晏球破之於唐河。○趙德鈞邀擊惕隱，擒之。契丹得歸者不過數十人，數年不敢窺邊。○王都坐李繼陶於堞間，晏球曰：「教汝二策，戰與降耳。」○王建立不識字，請罷三司。○帝留惕隱，以紓邊患。○張希崇殺契丹將，以平州來降。誅溫韜、段凝。○命房知溫討荆南。○竇廷琬據慶州拒命，命李敬周討之。○王晏球指定州城示使者，曰：「不若愛民養兵，以俟自潰。」○立景宗廟於曹州。○王雅取歸州。○王建立鎮青州。○上謂三人俱受鐵券，獨朕僅脱族滅。○李

○許德勳謂衆駒爭阜棧，乃可圖也。○德勳攻荆南，擒高從嗣。○與荆南戰，敗于白田。

屠維赤奮若

二辛丑、四庚子、五己巳、六戊戌、八丁酉、十丙申朔。十一十四日，冬至。○本志：六月癸丑望，食，既，在虛一度。十二月庚戌望，食，既。○二月辛酉，熒惑、填合于斗。三月壬辰，歲犯牛。九月丙子，熒惑入哭星。

敬周拔慶州。○張昭遠言宜選師傅教皇子及待之嫡庶有異。○楊思權教從榮募兵。

四

馮贇語執政，以從榮輕易。○王晏球拔定州，王都自焚，擒禿餒。○趙敬怡卒。○崔協卒。○帝還洛陽。○從璨戲登御榻，安重誨奏誅之。○初置場，市党項馬。○從榮判六軍。○趙鳳爲相。○追謚昭宣帝，去廟號。○復以鄴都爲魏州。○馮道諭以執轡，誦田家詩。○併三銓。○康福胡語奏事，安重誨以爲朔方節度使。福辭，上曰：「重誨不肯。」○福破吐蕃野利、太蟲二族。朔方始受代。

四

韓玫奏烏昭遇見鏐拜舞稱臣，安重誨誅昭遇。以鏐爲太師，致仕。

命希聲知政事，先行後聞。○銅錢一直錫錢百。○王環敗荊南兵于石首。○莊宗、高季興離間高郁。○希聲矯殷命殺郁。殷哭曰：「吾何可久居此！」

南平文獻王從誨

楚敗荊南兵于石首。○從誨復附於唐。○唐以從誨爲荊南節度使兼侍中。

大和元

徐知詢擅留李簡親兵二千。○知詢與知誥爭權。○周宗使周廷望諷知詢入朝，留爲統軍，知誥始專吴政。○廷望以反覆死。○大赦，改元。○申漸高飲毒酒。

王延稟以建州授子繼雄〔五〕。

李仁矩來求助南郊錢。○仁矩傲董璋，璋欲斬之。○璋留鄜州戍兵。○知祥謂吾弟犯法，亦不可貸。○朝廷命西川餉峽路，知祥不從。○安重誨使李仁矩詗董璋，又戍緜、遂以備之。○璋與知祥結昏，同謀拒朝廷。

二

校勘記

〔一〕「二」，原脱，今據文例補。

〔二〕「階」，原作「守」，今據《通鑑》卷二百七十三改。

〔三〕「來」，原作「夾」，今據《通鑑》卷二百七十五改。

〔四〕「二」，原作「一」，今據《舊五代史·天文志》改。

〔五〕「稟」，原作「廩」，今據《通鑑》卷二百七十六及上下文改。

資治通鑑目録卷第二十八

端明殿學士兼翰林侍讀學士太中大夫提舉西京嵩山崇福宫上柱國河内郡開國公食邑二千六百户食實封壹阡户臣司馬光

奉敕編集

上章攝提格 二乙未、四甲午、六癸巳、七壬戌、九辛酉、十一庚申朔。二十五日，冬至。○本志：六月癸巳朔，食。○乙卯，太白犯天罇。十一月壬戌，熒惑犯氐。十二月丙辰，犯天江。

唐明宗長興元 郭在徽欲鑄當五千錢。朝廷以其指虚爲實，謫之。○祀圜丘，赦，改元。○康福討李匡賓，斬之。○復以安義軍爲昭義。○曹淑妃以后位讓王德妃，德妃不受。○立曹后。○安重誨諫造錦地衣。王德妃由是怨重誨，譖毁之。○重誨誘楊彦温，使據河中，逐李從珂。○上欲面訊彦温，重誨請急擊之。○上謂藥彦稠必生致彦温。○索自通拔河中，斬彦温，傳首。○上黜從珂居私第，重誨屢請罪之，上不許。○上加尊號。○敕防禦使以下須朝廷除人。○或告安重誨蓄兵謀反，安從進、藥彦稠以宗族保之。○張延朗爲三司使。○吳

秦王 從曮入朝陪郊祀，因徙宣武。

吳越武肅王寶正五 鏐附表引咎。

楚武穆王 殷寢疾，請傳位希聲。朝廷疑其已死，授希聲起復武安節度使。○殷卒，遺命兄弟相繼，寘劍祠堂。○黄損不遣兵守四境。○希聲襲位，去建國之制。○唐以希聲爲武安、静江節度使，兼中書令。

南平文獻王 遣使奉表，告絶於吳。吳人寇，不克。

吳睿皇大和二 立江都王璉爲太子。○荆南告絶。擊之，不克。○王傳拯殺陳宣奔唐，徐知誥自咎。○嚴可求卒。○徐景通參政事。

閩惠宗

蜀高祖 董璋築十寨於劍門。○趙季良謂璋貪殘好勝，志大謀短，必爲西川之患。○或告李仁罕反，知祥屏左右詣其第。○璋、知祥上表言人情憂恐。○璋囚武虔裕。○璋閱集民兵。○璋遣兵掠遂、閬鎮戍。趙季良請先取遂、閬，併力

南漢高祖天皇大帝大有三 梁克貞等拔交州，執曲承美以歸。李進守之。○克貞入占城。

卷第二百七十七

王傳拯來奔。○立秦王從榮、宋王從厚。○董光業請止苟咸乂兵。○利、遂、閬奏兩川反。上曰：「吾不負人，人負我則討之。」○董璋、孟知祥反攻閬、遂州。○馮道謂諸公果愛安令，解其樞務爲便。○董璋陷閬州，殺李仁矩。○姚洪罵璋而死。○范延光爲樞密。○命石敬瑭討董璋。○誅董光業。○璋陷徵、合、巴、蓬、果五州。○王弘贇、馮暉襲據劍門。○又入劍州，大軍不繼，還保劍門。○龐福誠據劍州。○朱偓陷黔南、涪州。○契丹東丹王突欲來奔。○石敬瑭至劍州，爲李肇所敗。還保劍門、夔州，復取開州。○石敬瑭征蜀未有功，關右疲於饋運。安重誨請自往督戰，西方藩鎮皆懼。敬瑭本不欲征蜀，累表論之。

守劍門。○璋攻閬州。○○知祥遣李仁罕等攻遂州。○璋陷閬州。○唐命石敬瑭討兩川。○夏魯奇嬰城自守。○康文通降。○璋趣利州，糧少，還保閬州。知祥驚。○知祥命張武以水軍趣夔州。○璋陷徵、合、巴、蓬、果五州。○張武陷渝、瀘州。王弘贇等襲據劍門。知祥遣李肇等據劍州。○龐福誠等先入劍州，擊卻唐兵。○知祥聞之，喜曰：「吾事濟矣！」

重光單閼 二己丑、五戊午、六丁巳、七丙戌、九乙酉、十一甲申朔。六日，冬至。閏五。○本志：十一月甲申朔，食。○正月乙亥，太白犯羽林。四月甲寅，熒惑犯羽林。八月丁巳，辰犯端門。十一月丙戌，太白犯鍵閉。

唐明宗長興二 李仁罕陷遂州，夏魯奇自殺。○朱弘昭事安重誨盡恭，退而奏其怨望。又令石敬瑭拒之。上召重誨還。○敬瑭以糧運不繼，燒營而遁。○重誨至三泉而還，朱弘昭閉門拒之。○兩川兵陷利州。○以安重誨鎮河中。趙鳳曰：「重誨終不叛主。」○李仁罕陷忠、萬州、雲安監。○賜突欲姓名曰東丹慕華。○仁罕陷夔州，安崇阮走。○以李從珂爲大將軍。○孔循卒。○李愚爲相。○立王淑妃。○趙延壽爲樞密使。○罷麴錢。○王淑妃、孟漢瓊用事，須索無度。○安重誨致仕，二子奔河中，重誨執送之。○藥彥稠將兵趣河中。○遣翟光鄴察重誨所爲，遂與李從璋撾殺之。○均田稅。○更賜東丹慕華姓名曰李贊華。○解縱鷹隼，以武皇逐獸爲戒。○李進唐復通州。○初罷鐵禁，令民納農器錢。

吳越武肅王寶正六 唐復鏐官爵，云歸者安重誨矯制也。

楚王希聲 希聲居喪食雞，潘起比之阮籍。

南平文獻王 唐加從誨中書令。

吳睿皇大和三 徐知誥欲以宋齊丘爲相。齊丘入九華山，求隱居。○徐知諫卒。以徐知詢鎮洪州。○知誥出鎮金陵，令子景通執朝政，以王令謀、宋齊丘爲相佐之。○張崇貪暴，而厚賂權要，爲廬州患二十年。

王延稟及子繼雄襲福州。延鈞使王仁達拒之，殺繼雄，擒延稟。建州人奉王繼昪奔吳越。○誅延稟。○延鈞信陳守元等，求神仙，作寶皇宮。○守元謂延鈞：「避位受籙，爲天子六十年。」

李仁罕陷遂州。○石敬瑭謂知祥必葬夏魯奇。○敬瑭棄劍門北遁。○趙季良料敬瑭必遁。○趙廷隱陷利州。○廷隱欲因董璋至營殺之，知祥不許。○知祥令李仁罕取峽路。○陷忠、萬州、萬安監、夔州。○趙廷隱請取興元、秦、鳳，知祥不許。○唐遣蘇愿等諭兩川，以安重誨擅興兵，今已伏辜。○知祥欲與董璋同謝罪，璋以知祥甥姪獨完，怒，復與知祥絶。○趙廷隱以利州讓李肇。

○朱偓陷黔南、涪州。○李肇敗石敬瑭于劍州。

四 楊廷藝起兵，攻陷交州，逐李進，破殺程寶。

玄黓執徐正癸未、五壬午、七辛巳、八庚戌、十己酉、十二戊申朔。十一月十六日，冬至。○本志：四月庚辰，熒惑犯積尸。九月庚寅，太白犯哭星。十一月己亥，太白犯壁壘。

三藥彦稠、康福討党項。○初彫印九經。○藥彦稠等破党項。○契丹請前刺，楊檀以爲歸之必爲邊患。○以李贇華鎮滑州。○党項皆降。上歸萴骨於契丹。○孟知祥殺董璋，併東川。范延光謂陛下不屈意撫之，則知祥無由自新。上曰：「知祥，吾故人。何屈意之有！」命李存瓌撫諭之。○李從珂鎮鳳翔。○趙鳳鎮邢州。○趙德鈞城良鄉、潞、三河，以禦契丹。○上戒秦王習經義，勿爲詩。○契丹屯捺剌泊。○上不受李金全馬，曰：「爲治何如？」○康澄論五不足懼，六可畏。○秦王驕縱，范延光、趙延壽皆畏之，石敬瑭求外補。○孟鵠鎮忠武，上知不可而不能易。○馮贇爲宣徽使，判三司。石敬瑭鎮河東。○張敬達聚兵守要害，契丹不敢南下。○張彦超以蔚州附契丹。○石敬瑭以劉知遠爲腹心。

鏐病，詢將吏所立，然後授傳瓘印鑰。○又戒勿以易姓廢事大。○鏐卒。○陸仁章扶傳瓘就異幄。○仁章謂先王在位，不知事令公。○傳瓘更名元瓘。去國儀，用藩鎮法。○置擇能院，命沈崧掌選舉殿最。○諸將請誅陸仁章、劉仁杞，元瓘請歸臨安。○告訐者不問，諸將輯睦。○唐加元瓘中書令。

希聲卒，弟希範立。○唐以希範鎮武安，兼侍中。

二月，唐賜爵勃海王。

四知誥作禮賢院以延士大夫。○城金陵周二十里。○知誥加領德勝。

延鈞復位。○陳守元謂延鈞六十年後爲大羅仙主。延鈞求吳越王、尚書令於唐不得，遂與唐絶。

○福慶公主卒。○李昊謂不與璋同上表，則負約在我。○又謂不顧墳墓，則不若取梁、洋，安用璧州。○又謂宜備東川。○璋謀襲成都，王暉諫，不從。○趙季良謂璋暴戾失人心，城守難克，野戰必成擒。又謂璋不守巢穴，公之利也。今人心危懼，公宜自出禦之。○趙廷隱曰：「必爲公擒之。」○知祥遣廷隱拒璋。○廷隱不視璋書。○璋敗潘仁嗣於赤水，擒之，遂入漢州。○知祥自將至彌牟。○與璋戰於雞蹤橋，璋大敗。

五立子耀、樞等爲王。

自七月以後卷第二百七十八

○復取漢州。○知祥追璋至赤水而還，命趙廷隱攻梓州。○璋還梓州，王暉殺之以降。○知祥有疾，王處回出空器。○李仁罕侵侮趙廷隱。○知祥入梓州。○仁罕、廷隱爭梓州，李昊勸知祥自領之。○知祥以趙廷隱鎮閬州，自領東川。○唐遣知祥甥李存瓌來撫諭。○知祥拜泣受命。○上表謝罪，復稱藩，然益驕倨。○知祥欲令五鎮表己爲蜀王，且求節鉞。李昊曰：「如此則輕重之權皆在羣下，不若自表。」○知祥得

昭陽大荒落 二丁未、五丙子、七乙亥、九甲戌、十一癸酉朔。○本志：九月辛巳，太白犯右執法。

四 劉昫爲相。○涼州請孫超爲帥。○李仁福卒，子彝超襲位。○朝廷聞仁福潛通契丹，徙彝超於延州。以安從進鎮夏州，藥彥稠將兵送之。○李彝超稱爲軍民所留。○執政令秦王自擇師傅。○劉瓚爲王傅，以規諷被踈。○李彝超不受代。○官軍自蘆關退保金明。○立從珂等爲王。○上暴疾。○諸軍破党項。○上旬日不出，都人潛竄山野。○安從進攻夏州，不克而還。○李仁福實不通契丹，夏州自是輕朝廷，因流言賞賚，軍士益驕。○加尊號。大赦。又賞賚，用度益窘。○何澤請立太子，上曰：「朕當歸老太原。」○秦王從榮曰：「執政欲奪吾兵柄，幽之東宮。」乃除天下兵馬大元帥。○令節

吳越文穆王元瓘 唐賜元瓘爵吳王。○元瓘謂元璙：「此兄之位也。」○仰仁詮常服召錢元珦。

楚文昭王希範 唐以希範爲武安、武平節度使，兼中書令。○希範怨希聲先立不讓，幽其母弟希旺。

五 宋齊丘勸遷都。作宮城於金陵。○立王后。○徐知誥以水火爲災，出妓焚樂器。○閩吳光來請兵，蔣延徽會光圍建州。

龍啓元 稱帝，大赦，改元，更名璘。○李敏、王繼鵬爲相，吳勗爲樞密。○立繼鵬爲福王。○閩主避位。○大作宮殿。○復位。薛文傑以聚歛諂佞得幸。○吳光叛奔吳。○從子繼圖反，誅。○尊黄太后。○薛文傑使吳勗以頭痛對，盛韜言北廟釘其腦，遂族之。○吳將延徽寇建州。○閩主忌王仁達之智而殺之。

東兵三萬人，表請其妻子。○命仁贊總轄都軍。○詔聽知祥自除節度使以下。東兵亦不徵。

唐以知祥爲東西川節度使、蜀王。○知祥自作冕服輦輅，擬王者。○知祥謂唐執政者皆胥史小人，其亂可俟。

六

度使見元帥以軍禮庭參。○從榮側目於執政，曰：「吾一旦南面，必族之。」范延光、趙延壽懼，各求出以避之。上怒，二人請一先出，乃以延壽鎮宣武，以朱弘昭爲樞密。○張文寶使杭州，風飃船入吴，不受資給。○詔元帥位宰相上。○諸胡賣馬，歲費國用什之七。初令邊吏擇馬給券遣之。○范延光出鎮成德。以馮贇爲樞密。康義誠令子事秦王，挾兩端冀自全。○雪李彝超。○范延光勸上勿聽羣小言。○上疾甚，從榮疑帝已殂，自知不爲衆所附，恐不得立，欲將牙兵入宫，以制權臣。朱弘昭、馮贇、孟漢瓊劫康義誠共白上，云從榮反，討誅之。上驚悲，再絶而蘇。○遣漢瓊召宋王從厚於魏州。○馮道謂任贊、劉瓚、王居敏皆無罪。弘昭欲悉誅官屬十七人，贇力爭之，始得流貶。○趙遠以諫從榮知名。○上殂。○宋王至。○即位。○賜司衣王氏死。○朱弘昭忌宋令詢，不令在閔帝側。○上有致治之志，而不知其要，寬柔少斷。○李愚謂上訪問不及吾輩堪憂。

閼逢敦牂

正壬申、三辛未、四庚午、七己亥、九戊戌、十一丁酉朔。閏正。二一日，春分。十一九日，冬至。○本志：六月甲戌，太白犯右執法。

唐潞王從珂清泰元

閔帝赦，改元應順。○朱弘昭、馮贇兼中書令。贇不受。○弘昭、贇忌潞王從珂，出其子重吉於亳州，召女尼入宮，王由是疑懼。○唐汭與朱、馮爭論。○尊曹太后。○符彦超奴殺彦超，據安州，李端討誅之。○以王淑妃爲太妃。○朱、馮徙范延光於天雄，石敬瑭於成德，潞王於河東，皆不降制，遣使監送。又命洋王從璋代潞王鎮鳳翔。王懼禍，欲拒命，將佐皆勸之，惟馬胤孫請臨喪赴鎮。○王移檄鄰道，以討朱、馮爲名。○王思同執其使以聞。○命思同等討鳳翔。○侯益知軍情將變，辭不行。○諸軍大集，攻鳳翔。城垂陷，潞王泣語外軍，聞者哀之。○張虔釗以白刃驅士卒登城，士卒怒，反攻之，虔釗走免。○楊思權帥諸軍入城降，尹暉亦如之。外軍潰，思同等六節度皆走。○思同至長安，劉遂雍拒之。○潞王整衆而東。○劉遂雍出庫財，軍士前至者給賞令過。○帝欲自迎潞王，以位讓之。○康義誠求自將，欲以禁軍迎降爲己功。○軍士負賜物，

唐以元瓘爲吳越王。

唐以希範爲楚王。

唐以從誨爲南平王。

六

徐知誥遷居私第。○蔣延徽敗閩兵於浦城，圍建州。垂克，知誥以其與臨川王濛善，召還。閩人追敗之。○周宗以遷都爲不便。吳使宋齊丘諭知誥罷遷都。周宗諷吳主禪位，齊丘以爲未可，請斬宗，由是忤意。○知誥復還府舍。○徐知詢卒。○徐知誥幽臨川王濛於和州。○知誥召宋齊丘還金陵爲判官，居南園。○吳主加知誥大丞相、齊王、九錫，不受。○知誥召子景通還金陵，爲副大使。以景遷參政事，居江都。

二

吳蔣延徽敗閩兵於浦城。○王延宗救建州，士卒不進，請薛文傑而食之。

明德元

蜀王即帝位。○趙季良爲相。○王處回爲樞密。○唐張虔釗、孫漢韶舉梁、洋來降。○大赦，改元。○取唐散關以南。○又取階州。○張虔釗、孫漢韶舉族詣成都。○取唐成、文州。○以孫漢韶鎮雅州。張虔釗讓興元。○立太子仁贊，令監國。○趙季良、李仁罕、趙廷隱、王處回、張公鐸、侯弘實受遺輔政。○蜀主殂。○季良謂處回：「宜速立嗣君，豈但涕泣！」季良教處回備仁罕。○太子更名昶，即位。○李仁罕求判

七

馬后殂。○秦王弘度判六軍，狎昵羣小。楊洞潛諫不聽，謝病歸。

自二月以後卷第二百七十九

揚言至鳳翔更請一分。○殺李重吉。○朱洪實欲守都城，康義誠以爲欲反。帝斬洪實。○潞王獲王思同，嘉其忠義，欲宥之。楊思權等恥見其面，與劉延朗謀而殺之。○朝廷所發兵，遇西軍則迎降，無一人戰者。○安從進爲京城巡檢，潛受潞王書。○同州、河中先降。康思立欲守陜而不能，亦降。○潞王留陜，移書諭洛陽士庶。○康義誠衆散，遇候騎而降。帝召朱弘昭謀所向，弘昭赴井死。○安從進殺馮贇。○帝召孟漢瓊，漢瓊奔陜。○帝奔魏州，皇甫遷闔門不行。○李愚欲白太后而歸。○盧導謂不稟太后，豈得遽議勸進。○王責康義誠而宥之。○閔帝至衛州，遇石敬瑭，與圖興復。王弘贄言無將相、侍衛、府庫、法物，難以成功。○沙守榮欲刺敬瑭，奔洪進自刎。劉知遠盡殺從騎，獨置帝去。○潞王至乾壕，遣内諸司還。○斬孟漢瓊於路隅。○張虔釗、孫漢韶舉梁、洋附蜀。○百官迎潞王於蔣橋，王不見。○王入謁太后、太妃，哭梓宫。答拜，讓馮道等，以勸進

六軍。○李肇入朝，扶杖不拜。○張公鐸等譖仁罕云有異志。○仁罕伏誅，肇投杖而拜。○文景琛據源州叛，李延厚討平之。○李肇徙邛州。○唐圍文州，范延暉卻之。

無謂。○太后下令廢閔帝爲鄂王。以潞王知軍國事，尋令即帝位。○帝許賞軍錢人百緡，應用五十萬緡，左藏見物不過三萬，乃率民財及借屋課五月。○帝使王巒酖閔帝，殺孔妃及四子。○宋令詢自經。○劉遂清棄興州而歸，散關以南盡爲蜀有。○改元，赦。○郝瓊判樞密，鳳翔將佐皆居要近。○族康義誠。○有司急斂民財，民多自經赴水。并公家物，僅及二十萬緡。○李專美謂國之存亡，不專在厚賞，亦在修法度，立綱紀。乃據見財給之，楊思權、尹暉纔七十緡，士卒猶怨望爲謡言。○葬明宗，帝親宿陵所。○韓昭胤、劉延朗爲樞密。○帝素與石敬瑭心競，鳳翔將佐多勸帝留之，韓昭胤、李專美以爲不宜猜忌。帝乃復命敬瑭鎮河東。○階州附蜀。○馮道出鎮同州。○范延光爲樞密。○復以李從曮鎮鳳翔。○房知温素與帝有隙。帝即位，知温懼，自青州入朝，帝厚遇之。○蜀取成州。○以子重美判六軍。○文州附蜀。○劉昫、李愚數忿爭，事多凝滯。帝患之，置可相者名於

	旃蒙協洽 正丙申、三乙未、五甲午、七癸巳、十壬戌朔。
琉璃缾，夜祝天而挾之。○盧文紀爲相。○帝用韓昭胤言，免楚匡祚死。○立劉后。○牛知柔與邠州共計河西雜虜。○帝謂從璋、從敏何物據雄藩。○劉昫免籍中逋負三百三十八萬，民悦而吏怨之。○姚顗爲相。○索自通投洛水卒，帝驚，贈官。○契丹寇雲州，石敬瑭屯百井。○楊檀破契丹於境上。○李愚、劉昫罷，三司吏相賀。○張延朗圖蜀文州，不克。○契丹引去，石敬瑭罷歸。○張延朗爲相。○葬鄂王。○秋冬旱，民流亡。	二 范延光出鎮汴州。○李彝超卒，兄彝殷代鎮夏州。○追尊魏太后。○趙延壽爲樞密。○史在德上章歷詆文武宰相，諫官請罪之。詔曰：「昔魏徵請賞皇甫德參，今劉濤等請黜在德，何相遠哉！」○韓昭胤爲相。○劉延皓爲樞密，后弟也。延朗爲副使。○契丹寇新州及振武。○又寇應州。○石敬瑭爲自全之計，賂太后左右，詗帝密謀。
	元瓘性孝，尊禮母黨而不遷官任使。
	從誨兄事梁震。○孫光憲謂馬氏奢僭將亡，何足慕。○震退居土洲。○從誨以事屬光憲。
	天祚元 加徐景遷平章事，知左右軍。徐知誥使陳覺輔之。○柴再用不以戰功語史官。○徐知詢荒縱，徐知誥怒之。○或曰：「借使知詢治有能名，於公何利！」○大赦，改元。
	永和元 赦，改元。○立陳后，以其族人守恩、匡勝爲殿使。○以李春鸞賜繼鵬。○陳后通於歸守明、李可殷。閩主疾甚，李倣擅殺可殷，閩主怒。倣弒閩主及陳后，立繼鵬，更
	蜀楚恭孝 王昶明德二 赦。○尊李太后。○毋昭裔爲相。○全師郁攻唐金州，不克。
	八

柔兆涒灘 正辛卯、二庚申、四己未、六戊午、七丁亥、十丙辰、十二乙酉朔。閏十一一日，冬至。十二二日，大寒。○本志：三月壬子，熒惑犯積尸。	
晉高祖敬瑭天福元 唐主謂魏國公主遽歸，欲與石郎反邪！○馬胤孫爲相。○呂琦、李崧請與契丹和親，則石敬瑭不能爲患。薛文遇誦戎昱詩，帝責怒琦、崧而罷。○敬瑭請移鎮以嘗帝意，房暠等皆以爲不可。文遇勸帝從其請徙鎮鄆州，制出，兩班失色。○敬瑭與將佐謀之，劉知遠勸令拒命，桑維翰請結契丹，敬瑭從之。	○敬瑭奏邊兵乏糧，時民饑，詔河東借民菽粟，鎮、魏糴糧。民流散，亂始兆。○敬瑭屯忻州，朝廷賜夏衣，軍士呼萬歲。○詔竊盜不計贓皆死。○劉延皓出鎮天雄。○帝疑石敬瑭，命張敬達屯代州分其權。○盧文紀等求復延英故事。○房暠、劉延朗爲樞密使副。延朗及薛文遇用事，暠與趙延壽充位。○暠對幽、并使者睡寐。○方鎮賂延朗，隨厚薄近遠。○蜀人寇金州，馬全節拒卻之。○劉延朗求賂於全節。○韓昭胤出鎮河中。○馮道不憚掃除。
馬希杲鎮桂州，有善政，裴仁煦譖之。會漢兵寇蒙、桂州，希範自將南巡桂州，漢兵退，徙希杲知朗州。	
二 知誥始建元帥府，以幕職判六曹及鹽鐵。○知誥以子景通爲副元帥。○高從誨奉牋勸知誥即帝位。○徐景遷以疾罷，弟景遂代參政事。○知誥置百	○加知誥太師、大元帥，封齊王。
閩康宗昶通文元 改元。○立李春鷰爲后，尊太皇太后。○閩人聞潞王敗亡，曰：「將如吾君何！」	名昶。大赦。○林延遇不以閩事語漢。○李倣專權，閩主與林延浩等殺之。其衆奔吳越。○葉翹忤旨，放之。○以陳守元爲太師，賞罰選舉，受賕請託。
九 孫德威侵楚蒙、桂州，不克。○劉濬爲相。	
卷第二百八十	

趙瑩、段希堯、楊彦詢以爲不可，敬瑭亦不罪。○敬瑭表請帝傳位許王。○帝命張敬達等攻晉陽。○定州軍亂，方太討平之。○張敬達營於晉安。○安審信、安元信帥衆奔晉陽。○元信謂帝失信必亡。○安重榮帥衆奔晉陽。○天雄軍亂，張令昭逐劉延皓，求旌節。○帝欲遠貶延皓，皇后請之而止。○徙張令昭齊州。令昭不從，殺使者。命范延光等討之。○桑遷逐沙彦珣，據雲州。彦珣收兵，還攻之。遷走死。○范延光拔魏州，斬張令昭。○張萬迪帥衆自懷州奔晉陽。○石敬瑭求援於契丹。○敬瑭父事契丹主，賂以盧龍及山後八州。○劉知遠謂稱臣則可，父事太過，厚遺金帛，足致其兵，若割土田，他日必爲中國大患。○契丹主謂天意令我救石郎。○劉知遠待降兵無私，故士無貳心。○知遠以保城自任。○楊光遠謂契丹無能爲，帝悦。○帝聞契丹許救敬瑭，命張敬達急攻晉陽，不能下。○契丹主引兵自揚武谷入救晉陽，過忻、代州皆不顧。○契

官，以金陵爲西都。○唐盧文進來奔。○知誥使李德誠、周本勸進。○宋齊丘謂李建勳，曰：「尊公功業盡矣！」

丹至虎北口，即日大破張敬達等於汾曲。○石敬瑭出見契丹主。○契丹主謂唐不守險要，我長驅至此，我鋭彼沮，故急擊勝之。○契丹、敬瑭圍敬達等於晉安寨，自是聲聞不通。○唐主遣范延光自青山入，趙德鈞自飛狐入，潘環自晉、絳入以救之。○契丹主軍柳林，遊騎過石會關，不見唐兵。○唐主雖下詔親征，而實憚行。張延朗等固請北上。○諸軍自鳳翔以來驕悍，符彦饒不敢束以法。○盧文紀勸帝留河陽，遣近臣督戰。○遣趙延壽將兵會趙德鈞於潞州。○唐主如懷州。○龍敏請立李贊華爲契丹主，以幽、魏兵送之。○唐主謂石郎使我心膽墮地。○唐括馬發民爲義軍。○趙德鈞自吴兒谷趣潞州，欲并范延光兵。延光不可。○唐以德鈞爲都統。○趙延壽以兵屬德鈞。○德鈞出屯團柏。劉景巖殺楊漢章，據延州。○契丹主立石敬瑭爲帝。割幽、薊等十六州遺契丹，約歲輸帛三十萬匹。○改元，赦，法制皆依明宗之舊。○立李后。○契丹每日

結束以俟遁逃。○趙德鈞屯團柏，踰月不進戰，去晉安百里，聲聞不通。○德鈞爲延壽求鎮州，唐主曰：「能卻胡寇，雖代吾位亦可；若玩寇邀君，但恐犬兔俱斃。」○德鈞求契丹立己爲帝，請以見兵南取洛陽，仍許石氏常鎮河東。契丹主欲許之，桑維翰固爭，乃指帳前石，曰：「石爛可改矣！」○龍敏請選精騎自介休山路入晉安寨，唐主曰：「用之晚矣！」○丹州逐刺史康承詢。○晉安芻糧盡，淘糞以食馬，馬羸死則將士分食之。援兵竟不至。○楊光遠勸張敬達降，敬達曰：「必若力盡勢窮，諸公當擕吾首降。」○光遠殺敬達，帥諸將降契丹。○契丹主謂諸將宜效敬達。○契丹取馬及鎧仗，以將卒歸晉。○吕琦斬晉使，帥忻州兵奔真定。○趙瑩、桑維翰爲相。○契丹主令帝從子重貴守河東。○帝與契丹大破趙德鈞等於團柏。○唐主言見薛文遇肉顫。○唐主欲幸魏州，李崧勸還洛。○雍王重美不禁逃竄者。○唐主命諸將守河陽，張延朗請幸滑州，唐主

不能決。○趙德鈞父子奔潞州，帝及契丹主至，遂迎降。○契丹主殺銀鞍契丹直三千人，鎖德鈞父子歸其國。○述律后謂德鈞：「何不先約退吾兒，徐圖天子未晚。」○契丹主謂帝：「自帥漢兵南下，人必不甚懼。令太相温以五千騎送汝，我留此俟汝，有急則前救。若平洛陽，吾即北返。」與帝泣別。○高漢筠開門延田承肇入，曰：「我不爲亂首，死生惟所處。」○唐主自河陽還洛。○唐主殺李贊華。○帝至河陽，萇從簡降。○唐主舉家自焚。雍王重美不焚宮室，曰：「死而遺怨，安用之！」○王淑妃欲與曹太后避匿，太后不可。○帝入洛陽。○劉知遠部署城中，夷夏無敢犯令。○誅張延朗、劉延皓、劉延朗。除馬胤孫名。○帝如河陽，餞太相温。○馮道爲相。○姚顗罷。○祕瓊殺董温琪，據鎮州。○同州門鐸殺楊漢賓。○追贈李贊華燕王，歸其喪。○盧文紀罷。○周瓌曰：「以避事見棄，勝冒寵獲辜。」○盧文運自安州奔吴。○高麗王建破新羅、百濟。

强圉作噩

晉：正甲寅、四癸未、五壬子、七辛亥、九庚戌、十二己卯朔。○蜀：正乙卯朔。○南唐：十二庚辰朔。○本志：正月乙卯朔，食，初出三分，至卯復。○七月丙寅望，食，在室二度。

二

以安重榮鎮成德，徙秘瓊於齊州。○李崧、吕琦逃匿，帝不責。○范延光不自安，謀作亂，殺祕瓊。○李崧爲相。○契丹主過雲州，沙彦珣出迎留之。吴巒據城不服。○契丹主磑奚王李紹威骨。○張礪以忠直事契丹主。○得潞王膂臂，葬之。○帝聞范延光之謀，東巡汴州。○帝至汴州。○赦。○署汴州牙城曰太寧宫。○追尊祖考。○婁繼英請葬均王首。○范延光從孫鋭謀，遂反。○詔白奉進屯滑州。○遣楊光遠等討魏博。馮暉、孫鋭引兵趣黎陽。○張誼諫和凝絶賓客。○誼言北狄雖有大功，宜外敦信好，内嚴邊備。○契丹攻雲州不能下，帝召吴巒歸。○郭威請不從楊光遠北征，留事劉知遠。○張從賓反，殺皇子重信於河陽，重乂於洛陽。李進不與從賓錢帛而死。○從賓東扼汜水。○詔杜重威、侯益討之。○桑維翰不改常度。○張從賓殺宋廷浩。○帝欲奔晉陽，桑維翰叩頭諫，乃止。○尹暉、婁繼英與范延光通謀出

元瓘弟元球驕横，王殺之，及其兄元珦。○錢仁俊諫按將吏與二子交通者。○元瓘建國，赦，立子弘僔爲世子。以曹仲達、沈崧、皮光業爲丞相。○晉加元瓘副元帥、國王。

晉加希範江南諸道都統，制置武平、靜江軍等事。

唐烈祖李昪

昪元元

徐知誥立廟社，建宫殿，置百官，皆如天子。以宋齊丘、徐玠爲左右相，周宗、周廷玉爲内樞使。○知誥赦境内。妃曰后。○立子景通爲王太子，固辭。○知誥更名誥。○誥通使契丹，欲取中原。○徐景遷卒。○王令謀如金陵，勸徐誥受禪。○歷陽公濛亡抵周本，周弘祚執而殺之。○吴主禪位于齊。○王令謀卒。○誥即帝位，改元，國號唐。尊吴主爲讓皇，宫室服御如故。○李

二

作紫微宫。遣使諸州，伺察隱慝。○令蔡守蒙納賂除官，籍貨來上。○令民隱口者死，逃亡者族。○閩主遣繼恭表嗣位于晉，請置邸都下。

四

晉遣使敘姻好。復書用敵國禮。○赦，改明年元。

十

疾愈，赦。○皎公羨殺楊廷藝，據交州。

卷第二百八十一

亡。○温延濬等謀以許州應延光，不果。○符彦饒擅殺白奉進。盧順密與馬萬等共執彦饒，送大梁，斬之。○劉知遠謂恩威兼著，京邑自安。○知遠誅盜紙錢者。○馮暉、孫鋭襲滑州，楊光遠逆擊，大破之。○杜重威、侯益大破張從賓於氾水，從賓溺死。○李濤請宥張全義之族。○詔東京百官赴行在。○張暉以博州降。○王暉殺周瓌，據安州。○帝令李金全如安州，約赦暉。○范延光族孫鋭，請降，帝不許。○王暉將奔吴，胡進殺之。○李金全殺軍校取其貨，帝不問。○贖中國士民之在契丹者。○胡漢筠毒殺賈仁沼。○契丹改元會同，國號遼。

德誠呈宋齊丘書，唐主不視。○讓皇服羽衣，習辟穀。○張延翰、張居詠、李建勳爲相。○讓皇辭唐主上表，唐主表謝而不改。○宋齊丘不得預政，悔失計，請遷讓皇它州，絶楊璉婚。○立宋后。○楊璉妃聞呼公主則泣。

著雍閹茂

晉：正戊申、五丁未、六丙子、八乙亥、十甲戌朔。○南唐：正己酉、

三

張允言數赦則直者銜冤，適所以致災，安能弭災！○帝令百官上封事，置詳定官以考之。○禁民作銅器。○李詳以府吏、優伶、奴僕皆紫

彭夫人卒，希範始縱聲色。

二

周本以吴亡，愧恨而卒。○宋齊丘自請預政。○讓皇固辭舊宫。○徙

三

晉册命閩主爲閩國王，辭不受。○黄諷直諫，不受杖，黜爲民。

廣政元

張業、王處回爲相。

十一

吴權自愛州舉兵攻皎公羨。○漢主遣萬王弘操救之，蕭益謂不可輕

二己卯朔。○本志：正月戊申朔，食。

袍象笏，請加裁節。○楊光遠自恃擁兵，頗干朝政。○薛融諫修洛陽宮，曰：「宮雖焚，猶侈於茅茨；費雖少，猶多於露臺。」○張鑄奏浮户墾田五頃，三年外乃聽徭役。○薛融等定編敕。○作受命寶。○上尊號於契丹主。○帝事契丹謹，故終身無隙。○趙思温請以盧龍内附，帝不許。○馮暉出降。○帝赦范延光，受其降。徙延光鎮天平。○李彦珣殺母，亦赦之。○命楊光遠鎮天雄。○契丹加帝尊號。○以大梁爲東京，洛陽爲西京，長安爲晉昌軍。○王權恥使契丹，坐停官。○罷桑維翰、李崧樞密使。○赦。○河決鄆州。○范延光入朝。○桑維翰請徙楊光遠爲西京留守。以魏府爲鄴都，分相、貝別爲兩鎮。○徙澶州跨德勝津。○范延光致仕。○聽公私自鑄錢。○以鄭王重貴爲開封尹。○鳳翔軍亂，李從曮討之。亂兵東走，張彦澤誅之。

居丹陽宮。○宋齊丘出怨言，唐主怒。○唐主曰：「犯法有常刑，安用毒酒！」○徐玠諫改吴、楊名號。○宋齊丘殺契丹使者以間晉。○趙可封請復姓李，立唐宗廟。○讓皇卒。

進。○權殺公羨，據交州。○弘操敗死於海口。

屠維大淵獻

晉用馬重績調元小曆，五年而差。○正癸卯、四壬申、六辛未、七庚子、八己亥、十戊戌、十二丁酉朔。閏七。八二日，秋分。○本志：七月庚子朔，食，缺於北，極於東，復於東南，未盈而没。○四月辛巳，太白犯東井北轅。○甲午，犯五諸侯。五月丁未，犯輿鬼中星。

四

馮暉厚遇拓跋彦超而留之，朔方以安。○劉知遠恥與杜重威同制。帝怒，欲落其軍權。趙瑩諫，乃止。○王彦忠據懷遠叛，降而齊延祚殺之。帝惡其棄信，杖而流之。○册回鶻奉化可汗。○帝以樞密權重於宰相，廢樞密院入中書，勳臣近習猶欲復之。○復李專美等官。○安重榮謂今世天子，兵彊馬壯則爲之。○編敕成。○復禁私鑄錢。○楊光遠奏桑維翰過失，帝不得已，出維翰鎮相州。○契丹欲以王處直之子威鎮定州，帝請以漸進用，契丹主怒曰：「汝爲天子有階級邪！」帝懼，重賂契丹，以王廷胤鎮定州。○河決博州。○馮道專知印，寵遇無比，帝問以軍謀，辭以書生不預知。○以許王從益爲郇公，奉唐祀。○閩鄭元弼入貢，帝怒其書不遜，囚之。

晉以元瓘爲元帥。○馬夫人卒。○夫人以無子，請武肅王爲元瓘納姬妾。○契丹遣遥折來使。

晉加希範天策上將軍。○彭士愁寇辰、澧州，遣劉勍、廖匡齊擊之。○始開天策府，置十八學士。○劉勍等破溪州圍，彭士愁、廖匡齊死。其母曰：「三百口温飽，皆死未足報。」

三

唐主不受尊號，不以外戚輔政，宦者不得預事，子孫遵之。○改太祖號義祖。○唐主復姓李，立唐宗廟。○唐主更名昪。○以義祖次高祖、太宗之室。○擇吴、鄭二王而祖之，以三十年爲世數。○徐知證等請亦姓李，不許。○赦。○還讓皇之族於泰州。

閩景宗曦永隆元

晉使盧損來，閩主不見。遣鄭元弼入貢于晉。○閩主忌叔父延武、延望，用巫者林興言殺之。○禱三清，求神丹。○閩主置宸衛都，禄賜厚於拱宸、控鶴。○又欲分二都隸漳、泉。○從弟繼隆醉失禮，斬之。○叔父延羲陽愚，幽之。○閩主侮連重遇、朱文進，又疑重遇縱火，欲誅之。陳郯告之，重遇等乃帥拱宸、控鶴都立延羲，攻閩主。宸衛都奉閩主出走。至梧桐嶺，王繼業追及以歸，殺之。

二

十二

趙光裔請修舊好於楚。○光裔相漢二十餘年，及卒，漢主復以其子損爲相。

卷第二百八十二

庚子（九四〇）

	上章困敦 南唐初用陳成勳《中正曆》。○四丙申、六乙未、七甲子、九癸亥、十一壬戌。十一月十五日，冬至。○本志：十一日丁丑望，食。
	五 釋鄭元弼。○安彦威謂陛下以蒼生之故事契丹，臣何屈節之有！○以劉知遠爲鄴都留守。○安從進言移青州置漢南則赴鎮。○以馬全節鎮安州。○胡漢筠説李金全降唐。詔全節討之。○唐李承裕逆金全。全節大破之，追至雲夢，擒承裕，殺之。○贈桑千等官，戮龐守榮。○范延光請居河陽，楊光遠擅殺之。○和凝爲相。○帝謂法外税民，罪同枉法。○帝以李澣輕薄，罷翰林學士。○楊光遠入朝，以其親校數人爲刺史，乃徙光遠青州。○安重榮誘應州吐谷渾千餘帳來奔。
	閩王延政來求救。元瓘遣仰仁詮等救之。林鼎諫，不聽。○世子弘僔卒。○仁詮等大敗於建州城下，遁歸。○晉加元瓘都元帥。
	劉勍焚彭士愁山寨，士愁以溪、錦、獎三州降。○希範以銅五千斤鑄柱，立於溪州。
	四 楊璉醉卒舟中。○晉李金全來降。李承裕將兵逆之，爲晉所敗，没於雲夢。○唐主戒承裕毋入安州城，承裕貪剽掠而敗。唐主惋恨累日。○唐主詰宦者蔬食。○又爲倉吏不掊民刻軍，安得羨餘！○立齊王璟爲太子，固辭。赦。○詔奏章毋得言「睿」、「聖」。○唐主用孫智
及李后。○延羲自稱威武節度使、閩王。更名曦，稱藩于晉。○晉囚鄭元弼。	二 閩王曦猜虐，與弟建州刺史延政有隙，發兵攻之。延政求救於吴越，兵未至，延政擊曦兵，大破之，殺潘師逵。建州兵始盛。○吴越兵至，犒而還之，不去。○延政懼，復求救於曦。曦遣王繼業救之。延政大破吴越兵於城下。○延政與曦盟于宣陵，猜恨如故。○度民爲僧萬
	三 趙季良等分判三司。
	十二 趙損卒。王定保爲相，尋卒。

	重光赤奮若 正辛酉、四庚寅、七己未、八戊子、十丁亥、十二丙戌朔。○本志：八月辛卯，太白犯軒轅。九月己卯，熒惑犯上將。
	六 遣兵逐吐谷渾還故土。○作浮梁於德勝。○張彥澤殺張式。○涼州軍亂，李文謙自焚。○吐谷渾白承福入朝。○安從進謀反，求援於荆、蜀。○安重榮恥臣契丹，執殺其使者，侵掠幽州。軍于博野，表請與吐谷渾等擊契丹。桑維翰表陳其不可。○以劉知遠鎮太原。○知遠嘗爲僧所笞，召而禮之，衆大悦。○杜重威代知遠領親軍。○重威怪市人之多。○帝如鄴都。○詔諭安重榮。○重榮益驕，與安從進連謀。○滑州河決。○楊彥詢使契丹，言安重榮如人家惡子不可制。○郭威勸劉知遠以重賂招吐谷渾。○白承福帥衆降知遠，安重榮勢沮。○和凝請留空名宣敕付鄭王。安從進反，攻鄧州。王遣張從恩等擊之。○詔高行周討從
	元瓘屬章德安以其子弘佐。元瓘卒，德安誅戴惲，幽弘侑於明州。○軍中不受賜，曹仲達諭解之。○民獻嘉禾，弘佐問蓄積及十年，乃復民税三年。○晉以弘佐爲吳越國王。
	以兵糧助晉討安從進。
	晉安從進來求援。從誨奏言其狀，且請討之。○以兵糧助晉。
永言，東巡江都。欲留都之。以漕運不給，乃還。○張延翰卒。	五 遣使假道於晉，以通契丹。晉不許。○或勸恢復疆土，唐主曰：「吾不忍復言兵。使彼民安，此民亦安矣。」○漢主欲與唐分楚地，唐主不許。○李建勳罷。○吳越火，其王有疾，或勸唐主乘其弊。不許，遣使唁之。○唐主躡蒲屨，寢葛帷。○王紹顔上言：「比羣臣獲罪者衆，中外疑懼。」○定田税，民間稱平。
一千人。○晉以曦爲威武節度使、閩國王。	三 王延政城建州。○以延政爲富沙王。延政自稱鎮武節度使。○執王延喜於汀州。○曦殺王繼業及楊沂豐。○陳匡範請日進萬金，貸省務錢以足之。○黃紹頗請令人輸錢除官。○曦自稱閩皇，領節度使。與延政相攻，暴骨如莽。○殺王繼嚴。○閩主稱帝。延政自稱元帥。
	四 罷諸將遙領節度使，以文臣代之。○晉安從進來求援，辭之。
	十四 更名龔〔一〕。

進。○從恩敗從進於花山，從進走保襄州。○安重榮反，舉兵向鄴都。遣杜重威等討之。○焦繼勳獲從進弟從貴，斷足歸之。○重威與重榮遇於宗城西南。○王重胤勸重威擊其左右翼，而自攻中軍。○趙彥之來降。重榮敗走，保真定。○張彥武取趙州。

宣德郎、國子博士臣高宇校正

校勘記

〔一〕「龑」，原作「龔」，今據《通鑑》卷二百八十二改。

資治通鑑目録卷第二十九

端明殿學士兼翰林侍讀學士太中大夫提舉西京嵩山崇福宫上柱國河内郡開國公食邑二千六百户食實封壹阡户臣司馬光

奉敕編集

玄黓攝提格

二乙酉、閏三甲申、六癸丑、八壬子、十辛亥、十二庚戌朔。四一日，小滿。

晉高祖天福七

杜重威拔鎮州，斬安重榮，送首契丹。○改成德爲順國軍。○延州將賀行政作亂，何重建討平之。○涼州以涇州牙將爲帥。○張彦澤支解人，帝以其與楊光遠連姻不問，鄭受益、李濤等請論如法。○濤謂范延光鐵券安在。○契丹以招納吐谷渾讓帝，帝憂憤成疾。○尊劉太后。○帝以幼子重睿置馮道懷中。○帝殂。道與景延廣立齊王重貴。○高祖欲召劉知遠輔政，齊王寢之。知遠由是怨。○尊李太后。○劉太后

吴越忠獻王

弘佐

楚文昭王

作天策府。

南平文獻王

唐烈祖昪元六

宋齊丘求知政，唐主聽入中書。又求知尚書省，坐阿私罷。○齊丘怨望。○以齊丘鎮洪州。

閩景宗永隆四

立李后。○以子亞澄爲閩王。○王延政圍汀州，閩主遣林守亮、黄敬忠等屯尤口，欲襲建州。○包洪實等逆擊，敗之。○閩主厚以金幣求和於延政，延政不受。○閩主以減酒斬從子繼柔。○鑄當百大錢。○余廷英坐贜，獻錢萬緡。閩主悦，復責皇后貢物。○

蜀楚恭孝王廣政五

漢殤帝玢光天元

高祖與王翷謀出長子弘度、弘熙鎮邕、容，立幼子弘昌。蕭益諫而止。○高祖殂。○高祖以士人多爲子孫計，專任宦者，宦者始盛。○弘度立，更名玢，改元。○張遇賢自稱中天八國王，改元永樂。○敗越王弘昌等于錢帛館。○又陷循州。

卷第二百八十三

	昭陽單閼 二己酉、四戊申、六丁未、九丙子、十二乙巳朔。○本志：四月戊申朔，食。八月丙子，熒惑犯右掖。十月丙辰，犯進賢。
殂。○赦。○馮道等請以樞密職事讓勳貴。○高行周拔襄州。安從進自焚。○葬高祖。○官自賣鹽，而斂食鹽錢如故。○大臣議奉表稱臣，告哀於契丹。景延廣請致書稱孫，李崧諫。	晉齊王重貴天福八 帝聞契丹將入寇，還東京。○桑維翰爲相。○以年饑國用不足，分遣使者括民穀。○李彝敏作亂，奔延州。詔送夏州斬之。○尊帝母安氏爲太妃。○景延廣囚喬榮，盡奪契丹之貨，遣榮歸，曰：「翁來，有十萬橫磨劍相待。」○契丹主入寇遂決。○桑維翰諫，不聽。○劉知遠知必致寇，不敢論諫，但益兵爲備。○立叔父重胤妻馮氏爲后。○景延廣取楊
	弘佐初立，優容諸將。闞璠、胡進思用事，貶章德安、李文慶。○納妃仰氏。
	莫彥殊以阜牌州十八來附〔一〕。○楚地富，而希範奢欲無厭。○置銀槍都八千人。○作九龍殿。○籍逃田，募民出租，自西徂東，各失其業。○聽人入財拜官。○富者贖，彊者兵，惟貧弱受刑。○置函受匿名書。○令縣於稅外貢米。○拓跋恒諫，不復得見。
	唐元宗景保大元 烈祖欲立宣城王景達爲嗣，以齊王璟年長而止。○烈祖怒齊王璟，种夫人欲立其子景逷，烈祖立嫁之。○烈祖夢吞靈丹，服方士藥致躁急。○李建勳諫，不聽。王栖霞論飢嗔飽喜。○孫晟謂馮延己有能，適足爲國禍。○常夢錫謂馮
李仁遇以甥得幸用爲相。○醉欲殺李光準，醒而釋之。○又欲觀周維岳酒腸。	閩福恭懿王延政天德元 延政稱帝於建州，國號殷，改元。○立張后。○以潘承祐、楊思恭爲相。○思恭聚斂，魚鹽蔬果皆倍征。○閩主立尚賢妃。○陳望攻福州，入西郛，敗歸。○潘承祐陳延政十事，削官爵。○閩主發王倓冢，斬其尸。○陳光逸直諫，鞭
	六 以宦者田敬全爲節度使。
	漢中宗晟乾和元 殤帝驕奢淫虐，猜忌諸弟。弘昌諫，不從。○弘熙獻聲伎以成其惡。○令陳道庠、劉思潮等習手搏，拉殤帝殺之。○弘熙立，更名晟。○循王弘杲請斬思潮等。思潮等反譖弘杲，殺之。○萬景忻敗張遇賢於循州，遇賢踰嶺而北。○赦，改元。

光遠馬，光遠怒。○楊承祚棄單州走。詔發兵戍鄆州。○光遠召契丹。○契丹委趙延壽以南寇方略，許以中原帝之。○城南樂及德清軍。○先旱後水，蝗滿天下，竹葉俱盡，民餧死者數十萬。○杜威請括恒州穀，而私其什七。定州欲效之，馬全節不許。

延己等不宜侍東宮。○蕭儼言陳覺奸回亂政。○烈祖言服藥益壽，乃更傷生。○烈祖殂。○孫晟欲稱遺詔令太后臨朝，李貽業曰：「我必對百官毀之。」○馮延魯稱遺詔聽民賣男女，蕭儼辨其詐，亦不追改。○元宗即位，改元。○尊宋太后，立鍾后。○馮延己屢見白事，唐主曰：「何其煩！」○李建勳謂旁無方正之士，恐不守先業。○宋齊丘、周宗爲相。○人謂陳覺等爲「五鬼」。○李建勳出鎮撫州。○以齊王景遂、燕王景

數百，懸之樹。○閩主嫁女，朝士不賀者杖之。○鄭元弼曰：「臣以陛下爲太宗，故敢效魏徵。」

	閼逢執徐 正甲戌、三癸酉、五壬申、六辛丑、九庚午、十二己亥朔。閏十二。○本志：九月庚午朔，食。三月戊子望，食。九月丙戌望，食。二月壬戌，太白犯昴。己巳，熒惑犯天鑰。四月丁巳，太白犯五諸侯。七月甲申，犯東井。八月甲辰，熒
	開運元 契丹前鋒趙延壽等逼貝州。○邵珂以州城納契丹，殺吳巒。○用兵方略號令皆出景延廣，帝不能制。○帝如澶州。○契丹主屯元城。○契丹寇太原。以劉知遠爲幽州道招討使。○契丹寇黎陽。○劉知遠破偉王於秀容。○周儒以博州降契丹，與楊光遠通謀，引契丹自馬家口濟河。○竇儀勸景延廣遣兵戍河津。○麻答濟河，趣鄆州。遣李守貞等拒之。○
達爲元帥，約以傳國。○張遇賢寇虔州。○宋太后欲害保寧王景遏，唐主保全之。○遣嚴恩、邊鎬討張遇賢，斬之。○放宋齊丘歸九華。	二 周宗、張居詠出鎮。○唐主命齊王景遂參決國政，馮延己等欲因之隔絕中外，乃詔惟魏岑、查文徽得白事，餘非召對不得見。蕭儼、賈崇切諫，乃收前詔。○儼謂樓下恨無井。○將討朱文進，以暑疫而止。○濠帥劉崇俊求兼壽
	二 鑄天德通寶錢。○與唐書，詆之。唐主怒，與殷絕。○閩主猜忌朱文進、連重遇。李后妬尚賢妃之寵，欲立其子亞澄，密導二人爲亂。二人弒閩主，因立文進爲閩主，盡滅王氏之族。殷主遣吳成義討之，不克。○文進稱藩于晉。○
	七 復以將相領節度使。○遣兵攻晉階州。○敗於西平。
	二 漢主使盜殺越王弘昌。○陳偓爲相。○幽齊王弘弼。○酖鎮王弘澤。
	自二月以後卷第二百八十四

惑入南斗。十二月癸丑，太白犯辰。

契丹圍高行周等於戚城，帝救之，解去。○李守貞等敗契丹於馬家口，由是不敢復東。○李彝殷自麟州濟河侵契丹。○契丹再敗，忿恚，殘貝、博軍民。軍民由是爭奮。○楊光遠引兵欲西會契丹。○詔劉知遠出山東，會鎮、定。知遠止屯樂平。○帝於宫中舉細聲女樂。百官請聽樂，不許。○楊光遠圍棣州，李瓊擊走之。○蜀人寇階州。○契丹主來戰於澶州之北，互有勝負。○契丹主望晉軍之盛，始知楊光遠之妄。○契丹收兵北去，景延廣疑其詐不敢追。○契丹分兩軍，所過焚掠殆盡。○麻答陷德州。○馬全節攻契丹泰州，拔之。○籍天下鄉兵，七户資一卒。○秦州敗蜀兵於西平。○梁進復德州。帝還大梁。○景延廣出守西京。○發

州，唐主陽不曉而代之。○查文徽建議伐殷，至蓋竹。○殷敗唐兵于邵武，擒臧循。

留從效殺黃紹頗，以泉州降殷。○程謨以漳州，許文稹以汀州降殷。○朱文進遣林守諒等攻泉州，留從效擊殺之。○殷主遣吴成義攻福州。○唐查文徽入寇。○張漢真敗唐兵于邵武，擒臧循。○朱文進詐稱唐兵助討賊臣。林仁翰殺連重遇、朱文進以降。

三十六使括率民財。○盧億諫景延廣因緣求利。○命李守貞討楊光遠。○契丹救青州，薛可言擊敗之。○籍鄉兵，得七萬餘人。○遣張從恩擊貝州，趙延照走。○官軍拔淄州。○或謂馮道處艱難如使禪僧飛鷹。○道出鎮同州。○復置樞密院，以桑維翰爲之，朝政差治。○滑州河決，塞之。○楊昭儉謂刻石紀功，不若降哀痛之詔。○契丹欲徙河西民於遼東，折從遠拒境不從。○復置翰林學士。○赦，改元。○劉昫爲相。○以劉知遠爲北面都統，以備契丹。○桑維翰一制指揮，節度使十五人無敢違。○帝疑劉知遠觀望。知遠知見疎，自守而已。○郭威謂河東霸王之資。○置鎮寧軍於澶州。○楊光遠子承勳等劫其父，舉青州降。○朝

	旃蒙大荒落 正戊戌、三丁酉、四丙寅、六乙丑、八甲子、十二癸亥朔。正一日，雨水。十一十日，冬至。○本志：八月甲子朔，食。○七月庚戌，歲犯井鉞。八月甲戌，犯東井。九月甲寅，太白犯南斗魁。十一月甲午，朔犯哭星。
廷命李守貞潛殺光遠。○趙延壽入寇，圍鎮州。帝欲自將拒之，會有疾，命張從恩等屯邢州。契丹主繼至，屯元氏。詔諸軍稍卻，因恟懼擾亂，退屯相州。	二 契丹寇邢州，入魏境。○皇甫遇、慕容彥超與契丹力戰於安陽水上。安審琦救之，得免。○契丹自相州驚遁。張從恩等亦南奔黎陽。○趙延壽等南至湯陰而還，過相州爲攻城狀，苻彥倫知其將遁。○折從遠圍勝州，攻朔州。○帝疾小愈，自將北征。○馬全節等奏乘契丹衆散襲幽州，從之。○帝如澶州。○劉知遠謂勝胡猶有後患，況不勝。○契丹陷祁州。○沈斌謂趙延壽引犬羊之衆殘父母之邦。○杜威督諸軍北
	闞璠、杜昭達薦程昭悅入侍。○昭悅以狡佞得幸，璠疾之。昭悅譖璠、昭達欲奉仁俊作亂。弘佐殺璠及昭達，幽仁俊。○愼溫其不證仁俊罪。
	希範酖殺弟希杲。囚戴偃。削丁思瑾官。
	三 何敬洙、祖全恩助查文徽攻建州，敗閩兵於赤嶺。○李弘義以福州來附。○邊鎬拔鐔州，公私供億困弊。○唐兵入建境，建人伐木開道迎之。及克建州，縱兵焚掠，建人失望。○汀、泉、漳三州降。○宋太后殂。○斬楊思恭以謝建人。○謝仲宣説齊王景達召還宋齊丘。
	三 福州人迎殷主。改國號曰閩。○閩主以有唐兵，未暇徙都，使從子繼昌鎮福州。○唐何敬洙等益兵入寇。○楊思恭趣陳望戰，敗於赤嶺，望死。閩主嬰城自守。○李仁達等殺王繼昌，據福州。立卓巖明爲天子，稱藩于晉。○張漢真攻福州，敗死。○李仁達殺黃仁諷、陳繼珣，遂
	八
	三 殺韶王弘雅。○殺劉思潮等及王翷。
	自八月以後卷第二百八十五

上。○馮玉、李彥韜譖桑維翰。帝以玉爲樞密使，分維翰權。○彥韜謂朝廷設文官何用，當盡去之。○改築德清軍。○諸軍攻契丹，拔泰州及滿城，遂城。○契丹主復引兵南向。杜威等退保泰州，又退至陽城。契丹追圍之。○李守貞謂風沙之中不辨衆寡，此風助我也。○藥元福曰：「敵謂我不能逆風而戰，宜出其不意擊之。」○諸將擊契丹，大破之，逐北二十餘里，契丹主乘橐駞以走。諸將欲追之，杜威曰：「逢賊幸不死，更索衣囊邪！」○諸軍退保定州，遂南還。○帝還大梁。○復以鄴都爲天雄軍。○赦。○杜威見恒、冀殘弊，又畏契丹之彊，表求入朝，不許。遂擅去鎮。桑

專兵柄。○仁達因大閱，使軍士殺巖明，立己爲留後，稱藩於唐。唐賜名弘義。○或告福兵將叛，閩主遣歸，伏兵於隘，脯八千餘人。○董思安誓不負王氏，建人感其言無叛者。○唐兵克建州，閩主降，王忠順死。

維翰請因此廢之，帝不許。○威獻部曲四千人，受稟給而還爲牙隊。又獻芻粟，云在本道。又因公主求天雄。○述律太后欲與晉和。○桑維翰勸帝復與契丹和。契丹欲得鎮、定兩道，晉使不再往，遂絶。○和凝罷。○馮玉爲相。○桑維翰諫重賞優人，恐戰士解體。○馮玉贊帝驕侈，由是益寵信。玉招權納賂，朝政益壞。○置威信軍於曹州。○置鎮安軍於陳州。○高麗王建請共擊契丹取勃海。○建卒，子武立。帝遣使諭之，以它爲解。○馮玉、李彦韜、李守貞共譖桑維翰，退之。引趙瑩爲相。

柔兆敦牂

二壬戌、四辛酉、五庚寅、七己丑、九戊子、十二丁巳朔。○本志：二月壬戌朔，食。

三

帝利趙在禮之富，爲皇子延煦娶其女。○党項拓跋彦超攻靈州[二]。○孫方簡以妖術聚衆，據狼山，導契丹入寇。○馮暉因馮、李求復鎮靈州，朝廷因使之擊拓跋彦超。○契丹欲寇定州，遣李守貞等拒之。○河決楊劉。○李崧、馮玉使杜威招趙延壽，延壽詐請降。○李守貞破契丹於長城北，斬解里。○劉知遠與郭威謀誘白承福等殺之而取其財。○吐谷渾由是遂微。○李彦韜欲殺慕容彦超，李崧言如此恐藩侯人人不自安。○藥元福破拓跋彦超於旱海，馮暉遂入靈州。○劉知遠敗契丹於楊武谷。○李弘達以福州稱藩。○張彦澤敗契丹於定州北。○河決臨黄。○契丹使劉延祚以瀛州詐降。○杜威請大舉取瀛、莫，

李達稱臣求救。○諸將皆謂福州險遠難救，水丘昭券獨請救之。○弘佐命張筠等水陸救福州。○弘佐欲鑄鐵錢，增將士禄賜，錢弘億諫而止。○張筠等兵自罾浦入福州。

晉以希範爲都元帥。

四

以齊丘爲中書令，不預政事。○李建勳、馮延已爲相。○高越指延已過惡，貶。○常夢錫掌宣政院，與嚴續皆不附馮、魏，坐是疎退，夢錫遂縱酒不預事。○李弘義舉兵伐泉州。○留從效廢王繼勳而代之，擊退福州兵。○陳覺請召李弘義入朝，弘義見之甚倨，覺不敢言。覺還至劍州，矯詔召弘義入朝，擅發兵攻福州。○唐主遣王崇文將兵助之，克其外郭。○又克第二城。弘義更名達，稱臣求救於吴越。○

九

施州田行皋叛，遣耿珣討之。

四

殺劉道庠及鄧伸。

馮玉、李崧信之。○李守貞得威貨而譽之。○趙瑩謂威所欲無厭，不宜假以兵權。○命威、守貞等北征。○敕牓云：「先取關南，後平塞北。」又購募擒虜主。○杜威屢請益兵，由是禁軍盡在其麾下，宿衛空虚。○威等至瀛州，城中已空，遣梁漢璋追高模翰，至南陽務，敗死。○威等焚掠而還。○契丹主大舉自易、定趣恒州。威等至武强，張彦澤邀與俱西，至中渡橋，與契丹夾滹沱而軍。○威怯懦，諸將但相承迎，罕議軍事。○李穀請造橋募壯士攻契丹，與恒州合勢，虜必遁。威有難色。○契丹遣蕭翰等並西山出晉軍之後，陷欒城，斷糧道及歸路。○契丹縣晉人面而縱之，運車見之皆走。○李崧密奏北軍危急，請帝幸滑州守河津。○朝廷與

漳州軍亂，陳誨、留從效討平之。○吴越兵入福州，與唐戰不利，城益危。陳覺、馮延魯、魏岑争功，不相應，由是不克。○杜昌業謂未數年府庫耗半，其能久乎！

軍前聲問斷絶。○桑維翰求見帝言事不許，見執政不從，退曰：「晉不血食矣！」○帝欲自將，李彦韜止之。○王清請爲前鋒攻契丹，令杜威帥諸軍繼之，以入恒州。威許之。清力戰於水北，威不繼不救，清舉軍皆没。○大軍食盡，威潛約降於契丹。契丹主紿之，許令帝中國。威遂劫諸將舉軍降，士卒皆慟哭。○契丹以兩赭袍，令趙延壽與威皆衣之。○王周以恒州降。○郭璘以易州拒戰死。○李殷以定州，方太以邢州降。○契丹以孫方簡鎮定州。○張礪謂：「中國將相，當用中國人。苟政令乖失，則人心不服。」○契丹主自邢、相而南，遣張彦澤先趣大梁。○皇甫遇感憤自殺。○帝始聞杜威降。明旦，張彦澤已屯宫門。帝欲自焚，會得契丹主與太后

書，乃止。○帝遣延煦、延寶奉表及國寶迎降。○帝脱黄袍，著素衫，拜受宣。○帝召張彦澤不肯見。○桑維翰不逃死〔三〕。○維翰謂李崧：「侍中當國，國亡，乃令維翰死乎！」○維翰責彦澤。帝召孟承誨不至。○彦澤縱兵大掠二日。○李濤詣彦澤，引滿而去。○彦澤遷帝於開封府。○帝烏氏公主自殺。○帝取帛數段，主者曰：「非帝物。」○就李崧求酒，不得。○召李彦韜，不至。○馮玉求自送玉寶。○張彦澤奪延煦母丁氏。○彦澤殺桑維翰。○苻彦卿曰：「惟知爲晉主竭力。」○契丹主使解里語帝，必有噉飰之所。○帝欲與太后遠迎契丹主，不許。又欲銜璧牽羊，曰：「克城非降也。」○詔晉羣官一切如故。○又卻法駕。○捕景延廣，問横磨劍安在。

强圉協洽

三丙戌、五乙酉、六甲寅、閏七癸丑、八壬午、十一辛亥朔。八一日，秋分。○本志：十二月乙未望，食，七分强起，四更四點，在星四度。○十月己丑，太白犯亢距星。

漢高祖暠天福十二

晉百官辭晉主，迎契丹主。○安叔千自言在邢州已輸誠。○晉主及太后出迎，不見。○契丹主言：「我無心南來，漢兵引我至此。」○契丹主入宫復出，次赤岡。○殺楊承勳。○殺張彦澤，市人取髓臠肉而食之。○景延廣自殺。○契丹以晉主爲負義侯。○李太后請隨晉主北遷。○館晉主於封禪寺，上下凍餒。○契丹主自赤岡入宫，言自今輕賦省役太平矣。○廢東京爲汴州。○契丹主禮李崧、馮道，以崧爲樞密使。藩鎮爭稱臣入朝，惟史匡威據涇州不從。○何重建以秦、成、階降蜀。○契丹置晉降卒於陳橋，欲盡殺之。趙延壽説以利害，乃得免。○契丹殺李彦紳等，以其家貲賜東丹王子兀欲。○晉主與家屬北遷，趙瑩、馮玉、李彦韜與之俱。○李穀傾貲以獻晉主。○趙在禮入朝，李肅平亂長安者。○契丹主鎖劉繼勳，在禮聞之自殺。○契丹主縱胡騎打草穀。○又括借士民錢帛。中外始患苦之。○劉知遠分兵保境，遣使入貢。契丹主呼爲兒，賜以木枴。○或勸知遠舉兵，知遠曰：「虜所利惟財，財足自去。去而取之，可以萬全。」○知遠勸張從恩入朝。○契丹主問百官，欲别擇人君中國。○契丹主法服御正殿。赦。○趙延壽求爲皇太子。契丹主曰：「太子當以天子兒爲之。」以延壽爲大丞相。○將佐勸進。○趙暉、王晏殺劉愿，據

吳越忠獻王

水丘昭券諫夜興兵誅程昭悦。○余安復將水軍自海道救福州，大破唐兵，遂取福州。○命鮑修讓戍福州。○以弘倧爲丞相。○弘佐卒。○弘倧嗣立。○以王弟弘俶同參相府。○李達入見，更名孺贇，賂胡進思，得復歸福州。○弘倧閲水軍，賞賜倍於舊。胡進思諫，弘倧怒投筆水中。○李孺贇與鮑修讓不協，謀殺吳越戍兵，以福州降唐。修讓殺孺贇。○以吳程鎮福州。○弘倧性剛嚴，疾弘佐容養諸

楚文昭王

希範以希廣判内外諸司事。希範卒，張少敵等以希萼長，欲立之。劉彦瑫等不可。拓跋恒請遣使讓之，不從。○希廣立，少敵恒稱疾不出。○希崇激怒希萼。○希萼引兵奔喪，劉彦瑫等使成服於碧湘宫，不得入見。○周廷誨請殺希萼，希廣不許，厚贈遣歸朗州。

南平文獻王

遣使入貢於契丹。○求郢州於漢，不許，遂不受加恩。○發兵襲漢襄、郢，皆不克，遂絶漢附唐、蜀。○季興掠諸道貢物，從誨利賜予，所向稱臣，鄰國謂之高無賴。

唐元宗保大五

立太弟景遂。○張易碎玉杯，景遂謝之。○景達請斬馮延已。○唐主遣使詣契丹請修長安陵，不許。○淮北人多歸命，韓熙載請復祖業。以方連兵福州，不能應。○吳越余安至福州，馮延魯縱其登岸而擊之。孟堅諫不聽，唐兵大敗。○劉洪進等請俟吳越兵去而取城，留從效不欲城平。王建封忿陳覺等專恣，遂燒營而遁。○從效還泉州，遣唐戍兵而據之。○唐主以陳覺、馮延魯矯

蜀楚恭孝王廣政十

晉何重建以秦、成、階來附。李繼勳等取固鎮。何重建攻鳳州，不克。遣孫漢韶攻鳳州。石奉頵以鳳州降。漢趙匡贊以長安來降，求兵應接。遣張虔釗、何重建、韓保貞出散關、隴州以擊鳳翔，李廷珪出子午谷以援長安。侯益以鳳翔降，與匡贊表請出兵定關中。

漢中宗乾和五

殺齊、貴、定、辨、同、益、恩、宜八王，納其女充後宫。作離宫千餘間，飾以珠寶。置生地獄。

卷第二百八十六五月以後卷第二百八十七

陝城。○帝即位，不改晉號。詔免諸道括率，赦晉臣，誅契丹。○帝自將東迎晉主，至壽陽而還。○晉主出塞，從官、宮女食木實、草葉。晉主悔不死。○契丹命耿崇美等扼要害。○所在羣盜大起。○梁暉襲據相州。○李夫人請不率民財，竭宮中所有賜將士，雖少人不怨。○史弘肇拔代州。○晉州軍亂，殺駱從朗，立張晏洪。○趙暉遣趙矩奉表來降。○王守恩殺趙行遷，舉潞州來降。○王瓊襲澶州，圍邪律郎五。契丹懼，遣杜重威、李守貞還鎮，無久留之意。○延州軍亂，圍周密，立高允權。○契丹主立飲太后酒。○契丹復以李從益爲許王。○契丹以張礪、和凝爲相，劉昫罷。○羣盜陷宋、亳、密州，契丹主曰：「我不知中國人難制如此！」遣安審琦、符彦卿還鎮。○符昭序令其父助賊攻城。○高允權降。○契丹主謂太后族大，如栢根不可移。○契丹主欲盡以晉百官北歸，或勸宜稍稍遷之。○留蕭翰鎮汴州。○契丹主發大梁，牓道招撫百姓，而不禁鈔掠。○以皇弟崇爲太原尹。○契丹主攻相州，屠之。○契丹疑李穀貳於漢，穀辭氣不屈而釋之。○以楊邠、郭威爲樞密，王章爲三司使。○立李后。○契丹主謂中國丘墟，皆燕王、張礪之罪。○蘇逢吉、蘇禹珪爲相。○折從阮入朝，置永安軍於府州。○耿崇美將攻潞州，詔史弘肇救之。又遣鄭謙、閻萬進出忻、嵐以分契

將。胡進思恃功驕横，弘倧數沮抑之，又以李孺贇反責進思，密與何承訓、水丘昭券謀逐進思，不果。承訓反告進思，進思鎖弘倧於義和院，迎立其弟弘俶。○弘俶曰：「能全吾兄，乃敢承命。」○進思殺昭券。

詔敗軍，議誅之。江文蔚彈馮延己、魏岑同罪異誅。唐主怒，貶文蔚，流覺、延魯。○徐鉉、韓熙載論宋齊丘、馮延己朋黨。罷延己，貶岑。○齊丘譖熙載，貶之。○唐主聞蕭翰棄大梁去，以李金全爲北面招討使，欲恢復中原，聞漢主入大梁，乃止。○以宋齊丘鎮洪州。○王延政鎮饒州。

丹兵勢。○武行德據河陽來降。鄭州戍兵迫方太爲鄭王。○張遇立朱乙，襲鄭州，太擊破之。○太逃奔洛陽。○墓盜攻洛陽，劉晞奔許州。○方太據洛陽，張遇殺朱乙而降。○武行德誘太殺之。○劉晞還洛陽。○史弘肇擊破耿崇美等。崇美等退守懷州。○契丹主自悔三失。○契丹主卒，實鹽於腹載歸。○述律太后不哭，曰：「待諸部寧壹則葬汝。」○契丹陷承天軍，葉仁魯復取之。○張廷翰以冀州降。○或勸趙延壽先事圖契丹，延壽不能決。○延壽欲於待賢館上事，李崧止之。○永康王兀欲置酒鎖趙延壽。兀欲發喪，矯契丹主遺詔嗣立。○帝欲自澤、潞趣洛、汴，諸將欲先取鎮、魏。郭威以爲河北虜黨猶盛，若遮前邀後則事危，澤、潞路險粟少，無以供億，不若自晉、絳趨陝，萬無一失。從之。○劉晞奔大梁。○以劉崇爲北京留守。○帝發太原。○史弘肇攻澤州未下，帝欲召還。蘇逢吉等以爲如此摇河南人心，虜勢復振。弘肇亦以爲可進不可退。乃止。○翟令奇以澤州降。○崔廷勳不攻河陽，愛一城之命。○耿崇美等自懷州北遁。○史弘肇與武行德兵合。○弘肇御軍嚴整，所過秋豪不犯。帝安行入洛及汴，兵不血刃，弘肇之力。○蕭翰欲北去，恐中國無主而亂，已不得從容，乃迎唐明宗子從益，立以爲帝。○召高行周、武行德，皆不至。○王淑妃言吾母子分

死，令羣臣早迎新主。○衆欲堅守大梁，以待北救。劉審交以爲必不濟。乃用趙遠等策，自稱梁王，遣使奉表稱臣迎帝。○契丹主兀欲自以兄子不應爲嗣，又非述律太后命，乃以麻答守恒州，勒兵北歸。○李從朗以絳州降。○帝至陝。○蕭翰欲殺張礪，礪曰：「此國家大體，我實言之。」○帝至洛陽。○焚契丹所署公卿告牒。○殺李從益、王淑妃。○帝至大梁。○赦。○復建東京。改國號曰漢。○述律太后發兵拒契丹主。李彦韜以兵迎降，太后遂敗。○契丹主幽太后。改元天禄。○高唐英以相州降，王繼弘殺之。○或傳趙延壽死，郭威勸帝起復趙匡贊，因移鎮。○杜重威移鎮鄆州，懼而拒命，求援於麻答。麻答遣楊衮以幽州兵助之。○詔葛行周、慕容彦超討重威。○王章能聚財贍軍。○建六廟。○麻答貪狡殘忍。○薛懷讓以洺州降，麻答遣楊安、李殷攻之。○麻答以漢兵爲無用，減其食以飼胡兵，人情怨憤。李榮結壯士，焚府舍，攻契丹。麻答走保北城。○李穀請馮道等勞勉戰士，士爭自奮。○麻答等奔定州。○道以白再榮爲留後。○再榮劫李崧，和凝欲殺之。李穀往責之，乃止。又欲率民財以賞軍，穀亦止之。○楊衮、楊安遁去，李殷來降。○劉鐸以邢州降，薛懷讓殺之。○復以恒州爲鎮州。○盜賊不問贓多少皆死，蘇逢吉欲并鄰保族之。○帝悉以軍旅委

戊申（九四八）

	著雍涒灘 三庚戌、五己酉、六戊寅、八丁丑、九丙午、十二乙亥朔。○本志：六月戊寅朔，食。○八月乙酉，填犯太微西垣。戊戌，歲犯
楊邠、郭威，諸司委蘇逢吉、蘇禹珪，無法而臆斷。○逢吉貪詐。○市河南馬。○高從誨襲襄州，安審琦擊卻之。又寇郢州，尹實破之。○蘇逢吉薦李濤。○慕容彦超欲急攻鄴都，高行周欲徐待其弊，由是不協。○李濤請親征。○以濤及竇貞固爲相。○帝如鄴都，以皇子承訓留守。○馮道、李崧、和凝自鎮州還。○趙匡贊以長安降蜀。○高行周謂攻城多殺士卒，緩之食盡自潰。○慕容彦超數陵轢行周，帝知彦超曲，猶和解之。○帝殺幽州兵千五百於繁臺。張璉曰：「今守此以死爲期。」○帝謂衆心苟離，城無所保。○杜重威出降，城中餒死者什七八。○帝許張璉不死而殺之，遣其部曲歸幽州。○蜀張虔釗等寇鳳翔，李廷珪趣長安。○皇子承訓卒。○帝至大梁。○侯益請降于蜀。	乾祐元 赦，改元。○命王景崇迎回鶻使者，因經略關西。○趙匡贊將奔蜀。李恕以爲漢新得天下，方務招懷，若謝過歸朝，不失富貴，蜀「蹄涔不容尺鯉」。乃使恕求入朝，帝許之。侯益亦請入上壽。○帝更名暠。○趙匡贊入朝。○趙思綰自文其面，齊藏珍勸王景崇殺之。○景崇敗李廷珪于子午谷，又敗張虔釗于散關。○帝大漸，楊邠出劉信于許州。
	吴越忠懿王 俶 遷廢王於衣錦軍，使薛温衛之。○何承訓復請殺胡進思及其黨。弘俶惡其反覆，斬之。○進思屢請殺弘倧，弘
	楚王希廣 南漢來求昏，不許。○希蕚屢訴於漢求官爵。歐弘練等賂執政，使不與而和解之。○南漢入寇，拔賀州。遣徐知新、任廷暉
	遣使謝罪於漢，乞修職貢。○從誨卒，子保融襲位。
	六 漢李守貞來求援。查文徽、魏岑請遣李金全等出兵沂州以應之，無功而旋。
	十一 趙匡贊入朝于漢。李廷珪兵敗于子午谷。○張虔釗至寶雞，侯益不納。虔釗夜遁，漢兵追之，敗于散關。○韓保貞自隴州還，
	六 求昏於楚，楚不許。○鍾九章謂楚兄弟方爭亡於不暇，安能害我。○遣內侍吴懷恩將兵擊楚，拔賀州。
	自三月以後卷第二百八十八

右執法。十月丁丑，犯左執法。

○蘇逢吉、楊邠、史弘肇、郭威受遺輔政。○帝殂。○誅杜重威。○立皇子承祐爲周王，尋即帝位。○尊李太后。○赦。○王景崇至鳳翔。侯益未發，或勸景崇殺之，不果。益逃去，景崇悔之。○史弘肇喪母，數日入朝。○侯益賂執政得開封尹。○改廣晉府曰大名，晉昌軍曰永興。○侯益毁王景崇於朝。景崇懼，且怨朝廷。會有詔徵趙匡贊牙兵趙思綰等，景崇激怒之。思綰至長安，據城反。○景崇諷吏民表己知軍府。詔以王守恩鎮永興，趙暉鎮鳳翔。以景崇爲邠州留後。○靖邊庭殺田令方。○契丹邪律忠、麻答等焚掠定州而去，孫方簡復據之。晉末州縣，復爲漢有。○蘇逢吉等多除官，楊邠以爲費國用抑之。李濤奏出邠及郭威於外鎮，坐罷相。○李守貞聞杜重威死而懼，完城繕兵。趙思綰奉表獻御衣，守貞遂遣兵據潼關。○李彝殷屯兵境上，奏討㖶毋。詔以陰陽不利止之。○王玉克潼關。○以楊邠爲相，郭威爲樞密使，自是國事皆決於邠，三相拱手。○邠謂文章禮樂，何足介意。○邠艱於除拜，士大夫有終漢世不霑一命者。○遣郭從義討長安，白從珂討河中。○王景崇不之邠州，聚兵鳳翔。○契丹主奪晉主女以賜禪奴。○河決魚池。○王景崇以鳳翔降蜀，亦受李守貞官爵。○趙暉請擊鳳翔。○劉崇與郭威有隙，用鄭珙謀，始

假不許。進思矯命令薛温殺之，温不從，乃遣二盜夜刺弘倧。温入救之，殺盜。進思卒，弘倧由是獲全。○漢以弘俶爲東南都元帥。

救之。敗還，斬之。

邀何重建俱西。○漢王景崇來求互市。○景崇請降。○張業、王處回奢豪專恣，蜀主殺業，黜處回。以王昭遠知樞密府庫，恣其取與。○李昊、徐光溥爲相。○安思謙譖趙廷隱，夜圍其第。李廷珪救之，得免。○置獻納函。○蜀主遣安思謙救鳳翔。毋昭裔諫，不聽。○韓保貞出汧陽。○思謙敗漢兵於寶雞，退保鳳州。○思謙請先運糧四十萬斛，乃可出師。○思謙敗漢兵於玉女潭，進屯模壁，食盡而還。

募士繕兵完城，不稟詔令。○諸將相仗不進。詔郭威往督戰，諸將皆受節度。○馮道勸威勿愛官物，以賞士卒，威由是得衆心。○扈彦珂勸威先攻河中，曰：「三叛推守貞爲主，守貞亡則岐、雍自破矣。」○郭威撫養士卒。○李守貞望禁軍叩城奉迎，既而踊躍詬譟。○郭威謂攻城如以士卒投湯火，不若築長圍而守之，坐食轉輸，俟彼食竭，然後急攻，且招諭之，則彼父子不能相保。○又謂守貞有輕我輩之心，宜靜以制之。○趙暉破蜀兵于散關。○王景崇殺侯益家七十餘人，乳母劉以己子易侯延廣。○李守貞兵屢敗，總倫曰：「待只餘一人一騎，乃大王鵲起之時。」守貞猶信之。○趙暉敗鳳翔兵，取西關城。○暉詐爲蜀兵誘鳳翔兵出而敗之，自是不敢復出。○蜀安思謙出散關，韓保貞出汧陽以救景崇。思謙尋退屯鳳州。○李彝殷屯丹、延境上，以應李守貞。高允權以聞，朝廷和解之。○蘇逢吉惡李崧，誘其僕葛延遇告變，族滅之。士民家往往爲僕隸所脅制。○楊乙爲史弘肇月率萬緡。○唐李金全寇沂州。○葬高祖。○安思謙進屯模壁，食盡而去。○郭威將如鳳翔，戒白從珂、劉詞曰：「賊必來突圍，成敗之機於是乎在。」○威至華州而還。

○徐光溥坐淫泆挾私免。

屠維作噩

三甲辰、六癸酉、七壬寅、九辛丑、十庚午朔。○本志：六月癸酉朔，食。○九月壬寅，太白犯右執法。庚戌，犯填。辛酉，填犯右執法。丁卯，太白犯歲。自元年八月己丑，填入太微垣，犯上將、左右執法、屏、謁者，句己往來，凡四百四十三日。十一月辛亥，始出左掖門。

漢隱帝承祐乾祐二

赦。○王繼勳夜襲河西寨，劉詞擊走之。○郭威斬愛將以禁酒。○李彝殷輕中原，每助叛臣，邀重賂，朝廷亦羈縻之。○唐皇甫暉寇海、泗，成德欽敗之。○契丹給晉主田於建州。○安太妃遺令焚骨，南向颺之。○史德琉諫父弘肇捶書生，曰：「公卿欲彰大人之過耳。」○民仰視太白，弘肇腰斬之。○李守貞食盡，兵出屢敗，部將多降。郭威督諸軍急攻之。○趙思綰食盡，屠人以給軍糧。李肅、程讓能説令請降。詔以爲華州留後。○思綰遷延不之官。郭從義疑之，白郭威，誘而殺之。○威克河中外郭，李守貞退保子城。○威謂涸水取魚，安用急爲。○守貞自焚。獲總倫，磔於市。○王溥勸威焚朝貴藩鎮書，以安反側。○帝浸驕縱，狎昵左右。太后誨之，不從。張昭諫，不聽。○王守恩爲西京留守貪鄙，抒厠、乞人不免率斂。○郭威怒其肩輿出迎，以頭子令白文珂代之。○守恩厚貢獻及賂權貴，朝廷遂不問。○帝欲賞郭威。辭以臣之有功，由居中大臣鎮安供億所致，請均其賞。從之。○宰相、樞密、侍衛使皆遷官。恐藩鎮觖望，遂徧加之。因一人立功，賞覃天下。○契丹寇河北州鎮，皆嬰城自守。契丹深入及鄴都北境。○帝命郭威督諸將禦之。○契丹聞漢兵度河，引去。威至邢州而還。○楊邠爲政苛

斜滔謀叛，事連弘億。○弘億判明州。弘俶募民墾荒田者勿税，由是境内無棄田。或請糾遺丁，弘俶杖之國門。

徐進敗蠻於風陽山。○希蕚謀攻潭州，妻苑氏諫。○希廣欲讓國於希蕚，劉彦瑫等不可。○王贇敗希蕚於僕射洲。希廣召還，曰：「勿傷吾兄。」○苑氏知希蕚必及禍，赴井死。○馬希瞻以兄弟爭國，知必覆宗，疽發背卒。

楚貞懿王保融

七

淮北羣盜多請命，遣皇甫暉將兵萬人出海、泗招之，無功而還。○魏岑復進，鍾謨、李德明始用事，皆恃恩輕躁。○范沖敏疾之〔四〕，教王建封上書，請進用正人。唐主怒，殺建封及沖敏。○唐主聞河中破，留朱元、李平爲省郎。○漢王萬敢寇荻水鎮。○留從效兄從願殺董思安，據南州。唐主不能制，以從效爲清源節度使。

十二

安思謙屯鳳州待罪，不問。

七

南漢主如英州。

庚戌（九五〇）

上章閹茂

正己亥、三戊戌、六丁酉、七丙寅、九乙丑、十一甲子朔。閏五。六一日，大暑。○本志：十一月甲子朔，食。○六月乙卯，填犯左掖。七月甲申，熒惑犯司怪。八月癸卯，太白犯房。庚戌，犯心大星。十月辛酉，太白犯歲。

細，以周璨爲王景崇謀主，赦前資官皆詣闕，既而雲集求官，無以應之。又令民出入皆給過所，不勝煩而止。○王景崇令二將燒東門詐降，己亦自焚。○王萬敢侵唐荻水鎮。

三

萬敢求益兵，遣郭瓊赴之。○郭威請勒兵臨契丹，詔止之。○遣使瘗河中、鳳翔遺骸，有僧已聚二十萬。○朝廷議移易藩鎮，聽其入上壽。○汝人請留劉審交之喪，葬而祭之。馮道曰：「劉君之政易能，但人不爲耳。」○漢長原陵不霑一奠。○折從阮舉族入朝。○吴虔裕出鄭州。○以郭威守鄴都，禦備契丹。○史弘肇欲令威領樞密，蘇逢吉曰：「以内制外，順也；今以外制内，可乎！」將相始有隙。○罷永安軍。○柴榮爲郭威養子。○以折德扆爲府州團練使。○郭威勸帝稟教於太后，委任楊邠等，親忠直，遠讒邪。○敕防團奏事必申觀察。○以皇弟承勳尹開封。○郭瓊説劉銖入朝。○史弘肇與蘇逢吉爭酒令，欲殺逢吉。楊邠諭止之。○趙延乂勸帝修德以消異，請讀《貞觀政要》。○河決鄭州。○晉李太后病，戟手駡杜重威、李守貞。○王殷屯澶州。○楊邠、郭威、史弘肇、王章同輔政，國家粗安。○章增税省耗二斗，錢以七十七爲省陌。○犯礬、鹽、酒麴之禁，銖滴皆死。○帝左右及外戚用事。○太后

唐查文徽寇福州。吴程遣人詐降，擊文徽，擒之。○杜建徽卒。○漢加弘俶諸道元帥。○歸查文徽於唐。

楚恭孝王希萼

希萼誘羣蠻以攻益陽，敗潭將陳璠于淹溪，殺之。○蠻破迪田，黄處超敗死。○遣崔洪璉屯玉潭。○希萼請別置進奏務，漢不許。○希萼怒，乞師於唐，唐何敬洙將兵助之。希廣告急於漢。○劉彦瑫將兵擊朗州，大敗於湄洲，遁還。○或告希崇反狀已明，希廣不忍殺。○張暉棄益陽逃歸。朱進忠屠益陽。○孟駢

蜀田行皋來奔。保融曰：「彼貳於蜀，安肯忠於我！」執而歸之。

八

聞漢已平三叛，罷李金全招討。○劉彦貞妄稱漢將，大舉南伐。詔燕王弘冀鎮潤州，周宗守東都。○福人或告吴越棄城去，請查文徽爲帥。文徽引兵應之。○陳誨敗福兵，獲馬先進等。○福人誘文徽，擒之。誨全軍以歸。○歸馬先進於吴越，以易查文徽。○楚馬希萼來乞師，遣何敬洙助之。

十二

立諸子玄喆等爲王。○趙廷隱卒。

八

以盧瓊仙、黄瓊芝爲女侍中。○宗室勳舊誅戮殆盡，宦官林延遇等用事。

卷第二百八十九

故人子求補軍職，史弘肇斬之。李業、關晉卿、聶文進、後匡贊、郭允明、劉銖皆怨執政。○帝賜伶人袍帶，弘肇奪以還官。○帝年益壯，厭爲大臣所制。○楊邠謂陛下禁聲，有臣等在。○帝積不能平，左右乘間譖之，云終爲亂。○蘇逢吉屢激李業等。○帝遂與業等謀誅邠等。太后止之，帝曰：「國事非閨門所知。」○業等伏兵於廣政殿，殺邠、弘肇、章及其親黨。○密詔李洪義殺王殷於澶州，郭崇威等殺郭威於鄴都。○蘇逢吉聞變驚懼。○李洪義恐事不濟，以密詔示王殷，又示郭威。○魏仁浦謂不可坐而待死。○郭威令諸將取己首以獻天子，諸將皆曰：「此必左右羣小所爲，請從公入誅之。」威遂舉兵而南。○侯益請閉城以挫其鋒，慕容彦超以爲懦。帝命益將兵趣澶州。○郭威至澶州，李洪義納之。王殷以其兵從涉河。○威使鬻脱附表。○威至滑州，宋延渥迎降。○威復令將士行前詔。○王峻許士卒旬日剽掠。○帝聞郭威涉河，悔懼，曰：「屬者亦太草草。」○李業請傾府庫以賜諸軍。○郭威至封丘，太后悔不用李濤言。○慕容彦超謂北軍猶蠛蠓，請生致其魁。○袁義、劉重進會侯益，屯赤岡。○南北軍遇於劉子陂。○太后令帝飛詔諭郭威，勿輕出。不從。○聶文進謂百郭威可擒。○慕容彦超謂帝，來日宫中無事，幸再出觀臣破賊。○郭威戒士卒勿先動。○慕容彦超引

謂希蕚何異袁譚求救於曹公。○希蕚大舉趣長沙，自稱順天王。○漢議發兵救希廣，會内難不果。○朱進忠拔玉潭，崔洪璉遁歸。○希蕚攻岳州。○王贇謂希蕚：「兄弟雍睦，敢不從命！」○希蕚至長沙，屯湘西。○彭師暠請與許可瓊水陸夾擊朗軍。可瓊潛通希蕚，沮其計。○希廣命諸將皆受可瓊節度。可瓊閉壘，不令士卒知朗軍進退。○希廣謂可瓊真將軍，吾何憂。○彭師暠請殺可瓊，不從。師暠曰：「王仁而不斷，

輕騎犯其陳，不利，由是諸軍奪氣，稍稍降於北軍。侯益等皆潛往見威。○威遣宋延渥衛乘輿，不敢進而還。○比暮，南軍且盡。慕容彦超奔歸兗州。帝與從官數十宿舊寨。○帝策馬欲還宫，劉銖射之。回至趙村，爲亂兵所弒。蘇逢吉、郭允明等皆自殺，李業等走。○威入城，諸軍焚掠。○軍士劫取白再榮財，因刎其首。張允佩鑰而凍卒。○或執賈延徽授魏仁浦，仁浦曰：「因亂報怨，吾不忍爲。」○劉銖妻謂銖：「以公所爲，雅當如此。」○王殷、郭崇威請禁掠者。○威訪求竇貞固、蘇禹珪，復其位。○威不貶隱帝葬禮。○馮道受威拜。○威奏太后請立嗣君。始欲立高祖少子勳，勳久羸病，乃立弟子贇。遣馮道等詣徐州迎之。○威令范質草太后誥令及迎新君儀注。○常思釋張永德。○威請太后臨朝聽政。○王峻爲樞密，王殷爲馬步都使。○後匡贊、李業皆死。○契丹入寇，陷内丘、饒陽，郭威將兵擊之。○范質副樞密。湘陰公贇留鞏廷美、楊温守徐州，隨使者西來。○郭威至滑州，贇遣使慰勞，諸將不拜，曰：「劉氏復立，吾輩有種乎！」○威至澶州，將士忽聚譟，請威自爲天子，擁之南行。○威牋太后，請奉爲母。○威至大梁，營皋門村，竇貞固等出迎勸進。○贇至宋州，王峻、王殷遣郭崇威將兵拒之。○張令超以部兵歸崇威。○贇

敗亡可待。」○希廣塑鬼及大像，誦經膜拜以求福。○希萼急攻長沙，可瓊舉軍降之，遂克長沙。○希崇迎希萼，勸進。希萼自稱楚王，執希廣殺之。

謂馮道：「此來恃公三十年舊相耳。」左右欲殺道，贇止之。○太后降贇爲湘陰公。○張鐸引兵入許州，劉信自殺。○太后令威監國。

校勘記

〔一〕「阜」，原作「卓」，今據《通鑑》卷二百八十三文意改。

〔二〕「超」，原脱，今據《通鑑》卷二百八十五及下文補。

〔三〕「逃」，原作「送」，今據《通鑑》卷二百八十五文意改。

〔四〕「沖」，原作「仲」，今據《通鑑》卷二百八十八及下文改。

資治通鑑目録卷第三十

端明殿學士兼翰林侍讀學士太中大夫提舉西京嵩山崇福宫上柱國河内郡開國公食邑二千六百户食實封壹阡户臣司馬光

奉敕編集

重光大淵獻	正癸亥、三壬戌、六辛卯、八庚寅、十己丑、十二戊子朔。十一十六日，冬至。○本志：三月甲子，歲守心。己卯，熒惑犯鬼。壬午，犯天尸。四月甲午，歲犯鉤鈐。
周太祖威廣順元	帝即位。改元，赦。令倉場毋得收斗餘稱耗，罷進羨餘，竊盜依天福刑名，罪非反逆毋得族誅籍没。○李太后遷西宫，號昭聖太后。○劉勳卒。○鞏廷美、楊温據徐州。○契丹引去，求和於漢。帝遣使聘契丹。○王殷爲鄴都留守，遣侍衛司從之。○帝爲漢隱帝舉哀成服。○慕容彦超入貢，帝慰安之。○馮道爲中書令。○鞏廷美等既降，而猶豫閉門。命王彦超攻之。罷獻
北漢世祖旻乾祐四	劉崇聞漢隱帝遇害，欲舉兵南向，聞湘陰公贇立而止。○李驤勸崇引兵據孟津，俟贇即位還鎮。崇以爲離間吾父子，斬之。○贇廢，崇請贇歸晉陽，周主不許。○
吳越忠懿王	周加弘俶諸道都元帥。○徙弘倧於東府，繕園宅，厚供億，以娱悦之。○復錢仁俊官爵。
楚王希崇	希蕚遣使入貢于唐。○唐遣使來册命。希蕚荒淫，不恤士卒，悉以軍府事委希崇，希崇復多私，新舊人皆有離心。劉光輔密白唐主云：「湖南民疲主驕，可取。」希蕚寵
楚貞懿王	
唐元宗保大九	册命馬希蕚爲楚王。遣邊鎬戍袁州，密圖湖南。王逵、周行逢據朗州，希蕚訴於唐，唐不能詰。○馬希崇求兵，遣邊鎬應之。鎬入長沙，發倉粟以賑饑民。○劉仁
蜀楚恭孝王廣政十四	高延昭辭樞密，以伊審徵代之。蜀政由是浸衰。○范仁恕爲相。
南漢中宗乾和九	吳懷恩攻楚蒙、桂、宜、連、梧、嚴、富、昭、柳、象、龔十一州，始盡有嶺南之地。○潘崇徹取唐郴州。
卷第二百九十	

珍異食物。○王峻辭蘇逢吉第。○北漢劉承鈞寇晉州。○以皇子榮鎮澶州。○王晏敗劉承鈞於晉州城下，承鈞移兵寇隰州。○許遷敗劉承鈞於隰州，乃引去。○帝碎寶玉於殿庭，曰：「凡爲帝王，安用此物！」仍禁珍華之物毋得入宫。○契丹遣裊骨支賀即位。○聽前資官外居。○召陳思讓還。○思讓戍磁州。○王彦超克徐州。○禁緣淮兵民擅入唐境，勿禁商旅。○涉縣獲北漢俘，縱遣之。○聽淮南飢民糴穀，曰：「彼之生民，與此何異！」○姚漢英等使契丹，契丹留之。○王峻、范質、李穀爲相，竇貞固、蘇禹珪罷。○穀勸帝以盡節，帝首用之。○翟光鄴副樞密。○葬漢隱帝。○孫方諫入朝，徙華州。以其弟行友代鎮定州。○追立柴后。北漢自團柏入寇。○契丹主兀欲將入寇，至火神淀，燕

崇即帝位，以鄭珙、趙華爲相。○不建宗廟。○北漢主請如晉室，求援於契丹。○遣子承鈞等將兵擊晉州。○承鈞攻晉州，不利。移兵攻隰州，又敗，遂引還。○遣鄭珙如契丹，自稱姪，謂契丹主爲叔。○珙卒于契丹。○李彝殷稱藩。○契丹册命北漢主爲神武皇帝。○更名旻。○衛融詣契丹謝且乞師。○李存瓌自團柏擊周。

奴謝彦顒驕縱，希崇及諸將皆惡之。○希萼遣元逵、周行逢以朗兵治宫室，勞苦而無犒賜。二人帥衆逃歸，據朗州，敗唐師纛，黜馬光贊，立馬光惠。○光惠愚懦，逵等黜之，立劉言。○希萼遣徐威等立柵以備朗兵，不存撫之。威等作亂，囚希萼，立希崇。○遷希萼於衡山。○劉言發兵討希崇，希崇請爲鄰藩。言索舊將佐之首，

贍取岳州。○高遠謂乘亂取楚甚易，守之恐難。○李建勳謂禍始於此。○唐主俟天下一家，乃祀郊廟。○魏岑乞魏博，先拜謝。○以邊鎬鎮湖南。遷馬希崇、希萼於金陵。○以希萼鎮洪州。○南漢取郴州。○以王延政爲光山王。

王述軋弑之自立，德光之子述律收兵攻殺之。述律立，號「睡王」，更名明。○陳思讓敗北漢兵於虒亭。○北漢主以契丹兵入寇，攻晉州。○王峻以申帥厚鎮河西。○峻帥諸軍救晉州。○峻駐軍於陝，帝欲親征，峻曰：「陛下過汜水，則慕容彥超入汴矣。」○彥超疑懼謀反，詐爲高行周書，帝辨之。王峻度蒙阬，曰：「吾事濟矣！」○慕容彥超詐求入朝，帝許之，竟不至。○北漢、契丹夜遁，藥元福欲窮追，王峻止之。

○契丹主明立，復以叔父事之。○敗于虒亭。○契丹遣蕭禹厥將兵會北漢主攻周晉州，不克。大雪乏食，聞周兵將至，燒營夜遁。契丹喪士馬什三四。北漢主始息意於進取。○北漢土瘠民貧，內供軍國，外奉契丹，賦繁役重，民多逃入周境。

首腐敗，不與和。○希崇荒淫不公，多矯妄。彭師暠不爲弑君之人。○師暠與廖偃共立希蕚爲衡山王。○徐威等畏朗州、衡山之逼，欲殺希崇。希崇懼，乞師於唐，唐邊鎬赴之。鎬至醴陵，希崇遣使犒軍。○拓跋恒恥送降狀。○邊鎬入長沙，送希崇、希蕚於唐。○馬希隱棄桂州奔唐，嶺南皆入于南漢。

玄黓困敦

二丁亥、四丙戌、六乙酉、八甲申、十癸丑朔。二十七日，冬至。○本志：四月丙戌朔，食。七月乙丑，熒惑犯井鉞。八月乙未，犯天罇。九月辛酉，犯鬼。庚辰，太白掩右執灋。十月壬辰，犯進賢。

二

修大梁城。○慕容彥超反，命曹英等討之。○張令彬敗唐兵於沭陽，獲燕敬權。彥超勢沮。○王峻奪李洪信兵，洪信懼，入朝。○崔周度諫慕容彥超而死。○彥超疑閻弘魯匿財，掠殺其夫妻。○北漢寇府州，折德扆敗之。○德扆拔北漢岢嵐軍。○帝歸燕敬權於唐，曰：「叛臣天下所疾，唐主助之，得無非計。」唐主慙，亦歸中國人。○鄭仁誨副樞密。○帝親征兗州，克之。慕容彥超自殺。○帝謂孔子百代帝王之師，敢不拜。○馮暉卒，子繼業代鎮朔方。○李澣説蕭海真以幽州內附。○王峻言事，帝從之則喜，不從輒慍。帝優容之。○峻嫉鄭仁誨等，稱疾求罷。帝欲自往迎之，始起。○高行周勇而知義。○初減犯鹽、麴刑名。○禁

五

遣兵侵周府州，爲折德扆所敗。○德扆入寇，拔岢嵐軍。

王母吳氏卒。

劉言

唐召劉言入朝，言不行。與王逵、周行逢謀擊潭州。○行逢與張文表、潘叔嗣相須成功。○行逢不召蠻酋苻彥通。○王逵等拔益陽，遂克長沙。蒲公益拔岳州。○唐將皆棄城走，盡復嶺北故地。○逵攻郴州，與南漢將潘崇徹戰，敗于蠔石。○言請移湖南治朗州，貢獻、賣茶悉如馬氏。周人許之。

十

孫朗、曹進作亂，攻邊鎬，不克，奔朗州。○孫朗謂唐，朝無良臣，軍無良將，忠佞不分，賞罰不當。○周慕容彥超來求援，遣兵助之，敗於沭陽。燕敬權爲周所獲。○周歸敬權。韓熙載謂周有國淺而爲治固。○契丹徒以虛語往來，不爲唐用。○唐文雅盛諸國。○初置貢舉，尋罷之。馮延

十五

大水入成都，溺死五千餘人。○王承丕矯詔殺郭延鈞，謀據東川。孫欽討誅之。○李廷珪奏周人聚兵關中，請益兵。

十

唐侯訓、張巒寇桂州。殺訓，走巒。○王逵寇郴州，潘崇徹敗之於蠔石，伏尸八十里。

自九月以後卷第二百九十一

北邊俘掠契丹。○契丹高模翰寇冀州，何福進拒卻之。○契丹饑，流民入塞者數十萬口。○李穀病臂，不能執筆。詔刻名印用之。○敕民訴訟以歷縣州觀察使，乃詣臺省。不能書者，聽執素紙。非己事，毋得訟。○野雞族反，討之。○劉言告復湖南。○李穀請以田畝税牛皮，聽民私買賣。○河決鄭、滑。○帝不受買宴物。○徐台符請誅葛延遇、李澄。○麟州楊重訓歸款。

己、徐景運、孫晟爲相。○蕭儼攻延己，延己救其死。○唐主欲罷桂、朗兵，延己不可。○侯訓、張巒攻桂州，訓死巒走。○李建勳戒家人勿封土立碑爲開發立標。○歐陽廣言邊鎬必喪湖南。○劉言舉兵陷長沙，鎬走，言復據湖南。湖南謂鎬爲邊和尚。○馮延己、孫晟罷。唐主謂兵可終身不用。○馬希萼入朝，留之。

昭陽赤奮若

正壬子、二辛亥、三庚辰、五己卯、七戊寅、十丁丑朔。閏正。二一日，春分。十一九日，冬至。○本志：四月乙丑，熒惑犯靈臺。五月辛巳，犯上將。丙申，犯右執灋。

三

詔折從阮招討野雞族。○罷户部營田及租牛户，以其田莊及牛賜民。或請鬻之，帝曰：「利在民，猶在國也。」○葉仁魯坐贓死，帝使謂曰：「汝自抵國灋，當存恤汝母。」○王峻出視河決。○峻忌柴榮英烈，沮其入朝。○契丹寇鎮、定。○帝賞馬全乂忠於所事，命左右效之。○高允權卒，子紹基謀襲位。○王峻求兼藩鎮，帝不得已，命峻領平盧。○作傳國寶二。○王峻欲改易宰相，帝不堪其驕横，貶峻商州。○帝遣兵屯鄜、延。高紹基懼，始解軍府事。○以柴榮爲開封尹、晉王。○鄭仁誨鎮澶州。○殺牛族迎餉官軍，官軍掠之，遂與野雞族合敗張建武于包山。○魏仁浦不以私憾廢鄭元昭。王仁鎬副樞密。○常思進所舉絲，帝悉以與民。○契丹張藏英來降。○田敏刻九經板成。○王殷入朝，止之。○聽唐民糴於淮北，毋得載以舟車。○滑州塞決河。○契丹寇樂壽。○帝得風疾，術

六

王逵

周以劉言爲武平節度使，制置武安、静江軍事；以王逵爲武安，何敬真爲静江節度使。○南漢寇全、道、永州。○逵遣周行逢説言，以敬真將兵禦之。○至長沙，矯言命殺之，及朱全琇。○行逢譖張倣，殺之。○逵襲朗州，執言，尋殺之。○復移使府於潭州，使周行逢知朗州。○盤容蠻盤崇寇郴、道州。

十一

邵棠言周主恭儉修德，恐其南征，宜爲之備。○馮延己復爲相。○大旱，淮可涉，民就糴于周。○徐鉉諫罷貢舉，乃復設之。○鉉諫營田奪民田，坐流舒州。○徐鍇諫令馮延魯巡撫諸州，亦坐貶。

十六

毋昭裔出私財營學館，刻印九經，蜀中儒學復興。

十一

南漢主寢疾，立子繼興等五人爲王。○赦。

	閼逢攝提格 正丙子、二乙亥、四甲辰、六癸卯、八壬寅、十一辛未朔。
者言宜散財，乃議郊祀。○作圓丘、太廟、社稷諸壇於大梁。○廟主至自洛陽。○帝郊迎設奠，祔饗于廟。○王殷入朝，何福進言其專橫。○契丹寇府州，折德扆擊卻之。○帝執王殷，殺之，誣以謀反。○帝饗太廟，纔及一室。晉王終禮。	顯德元 帝祀圓丘，僅能瞻禮。赦，改元。○罷鄴都。○晉王判內外兵馬。○軍士流言，帝責諸將不念主之勤儉，思己何功而受賞，乃止。○曹翰勸晉王入侍醫藥。○大事晉王奏稟宣行。○鄭仁誨爲樞密。○帝命紙衣瓦棺以葬。○塞決河八口。○帝命王溥爲相，曰：「吾無根矣。」○王仁鎬出鎮。○帝命李重進拜晉王。○帝殂。○世宗即位。○北漢主與契丹自團柏入寇，穆令均敗死。○帝欲親征，馮道諫曰：「陛下能爲唐太宗及山否？」○北漢兵逼潞
	七 北漢主聞周太祖殂，謂中原可圖。與契丹楊衮合兵四萬，南出團柏。○敗昭義兵，殺其將穆令均。○北漢主環潞州而南，遇周主於高平南。○楊衮觀周陳，曰：「未可輕進。」北漢主曰：「勿妄言！」○將戰，東北
	周加弘俶天下都元帥。
	逵表請復治朗州。○逵自潭遷朗，以周行逢知潭州。○王虔朗說符彥通，使去王號，受逵命。○逵曰：「虔朗一言勝數萬兵。」○表劉瑫爲西界都招討使。○周行逢以勤儉簡率治湖南，吏民便之。○行逢謂馬氏父子
	十二
	十七 安思謙以驕橫誅。○罷孫漢韶軍職。○命李廷珪等十人分典禁兵。
	十二 交趾吳昌文來請命，以爲靜海節度使。○殺高王弘邈。
	自五月以後卷第二百九十二

州。命苻彦卿自東入，王彦超自西入，樊愛能等趣澤州以禦之。○赦。○帝倍道而進，趙晁、鄭仁謙諫，械繫之。○與北漢主遇於高平南。○北漢兵甚盛，衆恟懼，帝氣益鋭。○戰纔合，樊愛能、何徽先遁。帝危急，親犯矢石督戰。○太祖謂張永德：「社稷安危，在此一舉。」相與力戰。○馬仁瑀曰：「乘輿受敵，安用我輩！」○馬全乂曰：「賊勢已極，將爲我擒，願陛下按轡徐觀諸將破賊。」○獲張元徽。○北漢兵大敗。○樊愛能等遇劉詞，止之，詞不從。○又敗北漢兵，殺王延嗣。○愛能等聞大捷，復還。○張永德勸帝行瀍以肅軍旅。帝誅愛能等七十餘人，將士始知懼，不行姑息之政。○賞有功將校數十人。○命苻彦卿、王彦超合攻晉陽。○漢李太后殂。○汾州、遼州降。○葬太祖。○北漢民爭迎周軍，泣訴劉氏賦役之重。軍士掠之，民失望，更保山谷。

風轉爲南風。王得中扣馬諫，不從。○張元徽先犯周右軍，右軍潰。○周主親督戰。○張元徽乘勝略陳，馬倒，爲周所殺。北漢兵大敗。○楊衮不救，全軍而退。○北漢主收餘兵，阻澗水，又敗。○王延嗣死。○北漢主自鵰窠嶺北遁，晝夜不息，僅能入晉陽。○楊衮屯代州。○遣王得中求救於契丹。○汾州、遼州降周。○嵐州、憲州降周。○周王彦超拔石州。

奢靡，子孫乞食，又足效乎！

○命李穀供軍食。○馮道卒。○嵐、憲州降。○立苻后。○王彦超克石州。○沁州降。○帝如晉陽。○忻州降。○帝至晉陽。○鄭處謙拒楊衮，衮奔契丹。○處謙以代州降。○契丹屯忻、代之間。遣苻彦卿等屯忻州。○桑珪等殺鄭處謙。○史彦超與契丹戰死。○折德扆來朝，以爲永安節度使。○帝攻晉陽不克，會久雨，引還。○藥元福謂進軍易，退軍難。○所得州縣，復入于北漢。○帝謁嵩陵而歸。○高錫諫帝親細務。○中師厚擅棄河西歸，黜之。○景範爲相。○竇貞固罷司徒，課役同編户。○廢鎮國軍。○王晏使舊黨止盜。○廢安遠、永清軍。○帝謂兵務精不務多，百農夫不能養一兵，豈容無用者！乃大選練諸軍，進驍勇，斥羸老，士卒盡精，所向皆克。○罷專使巡檢，責州縣捕盜。○李穀塞澶、鄆、齊決河。

○沁州降周。○忻州降周。○周主自攻晉陽，不克而去。○王得中曰：「家國兩亡，吾獨生何益！」○周棄所得州縣，惟桑珪據代州不下，攻拔之。○北漢主憂憤成疾，委國事於子承鈞，尋殂。契丹立承鈞爲帝，改名鈞。

旃蒙單閼二庚子、四己亥、五戊辰、七丁卯、九丙寅、十乙丑朔。閏九。十月一日，小雪。○本志：二月庚子朔，食。

周世宗榮顯德二李彝興恥與折德扆並列，絶周使。宰相請撫之，帝曰：「德扆忠力，安可棄！夏州貿易羊馬，悉仰中國，絶之何能爲！」○初舉令、録。○命王彦超等浚胡盧河以限契丹。○詔羣臣極言得失。○帝有削平天下之志，欲先取秦、鳳。○展大梁外城。○詔近臣獻《爲君難爲臣不易論》及《開邊策》。○王朴謂攻取之道，宜先治内政。○又謂唐可先取，以河東爲後圖。○命王景、向訓等擊秦、鳳。○廢諸寺無敕額者三萬餘區，禁私度僧尼，歲造僧帳。○上親録囚，直其冤。長吏始親獄訟。○胡立爲蜀所執。○帝以張美在澶州徇其私求，終不以公忠待之。○宰相請罷西師，不許。○景範罷。○復置監鑄錢。○禁民間銅器，雖佛像亦消之。○帝曰：「苟志於善，斯奉佛矣。朕身可以濟民，亦非所惜。」○張建雄敗蜀王巒於黄花，擒之。蜀兵退守青泥。○趙玭以秦州降。○帝美王溥取成、階二州。○帝美王溥

北漢孝和帝鈞乾祐八

周命我同擊唐。

十二嚴續爲相。○吴廷紹罷緣淮把淺，劉仁贍爭之不得。○周師入寇，命劉彦貞等禦之。○召宋齊丘謀難，殷崇義知樞密。○周敗唐兵於壽州城下。又敗於山口。

十八周人謀取秦、鳳，遣趙季札行視邊備。季札以文武自任，言邊將不才，請代之。○命王昭遠按行北邊。周人寇秦、鳳，命李廷珪、高彦儔等拒之。○趙季札至德陽，恐懼奔歸，蜀主斬之。○敗周師於威武城，執胡立。○王巒敗於黄花，爲周所擒。李廷珪等退保青泥嶺。韓繼勳棄秦州奔還。秦、成、階皆降于周。○李廷珪、伊審徵請罪，釋之。○鑄鐵錢。○周王景拔鳳州，虜王環。

十二殺通王弘政。

	柔兆執徐 周初用王朴《欽天曆》：二甲子、四癸亥、五壬辰、七辛卯、八庚申、十一己丑朔。十二日，冬至。
擇將之功。○帝享珍膳，自愧無功，謂親冒矢石，差可自安。○命李穀、王彦超等伐唐。○帝命武行德疏導汴流。○帝稱朕必不因怒刑人，因喜賞人。○又謂廣京城，存没怨怒，朕自當之，它日必爲人利。○王景拔鳳州，虜王環。○蜀兵不願留者，給資裝遣之。○王彦超敗唐兵於壽州城下。○白延遇敗唐兵於山口。○鄭仁誨卒，上不避歲道哭之。	三 發近畿民夫築大梁外城。○上自將伐唐。○李穀攻壽州久不克，聞唐援兵將至，恐絶浮梁，引兵退保正陽。帝聞不悦，遣李重進引兵赴之。○重進度淮，與唐劉彦貞戰於正陽東，斬之，斬首萬餘級。○帝至正陽，以重進代李穀爲帥。○帝至壽州，圍之。○徙正陽浮梁於下蔡。○太祖襲皇甫暉，擒之，遂克滁州。○宣祖夜半扣城門，不納。○竇儀不與太祖絹，太祖重之。
	九 葬世祖。
	吴程請襲唐常州，元德昭以爲不可。程固爭之，乃遣程督諸將擊常州。○士卒欲擊德昭，弘俶以爲不祥。○遣路彦銖攻宣州。○吴程入常州外郭，獲趙仁澤。○唐柴克宏襲程營，羅晟
	周行逢 周命王逵攻唐鄂州。○逵過岳州，潘叔嗣事之甚謹，逵信左右之譖而疑之。○攻唐長山寨，拔之。○潘叔嗣西襲武陵，王逵還軍追之，戰于城下，逵敗死。○叔嗣迎周行逢爲
	十四 李穀攻壽州久不克，聞劉彦貞將至，退保正陽。○彦貞以賂結權要，魏岑等爭譽之，以比韓、彭，故唐主首用之。○劉仁贍止彦貞令勿戰，不從，退脩守備。○彦貞與周李重進
	十九 李廷珪兼總十軍。○榮州獠反，趙季文討平之。
	十四 林延遇卒，國人相賀。○薦龔澄樞自代。
	自三月以後卷第二百九十三

○太祖故以甲鎧自異。○唐主致書，請兄事帝，不答。○帝遣韓令坤襲楊州，戒以勿殘民，守護李氏陵。○唐主遣鍾謨、李德明奉表稱臣以請平。○帝謂我非六國愚主可遊説，二人不敢言。○韓令坤克楊州，擒馮延魯。○唐天長來降。韓令坤拔泰州。○帝自於馬上抱石。○張瓊身蔽太祖當連弩。○唐主遣孫晟、王崇質奉表請比兩浙、湖南奉正朔。○唐光、舒、蘄三州降。○李彦頵貪虐，民夷作亂。召彦頵還。○唐歸蜀兵降唐者，悉殺之。○舒州人逐郭令圖，王審琦復取之。○撫存馬希崇、王繼沂。○孫晟謂臣爲宰相，豈可教節度使外叛。○唐主請割壽、濠等六州之地以罷兵，帝欲盡得江北，不許。李德明請歸白唐主獻江北。○王晏引兵赴河陽，白重贊拒之。○唐陸孟俊復取泰州，進逼楊州。韓令坤棄城走，張永德救之，乃復入。○太祖屯六合，曰：「楊州兵過者，折其足。」○帝攻壽春久不克，大雨糧少，始議班師。○帝如

不救，吴越兵大敗。程奔歸，奪其官。○路彦銖聞程敗，亦引還。○福州兵與唐陳誨戰，敗於南臺江。○括境内民兵錢，弘億諫而止。

朗帥，意必得潭州，行逢曰：「如此天下謂我同謀。」以爲行軍司馬。叔嗣怒不至，行逢誘而殺之。○周以行逢制置武安、静江軍事。○行逢御將卒及蠻夷一以嚴瀍，將卒有謀反者，輒先覺誅之。○張文表乞歸衡州。○妻鄧氏諫行逢瀍太嚴，不聽。因歸村墅，不入府舍。○鄧氏自輸税，曰：「公不先輸，何以率下。」○又曰：「有變，村墅易逃匿。」○行逢不以其壻爲吏，曰：「吾

戰於正陽東，敗死。○皇甫暉等退保清流關。○周主圍壽州。○何敬洙不肯徙民入城。○太祖擒皇甫暉，克滁州。○遣鍾謨、李德明奉表稱臣，求成于周。○周韓令坤襲楊州，克之。○唐主遣尹延範如泰州遷讓皇之族于潤州。延範盡殺其男子，唐主腰斬延範。○韓令坤拔泰州。○以蠟丸求救於契丹，周人獲之。○遣孫晟、王崇質如周，請比兩浙、湖南奉正朔。○晟謂馮延己：

濠州。○韓令坤敗唐兵於楊州，東擒陸孟俊。○太祖敗唐齊王景達於六合。○向訓爲淮南帥。○帝如渦口，欲自至楊州，范質泣諫而止。○帝欲殺竇儀，質救之得免。○帝留李重進攻壽州，還大梁。○苻后殂。○舒、蘄、和州復入于唐。○唐民爭以牛酒迎周師。師人暴掠，民保山澤，爲白甲軍，屢敗周師。○向訓封楊州府庫付主者，引兵趣壽州。○《欽天曆》成。○張永德敗唐兵於下蔡，作鐵絙以衛浮梁。○王朴副樞密。○初立夏、秋税起徵限。○上謂王者毋失信，何患諸侯不歸心。○太祖爲殿前都指揮使。○李重進詣張永德營，解兩軍之疑。○唐以蠟丸誘永德，帝怒殺孫晟。○陳摶謂陛下當以治天下爲務，安用飛升黄白之術。

不能貸濮。」○行逢不滅面黥。○徐仲雅不屈節。○仁及用事，檢校司空。

「此行當在左相，辭之則負先帝。」○光、舒、蘄皆降于周。○唐主請割壽、濠等六州以和于周。○周主遣李德明、王崇質來，欲盡得江北。○宋齊丘以割地爲無益。○陳覺、李徵古惡德明及孫晟，言德明賣國求利，唐主斬之。○趙仁澤見吴越王不拜，責以負約，吴越王抉其口。○趙鐸謂燕王弘冀逆自退歸，所部必亂。○李徵古遣人代柴克宏，弘冀遣前戰而奏之。○克宏斬徵古使者，曰：

「李樞密來，吾亦斬之。」○克宏敗吴程於常州。○齊王景達將兵拒周，韓熙載諫以陳覺爲監軍。○潘承祐薦林仁肇等。○陸孟俊取泰州。○孟俊敗於楊州東，爲周所擒。○齊王景達敗於六合。○陳誨敗福州兵於南臺江。○命朱元復江北。○元取舒州、和州。李平取蘄州。○淮南民苦屯田，爭以牛酒迎周師。○周楊、滁將守棄城去。○宋齊丘令諸將自守，毋得擊周師，壽春

	彊圉大荒落 三戊子、五丁亥、六丙辰、八乙卯、九甲申、十一癸未朔。二十四日，冬至。
	四 上以功臣子未加恩，不王皇子。○唐許文稹等救壽春，築甬道餉之。李重進擊敗之。○李穀勸帝親征，必克壽春。○聶崇義討論禮器制度。○帝南征，教成水軍。○太祖絕唐甬道。○唐朱元降。諸將大破唐兵於紫金山，擒許文稹、邊鎬。唐兵東潰，帝與諸將水陸追之，一日行二百餘里，至鎮淮軍。○徙下蔡浮梁於渦口爲二城。○帝如下蔡。壽州將佐以劉仁贍表來降。○復以清淮爲忠正軍。○韓令坤父犯濼，免死，流。
	天會元 赦，改元。○衛融爲相，段恒爲樞密使。○立七廟。○楊重訓以麟州降周。○契丹遣高勳將兵會李存瓌擊周，至潞州城下而還。北漢主知契丹不足恃，而不敢遽與之絕。○唐陳處堯自契丹來遊晉陽。
之圍益急。○齊王景達軍濠州，軍政皆出陳覺。林仁肇敗於下蔡。○孫晟死於周。○罷營田尤害民者。○陳處堯乞師於契丹，不獲。	十五 齊王景達遣許文稹、邊鎬、朱元救壽春，屯紫金山，築甬道餉之，爲周所敗。○劉仁贍請令鎬守城，自出戰，景達不許，憤邑成疾。○仁贍子崇諫夜度淮北，腰斬之。夫人曰：「貸之則劉氏爲不忠
	二十 罷李廷珪軍職。○李太后言：「莊宗、先帝時無大功者不得典兵。今王昭遠等或斷養，或乳臭兒，安能扞大敵。惟高彥儔終不負汝。」○蜀主謂周主：「朕郊祀天地時，爾猶作賊！」
	十五 盧膺卒。○南漢主聞唐屢敗而懼，遣使入貢，爲湖南所閉，乃修武備。既而縱酒，曰：「吾身得免，幸矣！」

○柴守禮殺人，有司不敢詰。○帝還大梁。○帝見役徒以木柿食於瓦，斬督役者。○遣懷恩軍歸蜀。○李穀入見辭位，不許。○疏汴水入五丈河，通齊、魯舟楫。○太祖領義成。○修定律令格式。○唐郭廷謂敗武行德于定遠。○王祚有客，溥朝服侍立。○黜武行德、李繼勳。○李穀罷相。○王朴爲樞密使。○竇儼請修通禮，正樂。○又請以三省官權知政事，稱職則相之。○又乞班行有員無職者，悉除外任，試其能否而黜陟之。○復置制舉。○北漢楊重訓以麟州降。○帝自將伐唐，攻濠州。○敗唐兵於十八里灘，又敗之於洞口，遂東攻泗州。○北漢、契丹寇潞州。泗州降。○帝禁芻蕘者，民爭獻芻粟。無一卒敢擅入泗州。○帝追敗唐兵於楚州，擒陳承昭，遂攻楚州。○漣水降。○武守琦取楊州。○襲泰州，拔之。

之門，何面見將士。」○陳覺惡朱元，奪其兵。元叛降周。紫金軍潰，許文稹、邊鎬爲周所擒，失亡士卒四萬人，齊王景達亦奔還。○唐主議自將兵，流喬匡舜，貶朱匡業，既而不行。○壽州將佐以劉仁贍表降周。○郭廷謂敗周武行德于定遠。○周主寇濠州。○郭廷謂稟命而降。○泗州降周。○周追敗唐兵於楚州，擒陳承昭，淮上戰船盡矣。○李延鄒不草降表而死。○周主攻楚

著雍敦牂 三壬午、五辛巳、七庚辰、八己卯、十戊寅、十一丁未朔。閏七。八一日，秋分。十一五日，冬至。○本志：五月辛巳朔，食。六月乙丑望，食，在斗牛。

五 廢匡國軍。○王漢璋克海州。鑿鸛水，引戰艦自淮入江。○拔靜海軍。○帝謂尹日就使吳越必陸歸。○拔楚州。○唐易文贇以天長降。○帝如楊州。○築小城。○司超等破舒州，擒施仁望。○北漢寇隰州，楊廷璋等敗之。○帝如泰州。○又如迎鑾。○慕容延釗等敗唐兵於東㳿州。○唐主遣陳覺等來請傳位太子，使聽命。○覺請取表獻盧、舒、蘄、黄，帝許之。○唐主請畫江爲境，詔爲之罷兵。○帝復如楊州。○置保信軍。○命宋延渥巡江。○爲楊行密、徐温置守冢户。○浚汴水，江、淮之運復通。○新太廟成。郭崇攻契丹，拔束城。○遣鍾謨、馮延魯使金陵。○歲以鹽三十萬斛給江南。○李均等破北漢石會關及孝義。○初行《刑

二 攻周隰州，爲楊延璋等所敗。○周李筠等破石會關及孝義。

邵可遷、路彦銖屯通州南岸。會周伐唐，唐主割江臣於周，乃還。○錢唐火。

魏璘會周伐唐，至鄂州城下而還。○再以書諭蜀，使臣於周。不聽，乃請發兵趣三峽。

州。○漣水降周。○焚楊州，徙民度江。○周取泰州。

交泰元 改元中興。○周取海州，又取靜海軍。○張彦卿固守楚州，城陷而死，所部千餘人無降者。○易文贇以天長降周。○周司超等破舒州，禽施仁望。○赦，改元。○太弟景遂十表讓位於燕王弘冀。立弘冀爲太子。以景遂爲晉王，鎮洪州。○周慕容延釗等敗唐兵於東㳿洲。○陳覺如周，請傳位太子。

二十一 章九齡指李昊、王昭遠奸佞，坐貶。○置永寧軍。○高保融勸稱藩于周，蜀主答以胡立事。○保融再勸臣周，蜀主集將相議之，諸將不可。○周李玉襲歸安鎮，李承勳擊斬之。○命趙崇韜等將兵六萬，分屯要害以備周。

南漢恩赦 侯鋹大寶元 中宗殂，長子衛王繼興立，更名鋹，改元。國事皆決於龔澄樞等。○葬中宗。

卷第二百九十四

統》。○頒《均田圖》。○留從效求稱藩。○曹彬不受吴越饋遺。○謀伐蜀。○詔艾穎等均田租。○初以百户爲團，置三耆長。○帝刻木爲耕夫蠶婦，置殿庭。○宋延渥巡江。○命竇儼編《通禮》。○李玉襲蜀歸安鎮，敗死。○罷課户、俸户歸州縣。初給幕職州縣官俸錢及米麥。○帝謂唐周續拒命乃忠臣，朕爲天下主，豈教人殺忠臣。

○覺請畫江爲境，以卻周兵。○唐主從之，周兵乃退。○唐主更名景，去帝號，稱國主，用周正朔。○馮延己、嚴續、陳覺皆罷。○延己謂今上暴師數萬，不廢毬樂，真英主。常夢錫笑自爲小朝。○周遣鍾謨、馮延魯來。○太子弘冀毒殺晉王景遂。○初置進奏院於大梁。○復遣鍾謨使於周。○周遣許文稹等歸。○唐主以國危泣下，李徵古曰：「乳母不至邪。」○又與陳覺勸唐

	屠維協洽 二丙子、五乙巳、七甲辰、九癸卯、十一壬寅朔。○本志：六月壬辰，熒惑犯心大星。
	六 安審琦爲家僕所殺。○王朴謂禮以檢形，樂以治心，形順心和，而天下治。○朴獻律準，以定雅樂。○朴行汴水，立斗門。○浚汴水，導汴入蔡，浚五丈渠。○減田稅。○帝貸民米，曰：「安有子倒懸，而父不解。」○王朴卒，帝以玉鉞卓地而哭。○帝如滄州，擊契丹。○乾寧軍降。○帝乘舟，命諸將水陸俱進。○益津關降。○帝登陸而西，野次宿衛無一旅，胡騎不敢近。○瓦橋關降。○莫州、瀛州降。○帝將攻幽州，不豫而
	三 契丹命北漢撓周邊，會周主南歸而止。○周李重進入寇，敗北漢兵於百井。○李筠入寇，拔遼州。
主舉國授宋齊丘，但居禁中談釋老。○陳喬不肯草詔。○覺矯周主命令斬周續，鍾謨請覆之。○放宋齊丘於九華山，置覺宣州，賜徵古死。	齊丘縊死，唐主恨常夢錫不及見。○周主令修守備，乃城金陵及諸州增戍兵。○議徙都豫章。○鍾謨議鑄永通當十錢。○太子弘冀卒，張洎謂不宜引武功爲謚。○鍾謨恃兩朝之寵，專横於國。唐鎬言其與
	二十二 李昊領武信節。○李起曰：「侯無舌乃不言。」○徐及甫謀奉王令儀爲主作亂，伏誅。
	二 鍾允章請誅亂瀴者，宦官惡之，譖允章謀於郊祀日作亂，并二子殺之。○赦。○以龔澄樞爲内太師，自是宦官益盛。○能臣、文士、名僧，皆先下蠶室，乃得親近。

止。○孫行友拔易州。○置雄、霸州。○李重進敗北漢兵于百井。○帝還大梁。○李筠擊北漢，拔遼州。○河決原武，吴廷祚塞之。○留從效求置邸大梁，帝不許。○帝令鍾謨語唐主及吾時繕完守備，爲子孫計。○立符后。○立梁王宗訓。○帝用魏仁浦爲相，曰：「何必科第。」○范質、王溥參知樞密，吴廷祚爲樞密使。○太祖爲殿前都點檢。○張昭謂先見安危於未形，此宰相器。○帝欲相王著，范質隱而不宣。○帝崩。○羣臣有過，帝面責之，服則捨之。文武各盡其用，人皆畏其明而懷其惠。○恭帝即位，生七年。○赦。○立曹王熙讓等。○葬世宗。竇儀不令唐主廡下受詔。

張巒謀反。○謨言鄭王從嘉德輕志懦，不如紀公從善果敢凝重，宜爲嗣。○徙從嘉爲吴王，知政事，居東宮。○貶謨於饒州，巒於宣州。○廢永通錢。○建南都。○盜殺契丹使者，契丹遂絶。

圖書在版編目(CIP)數據

資治通鑑臣光曰輯存;資治通鑑目録/(宋)司馬光撰;陳尚君,殷嬰寧點校. -- 上海 : 上海人民出版社,2024
(司馬光全集/王水照主編)
ISBN 978-7-208-18926-3

Ⅰ.①資… Ⅱ.①司… ②陳… ③殷… Ⅲ.①《資治通鑑》 Ⅳ.①K204.3

中國國家版本館 CIP 數據核字(2024)第 098801 號

特約編審 李偉國
責任編輯 張鈺翰
封面設計 陳緑競

司馬光全集
資治通鑑臣光曰輯存　資治通鑑目録
(宋)司馬光　撰
陳尚君　殷嬰寧　點校

出　版 上海人民出版社
(201101　上海市閔行區號景路 159 弄 C 座)
發　行 上海人民出版社發行中心
印　刷 蘇州工業園區美柯樂製版印務有限責任公司
開　本 890×1240　1/32
印　張 26.375
插　頁 10
字　數 1500,000
版　次 2024 年 6 月第 1 版
印　次 2024 年 6 月第 1 次印刷
ISBN 978-7-208-18926-3/K·3383
定　價 258.00 圓(全二册)